서 남 동 양 학 자 료 총 서

002

역주 매씨서평

역주자 이지형은 1931년 경남 밀양에서 태어나 성균관대학교 교수와 같은 대학교 사범대학 장을 역임하였다. 주요 역주서로 『역주 맹자요의』 『역주 목민심서』(공역) 등이 있고, 주요 저서로 『다산 경학 연구』가 있다. 다산학술문화재단이 수여하는 제1회 다산학술상 학술 대상을 수상하였다.

서남동양학자료총서 - **002**

역주 매씨서평

펴낸날/ 2002년 12월 27일

지은이/ 정약용
역주자/ 이지형
펴낸이/ 채호기
펴낸곳/ ㈜**문학과지성사**
등록번호/ 제10-918호(1993. 12. 16)

주소/서울 마포구 서교동 363-12호 무원빌딩(121-838)
편집/ 338)7224~5 FAX 323)4180
영업/ 338)7222~3 FAX 338)7221
홈페이지/ www.moonji.com

ⓒ 이지형, 2002. Printed in Seoul, Korea

ISBN 89-320-1379-9
ISBN 89-320-1208-3(세트)

서 남 동 양 학 자 료 총 서

002

역주 매씨서평

정약용 지음 | 이지형 역주

문학과지성사

2002

서남 동양학자료총서 간행사

　전체주의에 깊이 물든 20세기의 우울한 황혼을 진정으로 넘어설 새로운 문명은 어떻게 가능하며, 그 문명을 머금은 사상의 씨앗은 어디에서 발견될 것인가. 이것이 우리가 서남 동양학술총서라는 새로운 기획을 시작하면서 스스로에게 제기했던 물음이다. 동아시아라는 것에서 그 씨앗이 발견될 수 있으리라는 작업 가설이 우리의 총서 작업의 출발점이었고, 그 출발점에서 우리는 우리 작업의 축적이 그 씨앗을 발견하고 키우는 데 기여할 수 있기를 간절히 희망했다.

　그동안 수행되어온 총서 작업은 크게 보면 동아시아 담론 세우기라고 할 수 있다. 담론은 범주상으로 객관적 진실과도 다르고 실제 현실과도 다른 것이지만, 객관적 진실을 자처하며 현실에 관한 설명을 산출함으로써 주체성의 형식과 모양을 만들어내고, 그리하여 결과적으로 진실 및 현실과 불가분의 관계를 갖는다. 서양 중심주의와 자민족 중심주의가 뒤얽혀 있는 기존의 지배 담론에 대항하여 주체성의 형식과 모양을 새롭게 바꾸고자 하는 것이 동아시아 담론 세우기가 뜻하는 바이다.

　우리가 또 하나의 새로운 기획으로 시작하는 자료 총서는 동아시아 담론의 기초를 튼튼히하자는 데 뜻이 있다. 자료학을 경시하고 거대 담론으로만 치닫는 것은 관념적이고 추상적인 데로 추락하는 결과가 되기 십상이다. 반대로 자료학에만 편향되어 담론 차원에서의 반성과 탐색이 없는 자료주의는 일종의 실증주의에 갇히기 십상이다. 한국 학계에서 널리 발견되는 이 두 편향을 동시에 극복하고 변증법적 지양을 이룰 때 동아시아 담론은 보다 튼튼해질 수 있을 것이다.

역점은 주로 근대 자료에 주어질 것이다. 동아시아가 문제로 떠오르는 것은 서양이라는 타자와의 관계 속에서이기 때문에 시대적으로 서세동점 이후를 주목하게 되는 것이다. 하지만 고전을 전적으로 배제하자는 것은 아니다. 고전은 소극적 의미에서든 적극적 의미에서든 뿌리이기 때문이다. 다만, 고전이 상업 출판에 의해 그 중 소수의 일반적인 것들만 중복 출판되어왔고 정작 중요한 자료들은 외면당해왔다는 점을 잘 알기에, 우리는 외면당해온 중요한 자료들을 우선시하고자 한다. 물론 일반적인 고전의 경우도 정말 충실하게 다루는 일이 절실히 필요하므로 이에 대해서도 열린 자세를 취할 것이다. 중요한 것은, 서두르지 말고, 천천히, 단단하게 작업을 해나가야 한다는 점이다.

아무쪼록 뜻있는 이들의 광범한 동참으로 자료 총서의 작업이 활발해지고 그 축적이 새로운 문명을 머금은 사상의 씨앗을 발견하고 키우는 데 튼튼한 기초가 되어주기를 바란다.

서남 동양학자료총서 편집위원회

책을 내면서

이 책은 다산(茶山) 정약용(丁若鏞) 선생의 저술인 『매씨서평梅氏書平』을 역주한 것이다. 유교(儒敎)의 경전(經典) 가운데 중요한 전적으로 오늘까지 전해오는 『상서尙書』에 대해, 그 일부분이 위작(僞作)임을 구체적인 고증을 통해 밝혀놓은 것이 『매씨서평』이며, 다산의 저술 가운데에서도 그가 심혈을 기울여 이룬 역작이다. 여기에는 청대(淸代) 고증학자들을 능가하는 그의 이론이 담겨 있고, 조선 왕조 후기의 실학(實學)을 연구하는 데에도 중요한 자료가 되는 논지가 많다.

다산은 우리 민족의 영원한 스승이다. 조선 왕조 후기의 봉건 사회 붕괴기를, 한 사상가로서 한 학자로서 양심적으로 살아간 그의 일생은 만인의 귀감이 된다. 일반적으로 다산을 거론할 때에는 으레 그의 실학을 말한다. 조선 왕조 후기의 실학을 집대성(集大成)했다고 할 만한 그의 실학은 정치·경제·사회적인 면에 국한되어 있지 않다. 유교 경전(儒敎經典)을 연구하고 주석하는 학문인 경학(經學)에 있어서도 다산의 경학은 실학에 바탕을 둔 경학이다. 특히 『매씨서평』에는 실학의 학문적 성격의 하나인 실사구시(實事求是)의 정신이 다산 경학(茶山經學)의 면모로 전개되어 있다.

유교의 경전에는 십삼경(十三經)이 있다. 이들 경전 가운데 『효경孝經』도 그러하지만, 특히 『상서』 58편 가운데 25편은 위고문(僞古文)이다. 다산은 이 25편의 경문(經文)이 위작임을, 방대한 자료를 동원하여 실사구시의 자세로 일일이 고증하였다. 청대의 고증학적 학풍을 받아들여 세밀하게 논거를 대어 고거(考據)해놓은 정치한 논지는 그의 학문 토대의 논리적 측면을 잘 보여준다.

흔히들 말하지만, 논문 몇 편보다 충실한 역주본이 학계와 공부하는 사람을 위해 그 역할이 크다고들 한다. 나는 오래전부터 다산의 여러 경전 주석서 가운데에서도 『매씨서평』을 꼭 역주하여 책으로 내고 싶었다. 그러나 요즘 출판계의 여러 가지 사정 때문에 일반적인 교양 서적과는 그 질(質)을 달리하는 이러한 역주서를 출간하기란 심히 어려운 일이다. 다행히도 이번에 서남재단에서 동양학자료총서로 이 책을 선정하여 출판이 가능하게 되었다. 물심으로 지원을 아끼지 않은 재단에 진심으로 감사를 드리는 바이다.

『매씨서평』을 역주하면서 대본으로 사용한 규장각(奎章閣) 필사본과 신조선사(新朝鮮社) 활자본에 탈자·오자·오식이 많아 이에 대한 교감에 진력하였고, 곳에 따라 난해한 원문도 오역이 없도록 힘닿는 데까지 치력하였다. 그러나 미진한 곳도 있을 것이다. 사계와 동학의 질정을 바란다.

끝으로 이 역주본을 책으로 내는 데에 원고 정리 및 입력을 도와준 임재완, 김병헌, 장병한, 이영호 제군에게 감사하며, 또 이 책의 편집과 교정을 맡아 노고해준 문학과지성사의 고동균군과 그 밖의 출판사 여러분께 고마운 마음을 전한다.

2002년 12월

竹夫之室에서, 李篪衡

역주 매씨서평·차례

매씨서평 2

매씨서평 3

매씨서평 4

매씨서평 5

매씨서평 6

原文 校主本

梅氏書平 一

梅氏書平 二

梅氏書平 三

梅氏書平 四

梅氏書平 五

梅氏書平 六

梅氏書平 七

梅氏書平 八

梅氏書平 九

梅氏書平 十

閻氏古文疏證抄

일러두기

1 이 『역주 매씨서평』은 신조선사(新朝鮮社)에서 간행한 『여유당전서與猶堂全書』에 들어 있는 『매씨서평』(전 2책 4권, 1936년 간행)을 저본(底本)으로 하여 번역·주석한 것이다.

2 원문은 저본인 신조선사본을 규장각 소장 필사본 『여유당집與猶堂集』에 들어 있는 『매씨상서평梅氏尙書平』과 『염씨고문상서소증초閻氏古文尙書疏證鈔』를 대조·교감(校勘)하여, 이를 '『매씨서평』 원문 교주본(原文校註本)'이라는 이름으로 역주본 뒤에 붙였다.

3 번역본에서는 오자(誤字)·탈자(脫字) 및 역자가 출전(出典)을 찾아 수정한 구절 가운데 특기할 것만 각주(脚註)에 밝혀놓았다. 그 나머지는 원문 교주본에 밝혀놓았다.

4 원문 교주본 각주의 예(例): "1) 朝本에는 '纂'으로 되어 있음"이라고 해놓은 것은 신조선사본 원문에 있는 '纂'이 오자임을 지적한 것이다. 원문 교감은 "以纂1)聖經之名"으로 하여 '纂'을 '竄'으로 교정해놓았다. "2) 朝本·奎本에는 '使'자가 빠져 있음"이라고 해놓은 것은 신조사본과 규장각 필사본에 『史記사기』「유림열전儒林列傳」에 나오는 "使2)掌故龗錯往受之"라는 구절에서 '使'자가 빠졌음을 지적한 것으로, '使'자를 넣어 바로잡았다.

5 『매씨서평』 5~9에 나오는 【剽竊】【蒐輯】【蹈襲】【考訂】【割裂】【竄改】【依據】【遺漏】【變亂】【改換】【修飾】【剽取】【蒐衍】【謬義】【考覈】【剽襲】【蒐刪】【誤用】【冤案】【蒐增】【證誤】 등의 표제(標題)는 다산이 매색(梅賾)의 위고문(僞古文)을 고증하기 위해 사용한 말이다. 예를 들면, '표절'은 위고문을 만들기 위해 다른 경전이나 사서(史書)에서 표절한 사실을 고증한 것이며, '수집'은 다른 글에서 수집해 온 것을 고거(考據)를 들어 논증해놓은 것이다.

6 인명(人名)·서명(書名)·지명(地名)·중요한 학술 용어 등에서, 역자가 판단하기에 필요한 곳에는 각주를 달았다.

7 인용문의 출전은 대개 각주에 밝혀놓았다.

8 번역문 표기는 한글 전용을 원칙으로 하였으나, 필요한 경우에는 한자를 괄호에 묶어 밝혔다. 단 서명·원주(原註)·각주에서는 한자를 노출하였다.

9 원문에서 약자·속자·고자 등은 오늘날의 독자를 위해 가급적 정자(正字)로 바꾸었으나 특별한 고자(古字)는 그대로 살렸다.

10 원전(原典)의 주(註)는 '原註'라고 표기하였다.

11 원문에 충실한 번역을 위하여 직역(直譯)을 위주로 하였으나, 경우에 따라서는 간혹 의역(意譯)도 하였다.

12 부호는 다음과 같이 사용하였다.
『 』: 서명. 「 」: 편명. ( ): 원주로 처리한 글. [ ]: 번역한 글의 원문을 제시한 경우, 또는 원문에 대한 번역을 제시한 경우. " ": 인용, 또는 대화. ' ': 강조, 또는 인용 속의 인용

해제

『매씨서평』에 대하여

이지형

1. 머리말

이 책은 다산 정약용(丁若鏞, 1762~1836)의 『매씨서평』을 역주한 것이다.

조선 왕조(朝鮮王朝)의 후기 사회는 봉건 체제 붕괴기에 처해 있었다. 이 시기에 생(生)을 향유한 다산(茶山)은 절박한 현실에 눈을 돌려 이를 극복하기 위해 그 구체적 방안을 제시하였다. 이것이 그의 실학(實學)이며, 그 대표적 저술이 일표이서(一表二書)이다. 그런데 그의 이러한 실학적 저술의 사상적 토대는 그의 독창적인 경학(經學)이었음을 간과할 수 없다. 이것은 그의 저작물의 저술 연대를 보면 분명히 드러난다. 먼저 유교 경전(儒敎經典)을 해석한 경학에 관한 저술이 나오고 그 뒤에 일표이서의 저술이 나오는 것이다. 그러므로 그의 실학과 경학은 다산학(茶山學) 연구에 있어서 불가분의 관계라는 연관선상에서 검토될 문제이다.

다산의 많은 저술 가운데 경학에 관한 저술이 그 태반인데, 그의 경전 주석은 정현(鄭玄)을 중심으로 한 주소류(註疏類)의 고주(古註)의 세계도 아니요, 주자(朱子)를 중심으로 한 집주류(集註類)의 신주(新註)의 세계도 아니다. 다산의 경전 주석의 기본 태도는 엄정한 객관적 태도이며, 그가 지향한 목표는 실학에 있었다. 다시 말해서 다산의 실학 사상이 경전 주석에 투영(投影)되어 있는 것이다. 이것이 다산의 경전 주석의 실학 세계이며, 실학이 지향하는 여러 가지 특징 중에 실사구시적(實事求是的) 학문 방법과 연관이 되는 것으로서, 경전 주석의 고증적(考證的)인 측면을 볼 수 있는 저술이 바로 『매씨서평』이다.

2. 다산(茶山)과 『매씨서평』

다산 경학의 성격을 이해하는 데 『매씨서평』은 중요한 위치에 있다. 이는 예로부터 전해 내려오는 경전에 대해 신고(信古)의 태도가 아니고, 일단 의고(疑古)의 태도로써 이에 대한 진위(眞僞)부터 우선 분석해보고자 하는 학문 태도와 밀접한 관련이 있다. 특히 실학을 집대성한 다산에 있어서 『매씨서평』은 그의 경학의 고증적인 측면을 대표하는 저술이다.

(1) 『매씨서평』의 저작 연대

다산은 1783년 성균관에서 유학할 때, 동진(東晉)의 매색(梅賾)이 한대(漢代)의 학자 공안국(孔安國)의 주가 붙어 있는 『고문상서古文尙書』, 즉 『상서공안국전尙書孔安國傳』을 발견하여 조정에 헌상했다고 하는, 이른바 『매씨상서梅氏尙書』의 증다(增多) 25편에 대해 의문을 가지기 시작했고, 그 뒤 1792년 희정당(熙政堂)에서 정조(正祖)가 「상서조문尙書條問」 수백여 조를 내놓고 그중에서 특히 금문(今文)과 고문(古文)의 구별에 치의(致意)할 때, 그는 『매씨상서』의 진위 문제에 대한 고증에 더욱 관심을 기울였으나 이에 대한 본격적인 분석 작업은 강진(康津)의 유배지에서 이루어졌다.

다산은 1810년 봄에『매씨서평』을 저술하였다. 그는『매씨상서』의 증다 25편의 글을 하나하나 고증하여 그것이 위작임을 밝혔고, 이해 가을에는『매씨서평』과 자매 관계라고 할 수 있는『상서고훈수략尙書古訓蒐略』을, 그 다음해 봄에는『상서지원록尙書知遠錄』을 저술하였다.『상서고훈수략』과『상서지원록』은『상서』의 진고문(眞古文) 28편에 대한 역대의 주석서와『사기』『설문』등에 실린『상서』의 문구들을 통해 진고문 28편의 자구의 고훈(古訓)과 고증에 주력한 저술이다.

다산은 귀양에서 풀려나 초천(苕川)에서 여생을 보내면서 일시도 학문을 게을리 하지 않았다. 그는『매씨서평』『상서고훈수략』『상서지원록』의 저술에 대해 소기의 목적을 달성하지 못했다고 겸손하게 자인하였다. 그리하여 이에 대한 수정 작업을 그의 나이 70을 전후하여 재착수하였다. 다산이 1834년 가을에『매씨서평』의 수정 작업을 끝내고 쓴 그 발문(跋文)에 보면『매씨서평』은 2차에 걸쳐 수정 작업이 진행되었음을 알 수 있다. 다산이 1810년 봄 다산 적소(謫所)에서『매씨서평』9권을 저술하고 해배(解配) 후 고향에서 1차로 대개 1827년을 전후하여 1·2·3·4권을 수정하고, 2차로 1834년에 5·6·7·8·9권을 수정 완성하였다.

1차 수정본인 1~4권은 다산이 해배 후 김매순(金邁淳)과의 왕복 서한을 통해 '홍교기단(虹橋旣斷)'을 '양진기단(梁津旣斷)'으로 수정한 것과 신작(申綽)·홍석주(洪奭周)의 말이 한곳씩 인용된 것 이외에는 다산 적소의 강진본(康津本)을 얼마나 수정하였는지에 대해서, 현재 강진본을 찾아볼 수 없을 뿐만 아니라 규장각의 필사본인『여유당집與猶堂集』의『매씨서평』과 신조선사본(新朝鮮社本)인『여유당전서』의『매씨서평』이 한 글자도 첨삭이 없이 똑같이 일치하므로 알 길이 없다. 2차 수정본인 5~9권은 1834년 2월 2일부터 6월 10일까지『상서고훈수략』과『상서지원록』을 합편하여 21

권 7책으로 수정 증보한 『상서고훈(尙書古訓)』을 완성해놓고 그 뒤를 이어 곧 수정에 착수하여 8월 14일 전에 끝낸 것이다. 2차 수정은 『매씨서평』의 수정 작업을 끝내고 쓴 발문의 내용과 같이 상당한 분량을 산삭(刪削) 증보하였다. 이것은 다산이 해배 후 고향에 돌아와 있을 때 교유한 몇 명의 학자와의 인연에서 온 것이다. 이들 중 특히 홍석주·홍현주(洪顯周) 두 형제와의 친교는 다산의 『매씨서평』 수정 작업에 결정적인 계기가 되었다. 그것은 『매씨서평』을 개수(改修)할 때 참고한 염약거(閻若璩)의 『상서고문소증尙書古文疏證』을 이들을 통해 입수했기 때문이다. 1834년 2차로 수정 보완한 『매씨서평』 5~9권에 염약거가 고증해놓은 것이 많이 인용된 것은 바로 홍석주 형제를 통해 『상서고문소증』을 입수한 데서 연유된다.

그런데 여기 『매씨서평』의 1·2차 수정 과정을 통해 수정되어 있는 신조선사본과 필사본 『여유당집』을 비교해보면, 일제 강점시기에 필사한 것으로 보이는 필사본 『여유당집』의 『매씨서평』 5~9권은 1차 수정 과정에서는 수정한 흔적을 찾아볼 수 없으니(김매순과의 왕복 서한에서 '君子明哲'을 '君子知幾'로 수정하였는데 이 부분이 고쳐지지 않고 그대로 있음), 이것은 거의 강진본의 원형 그대로임을 짐작할 수 있겠고, 1차로 1827년 전후에 걸쳐 수정된 『매씨서평』 1~4권은 또 그후 입수된 염약거의 『상서고문소증』을 참고하여 2차 수정을 하지 않은 것이 이색적이며 의문이 제기된다. 염약거의 설을 전혀 인용할 필요가 없었는지, 아니면 따로 또 수정본이 있었는지, 하나의 문제로 남는다.

다산이 1834년에 『매씨서평』에 대한 대대적인 수정 증보를 하고 난 뒤 다시 한 차례 수정을 하였는지, 그 여부도 또한 의문으로 남는다. 신조선사본인 『여유당전서』에는 필사본인 『여유당집』의 『매씨서평』 제8권 권두에 나오는 「하내태서河內泰誓」를 삭제하고 이를 수정 증보하여「일주서극은편변逸周書克殷篇辨」「서대전약론書大傳略論」과 함께 1권을 만들어 제10권에다 편집해놓았다. 이것은 다산 자신이 1834년『매씨서평』전 9권에는 성격상 해당되지 않아 넣지 않고 따로 두었던「하내태서」를, 이에「일주서극은편변」「서대전약록」을 저술하여『매씨서평』전 10권으로 편집하였는지, 아니면 후인이 다산의『매씨서평』전 9권 이외에『매씨서평』에 관계되는 위의 3편의 글을 1권으로 만들어『매씨서평』전 10권으로 편집하였는지, 양자 중 그 하나일 것이나 이것은 대저 후자가 타당할 듯하다.

(2)『매씨서평』의 저작 동기

다산은『매씨서평』서문에 언급한 것과 같이 1780년대 이후 성균관에 유학하고 정조와『상서』를 강론하였던 것이 계기가 되어 경전 중에서도 특히『상서』의 연구에 침잠하였다. 이리하여 그는 현재 행해지고 있는『고문상서』58편 중 25편은 위고문(僞古文)으로, 이것은 동진(東晉) 시대의 매색이 위안(僞案)한 것임을 확신하고 이에 대한 분석 작업에 들어갔으나 그 본격적인 연구는 강진 유배기에 시작되었다.『매씨서평』저술에 대한 다산의 말을 빌리면,

가만히 생각하건대, 매색의『상서』는 여러 말들을 모아 일가를 이룬 것이니, 좋은 말과 바른 교훈이 또한 적지 않다. 그러나 그것을 수집할 적에 다른 전적에「열명兌命」이나「태서太誓」처럼 본디 편명이 표시되어 있는 구절의 경우, 그것으로「열명」이나「태서」를 만들었다면 누구인들 옳지 않다고 하겠는가마는,「하서夏書」나「주서周書」처럼 다만 시대만 표시한 것과 '서왈(書曰)' '서운(書云)'과 같이 아무 편(篇) 표시도 따로 없는 것까지를 각 편에 나누어 집어넣고 위조한 말을 섞어 구차하게 문맥만 겨우 통하게 하여『상서』라는 경전

의 이름을 훔쳤으니, 무릇 신중히 생각하고 밝게 분별하는 사람들은
모두 연구하고 조사해보아야 할 것이다.

(新朝鮮社本『梅氏書平』卷1, 張1/이 책 p. 44)

라고 하여, 그 저작 동기를 말하고 있다. 다산은 평소에『상서』를
공부하면서『매씨상서』가 위서임을 선대 학자들의 논급을 통해
이미 알고 있었다.『매씨상서』에 대해 의심을 품었던 송대 오역
(吳棫)의『서비전書裨傳』과 주자의『어류語類』에 고문을 의심한 40
여 조와 원대 오징(吳澄)의『서찬언書纂言』과 명대 매작(梅鷟)의
『상서고이尙書考異』 등 여러 자료들을 통해 다산은 이미『매씨상
서』가 위서임을 알고 이에 확신을 굳혔으나,『매씨서평』을 저술한
결정적 동기는 역시 청대의 학자인 모기령(毛奇齡)의『고문상서원
사古文尙書冤詞』를 읽고서이다. 모기령의『고문상서원사』는『매씨
상서』를 진고문상서라고 하여 이를 시종 엄호한 글이다. 모기령은
청초(淸初)의 고증학에 있어서 중요 인물의 한 사람으로 그 박람다
식함은 일세에 뛰어났으나 이론(異論)을 내세워 항상 타인의 설을
공박하여 이기기를 좋아하는 경향이 있을 뿐만 아니라 그 학문이
반드시 착실하고 정확한 것은 아니었다. 다산은 모기령의『고문상
서원사』를 통박하여 다음과 같이 언급하였다.

　매색의『상서』에 진실로 의심할 만한 것이 있는 까닭에 주자가 의
심하지 않을 수 없었을 뿐이다. 〔……〕 모기령(毛奇齡)의 책이 나옴
에 이르러서 그가 더할 나위 없이 주자를 업신여기고 욕하여 말하기
를 "고문의 억울함은 주자에게서 비롯되었다"고 하였는데, 그가 지
은『고문상서원사古文尙書冤詞』 8권은 횡설수설하면서 수천만 말을
지껄여댔다. 그러면서 스스로 말하기를 "나는 성인의 경전을 보위한
다"고 하였다. 〔……〕 무릇 죄의 경중을 논하는 법에서 가장 중요한

것은 공평함과 진실함이니, 한대(漢代) 사람들이 만든 정위평(廷尉平)이라는 관직이 바로 이것이다. 그가 무슨 억울함이 있어서 기세 등등하게 말을 떠벌리는가? 나는 본래 다른 생각이 없는지라 공평한 태도로 그의 주장에 대응하니, 또한 편안한 마음으로 지친 적을 맞이하는[以逸待勞] 격이다. 이에 주자가 의심을 일으킨 실마리를 취하여 공평한 마음으로 그것을 바로잡아 '매씨서평(梅氏書平)'이라 제목을 붙였으니, 모두 9권이다.   (同上, 卷1, 張1~2/이 책 pp. 45~46)

다산이 여기에 주자의 설을 지지한 것은 오역·주자·오징·매작으로 계승되는 『상서』의 고증적 측면을 받아들여 이를 더욱 구체화한 것이지, 주자의 경전 주석 일반을 수용한 것이 아니다. 이런 경향은 당시 청대의 지식인들도 그러하였지만 우리나라의 조선 왕조 후기 실학자들의 경험주의적 입장에서 오는 실증적 학문 태도인 것이다. 다산이 모기령의 『고문상서원서』를 읽은 것은 『매씨서평』 저술의 중요 동기가 되었다. 그는 『고문상서원사』에 대한 검토를 중심으로 하여 『매씨상서』가 위서임을 고증을 통해 철저하게 비판하였다.

(3) 『매씨서평』의 체재와 내용

『매씨서평』 1~4권까지는 다산이 고문과 금문의 상서학(尚書學)에 대한 세 가지 전본(傳本)과 그 전본의 출처 내력에 대해 설명하고, 이 세 가지 전본 중 소위 『상서공안국전』이라는 것은 바로 매색이 위작한 『매씨상서』임을 분석한 내용이다. 여기에는 매색의 『상서』 위작이 종래 『상서』에 관한 주석류의 대표적인 것이라고 볼 수 있는 공영달(孔穎達)의 『상서정의』와 채침(蔡沈)의 『서집전』, 그리고 모기령의 『고문상서원사』 등으로 인하여 그 사실을 엄폐하게 된 데서 야기된 학자들의 미혹을 개탄하면서, 이에 그 미혹을 극복하기 위해 매색의 위고문에 대해 시종 긍정적인 주해로 일관한 공영달의 『상서정의』와 채침의 『서집전』, 그리고 위고문을 극력 엄호한 모기령의 『고문상서원사』에 대한 반론적(反論的) 비판 검토가 수록되어 있고, 끝부분에 정조와의 위고문에 대한 문답식 강토(講討)가 수록되어 있다.

5~9권까지는 매색의 위고문 25편에 대해서 각 편마다 구체적으로 그 위고문을 고증을 통해 분석 검토한 내용인데, 여기에는 십삼경(十三經) 같은 유가 경전과 제자서(諸子書), 그리고 역대의 사서(史書)는 물론 송대 오역의 『서비전』, 주자의 『어류』, 원대 오증의 『서찬언』, 명대 오작의 『상서고이』, 청대 최술(崔述)의 『고신록考信錄』, 염약거의 『상서고문소증』 등 방대한 자료를 동원하여 깊이 있게 위고문을 고증해놓고 있다.

마지막 10권에는 「하내태서」「일주서극은편변」「서대전약론」 3편을 수록해놓았는데, 「하내태서」에서는 이것이 한대 무제(武帝) 때 출현한 「태서」로서 역시 위고문이라는 것을 고증하였고, 「일주서극은편변」에서는 주(周)나라 무왕의 방벌 문제를 다루었는데 방벌의 정당성을 뒷받침하는 논거로 '제명(帝命)'과 '후대(侯戴)'의 이론을 전개하였다. 여기에 특히 주목되는 것은 다산 자신이 '탕론(湯論)'의 속편이라고 말하는 '후대론'이다. 「서대전약론」에서는 『상서대전尙書大傳』이 복생(伏生)의 찬술이 아니라 복생에게 가탁하여 장생(張生)과 구양생(歐陽生)의 무리들이 위작한 것임을 밝혀놓았다.

그리고 『매씨서평』 10권 뒤에는 『염씨고문소증초閻氏古文疏證抄』 1~4권까지 수록되어 있는데, 이것은 원래 『매씨서평』 초고본에는 『매씨서평』에 들어가 있지 않고 별도의 저술로 1·2·3·4권으로 되어 있었다. 그러던 것이 1936년 신조선사본을 간행하면서 『매씨서평』을 전 4권으로 재편집하여 권4 뒤쪽에 『매씨서평』과 합편해놓았다. 다산은 해배 후 당시의 석학인 신작·홍석주·김매순·김기서(金基敍) 등과 교유하면서 학문의 폭을 더욱 넓혀나갔다. 1827년에 홍현주가 형 홍석주의 지시로 염약거의『상서고문소증』을 보내왔다. 다산은『매씨서평』을 개수할 때 참고한 염약거의『상서고문소증』에 대해서 중요한 부분 1백여 곳을 초록하고 이에 비판을 더하기도 하고 찬의를 표하기도 하면서 자신의 견해를 언급하였다. 이것이『염씨고문소증초』이다.

(4)『매씨서평』에 나타난 다산 경학(茶山經學)

(1) 자의(字義)의 고훈(詁訓)

다산 경학의 특징은 중세 철학인 성리학(性理學)을 극복하여 합리적이며 실학적인 면으로 전개해놓은 데 있으며, 이러한 특징 속에는 경전 주석에서의 고증적 검토가 공통적으로 작용하고 있다. 다산의 경전 주석에 있어서 고증적인 면에 가장 깊이 있게 검토해놓은 것이『상서』에 관한 것이다. 그는『상서』연구에 즈음하여 그 연구 자세를 다음과 같이 밝혔다.

내가 생각하건대, 독서하는 방법은 반드시 먼저 고훈(詁訓)을 밝혀야 한다. 고훈이라는 것은 글자의 뜻이다. 글자의 뜻이 통한 후에 구절의 뜻을 이해할 수 있으며, 구절의 뜻이 통한 후에 문장을 분석할 수 있고, 문장의 뜻이 통한 후에야 그 편(篇)의 대의가 나타난다. 모든 경전이 다 그러하거니와『상서』의 경우는 더욱 그렇다. 내가 우선적으로 고훈에 치력하는 까닭은 이 때문이다. 후세에 경전을 이야기하는 선비들은 글자의 뜻이 완전히 통하지 않음에도 논쟁을 먼저 제기하고, 미묘한 말을 장황하게 늘어놓아 성현의 본뜻이 더욱 희미해져 아주 작은 차이도 연(燕)나라와 월(越)나라 사이처럼 심하게 구분되고 마니, 이는 경학을 공부하는 사람들의 큰 방해물이다.

(「尙書知遠錄序說」)

경전의 진의를 파악하기 위한 자구의 고훈은 바로 경전 주석에 있어 고증적인 측면에 비중을 둔 것이다. 다산은 이러한 주석 방법에 따라 『매씨상서』를 위고문으로 단정하게 되었고, 따라서 이에 대한 분석 작업이 시작되었던 것이다.

고훈을 통해 『매씨상서』가 위작임을 규명함에 있어 다산은 위고문 25편 중에 어느 한 편도 소홀히하지 않았다. 그중에 대표적인 예를 몇 가지 들어보기로 한다.

① 「탕고湯誥」에 나오는 '강충(降衷)'이라는 말에 대해서, 다산은 매색이 『국어國語』의 「오어吳語」에 나오는 '강충'을 표절하였다고 하고는,

내가 살펴보건대, '강충(降衷)'이라는 것은 하늘이 자비롭고 착한 충심(衷心)을 내려 오나라를 돌보아 도왔다는 말이지, 사람이 배태(胚胎)할 때 인·의·예·지의 영성(靈性)을 부여한다는 말이 아니다. 「오어」에서는 본래 하늘의 천충(天衷)을 가리켜 말했는데, 『매서』에서 이것을 가져다 인충(人衷)으로 만들었으니 되겠는가? 진서산(眞西山)은 '강충(降衷)'이란 한 말로써 만대 성학(性學)의 근원으로 삼았다. 〔……〕 위서를 만든 자가 '강충(降衷)'을 사람이 부여받은 성(性)으로 만들었으니 잘못 보고 잘못 사용한 것이다.

(新朝鮮社本 『梅氏書平』 卷2, 張39~40/이 책 pp. 329~31)

라고 하여, '강충'의 자의(字義)에 대한 고증을 자료를 통해 명확히 하면서 「탕고」의 글이 매색의 위고문임을 밝혔고,

②「태갑太甲」에 나오는 '아형(阿衡)'과 '원량(元良)'이라는 말에 대해서, 다산은 '아형'이 이윤(伊尹)의 관명(官名)으로 되어 있는 그 자체가 「태갑」을 매색이 위작한 것임을 입증해주는 것이라고 보고 있다. 매색은 정현(鄭玄)의 『상서』 주석에 '아형'이 이윤의 관명이라고 한 것을 그대로 수용하여 '아형'을 이윤의 관명으로 보았으나, 다산은 청대의 최술이 "옛날 관례에는 관명을 인명 앞에 붙여놓은 일이 많다"고 하면서 그 실례를 들어놓은 것을 참고로 하여 '아형'이 이윤이 아님을 논증하기를,

> (옛날에는 관직으로 師·傅·阿·保가 있었는데, 대개 衡이란 사람이 일찍이 阿도 되었다가, 또 保도 되었던 것이다. 그래서 혹은 阿衡 혹은 保衡이라 부르기도 한 것이다 ──原註)
>
> ○나는 이렇게 생각한다. 『상서』「군석」과 『시경』「상송商頌」을 상고해보니 아형이 이윤이 아님은 분명하다. 위서의 흔적이 필경에는 파탄됨이 이와 같다.　　　　(同上, 卷2, 張48/이 책 p. 359)

라고 하여, 아형의 자의를 고증해서 「태갑」이 매색의 위작임을 입증하였다. '원량'이란 어구에 대해서도 다산은 매색이 '원량'을 천자(天子)의 뜻으로 사용하여 「태갑」을 위작한 것에 대해, '원량'이란 말은 『예기』「문왕세자文王世子」에 처음 나오는 말인데 세자(世子)를 두고 한 말이라고 하면서,

> 원(元)이란 진(震)의 덕이다. 진은 장자(長子)인데 그 덕(德)이 인선(仁善)하기 때문에 옛날에는 세자를 원량이라고 했다. 이제 그것을 고쳐 천자를 원량이라 하면 되겠는가?(梅賾의 注에는 한 사람이라는 것은 天子를 말함이라고 했다 ──原註) 『매서』가 처음 나옴에 사람들이 그것을 믿지 않았다. 그래서 양(梁) 간문제(簡文帝)의 「상소명태자

문집표上昭明太子文集表」에 "어려서는 문장의 재능이 있었고 자라서는 원량의 덕을 갖추었다"고 하였고, 그 뒤에도 따라서 그러한 뜻으로 송(宋) 진종(眞宗)은 원량잠(元良箴)을 지어 태자에게 내려주었다(『宋史』에 보인다 — 原註). 소원숙(蕭圓肅)의 태자잠(太子箴)에도 "주(周)나라가 장구하게 지속된 것은 진실로 원량 때문이다"고 했으니 원량이 어찌 천자이겠는가?　　　(同上, 卷2, 張53/이 책 pp. 374~75)

라고 하여, 원량의 자의에 대한 고증을 통해 역시 「태갑」이 위작을 입증하였다.

③「필명畢命」에 나오는 '삼기(三紀)'라는 말에 대해서, 다산은 '삼기'라는 말이 진(晉)나라 황보밀(皇甫謐)의 『제왕세기帝王世紀』에 근거한 것이나 매색이 이것을 오용한 것이라고 하면서 말하기를,

　'삼기(三紀)'는 고문이 아니며 12년을 일기(一紀)로 삼는 것은 고법(古法)이 아니다. 「홍범」에 오기(五紀)가 있고, 『좌전』에 "천(天)을 나누어 칠기(七紀)로 하였다"고 하였고, 『소문素問』에 "천(天)은 팔기(八紀)가 있다"고 하였으니 모두 일월성신(日月星辰)에 관한 깃이다. 〔……〕 장형(張衡)의 부(賦)에는 일월(日月)을 이기(二紀)라 하였고("二紀와 五緯를 살펴보다" — 原註), 반고(班固)의 부(賦)에는 십제(十帝)를 십기(十紀)로 하였고(漢나라의 皇帝 十紀에 와서 벼슬이 점점 올라간다 — 原註)『사기』천관(天官)의 글에는 1천5백 년을 일기(一紀)라 하였으니(緯書에는 27만 5천 년을 一紀라 한다 — 原註) 12년을 일기(一紀)로 한 것은 고대의 글에는 없다. 〔……〕 한(漢)의 태초력(太初曆) 이래로 비로소 갑자(甲子)로써 그해를 호칭하여(그 처음에는 오히려 古甲子를 썼다 — 原註) 십이지(十二支)로써 십이율(十二律)에 분배하였으니 이로부터 내려오면서 점점 12년을 일기(一紀)로 하였다. 그러므로 『위지魏志』「관녕전管寧傳」에 "오래 두터운

혜택을 입어 그해가 일기(一紀)를 쌓았다"고 했고, 『남사南史』「왕홍전王弘傳」에는 "옷을 털고 돌아가 밭갈이한 지 삼기(三紀)가 지났다"고 했으며, 『북사北史』「위세강전韋世康傳」에는 "말달리기를 마지않은 것이 이에 사기(四紀)가 되었다"고 했는데, 어찌 주나라 강왕(康王) 때에 이미 삼기(三紀)의 설(說)이 있었겠는가?(梅賾은 12년을 一紀라 한다고 하였다 ─ 原註) 이것은 또한 거짓된 고안 가운데서 쇠처럼 굳어진 설이다.

(『梅氏書平』卷3, 張47/이 책 pp. 532~33)

라고 하여, 12년을 일기(一紀)로 하여 말하는 '삼기(三紀)'의 말이란 한대(漢代) 이전에는 사용하지 않았던 용어인데, 이것을 이「필명」에 사용한 것을 보면 이것은 매색이 지은 명확한 위문(僞文)이라고 밝혔다.

(2) 이경증경(以經證經)

다산은 "경으로써 경을 증거 대어 성인의 뜻을 터득하기를 기필한다〔以經證經, 期得聖人之旨〕"(「喪禮四箋序」)고 하였고, 또 "무릇 믿을 만한 경문에 어긋남이 있는 것은 모두 믿을 수 없다〔凡有乖於可信之經文者, 悉不可信〕"(『孟子要義』卷2)고 하였다. 이 말은 다산 경학을 이해하는 데 중요한 토대가 될 뿐만 아니라 그의 엄정한 객관적 경전 주석 태도를 읽을 수 있는 말이다. 그는 『매씨상서』가 위고문임을 고증하는 데도 이 '이경증경(以經證經)'의 방법을 취하였다. 이러한 방법으로 여러 경전에 산재되어 있는 『상서』의 인용문과 『매씨상서』의 글을 일일이 대조하여 그 진위(眞僞)를 밝혀 놓고 있는데 특히 주목되는 것은 다음과 같은 것이다.

① 「무성武成」에 나오는 '유기사녀(惟其士女)'라는 말에 대해서,

『매씨서평』 해제 33

다산은 이 구절에 해당하는 소위 "나는 동쪽을 정벌하여 그곳의 사녀들을 편안하게 하니, 그 사녀들이 검고 누른 폐백을 담아와서 우리 주왕의 덕을 빛나게 한 것은 하늘의 아름다운 명이 진동한 것이다. 그러므로 백성이 우리 대국 주나라에 돌아와 의지하다〔肆予東征綏厥士女, 惟其士女, 篚厥玄黃, 昭我周王, 天休震動, 用附我大邑周〕"라는 글은 『맹자』「등문공」 하편에 나오는 " '신하로 복종하지 않는 자가 있거늘, 동쪽을 정벌하여 사녀들을 편안하게 하니, 검고 누른 폐백을 광주리에 담아와서 우리 주왕을 섬겨 아름다움을 받아서 큰 나라인 주나라에 신하로 복종한다' 하였으니, 그 군자들은 검고 누른 폐백을 광주리에 담아와서 군자들을 맞이하고, 그 소인들은 도시락 밥과 음료를 가져와서 소인들을 맞이하였다〔有攸不爲臣, 東征綏厥士女, 匪厥玄黃, 紹我周王見休, 惟臣附于大邑周, 其君子實玄黃于匪, 以迎君子, 其小人簞食, 以迎小人〕"라는 글을 수집하여 개작한 것으로 보고, 이에 대해 논평하여,

　　매색의 『상서』는 갑자기 '유기사녀(惟其士女)'라는 한 구절을 증가시켰으니 또한 무슨 까닭인가? 검은 비단과 누런 비단은 사녀(士女)가 가질 수 있는 것이 아니다(梅賾이 이르기를, "士女가 광주리에 그 실과 비단을 담아와서 길가에서 받들어 맞이했다"고 했다 ─ 原註). 오옥(五玉)과 삼백(三帛)의 폐백은 그 벼슬의 품계가 높은 사람에게만 해당되는 것이니, 위로는 경대부에서 아래로는 정사(正士)에까지 이르러서도 오히려 가질 수 있는 것이 아니다(王肅이 이르기를, "三孤가 검은 비단을 가진다"고 하였는데 그 뜻은 틀린 것이다. 모두 나의 「堯典說」에 상세하다 ─ 原註). 하물며 벼슬이 없는 사녀(士女)에게 있어서랴! 맹자가 당시에 스스로 외워 읽고 풀이하기를 "군자가 광주리에 담아와서 군자를 맞이하고 소인은 한 도시락 밥을 가지고 와서 소인을 맞이했다"고 했으니, 이는 명료하게 해명되고 분명해서

가려질 것이 없는 것이다. 조기(趙岐)도 또한 검고 누런 비단을 광주리에 담았다는 것을 일러서 제후의 폐백이라고 했다. 무릇 『맹자』를 읽었다면 그 누가 이를 모르겠는가? 그런데 위작자가 조잡하고 노무하여 갑자기 「정풍鄭風」「진유溱洧」의 시구법을 모방하여 필요없는 말을 불쑥 집어넣어 "오직 사녀가 검고 누런 비단을 광주리에 담아오다"라 하고, 그대로 이것을 위해 스스로 주(註)를 내기를 "사녀가 그 실과 비단을 광주리에 담아와서 길가에서 받들어 맞이했다"고 했다(孔穎達의 疏에는 논한 것이 없으니 아마도 그것이 파탄이 날까 알고 가려버린 것이다 — 原註). 아! 이 무슨 말인가? 주(紂)의 당시에는 유사(有司)가 가렴주구해서 백성들의 기력이 이미 고갈되어 무왕이 스스로 이르기를, "천하를 위해 잔악한 적을 제거하겠다"라고 하였거늘, 길에서 수레를 멈추고 이 가련한 사람들의 폐백을 받았다고 하면 천하에 이런 일이 있겠는가? 사(士)와 서인(庶人)들의 폐백이 꿩과 오리에 지나지 않고, 부인들의 폐백이 포(脯)와 밤에 지나지 않는데(「曲禮」에 보인다 — 原註) 감히 예가 아닌 물건을 가지고서 천리(天吏)에게 아첨하겠는가? 이 더욱이 거짓 고안한 병폐를 어떻게 변명할 수 있겠는가?   (同上, 卷3, 張27/이 책 pp. 463~64)

라고 하였다. 이것은 매색이 「무성」을 위작하면서, 『맹자』에 나오는 '유궐사녀(綏厥士女)' 다음에 '유기사녀(惟其士女)'를 더 첨가시킴으로 해서, 이에 드러나는 당시 신분 사회의 실정에 대한 몰이해에서 오는 매색의 위작의 허구성을 다산이 이경증경(以經證經)의 고증적 방법으로 강하게 비판한 것이다.

　②「군진君陳」에 나오는 "그대의 아름다운 덕은 효도와 공손이다. 오직 효도하고 형제에게 우애하여 이로써 능히 정사에 베풀어 나가는 것이다〔惟爾令德孝恭, 惟孝, 友于兄弟, 克施有政〕"라는 글에

대해서, 다산은 명(明)나라 매작(梅鷟)이 그의 『상서고이』에서 언급한 것과 인식을 같이하면서, '영덕효공(令德孝恭)'은 『국어』의 「주어」에서 훔쳐오고 "우우형제 극시유정(友于兄弟, 克施有政)"은 『논어』의 「위정爲政」에서 가져와 고친 것이라고 하고는 이에 대해 논평하기를,

　『상서』를 인용한 자가 혹 한두 자를 빠뜨리는 것은 진실로 때때로 있겠으나 공자가 『상서』를 인용하면서 갑자기 두 자('孝乎' 두 字— 原註)를 더했다는 것은 이치가 아니다. 반악·하후담·도잠 등이 단지 『논어』만 읽고 『상서』를 읽지 않았다는 것도 이치에 맞지 않는다. 또 요가 순임금에게 명할 때 칭찬으로 효우(孝友)를 말하지 않았는데 군진이 비록 효도했다 하더라도 그 가상함을 찬양함이 어찌 여기에까지 이르렀겠는가? 옛날에 군신 사이에는 서로 아첨하지 않았으니 이것은 거짓된 것이다. 　　　　　(同上, 卷3, 張44/이 책 p. 523)

라고 하였다. 공자가 『논어』에서 『상서』의 글을 인용하면서 『상서』에 없는 '효호(孝乎)'라는 두 글자를 공연히 첨가할 이유가 없을뿐더러, 군신간에 서로 칭찬하는 형식의 글이 옛 경전에 없는데, 여기에서는 군진의 효를 과도하게 찬양된 형식으로 서술되어 있으니, 문장상으로 보아 진고문(眞古文)과는 거리가 멀다고 보는 것이 다산의 이경증경(以經證經)하는 고증 태도이다.

　③「경명冏命」에 나오는 '격기비심(格其非心)'이란 말에 대해서, 다산은 이 말이 『맹자』 「이루離婁」 상편에 "오직 대인은 임금 마음의 그른 것을 바르게 할 수 있다〔惟大人能格君心之非〕"는 글에서 훔쳐온 것이기는 하나 문장의 어법상으로 볼 때, 『맹자』에 나오는 말과 같이 "반드시 '심지비(心之非)'라는 말 위에다 '격(格)'자를 갖

36

다 놓아야 그 문사(文詞)가 살아 있는 것이 되는데, '격기비심'이라고 하면 문사가 죽어버리니 '비심(非心)'이란 무슨 마음인가?"라고 하여, '격기비심'은 문장으로서의 품격이 조잡하며 위작이라는 것이 다산의 견해이다.

다산은 위고문 25편을 경전 이외에 『묵자墨子』『순자荀子』『국어國語』『여씨춘추呂氏春秋』『회남자淮南子』『사기史記』 등 많은 제자서(諸子書)에서도 『상서』의 글이 인용되어 있는 것을 수집하여 '이경증경'의 방법을 통해 위고문을 고증하였다.

(3) 실학적 해석

다산 경학에 있어서 경전을 실학적인 면에서 해석한 것이 다산 경학의 중요 특징 중 하나이다. 다산은 『매씨상서』가 위작임을 증거 대는 데도 이 실학적 해석을 동원하고 있다.

① 「주관周官」에 나오는 글 속에 삼공(三公)의 직책을 언급하면서 "음양을 섭리한다〔燮理陰陽〕"고 한 말에 대해서, 다산은 다음과 같이 고증하였다.

음양을 다스리고 사시(四時)를 고르게 함을 삼공의 직책으로 여긴 것은 고전에 증거가 없다. 〔……〕 순임금이 요임금을 돕고, 우임금이 순임금을 돕고, 익(益)·직(稷)이 순(舜)·우(禹)를 돕고, 이윤(伊尹)이 탕(湯)을 돕고, 주공(周公)·소공(召公)이 무왕을 도울 때에 절대로 이 말이 없었다. 오직 3년에 공적을 고과하고 세 번 고과하여 내치기도 하고 승진시키기도 하니 그 유명(幽明)은 비록 대신이라 하더라도 용서하지 않았다. 〔……〕 누가 음양을 섭리하는 것으로 직업을 삼을 수 있다고 말하였겠는가? 탕임금의 시대에 이윤이 재상이 되었는데도 7년 가뭄이 있었고, 태무(太戊)의 시대에 이척(伊陟)이 재상이 되었는데도 상곡(桑穀)의 요사함이 있었거늘, 어찌 이와 같이 음양을 섭리할 수 있겠는가? 이 두 사람은 장차 면관돈수(免冠頓首)하고 병을 핑계하여 일을 사양하고 떠나려 하였겠는가? 후세에 있어서 삼공이 된 자는 걸핏하면 이 뜻을 인용하여 공적에 일임하지 않아 백공(百工)이 게을러져 만사가 무너지는데도 바야흐로 거만스럽게 스스로 무거운 척하면서 그 용렬하고 무능한 자질을 가려버리려고 하니, 이것은 모두가 위상(魏相)과 병길(丙吉)의 유폐이다. 이제 이 두 사람의 비열하게 사람 속이는 술책을 훔쳐서 엄연히 하나의 경으로 만들어 명명하기를, "주공의 법이다"라고 하여 후세 사람들을 가르쳐 정사를 해치고 국가를 좀먹게 하니 장차 어떤 지경에 이르겠는가?　　　　　　　(同上, 卷3, 張39~40/이 책 pp. 507~08)

이것은 다산이 실학을 토대로 하여 삼공의 직책을 고증한 것이다. 한대(漢代) 이후 '참위설(讖緯說)'과 신비주의가 만연할 때, 위상(魏相)과 병길(丙吉) 같은 권간(權奸)들이 관직만 차지하고서 무위도식하면서 유행어처럼 지껄이던 말을 끌어와서 매색이 위고문을 만든 것에 대한 강한 반론이다.

② 「윤정胤征」에 나오는 '신불집우방(辰弗集于房)'이란 말에 대해서, 다산은 매색이 『좌전』 소공(昭公) 17년의 글에 인용되어 있는 하서(夏書)의 말을 끌어와서 글을 만들면서 『좌전』의 글을 잘못 보고 이 내용을 일식(日食)으로 여겼다고 하여 그 위작을 입증하였다. 특히 일식에 대해서 다산은,

내가 살펴보건대, 두예의 주에서는 해와 달이 그 머물 집에 안주하지 않으면 일식이 일어난다고 하였고, 매색의 주에서는 해와 달이 만나는 것으로 되어 있는 신(辰)이 그 머물 곳의 자리와 일치하지

않으면 일식이 일어난다고 했는데 모두 잘못된 것이다. 일식이란 것
은 달이 해를 가리는 것이니(孔穎達도 역시 이렇게 말했다 — 原註),
해와 달이 만나 동서로는 위치가 같고 남북으로는 가는 길이 같아,
보는 사람의 눈과 세 가지가 직선상에 있게 되면 이에 일식이 된다.
두예·매색 두 사람은 이것과는 반대로 안주하지 않고 합치하지 않아
일식이 된다고 했으니 크게 잘못된 것이다.

(同上 卷2, 張33/이 책 p. 306)

라고 하여, 일식에 관한 두예와 매색의 비과학적·신비주의적인
해석에 대해 과학적이며 합리적인 사고에서 실학적으로 해석하고
있다.

③『매씨서평』10권에 나오는「일주서극은편변」은 유교의 덕치
주의(德治主義)를 토대로 한 민본주의적 자치(自治)의 원리에서 무
왕(武王)의 방벌(放伐) 문제를 정당화시킨 글인데, 여기에 나오는
'후대론(侯戴論)'은 다산 자신이 말한 것과 같이 그가 1810년 이전
에 저술한「탕론湯論」의 속편이다. 소박한 발상이나 선거의 형태
로 전제 군주 사회의 권력 구조의 개편을 주장한 글을『상서』의
경문을 바탕으로 하여 언급하였다는 것은 그의 실학의 성격을 한
층 돋보이게 한다.

3. 맺음말

다산이 경전을 주석함에 있어서 고증적 검토를 중요시한 것은
당연하다. 이것은 그의 실학의, 경전 주석에서의 특징적 일면이
경문(經文)에 대한 진위(眞僞) 분석에 있기 때문이다. 다산의 경전

주석의 기본 방향이 중세 철학인 성리학을 극복하기 위해 탈성리학적·합리적·실학적 성격을 띤다고 볼 때, 그의 경전 주석에서의 고증적 태도는 이들 기본 방향의 내면에 공통적으로 내포된 것이라고 하겠다. 그는 「상서고훈범례尙書古訓凡例」에서 "문자가 다른 것은 '고이(考異)'라고 표시하고, 뜻이 잘못된 것은 '고오(考誤),' 다른 자료를 인용하여 증명한 것은 '고증(考證),' 서로 논의한 것을 공평하게 평한 것은 '고정(考訂),' 서로 따진 것을 대조한 것은 '고변(考辨)'이라고 표시하였다"라고 하여, 경전 주석에 '고(考)'자를 강조하였다. 그가 경학에서 고증적 검토를 얼마나 중요시했는가를 말해주는 한 단면이라고 하겠다.

그러나 그는 "청(淸)나라 학자들의 학문은 고증에 뛰어나고, 고증의 법은 훈고(訓詁)에는 정밀하나 의리(義理)에는 소략하다. 〔……〕 송(宋)이 반드시 다 옳지는 않지만 그 몸과 마음에 체득하여 행하고자 하는 것은 옳다. 어찌 한유(漢儒)들처럼 장구(章句)나 공부하고 훈고(訓詁)나 밝혀서 박사의 영록(榮祿)을 바라는 자들과 같겠는가?"(新朝鮮本 『梅氏書平』 卷4, 張22/이 책 pp. 617~18)라고 하였다. 이렇듯 다산의 경학은 고증적 검토를 중요시하면서도 청대 유가(儒家)의 유폐인 고증을 위한 고증만은 취하지 않고, 송유(松儒)의 학문 중 실천적 일면과 청유(淸儒)의 학문 중 고증적이고 실증적인 일면을 취사선택하였다. 『매씨서평』에는 이러한 다산의 학문적 태도가 집대성되어 있다. 다산 경전 주석의 실학적인 면모가 이 책을 통해 압축적으로 드러나는 것이다.

역주 매씨서평

매씨서평(梅氏書平) 1

서(序)

전에 내가 서울 성균관에서 공부할 때, 스승과 친우들이 왕왕 매색(梅賾)[1]의『고문상서古文尙書』25편은 문장의 품격이 졸렬하다며 의아스러워함을 듣고 마음속으로 그 말이 옳다고 여겼다. 규장각에서 임금[2]의 요청에 응하여 강의할 때에 과정이「우공禹貢」[3]에 이르러서 부친상을 당하게 되었다. 아직도 기억나는데, 건륭(乾隆) 임자년(1792년) 봄에 희정당(熙政堂)에서 임금을 모시고「우공」의 강의를 끝내자 임금께서 곡진한 어조로 거듭 칭찬해주었다. 이때에 임금께서는 경전 연구에 침잠해 당대의 영재들에게 두루 자문하고,『상서』에 대한 조문(條問) 수백여 조를 만들어 자상하게 금문(今文)[4] 고문(古文)[5]을 변별하려는 데 뜻을 기울였으나, 이

---

1) 梅賾: 東晉 西平人. 字는 仲眞. 豫章太守를 지냈다. 逸失된 孔安國의『古文尙書傳』을 매색이 처음으로 얻어 元帝 때 조정에 바쳤다고 하는데, 후대의 사람들은 매색의 위작으로 본다.『世說新語』에는 梅頤로 되어 있다.
2) 임금: 正祖를 말함.
3)「禹貢」:『書經』의 篇名.
4) 今文: 經書의 문자가 漢代에 통용하던 隸書로 씌어진 것을 말함.
5) 古文: 經書의 문자가 漢代 이전의 古籀文字로 씌어진 것을 말함.

못난 신하는 집상(執喪) 중이라 조목조목 대답하지 못하였으니, 지금까지도 한이 서린다. 왜냐하면 임금께서 이미 돌아가셔서 내가 들은 것을 물어볼 길이 없기 때문이다.

가만히 생각하건대, 매색의『상서』는 여러 말들을 모아 일가를 이룬 것이니, 좋은 말과 바른 교훈이 또한 적지 않다. 그러나 그것을 수집할 적에 다른 전적에 「열명兌命」[6]이나 「태서太誓」[7]처럼 본디 편명이 표시되어 있는 구절의 경우, 그것으로 「열명」이나 「태서」를 만들었다면 누구인들 옳지 않다고 하겠는가마는, 「하서夏書」[8]나 「주서周書」[9]처럼 다만 시대만 표시한 것과 '서왈(書曰)' '서운(書云)'과 같이 아무 편(篇) 표시도 따로 없는 것까지를 각 편에 나누어 집어넣고 위조한 말을 섞어 구차하게 문맥만 겨우 통하게 하여『상서』라는 경전의 이름을 훔쳤으니, 무릇 신중히 생각하고 밝게 분별하는 사람들은 모두 연구하고 조사해보아야 할 것이다. 그런 까닭에 주자(朱子)가 이르기를 "'나는 일찍이 공안국(孔安國)[10]의『상서』가 가짜라고 의심하였다' '공안국의『상서』는 동진(東晉)에 이르러서야 출현하였는데, 이 이전의 유학자들은 모두 그것을 본 적이 없으니, 그 진위(眞僞)가 매우 의심스럽다' '『상서』중에 읽기 쉬운 것은 다 고문(古文)이고 읽기 어려운 것은 다 금문(今文)이다' '복생(伏生)[11]이 말로 전해줄 때에 어찌해서 유독 어려

---

6) 「兌命」: 「說命」이라고도 한다. 『書經』의 篇名.
7) 「太誓」: 『書經』의 篇名.
8) 「夏書」: 『書經』의 4書(「虞書」·「夏書」·「商書」·「周書」) 중 하나. 「禹貢」 등 4편으로 되어 있다.
9) 「周書」: 『書經』의 4書 중 하나. 「泰誓」 등 32편을 말한다.
10) 孔安國: 前漢 曲阜人. 武의 아들, 공자의 11世孫. 字는 子國. 武帝 때에 諫議大夫·臨淮太守를 지냄. 『古文孝經傳』 『古文尙書孔安國傳』을 지었다고 한다.
11) 伏生: 前漢 濟南人. 秦의 博士. 이름은 勝, 字는 子賤. 文帝 때에 『今文尙書』에 해당하는 『尙書』의 壁藏本(원래는 古文으로 되어 있었음) 29편을 전수하였다고 한다.

44

운 것은 기억하면서 쉬운 것은 전혀 기억하지 못하였는가?' '수백 년 동안 벽 속에 있으면서 한 글자도 훼손되지 않을 것이 어디 있겠는가?'"라고 하였다(『朱子語類』에 『古文尙書』를 의심한 말은 40여 조가 있다. 여기에 다 기록하지 않는다—原註).

대저 한당(漢唐) 이래로 옛 경전을 독실히 좋아한 사람으로 주자 만한 이가 없었다. 그가 어찌 의심하지 말아야 할 것을 의심하여 흠 없는 최상의 보물을 훼손시키고자 했겠는가? 매색의 『상서』에 진실로 의심할 만한 것이 있는 까닭에 주자가 의심하지 않을 수 없었을 뿐이다. 하물며 덕 있는 자는 반드시 이웃이 있어 외롭지 않은 법으로 주자 앞에 오역(吳棫)[12]이 있었고, 주자 뒤에 오징(吳澄)[13]이 있어서 모두 별도의 책을 지어 그 거짓됨을 통렬히 분별하였으니, 매색을 공박함이 어찌 오직 주자뿐이겠는가? 그런데 모기령(毛奇齡)[14]의 책이 나옴에 이르러서 그가 더할 나위 없이 주자를 업신여기고 욕하여 말하기를 "고문의 억울함은 주자에게서 비롯되었다"고 하였는데, 그가 지은 『고문상서원사古文尙書冤詞』[15] 8권은 횡설수설하면서 수천만 말을 지껄여댔다. 그러면서 스스로 말하기를 "나는 성인의 경전을 보위한다"고 하였다. 말을 이미 이

---

12) 吳棫: 宋 建安人. 字는 才老. 泉州通判을 지냄. 梅賾이 바쳤다고 하는 『古文尙書孔安國傳』에 대해 의심을 품은 최초의 학자이다. 저서로 『書裨傳』『詩補音』『論語指掌』『考異續解』『楚辭釋音』 등이 있다.

13) 吳澄: 1249~1333. 元 崇仁人. 字는 幼淸, 號는 草廬, 諡는 文正. 翰林學士를 지냄. 저서로는 『易纂言』『書纂言』『詩纂言』『春秋纂言』『禮記纂言』 등이 있다.

14) 毛奇齡: 1623~1716. 淸 蕭山人. 字는 大可, 號는 秋晴 또는 西河. 그는 群書에 널리 통했으나 駁辨으로 남에게 이기는 것을 좋아하였다. 『古文尙書冤詞』를 지어 閻若璩의 說을 반박하고 梅賾이 바친 僞古文을 眞古文이라고 하였다. 저서로는 『推易始末』『春秋毛氏傳』『大學證文』『孝經問』『古文尙書冤詞』『西河文集』 등이 있다.

15) 『古文尙書冤詞』: 毛奇齡의 저술이다. 내용은 梅賾이 조정에 바쳤다는 『古文尙書孔安國傳』이 僞書가 아닐 뿐만 아니라 梅賾이 僞作한 것도 아니라는 것을 해명해놓은 것이다.

렇게 해놓고서 하필이면 입이 아프도록 힘써 싸워 경전을 해치는 욕을 해대는가? 다만 그 본뜻이 성인의 경전을 보위하려 함에 있는 것이 아니라, 무릇 주자가 한 말이면 그것을 배척하여 스스로 한 기치(旗幟)를 세우려고 하는 데 주력한 것이니 비록 이름은 드러났을지라도 뜻이 매우 바르지 않다. 무릇 마음을 공평히 잡고 있는 자는 반드시 분별해야 할 것이다. 그러나 그 책의 고증은 속이는 데 뛰어나고 변론이 호쾌하여 정밀하게 연구하고 조사하지 않으면 그 기세를 꺾기가 쉽지 않다. 또한 무릇 죄의 경중을 논하는 법에서 가장 중요한 것은 공평함과 진실함이니, 한대(漢代) 사람들이 만든 정위평(廷尉平)[16]이라는 관직이 바로 이것이다. 그가 무슨 억울함이 있어서 기세 등등하게 말을 떠벌리는가? 나는 본래 다른 생각이 없는지라 공평한 태도로 그의 주장에 대응하니, 또한 편안한 마음으로 지친 적을 맞이하는[以逸待勞][17] 격이다. 이에 주자가 의심을 일으킨 실마리를 취하여 공평한 마음으로 그것을 바로잡아 '매씨서평(梅氏書平)'이라 제목을 붙였으니, 모두 9권이다.

---

16) 廷尉平: 漢代 廷尉의 屬官. 정위는 형벌에 관한 사무를 맡은 벼슬. 정위평은 獄訟을 공평하게 판결한다는 뜻에서 주어진 명칭이다.
17) 以逸待勞: 자기는 편안하게 있으면서 지친 적을 맞아 싸우는 것을 말함. 『魏志』「明帝紀」에 나오는 말.

총서(總叙)

상갑(上甲) 1

고문과 금문의 『상서』의 학(學)은 모두 세 가지 본(本)이 있다.
그 하나는 복생(伏生)이 전한 『금문상서』 29편(經 28편, 書序 1편—
原註)인데 한 문제(漢文帝)[18] 때에 나온 것이다. 그 다른 하나는 공
안국이 헌납한 『고문상서』 46권(伏生의 本과 같은 것이 29권, 增多本이
16편, 「僞太誓」가 1편이다—原註)인데 한 무제(漢武帝)[19] 때에 나온 것
이다. 그 다른 또 하나는 매색이 주상(奏上)한 것으로, 공안국의
『고문상서』 58편(孔安國의 本과 같은 것이 33편이고 增多本이 25편이다—
原註)이라고 일컬어지는 것인데 동진(東晉)[20] 때에 나온 것이다. 복
생의 금문학(今文學)은 진 회제(晉懷帝) 영가(永嘉)의 난(亂)[21]에 없
어졌고(『隋書』에 보인다—原註), 공안국의 고문학은 중도에 그 계승
이 부진해지고 관학에서도 곧이어 폐지되었는데, 건무(建武)[22] 연
간에 두림(杜林)[23]이 그것을 전하고, 가규(賈逵)[24]·마융(馬融)[25]·정
현(鄭玄)[26] 등이 훈전(訓傳)을 만들어 세상에서 높이는 바가 되었다
가 당(唐)에 이르러서 없어졌다(『後漢書』『隋書』『唐書』—原註). 매색

---

18) 漢文帝: 재위 B.C. 180~157. 前漢 제2대 왕.
19) 漢武帝: 재위 B.C. 141~87. 前漢 제7대 왕.
20) 東晉: 317~419에 있었던 중국 왕조.
21) 永嘉의 亂: 西晉末(311년)의 大亂. 이때 없어진 古書가 많다고 한다.
22) 建武: 後漢 光武帝 때의 年號. 25~56.
23) 杜林: ?~A.D. 47. 後漢人. 鄴의 아들. 字는 伯山. 『小學』과 文字에 精通
    하였음. 侍御史·大司空을 지냈다.
24) 賈逵: 31~101. 後漢 平陵人. 徽의 아들. 字는 景伯. 侍中을 지냄.
25) 馬融: 79~166. 後漢 扶風人. 字는 季長. 議郎을 지냄. 『孝經』『論語』『詩
    經』『書經』『易經』에 註를 냈다.
26) 鄭玄: 127~200. 後漢 高密人. 字는 康成. 저서로 『毛詩箋』이 있으며 『周
    禮』『儀禮』『禮記』『書經』 등에 註를 냈다.

이 스스로 말한 바의 고문학은 진 원제(晉元帝)[27] 때 처음으로 학관(學官)에 세워졌고(『晉書』「荀崧傳」— 原註) 당 태종(唐太宗)[28] 때 공영달(孔穎達)[29]이 『상서정의尚書正義』를 지었으며 남송(南宋) 때 채침(蔡沈)[30]이 『서집전書集傳』을 지었으니 지금 세상에 행해지는 것이 이것이다. 또 한 성제(漢成帝)[31] 때 장패(張霸)[32]가 『상서』 102편(이른바 『百兩篇』이라는 것이다 — 原註)을 위작(僞作)하여 조정에 바쳤으나 당시에 곧 쫓겨났다(「儒林傳」 『漢書』— 原註).

이상의 것이 그 대략이다. 이에 공영달의 『상서정의』와 채침의 『서집전』이 서로 도와 학설을 이루고 있어 진위(眞僞)를 분별하지 못하여, 학자들이 이미 그 시말(始末)을 분별할 수 없게 되었다. 이에 모기령의 『고문상서원사』가 또 어지럽게 뒤섞이어 복잡다단하게 현혹하니, 보는 사람들이 미혹(迷惑)에 빠지게 되었다. 이제 세 본(本)의 원류를 취하여 다음과 같이 정리한다.

제1 복생(伏生)이 전한 『금문상서』

상갑(上甲) 2

『사기史記』 「유림전儒林傳」에 이르기를, "복생은 제남(濟南) 사람인데(伏生의 이름은 勝이다 — 原註) 본래는 진(秦)의 박사(博士)이다.

---

27) 晉元帝: 재위 317~322. 東晉 제1대 왕.
28) 唐太宗: 재위 626~649. 唐 제2대 왕.
29) 孔穎達: 574~648. 唐 衡水人. 字는 沖遠, 또는 仲達, 謚는 憲, 공자의 32 世孫. 太宗의 명을 받아 『五經正義』를 찬하였다.
30) 蔡沈: 1167~1230. 宋 建陽人. 元定의 아들이며 沆의 동생. 字는 仲默, 號는 九峯, 謚는 文正. 朱熹를 師事함. 저서로 『書集傳』 『洪範皇極內篇』이 있다.
31) 漢成帝: 재위 B.C. 33~7. 前漢 제11대 왕.
32) 張霸: 前漢 東萊人. 『尚書』 102편을 지었음. 당시에 이미 劉向이 僞文으로 판정하였다.

효문제(孝文帝)³³⁾ 때에 『상서』 공부에 능한 사람을 구하고자 하였
는데, 천하에 그런 사람이 없었다. 그러다가 복생이 『상서』 공부
에 능하다는 소문을 듣고 그를 부르고자 하였다. 그런데 이때 복
생의 나이가 90여 세로 늙어서 다닐 수가 없었다. 이에 태상(太常)
에 명(命)하여 장고(掌故)인 조조(鼂錯)³⁴⁾를 시켜 가서 배우게 하였
다. 진나라 때 분서(焚書)를 할 때, 복생이 그것을 벽 속에 감추어
두었던 것이다. 그후 전쟁이 크게 일어나서 떠돌아다니다가, 한
(漢)이 평정하자 복생이 그 『상서』를 찾으니, 수십 편이 없어지고
오직 29편만을 입수하게 되었는데 이것을 제(齊)와 노(魯) 등지에
서 가르쳤다.〔……〕 복생이 제남(濟南)의 장생(張生)³⁵⁾과 구양생(歐
陽生)³⁶⁾에게 가르쳤고, 구양생은 천승(千乘)의 예관(兒寬)³⁷⁾에게 가르
쳤다"고 하였다(「鼂錯傳」에도 보인다 — 原註).

내가 살펴보건대, 29편이란 것은 경(經) 28편과 「서서書序」 1편
이다(당시에는 「書序」가 따로 1편으로 되어 있었으며 각 편의 卷頭에 나누어
두지 않았다 — 原註). 후인(後人)이 간혹 1편을 「위태서僞太書」라고
의심한 것은 잘못이다.

상갑(上甲) 3

『한서漢書』 「예문지藝文志」에 이르기를 "『주역周易』에 '하수(河
水)에서 그림이 나오고 낙수(洛水)에서 글이 나왔다'³⁸⁾고 하였다.

---

33) 孝文帝: 漢文帝. p. 47 주 18 참조.
34) 鼂錯: B.C. 200~154. 前漢 潁川人. 晁錯 또는 朝錯로도 쓴다. 景帝 때 御
    使大夫를 지냄.
35) 張生: 前漢 濟南人. 伏生에게 『尙書』를 배워 博士가 되었다.
36) 歐陽生: 前漢 千乘人. 字는 和伯. 伏生의 제자. 『尙書』를 兒寬에게 가르
    치고, 예관은 다시 구양생의 아들에게 전수하여 이로써 『尙書』에 歐陽氏
    의 學이 있게 되었다.
37) 兒寬: ?~B.C.103. 前漢 千乘人. 御史大夫를 지냈다.
38) 伏羲 때 河水에서 등에 그림이 있는 龍馬가 나오고 夏의 禹王이 홍수를
    다스릴 때 洛水에서 등에 글자 모양이 있는 神龜가 나왔다는데, 여기서

그러므로 『상서』의 기원은 오래되었다. 공자(孔子)가 그것을 편찬하되 위로는 요(堯)에서 자르고 아래로는 진(秦)에서 끝나니 모두 1백 편인데, 이에 「서序」를 지어서 그 지은 뜻을 말하였다. 진나라는 책을 불태우고, 배우는 것을 금하였는데 제남의 복생이 홀로 그것을 벽에 감추었다. 한나라가 흥하자 망실된 것을 구하여 그 중 29편을 얻어서 제나라와 노나라 등지에서 가르쳤다"고 하였다.

내가 살펴보건대, 1백 편의 「서序」는 복생의 벽에 원래 있었던 것이다. 그렇기 때문에 반고(班固)[39]가 이와 같이 기록한 것인데, 후유(後儒)들이 살피지 아니하고 매양 이르기를 "1백 편의 서는 공안국의 본에만 있다"고 하니 또한 사실과는 먼 것이다(伏生에게 百篇의 「序」가 있었기 때문에 「帝告」「九共」「嘉禾」 같은 것을 伏生의 『書大傳』에 낱낱이 말하고 있다 ─ 原註).

상갑(上甲) 4

『한서』 「유림전」에 이르기를, "구양(歐陽)과 대·소하후(大·小夏侯)[40]의 학은 모두 예관에서 나왔다"고 하였다.

구양생(字는 和伯이다 ─ 原註)은 천승(千乘) 사람이다. 복생을 사사하고 예관에게 전수하였다. 예관은 또 공안국에게도 수업을 받았다(생각하건대, 孔安國도 본래 今文을 공부하였다 ─ 原註). 예관이 구양생의 아들에게 전해주고 거기서 세전(世傳)하여 증손인 구양고(歐陽高)[41]와 구양고의 손자인 구양지여(歐陽地餘)[42]에 이르기까지 박사

나온 그림과 글자가 『周易』의 원리와 『洪範』의 연원이 되었다고 함. 「繫辭」 上에 나온다.
39) 班固: 32~92. 後漢 扶風 安陵人. 字는 孟堅. 『漢書』를 지었다.
40) 大·小夏侯: 夏侯勝과 夏侯建을 말함. 하후승은 前漢의 東平人으로 字는 長公, 夏侯始昌의 族子이다. 시창에게 『尙書』와 『洪範五行傳』을 배웠고, 이것을 從父의 아들인 하후건에게 전하였다. 하후승은 太子太傅를 지냈으며 『尙書論語說』을 撰하였고, 하후건은 太子少傅를 지냈다.
41) 歐陽高: 前漢 千乘人. 歐陽生의 曾孫. 字는 子陽. 博士를 지냄.
42) 歐陽地餘: 前漢人. 구양고의 玄孫. 字는 長賓. 博士를 지냄.

가 되었다. 이로 말미암아 『상서』에는 대대로 구양씨의 학이 있게
되었다. 하후승(夏侯勝)은 그 선조인 하후도위(夏侯都尉)⁴³⁾가 제남의
장생을 좇아서 『상서』를 전해 받아서 족자(族子)인 시창(始昌)⁴⁴⁾에
게 전하였고 시창이 승(勝)에게 전하였다. 승은 또 동군(東郡)의 간
경(簡卿)⁴⁵⁾을 섬겼는데 간경은 예관의 문인(門人)이다. 승이 종형(從
兄)의 아들인 건(建)에게 전하였는데 건은 또 구양고를 섬겼다. 이
로 말미암아 『상서』에는 대·소하후의 학이 있게 되었다(武帝가 五
經博士를 세웠는데 처음에는 『尙書』에 오직 歐陽의 학만 있었다. 宣帝 때에 이
르러서 다시 大·小夏侯의 尙書學을 세웠다 — 原註).

내가 살펴보건대, 양한(兩漢)의 「유림전」에는 복생의 학을 전한
것이 갈래가 나뉘고 파(派)가 갈라져 있어 다 기록할 수가 없으나
모두 구양생과 대·소하후의 삼가(三家)에서 나온 것이다. 여기서
는 모두 생략한다.

상갑(上甲) 5

『한서』「예문지」에 『상서』경(經) 29권(顏師古⁴⁶⁾가 말하기를 "이것은
伏生이 전수한 것이다"라고 하였다 — 原註), 『전傳』 41편(즉 伏生의 『傳』이
다 — 原註), 『구양장구歐陽章句』31권(『後漢書』에 또 『牟氏章句』四十五萬
餘言이 있다 — 原註), 『대·소하후장구』 각 29권(大夏侯는 勝이고 小夏侯
는 建이다 — 原註), 『대·소하후해고大·小夏侯解故』 29권(孝宣帝⁴⁷⁾ 때
三家가 모두 學官에 세워졌다 — 原註), 『구양설의歐陽說義』 2편(또 劉向⁴⁸⁾

---

43) 夏侯都尉: 前漢人. 勝의 先祖. 濟南의 張生에게 『尙書』를 배워 族子인 始
昌에게 전하였다.
44) 始昌: 夏侯始昌. 前漢 魯人. 五經에 정통하고, 『齊詩』『尙書』를 가르쳤다.
45) 簡卿: 甫卿이라고도 한다. 前漢 東平人. 『尙書』를 예관에게 배워서 하후
승에게 전하였다.
46) 顏師古: 581~645. 唐 萬年人. 之推의 아들. 字는 籀, 諡는 戴. 『漢書』를
註하였다.
47) 孝宣帝: 漢宣帝. 재위 B.C. 73~49. 前漢 제7대 왕.
48) 劉向: 대략 B.C. 77~6. 前漢 때의 經學者로 字는 子政, 본명은 更生. 楚

의 『五行傳記』 11권과 許商[49]의 『五行傳記』 1편이 있다 — 原註)이 있다.

내가 살펴보건대, 후한 말(後漢末)에 채옹(蔡邕)[50]이 새긴 석경(石經)은 복생의 금문이다(孔穎達의 『尙書正義』에 보인다 — 原註).

상갑(上甲) 6

『수서隋書』「경적지經籍志」에 이르기를 "영가(永嘉)의 난(亂)(晉懷帝의 末이다 — 原註)에 구양과 대·소하후의 『상서』가 모두 없어졌다"고 하였다(또 이르기를 "濟南 伏生의 『尙書傳』은 오직 劉向 父子[51]가 저술한 『洪範五行傳』만이 그 本法이나 또한 어긋난 데가 많다"고 하였다 — 原註).

내가 살펴보건대, 동경(東京)[52] 이래로 대·소하후가 이미 쇠미(衰微)해지고 오직 모용(牟融)[53]이 대하후를 익히고(또 吳良[54]·張馴[55] 등이 있다 — 原註) 왕량(王良)[56]이 소하후를 익혔으며 구양씨는 침체하여 부진하였다. 광무제(光武帝)[57] 때에 주보(朱普)[58]·환영(桓榮)[59]

元王 交의 4世孫. 劉歆의 아버지. 中壘校尉를 지냄. 저서로는 『洪範五行傳』 『列女傳』 『列仙傳』 『新序』 『說苑』 등이 있다.

49) 許商: 前漢 長安人. 字는 長伯. 夏侯勝의 제자인 周堪에게 『尙書』를 배웠다. 『五行傳記』를 지음.

50) 蔡邕: 132~192. 後漢 圉人. 字는 伯喈. 議朗을 지냄. 저서로 『獨斷』 『蔡中朗集』이 있다.

51) 劉向 父子: 劉向과 그의 아들 劉歆. 유흠(?~21)은 字가 子駿. 후에 이름을 秀, 字를 穎叔으로 고쳤음. 王莽이 簒位한 후에 國師가 되었다.

52) 東京: 後漢의 都邑 洛陽. 여기서는 後漢 때를 가리킴.

53) 牟融: ?~79. 後漢 安丘人. 字는 子優. 젊어서부터 박학하여 門徒가 수백인이 되었음. 太尉를 지냄.

54) 吳良 : 後漢 臨淄人. 字는 大儀. 議郎을 지냄.

55) 張馴: 後漢 定陶人. 字는 子儁. 大司農을 지냄.

56) 王良: 後漢 蘭陵人. 字는 仲子. 大司徒司直을 지냄.

57) 光武帝: 재위 25~57. 後漢 제1대 왕.

58) 朱普: 後漢 九江人. 字는 公文. 『歐陽尙書』를 平陵의 平當에게 배워 博士가 됨.

59) 桓榮: ?~59. 後漢 龍亢人. 字는 春卿. 『歐陽尙書』를 배워 博士가 됨. 太常을 지냄.

이 모두『모씨장구牟氏章句』를 익혔으며 그후 환영의 아들 환욱(桓郁)[60]과 현손 환전(桓典)[61], 그리고 양진(楊震)[62]·장환(張奐)[63] 등이 면면히 끊이지 않았다(모두『後漢書』에 보인다 ── 原註). 동한(東漢)의 말기에 이르러 마융·정현의 고문학이 크게 번성하고 삼가(三家)는 모두 폐하여졌기 때문에 진(晉)에 이르러 드디어 없어졌다.

제2 공안국(孔安國)이 헌납한『고문상서』

상갑(上甲) 7

『사기』「유림전」에 이르기를 "복생이 제남의 장생과 구양생을 가르쳤고, 〔……〕이 뒤에 노(魯)의 주패(周覇)[64]·공안국(孔安國)·낙양(洛陽)의 가가(賈嘉)[65](賈誼의 孫子 ── 原註)가 자못『상서』에 관한 일을 잘 말하였다(모두 伏生의 學이다 ── 原註). 공씨에게는『고문상서』가 있었는데 공안국이 금문으로 그것을 읽어 그로 인하여 그 집을 일으키고 일서(逸書) 10여 편을 얻었으니, 대개『상서』가 이에서 더 많아졌다"고 하였다.

내가 살펴보건대, 공안국도 본래 또한 복생의 문도(門徒)인 까닭에 복생이 죽은 후에 예관(兒寬)이 공안국에게 수업을 받았다. 일서 10여 편이 바로 이른바 증다본(增多本) 16편이다.

---

60) 桓郁: ?~93. 後漢 龍亢人. 桓榮의 아들. 字는 仲恩. 敦厚博學하였으며, 太常을 지냄.

61) 桓典: ?~201. 後漢 龍亢人. 桓榮의 玄孫. 字는 公雅. 벼슬은 御使中丞. 關內侯에 封해졌다. 茶山은 桓典을 桓榮의 아들로 잘못 본 듯하다.

62) 楊震: ?~124. 後漢 華陰人. 楊寶의 아들. 字는 伯起. 經傳에 밝고 博覽하였으며, 당시 사람들이 關西孔子라고 일컬었음. 東萊太守를 지냄.

63) 張奐: 104~181. 後漢 酒泉人. 字는 然明. 護匈奴中郎將을 지냄.

64) 周覇: 前漢 魯人. 王同에게 易을 배웠고 易으로 大官에 이르렀으며『尙書』에 대해서도 잘 알았다.

65) 賈嘉: 前漢人. 賈誼의 孫子. 武帝가 즉위하여 賈誼의 손자 둘을 郡守로 삼았는데 賈嘉는 학문을 매우 좋아하였음. 昭帝 때에는 九卿이 되었다.

『한서』「예문지」에 "『상서고문경尙書古文經』 46권(57편이 된다—原註)이다. 『고문상서』라는 것은 공자 고택의 벽 속에서 나온 것이다. 무제 말(末)에 노 공왕(魯共王)이 공자의 집을 헐어서 그 궁궐을 넓히고자 하였는데, 거기에서 『고문상서』와 『예기』『논어』『효경』 등 무릇 수십 편을 얻었으니 모두 고자(古字)로 된 것이다. 공왕이 그 집에 들어가서 금슬(琴瑟)과 종경(鐘磬) 소리가 나는 것을 듣고 이에 두려워서 그만두고 허물지 않았다. 공안국은 공자의 후손인데 거기에 있는 『상서』를 모두 얻어서 29편과 대조하니 16편이 더 많았다(「汨作」「九共」 등—原註). 공안국이 그것을 조정에 바쳤는데 무고 사건(巫蠱事件)[66]을 만나 학관(學官)의 강좌에 들어가지 못하였다. 유향이 중고문(中古文)으로 구양 및 대·소하후 삼가(三家)의 경문과 대교(對校)해보니 「주고酒誥」[67]에 한 조각의 탈간(脫簡)이 있었고, 「소고召誥」[68]에 두 조각의 탈간이 있었다. 한 조각의 죽간(竹簡)이 모두 25자(字)인 것은 탈자(脫字)도 역시 25자이고, 한 조각의 죽간이 모두 22자인 것은 탈자도 역시 22자이며, 문자(文字)가 서로 다른 것이 7백여 자, 『고문상서』에 있고 『금문상서』에 빠진 글자가 수십이다"라고 하였다.

내가 살펴보건대, 『논형論衡』[69]에 이르기를 "효경제(孝景帝)[70] 때 노 공왕이 공자의 교수당(敎授堂)을 허물고 담장 벽 가운데에서

---

66) 巫蠱事件: 漢武帝가 늙어서 귀신에 미혹되어 巫術을 숭상하였다. 이로 인하여 간신 江充이 무제와 태자 戾 사이를 이간하기 위하여 간계를 부려 太子宮에 오동나무로 만든 人形을 묻어두고 태자궁에 蠱氣가 있다고 무제에게 고함으로써 이것이 비화되어 병력까지 동원된 사건을 말함(『漢書』「武帝紀」 및 「江充傳」 참조).

67) 「酒誥」: 『書經』의 篇名.

68) 「召誥」: 『書經』의 篇名.

69) 『論衡』: 書名. 30卷. 前漢 王充이 撰함.

70) 孝景帝: 漢景帝. 재위 B.C. 157~141. 前漢 제6대 왕.

1백 편의 『상서』를 얻었다(「正說」—原註)"고 하였다. 「오종세가五宗世家」[71]를 참고해보니 무제의 말(末)은 노 공왕이 죽은 지 이미 오랜 뒤이다. 『논형』에 경제 때라고 한 것이 나은 것 같다(琴瑟鐘磬의 설도 『史記』에는 없다—原註). 46권이란 것은 복생의 금문과 같은 것이 29권이고 증다(增多)한 것이 16편, 「위태서僞太書」가 1편(당시에 성행하였기 때문에 고문 가운데 붙여 넣은 것이지 결코 벽 속에서 나온 본에 「僞太誓」가 있었던 것이 아니다—原註)으로 합하여 46권이 되는 것이다. 반고(班固)가 자주(自註)하여 57편이라 한 것은 공씨(孔氏)의 고문에서 「반경盤庚」[72]을 3편으로 나누고, 「고명顧命」[73]을 2편으로 나누었으며(「康王之誥」[74]로 만들었다—原註) 「구공九共」[75]은 본래 9편이니 이것을 세분(細分)하면 그 수가 57편이다(本經 28편에 「盤庚」에서 나뉘어 나온 것 2편, 「顧命」에서 나뉘어 나온 것 1편, 늘어난 것 24편, 「僞太誓」 1편, 「序」 1편은 모두 나누어지지 않았다—原註). 또 살펴보건대, 선유(先儒)들은 모두 고문을 창힐(倉頡)[76]의 고문이라고 생각하였으니(孔穎達의 『尙書正義』에 보인다—原註) 중고문이란 것은 사주(史籒)[77]의 대전(大篆)이다(易이 일어난 것은 中古이니 中古란 西周이다—原註). 고문과 금문이 아득히 멀리 단절되어서 이에 중고의 전문(篆文)을 취하여, 위로 고문과 비교하고 아래로 금문과 대조해서 참고하여 풀이하면 이에 그 동이(同異)를 알게 될 것이다.

---

71) 「五宗世家」: 『史記』의 篇名. 孝景帝의 아들 13명이 王이 되었는데 어머니가 5명이어서 同母者를 宗으로 하여 붙인 이름이다.

72) 「盤庚」: 『書經』의 篇名.

73) 「顧命」: 『書經』의 篇名.

74) 「康王之誥」: 『書經』의 篇名.

75) 「九共」: 逸書의 篇名.

76) 倉頡: 중국 전설상의 인물이어서 확신할 수는 없으나 기록에는 黃帝 때의 左史로서 처음으로 漢字의 원류인 문자를 만든 사람으로 전해진다.

77) 史籒: 周宣王 때의 太史인 籒. 그 이전의 古文의 字體를 바꾸어 大篆을 만든 사람. 그리하여 大篆을 일명 籒文이라고 한다. 그러나 史籒가 人名이 아니라 書名이라는 異說도 있다.

○또 살펴보건대, 유향이 대교(對校)한 것은 불과 29편이니 29편도 겨우 복생의 경문(經文)으로 동이(同異)를 대교한 것이고, 나머지 16편은 다리가 이미 끊어져서[78] 비교 대조할 길이 없으므로 당시에 토론한 바가 없었던 것이다.

상갑(上甲) 9

순열(荀悅)[79]의 『한기漢紀』에 이르기를, "노공왕이 공자의 집을 헐어서 『고문상서』를 얻었는데 16편이 많았다. 무제 말에 공안국의 일가(一家)[80]에서 그것을 헌납하였는데, 마침 무고 사건(巫蠱事件)이 있어 학관(學官)의 강좌에 들어가지 못하였다"고 하였다.

유향의 『별록別錄』에 이르기를, "『고문상서』는 16편이다"고 하였고(『左傳』의 「序」와 『春秋左傳正義』에 자세히 보인다 — 原註) 마융의 「서서書序」에 이르기를, "일서(逸書) 16편은 끊어져 사설(師說)이 없다"고 하였다(孔穎達의 『尙書正義』에 보인다 — 原註).

주죽타(朱竹垞)[81](이름은 彝尊이다 — 原註)가 이르기를, "「공자세가孔子世家」에 '공안국이 일찍 죽었다'고 하였고(武帝 때에 博士가 되었

---

78) 나리가 이미 끊어져서: 茶山은 『梅氏書平』을 처음 지술할 때 '다리가 이미 끊어져서〔津梁旣斷〕'를 '虹橋旣斷'으로 표현하였으나, 臺山 金邁淳과 나눈 經學 관계 往復 書翰에서 臺山이 1822년 1월 29일자의 편지에 '虹橋旣斷'은 科文 같은 분위기가 있으니, '津梁旣斷'으로 바꾸는 것이 어떻겠느냐고 하였으므로 다산이 그 의견을 수용하여 1822년 2월 4일자의 답장에서 이를 修訂하겠다고 하였다. '津梁旣斷'은 道脈이 中斷되었다는 뜻이다.

79) 荀悅: 148~209. 後漢 穎川人. 荀淑의 손자. 字는 仲豫. 秘書監·侍中을 지냄. 『申鑑』 5편과 『漢紀』 30편을 지었다.

80) 孔安國의 一家: 原文에 "孔安國家"로 되어 있는 것을 譯註者가 '공안국의 집' 또는 '집안'으로 번역하지 않고 '孔安國의 一家'로 한 것은 孔安國과 그 傳承 관계에 있는 學派로 보았기 때문이다.

81) 朱竹垞: 1629~1709. 淸代의 경학자이자 문학가인 朱彝尊. 國祖의 曾孫, 字는 錫鬯. 竹垞는 그의 號. 『明史』를 편수하는 데 참여하였다. 檢討를 지냄. 저서로 『曝書亭全集』 『經義考』 『明詩綜』 『詞綜』 『日下舊聞』 『五代史補注』 등이 있다.

고 臨淮太守에 이르러 죽었다 — 原註), 「공안국전孔安國傳」에는 '공안국이 복생에게 『상서』를 배웠다'고 하였다(伏生의 나이가 90여 세이니 孔安國이 아무리 가장 어린 나이라 하더라도 이미 15~16세는 되었을 것이다 — 原註). 천한(天漢)[82]의 후에 연호(年號)를 태시(太始)[83]로 고쳤을 때 이미 72세이고, 정화(征和) 2년(B.C. 91년)에 무고 사건이 일어났을 때 공안국의 나이 77세였을 것이다. 그래도 일찍 죽었다고 말할 수 있겠는가? 마땅히 『한기』에 의하여 '가(家)'자(字)를 더하는 것이 옳다"[84]고 하였다(荀悅의 『漢紀』에 이르기를, "孝成帝 3년(B.C. 31년)에 劉向이 경전을 對校하는 것을 맡아서 하는 말이 '武帝 때에 孔安國의 일가에서 그것을 헌납하였다'고 하였으니, 孔安國이 이미 죽어서 그 일가에서 그것을 헌납하였음을 알겠다"고 하였다 — 原註).

○ 내가 살펴보건대, 16편이란 것은 「골작汨作」「구공九共」 등 복생의 본(本)보다 더 증가되어 있는 것인데, 문자(文字)가 오래전에 단절되어 서로 접근할 계제가 없었기 때문에 사설(師說)이 없어진 것이다. 또 살펴보건대, 『한서漢書』에 이르기를, "노인(魯人) 고당생(高堂生)[85]이 한(漢)의 박사가 되어 『의례儀禮』 17편을 전하였는데 이것이 금문이다"라고 하였다(지금 行해지는 『儀禮』 — 原註). 무제 말에 노 공왕이 공자의 집을 헐어서 『의례』 56편을 얻었는데 모두 전서(篆書)로서 이것이 고문이다. 고문 17편은 고당생이 전한 것과 같으나 글자가 같지 않은 것이 많다. 그 나머지 39편은 사설이 끊어져 없는데 관부(館府)[86]에 비장(秘藏)되어 있었다(「土冠禮」의 疏에 보인다 — 原註). 『상서』 16편이 사설이 끊어져 없는 것은 『의

---

82) 天漢: 漢武帝의 年號. B.C. 100~97.
83) 太始: 漢武帝의 年號. B.C. 96~93.
84) 朱彛尊의 『經義考』에 나온다.
85) 高堂生: 前漢 魯人으로 今文 禮學을 최초로 전수한 사람. 그는 오로지 고대 禮制만을 연구하였는데, 지금 전해지는 『儀禮』 17편은 곧 그의 전수로부터 나왔다고 함.
86) 館府: 왕실의 도서관.

례』39편이 있어서 사설이 끊어져 없는 것과 같으니, 금문과 고문
의 시말(始末)을 분별하고자 하는 자는 마땅히 『의례』와 함께 대
비해보아야 할 것이다.

상갑(上甲) 10

『가어家語』87)에 이르기를, "공등(孔騰)88)의 자(字)는 자양(子襄)이
다. 진나라의 법이 준급(峻急)하여 『상서』『효경』『논어』를 공자
의 옛집 벽중(壁中)에 감추어두었다"고 하였다(顔師古의 註에 『漢紀』
의 「尹敏89)傳」에 이르기를, "孔鮒90)가 所藏하였다'"고 하였으니 두 說이 같지
않다. 어느 것이 옳은지 모르겠다 ─ 原註).

○공영달이 이르기를, "태상료후(太常蓼侯) 공장(孔臧)91)은 공안
국의 종형(從兄)이다. 공안국에게 편지하여 말하기를 '옛 『상서』가
옥벽(屋壁)에 저장되었다가 홀연히 다시 나와 고훈(古訓)이 다시 펴
게 되었다. 내가 듣건대 『상서』28편은 28수(宿)의 상(象)을 취한
것이다. 무슨 의도로 이에 다시 1백 편을 두었겠는가?'라고 하였
다"고 하였다(「太誓」疏 ─ 原註).

내가 살펴보건대, 『공총자孔叢子』92)에도 공부(孔鮒)(襄의 兄. 字는

---

87) 『家語』: 『孔子家語』. 10권. 공자의 事行과 門人들과의 논의를 輯錄한 책.
88) 孔騰: 前漢 사람. 孔鮒의 동생. 字는 子襄. 長沙太守를 지냄.
89) 尹敏: 後漢 南陽 堵陽人으로 字는 幼季. 처음에는 『今文尙書』를 연구하
   였는데, 讖緯를 불신하여 뒤에 『古文尙書』를 연구하였으며, 또 『毛詩』
   『穀梁傳』『左傳』에도 정통하였다.
90) 孔鮒: 대략 B.C. 264~208. 秦末 사람. 孔穿의 孫子. 孔愼의 아들. 字는 子
   魚. 공자의 9世孫. 焚書 때에 『論語』『尙書』『孝經』등의 책을 벽에 감추
   었다고 하나 확실하지 않으며, 저서로 『小爾雅』가 있으며 또 다른 저서
   로 『孔叢子』가 있다고 하나 이는 후대인의 僞書라는 것이 정설이다.
91) 孔臧: 前漢 사람. 孔安國의 從兄으로 武帝時에 太常을 지냈다.
92) 『孔叢子』: 書名. 7권. 孔鮒가 撰하였다고 하나 후대인의 위서라는 것이
   학계의 통설이다. 仲尼 이하 子思·子上·子高·子順의 言行을 수집한 21
   편과 漢武帝 때의 太常 孔臧이 지은 賦와 書 등을 합쳐 上下篇으로 連叢
   하여 붙이고 '孔叢子'라고 하였다.

子魚―原註)를 『상서』를 소장한 사람으로 하여, 진여(陳餘)[93](成安君―原註)와 문답한 말을 기록하여놓았는데, 다만 이치에 합당하지는 않으나 어찌 『상서』를 소장한 사람이 화(禍)를 입을 것을 두려워하여 먼저 외부의 사람에게 퍼뜨려 누설시킬 이치가 있겠는가? 공장의 편지도 또한 『공총자』에 실린 것이다. 1백 편의 「서」는 복생도 역시 있었기 때문에, 『한서』 「예문지」에 분명히 말하기를 "공자가 1백 편의 「서」를 짓고 복생이 벽에 감추었다"(上甲三에 보인다―原註)고 하였으니, 1백 편의 「서」는 공안국에서 시작되지 않았다. 지금 공장의 편지에는 마치 공안국 이전에는 1백 편의 이름이 전혀 없는 것같이 되어 있으니, 이것이 어찌 서경(西京) 사람이 말한 것이겠는가? 『공총자』라는 것은 동진(東晉) 때의 위서(僞書)이다(『孔子家語』도 王肅[94]의 門徒가 고치고 윤색한 것으로 믿을 만한 책이 아니다―原註). 본래 『매서梅書』와 함께 나와서 『매서』를 측면에서 뒷받침하였다. 주자(朱子)가 한 손에서 같이 나온 것이라고 한 말이 진실하다.

상을(上乙) 1

『한서』 「유흠전劉歆傳」에는, "유흠이 『고문상서』를 건립하여 학관(學官)의 강좌에 들어가게 하고자 하여 박사에게 편지를 보내어 말하기를, '복생의 『상서』가 옥벽(屋壁)에서 처음 나왔으나, 썩고 부러지고 흩어져 없어졌다. 「태서」가 나중에 얻어짐에 박사들이 모여서 이것을 읽었다. 『고문상서』 16편은 천한(天漢: B.C. 100~97) 뒤에 공안국이 그것을 바쳤는데 비부(秘府)에 숨겨놓고 밖으로 내보

---

93) 陳餘: 秦 大梁人. 儒術을 좋아하였으며 張耳와 刎頸之交였다.
94) 王肅: 195~256. 三國 魏 東海人. 字는 子雍, 諡는 景. 賈逵・馬融의 學에 능하고 鄭玄의 學을 좋아하지 아니하였다. 中領軍・散騎常侍를 지냄. 『尙書』 『詩經』 『論語』 『三禮』 『左傳』의 解와 『孔子家語』의 註를 냈다.

이지 않는다'고 하였다"[95]고 하였다(哀帝[재위: B.C. 7~1] 때 劉歆이 『毛詩』, 『逸禮』, 『古文尙書』를 건립하여 강좌에 넣으려고 하였으나, 여러 박사들이 찬성하지 않았다. 劉歆이 편지를 보내어 책망하여 말하기를, "魯恭王이 공자의 집을 헐어서 宮을 만들고자 하다가 무너진 壁 속에서 고문을 얻었는데, 逸禮에 해당하는 것이 39권이고『尙書』에 해당하는 것이 16편이었다. 孔安國이 그것을 바쳤는데 巫蠱를 당하는 창졸의 어려움을 만나 시행되지 못하였다. 孝成帝가 이에 秘府에 소장된 것을 꺼내어 舊文을 對校 정리하여 學官에서 전해지는 것과 考閱하니 經도 간혹 脫簡이 있고 傳도 간혹 篇이 뒤섞여 있었다. 民間에 전해지는 것을 물으면 膠東의 庸生[96]이 남겨놓은 學으로 이와 같은 것이 있었는데 억눌려 시행되지 못하였다고 한다. 이는 識者들이 안타까워하고 민망히 여기는 바요, 士君子가 한탄하고 아파하는 바이다. 지난날에 학문을 이어받을 선비들이 끊겨져 없어진 것을 생각지 아니하고『尙書』가 다 갖추어진 것으로 여겼으니 어찌 슬프지 아니한가! 古文舊書가 모두 徵驗이 있고 內外가 相應하는데 어찌 구차스럽단 말인가!"라고 하였다. 편지가 들어가니 諸儒들이 모두 원한을 가졌고 光祿大夫 龔勝[97]은 미워하여 辭職을 請願해 그만두었고, 大司空 師丹[98]도 大怒하여 劉歆이 舊章을 고쳐서 어지럽히고 先帝가 세워놓은 것을 비방하였다고 아뢰니, 임금이 말하기를, "劉歆이 道術을 넓히고자 한 것이니 또한 어찌 비방한 것이겠는가?"라고 하였다. 劉歆은 이로 말미암아 뭇 儒者들의 비방의 대상이 됨으로써 벌 받을 것을 두려워하여 외직에 나가서 補吏가 되기를 구하여 河內太守가 되었다[99] — 原註).

내가 살펴보건대, 공씨(孔氏)가 바친 것은 본래 45편인데(『漢書』「藝文志」에는 「僞太書」 1편까지 함께 계산했기 때문에 46권이라고 하였다 —

---

95)『漢書』卷36, 「楚元王傳」 第6에 나온다.
96) 庸生: 庸譚. 前漢 膠東人. 孔安國 再傳의 제자. 그의 학문을 淸河의 胡常에게 전함.
97) 龔勝: 前漢 彭城人. 字는 君賓. 哀帝 때 光祿大夫를 지냈으며 渤海太守에서 병으로 그만두었다. 王莽이 집권하여 그를 불렀으나 일부러 음식을 끊은 후 14일 만에 죽었다.
98) 師丹: ?~A.D. 3. 前漢 東武人. 字는 仲公. 여러 차례 大司空이 되었으며 高樂侯에 봉해졌음. 哀帝가 즉위하여 庶人으로 되었다가 平帝가 즉위한 후 忠節로 인하여 다시 義陽侯에 봉해졌다. 시호는 節.
99)『漢書』卷36, 「楚元王傳」 第6.

原註) 여기에서 16편이라고 한 것은 비부(秘府)에 감추어져서 나오
지 않은 것이 16편이며 나머지는 민간에 퍼져 있었다. ○또 살펴
보건대, 경(經)에 간혹 탈간(脫簡)이 있다는 것은 『상서』와 일례(逸
禮)를 두고 한 말이다(「酒誥」「召誥」에 脫簡이 있다. 위에 보인다─原註).
전(傳)이 간혹 편(篇)에 뒤섞임이 있다는 것은 『시전詩傳』『좌전』
을 두고 한 말이다(당시에는 『書傳』이 없었다─原註). 전문(全文)을 자
세히 보면 알 수 있다.

상을(上乙) 2

『한서』「유림전」에 이르기를, "공씨에게 『고문상서』가 있었는
데, 공안국이 금문자로 그것을 읽어 그로 인하여 그 집을 일으키
고 일서(逸書) 10여 편을 얻었다(『史記』의 글을 따다 쓴 것이다─原註).
공안국이 도위조(都尉朝)[100]에게 전수(傳授)하고 사마천(司馬遷)[101]도
공안국을 좇아서 물었다. 그러므로 사마천의 글에는 「요전堯典」
「우공禹貢」「홍범洪範」「미자微子」「금등金縢」 등의 여러 편을 실
어놓았는데 고문의 설(說)이 많다. 도위조가 교동(膠東)의 용생(庸
生)(곧 庸譚이다. 『後漢書』에 보인다─原註)에게 전수하고, 용생은 청하
(淸河)의 호상(胡常)[102](字는 少子─原註)에게 전수하고, 호상은 괵
(虢)의 서오(徐敖)[103]에게 전수하고, 서오는 왕황(王璜)[104](字는 子

---

100) 都尉朝: 前漢 魯人. 都尉가 姓, 이름이 朝. 공안국에게 『古文尚書』를 배
    웠다.
101) 司馬遷: 대략 B.C. 145~90? 前漢 夏陽人. 司馬談의 아들. 字는 子長. 武
    帝 때 太史令을 지냄. 저서로는 『史記』 130권이 있다.
102) 胡常: 前漢 淸河人. 字는 少子. 『春秋穀梁傳』에 밝아 博士가 되고 部刺
    史를 지냈음.
103) 徐敖: 前漢 虢人. 淸河의 胡常을 섬겼으며 右扶風掾을 지냄. 또 解延年
    을 따르면서 毛公의 詩를 배웠으며 九江 陳俠에게 전수하였다. 이러한
    이유로 毛詩를 말하는 자는 徐敖를 근본으로 하였다.
104) 王璜: 前漢 琅邪人으로 字는 平中. 費直에게 易을 배웠고 徐敖에게 毛詩
    를 배웠으며 『古文尚書』의 傳을 지었다.

中—原註)과 평릉(平陵)의 도운(塗惲)[105](字는 子眞 — 原註)에게 전수하고, 도운은 하남(河南)의 상흠(桑欽)[106](字는 君長 — 原註)에게 전수하였다. 왕망(王莽)[107] 때에는 모든 학(學)이 학관에 설치되어 유흠이 국사(國師)가 되고 왕황·도운 등이 모두 현달하였는데 왕망이 폐망(廢亡)하자 관학이 이내 시행되지 아니하였다"고 하였다(또 贊에 이르기를, "平帝(B.C. 1 ~ A.D. 5) 때에 『古文尙書』를 세웠다"고 하였다 — 原註).

내가 살펴보건대, 금문자로 읽은 것이 29편이고(伏生의 本과 같은 것—原註) 나머지 16편은 이미 금문이 없어서 읽을 수 없었다. 그것으로 인하여 그 집을 일으켰다는 것은 문자가 다른 것이 7백여 개이며, 또 그 도(道)를 논하고 뜻을 해석하여 스스로 일가(一家)를 이루어 복생과 더불어 문호(門戶)를 달리했기 때문에 일가를 일으켰다고 한 것이다. 그리고 『공양전公羊傳』『곡량전穀梁傳』『추씨전鄒氏傳』『좌씨전左氏傳』이 별편(別篇)의 『춘추春秋』가 있는 것이 아니고 『제시齊詩』『노시魯詩』『한시韓詩』『모시毛詩』가 아송(雅頌)의 수를 늘린 것이 아니다. ○ 또 살펴보건대, 사마천은 10세 때 고문을 외우고 공안국을 종유(從遊)하면서 『상서』에 대해서 물었는데(이때는 孔安國이 『尙書』를 바치기 전이다 — 原註), 그가 『사기』에 고문의 설로 해놓은 것은 「요전」「우공」「홍범」「미자」「금등」 등 여러 편에 그쳤으니, 그래서 『사기』에는 이 28편의 문(文)뿐이요(다만 『史記』에 말한바 「湯誥」는 16편 안에 있고 또 「湯征」은 16편 밖에 있다 — 原註) 곧 이른바 16편이란 것은 공안국의 당시에도 읽을 수

---

105) 塗惲: 前漢 平陵人으로 字는 子眞. 徐敖에게 『古文尙書』를 배웠다.
106) 桑欽: 前漢 河南人. 字는 君長. 塗惲의 제자. 저서로 『水經』이 있다고 하나 定說이 아니다.
107) 王莽: B.C. 45 ~ A.D. 23. 前漢末 魏郡 元城人. 字는 巨君. 前漢末 新의 君主. 漢의 哀帝를 물리치고 平帝를 毒殺하여 스스로 假帝라 일컬으며 국호를 新이라 하였음. 後漢의 光武帝에게 멸망당하였다.

없었다. 만약에 그것이 쉬워서 지금의 「열명」「태서」같이 읽을 수 있었다면 공안국이 반드시 능히 다 읽었을 것이고 사마천도 또한 반드시 『사기』에 실었을 것이다.

상을(上乙) 3

『후한서』「유림전」에 이르기를, "광무(光武) 초에 윤민(尹敏)(字는 幼季 — 原註)은 처음에 구양생의 『상서』를 익히다가 그 뒤에 고문을 전수받았고, 여남(汝南)의 주방(周防)[108](字는 偉公 — 原註)은 서주자사(徐州刺史) 합예(蓋豫)[109]를 사사(師事)하여 『고문상서』를 전수받아 『상서잡기尙書雜記』 32편 40만 언(言)을 지었다. 숙종(宗)[110]조에 이르러서는 왕의 조명(詔命)이 있어 고재(高才)인 제생(諸生)들 중에 『고문상서』를 배운 자로, 노국(魯國)의 공희(孔僖)[111](字는 仲和 — 原註)가 공안국 이래로부터 대대로 고문을 전해 끊어지지 아니하여, 그를 낭중(郞中)에 임명하였다. 진류(陳留)의 양륜(楊倫)[112](字는 仲理 — 原註)은 사도(司徒)인 정홍(丁鴻)[113]을 사사하고 『고문상서』를 공부하여 대택중(大澤中)에서 강학(講學)하니 제자가 천여 인(千餘人)에 이르렀다. 양가(陽嘉) 2년(133년)에 태중대부(太中大夫)에 임명되었는데 장군 양상(梁商)[114]과 의견이 맞지 않아서

---

108) 周防: 後漢 汝南人. 字는 偉公. 蓋豫에게 『古文尙書』를 배운 博士로 『尙書雜記』 32편을 지었다.

109) 蓋豫: 後漢 사람으로 建武時에 徐州刺史를 지냈으며 汝南의 周防에게 『古文尙書』를 전수했다.

110) 肅宗: 後漢 章帝(재위 76~88)의 廟號.

111) 孔僖: ?~88. 後漢 魯國 魯人. 孔子建의 曾孫. 字는 仲和. 臨晋令을 지냄. 『古文尙書』를 전하였다.

112) 楊倫: 後漢 陳留 東昏人. 字는 仲理. 丁鴻를 師事하여 『古文尙書』를 익혔으며 후에 은거해서 많은 제자를 길러내었다.

113) 丁鴻: ?~94. 後漢 定陵人. 丁綝의 아들. 字는 孝公. 13세에 桓榮에게 『歐陽尙書』를 배웠으며 당시 五經에 가장 해박한 사람으로 일컬어졌다. 벼슬은 司徒를 지냈다.

114) 梁商: 後漢人. 梁竦의 孫子. 字는 伯夏. 諡는 忠. 大將軍을 지냄.

병을 핑계로 벼슬을 면하였다"고 하였다(또 孫期[115]의 字는 仲彧인데 濟陰人이다. 젊었을 때 『京氏易』[116]과 『古文尙書』를 배웠다. 또 周磐[117]은 젊었을 때 京師에 유학하여 『古文尙書』 『洪範五行』을 배웠다 — 原註).

내가 살펴보건대, 윤민·주방의 학은 그 연원을 알 수 없는데 대저 왕황·도운의 지류(支流)이다. 공희의 집에 전해지는 가학(家學)도 그냥 붙여 읽고 장(章)을 나누는 것에 불과할 뿐이니, 진실로 만약에 논술한 문자가 있다면 유흠이 민간에 전해지는 것을 물을 때 어찌 공씨가 그 가학을 헌납한 것이 하나도 없고 교동의 용생으로 하여금 그 이름을 독차지하게 하였겠는가? ○ 또 살펴보건대, 공희란 사람은 공안국의 혈윤(血胤)인데 숙종(肅宗)이 고문을 숭모하여 널리 고재(高才)를 찾음에 공희가 이미 이 사업에 응하여 낭중(郞中)을 임명받기에 이르렀으니, 진실로 가령 그의 할아버지가 참으로 『상서』의 전함이 있어 그것을 상자에 간직하여 자손에게 전하였다면(매색의 「尙書大序」의 글에 있다 — 原註) 손자가 그것을 조정에 바쳐서 학관(學官)에 열립(列立)하는 것은 이때가 바로 알맞은 때이다. 홍모(鴻毛)가 순풍(順風)을 만나 저 하늘 길[天衢]을 나는 격이니 어찌 꺼려서 하지 않았겠는가?

상을(上乙) 4

『수서』「경적지」에 이르기를, "진(晉)나라 때에 비부(秘府)에 보존된 것으로 『고문상서』의 경문(經文)이 있었는데 지금은 전하는 것이 없다"고 하였다(이 아래 글은 매색의 일을 쓴 것이다 — 原註).

내가 살펴보건대, 비부에 보존된 것은 앞에 유흠이 말한 '비부에 감추어져 나오지 않았다'는 것을 말함이다(上乙一에 나온다 — 原

---

115) 孫期: 後漢 濟陰 成武人. 字는 仲彧. 『京氏易』과 『古文尙書』를 익혔다.
116) 『京氏易』: 前漢 京房이 傳한 易.
117) 周磐: 後漢 安成人. 字는 堅伯. 陽夏重合令을 지냈음.

註). 민간에서 강습한 것은 모두 금문자(今文字)로 번사(翻寫)한 본
(本)이고, 그 공씨본(孔氏本)으로 바친 바의 벽 속에서 나온 고전(古
篆) 원경(原經)은 그래도 비부에 간직되어 있다가 수(隋)에 이르러
전해지지 아니하였다(이것을 망실하였다 — 原註). 그러므로 사관(史官)
이 특별히 그것을 써서 매색의『상서』는 상고(詳考)하고 대교하여
볼 때 아무것도 징험할 길이 없음을 나타내 보인 것이다.

제3 별도의『상서』로 두림(杜林)이 전한
『고문상서』의 일

상을(上乙) 5

『후한서』「두림전(杜林傳)」에 이르기를, "두림(字는 伯山 — 原註)
은 부풍(扶風) 무릉(茂陵) 사람이다. 광무제(光武帝)에게 징소(徵召)
되어 시어사(侍御史)에 임명되었다. 두림이 전에 서주(西州)에서
『칠서고문상서漆書古文尙書』1권을 얻어 늘 보배로 아껴 아무리 어
려운 일을 만나더라도 꼭 쥐고 몸에서 떼어놓지 않다가, 꺼내어
동해(東海)의 위굉(衛宏)[118]과 제남(濟南)의 서순(徐巡)[119]에게 보이고
말하기를, '내가 병란(兵亂)에 떠돌아다니면서 늘 이 경(經)이 없어
질까 두려워하였다. 어찌 이것을 동해의 위굉과 제남의 서순에
게[120] 다시 전할 수 있으리라 생각이나 했겠는가? 이 도(道)가 결
국 땅에 떨어지지는 아니할 것이다. 비록 시무(時務)에 맞지 않는
다 하더라도 제생(諸生)들이 공부하는 데에 후회함이 없기를 바란

---

118) 衛宏: 後漢 東海人. 字는 敬仲. 杜林에게 『古文尙書』을 受學하였으며,
　　　光武帝 때 議郞을 지냈음. 저서로『漢舊儀』4편이 있다.
119) 徐巡: 後漢 濟南人. 杜林에게 『古文尙書』를 受學하였다.
120) 본문에 '東海衛子·濟南徐生'이, '何意' 다음에 있어야 하는데 빠져 있다.

다'고 하였다. 위굉과 서순은 그것을 더욱 중히 여기어 이에 고문
이 드디어 행해졌다"고 하였다(또 이르기를, "杜林이 젊었을 때 공부를
좋아하여 침잠하였다. 집에 책이 많았으며, 또 外氏 張竦[121]을 좇아서 학문을
배웠는데, 博學多聞하여 당시에 通儒로 칭하였다"고 하였다 — 原註). ○『후
한서』「유림전」에 이르기를, "위굉이 두림을 좇아 『고문상서』를
수학하여 『훈지訓旨』를 짓고 광무제 때에 의랑(議郎)이 되었다"
고 하였다(당시에 제남의 徐巡은 衛宏를 師事하고 후에 杜林을 좇아 受學하였
다 — 原註).

내가 살펴보건대, 『한서』「예문지」에 두림의 『창힐훈찬倉頡訓
纂』 1편과 『창힐고倉頡故』[122] 1편이 있다(『西溪叢話』[122]에 이르기를, "杜
鄴[123]이 小學에 매우 뛰어났고, 杜鄴의 아들 杜林이 옛것을 좋아하여 그가 문자
를 바로잡은 것은 杜鄴보다 나았다. 그러므로 小學을 말하는 자가 杜林을 宗으
로 삼는다"고 하였다 — 原註). 대개 그의 학문이 고문에 깊었기 때문
에 위로는 창힐(蒼頡)까지 거슬러 올라가 훈고(訓詁)를 하였다. 비
록 소학가류(小學家流)에 들었으나 사실은 『고문상서』의 석문(釋文)
이다. 그가 얻은 『칠서漆書』도 역시 고문이며, 헌납하기 전에 그
자양(字樣)대로 명주 비단에 칠사(漆寫)하여(倉頡文 — 原註) 본래의
형태를 보존한 것이다. 그러므로 아끼고 보배로 여겨서 오히려 망
실될까 두려워하였다. 금문자(今文字)의 전등지본(傳謄之本) 같은
것을 어찌 보배로 여겨 아낌이 이와 같겠는가?

○ 또 살펴보건대, 두림의 『상서』의 학은 그 사우연원(師友淵源)
을 말하면, 장송(張竦)·가휘(賈徽)[124]·유흠·정흥(鄭興)[125]·위굉(「本

---

121) 張竦: 後漢人. 張敞의 孫子. 吉의 子. 字는 德松. 丹陽太守를 지냈다.
122) 『西溪叢話』: 書名. 3권. 宋 姚寬의 撰.
123) 杜鄴: 後漢 繁陽人. 字는 子夏.
124) 賈徽: 後漢 平陵人. 誼의 後孫이며 逵의 父이다. 劉歆에게 『春秋左氏傳』
    을, 塗惲에게 『古文尙書』를, 謝曼卿에게 『毛詩』를 배웠다. 저서로 『左氏
    條例』 21편이 있다.
125) 鄭興: 後漢의 經學者. 開封人. 字는 少贛. 太中大夫를 지냄. 처음에 『公

傳」과 「儒林傳」에 보인다—原註) 등이 바로 왕황·도운에 닿으니, 이는 곧 도위조와 교동의 용생의 적전(嫡傳)이다. 두림이 위굉·서순 두 사람에게 전한 말은 처완(悽婉)하고 감개(感慨)스러워, 그 말을 반은 펴고 반은 삼켰으니, 이것은 그 중에 따로 숨은 아픔이 있는 것을 알 만한 것이다. 그가 말한, 전에 서주(西州)에서 얻었다는 것은 그 내로(來路)를 숨긴 것이다. 왕황·도운이 귀하고 현달하게 되었을 때 서경(西京)에서 얻었는데, 당시 임금인 왕망이 이미 죽음을 당하고 광무제가 즉위하였으니 감히 왕황·도운에게서 얻었다고 말하겠는가? 관학이 이미 폐하고(이 일은 앞에 보인다—原註) 옛 종유(從遊)하던 이들이 영락(零落)하니 왕황·도운의 고문학은 문득 금지되고, 바야흐로 오직 이 『칠서』 1권만이 편간(篇簡)이 거친 것과 달라서(卷이란 둥글게 만 것이다. 채색된 명주 종이로써 卷을 만들었다—原註) 해마다 자주 곤액(困厄)을 당하여도 꼭 움켜쥐고 있는 정성을 잊지 않았다. 그가 "병란(兵亂)에 떠돌아다니면서 늘 이 경(經)이 없어질까 두려워하였다"고 하는 것은 연원이 더럽혀져서 종서(宗緖)가 실추되기 쉬웠기 때문인 것이다. 그가 "시무(時務)에 맞지 않는다 하더라도 공부하는 것을 후회하지 말라"고 한 것은 왕황·도운의 학이 세상에서 배척당하여, 나아가서도 쓰임이 없고 물러나서도 강학(講學)할 곳이 없으니, 진실로 옛것을 좋아하고 도(道)를 호위하는 사람이 아니면 후회하지 않는 이가 적다는 것이다. 상하(上下) 수십여 언(數十餘言)은 그 슬프고 침울한 정이 말 밖에 넘치니, 그 『상서』가 왕황·도운에서 나온 것은 의심이 없다(『後漢書』에는 懼이 憚으로 되어 있다—原註).

羊傳」을 연구했는데 일찍이 유흠을 사사하고서는 『左傳』과 『周禮』를 아울러 연구하였고 曆數에 능하였다. 아들 衆이 그의 學을 전수받았다.

상을(上乙) 6

『후한서』「유림전」에 이르기를, "가휘는 도운에게서 『고문상서』를 전수받고 가규(賈逵)는 아버지의 업을 모두 전하였다. 숙종(章帝 — 原註)이 특히 『고문상서』를 좋아하여 건초(建初) 원년(A.D. 76년)에 가규에게 북궁(北宮)에 들어와서 강학하도록 명하였다. 부풍의 두림이 『고문상서』를 전하고, 같은 군(郡)의 가규가 훈(訓)을 짓고, 마융이 전(傳)을 짓고, 정현이 주해(註解)를 지었다. 이로 말미암아 『고문상서』가 드디어 세상에 드러나게 되었다(孔穎達의 『尙書正義』의 疏에 또한 이르기를, "孔安國이 傳한 바라는 것은 膠東의 庸生에게 전한 것이니, 劉歆 · 賈逵 · 馬融 등이 傳한 바가 바로 이것이다"[126]고 하였다 — 原註) 정현은 동군(東郡)의 장공조(張恭祖)[127]를 좇아서 『고문상서』를 전수받았는데, 산동(山東)에는 족히 물을 만한 이가 없어서 이에 서방(西方)으로 관중(關中)에 들어가 노식(盧植)[128]을 통해 부풍의 마융을 사사하여 뒤에 『상서』를 주석(註釋)하였다. 〔……〕 이로 말미암아 『고문상서』가 드디어 세상에 드러나게 되었다"고 하였다.

내가 살펴보건대, 가규의 학은 본래 도운에게서 나왔는데, 그가 『두림칠서杜林漆書』를 위해 훈(訓)을 지었으니, 『두림칠서』의 본(本)은 도운에게서 나온 것이 또한 더욱 확실하다. 도운이란 이는 도위조의 적전(嫡傳)이다. 그리하여 위굉의 『훈지訓旨』와 가규의 『서훈書訓』과 마융의 『서전書傳』이 정현에게서 집대성되었으니, 두림의 고문이 세상에서 높임을 받은 지가 오래되었다. 그것이 공안국의 적통(嫡統)이 되는 것을 또 어찌 의심하겠는가?

---

126) 孔穎達, 『尙書正義』 卷 第2. 「堯典」 疏.
127) 張恭祖: 後漢 東郡人. 『周官』 『禮記』 『春秋左氏傳』 『韓詩』 『古文尙書』 등에 정통하였음. 鄭玄이 일찍이 사사하였다.
128) 盧植: 後漢 涿郡人. 字는 子幹. 鄭玄과 함께 馬融을 師事하였다.

상을(上乙) 7

『후한서』「노식전盧植傳」에 이르기를, "노식(字는 子幹 — 原註)은
탁군(涿郡) 사람이다. 젊어서 정현과 함께 마융을 섬기어 고금의
학에 능통하였다. 희평(熹平: 172~177) 후(靈帝 때이다 — 原註)에 『상
서장구尙書章句』를 지었는데, 그때 처음으로 태학 석경(太學石經)을
세워서 오경 문자(五經文字)를 바로잡았다. 노식이 이에 상서(上書)
하여 이르기를, '신(臣)은 원컨대 『상서』에 능한 사람 2인을 얻어
함께 동관(東觀)[129]에 나아가 전심정연(專心精研)하여 『상서장구』를
합해서 비문(碑文)을 간정(刊正)하고자 합니다. 고문의 과두문자(科
斗文字)가 실상에 가까운데 유속(流俗)에 억눌려 하강되어 소학(小
學)으로 떨어져 있습니다. 중흥(中興) 이래에 통유달사(通儒達士)인
반고·가규·정흥 부자(鄭興父子)[130]가 모두 독실히 이것을 주장하
였습니다. 의당 박사를 두고 학관을 세우는 것이 좋겠습니다'라고
하였다"(마침 南夷가 반란을 일으키자 盧植은 外職으로 나가 盧江의 太守가
되었다 — 原註).

내가 살펴보건대, 공씨의 고문은 일찍이 평제(平帝) 원시(元始:
1~5) 3년에 왕망이 아뢰어, 박사를 세우니 경(經)마다 각 5명이요,
일례(逸禮)와 고문(古文)에 그 뜻을 통하여 아는 사람은 모두 벼슬
길에 나아갔다(「王莽傳」— 原註). 왕망이 죽음을 당하자 관학이 또한
폐해졌다. 그후 광무제가 위굉이 고문을 잘 안다는 이유로 불러서
의랑(議郎)을 제수하였으나 관학은 이때(熹平 때이다 — 原註)에 이르
도록 다시 서지 아니하였다. 이미 150여 년이 지났으나 범양(范陽)
의 노식이 비로소 다시 학관을 세울 것을 청하였는데도 또 시행

---

129) 東觀: 지명.
130) 鄭興 父子: 後漢의 鄭興과 鄭衆. 경학에 밝아 세상에서 그들 부자를 '先
鄭'이라 부르고 정현을 '後鄭'으로 불렀다. 鄭衆(?~83)의 字는 仲師.
武威太守·左馮翊·大司農을 지냄. 아버지 흥으로부터 『左傳』을 전수받
았다.

되지 아니하였다.

상을(上乙) 8

진수(陳壽)[131]의 『위지魏志』「왕랑[132]전王朗傳」(王肅의 아버지—原註)에 이르기를, "왕숙(東海郡의 사람, 字는 子雍—原註)이 처음에 가규·마융의 학을 잘하고 정현을 좋아하지 아니하였다. 그 이동(異同)을 수집하여 『상서해尙書解』를 만들었는데, 〔……〕 모두 학관에 열립(列立)되었다"고 하였다.

○『진서晉書』「순숭[133]전荀崧傳」에 이르기를, "원제(元帝)[134] 때에 학교를 정돈하고 박사를 줄여서 『주역』엔 왕숙(王肅), 『상서』엔 정현(鄭玄), 『고문상서』엔 공안국(孔安國)(梅賾이 올린 것—原註)의 것으로 하여 박사 각 1명씩을 두었다"고 하였다.(荀崧이 太常이 되었을 때 박사를 두었으니 곧 太興 4년(321년)이다—原註).

내가 살펴보건대, 왕숙의 『상서』에 대한 주(註)가 비록 정현과는 다르기는 하지만 이미 가규·마융의 학을 잘하였다면 이것은 곧 두림의 본(本)으로서 바로 공안국의 고문이니, 위나라 때에 이르러서 다시 학관에 서게 되었을 것이다. 정현의 주(註)에 이르러서는 그것이 학관에 서게 된 것이 서진(西晉) 때인 것 같다. 원제(元帝) 때에는 인원 수를 줄이고 새로 설치한 것이 아니다. 이때 『매씨상서』가 이미 행해졌으니, 어찌 정학(鄭學)을 창립할 이치가 있겠는가? 다만 예부터 존립해 있던 것이라서 병존해두었을 뿐인

---

131) 陳壽: 233~297. 晉 安漢人. 字는 承祚. 觀閣令史를 지냄. 『三國志』를 지었다.
132) 王朗: ?~228. 三國 魏의 郯人. 字는 景興, 諡는 成. 司空·司徒를 지냄. 『周易』『春秋』『孝經』『周官』의 傳註를 냈으며, 저서로 『奏議論記』가 있다.
133) 荀崧: 263~329. 晉의 潁川 臨潁人. 荀彧의 玄孫. 字는 景猷, 諡는 敬. 錄尙書事를 지냈다.
134) 元帝: 東晉 元帝. 재위 317~322.

70

것 같다. 그러나 또 정현의 것은 다만 『상서』라고만 칭하고, 공안
국의 것은 『고문상서』(곧 『梅氏尙書』이다─原註)라고 칭하였다. 새것
이 옛것에 끼어들고 천(賤)한 것이 귀(貴)한 것을 방해하였으니 이
것은 형세가 이미 그렇게 이루어진 것이다.

상을(上乙) 9

『수서』 「경적지」에 "마융이 『상서』를 주(註)한 것이 11권, 정현
이 『상서』를 주한 것이 9권, 왕숙이 『상서』를 주한 것이 11권이
다"고 하였다. ○또 이르기를, "후한(後漢) 때 부풍(扶風)의 두림
이 『고문상서』를 전하였고, 같은 고을의 가규·마융·정현이 전주
(傳註)를 지었다. 그러나 그 전한 것이 오직 29편이고, 또 금문
(伏生의 本을 말함─原註)이 섞이었으니 공안국의 구본(舊本)이 아니
다. 〔……〕 양(梁)·진(陳)에서 강(講)한 것은 공안국·정현의 이가
(二家)가 있었는데, 제대(齊代)에는 오직 정현의 주(註)만이 전하였
고, 수(隋)에 이르러 공안국·정현의 『고문상서』가 함께 행해졌으
나(공안국의 『고문상서』는 곧 『梅氏尙書』이다─原註) 정현의 것은 매우
쇠미하였다"고 하였다.

내가 살펴보건대, 두림의 『상서』는 본래 도위조의 적전(嫡傳)이
되는 것인데, 마융·정현의 학이 두림에게 닿았으니 이는 공안국
의 적손(嫡孫) 격이다. 『수서』에는 그 전하는 바가 오직 29편밖에
안 되는 것을 병으로 여겼으나, 공안국의 『상서』가 능히 사설(師
說)이 있는 것이 본래 29편에 불과하고, 공안국이 읽은 것이 29편
이다. 『한서』 「예문지」에서 논한바 29편은 유흠이 교서(校書)할 때
구양(歐陽)·하후(夏候)의 29편으로 대교(對校)하였으니, 29편뿐인
것은 마융·정현의 잘못이 아니다. 나머지 16편은 공안국이 읽지
못한 것이고 유흠이 대교하지 않은 것이다. 그러므로 마융의 「서
서書序」에 이르기를, "『고문상서』의 일편(逸篇)인 16편은 사설(師

說)이 전혀 없다"고 하였다. 지금 29편뿐인 것을 가지고 마음을 흠잡고 정현을 흠잡으면 매우 곤란하다(『史記』『漢書』에 모두 이르기를, "孔安國이 古文을 얻어서 今文으로 읽었고, 나머지 16편은 이미 伏生의 금문이 없어 孔安國도 스스로 읽을 수가 없었다"고 하였다—原註). 『수서』를 찬정(撰定)할 때 『매씨상서』가 세상에 행해진 것이 이미 2백여 년인데 증다(增多) 25편은 눈과 귀에 익숙해져서, 도리어 진실하고 거짓이 없는 『상서』를 보고는 그것이 간략하고 분량이 적다고 하여 병으로 여겼다.

○또 살펴보건대 『수서』에는 그 경(經)의 글자가 금문과 섞인 것을 병으로 여겼으니 이 또한 통하지 않는 이론이다. 정현은 경에 주(註)하는 법이 본래 금문을 취하고 고문은 그 좋은 것을 따랐다. 그러므로 『의례儀禮』 17편은 고당생이 전한 것을 금문이라 하고 공안국이 바친 것을 고문이라 하였는데, 정현이 두 가지 글을 모두 가져다가 그 좋은 것을 골라서, 때로는 따르기도 하고 어기기도 하였다. 「사관례士冠禮」[135]의 '포석얼서(布席闑西)'의 주(註)에 이르기를, "고문에는 '얼(闑)'을 '얼(槷)'이라 하였다"고 하였는데, 이것은 금문을 따르면서 고문을 보존해둔 것이며, 그 '효우시격(孝友時格)'의 주에 이르기를, "금문에는 '격(格)'을 '하(假)'라 하였다"고 하였으니, 이것은 고문을 따르면서 금문을 보존해둔 것이다(17편이 모두 이러한 例를 썼다—原註). 피차(彼此)의 두 가지를 갖추어 놓고서 우열을 서로 드러냈으니 경(經)을 주하는 법은 이보다 좋은 것이 없다. 그 『상서』를 주하는 것도 반드시 고문을 주로 삼고 금문으로 참고하여, 단점은 버리고 장점은 취하는 것이 『의례』와 같았다. 그런데 여기에 이것을 병으로 여겨 말하기를, "금문이 섞여 공안국의 구본(舊本)이 아니다"라고 하였으니 어찌 공평한 말이겠는가? 『의례』의 주는 고당생을 참고하여 썼으나, 후에 『의

---

135) 「士冠禮」: 『儀禮』의 篇名.

례』를 읽는 자가 일찍이 '금문이 섞여 공안국의 구본이 아니다'라
고는 말하지 않았는데, 어찌 홀로 『상서』의 주만 이것을 병으로
삼는단 말인가? 『상서』와 『의례』는 금문과 고문의 출몰(出沒)이
그 정리(情理)가 똑같아 조금도 차이가 나고 다른 것이 없는데, 저
것에 대해서는 높이고 이것에 대해서는 병되게 여기니, 장차 오직
매색의 『상서』만이 공안국의 구본이겠는가? 매우 잘못된 것이다
(세상에서는 바야흐로 그것을 믿어 말하기를, "이것이 공안국의 구본이다"라고
하기 때문에 이에 저것을 배척하여 말하기를, "공안국의 구본이 아니다"라고 한
다. 이 이전에는 모두 杜林의 『漆書』를 공안국의 구본으로 삼은 것을 또 가히
미루어볼 만하다 — 原註).

제4 매색(梅賾)이 주상한 『공전상서孔傳尙書』

상을(上乙) 10

『진서(晉書)』에 이르기를, "진(晉) 태보공(太保公) 정충(鄭沖)[136]이
고문을 부풍(扶風)의 소유(蘇愉)[137](字는 休預 — 原註)에게 전수하고
소유는 천수(天水)의 양류(梁柳)[138](字는 洪季 — 原註)에게 전수하였으
니, 곧 황보밀(皇甫謐)[139]의 외제(外弟)이다. 양류는 성양(城陽)의 장
조(臧曹)[140](字는 彦始 — 原註)에게 전수하고 장조는 군수(郡守)의 아
들인 여남(汝南)의 매색(字는 仲眞 — 原註)에게 전수하였다. 매색은
예장내사(豫章內史)가 되어 드디어 전진(前晋)에 그 『상서』를 주상

---

136) 鄭沖: ?~273. 晉 開封人. 字는 文和. 諡는 成. 太保를 지냈음. 저서로
何晏과 共撰한 『論語集解』가 있다.
137) 蘇愉: 晉 扶風人.
138) 梁柳: 晉 天水人.
139) 皇甫謐: 215~282. 晉 朝歌人. 皇甫崇의 曾孫. 字는 士安, 號는 玄晏先
生. 저서로 『帝王世紀』 『玄晏春秋』 『高士傳』 『逸民傳』 등이 있다.
140) 臧曹: 晉 城陽人. 字는 彦始.

(奏上)하여 시행하였다"고 하였다.

내가 살펴보건대, 공영달의 『상서정의』에 『진서』를 인용한 것이 이와 같으나 이제 『진서』를 살펴보니 이러한 글이 없다. ○주씨(朱氏)(이름은 彝尊—原註)가 말하기를, "정충이 고귀향공(高貴鄕公)[141] 때, 이미 사공(司空)에 임명되었고, 정소동(鄭小同)[142](鄭玄의 孫子—原註)과 함께 『상서』를 강(講)하여 모두 임금의 은택을 받았다"고 하였으니, 만약 공안국의 증다본(增多本)인 『상서』를 얻었다면 위에 바치는 것이 무엇이 어려웠겠는가? 그후에 벼슬이 태부(太傅)에 이르러 노경(老境)에 거처가 편안하고 지극히 영화로운 예우가 갖추어졌을 때, 공옹(孔邕)[143]·조희(曹羲)[144]·순의(荀顗)[145]·하안(何晏)[146]과 함께 『논어』의 훈주(訓註)를 모아 조정에 주상하였으니 어찌 홀로 공안국의 『고문상서』만 감추어두고 바치지 아니하였겠는가?(高貴鄕公은 魏의 君主인 曹髦이다—原註)

상병(上丙) 1

『진서』 「황보밀전」에 이르기를, "황보밀이 고모(姑母)의 아들인 외제(外弟) 양류를 종유(從遊)하여 『고문상서』를 얻었다. 그러므로 『제왕세기帝王世紀』를 짓는데 여기저기에 공전(孔傳) 58편의 『상서』의 글을 실었다"고 하였다.

---

141) 高貴鄕公: 三國 魏 曹髦(241～260)의 封號. 字는 彦士. 조모는 魏文帝의 손자로 학문을 좋아하였으며 正始年間(240～248)에 高貴鄕公으로 封해졌다.

142) 鄭小同: 三國時代 魏나라 사람. 鄭玄의 孫子. 鄭玄의 死後 經傳에 대한 스승과의 문답을 모아 『論語』의 형식을 모방하여 8편을 만들어놓은 것을 小同이 다시 編次하여 11권을 만들고 『鄭志』라고 하였다.

143) 孔邕: 三國時代 魏나라 사람.

144) 曹羲: 三國時代 魏나라 사람. 曹眞의 아들. 中領軍을 지냈다.

145) 荀顗: ?～274. 晉 穎川人. 荀彧의 아들. 字는 景倩. 侍中·太尉를 지냈다.

146) 何晏: 190～249. 三國時代 魏 南陽人. 何進의 손자. 字는 平叔. 侍中尙書를 지냄. 저서로 『論語集解』가 있다.

내가 살펴보건대, 공영달의 『상서정의』에 이와 같이 『진서』를 인용하였다. 그러나 지금 『진서』를 고람(考覽)하니 이러한 글이 없다(「皇甫謐傳」에 이 말이 없다 ― 原註).

○ 주씨(朱氏)(彛尊 ― 原註)가 말하기를, "『공안국전』에는 요(堯)가 죽으니 수(壽)가 117세라고 하였는데, 『제왕세기』에는 요의 나이가 118세라고 하였고, 『공안국전』에는 순(舜)의 수(壽)가 112세라고 하였는데, 『제왕세기』에는 순의 나이가 100세라고 하였다(살펴보건대, 중간에 시험을 겪고 즉위하고 한 여러 가지의 일은 모두 서로 맞지 않는다. 여기에서는 그것을 생략한다 ― 原註). 『공안국전』에는 '문명(文命)'을 해석하여 밖으로 문덕(文德)과 교명(敎命)을 펴는 것이라고 하였는데 『제왕세기』에는 문(文)이 넉넉하고 몸소 실천하므로 이름을 '문명'이라 한 것이라고 하였다(字는 高密 ― 原註). 「공안국전」에는 '백우(伯禹)'를 해석하여 우(禹)가 곤(鯀)[147]을 대신하여 숭백(崇伯)이 된 것이라고 하였는데, 『제왕세기』에는 요가 봉(封)하여 하백(夏伯)을 삼았으므로 '백우'라고 한 것이라 하였으므로 서술한 것이 서로 맞지 않은 것이 많다. 가만히 생각해보니, 황보밀도 역시 공안국의 고문을 보지 못한 자이다"고 하였다(살펴보건대, 『帝王世紀』에 서술한 바가 간혹 『梅書』와 서로 부합되니, 이는 또 『梅書』가 『帝王世紀』를 근거로 하여 取한 것이요 皇甫謐이 반드시 『梅書』를 보았다고는 말할 수 없다. 또 『梅書』에는 太甲[148]이 湯의 뒤를 이었다고 했으나 『帝王世紀』에는 外丙과 仲壬[149]의 후에 太甲이 즉위하였다고 했으니 또한 맞지 않는다 ― 原註).

---

147) 鯀: 중국의 전설적 인물로 기록에는 禹임금의 아버지로 되어 있음. 四凶의 하나로 羽山에서 舜에게 刑殺되었다고 한다.
148) 太甲: 商(殷)의 太宗. 湯이 죽고 나서 湯의 아들 太丁은 즉위하기 전에 죽고 태정의 동생인 外丙과 仲壬이 각각 2년과 4년 동안 제위에 있다가 태정의 아들인 太甲에게 왕위가 넘어갔다고 한다.
149) 外丙과 仲壬: 湯의 아들. 太丁의 동생들.

상병(上丙) 2

『수서』「경적지」에 이르기를, "진(晉)나라 때에 비부(秘府)에 보존된 것으로『고문상서』경문(經文)이 있었는데, 지금은 전하는 것이 없다. 동진(東晉)에 이르러서 예장내사 매색이 비로소『공안국전』을 얻어서 바친 것이다"고 하였다(『左傳』襄公 31년 疏에 이르기를, "東晉 元帝 때에 매색이『상서』를 바치었다"고 하였다 — 原註).

○ 또 이르기를 "『고문상서』는 13권이고『금자상서今字尙書』는 14권이다"라고 하였고, 또 이르기를, "한(漢) 무제 때에 공자의 집을 헐어서 그 말손(末孫) 공혜(孔惠)가 소장하고 있던『상서』(『孔子家語』에는 孔襄이라고 칭하고, 『漢紀』[150]에는 孔鮒라고 칭하고, 여기에서는 또 孔惠라고 칭하였다 — 原註)를 얻었다. 공안국이 고문을 가지고 금문으로 대교(對校)하여 25편을 더 얻었는데, 그 「태서泰書」와 하내(河內)의 여자가 바친 「하내태서河內泰誓」는 같지 않다. 공안국이 모두 고문에 따라 그 편차(編次)를 열어 예고자(隷古字)로 베끼어 합해서 58편을 이루고 전(傳)을 지었는데, 마침 무고(巫蠱)의 사건이 일어나서 주상(奏上)하지 못하였다. 공안국이 드디어 사사로이 그 업(業)을 도위조에게 전수하였고, 도위조는 교동의 용생에게 전수하고 용생은 호상에게 전수하였으니, 그것을 일러 '상서고문학(尙書古文學)'이라 한다"고 하였다.

내가 살펴보건대, 공안국이 금문으로 고교(考校)하여 16편을 더 얻은 것이(앞에 여러 번 나왔다 — 原註) 여러 글에 분명한데, 지금 갑자기 25편을 더 얻었다고 하였으니, 무슨 근거인가?『고문상서』 46권(57편이 된다 — 原註)은『한서』「예문지」에 분명히 실려 있는데, 지금 갑자기 58편이라고 한 것은 무슨 근거인가? 양한(兩漢)의 제사(諸史)에는 모두 공안국이 전을 지었다는 말은 없고, 제사에 모두 공안국이 전(傳)을 바쳤다고 하였는데(荀悅의『漢紀』에는 孔安國의

---

150)『漢紀』: 後漢 荀悅의 編著.『漢書』를 刪定하여『漢紀』30권을 만들었다.

일가에서 이것을 바쳤다고 하였다—原註) 지금 갑자기 전을 지었으나 주상(奏上)하지 못하였다고 하였으니 무슨 근거인가? 도위조와 교동 용생의 적전(嫡傳)이 아래로 도운에게 이르고(이미 앞에 나왔다—原註) 두림·가규가 진실로 그 종(宗)을 얻어 일세에 드러나서 숨기고 감춘 바가 없었는데, 지금 갑자기 사사로이 그 업을 전했다고 하였으니 무슨 근거인가? 교동의 용생이 진실로 『공안국전』을 받은 바가 있으면 유향·유흠이 민간에 전해지는 것을 물을 때에(成帝 때—原註) 용생이 어찌 바치지 않았겠는가? 이러한 것이 모두 막연한 말이니 성립될 수가 없다.

상병(上丙) 3

육덕명(陸德明)[151]의 『경전석문經典釋文』에 이르기를, "매색이 『공안국전고문상서孔安國傳古文尙書』를 올릴 때에 「순전舜典」 1편을 망실(亡失)하여 현상금을 걸고 구해도 얻을 수가 없었다.[152] 그때에 왕숙의 주(註)가 공안국의 것과 퍽 비슷했기 때문에 왕숙의 주를 취해서 '신휘오전(愼徽五典)' 이하부터 「순전」으로 하여 『공안국전고문상서』로 해놓았다"[153]라고 하였다. ○공영달의 소(疏)에 이르기를, "매색이 『공안국전고문상서』를 바칠 때에는 오히려 「순전」을 빠뜨려놓고 왕숙과 범녕(范甯)[154]의 주로써 많이 보충하였는데, 모두 '신휘' 이하로써 「순전」의 처음을 삼았다"고 하였다 ('玄德升聞'의 아래이다—原註).

내가 생각하건대, 매색이 「요전」을 잘라 두 편을 만든 것은 정

---

151) 陸德明: 약 550~630. 唐의 經學者. 吳縣人. 名은 元朗. 德明은 그의 字인데 字로써 行世함. 國子博士를 지냄. 저서로 『經典釋文』이 있다.
152) 본문에 '購不能得'이 빠져 있음.
153) 陸德明, 『經典釋文』 卷 第1, 「序錄」에 나온다.
154) 范甯: 339~401. 東晉의 經學者. 字는 武子. 何晏·王弼 등의 玄學을 반대하고 儒學을 높였으며, 『春秋穀梁傳集解』 12권을 지었는데 현재 가장 오래된 『穀梁傳』 註解로서 『十三經注疏』에 들어가 있다.

현본(鄭玄本) 58편의 수를 채우기 위한 것이요(鄭玄本은 34편이요, 또 逸書가 24편이다 ― 原註) 이미 또 미리 생각하여 일부러 1편을 빠뜨려놓은 것은 『한서』「예문지」의 57편(班固의 自註이다 ― 原註)의 글에 맞추기 위한 것이다. 이「순전」을 반드시 뺀 것은「요전」한 부(部)가 혼연히 자연스럽게 이루어져 있고 문리(文理)가 접속되어 있어, 나누면 따로따로가 되어버려 쉽게 믿게 할 수 없다(이때에는 28자가 없었다 ― 原註). 이에 모호하고 흐리멍덩하게 전주(傳註)를 빼고서 지은 듯하니, 의심하건대, 그 계책이 지극히 은밀하고 그 기교가 지극히 교묘한 것이다. ○ 또 살펴보건대, 왕숙의 주를 취하여 보충한 것은 진(晉)나라 원제(元帝) 태흥(太興) 4년(321년) 매색의 『상서』가 처음 학관(學官)에 열립(列立)되었을 때에(上乙 八에 나온다 ― 原註) 그 박사들이 이것을 취하여 보충한 것이다. 범녕도 또 진나라 말기 사람이니, 범녕의 주를 취한 것은 제(齊)나라 명제(明帝: 494~498)인 소란(蕭鸞)[155] 때 요방흥(姚方興)[156]이 28자를 보충해 넣은 뒤인 것 같다(지금 행해지는 汲古閣本에는 '肆類于上帝'절에 '馬融이 이르기를' '王肅이 이르기를' 하는 주가 있다. 이것은 陸德明의 『經典釋文』에 관계되는 것인데 잘못 새겨 여기에 있는 것이며, 또 이전 사람들이 보충한 것은 아니다 ― 原註).

제5 「건무순전建武舜典」에 대한 고찰

상병(上丙) **4**

『수서』「경적지」에 이르기를, "매색이 처음으로 『공안국전』을 얻어서 바쳤는데, 당시에는 또「순전」1편이 빠져 있었다. 〔……〕

---

155) 蕭鸞: 南北朝 때 齊의 明帝. 蕭道成의 아들. 名은 鸞, 字는 景栖, 諡는 明. 廟號는 高宗.
156) 姚方興: 南北朝 때 齊의 吳興人.

제(齊)나라 「건무순전(建武舜典)」은 요방홍이 대항시(大桁市)에서(建康의 지명이다—原註) 그 책을 얻어 바친 것이니 마음이나 정현이 주한 것보다 28자가 더 많다"고 하였다(28字는 '曰若稽古帝舜, 曰重華協于帝, 濬哲文明, 溫恭允塞, 玄德升聞, 乃命以位'이다—原註). ○공영달의 소에 이르기를, "제나라 명제(明帝)인 소란(蕭鸞)의 건무 4년(497년)에 오흥(吳興) 지방의 요방홍이 대항두(大航頭)에서 「공안국전고문순전孔安國傳古文舜典」을 얻은 것은 또한 진(晉)나라 태강(太康) 연간[157]의 중서본(中書本)과 비슷하여 이에 그것을 조정에 아뢰어 바쳤으나 그 일이 수용되어 시행되지 아니하고, 요방홍은 죄로써 사형되었다. 수나라 개황(開皇)[158] 초에 이르러 그 유전(遺典)을 찾아 구하여 비로소 「공안국전고문순전」을 얻게 되었다"[159]고 하였다.

내가 살펴보건대, 당시의 사람들이 이 「순전」을 호칭하여 「건무순전」이라고 한 것은 공자의 집 벽에서 나온 16편 중의 「순전」과 구별하기 위한 것이다. 저자에서 얻었다는 것은 그 근원을 꺼린 것이다. 만인이 저자에 모이므로 누구에게서 나왔는지 모른다는 격이니 황당하지 않은가? ○또 살펴보건대, 태강 연간의 중서본과 비슷하다는 것은 글자 획이 전아(典雅)하고 죽간(竹簡)과 비단이 화려해서 마치 진(晉)나라 무제 태강 연간의 내부(內府)에 소장한 서적의 모양과 같다는 것을 말한 것이지, 태강 연간의 중서본에 본래 『공안국전고문상서』가 있었다는 것은 아니다. ○또 살펴보건대, 매색의 『공안국전』은 본래 위작한 것이다. 빠져 있다는 것은 일부러 빠진 것으로 한 것이지 실제 탈실(脫失)이 있는 것이 아니다. 요방홍의 「공안국전고문순전」도 스스로 위작한 것이요, 매색이 빠뜨린 것을 얻은 것이 아니다. 제나라 명제(明帝)인 소란(蕭

---

157) 太康: 晉武帝의 연호. 280~289.
158) 開皇: 隋文帝의 연호. 581~600.
159) 孔穎達, 『尚書正義』 卷 第3, 「舜典」 疏.

鸞) 때에 그 『상서』는 드디어 없어지고 지금 행해지고 있는 「순전」의 전(傳)은 왕숙과 범녕이 주(註)로 보철(補綴)하여 편을 만든 것이지 요방홍이 바친 것은 아니다(王肅과 范甯의 本에는 「堯典」의 註로 되어 있다―原註). 요방홍이 바친 것은 지금 28자에 불과하다(晉나라 元帝 초년부터 齊나라 蕭鸞의 建武 4년에 이르기까지는 이미 180년이니 梅賾이 남긴 편이 어찌 남아 있겠는가? 이것은 따로 한 편을 지은 것이지 梅賾이 잃어 버린 것이 아니다― 原註). 지금 행하는 28자의 주는("華란 文德을 이름이요, 玄이란 幽潛을 말한다"는 등의 네 문단이니, 모두 합하면 61자이다―原註) 수(隋)나라 사람이 보충한 것이다.

우병(又丙) 4

육덕명의 『경전석문』에 이르기를, "제나라 건무 연간에 요방홍이 마융과 왕숙의 주를 모아서 「공안국전고문순전」 1편을 만들어 대항두에서 샀다고 하며 바쳤다. 양(梁)나라 무제(武帝: 재위 502~549) 때 그가 박사가 되었는데 논의하여 이르기를, 「공서孔序」에는 복생이 잘못 5편을 합친 것은 모두 문장이 서로 이어져 있기 때문에(「舜典」「益稷」「盤庚」의 中·下와 「康王之誥」가 5편이 된다― 原註) 잘못을 빔하게 된 것이라고 한다. 그러나 「순전」 첫머리에 〈왈약계고(曰若稽古)〉라는 말이 있으면 복생이 아무리 늙고 혼미하다 하더라도 어찌 이것을 합쳤겠는가?' 하여 드디어 수용하지 아니하였다"[160]라고 하였다.

내가 살펴보건대, 이런 논의가 한번 나오면 비록 어리석은 선비라도 또한 깨달을 수 있을 것이다. 요방홍이 비록 죽음을 당하지 않았더라도 28자는 성립되지 못할 것이다.

---

160) 陸德明, 『經典釋文』卷 第1, 「序錄」.

제6 『하내태서』에 대한 고찰

상병(上丙) 5

『한서』「예문지」에 이르기를, "『상서고문경尙書古文經』은 46권이다"라고 하였다(57편이다——原註).

내가 살펴보건대, 46권이라는 것은 29편(그 1편은 「書序」이다——原註)과 16편과(增多된 것——原註)과 「태서太誓」 1편을 합친 것이다. 공안국이 이미 벽서(壁書)를 얻고 또 이때에 행해지던 「위태서僞太誓」를 얻어서 고문으로 베끼어 그 벽서 속에 다 함께 넣어두었기 때문에 반고가 아울러 이렇게 기록한 것이다. 진(晉)나라 이옹(李顒)[161]의 『상서집주尙書集註』에는 「위태서」에 대하여 매양 공안국의 설(說)을 인용했다(孔穎達의 「太誓」 疏에 보인다——原註). 이것으로 본다면 「위태서」를 고경본(古經本)에 붙여 넣은 것은 본래 공안국이 한 것인데, 사마천도 이를 믿고서 『사기』「주본기周本紀」에 기록해놓았다.

상병(上丙) 6

유향의 『별록別錄』에 이르기를, "무제 말에 백성 중에 「태서」를 벽 속에서 발견한 자가 있어, 이것을 조정에 바치자 박사들과 더불어 읽고 토론케 한 지 몇 달 만에 모두 전(傳)을 만들어 사람들을 가르쳤다"고 하였다(劉歆이 太常博士에게 글을 보내어 이르기를, "太誓는 뒤에 얻어진 것이다"라고 하였다——原註).

○마융의 「서서書序」에 이르기를, "「태서」는 뒤에 얻어진 것이다. 그 글을 살펴보니 내용이 너무 얕은 것 같다"[162]고 하였고(古書

---

161) 李顒: 晉나라의 학자. 充의 아들. 『尙書集註』를 지었다는 말이 孔穎達의 『尙書正義』「泰誓」上 疏에 나온다.

162) 孔穎達, 『尙書正義』卷 第11, 「泰誓」上 疏.

에 인용되어 있는 「太誓」의 다섯 가지 일을 끌어와서 그것이 僞作임을 밝혔다. 나의 「太誓論」에 나타나 있다—原註) 정현의 「서론書論」에 이르기를, "민간에서 「태서」를 얻었다"[163]고 하였으며(孔安國 「太誓」는 1편이고 鄭玄本의 「太誓」는 3편이다—原註). 왕숙은 "「태서」는 근래에 얻은 것으로 그것이 본경(本經)은 아니다"라고 하였다(陸德明의 『經典釋文』에 이르기를, "「太誓」는 본래 伏生의 『尙書』가 아니다. 司馬遷이 武帝의 시대에 「太誓」가 나와 행해지는 것을 보고 伏生의 傳 속에 집어넣은 것이다"라고 하였다—原註).

내가 살펴보건대, 무제 이전에 일찍이 「태서」가 있었기 때문에 복생의 『상서대전尙書大傳』에 "주(周)나라 8백 제후들이 모두 맹진(盟津) 나루에 이르자 흰 물고기가 배 안에 들어왔다"고 하였고, 또 동중서(董仲舒)[164]가 『상서』를 인용하여 "흰 물고기가 왕의 배 안에 들어왔다"고 하였으니, 「위태서」가 행해진 것은 이미 오래되었다(어떤 이는 이르기를, "伏生과 董仲舒는 「僞太書」를 인용하였고 『墨子』와 『孟子』 같은 데는 「古太誓」를 인용하였는데, 지금은 그 全文의 「太誓」를 볼 수 없다. 民間의 「太誓」로서 매색의 「太誓」 같은 것은 이것에 의하여 全篇을 만든 것이다"고 한다—原註). 그렇다면 공안국이 말한 「태서」는 복생이 말한 것이요, 「예문지」에 소재한 권수는 혹 도위조 이하의 후학들이 더한 것에 관계된다(先儒들은 "孔安國이 일찍 죽었다면 武帝 末의 「太誓」는 공안국이 수집할 수 있었던 것이 아니다"고 하였다—原註).

상병(上丙) 7

『후한기後漢紀』[165]에 이르기를(獻帝 建安 14년(209년)에 黃門侍郎 房

---

163) 孔穎達, 『尙書正義』 卷 第1, 「尙書序」 疏.
164) 董仲舒: B.C. 179~104. 前漢 廣州人. 經學者. 벼슬은 博士. 그의 노력으로 儒學의 독립적인 기반이 확립되었음. 저서로 『春秋繁露』 『董子文集』이 있다.
165) 『後漢紀』: 晉나라 袁宏의 編著. 『後漢書』의 내용이 너무 번잡하다 하여 이에 『漢紀』의 체재를 모방하여 전 30권으로 만든 後漢의 歷史書.

宏[166] 등이 한 말이다 — 原註), "선제(宣帝) 태화(太和) 원년(元年: B.C. 73년)에(太和는 本始(B.C. 73~70)가 되어야 한다 — 原註) 하내(河內)의 여자가 옛집을 헐다가 고문(古文)「태서」3편을 얻었다"고 하였다(『論衡』에 이르기를, "宣帝 때에 河內의 여자가 옛집을 뒤지다가 잃어버렸던 『周易』『禮記』『尙書』속의 글을 각각 1편씩 얻어 올리니, 宣帝가 博士들에게 내려 보였다. 그런 뒤에 『周易』『禮記』『尙書』가 각각 1편씩 더해져서 『尙書』29편이 비로소 정해졌다[167]고 하고, 또 이르기를, "「太誓」는 땅을 파서 얻은 것이다"고 하였다 — 原註).

내가 살펴보건대 「태서」는 다섯 가지 본(本)이 있다. 고경(古經)의 진본(眞本)으로 오래되어 이미 없어진 것이 그 하나요(『左傳』『墨子』『孟子』에 인용한 것이다 — 原註) 복생과 공안국이 일찍이 논하고 말한 것이 두번째 것이요(흰 물고기가 배 안으로 들어간 일이다 — 原註) 무제 말에 민간에서 얻은 것이 세번째 것이요(이 「太誓」는 단지 1편뿐이니, 공안국의 『古文尙書』에 붙어 들어가 있다 — 原註) 선제 때에 하내의 여자가 얻은 것이 네번째 것이요(이 「太誓」는 바야흐로 세 편이니 鄭玄本이 곧 이것이다 — 原註) 매색이 바친 것으로 지금 세상에서 행해지는 것이 다섯번째 것이다(古經은 이 속에 많이 들어 있다 — 原註).

그 두번째, 세번째, 네번째 것은 이것을 모두 「위태서」라고 하는데, 실로 한 본(本)이 아니다. 복생과 공안국이 말한 것이 만약 이와 같은 것이라면 무제 말에 얻은 이것을 어찌 박사들이 읽는데 여러 달이 걸렸으며, 선제 때 얻은 것이 만약 이처럼 같은 본이라면 어째서 반드시 박사들에게 내려 보이면서 벽을 헐고 땅을 파서 얻었다고 하여 그 사실을 신기하게 여겼겠는가?(『史記』에 『尙書』의 글이 3편 있으면 모두 3편이라고 했는데, 「太誓」는 3편이라고 했는데, 당시에 다만 1편만이 있었기 때문이다 — 原註) 『한서』「율력지律歷志」「교

---

166) 房宏: 後漢의 학자.
167) 王充, 『論衡』卷 第28, 「正說」.

사지郊祀志」「형법지刑法志」「평당168)전平當傳」「종군169)전終軍傳」
과 양한(兩漢)의 여러 책에서 「위태서」를 인용한 글을 대강 수집
하여 참고하고 분변할 자료로 삼으려 하였는데 여기서는 모두 생
략한다.

○총괄해보건대 정현의 본(本)은 「위태서」를 끌어와서 편을 만
들었고, 매색의 본은 「진태서眞太誓」를 수집하여 편을 만들었는데
(『좌전』『國語』『禮記』『孟子』『管子』『墨子』『荀子』등에 인용된 것이다 ──
原註) 드디어는 하나의 거짓으로 여러 진실을 없애고 작은 선으로
큰 악을 가려, 돌과 옥이 바뀌고 암수가 잘못 판결되었으니 이것
이 『상서』가 흥하고 폐한 큰 단서이다. 군자가 한 소인을 용서하
다가 결국 판국이 전복되는 화를 입게 되고, 간사한 자가 그 외모
를 꾸미다가 도리어 얼굴이 번지레한 이름만 훔치는 격이 되었으
니 어찌 탄식하지 않겠는가?

상병(上丙) 8

『수서』에 이르기를, "복생이 입으로 28편을 전해주고 또 하내
의 여자가 「태서」 1편을 얻었다"170)고 하였다(여기서 1편이라는 것은
통괄적으로 거론한 숫자이지 편수를 세세하게 나눈 것은 아니다 ── 原註).

내가 살펴보건대, 『수서』의 뜻은 「하내태서」 1편으로, 복생의
벽에서 나온 29편의 숫자에 채우려고 한 것이니 크게 잘못된 것
이다(宣帝 때 새 『尚書』171)는 文帝172) 때의 옛 『尚書』173)의 편수에 채워 넣을

---

168) 平當: 前漢 平陵人. 경전에 밝아 박사가 되었고 哀帝가 즉위하자 승상이
    되었다.
169) 終軍: 前漢 濟南人. 자는 子雲. 어려서부터 학문을 좋아하였으며 문장에
    도 뛰어났다. 여러 번 諫議大夫에 발탁되었다.
170) 『隋書』「經籍志」에 나오는 말이다.
171) 새 『尚書』: 「河內泰誓」를 말한다.
172) 文帝: 前漢의 文帝. p. 47 주 18 참조.
173) 옛 『尚書』: 복생과 공안국이 말한 「太誓」를 가리킨다.

수 없다—原註). 29편이란 「서서書序」 1편이 그 숫자에 들어 있는
것이다.

제7 장패(張覇) 위서(僞書)에 대한 고찰

상병(上丙) 9

『한서』「유림전」에 이르기를, "세상에 전하는 『백량편百兩篇』[174]
이란 것은 동래(東萊)의 장패(張覇)로부터 나왔다. 29편을 나누고
잘라서 수십 편을 만들고, 또 『좌전』과 「서서書叙」에서 수집하여
앞뒤를 만드니 무릇 102편이다. 편도 어떤 것은 몇 장밖에 안 되
고 글의 뜻도 천박하고 비루하다. 성제(成帝)[175] 때 진고문(眞古文)
을 하는 자를 구하였는데 장패가 『백량편』을 만들었으므로 불려
가서 중서본(中書本)으로써 『백량편』을 대교(對校)하니 같지 않았
다. 장패의 『상서』의 글은 아버지로부터 받고, 아버지는 제자인
위씨(尉氏)[176]의 번병(樊並)[177]이 있었다. 이때에 태중대부(太中大夫)
인 평당(平當)과 시어사(侍御史)인 주창(周敞)[178]이 임금에게 권하여
이 『백량편』을 학관에 세우게 하였는데, 나중에 번병이 모반을 하
자 이에 그 『상서』를 배척하여 없애버렸다"고 하였다.

내가 살펴보건대, 한나라 성제 때 공안국의 고문이 이미 비부
(秘府)에 있었는데도(孔安國의 一家에서 바쳤던 것이다—原註) 다시 진
고문을 민간에서 구하였다면 공안국의 『상서』는 모든 박사들에게

---

174) 『百兩篇』: 前漢의 張覇가 僞作한 『尚書』 102편을 이름.
175) 成帝: 前漢의 成帝. 재위 B.C. 32~7.
176) 尉氏: 縣名. 지금의 河南省 開封府 尉氏縣이다.
177) 樊並: 前漢의 尉氏人. 『百兩篇』의 『尚書』를 傳하였으나 뒤에 謀反을 하
     여 그 『尚書』를 없애버렸다고 함.
178) 周敞: 前漢의 經學者.

용인되지 않았음을 알 수 있고(이때에는 단지 伏生의 今文만이 있었으니, 博士들이 이론이 같으면 편을 짓고 다르면 공격하는 것이 이미 심하였다—原註) 아니면 그 문자가 오래되고 어려워서 다 통할 수 없었기 때문에 다시 다른 본을 구했을 것이다. 장패의 『상서』는 당시에 곧 배척을 받아 없어지고 한 자도 세상에 전파되지 않았는데, 지금 사람들이 공영달의 소주(疏註)를 잘못 읽고 공자(孔子)의 옛집 벽에서 나온 16편을 장패의 저작이라고 하니(下篇에 보인다—原註) 잘못이 심하다(장패는 두 사람이 있으니 『後漢書』에 또 한 사람의 張覇가 있다. 字는 伯饒이고 어린 나이에 효도와 겸양으로 알려져 張曾子라 불리었다. 永元[179] 중에 會稽太守가 되니, 고을이 모두 다투어 志節에 힘쓰고 도로에서는 다만 칭송하는 소리만이 들렸다고 한다. 「僞泰誓」를 만든 張覇와는 다르다—原註).

상병(上丙) 10

『춘추설春秋說』[180]에 이르기를, "『상서』는 120편이다"고 하였다. ○『상서위尙書緯』[181]에 이르기를(『尙書璿璣鈐』에 나오는 말이다—原註), "공자가 『상서』 120편을 산정(刪定)하였는데(鄭玄이 이르기를, "공자가 黃帝의 玄孫인 帝魁의 글에서부터 秦나라 穆公에 이르기까지의 것을 읽으니 모두 3,240편이나. 번 것은 버리고 가까운 것은 취해서 120편을 정했나"라고 하였다—原註) 102편을 『상서』로 하고 18편을 『중후中候』[182]로 하였다"고 하였다(둘 다 孔穎達의 『尙書正義』에 보인다—原註).

내가 살펴보건대, 102편이라는 것은 응당 이것이 예전부터 유전(流傳)해온 이름으로 경문(經文)이 1백 편이고 「서서書序」가 2편이라는 것이다(『周易』의 十翼에서 「上象」과 「下象」을 나누어 두 편을 만들었으니, 「書序」 2편도 또한 이와 같다—原註). 위가(緯家)의 설에는 경문이

---

179) 永元: 後漢 和帝의 年號. 89~105.
180) 『春秋說』: 『春秋』에 관련된 緯書이다.
181) 『尙書緯』: 『尙書』에 관련된 緯書인데 20여 종이 있다.
182) 『中候』: 鄭玄이 註를 낸 『尙書』에 관한 緯書의 일종인 『尙書中候』를 말함.

102편이라고 해놓았는데 장패가 이에 따른 것 같음이 있으니 우스운 일이다.

복생(伏生) 『금문상서』의 편목(篇目)

상정(上丁) 1

「요전堯典」(지금의 「舜典」과 합쳐 하나가 되었다—原註) 「고요모皐陶謨」(지금의 「益稷」과 합쳐 하나가 되었다—原註) 「우공禹貢」「감서甘誓」「탕서湯誓」「반경盤庚」(3편이 하나로 합쳤다. '若德明哉! 湯任父言卑應言.' 등의 句가 있다—原註) 「고종융일高宗肜日」「서백감려西伯戡黎」「미자微子」「목서牧誓」「홍범洪範」「금등金縢」「대고大誥」「강고康誥」「주고酒誥」('王曰封, 唯曰若圭璧.' 등의 句가 있다—原註) 「재재梓材」「소고召誥」「낙고洛誥」「다사多士」「무일毋逸」「군석君奭」「다방多方」「입정立政」「고명顧命」(「康王之誥」와 합쳐 하나가 되었다—原註) 「여형呂刑」「문후지명文侯之命」「비서費誓」「진서秦誓」(이상 28편이다—原註) 「서서書序」1편(각 편의 머리에 나누어놓지 않았다—原註) 모두 29편이다.

내가 살펴보건대, 복생의 『상서대전尙書大傳』에 『상서』를 인용해놓았는데 「구공九共」「제고帝告」 등의 편이 있고(「九共」에 『尙書』를 인용하여 "予辯下上, 使民平平, 使民無傲."라 하였고, 「帝告」에 『尙書』를 인용하여 "施章, 乃服明上下."라 하였다—原註) 「대전大傳」의 서(序)에는 「가화嘉禾」「엄고掩誥」 등의 편이 있으니(王應麟[183]의 『尙書考異』에 있다—原註) 복생의 『상서』는 28편에서 끝나지 않는다. 복생은 또한

---

183) 王應麟: 1223~1296. 宋 慶元人. 字는 伯厚, 號는 深寧. 벼슬은 禮部尙書에 이르렀다. 저서로 『詩考』『詩地理考』『通鑑地理考』『困學紀聞』『尙書考異』『玉海』 등이 있다.

벽 속에 숨겨놓은 것이 있었는데 난리가 평정되어 돌아오니 그 『상서』의 수십 편이 없어져버리고 그 중 혹 몇 구의 기억나는 것이 있어 이것을 「대전大傳」에 실었다(『尙書大傳』에서 말한 학교의 제도와 그 說은 雅馴하지 못한 것이 많이 있어 尊信할 수 없다 — 原註). 『상서대전』에는 「요전」을 「당전唐傳」이라 하였고, 「구공九共」을 인용하고서 「우전虞傳」이라 하였고, 「제고帝告」를 「은전殷傳」이라 하였으니, 「요전」을 「당서」라 하고 「고요모」를 「우서」라 하고 「상서商書」를 「은서殷書」라고 한 것도 알 만하다(「堯典」 「皋陶謨」에는 모두 '日若稽古'라 하고 「堯典」의 끝에는 舜이 죽은 것을 썼으니, 夏나라 史官이 지은 것에 관계됨이 분명하다. 그것을 「唐書」라고 할 수 있겠는가? 『詩經』에는 「商頌」이라 하였으니, 『尙書』에 「殷書」라 하겠는가? 『尙書』에 무슨 '書' 무슨 '書' 하는 것은 공자께서 정하지 않은 것 같다. 그러므로 두 家가 각각 다르다 — 原註).

『사기』에 수록된 『상서』의 편목(篇目)

상정(上丁) 2

「요전」('如喪考妣' 이상은 「堯本紀」에 들어가고 '格于文祖' 이하는 「舜本紀」에 들어갔다 — 原註) 「우공禹貢」 「고요모皋陶謨」('帝曰來' 이하는 나누지 않았다 — 原註) 「감서甘誓」 「오자지가五子之歌」 「윤정胤征」(이상은 「夏本記」에 있다 — 原註).

○ 「제고帝誥」 「탕정湯征」 「여구女鳩」 「여방女房」 「탕서湯誓」 「전보典寶」 「하사夏社」 「중훼지고仲虺之誥」 「탕고湯誥」 「함유일덕咸有一德」(湯임금 때에 지어진 것이니 序次는 梅賾과 다르다 — 原註) 「명거明居」 「이훈伊訓」 「사명肆命」 「조후徂后」 「태갑훈太甲訓」 3편, 「옥정沃丁」 「함예咸艾」 「태무太戊」 「원명原命」 「반경盤庚」 3편(약간의

글이 있다 —原註),「열명說命」(사실은 있으나 글은 없다 —原註)「고종융일高宗肜日」「고종지훈高宗之訓」「서백감려西伯戡黎」(이상은「殷本紀」에 있다 —原註)「미자微子」(「宋世家」에 있다 —原註).

○「태서太誓」(「齊世家」에 있다 —原註)「목서牧誓」「무성武成」(사실이 있어 經文과 유사하지만『漢書』「律曆志」에 소재한 여러 글이 없다 —原註)「분은지기물分殷之器物」(곧 「分器」이다 —原註)「홍범鴻範」(「宋世家」에 있다 —原註)「금등金縢」「대고大誥」(이상은「魯世家」에 있다 —原註)「미자지명微子之命」(「宋世家」에 있다 —原註)「귀화歸禾」「가화嘉禾」(이상은「魯世家」에 있다 —原註)「강고康誥」「주고酒誥」「재재梓材」(이상은「衛世家」에 있다 —原註)「소고召誥」「낙고洛誥」「다사多士」(「魯世家」에 있다 —原註)「무일毋逸」(「魯世家」에 있다 —原註)「군석君奭」(「燕世家」에 있다 —原註)「다방多方」「주관周官」(「魯世家」에 있다 —原註)「입정立政」(「魯世家」에 있다 —原註)「회식신지명賄息愼之命」「고명顧命」「강고康誥」(곧 「康王之誥」이다 —原註)「경명冏命」「보형甫刑」(이상 여러 편은 모두「周本紀」에 들어 있다. 어떤 것은 序만 있고 글이 없기도 하고, 어떤 것은 자세함과 간략함이 다르기도 하다. 오직「君奭」과「立政」만이「周本紀」에 나타나지 않는다 —原註)「문후지명文侯之命」(「晉世家」에 있다 —原註)「힐서肸書」(「魯世家」에 있다 —原註)「진서秦書」(「秦本紀」에 있다 —原註).

○무릇 64편 중에「서序」만 있고 글이 있는 것이 13편이고(「甘誓」「湯征」「湯誓」「湯誥」「高宗肜日」「太誓」「洪範」「多士」「毋逸」「君奭」「甫刑」「文侯之命」「肸誓」—原註), 글만 있고「서序」가 없는 것이 8편이고(「堯典」「禹貢」「皐陶謨」「西伯戡黎」「微子」「牧誓」「金縢」「秦誓」—原註),「서序」만 있고 글이 없는 것이 41편이며(「五子之歌」「胤征」「帝誥」「女鳩」「女房」「典寶」「夏社」「仲虺之誥」「咸有一德」「明居」「伊訓」「肆命」「徂后」「太甲訓」3편,「沃丁」「咸艾」「太戊」「原命」「盤庚」3편,「高宗之訓」「分殷之器物」「大誥」「微子之命」「歸禾」「嘉禾」「康誥」「酒誥」「梓材」

「召誥」「洛誥」「多方」「周官」「立政」「賄息愼之命」「顧命」「康誥」「冏命」——
原註), 사실이 있고 「서序」가 있고 글이 없는 것이 1편이며(곧 「武
成」이다——原註), 사실이 있고 「서序」가 없고 글이 없는 것이 1편이
다(곧 「說命」이다——原註).

　　내가 살펴보건대, 『사기』에는 「반경」이 나누어져 3편이 되고
「고명」이 나누어져 2편이 되어 있으니 이것은 공안국의 학(學)이
다(그 「太戊」 1편은 또한 『尙書大傳』에 보인다——原註). 또 무릇 3편인 것
은 반드시 3편이라고 하였으니 「태갑훈」 3편과 「반경」 3편이 이
것이다. 「태서」는 단지 1편이기 때문에 3편이라고 말하지 않았다.
『한서』 「예문지」에도 또한 그렇게 되어 있으니(46권이라는 것은 「太
誓」가 단지 1권뿐이기 때문이다——原註) 하내의 여자가 『상서』를 바친
뒤에 와서 「태서」가 비로소 3편이 되었다.

정현(鄭玄)이 주석한 『고문상서』의 편목(篇目)

상정(上丁) 3

　「요전」(지금의 「舜典」이 나누어지지 않았다——原註) 「순전」(지금의 「舜
典」이 아니다. 옛날에 별도로 1편이 있었다——原註) 「골작汨作」「구공」 9
편, 「고어稾飫」「대우모大禹謨」「고요모」(지금의 「益稷」이 나누어지지
않았다——原註) 「우공」「감서」「기직棄稷」(지금의 「益稷」이 아니다. 옛날
에 별도로 1편이 있었다——原註) 「오자지가」「윤정」〇 이상은 「우하서
虞夏書」 20편이다(孔穎達이 이르기를, "馬融·鄭玄·王肅·劉向의 『別錄』에는
모두 「虞夏書」라고 써서 『虞書』와 『夏書』를 同科로 해놓았으니, 비록 虞의 일이
나 또한 夏로 이어진다"라고 하였다——原註).

　　내가 살펴보건대, 정현본(鄭玄本)의 「기직」은 차례가 「감서」의
밑에 있으니 「기직」이란 것은 태강(太康) 때의 글이다. 『국어』 「주

어周語」에 이르기를, "하(夏)나라가 쇠퇴할 때에 기직이 노력하고 힘쓰지 않아 그 관직을 잃었다"고 하였고, 『사기』에도 또한 이 설(說)을 실었으니(「夏本紀」에 나온다 — 原註) 「기직」의 경계가 그 자체로 1편이다. 매색의 위본(僞本)은 「고요모」 밑부분의 반을 잘라내어 「익직」으로 고치고 그 서문을 같이 고쳐, 합하여 「대우모」 「고요모」 「익직」이라 하고(「棄稷」의 본래 서문은 드디어 사라져 남아 있지 않다. 孔穎達의 『尙書正義』에도 또한 언급하지 않았다 — 原註) 차례는 「우공」의 위에 있으니 경(經)을 어지럽힌 것이 크다. 지금 사람들은 기(棄)는 이름이고 직(稷)은 관직이니 이어 부르는 것은 옳지 않다고 하여 매색의 『상서』를 이치에 가깝다고 한다(張華[184]의 「大司農箴」에 이르기를, "기직은 民事를 돌보지 않아 밭 1천 畝를 田籍에 올리지 아니하였다"고 하였으니, 이것은 「書序」에 근본하여 지은 것이다 — 原註).

상정(上丁) 4

「제고」 「이옥釐沃」 「탕정」 「여구汝鳩」 「여방汝方」 「하사」 「의지(疑至)」 「신호(臣扈)」 「탕서」 「중훼지고」 「탕고」 「함유일덕」 「명거」 「전보」 「이훈」 「사명」 「조후」 「태갑太甲」 3편, 「옥정」 「함예咸乂」 4편, 「이척伊陟」 「원명」 「중정仲丁」 「하단갑河亶甲」 「조을祖乙」 「반경」 3편, 「열명」 3편, 「고종융일」 「고종지훈」 「서백감려」 「미자」. ○ 이상은 「상서商書」 40편이다.

내가 살펴보건대, 「상서商書」의 서차(序次)는 매색의 본(本)이 더욱 바꾸고 어지럽게 해놓은 것이 많다(「湯誓」는 「夏社」의 위에 있고 「典寶」는 「仲虺之誥」의 위에 있고 「咸有一德」은 「太甲」의 아래에 있다 — 原註). 탕이 이미 하(夏)나라를 이겨서 박(亳)에 돌아와 고(誥)를 지어 만방에 경계할 때 그 대의(大義)가 둘이 있었다. 하나는 백성의 위

---

184) 張華: 232～300. 晉나라 范陽人. 字는 茂先. 박학다식하였음. 작품으로 「鷦鷯賦」가 유명하며, 저서로 『博物志』가 있다.

에 있는 자가 공덕을 심는 데 힘쓰는 것이고(장차 실적을 考課하기 위한 것이다―原註) 다른 하나는 백성이 사는 것을 편하게 하는 것을 공덕으로 삼는 것이다(장차 백성을 안정되게 하기 위한 것이다―原註). 이에 이윤(伊尹)[185]이 「함유일덕」을 짓고 고선(咎單)[186]이 「명거明居」를 지어(『史記』에 보인다―原註) 거듭 '고誥'의 뜻을 밝혔는데, 매색이 거꾸로 하여 혼란시킨 것이 이와 같으니 탕이 백성을 물과 불 속에서 구해내려는 뜻이 사라졌다. 이윤이 말한 것을 「이훈」이라 하고 고종(高宗)이 말한 것을 「고종지훈」이라 하니, 「태갑훈太甲訓」이란(『史記』에 「太甲訓」으로 되어 있다―原註) 태갑이 말한 것으로 태갑이 덕을 닦은 뒤에 후손에게 훈계한 것인데, 지금 또한 이윤이 훈계한 것으로 하니 옳겠는가?

상정(上丁) 5

「태서」 3편(梅賾本 「泰誓」가 아니라 바로 河內 여자가 바친 것이다―原註) 「목서」 「무성」 「홍범」 「분기分器」 「여오旅獒」 「여소명旅巢命」 「금등」 「대고」 「미자지명」 「귀화」 「가화」 「강고」 「주고」 「재재」 「소고」 「낙고」 「다사」 「무일」 「군석」 「성왕정成王正」 「장박고將薄姑」 「다방」 「주관」 「입정」 「회식신지명」 「박고亳姑」 「군진」 「고명」 「강왕지고」 「필명畢命」 「군아君牙」 「경명」 「채중지명蔡仲之命」 「비서」 「여형」 「문후지명」 「진서」. ○ 이상은 「주서周書」 40편이다(孔穎達의 『尙書正義』에 이르기를, "1백 편의 차례는 孔安國과 鄭玄이 다르다. 鄭玄은 「湯誓」를 「臣扈」 뒤 29번째에 있다 하였고, 「咸有一德」을 「湯誥」 뒤 32번째에 있다 하였고, 「蔡仲之命」을 「費誓」의 앞 96번째에 있다 하였고, 「周官」을 「立政」의 앞 86번째에 있다 하였고, 「費誓」를 「呂刑」의 앞 97번째

---

185) 伊尹: 商나라 사람. 이름은 摯라고도 한다. 華 땅에서 농사짓다가 成湯에게 발탁되어 桀을 치는 데 공을 세웠다고 한다.
186) 咎單: 商나라 사람. 成湯 때의 司空. 「明居」를 지었다.

92

에 있다 하였다"고 하였다 — 原註).[187]

내가 살펴보건대, 정현이 주(註)를 한 『상서』는 공벽(孔壁)의 『고문상서』를 근본으로 하여 복생의 『금문상서』를 참고한 것이다. 양한(兩漢) 양가(兩家)의 설(說)이 정현의 본(本)에 집대성되어 있으나 지금은 없어졌다. 오직 공영달의 소주(疏註)에 기록된 바에 의거하여 보면 서차(序次)가 위와 같다. 그 문자의 같고 다름은 지금은 상세히 살필 수 없다.

상정(上丁) 6

1백 편 중에 정현이 주석한 것은 34편이다(「堯典」「皐陶謨」「禹貢」「甘誓」「湯誓」「盤庚」 3편,「高宗肜日」「西伯勘黎」「微子」「泰誓」 3편,「牧誓」「洪範」「金縢」「大誥」「康誥」「酒誥」「梓材」「召誥」「洛誥」「多士」「無逸」「君奭」「多方」「立政」「顧命」「康王之誥」「費誓」「呂刑」「文侯之命」「秦誓」 — 原註). 이것은 『수서』「경적지」에서 이른바 정현이 주(註)한 것이 29편에 불과하다는 그것이다.

내가 살펴보건대 복생본(本) 29편에는 「서서書序」 1편이 포함되어 있고, 정현의 「서서」는 1백 편에 포함되지 않기 때문에 정현이 주한 것은 실로 28편에 불과하니, 『수서』는 잘못된 것이다(前儒들이 「僞太誓」 1편을 잘못 29편의 수에 채워 넣었기 때문에 『隋書』에서 그렇게 말했을 뿐이다 — 原註). 28편에 「반경」은 2편, 「강왕지고」는 1편, 「위태서」는 3편이니 모두 34편이다.

상정(上丁) 7

처음 벽에서 나왔을 때부터 끊어져 사설(師說)이 없었고, 정현이 또한 주를 달지 않은 것이 24편이다(「舜典」「汨作」「九共」 9편, 「大禹謨」「棄稷」「五子之歌」「胤征」「湯誥」「咸有一德」「典寶」「伊訓」「肄命」「原

---

187) 孔穎達, 『尙書正義』 卷 第2, 「堯典」 疏.

命」「武成」「旅獒」「冏命」— 原註). 이것이 『한서』에서 이른바 16편이란 것이다(「九共」은 9편이기 때문에 8을 더해 계산한 것이다 — 原註).

내가 살펴보건대, 이 24편의 편목은 정현이 주(註)한 「서서」에서 나왔고(『尙書正義』에 보인다 — 原註) 이중에 오직 「이훈」과 「무성」만이 유흠의 『삼통력三統曆』[188]에 보이고 나머지는 모두 흩어져 없어졌다.

상정(上丁) 8

그 서(序)만 있고 글이 없거나 혹은 단지 편명의 주만 있는 것이 42편이다(「稿飫」「帝告」「釐沃」「湯征」「汝鳩」「汝方」「夏社」「疑至」「臣扈」「仲虺之誥」「明居」「徂后」「太甲」3편,「沃丁」「咸乂」4편,「伊陟」「仲丁」「河亶甲」「祖乙」「說命」3편,「高宗之訓」「分器」「旅巢命」「微子之命」「歸禾」「嘉禾」「成王正」「將薄姑」「周官」「賄息愼之命」「亳姑」「君陳」「畢命」「君牙」「蔡仲之命」— 原註).

내가 살펴보건대, 이 여러 편의 서문(序文)은 『사기』에 많이 실려 있고 마융과 정현의 편명에 대한 주(註)는 간혹 육덕명의 『경전석문』에 나타나 있으니, 이것이 오히려 공벽본(孔壁本)의 진면모인 것 같다. 그 중 「태갑」ㆍ「열명」ㆍ「필명」ㆍ「군진」의 몇 장은 여러 경(經)에서 인용된 것이 있으나 그 나머지는 남은 자취도 없다.

나는 이렇게 생각한다. 고문ㆍ금문의 『상서』여러 책에 대한 선후(先後)ㆍ이동(異同)ㆍ진위(眞僞)ㆍ허실(虛實)이 위와 같아 사서(史書)와 유가 전적(儒家典籍)에 나열되어 있는 것이 많은 사람의 눈에 밝게 펼쳐 있는데, 공영달은 이처럼 정치한 지식으로도 임금의 조명(詔命)에 눌려 매색의 위서(僞書)에 고개를 숙여 주해(註解)에 오

---

188) 『三統曆』: 漢의 劉歆이 지은 曆法의 명칭. 『漢書』「劉歆傳」에 "律曆을 상고하고 정하여 『三統曆譜』를 지었다"고 하였으며, 『後漢書』「律歷志」에는 "太初 元年부터 삼통력을 사용하기 시작하였다"는 기록이 있다.

직 조심하였고, 채침(蔡沈)은 이처럼 통달하고 민첩한 재주로 상고(詳考)하고 검토하는 데 소홀히해서 주자(朱子)의 정론(正論)에 어긋나게 하여 『서집전書集傳』을 만들었으니, 모든 세상 사람들이 몽매해져서 여기에서 벗어나지 못하였으며, 오역(吳棫)과 오징(吳澄)이 고심하여 논변(論辨)을 하였으나 또 모두 어둡게 감춰져 드러나지 않고, 오직 주자의 몇 마디 말만을 공부하는 자가 외우게 되었을 뿐이다. 주자는 의심하였으나 이것을 그대로 내버려두고 시정을 하지 아니하여 깊이 후학의 한이 되었는데, 소산(蕭山) 모기령(毛奇齡)은 도리어 주자는 성인을 비방하고 경(經)을 훼손하였다 하여 함부로 꾸짖기를 버릇없이 하고, 농간과 희롱을 마음대로 하면서 문구(文句)를 전도시키고 수목(數目)을 변조시켜 한결같이 매색의 『상서』만을 엄호하였으니, 세상 사람들이 또 현혹되어버리고 여기에서 결단하지 못하였다. 아! 또한 사문(斯文)의 막힘이여. 나는 지금 남쪽 변방에 유배되어 서적이 적으니 그 편견을 꺾을 수 없으나 오직 사리에 의거해서 분석해보면 또한 깨닫지 못할 것이 없다. 먼저 「상서대서尙書大序」에서부터 차례로 『상서정의』와 『서집전』에 이르기까지는 그 근원을 밝히기 위한 것이요, 모기령의 『고문상서원사古文尙書冤詞』와 같은 것은 모기령에게 일전을 시도하기 위해 힘을 들인 것이니 아울러 하편에 상세히 해놓았다

매씨서평(梅氏書平) 2

대서(大序)[1] 1

복생이 『상서』의 전경(全經)을 잃어버리고 입으로 전수하여 겨우 20여 편을 만들었으니, 1백 편이란 주장을 세상에서 들을 수 없었다. 노공왕(魯共王)에 이르러 그가 궁실을 꾸미기를 좋아하여 공자의 구택(舊宅)을 부수어 거처를 넓히다가 벽 속에서 선인(先人)들이 감추어둔 고문을 얻었으니 모두 과두 문자(科斗文字)였다.[2]

상성(上丨) 9

「대서」라는 것은 위작자가 만든 것이다. 복생은 일찍이 『상서』의 전경을 다 잃어버리지 않았다. 『사기』에는 오직 '수십 편을 잃었다'고 하였고(上甲 二에 보인다 ─ 原註) 유흠은 '처음 집 벽 속에서 나올 때 썩고 부러지고 흩어지고 끊어졌다'고 하니, 어찌 그 전경을 다 잃어버리고 입으로 전수했다고 할 수 있겠는가? 가령 그 전경을 잃어버렸다면 복생이 진실로 능히 이것을 외워 당연히 죽백

---

1) 大序: 梅賾이 僞作한 『古文尙書孔安國傳』의 序文.
2) 이 글은 梅賾이 僞作한 『古文尙書孔安國傳』의 序文이다. 茶山이 그 僞作의 예를 보이기 위하여 여기에 수록하였다. 「大序」 1·2·3·4 바로 아래의 글은 모두 『古文尙書孔安國傳』의 序文에 나오는 일부분이다.

(竹帛)에 써서 간편(簡編)을 만들었을 텐데 어찌 드디어 문자가 없어서 일생토록 입으로 전수하기에까지 이르렀겠는가? 입으로 전수했다는 설은 위굉(衛宏)에게서 시작되었다. 광무제(光武帝)가 조명(詔命)을 내려 고문을 정립하니 관서(官書)인 위굉이 조명을 받들어 서문(序文)을 지었는데, 거기에 복생이 자기 딸을 시켜 말을 전하게 했다는 설이 있다(「序」에 이르기를, "伏生은 늙어 말을 바르게 할 수 없으므로 그 말을 이해할 수 없었다. 그 딸로 하여금 말을 전하여 鼂錯를 가르치게 하였는데, 齊나라 말은 穎川 지방의 말과는 많이 달라서 鼂錯가 모르는 것이 열 중 두셋이었다. 대략 그 뜻으로 붙여 읽었을 뿐이다"라고 하였다. ○『尙書正義』에 보인다— 原註). 원래 위굉의 뜻은 복생에게 전혀 간편이 없었다는 것을 말한 것이 아니요, 그 뜻을 해석하고 구두(句讀)를 가르치면서 그 딸로 하여금 대신 말하게 했을 뿐이라는 것이다(이 또한 孔安國의 學을 하는 사람이니, 伏生의 學을 하는 사람의 말을 헐뜯는 것은 본래 이론이 같으면 편을 짓고 다르면 공격하는 것에서 나왔다— 原註). 문제(文帝)가 본래 조조를 시켜 가서 그 뜻을 전수받게 한 것은 오직 간편만을 검토하게 한 것이 아니다. 위서를 만든 자는 위굉의 서문을 잘못 보고 드디어 입으로 전수되었다는 설을 제창하여 계속해서 이후로부터는 서로 그 말을 답습하였다. 그래서 『수서』엔 '구수(口授)'라 하였고(上丙 八에 보인다— 原註) 『경전석문』에도 '구수'라 하였으며(陸德明의 말이다— 原註) 주자도 '구수'라 하였고(주자는 말하기를, "그 말이 '口授'한 것이 제나라 말이므로 깨달을 수 없었다는 데서 나온 것이다"3)라고 하였으니, 이것은 衛宏의 설을 사용한 것이지, 「大序」의 글을 답습한 것은 아니다— 原註) 채침은 '배송(背誦)'이라 하였다(『書集傳』의 서문에 '背文暗誦'이라고 기록되어 있다— 原註). 이보다 앞선 사마천·반고·유흠의 글에는 '구수'라는 두 자가 없으니 '구수'라는 것은 위굉 이후의 사람이 말한 것이다.

---

3) 『朱子語類』 卷78, 「尙書」의 「綱領」.

상정(上丁) 10

1백 편이란 주장을 세상에서 들을 수 없다는 것은 또 무슨 말인가? 반고의 「예문지」에 바로 이르기를, "1백 편의 「서序」는 공자가 지었는데 복생이 그것을 간직해두었다"고 하였다(上甲 三에 보인다—原註) 공안국은 어릴 때 복생에게 수업을 받았으므로 몸소 금문을 보았는데(上甲 七에 보인다—原註) 어떻게 복생의 『상서』에는 1백 편이란 주장이 없다고 할 수 있겠는가? 공안국은 반드시 이런 말을 하지 않았을 것이니 이런 말을 한 것은 위작자(僞作者)가 한 짓이다.

상무(上戊) 1

『사기』「오종세가五宗世家」에 이르기를, "노공왕(魯共王)은 경제(景帝) 즉위 3년4)에 옮겨서 노왕(魯王)이 되고(본래는 淮陽王이다—原註) 또 26년에 죽었으니 무제가 즉위한 12년이다"라고 하였으니(元光 6년(B.C. 129년)이다—原註) 무제의 말(末)에는 묘의 나무가 이미 한아름이나 되었을 텐데 어찌 궁을 지을 수 있겠는가? 반고가, '무제의 말에 노왕이 『상서』를 얻었다'고 한 것은(上甲 八에 보인다—原註) 본래 전해 들은 소문이 잘못된 것이다. 사마천이 같이 한 세상에 살면서 몸소 『상서』를 공안국에게 배웠는데(上乙 二에 보인다—原註) 벽을 헐어 『상서』를 얻었다는 설은 『사기』에 보이지

---

4) 『梅氏書平』에 등장하는 '景帝前三年'은 景帝 즉위 3년(B.C. 154년)이다. 그 첫번째 근거로는 「五宗世家」의 기록을 인용한 『梅氏書平』의 "魯共王以景帝前三年徙爲魯王, 又二十六年而卒, 則武帝卽位之十二年也"라는 기록이 「孝景本紀」 3年條의 "徙齊北王志, 爲菑川王, 淮陽王餘爲魯王"이라는 내용과 일치한다는 점이다. 두번째 근거로는 위의 글에서 魯共王이 魯王으로 되고 나서 26년 만에 죽었으며 그해가 바로 武帝 즉위 12년이라고 하였으니, 곧 B.C. 129년이다. 이를 기점으로 26년을 逆算하면 B.C. 154년이 되는데 이해는 바로 景帝 즉위 3년이다. 따라서 '景帝前三年'은 景帝 즉위 전 3년(B.C. 159년)이 아니라 景帝 즉위 3년(B.C. 154년)임이 명확하다.

않으니, 어찌 1백 년 뒤에서 거슬러 올라가 예전 일을 자세히 알 수 있겠는가? 위작자가 「예문지」에 의거하여 개가 그림자만 보고 짖는 격으로 짖어대니, 이것이 어찌 공안국이 손수 쓴 것이겠는가? '금슬종경(琴瑟鐘磬)'5)의 설은 본래 그 자체가 믿기 어렵다. 위작자가 스스로 이것을 고쳐서 '금석사죽(金石絲竹)'으로 만들었으니 관약(管籥)의 소리는 또 어디에 근거한 것인가?

고문에는 과두(科斗)의 이름이 없고 과두라는 것은 서경(西京)의 말투가 아니다. 허신(許愼)6)의 『설문해자(說文解字)』에 이르기를, "진(秦)나라에 여덟 가지의 글자체〔八體〕가 있었고(첫째는 大篆, 둘째는 小篆, 셋째는 刻符, 넷째는 蟲書, 다섯째는 摹印, 여섯째는 署書, 일곱째는 殳書, 여덟째는 隸書이다 — 原註) 왕망(王莽)의 시대에 처음으로 여섯 가지의 글자체〔六體〕를 정했다"(첫째는 古文, 둘째는 奇字, 셋째는 程邈7)이 지은 小篆이요, 넷째는 佐書이니 秦나라의 예서요, 다섯째는 繆篆, 여섯째는 鳥蟲書이니 甄豊8)에게 교정을 하게 한 것이다 — 原註)고 하였다. 그런데 과두의 이름은 소학(小學)에도 보이지 아니하는데 정현과 노식(盧植) 이후에 비로소 이런 명칭이 있었다. 정현이 이르기를, "『상서』는 벽 속에서 나왔는데 모두 상형 문자로 되었으니 지금 이른바 과두체의 글자이다(본래 『杜林漆書』에서 논한 것이다. 『尙書正義』에 보인다 — 原註)"라고 하였고, 노식이 이르기를, "고문의 과두 문자는 소학(小學)으로 강등되었다"고 하였으며(上乙 七에 보인다 — 原註) 『진서

---

5) 琴瑟鐘磬: 前漢 武帝 말기에 魯共王이 공자의 집 벽을 허물어 궁궐을 넓히려고 했는데 금슬과 종경 소리가 들리자 두려워 중지했다는 기록이 있으나 이에 대해서는 異說이 있다.

6) 許愼: 後漢의 經學家, 文字學者. 召陵人. 자는 叔重. 『說文解字』14卷을 지어 六書의 원리를 탐구했으며, 벼슬은 太尉南閣祭酒에 이르렀다. 저서로 또 『五經異義』가 있다.

7) 程邈: 秦나라 下杜人. 字는 元岑. 獄吏를 지내다가 죄를 얻어 옥에 갇혔을 때 大篆의 번잡한 것을 개량하여 隸書를 만들었다.

8) 甄豊: 後漢 사람. 王莽을 도와 장군을 역임하였으나 왕망이 몰락하자 자살하였다.

晉書』「위항[9]전衛恒傳」에 이르기를, "노공왕이 『상서』를 얻었는데 당시 사람들이 과두체라 했다(정현이 말한바 '지금'이라는 것은 漢나라 말기이다. 여기에서 '魯共王 때의 사람들이 이것을 일러 科斗이다'라 한 것은 잘못된 것이다 — 原註)"라고 하였다. 「속석[10]전束晳傳」에 이르기를, "급군(汲郡)의 사람이 위(魏)나라 안리왕(安釐王)의 무덤을 도굴하여 무덤 속에서 칠서(漆書) 수십 장을 얻었는데 모두 과두 문자였다"라고 하였으며(또 이르기를, "嵩山 아래에서 竹簡 1枚를 얻었는데 위쪽 두 줄이 科斗의 글이었다. 束晳이 '이것은 漢나라 明帝[11]의 陵冊文이다'라고 했다"고 하였다 — 原註) 소식(蘇軾)[12]의 「석고가石鼓歌」에는 "태사(太史)인 주(籀)가 과두(科斗)문자를 변형시켰다"고 하였으니, 모두 후세에 말한 바요, 공안국은 서경 사람인데 어떻게 과두라 하였겠는가?

○『서경잡기西京雜記』[13]에 이르기를, "등공(滕公)이 동도문(東都門)에 이르러 석곽(石椁)을 얻었는데 명문(銘文)이 있고 문자가 오래되고 이상하여 숙손통(叔孫通)[14]에게 물으니 숙손통이 과두문이라 한다"고 했다(『西京雜記』는 晉나라 사람인 葛洪[15]이 지은 것인데 말들이 모두 거짓되어 근거할 수 없는 것이다. 淵泉 洪奭周[16]가 이르기를, "지금 전해

---

9) 衛恒: ?〜291. 晉 安邑人. 字는 巨山. 글씨에 능하여 四體書勢를 만들었다.
10) 束晳: 晉 元城人. 字는 廣微. 어릴 때부터 國學에 유학했는데, 張華가 능력을 인정하여 司空으로 삼았으며 뒤에 박사가 되었다. 『五經通論』『發蒙記』등의 저서가 있다.
11) 明帝: 後漢 제2대 왕. 재위 58〜75.
12) 蘇軾: 1036〜1101. 宋 眉州 眉山人. 字는 子瞻. 唐宋八大家의 한 사람. 『東坡志林』『東坡全集』등 수백 권의 저서가 있다.
13) 『西京雜記』: 梁나라 吳均이 편찬한 僞書로 모두 6권임. 前漢 武帝 이후의 雜事를 기록해놓았다.
14) 叔孫通: 前漢 薛人. 漢高祖 때 博士가 되어 漢의 朝廟典禮를 整備하였으며, 이로 인해 太子太傅가 되었다.
15) 葛洪: 284〜364. 晉 句容人. 字는 稚川. 抱朴子라 부른다. 저서로 『神仙傳』『集異傳』『抱朴子』등이 있다.
16) 洪奭周: 1774〜1842. 字는 成伯. 淵泉은 그의 號이다. 성리학에 밝고 문장이 뛰어나 십대가의 한 사람으로 꼽혔으며 이조판서를 거쳐 좌의정에 이르렀다. 저서로 『尙書補傳』『淵泉集』이 있다.

지는 『西京雜記』는 吳均의 가짜 本이요, 葛洪이 지은 것이 아니다. 청나라 사람이 편찬한 『四庫全書書目辨證』에서 변증해놓은 것이 매우 밝다"라고 하였다—原註). 일본에 옛날 공안국의 『효경전孝經傳』이 있었는데(또한 皇侃[17]의 『論語疏』도 있었는데, 일본인 太宰純[18]이 이 두 책을 중국에 전하여 『鮑氏叢書』에 수록되었다—原註) 그 공안국의 「서」에 이르기를, "노공왕이 『고문효경古文孝經』을 얻으니 글자가 모두 과두체이다"라고 하였으니(이 孔安國의 「序」도 또한 梅䐊이 만든 것이요, 아니면 또 好事家가 梅䐊을 모방하여 만든 것이다—原註) 모두 믿을 만한 책이 아니요 위서(僞序)의 성원(聲援)이 되기에는 부족하다.

대서(大序) 2

들은 바의 복생의 『상서』로써 문의(文義)를 고론(考論)하여 그 알 수 있는 것만을 확정하여 예고(隸古)[19]를 만들어 정해서 다시 죽간에 베껴 썼으니, 이것이 증다(增多)된 25편이다. 복생은 「순전」을 「요전」에 합하고 「익직」을 「고요모」에 합했다고 한다. 「서」를 합하면 모두 59편 46권이다.

상무(上戊) 2

들은 바의 복생의 『상서』란 어떤 것을 이름인가? 복생이 결국 간편(簡編)이 없어 들을 수는 있어도 볼 수는 없었다는 말인가? 예고로 정했다는 것은 어떤 것을 이름인가? 예서는 정막(程邈)이 만든 것이고(지금 이른바 八分과 서로 비슷하다—原註) 고자(古字)는 창힐이 만든 것이다. 예서이면 고자가 아니고 고자이면 예서가 아니니

---

17) 皇侃: 488~545. 梁나라 經學者. 魏나라 何晏이 지은 『論語集解』를 底本으로 하여 『論語義疏』를 지었다.
18) 太宰純: 1680~1747. 號는 春臺. 일본의 經學者. 저서로 『論語古訓外傳』이 있다.
19) 隸古: 古文體(科斗文字)를 隸體의 筆法으로 改寫한 것.

무엇으로 죽간에 전사(轉寫)하였겠는가? 『사기』에 이르기를, "공씨(孔氏)에게는 『고문상서』가 있었는데 공안국이 금문으로 읽었다"고 하였으니(上甲 七에 보인다—原註) 위서(僞書)를 만든 자가 이것에 의거하여 설을 만들었다. 그러나 만약 이 설과 같다면 공벽본(孔壁本)『고문상서』는 세상에 아는 자가 없고 오직 복생에게 들은 것으로 그 알 수 있는 것만을 골라 확정하고(확정했다는 말은 의심나는 것을 감추고 억측에 의거했다는 말이다—原註) 또 예서로 번사(翻寫)했다면 이 공안국본 『고문상서』는 곧 복생본의 『상서』를 번신환면(翻身換面)한 격일 뿐이니 어찌 다시 스스로 독립할 수 있겠는가?

상무(上戊) 3

공씨의 증다편(增多篇)은 본래 16편에 그치니, 「예문지」(上甲 八에 보인다—原註)와 순열(荀悅)의 『한기漢紀』와 유향의 『별록別錄』과 마융의 「서서書序」(上甲 九에 보인다—原註)가 전해져서 정현에 이르러 편목이 역연해졌는데(上丁 七에 보인다—原註) 갑자기 증다 25편이라 하면 장차 누가 믿겠는가? 장차 저 반고·순열·유향·유흠·마융·정현 등이 서로 전수한 학문이 모두 막혀 헛된 장부처럼 되고 말겠는가? 또 이 증다편은 벽에서 나온 이래로 사설(師說)이 끊어져 없었으니(上甲 九에 보인다—原註) 만약 『공안국전』이 과연 도위조에게 전해졌다면(上丙 二에 보인다—原註) 양한 이래로 어찌해서 사설이 끊어져 없는 데까지 이르렀겠는가? 위서를 만드는 자가 처음에 16편을 만들고 그치려다가 「태갑」「열명」「태서」등 선진(先秦)의 옛 서적 중에서 뽑을 것이 많기 때문에(『左傳』『禮記』『墨子』『孟子』『荀子』등—原註) 고의(故意)로 마구 늘려서 25편에 이르게 하여 16편에서 끝나는 것인데 더 많이 취한 것이 10편(「舜典」「大禹謨」「五子之歌」「胤征」「湯誥」「咸有一德」「伊訓」「武成」「旅獒」「冏

命」— 原註)에 이른다. 그러나 「탕고」「함유일덕」은 『사기』에 소재한 것을 수록하지 않았고(上丁 四에 보인다 — 原註) 「이훈」「무성」은 『율력지』에 소재된 것을 수록하지 않았으니(또 「伊訓」의 두 句로 '載孚在亳'과 '征是三朡'[20]은 鄭玄의 註에 인용되어 있다[21] — 原註) 이것이 그 소략하고 빠진 곳이다.

상무(上戊) 4

「요전」은 그 자체로 「요전」이지 복생이 「순전」을 취하여 합친 것이 아니다. 맹자가 「요전」을 인용하여 말하기를, "순이 섭정한 지 28년 만에 방훈(放勳)[22]이 죽었다"고 하였으니 지금 「순전」의 글이 아닌가? 맹자는 복생보다 2백 년 전에 태어났는데 어찌 끌어 합칠 것을 미리 알아서, 「요전」이라고 미리 썼겠는가? 이것이 합쳐진 것은 분명히 맹자의 이전이니 복생은 또한 억울한 것이다. 또 가령 공안국이 정말 이 전(傳)이 있고 이 서(序)가 있어서 공적으로는 도위조에게 전하고(上丙 二에 보인다 — 原註) 사적으로는 공희(孔僖)에게 전했다면(上乙 三에 보인다 — 原註) 양한의 여러 사람들이 한결같이 어리석게 굳이 「순전」을 「요전」이라 했겠는가? 『한서』「왕망전」에 이르기를, "「요전」에 12주를 〔……〕"이라는 말이 있고 『후한서』에 장순(張純)[23]이 아뢰기를, "마땅히 당요(唐堯)의 전(典)을 따라 2월에 동쪽으로 순수(巡狩)하여야 한다"고 하였고, 또 진총(陳寵)[24]이 말하기를, "당요의 전에 과실에 의한 재화

---

20) 三朡: 중국 고대의 國名. 殷王인 湯이 三朡을 쳤다는 기록이 『尚書』의 「典寶」序에 나온다.
21) 孔穎達, 『尚書正義』 卷 第2, 「堯典」 疏.
22) 放勳: 전설상의 인물인 堯의 이름. 『尚書』「堯典」 첫 구절에 나오는 放勳을 至高한 공훈으로 해석하기도 한다.
23) 張純: 後漢人. 자는 伯仁. 고사에 밝아 혼례나 상례를 그에게 물어 정하였다고 함. 뒤에 大司空이 되었다.
24) 陳寵: 後漢人. 자는 昭公. 司空의 벼슬을 하였다.

는 용서한다"고 하였고, 진(晉)나라 유주(幽州)의 수재(秀才)인 장모(張髦)의 상소에 「요전」을 인용하여 "드디어 상제(上帝)에 유제(類祭)를 지내고 육종(六宗)에 인제(禋祭)를 지낸다"라고 하였으니(毛奇齡이 수집해놓은 것이다—原註) 무릇 「요전」이라고 칭한 글들이 모두 '신휘오전(愼徽五典)'이란 글 밑에 있으니, 어찌 한 사람도 「요전」이 「요전」과 「순전」으로 나누어져 있었다는 그 단서가 되는 말을 들은 자가 없는가?

상무(上戊) 5

『상서』에는 「기직棄稷」은 있으나 본래 「익직益稷」은 없다(上丁 三에 보인다—原註) 비록 기(棄)가 이름이고 직(稷)이 관직이므로 이어 부르는 것은 옳지 않다 하더라도(『尙書正義』에 보인다—原註) 「기직」에 대한 풀이는 분명히 『국어』 「주어」에 있는데(上丁 三에 보인다—原註) 어찌해서 기(棄)를 이름이라고 하는가? 고서(古書)에서 편(篇)을 나눔에 있어서 하나를 둘로 만든 것에는 모두 세 가지 예가 있다. 그 첫번째는 편머리의 처음 두 자를 취해서 편명을 붙인 것으로 『의례儀禮』의 「기석旣夕」과 「유사철有司徹」 등이 이것이고, 그 두번째는 그 중심되는 뜻을 총괄하여 이름을 붙인 것으로 「강왕지고」가 이것이며, 그 세번째는 편명을 붙이는 것을 특별히 구분하지 않고 차례로써 표시하였으니 「반경」 「태갑」 등이 이것이다. 지금 이 「고요모」 하단에 고(皐)·기(夔)·우(禹)·익(益)이 교대로 서로 묻고 대답하는데 '익직' 두 자는 편의 머리에 들어 있지 않으니, 이 세 가지 예 중에 전혀 해당되는 것이 없는데, 「익직」이라고 편명을 붙인 것이 어찌 옛날 법이겠는가? 「기직」이란 본래 태강(太康) 시대에 지어져서 「오자지가」와 더불어 서로 이어져 편이 되었기 때문에(上丁 三에 보인다—原註) 고칠 수 없다.

상무(上戊) 6

59편이라는 것은 정현에 의거한 것이고, 46권이라는 것은 반고에 의거한 것이다. 정현이 주를 단 58편에(上丁 六·七에 보인다──原註) 하나의 「서서書序」를 더하면 8이 9가 될 수 있고, 반고가 「예문지」에 기록한 46권에(上甲 八에 보인다──原註) 서(序)를 권(卷)으로 하면(『尙書正義』에 보인다──原註) 그 수가 일치할 수 있다. 또 반고의 「예문지」에 57편이라는 주가 있는 것을 보고(上甲 八에 보인다──原註) 이에 고의로 1편을 빠뜨려서(지금 「舜典」이라고 하는 것이다──原註) 본래 『상서』의 여러 글에 두루 맞추려 했으나 맞는 것은 오직 숫자상의 편목일 뿐이니, 양의 몸뚱이에 호랑이 가죽을 씌우고 까치집에 비둘기가 사는 격이라 비록 많지만 또한 무엇 하겠는가?

대서(大序) 3

조명(詔命)에 따라 59편을 위해 전을 만들었다. 「서서」는 마땅히 서로 가까이 붙어 있어야 하므로 끌어다가 각각 그 편의 머리에 갖다 놓았다.

상무(上戊) 7

한나라 무제 때에는 이런 조명이 없었다. 반고와 사마천의 두 역사서와 유향(劉向)의 『별록』은 무릇 경적(經籍)이 드러나고 가려지는 관건이니, 조정에 있는 것을 근거로 하여 기록하는 데에도 오히려 삼가야 하거늘, 하물며 성인의 후예이며 유가의 정종(正宗)으로 조명을 받고 전을 짓는 것은 크게 좋은 일인데 도리어 이것을 빠뜨렸겠는가? 공안국은 어렸을 때 복생에게 배우고(『孔子家語』의 「附錄」에 이르기를, "孔安國은 『尙書』를 伏生에게서 받았다"고 하였다──原註), 예관(倪寬)은 공안국에게 수업을 받았다면(上甲 四에 보인다──

原註) 문제(文帝)의 말년에 이미 태학에 유학을 했을 것이다. 『사기』「공자세가孔子世家」에 이르기를, "공안국은 지금 황제의 박사가 되었고 임회(臨淮)의 태수에 이르렀으나 일찍 죽었다"고 하였으니, 이 때는 무제의 초년이다. 이때에 공안국은 본래 복생의 학으로 금문박사가 되어 주패(周霸)·가가(賈嘉)와 더불어 이름을 날렸는데, 어찌 갑자기 『고문상서』를 위해 조명을 받들어 그 전을 지었겠는가? 만약 무제의 만년일 것 같으면 공안국은 이미 고인이 되었을 것이다(上甲 九에 보인다─原註).

상무(上戊) 8

육덕명의 『경전석문』에 이르기를, "마융과 정현의 무리들은 1백 편의 「서」가 모두 한 권인데 공영달이 이것을 각 편의 머리에 실었고, 없어진 편의 「서」는 그 차례를 따라 현재 남아 있는 편의 사이에 끼워두었다"고 하였다(「汨作」등 11편은 그 글이 모두 없어졌는데, 「序」는 1백 편의 서와 같이 엮었기 때문에 현재의 「汨作」의 「序」 아래에 두었다─原註). 육덕명의 글의 뜻을 더듬어보면 역시 위작자가 마융과 정현의 1백 편의 「서」에서 취하여 각 편에 나누어 그 머리에 실었다는 것이다. 이것으로 본다면 공영달이 지은 『상서정의』와 육덕명이 지은 『경전석문』은 그것이 위작임을 알지 못하고, 한마음으로 존경하고 믿은 것은 아니다(육덕명은 대개 앞뒤를 가리지 않고 되는 대로 말한 것이다─原註). 대개 『주역』의 「단전彖傳」과 「상전象傳」은 그 자체가 1편을 이루고 있으므로 선유들이 나누어 예속시켰고, 『춘추』의 경(經)과 전(傳)은 각각 연월을 기록하였으므로 선유들이 나누어 예속시켰다. 이런 여러 책들은 그럴 수 있지만 「서서」는 그럴 수 없으니, 왜냐하면 사실의 전말이 『상서』를 보면 저절로 분명한데, 「서」를 편머리에 실은 것은 다만 얽어서 중첩되게 하는 것이니 「감서」나 「홍범」 같은 것의 「서」를 편머리에 실은들 무슨 이익이 있겠는가?

대서(大序) 4

마침 나라에 무고(巫蠱) 사건이 있어 경적(經籍)을 좋아하고 사랑하는 도가 끊어져서 다시 조정에 아뢰지 못하였다. 그래서 이것을 자손에게 전하여 후대에 물려주려 한다. 만약 옛것을 좋아하는 박아(博雅)한 군자가 나와 더불어 뜻을 같이한다면 또한 숨겨지지 않을 것이다.

상무(上戊) 9

무고 사건이란 정화(征和) 3년(B.C. 90)의 여(戾) 태자 사건이다(무제가 즉위한 40년이다 — 原註) 문제(文帝) 말년에 공안국은 나이가 거의 스무 살에 가까웠기 때문에 제남(濟南)으로 유학할 수 있었다. 그 뒤에 경제(景帝) 16년(B.C. 141)을 거쳐 무제 40년에 이르렀다면 그 나이가 거의 70이 넘었을 것이니 사마천은 어찌해서 일찍 죽었다고 했겠는가? 『상서』를 바친 것은 공안국이 이미 죽은 뒤에 있었음이 분명하다. 가령 공안국이 몸소 그 『상서』를 바치고 황제의 조명을 받들었다면 무고 사건이 있던 해에는 비록 복명하지 못했을지라도 일이 평정되고 시대가 평화로우며 모든 정사가 막히지 않았을 때에는 또 왜 스스로 단념하고 스스로 막아버리며 슬프게도 사사롭게 전할 것을 마음먹었는가? 남의 신하가 되어 임금을 섬기는 데에는 명(命)이 있으면 반드시 복명을 하는 것인데, 군명을 초개처럼 버리는 자는 『춘추』에도 이런 자는 죽이는 것이므로, 귀보(歸父)는 제(齊)나라로 도망가다가 제단(祭壇)을 만들어 휘장을 쳐놓고 복명했고(宣公 18년에 나온다 — 原註) 정자(貞子)는 길에서 죽자 장차 시신으로 들어와 복명했으며(哀公 15년에 나온다 — 原註), 소무(蘇武)는 한나라의 정기(旌旗)를 도로 바치고 무릉(武陵)에서 제사하였으니, 왕명이 있으면 반드시 복명하는 것은 예(禮)에 있는 것이다. 그러나 지금 조명을 받들어 전을 지어 사사롭게 자신의 집에 전했다니 이런 이치가 있는가?(『漢書』에는 『尙書』를 바쳤으나 巫蠱 사건을 만나 學官에 列立시키지 못하였다고 하였으니 이것은 巫蠱 사건을 만나 바치지 못했다는 것과는 또한 맞지 않는다 — 原註)

상무(上戊) 10

또 가령 불행히 바치지 못하였다면 또한 그의 한 시대에 해당시켜 볼 때에 이러한 일은 잠깐 만난 일인데 무엇 때문에 이렇게 질질 끌어 천추백년처럼 요원하게 생각하였는가? 당당한 중국의 우·하·은·주(虞夏殷周)의 글이요 현성(賢聖)들의 훈모(訓謨)의 말이니, 옹저(癰疽)·마의(馬醫)의 처방이나 『청낭비결靑囊秘訣』[25] 같은 한 조각 짧은 전단(傳單)과는 비교할 것이 아니다. 그런데 또 어찌해서 반드시 자손에게만 사사로이 전하여 후대에 물려주겠는가? 사마천은 친한 친구인데 그에게 보여주지 않고 도위조가 적전(嫡傳)인데 그에게 전해주지 않았으니 후세의 양자운(揚子雲)[26]을 어떻게 기대할 것인가? 지금 그 뜻을 상고하건대, 자손 대대로 전하여 후대에 물려준다는 것은 암암리에 한나라 장제(章帝)[27] 때의 공희(孔僖)를 가리키는 것 같고 박아한 군자가 나와 더불어 뜻을 같이한다면 숨겨지지 않을 것이라는 것은 암암리에 황보밀·양류 등을 지적한 것 같다. 이들은 『후한서』에 보이는데 "공희가 공안국 이래 대대로 고문을 전하여 끊어지지 않았다"는 말이 있어(上乙三에 보인다 — 原註) 드디어 이르기를, "자손 대대로 전한다"고

---

25) 『靑囊秘訣』: 三國時代 名醫로 꼽히는 華佗의 醫書.
26) 揚子雲: B.C. 53~A.D. 18. 子雲은 揚雄의 字. 저서로 『揚子法言』『太玄經』『揚子方言』이 있다.
27) 章帝: 後漢 제3대 왕. 재위 76~88.

하고, 또 자손 대대로 전하면 아마도 황보밀과 양류 등은 얻어볼 길이 없을 듯하기 때문에 계속 이르기를, "박아한 군자가 나와 더불어 뜻을 같이한다면 또한 숨겨지지 않을 것이다"고 한 것이니, 이것은 폐부와 간장을 보는 것 같은데 어찌 숨길 수 있겠는가? 공안국은 수백 년 뒷일을 미리 알지 못하는데, 어떻게 이와 같이 미리 볼 수 있는가? 진경중(陳敬仲)[28]에 대해 점을 친 점사(占辭)에 이르기를, "오세(五世)가 창성할 것이며 이들보다 크게 될 집안이 없을 것이다"[29]고 하였고, 필만(畢萬)[30]의 점 치는 말에 이르기를, "공후(公候)의 자손은 반드시 그 처음의 형세를 회복할 것이다"[31]라고 하였다. 주자가 이것으로 『좌전』은 삼진(三晉)이 있은 뒤에 만들어졌다는 것을 알았으니, 지금 「대서」의 끝부분 말로써 「대서」가 동진(東晋) 사람이 지었다는 것을 알 수 있다.

정의(正義) 1[32]

『상서정의』의 「서」에 이르기를, "고문은 양한(兩漢)에서는 행해지지 않았고 공안국(孔安國)이 주(註)한 것은 무고 사건(巫蠱事件)을 만나 드디어 단절되어 쓰이지 않았는데 위진(魏晉)에 이르러 비로소 조금 흥하였으므로 마융(馬融)·정현(鄭玄) 등의 제유는 그 학(學)을 보지 못하였으며 경전(經傳)을 주석한 것이 때로 혹 이동(異同)이 있었다. 진(晉)나라 때에 황보밀(皇甫謐)이 홀로 『상서』를

---

28) 陳敬仲: 春秋時代 사람으로 陳厲公의 아들이고, 陳桓子의 五代祖이다.
29) 『左傳』 莊公 22年.
30) 畢萬: 春秋時代 晉의 大夫. 周文王의 아들 畢公高의 후손. 晉獻公을 섬겨 霍, 耿, 魏를 멸한 공으로 魏에 封해졌다.
31) 『左傳』 閔公 元年.
32) 「正義」 1~10까지에 나오는 서두의 글은 孔穎達의 『尙書正義』에 나타나 있는 그의 尙書觀을 비판하기 위해 그의 疏註를 茶山이 拔萃·收錄한 것이다.

얻어 『제왕세기』에 수록하였다"고 하였다.[33]

상기(上己) 1

국자좨주(國子祭酒) 홍문관 학사인 공영달(孔穎達)은 자가 충원(沖遠)(혹 仲達이라고도 함—原註)이요, 오경에 통달한 대유(大儒)이다. 그는 학식이 깊고 정밀하여 고금을 꿰뚫었으니, 공안국의 『상서』와 매색(梅賾)의 『상서』에 대한 흥폐본말과 진위허실에 관하여 타인이라면 혹 밝지 못함이 있을 수 있다 하겠으나, 좨주인 공영달이 어찌 모르는 바가 있겠는가?

가만히 애석하게 생각되는 것은 그가 홍박(弘博)하여 머리를 굽혀 가르침을 받을 만한 사람인데, 이러한 허위지서(虛僞之書)를 풀이하면서 무릇 파탄된 곳이 있으면 모두 억지로 이를 미봉하고, 또 마음에 마융·정현의 학이 공안국의 적사(嫡嗣)인 줄 알면서 매양 깊이 또는 암연히 억누르고 있었으니 아! 이는 무엇 때문인가?

하나는 시의(時議)가 마구 일어나고 조지(詔旨)가 엄중하였으므로 감히 막아 어길 수 없었고, 또 하나는 가세가 혁혁하고 조상의 덕이 더욱 드러나니 타파할 수 없었던 것이다. 이 두 가지가 아닐진댄 좨주인 공영달이 어찌 그러할 수 있었겠는가? 고문(古文)이 비록 전한(前漢)에서는 학관에 강좌 과목으로 세워지지 않았으나 사마천(司馬遷)이 사책(史冊)에 싣고 유향(劉向)이 비각(祕閣)에서 교열하였으며(上甲 八에 보인다—原註) 유흠(劉歆)이 박사에게 편지하여 도술을 널리 펴고자 함을 조칙으로 허여하게 하였다(上乙 一에 보인다—原註). 도운(塗惲)이 다행히 평제(平帝)[34]를 만나 몸소 관학의 교과목으로 세워짐을 보았으니(上乙 二에 보인다—原註) 비록 왕

33) 孔穎達, 『尙書正義』「尙書正義序」.
34) 平帝: 前漢 제13대 왕. 재위 B.C. 1~A.D. 5.

망(王莽)의 난리 때문에 빛나지는 못하였으나 완전히 캄캄하게 가려졌다고는 할 수 없다.

광무제가 등극함에 먼저 고문을 장려하여 위굉(衛宏)이 훈지(訓旨)를 지어 부름을 받아 의랑(議郞)에 제수되었고(上乙 五에 보인다—原註) 숙종(肅宗)[35]이 잘 계승하여 고문을 숭모하니 공희(孔僖)가 세업을 겨우 지켜서 곧 낭중(郞中)에 제수되었다(上乙 三에 보인다—原註). 이에 공씨의 고문학(古文學)이 울연히 크게 일어나 찬서(撰書)가 30여 편에 이르렀고 모여든 무리가 1천여 명에 이르렀으니, 좨주인 공영달이 어찌 알지 못하고 드디어 양한에서는 성행하지 않았다고 말하였는가? 위(魏)가 학관에 열립시킨 것은 왕숙(王肅)이 주(註)를 낸 고문이요, 진(晉)에서 학관에 열립시킨 것은 정현이 주를 낸 것과 매색이 위작하여 올린 『공안국전』의 고문이다(上乙 八에 보인다—原註). 그 청탁을 분별하지 못하고 모호하게 말하기를, "위진(魏晉)에 이르러 조금 일어났다"고 하니 전후성쇠의 자취를 과연 알지 못하고 한 말인가?

경(經)을 주석할 때에 혹 이동(異同)이 있음은 예컨대, 「요전」의 구족(九族)에 대한 주를 복생의 학에서는 '모족(母族)·처족(妻族)이다'[36] 하고, 공안국의 학에서는 '구세지족(九世之族)이다'[37]고 한 것이 그러한 것이다. 원경(原經) 외에 새로 25편을 찬술하였고 또 원경 안에 변조를 마음대로 하였으니(「舜典」「益稷」 등—原註) 이것을 때로 혹 이동(異同)이 있었다고 말할 수 있겠는가? 경이 본래 전혀 다른데 주석이 어찌 같기를 구하겠는가? 구봉(九峯) 채침(蔡沈)의 『서집전』은 비록 그 간사함을 밝히지는 못하였으나 이는 불찰의 잘못이지 자기의 성실한 학문에는 부끄러움이 없는 것이다. 공영

---

35) 肅宗: 後漢 章帝의 廟號. 재위 75~88.
36) 孔穎達, 『尙書正義』 卷 第2, 「堯典」 疏.
37) 孔穎達, 『尙書正義』 卷 第2, 「堯典」 疏.

달은 곧 그러하지 못하니 고문과 금문의 진위를 손금 보듯 하였으면서도 위로는 고인을 속였고 아래로는 후학들을 기만하여 곧 이 지경에 이르렀다.

상기(上己) 2

황보밀은 언행에 흠이 없는 깨끗한 사람이니 어찌 이러함이 있겠는가? 『제왕세기』 중에 실린 바가 위서(僞書)와 같은 것이 있으니, 이는 위작자가 『제왕세기』를 답습하여 쓴 것이요(혹 뒷사람이 『帝王世紀』 가운데 추가로 집어넣어 僞書를 만드는 데 성원한 듯하다 — 原註) 『제왕세기』가 위서를 답습하여 쓴 것은 아니다. 더구나 두 책에는 어긋나는 것이 많은데(上丙 一에 보인다 — 原註) 어찌 이것을 의심할 수 있겠는가?

정의(正義) 2

「상서대서尙書大序」의 소(疏)에 이르기를, "복생의 29편은 그 자체가 권수로 계산된 것이니, 만약 편수를 계산하면 34편인데 「태서泰誓」를 제외한다면 오히려 31편이 되니, 오늘날의 「태서」는 처음 복생이 얻은 것이 아니다"라고 하였다.[38]

상기(上己) 3

편(篇)을 계산하여 31편이라고 하는 것은 공벽(孔壁)의 진본이며, 여기에 「서서」 1편과 「위태서」 1편을 더하면 33편이다. 거기에 증다(增多)된 24편을 더하면 57편이다(上甲 八에 보인다 — 原註).

---

38) 孔穎達, 『尙書正義』 卷 第1, 「尙書序」 疏에 있다. 이 글은 梅賾이 위작한 『古文尙書孔安國傳』의 서문에 孔穎達이 疏를 낸 것이다.

그리고 편수를 계산하여 34편이라고 하는 것은 정현의 신본(新本)인데, 「서(序)」는 편수의 밖에 있고(序는 1백 편의 안에 있지 않음—原註) 「위태서」가 3편이니, 여기에 증다(增多)된 24편을 더하면 58편이다(정현의 시대에 24편은 이미 없어졌으니 이는 虛簿이다—原註). 만약 복생본 29편(그 1편은 「書序」임—原註)이 본래 분권되어 있지 않았다면 어찌 또 권수로 계산하였겠는가? 쾌주인 공영달이 이러한 사실을 모를 리가 없는데, 계획은 장차 정현 주석의 『상서』를 슬쩍 가리워서 복생지학(伏生之學)에 돌려놓기 위한 것이다. 그러므로 그 속인 것이 이와 같으니 어찌 애석하지 않겠는가?

상기(上己) 4

복생의 『상서』 중에는 본래 「태서」가 없다. 『상서대전』 중에 비록 「태서」의 설이 있으나(白魚入舟[39] 등—原註) 『상서대전』에는 또한 「제고(帝告)」 「구공(九共)」같은 여러 설도 있으니(上丁 一에 보인다—原註) 그것은 또한 경문 본편이 있어서 그렇게 말했겠는가? 공영달은 이것을 모를 리가 없다. 그런데도 오히려 「태서」를 복생의 것으로 고안하여 논의한 것은 또한 오직 정현의 본을 가리켜 이를 복생의 학으로 삼으려 한 것이니, 정현은 진실로 꺼릴 만하나 복생에게 무슨 죄가 있겠는가? 가슴속에 한 가지 거짓을 품으면 정사(政事)를 해침이 이와 같다.

---

39) 周나라 武王이 殷나라의 紂를 치려고 할 때의 故事이다. 『史記』에 武王이 강을 건너는데 中流에 이르자 白魚가 왕의 배 안으로 뛰어들어와 武王이 몸을 굽혀 잡아서 제사를 지냈다는 기록이 있다.

정의(正義) 3

『상서대전』에 '흰 고기가 배 가운데로 뛰어들어왔다'는 기록이 있으나 복생이 이 설을 먼저 만들었는지, 아니면 「태서」가 나온 뒤에 뒷사람이 이 말을 덧붙였는지 알지 못하겠다. 사마천 시대에 이미 「태서」를 얻어 모두 복생에게로 돌렸으니 선제(宣帝) 때에 비로소 나왔다고는 할 수 없다. 「무제기武帝紀」에 「금문태서今文泰誓」의 말편(末篇)을 실어놓았다.[40]

상기(上己) 5

『상서대전』에서 '흰 고기가 배 가운데로 뛰어들어왔다'는 말은 비록 복생이 손수 쓴 것이 된다 하더라도 그에게는 누(累)가 될 수 없다. 당시에 「주서周書」의 종류가 심히 많았는데(『漢書』 「藝文志」에 「周書」 71편이 있다 — 原註) 복생이 능히 이를 다 말할 수 있었다. 그러므로 『상서대전』에 실은 바는 모두 반드시 28편의 일뿐만은 아닌데, 또 어찌 일찍이 '흰 고기가 배 가운데로 뛰어들어왔다'는 것으로써 「태서」의 글을 삼았겠는가? 복생이 「주서」를 잡다하게 논하다가 우연히 '흰 고기가 배 가운데로 뛰어들어왔다'는 말을 언급하였는데, 이에 「태서」를 위작한 자가 드디어 백어지설(白魚之說)을 취하여 「태서」에 넣은 것이다. 비유하건대, 정현의 주석에 우연히 과두지설(科斗之說)이 있어 이에 「대서(大序)」를 위작한 자가 드디어 과두지설을 취하여 「대서」에 집어넣은 것과 같은 것이다.

---

[40] 孔穎達, 『尙書正義』 卷 第1, 「尙書序」 疏에 있다. 이 글은 매색이 위작한 『古文尙書孔安國傳』의 서문에 공영달이 疏를 낸 것이다.

상기(上己) 6

『한서』「예문지」에『상서고문경尙書古文經』46편을 싣고 있는데 그 중 1권은 분명히「위태서」1편이다(上甲 八에 보인다—原註). 만약「위태서」1편을 제거하면 이러한 편수에 해당될 수 없을 것이다. 바로 한대의 사가(史家)들을 보건대, 그들은「위태서」도 아울러 공안국에게로 돌렸으며, 사마천이『사기』를 지음에 공안국의 뜻을 많이 원용하고 백어지설을「주본기周本紀」에 실었으니 어찌 '아울러 복생에게 돌렸다'라고 이르겠는가? ○「위태서」는 분명히 그 본이 많으나(上丙 七에 보인다—原註)「주본기」에 실린 편수와 「예문지」에 계산되어 있는 편수는(上甲 八에 보인다—原註) 분명히 1편에 그치고(이는 이른바 민간에서 발견된 것이다—原註) 하내(河內) 여자가 발굴한 것과 정현본에 열거된 것은 3편인데(上丁 六에 보인다—原註) 공영달의 소(疏)에서는 이를 뒤섞어 말하고 있으니, 이 또한 잘못이다.

상기(上己) 7

사마천이「무제기」를 짓지 않았으니,「무제기」는 저선생(褚先生)[41]이 증보(增補)한 것이다. 또「무제기」를 고구(考究)해보니「금문태서」말편(末篇)이 없고(그것을 반드시「今文泰誓」라고 말한 것은 오로지 공안국을 깨끗이 벗어나게 하기 위하여 鄭玄本의「僞泰誓」로써 伏生의 今文之學으로 돌려놓은 것이다—原註) 오직 '부하망상자사(附下罔上者死)' 이하 4, 5구(句)가 있으니,[42] 이는 혹「위태서」말편 중에 있는 말

---

41) 褚先生: 前漢 沛人인 褚少孫을 이름. 王式을 師事하여 經典에 대하여 많은 질문을 하였다. 元帝와 成帝 때 博士가 되었으며 이로 인하여『魯詩』에 褚氏學이 생겼다.

42) 『漢書』「武帝紀」元朔 元年條에 "夫附下罔上者死, 附上罔下者刑, 與聞國政而無益於民者斥, 在上位而不能進賢者退, 此所以勸善黜惡也"라는 글이 있으나 '有司奏議'로 되어 있을 뿐『尙書』에 관한 언급은 없다.

이 아닌가 한다. ○후대의 학자로서 복생본을 비난하려고 하는 자는 반드시 복생본 안에는 원래 「태서」가 있었다고 한다(伏生本 안에는 「書序」가 없고 「泰誓」로써 1편으로 하였다고 함—原註). 복생이 이미 허물을 받게 된다면 공안국도 같은 데로 돌아가 허물을 받게 된다는 것을 알지 못하는 것이다. 왜냐하면 29편은 유향이 이미 서로 대교(對校)하였으니(上甲 八에 보인다—原註) 무릇 흠이 있으면 복생이 혼자 당할 이유는 없는 것이다(孔安國의 『古文尙書』가 벽에서 나온 후에 今文으로 대교하니 그 29편은 伏生本과 같았다. 만약에 29편 중에 들었다고 한다면 伏生本과 孔安國本에는 모두 이 「僞泰誓」가 있는 것이다—原註). 유흠(劉歆)이 박사(博士)에게 편지할 때 분명히 이르기를, "복서(伏書)가 먼저 나왔고 「태서」는 나중에 발견되었다"고 하였으니(上乙 一에 보인다—原註) 무엇으로 속일 수 있겠는가?

정의(正義) 4

여기에서 46권이라고 하는 것은 공안국의 분명한 설명을 보지 못하였다. 대개 「서」를 같이한 것은 권을 같이하고, 「서」를 달리한 것은 권을 달리하였다. 그래서 58편이 46권이 되는 것이다. 「태갑」「반경」「열명」「태서」는 모두 3편씩이 같은 권이므로 그 8편을 덜고, 「대우모」「고요모」「익직」은 또 3편이 같은 서(序)이므로 같은 권이며, 「강고」「주고」「재재」도 또한 3편이 「서」를 같이하였으므로 같은 권이니 또 4편을 던다. 58편에서 12편을 덜면 46권이 아니고 무엇인가? 「강왕지고」를 「고명」과 별도의 권으로 치는 것은 「서」가 따로 있기 때문이다[43](大序의 疏에 있다—原註).

---

43) 孔穎達, 『尙書正義』卷 第1, 「尙書序」 疏에 있다. 이 글은 梅賾이 위작한 『古文尙書孔安國傳』의 서문에 孔穎達이 疏를 낸 것이다.

『한서』「예문지」소재 46권은 분명히 정해진 권수가 있어 이동할 수 없다(上甲 八에 보인다―原註). 복생의 본과 더불어 같은 것 29권과 「위태서」1권에서 증다한 것이 16권이다(이것을 편으로 나누면 57편이다―原註). 위서를 만든 자는 그 뼈를 바꾸고 가죽을 씌우며 그 실체를 파괴하고 그 이름을 뒤집어씌웠으니 조벽한치(趙壁漢幟)[44]와 둥근 구멍에 네모난 자루를 박는 무리한 방식으로 모간(謀奸)을 부려 그 계책이 이르지 아니한 데가 없었다. 그러나 그 58편을 46권으로 한 이유는 단지 권 속에 편을 포함시킨 것에 불과하다. 그 수목(數目)을 나누고 합한 것은 매색도 말하지 않았는데 공영달이 애써 숫자를 계산하여 교묘하게 합한 것이 이와 같다. 그러나 「태갑」「열명」은 그 공벽 진본에 있어서는 이것이 본래 29편 중에 들어 있지 않으며 또한 16편 내에도 들어 있지 않다(16편의 편목은 『尙書正義』에 보인다―原註). 「대우모」「익직」은 비록 16편 속에 있으나 「익직」은 본래 기직(棄稷)으로 그 일은 태강(太康) 때에 있었으니, 반드시 「고요모」와는 「서」를 같이하지 못한다(上丁 三에 보인다―原註). 「태서」는 불과 1편으로 계산하여 46권 속에 있으니(上丙 七에 보인다―原註) 또 어찌 다시 3편으로 계산하는가?(上丙 七에 보인다―原註) 무릇 이 내력은 반고(班固)의 『한서』「예문지」(上甲 八에 보인다―原註), 순열(荀悅)의 『한기』, 유향의 『별록』(上甲 九에 보인다―原註), 정현의 「서」(上丁 六·七에 보인다―原註)에 실려 있어서 수많은 눈이 보는 바이니 천세토록 깨뜨리지 못할 것이다.

---

44) 趙壁漢幟: 韓信이 趙를 칠 때 군사 2천 명을 뽑아 가서 치다가 달아나니, 趙의 군사가 뒤쫓아옴에 뒤에서 군사를 시켜 추격하여 趙나라 성벽에 漢나라 깃발을 꽂았다는 고사를 인용한 것으로, 어떠한 목적을 달성하기 위하여 갖은 수단과 방법을 다 동원한다는 뜻.

가령 지금 작은 쌍조개[45] 열 개로 큰 쌍조개 열 개를 당하려고
한다면 숫자는 비록 같다 하더라도 그 가치는 서로 현격하게 차가
있어 천부(泉府)의 직분을 맡은 자가 예로부터 열쇠를 관장하고 있
음이 오히려 엄격한데, 어찌 간악한 아전이 능히 훔칠 수 있겠는
가? 이 주소(註疏)가 한 번 나오자 아무도 이를 시정하기 위해 논
박함이 없었으니, 혹 매색을 공격하기를 오징(吳澄)과 같이 하는
자와 혹 매색을 드러내기를 모기령(毛奇齡)과 같이 하는 자가 모두
이 설을 조술(祖述)하니 의혹이 점점 심하여 논변(論辨)하지 않을
수 없다.

정의(正義) 5

마융·정현·왕숙이 모두 「우하서虞夏書」라고 하였다. 공안국이 「우공禹貢」의
주석에 이르기를, "「우공」이 「하서夏書」의 처음이다"고 하였으니, 그 위의 것은
「우서」가 되니 16편[46]이다. 또 「제고帝告」「이옥釐沃」「탕정湯征」「여구汝鳩」
「여방汝方」을 정현은 「상서商書」로 하였는데 공안국은 모두 「윤정胤征」의 아래
에 두었으니, 아마도 하(夏)나라 때의 일로 여긴 것이다.[47]

상기(上己) 9
나는 「우하서」 20편은 모두 하(夏)나라 사관이 지은 것이라고
생각한다. 대저 당요(唐堯)의 사관이 당요의 사실을 기록하는데 어
째서 '옛날을 상고해보건대〔曰若稽古〕'라 했으며, 우순(虞舜)의 사
관이 고요(皋陶)의 방책(方策)을 기록하는데 어째서 '옛날을 상고해

---

45) 쌍조개: 원문의 '朋'은 쌍조개를 말하는데 錢貨로 사용하였다.
46) 16편: 여기서 말하는 16편은 「堯典」「舜典」「汨作」「九共」 9편, 「稾飫」
「大禹謨」「皋陶謨」「益稷」을 말한다.
47) 孔穎達, 『尙書正義』 卷 第2, 「堯典」 疏.

보건대〔曰若稽古〕'라 하였겠는가? '옛날을 상고해보건대〔曰若稽古〕'
라 하는 것은 시대가 이미 지나고 소문과 자취가 점점 멀어져 혹
은 지나간 간책(簡策)을 상고해보고 혹은 남긴 자취를 상고하여 추
술(追述)하는 역사를 만들었기 때문에 그 붓대를 근엄하게 하여
먼저 쓰기를, '옛날을 상고해보건대〔曰若稽古〕'라고 한 것인데, 매
색의 『공안국전孔安國傳』에 이르기를, "옛 도를 좇아 상고하여 그
것을 행한 자가 제요(帝堯)이다"고 하였다(그의 「舜典」 「大禹謨」 「皐陶
謨」를 주석하는데 모두 古道를 좇아 상고한다고 하였다 — 原註). 이것은 '계
고(稽古)' 두 글자를 제요의 존호라 여긴 것이다. 또 이 뜻을 미루
고 연역하여 그 「주관周官」을 만들어 이르기를, "당우(唐虞)가 옛
날을 상고하여 관(官)을 세우되 오직 백(百)으로 하였다"고 하였으
니, 요(堯)가 옛날을 상고하는 것이 이미 없앨 수 없는 것으로 되
어버렸다(蔡沈이 「堯典」을 주석하여 말하기를, "사관이 요의 일을 서술하려
하면서 먼저 옛일을 살피건대"라고 하였으니, 이것은 「堯典」을 虞史가 지은 것
이라고 생각한 것이다. 이것이 진실로 그럴듯한 것 같지만 '옛날 순임금을 상고
해보건대〔曰若稽古帝舜〕'라 한 것은 또 무슨 까닭인가? 모두 夏史가 지은 것이
라고 하는 것만 같지 못하다 — 原註). 고염무(顧炎武)가 이르기를, "「요
전」도 역시 「하서」이다"고 하였다.

상기(上己) 10

『좌전』에 「요전」을 인용하여 이르기를, "「우서」이다" 하였고,
「고요모」를 인용하여 이르기를, "「하서」이다"라고 하였다. 태사
(太史)인 극(克)[48]의 말에 의거해서 '삼가 오전(五典)[49]을 아름답게
하다〔愼徽五典〕'와 '조정 백관의 통솔자로 들여놓다〔納于百揆〕'[50]라

---

48) 克: 春秋時代 魯나라의 太史.
49) 五典: 父義·母慈·兄友·弟恭·子孝를 말함.
50) 百揆: 冢宰 또는 百官의 두 가지 뜻이 있다.

고 한 대목을 들어 「우서」라고 하였으니(『左傳』文公 18년 — 原註)[51] 옛 「요전」의 글이며, 조쇠(趙衰)[52]의 말에 "널리 말을 받아들이며, 공으로써 밝게 시험하였다〔賦納以言, 明試以功〕"고 한 구절을 들어서 「하서」라고 하였으니(『左傳』僖公 27년 — 原註) 곧 옛 「고요모」인 것이다. 사마천은 한나라의 사관(史官)이다. 그도 능히 「요본기」와 「순본기」를 지었는데 하필 하(夏)나라 사관은 짓지 못하였겠는가? 「우서」는 이미 하나라 사관이 모두 지었으니 우하(虞夏)에 관련된 글을 「우하서」라 한들 또한 어찌 불가할 것인가?(伏生의 「唐傳」 「虞傳」은 경전의 근거가 없어서 馬融·鄭玄이 취하지 않은 것이다 — 原註) 그러므로 사마천이 「백이전伯夷傳」에서 실제로는 「요전」을 인용하면서 통칭 우하(虞夏)의 글로 했으니 바로 이것이 공안국의 방법이다(司馬遷은 孔安國의 學에 근본하고 있다 — 原註). 그런데 위서(僞書)를 쓴 자가 홀연히 「고요모」를 가지고 그것을 위로 올려 「우서」로 하고 이에 『좌전』 『국어國語』 『여람呂覽』 등을 수집하여 「하서」라고 칭한 것 여덟 아홉 조(條)를 얻어 그것으로써 「대우모」 1편을 꾸며서(아래의 본편에 자세히 나타나 있다 — 原註) 또한 「우서」라 칭하였으니, 그 의지하여 기대 바는 오직 조쇠(趙衰)가 「하서」 1절을 인용한 것에서 나온 것이다(趙衰가 말한 「夏書」는 이미 「虞書」에 들어갔다. 다른 곳에서 「夏書」를 인용한 것도 또한 같은 예라고 할 수 있다 — 原註). 소동파(蘇東坡)가 이르기를, "『춘추전』에 「우서」를 인용하여 모두 「하서」라 일컬었으니 어찌 하나라 때 지은 것이 아니라는 것을 알겠는가?"라고 하였다.

---

51) 『左傳』의 원문은 다음과 같다. "「虞書」數舜之功, 曰'愼徽五典, 五典克從, 無違教也.' 曰'納于百揆,' 百揆時序,' 無廢事也."
52) 趙衰: 春秋時代의 인물로 晉나라 사람. 字는 子餘. 文公을 도와 공을 많이 세웠다.

상경(上庚) 1

정현의 본은 「우하서」 20편과 「상서商書」 「주서周書」 각 40편
으로 정연하게 법도에 합당하다. 이것은 진실로 산정하면서 편부
(篇部)를 이룬 뜻이 있어 어지럽힐 수 없는 것이다. 「제고」 등 5편
은 정현이 「상서」로 여겼을 뿐만 아니라 또한 사마천이 「은본기」
에 그것을 실었다(上丁 二에 보인다―原註). 또한 공안국에게 물은
사마천으로서(上乙 二에 보인다―原註) 지금 수록하며 「하서」로 한
다면 되겠는가?

정의(正義) 6

공영달은 "전한(前漢)의 여러 학자는 공본(孔本)이 58편 있다는 것만 알았지
『공안국전』을 보지는 못하였다. 그래서 드디어 장패(張霸)의 무리가 있어 정현
의 주석 외에 『상서』를 무릇 24편을 위조하여 그것으로 정주(鄭註) 34편을 채워
서 58편으로 만들었다"[53]고 하였다. ○모기령이 이르기를, "공영달이 칠서(漆
書)를 알지 못하고 이렇게 통하지도 않는 말을 지었다. 장패는 서한 성제(成帝)
때 사람인데 24편을 위조하여 동한의 정현이 주석한 『상서』의 부족한 숫자를
채웠다고 하니 그 사람은 꿈속에 있던 사람이다"고 하였다.[54]

상경(上庚) 2

모기령이 공영달의 『상서정의』소(疏)를 잘못 보고 여러 가지로
심하게 나무랐는데 공영달의 소를 자세히 살펴보면 절대로 그렇
지 않다. 정현이 후한 헌제(獻帝) 때의 사람이라는 것을 공영달이
어찌 잊었겠는가? 다만 34편은 이미 그것을 공벽고문(孔壁古文)이

---

53) 孔穎達, 『尙書正義』卷 第2, 「堯典」疏.
54) 毛奇齡, 『古文尙書冤詞』卷2 張9.

라고 이름 붙이고 싶지 않았고, 또 달리 이름 붙일 것이 없어서 다만 정주(鄭註)라고 일컬었다(정현이 주석한 것을 이름—原註). 거기에 '장패지도(張覇之徒)'라고 한 것은 '장패지류(張覇之類)'를 말함이요, 이는 곧 성이 장(張)이고 이름이 패(覇)라고 하는 사람이 24편을 위조하였다고 말하는 것이 아니다(孔穎達의 『尙書正義』 疏의 위 글에서 이르기를, "張覇之徒가 「太誓」를 위조하였다"고 하였고 또한 "張覇之類이다"라고도 하였다—原註). 『맹자』에 이르기를, "닭이 울면 일어나 부지런히 이익을 추구하는 자는 도척(盜跖)[55]의 무리이다"[56]고 하였는데, 어찌 반드시 전계(展季)[57]의 형 도척이 닭소리 듣고 일어났겠는가? 비교해보는 예로 보아야 한다.

상경(上庚) 3

그렇지만 공영달의 『상서정의』 소(疏)의 말은 결국 속이고 헐뜯는 것이다. 공안국이 『상서』를 바친 처음에는 일찍이 이 24편이 있었고(上甲 八에 보인다—原註) 그가 이미 바친 지 150년 뒤에 반고가 『한서』 「예문지」를 지으면서 비로소 『상서고문경』 57편이라고 썼다(上甲 八에 보인다—原註). 그런데 "장패의 무리가 24편을 위조하여 그 수효를 채웠다"고 하니 어찌 속이고 헐뜯는 것이 아니겠는가? 그 의도는 이 24편을 동한(東漢) 때에 생긴 것으로 만들고자 한 것이다. 그러나 이 24편이 하늘로부터 내려온 것도 아니며 땅으로부터 솟은 것도 아니며 서경(西京)[58] 역사책에 기재된 지 이미 오래다. 『사기』에는 10여 편(上甲 七에 보인다—原註), 유흠은 16편, 『한서』에 16편, 순열(荀悅)도 16편이라 한 것이(上甲 九에 보인

---

55) 盜跖: 春秋時代 魯나라 사람. 일설에는 黃帝時代 사람이라고도 함. 무리 수천 명을 거느리고 천하를 횡행하던 暴戾者로 전해지고 있음.
56) 『孟子』 「盡心」 上.
57) 展季: 春秋時代 魯나라의 大夫. 柳下惠로 알려져 있음.
58) 西京: 西漢, 즉 前漢을 말한다.

다―原註) 모두 이것이니 어찌 동한의 사람이 그 발자취를 이은 것이라고 돌릴 수 있을 것인가? 천하의 글이 모두 위서(僞書)라 해도 이 16편은 반드시 위서가 아닌 것은 무엇 때문인가? 예부터 위서를 만드는 사람은 아름다운 말을 만들기에 힘써서 사람으로 하여금 믿도록 한 까닭에 위서의 글은 읽기 쉽지 않은 것이 없다. 민간의 「태서」와 하내(河內)의 「태서」에서 근세의 『자공시전子貢詩傳』[59] 『신배시설申培詩說』[60]에 이르기까지 모두 그렇지 않은 것이 없다. 그런데 이 고문 16편은 저 공안국의 초기부터 사설(師說)이 끊어졌다(馬融의 말이다―原註). 대개 고문의 기이한 구절은 괴이하고 어려워서 사람들이 아무도 알지를 못했다. 또 중간에 사다리 구실을 하는 복생 금문이 없었기 때문에 글은 있었으나 주(註)가 없어 비부(祕府)에 감추어져 있었는데(上乙 一에 보인다―原註) 이것을 위서로 여기면 되겠는가? 힘들게 위서를 지어 당세에 내보임에 세상에서 그것을 아는 자가 없다면 만들어서 장차 무엇을 하겠는가?

○공영달의 『상서정의』 소(疏)가 이것을 위작(僞作)으로 한 것은 이 24편 중에 「순전」 등 11편(「舜典」 「大禹謨」 「棄稷」 「五子之歌」 「胤征」 「湯誥」 「咸有一德」 「伊訓」 「武成」 「旅獒」 「冏命」―原註)이 지금 매색의 신본(新本)에 있는 까닭에 이처럼 배척한 것이다. 도적이 주인을 미워하고 후처가 전처를 투기하는 것은 이를 두고 이른 것이다.

---

59) 『子貢詩傳』: 공자의 제자인 子貢이 지었다고 하나 明代 豐坊의 僞撰으로 밝혀졌다. 子貢은 이름이 賜, 성은 端木으로 말재주가 뛰어났다.
60) 『申培詩說』: 前漢의 申培가 지었다는 『詩說』을 말하는데 『漢魏叢書』에 수록되어 있다. 신배는 『詩』에 뛰어난 학자로서 『魯詩』를 전했다고 알려졌으며 浮丘伯을 스승으로 섬겼다.

정의(正義) 7

『한서』「예문지」에 "고문은 또 16편이 많다"고 하였으니, 이것은 곧 위서 (僞書) 24편을 말한다. 유향·반고·유흠은 『공안국전』을 보지 못했고 가규(賈 逵)·마융(馬融)·복건(服虔)[61]·두예(杜預)[62]도 모두 『공안국전』을 보지 못했으 며 정현도 보지 못했다. 그러므로 「서서」에 주석을 하면서 「순전」에서는 '산 기슭에 들어가 나무를 베었다' 하고, 「오자지가」에서는 '낙예(洛汭)[63]에서 난을 피하였다' 하고, 「윤정」에서는 '윤정(胤征)은 신하의 이름이다' 하고, 「여오」에서 는 '오(獒)를 호(豪)로 읽는다'라고 하였으니 이것은 고문을 보지 못했기 때문 이다.[64]

상경(上庚) 4

하나의 가짜를 받들어 1백 가지의 진짜를 꾸짖는 것은 이른바 "치우친 말에는 그 가려진 바를 안다"[65]고 하는 것에 해당된다. 『한서』「예문지」에 실린 16편이 위서(僞書)라면 내사(內史)인 매색 이 바친 25편은 진경(眞經)인가? 내가 일찍이 따져보니, 공안국이 『상서』를 얻은 후에 살았던 기간이 모두 30년이었다. 귀를 끌어당 겨서 알아듣게 직접 친절히 가르친 자는 사마천이요, 그 문하에 나아가 예물을 드리고 친히 글을 배운 자는 도위조(都尉朝)요, 그

---

61) 服虔: 後漢의 經學者. 初名은 重 혹은 祇라 하였고, 字는 子愼. 河南 滎陽 人으로 中平 말에 九江太守를 지냄. 고문 경학을 존신했고, 『春秋左氏 傳解』를 찬술해서 『左傳』을 가지고 금문 경학자인 何休를 반박하였다.
62) 杜預: 222~284. 西晉의 將領이자 학자. 京兆 杜陵人. 일찍이 鎭南大將軍 都督荊州諸軍事를 역임하면서 吳를 멸망시킨 공으로 當陽縣侯로 봉해졌 음. 謀略이 대단하여 당시에 '杜武庫'라고 하였다. 저서로 『春秋左氏經傳 集解』『春秋釋例』『春秋長曆』 등이 있다.
63) 洛汭: 洛水의 물줄기가 黃河로 들어가는 지점.
64) 孔穎達, 『尙書正義』 卷 第2 「堯典」 疏.
65) 『孟子』「公孫丑」 上.

적전(嫡傳)이 곧바로 아래로 내려와 그 후사(後嗣)가 된 자는 교동(膠東)의 용생(庸生)이요, 이동(異同)을 교정하고 완전한 것과 결함이 있는 것을 살펴 징험한 자는 유향(劉向)이요(上甲 八에 보인다— 原註) 박사에게 편지를 써서 학관에 열립(列立)시킬 것을 꾀하고 마음속의 정성과 깊은 울분이 글 표현에 흘러넘친 자는 유흠이요 (上乙 一에 보인다— 原註) 본말을 상세히 기록하고 여러 조목을 세밀하게 다 알아서 복생의 금문 위에다 높여서 으뜸으로 삼아놓은 자는 반고(班固)요(『漢書』「藝文志」에 먼저 古文을 싣고 다음에 今文을 기록했다— 原註) 증손이 선조의 모유(謀猷)를 널리 밝히다가 그 명예와 절조를 더럽히기까지 하면서도 이를 피할 줄 몰랐던 자는 왕황(王璜)과 도운(塗惲)이요(上乙 二에 보인다— 原註) 지류(支流)로 흘렀으나 이름을 남긴 자는 상흠(桑欽)[66]이요, 널리 사설(師說)을 모은 자는 주방(周防)이요, 그 직계의 자손으로서 대대로 전해 내려오는 가업을 지킨 자는 공희(孔僖)요, 그 소리를 크게 외친 자는 양륜(楊倫)이요, 처절한 글로 슬프게 흐느끼며 그 업(業)을 전한 자는 두림(杜林)이요(上乙 五에 보인다— 原註) 진전(眞詮)을 친히 받아서 실추된 서통(緒統)을 다시 이은 자는 위굉(衛宏)과 서순(徐巡)이요, 창힐(蒼頡)과 사주(史籀)의 자체를 거슬러 상고(詳考)하고 금문·고문을 분석하여 양가(兩家)의 동이(同異)를 분변(分辨)한 자는 허신(許愼)이다(『說文』에 상세하다— 原註). 도운의 적통을 이어 아버지의 가르침을 받는 것처럼 받아서 훈(訓)을 지은 자는 가규(賈逵)요, 전(傳)을 지은 자는 마융(馬融)이며, 주(註)를 지은 자는 정현이다. 정현의 주를 좋지 않게 여겨 다시 주를 낸 자는 왕숙(王肅)[67]이요(『尙書正義』에 보인다— 原註) 전적을 널리 참고하여 모두 역사서에 실은

---

66) 桑欽: 前漢 河南人. 자는 君長. 塗惲에게서 『古文尙書』를 전해 받았다.
67) 王肅: 195~256. 三國의 魏人. 字는 子雍. 賈逵·馬融의 學을 좋아하고 鄭玄의 學만은 좋아하지 않았다. 저서로 『孔子家語注』가 있다.

자는 순열(荀悅)과 범엽(范曄)[68]이요, 경서(經書)를 가르치는 데 익숙하여 유학의 융성을 도운 자는 조기(趙岐)[69]·포함(包咸)[70]·복건(服虔)·두예(杜預)·위소(韋昭)[71]·고유(高誘)[72]의 무리이다.

만약 공자의 집 벽 속에서 나온 고문이 참으로 25편의 경(經)이 있고, 공안국 당시에 참으로 58편의 전(傳)이 있었다면 무릇 이 모든 유자(儒者)들이 도리상 의당 그것을 보기를 부고(府庫)처럼 여기고, 이에 돌아가기를 마치 물고기와 새가 연못과 숲속처럼 여겨서 근거를 인용하고 중하게 취급하여 모두가 그것을 종주(宗主)로 삼아 그 되어온 바를 상고(詳考)할 것인데, 조기가 『맹자』를 주석하고, 포함이 『논어』를 주석하고 복건과 두예가 『좌전』을 주석하고 (孔穎達이 『尙書正義』 疏에 이르기를, "服虔·杜預가 '亂其紀綱'[73]을 註하면서 모두 夏나라 桀의 때이다"라고 하였다 — 原註) 위소(韋昭)가 『국어』를 주석하고 고유(高誘)가 『전국책』 『여씨춘추』를 주하면서 매양 25편의 글을 만나면 아리송하여 깨닫지 못하고 주에 일서(逸書)라 했다. 순열이 『한기』를 짓고 범엽이 『후한서』를 지으면서 오직 16편만은 감추어져서 나타나지 않았다는 것을 상세히 실었으나 25편 58전은 조금도 보이지 않으니, 이것은 이 여러 사람들이 모두 『공안국전』을 보지 못한 것이다.

---

68) 范曄: 398~445. 南北朝時代 宋의 학자. 字는 蔚宗. 文帝 때 반역을 꾀하다가 처형되었다. 박학능문하였으며 저서에 『後漢書』 90권이 있다.

69) 趙岐: ?~201. 後漢 京兆 長陵人. 初名은 嘉, 字는 邠卿. 經史에 밝았고 才藝가 뛰어났다. 저서로 『孟子章句』와 『三輔決錄』이 있다.

70) 包咸: B.C. 8~A.D. 65. 後漢 會稽人. 자는 子良. 어려서 諸生이 되었으며 長安에서 수업하면서 『魯詩』와 『論語』를 익혔고, 벼슬은 諫議大夫·侍中·右中郞將 등을 지냈다.

71) 韋昭: 三國時代 吳人. 字는 弘嗣. 저서로 『國語解敍』 『論語注』 등 많은 저술이 있다.

72) 高誘: 後漢 涿郡人. 일찍이 『孟子』 『孝經』에 註를 달았으나, 이미 散佚되었고 『呂氏春秋注』 『淮南子注』 『戰國策注』가 남아 있다.

73) 亂其紀綱: 『尙書』 「五子之歌」에 "今失厥道, 亂其紀綱, 乃底滅亡"이라는 말이 나온다.

왕숙의 『상서』주에는 "기직(棄稷)은 있으나 익직(益稷)은 없다" (공영달의 『상서정의』疏에 보인다—原註)고 했고, 정현의 『상서』주에는 "윤정은 신하의 이름, 여오(旅獒)는 호족(豪族)의 두목이다"고 하였고(또「仲虺之誥」「太甲」「說命」등은 현존하는데 없다고 했다—原註) 마융의「서서」에서 말하기를, "경전에서 인용한「태서」,「태서」에는 모두 이러한 글이 없다"고 하였으며(「河內太誓」에 이 글이 없다는 말이다—原註) 가규가 올린 『상서』소(疏)에 "화류위오(火流爲烏)"[74]라 하였으니(孔穎達의 疏에 보인다—原註) 이것은 여러 사람들이 모두 『공안국전』을 보지 못한 것이다.

허신이 『설문』을 짓고 자서(自序)에서 말하기를, "『상서』는 공씨의 것을 주(主)로 하였다"고 하였으나 그 책을 공정하게 살펴보면 겨우 28편에 있는 글자만 있고 25편에 있는 글자는 하나도 언급된 것이 없다(다만 '若藥不暝眩'의 한 구절은「說命」의 말이지만 許愼이 인용한 것은 『孟子』[75]이다—原註). 이것은 허신도 역시 『공안국전』을 보지 못한 것이다. 마융·정현의 주가 위굉·서순에 근본을 두고 위굉·서순의 학은 두림에 근본을 두었는데 마융·정현이 주한 것이 이 29편에 그쳤으니, 이것은 두림·위굉·서순 등이 모두 『공안국전』을 보지 못한 것이다.

공희가 낭중(郎中)의 벼슬에 오르고 양륜(楊倫)이 그 문도가 1천여 명에 이르렀으니(上乙 三에 보인다—原註) 가벼운 깃털이 순풍을 만난 격이다. 어찌 막혀서 펴지지 않고 조사(祖師)인 공안국의 유고가 숨겨져 펼쳐지지 않는 이런 이치가 있겠는가? 정현이 『시경』에 전(箋)을 지으면서 『모전毛傳』을 위로 떠받들었고 두예(杜預)

---

74) 火流爲烏:『僞太誓』에 나오는 말이다. 불이 일어나 위로 솟았다가 다시 아래로 내려와 武王의 지붕 위에 와서는 붉은 까마귀로 변하여 날았다는 내용으로, 周나라 왕실에 왕업을 성취할 吉祥의 징조로 서술된 말이다.
75) 『孟子』「滕文公」上.

가 『춘추』에 주를 달면서 복건을 폐하지 않았는데, 여남(汝南)의 주방(周防)이 『상서잡기』 32편 40만 언(言)을 편찬하면서 어찌 『공안국전』을 으뜸으로 하지 않았는가?(上乙 三에 보인다—原註) 이 것은 주방·공희·양륜의 무리들이 모두 『공안국전』을 보지 못한 것이다.

『공안국전』의 「우공」에는 "처음에 산에서 나와 양수(瀁水)가 되고 동남으로 흘러서 면수(沔水)가 된다"고 하였는데, 상흠(桑欽)이 『수경水經』을 지어 이르기를, "양수는 저도현(氐道縣) 파총산(嶓冢山)에서 나오고 면수는 저현(沮縣) 낭곡(狼谷)에서 나온다"고 하였으니, 할아버지는 그 근원을 하나로 보았고 손자는 그것을 둘로 보았다(이와 같은 것은 매우 많으나 그 하나만 잠시 예로 든다—原註). 이 것은 무슨 까닭인가? 이것은 적전(嫡傳)인 상흠도 역시 『공안국전』을 보지 못한 것이다.

왕망(王莽)이 비록 난역(亂逆)을 했으나 본래 유술(儒術)을 숭상하여 유흠을 국사(國師)로 삼고 왕황·도운으로 좌우에서 돕도록 하였다(上乙 二에 보인다—原註). 이때를 당하여 진실로 학관에 건립하고자 하였으면 아무리 허황한 패관(稗官)의 설(說)이라도 오히려 막지 않았는데, 하물며 당당한 선사(先師)인 공안국의 『고문상서전』에 있어서랴? 이미 그 경(經)을 학관에 세웠는데 그 전(傳)을 세우지 않았으니 어찌 어긋난 것이 아니겠는가? 유향이 『상서』를 대교(對校)할 때 민간에 널리 물어서 고문을 여기저기 구하고 있었는데, 오직 교동의 용생이 진실되게 공안국의 학을 전하고 있었다 (上乙 一에 보인다—原註). 이때에 만약 교동의 용생이 도위조(都尉朝)로부터 전수한 것이 있었다면(『隋書』「經籍志」에 "孔安國이 사사로이 都尉朝에게 전하였다"고 하였다(上丙 二에 보인다)—原註) 『상서』를 싸안고 천록각(天祿閣) 위로 가서 무고(巫蠱)를 당한 이후의 답답한 심정을 폈을 것이다. 천리(天理)가 그러한데 적막하게 잔존해 있는

128

경(經)에는 증다(增多)된 것이 없으니, 이것은 도위조·교동의 용생·왕황·도운 등이 모두 『공안국전』을 보지 못한 것이다.

유향·유흠·반고 등이 아는 것은 29편이고, 본 것은 16편이며 25편에는 생각들이 이르지 아니하였으니(孔穎達의 『尙書正義』 疏에 이르기를, "劉歆이 『三統曆』을 지어 武王이 紂를 친 것을 논함에 今文의 「泰誓」를 인용하여 '丙午年에 군사를 이르게 하였다'라 하였고, 또 「武成」을 인용하여 '그 다음 3월 5일 甲子에 모두 商王 受를 죽였다'고 하였으니, 모두 『孔安國傳』과 같지 않다"76)고 하였다——原註) 이것은 반고·유향·유흠 등이 모두 『공안국전』을 보지 못했기 때문이다.

사마천이 『사기』를 지으면서 공안국의 설을 답습하여 쓴 것은 「요전」「우공」「홍범」「미자」「금등」 등 수편에 불과하고(上乙 二에 보인다——原註) 혹 경문을 갖추어 기록한 것도 29편에서 벗어나지 않고, 「고요모」는 「익직」과 연결되어 있으며, 「태서」는 3편이라고 말하지 않았으니, 이것은 사마천도 역시 『공안국전』을 보지 못한 것이다.

『논어』에 이르기를, "나 보잘것없는 이(履)가 감히 검은 황소를 잡아 거룩한 상제에게 밝게 고합니다"(「堯曰」——原註)라고 하였으니, 이것은 명확한 「탕고」의 글이다(지금의 梅氏本 「湯誥」이다——原註). 그런데 공안국이 거기에 주(註)하여 이르기를, "묵자가 「탕서」를 인용하였는데, 그 문사(文詞)가 이와 같다"고 하여 서(誓)를 고(誥)로 하고, 『묵자』를 끌어다 유학을 증명하였으니 또한 매우 수고로운 짓이다. 그러니 이것은 공안국도 역시 『공안국전』을 보지 못한 것이니 천하에 이런 일이 있겠는가?

대저 이른바 『공안국전』이라고 하는 것이 어떤 신묘한 물건이기에 후학이 얻어 보지 못하고, 이름난 유학자가 인용하지 못하고, 적전(嫡傳)이 받아서 전하지 못하고, 사관이 채록하지 못하고,

---

76) 孔穎達 『尙書正義』 卷 第2 「堯典」 疏.

직계 자손이 집에다 소장하지 못하고, 절친한 친구가 그 설을 듣지 못하고, 아울러 공안국 자신도 그 글을 얻어서 볼 수 없었던 것인가? 이른바 『공안국전』이라는 것이 결국 어떠한 물건이기에 귀신이 꾸짖어 보호하며 하늘이 아끼고 땅이 감추어 진기하게 숨겨져서 4백 년 동안 내려오다가 반드시 예장내사(豫章內史) 매색(梅賾)을 기다린 후에야 비로소 인간 세상에 나오게 되었으니 어찌 기이하지 않겠는가?

쾌주(祭酒)인 공영달이 널리 배우고 지식이 정교하여 고금에 뛰어났는데, 유독 여기에만 지혜를 버리고 총명함이 막혀, 받들어 계승하는 데만 오직 삼갔으니, 틀림없이 그 시대의 형편이 감히 그렇게 하지 않을 수 없어서 그랬을 것이다. 지금 『상서정의』에 열거된 것이 그 간교함을 밝히기 위한 확증이 되지 않는 것이 없는데도, 묻어 두고서 이와 같이 논하여 드러내게 하지 않았으니, 이것은 또한 그 중에 은미한 뜻이 남아 있어서 그러할 것이다. 만약 이 『상서정의』가 없다면 지금 사람들이 장차 어디에 근거하여 이것을 알겠는가? 쾌주인 공영달은 그 은미한 뜻이 있을 것이다.

정의(正義) 8

정현의 「서찬書贊」에 이르기를, "나의 선사(先師) 극하생(棘下生) 자안국(子安國)도 역시 이 『상서』의 학을 좋아하였으며, 위굉·가규·마융 등 두서너 군자의 공부는 그 훌륭한 재능들이 널리 배우는 것을 좋아하여 이미 이 『상서』의 학을 세상에 선양하였다"고 하였으며, 또 이르기를, "구양씨(歐陽氏)는 『상서』의 본뜻을 잃어서 지금은 이 본뜻이 가려진 것을 결함으로 여긴다"고 하였으니, 이는 정현의 생각이 사조(師祖)인 공안국의 학(學)은 교동의 용생·유흠·가규·마융 등의 학(學)에 전수되었다고 보는 반면에 하후·구양 등의 학(學)을 천하게 여긴다는 것이다. 그런데 무슨 생각으로 정현이 『상서』에 주함에 '망(亡)' '일

(逸)'이라는 편명들이 모두 공안국의 것과 다르고 그 편수가 삼가(三家)77)의 학과 같다고 여겼는가?78)

상경(上庚) 5

극하생이라고 한 것은 제인(齊人)의 말이다. 정현은 제인이다(高密의 사람이다 — 原註). 『정지鄭志』79)에 이르기를, "장일(張逸)80)이 「서찬書贊」에 대하여 묻기를 '나의 선사 극하생이라 하니 어느 때 사람이오?'라고 하자 정현이 대답하기를, '제(齊) 전씨(田氏) 때에 학문을 잘하는 사람들이 모였던 곳에서 제인들이 그를 호칭하여 극하생이라 하였는데 그는 평범한 사람이 아니다"고 하였다(『水經』「淄水」註에 보인다 — 原註). 공안국을 자안국(子安國)이라 한 것은 스승을 높이는 칭호이다. ○공영달의 소에 나오는 이 구절은 또 정현을 편들어서 그가 공안국의 적통으로 천 년 뒤에까지 말살되고 매몰되기를 원하지 않았기 때문에 한 말이라고 하겠다.

상경(上庚) 6

정현의 『상서』 주에 '망(亡)' '일(逸)'이라고 한 편명들이 모두 공안국의 것과 다르다고 한 것은 「중훼지고」 「태갑」 「열명」 등이 현재 남아 있는데 '망(亡)'이라 하고, 그 「골작」 「전보」 등 13편은 현재 없어졌는데 일편(逸篇)이라고 함을 이름이다(『尙書正義』에 보인다 — 原註). 24편에서 매색본에 있는 11편을 제외하면(「舜典」「大禹謨」「益稷」「五子之歌」「胤征」「湯誥」「咸有一德」「伊訓」「武成」「旅獒」「冏

---

77) 三家: 歐陽生·夏侯勝·夏侯建을 말함.
78) 孔穎達, 『尙書正義』卷 第2「堯典」疏.
79) 『鄭志』: 魏의 鄭小同(鄭玄의 孫子)의 編著. 정현의 門生들이 鄭玄의 死後 經傳에 대한 스승과의 문답을 모아 『論語』의 형식을 모방하여 8편을 만들었는데 小同이 다시 編次하여 11권을 만들었다. 原本은 전하지 않음.
80) 張逸: 後漢 때 사람으로 鄭玄의 제자인 듯하다.

命」등 모두 11편이다——原註) 나머지가 13편이나 그 실상은 5편뿐이다(「汩作」「典寶」「肄命」「原命」「九共」[81]뿐이다——原註). 24편을 공영달의 소(疏)에서 배척하여 위서라고 여겼지만 매색이 처음 위서를 만들 때 원래 전적을 살펴 빠진 것을 채워 넣고 모으고 합쳐서 어긋남이 없게 하고자 하였기 때문에 16편으로 하였으나 그 채운 것이 11편에 이르러 마침내 「태갑」「태서」의 유문(遺文)이 매우 많아진 이유로, 드디어 넘쳐서 정수(定數)보다 많게 되었음을 면할 수 없었다. 그러나 정현은 이 16편의 서문에서 일(逸: 감추어져 나타나지 아니한 것——역자 註)·망(亡: 없어진 것——역자 註)이라 하여 주한 것이 고르고 공평하다. 매색에게 있는 것을 꼭 '망(亡)'이라 말할 것이 없고, 매색에게 없는 것을 꼭 '일(逸)'이라 말할 것이 없다. 『상서정의』에서 말한 바는 마치 정현이 그 24편 가운데 달리 여긴 바가 있어 구별한 것 같은 것이 있으니 이것은 잘못이다. 정현이 24편을 미리 안 것이 아닌데 어찌 사랑하고 미워함이 있겠는가?

상경(上庚) 7

편수가 삼가(三家)와 더불어 같다고 한 것은 구양(歐陽)·대하후(大夏侯)·소하후(小夏侯)와 같다는 것으로 29편에 그칠 뿐임을 이르는 것이다. 이것은 마융·정현의 본을 은연중에 복생의 금문의 학에 돌리려고 한 것이다. 그렇지만 『사기』에 "공씨(孔氏)에게 고문(古文)이 있었는데 안국(安國)이 금문(今文)으로써 읽었다"고 하였다(上甲 七에 보인다——原註). 『한서』에 "유향이 중고문(中古文)으로 구양·대하후·소하후 삼가(三家)의 경문을 대교하였는데 탈간(脫簡)되었거나 글자가 다른 것이 있을 뿐이고 나머지는 같지 않은

---

81) 「九共」: 逸失된 『尙書』의 篇名인데 9편으로 되어 있음.

것이 없다"고 하였다(上甲 八에 보인다 — 原註). 공안국이 스스로 금
문으로써 읽고 유향도 역시 금문으로써 대교하였으므로, 고문의
학을 하는 것이 스스로 이와 같은데, 어찌 정현이 주를 한 본이
홀로 삼가와 더불어 같은 것을 병되게 여기겠는가? 편수가 삼가
와 더불어 같지 않은 것은 공씨의 진본이 아니다(오직 「盤庚」 「顧命」
만이 나누어놓은 것이 있다 — 原註).

정의(正義) 9

또 유흠 · 가규 · 마융 등도 모두 공안국의 학을 전하였는데, 16편을 일편(逸篇)
으로 해놓아 공안국과 더불어 같지 않은 것은 진실로 공안국이 주한 후에 그
『상서』가 산일되고 전주(傳註)가 행해지지 않아 용생 · 가규 · 마융 등이 오직 경
문(經文) 33편만을 전했기 때문이다. 그러므로 정현과 삼가(三家)가 같은 것이
다.[82]

상경(上庚) 8

『서전書傳』을 전수하는 법은 세 가지 갈래가 있으니 자손에게
전하는 것이 하나요, 후학에게 전하는 것이 하나요, 비부(秘府)에
보관하는 것이 하나다. 이른바 공안국이 주한 것을 자손에게 전했
다고 하면 공희(孔僖)가 왕에게 부름을 받은 날에 반드시 의심하지
않고 바쳤을 것이며(上乙 三에 보인다 — 原註) 후학에게 전했다고 하
면 용담(庸譚)이 하문(下問)을 받은 날에 반드시 아끼지 않고 바
쳤을 것이며(上乙 一에 보인다 — 原註) 비부에 보관했다면 유향이
『상서』를 대교하는 날에 반드시 감추어둠이 없이 드러내놓았을
것이다(上甲 八에 보인다 — 原註). 또 무엇 때문에 산일되고 행해지지

---

82) 孔穎達, 『尙書正義』 卷 第2 「堯典」 疏.

아니하였겠는가? 이미 산일되고 행해지지 않았다면 예장내사(豫章
內史) 매색이 어떻게 4백 년 후에 홀연히 그것을 얻을 수 있겠는
가?

상경(上庚) 9

경문이 복생의 본과 같은 것은 결함으로 여기지 않는다. 시에
『제시齊詩』『노시魯詩』『한시韓詩』『모시毛詩』가 모두 3백 편에 있
어서는 동일한 것이다. 『춘추』에 『공양전公羊傳』『곡량전穀梁傳』
『추씨전鄒氏傳』『협씨전夾氏傳』이 240년 동안의 일을 쓴 것은 마
찬가지이며, 구양·하후·위굉·가규·마융·정현이 29편에 있어서
는 한가지이다. 경(經)을 다르게 보려 하는 것은 위서(僞書)를 만들
려는 조짐이다.

정의(正義) 10

진(晉)나라 때에 와서 왕숙(王肅)이 『상서』를 주하면서 비로소 『공안국전』을
몰래 본 것 같다. 그러므로 주에 '난기기강(亂其紀綱)'[83]을 태강(太康)의 시대라 하
였다.[84] ○『좌전』애공(哀公) 6년에 「하서夏書」를 인용하여 이르기를, "유피도
당(唯彼陶唐)"[85]이라 하였는데,[86] 공영달의 『춘추좌전정의』에는 "가규·복건(服
虔)·손염(孫炎)[87]·두예(杜預)는 모두 고문을 보지 못하여 하걸(夏桀)의 시대라
고 풀이하였고, 오직 왕숙만이 태강의 시대라 하였다. 왕숙은 『상서』에 주하면

---

83) 亂其紀綱: p.126 주 73 참조.
84) 孔穎達, 『尙書正義』 卷 第2, 「堯典」 疏.
85) 『尙書』 「五子之歌」에 나온다. '唯彼陶唐'은 '저 陶唐氏 임금'이라는 뜻
이다.
86) 이 글은 茶山이 孔穎達의 『尙書正義』의 논조를 비판하기 위하여 『左傳』
의 글을 끌어온 것이다.
87) 孫炎: 三國時代 魏나라의 經學者. 字는 叔然. 일찍이 鄭玄의 門下에서 수
업을 받았다. 東州의 大儒라 칭하였음.

서 그 말에『공안국전』의 말이 많은데 이는 왕숙이 고문을 보고서는 숨기고 말
하지 않은 것 같다"고 하였다.[88] ○ 또『상서정의』에 "황보밀(皇甫謐)이 이러이
러하다"[89]고 하였다.

상경(上庚) 10

왕숙이『공안국전』을 몰래 본 것이 아니라 매색이 왕숙의 설을
몰래 가져왔을 것이니 주객을 분변하기가 어렵지 않다. 황보밀이
『공안국전』을 채취한 것이 아니라 응당 매색이『제왕세기』에 의
거하여 도움을 받았을 것이니 선후를 분변하기가 어렵지 않다. 가
규·복건·손염·두예는 다만 하(夏)가 망한 것이 응당 이 하걸(夏
桀)이라고 여겨 그것을 주석해서 하걸 때라 했는데, 왕숙은 깊이
생각하여 "하걸의 악은 마땅히「상서商書」에 있어야 하는데 이것
을「하서夏書」로 해놓았으면 태강 때가 아니겠는가?"라고 한 것이
다. 나라가 망하지 아니하여 글을 지어 경계로 삼은 것이니 이는
곧 태강 때이다. 이에 그것을 주석하여 태강 때라 한 것은 잘 고
친 주석이다. 이에 위서를 지은 자가 왕숙의 뜻을 취해서「오자지
가」를 지었으니, 그 나머지도 무릇 위경(僞經)과 더불어 서로 가까
운 것은 그 실정이 모두 이와 같은 것이다.

○ 왕숙의 학은 본래 가규·마융을 좋아하므로(上乙 八에 보인다 —
原註)「우서虞書」를「우하서虞夏書」로,「익직益稷」을「기직棄稷」으
로(『尙書正義』에 보인다 — 原註) '아기시재(我其試哉)'[90]를 '시지이관(試
之以官)'[91]이라 하였다(孔壁本에는 '帝曰'이라는 두 글자가 없으므로 馬融·
鄭玄·王肅 등은 모두 職事로써 시험했다고 한 것이다 — 原註). 왕숙이 어찌

---

88) 孔穎達,『春秋左傳正義』卷 第58, 哀公 6年의 疏.
89) 孔穎達,『尙書正義』卷 第2「堯典」疏.
90) 我其試哉:『尙書』「堯典」에 나오는 말로, '내 그 시험을 할 것이다'라는
　　의미임.
91) 試之以官: '관직으로 그를 시험하다'라는 의미임.

일찍이 꿈엔들 매색본을 보았겠는가?(몰래 보고 다시 그것을 감추어두었다는 것은 무슨 말인가? 지극한 보배로 여기고서 사사로이 차지하려고 한 것인가? 신기한 물건으로 여겨서 그것을 감추려고 한 것인가? 실정으로나 이치로나 도대체 합당한 것이 없다— 原註) 황보밀도 역시 얻어 보았다는 분명한 증거가 없으니 이것은 의심할 수 없다. 이미 앞에 보인다(上丙 一과 正義 一에 있다— 原註).

집전(集傳) 1[92]

「자서自序」에 "「이전二典」[93] 「대우모大禹謨」는 선생[94]이 시정(是正)하였다"고 하였다.[95]

상신(上辛) 1

주자(朱子)가 「이전」을 주석하고 「대우모」의 "정월 초하루에 종묘에서 명(命)을 받아 백관을 거느렸는데, 순임금이 처음 일을 맡을 때처럼 하였다"라 하는 데에 이르러 붓을 놓았는데, 어찌 우연히 뜻이 게을러서 이곳에서 그쳤겠는가? 「대우모」 중 '묘족(苗族)을 정벌하라'는 구절이 가장 불합리하다. 주자는 이에 대해 대개 일찍이 되풀이하여 이리저리 생각한 끝에 그 거짓됨을 깊이 깨달았기 때문에 가만히 책을 덮고 그만두었을 따름이다. 「금등설金縢說」 「소고召誥」 「낙고洛誥」의 풀이와 「무성일월보武成日月

---

92) 「集傳」 1~10의 冒頭의 글은 蔡沈의 『書集傳』과 朱子의 『朱子大全』 『朱子語類』, 그리고 明의 胡廣 등이 王命에 의해 찬술한 『書傳大全』 등에서 茶山이 拔萃·收錄한 것이다.
93) 「二典」: 「堯典」과 「舜典」을 말함.
94) 선생: 여기서는 朱子를 가리킨다.
95) 蔡沈, 『書集傳』의 序文.

譜」[96) 같은 것은 평소에 시험 삼아 써본 것이지 「대우모」에서 절필(絶筆)한 후에 또 이 주(註)를 지은 것이 아니다.

집전(集傳) 2

「대서大序」의 주에 이르기를, "복생(伏生)이 『상서』를 찾았지만 29편만 얻게 되었는데, 육덕명은 '마융·정현이 주석한 것이 29편이다'고 하였으며, 공영달은 '「태서泰誓」는 본래 복생이 전한 것이 아니고 한 무제 때에 비로소 나왔는데 사관이 이것을 복생이 전한 것 안에 넣었기 때문에 29편이다'라고 하였다"고 하였다.[97)

상신(上辛) 2

육덕명의 『경전석문』과 공영달의 『상서정의』는 모두 마융·정현의 상서학(尙書學)을 슬쩍 가리워서 복생의 '금문지학(今文之學)'에 귀착시켰다. 그러므로 말하는 것이 이와 같다. 그러나 반고·사마천·순열(荀悅)·범엽(范曄)[98)의 사서(史書)가 그 시말(始末)의 본령(本領)인데, 공영달의 소(疏)나 육덕명의 『경전석문』은 매양 그것을 피하고 말하지 않았다. 그러므로 오역(吳棫)·오징(吳澄)의 혜안(慧眼)이 비록 샛별과 같다 할지라도 끝내는 한 겹의 장애물이 되었다. 채구봉(蔡九峰)[99)이 주자의 「대서」의 주를 기록하였으나 또한 공영달·육덕명의 설에 근본하였으므로 평소의 의론과는 같지 않다.

---

96)「武成日月譜」:『朱子大全』卷65,「雜著」「尙書」에 있다.
97) 梅賾이 僞作한 『古文尙書孔安國傳』의 序文에 대해, 朱子가 의견을 제시한 것을 蔡沈이 採錄한 것인데, 茶山이 그 글을 요약해놓았다. 『朱子大全』卷65,「雜著」「尙書」에 보인다.
98) 范曄: 398∼445. 六朝時代 宋의 順陽人. 字는 蔚宗이다. 經史에 밝고 문장을 잘하고 音律에 造詣가 깊었다. 저서로 『後漢書』가 있다.
99) 蔡九峰: 蔡沈. p. 48 주 30 참조.

상신(上辛) 3

「위태서僞泰誓」가 이미 무제 때에 비로소 나왔으면 공본(孔本)의 속에 들어가서 33편이 되어야 옳을 것이다. 복생은 이미 문제(文帝) 때에 29편으로 제(齊)·노(魯) 지방에서 가르쳤으니, 무제 때에 나온 것이 어떻게 복생의 29편 속에 들어간다는 말인가? 이 또한 좨주 공영달이 슬그머니 정현을 밀치고서 복생의 학에다 귀착시킨 말인데, 주자가 미처 밝게 검토해보기도 전에 채침이 이것을 채록(采錄)한 것이다.

집전(集傳) 3

1백편의 서(序)는 『한서』 「예문지」에서 공자가 지은 것이라고 하였으나 지금 남아 있는 편(篇)의 서(序)를 고람해보면 비록 그 글에 의거해서 그 뜻을 세운다 하더라도 드러내어 밝힐 것이 없고, 「강고康誥」 「주고酒誥」 「재재梓材」 등은 경문(經文)과는 그 자체가 서로 어긋난 것이 있으며 이미 없어진 편은 이것들이 여기저기에 기록이 간략하여 더욱이 보충할 길이 없으니, 공자가 지은 것이 아니라는 것이 문명하다. 그러나 이것은 서로 계승된 것이 이미 오래되었으니 지금은 감히 경솔히 의논할 것이 아니다.100)

상신(上辛) 4

경전(經典)의 진위(眞僞)에 대한 주자의 안목은 귀신처럼 밝으니 다만 따라 받들어야 마땅하다. 그러나 1백편의 「서」에 대해서는 역시 사사로이 말한 견해가 있다. 진실로 복생(伏生)의 1백 편의 「서」는 지금 남아 있는 것이 없기 때문에 그 「서」의 차례나 문구(文句)를 고증하여 증명할 수 없다. 만약 정현본 1백 편의 「서」가

---

100) 『朱子大全』 卷65, 「雜著」 「尙書」.

곧 복생본에 있었던 것이라고 한다면 정현본도 지금 또한 없어졌을 뿐만 아니라 비록 지금까지 완전히 보존되었다 하더라도 반드시 복생본과는 크게 다를 것이다. 무엇 때문인가?「반경盤庚」에서 2편이 나누어져 나오고,「고명顧命」에서 1편이 나누어져 나오고,「위태서僞泰誓」에서 2편이 나누어져 나와(『史記』에는 「泰誓」가 다만 1편이다—原註) 모두 5편이 된다. 이것이 복생본과는 다른 것이니, 복생본 1백 편 안에는 반드시 대신해서 이 편수를 차지하는 다른 5편이 있다. 예를 들면「태무太戊」「엄고掩誥」같은 것들로(「太戊」는 『史記』에 보이고 「掩誥」는 王應麟의 『尙書考異』에 보인다—原註) 응당 「서」가 있었을 것이다. 저「서」를 공자가 지은 것이라고 하면 이 「서」는 공자가 지은 것이 아닐 것이다. 두 가지 중 하나는 반드시 사사로이 편찬한 것이 있을 것이다. 하물며 매색의 『상서』가 각 편의 글을 바꾸어 마음대로 하고자 하였으니 또한 정현본의 여러 「서」와 어지럽고 어긋남을 이루 다 말할 수 있겠는가? 비록 본래 공자가 지은 것이라 하더라도 지금은 흩어지고 낡아 해져서 다시 알 수 없다.

상신(上辛) 5

내가 가만히 생각해보건대, 조훈(祖訓)·대훈(大訓)·선왕지훈(先王之訓)은 모두 후세에 가르침을 남긴 것이다.「태갑太甲」의 훈(訓)은 태갑이 덕(德)을 이룬 후에 그 후사(後嗣)에게 훈계한 것이며,「고종지훈高宗之訓」은 무정(武丁)이 치세(治世)를 이룬 뒤에 그 후사에게 훈계한 것이다.「서서書序」의 「태갑」에 이르기를, "이윤(伊尹)이 왕을 훈계하였다"고 하였으며,「고종지훈」에 "조기(祖己)[101]

---

101) 祖己: 殷 武丁(高宗)의 賢臣. 高宗이 成湯을 제사 지낼 때 날아가던 꿩이 솥귀에서 우니 高宗이 상서롭지 않은 것으로 여겼다. 祖己가 이에 「高宗肜日」을 지어 武丁을 가르쳤다. 『尙書』 「高宗肜日」에 보인다.

가 왕을 훈계하였다"고 하였으니, 이것은 「이훈」으로써 전례를 삼은 것이다. 만약 그렇다면 성왕(聖王)과 지혜로운 임금은 후세에 남길 만한 한마디 말도 하지 못하고 오직 보좌하는 신하들에게 훈계를 듣기만 하고 만단 말인가? 「미자지명微子之命」「채중지명蔡仲之命」「문후지명文侯之命」「필명畢命」「경명囧命」등이 모두 임금이 신하에게 명(命)한 말이라면 어찌 홀로 「열명說命」만은 신하가 임금에게 경계한 말이겠는가? 부열(傅說)이 판축(版築)에서 기용됨에 천하가 믿지 아니하니, 의당히 명사(命詞)가 있어서 뭇 신하에게 조서를 내린 것이다(이것은 모두 「書序」의 다른 뜻이니 감히 質言할 것이 못 된다 ── 原註).

집전(集傳) 4

훈(訓)·고(誥)는 모두 당시에 호령(號令)한 기본적인 언어이다. 이들 속에 방언(方言)·고어(古語)가 많이 있어도 당시의 사람들은 모두 알았지만 지금은 도리어 알기 어렵다. 서(誓)·명(命)은 당시의 사관(史官)이 지은 것을 바로잡고 윤색하여 대상 제제(體制)가 있으므로 오늘에 있어서도 또한 깨닫기 어렵지 않다.102)

상신(上辛) 6

이것은 주자가 매색의 『상서』를 도와서 억지로 그를 위해 궁리한 말이다. 「이훈伊訓」「탕고湯誥」는 어떻게 이처럼 평이하며, 「탕서湯誓」「비서費誓」「고명顧命」「문후지명文侯之命」은 어떻게 저처럼 예스럽고 기이하여 알기 어려운가? 평소에 금문이 어렵고 고문이 쉽다는 의론은 다만 금문·고문을 아마도 그 순삽(順澁)으로

---

102) 『朱子大全』 卷65, 「雜著」 「尙書」.

'불역지론(不易之論)'을 삼았기 때문일 것이다(주자가 이르기를, "今文 은 어려운 것이 많고 古文은 도리어 평이하다. 복생은 다만 그 어려운 것을 얻 고, 공안국은 다만 그 쉬운 것만 얻었으니 모두 알 수 없다"[103]고 하였다— 原註).

집전(集傳) 5

지금 이「서」를 살펴보건대 서경 문자(西京文字) 같지 아니하니, 혹 후인이 가탁한 것인가 의심된다. 그러나 근거할 바가 없으니 감히 그렇다고는 할 수 없 다[104](또한 朱子의 말이다— 原註).

상신(上辛) 7

주자가 이르기를, "「서서書序」는 아마도 공안국이 지은 것은 아 닌 것 같다. 한대(漢代)의 글은 굵은 가지와 큰 잎사귀 같은데, 지 금「서서」는 자잘하고 나약하니 다만 육조시대(六朝時代)의 문자인 것 같다"[105]고 하였다(또 이르기를, "다만 이것은 魏晉人의 문자이다. 陳同 父[105]도 또한 그 말이 이와 같다"[107]고 하였다. ○ 또 이르기를, "『尙書』의 註 는 결코 공안국이 주해한 것이 아니다. 문자가 困善[108]하니 西漢人의 문장이 아 니다. 다만 너무 거친 곳이 있는데, 그런 곳은 결코 이 困善한 것만 같지 못하니 또한 後漢의 글도 아니다"고 하였다. ○ 또 이르기를, "나는 일찍이 孔安國의 『尙書』가 假書라고 의심했다. 『毛公傳』[109]이 이와 같이 아주 간결함에 비교

---

103) 『朱子大全』 卷65, 「雜著」「尙書」.
104) 『朱子大全』 卷65, 「雜著」「尙書」.
105) 『朱子語類』 卷78, 「尙書」.
106) 陳同父: 1143∼1194. 宋의 永康人. 陳亮의 字가 同父이다. 號는 龍川, 諡 는 文毅. 朱子의 親友. 저서로 『三國紀年』 『歐陽文粹』 『龍川文集』이 있다.
107) 『朱子語類』 卷78, 「尙書」.
108) 困善: 軟弱하다는 뜻인 듯하다. 朝本·奎本에는 固善으로 되어 있다.
109) 『毛公傳』: 『毛氏詩傳』을 말함.

해볼 때 크게 논쟁할 일이다. 漢儒들이 文字를 訓釋함에 있어 이 같은 것이 많고 의심이 있으면 빼놓았는데 지금 여기에는 도리어 그것을 다 해석하였다"고 하였다[110] — 原註).

주자는 다만 공영달의 소(疏)에 의거하여 일관되게 이러한 논쟁을 판정하였는데 그 신명(神明)스러움이 이처럼 사물(物事)에 비치는 빛과 같다. 만약 반고·사마천·순열·범엽의 사서(史書)를 놓고 그 전적(典籍)을 고험(考驗)하고 그 원류를 따라 소급해보았으면 매색의 『상서』는 후세에 서지 못했을 것이다.

집전(集傳) 6

주자가 이르기를, "『고문상서공안국전古文尙書孔安國傳』은 위·진(魏晉) 사이의 사람이 지어서 공안국에 가탁하여 그 이름을 해놓았을 따름이다"고 하였다. 또 이르기를, "『공안국전』과 그 「서」는 모두 서한 문자(西漢文字) 같지 않고 기상(氣象)도 『공총자孔叢子』와 더불어 같으니, 이는 한 사람의 손으로 지어진 위서(僞書)이다"고 하였다[111](대개 그 말이 서로 表裏가 됨이 많고, 訓詁도 또한 『小爾雅』[112]에서 많이 나왔다 — 原註).

상신(上辛) 8

위서(僞書)는 반드시 성원(聲援)이 있는 것이다. 위서자(僞書者)가 이 25편과 58전(傳)을 짓고 이내 『공총자』를 지어서 측면에서 성원하였고, 또 황보밀(皇甫謐)의 『제왕세기(帝王世紀)』를 취하여 여

---

110) 『朱子語類』 卷78, 「尙書」.
111) 『朱子語類』 卷78, 「尙書」.
112) 『小爾雅』: 『漢書』 「藝文志」에 나와 있는 『小雅』 1편을 말함. 망실되어 전하지 않으며, 現傳하는 것은 宋代에 와서 『孔叢子』 속에서 鈔出해놓은 것으로, 「廣詁」 「廣言」 「廣訓」 「廣義」 「廣名」 「廣服」 「廣器」 「廣物」 「廣鳥」 「廣獸」 「廣度」 「廣量」 「廣衡」 등 13편으로 되어 있다. 『孔叢子』 는 王肅의 僞作이다.

러 구절을 집어넣었다. 당(唐)에 이르러서는 또 어떤 사람이 마융의 『충경忠經』을 지으면서 『매서梅書』의 뜻을 많이 인용하였고, 또 『정지鄭志』에 조상(趙商)[113]의 문답에는 엄연히 「주관周官」 안의 설이 있다. 금문은 모두 능히 변별할 수 있으니, 이에 대한 일종의 신령스럽고 슬기로운 지식은 그 근원이 모두 주자에서 나왔다. 주자는 「시서(詩序)」의 거짓됨을 알았고, 『좌전』에서 추가하여 집어넣은 것이 있음을 의심하였고, 또 『효경』에 거짓된 일단이 있음을 의심했으며, 매색의 『상서』가 위서임을 의심하였다. 대개 선(善)을 택하여 굳게 지키려는 뜻이 심중에 성실하고, 신중히 생각하고 밝게 분변하는 공부가 바깥에 드러나니, 이것은 천학자(淺學者)가 능히 미칠 바가 아니다.

집전(集傳) 7

재로(才老) 오역(吳棫)이 이르기를, "증다본(增多本)의 『상서』[114]는 모두 문장이 글자를 따라 순하고 쉬워서, 복생(伏生)의 『상서』가 까다롭고 어려운 것과 같지 않다. 그러나 무릇 사대(四代)[115]의 『상서』는 작자(作者)가 하나가 아니고, 이것이 이에 두 사람[116]의 손에 이르러서는 두 체(體)가 되었으니 그것을 또한 말하기 어려운 것이다"고 하였다.[117]

상신(上辛) 9
매색의 『상서』는 동진(東晉) 초기부터 관학(官學)에 열입(列入)되

---

113) 趙商: 後漢 河內人. 鄭玄의 제자.
114) 增多本의 『尙書』: 여기서는 梅賾이 僞作한 『古文尙書孔安國傳』의 25편을 말함.
115) 四代: 唐虞時代·夏代·殷代·周代.
116) 두 사람: 孔安國과 伏生을 가리킴.
117) 明의 胡廣 등이 王命에 의해 纂述한 『書傳大全』에 나온다.

어 아래로는 진(陳)·수(隋)에 이르기까지 한 사람도 감히 반대한 자가 없었다. 공영달의 『상서정의』가 비로소 마융·정현·왕숙의 본과 서로 참고해서 논평해놓았는데, 비록 겉으로만 높이고 신뢰하는 것 같았으나 그래도 마음속으로 진정에서 우러나온 것으로 볼 만한 것이 있었다. 송(宋) 오역(吳棫)이 지은 『서비전書裨傳』 8편(「總要」「書序」「君辨」「臣辨」「考異」「詁訓」「差牙」「孔傳」 — 原註)은 모두 13권인데, 25편과 58전 가운데 의심할 만한 것을 오로지 배척하였다. 오직 그 일조(一條)가 오징(吳澄)에 의해 인용되었고(『永樂大全』에 보인다 — 原註) 나머지는 볼 수 없다. 그러나 천 년을 이어온 그것을 홀로 보고 깨달았으니, 호걸의 선비가 아니면 어찌 능히 그러하겠는가? 위대하도다!

집전(集傳) 8

오징(吳澄)이 이르기를, "공벽(孔壁) 진고문(眞古文)으로서의 『상서』는 전하지 않다가 뒤에 장패(張霸)가 위작한 「순전」「골작」 등 24편이 있었는데, 이것을 지목하여 『고문상서』라 하였으나 사의(辭義)가 거칠고 비루하여 족히 세상에서 중요하게 취급되지 않았다. 그 거짓된 것을 팔아 매색에 이르러 25편의 『상서』가 나왔으니, 이것은 무릇 전기(傳記)에 인용된 『상서』의 말과 주석가들이 일서(逸書)라고 하는 것을 빠짐없이 주워 모았는데, 그것은 이미 징험이 있었고, 그 언사가 예(禮)에 순(順)하여 장패의 위서(僞書)에 견주어보아도 뛰어났다. 그래서 세상에서는 드디어 정말로 공벽(孔壁) 속에 감추어져 있던 것이라 생각하게 되었다. 당초(唐初)에 제유(諸儒)들이 이를 좇아서 주소(註疏)를 내고 석의(釋義)를 했다. 이로부터 『상서』는 29편만 있었던 것은 폐해져서 다시 행해지지 않고 오직 이 58편만이 세상에 홀로 행해졌다. 내가 가만히 생각하건대, 일찍이 25편을 읽어보니 체제가 마치 한 손에서 나와 채집(采集)·보철(補綴)된 것 같다. 비록 한 글자도 근본한 것이 없지는 않으나 평완(平緩)·비약(卑弱)하여 자못 선한(先漢) 이전의 글과는 같지 않았다. 대저 천 년 된 고서(古書)가 가장 늦게 나왔으면서 자획(字劃)이 조금도 탈오(脫誤)가 없고 문세(文勢)가 조금도 어긋남이 없으니 또한 가히 크게 의심하지 않겠는가? 아래에 오역(吳棫)과 주자(朱子)의 설을 인용하여 말한다. 나 오징은 단연코 감히 이 25편을 믿지 아니한다. 그것은 시비지심(是非之心)의 판단을 어둡게 할 수 없기 때문이다"고 하였다(『集傳大全』[118]에 보인다 — 原註).

상신(上辛) 10

오초려(吳草廬)[119]가 『시경』『서경』『역경』에 찬언(纂言) 약간 권을 저술했는데, 그 중에 명의(名義)와 격언(格言)이 많다. 그 「상서서록尙書敍錄」에 논한 바는 다음과 같다.

그는 드디어 『상서』 29편을 가지고서 문의(文義)를 해석하면서 매색의 25편은 따로 일부(一部)를 만들어 편말에 붙여두었으니, 이 일은 매우 훌륭한 처사로써 주자가 이루지 못한 뜻을 완성했다고도 할 만하다. 다만 그가 논한 바에는 아직도 공영달의 『상서정의』에 입각하여 그 원류본말(源流本末)을 이해하고, 반고·사마천·순열·범엽 등의 역사서에 대해서는 참고를 하지 않은 까닭에 오류가 한둘이 아니다. 공벽진본(孔壁眞本)은 즉 정현이 주석한 고문(古文)인데도 『서찬언書纂言』「상서서록」 머리글에서 "『공벽진고문상서孔壁眞古文尙書』는 전하지 않는다"고 하였으니 이것이 첫번째 오류이다. 24편은 즉 16편으로 이것이 공벽에서 나온 처음에는 이 편들이 있었으며 양한(兩漢)의 여러 역사 기록에 상세히 실려 있는데, 그는 공영달의 소에서 배척한 것만 믿고서 드디어 이르기를, "장패가 이 편들을 위조하였다"고 하였으니 이것이 두번째 오류이다. 복생의 학은 영가의 난[永嘉之亂]에 망하고, 당(唐)나라의

---

118) 『集傳大全』: 여기서는 『書傳大全』을 말한다. 明나라 胡廣 등이 王命에 의해 纂述한 『尙書』에 관한 集傳이다. 全 10권.

119) 吳草廬: 吳澄. 草廬는 그의 號. p. 45 주 13 참조.

학자들이 주석을 하고 난 뒤에 와서 폐하여져서 다시 행해지지 아니한 것은 정현의 고문학이다. 그런데 "구양·하후 등의 금문학이 당에 와서 망했다"고 하였으니(本文이 지금 있으나 삭제한다 ─ 原註) 이것이 세번째 오류이다.

집전(集傳) 9

채침이 이르기를, "금문은 복생이 전수(傳授)한 것이요, 마융·정현 등이 주석한 것이다"고 하였다(「요전」의 題辭에 보인다 ─ 原註).

상임(上壬) 1

채침은 육덕명의 『경전석문』을 잘못 이해하여 드디어 마융·정현이 주석한 것을 복생본이라 생각하였다(『經典釋文』에는 "伏生의 20여 편은 즉 馬融·鄭玄이 주석한 29편이다"고 하였다 ─ 原註).[120] 육덕명의 뜻은 대개 저 29편이 곧 이 29편이라고 말한 것이지[121] 마융·정현이 직접 복생의 『상서』에 대하여 주석을 붙인 것이라고 말한 것은 아니다.

복생의 학과 공안국의 학은 문호(門戶)가 이미 다르고 원류(源流)도 현저하게 판이하다. 그런데 공영달의 주석과 육덕명의 『경전석문』에서 추구한 뜻이 다르고 어지러워졌기 때문에 드디어 공학(孔學)의 적손(嫡孫)으로 하여금 복학(伏學)의 별보(別譜)에 유입시켰으니 탄식할 노릇이다.[122] 이에 금문과 고문에서 모두 없는 것을 채침이 금문에는 없고 고문에는 있다고 썼으니 이것은 그 명실

---

120) 『經典釋文』卷 第3, 張2.
121) 伏生의 『今文尙書』 29편과 孔安國의 『古文尙書』 29편은 그 篇名과 내용이 같다는 말이다.
122) 탄식할 노릇이다: 朝本에는 '歎'이 '歡'으로 되어 있다.

(名實)이 서로 부합되지 않는다. 만약 이와 같으면 매색이 그 사이에서 유리해져 즐겁게 누워서 쉴 것이다.

집전(集傳) 10

『서집전』의 「순전」 채침의 주석에 이르기를, "금문·고문에 모두 있다. 금문에는 「요전」에 합쳐져서 편수(篇首)의 28자[123]가 없다. 매색은 이미 『공안국전』의 「순전」을 잃어버린 까닭으로 또한 이 28자가 있음을 알지 못했으며, '신휘오전(愼徽五典)' 이하는 복생의 『상서』에 본래 구비되어 있으므로, 전하는 자가 왕숙(王肅)과 범녕(范甯)의 주석을 취해서 이를 보충했다"고 하였다.[124]

상임(上壬) 2

선유(先儒)들은 오직 공영달의 주석만을 보았기 때문에 공안국·도위조에서 왕황·도운·두림·가규·마융·정현 등에게 전해진 『상서』 34편의 진고문에 대해서는 전혀 듣지 못했다. 또 매색의 「상서대서」[125]에 의거하여, 복생이 잘못해서 「순전」으로 「요전」에 합쳐놓았다고 깊이 믿게 되었으며, 드디어 요방홍의 28자를 믿어 이것은 없어서는 안 되는 우(虞)나라·하(夏)나라 사람들의 수필(手筆)로 여겼다. 그러나 '왈약계고제순, 왈중화(曰若稽古帝舜 曰重華)'의 일절(一節)이 진짜 「요전」과 「순전」 사이에 있었다면 복생이 아무리 옛글 합치기를 좋아했다고 하더라도 결코 그것을 억지로 붙이지는 않았을 것이다. 이러한 사실은 양(梁)나라 무제(武帝)도 충분히 알고 있었던 것인데, 우리 유자(儒者)들은 아직도 그릇된 사실을 진실처럼 알아듣고 의심하는 이가 많으니 한탄스런 일이다.

---

123) "曰若稽古帝舜, 曰重華協于帝. 濬哲文明, 溫恭允塞. 玄德升聞, 乃命以位"를 말한다.
124) 『書集傳』「舜典」의 蔡沈 註.
125) 「尙書大序」: 梅賾이 僞作한 『古文尙書孔安國傳』의 序文을 말함.

3

매씨서평(梅氏書平) 3

원사(冤詞) 1[1]

이공(李塨)[2]이 "매색(梅賾)이 올린 고문(古文)이 『진사晉史』에 없으니 무엇 때문인가?"하기에, 내가 "구사(舊史)의 십팔가(十八家)[3]에 이것이 있다. 관부 (官府)에서 소장하고 있던 것을 중고문(中古文)[4]이라고 하였는데, 한(漢)나라와 진(晉)나라가 모두 보존하고 있었고 민간에서 주고받은 것을 외학(外學)이라고 이름하였으므로 유흠(劉歆)이 교정하여 이것을 중외(中外)라고 이름하였으니 서로 상응한다"고 하였다.[5]

소산(蕭山) 모기령(毛奇齡)의 자(字)는 대가(大可)이다(또 名을 甡,

---

1) 「冤詞」1~40의 冒頭의 글은 毛奇齡의 『古文尙書冤詞』에서 茶山이 拔萃 · 收錄한 것이다.

2) 李塨: 1657~1733. 淸初 思想家. 蠡縣人. 字는 剛主, 號는 恕谷. 毛奇齡을 따라서 樂律을 논하였으며, 그의 학문은 實用을 위주로 하였다. 經義를 해석함에 宋儒들과는 다른 의견을 세웠다. 저서로 『恕谷文集』이 있다.

3) 十八家: 十八史를 지은 史家를 말함. 十八史는 중국 正史 18種.

4) 中古文: 毛奇齡은 막연히 宮中 秘府에 보관하고 있는 고문을 中古文이라고 하였으나 茶山은 구체적으로 中古文을 中古時代의 篆文이라고 하였다.

5) 毛奇齡, 『古文尙書冤詞』 卷1, 張3~4. 『欽定四庫全書』에 수록된 『古文尙書冤詞』를 臺本으로 하였으며, 張도 여기에 의거하였음. 이하 모두 같다.

字를 老晴이라 한다— 原註). 그가 지은 경전에 관한 학설 수백 권은 한결같이 송유(宋儒)의 학설을 반대하였으며, 사기(辭氣)가 사납고 오만하여 놀랍고 싫증이 날 만할 정도이다. 그런데 이치가 진실로 옳으면 옳은 점을 옳다고 여기면 그만이지만 그 예학(禮學)에 있어서는 한 구절 한 문장도 잘못 해석하지 않은 곳이 없으니, 그가 지은 『상례오설편喪禮吾說篇』과 『제례통속보祭禮通俗譜』는 산만하고 어지러워 사리에 통할 수 없으며, 역학(易學)에 있어서도 효(爻)가 변하는 것을 알지 못해 융통성 없이 고집만 세워 십이벽괘(十二辟卦)6)를 추이(推移)한다는 것 외에 스스로 자모역(子母易)7)의 법을 만들었으나 의례(義例)가 어긋나 어느 하나도 이치에 들어맞는 것이 없다. 이른바 『고문상서원사』8권은 오로지 주자(朱子)를 배척하고 매색을 억지로 변호하려는 것이었다. 아! 그의 박식과 뛰어난 기억력으로 복생과 공안국의 문호(門戶)를 변별하고 정현과 매색의 진위를 밝혀주기에 충분했으면서도 공평하지 못한 편협한 마음 때문에 둔사(遁辭)를 마구 발설하였으니 답답한 마음을 견디지 못하겠다. 매색이 『상서』를 바친 일이 『진서晉書』에 누락되어 있으니(上乙 十에 보인다— 原註) 또한 한 가지 의심의 단서이다. 비록 공영달의 소가 분명히 밝히고 있으나 혹 유작(劉焯)8) · 유현(劉

---

6) 十二辟卦: 復·臨·泰·大壯·夬·乾·姤·遯·否·觀·剝·坤의 十二卦를 말함.

7) 子母易: 毛奇齡은 종래의 卦變說(茶山은 이를 推移說이라고 하였음)을 보충하여 새로이 10개의 子母聚卦를 만들고 자신의 易을 子母易이라 하였다. 그는 卦變說의 대표적 형태인 12辟卦說만으로는 卦辭의 의미를 파악하는 데 한계가 있다고 보고, 이에 12辟卦 이외에 咸·恒·損·益·萃·升·頤·大過·无妄·大畜의 10卦를 별도로 母卦라고 하였으며, 子母라는 명칭은 변하기 이전의 卦와 변한 후의 卦와의 관계를 子母 관계로 파악한 데서 붙인 것이다. 毛奇齡의 子母易에 대한 茶山의 비판은 「詩文集」 卷14「題毛大可子母易說」에 나온다.

8) 劉焯: 543~610. 隋의 信都人. 字는 士元. 煬帝가 즉위하자 太學博士가 되었으며, 저서에 『稽極』『五經述義』가 있다. 劉炫과 더불어 나란히 이름이 나서 당시에 二劉라고 하였다.

炫)[9] 등의 도청도설(塗聽塗說)의 말에 연관되기도 한다. 그러나 지금 구사(舊史)의 십팔가(十八家)를 지적하는 것은 부질없는 짓이니, 이는 마치 돌아오지 않는 사람을 한수(漢水) 물가에서 묻는 것과 무엇이 다르겠는가?

중고문(中古文)은 중고(中古)의 전문(篆文)이다. 『한서』「예문지」에 이르기를, "유향(劉向)이 중고문으로 시수(施讐)[10]와 맹희(孟喜)[11]와 양구하(梁丘賀)[12]의 『주역』을 교열하였다" 하고, 또 "중고문으로 구양생(歐陽生)과 하후승(夏侯勝)의 『상서』를 교열하였다"고 하니(上甲 八에 보인다——原註) 대개 비직(費直)[13]의 『주역』과 공안국의 『상서』는 모두가 고문의 기이한 글자라서 사람들이 능히 알 수가 없었다. 그러므로 중고(中古)의 사주지문(史籀之文)으로써 상하를 서로 연결시켜 번사(翻寫)하도록 하였다. 모기령이 안사고(顔師古)의 주를 보고(顔師古가 "中이라는 것은 천자의 글이다"라고 하였으니 中을 말하여 外와 구별한 것이다——原註) 중고문을 궁중 비부(秘府)의 글로 여긴 것은 잘못이다. 유향의 『별록別錄』에 이르기를, "신(臣) 유향이 삼가 사위(祉衛)의 장(長)인 두참(杜參)과 더불어 궁중 비부의 『상서』를 교열하였다"(『漢書』 註에 보인다——原註)고 하고, 장패(張霸)는 『백량편百兩篇』을 바쳐서 중서본(中書本)으로써 『백량전』을 대교하였다는 말이 있으니(上丙 九에 보인다——原註), 자구의 쓰인 예가 달라 서로 혼동할 수 없는 것이다. ○유향이 중고문으로 『상서』를 교열한(上甲 八에 보인다——原註) 뒤로 유도(劉陶)가 삼가(三

---

9) 劉炫: 550~618. 隋의 景城人. 字는 光伯. 저서로 『論語』『孝經』『春秋』 『尚書』『毛詩』의 述義와 『春秋攻昧』『五經正名』『注詩序』 등이 있다.

10) 施讐: 前漢의 沛人. 字는 長卿. 田王孫을 따르면서 易을 수업하였으며 孟喜·梁丘賀와 함께 그의 門人이 되었다.

11) 孟喜: 前漢의 蘭陵人. 孟卿의 子. 字는 長卿. 田王孫을 따르면서 易을 수업하였기 때문에 易에는 施·孟·梁丘의 學이 있게 되었다.

12) 梁丘賀: 前漢의 諸城人. 字는 長翁. 京房을 따르면서 易을 수업하였다.

13) 費直: 前漢의 東萊人. 字는 長翁. 易을 익혀 卜筮에 뛰어났다.

家)¹⁴⁾의 『상서』 및 고문을 유추하여 문자 3백여 가지를 시정하였으니 이것을 이름하여 『중문상서』라 한다(『後漢書』에 보인다 — 原註). 반고·범엽은 각각 논저를 지어 금문과 고문을 구별해놓은 것이 있다.

원사(冤詞) 2

학관(學官)에 세워지지 않아서 세상에서 대부분 보지 못했고, 또 법령이 삼엄하여, 학관에 세워진 것을 관서(官書)라 하고 학관에 세워지지 않은 것을 일서(逸書)라 하였다.¹⁵⁾

「위태서僞太誓」 3편은 동진(東晉) 이전부터 관서가 된 적이 없었다(정현의 註에 "학관에 세워졌을 때에 비로소 병립했다"고 하였다 — 原註). 그러나 세상에 널리 회자되었다는 이유로 한(漢)·위(魏)의 경서 주석가들이 인용하지 않음이 없었다. 『시경詩經』 「소아小雅」의 「홍안鴻鴈」의 전(箋)과 「주송周頌」의 「사문思文」의 주와 『주례周禮』 「대축大祝」의 주와 「대사마大司馬」의 주에 모두 「태서」를 분명하게 인용하여 그 글을 절록(節錄)하였다(그 나머지도 이루 다 헤아릴 수 없다 — 原註). 가령 매색의 25편이 또한 과연 세상에 유행되었다면 비록 학관에 세워지지 않았다고 하더라도 어찌 이같이 인용되지 않았겠는가? 유림(儒林)으로서 경전을 주(註) 내는 법이 비록 장자·열자·양주·묵적 따위와 참위(讖緯)·방기(方技)의 설이라 하더라도 진실로 경전의 뜻을 펴 밝힐 수 있다면 인용하지 않음이 없다. 어찌 유독 이제삼왕(二帝三王)의 유서(遺書)만은 학관에 세우지

---

14) 三家: 歐陽生과 夏侯勝·夏侯建을 말함.
15) 毛奇齡, 『古文尙書冤詞』 卷1, 張4.

않았다는 이유로 감히 인용하지 못하고 큰 법을 범하는 것처럼 두려워하고 조심하여 그 서명(書名)을 알면서도 입을 열지 못하고, 그 편명(篇名)을 알면서도 제목을 붙이지 못하고 겨우 일서(逸書)라고만 지적하였겠는가? 이는 둔사(遁辭)이다.

또 공안국의 『상서』가 비록 일찍 관학에 서지는 못했다고 하더라도 군주(君主)의 총애(寵愛)와 영뢰(榮賚)는 고금에 없는 일이었다(上己 一에 보인다 ― 原註). 주방(周防)은 전주(箋註) 40만 언(言)을 지었고, 양륜(楊倫)은 제자 1천여 명을 모았으나 어사(御史)가 탄핵할 수 없었고 정위(廷尉)[16]도 잡아갈 수 없었다. 모기령은 매양 이르기를, "법령이 삼엄하다"고 하였으니 어디에 근거한 것인가? 광무제(光武帝)가 나라를 중흥시킴에 경술을 좋아하여 미처 수레에 내려 국사를 집행하기에 앞서 먼저 훌륭한 선비들을 찾아갔으므로 사방의 학사들이 경사(京師)에 구름처럼 모였으며 정흥(鄭興)·두림(杜林)·위굉(衛宏)도 이에 참여하였다(『後漢書』「儒林傳」에 보인다 ― 原註). 숙종(肅宗)이 새로 즉위하여 『고문상서』를 특별히 좋아해서 가규(賈逵)에게 조서를 내려 북궁(北宮)의 백호관(白虎觀)에 들어와 강론하게 하였다. 가규가 자주 왕을 위해 『고문상서』를 말하니 조서를 내려 『상서고문』의 동이(同異)를 짓게 하였다. 가규가 모아서 3권을 만들자 왕이 그것을 좋아하였다. 8년에 제유(諸儒)에게 조서를 내려 각각 뛰어난 재주를 가진 선비들을 선발하여 『좌씨춘추』와 『고문상서』를 수업하게 하였으니(「賈逵傳」에 보인다 ― 原註), 법령이 삼엄하다는 것은 어디에 근거한 것인가?

---

16) 廷尉: 漢代 형벌에 관한 사무를 맡은 벼슬.

원사(冤詞) 3

경문이 민간에 있는 것은 도위조(都衛朝)로부터 상흠(桑欽), 윤민(尹敏)으로부터 양륜(楊倫), 태보(太保)인 정충(鄭沖)으로부터 매색(梅賾)에 이르기까지 모두 차례대로 주고받음이 있어 서로가 전술(傳述)하고 아울러 모두 위학(僞學)이 없었으니 노사숙유(老師宿儒)들이 가벼이 비방하지 못했는데, 하물며 옛 성현들의 간책(簡冊)과 이선삼대(二禪三代)[17]의 자취에 있어서랴![18]

이 문단은 거짓이 심하다. 도위조·상흠이 비록 적전(嫡傳)이나 한 글자도 후세에 전해지지 않았으며, 윤민·양륜도 비록 크게 떨쳤으나 한마디 말도 후학들에게 전해지지 않았다. 오직 가규·마융·정현의 학만이 전(傳)·훈(訓)·주(註)·찬(贊)이 있을 뿐인데, 모기령은 어찌하여 함께 열거하지 않고 초목에 묻어버렸는가? 그늘진 곳에 숨겨두었지만 밝은 빛이 환하게 비춰 모든 사람의 눈에 드러나 보이니, 마침내 꺼리고 싫어했다는 원성을 면치 못하게 된다. 어찌 저것은 곧은데 내 것은 굽고, 저것은 실상인데 내 것은 허위이니, 스스로 비교해보아도 만족하지 못할 것이므로 위축되지 않을 수 있겠는가?

천자의 지위를 믿고 천하에 위엄을 보이기 위해 위무(魏武)[19]의 술법을 쓰려고 한 것인가? 저 위무가 믿는 것은 진짜 천자였지만 모기령이 추존하는 대상은 가짜 제왕이니, 그 위엄 또한 서로 현격히 차이가 있는 것이다. 내 가만히 생각해보니, 그 지위가 높을수록 뺏으려 하는 것은 더욱 악하다. 부끄러움도 모르는 어리석은 백성들이 자기 선조의 족보를 만들면서 거짓 관봉(官封)을 훔치는

---

17) 二禪三代: 王位를 禪讓했다는 堯·舜과 三代인 夏·殷·周를 말함.
18) 毛奇齡, 『古文尙書冤詞』 卷1, 張5.
19) 魏武: 三國時代 曹操를 말함.

것은 그 죄가 심한 것이 아니다. 그러나 만약 어떤 사람이 보잘것 없는 필부나 서인(庶人)을 추존하여 왕작(王爵)을 참람하게 훔친다면 그 죄는 사형을 피할 수 없으니, 이것이 이치가 그러한 것이다. 현재의 매색의 『상서』는 순(舜)·우(禹)·탕(湯)·무(武)를 거짓 서술하였으니, 그 법을 의논해보면 사형에 처해도 남은 죄가 있다. 그런데도 지금은 도리어 거짓을 물리치고 간사함을 밝히는 자를 가리켜 선성(先聖)을 모독했다고 한다. 만약 그렇다면 왕망(王莽)과 조조(曹操)를 죽인 자를 가리켜 제왕을 모독했다고 하고, 노장(老莊)과 불교를 물리친 자를 가리켜 성현을 속였다고 할 것이다. 한 번 그 이름을 훔친 가짜에 대해 오직 굽실대며 그대로 따라야 충순한 사람이 된다고 한다면 천하에 어찌 이런 도리가 있겠는가?

원사(冤詞) 4

복생의 『상서』가 29편인데 무제(武帝) 때 민간에서 「태서」를 위서(僞書)라 의심하여 드디어 이 편을 없애버렸다. 이에 「태서」는 복생의 『상서』가 아니라고 하게 되었다. 양한(兩漢)의 제유(諸儒)들이 모두 그 출처를 만들어 말하였는데 일치하지 않았다. ○「태서」는 단지 1편뿐이었다. 29편에서 1편을 없앴으므로 28편이 된다. ○복생이 자작한 『상서대전尙書大傳』에 바로 '백어(白魚)'[20]라고 쓴 것이 분명한데, 복생의 『상서』에 하필이면 억지로 꺼려 숨겼는가? ○마융(馬融)의 말에 "금문 「태서」에는 모두 이런 말이 없다"고 한 것이 있으니, 이것은 다만 금문의 이름만 갖다 붙인 것이다. 무슨 명쾌한 증거가 되겠는가?[21]

민간에서 거짓이 아닌가 의심한 일은 사마천(司馬遷)의 『사기史

---

20) 白魚: p. 113 주 39 참조.
21) 毛奇齡, 『古文尙書冤詞』 卷1, 張9~10.

記』, 반고(班固)의 『한서漢書』, 순열(荀悅)의 『한기漢紀』, 범엽(范曄)의 『후한서後漢書』에는 모두 언급이 없으니 무엇에 근거하여 이 설(說)을 만들었는가? 매색이 새로 「태서」를 지어 공안국본(孔安國本)으로 삼으려고 한 것은 정현(鄭玄)의 구주(舊注)에 「태서」를 배척하여 위서(僞書)로 삼았기 때문이다. 이것은 명분이 바르게 되어야 말이 순한 것인데, 어찌 반드시 복생의 『상서』에만 원래 「태서」가 있다고 말할 수 있겠는가? 복생의 29편에 그 한 편은 분명히 「서서書序」이다. 그러므로 매색의 「대서大序」에 "의당 서로 본편(本篇)과 가까이 붙여야 하므로 각각 편의 첫머리에 두었다"고 하였으니, 복생본(伏生本)에는 따로 1편으로 하였음이 분명하다(毛奇齡이 매양 이르기를, "伏生本에는 百篇의 序가 없다"고 했으나 『漢書』 「藝文志」에는 明文이 있다. 上甲 三에 보인다 — 原註). 이미 한 편을 별도로 하여 29편 중에 넣었으니 '백어(白魚)'의 서(誓)는 어디에 갖다 놓을 만한 해당 편목이 없다. 또 『상서대전』에서 말한 바는 모두 29편 중의 설(說)만은 아니다. 「제곡帝告」 「구공九共」 「가화嘉禾」 「태무太戊」 등도 복생이 언급하지 않음이 없었는데 어찌 그가 우연히 '백어(白魚)'를 말했다는 것으로 드디어 그에게 「위태서」를 지었다는 대죄를 덮어씌울 수가 있겠는가? 또 매색의 적(敵)은 정현이다. 복생의 『상서』가 이미 선천(先天)에 속해 있는데 어찌 구태여 이것을 속였겠는가? 「태서」의 설이 비록 여러 갈래인 듯하지만 한(漢)나라 선제(宣帝) 이전에는 절대로 3편의 설이 없었고 『사기(史記)』에 실린 것도 다만 1편뿐이다(『사기』에 무릇 3편이라고 쓴 것은 반드시 3편을 말하지만 「태서」에 대해서는 3편이라고 풀이하지 않았다 — 原註) 「태서」에 '무릇 3편이 있다'는 것은 모두 위서(僞書)이다. 「태서」 3편은 또한 매색이 거짓으로 고안한 것인데 모기령이 도리어 이것을 받들어 종기(宗器)로 삼았으니 이는 오직 그 아름다움을 나누어 가지기를 두려워하는 것과 같은 것인가?

마융의 설에 대해서는 마음대로 꾸며 맞춘 말이다. 마융이 비록 공안국의 학(學)이지만 『매서梅書』를 본 적이 없다. 매색의 「태서」를 가지고 복생의 「태서」를 공격하는 일은 마융이 할 수 없는 일이다. 마융이 금문이라고 말한 것은 『상서』를 통칭해 말한 것이다. 공자 집 벽 속에서 나온 고문을 공안국이 금문으로 읽었으니 (上甲 七에 보인다 — 原註) 공안국본에 어찌 유독 금문이 없었겠는 가? 설령 복생본에 또한 「태서」가 있었다고 하더라도 두림(杜林)의 『칠서漆書』 이래로 「태서」는 없지 않았던 것이다(馬融도 또한 『漆書』의 學이다 — 原註). 흠이 이미 똑같다면 이치상 응당 서로 용납해주어야 할 것이니, 반드시 나의 『칠서』만을 너그럽게 용납해주면서 단지 복생본만 공격할 수는 없는 것이다. 좨주(祭酒)인 공영달 이전에는 마융의 이 말로써 마융이 『매서』를 보지 않은 증거로 삼았는데(『尙書正義』에 보인다 — 原註) 모기령은 도리어 마융의 이 말로써 마융이 『매서』를 몰래 보았다는 증거로 삼는가?

원사(冤詞) 5

왕숙(王肅)이 이르기를, "고문(古文)의 「태서」는 주(紂)를 칠 당시의 일이니, 성인이 취해서 『상서』로 한 것이요, 금문(今文)의 「태서」는 관병(觀兵) 때 일이니, 마땅히 별도로 기록해서 「주서周書」로 해야 하는 것이다"[22]고 하였다(공영달의 『상서정의』에 보인다 — 原註).

왕숙은 반드시 이 말이 없었는데 모기령이 인용하였다. 내가 처음 크게 놀랐는데 이제 그 본문을 검토해보니(「太誓」의 疏[23])에 보인

---

22) 毛奇齡, 『古文尙書冤詞』卷1, 張10.
23) 「太誓」에 대한 孔穎達의 疏이다.

다─原註) 역시 마음대로 꾸며 맞춘 말이었다. 공영달의 『상서정
의』 소(疏)에서 왕숙의 말을 인용한 것은 8자에 지나지 않으며
("「太誓」는 근래 얻은 것이고 그 本經이 아니다〔太誓近得, 非其本經〕"는 8자에
그쳤다─原註), 계속해서 마융(馬融)·누경(婁敬)·동중서(董仲舒) 등
의 말을 인용하고 이옹(李顒)[24]의 집주(集注)를 인용하여, 이에 두
「태서」[25]를 모두 가지고 자기의 견해로 결단하기를(孔穎達의 자기
의견이다─原註) "「고문태서」는 주(紂)를 정벌할 때의 일이요(梅賾
本을 말한 것이다─原註), 「금문태서」는 관병(觀兵) 때의 일이다(鄭玄
本을 말한 것이다─原註)"[26]고 하였다. 모기령도 왕숙의 말을 공영달
처럼 만들어 읽었으니 마음대로 글을 마구 꾸며 말한 것이 아닌
가? 대저 왕숙은 위(魏)나라 사람이고 이옹은 진(晉)나라 사람이니,
왕숙이 이옹의 집주를 인용할 수 없는 것은 분명하다. 무슨 근거
로 멋대로 글을 꾸미는가? 공영달의 소(疏)에서 왕숙이 몰래 『공
안국전』을 본 것 같다고 잘못 말한 것을 이미 내가 분별했다(上庚
十에 보인다─原註). 다만 주(註)의 뜻이 대부분 정현의 것과 다르
다. 또 크게 유행하기 전이기 때문에 위작자가 자주 왕숙의 주를
훔쳐보고 『공안국전』을 지은 것인데, 당(唐)의 유학자들은 도리어
왕숙의 주(註)를 『매서梅書』에서 나왔다고 의심하고, 모기령도 또
한 당유(唐儒)의 말에 의거하였으니, 마구 억지로 꾸민 글이 이와
같다.

　이옹이 집주한 『상서』에는 「위태서」에 매양 공안국을 인용하여
'이러이러하다'고 하였다(李顒은 晉나라 李充의 아들이다. 부자가 모두 文
學으로 이름이 났다─原註). 공영달은 『상서정의』의 소(疏)에서 이르
기를, "이옹은 '공안국이 반드시 저 위서를 위해 전(傳)을 짓지는

---

24) 李顒: 晉나라의 학자. p. 81 주 161 참조.
25) 두 「태서」: 「古文太誓」와 「今文太誓」를 말함.
26) 孔穎達, 『尙書正義』 卷11, 「泰誓」 上, 疏.

않았을 것이다'고 하였으니, 이옹이 어디에 근거하여 이런 말을 하였는지 알지 못하겠다"27)고 하였다. 나는 생각하건대, 공안국 당시에 조야에 널리 퍼져 있던 것은 '백어화오(白魚火烏)'28)와 같은 사설(邪說)이었다. 한 시대의 명유였던 복생·동중서·사마천 등이 이런 것을 존신하지 아니함이 없어 그것을 칭탈하여 끌어와서 왕참(王讖)을 삼았으니, 공안국이 어찌 능히 초연히 홀로 면할 수 있었겠는가? 반드시 '백어화오'의 글을 취해서 논설한 것이 있었을 것이고 그 지류를 전했기 때문에 이옹이 인용할 수 있었던 것인데(李顒의 시대에 周防의 『尙書雜記』와 馬融의 傳, 정현의 註가 널리 세상에 퍼져 있었으니, 이것은 모두 孔安國의 지류이므로 반드시 그 유래된 師說이 있었을 것이며 李顒에 의해 인용하게 된 것이다 — 原註) 하물며 공안국의 『상서』46권은(『漢書』「藝文志」에서 말한 것이다 — 原註) 그 한 권이 분명 「태서」임은(上甲 八에 보인다 — 原註) 숨길 수 없다. 쾌주인 공영달은 늘 공안국본의 「태서」를 밀쳐 떨어뜨려 복생의 학으로 돌리려 했기 때문에 이와 같이 말했던 것이다.

원사(冤詞) 6

25편에다 분권(分卷)한 「순전(舜典)」「익직(益稷)」「반경(盤庚)」2편, 「강왕지고(康王之誥)」등 모두 5편을 첨가하였는데, 여기에 또 「순전」1편을 망실하여 29편이 되었다.29)

『한서』「예문지」에 이르기를, "공안국이 『상서』를 얻어서 복생

---

27) 孔穎達, 『尙書正義』卷11, 「泰誓」上, 疏.
28) 武王이 殷을 치려 할 때 나타난 상서로운 징조로, 흰 물고기가 배 위에 뛰어오르고 불이 까마귀로 변했다고 함. p. 113 주 39 및 p. 127 주 74 참조.
29) 毛奇齡, 『古文尙書冤詞』卷1, 張14.

의 29편과 비교하니 16편이 더 많았다"고 하였다(上甲 八에 보인다—原註). 지금『매서』25편은 이미 복생의 금문에는 없으니 그 자체가 29편 중에서 25편이 될 수 없는 것이다. 이것은 특별히 새로 증가한 25편이다. 모기령이 이에 겨와 쌀을 섞어서 29편과 한 책으로 꾸미고자 한 것이니 어찌 무리하게 된 것이 아니겠는가? ○이제 마땅히 이것을 바로잡아 말한다면 매색의『상서』는 정현본과 같은 것이 33편이고(鄭玄本 34편 가운데 梅賾이「僞太誓」3편을 버리고「舜典」「益稷」1편씩을 증가했으므로 33편이 된다—原註) 증다(增多)한 것은 25편이라고 해야 한다. ○공안국본과 매색본은 처음부터 이미 바뀌어 절목(節目)이 갑자기 변하니, 비록 진력해서 추이(推移)하고 뜻을 끝까지 궁구해서 잘 뒤집어놓더라도 그 편목의 기우(奇偶)가 만에 하나도 맞지 않을 것이니 어찌하여 쓸데없는 수고를 하는 것인가?

종래의 29편은 원본의 이름이니 이것은 궁실에 있어서 정침(正寢)과 같고 수목에 있어서 가운데 줄기와 같다. 그 나머지 증다본의 편수는 혹 16편 또는 24편이라 칭하니 이것은 궁실에서 복도와 같고 수목에 있어서 지엽과 같은 것이다. 이제 증다본의 편수를 취하여 원본의 편수를 빼앗으려 하니, 무릇 정욕(情慾)이 발하면 이와 같이 다시 돌아보고 두려워함이 없다.

원사(冤詞) 7

46편이라는 것에는 몇 편이 합하여 하나의 서(序)가 된 것이 있으니, 지금의 이 58편은 모두 46편의 서(序)이므로 1서를 1권으로 하였다.[30]

---

30) 毛奇齡,『古文尚書冤詞』卷1, 張15.

이 공영달 소(疏)의 설은(上己 八에 보인다― 原註) 또한 위작자가 본래 의도한 뜻이요 모기령이 처음으로 한 말은 아니다. 그러나 내가 알지 못할 것은 매색본에 서문만 있고 본문이 없는 것이 42편인데 이미 서(序)를 끌어와서 각 편 머리에 두고 편이 없는 서(序)는 편차를 따라 있는 것 사이에 끼워 넣었으나(上戊 八에 보인다― 原註) 곧 그 법례(法例)는 반드시 1서에 1권일 텐데 이 어찌된 일인가? 「반경」 3편이 1권이 되고 「대우모」 「고요모」 「익직」이 1권이 되고, '고선(咎單)[31]이 「명거」를 지었다[咎單作明居]'는 5자가 1권이 되고, '조을(祖乙)이 경(耿)에 물이 들어 국도(國都)가 파괴됨에 조을(祖乙)을 지었다[祖乙圯于耿, 作祖乙]'는 8자가 1권이 되었다(이런 경우가 오히려 많다― 原註). 어떤 것은 큰 권축(卷軸)이 소의 허리처럼 크고, 어떤 것은 작은 간책(簡冊)이 모기 날개같이 작으니 어찌 모양이 될 수 있겠는가? 매색의 「대서大序」와 공영달의 『상서정의』 소(疏)는 이 한 가지 일에 대해 조치한 바가 없으니 모기령도 또한 생각하지 못했던가?

원사(冤詞) 8

안사고(顔師古) 주에 "『한서』 「예문지」에는 57편인데 「상서대서尚書大序」에는 58편이다. 정현의 「서찬(叙贊)」에 '후에 또 그 1편을 망실하였다'고 하는 말을 인용하고 있으므로 57편이다"라고 하였으니, 그 망실한 1편은 「순전」을 가리켜 말한 것이다.[32]

위작자가 이미 25편 59전(傳)을 지었기 때문에 그 소위 「순전」

---

31) 咎單: 湯의 司空. 『逸書』의 「明居」序文에 "咎單이 「明居」를 지었다"고 했다.
32) 毛奇齡, 『古文尚書冤詞』 卷1, 張15.

의 주를 없애서 「예문지」에서 말한 57편의 숫자에 들어맞게 하였다(上戊 六에 보인다 — 原註). 이에 공영달의 소(疏) 이하로 모두 "매색본에 「순전」 1편이 없다"고 하였지만 그러나 3천 년 이래로 「요전」이 없어지지는 않았으니 매색의 「순전」은 저절로 있는 것인데 어찌 없어졌다 하겠는가? 정현의 말 중에 또 1편을 망실했다는 것은 「무성武成」을 말한 것이다. 공자의 집 벽에서 나온 16편 중에는 원래 「무성」 1편이 있었으나(그 殘章·破句를 劉歆이 『三統曆』에서 인용하였다. 『漢書』 「律曆志」에 보인다 — 原註) 그 뒤에 없어졌기 때문에 정현이 이르기를, "「무성」은 일서(逸書)이다. 건무(建武) 때 없어졌다"고 했다(「武成」에 대해 『尙書正義』에서는 孔穎達이 이것을 배척하여 「僞武成」이라 한 것이 보인다 — 原註). 모기령은 또 글을 마음대로 꾸며 만들고 정현의 입을 빌려 매색의 없어졌다고 하는 편을 증명하려 했지만 어찌 이치에 합당하겠는가?

나는 모기령의 『원사(冤詞)』에서 마음대로 꾸며 글을 만든 흔적을 여러 번 보았다. 청나라 유학자인 왕민호(王民皥)[33]의 말에 "모기령은 소산현(蕭山縣) 사람이다 그 지역에는 서리(書吏)가 많아 글을 꾸며 만드는 일을 잘했다. 그러므로 밝은 눈을 가진 사람들은 모기령을 지목하여 소기(蕭氣)가 아직 없어지지 않았다"고 했으니(또 이르기를, "毛甡은 평생 自認하기를, '나를 알아주고 나를 죄줄 것은 朱子를 논박한 데 있다'고 하였다. 毛奇齡이 글자마다 주자를 논박한 것은 천성이니, 國法을 두려워하지 않고 朱子를 논박하였다. 합하는 곳은 적고 어긋나는 곳은 많으니, 그 합치되는 곳도 儒門에 반드시 공이 되지는 않으며, 어긋나는 곳은 도리어 世道에 해가 된다"고 하였고, 또 이르기를, "毛奇齡을 오늘날 사람들이 雷公이라 칭하고 또 蝟公이라고도 칭한다. 이것은 그 온몸이 모두 가시 돋친 고슴도치임을 말한 것이다"고 하였다. 王民皥의 호는 鵠汀이니 朴趾源의 『熱河日記』

---

33) 王民皥: 淸代의 학자. 號는 鵠汀. 朴趾源이 중국 熱河에서 交遊한 代表的인 학자이다. 『熱河日記』 속의 「鵠汀筆談」은 바로 이 사람을 중심으로 한 筆談이다.

에 보인다—原註),[34] 그 말은 선각(先覺)한 사람의 말일 것이다.

원사(冤詞) 9

환담(桓譚)[35]이 "『고문상서』는 옛날에 46권 18편이 있었다"고 하였으나 또 여기에 「대우모」「태서」 2편을 빼면 16편이 된다. ○『상서정의』에 "장패(張霸)가 24편을 보충하였다"고 하였으나, 장패에게는 이런 일이 없고, 또 마융이 "16편에 대해서는 사설(師說)이 끊어져 없어졌다"고 하였으나 이 말은 모두 깊이 고찰하지 않은 것이다.[36]

이제 환담의 『신론新論』에 "『고문상서』는 옛날 45권 18편이 있었다"고 한 것을 고찰해보니, 45권이라 한 것은 혹은 「서서書序」를 세지 않았거나 혹은 「위태서」를 세지 않았기 때문이고, 18편이라 한 것은 16편의 잘못이니(혹 58편인데 5자가 탈락된 것이다—原註) 모두 알 수 없다. 이제 이 억지로 꾸민 글에 기인하여 『매서』를 증명하려 하니 또한 이치에 맞지 않는다. 환담은 광무제(光武帝) 때 사람이니(본래 揚雄·劉歆과 동년배이다—原註) 어찌 『매서』의 편수를 알겠는가? 『매서』 중에는 고훈(古訓)을 많이 수록하였으니 외울 만하고 기뻐할 만한 것은 「대우모」「태서」이다. 이제 또 까닭 없이 없앤 것은 무슨 일인가?(「太誓」는 단지 1편만을 세웠으니 역시 괴이하다—原註) 대저 정현본·매색본은 다른 부분이 다소 있어서, 있고 없음이 서로 드러나니 그 편목과 권수는 모두 들어맞지 아니한

---

34) 『熱河日記』의 「忘羊錄」 끝 부분과 「鵠汀筆談」 중간 부분에 나온다.

35) 桓譚: B.C. 23~A.D. 50. 後漢의 沛國 相人. 經學家. 字는 君山. 光武帝 때 議郎에 除授되었는데 왕이 讖書를 믿자, 桓譚이 極言으로 諫言하였다. 이에 왕이 大怒하여 六安郡丞으로 좌천시켰다. 저서로는 『新論』 29편이 있다.

36) 毛奇齡, 『古文尙書冤詞』 卷1, 張16~17.

다. 모기령의 말은 정현본의 옛 책을 보고 57편이라고 말한 것이 있으면 57편이라고 꾸며내고 46편이라고 말한 것이 있으면 46권이라고 꾸며내고 16권이라고 말한 것이 있으면 나도 또한 16편이다라고 말하고, 18편이라고 말한 것이 있으면 나도 또한 18편이다라고 말한 것이다. 무릇 서경(西京) 이래로 여러 역사책과 많은 학자들이 『고문상서』는 몇 권 몇 편이라고 한 것은 한결같이 25편에다 가감한 것이니 어떤 이는 불려서 늘렸고 어떤 이는 깎아서 적게 하고, 어떤 이는 찢어서 나누고 어떤 이는 묶어서 합하고, 어떤 이는 서(序)로써 어지럽게 하고, 어떤 이는 같은 유(類)로써 붙이기도 하고, 어떤 이는 거짓으로 없어졌다고 하고, 어떤 이는 억지로 빼버렸다고 하여 큰 소리로 시끄럽고 어지럽게 떠들어대면서 조금도 부끄러움을 알지 못하고 있다. 돌아보건대, 매색이 어떤 사람이기에 억지로 변호함이 이 지경에까지 이르렀는가? 이것은 모두 본래의 심술(心術)이 주자(朱子)를 미워한 데서 유래한 것이다. 무릇 주자가 말한 것은 이것을 반드시 배척하고자 하였기 때문에 그 창광(猖狂)함이 이 지경에까지 이르렀던 것이다.

공영달의 『상서정의』 소에는 "장패가 24편을 보충했다"고 말한 적이 없으니 이는 모기령이 잘못 본 것이며(이미 앞의 上庚 二에 보인다—原註), 마융의 말에 "16편에 대해서는 사설이 끊어져 없어졌다"고 하였는데 또 "깊이 고찰하지 않았다"고 말한 것은 무엇인가? 장차 「대우모」 등 11편[37]은 이른바 『공안국전』이 있다고 말하려 한 것인가? 고인(古人)이 답할 수 없다고 해서 마음대로 속이고 있으니 어찌 차마 할 수 있는 일인가?

---

37) 11편: 師說이 끊어져 亡失되어버린 24편에 대해 鄭玄이 註를 내지 않았는데, 이중에 梅賾이 위작한 僞古文에 포함되어 있는 「舜典」「大禹謨」「棄稷」「五子之歌」「胤征」「湯誥」「咸有一德」「伊訓」「武成」「旅獒」「冏命」 등 11편을 말함.

원사(冤詞) 10

1백 편의 이름은 공자로부터 시작되지 않았다. 묵적(墨翟)은 "옛날에 주공(周公) 단(旦)이 아침에 『상서』1백 편을 읽었다"[38]고 했고, 양웅은 "옛날에 『상서』를 말하는 이는 1백 편의 서(序)가 있다"고 했다. ○ 정현은 1백 편이 그 차례가 같지 않다. 「탕서湯誓」로써 「신호臣扈」 뒤에 두고, 「함유일덕咸有一德」으로써 「탕고湯誥」 뒤에 두었다. ○ 복생의 『상서』는 「요전堯典」에서 「순전舜典」을 분권(分卷)하지 않고, 「고요모皐陶謨」에서 「익직益稷」을 분권하지 않고, 「고명顧命」에서 「강왕지고康王之誥」를 분권하지 아니하였으니, 이는 1백 편의 명칭에서 볼 때 모두 그 속에 있는 것이 어긋나게 된다. 그리고 만약 『공안국전』에서 분권한 삼모(三謨)[39]로써 「우서虞書」에 속하게 하고, 「우공禹貢」으로써 「하서夏書」의 맨 처음으로 한다면 이것도 또한 잘못이다.[40]

나의 견해로는 주공이 아침에 『상서』를 읽은 것은 60편뿐이다. 왜냐하면 1백 편 가운데 「주서周書」 40편은 주공이 읽을 수 없었기 때문이다. 저 1백 편으로써 이 1백 편을 비방한다면 공자가 일찍이 『상서』를 산정하지 않았음을 이름이니 또한 잘못이 아니겠는가? 하물며 묵적과 양웅은 모두가 공자보다 후세 사람인데, 어째서 1백 편의 이름이 공자에서부터 시작되지 않았다고 말하는가?

정현이 「하사夏社」 「의지疑至」 「신호臣扈」의 서(序)에 주석하여 이르기를, "탕(湯)이 걸(桀)을 칠 때에 큰 가뭄이 듦에 이미 그 예

---

37) 11편: 師說이 끊어져 亡失되어버린 24편에 대해 鄭玄이 註를 내지 않았는데, 이중에 梅賾이 위작한 僞古文에 포함되어 있는 「舜典」 「大禹謨」 「棄稷」 「五子之歌」 「胤征」 「湯誥」 「咸有一德」 「伊訓」 「武成」 「旅獒」 「冏命」 등 11편을 말함.

38) 『墨子』 「貴義」.

39) 「大禹謨」 「皐陶謨」 「益稷」을 말함.

40) 毛奇齡, 『古文尙書冤詞』 卷2, 張1, 3.

(禮)로써 지내는 의식을 갖추어 밝은 덕으로써 제사를 지냈으나 오히려 가뭄이 7년이나 더 들었기 때문에 사직을 바꾸어 설치하였다"고 하였으니(『尚書正義』[41]에 보인다—原註), 이는 『맹자』의 '사직을 바꾸어 설치한다'[42]는 뜻을 적용한 것이다. 서(序)에는 오직 이르기를, "탕이 이미 하(夏)를 이기고 그 사직을 옮기려 하였다"고만 하였으니, 이는 탕의 초년의 일인 것 같은데, 정현이 또 그것을 인용하여 7년 뒤의 일로 하면서 오히려 감히 옮겨서 「탕서湯誓」의 아래에 두지 않은 것은 반드시 이 1백 편의 차례가 예부터 이와 같아서, 매색이 한 것처럼 감히 함부로 옮기거나 바꾸지 아니하였다. 이것은 차례가 뒤섞인 것 같으나 진면목이 밖으로 드러나고, 저것은 질서정연한 것 같으나 거짓된 자취가 속에 있으니 어찌 깨닫지 못하겠는가? 「고요모」에 우(禹)가 이르기를, "홍수가 하늘에 닿아 〔……〕 만방이 다스려질 것이다"[43]하는 이 문단은 분명히 우(禹)가 현규(玄圭)를 폐백으로 가져가서 왕에게 공적을 아뢴 것인데, 그 차례가 「우공」 위에 있으나 『상서』의 예가 편년체의 사서(史書)와는 다르니 구속될 필요가 없다.

「탕고」는 탕이 천하와 더불어 비로소 다시 제후들에게 약속한 것이다. 거기에는 두 가지 경계가 있으니 하나는 어진 이를 등용하는 데 덕으로써 하는 것이요, 또 하나는 백성을 편안하게 하는 데 은혜로써 하는 것이다. 이 뜻은 위에서 이어받아 아래로 전해 주고, 과거를 잇고 미래를 여는 것이다. 고요(皐陶)는 "사람을 아는 것은 현명함이요 백성을 편안케 함은 은혜로움이다"[44] 했으니, 『대학』의 '치국평천하'의 도가 어진 이를 등용하고 백성에게 은혜

---

41) 孔穎達, 『尚書正義』 卷 第8, 「湯誓」 疏.
42) 『孟子』 「盡心」 下에 "旱乾水溢, 則變置社稷"이라는 구절이 있다.
43) 지금의 僞古文은 「益稷」에 있다.
44) 『尚書』 「皐陶謨」.

를 베푸는 데에서 벗어나지 않으며, 이것이 요순 이래로 서로 전해오는 대훈(大訓)이다. 『사기』의 「은본기殷本紀」에 고문의 「탕고」 일단이 있는데, 그 대의는 대체로 왕을 돕는 신하가 의당 모두 공덕이 있어야 함을 이름이다. 백성을 살게 하는 방법은 어루만지고 편안케 하여 편안히 모여 살게 하는 것이니, 이에 이윤(伊尹)이 「함유일덕」을 짓고 고선(咎單)은 「명거」를 지어 「탕고」의 뜻을 거듭 밝혔으니(「殷本紀」에서 마땅히 검증된다 — 原註) 곧 이 2편이 「탕고」에서 생긴 것이 마치 태극에서 양의(兩儀)가 생긴 것과 같다. 「서서書序」가 이 2편에 대해 그 사실을 서술하지 않은 이유는 「탕고」가 위에 있어 그 뜻이 자명해졌기 때문이다. 이 2편과 「탕고」와의 관계는 새의 두 날개와 같아 합쳐서 하나가 되는데, 위서를 만든 자는 망령되게 1편을 취하여 「태갑太甲」의 아래에 옮겨 삽입시켜버렸으니(곧 「咸有一德」을 말함 — 原註) 3편이 모두 없어져서 현인을 등용하고 백성에게 은혜를 베푸는 큰 뜻과 지극한 경계(警戒)를 아무 데도 물어볼 자리가 없다.

복생의 1백 편의 편목은 전해지는 것이 없다(永嘉의 亂에 망실되었다 — 原註). 28편 외에 72편 가운데 이렇게도 만들고 저렇게도 만든 것은 모두 알 수 없으니 어찌 틀렸다고 할 수 있겠는가? 맹자가 「요전」을 나누지 않았는데, 맹자의 학문을 또한 틀렸다고 하려는 것인가?

이른바 『공안국전』의 삼모(三謨)는 그것이 『춘추내외전春秋內外傳』[45]과 『여씨춘추呂氏春秋』에서는 「하서夏書」라고 인용하였는데, 이제 모두 「우서虞書」로 한다면(上己 十에 보인다 — 原註) 그 오류를 엄폐할 수 없었기 때문에 부득불 조금 그것을 깎아내려 스스로 공

---

45) 『春秋內外傳』: 일반적으로 『春秋左氏傳』을 ‘春秋內傳’이라 하고 『國語』를 ‘春秋外傳’이라 한다.

론에 부친 것이다. 그러나 이것은 시마(總麻)⁴⁶⁾와 소공(小功)⁴⁷⁾의
차이 정도를 살핀 것뿐이다. 『설문說文』에서 「요전」「고요모」를
인용한 것은 다 「우서」라고 일컬었으니(오직 '五品이 순조롭지 못하다
〔五品不遜〕'는 것만은 「唐書」라고 일컬었다 — 原註) 매색이 근거한 것은
이것이다.

원사(冤詞) 11

설사룡(薛士龍)⁴⁸⁾이 『서고문훈書古文訓』을 지었는데, 그 서문에 자하(子夏)가
공자에게 『상서』를 배웠다는 것을 인용하면서, "「제전帝典」⁴⁹⁾은 미(美)를 볼 수
있고, 「대우모」「우공」은 일(事)을 볼 수 있고, 「고요모」「익직」은 정(政)을 볼
수 있고, 「홍범洪範」「육서六誓」⁵⁰⁾「오고五誥」⁵¹⁾「보형甫刑」⁵²⁾은 무엇무엇을
볼 수 있다"고 말한 것이 있다.⁵³⁾

『상서대전』에 공자가 이르기를, "「육서」에서는 의(義)를, 「오
고」에서는 인(仁)을, 「보형」에서는 성(誠)을, 「홍범」에서는 도(度)
를, 「우공」에서는 사(事)를, 「고요」에서는 치(治)를, 「요전」에서는
미(美)를 볼 수 있다"고 하였다(『文心雕龍』에 "『상서』에서는 七觀을 지표
로 하고 있다"고 하였다 — 原註).
　『공총자孔叢子』의 속초위설(續貂爲說)⁵⁴⁾에 이르기를, "「제전」에

---

46) 總麻: 석 달 동안 服을 입는 것.
47) 小功: 다섯 달 동안 服을 입는 것.
48) 薛士龍: 宋나라 薛季宣. 士龍은 그의 字.
49) 「帝典」: 「堯典」「舜典」을 말함.
50) 「六誓」: 「甘誓」「湯誓」「牧誓」「秦誓」「費誓」「泰誓」를 일컬음.
51) 「五誥」: 「大誥」「康誥」「酒誥」「召誥」「洛誥」를 말함.
52) 「甫刑」: 『書經』「呂刑」의 別名임.
53) 毛奇齡, 『古文尚書冤詞』卷2, 張4~5.
54) 續貂爲說: 『孔叢子』「論書」에 나온다.

서는 미(美)를 보고, 「대우모」 「우공」에서는 사(事)를 보며, 「고요모」 「익직」에서는 정(政)을 보고, 「태서」에서는 의(義)를 볼 수 있다"고 했다(王應麟의 『考異』에 보인다—原註). 설사룡이 앞의 두 글에서 대강 만들어 이와 같이 말한 것은 모두 매색의 『상서』를 후원한 것이니 족히 취하여 중시하지 못할 것인데 어찌 구태여 이것을 인용하는가? 『상서대전』에 실린 공자의 말에는 「대우모」와 「익직」이 없다(薛士龍의 『書古文訓』에 "孔安國의 隸古眞本에는 그 가운데 奇文詭字가 많다"고 하였으니, 또한 梅賾의 학설이다—原註).

원사(冤詞) 12

법령에 있는 것을 감히 넘어서지 못하였으므로 공안국이 『논어』에 주를 낼 때 경(經)을 인용하여, 무릇 「군진君陳」 「태서太誓」와 같은 유(類)는 모두 편명에 대해서는 주를 내지 않았다. "나 소자(小子) 리(履)는 감히 검은 수소를 제물로 올려 [……]"[55]의 절목에 이르러서도 「탕고湯誥」라고 주를 내지 않고, 주에 "이는 묵자(墨子)가 「탕서」를 인용한 말이다"라고 하였다. ○『상서정의』에 "한유(漢儒)들은 모두 고문을 보지 못하였다" 하였다. 내가 생각하건대, 유향·유흠이 중외고문(中外古文)[56]을 교정할 때, 매우 자세하게 하였는데 공영달이 보지 못하였다고 속인 것이다.[57]

모기령의 법령에 관한 설은 둔사(遁辭)이다. 원래 법령은 조지(詔旨)보다 높은 것이 없다. 「대서大序」에 이미 이르기를, "조서를 받들어 전을 지었다"고 하였다면 또 어찌 금령(禁令)을 따로 대궐

---

55) 『論語』 「堯曰」.
56) 中外古文: 민간에 전하는 『尙書』의 고문을 말함인데, 茶山이 이 글을 中書로 표기해놓은 것은 아마도 잘못 표기한 것이 아닌가 싶다.
57) 毛奇齡, 『古文尙書冤詞』 卷2, 張11.

문 위에 걸겠는가? 귀중한 법령은 조령(詔令)의 밖에서 나온 것이
아니다. 이미 조서를 내려 그 전을 지으라고 허락하였다면 비록
관학(官學)에 열립(列立)되지 못하였다 하더라도 그『논어』를 주할
적에 어찌 편명에 대해 분명히 주를 내지 않았겠는가? '감히 검은
수소를 제물로 올려서'의 주는 곧 매색의 위조 행위의 철칙이다.
비록 장의(張儀)[58]·공손연(公孫衍)[59]이 다시 태어난다 하더라도 변
명할 말이 없을 것이다. 조사하고 살핌이 이에 이르러 거의 깨닫
게 될 것이니, 미혹에 빠져 거짓을 이룬들 장차 무슨 이익이 있겠
는가?

　유향이 교서(校書)할 때에 그 탈간·탈자 및 서로 다른 자 7백여
개를 자세하게 기록했다(上甲 八에 보인다— 原註). 그러나 어째서 유
독 환히 빛나는 「대우모」 등 25편에 대해서는 엄폐해버리고 그
증다(增多)를 말하지 않았는가? 유흠이 박사에게 글을 보낼 때에
도 또한 오직 16편만을 제시했다(上乙 一에 보인다— 原註). 평제(平
帝) 때에 공안국의 『고문상서』를 학관에 세우고, 유흠이 국사(國
師)가 되고 왕황(王璜)과 도운(塗惲)이 다 귀하게 되었다(上乙 二에
보인다— 原註). 도운이 이것으로써 가휘(賈徽)에게 전하고, 가휘는
이것으로써 가규(賈逵)에게 전하고, 가규는 이것으로써 마융과 정
현에게 전했는데(上乙 六에 보인다— 原註) 정현의 『상서』가 매색과
다르므로 "한유(漢儒)들이 매색의『상서』를 보지 못하였다"고 한
것이 어찌 속이는 것이겠는가? 속이지 않았는데도 속였다고 말하
는 것이 속이는 것이다.

---

58) 張儀: 戰國時代 魏나라 사람으로 蘇秦과 함께 辨說에 능하였으며 連橫策
　　을 주장하였다.
59) 公孫衍: 戰國時代 魏나라 사람으로 辨說家이다. 號는 犀首.

원사(冤詞) 13

　만약 가규(賈逵)·마융(馬融)·정현(鄭玄) 이 세 사람이 전해 받은 것이 두림(杜林)의 칠서본(漆書本)이 된다면 그들이 공벽(孔壁)에서 나온 고문(古文)을 보지 못한 것은 단연 그런 점이 있다. ○ 또 서중산(徐仲山)[60]이 이르기를, "마융이 『충경忠經』[61]을 지으면서 「대우모」에 '유정유일, 윤집궐중(唯精唯一, 允執厥中)'이라는 말을 인용하였다"고 하였으니 이는 고문이 아니란 말인가?[62]

　두림의 『칠서漆書』가 공벽의 진본이 된다는 것에는 오직 가규한 사람이 그 중요한 위치에 놓여 있으니 이를 위하여 확증해보는 것이 어떻겠는가? 가규의 학은 친히 도운과 접하고 있으므로, 두림의 『칠서』에 가규가 이에 훈(訓)을 지었으니(上乙 八에 보인다―原註) 비록 『칠서』를 속여서 다른 본(本)을 만들고자 했을지라도 그 말이 성립되지 않을 것이다. 도운은 공안국의 적전(嫡傳)이 되니(上乙 三에 보인다―原註), 비록 맹분(孟賁)[63]과 하육(夏育)[64]과 같은 힘센 사람이라고 하더라도 빼앗을 수 없을 것이다. ○공영달이 이르기를, "정현이 스승으로 섬겨 높인 공안국의 학은 교동(膠東)의 용생·유흠·가규·마융 등의 학(學)에 전수되었다"[65] 하니(上

---

60)　徐仲山: 仲山이라는 字를 가진 이는 둘이 있다. 明의 徐源과 淸의 徐咸淸
　　인데 여기서는 毛奇齡과 同時代人인 徐咸淸을 말하는 것 같다. 그는 淸
　　의 上虞人으로 『小學』에 정통하였으며 저서로 『資治文字』가 있다.
61)　『忠經』: 馬融이 찬하고 鄭玄이 註를 달았다고 전하는, 『孝經』을 본뜬
　　책. 1권 18장으로 구성되어 있음. 茶山은 馬融의 저작이 아니라 後人의
　　僞作으로 보았다.
62)　毛奇齡, 『古文尙書冤詞』 卷2, 張11～12.
63)　孟賁: 戰國時代의 勇士로 호랑이 같은 맹수도 피하지 않을 만큼 용맹스
　　러웠다고 함.
64)　夏育: 周代의 勇士로 살아 있는 소의 꼬리를 뽑을 만한 힘이 있었다고 함.
65)　孔穎達, 『尙書正義』 卷 第2, 「堯典」 疏.

庚 五에 보인다— 原註) 이때에 정현이 주를 한 『상서』가 오히려 남
아 있어 친히 눈으로 보았으므로 속일 수 없었던 것이다.

마융의 『충경』에 매색의 위서(僞書)를 인용한 것이 모두 3~4곳
이 있는데 오직 '정일집중(精一執中)'의 구절뿐만이 아니다. 그러나
지금 『수서(隋書)』 『당서(唐書)』의 「예문지(藝文志)」를 살펴보면 이
른바 마융의 『충경』이란 것은 없고, 단지 『송사宋史』 「예문지藝文
志」에만 있으니 이는 새로 나온 위서가 아닌가(石泉 申綽[66])이 이르기
를, "朱子 이후로 古文을 의심하는 자가 많았다. 그러므로 古文을 두둔하는 자
들이 이것을 만들어, 梅賾의 『尙書』를 많이 인용하여 그것이 참된 古文임을 증
명하였다"고 하였다— 原註). 『충경』에 정현의 주가 있다고 하였지만
『후한서』 「마융전馬融傳」 「정현전鄭玄傳」에는 『충경』에 대한 언급
이 없다(『宋史』 「藝文志」에 또 王向의 『忠經』, 海鵬의 『忠經』이 있는데, 이는
곧 어떤 사람이 馬融에 가탁하여 또 하나의 『忠經』을 지은 것이다— 原註). 마
융이 만약 「대우모」를 보았다면 '16편에 대해서는 사설(師說)이 끊
어져 없어졌다'고 어찌 말했겠는가?

원사(冤詞) 14

진(晉)나라 범녕(范甯)이 『고문상서해古文尙書解』를 지었으나 오히려 「순전舜
典」을 얻지 못했다. ○『수서』 「경적지」에 이르기를, "진(晉)나라 때 비부(秘府)
에 보관하고 있는 것 중에 『고문상서』의 경문(經文)이 있었는데 지금은 전하는
것이 없다"고 하였으니, 생각하건대, 이것은 다만 전주(傳註)한 사람이 없다고
한 것이다.[67] ○ (내가 살펴보건대, 范甯이 「舜典」을 얻지 못했다는 것은 孔穎達

---

66) 申綽: 1760~1826. 조선 후기의 학자. 字는 在中, 號가 石泉. 벼슬을 마다
   하고 향리에 묻혀 경서를 고증학적 방법으로 주해했음. 서예에도 능했다.
   저서로 『詩次故』 『易次故』 『書次故』 『石泉遺集』이 있다.
67) 毛奇齡, 『古文尙書冤詞』 卷2, 張13.

의 『尙書正義』 疏의 글인 것이다 ─ 原註)

범녕은 진(晉) 말기의 사람으로 매색의 뒤에 태어났다. 그 이른
바 「순전」을 얻지 못했다고 하는 것은 매색의 이른바 『매서』의
실증도 되지 못하는데,[68] 하물며 '신휘오전(愼徽五典)'[69] 이하는 본
래 왕숙·범녕의 주로써 보충함에 있어서랴!(上丙 三에 보인다 ─ 原
註) 범녕이 「순전」을 얻지 못하였다면 어떻게 주가 있어 사람들이
취하여 썼겠는가? 모기령의 설에 황당함이 많은 것이 이와 같다
(范甯이 얻지 못했다고 하는 것은 아마도 梅賾의 『孔安國傳』인 것 같다 ─
原註).

『수서』 「경적지」에 말한 것은 아마도 공벽(孔壁)의 고경(古經)이
진(晉)에 이르도록 오히려 남아 있었는데, 후에 또한 전함이 없어
매본(梅本)이 이에 나왔다는 것을 말하는 것 같다. 맹자가 "제환공
(齊桓公)·진문공(晉文公)의 사적이 후세에 전함이 없었다"[70]고 말했
다고 해서, 어찌 후세의 사람이 제환공·진문공의 글에 주하지 않
았다고 할 수 있겠는가? 『수서』에 '지금'이라고 한 것은 곧 『수
서』를 찬술할 때를 말함이니, 이때에 매색의 『공안국전』이 크게
행하여졌는데, 어찌 '지금은 전함이 없다'고 말할 수 있겠는가?(毛
奇齡이 매양 이르기를, "梅賾은 傳만 올리고 經은 올리지 않았다"고 하였다. 그
러므로 이제 또 마음대로 마구 글을 꾸며 전한다는 뜻인 傳流의 '傳'을 가지고서 주석
한다는 뜻인 傳註의 '傳'으로 보고서 梅賾이 다만 『孔安國傳』만을 올렸다는 증거로
삼고 있는데 납득이 되겠는가? ─ 原註).

---

68) 梅賾 자신이 『僞古文尙書孔安國傳』을 지어놓고는 실재의 『孔安國傳』이라
고 주장하는 것을 변호하기 위해 毛奇齡이 范甯을 끌어들였으나 茶山은
范甯이 얻지 못했다고 하는 것이 梅賾의 『孔安國傳』이니, 이것으로는
『梅書』가 僞書아님을 실증할 수 없다는 말.
69) 愼徽五典: 「舜典」에 나오는 글.
70) 『孟子』 「梁惠王」 上, "孟子對曰: 仲尼之徒, 無道桓文之事者, 是以後世無
傳焉."

원사(冤詞) 15

『수서』「경적지」에 이르기를, "동진(東晉) 때 이르러 예장내사(豫章內史)인 매색이 비로소 『공안국전』을 얻어 올렸다"고 하였다. ○ 매색이 올린 『공안국 전』은 경문(經文)이 아니다. 독서를 잘하지 못하는 사람들이 모두 "매색이 위고 문경(僞古文經)을 올렸다"라고 말을 하니 원통하다. 청컨대, 세상 사람들은 각자 눈을 뜨고 보라.[71]

경(經)을 말할 때에는 전(傳)을 포함시킬 수 없으나 전(傳)을 말할 때에는 경(經)을 포함시켜야 하는 것은 무슨 이유인가? 경을 주하는 법은 구(句)를 좇아 훈(訓)[72]을 세웠으니(宋 이후부터 비로소 章으로 나누었다—原註) 경이 있지 않은데 주(註)가 장차 무엇을 전하겠는가? 『모시전毛詩傳』을 말하면 즉 『시경』의 경(經)이 여기에 있고, 『좌전左傳』을 말하면 『춘추』의 경이 여기에 있다. 전(傳)이 이미 올려졌다면 경(經)도 또한 따라 올려졌을 것이니 그 경을 올리지 않고 단지 그 전만 올렸다는 것은 아직까지 있은 적이 없다. 공영달은 정현이 주한 『상서』를 이름하여 『정주鄭註』라 하였으니 (上庚 二에 보인다—原註) 그렇다면 정현의 본(本)에는 주(註)만 있고 경(經)은 없다는 것인가?(毛奇齡이 '傳'자 한 자를 고집하여 마음대로 마구 글을 지어 說을 만들어서 梅賾이 "孔安國의 古文[73]이 예로부터 있었던 것이지 지금 올린 것이 아니다"고 한 말을 밝혔다—原註) 『수서』「경적지」에 『공안국전』이라고 일컬은 것도 또한 이와 같으니 어떻게 그것을 마구 꾸밀 수 있겠는가?

---

71) 毛奇齡, 『古文尙書冤詞』 卷2, 張13〜14.
72) 朝本에는 '訓'이 '決'로 잘못되어 있음.
73) 『古文尙書孔安國傳』을 말함.

원사(冤詞) 16

「요전」「순전」은 원래 두 편이 있었는데, 복생(伏生)이 잘못 합하여 하나로 만들었다. 공안국이 나누어 내놓았으나, 다만 그 나눌 곳이 어디인지 알지 못하였고 또 편 머리에 일절(一節)을 잃어서 오직 이전(二典)의 서문으로써 「요전」의 첫머리에 두었고, 그 글은 합해서 하나로 만들었다.[74]

「요전」을 잘못 합하여 하나로 했다면 그렇게 한 사람은 맹자[75]이지 복생이 아니다(上戊 四에 보인다 —— 原註). 매색이 올릴 때에 그 「순전」 1편을 궐문(闕文)이라 하고(上丙 三·四에 보인다 —— 原註) '신휘(愼徽)' 이하는 왕숙과 범녕의 주로써 보충하였으니, 「요전」의 "제왈흠재(帝曰欽哉)"[76]라 하는 문단이 앞쪽이 되고 "신휘오전(愼徽五典)"이라는 문단이 뒤쪽이 되어 환히 분명하게 해놓았는데, 모기령이 문득 그 경계(經界)를 어지럽혀놓고 공연히 머리를 흔들며 이르기를, "다만 그 나누어짐이 어느 곳에 있는지 알지 못하겠다" 하였으니, 어찌 그렇게도 거짓된 것인가? 대개 맹자를 가볍게 꺾어 누를 수 없음을 알았으므로 한 꾀를 낸 것이다. 맹자의 글이 없어지지 않았으니, 복생은 대국(大國)의 원조를 얻게 되었고 매색은 강한 군사의 적을 만나게 되었다. 모기령이 이를 답답하게 여겨 그 사이를 미봉하고 그 틈을 없애버리고자 해서 곧바로 합하여 하나로 만들려고 하였으나, 또한 오직 「대서大序」만은 없애버리

---

74) 毛奇齡, 『古文尚書冤詞』 卷2, 張14.
75) 『孟子』 「萬章」 上에 "「堯典」曰, 二十有八載, 放勳乃徂落, 百姓如喪考妣三年, 四海遏密八音"이라는 문장이 있다. 이 문장을 맹자는 「堯典」의 글로 인용하였기 때문에 여기에 이렇게 말한 것이다. 이 문장은 현재 「舜典」에 들어 있다.
76) 帝曰欽哉: 梅賾의 『偽古文尚書』에서는 이 구절이 「堯典」의 마지막 文句가 되고 茶山이 보기에는 「堯典」의 중간에 나오는 글이 된다.

기가 힘들었기 때문에(「大序」는 伏生을 비방한 것이 아니라, 그가 「舜典」과 합쳐 하나로 만든 것을 결함으로 여겼다.[77]—原註) 진퇴양난에 빠졌으니 장차 어떻게 하겠는가? 이에 그 나눈 바를 합하고(毛奇齡이 다시 '愼徽五典'을 上文에 합함—原註) 그 합한 바를 나누어(毛奇齡은 '月正元日'[78] 이하의 글로써 「舜典」을 삼았다—原註) 매색의 잘못을 바루어 구제하고자 하였으니 너무 수고롭지 않았던가?

원사(冤詞) 17

이 28자는 왕숙(王肅)이 주를 한 『고문상서』 11권과 범녕(范甯)이 주를 한 『고문순전古文舜典』 1권에 모두 그 글이 있다. ○『상서정의』에 이르기를, "매색이 『공안국전』을 올릴 때 오히려 「순전」이 궐문(闕文)으로 되어 있어 28자가 세상에 전하지 않고 대부분 왕숙과 범녕의 주로써 보충하였다"[79]고 하였다.[80]

이 또한 마음대로 마구 꾸며서 쓴 글이다. 지금 공영달의 『상서정의』 소(疏)를 상고해볼 때('玄德升聞'이라는 글 아래의 疏에 있다—原註) "오히려 「순전」이 궐문(闕文)으로 되어 있다"고 한 것은 "『공안국전』에는 빠졌다"는 것을 말함이요, "28자가 세상에 전하지 않는다"라고 한 것은 "요방흥(姚方興) 이전에는 들은 바가 없다"는 것을 말함이며, "대부분 왕숙과 범녕의 주로써 보충했다"고 한 것은 "『공안국전』의 '신휘(愼徽)' 이하의 빠진 것을 보충했다"는 것을 말함이다(晉元帝 太興4년(321년) 學官에 列立될 때 보충한 것임. 上丙 三에 보인다—原註). 모기령이 이것을 근거로 하여 왕숙과 범녕의 주

---

77) 「大序」에 "伏生又以舜典, 合於堯典"이라고 하였다.
78) 「舜典」의 "月正元日, 舜格于文祖'를 가리킴.
79) 孔穎達, 『尙書正義』 卷 第3, 「舜典」 疏.
80) 毛奇齡, 『古文尙書冤詞』 卷2, 張15.

로써 이 28자를 증명하고자 했으니 어찌 거짓이 아니겠는가?(그 의도는 대체로 "王肅과 范甯의 본에는 원래 28字가 있었으므로 그 주로써 옮겨 보충할 수 있다"고 본 것이다 — 原註)

○ 이에 당당하게 글을 쓰기를 "위(魏)나라 왕숙이 주한 『고문상서』 11권과 진(晉)나라의 범녕이 주한 『고문순전』 1권에는 모두 그 글이 있다"고 하여 마치 친히 손으로 책을 잡고 친히 눈으로 그 글을 본 듯이 하고 있으니 웃을 만하지 않은가? 범녕이 매색의 뒤에 생존하였으니(范甯은 晉나라 말기 사람으로 위로 梅賾과의 시대 차이가 70여 년이나 된다 — 原註) 오히려 그럴 수 있다고 할 수 있지만 왕숙의 본은 어떻게 이 28자가 있을 수 있겠는가? 28자가 남북조의 제(齊)나라 때에 나왔다면(齊建武 4년이다[81] — 原註) 범녕의 본에도 또한 이것이 있을 수 없다. 왕숙과 범녕의 본을 좨주인 공영달이 모두 볼 수 있었을 것이다(王肅이 주를 한 11권은 『隋書』「經籍志」에 보인다 — 原註). 만약 진실로 이것이 있었다면 어째서 28자가 세상에 전해지지 않았다고 말하였다고 해서(「虞書」의 孔穎達 疏에 "晉나라의 范甯이 『古文尙書解』를 지을 때에 이미 「舜典」 1편을 얻지 못하였다"고 하였는데, 毛奇齡이 바로 이 일을 말하여 곧 范甯의 「舜典」의 註라고 하였다 — 原註) 글을 함부로 꾸미고 법을 우롱함이 한결같이 이 지경에 까지 이르렀는가?(朱子가 이르기를, "梅賾은 이미 「舜典」을 잃었으므로 이 28자가 있는 줄을 알지 못했고, '愼徽五典' 이하는 본래 伏生의 『尙書』에 갖추어져 있으므로 전하는 자들이 王肅과 范甯의 주로써 보충한 것이다[82]고 하였다 — 原註) 왕숙본과 범녕본의 주는 구본(舊本)의 「요전」뿐이다.

---

81) 齊建武 4년: 齊은 南北朝時代 齊나라 明帝의 이름이며 建武 4년은 A.D. 497년이다.
82) 朱熹, 『朱子大全』 卷65, 「雜著」 「尙書 — 舜典」에 있다.

원사(冤詞) 18

완효서(阮孝緒)[83]의 『칠록七錄』에도 또한 '왈약계고제순왈중화협우제(曰若稽古帝舜曰重華協于帝)'라는 12자가 있다.[84]

    육덕명(陸德明)의 『경전석문經典釋文』에 "'왈약계고제순왈중화협우제(曰若稽古帝舜曰重華協于帝)' 12자는 요방흥이 올린 것이요, 『공안국전』에는 본래 없다. 완효서의 『칠록(七錄)』에도 또한 그렇게 말했다"[85]고 하였다(註疏를 하지 아니하였다 — 原註). ○ 살펴보건대, 이 『석문釋文』의 뜻은 '이 12자는 요방흥이 올린 것이요 『공안국전』에 있는 것이 아니다'라는 것이며, '완효서의 『칠록』에도 또한 그렇게 말했다'는 것은 요방흥이 올린 것이요, 『공안국전』에 있는 것이 아니라고 하는 것으로 내가 말한 바와 같다는 것이다. 그런데 이에 모기령은 글을 마구 꾸며 당당하게 쓰기를 "완효서의 『칠록』에도 또한 이 12자가 있다"고 하니, 마치 요방흥이 『상서』를 올리기 전에도 대유(大儒) 완효서가 있어 미리 이 12자를 말하여 『칠록』에 실었다고 하는 격이다. 아! 한결같이 이 지경에 이르렀도다.

    ○ 완효서의 자는 사종(士宗)이니 남북조의 양(梁)나라의 일사(逸士)이다. 녹림정사(鹿林精舍)에 거처하며 『칠록』 101권을 지었다(『南史』에 보인다 — 原註). 그 사람은 요방흥이 『상서』를 올린 후에 생존했던 인물이다. 설사 경본(經本)이 있었다고 하더라도 어찌 이

---

83) 阮孝緒: 479~536. 梁나라 사람. 字는 士宗. 효행으로 이름이 높았으며, 나이 13세에 五經에 통달한 經學者이다. 시호는 文貞. 저서로 『七錄』 등 181권이 있다.

84) 毛奇齡, 『古文尙書冤詞』 卷2, 張16.

85) 陸德明, 『經典釋文』 卷 第3, 「尙書音義」 上, 「舜典」 第2.

중대한 것을 인용했겠는가?(『佛祖通載』[86]에 이르기를, "普通 4년(523년)에 阮孝緒가 『七錄』을 지었다. 全 5편을 「內篇」이라 하고 후 2편을 「外篇」이라 하였으니, 곧 「佛錄」 「仙錄」이 그것이다. 內·外篇의 도서가 모두 44,526권이다"고 하였다 — 原註)

이 몇 문단은 응당 고경진본(古經眞本)에 있는 것이요, 반드시 기구(崎嶇)하게 애써 만든 것은 아닐 것이다. 공벽(孔壁)의 증다(增多)된 편에 원래 「순전」이 있었다면 그 첫 문단의 '왈약계고제순(曰若稽古帝舜)'이라고 말한 것은 의심할 만한 것이 없다. 『사기』에 "제요(帝堯)를 방훈(放勛)이라 하고 우순(虞舜)을 중화(重華)라 한다"고 하였으니 이로써 추측하건대 '제순왈중화(帝舜曰重華)'는 의심할 만한 것이 없지만 오직 '협우제(協于帝)' 3자는 근거할 만한 것이 없다.

원사(冤詞) 19

『경전석문』에 "요방흥이 올린 것은 다만 12자뿐인데 또 4구[87]가 있으니 이것은 왕숙의 주본(註本)에서 나온 것이다"라고 하였다. ○『수서(隋書)』 「경적지」를 살펴보건대, 이 28자가 일제히 같이 나왔고, 따라서 요방흥의 12자와 왕숙 주본의 28자의 구별이 없다.[88]

지금 살펴보건대, 『경전석문』에는 본래 28자가 왕숙의 주에서 나왔다는 설이 없다(『經典釋文』에 "12자는 姚方興이 올린 것이다. 그러나 姚方興의 本에는 혹 이 아래에 또 16자가 있어 또한 다르게 나와 있기도 한데

---

86) 『佛祖通載』: 元代의 釋 念常이 지은, 佛敎 관계의 故實을 담고 있는 22권의 책.
87) "濬哲文明, 溫恭允塞, 玄德升聞, 乃命以位"를 말함.
88) 毛奇齡, 『古文尙書冤詞』 卷2, 張16.

王肅의 주에는 그렇게 해놓은 것이 없다"[89]고 하였다 — 原註). 육덕명이 말한 뜻은 아마도 "위 12자는 본래 요방흥이 올린 것인데, 또한 요방흥의 다른 본에는 아래 4구가 아울러 있으니('濬哲文明, 溫恭允塞, 玄德升聞, 乃命以位'까지 — 原註) 두 본이 다름이 있으므로 또한 모두 나타나게 해놓은 것이며, 다만 28자는 이미 고본(古本)에 없는 것이니, 왕숙의 주에는 그렇게 해놓은 바가 없다"고 한 것으로 여겨진다(생각하건대, 王肅이 이 28자를 보지 못하였으니 王肅의 주에는 28자를 사용한 바가 없었을 것이다 — 原註). 육덕명의 뜻이 이와 같다고 하여 본래 노할 만한 것도 없고 한 시대에 일제히 나왔다고 하여 영화롭게 여길 것도 아니며 두 본이 다르다고 하여 부끄러워할 것도 없다.

그러나 이 아래 4구는 모두 왕연수(王延壽)의 「영광전부靈光殿賦」[90]에 "저 옛 제왕과 한(漢)나라 조종(祖宗)을 상고해보건대, 깊고 지혜로우며 공경스럽고 밝다〔粤若稽古帝漢祖宗, 濬哲欽明〕"고 한 것과 왕찬(王粲)[91]의 「칠석七釋」[92]에 "깊고 지혜롭고 빛나고 밝으며 진실되고 공경스러우며 그윽하고 독실하다〔濬哲文明, 允恭玄塞〕"는 것을 표절한 것이요(毛奇齡이 이 두 문장을 인용하여 이르기를, "漢나라 말기 사람의 인용이 이와 같으니, 반드시 『孔安國傳』 舊本에는 원래 이 글이 있었을 것이다. 그러므로 모두가 이것을 답습하여 인용하였으니, 姚方興의 16자는 위작이 아니다"고 하였다 — 原註), 왕연수의 「영광전부」가 「순전」을 답습하여 인용한 것이 아니고, 응당 이 요방흥의 경문(經文)이 왕

---

89) 陸德明, 『經典釋文』卷 第3, 「尙書音義」上, 「舜典」第2.
90) 「靈光殿賦」: 靈光殿은 前漢의 恭王이 山東省에 세운 궁전인데, 王延壽(後漢 사람)가 이를 보고 지은 글이다. 蔡邕도 靈光殿을 소재로 한 賦를 짓다가 王延壽의 賦를 보고는 포기했다고 전한다.
91) 王粲: 177~217. 三國時代 魏의 高平人. 字는 仲宣. 建安七才子의 한 사람으로 그의 詞賦는 曹操를 능가함. 저서로 『王侍郎集』3권과 「登樓賦」「七哀詩」「詠史詩」「徒軍詩」등이 있다.
92) 「七釋」: 王粲이 지은 詞賦의 一種인 듯하다.

연수의 「영광전부」를 절취하였을 것이다(「七釋」도 역시 그렇다— 原註). 오직 이뿐만이 아니다. 반고(班固)의 「동순송東巡頌」[93]에 "이에 옛날을 상고해보건대, 한(漢)나라는 명철함을 밟아 행했다"라 하였고, 반악(潘岳)[94]이 쓴 비문(碑文)에 "진실로 공경하고 능히 사양하며 통철(通哲)하고 청명(淸明)하다"라고 하였으며(鄭司空의 碑文이다— 原註) 『후한서』에 명제(明帝)의 덕을 칭송하여 이르기를, "총명하고 깊고 독실하다"라 하였고(「章帝紀」에 보인다— 原註) 『진서(晉書)』에 원제(元帝)의 덕을 기리면서 "공경하고 밝고 총명하고 지혜롭다"라고 하였고(「元帝紀」에 보인다— 原註) 채옹(蔡邕)[95]이 쓴 비명에 "총명하고 통철하다"라고 하였고(胡太傅碑文에 보인다— 原註) 유신(庾信)[96]의 「원구가圜丘歌」에 이르기를, "이에 진실되고 독실하다" 하였으니, 이와 같은 유(類)를 이루 다 셀 수가 없다. 만약 이들이 모두 『공안국전』을 보고 한 것이라 한다면 『공안국전』은 너무 난만(爛漫)하다 하겠다. 이것은 혹 매색의 앞에 살았거나 매색의 뒤에 살면서, 입에서 나오는 대로 말을 내뱉고 손이 가는 대로 글을 지어 놓은 것이니, 어찌 혹시라도 요방흥에게 은택을 빌려서 그렇게 한 것이겠는가? 「상송商頌」에 '준철유상(濬哲維商)'[97]이라 하고, 『주역(周易)』 「문언전(文言傳)」에 '천하문명(天下文明)'[98]이라 하고, 「상송」에 '온공조석(溫恭朝夕)'[99]이라 하고, 「대아大雅」

---

93) 「東巡頌」: 임금이 동쪽으로 巡行한 것을 찬미한 글.
94) 潘岳: ?~300. 晉나라 사람. 자는 安仁. 문장에 능했으며 특히 哀誄文에 능했다. 「悼亡詩」 3수가 유명하다.
95) 蔡邕: 132~192. p. 52 주 50 참조.
96) 庾信: 北周 사람. 字는 子山. 글씨에도 능하여 徐陵과 비견된다. 문장가이면서도 대장군을 지냈다. 庾開府로 불리기도 한다.
97) 濬哲維商: 『詩經』 「商頌-長發」 첫 문단인데, '德이 깊고 지혜가 밝은 이 商나라의 始祖여'라는 뜻이다.
98) 天下文明: 『周易』 「乾卦」의 「文言傳」에 나오는 말인데, 天下에 道가 행해져 밝게 된다는 뜻.
99) 溫恭朝夕: 『詩經』 「商頌-那」에 나오는 말인데, 朝夕으로 溫柔와 恭敬으

에 '왕유윤색(王猷允塞)'[100]이라 하였으니, 이미 모두 혁혁한 경구
(經句)이다. 성문(城門)의 수레길은 여러 말들이 지나가서 생긴 것
이며, 흐트러져 있고 썩어 문드러진 흔한 것들은 모든 사람들이
다 알아서 외우는데 어찌 반드시 요방흥에게만 의거하랴?(何晏[101]
의「景福殿賦」에 "先王의 진실되고 독실함을 흠모하고 重華의 無爲之治를 기뻐
한다"라 하였으니, 이 문단을 자세히 음미해보면 이것은 또한 지금「舜典」의 글
을 습용한 것이 아니다 — 原註)

  '현덕(玄德)'이란 말은 우리 유가(儒家)의 말투가 아니다. 노자(老
子)는 "생산(生産)을 하여도 내 것으로 소유하지 않고, 공을 세우
고도 자만하지 않고, 성장(成長)시켜도 지배하지 않는 것, 이를 현
덕이라 한다"[102]고 하였고, 장자(莊子)는 "어리석은 듯 혼미한 듯
한 것을 현덕이라 한다"[103]고 하였다. 순임금은 어버이에게 효도
하고 동생에게는 우애가 있었으며 어진 이를 등용하고 사악한 이
를 내쳐서, 오전(五典)을 아름답게 한 것과 사방의 문에서 빈객을
잘 맞이한 것으로 그 공적을 고람할 수 있는데, 어찌하여 현덕이
라고 하겠는가? 한(漢)나라 문제(文帝)는 몸소 현묵(玄默)을 닦았고
진(晉)나라 유자(儒者)들은 평소 현담(玄談)을 잘하였으니,「동도부
東都賦」[104]에 "아! 현덕이여"라 하였고, 채옹이 비문(碑文)에서 "명
덕(明德)은 현(玄)에 통한다"라 하였고(郭有道의 碑文이다 — 原註) 후
한(後漢) 법진(法眞)의 호가 '현덕'이요, 촉한(蜀漢) 유비(劉備)의 자
가 '현덕'이니, 모두 노장(老莊) 이후의 일이거늘, 어찌「우서虞書」
를 쓴 사관(史官)이 알 수 있는 것이겠는가? 위와 같은 유잠(幽潛)

    로 받든다는 뜻.
  100) 王猷允塞:『詩經』「大雅 — 常武」에 나오는 말인데, 왕의 策謀가 진실되
      고 篤實하다는 뜻임.
  101) 何晏: ?〜249. p. 74 주 146 참조.
  102) 老子의『道德經』第10章.
  103)『莊子』「天地」.
  104)「東都賦」: 後漢의 班固가 당시 수도인 洛陽을 읊은 賦.

의 훈(訓)은 그 근본한 바를 알지 못하겠다(孔穎達의 『尙書正義』疏
에서는 곧바로 『道德經』을 그대로 인용하여 '玄之又玄, 衆妙之門'[105]이라 하였
다─原註).

　『회남자淮南子』에 이르기를, "순(舜)은 입으로 말을 하지 않고
손으로 지휘하지 않았다. 마음에 현덕을 지녀서 그 감화의 파급이
신과 같았다"[106]고 하였다. ○ 위작자(僞作者)가 『회남자』에 의지하
였으나, 혹 『회남자』의 이 구절은 후인이 첨가한 것인 듯하다.

　모기령이 매양 이르기를, "'제내조락(帝乃殂落)'[107] 이전은 모두
「요전」이다"(孟子를 두려워한 것이다─原註)라고 하였다. 이미 이와
같이 본다면 28자는 원래 소용이 없으니, 어찌 자질구레하게 계속
해서 말함이 이와 같은가? ○ 모기령이 「사서설四書說」에 『맹자』
의 함구몽(咸丘蒙)의 절(節)[108]에 이르러 이르기를, "복생의 『상서』
는 원래 단지 「요전(堯典)」 1편뿐이다. 옛날에는 별도로 「순전」이
있었지만 그때에 이미 없어졌으므로 요방흥이 비로소 「요전」을
나누어 두 편으로 하였다(梅賾의 「大序」에 스스로 이르기를, "「堯典」을 나
눈 것을 이제 姚方興에게 죄를 돌리는 것은 또한 불가하다"라고 하였다─原
註). '신위오전(愼徽五典)'부터 끝까지를 「순전」이라고 하고 그 가
운데 28자를 덧붙였으니 위서(僞書)이다. 위서가 한번 나온 뒤로부
터 일제히 따라 고쳤으니 이는 옛 『상서』에는 1편이었는데 지금
잘못 나눈 것이지 옛 『상서』에는 2편이었는데 지금 잘못 합한 것
이 아니다"고 하였다(毛奇齡의 글이 여기까지이다─原註). 이것은 모서
하(毛西河)[109]의 진정이다. 마음으로 안 것은 이와 같으면서 『고문
상서원사古文尙書寃詞』는 저와 같으니 한 사람의 말인가? 두 사람

---

105) 『道德經』 第1章.
106) 『淮南子』 「原道訓」.
107) 帝乃殂落: 堯임금이 돌아갔다는 말. 지금의 「舜典」 중간에 나온다.
108) 『孟子』 「萬章」 上, 章句 4를 말함.
109) 毛西河: 毛奇齡. 西河는 그의 號이다. p.45 주 14 참조.

의 말인가?

원사(冤詞) 20

『송서宋書』[110]「예지禮志」에 "위(魏)나라 명제(明帝) 때 고당륭(高堂隆)[111]이 개삭(改朔)[112]을 건의할 때, 『상서』의 글에서 '이에 옛 순(舜)임금을 상고해보니 거듭 빛남이 있어 황극(皇極)을 세워서 이에 정사를 주어 개삭하였다(曰若稽古 帝舜曰重華, 建皇授政改朔)'는 말을 인용하였다"고 하였다.[113]

고당륭이 인용한 것은 반드시 공벽(孔壁) 속에서 나온 『상서』 16편 중 「순전」의 첫 구절일 것이다. 내가 매양 이르기를, "'왈약 계고제순왈중화(曰若稽古帝舜曰重華)'9자는 위문(僞文)이 아니니 이 것은 이치가 의당 그렇다. 공벽에서 나온 「순전」은 문자가 예스럽 고 심오하여 사설(師說)이 끊어져 없어졌다. 그러나 '왈약계고제순 왈수정삭(曰若稽古帝舜曰授政朔)' 10자는 모두 「요전」 중에 있으니 고문임을 풀이할 수 있지만, 오직 '중화건황개(重華建皇改)' 5자는 여러 편에 흩어져 보이고 있으니, 찾으려면 응당 힘을 들여야 한 다. 고당륭이 인용한 것이 어찌 근본한 것이 없겠는가?"라고 하였 다(다만 劉歆의 『三統曆』에서는 응당 이 구절을 인용해야 할 텐데 인용하지 않 은 것은 의심스럽다 ─ 原註).

---

110) 『宋書』: 南朝 梁의 沈約 撰. 100卷, 南北朝時代 南朝 宋의 8대 60년 간 史實을 기록한 것. 陳壽의 『三國志』 이래의 史書의 缺失을 보충할 수 있었다. 원전은 北宋 때에 이미 散失되고 후인들이 『南史』 등에서 취하 여 권수를 채웠다.
111) 高堂隆: 三國時代 魏의 平陽人. 字는 昇平이다. 高堂生의 후손으로 漢에 는 高堂生이 있고, 魏에는 高堂隆이 있었다.
112) 改朔: 王朝가 바뀔 때 正朔을 바꾼다는 뜻인데 正朔이라는 것은 正月 초하루를 의미한다.
113) 毛奇齡, 『古文尙書冤詞』 卷2, 張16.

원사(冤詞) 21

고문에 대한 원통함이 주자(朱子)에서 비롯되었다. ○주자는 자기 혼자만의 견해로 결단해 이르기를, "이 『공안국전』은 필시 가서(假書)이다"라 하고, 문인(門人)[114]에게 주(註) 내기를 부탁하여 종전에 나누지 않은 금고문(今古文)을 특별히 나누게 하였다.[115]

고문에 대한 원통함이 주자로부터 시작된 것은 아니다. 그 서사(書史)에 보이는 것으로 제양(齊梁) 때에는 소연(蕭衍)[116]이 있었고, 당(唐)나라 때에는 공영달(孔穎達)이 있었으며, 송나라 때에는 오역(吳棫)이 있었으며, 사사로이 의논하고 한가로이 말을 하다가 그만 두어버려 드러낼 수 없는 사람도 또 여러 사람 있을 것이다. 그런데 그 중에 소연의 견해가 가장 고매하여 빼어나고(上丙 四에 보인다 — 原註) 공충원(孔沖遠)[117]은 비록 황제의 칙명에 중압을 받고 시의(時議)를 두려워하여 『매서』를 위해 소(疏)를 지었지만 그의 박학하고 정밀한 지식은 마침내 차마 그 스스로를 속일 수 없었다. 매색의 거짓을 증명하고 그의 간사함을 드러낸 것을, 조사해 나열하고 척결하여 『상서정의』에 실어놓지 않음이 없었다. 그러나 나는 고루하게 변방에 귀양 가서 살고 있으니, 어떻게 정현과 매색의 진위(眞僞)를 알겠는가? 오직 공영달의 『상서정의』에 근거하여 그것을 알았을 따름이다. 오재로(吳才老)[118]의 『서비전書裨傳』 일부는 전적으로 『매서』의 거짓을 배척하였고(上辛 九에 보인다 —

---

114) 門人: 여기의 門人은 蔡沈을 가리킨다.
115) 毛奇齡, 『古文尙書冤詞』 卷3, 張2~3.
116) 蕭衍: 464~549. 梁의 南蘭陵人. 字는 叔達. 梁武帝가 되었음. 博學能文하였으며, 저서로 『通史』 『孝經義』 『尙書大義』 등이 있음.
117) 孔沖遠: 孔穎達(574~648). 沖遠은 그의 字. 또 다른 字는 仲達.
118) 吳才老: 吳棫. 才老는 그의 字. p. 45 주 12 참조.

原註) 주자의 몇 마디 말은 근후박실(謹厚朴實)하고 또 가운데서 조정(調停)한 의론이 많은데(예를 들면 訓·誥와 같은 체제는 誓·命과는 다르다는 類들이다— 原註) 어째서 고문에 대한 원통함이 주자에서 비롯됐다고 말하는가? 왕옥(王獄)에 수감당한 일등급의 간귀(姦宄)를 여러 신하들이 심리하는 것에 비유해볼 때, 주자는 그 면목만 살펴보고도 그가 바른 사람이 아니라는 것을 알고, 공영달은 문안(文案)을 살피고 연월(年月)을 따져 그 어긋남을 가지고 그의 숨기는 것을 드러나게 하여, 죄목을 벌여놓고 장물을 조목조목 들추어내는 격이기는 하나, 단지 그 결론은 흐리멍덩하게 살려주는 길에 결부시킴으로써 시의(時議)에 순순히 따른 것뿐이며, 오재로는 말과 얼굴빛으로 판결을 하고, 다시 그 문안을 검토하는 격이기는 하나, 단지 그 검토한 것이 본말에 통달하지 못하였을 따름이다(「堯典」「虞書」등에 대한 『尙書正義』를 한번 살펴보면 매색의 거짓을 알 수 있다— 原註).

『예기』「치의緇衣」의 공영달 소(疏)에 이르기를(『尙書』「君奭」의 구절을 인용하였음— 原註), "위굉(衛宏)·가규(賈逵)·마융(馬融)이 주(註)한 것은 원래 벽 속에서 나온 고문을 따른 것이니, 즉 정현이 주한 『상서』가 이것이다"[119]라고 하였다(鄭玄 註의 今古文의 辨을 풀이한 것이다— 原註). 공영달이 황제의 칙명에 중압을 받고 시의(時議)에 억눌려 매색본(梅賾本)에 힘써 소(疏)를 내었다. 그의 참된 성정(性情)이 이와 같이 발현되었으니, 어찌 고문에 대한 원통함이 주자에서 비롯되었다고 하겠는가?

『서집전書集傳』[120]의 주에서 금문(今文)·고문(古文)을 구별한 것은 너무 관대하게 보아준 잘못이 있는데 어떻게 원통하다고 할 수 있겠는가? 금문·고문에 모두 있다고 말한 것은 그래도 가(可)하나

---

119) 孔穎達, 『禮記正義』 卷55, 「緇衣」 疏.
120) 『書集傳』: 蔡沈이 註한 『書傳』을 말함.

그가 금문에 없고 고문에는 있다고 말한 것은 실상에서 거리가 있는 것이다. 금문은 복생의 본이요 고문은 공벽(孔壁) 속에서 나온 본이다. 25편이 본래 복생본에 없는 것이라면 어찌 공안국본에 있는 것이겠는가? 반드시 "금문·고문에 모두 없다"고 쓴 연후에야 명실(名實)이 비로소 진실될 것이다. 그렇지 않으면 "공안국본에는 없고 매색본에만 있다"고 써야 이치에 맞을 것이다. 그러나 모기령같이 원망하는 사람은 심히 그 분수를 알지 못하고 있다.

원사(冤詞) 22

고문이 어찌 일찍이 동진(東晉)에서 나왔겠는가? 복생이 금문을 학관(學官)에 세우고 거의 1백 년이 지나 벽중에서 나왔고, 나온 지 겨우 4년 만에 무고(巫蠱)의 사건을 당했다. 그 관서(官書)는 과두 문자(科斗文字)로 된 원문(原文)으로 비부(秘府)에 비장되었고, 사학(私學)은 도위조(都尉朝)·상흠(桑欽)·유흠(劉歆)에서 공희(孔僖)·양륜(楊倫)에 이르렀고, 또 왕숙(王肅)·황보밀(皇甫謐)·정충(鄭沖)에서 매색에 이르렀다. 『공안국전』이 동진 때 비로소 행하여졌다는 것이지 고문의 경문(經文)이 동진 때 처음 나온 것은 아니다. 공부하지 않은 자들은 망령되게 매색이 올린 고문(古文)이라고 말들을 한다.[121]

노공왕(魯共王)은 원광(元光) 6년(B.C. 129)에 죽었으니(上戊 一에 보인다 ― 原註), 위로는 문제(文帝) 중반기와(伏生이 『尙書』를 전수할 때이다 ― 原註) 40여 년 정도 간격이 있으며, 아래로는 정화무고(征和巫蠱)[122]의 옥사(獄事)와 38년의 간격이다. 그런데 모기령은 이르기

---

121) 毛奇齡, 『古文尙書冤詞』 卷3, 張2~3.
122) 征和巫蠱: 征和는 前漢 武帝 때의 年號(B.C. 92~89)이며, 巫蠱 사건은 征和 2년(B.C. 91년)에 武帝와 太子 戾를 둘러싸고 일어난 사건이다. p. 54 주 66 참조.

를, "복생의 금문이 학관에 세워진 지 1백 년 후에 벽 속에서 나왔으며, 나온 지 4년 만에 무고(巫蠱)의 옥사를 갑자기 만났다"고 하였는데 무슨 말인지 모르겠다. 마구 크게 떠드는 말이 이와 같으니 어찌 이치에 맞을 수 있겠는가?

과두(科斗)로 씌어진 원문은 비부에 비장되어 있었고, 상흠·유흠 등의 여러 학(學)들은 도위조로부터 전수받은 뒤에 비로소 관서(官書)와 사학(私學)이 조야(朝野)에 두루 유포되었다면 모기령이 말할 때마다 법령이 아주 엄격했기 때문에 일서(逸書)가 되어버렸다고 한 것은 또 무슨 말인지 영문을 모르겠다. 유향·유흠 부자가 도운에게서 학문을 이어받았고, 뒤이어 위굉·가규·마융·정현 등도 또한 도운에게 학문의 연원을 두고 있건만 어찌 된 일인지 학자들의 계보를 열거할 때 반드시 도운 이하 위굉·가규·마융·정현 등을 거론하지 않고 있으니 무슨 까닭인가? 상흠·공희·정홍[123]·양륜 등은 그들이 비록 공안국의 학문 계통이라 하더라도 단 한마디도 후세에 전해오는 것이 없건마는 거짓으로 그들을 높여서 매색의 연원으로 삼고, 위굉·가규·마융·정현 등은 훈(訓)·전(傳)·주(註)·석(釋) 등이 있는데도 힘써 배척하여 공안국의 별파(別派)로 삼고, 왕숙·황보밀은 매색이 전(傳)한 『위공안국전僞孔安國傳』을 믿게 하는 전거(典據)로 삼아 무작정 추대하여 정충과 같은 대열로 삼았으니, 이러한 일들은 모두 '모래를 일어서 밥을 짓고, 쇠를 달구어 금을 만드는 것'과 같아, 그 간교한 마음은 마치 누에고치 실처럼 세밀하고, 교묘한 꾀는 거미줄처럼 치밀하다. 아! 어찌 한결같이 이런 지경에까지 이르렀단 말인가?

모기령(毛奇齡)은 밝게 알지 못하고 매양 말하되, "매색은 전(傳)을 올리고 경(經)을 올리지 않았다"고 하였으나, 사람이란 죽게 된

---

123) 丁鴻: ?~94. p. 63 주 113 참조.

속에서도 살기를 구하는 것이거늘 어찌 살지 않기를 꾀했는가?
「대우모」 등 25편에 관해서는 사마천의 『사기』에도, 반고의 『한
서』「예문지」에도, 유향의 『별록別錄』에도, 정현의 「서序」에도 실
리지 않았을 뿐 아니라 편목(篇目)도 모두 틀리고 편목의 수효마저
넘고 있으니, 이러한 사실들을 볼 때 장차 어떻게 한대에 헌상한
공벽진본(孔壁眞本)을 진대(晉代)에 헌상한 매가안물(梅家贋物)[124]로
바꿔칠 수가 있겠는가?

원사(冤詞) 23

　한대(漢代)의 공령(功令)은 심히 엄했는데, 그 중에서도 지극히 엄중한 것은
학관(學官)보다 더한 것이 없었다. 여기서 제외된 것을 일러 일(逸)이라고 하였
다. 금문은 학관에 세워져서 『상서』라 하였고, 고문은 학관에 세워지지 않아서
일서(逸書)라고 하였다. ○ 홍매(洪邁)[125]는 "공안국의 『상서(尙書)』는 한(漢)나
라 이래로 학관에 세워지지 않은 까닭에 『좌전(左傳)』에 인용된 것을 두예(杜預)
가 문득 주하여[126] 일서(逸書)라고 하였다"고 하였다.[127]

　반고(班固)는 동한(東漢) 초에 국사(國史)를 편찬하였는데, 그가
지은 『한서』「예문지」 앞부분에 『상서고문경尙書古文經』 46권을
수록했으니(上甲 八에 보인다— 原註), 이것은 바로 공안국이 헌상한
진본이었을 것이다. 국사(國史) 편찬이란 그 일 자체가 지극히 엄
중한 사업으로서 초야(草野)의 일개 선비가 사사로이 저작하는 전
주(箋註)와는 비교가 안 되는 것이다. 그런데 초야의 일개 선비가

---

124) 梅家贋物: 梅賾이 지은 『僞古文尙書』, 즉 『古文尙書孔安國傳』을 말함.
125) 洪邁: 宋나라 사람. 洪遵의 아우. 字는 景盧. 號는 容齋. 詞科에 합격하
　　여 左司員外郎을 지냈음. 저서로 『史記法語』『經子法語』 등이 있음.
126) 杜預의 『春秋左傳集解』에 나오는 註를 가리킴.
127) 毛奇齡, 『古文尙書冤詞』 卷3, 張4.

궁한 처지에서도 오히려 조심하고 삼가는 태도로 신중히 일서(逸書)라고 썼는데, 하물며 이 빛나는 국사에 있어서는 위로는 조종(祖宗)의 업적을 기록하고 아래로는 공훈(功勳)과 여러 가지 금(禁)하는 법령을 기록해야 하는 입장인데도 불구하고 언뜻 살펴보고서는 거리낌없이 『상서고문경』 46권이라고 했겠는가? 정흥·양륜은 광무(光武)[128] 초에 제자 1천여 명을 모아놓고 일서(逸書)를 가지고 강의했는데, 어사(御史)가 어찌해서 이에 대해 한마디 언급도 없었겠는가? 『공씨상서孔氏尚書』[129]와 『좌씨춘추』는 학관(學官)에 열립(列立)되면 같이 열립되고, 폐지되면 같이 폐지되어, 드러나고 묻혀지는 것이 동일할 텐데, 한위(漢魏)의 여러 유학자들이 경전 주석한 것을 살펴볼 때에는 대체로 『좌씨춘추』에 수록된 것에 대해서는 모두 그대로 『좌전』이라고 쓰고 '일전(逸傳)'이라고 하지 않으면서, 어찌하여 유독 「대우모」 등 『상서』에 관한 여러 편들에 대해서만 금령(禁令)이 추상 같았겠는가?

모기령은 송유(宋儒)들을 극력 배격하여 무릇 송유들의 의견에 대해서는 흰 것도 검다고 할 정도였다. 따라서 홍매(洪邁) 같은 이의 주장은 한마디의 말도 귀담아들은 것이 없었으리니 어째서 구태여 이것을 인용하였는가? 『좌전』에는 『시경』을 인용하여 "교교거승, 초아이궁(翹翹車乘, 招我以弓)"[130](莊公 22년에 보인다 —原註)이라든가 또 "수유사마, 무기간괴(雖有絲麻, 無棄菅蒯)"[131](成公 9년에 보인다—原註) "주도정정, 아심경경(周道挺挺, 我心扃扃)"[132](襄公 5년에 보

---

128) 光武: 後漢의 光武帝를 말함. 재위 25∼57.
129) 『孔氏尚書』: 孔安國이 조정에 바친 『古文尚書』.
130) 翹翹車乘, 招我以弓: 지금 『詩經』에는 없는 逸詩의 句節이다. '왕께서 멀리 떨어진 수레에서 활을 당기며 나를 부른다'는 뜻이다.
131) 雖有絲麻, 無棄菅蒯: 지금 『詩經』에는 없는 逸詩의 句節이다. '비록 실과 삼이 있더라도 새끼 꼬는 풀을 버리지 말라'는 뜻이다.
132) 周道挺挺, 我心扃扃: 지금 『詩經』에는 없는 逸詩의 句節이다. '주나라 길이 벋었으니 내 마음이 그리로 쏠리는구나'라는 뜻이다.

인다 — 原註)「하수河水」[133]「모치茅鴟」[134]「기초祈招」[135]「비지유의 孌之柔矣」[136] 등을 써놓고 있는데, 이런 시구들은 『모시毛詩』『한 시韓詩』 등을 고람해볼 때 그 어느 곳에도 보이지 않는 글이므로 일시(逸詩)라고 주석을 붙였고, 혹은 『상서』를 인용한 것도 그것을 공안국의 『상서』와 복생의 『상서』에다 고람해볼 때(이때 今文은 쇠 해졌다 — 原註) 그 어느 곳에도 보이지 않는 글이므로 일서(逸書)라 고 주석을 붙였으니, 『시경』과 『상서』에 대해 각기 서로 다른 두 가지 예는 없는 것이다. 그런데 어찌하여 「하수」 「모치」 등의 시 구가 학관(學官)에 세워지지 않았다고 해서 일시(逸詩)라고 주석을 달았겠는가? 『시경』에 그렇지 않다면 『상서』 역시 그렇지 않아야 한다.

원사(冤詞) 24

유흠(劉歆)이 『삼통력三統曆』을 지어 「태서太誓」를 인용한 것들은 고문(古文) 과 맞지 않는다. ○두흠(杜欽)[137]이 혼례를 논의하면서, 「관저關雎」에 흥자(興 刺)[138]의 작의(作意)가 있다고 했으니, 반드시 모시(毛詩)를 보지 않은 것은 아 니리라.[139]

『삼통력』 가운데의 『상서』의 말이 『매씨상서』와 부합하지 않는 부분이 어찌 「태서」뿐이겠는가? 「이훈伊訓」 「무성武成」도 서로 어

---

133)「河水」: 逸詩의 篇名.
134)「茅鴟」: 逸詩의 篇名.
135)「祈招」: 逸詩의 篇名.
136)「孌之柔矣」: 逸詩의 篇名.
137) 杜欽: 前漢 사람. 字는 子夏. 經書에 밝았다고 한다.
138) 興刺: 興으로서의 諷刺.
139) 毛奇齡, 『古文尙書冤詞』卷3, 張5.

굿나는 부분이 있으며, 매색의 「탕고湯誥」는 「은본기殷本紀」와도 일치하지 않고, 「윤정胤征」은 정현이 인용한 것과도 일치하지 않는다. 그렇다면 전 시대에 살았던 사람들의 견해는 모두 틀리고, 후대 사람들의 견해만 유독 옳은 것이라고 할 수 있을까? 이를테면 두흠이 모시(毛詩)를 보고 나서 「관저」에는 홍자의 작의가 있다고 지적한 점에 대해서는 혹 있을 수 있으나, 그가 모시를 보고서 '교교황조(交交黃鳥)'[140]라는 「황조黃鳥」의 시를 가지고 「관저」의 시를 만들었다는 점에 대해서는 도저히 납득할 수가 없다. 유흠이 이미 「태서」를 보았는데 『매씨상서』에서는 오히려 '백어입주(白魚入舟)의 설(說)'로써 「태서」를 만들었으니 당치 않은 말이라 생각된다.

---

140) 交交黃鳥: '펄펄 나는 저 꾀꼬리여'라는 뜻이다.

4

매씨서평(梅氏書平) 4

원사(寃詞) 25

가규의 부친 가휘는 일찍이 도운에게서 『상서』를 전수받았다. 이는 고문정파(古文正派)이다. 그런데 그 뒤에 가규·마융·정현이 다 두림의 '칠서지학(漆書之學)'[1]을 배웠다. 비록 이름은 고문이라고 하나 실로 공벽(孔壁) 고문과는 같지 않다.[2]

정현을 버리고 매색을 내세우는 무리들은 그 한 조각 간사한 마음으로 오직 두림의 『칠서』를 배격하여 공벽의 진본이 될 수 없도록 하려고 했을 따름이다. 이에 이 옥사(獄事)[3]를 심리하는 핵심이 가규 한 사람에게 달려 있었다. 오재로·오유청·귀진천(歸震川)[4]

---

1) 漆書之學: 杜林이 西州에서 『漆書古文尙書』를 얻었다는 데서 나온 말인데, 『漆書』에 대해서는 학자들 간에 논란이 많다. '西州'의 지명에 대해서도 여러 설이 있다.
2) 毛奇齡, 『古文尙書寃詞』 卷3, 張6.
3) 獄事: 여기서는 杜林의 『漆書古文尙書』의 眞僞 문제에 대해서 결정을 내리는 것을 말한다.
4) 歸震川: 歸有光. 震川은 그를 높여 부르는 칭호이다. 明代의 학자로서 字는 熙甫. 당대의 문인인 王世貞과 명성을 다투었으며 저서로 『震川集』이 있다.

(이름은 有光이다—原註) 이래로 옥사를 안찰(按察)한 사람은 많았지만 다 능히 집행하지 못하였고, 가규 한 사람만이 그것을 내세워 애써 참증거를 주장하여 한마디 말로써 판결하였다. 가규는 어떤 사람인가? 부친 가휘가 도운에게 고문을 전수받아서 아들 규에게 전해주었다(上乙 六에 보인다—原註). 두림이 『칠서』의 고문을 전하고 가규가 훈(訓)을 짓고 마융이 전(傳)을 짓고 정현이 주(註)를 달았으니[5](上乙 六에 보인다—原註), 두림의 『칠서』가 도운의 고문임이 명확하다. 모기령은 가규가 그 가전(家傳)의 정학(正學)을 버리고 별파의 위사(僞師)에게 달려갔다고 했지만 천하에 어찌 이 같은 사람이 있겠는가? 도운이 공안국의 적통임은 부정할 말이 없고, 가규가 도운의 유업(遺業)이 됨은 증명할 만한 글이 있다. 정현의 학문이 공안국의 직손(直孫) 격이고 정충의 계통은 사승(師承) 관계를 알 수 없으며, 양류(梁柳)의 계통은 전해온 바를 알 수 없으니, 매색의 『상서』는 공안국의 진본이 아니다. 한마디 말로써 판결하는 것은 오직 이것일 뿐이다.

원사(冤詞) 26

두림은 후한 초의 사람이다. 가규·마융·정현 세 사람은 다만 그 『칠서』를 얻어 이것을 전술(傳述)하였지만 직접 그 업(業)을 받은 것은 아니다. 이때 혹 진고문을 얻지 못하고 비슷한 것을 보고 기뻐했을 것이다. ○두림이 스스로 이르기를, "시무(時務)에 적합하지 않다"고 말하였다. ○『후한서』「유림전」에서는 두림을 동한(東漢) 말 제유(諸儒)의 다음에 넣었다.[6]

---

5) 『後漢書』「儒林傳」.
6) 毛奇齡, 『古文尙書冤詞』 卷3, 張6~7.

마융·정현은 후학들이고, 가규는 두림과 동시대에 같이 살았으니 어찌 직접 전수받지 않았겠는가? 가휘와 두림은 동년배의 사람이고(모두 光武帝 때에 해당된다 — 原註) 같은 고을 사람이며(둘 다 茂陵에 살았다 — 原註) 동문생이다(둘 다 塗惲의 문인이다 — 原註). 두림은 가규에 대하여 실제로 아버지뻘이 되는 격인데, 어려서부터 성장할 때까지 직접 귀를 당겨 면대해서 가르쳐주었으니, 어찌 친히 전수받지 않았다고 할 수 있겠는가? 가규와 『칠서』와의 관계는 가학(家學)으로 징험해보고 사설(師說)로써 입증해볼 때 그는 바로 왕황·도운의 유업(遺業)을 계승한 것이니, 여기에 그 한 글자라도 희미함이 있겠는가? 이미 가규가 친히 직접 전수받았으니, 그 전함이 마융·정현에 이른 것도 친히 전수받은 것과 같다. 모기령은 이에 친히 전수받지 않은 것으로 결점을 삼으면 예장내사 매색이 어느 스승한테서 친히 배웠단 말인가?(毛奇齡은 여기에 이르러 또한 杜林을 격파하기가 어려움을 알고서 또 親受하지 않았다는 설을 제창하여 의심스럽게 만들고 어지럽혔다 — 原註)

두림이 스스로 말하기를, "시무에 적합하지 않다"고 한 것에 대해서는 다음과 같다. 두림에게 전수해준 사람은 유흠·도운이다. 불행히도 왕망(王莽)의 시대에 이 고문을 관학(官學)에 세웠기 때문에 그 뒤 입신(立身)에 실패하고 모든 일이 와해되고 관학에서 이미 폐지되고, 문도가 사방으로 흩어져서 병란에 유리(流離)하는 동안 옛 친구들은 다 영락(零落)해졌다. 한 권의 책을 보전하는 처량한 신세는 조씨(趙氏) 집안의 버려진 고아[7]와 같았다. 이록(利祿)은 이미 멀어지고 학문을 전수받고 익히는 일은 나날이 드물어지니

---

7) 趙武를 말함. 趙武는 趙朔의 아들이며 趙盾의 손자이다. 春秋時代 晉나라 간신 屠岸賈가 趙盾·趙朔을 죽이고서는 朔의 아들 武도 함께 죽이려 하였다. 이때 程嬰과 公孫杵臼가 계책을 세워서 趙武 대신 다른 아이를 趙武라 속이고서 趙武는 다른 곳으로 피신시켜 길렀다. 여기서 말하는 '버려진 고아'는 趙武를 말하는 것이다(『史記』「趙世家」 참조).

시무에 합치되지 않는다고 말한 것이 또한 옳지 아니한가?(上乙 五에 보인다 — 原註) 이 한마디 말이 그가 왕황·도운의 학통인 것이 분명하다.

유림(儒林)들의 서열의 선후는 꼭 다툴 필요가 없다. 「유림열전儒林列傳」은 본래 반고(班固)의 「고금인표古今人表」와 같이 사람을 아홉 등급으로 나누어 편찬한 것이 아니다. 그 재목과 명망의 우열과 학술의 사정(邪正)은 서열의 선후와는 관계가 없다. 그래서 『사기』 「유림전」에서는 동중서(董仲舒)가 맨 끝에 실려 있고, 『한서』 「유림전」에서는 가의(賈誼)가 맨 끝에 실려 있는데, 이 두 사람을 장차 한대(漢代) 유자의 말류(末流)로 하려고 했기 때문이겠는가?

원사(冤詞) 27

『칠서』는 58편이다. ○『상서정의』에서 이르기를, "정현의 주는 33편인데 『공안국전』과 같다"고 하였다. 나는 반드시 그렇지 않다고 생각한다. 이미 고문을 주한다고 하고서 다만 금문을 주하였다면 어찌하여 고문의 주가 되겠는가? 또한 제(齊)·양(梁)·진(陳)·수(隋)에서 공안국의 주와 정현의 주가 병행하였는데, 만약 정현의 주가 다만 반뿐이었다면 어찌 같이 행해졌겠는가? 『칠서』는 원래 완비된 것인데 당초(唐初)에 와서 금문만 묵수(墨守)하던 자가 있어 또 그 반을 제거해버린 것이다.[8]

모기령은 진실로 복생·공안국 중에서 누가 본(本)이고 누가 말(末)인지, 정현·매색 가운데서 누구의 것이 진서(眞書)이고 누구의 것이 위서(僞書)인지를 알지 못하고서 이런 쓸데없는 이야기를 하는 것일까? 금문·고문의 분기점이 어찌 편수에 있겠는가? 문자의

---

8) 毛奇齡, 『古文尙書冤詞』 卷3, 張7~8.

다른 것이 7백여 개가 되고 그 사설(師說)의 전수와 내용의 의미에 있어서 양가(兩家)가 판연히 다른 것이 수천 군데가 된다. 문호가 이미 나뉘고 절목(節目)이 문득 다른데 어찌 경(經)의 편수가 서로 같다고 해서 드디어 서로 섞어버린단 말인가?(『齊詩』『魯詩』『韓詩』 『毛詩』는 모두 같이 311편이고, 『公羊傳』『穀梁傳』『鄒氏傳』『左氏傳』은 240년 의 기록으로 모두 같다—原註) 설령 정현의 주가 복생의 학(學)에서 받은 것이 많다 할지라도 응당 공벽(孔壁)에서 유래되어온 16편이 지 예장내사 매색이 새로 지은 25편은 기필코 아니다. 아무 근거 도 없고 공허하여 이와 같이 탄식하며 바라보는데 장차 누가 믿겠 는가? 58편의 편명과 그 편수는 비록 같지만 25편의 모습은 아주 다르니 무엇으로써 속여 바꾸어놓겠는가? 당초(唐初)에 금문을 묵 수하는 사람이 있어서 당시 천하에 유행하던 경전인 『상서』를 힘 으로 없앨 수 있었다면, 마땅히 먼저 크게 다른 매색의 위서를 없 애야 할 것이거늘, 어찌 조금밖에 다르지 않은 정현본(鄭玄本)을 없앤단 말인가?(伏生의 學은 이미 永嘉之亂에 없어졌는데, 唐代 초기에 어떻 게 今文을 墨守하는 사람이 있었단 말인가?—原註)

만약 저 진(陳)·수(隋) 시대에 『매서』와 정현본이 병행했다면 그 것은 세상이 쇠퇴했기 때문이다. 매색은 『상서』의 분량을 많게 함 을 취하였고 정현은 『상서』의 참모습을 취하였다. 잠시 병존하는 것을 인정한 것이 어찌 상고하고 핵실(核實)해서 그렇게 하였겠 는가?

원사(冤詞) 28

왕응린(王應麟)이 이르기를, "마음의 주는 두림의 『칠서』에 근본했으므로 고 문과 다를 뿐만 아니라 금문과도 또한 다르다"고 했다. ○후한 때 윤민(尹敏)·

주방(周防)·정홍(丁鴻) 등의 여러 학(學)은 번갈아 서로 전수받았으나 두림(杜林)은 고문의 대열에 들어가지 못하였다. 한(漢)나라의 사서(史書)에서도 이미 이 점을 의심했다.[9]

정현의 주석은 금문을 섞어서 썼으므로 『수서隋書』에서는 이것을 병통으로 여겼다(上乙 九에 보인다—原註). 그러나 두림의 『칠서』는 반드시 고문으로만 순전히 썼다. 아울러 그 과(戈)·파(波)·점(點)·획(畫)[10] 등이 금문에는 하나도 없다. 어찌하여 그런 줄을 아는가? 두림의 학문은 오로지 창힐(蒼頡)의 고문을 위주로 하였으며, 『창힐훈찬蒼頡訓纂』『창힐고찬蒼頡故纂』[11]은 자신이 직접 저술한 것이다(上乙 五에 보인다—原註). 그가 가지고 있던 『칠서』는 분명히 전서(篆書)로 쓴 본(本)이지 기필코 예서(隷書)로 옮겨 쓴 글은 아니다(上乙 五에 보인다—原註). 고전(古篆)인 까닭으로 먹으로 하지 않고 옻으로 한 것이다.[12] 이미 사실이 이러한데 금문을 섞을 이치가 있겠는가?(이것은 반드시 劉歆이 校書할 때 祕府의 眞本에서 모사해낸 것이다. 그래서 杜林이 스스로 전에 西州[13]에서 얻었다고 하였다—原註) 정현은 다만 주석하는 법이란 의당 장점만 취해야 하는 줄만 알았지(上乙 九에 보인다—原註) 전주가(篆籀家)들이 보배로 여기는

9) 毛奇齡, 『古文尙書冤詞』 卷3, 張8~9.
10) 戈·波·點·畫: 모두 筆法의 종류이다.
11) 『蒼頡訓纂』『蒼頡故纂』: 杜林의 著作이다. 『玉函山房輯佚書』 卷4 「小學類」에는 '蒼頡訓詁'라는 제목으로 실려 있다.
12) 당시 漆로 문자를 썼다고 하는데 확실한 증거는 아직도 논란이 되는 문제 가운데 하나이다. 王國維(1877~1927)는 漆書는 단지 그 글씨의 색이 漆과 같이 까맣기 때문에 漆書라고 한 것이며, 漆은 먹을 만드는 데 쓰이는 일종의 원료로 광택을 높이는 데 사용되었다고 한다.
13) 西州: 茶山은 당시 수도인 西京, 즉 長安을 西州로 파악하였으나 대다수의 학자들은 西州를 長安의 좌측에 있는 隴西로 본다. 이것은 杜林의 부친 鄴이 涼州刺史로 근무한 적이 있고, 양주는 곧 西州이며 隴西(지금의 甘肅省)이기 때문이다. 다산이 西京이라고 한 것은 고증을 통해 杜林의 『漆書古文尙書』의 출처를 보다 확실히 해놓은 것이다.

것이 오직 고문인 줄은 알지 못하였다. 고문과 금문이 서로 섞인 것은 정현이 주한 본(本)이고 『칠서』는 반드시 그렇지 않았다(王應麟은 본래 『梅書』를 믿었으므로 비록 마용을 배척했지만 놀랄 만한 것이 못 된다. 그러나 이제 또 王應麟의 『尙書考異』를 살펴보니 이런 말이 없다. 毛奇齡이 어디에서 보고 이런 소리를 하는지 알지 못하겠다─原註).

『후한서』「유림전」은 반이 두림에 대한 이야기이다. 위굉·서순의 일을 서술함에 있어서는 그 공을 두림에게 돌리며 이르기를, "이에 고문이 드디어 행해졌다"고 하고(上乙 五에 보인다─原註), 마융·정현의 일을 기록하면서도 그 공을 두림에게 돌리며 이르기를, "이로부터 고문이 드디어 알려지게 되었다"고 하였다(上乙 六에 보인다─原註). 『후한서』「유림전」에 이르기를, "고문의 과두문자(科斗文字)는 시속에 억압되어 소학(小學)[14]으로 강등되었다. 중흥한 이래로 통유(通儒) 달사(達士)인 가규·정홍(鄭興) 등이 함께 독실히 좋아하였다"[15]고 했다. 이것이 이른바 두림의 『칠서』를 말하는 것으로 명유(名儒)들이 다 좋아한 것이다(「盧植傳」에 보인다─原註). 「유림전」에 이르기를, "정홍은 고학(古學)을 좋아하였는데 두림·환담·위굉 등으로부터 뜻을 취하지 않음이 없었다"[16]고 하였다(「鄭興傳」에 보인다─原註). 그 사우(師友)의 연원과 학술의 뿌리와 계파가 계속 이어지고 빛나 낙양(洛陽)에서 으뜸이었는데도 모기령은 "고문의 대열에 끼지 못했고, 한(漢)나라 사서(史書)에도 이것을 의심하였다"고 하니, 모기령이 본 것은 무슨 역사책인가?(尹敏·周防·丁鴻 등은 그들의 문자가 한 글자도 남아 전하는 것이 없는데, 毛奇齡이 이 세 사람을 추대하였다. 이것은 본래 그의 계책으로 앞에 이미 나타나 있

---

14) 小學: 요즈음의 소위 文字學을 말함.
15) 『後漢書』「盧植傳」의 원문은 다음과 같다. "古文科斗, 近於爲實, 而厭抑流俗, 降在小學. 中興以來, 通儒達士班固·賈逵·鄭興父子, 並敦悅之."
16) 『後漢書』「鄭興傳」의 원문은 다음과 같다. "興好古學, 尤明於左氏·周官, 長於歷數. 自杜林·桓譚·衛宏之屬, 莫不斟酌焉."

다 — 原註)

원사(冤詞) 29

두림이 이르기를, "이것을 서주(西州)에서 얻었다"고 하였는데, 이것은 「위태서」를 가리켜 '뒤에 얻었다' '민간에서 얻었다' '땅을 파서 얻었다' '하내의 여자가 얻었다'고 말하는 것과 마찬가지로 무엇을 근거로 할 수 있겠는가? ○『상서』는 원래 몰래 나온 것이 있는데 예를 들면 복벽(伏壁)의 「태서」와 장패의 『백량편』과 두림의 『칠서』 같은 것으로 이것은 분명히 의심스러운 것이다. 그런데 눈이 있어도 도적이 자식이 된 것을 알지 못하고 도리어 거짓으로 꾸며 원통하게 속이니, 공벽(孔壁)에서 나온 성스러운 경전을 또한 어떻게 할 것인가?[17]

두림이 서주에서 얻었다는 말은 「위태서」를 여러 종 얻었다는 말과 같이 황당한 것으로 돌릴 수는 없다. 저 「위태서」는 매양 전에 보지 못한 바의 새 물건을 가지고 이르기를, "어느 곳에서 얻었다"고 하는 격이지만, 이 『칠서』는 평제(平帝) 때 관학(官學)을 세워 유흠을 스승으로 삼고 왕황·도운을 박사로 삼아서(上乙 二에 보인다 — 原註) 배우는 이가 운집하고 온 세상이 감화를 받았다. 모든 사람들이 같이 외우고 모든 사람들이 같이 보는 『고문상서』와 한 글자도 증감이 없고 한 획도 오류가 없는 공벽의 모본(摹本)으로, 오직 그 고전(古篆)이 예서(隷書)와 다르고 칠혼(漆痕)이 묵적(墨跡)과 달라 진귀하고 아낄 만하였다. 그러므로 서주에서 그것을 얻었다고 했는데 서주는 서경(西京)이다. 광무제가 동쪽으로 도읍을 옮겼기 때문에 옛 도읍을 가리켜 서주라고 했다. 지나간 일이 가히 부끄럽고 또 두려운 까닭으로 그 전수 관계를 말하지 않았다

---

17) 毛奇齡, 『古文尙書冤詞』 卷3, 張9.

(王莽이 이미 패망했으므로 劉歆·王璜·塗惲이 모두 부끄러울 만하다—原註).
『고문상서』가 관학에 세워진 것은 원시(元始) 3년 계해년(癸亥年: 3년)이다(上乙 七에 보인다—原註). 아래로 광무제 초년인 을유년(乙酉年: 25년)까지는 23년에 불과하다. 중간에 온갖 어려움을 겪은 까닭으로 세워져 있던 것이 도로 폐해지고 드러나 있던 것이 다시 가려져 한 가닥의 남은 실마리가 이 한 권에 있었다. 그가 서순(徐巡)·위굉(衛宏)에게 답하는 말에 "병란에 유리(流離)하면서 늘 이 경(經)이 드디어 끊어져버릴까 두려워했다"고 하였으니(上乙 五에 보인다—原註), 이 한 권의 경이 곧 전에 관학에 건립한 『고문상서』임이 분명한데 지금에 있어서는 이미 왕망으로 인하여 폐하게 되었으므로 드디어 이로부터 끊어질까 두려워한 것이다. 두림이 어찌 전에 보지 못한 새로 나온 책으로 여겨 황당하게 갑자기 "이 것을 서주에서 얻었다"고 말하였겠는가? 또 모기령은 잘못하였다. 『매서』를 관학에 세우려면 다만 이 『매서』가 믿을 만한 것임을 논하고 그 연원을 체계화하고 그 수수 관계를 밝혀서, 다른 사람들의 의심하는 마음을 없게 해야 될 것인데, 이런 일에 힘쓰지 않고서 먼저 두림의 고문만 공격하니 장차 무슨 이로움이 있겠는가? 옛말에 '내가 살고 난 후에 남을 죽인다'고 했는데 내가 살아남지 못했는데 어떻게 다른 사람을 죽이겠는가?

『매서』는 본래 정충(鄭沖)에게서 전수받았다고 하는데, 정충·소유(蘇愉)의 사적은 『진서晉書』에 나타나 있지 않고(上乙 十에 보인다—原註) 요씨(姚氏)[18]의 『상서尚書』「순전舜典」의 글은 본래 "대항 시장(大航市場)에서 그것을 얻었다"고 했으나 차 장수나 소금 장수의 이름이 『수서』「경적지」에 실려 있지 않다(시장에서 얻었다는 말은 그 근원을 숨기는 것이다. 온갖 사람이 모이는 곳이니 나온 바를 알 수

---

18) 姚氏: 姚方興을 가리킴.

가 없다─原註). 그러나 또 그것을 받들어 성인의 경(經)으로 여기
면서 매양 두림의『칠서』를 가지고 그것을 찧고 흔들고 하여〔舂之
簸之〕힘을 남기지 않는 것은 무슨 뜻에서일까? 두림은 황당한 사
람이 아니다. 그 부친은 양주자사(凉州刺史) 두업(杜鄴)이고(『漢書』에
「杜鄴傳」이 있다─原註) 그 외조부는 경조윤(京兆尹)인 장창(張敞)이
다(張敞의 아들은 張竦인데 또한 박학으로 유명하였다─原註).[19] 관직은
대사공(大司空)이었고(『後漢書』에 나온다─原註) 광무제에게 예우(禮
遇)를 받아 중흥의 왕업을 도왔다(「本傳」에 보인다─原註). 저술로는
『창힐훈고』2종[20]이 반고의『한서』「예문지」에 실려 있다(上乙 五
에 보인다─原註). 사우(師友)로는 도운·정흥·가휘·환담이요(『後漢
書』에 이르기를 "이에 앞서 사방의 學士들이 많이 책을 끼고서 산림으로 은둔
했다. 光武帝가 중흥하여 經術을 사랑하고 좋아했으므로 미처 수레에서 내려 국
사를 집행하기에 앞서 먼저 훌륭한 선비들을 방문하였다. 이로부터 墳策[21]을 안
고 가거나 짊어지고 京師에 구름처럼 모여들었다. 范升[22]·陳元·鄭興·杜林·衛
宏·劉昆[23]·桓榮의 무리들이 계속 이어져 모여들었다"[24]고 하였다─原註) 제
자로는 가규·위굉·서순 등이고, 향리(鄕里)는 부풍(扶風)의 무릉
(茂陵) 땅이었으니 가씨(賈氏)의 부자와 관향과 본적이 실로 같다.
그 뿌리가 깊숙이 내렸고 그 명성이 팔방에까지 들렸는데 모기령
은 무슨 까닭으로 그를 모독하는가? 분명히 두림은 공벽의 고문
의 직계손(直系孫) 격이며 중흥(中興祖)인데 그를 솥의 경중을 물어
서 옮기는 것처럼 그렇게 어떻게 옮길 수 있겠는가?

---

19) 張敞의 손자가 張竦이며 아들은 張吉이다. 張敞은 杜林의 외증조부이다.
　　장창과 두림의 가족 관계는 林在完,「杜林本『漆書古文尙書』에 대하여」
　　에 자세히 나와 있다.「韓國의 經學과 漢文學」,『竹夫 李簾衡敎授 定年退
　　職紀念論叢』, 太學社, 1996.
20)『蒼頡訓詁』2종:『蒼頡訓纂』『蒼頡故纂』을 말한다.
21) 墳策: 고대의 典籍. 三皇의 墳과 五帝의 典 같은 것.
22) 范升: 後漢 사람. 字는 辯卿.『周易』에 뛰어났으며 光武帝 때 博士를 지냈다.
23) 劉昆: 後漢 사람. 字는 桓公.『周易』에 정통하였으며 音律에도 밝았다.
24)『後漢書』「儒林傳」.

원사(冤詞) 30

『상서정의』에 이르기를, "정현이 「윤정」에 주를 하여 「윤정」은 신하의 이름이다'고 하였다"고 하였다. 내가 생각하건대 이는 고문도 보지 못했을 뿐만 아니라 「서서書序」도 보지 못한 것이다. 그리고 『칠서』에는 반드시 편명만 있고 서(序)는 없는 것으로 여겨지는데, 「서서」에 주를 다는 자들이 사리를 따지지 않고 덮어놓고 하는 말이다. 「윤정」의 서는 『사기』에도 있는데 정현은 또한 『사기』도 보지 않았다는 말인가?[25]

두림의 『칠서』가 어찌하여 서(序)가 없단 말인가? 「골작汨作」의 서에 이르기를, "상제(上帝)가 하토(下土)를 다스린다"라고 했는데 마융이 '이(釐)'자에 훈을 달았다('釐'는 혜택을 준다, 다스린다는 뜻이다—原註). 「서백감려西伯戡黎」의 서에 "은시구주(殷始咎周)"라고 했는데, 마융이 '구(咎)'자에 훈을 달았다(咎周라는 것은 周나라로부터 허물을 받게 되다는 뜻이다—原註). 만약 『칠서』에 서가 없었다면 마융이 무엇으로써 그것에 주를 달았겠는가? ○ 정현이 신하의 이름이라고 했다는 것은 본래 '윤(胤)'자에 주를 단 것인데, 공영달의 소에서 아무렇게나 인용한 것이다. 「요전堯典」의 '윤자주(胤子朱)'를 혹 사자(嗣子)인 단주(丹朱)라고 생각하기도 하고(馬融·鄭玄이 그렇게 말했다—原註) 혹 윤국(胤國)의 자작(子爵)이라고 생각하기도 했다(梅賾本이 이렇게 주를 달았는데 王肅에서 나온 것 같다—原註). 종래의 쟁점은 다만 '윤(胤)'한 글자인데, 『칠서』에 서문이 없다 하고 정현이 서문을 보지 못했다고 하면서도 오히려 사람들이 믿기를 바라는가?

○ 지금 『사기』 「하본기夏本紀」의 주를 살펴보니, 정현의 주를

---

25) 毛奇齡, 『古文尙書冤詞』 卷3, 張10.

기록해서 이르기를, "'윤(胤)'은 신하의 이름이다"고 하였다. 모기령이『사기』를 보았다고 하면서 어찌 주까지 아울러 자세히 보지 않았는가?

원사(冤詞) 31

주죽타(朱竹坨)의『경의고經義考』에 이르기를, "『칠서』고문은 비록 그 편수를 상세히 알 수 없으나 육덕명(陸德明)의『경전석문』에는 마융의 주를 채록한 것이 심히 많다. 그러나 금문 및 「소서小序」26)에는 주가 있으나 공씨의 25편27)에 대해서는 한마디도 없다"고 하였다. ○ 또 이르기를, "동한(東漢)의『고문상서』는 한 가지가 아니다. 호상(胡常)이 전수받은 것이 있고, 합예(蓋豫)28)가 전한 것이 있고, 두림이 얻은 것이 있다. 모두 다 공안국에 근본을 둔 것은 아닌데『상서정의』에서는 공안국이 전했다고 하는 것이 가규·마융 등이라고 잘못 말했다"고 하였다.29)

주죽타는 초년에『매서』를 두둔하였는데 만년에는 그것이 간사한 위서임을 오로지 밝혔으니 여기에 말한 것이 그 중의 하나이다. ○ 모기령은 또 계략이 곤궁하여 양한(兩漢) 고문의 학을 공안국의『고문상서』계보 가운데서 잘라내어, 먼저 외롭고 약하여 후원할 사람이 없는 호상과 합예를 가지고 시험 삼아 장난해보고자 하였다. 그러나 호상이란 사람은 도위조의 적손(嫡孫) 격이고(上乙 二에 보인다 — 原註) 합예는 여남(汝南) 출신의 주방(周防)의 엄한 스승이다(上乙 三에 보인다 — 原註). 모두 함부로 범할 수 없는 사람들

---

26)「小序」:『尙書』各篇의 序文.
27) 孔氏의 25편: 여기서는 梅賾의 僞古文 25편을 가리킴.
28) 蓋豫: p. 63 주 109 참조.
29) 毛奇齡,『古文尙書冤詞』卷3, 張10.

이다. 소위 '공안국'이라고 하는 것은 다 공안국에 근본을 두지 않았으므로 이것은 마땅히 제거해야 한다. 그러나 공영달의 『상서정의』 소의 병통은 확고하지 않고 나약한 데 있지만 가규·마융을 두고 공안국이 전해준 것이라고 하는 것은 틀리지 않는다.

원사(冤詞) 32

주자가 이르기를, "『상서』 가운데 읽기 쉬운 것은 고문이요 읽기 어려운 것은 금문이다"고 하였다. ○『상서』의 문체는 어렵고 쉬운 구분이 없다. 유자가 경서를 읽음에 마땅히 이치를 논해야지 문장을 논해서는 안 된다. ○ 진제(陳第)[30]가 이르기를, "『상서』의 진본을 귀히 여기는 까닭은 도의 표준을 세울 만하기 때문이요, 위서를 미워하는 까닭은 성인의 수훈(垂訓)이 될 수 없기 때문이다. 오늘날 천자로부터 고문을 익혀 정치에 도움을 주고 있는데 도리어 가혹하게 이것을 비난한다"고 하였고, 또 이르기를, "25편의 글은 낮고도 높고 가까우면서도 멀다"고 하였다. ○ 장삼(張杉)[31]이 이르기를, "도끼를 잃고서 보는 사람마다 훔친 사람으로 의심한다[32]고 하였다.[33]

진경(眞經)과 안경(贋經)은 진실로 읽기에 어렵고 쉬움이 있다(先

---

30) 陳第: 1541～1617. 明나라 連江人. 字는 季立. 號는 一齋, 溫麻山農. 저서로『毛詩古音考』『尚書疏衍』『屈宋古音義』등이 있다.

31) 張杉: 未詳.

32) 『列子』「說符」제33장에 나오는 이야기. 어떤 사람이 도끼를 잃어버리고는 그 이웃집 아들을 의심했다. 그의 걸음걸이를 보아도 도끼를 훔친 것 같고 안색을 보아도 도끼를 훔친 것 같고, 말씨를 들어도 도끼를 훔친 것 같았다. 모든 행동거지가 도끼를 훔친 자와 똑같았다. 얼마 후에 골짜기를 살피다가 그 잃었던 도끼를 찾았다. 다음날 다시 그 이웃집 아들을 보니 동작과 태도가 도끼를 훔친 자 같지 않았다(人有亡鈇者, 意其隣之子. 視其行步, 竊鈇也, 顏色, 竊鈇也, 言語, 竊鈇也. 動作態度, 無爲而不竊鈇也. 俄而抇其谷而得其鈇. 他日復見其隣人之子, 動作態度, 無似竊鈇者).

33) 毛奇齡, 『古文尚書冤詞』卷3, 張11, 13, 14.

儒들이 매양 이르기를, "今文·古文에는 차이가 있는 것 같다"고 하였는데, 지금
은 다만 眞·贗이라고만 칭한다──原註). 안경 가운데에 옛 전적의 글을
많이 수록했기 때문에 다만『상서』의 문체만 가지고서 말해서는
안 된다. 진경은 의리가 고고하고 어맥(語脉)이 뛰어나서 이 절
(節)을 읽을 때 제2절에 무슨 설이 있을지를 알지 못하고, 첫 편을
읽을 때에 제2편에 무슨 일을 서술할지를 알지 못한다. 대개 당시
의 사정은 오늘날의 사람들이 능히 헤아릴 바가 아니고, 또한 성
인의 뜻은 범인이 능히 짐작할 바가 아니다. 이제「태갑」「열명」
등은 마디마디가 잘 길들여 있고 곳곳이 잘 익숙해져 있기 때문에
한결같이 후대 대각(臺閣)의 신하가 임금의 덕을 권하는 소차(疏箚)
의 모양과 같다. 그 사건을 서술하는 방법은 사관(史館)의 일기와
같다. 모두 안배하고 헤아려 지은 글이다. 그 문체의 난이도는 논
할 겨를이 없다. ○ 또 이르기를, "유자가 독서함에 있어서 이치를
논하지 문장을 논하지 않는다"고 했는데 이는 위협하는 말이다.
글을 논하는 것은 진위를 분변하려는 것이다. 진위가 정해진 뒤에
라야 비로소 가히 이치를 논할 수 있다. 만약 신사(愼思)·명변(明
辯)의 공부가 미진한 데가 있는데도 곧바로 자기 주장을 논의한다
면 어긋나서 잘못되지 않는 법이 없으니 두려워하지 않을 수 있겠
는가?

진제의 설은 대개 속류(俗流)들이 보통 하는 말이다. 그러나 성
(誠)이란 하늘의 도(道)다. 우리 인간들이 하늘에서 성(性)을 받았
으므로 오직 하늘을 닮는다. 그러므로 본성은 참된 것을 좋아하고
거짓을 싫어하며 참된 것을 믿고 거짓을 의심하는데 이는 하늘이
품부(稟賦)한 것이니 속일 수 없다. 이가급(李可及)[34]이 공자를 거
짓 모방한 것은 차돌처럼 단단한 외곬의 통 좁은 선비로서 그 발

---

34) 李可及: 未詳.

언이 단정하고 자세한 것만 같지 못하며, 거짓 탕(湯)임금 노릇 하고 거짓 무왕(武王) 노릇 하는 것은 『정관정요貞觀政要』35)에 기재되어 있는 당 태종의 노실(老實)한 것만 같지 못하다. 비록 그 가운데는 양양(洋洋)한 성인의 말씀이 옛 전적 가운데서 나온 것이기는 하나 모두 사실을 번복하고 거짓 껍질을 뒤집어쓰고 있으니 차라리 몇 구절이 세상에 외롭게 행해져서 이것이 단장취의(斷章取義)를 통해 오히려 도의 표준을 세우고 교훈을 드리우게 할 수 있는 것만 같지 못하다. 가령 지임(遲任)36)의 말로서 '사람은 오직 예스러운 사람을 구해야 한다'고 한 말의 한 구절이 있다고 하자. 이것으로써 아래위를 통해 살펴보아 백성을 인도하여 도읍을 옮겼던 그 예를 안다면 진실로 크게 훌륭하겠거니와, 만약 그렇지 못하다면 차라리 그 한 구절의 글이 세상에 외롭게 행해지는 것이 낫지, 위작을 하는 자가 달리 사실을 만들어 혹 새로운 현자를 등용하고 옛 간사한 사람을 물리칠 기회에 이 한 구절을 삽입하게 된다면 그 의리에 해가 됨을 또 어떻게 하겠는가?(王安石·呂惠卿37) 이 옛 신하라는 이유로 그들을 구해서는 안 된다—原註) 신사·명변은 학문의 큰 단서이니 이와 같은 설(說)을 만들어서는 안 된다. ○ "낮으면서도 높고 가까우면서도 멀다"고 하는 것은 이치에 그른 말이다. 태사공(太史公)이 『이소離騷』를 논하여 이르기를, "그 일컫는 글은 대소롭지 않으나 그 가리키는 바는 크고 그 열거한 유(類)는 가까우나 그 나타낸 뜻은 멀다"고 했는데, 이는 그렇게 말할 수 있다. 그러나 이제 곧장 '낮으면서도 높고 가까우면서도 멀다'고 한다면 되겠는가? 흙탕물을 잔에 부어 마시기를 권하면서 이르기

---

35) 『貞觀政要』: 당 태종의 정치에 관련된 언행을 태종이 죽은 후 50여 년경에 吳兢이 10권 40편으로 엮어놓은 책.
36) 遲任: 上古時代의 賢人. 『尙書』 「盤庚」 上에 그의 말이 보인다.
37) 呂惠卿: 宋 晉江人. 字는 吉甫. 新法派의 대표적인 인물이다. 王安石과 처음에는 사이가 좋았으나 나중에는 관계가 멀어졌다.

를, "이 물은 흐리면서도 맑다" 하고, 난쟁이를 세워서 그 난쟁이에게 경례(敬禮)를 하게 하면서 이르기를, "이 사람은 키가 작으면서도 크다" 한다면 입을 가리고 웃지 않을 사람이 있겠는가?

"도끼를 잃어버리고는 보는 사람마다 훔친 사람이라고 의심한다"는 비유는(『列子』에 보인다—原註) 그 문체를 살펴서 그것이 위조된 것이라고 가리키는 것을 두고 한 말이다. 이는 그 어떤 사람의 걸음걸이·안색·언어·동작 등을 보고서 훔쳐간 사람이라고 의심하는 것과 같다는 말이다. 반고·마융·순열·범엽의 역사서를 고찰하고『좌전』『예기』『순자』『묵자』의 문장을 검토하여 그 내용을 상고해보고 그 맥락을 살펴보는 것은 상자를 뒤져서 그 상자속의 도끼를 얻는 격이니, 그래도 오히려 도끼를 훔친 사람으로 의심받는 데까지는 그 자신이 처하게 되겠는가?

원사(冤詞) 33

주자는 이르기를, "수백 년 동안 벽 속에 있었던 물건이 한 글자도 틀리거나 훼손된 것이 없으나 「주고酒誥」에 떨어져나간 죽간(竹簡)이 하나, 「소고召誥」에 떨어져나간 죽간이 둘이다" 하였다. ○『논어』『효경』은『상서』와 같이 나왔으나 자구가 틀리거나 훼손된 것이 하나도 없다. ○ '구수(口授)' 두 글자는 공안국의 서문에서 나왔는데 주자는 도적의 말을 훔쳐서 도적을 힐난했다.[38]

「주고」의 떨어져나간 죽간이 하나, 「소고」의 떨어져나간 죽간이 둘인 것은 사실이지만(上甲 九에 보인다—原註), 일찍이 언제「태갑」의 떨어져나간 죽간이 하나, 「열명」의 떨어져나간 죽간이 둘이라고 말했던가? 갓옷을 끼어 입고 조상(弔喪)을 하는 것은 비록 증

---

38) 毛奇齡,『古文尙書冤詞』卷3, 張14〜16..

자(曾子)의 실례가 되지만 사람을 죽이는 것과 아무 관계가 없으며, 술을 즐겨 문을 잠그는 것은 비록 맹공(孟公)[39]의 지나친 행동이지만 좌중을 놀라게 하는 것과 무슨 상관이 있겠는가? 주자가 의심한 바는 25편에 있는데 거짓으로 모른 체하고서 이렇게 대응한단 말인가?

공벽(孔壁)에서 『고론古論』[40]이 나오기 전에 본래 『노론魯論』『제론齊論』이 있었다. 이것이 복생의 금문처럼 세상에 통행된 지가 이미 오래되었으므로 『고론』이 벽에서 나오자 유향이 그것을 얻어서 대교(對校)하였다. 공벽의 『효경』이 나오기 전에 본래 안지(顔芝)[41]의 『효경』이 있었다. 이것도 복생의 금문처럼 세상에 통행된 지가 이미 오래되었으므로 '고경(古經)'이 벽에서 나오자 유향이 그것을 얻어서 대교하였다. 만약 『논어』에 『제론』『노론』이 없었고, 『효경』에 안지의 소장이 없었다면 공벽에서 나온 것도 『상서』 16편과 '일례(逸禮)' 39편(上甲 九에 보인다─原註)과 함께 사설(師說)이 끊어져 망실되어버리는 데로 돌아가고 말았을 것이다. 그 자구(字句)가 틀리거나 훼손된 것을 논할 겨를이 있겠는가?(『孝經』은 틀리고 어긋난 부분이 많지만 여기서는 논하지 않는다─原註) 매색의 25편은 상고(詳考)하여 교정할 것도 없고, 전혀 틀리고 훼손되고 할 것도 없다. 이런 까닭에 그 책을 의심하는 것이다. 『논어』『효경』을 증거 삼아 어찌 그것을 성원할 수 있겠는가? 모기령은 또한 '구수(口授)' 두 글자가 본래 「대서大序」[42]에서 나온 것임을 알

---

39) 孟公: 前漢 陳遵의 字. 陳遵은 술과 친구를 좋아하였다. 친구를 초대하면 문을 걸어 잠그고 친구가 타고 온 수레 빗장을 우물 속에 던져서 집에 돌아가지 못하게 만들었다는 기록이 있다.

40) 『古論』: 『論語』는 漢代의 『古論』(21편), 齊나라에서 전해진 『齊論』(22편), 魯나라에서 전해진 『魯論』(20편) 등으로 傳承되었다. 이중에 『古論』은 漢景帝 때 나온 孔子壁中書로 21편이며, 篇次도 『齊論』『魯論』과 다르다.

41) 顔芝: 秦始皇 때 河間人. 『孝經』을 秘藏했던 사람으로 전해짐. 顔芝가 傳한 『孝經』을 '今文孝經'이라고 한다.

고 있었다(上丁 九에 보인다—原註). 또 그는 "복생은 구전으로 전수한 사실이 없고, 『사기』 『한서』에도 모두 이런 설이 없다"고 말하였으니(또 "孔安國이 서문을 쓴 뒤에는 衛宏이 무어라고 한 말이 있다"고 하였다—原註) 모기령이 마음속으로 매색의 위작임을 안 것은 더 말할 필요가 없다. 이미 이와 같다면 어찌하여 창을 던져버리고 가르침을 받지 아니하는가? 모기령의 본뜻은 매색을 비호해주는 데 있는 것이 아니고 주자를 반박하는 데 있다. 그러므로 주자의 설이 옳은 곳에서는 온갖 계략으로 주자를 헐뜯고, 소략한 곳이 눈에 띄면 곧 자신의 재주 있음을 알리고 싶어 못 참아 그 속셈을 드러내어 차라리 매색의 일에 해로움이 있을지언정 주자를 호되게 욕하지 않을 수 없었다. 아! 무슨 까닭으로 이 지경에까지 이르렀는가? 그러나 주자는 본래 위굉의 설을 인용한 것이지 「대서」에 의거한 것은 아니었다(上丁 九에 보인다—原註).

원사(冤詞) 34

주자는 또 이르기를, "공안국의 「대서」는 서한(西漢)의 문장이 아니고 「소서 小序」[43]는 공자의 작(作)이 아니다"고 하였다. ○ 가규·마융·정현 등은 모두 「소서」는 공자가 지은 것이라고 했다. ○ 사마천이 이미 그 글을 수집하여 『사기』의 「하본기」 「은본기」 「주본기」에 넣었다. 바라건대 문체를 잘 감식하는 사람들은 한두 번 읽어보라.[44]

「매서梅序」[45]가 서한의 문장이 아니라는 것을 이루 다 말할 수

---

42) 「大序」: 梅賾이 僞作한 『古文尙書孔安國傳』의 序文을 말함.
43) 「小序」: 『尙書』 1백 편에 대한 各篇의 序文을 가리킴.
44) 毛奇齡, 『古文尙書冤詞』 卷3, 張17~19.
45) 梅序: 「大序」를 말함.

있겠는가? 주자는 눈의 판단력이 견고·투철하여 참으로 헛되이 발언하지 않는다. 이런 것은 비록 평범한 눈이라도 또한 변별할 수가 있다. 다만 문체의 고하(高下)는 본래 정확하게 꼬집어 말할 수가 없다. 갑은 '비천하다' 하고, 을은 '고심(高深)하다'고 하여 종일토록 서로 힐난하여 끝이 없다. 그 글의 기록을 살펴서 진위를 구별하는 것이 훨씬 편할 것이다.

「소서」는 공자의 문하에서 나온 옛것이 아니다. 「기직棄稷」의 서문은 반드시 다른 말이 있을 것인데 이제 「고요모皐陶謨」에 합쳐버렸다(『尙書正義』에도 논의를 제기한 것이 없다 — 原註). 「무성武成」 「태서太誓」의 서문은 거두절미(去頭截尾)하고 사족(蛇足)을 붙이고, 속초(續貂)[46]하여 마음대로 어지럽혀 모습이 완전히 바뀌었으니 순수하게 공문(孔門)에서 나온 것이 아님을 알 수 있겠다. 여기에 한 사람이 있다고 가정하자. 다른 사람과 더불어 말할 때 비록 백 마디가 다 사실이라도 그 한 마디가 혹 거짓말이면 결국은 거짓말쟁이가 된다. 「서서書序」가 비록 본래 공자가 지은 것이라 하더라도 (上甲 三에 보인다 — 原註) 매색본 가운데 거짓이 섞여 있는 것이 한둘이 아니니 어찌 욕을 듣지 않겠는가?(毛奇齡은 이르기를, "朱子는 『史記』를 읽지 않았다"고 했다. 그러나 毛奇齡은 『史記』를 고찰함에 있어서 夏·殷·周 삼대의 「本紀」만 고찰하였지 列國의 「世家」는 고찰하지 않았으니 조잡하고 그 疏漏함이 이와 같다 — 原註)

「서서」는 본래 공자가 지은 것이다. 그러므로 복생은 그것을 받들어 성경(聖經)으로 삼아 벽(壁) 속에 숨겨두었고 반고가 그것을 상세히 기록하였다(上甲 三에 보인다 — 原註). 그 문체는 『주역周易』의 「단전彖傳」 「상전象傳」과 서로 같고 경(經)에서 말한 것을 서

---

46) '貂不足狗尾續'의 줄임말로, 封爵을 함부로 주는 일을 가리킴. 晉나라 趙 王倫의 일당이 高官이 되자 그들의 종까지도 관위에 올라 冠을 장식하는 貂尾마저 부족하여 개꼬리로 장식했다는 고사에서 온 말.

(序)에서 다시 서술하였다(예를 들면 「甘誓」「西伯戡黎」와 같은 類이다─原註). 공자의 이른바 '술이부작(述而不作)'이란 것은 바로 이를 두고 말한 것이다. 주자는 「시서詩序」에서도 여러 차례 의심스런 단서를 잡아 가지고 위작의 흔적이 있음을 힘써 변별하였고 국물에 덴 사람이 양념도 불어 먹는 격으로 「서서」까지도 아울러 의심하게 되었다. 그러나 「시서」는 『제시齊詩』『노시魯詩』『한시韓詩』『모시毛詩』가 각각 뜻이 다르므로 공자의 문하에서 나오지 않았다는 것을 가히 알 수 있지만 「서서」는 복생본과 공안국본을 대교할 때 다르지 않았으니(29편은 본래 서로 對校한 것이다─原註) 위작이 아니다. 다만 지금의 매색본은 진위(眞僞)가 서로 섞여 있으므로 매우 유감스럽다.

원사(冤詞) 35

고문의 원통함은 오씨(吳氏)[47]에서 성립되었다. 오씨는 이르기를, "공벽에서 나온 진고문(眞古文)은 전하지 않는다"고 했다. ○ 오씨는 이르기를, "장패가 「순전」「골작」등 24편을 위작했다"고 하였다. ○ 오씨는 이르기를, "이 25편을 감히 믿지 않는 것은 시비지심(是非之心)의 판단을 어둡게 할 수가 없기 때문이다"고 했다.[48]

오초려(吳草廬)는 힘써 매색의 『상서』에서 25편을 더한 것을 논변(論辨)했지만 흠모할 만한 탁견(卓見)은 별로 없고 단지 그 말한 것 중에서는 한두 가지 흠이 있다. 첫째는 공벽진고문(孔壁眞古文)의 『상서』는 전하지 않는다고 했는데, 반고·사마천·순열·범엽

---

47) 吳氏: 吳澄을 말한다. p. 45 주 13 참조.
48) 毛奇齡, 『古文尙書冤詞』卷4, 張1~3.

등의 역사서와 도위조·교동의 용생·유흠·두림으로부터 가규·마
융·정현 삼가(三家)의 사적에 이르기까지 두루 고찰해보지 않은
것 같다. 둘째로 장패가「순전」「골작」등을 위작했다고 하였는데
이는 오직 공영달의『상서정의』만 믿고 나머지 16편의 내력은 분
명히 조사해보지 않은 것 같다. 이는 진실로 그러하거니와(上辛 十
에 보인다—原註) 이제 모기령의 말을 보니 오초려가 알지 못한 것
을 환히 다 알고 있었다. 오초려는 고문·금문의 전말을 상세히
알지 못했으나 그래도 오히려 말로 듣고 기(氣)로 듣고서 그것이
위서임을 변별하였는데, 모기령은 그 전말을 잘 알면서도 오히려
그 미혹(迷惑)됨에서 헤쳐나오지 못하고, 일을 그르치면서 주자의
뒷자취 밟기를 부끄러워했으니, 오초려가 말한 바의 시비지심에
스스로 부끄러움이 없을 수 있겠는가?

　대저『매색본』을 공격하는 사람들은 겉으로 표면적인 동작에서
의심을 일으키나 그 글의 기록을 고찰하고 검토하는 공부가 너무
소략하다. 오초려는 이르기를, "하후씨·구양씨의 학은 당초(唐初)
에 없어졌다"고 하였고(이미 西晉 때 없어졌음을 알지 못했다—原註) 귀
진천(歸震川)은『한서』「예문지」를 고찰해보지도 않고 공벽에서
나온 고경(古經)은 16권에 불과하다고 잘못 말했으며(毛奇齡의『古文
尙書寃詞』에 보인다—原註), 노재(魯齋) 왕백(王柏)[49]은 "과두서(科斗
書)가 없어졌는데 공안국이 어찌 능히 그것을 알았겠는가?"(毛奇齡
의『古文尙書寃詞』에 보인다—原註)[50]라고 했다. 그 소략하기가 대략
이러하니, 드디어 매색을 편드는 사람으로 하여금 공안국을 등에
업고서 더욱 굳게 하며, 공안국을 믿고서 요새(要塞)로 삼게 했으
니 그 싸움이 더욱 불리할 것이다. 이 옥사를 안찰(按察)하는 사람

---

49) 王柏: 1197~1274. 宋 婺州 金華人. 字는 會之. 號는 魯齋. 朱子의 三傳弟
　　子. 저서로『書疑』『魯齋集』등이 있다.
50) 毛奇齡,『古文尙書寃詞』卷4, 張5.

은 모름지기 공안국본·매색본을 둘로 나누어서 분명하게 하여 쥐
가 성(城) 밑의 굴에 의지하는 것을 끊은 뒤에 연기를 피우거나
물을 대어야 쥐를 몰아낼 수가 있는 것이다.

원사(冤詞) 36

어떤 사람은 이르기를, "공안국은 무고(巫蠱)의 사건을 만난적이 없다"고 했
다.[51](○ 毛奇齡의 辨論이 너무 길어 여기에 기록하지 않는다 ── 原註)

어떤 사람이란 누구인가? 『사기』「공자세가」에 분명히 이르기
를, "공안국은 지금 황제의 박사가 되어 임회태수(臨淮太守)까지
되었다가 일찍 죽었다"라고 하였으니(上甲 九에 보인다 ── 原註), 그가
죽은 것은 한(漢) 무제(武帝) 초년이었다. '지금 황제의 박사가 되
었다'는 말은 공안국이 문제(文帝)·경제(景帝) 때의 사람임이 분명
하나 그 일이 관계되기는 무제 때까지 이르렀다는 것이다. 만약
그의 명성과 행적이 무제 때에 비로소 나타났다면 이는 무제 때
사람이니, 어째서 꼭 지금 황제의 박사가 되었다고 쓰겠는가? 공
안국은 초년에 금문(今文)을 복생에게 배워서 가가(賈嘉)[52]·주패(周
覇)[53] 등과 같이 명성이 있었다(上甲 七에 보인다 ── 原註). 그가 유학
(遊學)한 것이 비록 조년(早年)이라 하더라도 모름지기 20세는 가
까이 되었을 것이니 이는 문제 때이다. 그 뒤 경제(景帝)의 조정(16
년 간이다 ── 原註)을 거쳐 무제 40년(征和 2년 ── 原註)에 이르러 무고
(巫蠱)의 옥사를 만났으면 그 나이가 70을 충분히 넘었을 것이니,

---

51) 毛奇齡, 『古文尙書冤詞』卷4, 張6.
52) 賈嘉: p. 53 주 65 참조.
53) 周覇: p. 53 주 64 참조.

어찌하여 일찍 죽었다고 말할 수 있겠는가?(上戊 九에 보인다─原註) 반고가 노공왕(魯共王)의 일을 기록함에 있어서도 연대가 크게 어긋난다(上甲 八과 上戊 一에 보인다─原註). 공안국의 생졸(生卒) 연대를 어찌 꼭 틀림없게 고찰해 기록했겠는가? 공안국이 이미 죽은 뒤에 그 일가의 사람들이 고문을 바쳤으나 마침 무고의 옥사를 만나 시행되지 못했다(이는 본래 朱彝尊의 설이다─原註).

원사(冤詞) 37

숭정(崇禎: 1628~1644) 말년에 나돈인(羅敦仁)[54]·나유의(羅喩義)[55] 부자가 『금문상서』를 위조하여 『상서시정尚書是正』이라고 이름하였는데 20권이다. 「소서小序」를 복생의 『상서』 28편의 각 머리에다 나누어 붙였다. ○무릇 고문을 공격하는 사람들은 감히 「소서」와 복생의 『상서』가 같이 나왔다는 것을 말하지 못했다. 김이상(金履祥)[56]·황진성(黃鎭成)[57]·왕백(王柏)·웅붕래(熊朋來)[58] 같은 사람들도 오히려 반드시 복생의 『상서』는 「태서太誓」를 합하여 29편이라고 말하고 있다. ○나씨(羅氏)는 이르기를, "'금문(今文)'이란 두 글자는 조조(鼂錯)가 명명(命名)한 것이다"고 했다.[59]

나씨의 『상서시정尚書是正』은 의례(義例)가 미상이다. 그러나 복

---

54) 羅敦仁: 明의 益陽人. 經學者.
55) 羅喩義: 明의 益陽人. 羅敦仁의 子. 字는 湘中. 諡는 文介. 經學者로 莊烈帝 때 日講官을 지냈다.
56) 金履祥: 1232~1303. 宋末 元初의 학자. 蘭谿人. 號는 仁山. 宋學에 정통하며 저서로는 『大學疏義』『論語集註考證』『孟子集註考證』『尙書表注』 등이 있다.
57) 黃鎭成: 1288~1362. 元의 邵武人. 字는 元鎭. 호는 紫雲山人·存存子. 저서로 『尙書通考』『秋聲集』이 있다.
58) 熊朋來: 元의 豫章人. 字는 與可. 號는 彭蠡釣徒. 天慵先生이라고도 불렸음. 저서로 『五經說』『小學標注』『天慵文集』 등이 있다.
59) 毛奇齡, 『古文尙書冤詞』卷7, 張12~13.

생의 학이 망한 지가 가장 오래되어 지금은 이미 징험할 길이 없다. 이제 그것을 바로잡으려면 마땅히 정현본(鄭玄本)을 따라야 하는데 금문을 주장하는 것은 첫째 잘못이다. 구서(舊序)는 이미 없어졌고 매색본은 믿을 바가 못 되니 「소서」를 따로 1편으로 하지 않을 수가 없다. 이제 나누어 각 편의 첫머리에 붙인다는 것은 두번째 잘못이다(「皐陶謨」의 서문은 위로는 「大禹謨」와 연결되어 있고 아래로는 「益稷」과 연결되어 있어 이미 쓸 수도 없고 또한 멋대로 깎아버릴 수도 없다—原註). 요컨대 정현본은 그 단서(端緖)가 아직도 남아 있다(馬融·鄭玄·王肅의 설이 여러 經傳의 疏에 흩어져 보이는 것이 지금도 또한 적지 않다—原註). 그러나 아무런 증빙할 근거가 없는 복생의 학을 먼 후대에 와서 추대하는 것은 정현본과 매색본의 진위를 분변하는 데 있어서, 오히려 분명히 깨닫지 못하게 함이 있도록 하는 것 같다.

복생은 원래 「서서書序」가 있었고 『한서』「예문지」에 분명히 실려 있다(上甲 三에 보인다—原註). 김이상·황진성·왕백·웅붕래 등 여러 학자들도 「위태서僞太誓」를 29편의 하나로 여기고 있으니 과연 이것은 잘못된 것이다. 모기령이 이에 의지해서 스스로를 방위하려 하지만 또한 사실과는 거리가 멀다. 「예문지」가 한번 나온 이후로 다시 무엇을 말하겠는가? ○복생이 살던 당시에는 응당 금문이란 이름이 없었고 고문이 나오고 난 이후로 금문이란 이름이 붙여졌다. 나씨(羅氏)가 만약 "금문이란 이름이 조조에서 시작되었다"고 정말 말했다면 잘못된 것이다(毛奇齡은 이르기를, "鼂錯가 일찍이 『尙書』를 轉寫한 적이 없었는데 어떻게 今文이라고 일컬었겠는가?"라고 했다.[60] 내가 생각하건대, 鼂錯가 『尙書』를 轉寫했다 할지라도 반드시 今文이라고 일컫지는 않았을 것이다—原註).

---

60) 毛奇齡,『古文尙書冤詞』卷7, 張13.

원사(冤詞) 38

「요전堯典」과「순전舜典」이전(二典)은 복생의 벽장(壁藏)에서 나왔는데 이것을 일러 금문(今文)이라고 한다. 태사공(太史公) 사마담(司馬談)[61]이 『사기』의「본기本紀」를 지을 때「본기」가운데에 초록해 넣은 것이 이미 1백 년이 되었다. 천한(天漢)[62] 말년이 되어 고문이 공자의 집 벽에서 나왔다. 그 아들 사마천(司馬遷)이 비로소 공안국에게 나아가서 학문을 배워 장차 고문을 채집하여 넣으려고 하였으나, 이릉(李陵)[63]을 구하다가 죄를 얻었고, 정화(征和) 초에 이르러 또 무고(巫蠱)의 옥사(獄事)를 만났다. 고문(古文)의 경문(經文)은 겨우 관부(官府)에만 소장되어 있었으므로 사마천은 다만「서서書序」만 보았을 뿐 고문(古文) 58편은 보지 못했다. 그러므로「요전」과「순전」이전(二典)은 모두『금문상서』이다.[64] (○「순전」은 補亡했다'는 곳에 보인다 ── 原註)

모기령은 힘써『매서』를 옹호하였는데, 무릇 서한(西漢)의 서적에 대해서는 할 수 있는 데까지 마음대로 함부로 고치고 모독하였다. 그는 매양 한 번씩 돌아볼 때마다 오직 사마천이 고민거리가 되어 마치 찌르는 가시가 등에 있는 듯했다. 왜냐하면 사마천은 공안국과 같은 시대에 태어나 친히『상서』를 물었고,「본기」「세가世家」에 기록된 것이 29편을 벗어나지 않으며, 매색본 25편에 이르러서는 일자반구(一字半句)도 거기의 것은 끼어들어간 것이 없

---

61) 司馬談: ?~B.C. 110. 前漢 夏陽人. 司馬遷의 父.『論六家要旨』를 지어 陰陽·儒·墨·名·法·道 등의 先秦諸家學派의 학설을 정리하였다.

62) 天漢: 漢武帝의 年號. B.C. 100~97.

63) 李陵: ?~B.C. 74. 前漢의 武將. 字는 少卿. 李廣의 孫. 武帝 때 匈奴와 싸워 패하고 그곳에서 20년을 지내다가 病死했다. 친구인 蘇武와 唱和한 詩는 五言古詩의 기원이 되었다.

64) 毛奇齡이『古文尙書冤詞』에서「舜典」에 대해 주장한 여러 말들을 茶山이 論駁하기 위하여 여기에 拔萃해놓은 것이다. 아래「冤詞」39, 40도 같은 것이다.

었으니, 『매서』가 위서라는 것은 사마천의 『사기』가 제일 좋은 증거가 되기 때문이다. 이에 사마천을 억지로 굴복시켜 공안국의 책을 보지 못한 사람으로 만들려고 하였으며, 또 매색본의 「서서」를 받들어 지극한 보배로 삼아, 반드시 그 이익을 독점하여 아름다움을 나누어 가지게 하려 하지 않는 것과 같은 것이다. 그래서 복생을 헐뜯어 이르기를, "너의 『상서』에는 「서서」가 없다"고 하고, 정현을 욕하여 말하기를, "너는 「서서」도 보지 못했다"고 하였다. 그러나 사마천의 『사기』에서는 여러 차례 「서서」의 말을 수록하였는데, 만약 사마천이 그것을 복생에게서 얻었다고 한다면 복생의 『상서』에 서(序)가 있는 것이 되어, 이익을 독점할 수가 없게 될 것이니 모기령이 장차 어떻게 하겠는가? 사마천이 경(經)을 본 사실은 숨기고 서(序)를 본 사실만 인정한 것은 진실로 이 때문이다. 나의 욕심이 발(發)하면 하늘과 땅도 구분하지 못하게 된다. 그의 근거 없고 경솔함이 이와 같으니 무슨 말이 이치에 맞겠는가? 이제 그가 말한 바는 문단문단이 모두 허황한 망발이다.

첫째, 「요전」「순전」 이전(二典)이 복벽(伏壁)에서 나왔다고 말했는데, 복생의 『상서』에는 다만 「요전」만 있고 본래 「순전」은 없으니 이 점이 첫째 망발이다.

둘째, 복생의 『상서』가 그의 벽장에서 나왔으므로 이것을 일러 금문이라 한다고 했는데, 금문이란 명칭은 당시에 있지 않았고 공자 집 벽의 고문이 나온 뒤에야 비로소 복생의 『상서』를 가리켜 금문이라 하게 되었으니 이 점이 둘째 망발이다(자식이 있고 난 뒤에 아버지란 명칭이 생기게 되고, 渭水가 있은 뒤에 涇水의 맑음이 드러나게 된다[65] —— 原註).

---

65) 渭水는 淸流이고 涇水는 濁流이다. 때문에 '濁流인 涇水가 있고 난 뒤에 渭水의 맑음이 드러난다'고 해야 이치에 맞을 것이다. 茶山이 약간의 착오를 일으킨 것이 아닌가 한다.

셋째, 사마담이 「본기」를 지었다고 했는데, 사마담이 사마천의 손을 잡고 울면서 말할 때 결코 논저가 없었다. 사마천이 이릉(李陵)의 화를 만나고 나서 마침내 도당(陶唐) 이래의 역사를 기술했는데(아울러 自序傳에 보인다 — 原註), 어찌하여 사마담이 「본기」를 지었단 말인가? 이 점이 셋째 망발이다.

넷째, 초록해 넣은 지 1백 년이 지나 천한(天漢: B.C. 100~B.C. 97) 말년에 해당된다고 했는데, 그렇다면 초록해 넣는 일은 마땅히 한고조(漢高祖)가 한신(韓信)을 죽이던 시기에 해당된다. 이때는 사마담의 조부 사마무택(司馬無澤)이 비로소 시장(市長)이 되었는데, 어찌하여 어린 손자가 이『상서』를 초록했단 말인가? 이 점이 넷째 망발이다(이때에는 挾書律도 해제되지 않았다 — 原註).

다섯째, 천한(天漢) 말년에『고문상서』가 벽에서 나왔다고 했는데 노공왕(魯共王)이 죽은 것이 원광(元光) 6년(B.C. 129)이다(上戊 一에 보인다 — 原註). 어찌 천한 말년에『상서』가 비로소 벽에서 나왔겠는가? 이 점이 다섯째 망발이다.

여섯째, 장차 고문을 채록하려다가 죄로 궁형(宮刑)을 집행하는 방에 갇히었다 했는데, 이릉의 일족을 멸할 때 공자 집 벽에서『상서』가 나온 지 30년이 넘었다. 30여 년 간을 질질 끌고 채록하지 못하다가 마침내 이 화를 만났었다면 태사공은 또 어찌하여 그리도 게으른가? 이 점이 여섯째 망발이다(司馬遷이『史記』를 지은 것은 실제로 宮刑을 당한 뒤이니, 화를 당하여 초록해 넣지 못했다고 할 수 없다 — 原註).

일곱째, 다만 「서서」만 보았지 58편은 보지 못했다고 하였으니, 즉 이는 구슬을 산다면서 구슬 담은 상자만 사고 구슬을 돌려주고, 사탕수수를 먹으면서 단 쪽을 버리는 것과 같으니 또 그 흐릿하기가 어찌 이와 같은가? 이 점이 일곱째 망발이다.

여덟째, 「본기」에 실린 이전(二典)은 다 금문에서 베껴왔다고 했

는데, 반고의 말로는 "사마천이 공안국을 좇아서『상서』를 물었으
므로「요전」「우공」등을 실어놓았는데 고문의 설이 많다"고 하
였다(上乙 二에 보인다 — 原註). 반고를 믿지 않고 모기령을 믿는 것
은 내가 원하지 않는 바이다. 이 점이 여덟째 망발이다. 몇 마디
말 사이에서 여덟 가지 망발이 갖추어 드러났으니 무엇으로써 해
명할 수 있겠는가? 매색의『상서』는 위서(僞書)이다.

원사(冤詞) 39

『공안국전』이 세상에 행해졌는데「순전」1편이 없었다.「요전」에 나오는 그
말을 자세히 검토해보니「순전」의 반편(半篇)이「요전」의 뒤에 있었는데, 금문
을 편찬하던 자가「서서」를 탈거(脫去)시켜버리고「요전」과 잘못 이어서 1편으
로 만들어버렸다. ○고문에는 실제로「순전」이 없는데 앞뒤가 잘려버리고「요
전」속에 들어 있다. ○「순전」은 보망(補亡)했다.

　매색이 고문을 바칠 때 스스로 이르기를, "『공안국전』에는「순
전」1편이 없는데 후인들이 왕숙·범녕의 주석을 가지고 보충했
다"고 한다(上丙 三에 보인다 — 原註). 대개 이것은 또 전(傳)이 없어
진 것이지 경(經)이 없어진 것이 아니라고 한다. 모기령은 이「순
전」이 없어졌다는 한마디 말을 빌려 가지고 드디어 제전(帝典)을
변조시켜서 매색의 악(惡)을 구해주기 위해, 옳은 것을 택하지 않
고 고집하여 그 해가 한결같이 이 지경에 이르렀다. 모기령은 주
자가『대학』을 고치고『효경』을 산정(刪定)한 것을 지극히 헐뜯었
고, 또「격치장格致章」을 보망(補亡)한 것도 여지없이 비난하였다.
그런데 이제는 더욱이 그 일을 본받아「요전」을 고쳐서「순전」
을 보망하기를 자기 마음대로 하였으니 이것은 또 무슨 까닭에서

인가?

○「요전」이나 「순전」을 비록 모두 전(典)이라고 하였으나, 그 사실을 서술한 것이 반드시 한 판(板)에 찍은 듯이 같지는 않다. 「요전」이란 것은 신성스러운 임금들의 왕위를 주고받음과, 현자를 등용하고 간사한 무리를 내치는 일과, 예악·제도 가운데서 큰 것만을 기록한 것이다. 「순전」은 비록 상고할 수 없지만 『사기』「본기」에 실린 '농사짓고, 질그릇 굽고, 고기 잡고, 마을을 이루고, 도읍을 이루며, 효도(孝道)하고 우애(友愛)하는 행실'[66] 및 맹자의 이른바 '부르짖으며 울고, 삼가고 두려워하며,[67] 거문고를 탄다[68]'는 등의 여러 가지 일이 혹 옛 「순전」의 글이라면, 어찌하여 '월정원일(月正元日)' 이후를 마음대로 잘라서 「순전」에 소속시켰으며, 또 '농사짓고, 질그릇 굽고, 고기 잡는 일' 등을 첫머리에 갖다 놓았는가?(毛奇齡은 이것으로써 첫머리를 삼았다 ─ 原註) 옛 경(經)의 체재(體裁)는 가장 엄격하다. 사악(四岳)[69]들에게 물어보고 사방의 문을 열어 십이목(十二牧)에게 묻고 22인에게 묻는 등 여러 문단이 다 빛나는 것으로 종묘·조정의 대사였다. 그런데 도리어 가난(家難) 등 여러 조(條)를 첫머리에 얹어두었으니 장차 무슨 글을 만들려고 한 것인가? 일의 종류가 아주 다르고 사리(詞理)가 통하지 않으니 옛 「순전」은 결코 이러하지는 않았을 것이다(毛奇齡의 이른바 '舜典'을 補亡했다'는 것은 그 취하여 재료로 삼은 것이 이러하니 잘못된 것이다 ─ 原註).

---

66) 「五帝本紀」의 舜에 관한 기록.
67) 「萬章」上.
68) 「盡心」下.
69) 四岳: 堯임금 때 四方 諸侯의 일을 나누어 管掌한 羲氏와 和氏의 네 사람. 곧, 羲仲·羲叔, 和仲·和叔. 一說에는 四方의 諸侯를 통솔하는 벼슬이라고도 한다.

원사(冤詞) 40

이제 『사기』를 고찰해보면 '왈약계고제요(曰若稽古帝堯)'로부터 '방훈내조락(放勳乃殂落)'까지가 요기(堯紀)[70]니 곧 이것이 「요전」이다. '월정원일(月正元日)'부터 '순생삼십(舜生三十)'까지는 순기(舜紀)[71]이니 곧 이것이 「순전」이다. ○ 또 이르기를, "「위태서」는 두림의 위고문(僞古文)이며 「무성武成」 「필명畢命」은 무엇무엇이다"라고 했다.

사서(史書)를 짓는 사람들은 스스로 문목(門目)을 세운다. 나의 문목이 세워지고 나면 남의 글을 마음대로 취하여 나의 문목에 나누어 넣는다. 남들이 만들어놓은 글에 의하여 나의 문목을 세우는 사람은 있지 않다. 사마천은 「요전」을 가져다가 요가 죽은 이후의 일을 취하여 순기(舜紀)에 넣었으니, 반드시 순기가 「순전」은 아니다. 만약 십이목(十二牧)을 불러 관직을 명하는 것이 요임금과 관계없으니 「요전」에 들어가는 것은 마땅하지 않다고 한다면, 우임금이 "홍수가 하늘에 닿았다"고 말하고, 기(夔)가 "경(磬)을 치고 두드린다"라고 말한 것이 고요(皐陶)와 아무런 관계가 없는데 어찌하여 「고요모皐陶謨」에 들어갔는가?(梅頤本의 「益稷」이다 — 原註) 『사기』 「하본기夏本紀」에는 "홍수가 하늘에까지 닿아 그 엄청난 물이 산을 잠기게 하고 언덕까지 잠기게 올라왔다. 백성들이 근심하자 요임금이 능히 물을 다스릴 사람을 구하였다. 군신들과 사악(四岳)들이 모두 '곤(鯀)이 괜찮습니다'라고 말하니, 요임금은 '그는 사람됨이 천명(天命)을 저버리고 겨레를 해칠 것이니 안 된다'라고 하였다. 사악(四岳)들이 이르기를, '비교해보아도 곤(鯀)보다 나은

---

70) 堯紀: 『史記』 「五帝本紀」의 堯에 관한 기록을 가리킴.
71) 舜紀: 『史記』 「五帝本紀」의 舜에 관한 기록을 가리킴.

사람이 없습니다. 원컨대 임금님께서는 그를 시험해보십시오'라고
하니 이에 요임금이 사악들의 말을 들어 곤을 기용하여 물을 다스
렸지만 9년이 되어도 홍수가 그치지 않았고 공적도 나타나지 않
았다"라고 했는데, 이는 「요전」의 글을 인용하면서 조금 바꾼 것
이다. 만약 모기령의 설(說)대로 한다면 「요전」 가운데서 이 문단
을 잘라내어 「우전禹典」 1편을 세워야 마땅할 것이니, 이쪽저쪽에
뺏기고 깎이어 「요전」은 그 남는 것이 있겠는가?

요컨대 모기령의 『원사寃詞』는 그 근거로 삼은 것이 단서가 없
고, 고거(考據)도 많이 어긋날 뿐만 아니라 본원적인 심술의 병이
곳곳에서 드러났으니 정말 한스러운 일이다. 원래 『상서』의 시비
에서 가장 해당이 없는 것은 복생이다. 그를 받들려고 해도 근거
가 없고 그를 공격하려 해도 아무 계기가 없다. 다른 사람들이야
그런 줄을 모르지만 모기령은 그것을 알고 있다. 알면서도 오히려
그를 공격하는 것은 남몰래 스스로 공안국의 문하에 의탁한 것이
다. 대저 이미 공안국의 문하에 몸을 의탁했으면 무릇 공안국의
학을 바로 전한 사람을 반드시 사랑하고 사모하는 것이 옳다. 도
운·가규·마융·정현의 학은 분명히 공안국의 종자(宗子)요 적손
(嫡孫) 격이다. 다른 사람들은 그러한 줄을 모르지만 모기령은 그
것을 안다. 알면서도 오히려 그들을 공격하는 것은 매색의 응원자
가 되어서 주자에게 대항하려는 것이다. 그 마음가짐이 주자를 미
워하기를 개인적인 원수 미워하듯 했다. 무릇 주자가 말한 바에
대해서 차마 무릎을 꿇을 수가 없어서, 매색의 『상서』가 위서인
줄을 분명히 알면서도 도척(盜跖)을 위해서 요임금을 보고 짖는 개
와 같은 격이 되었고, 정현이 진전(眞傳)임을 분명히 알면서도 사
슴을 가리켜 말이라고 하는 격이 되었으며, 공안국을 조종(祖宗)으
로 삼아야 한다는 것을 분명히 알았으면서도 겉으로는 그 위세를
빌리고 속으로는 그 학통(學統)을 끊었으며, 복생에게 욕할 만한

것이 없다는 것을 분명히 알면서도 부스럼 딱지를 씻어내다가 흠을 만드는 격으로 매색의 위작을 감추는 고안을 하였으며, 두림이 진전(眞傳)임을 분명히 알면서도 금을 단련하다가 쇠를 만들었다는 격으로 위조했다는 이름을 덮어씌웠다. 그 마음가짐이 이러한데 오히려 또 무슨 말을 하겠는가?(심지어 『漢書』「藝文志」에 나타나 있는「武成」「畢命」같은 것은 당시 16편이었는데 그 내용이 奇古하고 險奧했다. 비록 師說이 없어졌다 하더라도 그 殘章·缺句는 간혹 儒者들의 외우는 바가 되었으나 이제는 상고할 바가 전혀 없어 그만 僞書의 이름을 덮어쓰게 되었다. 劉歆·班固 들로 하여금 이 일을 당하게 했더라도 거절함이 없이 위서에 복종했겠는가?── 原註).

유의(遺議)[72] 1

주자는 이르기를, "복생이 기억했던 것은 모두 읽기가 어렵다. 지금 사람이 『전서해全書解』를 지었는데 반드시 옳지 않다"라고 했다.[73] ○ 주자는 이르기를, "「서서書序」는 아마도 공안국이 지은 것이 아닌 듯하고, 또 『상서』의 「소서小序」는 결코 공자가 지은 것이 아니다"라고 했다.[74] ○ 주자는 이르기를, "『모공전毛公傳』[75]은 이와 같이 고아(高雅)하고 간결하다. 한유(漢儒)들의 훈석(訓釋)이 이러한 것이 많다"고 했다.[76]

이는 주자의 눈의 판단력이 투철한 곳이다. 주자가 『한서』를 고

---

72) 「遺議」1~8까지는 茶山이 앞의 「大序」「正義」「集傳」「寃詞」에서 미처 언급하지 못하고 빠뜨려놓았던 부분과 『朱子大全』『朱子語類』 등에 나오는 『尙書』에 관한 글을 수록하고, 梅賾의 『尙書』가 僞書임을 밝힌 것이다.
73) 朱熹, 『朱子語類』 卷78, 「尙書」.
74) 朱熹, 『朱子語類』 卷78, 「尙書」.
75) 『毛公傳』: 『毛詩傳』을 말함.
76) 朱熹, 『朱子語類』 卷78, 「尙書」.

찰해보지 않고 유향의 『별록』도 고찰해보지 않고 정현의 『상서』서(序)도 고찰해보지 않았다면 공영달의 『상서정의』소(疏)도 또한 자세히 살펴보지 않았을 것이다. 그러므로 편목(篇目)이 차이가 나는 점, 분량의 많고 적음, 유림(儒林)들의 전수한 맥락과 관학(官學) 흥폐의 자취를 하나하나 변파(辨破)하지 않고서도 그 문체의 고하, 구두(句讀)의 난이(難易), 주석의 상략(詳略)만 가지고서 그 책이 위서이지 진본이 아니라고 단정하였다. 비유하자면, 사구(司寇) 직책을 맡은 신하가 통찰력이 신명스러워 말로 듣고 안색으로 듣고 기(氣)로 듣고 눈으로 들어 이미 그 폐부를 꿰뚫어 그 실정을 모두 알아냈다면, 저절로 문서를 조사하고 사증(詞證)을 참고할 필요 없이 옥사를 판결하여 형벌을 주어 크게 백성의 뜻을 두렵게 할 수 있는 것과 같을 것이다. 만약 후생(後生) 말학(末學)이 이러하지 못하다면 반드시 마디마디 헤아리고 재며 걸음마다 실천에 옮겨 그 실적을 캐고 그 진짜 훔쳐간 물건을 잡아, 말을 아무렇게 하거나 꾸미지 못하게 한 뒤라야 바야흐로 주자의 뜻한 일을 천명할 수 있을 것이다.

유의(遺議) 2

주자는 이르기를, "「서서」는 믿을 수 없다. 복생 당시에는 이것이 없었다"라고 하였고, 또 이르기를, "「소서」는 결코 공자의 문하에서 나온 옛것이 아니다. 전부터 다른 사람들에게 이야기했더니 오직 진동보(陳同父)[77]만이 이 이야기를 듣고 의심하지 않더라"고 하였다.[78] ○ 또 이르기를, "「소서」는 의심스럽다. 「요전」1편은 그 자체가 요임금 일대의 정사의 차례를 말해놓았으니, 「순전」도 또

---

77) 陳同父: 1143～1194. p. 141 주 106 참조.
78) 朱熹, 『朱子語類』卷78, 「尙書」.

한 순임금 일대의 정사의 시종(始終)을 말해놓아야 할 터인데 도리어 여러 가지 어려운 일을 두루 시험해보았음을 말해놓았다"고 했다.[79)]

1백 편의 서(序)는 본래 복벽(伏壁)에서 나온 것으로 반고가 그것을 상세히 기록했다(上甲 三에 보인다──原註). 당시에 구양·하후씨의 학이 학관(學官)에 세워져서 세상을 주도했으므로 모든 사람들이 다 보았으니, 서(序)가 없는 것을 서(序) 있는 것으로 대신할 수가 없었다(伏生의 29편 가운데 그 1편은 「太誓」가 아니고 「書序」이다. 그러므로 漢나라의 왕업이 처음으로 정해지고 「太誓」를 얻지 못했을 때 伏生은 이미 29편을 가지고 齊·魯 지방에서 가르치고 있었다──原註). 『복서伏書』 『공서孔書』 29편은 이미 서로 상고하고 대교(對校)를 하였으니(上甲 八에 보인다──原註) 둘 다 서(序) 1권이 있는 것을 알 수 있다. 다만 매색이 변조한 것이 많으니 진실로 공문(孔門)의 옛 모습이 아니다.

매색은 이미 「요전」을 나누어 「순전」을 만들어 반편(半篇)으로 전편(全篇)을 삼았으니 여기에 이치상 응당 서(序)를 고쳐 문(文)에 맞게 해야 하였다. 비록 그러하나 서진(西晉) 때 복생의 『상서』도 없어지지 않았고 정현의 학도 바야흐로 성했으므로 구서(舊序)와 신서(新序)가 크게 다를 수가 없었다. 그러므로 차라리 경문과 어긋날지라도 고칠 수가 없었던 것이 아닌가!(『史記』에는 二典의 序가 없으니 고증할 수가 없다──原註) 주자는 구서(舊序)를 신경(新經)[80)]에다 넣었으므로(오늘날 「堯典」을 나누어 「舜典」으로 한 것을 말함──原註) 부합이 되지 않는다. 만약 양서(兩序)를 각각 구경(舊經)[81)]에 넣는다면 의심스런 점이 없게 된다. 옛날의 「요전」은 요·순의 일을 아

---

79) 朱熹, 『朱子語類』 卷78, 「尙書」.
80) 新經: 「堯典」을 나누어 「堯典」 「舜典」으로 한 것.
81) 舊經: 지금의 「堯典」과 「舜典」을 「堯典」으로 해놓은 것.

울러 서술했으므로 그 서문도 요임금에서 시작하여 순임금에서 끝맺는 것이 당연하다(다만 '讓于虞舜' 아래에 한두 구가 刪略한 것 같다─ 原註). 「순전」의 서(序)는 「순전」이 이미 없어졌으므로 상고하여 징험해볼 길이 없다. 그러나 순임금의 정사의 시종은 이미 「요전」에 갖추어져 있으므로 이중으로 서술할 필요는 없다. 이제 『사기』의 「순본기舜本紀」를 살펴보면 뇌택(雷澤)에서 고기 잡고 하수의 물가에서 질그릇 굽던 일[82]로부터 요임금의 9남 2녀와 함께 마을을 이루고 도읍을 이루기까지 집안의 어려운 여러 일에서 험난하고 불운한 자취가 많았다. 없어진 옛 「순전」의 서술이 혹 이러했을 것이므로 구서(舊序)에 여러 가지 어려움을 두루 시험해보았다는 말이 있는 것인데 매색이 이것을 도용하였다. 만약 매색에 의거해본다면 순이 이미 영달했는데 어찌 측미(側微)하다고 하겠으며, 순이 바야흐로 평탄(平坦)해지는데 어떻게 여러 가지 어려운 일을 시험해보았다고 할 수 있겠는가?(梅頤本에서는 백성들의 어려움을 다스리는 일이라고 하였으며, 陸德明의 『經典釋文』에는 '難'자를 平聲으로 하였으니 모두 그르다─ 原註).

유의(遺議) 3

주자는 이르기를, "『한서』 「율력지律曆志」에서 인용한 「이훈伊訓」 「필명畢命」에서 자획이 고문[83]과 대략 같은 것이 있는데 바로 이것은 복생이 구전(口傳)한 것이 아닐까 한다. 조조(鼂錯)가 서로 이어 붙여 읽은 것은 「무성」을 인용한 것인데 복생의 『상서』에는 이 편이 없다. 이는 반드시 장패(張霸)의 위작인

---

82) 『史記』 「五帝本紀」의 舜에 관한 기록 "舜冀州之人也. 舜耕歷山, 漁雷澤, 陶河濱"을 축약해서 말한 것이다.
83) 『朱子大全』에 '古文'으로 되어 있는데 朝本과 奎本에는 '今文'으로 되어 있다.

데 유흠이 고문으로 잘못 여겼다"고 하였다.[84]

「이훈」「필명」「무성」 등은 다 공벽(孔壁)에서 나온 16편 중의
고문이지 결코 복생이 전하거나 강론한 것이 아니다(『尚書大傳』에도
3편 가운데의 문구는 없다—原註). 이 16편은 또한 장패의 위서도 아
니다. 주자는 공영달의 소에 근거하여 아무렇게나 언급했을 따름
이다(上庚 二에 보인다—原註). 선유들은 가짜 공안국에 놀라 진짜
공안국을 살펴보지도 않고 매양 진짜 공안국과 관련된 부분조
차도 몰아서 복생의 학으로 하였다.

유의(遺議) 4

주자는 이르기를, "사실을 기록하는 말은 문장이 잘되기가 어렵고, 윤색하여
우아한 글은 좋아하기가 쉽다. 그러므로 훈(訓)·고(誥)·서(誓)·명(命) 등은 난
이도가 같지 않음이 있다"고 했다.[85] ○ 모기령이 이르기를, "금문이 진짜고 사
실을 기록한 것이므로 문장이 잘되기가 어렵고, 고문은 가짜고 윤색한 것이므로
쉬워서 좋아한다"고 했다.[86]

반고는 이르기를, "『상서』라는 것은 옛날 왕의 호령(號令)이다.
군중에게 호령하는데 그 말이 완전히 갖추어지지 않는다면 듣고
시행하는 사람들이 깨닫지 못한다. 이러하기 때문에 『고문상서』의
읽는 법은 지금의 바른말에 맞도록 되어 있다. 그러므로 고어(古
語)[87]와 금어(今語)[88]를 비교 분석하면 잘 알 수 있다"[89]고 하였다

---

84) 朱熹,『朱子語類』卷78,「尚書」.
85) 朱熹,『朱子語類』卷78,「尚書」.
86)『古文尚書寃詞』卷3, 張13.
87) 古語: 周代의 문자.

(朱子의 설도 여기에 근본했다 — 原註). 주자의 뜻은 본래 『매서』를 억지로 용서하려고 생각하여 이런 비호하는 말을 하게 되었다(朱子는 이르기를, "「盤庚」 같은 것은 일시적으로 백성들에게 告하는 말로서 기록에서 나왔고, 「蔡仲之命」 「冏命」 등은 후대의 詞臣이 지은 것과 같은 것이다"[90]고 하였다 — 原註). 모기령은 곧바로 두렵고 겁이 나서 드디어 윤색한 것을 위조한 것이라고 했으니, 아무 이유 없이 성낸 격이 아니겠는가? 『논어』에 "동리(東里)의 자산(子産)이 윤색했다"[91]는 말이 있고 『사기』에 "맹자·순경이 공자의 업(業)을 윤색했다"[92]는 말이 있고, 반고의 「서도부西都賦」에 "왕업을 윤색했다"는 말이 있다.[93] 그리하여 사림(詞林)이 초고를 대신해서 짓는 것을 드디어 임금의 말을 윤색한다고 하게 되었는데, 이런 것들을 모두 위조라고 이름할 수 있겠는가?

훈(訓)·고(誥)라는 것은 반드시 어리석은 백성들에게 포고하는 것만은 아니다. 「이훈」은 응당 이것이 왕을 훈계하는 말이며(진짜 「伊訓」도 또한 반드시 그럴 것이다 — 原註), 「태갑太甲」의 훈(訓)과 고종(高宗)의 훈(訓) 등은 응당 후세의 왕들을 훈계하는 말이다(太甲이 덕을 이룬 뒤에 어찌하여 遺訓을 지어 후세의 왕들을 훈계할 수 없었겠는가? 梅賾本에 늘어 있는 「太甲」 같은 것은 「伊訓」 그대로이니 「태갑」의 訓이라고 이름하는 것은 마땅하지 않다 — 原註). 「소고召誥」는 즉 소공(召公)이 왕에게 고(告)하는 말이고, 「낙고洛誥」는 주공(周公)이 왕과 문답하는 말이다. 그러니 어찌 반드시 어리석고 미혹한 사람을 깨우치는 글과 같아야만 하겠는가? 서(誓)·명(命)은 반드시 모두 사명(詞命)을

---

88) 今語: 漢代의 문자.
89) 『漢書』 「藝文志」.
90) 朱熹, 『朱子語類』 卷78, 「尙書」.
91) 『論語』 「憲問」.
92) 『史記』 「儒林傳」.
93) 班固의 「西都賦」에 있다고 하였는데, 「西都賦」에 있는 것이 아니라 「兩都賦序」에 있다.

윤색한 것은 아니고, 「목서牧誓」「비서費誓」는 군민(軍民)에게 포
고한 글이 아니던가? 「열명說命」은 매색본에서는 신하가 임금에게
고한 말이 많다(朱子는 본래 『梅書』로써 말한 것이다 — 原註). 「고명顧
命」도 또한 책명(冊命)의 체가 아니다(「肆命」을 梅賾의 주석에서는 또한
太甲을 훈계한 것으로 여겼다 — 原註). 문장의 난이도는 이것으로써 구
별할 수가 없다.

유의(遺議) 5

오징(吳澄)은 이르기를, "25편은 전기(傳記)에 인용되어 있는 것을 남김없이
모두 주워 모은 것이다. 장패의 위서에 비교하면 아주 다르다"고 하였다.[94] (이
미 앞에 나왔다[95] — 原註)

만약 전기에 인용되어 있는 것을 남김없이 모두 주워 모았으므
로 이것을 받아들일 만하다고 한다면 크게 잘못이다. 동일한 지극
한 이치의 말이라도 전문(全文)을 통해보면 크게 훌륭할 것 같지만
그렇지 않다. 차라리 다만 한 구절만이라도 외롭게 그대로 세상에
행해지는 것이 낫지, 사실을 뒤엎어 거짓으로 덮어씌운다면 의리
(義理)를 크게 해치는 것이 된다. "공경하고 조심하여 송구한 모습
을 하니 고수(瞽瞍)도 역시 믿고 따르게 되었다"[96]는 구절은 진실
로 효자가 신실하고도 감동시키는 지극한 의리이다. 그러나 고수
를 감화시키는 방법으로 또 묘만(苗蠻)을 감화시키고자 하여, 사사
로운 논의가 이미 정해져 군사를 동원하여 가다가 돌아와 순임금

---

94) 毛奇齡, 『古文尙書冤詞』 卷4, 張3에 인용되어 있다.
95) 제2 「集傳」 8에 나왔다.
96) "祗載見瞽瞍, 夔夔齋慄, 瞽亦允若"은 『書經』 「大禹謨」에 있다.

에게 고하니 순임금도 또한 기꺼이 받아들여 크게 문덕(文德)을 폈다고 하는 것은 심히 윤리를 해치는 것이다. 또 탕(湯)임금이 걸(桀)을 칠 때 다만 "나는 상제(上帝)를 두려워하여 감히 바로잡지 않을 수 없다"[97]라고만 하였으나, 무왕(武王)이 주왕(紂王)을 칠 때 그 죄악을 열거하면서 조금도 돌아보지 않고 공리(功利)만 추구하여, 때는 잃을 수 없다고 말하는 데까지 이르러, 이에 천시(天視)·천청(天聽) 등 지극한 말과 묘한 교훈으로써 그 사이에 삽입했으니, 그 인의(仁義)를 가탁하여 왕도(王道) 같기도 하고 패도(覇道) 같기도 한 것이 어찌 그 의리를 해침이 없겠는가? 이 여러 편을 읽어볼 때 이것으로써 가모(嘉謨)·격훈(格訓)으로 삼는다면 부자·군신 사이의 인(仁)에 있어서 그래도 자세히 강구하고 신중하게 생각했다고 하겠는가?(지금 사람들이 杜詩를 읽을 때 全文을 외우지 못하면 차라리 다만 한 구절만 외우는 것이 낫지, 朱竹垞의 「集杜詩」[98]를 외우면서 그를 받들어 詩聖이라고 한다면 괜찮겠는가? 그 흥을 붙이고 뜻을 의탁한 그 진묘함이 반드시 다 어그러져서 마땅함이 없을 것이다— 原註)

오징의 이른바 장패의 위서란 것은 공벽에서 나온 24편을 말한 것이다. 24편이 세상에 전하지 않는데 매색의 25편은 대교(對校)해볼 수가 없는 것이니, 그 내용이 아주 다른지 여부를 어떻게 성한단 말인가? 오징은 『한서』를 고찰해보지 않았으므로 장패가 어떤 것을 지었는지를 알지 못했고, 또 공영달의 소를 잘못 보았으므로 공영달의 지향(指向)하는 뜻이 장패에 있지 않다는 것을 알지 못했다('之徒' 2자를 자세히 보지 못했다— 原註). 또 장패가 서한(西漢) 때 사람인 줄을 알지 못했고, 또 공영달의 소가 무슨 까닭으로 이 24편을 애써 공격하는지를 알지 못했으므로 공손히 그 설을 따르면서도 이 아득히 전하지 않는 24편을 반격하였으니 소루함이 심하

---

97) 『書經』「湯誓」.
98) 集杜詩: 杜甫 詩의 語句를 모아서 지어놓은 詩.

다. 그러나 『매서』가 위서임을 확실히 논정(論定)했으니 그 탁견엔
미칠 수 없다.

유의(遺議) 6

　임소영(林少穎)[99]이 이르기를, "당(唐) 천보(天寶: 742~755) 3년(744년)에 위
형(衛衡)[100]에게 조서를 내려 고문을 고쳐 금문에 따르도록 했다. 지금 전하는
본(本)은 천보 때 정한 것이다"고 하였다.[101]

　『수서隋書』「경적지經籍志」에 『고문상서』 13권과 금자(今字)『상
서』 14권이 있다고 했는데(上丙 二에 보인다—原註), 반드시 '금자(今
字)'라고 일컬은 것을 보니 복생의 금문본(今文本)은 분명히 아니다
(伏生의 學은 이미 西晉 말에 없어졌으니 『隋書』「經籍志」에 실린 것은 분명히
孔安國本이면서 今字인 것이다—原註). 그러니 수대(隋代)에 이미 금자
본(今字本)이 있었던 것이다(孔安國 때부터 이미 今文으로 읽었다—原
註). 당(唐) 천보 3년에 이르러 위포(衛包)[102]가 집현전(集賢殿) 학사
(學士)가 되자 고문을 고쳐 금문에 따라 다시 정하라는 조서를 내
렸고[103] 그 뒤로는 다시 개정하지 않았다(王應麟이 이르기를, "『國史藝
文志』[104]를 살펴보니, 唐 孝明后[105] 때 今字로 轉寫하고 舊本은 감추어두었다.

---

99) 林少穎: 1112~1176. 宋 福州 侯官人인 林之奇. 少穎은 그의 字. 號는 拙
齋. 저서로 『尙書集解』 『春秋周禮講義』 『論語注』 『孟子講義』 『揚子講
義』 『道山紀聞』 『拙齋集』 등이 있다.
100) 衛衡: 唐 玄宗 때의 經學者인 衛包를 衛衡이라고 불렀는지도 모르겠으
나, 아마도 衛包를 잘못 쓴 듯하다.
101) 林之奇의 『尙書集解』에 있다.
102) 衛包: 唐人이다. 天寶 때에 集賢殿 學士가 되어 古文을 今文으로 고치
라는 詔命을 받아 『今文尙書』 13권을 저술하였다. 『唐書』에 보인다.
103) 『新唐書』 卷57.
104) 『國史藝文志』: 王應麟의 『玉海』에 의거해보면 『國史藝文志』는 「藝文志」
의 일종인데 저자가 宋人이라고만 되어 있다.

開寶[106] 5년(972년)에 今文音義를 별도로 정했고 咸平[107] 2년(999년)에 孫奭[108]
이 古文音義를 摹印할 것을 청하여 『新定釋文』[109]과 더불어 세상에 함께 流行
했으나 지금은 전하지 않는다"고 했다 ─ 原註). 그러니 채침(蔡沈)의 『서
집전』도 당(唐) 위포본(衛包本)이다. 매색이 예고(隷古)를 만들어
정한 것도 지금은 또한 보기가 어렵다(薛士龍의 『書古文訓』에 이르기
를, "이것이 梅氏本인지 아닌지 알 수 없다"고 했다 ─ 原註). ○송경문(宋景
文)[110]의 『필기筆記』에 이르기를, "양비(楊備)가 『고문상서석문古文
尙書釋文』을 얻어서 그것을 읽고 크게 기뻐했는데, '신(訊)' '랄(剌)'
자를 쓰면서 모두 고문으로 썼다"고 하였다(石經의 殘文으로 洪适[111]
의 『隷釋』가운데 수록된 것이 547자인데, 洪适이 『梅書』로써 대교해보니 문자
가 서로 차이난다고 했다 ─ 原註). 지금 사람들이 『상서』를 읽을 때 무
릇 『매서』와 다르면 복생본으로 아는데 크게 잘못이다. 진공본(眞
孔本)과 위공본(僞孔本)[112]도 본래 많은 차이가 난다.

유의(遺議) 7

왕응린이 이르기를, "정강성(鄭康成)의 『상서』주석은 간혹 공영달의 『상서정
의』소(疏)에 보이는데, '작복(作服) 12장'[113]과 '주십이사(州十二師)'[114] 등은 공

105) 孝明后: ?~865. 唐나라 憲宗의 妃이다. 孝明은 諡號.
106) 開寶: 南唐 後主(李煜)의 年號. 968~973.
107) 咸平: 宋나라 眞宗의 年號. 998~1003.
108) 孫奭: 962~1033. 宋나라 博平人. 字는 宗古. 벼슬은 太子少傅에 이르렀
    다. 저서로는 『樂記圖』『五經節解』등이 있다.
109) 『新定釋文』: 陸德明의 『經典釋文』인 듯하나 자세하지 않다.
110) 宋景文: 宋나라 사람. 이름은 祁. 字는 子京, 諡號는 景文이다.
111) 洪适: 1117~1184. 宋 鄱陽人. 字는 景伯, 號는 盤洲. 저서로는 『隷釋』
    『隷續』『盤洲集』이 있다.
112) 僞孔本: 梅賾이 僞作한 『古文尙書』를 말함.
113) 作服 12장: 『尙書』「皐陶謨」에 나온다.
114) 州十二師: 『尙書』「皐陶謨」에 나온다.

영달이 언급하지 못한 바이다"라고 하였다.[115]

　우열을 어찌 묻겠는가? 정현은 비록 졸박하나 진짜고, 공영달은
비록 공교(工巧)하나 가짜다. 주자는 평하기를, "『공안국전』이 도
를 어지럽혔다"(『朱子語類』에 보인다 — 原註)고 했으니, 진실하다, 그
말이여! 정현의 여러 주석 가운데서 『상서』의 주석이 가장 좋다
는 것은 왕찬(王粲)의 정평(定評)이 이미 『안씨가훈顔氏家訓』에 나
와 있는데(王粲이 이르기를, "세상 사람들이 伊水·洛水 以東과 淮水·漢水 以
北에 鄭玄 한 사람이 있을 따름이라고 칭찬하면서 다들 이르기를, 先儒들은 빠
뜨린 것이 많았는데 鄭氏는 도가 갖추어졌다고 했다. 나는 가만히 탄식하며 이
상하게 여겼다. 그리하여 배울 바를 구하여 鄭玄의 『尙書』 주석을 얻었다. 물러
나서 그 뜻을 생각해보니 뜻이 다 갖추어졌으나, 의심나는 바를 밝히지 못한 것
이 무릇 두 편이다"라고 하였다 — 原註) 두 편 이외에는 다 분명했다.
당시 문학 하는 선비들이 그를 추중(推重)함이 이러했는데도 공영
달은 힘써 정현의 학문을 헐뜯어 유학(儒學)에 끼지 못하게 했으니
어찌 탄식하지 않겠는가? 그러나 그 참된 성정(性情)이 『예기』
「치의緇衣」의 소에 나타나 있다(『尙書』 「君奭」의 구절을 인용하였다 —
原註).

유의(遺議) 8

　마정란(馬廷鸞)[116]이 이르기를, "중비서(中秘書)[117]는 세상 선비들이 얻어 볼
수 있는 것이 아니라고 했는데 맞는 말이겠는가? 후세에 고문을 인용하는 자들

115) 王應麟은 『困學紀聞』 第2卷 張23에서 "鄭康成書注, 間見於疏義, 如作服
　　十二章·州十二師, 孔注皆所不及"이라고 하였다.
116) 馬廷鸞: 1222~1289. 宋나라 樂平人. 字는 翔仲. 號는 玩芳病叟. 벼슬은
　　右丞相. 저서로 『碧梧玩芳集』이 있다.
117) 中秘書: 宮中의 館府에 秘藏되어 있는 책.

이 모두 이와 같이 그 진본을 얻을 수 없었는데도 거의 7백 년이 지나도록 전해 온다"라고 하였다.[118]

중비서는 세상 선비들이 본래 얻어 볼 수 없었는데 유향·유흠은 얻어 보았다(上甲 八에 보인다─原註).「무성」의 일월(日月)에 관한 것은 또 어찌 『매서』와는 합치되지 않으면서 『삼통력三統曆』에 나타나 있는가? 그것이 도위조(都尉朝)에게 전하여 상흠(桑欽)에게 이르게 된 것을 세상 사람들이 또 어찌 보지 못했겠는가? 공희(孔僖)·정홍(丁鴻)·주방(周防) 등이 제자 1천여 명을 모아서 이 『상서』를 강론하였으니(上乙 三에 보인다─原註), 이 『상서』를 얻어 본 사람은 이미 1천여 명이다. 1천여 명의 사람들이 열심히 읽고 외웠는데, 조기(趙岐)·포함(包咸)·정현·왕숙·두예·위소(韋昭) 등만 유독 귀가 먹고 눈이 먼 셈이니 이럴 리가 있겠는가? 무릇 이런 설을 말하는 사람들은 어찌 『논어』 현모(玄牡)의 주[119]를 취하여 한두 번 읽어보지 않는가? ○ 천한(天漢: B.C. 100~97) 때 『상서』를 바친 이후로 동진(東晉) 초에 이르기까지는 4백여 년도 다 되지 않는데 7백 년이라고 하는 것은 역시 잘못이다.

강의(講議)[120] 1

가경(嘉慶: 1796~1820) 경오(庚午: 1810년) 4월 보름에 나는 다산(茶山)의 적소(謫所)에 있으면서 『매서』의 위안(僞案)을 조목조목 정리하고 있었다. 우연히 책 상자를 뒤지다가 정조대왕 어제(御製)「상서조문尙書條問」한 통을 얻어 보

---

118) 馬廷鸞의 『碧梧玩芳集』에는 이 말이 없다.
119) 『論語』 玄牡의 註: 『論語』 「堯曰」 첫 節에 나오는 鄭玄의 註를 가리킨다.
120) 「講義」 1~4까지는 朝鮮 제22대 왕인 正祖와 茶山이 나눈 『尙書』에 관한 問答을 수록해놓은 것이다.

니, 대개 『매서』의 진위에 대하여 또한 거듭거듭 따져 주자의 뜻을 천명하려고 생각한 것이었다. 나는 다시 공손하게 세 번 반복해서 외우고는 줄줄 눈물을 흘렸다. 그리하여 더욱 우리 성주(聖主)께서 이치를 살피심이 밝아 아무리 미미한 것이라도 밝히지 않음이 없었고, 아무리 간교한 것도 비추어 밝혀내지 않음이 없음을 알았다. 삼가 그 원래의 질문을 기록하고 드디어 평소 공부하던 것처럼 조목조목의 대답을 만들어 흐느끼며 임금에 대한 잊지 못하는 생각을 대신 나타낸다.[121]

물음[122]: 한(漢)나라가 일어남에 육경(六經)에는 다 사승(師承)이 있어, 하나의 경전 가운데서도 제가(諸家)의 본(本)이 또한 각각 같지 않다. 예를 들면 『역경』엔 세 가지,[123] 『시경』엔 네 가지,[124] 『춘추』엔 다섯 가지[125] 다른 본이 있는 것과 같은 것이다. 그러나 다만 자구(字句)의 증감이나 훈고(訓詁)의 출입(出入)에 지나지 않을 뿐이나 전경(全經)으로써 논한다면 서로 같지 않음이 없는데, 유독 『상서』만은 금·고문의 차이가 있어 하나는 28편이고 하나는 58편이니, 비단 자구·훈고의 차이만 있는 것이 아니라 편질(篇帙)의 다과(多寡)가 거의 서로 배가 된다. 이제 고문의 증다(增多) 25편을 보니 의심할 만한 것이 자못 많다. 대개 공안국이 조서를 받들어 『고문상서』의 전(傳)을 지은 것이 무제(武帝)의 말기로서 그것을 비부(秘府)에 올린 이후로 반포하지 못했으면 그 『상서』가 비록 비부에는 있다 하더라도 외인(外人)들은 혹시라도 얻어 볼 수가 없었을 것이다. 비록 『한서』 및 『상서정의』에 도위조로부터 그 아래

---

121) 이 글은 正祖의 『尙書』 條問에 대해 答하기에 앞서 써놓은 序文 격이 되는 글이다.
122) 原文에는 '御問'이라고 되어 있는데 이것은 正祖의 질문이다. 번역의 편의상 '물음'으로 하였다. 이 아래도 마찬가지다.
123) 세 가지: 『施氏易』 『孟氏易』 『梁丘氏易』을 말함.
124) 네 가지: 『魯詩』 『齊詩』 『韓詩』 『毛詩』를 말함.
125) 다섯 가지: 『春秋左氏傳』 『穀梁傳』 『公羊傳』 『鄒氏傳』 『夾氏傳』을 말함.

로 매색에 이르기까지 그 사사로이 수수(授受)한 관계의 사람들을 대략 말하기는 하였으나 한(漢)나라 이후의 제유(諸儒)들이 정말 다 얻어 볼 수 없었던가?

대답[126]: 도위조란 사람은 공안국의 적전(嫡傳)입니다. 네 번 전하여 왕황·도운에 이르렀습니다. 평제(平帝) 때 왕망(王莽)이 학관(學官) 건립을 주청하였으나 왕망이 패망함에 따라서 관학(官學)도 또한 폐지되었습니다. 오직 가규의 부친 가휘는 도운으로부터 고문을 친수(親受)하여 그 아들 가규에게 전하고 다시 마융·정현에게 전하게 되었으니, 이것이 곧 공안국의 진전(眞傳)입니다. 저 이른바 매색이란 자는 근원 없는 물이고 뿌리 없는 나무입니다. 수·당 때에 이르러 성주(聖主)가 나오지 않고 진유(眞儒)가 나오지 않아, 정현의 학문이 점점 쇠퇴해지고『매서』가 홀로 유행하게 되어서 진본을 버리고 위서를 취하여 새것으로 하여금 옛것에 끼어 들어가게 했으니, 유림(儒林)의 천고의 한(恨)으로 이보다 더 큰 것이 없습니다. 공안국은 비록 벽 속의 진본을 바쳤으나 그것을 바치기 전에 사사로이 번사(飜寫)해둔 것이 있었으므로 사마천과 도위조로부터 허신과 상흠에 이르기까지 전습(傳習)하지 않은 사람이 없었습니다. 그 비부의 진본을 유향·유흠이 직접 상고·대교하고 동한(東漢)의 제유들이 초야의 선비들에게 강의하였는데, 그 인원이 걸핏하면 1천여 명에 이르렀다고 하니, 누가 보지 못한 이가 있겠습니까? 보지 못했다고 하는 것은 매색의 위서입니다.

---

126) 原文에는 '臣對曰'로 되어 있는데, 이것은 茶山이 對答한 것이다. 번역의 편의상 '대답'으로 하였다.

강의(講議) 2

문목(問目)이 본래 일조(一條)였으나 여기에 사조(四條)로 나눈다.

물음: 옛날 태사공(太史公)의 『사기』에서 『상서』의 문장을 많이 인용하였는데, 모두 금문이고 고문은 일찍이 인용하여 기록한 적이 없다. 조기(趙岐)가 『맹자』에 주를 달고 고유(高誘)[127]가 『여람呂覽』[128]에 주를 달고 두예(杜預)가 『좌전』에 주를 달면서 무릇 증다편(增多篇) 안에 있는 문장은 모두 '일서(逸書)'라고만 했다. 오직 『후한서』에서 가규·마융·정현 등이 다 두림으로부터 고문주해(古文註解)를 얻었다고 했으나 이제 『상서정의』에 실린 편목을 보니, 증다(增多)한 25편에 대해서는 하나도 언급한 것이 없고, 다만 복생의 금문만을 취하여 1백 편 일서(逸書)의 이름을 섞어서 58편의 수에 맞도록 만들었으니, 이 세 사람도 역시 진짜 금문을 본 것은 아니다. 허신이 『설문』을 지어 스스로 『상서』는 공안국본을 인용하였다고 했으나 이제 12편[129] 가운데서 『상서』에서 인용한 자구를 조사해보니, 모두 금문이고 공안국의 『상서』에 대해서는 또한 한 자의 언급도 없다. 그러니 허신도 또한 고문을 보지 않은 것 같다. 천한(天漢) 이후부터 영가(永嘉: 307~313) 말(末)까지 명사(名士)·석유(碩儒) 가운데서 한 사람도 여기에 대해서는 말한 사람이 없는데 1천 년 전에 남긴 글이 나라가 남쪽으로 옮겨가 난리가 났을 때 세상에 나왔겠는가? 이것이 첫번째 의심스러운 점이다.

---

127) 高誘: p. 126 주 72 및 『呂氏春秋』와 『淮南子』에 붙인 高誘의 「序」 참조.
128) 『呂覽』: 『呂氏春秋』의 別稱. 책 속에 「有始」「孝行」「愼大」「先識」「審分」「審應」「離俗」「恃君」의 八覽이 있으므로 呂覽이라 부른다.
129) 『說文解字』가 14편인데 여기 12편이라고 했으니 잘못인 듯하다.

대답:『사기』에서 인용한 것은 곧 공안국의 진본입니다. 그러므로 반고의 말에 이르기를, "사마천이 공안국에게『상서』를 물었으므로「요전」「우공」「홍범」「미자」「금등」등 여러 편에는 고문의 설이 많다.『사기』에서 언제 금문을 인용했던가?"라고 했습니다. 허신의『설문』에서도 그렇게 여겼습니다. 허신은 진본 공안국의『상서』만 보았지 안본(贗本) 공안국의『상서』는 보지 못했으므로 인용한 자구가 28편을 벗어나지 않았습니다. 매색의 25편이 공안국의 구본舊本이 아님을 이에서 증명할 수가 있습니다. 허신이 이미 스스로 이르기를, "『상서』는 공안국의 것을 주로 하면서 실상으로는 복생의 것을 인용하였다"고 하였으니 이럴 리가 있겠습니까? 공안국의『상서』나 복생의『상서』나 그 경문(經文)은 본래 한 가지입니다.

강의(講議) 3

물음:『수서』「경적지」에서는 "진대(晉代)의 비부에『고문상서경 古文尙書經』이 있었는데, 매색이 올린 것은 다만 공안국의『전(傳)』뿐이다"고 했다. 그러나 과두 문자(科斗文字)의『상서』가 비부에 들어간 뒤로 무릇 왕망 · 동탁(董卓)[130] · 유연(劉淵)[131] · 석륵(石勒)[132]

---

130) 董卓: ?~192. 後漢의 臨洮人, 字는 仲穎. 少帝 때에 大將軍 何進과 共謀하여 宦官을 誅殺하고는 董卓이 스스로 相國이 되어 凶暴하고 淫亂한 짓을 많이 하였다.
131) 劉淵: ?~310. 十六國時代 前趙의 創立者. 匈奴族으로 字는 元海. 西晉 末에 蜂起하여 나라를 세워 스스로 漢王이라고 하다가 劉曜에 이르러 국호를 趙라고 하였다.
132) 石勒: 274~333. 十六國時代 後趙의 創建者. 上黨 武鄕人. 원래는 羯族. 字는 世龍. 劉淵에게 투항하여 大將이 되어 많은 州郡을 함락시켰으며, 후에 前趙를 없애고, 중국 북방 대부분의 땅을 통일했다. 역사에 後趙 또는 石晉이라고 부른다.

등의 난을 겪고서 난대(蘭臺)[133]의 유적(遺籍)이 얼마나 잿더미가 되었는지를 알지 못한다. 그런데도 '『칠서』의 죽간(竹簡)이 전쟁 속에서도 분명히 남아 있었다'고 말한다면 이것을 어찌 가히 확신할 수 있겠는가? 이 점이 두번째 의심스러운 점이다. 만약 문체로써 이것을 말한다면 복생의 문체는 난험(難險)하지 않음이 없는데 증다편들은 하나같이 순조롭다.「상서」가 읽기에 평이하지만「반경」과「미자」는 읽기가 어려우니 이는 금문이다.「주서周書」가 읽기에 어렵지만「태서泰誓」나「무성」은 읽기가 쉬우니 이는 고문이다. 사서(史書)를 짓는 사람이 서로 1천 년의 먼 후대에서 고문의 증다편을 모두 합쳐서 볼 때, '문종자순(文從字順)'하기가 한 사람의 손에서 나온 것 같으니, 또 어찌 괴상히 여길 만한 것이 아니겠는가? 비록 그 글이『논어』『맹자』『좌전』『국어』『예기』『순자』등 책의 고문을 인용한 곳에 많이 나타나 있다고 해도 가령 위서(僞書)를 짓는 사람이 있었다고 하였을 때 여러 가지 책을 널리 고람하여 찬집(纂輯)하는 데 무슨 어려움이 있겠는가? 이 점이 세번째 의심스런 점이다.

대답: 비부의 고문이 바로 민간의 고문입니다. 저 비부의 것은 다만 공벽(孔壁)에서 나온 원본이고 이 민간의 것은 '번사(翻寫)'한 여러 본(本)으로서 양한(兩漢)·위(魏)·진(晉)으로부터 아래로 진(陳)·수(隋)에 이르기까지 공씨고문(孔氏古文)의 번사본이 집집마다 있게 된 것이 마치 지금 채침의『서집전』이 세상에 유행하는 것과 같았습니다. 비부의 원본이 혹 있는지 없는지는 족히 따져 물을 것도 없지만 다만 그 옛것이 실전(失傳)된 것이 애석할 따름입니다. 또 매색이 올린 것은 '경(經)'과 '전(傳)'이 다 구비되어 있

---

133) 蘭臺: 漢代 宮中의 藏書處.

는데, 어찌 전(傳)만 올리고 경(經)을 올리지 않는 경우가 있겠습니까? 이는 모기령이 조리 없이 억지로 만든 말로서 이치상 그럴 수가 없습니다. 문체가 어렵거나 쉽고 한 것이 아주 다른 것에 이르러서는 주자가 평소에 논한 것이 한두 번이 아니고 오역·오징도 또한 모두 그것을 말했습니다. 위서를 만든 자가 군서(群書)에서 주워 모아 스스로 수식한 것이 틀림없으니 성주(聖主)의 가르침은 지당하므로 신은 지극한 흠모와 감복을 견디지 못하겠습니다.

강의(講議) 4

이 4절(節)은 그 총론인데 제편(諸篇)에 대한 조목조목의 물음은 지금 얻을 수가 없다.

물음: 이러함으로써 주자가 또한 일찍이 이를 의심해서 이르기를, "나는 항상 공안국의 『상서』가 위서라고 의심했다"고 하고, 또 "공안국의 『상서』가 동진(東晉) 시대에 세상에 나오고 이 이전의 여러 유학자들이 모두 이 책을 보지 못했다는 점이 매우 의심스럽다"고 하였으며 또 "『상서』 가운데서 무릇 읽기 쉬운 것은 다 고문이고 읽기 어려운 것은 다 금문이다" 하였으며, 또 "어째서 수백 년 동안 벽 속에 있었던 책이 한 글자도 잘못되거나 손상되지 않는 일이 있을 수 있겠는가?"라고 하였다. 이상의 여러 설(說)[134]을 종합해서 보건대, 주자의 평소 논의를 대개 알 수가 있다. 그렇다면 채침의 『서집전』에 이른바 "「이전二典」과 「대우모

---

134) 『朱子語類』 卷78, 「尙書」에 보인다.

大禹謨」는 대개 일찍이 바로잡았다"는 말은 또 무슨 까닭인가? 주자는 여러 경서에 주석을 한 것이 많다. 두루 『이소離騷』 『참동계參同契』 따위에까지 미쳤는데, 이 『상서』에 이르러서는 유독 빠뜨렸는가? 또한 미묘한 뜻이 그 사이에 있는 것일까? 만약 그 『상서』가 의심할 만한 것이라고 여겼다면 어찌하여 하나의 변(辨)을 지어 그것이 위서임을 밝히지 않고서 제자로 하여금 전(傳)을 짓게 했을까? 이제 만약 고문은 정말 의심할 만한 것이 된다면 「대우모」의 16자[135]와 「태갑」 「열명」의 미언(微言)·가유(嘉猷)와 「주관周官」의 제도 등이 모두 헛것이 되고 만다. 이는 실로 성학(聖學)의 진수요 경술經術의 큰 관건(關鍵)이니 이치를 궁구하는 선비는 반드시 옛것을 널리 알아 깊이 헤아리는 바가 있을 것이니 조리 정연한 이론을 듣고 싶다.

대답: 주자의 '서전초고(書傳草稿)'가 오히려 유집(遺集)에 실려 있습니다[136]만 그 완전히 다 주석을 한 것은 「요전」 「순전」 「소고」뿐입니다. 「대우모」에서는 '정묘(征苗)'의 절이 없고 「낙고」에서는 '주공배수계수(周公拜手稽首)' 이하로부터 그 문장이 갖추어지지 않았고, 또 「금등설」과 「무성일월보」가 있을 따름입니다. 주자가 이에 대해 대개 일찍이 반복해서 헤아려보고서 마침내 미묘한 뜻이라고 해서 중지했던 것입니다. 주자는 안목의 판단력이 천고에 뛰어났는데, 어찌 위서가 아닌 책을 위서라고 했겠습니까? 「대우모」의 16자와 「태갑」 「열명」의 미언(微言)과 가유(嘉猷)는 모두 본래 옛날의 경전에서 채집한 것이고, 「주관」의 제도는 『주례』 6편과 『대대례大戴禮』 「보부保傅」편에 가장 잘 갖추어져 있으니, 비록 매색의 위서가 아니더라도 제왕이 세상을 다스리는 방법과

---

135) "人心惟危, 道心惟微, 惟精惟一, 允執厥中"을 가리킴.
136) 『朱子大全』 卷65와 『朱子語類』 卷78.

학자가 마음을 다스리는 도구가 본래 저절로 뚜렷이 밝게 존재하고 있었습니다.

5

매씨서평(梅氏書平) 5

대우모(大禹謨)

서(序)에 "고요(皐陶)가 그 모(謨)를 아뢰고, 우(禹)가 그 공을 이룬 것으로 「대우모大禹謨」「고요모皐陶謨」「익직益稷」을 지었다"고 했다.

「대우모」의 서(序)에 어찌 고요의 모(謨)로써 앞에 둘 수 있는가? 이것은 본래 「고요모」의 서인데 옮겨와 함부로 해놓은 것이다(「大禹謨」의 序가 무슨 까닭으로 쓰이지 않아서 드디어 잃어버리게 되었는지 모르겠다 — 原註). 『상서』에 「기직」은 있어도 본래 「익직」은 없다. 이미 앞에 나왔다(上丁 三에 보인다 — 原註).

여기 옛날 우(禹)에 대해서 상고해보건대, 문명(文命)[1]을 사해(四海)에 펴고 삼가 순(舜)임금을 받들었다. 그는 이르기를, "임금은 임금 노릇 하기 어려움을 잘 알고, 신하는 신하 노릇 하기 어려움을 잘 알아야 정사(政事)는 이에 다스려지고 백성들은 덕을 빨리 익히게 될

---

1) 文命: 文德의 敎命을 말함.

것이다"라고 했다.

소식(蘇軾)이 이르기를, "문명(文命)을 우임금의 이름으로 본다면 사해에 편다는 것은 무엇이겠느냐?"고 했다.

○나는 이렇게 생각한다. 요·순·우·탕은 모두 두 가지 이름이 있는데 어느 것이 명(名)이고 어느 것이 호(號)인지는 정할 수 없지만 요컨대 명칭(名稱)이 두 가지가 있다. 「요전」의 '제요왈방훈(帝堯曰放勳)'은 그 자체가 한 구가 된다. 요방훈의 「순전」 및 매색의 「대우모」에서는 '중화(重華)'와 '문명(文命)'을 모두 아래 구에 붙여서 문리(文理)를 이루어놓았으니 그것은 우(虞)·하(夏)의 고사(古史)의 본문이 아님이 분명하다.

○『사기』「요본기堯本紀」에 이르기를, "제곡(帝嚳)[2]이 진봉씨(陳鋒氏) 딸[3]에게 장가들어 방훈(放勳)[4]을 낳았다"고 했고, 『맹자』에서는 "방훈이 이에 죽었다"고 했고[5](趙岐는 堯임금의 이름이라고 했다―原註), 『사기』「순본기舜本紀」에 이르기를, "우순(虞舜)은 이름이 중화(重華)다"고 했고(「帝繫」[6]에 이르기를, "瞽叟가 重華를 낳았다"고 했다[7]―原註), 『초사楚辭』[8]에 이르기를, "중화에게 나아가서 말을 아뢨다"[9]고 했고(王逸[10]이 이르기를, "舜임금의 이름이다"라고 했다―原

---

2) 嚳: 중국의 전설적인 인물로 五帝 중 한 사람인데 黃帝의 曾孫으로 되어 있음.
3) 朝本에는 '女'자가 빠져 있음.
4) 放勳: 堯의 號.
5) 『孟子』「萬章」上.
6) 「帝繫」: 『大戴禮記』의 篇名인데, 여기에는 중국 고대 帝王의 血統과 그 系譜에 대한 것을 기록해놓았다.
7) 『大戴禮』「帝繫」에 나온다.
8) 『楚辭』: 辭는 중국 文學의 한 양식인데, 楚辭는 B.C. 4세기경 楚의 公室의 一族인 屈原의 作이 대부분이라고 한다. 朝本·奎本에는 '楚詞'로 되어 있다.
9) 『楚辭』「離騷」.
10) 王逸: 後漢 宜城人. 字는 叔師. 順帝 때 侍中을 지냈다. 楚辭에 정통하여 『楚辭章句』를 지었다.

註), 『대대례大戴禮』에서는 "요(堯)는 방훈(放勳), 순(舜)은 중화(重華), 우(禹)는 문명(文命)이다"고 했으니(「五帝德」에 나온다 — 原註) 그 것이 명칭임은 뚜렷하다. 그러므로 양 원제(梁元帝)의 「현람부玄覽賦」에 이르기를, "동쪽으로 문명(文命)의 굴을 본다"('文命之穴'은 곧 禹穴이다 — 原註)라고 했고, 황보밀이 지은 『제왕세기帝王世紀』에서도 "우임금의 이름은 문명(文命)이다"라고 했다. 오직 「우공」에서만 이르기를, "3백 리에 문교(文教)를 폈다"고 했다. 위서를 지은 자가 이 한마디 말에 의거해서 '문명부우사해(文命敷于四海)'라고 쓰고 또 스스로 주석하기를 "밖으로 문덕(文德)의 교명(教命)을 폈다"고 하여(또 이 篇의 끝에 이르기를, "임금님도 크게 文德을 폈다"고 했으니 앞뒤를 맞추려는 까닭에 그렇게 했다 — 原註) 상장(上章)의 '중화협우제(重華協于帝)'와 멀리 서로 끌어대어서 마치 순·우가 이 호(號)를 얻은 것이 이 전(典)과 모(謨)에서 연유된 것처럼 하고 있으니 참월(僭越)하고 망령됨이 심하다. 당시 사람들은 모두 두 가지 이름이 있었으니 고요(皐陶)는 정견(庭堅), 익(益)은 퇴애(隤獃)요, 창서(蒼舒)·대림(大臨)의 유(類)들도 모두 별칭(別稱)이다. 요·순·우에게 두 가지 이름이 있는 것은 의심할 것이 없다. '부(敷)'란 베풀어 놓는다는 뜻이다. 옛날에는 땅을 다스릴 때 반드시 경위(經緯)의 선을 그어 나누어서 방형(方形)으로 했다(井地法 — 原註). '부(敷)'자에 '방(方)'이 들어간 것은 진실로 이 때문이다. 「우공」에 '부토(敷土)'라는 말이 있고, 『시경』「상송商頌」에 '부하토방(敷下土方)'이란 말이 있다. 이것은 바로 우가 땅을 다스린 것을 말한 것이다. 모기령이 이것을 끌어와 '부우사해(敷于四海)'를 증명한 것은 잘못된 것이다. '후극간신극간(后克艱臣克艱)'은 공자의 말을 끌어 쓴 것이다(孔子가 定公에게 대답하여 말하기를, "임금 노릇 하기가 어렵고 신하 노릇 하기가 쉽지 않다"고 했다[11] — 原註).

11) 『論語』「子路」.

순임금이 이르기를, "그렇다. 진실로 이와 같이 하면 좋은 말이 숨겨질 데가 없고 초야에 버려진 어진 이가 없게 되어 사방의 모든 나라가 다 평안하게 될 것이니, 뭇사람들에게 의논하여 자신을 버리고 다른 사람을 따르며 하소연할 데 없는 사람을 학대하지 않으며 곤궁한 사람을 버리지 않는 일은 오직 요임금만이 잘하였다"라고 하였다.

【剿取】 '가언망유복(嘉言罔攸伏)'은 「반경」에 있는 말을 따온 것이다(혹시라도 감히 백성들이 進言하는 바를 숨겨서는 안 된다 ― 原註). '야무유현(野無遺賢)'이라 하는 말은 양웅(揚雄)의 말이다(連珠文12)에 나온다 ― 原註). '만방함녕(萬邦咸寧)'이란 말은 『역전易傳』에서 따온 것이다(乾卦의 彖辭 ― 原註). '사기종인(舍己從人)'은 『맹자』에서 따온 말이다13)(舜임금의 덕을 堯임금의 德처럼 끌어올렸다 ― 原註). '불학무고(不虐無告)'는 『장자』에서 따온 것이다(「天道」에 堯임금이 이르기를, "나는 하소연할 데 없는 사람에게 오만하게 굴지 않으며 궁한 백성을 버리지 않는다"고 했다. ○ 季文子가 이르기를, "어리고 천한 사람을 학대하지 않는다"14)고 했다 ― 原註). ○ 염약거15)가 이르기를, "맹자가 순임금을 칭찬하여 '사기종인(舍己從人)'이라고 했는데 이제 그 말을 순임금의 입에 넣어서 요임금을 칭찬했다"16)고 했다.

○나는 이렇게 생각한다. 위서를 만든 사람이 먼저 문자를 종류별로 모아서 이리저리 취하여 사용하였다.

---

12) 連珠文: 文體의 하나. 後漢 章帝 때 유행한 文體이다.
13) 『孟子』「公孫丑」上.
14) 『左傳』文公 15年.
15) 閻若璩: 1636~1704. 淸의 經學者. 字는 百詩, 號는 潛丘이다. 저서로 『尙書古文疏證』 8권이 있다.
16) 閻若璩, 『尙書古文疏證』卷2, 張71. 『欽定四庫全書』에 수록된 『尙書古文疏證』을 臺本으로 하였으며, 張도 여기에 의거하였다. 이하 모두 같다.

익(益)이 이르기를, "아, 요임금의 덕이 널리 펴져 거룩하기도 하고 신묘하기도 하고 씩씩하면서도 문채가 있었으니 하늘이 돌보아 명(命)을 내려 세상을 모두 차지하게 하여 천하의 임금님이 되었던 것입니다"고 했다. 우임금이 이르기를, "도(道)를 따르면 길할 것이요 역(逆)을 따르면 흉할 것이니 그 결과는 그림자나 메아리처럼 빠르다"고 했다.

【蒐輯】『여씨춘추』에서 「하서夏書」를 인용하여 "천자지덕광운, 내성내신, 내무내문(天子之德廣運, 乃聖乃神, 乃武乃文)"[17]이라 하였다.

○나는 이렇게 생각한다. 본래 천자의 덕을 말하는 것은 임금 앞에서 아첨하는 것이 아닌데, 지금 이것을 바꾸어 면전에서 아첨하는 말로 하였으니 당우(唐虞)[18] 시대의 기상이 아니다(순임금에게 아첨하는 것이다 ─ 原註). 매색의 주에서는 요임금을 찬미하는 것으로 여겼으나 요임금은 본래 제곡(帝嚳)의 아들로 부형을 계승한 것이지 우뚝 솟아난 임금이 아니다. '사해(四海)를 모두 차지해 천하의 임금이 되었다'는 것은 무슨 말인가? 그러나 또 요·순은 천하를 얻은 것을 큰 근심으로 여겼는데, '사해를 모두 차지해서 천하의 임금이 되었다'는 말이 어찌 족히 찬미하여 앙양하는 말이 되겠는가? 이는 천하를 차지함을 '이(利)'로 여긴 말이다.

【依據】'혜적길, 종역흉(惠迪吉, 從逆凶)'은 『상서』 「홍범」의 '계의(稽疑)'의 뜻을 답습한 것이다.[19]

○나는 이렇게 생각한다. 구경(九經)·사서(四書)에는 '영(影)'이란 글자가 없으니, 곧 선진(先秦)이나 서한(西漢)의 글에도 모두 '영'자가 없다. 『주례』 「대사도大司徒」에 '토규측경(土圭測景)', 『장

---

17) 『呂氏春秋』 「喩大」.
18) 唐虞: 堯·舜을 말함.
19) 『尙書』 「洪範」에 "初一曰五行, 〔……〕 次七曰明用稽疑"라는 말이 나온다.

자』「제물론」에 '망양문경(罔兩問景)', 『회남자』「천문훈」에 '호위 경주(呼爲景柱)'란 말이 있는데, 모두 '경(景)'으로 되어 있지 않음이 없다. 『안씨가훈』[20]에 이르기를, "진(晉) 갈홍(葛洪)[21]의 『자원 字苑』에서 비로소 '삼(彡)'을 더하여 '영(影)'이 되었다"고 하였다. 그러므로 도연명의 「영답형影答形」[22]이란 시에서 또한 '영(影)'자로 되어 있으니, '영(影)'자는 진대(晉代)에 만들어진 속자(俗字)인데 「우하서」에 먼저 이 글자를 썼으니 이상한 일이 아니겠는가?('響'자도 역시 그러하다 — 原註).

익(益)이 이르기를, "아! 경계하소서. 근심거리가 없을 때 경계하여 법도를 잃지 말고, 편안히 놀지 말며, 지나치게 즐기지 말고 어진 이를 임명하되 두 마음을 가지지 말며, 간사한 사람을 제거하되 의심하지 말고, 의심나는 계획은 세우지 않으면 온갖 뜻이 다 이루어질 것입니다. 바른 도를 어겨서 백성들의 칭찬을 구하지 말며, 백성들의 뜻을 어겨 자신의 욕망을 구하지 마십시오. 게으르지 말고 거칠지 않으면 사방의 오랑캐들이 와서 조공할 것입니다"라고 하였다.

【蒐輯】『전국책』[23]에 조(趙)나라 무령왕(武靈王)이 주소(周紹)[24]를 세워 왕자(王子)의 사부(師傅)로 삼고서 『상서』를 인용하여 "거

---

20) 『顔氏家訓』: 중국 南北朝時代의 학자 顔之推(531~602)가 자손을 위해 써 놓은 敎訓 및 隨筆集.
21) 葛洪: 283?~343. 東晉 句容人. 字는 稚川, 號는 抱朴子.
22) 「影答形」: 客이 되는 그림자가 主人이 되는 形體에게 답하는 내용의 五言古律이다.
23) 『戰國策』: 前漢의 劉向(B.C. 77?~6)의 編著인데, 春秋 이후(周元王 이후)부터 秦始皇 25년까지 245년 간 戰國의 遊士들이 諸國에 遊說한 策謀의 말들을 나라별로 모아 수록한 책. 여기에는 戰國時代 說客의 활동과 권모술수 등이 많이 수록되어 있다. 全 33편.
24) 周紹: 戰國時代 趙나라 武靈王이 거느린 4인의 신하 중 한 사람.

사물의, 임현물이(去邪勿疑, 任賢勿貳)"라고 하였다.[25]

○나는 이렇게 생각한다. '의심나는 계획은 세우지 말라'는 말은 옛 뜻이 아니다. 「홍범」에 "너에게 큰 의문이 있으면 너의 마음에 도모하고 경사(卿士)에게 도모해보고, 일반 백성들에게 도모하고, 거북점과 시초점에 물어보라"는 말이 있다. 그 반드시 널리 도모하기를 이렇게 하는 것은 장차 그 일을 이루고자 함이다. 지금 여기 좋은 도모와 계책이 있는데 의심스런 점이 있다고 하여 그것을 버리고 성사시키지 않는다면 천하에 가히 할 만한 일이 없을 것이다.

우(禹)가 이르기를, "아! 임금님이여. 잘 생각하십시오. 덕이 있어야만 좋은 정치를 할 수 있고, 정치는 백성을 기르는 데 있습니다. 물·불·쇠·나무·흙·곡식 들을 잘 다스리고 또 덕을 바르게 하고 쓰임을 이롭게 하고 삶을 두터이 함을 잘 조화되게 하십시오. 이 아홉 가지 일이 다 질서가 잡히거든 아홉 가지 질서를 노래하게 하십시오. 그들을 훈계할 때는 아름다운 말을 쓰고, 그들을 감독할 때는 위엄을 쓰며 그들을 권장할 때는 아홉 가지 노래로써 하여 그르치지 않게 하십시오"라고 하였다. 순임금이 말씀하기를 "그렇소! 땅이 화평하게 되고 하늘의 뜻이 순조롭게 이루어지며 여섯 가지 물자와 세가지 일이 잘 다스려져 만세토록 영원히 의지하게 되었으니 이는 그대의 공이오"라고 하였다.

【蒐輯】『좌전』에서 「하서夏書」를 인용하여 "계지용휴, 동지용위, 권지이구가, 물사괴(戒之用休, 董之用威, 勸之以九歌, 勿使壞)"라고 하였다(文公 7년[26] — 原註). ○진(晉)의 각결(郤缺)이 조선자(趙宣子)[27]

---

25) 『戰國策』 卷 第19, 「趙策」 2.
26) 朝本에는 文公 17年으로 되어 있다.
27) 趙宣子: 春秋時代 晉나라 大夫인 趙盾. 宣은 諡號.

에게 이르기를, "「하서」에 '이러이러하다'[28]고 하였습니다. 구공 (九功)의 덕은 모두 노래하여 전할 수 있으니, 이것을 일러 구가 (九歌)라 합니다. 육부(六府)와 삼사(三事)를 구공(九功)이라고 하니, 물·불·쇠·나무·흙·곡식을 일러 육부라 하고, 정덕(正德)·이용 (利用)·후생(厚生)을 일러 삼사(三事)라고 하며, 정의에 입각하여 이것을 실행해나가는 것을 덕이라고 했습니다"고 했다.[29] ○ 어떤 사람은 이르기를, "'물사괴(勿使壞)' 이하는 모두 『상서』를 풀이한 말이라고 했는데 통틀어 『상서』의 글로 만들었으니 되겠는가?"라 고 하였다(毛奇齡이 이르기를, "『左傳』에 知莊子[30]가 이르기를, '『周易』에서 師卦가 臨卦로 변해가는 占卦의 운수에 대해서, <군대가 출전할 때는 軍律로써 하는데 不善한 것은 흉하다>고 하였으니, 아랫사람이 윗사람에게 순종하여 일 이 잘 처리되는 것이 善이요, 윗사람에게 거역하는 것이 不善이요, 뭇사람들이 離散하는 것은 弱이요, 내가 막혀 흐르지 않는 것은 못이 된다. 규율이 있으면 나에게 잘 좇으니 그러므로 律이라 하고 잘 행해지지 않는 것을 臨이라 한다'[31] 고 했다"고 하였다[32] ─ 原註).

○나는 이렇게 생각한다. 모기령이 이것을 인용한 것은 다만 적을 도운 격이니 이것으로써 매색의 원통함을 밝히려 하지만 되 시 않는다. 시상자는 『주역』의 말을 끌어와 몇 마디 말을 더 부연 하여 두 괘의 뜻을 풀이하였으니 각성자(郤成子)[33]가 『상서』의 말 을 끌어와서 몇 마디 말을 부연하여 구가(九歌)의 뜻을 풀이한 것 과 그 예(例)가 똑같다. 그러니 어떻게 밝힐 수 있겠는가?(만약 『周 易』의 말에 '내가 막힌 것을 못이라 한다'는 등의 구절이 있다면 梅賾을 편드는 사람들이 인용할 만하다 ─ 原註).

---

28) "戒之用休, 董之用威, 勸之以九歌, 勿使壞"를 가리킴.
29) 『左傳』文公 7年.
30) 知莊子: 春秋時代 晉나라 下軍大夫인 荀首. 荀林父의 아우이다.
31) 『左傳』宣公 12年.
32) 毛奇齡, 『古文尙書冤詞』卷4, 張16.
33) 郤成子: 春秋時代 晉나라 大夫인 郤缺.

250

『초사楚辭』[34)]에 "계(啓)[35)]가 궁상(宮商)의 풍악을 진열해놓고 구변(九辯)과 구가(九歌)를 노래했다"는 문단이 있고[36)]("天問」에 그렇게 말하였다 ─ 原註) 또 "계(啓)가 구변과 구가를 노래하고 하(夏)나라의 태강(太康)은 즐기면서 방탕하네"라는 구절이 있고("離騷」의 문단이다 ─ 原註) 또 "구가를 연주하고 소(韶) 음악에 맞추어 춤을 춘다"는 구절이 있다(朱子는 이르기를, "九歌는 禹의 음악이고, 九韶는 舜의 음악이다"라고 했다[37)] ─ 原註). 『사기』「순본기」에 "우(禹)가 구소(九招)의 풍악을 일으키니 봉황이 와서 날았다"고 했다(招는 韶와 통한다 ─ 原註). ○모기령은 '구가(九歌)'는 곧 '구소(九韶)'라고 했다.[38)]

○나는 이렇게 생각한다. 아니다. 노래는 '구가'라 했고, 춤을 '구소'라고 했으니 이것을 혼동할 수 없다. 『주례周禮』「대사악大司樂」에 이르기를, "남려(南呂)[39)]를 노래 부를 때 대소(大磬)[40)]를 춤추고, 함종(函鍾)[41)]을 노래 부를 때는 대하(大夏)를 춤춘다" 했으니 노래와 춤은 혼동할 수 없다. 계찰(季札)이 음악을 보고 또한 노래와 춤을 각각 아뢰었으니(班固의 「西都賦」에 "九功을 노래하고 八佾舞를 추었다"고 했다 ─ 原註) 이것을 혼동해서는 안 된다. 또 육부(六府)가 잘 닦여진 것은 분명히 우임금의 공이지만, 소(韶)의 구성(九成)은 모두 순임금의 덕이니, 우임금의 구공(九功)으로 소(韶)의 구성(九成)으로 삼았으니, 또한 그럴 이치가 없다.

『상서대전』에 이르기를, "종묘에는 진실로 대화(大化)·대훈(大訓)·육부(六府)·구원(九原)을 노래함이 있어서 하도(夏道)가 일어났

---

34) 朝本·奎本에 모두 '詞'로 되어 있음.
35) 啓: 啓는 중국의 전설적 인물인 禹의 아들이고, 太康은 啓의 아들이다.
36) '啓棘賓商'에 대한 해석이 다양하다. 여기서는 王逸의 註를 따랐다.
37) 朱熹, 『楚辭集註』.
38) 毛奇齡, 『古文尙書冤詞』卷4, 張17~18.
39) 南呂: 12律의 하나. 陰曆 8月의 異名으로도 쓰임.
40) 大磬: 舜의 舞樂 이름.
41) 函鍾: 12律의 하나. 곧 林鍾을 말함.

다"고 했다(注에 이르기를, "四章 모두 禹임금의 功을 노래한 것이다"라고 하였다 — 原註). ○『좌전』에 신숙시(申叔時)[42]의 말로, "백성들의 생활이 풍족해야 덕이 바르게 되고 쓰임이 이로워야 일이 간소해진다"는 구절이 있고(成公 16年 — 原註) 또 "대저 백성의 생활이 풍족하고 쓰임이 이로워야 이에 덕을 바로할 수 있다"는 구절이 있다(襄公 28年 — 原註). ○『국어』「주어周語」에 채공(祭公) 모보(謀父)[43]가 이르기를, "선왕들이 백성에 대해서 힘써 그 덕을 바로잡아 그 성정을 후하게 하고, 그 재산을 충족하게 하고 그 기용(器用)을 이롭게 하였습니다"고 했다. ○『국어』「진어晉語」에 "문공(文公)은 쓰임새를 줄이어 재물을 풍족하게 했으며 기구를 이롭게 하고 덕을 밝혀 백성들의 성정을 후하게 했다"고 하였다.

○나는 이렇게 생각한다. 육부(六府)와 삼사(三事)는 옛날 책에서 징험할 수 있다. 다만 '유화(惟和)'[44] 두 글자가 들어맞지 않는다.

【蒐輯】『좌전』에서 「하서夏書」를 인용하여 '지평천성(地平天成)'이란 말을 쓰고 있다(僖公 24年 — 原註). ○ 정(鄭)나라 자장(子臧)[45]이 취휼관(聚鷸冠)[46]을 좋아했다. 군자가 이르기를, "자장의 옷이 맞지 않는구나. 「하서」에서 '땅이 평화롭고 하늘의 뜻이 순조롭게 이루어진다' 한 것은, 맞는 말이다"라고 했다[47](또 文公 18年에 史克[48]이 이르기를, "舜이 八愷[49]를 들어 써서 后土를 주관하고 여러 가지 일을

---

42) 申叔時: 春秋時代 楚나라 사람.
43) 祭公謀父: 祭는 周나라 근방에 있는 國名인데 祭公은 周公의 子孫으로 王의 卿士가 되어 있었으므로 祭公이라 하였음. 謀父는 字이다.
44) 「大禹謨」에 나오는 '正德利用厚生惟和'의 '惟和'를 가리킴.
45) 子臧: 春秋時代 鄭나라 사람. 子華의 아우.
46) 聚鷸冠: 鷸이라는 새의 깃을 모아 만든 冠.
47) 『左傳』僖公 24年.
48) 史克: 春秋時代 魯의 太史인 克이다.
49) 八愷: 중국 先史時代 五帝의 하나인 신화적 인물 顓頊이 8인의 賢人을 두었다고 하는데, 이들이 곧 蒼舒·隤藪·檮戭·大臨·尨降·庭堅·仲容·

다스리게 했더니, 땅이 평화롭게 되고 하늘의 뜻이 순조롭게 이루어졌다"[50]고 하였다 ── 原註).

○나는 이렇게 생각한다. 만약 사극의 말과 같다면 '지평천성' 한 것은 우임금이 그 공을 혼자 독차지할 수 없을 것이다. 또 요임금이 순임금을 칭찬하여 "너의 말이 공적을 이룬 데에 이르렀다"고 했는데,[51] 이것은 질박하면서도 부화(浮華)함이 없고 엄하면서도 법도가 있는 말이다. 그런데 순임금이 우임금을 칭찬하여 "땅이 화평하게 되고 하늘의 뜻이 순조롭게 이루어져 육부(六府)와 삼사(三事)가 잘 다스려져서 만세토록 영원히 의지하게 되었으니 이는 그대의 공이다"라고 했으니 그 얼마나 정도에 넘친 말이냐?

○나는 이렇게 생각한다. 「하서」를 모아 가지고 「우모」를 지었는데 「우서虞書」라고 이름한 것은 당시 정현본에 통칭 「우하서虞夏書」 20편이라 했으니, 그것을 혼합시켰음을 알 수 있다.

순임금이 말씀하기를 "오너라, 너 우(禹)여! 내가 임금 자리에 있은 지 33년이 넘었고 나이도 이미 아흔을 넘었으며 일에도 싫증이 나니, 그대는 게을리 하지 말고 나의 백성들을 다스려주오"라고 했다. 우가 답하기를, "저의 덕으로는 감당할 수 없으니 백성들이 따르지 않을 것입니다. 고요(皐陶)는 힘써 덕을 심어 덕이 아래로 내려가서 백성들이 그를 품어주고 있으니 임금님께서도 굽어 살피소서. 이 사람을 생각함도 이 공(功)에 있으며, 이 사람을 버리는 것도 이 공에 있으며, 이 사람을 이름하여 말함도 이 공에 있으며, 진실로 이 사람을 내놓음도 이 공에 있으니 임금께서는 공을 생각하옵소서"라

叔達이며, 이들을 八愷라고 한다. 여기서는 舜이 八愷를 기용한 것으로 되어 있다. 八愷의 인명에 관해서는 異說이 있다.
50) 『左傳』文公 18年.
51) 현행 『尙書』「舜典」.

고 했다.

『상서정의』소에 이르기를, "순임금의 나이가 63세 때 즉위하여 지금 95세다"고 했다(蔡沈은 93세라고 했다 — 原註).

○나는 이렇게 생각한다. 위서(僞書)를 만든 사람이 둔하고도 못났다. '전(典)'과 '모(謨)'는 명칭이 다르니 체재가 응당 달라야 한다. 「대우모」를 지으려 했다면 응당 「고요모」로써 모형을 삼아야 했는데, 이것을 놓아두고서 「요전」으로써 모형을 삼아 섭정(攝政)하는 각 대목을 마디마디 본뜨고 꾸며내었으니 어찌 둔하지 않은가? 요임금이 늙어 순임금이 섭정했다는 것은 사서(史書)에 분명한 기록이 있지만, 순임금이 늙어서 우임금이 섭정했다는 것은 어디에서 증명하겠는가? 오직 『사기』「하본기夏本紀」에 "순임금이 우를 하늘에 천거(薦擧)하여 후사로 삼고서 17년 뒤에 순임금이 죽었다"고 했다(본래 『孟子』에서 나왔다[52] — 原註). 위서를 만든 사람이 이것에 의거해서 이에 "내가 제위(帝位)에 있은 지 33년이 되었다"[53]고 했는데, 재위 50년이란 숫자에 교묘하게 합치시키려고 했으니,[54] 그 간사한 마음을 가히 알 수가 있다. 그가 의도하였던 근원을 따져보면 순임금의 당시 나이를 93세로 본 것이다. 공영달의 『상서정의』소(疏)에서 95세라고 한 것은 맹자가 말한바 3년상을 마쳤다는 설이 또 마음의 병이 되어 차라리 「요전」과도 어긋나게 한 것이니(舜이 태어나서 30년이요, 등용되어 30년이었으니 3년상을 치를 틈이 본디 없었다 — 原註), 곤란하구나! 곤란하구나!

【蒐輯】『좌전』에서 「하서」를 인용하여 "고요매종덕, 덕내항(皐

---

52) 『孟子』「萬章」上.
53) 현행 『尙書』「大禹謨」.
54) 眞古文의 『尙書』「堯典」 末尾에 "舜生三十, 徵庸三十, 在位五十載, 陟方乃死"라는 말이 있다.

陶邁種德, 德乃降)"이라고 한 문단이 있다(莊公 8年—原註). ○ 중경
보(仲慶父)[55]가 제(齊)나라 군사를 칠 것을 청하자 공(公)은 "나는
실로 덕이 없다. 제나라 군사가 무슨 죄가 있느냐? 「하서」에 '이
러이러하다'[56]라고 하였으니 우선 덕을 닦는 데 힘을 써서 때를
기다릴진저"라고 말했다.[57]

  ○ 매작(梅鷟)이 이르기를, "'덕내항(德乃降)'이란 세 글자는 곧
장공(莊公)이 스스로 말한 것으로 두예(杜預)가 이것을 주석하기를
아주 분명하게 했다. 이제 그 문장을 연결시켜 답습하고 있다"[58]
고 하였다(毛奇齡은 이르기를, "邾나라가 항복했으므로 『尙書』의 '降'이라고
일컬은 것을 인용하여 그것을 풀었다. 다만 '邁種德' 세 글자는 邾나라가 항복한
것과 무슨 관계가 있는가?"[59]라고 했다—原註).

  ○ 나는 이렇게 생각한다. 이것은 모기령의 설이 옳다. 그러나
「하서」의 구절은 본디 항복을 받는다는 '항(降)'자인데 이제 『매
서』에서는 '승강(升降)'의 '강(降)'자로 만들었으니 이것은 어떻게
할 것인가? 순임금 때는 사마(司馬)와 사구(司寇)가 합하여 한 관직
이었다. 순임금이 고요에게 명하여 이르기를, "오랑캐들이 중국을
침범하고 도둑떼들이 간악하게 들끓고 있소. 그대를 옥관장(獄官
長)에 임명하오"라고 하니,[60] 즉시 고요가 부월(斧鉞)을 받아 오로
지 정벌을 전담하였으나 사람 죽이기를 즐기지 않고 덕으로써 회
유하였다. 그래서 「하서」에서 "덕이 있어 이에 항복시켰다"는 구
절이 있게 되었다. 이제 "백성들이 그를 품어주었다"는 구절로써
이었는데, 백성들이 어찌 오랑캐와 도적떼들을 항복시켜 붙게 할

---

55) 仲慶父: 春秋時代 魯나라 사람.
56) "皋陶邁種德, 德乃降"을 가리킴.
57) 『左傳』莊公 8年.
58) 毛奇齡, 『古文尙書冤詞』卷4, 張11.
59) 同上.
60) 『尙書』「堯典」.

수 있는 것이겠는가?

【蒐輯】『좌전』에서 「하서」를 인용하여 "이를 생각함도 이에 있고, 이를 버림도 이에 있으며, 이를 이름하여 말함도 이에 있으며, 진실로 이로부터 나옴도 이에 있다"고 했다(『左傳』 襄公 21年에 나온다—原註). ○노(魯)나라에 도적이 많았다. 계손씨(季孫氏)가 장무중(臧武仲)[61]에게 일러 이르기를, "그대는 어찌 도적을 단속하지 않느냐?"고 하자 장무중이 이르기를, "윗자리에 있는 사람이 그 마음을 씻고서 한마음으로 사람들을 대하십시오. 윗사람이 하는 것처럼 백성들도 그렇게 하니 또한 금할 수가 있겠습니까? 「하서」에 '이러이러하다'[62]라고 하였으니, 장차 자기로부터 말미암는 것을 한결같이 할 것이니 진실로 자기로부터 말미암는 것이 한결같이 된 뒤에라야 성공을 가히 생각할 수 있다"고 하였다[63]('惟帝 念功'은 이 구절과 상응하는 것이다—原註). ○또 중니(仲尼)가 이르기를, "장무중이 노나라에서 용납되지 않는 것은 또한 까닭이 있다. 하는 짓이 순조롭지 못하고 베푸는 것이 서(恕)가 아니기 때문이다. 「하서」에 이르기를, '이를 생각함이 이에 있다'고 했으니 사리에 순조롭고 서(恕)를 베풀어야 한다"고 하였다(襄公 23年—原註). ○또 초 소왕(楚昭王)이 병이 있는데 하수(河水)에 제사 지내지 않으니, 공자가 "초 소왕이 대도(大道)를 아는구나! 「하서」에 '진실로 자기로부터 나왔으면 복도 자기에게 있다'고 했으니, 자기를 말미암아 상도(常道)를 따르는 것이 가하다"고 했다(哀公 6年—原註).

○나는 이렇게 생각한다. 『좌전』에서 무릇 세 번 『상서』를 인용하였는데 그 깊은 뜻은 비록 상고(詳考)할 수 없지만 요컨대 모

---

61) 臧武仲: 春秋時代 魯나라 司寇였던 臧宣叔의 아들.
62) "念玆在玆, 釋玆在玆, 名言玆在玆, 允出玆在玆"를 가리킴.
63) 『左傳』 襄公 21年.

두 힘써 서(恕)를 행하는 뜻이다. 첫째는 자기로부터 말미암는다는
것이요, 둘째는 서(恕)를 베풀라는 것이요('恕'란 자신을 미루어서 남에
게 베푸는 것이다― 原註) 셋째는 자기로부터 말미암아서 이것을 미
루어나간다는 것이다. 여기서 여덟 개의 '자(玆)'자는 다 자기를 가
리켜서 말한 것이다. 군자의 도는 자기를 다하는 것뿐이니 남을
사랑하는데 친해주지 않거든 돌이켜 자기에게서 그 원인을 구
하고, 사람을 다스려도 다스려지지 않거든 돌이켜 자기에게서 그
원인을 구하고, 남에게 예를 베풀어도 답례가 없거든 돌이켜 자
기에게 그 원인을 구할 것이다. 맹자의 "돌이켜 자기에게서 그 원
인을 구하면 천하 사람들이 거기로 돌아간다"는 말과,[64] 공자가
"인(仁)을 하는 것이 자기로부터 말미암는 것이다. 하루라도 자
기를 이기면 천하 사람들이 다 인(仁)으로 돌아간다"는 말은[65]
다 이 뜻이다. '자기에게서 돌이켜 구하는 것'과 '자기를 이기는
것'은 공부(工夫)이며 '천하 사람들이 인(仁)으로 돌아가는 것'은
공효(功效)이다. 군자가 장차 성공하고자 한다면 먼저 자기를 다
해야 한다. 그래서 그 말을 결론지으면서 '성공을 가히 생각할
수 있다"고 한 것은 진실로 이 때문이다(杜預는 "'釋玆在玆'는 '남에
게 제거할 바가 있기를 원한다면 또한 마땅히 자기를 되돌아보고 자기에게 없
어야만 이 마음을 둘 수 있다'[66]라고 풀이했다[67]― 原註). 이 말은 순임
금이 고요를 생각하는 것과 무슨 관계가 있는가? 만약 여덟 개
의 '자(玆)'자[68]를 모두 고요에게 적용시켜본다면, 우임금이 현자
를 천거하는 것이 어찌 그리도 수다스럽고 말이 긴가? 사악(四
岳)이 순을 천거하는 말과는 기미(氣味)가 같지 않다. 비록 방제

---

64) 『孟子』「離婁」上.
65) 『論語』「顔淵」.
66) 朝本에는 "謂欲有所治於人, 亦當顧己"라고만 해놓았다.
67) 杜預, 『春秋左傳集解』 襄公 21年 註.
68) 朝本에는 '念'자로 되어 있음.

(放齊)[69]가 주(朱)[70]를 천거하고 환도(驩兜)가[71] 공공(共工)[72]을 천거하였다 하더라도 그 말이 간결하고 질박하여 이러한 데까지는 이르지 않았다.

순임금이 말씀하기를 "고요여! 지금 신하들이나 백성들이 아무도 나의 바른 도를 범하는 이가 없는 것은 그대가 옥관장(獄官長)이 되어 다섯 가지 형벌을 밝히고 다섯 가지 가르침을 도와서 나의 다스림을 맡아 잘 처리했기 때문이오. 형벌을 씀에 있어 형벌이 없어지도록 하여 백성들을 중정(中正)의 도(道)에 맞게 한 것은 그대의 공이니 더욱 힘써주오"라고 했다.

'유자신서(惟玆臣庶)'란 말은 『맹자』를 답습하였다(『孟子』에 "이 신하와 백성들을 너는 내게 와서 다스렸으면 한다"는 구절이 있다[73] —— 原註).
나는 이렇게 생각한다. 새로 관(官)을 임명할 때는 '네가 사도(司徒)가 되고 네가 질종(秩宗)이 되라'고 하지만 장차 그 공을 말할 때는 '그대가 옥관장이 되라'고 하는 것은 이런 예가 없다.

고요가 이르기를, "임금님 덕이 허물이 없어 신하들을 대하는 것이 간결하고 백성들을 다스리는 것이 너그럽고 죄는 자손들에게 미치지 않고 상(賞)은 후세에까지 이르게 하고 과실을 용서하되 대형(大刑)이 없게 하고, 일부러 저지른 죄는 작아도 벌을 주고 의심스런 죄는 오직 가벼이 하고 의심스런 공은 오직 무겁게 하고 죄 없는 사람을 죽이기보다는 차라리 그 사람을 살려서 형을 잘못 집행했다는

---

69) 放齊: 전설적 인물로 堯의 臣下.
70) 朱: 전설적 인물로 堯의 아들 丹朱.
71) 驩兜: 전설적 인물로 堯의 臣下.
72) 共工: 전설에 나오는 堯帝 때의 인물이라고도 하고 또는 水官의 職名이라고도 함.
73) 『孟子』「萬章」上에 나오는 구절을 朝本에는 '予其于汝治'로 해놓았다.

비난을 들어도 할 수 없다고 했으므로 그 호생지덕(好生之德)이 백성들의 마음 속까지 스며들어 이에 관리들에게 거스르지 않게 된 것입니다"고 하자, 순임금이 말씀하기를 "내가 하고자 하는 대로 다스려서 사방이 바람이 불어 풀이 쓰러지듯 잘 다스려지게 된 것은 오직 그대가 훌륭한 때문이오"라고 하였다.

○나는 이렇게 생각한다. '임하이간(臨下以簡)' 이하 팔구(八句)[74]는 여러 전기의 문자(文字)를 답습한 것으로 글자마다 진부하여 족히 상고하고 핵실할 것이 못 된다. 더욱이 여기 '죄의유경(罪疑惟輕)'이란 말은 흐릿하여 분명하지 않다. 선왕(先王)의 법에 죄가 의심나면 벌금을 내게 하고, 벌이 의심스러우면 부과(付過)한다(付過라는 것은 過誤로 처리한다는 뜻 — 原註). '오직 가벼이 한다'는 말은 무슨 말인가?(아래의 「呂刑」에서 상세히 언급했으므로 여기서는 생략한다 — 原註) '공이 의심스러우면 오직 무겁게 한다는 것'도 순·우의 법이 아니다. 우가 순임금에게 고하기를, "널리 진언(進言)을 받아들이고[75] 공(功)으로써 밝게 시험하며 공으로써 수레와 옷을 내리십시오. 임금께서 이러하지 못하시면 모두가 같아져서 날로 공을 이루지 못하게 될 것입니다"고[76] 했다. 그 공을 조사함이 이러했는데도 흐릿하게 두터운 쪽을 따라 '공이 의심나면 오직 무겁게 했다'는 것이 말이 되겠는가?

【蒐輯】『좌전』에 「하서」를 인용하여 "여기살불고, 영실불경(與其殺不辜, 寧失不經)"이라고 한 글이 있다(襄公 26年[77] — 原註). ○성자(聲子)[78]가 이르기를, "상(賞)이 지나치면 음인(淫人)에게까지 미

---

74) "臨下以簡~與其殺不辜, 寧失不經"까지를 가리킴.
75) 朝本에는 '敷奏以言'으로 되어 있음.
76) 「皐陶謨」.
77) 朝本에는 20年으로 되어 있음.
78) 聲子: 春秋時代 蔡나라 사람.

칠까 두렵고, 형(刑)이 지나치면 착한 사람에게까지 미칠까 두렵다. 만약 불행하게도 지나칠 때는 차라리 상을 주는 데 지나치게 할지언정 형벌을 주는 데 지나치게 하지 말며, 착한 사람을 잃기보다는 차라리 음인에게 이롭게 하라. 「하서」에도 '이러이러하다'79)"라고 하였다.80) ○ 또 『한서』「노온서전路溫舒傳」에서 이 두 구(句)를 인용하였다. 『순자』에서 "순왈유여종욕이치(舜曰維予從欲而治)"라는 구절을 인용하였다.81)

○나는 이렇게 생각한다. '제왈고요(帝曰皐陶)' 대목의 38자는 임금이 고요를 칭찬한 내용이고, '고요왈제(皐陶曰帝)' 대목의 59자는 고요가 임금을 칭찬한 내용이며, '제왈비여(帝曰俾予)' 대목의 14자는 임금이 고요를 칭찬한 것이다. 한 번 주고, 한 번 받고 하여 상하가 서로 칭찬하여 아첨하는 풍조만 이루고 바른말은 들리지 않는다. 일찍이 요·순의 시대에 이런 일이 있었다고 하겠는가?

순임금이 말씀하기를 "오너라, 우(禹)여! 홍수가 나를 경고했으나 믿음을 이루고 공을 이루었으니 오직 그대가 어진 때문이오. 나라에서는 부지런하고, 집안에서는 검약하며 스스로 능력을 만족해하거나 공을 뽐내지 않았으니 오직 그대가 어진 때문이오. 그대는 교만하지 않으나 천하에는 그대와 재능을 다툴 사람이 없으며, 그대는 자랑하지 않으나 천하에는 그대와 공력을 겨룰 사람이 없소. 나는 그대의 덕을 성대하게 여기며 그대의 큰 공적을 가상히 여기고 있소.

【蒐輯】『맹자』에 『상서』를 인용하여 '강수경여(洚水警余)82)'라고

---

79) "夏書曰, 與其殺不辜, 寧失不經"을 가리킴.
80) 『左傳』襄公 26年.
81) 『荀子』「大略」.
82) 『孟子』「滕文公」下에 나오는데, 朝本·奎本에는 '洚水警予'로 되어 있다.

하였다. ○ 염약거가 이르기를, "요임금의 시대를 당해서 '홍수가 나를 경고한다'고 했으니, 여기서 '나'는 요임금이다. 그런데 또 순임금의 입 속에 이 말을 넣어서 순임금의 말로 만들었다"라고 하였다.[83]

【蒐輯】『좌전』에 「하서」를 인용하여 '성윤성공(成允成功)'이라고 하였다(襄公 5年 — 原註).

○ 초(楚)나라에서 자신(子辛)[84]을 죽이니 군자가 이르기를, "자기는 신의가 없으면서 사람을 죽여 쾌하게 여긴다면 또한 곤란하지 아니한가? 「하서」에 '이러이러하다'[85]고 말했다"고 하였다.

『노자』에 "대저 오직 다투지 않는 까닭으로 천하에서 능히 이와 다투지를 못한다"[86]고 했다. ○『순자』에도 또한 이런 말이 있다.[87]

○ 나는 이렇게 생각한다. 노자는 초나라 사람이고, 순자는 초나라에 유학하여 그 책을 익혀 보았으므로 이런 말을 사용한 것이다(글을 올린 자가 실로 荀子의 말을 쓴 것이다 — 原註). 그러나 노자·순자의 말에서는 대개 "사람이 능히 겸손하여 교만하지 않고 자랑하지 않으면 천하에 반드시 이런 사람과 더불어 다투거나 시기할 사람이 없다"는 것을 뜻하는 것이니, 이것은 경계하는 말이다. 이제 이것을 변조하였으니 이는 자랑하는 말이 되어 도리어 노자·순자의 말보다 못 하게 되었다. ○ '제왈래(帝曰來)' 이하 72자는 또 입에 침이 마르도록 우(禹)를 칭찬한 것인데, 순임금의 입에서 차마 이런 예(禮)가 아닌 말을 많이 했다고는 말하지 못하리라.

---

83) 閻若璩, 『尙書古文疏證』 卷2, 張71~72.
84) 子辛: 春秋時代 楚나라 大夫인 公子 壬夫의 字. 子反의 아우.
85) 『左傳』 襄公 5年. '이러이러하다'는 것은 '成允成功'을 가리키는 말이다.
86) 『老子』 第22章.
87) 『荀子』 「君子」.

하늘의 돌아가는 운수가 그대 몸에 있으니, 그대는 마침내 임금의 자리에 오를 것이다. 인심(人心)은 오직 위태롭고 도심(道心)은 오직 미미한 것이니, 오직 정(精)하고 한결같이 하여 진실로 그 중정(中正)함을 잡아야 할 것이오.

【變亂】『논어』에 "요임금이 말씀하기를, '아! 너 순아. 하늘의 돌아가는 운수가 그대의 몸에 있으니, 진실로 그 중정(中正)함을 잘 잡아라. 사해(四海)가 곤궁해지면 하늘의 녹(祿)이 영원히 끊어질 것이다'라고 했다. 순임금도 이 말로써 우임금에게 명했다"[88]는 구절이 있다.

○나는 이렇게 생각한다. 이는 혹시 「순전」의 일편(逸篇)의 문(文)일지 모른다. '순역이명우(舜亦以命禹)'란 것은 '윤집기중(允執其中)'한 구절을 가리킨 것이다. 영구히 반드시 '천지역수(天之歷數)' 이하의 말로써 상투어를 만들어서 서로 전하여 쓰기를 마치 후세에 있어서 왕위를 전하는 조칙(詔勅)과 같이는 하지 않았을 것이니, 이것이 위작(僞作)임은 분명하다. 또 『논어』의 이 사구(四句)[89]는 일구(一句)가 일운(一韻)으로서 한 기운으로 이루어진 것으로, 나눌 수도 없고 옮길 수도 없다. 그런데 이제 쪼개어 삼단(三段)으로 만들어 삼절(三節)에 흩어 넣어 쪼개고 부수어 찢어서 다시 읽을 수가 없다. 비록 공(功)·용(庸)·방(邦)·융(戎) 등의 글자로 협운(叶韻)이 되게 엮었으나 사리(詞理)가 난잡해서 비속함을 이루 말할 수 없다. 하물며 위(危)·미(微) 두 구(句)는 절로 협운이 되는데도 그 가운데 끼워 넣어 격식을 이루지 못하고 있다.

정현은 "역수재신(歷數在身)이란 말은 도참서(圖讖書)에 나오는 말이다"[90]고 하였다(何晏[91]은 "'歷數'는 서열의 차례를 말한다"고 하였고,

---

88) 『論語』「堯曰」.
89) 四句: "天之歷數在爾躬, 允執其中, 四海困窮, 天祿永終".

梅蹟은 "'曆數'는 天道를 말한다"고 했다 — 原註). ○주자는 "역수란 제왕이 서로 계승하는 차례니 세시(歲時) 절기의 선후와 같다"[92]고 말했다.

○나는 이렇게 생각한다. 정현은 참위(讖緯)에 빠져 역수로써 도참이라고 여겼는데, 요·순 시대에 어찌 이른바 도참이라는 것이 있었겠는가? 제왕들이 왕위를 주고받는 통서(統緒)를 옛날에는 '역수(曆數)'라고 했다. 그래서 『상서』「대고大誥」에 "무궁한 큰 역복(歷服)을 계승하였다"라고 했고, 『상서』「소고召誥」에 "하(夏)나라가 하늘의 명을 따른 것은 오직 역년(歷年)이 있었다"고 하였으며, "은(殷)나라가 하늘의 명을 받은 것은 오직 역년이 있었다"고 했다. 여기서 '역복(歷服)' '역년(歷年)'이라고 한 것은 천명의 정해진 운수를 가리키는 것 같으니, 주자의 설이 사리(詞理)에 가장 맞다. 그러나 「홍범洪範」의 오기(五紀)에 '오왈역수(五曰曆數)'라고 한 것은 바로 역(曆)을 다스리고 때를 밝히는 정사(政事)이다. 이미 '역수'라고 명칭을 했으므로 다르게 해석할 수 없다. 어떤 이는 "'천지역수재여궁(天之曆數在汝躬)'이란 순임금이 몸소 역상(曆象)의 수를 관장함을 말한 것이다"라고 했다. 복희·신농씨 이래로 가장 중요시해온 것이 역상이니 능히 이 일을 밝히면 왕통(王統)을 이을 수 있었다. 그래서 황제(黃帝)가 성력(星曆)을 고정(考定)하여 윤달을 바로잡았다(「律曆志」에 이르기를, "黃帝가 羲·和로 하여금 해를 점치게 하고, 常儀[93]로 하여금 달을 점치게 하고 臾區[94]로 하여금 별을 점치게 하였는

---

90) 孔穎達, 『尙書正義』 卷 第4, 「大禹謨」 疏.
91) 何晏: 190~249. p. 74 주 146 참조.
92) 朱熹, 『論語集註』「堯曰」.
93) 常儀: 전설적 인물. 黃帝의 신하로 일찍이 黃帝의 명에 의하여 달을 점쳤다고 한다.
94) 臾區: 전설적 인물. 黃帝의 신하로 일찍이 黃帝의 명에 의하여 별을 점쳤다고 한다.

데, 기운이 크게 꺾이는 것을 甲子로 정했다"고 하였다— 原註). 전욱(顓頊)[95] 이 남정관(南正官)인 중(重)에게 명하여 하늘을 맡게 했고, 북정관(北正官)인 여(黎)에게 명하여 땅을 맡게 했다(『左傳』『國語』에 보인다—原註). 그 뒤에 두 관직이 폐지되어 윤달의 차례가 어긋나게 되어 역수가 차례를 잃게 되었다. 제곡(帝嚳)이 제위(帝位)를 계승하여 역상에 밝아서 해와 달이 오가는 법을 세우고, 요임금이 또 계승하여 역상에 밝아서 일월의 오가는 법을 세워 사람들에게 때를 알려주어 드디어 중(重)·여(黎)의 관직을 복구하여 희(羲)·화(和)씨를 임명하였다. 순임금이 순수(巡守)할 때 날과 달을 정확하게 하여 어긋남이 없었으니, 그 제위를 물려받는 해에 "역수가 몸에 있다"는 말을 할 수 있었다. 대개 이 역수를 맡은 관직은 삼가 하늘에 순종하고 공경히 사람들에게 때를 알리는 것이었다. 태고 때는 역기(曆紀)가 분명하지 않아, 희·화씨가 역수를 다스림에 있어서는 불우(不遇)했던 것이 마치 후세의 천문을 맡아보던 사람의 자제들과 같아서 전례를 살펴 산출해버리고 말았는데, 그 정미하고 깊은 본래의 이치 같은 것은 예성(睿聖)스럽거나 큰 지혜를 가진 사람을 제외하고는 통달한 사람이 드물었다. 그러므로 능히 역수를 맡을 수 있는 사람이 대통(大統)을 계승하였으니, 그래서 요임금이 순임금에게 명한 것이 이와 같다. 『사기』「역서」에서 역(曆)의 근원을 거슬러 올라가 상고하여 "요임금이 순임금에게 선위하면서 거듭 문조(文祖)에서 경계하여 '천지역수재이궁(天之曆數在爾躬)'이라 했고 순도 그것으로써 우에게 명했다"고 했다(거듭 文祖에서 경계하였다는 것은 조상의 사당에서 舜을 경계했다는 것이다— 原註). 『한서』「율력지」에도 또한 이 말을 실었으니, 즉 사마천·반고는 다 '역수재궁(曆數在躬)'이란 말을 자신이 몸소 역상(曆象)의 통기

---

95) 顓頊: 전설적 인물로 黃帝의 孫이다.

(統紀)를 맡는 것으로 풀이하였다.

『순자』에 『도경道經』[96]을 인용하여 "인심지위, 도심지미(人心之危, 道心之微)"라 하였다. ○『순자』에 이르기를, "순임금이 천하를 다스릴 때는 사람들에게 일을 일일이 가르치지 않아도 모든 사물이 저절로 이루어졌다.〔……〕그래서『도경』에 이르되, '인심은 위태롭고 도심은 미미하다'고 했다. 위태롭고 미미한 기미는 오직 현명한 군자가 된 뒤에라야 능히 이것을 알 수 있다.〔……〕수(倕)는 활을 만들었고, 부유(浮游)는 화살을 만들었고, 예(羿)는 활을 잘 쏘는 데 정밀하였고, 해중(奚仲)은 수레를 만들었고, 승두(乘杜)는 말이 수레를 끌게 하는 것을 만들었고, 조보(造父)는 말을 모는 데 정밀하였으니, 예부터 지금까지 두 갈래 마음을 가지고서 능히 그 일에 정밀한 사람을 보지 못하였다"고 하였다(「解蔽篇」—原註).

○ 매작(梅鷟)이 이르기를, "분명히『도경』이라고 일컬었는데『상서』에 들어갔으니 위서(僞書)가 아니고 무엇이겠는가?"라고 하였다.

○ 모기령이 이르기를, "제전(帝典)과 왕모(王謨)는 실로 헌원씨(軒轅氏)[97] 황제(黃帝) 이래 상전(相傳)되어온 대도(大道)이다. 그래서『도경』이라 하는 것이다"라고 하였다(『易通卦驗』에 "燧人氏[98]가 『道經』에 넣어 새겨놓았다"고 하였다 — 原註).[99]

나는 이렇게 생각한다. 사마담(司馬談)[100]이 육가(六家)의 요지를 논하면서 도가(道家)의 한 이름을 세워 유가(儒家)·묵가(墨家)·명가(名家)·법가(法家) 등과 아울러 육가로 해놓았다(하나는 縱橫家이다 — 原註). 반고가「예문지」를 지으면서 도가자류(道家者流)에『노자인

---

96)『道經』: 道에 대하여 論한 책인 듯하나 그 傳來와 내용이 분명치 않다.
97) 軒轅氏: 黃帝의 이름.
98) 燧人氏 :『史記』에 보면 庖犧氏가 燧人氏를 대신하여 王位에 올랐다고 되어 있다.
99) 毛奇齡,『古文尙書寃詞』卷4, 張12.
100) 司馬談: 제4장 주 61 참조.

씨경老子鄒氏經』『노자부씨경老子傅氏經』『노자서씨경老子徐氏經』을
두어, 유가·묵가·명가·법가와 같이 나열하여 십가(十家)로 했지
만 우리 유가의 서명(書名)으로『도경』은 듣지 못했다. 모기령은
『역위易緯』[101]를 인용하여 이것을 증명하려고 했다. 그러나 위서
(緯書)의 설은 본래 모두 황탄(荒誕)하다. 수인씨 때 어찌 문자가
있었겠는가? 그러나 말이 진실로 이치에 합당할 것 같으면 그것
이 비록 장자(莊子)나 열자(列子)의 입에서 나온 것이라도 오히려
마땅히 가슴에 새겨야 할 것이다. 하물며 노자는 공자가 일찍이
예를 물은 사람임에랴! '인심은 위태롭고 도심은 미미하다'는 말
은 지극한 말이고 바른 가르침으로 성도(性道)의 오묘함을 크게 드
러냈으니, 표장(表章)하여 가슴에 새기기를 어찌 감히 소홀히하겠
는가? 다만「대우모」의 경문(經文)이 아니고 또한 순임금과 우임
금 사이의 마음을 전한 언결(言訣)이 아니니 이는 분변하지 않을
수 없다.

『사기』「오제본기五帝本紀」에 이르기를, "제곡(帝嚳)이 이미 중
정(中正)을 잡아서 천하를 두루 다스렸다"고 했다(徐廣[102]은 이르기
를, "漑는 旣字의 古字이다"[103] 하고 司馬貞[104]은 이르기를, "곧『尙書』의 允執
厥中이다"고 하였다 ― 原註).

나는 이렇게 생각한다. '집중(執中)'의 학문은 그 원류가 오래되
었다. '집중'이란 그 중화(中和)의 덕(德)을 잡아 지키기를 변치 않
고 오래도록 하여 놓지 않는다는 것이니, 예를 들면 곧으면서도
온화하고 너그러우면서도 엄숙한 것과 같은 것이다. 또 능히 굳게

---

101)『易緯』: 易에 관한 緯書로 모두 18편이다.

102) 徐廣: 352~425. 東晉 東莞姑幕 사람. 字는 野民. 徐邈의 아우이다. 저서
로『車服儀注』『晉紀』등이 있다.

103)『史記』「五帝本紀」에 '帝嚳漑執中而徧天下'라는 말이 있는데, 여기에 나
오는 '漑'자를 해석한 것이다.

104) 司馬貞: 唐의 河內人으로 字는 子正이다. 저서로『史記補』『三皇本紀』
『史記索隱』등이 있다.

잡아 변치 않으면 '집중'한 것이 되는 것이요, 인심과 도심의 사이에서 그 기미를 살펴서 그 중앙을 잡는 것이 아니다. 도를 닦는 공부는 도심에 순일(純一)하려는 것인데, 어찌 두 마음의 사이에서 그 중앙을 잡을 수가 있겠는가? 또『순자』의 정일(精一)이란 말도 본디는 집중과 서로 관계가 있는 것은 아니다. 저것은『중용(中庸)』의 큰 가르침이고 이것은 전일(專一)하게 하라는 데 대한 지극한 훈계다(또 荀子의 뜻은 한결같이 한 뒤에 정밀해진다는 뜻이요, 정밀해진 뒤에 한결같아진다는 뜻은 아니다 — 原註). 그런즉 '인심(人心)·도심(道心)·정일(精一)·집중(執中)'등의 말이 의리(義理)가 각각 다르고 귀취(歸趣)가 같지 않다. 세 가지 말이 서로 중첩되었으니 자못 울퉁불퉁하여 불안함을 알겠다.

모기령이 이르기를, "유정유일, 윤집궐중(惟精惟一, 允執厥中)은 마융의『충경』에서 그 문장을 인용하고 있으니 동진(東晉) 때 매색이 능히 위조할 수 있는 것이 아니다"고 하였다.[105]

○나는 이렇게 생각한다. 마융이『매서』를 보지 못한 것은 그 논의(論議)가 이미 확정되어 있으니(上庚 四에 보인다— 原註) 여기서 인용한 것을 근거로 하여『충경』이 위서인 것을 밝히는 것은 마땅하지만, 어찌 이『충경』에 근거해서『매서』가 진본인 것을 증명할 수 있겠는가? 이른바 마융의『충경』이란 것은『수서』「경적지」나『신구당서新舊唐書』「예문지」에 모두 그림자도 비치지 않는다. 오직 탈탈(脫脫)[106]의『송사宋史』에 비로소 그 서명이 기록되었는데 왕향(王向)[107]의『충경』[108]과 해붕(海鵬)[109]의『충경』과 함께

---

105) 毛奇齡,『古文尙書冤詞』卷4, 張13.
106) 脫脫: 宋·遼·金의 三史를 撰修한 元나라의 托克托이다.
107) 王向: 宋의 侯官人으로 王回의 아우이다. 字는 子直이며 古文에 뛰어났다. 저서로『忠經』3권이 있다.
108)『忠經』: 제3장 주 61 참조.
109) 海鵬: 明의 학자인 顧起經의「忠經後序」에 보면 宋代의『崇文總目』에

나란히 차례로 기록되어 있으니, 분명히 송(宋)나라 시대 사람의
위찬(僞撰)이다. 그래서 『사고전서서목四庫全書書目』에 이르기를,
"마융의 『충경』에 '정현주(鄭玄註)'라고 쓰여 있는 것은 그 문장이
『효경』 18장을 본떴는데 경문과 주가 한 사람의 손에서 나온 것
같다. 마융의 저술한 책들을 상고해보면 모두 『후한서』 본전(本傳)
에 실려 있고 정현의 훈석(訓釋)한 책들을 상고해보면 『정지목록
鄭志目錄』에 수록된 것이 더욱 자세하다. 『효경』의 주를 정현이 지
었다고 가탁(假託)해 놓은 것을 유지기(劉知幾)[110]가 열두 개의 증
거를 제시하여 밝혔는데, 그 글은 『당회요唐會要』[111]에 갖추어 실
려 있다. 그러니 어찌 이른바 『충경』의 주라는 것이 있겠는가?
『수서』「예문지」나 『당서』「예문지」에도 모두 실려 있지 않은데
『숭문총목崇文總目』[112]에 비로소 그 명칭이 나열되어 있으니, 그것
이 송대(宋代)의 위서임은 거의 의심할 것이 없다. 『옥해玉海』[113]에
송(宋)의 북송(北宋)·남송(南宋)의 「예문지」를 인용하여 해붕의 『충
경』이 있다는 것을 기재해놓았다. 그런즉 이 책은 본래 지은이가
있는 것으로 위조(僞造)는 아니었는데, 뒷사람이 거짓으로 마융·정

"海鵬이 『忠經』 1권을 지었다"는 말이 있는 것을 인용하고 있다. 海鵬
이 어느 시대 인물인지는 정확하지 않으나 宋人인 듯하다.

110) 劉知幾: 661~721, 字는 子玄이며 彭城人이다. 唐代의 걸출한 史學者이
자 思想家이다. 저서가 매우 많으나 대부분 散佚되고 『史通』 20권만이
전한다.

111) 『唐會要』: 唐의 王溥의 撰. 1백 권. 唐代 정치의 綱要를 기록한 책.

112) 『崇文總目』: 宋의 王堯臣 등이 임금의 命을 받아 지은 책. 宋代의 昭
文·集賢·史館의 三館에 秘書를 合藏하였는데, 후에 崇文院을 세워 三
館의 책을 다시 分藏하여 秘閣이라 일컬었다. 그런데 三館과 秘閣의 藏
書가 散佚되어 景祐 元年에 張觀·李淑·宋祁 등에게 명하여 그 存佚을
조사하게 하고, 王堯臣으로 하여금 校勘하게 하여 篇目의 분류를 다시
하여 『崇文總目』이라 일컬었다. 원본은 66권이다.

113) 玉海: 宋의 王應麟이 王命에 의해 撰한 것으로 총 2백 권에 「辭學指南」
4권이 부록으로 되어 있다. 天文·律曆·地理 등을 포함하여 모든 분야
에 걸쳐 언급되어 있다.

현을 내세워 그 본래 지은이의 이름을 덮어버려 도리어 진본으로 하여금 위서가 되게 했을 뿐이다."라고 하였다. 이제『순자』의 정일지설(精一之說)을 상고해보건대, 여기에는 도리어 집중(執中)으로써 귀취(歸趣)를 삼지 않았다. 또 무릇 양한(兩漢)의 문자에는 '집중(集中)'이란 말을 쓰고 '정일(精一)'이란 말을 쓰지 않았다.『한서』의 「동현책문董賢冊文」(冊文에 '允執厥中'이라 하였다 — 原註)과 「제왕굉책문齊王閎冊文」과「선조조책문禪曹操冊文」등에서(글은 아래에 보인다 — 原註) 모두 상고할 수 있다.『순자』의 말은 순임금이 천하를 다스리는 것이 그 자체가 일장(一章)이고『도경』은 그것대로 일단(一段)이고 수(倕)가 활을 만든 것은 그것대로 일단(一段)이다. 이것을 한데 합쳐 문장을 이루어서 모두 순의 말로 만들었으니 되겠는가?

근거 없는 말은 듣지 말 것이며 여러 사람에게 상의하지 않은 계책은 쓰지 말 것이오. 사랑할 만한 것이 임금이 아니며 두려워할 만한 것이 백성이 아니겠소. 백성은 임금이 아니면 누구를 떠받들며 임금은 백성이 아니면 나라를 지켜줄 사람이 없을 것이다. 공경하오. 그대의 자리를 삼가서 그들이 바랄 만한 일을 삼가 닦도록 하오. 온 세상이 곤궁해지면 하늘이 내린 벼슬도 영영 끝장이 날 것이오. 입에서는 좋은 말도 나오지만 전쟁도 일으키는 것이니 나는 말을 두 번 되풀이하지 않겠소"라고 하였다.

【蒐輯】『국어』「주어周語」에 「하서」를 인용하여 "백성들은 임금이 아니면 누구를 떠받들며 임금은 백성들이 아니면 나라를 지켜줄 사람이 없을 것이다"라는 말이 있다.

○양왕(襄王)[114]이 진 혜공(晉惠公)[115]에게 명을 내렸는데 진나라

---

114) 襄王: 周王朝의 제18대 왕.
115) 晉惠公: 春秋時代 晉의 제21대 君主.

혜공이 공경하지 않았다. 내사(內史) 과(過)가 이르기를, "진나라 혜공은 반드시 후사가 없을 것인저! 「하서」에 이러이러한 말이 있도다"116)고 하였다.117)

○나는 이렇게 생각한다. 순·우가 도를 전하는 말에 "사랑할 만한 것은 임금이 아니겠느냐?"라는 말은 전혀 상관이 없는데도 위서를 만든 사람이 『좌전』『국어』 가운데서 인용한 「하서」의 구절을 주워 모아 반드시 그것을 다 사용하려 했으나 내사(內史) 과(過)가 인용한 것은118) 끼워 넣을 곳이 없었으므로 이 두 구절을 만들어 함부로 해놓은 것이다. 순임금이 바야흐로 선위(禪位)하려 하면서 우에게 임금을 사랑하라고 가르쳤으니, 이것이 무슨 뜻인가?

매색은 "이 세 가지 일을 부지런히하면 하늘의 복록(福祿)과 명적(名籍)이 길이 너의 몸에 지속될 것이다"고 말했다(『漢書』에 武帝가 왕자 閎을 齊王으로 冊封하는 冊文에 "允執其中, 天祿永終"이란 구절이 있고, 獻帝가 魏나라에 禪位하는 冊文에 "允執其中, 天祿永終"이란 구절이 있다. 班彪119)가 지은 「王命論」에 또한 "福祿流于無窮, 天祿其永終矣"란 구절이 있고, 『三國志』「魏志」에 "山陽公120)은 天祿永終의 運을 깊이 알아 魏에 禪位했다"는 구절이 있다121) ── 原註).

○모기령이 이르기를, "『공전孔傳』122)의 이 해석은 전혀 삼국(三國) 이후의 사람이 능히 엿볼 바가 아닌데, 동진(東晉) 사람이

---

116) "衆非元后何戴, 后非衆無與守邦"을 가리킨다.

117) 『國語』「周語」에 나온다.

118) '必無後'라는 말을 가리킨다.

119) 班彪: A.D. 3~54. 後漢의 安陵人. 字는 叔皮. 班固의 아버지인데 『漢書』를 저술하다가 완성하지 못하고 卒하였으므로 아들 固가 이것을 續成하였다.

120) 山陽公: 後漢의 마지막 君主인 獻帝, 즉 劉協을 말한다.

121) 毛奇齡, 『古文尙書寃詞』卷4, 張15.

122) 『孔傳』: 여기의 『孔傳』은 梅賾의 『僞古文尙書孔安國傳』인데 毛奇齡은 진짜 『孔安國傳』으로 보고 있다.

위서를 만들었다고 말할 수 있겠는가?"[123]라고 했다(『孔傳』에 이 說이 있으므로부터 包咸이 『論語』에 註를 달아 '天祿이 너의 몸에서 오래도록 지속될 것이다"[124]고 했다. 東漢 이전에도 '永終'을 '영원히 끊어진다'고 해석하는 사람이 없었다[125] —— 原註).

○나는 이렇게 생각한다. 모기령의 설은 잘못되었다. 다만 포함의 주(註)만을 천지간에서 없어지지 않게 하였으니, 이는 비록 당·송대의 사람이라 하더라도 능히 이런 해석을 할 수가 있는데, 하물며 훨씬 상대(上代)인 동진 시대이겠는가? 그러나 포함은 '곤(困)'자를 '극(極)'자의 뜻으로 풀이하여 "능히 사해를 극진히 다하면 천록(天祿)이 길이 지속된다"는 뜻으로 생각하였다. 매색의 주는 '곤궁(困窮)'을 천민(天民)으로서 하소연할 데가 없는 자로 풀이하였다. 두 가지 주가 판연히 달라 서로 합치가 되지 않는다. 포함의 설은 비록 잘못되었지만 스스로 일가를 이룬 것이다('困'자를 '極'자로 풀이한 것은 크게 잘못된 것이다 —— 原註). 채침(蔡沈)의 주는 비록 늦게 나왔지만 도리어 바른 뜻이다(蔡沈은 풀이하기를 '백성들이 곤궁하면 임금의 祿이 끊어진다'고 했다[126] —— 原註). 매색의 해석은 위로는 옛것에 미치지 못했고 아래로는 이치에 합하지 않으니, 정말 이곳 저곳에서 주워 모은 것으로 산만하여 근거 없는 학설인데 어찌 애써 떠받들려고 하는가?

○나는 이렇게 생각한다. "좋은 말도 입으로부터 나오고, 나쁜 말도 입으로부터 나온다"(『詩經』 「正月」 —— 原註)는 말은 본시 말을 삼가라는 훈계이지 약속이나 맹세를 하는 말이 아니다. 장차 "나는 말을 두 번 되풀이하지 않겠다"고 하면서, 먼저 "좋은 말도 나오지만 전쟁도 일으킨다(出好興戎)"는 말을 할 리는 절대로 없다.

---

123) 毛奇齡, 『古文尙書冤詞』 卷4, 張15.
124) 何晏, 『論語集解』 「堯曰」 註.
125) 이것도 毛奇齡의 말이다. 『古文尙書冤詞』 卷4, 張15.
126) 蔡沈, 『書集傳』 「大禹謨」 註.

만약 순임금이 말을 두 번 되풀이하고서 선위를 했다면 천하가 그를 배반하였겠는가?

우(禹)가 이르기를, "공신들을 모두 점쳐서 오직 길한 사람이면 이에 따르십시오"라고 하니, 순임금이 말씀하기를, "우여! 복관(卜官)의 점은 먼저 뜻을 결단하고 뒤에 큰 거북에게 명하는 것이오. 나의 뜻을 먼저 정하고 여러 사람에게 의논함에 모두 뜻이 같았으며, 귀신들도 그렇게 따르고 거북과 시초도 같이 따랐소. 점은 길한 것을 거듭 치지 않는 법이오"라고 말했다. 우가 머리를 조아리고 굳이 사양하니, 순임금이 "그러지 마오. 오직 그대가 합당하오"라고 했다.

【蒐輯】『좌전』에 「하서」를 인용하여 "관점유능폐지, 곤명우원귀(官占惟能蔽志, 昆命于元龜)"란 구절이 있다(哀公 18年 — 原註).

○ 파(巴)[127)]나라 군사가 초(楚)나라에 이르러 장차 통솔할 장수를 점쳐보려고 하니, 왕이 이르기를, "뜻하던 대로라고 했는데 어찌 점을 치겠는가?" 하고, 장수로 하여금 군사를 통솔하여 가게 하였다. 군자가 이르기를, "혜왕(惠王)은 뜻을 아나니 「하서」에 '이러이러하다'고 말했다"[128)]고 하였다.[129)]

○ 두예(杜預)의 주에 "관(官)은 복서(卜筮)의 관(官)이요(梅賾은 "점칠 관리를 세우는 것이다"고 했다→原註), 폐(蔽)는 결단한다는 뜻이요, 곤(昆)은 뒤라는 뜻이니, 먼저 뜻을 정한 뒤에 거북점을 하는 것이다"라고 했다[130)](梅賾은 '蔽'는 결단한다는 뜻이요, '昆'은 뒤니, 먼저 사람의 뜻을 결단하고 그 뒤에 큰 거북에게 물어보는 것이라고 했다[131)] —

---

127) 巴: 지금의 重慶 지방에 있었던 나라.
128) '官占惟能蔽志, 昆命于元龜'를 가리킨다.
129) 『左傳』哀公 18年.
130) 杜預, 『春秋左傳集解』哀公 18年 註.
131) 孔穎達, 『尙書正義』卷 第4, 「大禹謨」孔氏傳.

原註).

○나는 이렇게 생각한다. 두예가 『매서』를 보지 않은 것은 공영달의 소(疏)나 모기령의 『원사』에서 다 같이 말한 것이다. 『매서』를 보지 않았으면 또한 그 주도 보지 않았을 것이니, 어찌하여 두예의 주와 매색의 주가 이처럼 비슷한가? 전처(前妻)의 밥에다 후처(後妻)의 고기인데 반드시 이럴 이치가 없을 것이다. 누가 주인이고 누가 나그네인지를 능히 가려내는 사람이 있을 것이다.

【剽取】'매복(枚卜)'이란 구절은 섭공(葉公)[132]의 일을 답습하여 썼고(『左傳』 哀公 17年에 "楚王與葉公, 枚卜子良[133], 以爲令尹"이란 구절이 있다. ○杜預의 말에도 "枚卜, 不斥言所卜以令龜"란 구절이 있다[134] — 原註).

○'복불습길(卜不習吉)'은 조앙(趙鞅)[135]의 말을 답습하여 쓴 것이다(『左傳』 哀公 10年에 "夏, 趙鞅伐齊, 大夫請卜之, 趙孟[136]曰: '事不再令, 卜不習[137]吉'"이라는 구절이 있다 — 原註).

○나는 이렇게 생각한다. 고례(古禮)에 두 번 사양하는 것을 고사(固辭)라 하고 세 번 사양하는 것을 종사(終辭)라고 하는데[138] 우임금이 이제 세 번 사양했는데 고사(固辭)했다고 혼동하여 썼으니 후대의 문장이다.

정월 초하루 아침에 신종(神宗)[139]에서 명을 받들고 백관을 통솔했

---

132) 葉公: 春秋時代 楚나라 사람 司馬 沈尹戌의 아들. 名은 諸梁, 字는 子高.
133) 子良: 春秋時代 楚 惠王의 아우.
134) 杜預, 『春秋左傳集解』 哀公 17年 註.
135) 趙鞅: 春秋時代 晉나라 사람. 諡號가 簡이므로 趙簡子라 불렀다. 趙武의 孫子.
136) 趙孟: 春秋時代 晉의 卿大夫 중 最貴者인 趙盾·趙武·趙鞅·趙無恤을 모두 趙孟이라고 일컬었는데 여기서는 趙鞅을 가리킴.
137) 『左傳』에는 '卜不襲吉'로 되어 있다.
138) 『儀禮』「士相見禮」의 賈公彦 疏.
139) 神宗: 신성한 宗廟. 여기서는 堯의 太廟를 말함.

는데 순임금이 처음 임금의 일을 맡을 때와 같이 하셨다.

○나는 이렇게 생각한다. 『사기』의 「순본기」 「하본기」에 전혀 이 사실이 없다. 사마천이 공안국에게 『상서』를 물어 고문의 말을 많이 썼는데 어찌 유독 이 일만 빠뜨린단 말인가? '솔백관(率百官)'이라는 말이 순임금이나 우임금 때의 문장이겠는가?

순임금이 말씀하기를 "아! 우(禹)여. 오직 묘족(苗族)만이 다스려지지 않고 있으니 그대는 가서 정벌하오"라고 말했다. 우는 곧 여러 제후들을 모아놓고 군사들 앞에서 훈시하기를 "여러분, 모두 내 명령을 들으시오. 어리석은 묘족은 어둡고 미혹하여 공경할 줄을 모르며, 남을 업신여기고 스스로 어진 체하며 도를 어기며 덕을 무너뜨리고 있소. 군자들이 초야에 있고 소인들이 높은 자리에 있소. 백성들은 군주를 버리고 보호해주지 않으며 하늘은 재앙을 내리니 드디어 내가 그대들 여러 병사들과 함께 임금의 말씀을 받들어 그 죄를 치려 하오. 그대들은 바라건대, 그대들의 마음과 힘을 하나로 하여야만 공훈을 이룰 수가 있을 것이오"라고 했다.

나는 이렇게 생각한다. 요임금이 이미 순(舜)에게 선위했으므로 예악(禮樂)과 정벌이 순임금으로부터 나온다. 정월 초하루에 순이 그만둔 요임금 자리를 태묘(太廟)에서 받들게 된 뒤로 요임금의 단 한 가지의 정령(政令)도 「요전」에 나타나지 않는다. 이제 우임금이 이미 신종(神宗)에서 명을 받았는데도 이에 순임금이 우임금에게 묘족을 정벌하라고 명하였다면 천자가 둘이 되는 셈이다. 명령이 나오는 곳이 여러 군데면 그 나라는 반드시 어지러운 법이니, 심하구나, 위서를 만든 자가 사실을 깨닫지 못함이여!

【蒐輯】『묵자』에 우임금의 서(誓)를 인용하여 "여러분들은 다

내 말을 들으오. 어리석은 묘족(苗族)은 하늘의 벌을 받아야 하오. 나는 지금 그대들 각 나라의 제후를 거느리고서 묘족을 정벌하려 하오"라고 했다(「兼愛」— 原註). ○『사기』에서 오기(吳起)가 위 무후(魏武侯)에게 대답하여 이르기를, "옛날 삼묘씨(三苗氏)는 왼편에는 동정호(洞庭湖) 오른편에는 팽려호(彭蠡湖)를 끼고 살았는데 덕의(德義)를 닦지 않아서 우임금이 멸망시켰습니다"라고 하였다.[140] ○ 내가 살펴보건대, 묘족의 멸망은 분명히 순임금 때이다. 「여형呂刑」에 실려 있는 내용이 전(典)·모(謨)에 실려 있는 것보다 상세하다. 그리고 『묵자』와 『사기』에는 이 두 글귀가 실려 있다.

공영달이 이르기를, "『곡량전穀梁傳』에 『상서』의 고(誥)와 서(誓)가 오제(五帝)[141]에는 없었고, 동맹하는 일이 삼왕(三王)[142]에는 없었고, 인질을 교환하는 일이 제 환공(齊桓公) 진 문공(晉文公)에는 없었다'(隱公 8年 — 原註)고 했다"[143]고 하였다.

○ 어떤 사람이 이르기를, "은(殷)나라 사람이 서(誓)를 지어서 백성들이 비로소 배반하였다. 우는 순임금의 조정에 있었는데 어찌 서(誓)가 있으며, 순임금이 삼묘(三苗)를 귀양 보냈는데 또 어찌 묘족을 정벌한단 말인가?"(毛奇齡의 『冤詞』에 보인다 — 原註)라고 했다.[144]

○ 나는 이렇게 생각한다. 서(誓)는 반드시 은나라에서 비롯된 것이라고 볼 수 없고, 묘족은 혹 남은 후손이 있는지 하는 것은 모두 깊이 고찰할 수가 없다. 오직 『상서』「여형」과 『국어』「초어楚語」에 여(黎)와 묘(苗)의 죄를 논하기를, "모두 제사를 더럽히고 귀신과 결탁하며 허물없는 사람들을 죽이고 요사스럽고 잔인

---

140) 『史記』卷65, 「孫子吳起列傳」第5.
141) 五帝: 孔穎達이 말하는 五帝는 小昊·顓頊·帝嚳·堯·舜이다.
142) 三王: 夏·殷·周의 禹·湯·文武를 말함.
143) 孔穎達, 『尙書正義』卷 第4, 「大禹謨」疏.
144) 毛奇齡, 『古文尙書冤詞』卷4, 張18.

하여 그 습속이 본성으로 되어버렸다"고 했다. 오늘날에 이르기까지 4, 5천 년이 되었는데도 묘(猫)·힐(狤)·영(狑)·요(獠) 등의 풍속이 오히려 다 고쳐지지 않았으니, 묘족이란 남만(南蠻)의 악종이다. 이제 그 죄를 따진다는 것이 중국 같은 예의의 나라로서 어찌 실정에 멀지 아니한가? "군자가 야(野)에 있고 소인이 높은 자리를 차지한다"는 말이 무슨 말인가? 묘족에 무슨 군자가 있단 말인가?

30일 동안 묘족이 명을 거스리니 익(益)이 우(禹)를 도와 이르기를, "오직 덕만이 하늘을 움직이어 아무리 먼 곳이라 할지라도 이르지 못하는 곳이 없습니다. 자만하는 자는 손해를 부르게 되고 겸손한 자는 이익을 받음이 바로 하늘의 도입니다. 순임금이 처음 역산(歷山)에서 밭을 갈고 매일 하늘과 부모를 향해 울부짖으며, 죄를 스스로 짊어지고 악을 스스로 걸머져 일을 공경히하여, 아버지 고수(瞽瞍)를 뵈옵되 공손하게 삼가고 두려운 모습을 하니, 고수도 역시 믿고 따르게 되었던 것입니다. 지극한 정성은 신도 감동시키거늘, 하물며 이 묘족이겠습니까?"라고 했다. 우는 훌륭한 말에 절하며 "그렇습니다"고 말하고는 군사를 돌려 되돌아왔다. 순임금이 이에 문교(文敎)의 덕화(德化)를 크게 펴시고 방패와 새깃을 들고 두 섬돌 사이에서 춤추니 70일 만에 묘족들이 감복하여 이르렀다.

【變亂】『맹자』에 "순임금이 밭에 가서 하늘과 부모를 향해 울부짖었다"는 말이 있다(「萬章」上—原註). ○조기는 이르기를, "『맹자』의 여러 곳에서 순임금의 일을 이야기한 것은 모두 「요전」 및 일서(逸書)에 실린 것이다"라고 하였다[145](逸舜典—原註). ○『상서대전尚書大傳』에 "순임금이 역산에서 밭을 갈았다"고 했다. ○『설

---

145)『孟子注疏解經』卷 第9 下,「萬章章句」上 趙氏註.

문설文』에서 「우서虞書」의 설을 인용하여 "인(仁)으로 덮어 아랫사람을 불쌍히 여길 때 민천(旻天)을 일컫는다"고 했다(王應麟이 수집한 것이다─原註).

○나는 이렇게 생각한다. 옛날 「순전」에 혹시 '호읍민천(號泣旻天)'이란 구절이 있었는지 지금은 상고할 수 없다.

『맹자』에 『상서』를 인용하여 "깃발을 싣고 가서 고수(瞽瞍)를 뵈었는데 공손하게 삼가고 두려워하니 고수도 또한 진실로 따랐다"고 하였다.[146] ○함구몽(咸丘蒙)이 물어 이르기를, "순이 남쪽으로 향하여 임금 자리에 서니 고수가 북쪽을 향해 서서 조회(朝會)를 했다고 하는데 이 말이 진실로 그렇습니까?"라고 하자, 맹자가 이르기를, "이는 제(齊)나라 동쪽 야인들의 근거 없는 이야기다. 『상서』에 '이러이러하다'[147]라고 했으니 이는 아버지도 아들로 여길 수 없다는 것을 이름이다"고 하였다.[148] ○『사기』「순본기」에 "요임금이 돌아가자 순임금이 제위에 올라 천자의 깃발을 싣고 가서 아버지인 고수를 뵈었는데, 공손하게 삼가는 것이 오직 아들의 도리였다"고 했다(趙岐는 이르기를, "舜이 이미 天子가 되었는데 공경히 아버지를 섬겨 두려워 벌벌 떨면서 아버지를 뵈었다"[149]고 했다─原註).

○나는 이렇게 생각한다. '지재(祗載)'란 깃발을 싣는다는 뜻이다. 『예기』「곡례曲禮」에 '재청정(載靑旌)'이란 말이 있고, 「월령月令」에 '재청기(載靑旂)'란 말이 있다(梅賾은 載를 일이란 뜻으로 풀이하였으나 잘못이다─原註). 이제 두 글을 상고해보건대, 하늘을 향하여 울부짖은 것은 역산에서 밭 갈 때의 일이요, 깃발을 싣고서 아버

---

146) 『孟子』「萬章」上.
147) "祗載見瞽瞍, 夔夔齋慄, 瞽亦允若"을 가리킴.
148) 『孟子』「萬章」上.
149) 『孟子注疏解經』卷 第9 下,「萬章章句」上 趙氏註.

지를 뵈온 것은 제위에 오른 후의 일이다. 두 글에서 분명히 드러나 있어 그 일이 분명하다. 이미 제위에 올라서 귀하기로는 천자가 되었고, 부유하기로는 사해를 가졌고, 산과 용의 무늬가 그려진 옷을 입고 교룡기(交龍旗)를 싣고서 필부인 아버지를 보는데, 오히려 다시 공손하게 삼가고 두려워하여 공경히 자식의 도리를 다했으니, 한 고조(漢高祖)의 장락궁(長樂宮)에서의 잔치와 당 태종(唐太宗) 때 힐리(頡利)150)의 춤과는 기상이 같지 않다. 이 점이 순 임금이 큰 효자인 소이(所以)이며 동시에 고수가 믿고 따른 까닭이다. 만약 농사짓던 때에 몸소 쟁기와 보습을 짊어지고 오다가 밭 사이에서 완고하고 어리석은 고수를 보았다면 비록 효자가 아니더라도 또한 전전긍긍하지 않을 사람이 없을 것이니, 어찌 족히 지극한 행실이 되겠으며 고수 또한 어찌 믿고 따를 이치가 있겠는가? 매색의 『상서』는 갖옷을 꿰매는데 쇳조각으로 기운 격으로 여러 가지를 주워 모아 편(篇)을 이루었다. 30년 전의 일을 잘못 취하여 30년 후의 일에 합했으니 그 무리하여 차례가 이루어지지 않음이 이러한데 그래도 오히려 위서가 아니라고 할 수 있겠는가? 이뿐만 아니라 순이 바야흐로 임금 자리에 있고 익(益)·우(禹)가 모두 북쪽을 향해 서서 그를 섬기면서 제왕의 아버지를 묘만(苗蠻)에 견주고, 또 아버지를 즐겁게 만든 지극한 행실을 완악한 무리들을 바로잡는 바깥의 일에다 견주었으니, 신하의 직분이 그렇지 않을 뿐만 아니라 또한 윤리에도 합당하지 않다. 일찍이 우·익이 마주 앉아 이런 이치에 어긋난 말이 있었다고 하겠는가? 또 우가 군사를 돌이킴에 있어서 다른 근거가 없이 겨우 이 고수를 감동시킨 하나의 일로 말미암아, 군사일을 그만두고 돌아와서 순임금 앞에 이르러 장차 무슨 말로 순임금에게 고하여 순임금으

---

150) 頡利: ?～634. 唐代 東突厥의 君主인 可汗이다. 姓은 阿史那이고 이름은 咄苾이다.

로 하여금 문덕(文德)을 베풀게 할 수 있겠는가? 두 사람이 소리를 맞추어 "엎드려 생각하건대 묘족의 완악함이 고수와 같음이 있습니다"고 아뢰어, 순임금이 이미 공경하고 두려워하여 고수를 감동시킨 것을 가지고 이제 문덕으로써 묘족을 이르게 하라고 청하겠는가? 사사로운 의논이 그러하다면 임금 앞에 들어가서 그것을 숨기고 말하지 않겠는가? 만약에 그것을 숨기고 말하지 않는다면 순임금은 어떻게 두 사람의 뜻을 알고서 반드시 문덕으로써 그 사람들을 감동시키려 하겠는가? 만약에 또 사실로써 고했다고 한다면 순임금도 또한 고수를 감동시킨 방법으로써 묘족을 감동시켜 이 문덕을 펴려고 했겠는가? 이치가 통하지 않는 것을 가지고 몽매하게 받들어 믿는 것이 가(可)하겠는가?

군사를 돌이킨다는 말은 『사기』「초세가楚世家」의 서문에 나온다(또 『漢書』「趙充國[151]傳」에 "군사를 돌이켜 전쟁을 그만두었다"는 말이 있다—原註).

○나는 이렇게 생각한다. '진려(振旅)'는 따로이 한 가지 법인데, 일을 서술하는 글에서는 이런 것을 말할 겨를이 없으니, 그것이 위작임을 가히 알 수가 있다. 『주례』「하관夏官」에 "중춘(中春)에 진려(振旅)를 가르친다"고 했고(「大司馬」—原註), 『좌전』에 "3년마다 한 번 치병(治兵)하고 들어와 진려를 행하였다"고 했고(隱公 5年—原註), 『국어』에 "두루 제후들에게 고하여 치병과 진려를 하게 하였다"고 했고, 『이아爾雅』에 "군사가 출동하는 것을 치병이라 하고, 들어오는 것을 진려라 한다"고 했다(「釋天」의 글이다—原註). 『시경』「채기茶芑」 시에 "북소리 둥둥 군사의 출동도 성하며 진려도 성하다"고 했는데, 대개 예(禮)로 되어 있는 것이 군사를 출동시킬 때는 나이가 어리고 천한 사람이 앞에 있고 군사를 거둘

---

151) 趙充國: 前漢 上邽人. 字는 翁孫이고 諡는 壯이다. 武帝 때 假司馬로 匈奴를 공격했다.

때는 존귀하고 나이 많은 사람이 앞에 있는 법이다. 이것은 『예기』「소의少儀」에 이른바 "나갈 때는 칼날을 앞으로 하고 들어올 때는 칼날을 뒤로 한다"는 뜻이요, 모장(毛萇)[152]의 이른바 "노소(老少)의 법을 회복한다"는 것이다. 그러니 어찌 군사일을 그만두고 서울로 돌아오는 것을 '진려(振旅)'라고 할 수 있겠는가?(또 『國語』「吳語」에 吳王 夫差가 군사를 일으켜 越나라를 친 것을 '振旅'라고 하였다 — 原註)

【依據】『좌전』에 "문왕이 숭(崇)나라를 정벌했으나 30일이 되어도 항복하지 않았다. 물러나 교화를 닦아서 다시 쳤다. 군사를 더 늘리지 않고 옛 보루만을 이용하고서도 적을 항복시켰다"고 했다(僖公 19年 — 原註).

○공자가 말씀하기를 "먼 곳에 있는 사람이 복종하지 않으면 문덕을 닦아서 오게 한다"고 했다(「季氏」— 原註).

○나는 이렇게 생각한다. 사리(事理)를 공평하게 논한다면 문덕을 닦아 먼 곳에 있는 사람을 오게 한다고 말하는 것은 가(可)하지만, 진(陣)에 임하여 적과 대치해서 계책을 짜내어 '문덕을 펴서 오게 해야한다'고 하여, 순임금이 이에 문덕을 크게 폈다면 문덕이 또한 너무 비천하지 아니한가? 문덕이란 것은 도(道)가 오래도록 시행되어 교화가 이루어지는 것인데 어찌 하루아침에 갑자기 펼 수 있겠는가? 순임금이 천하를 다스린 60년 동안에 문득 문덕을 잊고 있다가 오늘에 있어서야 이 묘족 때문에 급히 그것을 편다면 순임금의 문덕은 단번에 어찌 이렇게도 갑작스럽게 되는 것인가? 이러한 문덕은 또한 감격시킬 리가 없다.

『한비자』에 이르기를, "순임금 시대를 당해서 묘족이 항복하지 않거늘, 우가 장차 정벌하려 하니 순임금이 '안 되오. 윗사람의 덕

---

152) 毛萇: 前漢 趙人. 『毛詩』를 毛亨으로부터 전해 받음. 毛亨을 大毛公, 毛萇을 小毛公이라고 부른다.

이 두텁지 못하면서 무력을 사용하는 것은 도가 아니오'라고 하고, 3년 동안 문덕을 닦아서 방패와 도끼를 잡고 춤을 추니 묘족이 이에 복종하였다"라고 하였다(「五蠹」에 나온다 — 原註).

○나는 이렇게 생각한다. 위서를 만든 자들이 바탕으로 삼은 것은 본디 이『한비자』이다. 그러나 순임금이 춤으로써 묘족을 항복시킨 것은 진실로 이런 일이 있다. 그러므로『전국책』에 이르기를, "옛날 순임금이 묘족을 따라서 춤을 추었고 우(禹)는 웃옷을 벗고서 나국(倮國)[153]에 들어갔다"[154]라고 하였고(살펴보건대, 이것은 舜이 苗族을 따라서 춤을 춘 것이다 — 原註),『초사』「천문天問」에 "방패를 합하여 이에 춤추니 어떻게 그를 회유하겠는가?〔干協時舞, 何以懷之?〕"라고 했으니(王逸은 '舞'자를 힘쓴다는 뜻으로 읽어야 한다고 했고, 또 少康 때의 일로 보았다. 朱子의 註는 다만 이「大禹謨」의 글만을 인용하였다 — 原註) 근거가 없는 것이 아니다. 다만 옛날 책에 '간척(干戚)'이란 말만 있고, '간우(干羽)'란 말은 본래 없으므로『한비자』에 이미 '간척'이라 말했고, 최식(崔寔)[155]의 「정론政論」에서도 "간척의 춤이 족히 평성(平城)[156]의 포위를 풀었다"고 했으나 '간우'라고 해놓은 글은 없다(「簡兮」[157]의 詩에 毛萇은 干羽를 萬舞라고 여겼으나 아니다.『尙書正義』에서는 毛萇의 說을 배척하고 鄭玄의 說을 따랐다 — 原註.) 그러므로 위 명제(魏明帝)의 시에 "중화(重華)[158]가 간척의 춤을 추니 묘족이 항복하려고 청했다"고 하였고(「櫂歌行」— 原註) 종회(鍾

---

153) 倮國: 옛날 중국 西方에 있었던 國名인데, 國人이 모두 倮體로 살았으므로 붙인 이름이다.
154)『戰國策』卷 第19,「趙」2.
155) 崔寔: 後漢 涿郡 安平人. 瑗의 아들로 또 다른 이름은 台이고, 字는 子眞·元始이다. 官은 五原太守를 거쳐 尙書에 오름. 碑·論·箴·銘 등 15편을 지었다.
156) 平城: 지금의 山西省 大同市 동쪽에 있는 옛 城인데, 漢高祖가 이곳에서 匈奴에게 7일 간 포위당했었다.
157) 「簡兮」:『詩經』「國風-邶」의 詩題.
158) 重華: 舜의 이름.

會)¹⁵⁹⁾의 「격촉문檄蜀文」에 "우순(虞舜)이 간척의 춤을 추어 묘족을 항복시켰다"고 했고, 종육(鍾毓)¹⁶⁰⁾이 조상(曹爽)¹⁶¹⁾에게 주는 글에 "간척의 춤이 족히 묘족을 항복시켰다"고 했고(『魏志』에 보인다 ─ 原註), 「왕도전王導¹⁶²⁾傳」에 이르기를, "유우(有虞)¹⁶³⁾가 간척의 춤을 추어 삼묘(三苗)를 감화시켰다"(『晉書』에 보인다 ─ 原註)고 했다. 아래로 당대(唐代)에 내려와 이백(李白)은 『매서』를 익숙하게 보았으나 오히려 그 내용을 인용하지 않았다. 그래서 그 시에 "어떻게 간척의 춤을 추어 단번에 묘족을 평정한단 말인가?"¹⁶⁴⁾(干羽의 춤을 춘다고 하지 않았음 ─ 原註)라고 했으니, 대개 '간우'라고 해놓은 글이 없음을 알 수 있다. 황보밀의 『제왕세기』에 이르기를, "묘족이 험한 지형을 믿고서 항복하지 않았다. 순임금이 이에 문교를 3년간 닦아서 방패와 도끼를 잡고서 춤을 추니 묘족이 항복하기를 청했다"고 하였으니(「舜記」에 보인다 ─ 原註), 여기에 비로소 '수문교(修文敎)'의 한 구절을 더했다. 그러나 3년이라고 일컫는 것이 오히려 사리에 가깝다. 간척이라고 일컬은 것은 옛 전적을 따른 것인데, 매색의 『상서』에서는 간척을 간우로 했고 3년을 70일로 했으니 고금의 여러 글과 어긋나니 그것이 위서임을 가히 알 수 있겠다. 매색이 공자의 '수문덕'이란 한 말¹⁶⁵⁾을 보고서 이에 필시 '부문덕

---

159) 鍾會: 225~264. 三國時代 魏 潁川 長社人. 毓의 아우. 字는 士季. 벼슬은 司徒. 『道論』 28편을 지었다. 「檄蜀文」은 蜀을 討平하는 檄文이다.

160) 鍾毓: ?~263. 三國時代 魏 潁川 長社人. 繇의 아들. 字는 稚叔, 諡는 惠. 官은 徐州·荊州의 都督을 지냈다.

161) 曹爽: ?~249. 三國時代 魏 沛國 譙人. 字는 昭伯. 벼슬은 都督中外諸軍事에 이름.

162) 王導: 晉 臨沂人. 字는 茂弘, 諡는 文獻. 벼슬은 丞相. 뒤에 明帝·成帝를 도와 太傅가 되었다.

163) 有虞: 전설적 國名인 虞나라. 여기서는 舜을 가리킴.

164) 『李太白詩集』 「古風 五十九首」.

165) 『論語』 「季氏」에 "遠人不服, 則修文德以來之, 旣來之, 則安之"라는 말이 있다.

(敷文德)'이란 말을 쓰고자 했다. 이미 '부문덕'이란 말을 썼으면 마땅히 '문무(文舞)'를 써야 할 것인데 그가 간척은 본래 무무(武舞)이고 우약(羽籥)은 곧 문무(文舞)인 줄 알았으므로(『禮記』『周禮』『春秋傳』에 있다 — 原註) '척(戚)'자를 고쳐 '우(羽)'자로 하여 춤을 구분해서 문구를 만들었다. 교묘하게 하려다가 도리어 졸렬하게 되었다는 것은 이것을 두고 한 소리가 아닌가!

두 섬돌이란 것은 경사(京師)의 궁궐의 두 섬돌이다. 우가 군사를 돌이켰을 적에 묘족이 따라오지 않았다. 산천이 이미 아득히 멀어 수천 리를 넘어왔는데, 내가 비록 너울너울 춤을 춘들 묘족이 어떻게 알겠는가? 이미 알지 못하는데 어찌하여 이르게 된단 말인가? 만약 자연의 이치가 멀리서 서로 감응한다고 하면 "동산(銅山)이 서쪽에서 무너짐에 영종(靈鍾)이 동쪽에서 응한다"[166]는 격과 같이 될 텐데 이는 또한 묘연한 말이다.

오자지가(五子之歌)

태강(太康)[167]은 하는 일 없이 왕위만을 차지하여 놀고 게으름만 피우며 덕을 망쳤다. 백성들은 모두 두 마음을 갖게 되었으나, 그는 절도(節度) 없이 돌아다니며 놀기만 하였다. 낙수(洛水)의 남쪽 기슭으로 사냥을 가서 1백 일이 지나도 돌아오지 않았다. 유궁(有窮)의 후예씨(后羿氏)[168]가 백성들이 견디지 못함을 이유로 황하(黃河)에서 그를 막았다.

---

166) 劉義慶, 『世說新語』「文學」第4.
167) 太康: 夏나라 禹의 손자이며 啓의 아들이다.
168) 有窮 后羿氏: 夏나라 때 有窮國의 君主. 활을 잘 쏘아 사냥에 빠져 政事를 돌보지 않다가 家臣인 寒浞에게 살해되었다는 고사가 있다.

태강에 대한 여러 글은 후편에 상세하다(「書序」 앞부분에 있다 ─ 原註[169]).

○나는 이렇게 생각한다. 태강이 덕을 망친 죄는 『사기』에도 보이지 않고 『좌전』에도 보이지 않는다. 근거할 만한 것은 오직 『초사』의 몇 구절뿐이다(『楚辭』에 "啓九辯與九歌兮, 夏康娛以自縱, 不顧難而圖後兮, 五子用失乎家巷"[170]이란 구절이 있다 ─ 原註). '낙수에 사냥 갔다〔畋于有洛〕'는 말은 거짓으로 지어낸 소리지 근거한 바가 없다.

『좌전』(襄公 4年 ─ 原註)에 진후(晉侯)가 오랑캐〔戎〕를 치려 하니 위강(魏絳)[171]이 이르기를, "「하훈夏訓[172]」에 '유궁(有窮)의 후예(后羿)'" 하니(「夏訓」의 말이 다 끝나지 않았다 ─ 原註), 진후가 이르기를, "후예가 어떠했다는 말입니까?"라고 다그치자 대답하기를, "옛날 하나라가 쇠할 때 제후인 예가 궁석(窮石)으로(地名이다 ─ 原註) 옮겨 하나라 백성들로 인해서 하나라 정사를 대신하여 다스렸는데, 자신의 활솜씨를 믿고서 백성들의 농사일을 돌보지 않고 들판의 짐승들에 마음이 빠졌습니다"고 했다(杜預가 이르기를, "太康이 나라를 잃자 夏나라 사람들이 그 동생 仲康[173]을 세웠다. 仲康이 죽고 그 아들 相[174]이 서자 羿가 드디어 相을 쳐서 나라를 有窮이라고 했다"[175]고 하였다. ○내가 살펴보건대, 羿가 相을 친 일이 없다 ─ 原註).

○나는 이렇게 생각한다. 하나라 백성 위에 군림하여 하나라 정사를 대신했다는 말이 있기 때문에 이것에 의거해서 글을 만들기를, "백성들이 견디지 못하기 때문에 황하에서 막았다"고 했다.

---

169) 『與猶堂全書』 제2집 經集 「尙書古訓序例」의 「尙書序」 앞부분에 있음을 말한 것이다.
170) 『楚辭』 「離騷」.
171) 魏絳: 春秋時代 晉의 大夫. 諡號는 莊子. 벼슬은 司馬.
172) 「夏訓」: 「夏書」를 가리킴.
173) 仲康: 太康의 아우.
174) 相: 夏后인 啓의 손자.
175) 杜預, 『春秋左傳集解』 「襄公」 4年 註.

그러나 들판의 짐승에 마음이 빠진 것은 본래 후예의 일이었는데, 이것을 태강에게 옮겨 덮어씌움은 또 무슨 까닭인가?

○『좌전』에 "짐관(斟灌)과 짐심(斟鄩)[176]이 멸망한 것은 한착(寒浞)[177] 시대였다"고 하고(「襄公」4年과 「哀公」元年에 보임 — 原註), 『사기』「오세가吳世家」에서도 "요(澆)[178]가 짐관과 짐심을 죽이고 드디어 하후(夏后)인 상(相)을 멸하였다"고 하고(皇甫謐[179]의 『帝王世紀』에서도 또한 그러하다 — 原註), 두예의 주에서는 문득 "예(羿)가 드디어 상을 쳤다(羿遂伐相)"고 했으니 잘못된 것이다. 또 『회남자』같은 책에서도 "예(羿)가 요임금 때 해를 쏘아서 구오(九烏)[180]를 떨어뜨렸다"[181]고 했다(『楚辭』「天問」에 "羿가 해를 쏘았다"고 했고 『歸藏易』[182]에 "羿가 열 개의 해를 쏘았다"고 했다 — 原註). 허신(許愼)의 『설문』에서도 "예를 제곡(帝嚳)의 사관(射官)이라 했다(賈逵가 이르기를, "羿의 선조들은 대대로 射官을 지냈다"고 했다 — 原註). 만약 빛나는 「하서」에 원래 '태강을 막았다'는 문구가 있었다면 고금의 제설(諸說)이 어찌 이리도 황당하겠는가? 태강을 막았다는 것은 거짓이다 (『孟子』에는 羿가 逢蒙에게 죽었다고 했으나[183] 『左傳』에는 집안의 사람들이

---

176) 斟灌·斟鄩: 人名. 夏나라 때 山東省 東部에 나라를 가졌다는 說이 있음.

177) 寒浞: 夏나라 사람. 처음에는 寒后 伯明을 섬기다가 后羿가 夏나라의 帝位를 빼앗아 나라를 有窮氏로 하자 后羿의 宰相이 되었는데, 얼마 있다가 后羿를 살해하고 帝王이 되었다고 함.

178) 澆: 后羿가 살해되자 寒浞이 后羿의 아내를 취하여 아들 澆와 豷를 낳았다고 함.

179) 皇甫謐: 제1장 주 139 참조.

180) 九烏: 아홉 개의 해를 이른다. 上古時代에는 해의 가운데에 까마귀가 있다고 일컬었다. 때문에 해를 까마귀라고 했다.

181) 『淮南子』卷2「俶眞訓」.

182) 『歸藏易』: 고대 易의 명칭으로 黃帝가 지은 것이라고 전하고 있다. 『周禮』의 「春官—大卜」에 "掌三易之法, 一曰連山, 二曰歸藏, 三曰周易"이라 하였는데, 그 註에 "歸藏이라는 것은 萬物이 모두 그 가운데로 돌아가 감추어진다는 것이다"라고 하였다. 『歸藏易』은 이미 漢나라 초기에 亡失되었고, 지금 전하는 『歸藏易』은 後人의 僞作이라고 한다.

183) 『孟子』「離婁」下.

그를 죽인 것으로 되어 있다─原註).

그의 동생 다섯 사람이 어머니를 모시고 낙수의 북쪽 물가에서 그
를 기다렸는데, 돌아오지 않아 다섯 형제들은 모두 원망하고 우임금
의 훈계를 서술하여 노래를 지었다.

『국어』「초어楚語」에 사미(士亹)[184]가 이르기를, "요임금에게는
단주(丹朱)[185]가 있고, 순임금에게는 상균(商均)[186]이 있고, 계(啓)에
게는 오관(五觀)[187]이 있고, 탕에게는 태갑(太甲)이 있고, 문왕에게
는 관숙(管叔)·채숙(蔡叔)[188]이 있었으니, 이 다섯 임금은 크게 덕
있는 사람이면서도 간사한 아들이 있었다"고 했다. ○『좌전』에
조맹(趙孟)[189]이 이르기를, "하나라에는 관(觀)·호(扈)[190]가 있고(五
子와 有扈─原註) 상(商)에는 선(姺)·비(邳)[191]가 있다"[192]고 했다.

○나는 이렇게 생각한다. 이 두 문장을 살펴보면 이른바 오자
(五子)는 윤리를 어그러뜨리고 의리(義理)를 해치는 사람인데, 어찌

---

184) 士亹: 春秋時代 楚의 大夫.
185) 丹朱: 전설적 인물로 堯의 아들로 되어 있다. 堯는 丹朱가 不肖하다고
   히어 舜에게 王位를 讓位했다고 한다.
186) 商均: 전설적 인물로 舜의 아들로 되어 있다. 舜은 商均이 不肖하다고
   하여 禹에게 王位를 讓位했다고 한다.
187) 五觀: 夏나라 제2대 왕인 啓의 아들이라고도 하고, 또는 啓의 아들 5형
   제를 지칭하기도 한다.
188) 管叔·蔡叔: 官叔·蔡叔은 둘 다 周나라 武王의 아우이며, 周公의 형으
   로 되어 있다. 周나라가 商을 멸하고 官叔을 管에 봉하여 紂의 아들 武
   庚을 감독하게 하였는데, 武王이 죽고 成王이 年少하여 周公이 攝政하
   자 官叔이 蔡叔과 함께 난을 일으켰다는 이유로 周公이 東征하여 官叔
   을 죽이고 蔡叔은 내쳤다고 한다.
189) 趙孟: p. 273 주 136 참조. 여기서는 趙武를 말함.
190) 觀·扈: 모두 國名이다. 觀은 지금의 山東省 觀省 부근이며, 扈는 陝西
   省 鄠縣 부근이다.
191) 姺·邳: 모두 國名이다. 姺은 지금의 山東省 남쪽 費縣 부근이며, 邳는
   江蘇省 邳縣 부근이다.
192) 『左傳』昭公 1年.

현철한 사람이라 하겠는가? 『좌전』에서 위강(魏絳)이 "후예는 하나라 백성으로 인하여 하나라를 대신 차지했다"[193]고 분명히 말했으니 하나라 백성이란 오자(五子)이다. 오자가 후예와 공모하기를 관숙·채숙이 상(商)을 계도(啓導)하는 데 공모한 것[194]과 같았으므로 태강을 축출해버린 것이다. 그래서 「서서書序」에서 "태강이 나라를 잃자 형제 다섯 사람이 낙수 북쪽 물가에서 기다렸다"고 했는데 낙수 북쪽 물가에서 기다린 것은 후예의 명령을 기다린 것이다. 과연 중강(仲康)이 하남(河南) 땅에서 나라를 세울 수 있었으니, 중강은 오자의 한 사람이 아닌가? 후예와 공모하지 않고서 이때에 이르러 어떻게 세울 수 있었겠는가? 초나라 사미(士蔑)와 조맹(趙孟)의 시대에 「하서」는 결락(缺落)된 것이 없고, 하사(夏史)는 잃은 것이 없었다. 가령 오자(五子)가 현철하여 능히 이렇게 노래를 지을 수 있었다면 어찌하여 이들을 간사한 자식이라고 이르겠는가? 「오자지가」를 지은 것은 대개 나라 사람들이 이들을 미워하여 노래를 지어 오자를 나무란 것이다.

매색은 "예(羿)가 태강을 폐위시키고 그 동생 중강을 세워 천자로 삼았다"[195]고 하였다(疏에 이르기를, "仲康은 羿가 세웠는데 다만 羿가 그 권력을 잡고 있었으므로 仲康은 그를 제거할 수 없었을 따름이었다"[196]고 했다 — 原註).

○나는 이렇게 생각한다. 이는 비록 추측한 말이지만 사리에 맞다. 『좌전』에서 간사한 자식이라고 일컬은 것이 이에 증명이 되었다. 대개 예(羿)가 하나라를 찬탈함에 있어 오자가 이를 인도함이 있었다. 그래서 "하나라 백성을 인하여 하나라를 대신 차지하게 되었다"고 했다. 이렇게 해서 예는 하내(河內)에 도읍을 정하고

---

193) 『左傳』 襄公 4年.
194) 여기서는 商나라 마지막 왕인 紂의 아들 武庚과 결탁한 것을 가리킴.
195) 孔穎達, 『尙書正義』 卷7 「胤征」 孔氏傳.
196) 孔穎達, 『尙書正義』 卷7 「胤征」 疏.

중강은 하외(河外)에 우거해 있었으니, 형식상으로는 천자의 위(位)를 계승하였다고 하지만 사실상으로는 천자의 위덕(威德)이 없었으므로 이대(二代)[197] 만에 멸망하여 드디어 그 제사를 끊게 되었을 따름이었다. 오자가 어찌 어진 동생이 되겠는가?

요제항(姚際恒)[198](字는 立方이다 — 原註)은 이르기를, "오자에 '자(子)'자가 붙어 있는 것 때문에 가짜로 한 어머니를 지어내어('그 어머니를 모시고(御其母)'라는 本文 — 原註) 『시경』의 「개풍凱風」의 칠자(七子)와 비슷하게 했다.[199] 그러나 그 본래 뜻은 이 '원(怨)'자 하나를 쓰기 위함이었을 따름이다"고 하였다[200]('五子咸怨'의 怨字 — 原註). ○ 염약거는 이르기를, "'자(子)'란 어버이가 있음으로써 일컫는 것이다. 이때 아버지인 계(啓)는 이미 죽었으므로 망령되이 그 어머니가 아직 살아 있을 것으로 생각하여 특별히 '어모(御母)'라는 문구를 삽입한 것이다"[201]라고 하였다.

○나는 이렇게 생각한다. 두 설은 정확한 것이다.

그들 중에서 첫째가 노래하기를, "할아버지인 우임금께서 훈계가 계셨나니 백성은 가까이할 수 있을지언정 얕잡아보면 안 되는 법. 백성이야말로 나라의 근본이니, 근본이 굳건해야 나라가 편안하리라. 내가 천하를 둘러보니 어리석은 남자 어리석은 여자도 모두 나보다 훌륭하게 보였나니라. 한 사람이 여러 번 실수하면 원망이 어찌 밝게 드러나는 데만 있겠는가? 드러나지 않았을 때 미연에 조치해야 하느니라. 내가 만백성을 대함에 있어 썩은 새끼로 여섯 마리 말을

---

197) 二代: 太康과 仲康의 二代를 말함.
198) 姚際恒: 1647∼1715?. 淸의 학자. 安徽의 桐城人. 字는 立方 또는 首源, 號는 馮山. 博學하고 經學에 造詣가 깊다. 저서로 『古今僞書攷』『九經通論』『書畵記』『好書堂書目』 등이 있다.
199) 『詩經』「邶−凱風」에 "有子七人, 母氏勞苦"라는 말이 있다.
200) 閻若璩, 『尙書古文疏證』 卷7, 張36.
201) 閻若璩, 『尙書古文疏證』 卷7, 張36.

몰듯 두려움을 느끼나니, 남의 위에 앉은 사람이 어찌 공경하지 않
을 수 있겠느냐?"고 하였다.

『국어』「주어周語」에 『상서』를 인용하여 "백성은 가까이하는
것이 가(可)하고 자기는 높여서 안 된다"고 하였다. ○ 선양공(單
襄公)[202]이 이르기를, "대저 사람의 본성은 자기를 높이는 것을 업
신여긴다. 속담에 '짐승은 그물을 싫어하고 사람은 자기 높이는
것을 싫어한다'는 말이 있다. 『상서』에도 '이러이러하다'고 말했
다[203]"고 하였다.[204]
　　○나는 이렇게 생각한다. '상(上)'이란 스스로를 높인다는 말과
같다. 『주역』에 "윗사람으로부터 자기를 아랫사람으로 낮춘다"[205]
고 헸고, 『시경』에 "탕임금은 그 낮추는 것을 늦추지 않았다"[206]
고 헸으며(湯임금이 다른 사람에게 자기를 빨리 낮추었다는 말이다—原註)
『상서』에 "우리가 받은 백성들을 잘 돌본다"[207]고 했는데, 모두
백성은 가까이하는 것이 가(可)하나 스스로는 높여서는 안 된다는
뜻이다. 선성(先聖)과 선왕(先王)의 미묘한 말과 지극한 이치가 바
로 '불가상(不可上)'이란 세 글자에 들어 있는데, 그것을 고쳐 '불
가하(不可下)'라고 한 것은 무슨 뜻인가? 기왕 옛것을 끌어왔다면
어찌 구태여 이것을 고쳤는가?
　　【蒐輯】『국어』「진어晉語」에 지백국(智伯國)[208]이 이르기를, "「하
서」에 '한 사람이 세 번 실수하면 원한이 어찌 밝게 드러나는 데
만 있겠는가? 드러나지 않을 때 도모한다'는 말이 있습니다"고 하

---

202) 單襄公: 周나라 定王 때 卿士인 單朝.
203) '民可近, 不可上'을 가리킴.
204) 『國語』「周語」中篇.
205) 『周易』「益卦」象傳.
206) 『詩經』「商頌－長發」.
207) 『尙書』「立政」.
208) 智伯國: 春秋時代 晉의 大夫.

였다.

○『좌전』에 각지(郤至)[209]가 승전의 전과를 바쳤는데, 선양공이 "온계(溫季)[210]는 망할 것인저! 원망이 많은 곳에서 혼란이 일어나게 되는 법이니, 어떻게 오랫동안 그 자리에 있게 되겠는가? 「하서」에도 '원망이 어찌 밝게 드러나는 데만 있겠는가? 드러나지 않을 때 도모한다'고 하는 말이 있다"고 하였다(成公 16年 ─ 原註).

○나는 이렇게 생각한다. 바야흐로 그 스스로 방종할 때는 한 마디도 간(諫)하지 않다가 그가 나라를 잃은 뒤에야 뒤쫓아 허물을 추궁함이 이와 같은 것은 옛날에 그런 유례가 없었다.

유향(劉向)의 『신서新序』에서 공자가 이르기를, "백성들의 위에 앉아 있는 것은 두렵기가 썩은 새끼로 달리는 말을 모는 것과 같다"[211]는 말이 있다.

○나는 이렇게 생각한다. 여섯 마리의 말이 반드시 멋대로 달리는 것은 아니니, 옛 문법대로 '분(犇)'자를 쓰는 것이 낫다.

모기령이 이르기를, "위강(魏絳)이 유궁(有窮)의 후예(后羿)를 인용하면서 「하훈(夏訓)」이라고 일컬은 것[212]은 그 첫째 장에 '황조유훈(皇祖有訓)'이라 하고, 다음 장에 '훈유지(訓有之)'[213]라 했기 때문이다"[214]고 했다.

○나는 이렇게 생각한다. 그렇지 않다. 이 노래는 오직 1장과 2장만 조훈(祖訓)이라고 이름했고 나머지는 모두 자신들이 지은 것이다('訓'이라고 일컫지 않았다 ─ 原註). 곧 3·4·5장은 오히려 그것을

---

209) 郤至: 春秋時代 晉의 大夫.
210) 溫季: 郤至를 말함. 晉나라 景公 때 溫大夫를 하였고 여러 형제 중 끝이기 때문에 溫季라 하였음.
211) 劉向, 『新序』 「雜事」.
212) 『左傳』 襄公 4年.
213) 현행 『尙書』 「五子之歌」에 "其一曰, 皇祖有訓, 〔……〕 其二曰, 訓有之"라는 말이 나온다.
214) 毛奇齡, 『古文尙書冤詞』 卷5, 張1.

인용하여 「하훈」이라 하는 것은 부당한데, 하물며 "유궁의 후예가 하나라 백성들이 견디지 못함을 이유로"[215]라는 문장은 그 자체가 사관(史官)이 쓴 노래의 서문으로 여겨지는데, 사관이 쓴 노래의 서문을 인용하여 「하훈」이라 하였으니 이런 이치가 있겠는가? 위서를 만든 자가 『좌전』을 가져다가 이 노래를 만들었으나 '유궁후예(有窮后羿)' 네 글자를 '조훈(祖訓)'이라고 하는 이장(二章)[216] 가운데 집어넣을 수가 없었으므로 그 수법이 둔렬(鈍劣)해 버렸다. 반드시 따로 글이 있어야만 했다. 그러나 그 조훈 가운데 '유궁후예'라는 한 구가 있게 된 뒤에라야 나도 바야흐로 「하훈」임을 믿을 것이고 위헌자(魏獻子)[217]도 또한 이것을 「하훈」이라고 일컬을 수 있을 것이다.

어떤 사람이 이르기를, "노래에 어찌하여 운(韻)이 없는가? 거짓이다"고 하였다(毛奇齡이 이르기를, "'皇祖有訓'과 '本固邦寧'의 押韻은 『詩經』 「烈文」의 '四方其訓之'와 '百辟其刑之'의 押韻과 같고, '爲人上者'와 '奈何不敬'의 押韻은 『詩經』 「頍弁」의 '施于松上'과 '憂心怲怲'의 押韻과 같다"[218]고 하였다 — 原註).

○나는 이렇게 생각한다. 칙천지가(勅天之歌)[219]는 시대가 조금 앞서는데도 운법(韻法)이 가장 엄격하다. 문자가 생긴 이래로 훈(訓)·하(下)·본(本)·녕(寧) 등의 글자가[220] 협운(叶韻)이 될 수 있는가? 이제 「열문(烈文)」 시를 살펴보니 '훈(訓)'이란 글자는 '순(順)' 자의 뜻이고, 순(順)이란 길들인다는 뜻이다. 『사기』 「요본기」에

215) 「五子之歌」 첫머리에 나오는 "有窮后羿 因民不忍"이란 글을 말함.
216) 二章: 其一曰, 皇祖有訓. 〔……〕 其二曰, 訓有之 〔……〕'를 가리킴.
217) 魏獻子: 春秋時代 晉나라 사람. 絳의 아들. 諡號가 獻子. 여기 나오는 魏獻子는 그 아버지인 絳, 즉 魏莊子로 해야 옳을 것 같다.
218) 毛奇齡, 『古文尙書冤詞』 卷5 張4.
219) 勅天之歌: 先王을 받드는 노래. 『尙書』 「益稷」에 나온다.
220) "皇祖有訓, 民可近, 不可下, 民惟邦本, 本固邦寧"에서의 訓·下·本·寧의 글자를 가리킴.

"동거(彤車)와 백마(白馬)를 타고 능히 순종하는 덕을 밝혔다〔彤車 白馬 能明馴德〕"고 하였는데, 서광(徐廣)은 '순(馴)'자를 '훈(訓)'으로 읽었고 『주례』「토훈士訓」에서 정사농(鄭司農)은 '훈(訓)'자를 '순(旬)'으로 읽었다〔地官에 속함 — 原註〕. '훈(訓)'자는 본래 평성(平聲)으로「열문」시의 '훈(訓)'자는 '인(人)'자와 협운이 되고 '형(刑)'자는 '망(忘)'자와 협운이 된다.[221] 어찌 농간을 부림이 이러한가? '자(者)'의 글자 기능은 어사(語辭)와 같지 않다. 그러므로 『시경』에 "살지고 살진 수말이 먼 들에 있으니, 잠깐 살진 말을 열거해보겠노라〔駉駉牡馬, 在坰之野, 薄言駉者〕"(「魯頌」에 나온다 — 原註)와 "방어와 연어여 잠깐 구경하리라〔維魴及鱮, 薄言觀者〕"(「采綠」詩에 나온다 — 原註) 등의 시는 다 '자(者)'로써 운자로 삼았다. 어찌 '혜(兮)' '지(只)' 등과 동렬이겠는가? '자(者)'자와 '경(敬)'자는 협운이 되지 않으니, 이는 운자가 아니므로 거짓이다.

그들 중에서 둘째가 노래하기를, "훈계(訓戒) 중에 이런 것이 있습니다. 안으로 여색(女色)에 빠지거나 밖으로 사냥에 빠지거나 술을 좋아하고 풍악을 즐기거나 집을 높이 세우고 담을 조각하거나 하여 어느 한 가지라도 여기에 들어 있다면 망하지 않는 자가 하나도 없으리라"고 하였다.

그들 중에서 셋째가 노래하기를, "저 도당씨(陶唐氏)[222]로부터 내려오면서 이 기주(冀州) 지방까지 차지하고 있는데 이제 그 도(道)를 잃고 나라의 기강(紀綱)을 어지럽혀서 멸망하기에 이르렀도다"고 하였다.

---

221) 『詩經』「烈文」에 '無競維人, 四方其訓之'에서 '人'과 '訓'이 叶韻이고, "百辟其刑之, 於乎! 前王不忘"에서 '刑'과 '忘'이 叶韻이라는 말이다.
222) 陶唐氏: 堯를 가리킴.

【剽竊】『국어』에 월왕(越王)이 범려(范蠡)를 불러서 그에게 물어 이르기를, "밖에 나가서는 사냥에 빠지고 들어와서는 술에 빠진다"[223]고 한 기사가 있다.

○나는 이렇게 생각한다. 위서를 만든 자가 『국어』를 가져다가 이 노래를 만들었는데, '주황(酒荒)'을 '색황(色荒)'이라고 고치고, '주황' 두 글자는 「윤정」에 옮겨놓았으니, 대개 같은 날 지은 것이다(또 『戰國策』에서 魯나라 임금이 이르기를, "이 가운데서 한 가지라도 있으면 족히 그 나라를 망치리라"[224]는 말이 있는데 이것도 또한 표절한 것이다─原註).

【蒐輯】『좌전』에서 「하서」를 인용하여 "저 도당씨가 하늘의 상도(常道)를 좇아 기주 지방[225]까지 차지하고 있었는데, 이제 그 행실을 잃고 그 기강을 어지럽혀서 이에 멸망해버렸다"고 하였다.[226]

○『좌전』(哀公 6年─原註)에 초 소왕(楚昭王)이 황하에 제사를 지내지 않거늘, 공자가 말씀하기를 "소왕이 대도(大道)를 아는구나! 「하서」에 '이러이러하다'[227]고 하였으니, 성실(誠實)은 자기로부터 나와서 상도를 따르는 것이 가(可)하다"고 하였다(杜預가 이르기를, "멸망한 것은 夏나라 桀王이다"라고 하였다[228]─原註).

○나는 이렇게 생각한다. 공자가 『상서』를 인용한 것은 본래 '솔피천상(帥彼天常)'[229]이란 한 문단을 취한 것인데, 위서를 만든 자가 마음대로 이 문단을 잘라버렸으니 멸망한 까닭은 무엇인가?

---

223) 『國語』「越語」.
224) 『戰國策』卷 第23, 「魏策」 2.
225) 冀州地方: 옛 九州의 하나. 지금의 河北 山西省과 河南 黃河 以北, 그리고 遼寧省 遼河 以西의 지역을 말함. 本文에는 冀方이라고 되어 있는데 고대의 한 시기에는 中原인 중국을 冀方이라고도 했다.
226) 『左傳』哀公 6年.
227) "惟彼陶唐, 帥彼天常, 有此冀方, 今失其行, 亂其紀綱, 乃滅而亡"을 가리킨다.
228) 杜預, 『春秋左傳集解』哀公 6年 註.
229) 朝本·奎本에는 '帥'이 '率'로 되어 있다.

행하는 것은 펴는 것이요 질서이니, 나라에는 떳떳한 법이 있어 질서가 엄연한바, 이것이 기강이 되어 조리가 있어 문란(紊亂)하지 않는 것이다. 이제 그 질서를 잃어 기강을 어지럽혔으므로 망하게 된 것인데, 기강이란 말을 고쳐 도(道)라고 했으니 무슨 의미가 있단 말인가?

　　그들 중에서 넷째가 노래하기를, "밝고 밝은 우리 할아버지께서는 모든 나라의 임금으로서 법(法)이 있고 규율(規律)이 있어 그 자손에게 물려주셨다. 석(石)230)과 균(均)231)으로 무게를 통용케 하고 고르게 하여 임금의 창고에도 재물의 저장이 있었는데 그분의 유업(遺業)을 함부로 떨어뜨리어 종족을 멸망시키고 후사(後嗣)를 끊어놓았도다"고 하였다. 그들 중에서 다섯째가 노래하기를 "아! 어디로 돌아가리오? 내가 품은 슬픔이여! 만백성이 우리를 원수로 여기니 우리는 장차 누구를 의지하랴! 답답하도다. 이 내 마음이여! 얼굴은 뜨거워지고 부끄러운 마음 생기는구나! 그 덕(德)을 삼가지 못했으니 후회한들 되돌릴 수 있으랴"고 하였다.

【蒐輯】『국어』「주어周語」에 「하서」를 인용하여 "관석화균, 왕부즉유(關石和鈞, 王府則有)"라고 하였다. ○주 경왕(周景王)이 장차 큰돈을 주조하려 함에 선목공(單穆公)232)이 "「하서」에 이러이러하다"233)고 하였다234)(賈逵가 이르기를, "關은 通한다는 뜻이다"235)고 하였고, 韋昭는 "關은 關門의 세금이고 石은 지금의 섬이니 세금이 공평하면 王의 창고

---

230) 石: 곡식을 헤아리는 단위로 섬을 말함.
231) 鈞: 三十斤을 一鈞이라 함.
232) 單穆公: 周의 景王 때 왕의 卿士. 單靖公의 曾孫.
233) "關石和鈞, 王府則有"라는 말을 가리킴.
234) 『國語』「周語」下篇.
235) 『國語』「周語」下篇 韋氏解.

에 물품이 항상 있게 됨을 이름이다"236)고 하였다. 또 어떤 사람은 "關은 저울이다"고 했다 — 原註). ○ 매색은 금철(金鐵)을 석(石)이라고 하였다(蔡沈은 石과 鈞은 다섯 가지 저울추 중에서 가장 무거운 것이라고 하였다237) — 原註). ○ 좌사(左思)238)의 「위도부魏都賦」에 "관석(關石)의 공평한 바요〔關石之所和鈞〕"란 구절이 있다239)(그 주석에 "關石은 저울이다"라고 하였다 — 原註). ○ 장화(張華)240)의 「대사농잠大司農箴」에 "부무풍물, 화균관석(阜茂豊物, 和鈞關石)"241)이란 구절이 있다.

○나는 이렇게 생각한다. 관석(關石)은 돈을 주조할 때의 무게이고, 화균(和鈞)이란 돈을 주조할 때의 일정한 양이다(구리와 주석의 多小와 輕重을 일정하게 한정하는 것이다 — 原註). 왕부(王府)란 것은 돈을 주조하거나 돈을 저장해두는 창고다. 내부(內府)·외부(外府)·왕부(王府)라든가 관중(管仲)의 구부(九府)와 노(魯)나라 사람의 장부(長府)가 모두 이것이다. 경왕(景王)242)이 장차 큰돈을 주조하려 하므로 이 글을 인용하여 간(諫)하였다. 태강(太康)은 일찍이 돈 주조하는 일 때문에 나라를 잃은 적이 없으니, 이 두 구절도 잘 인용한 것이 아니다.

【剽竊】"울도호여심, 안후유뉴니(鬱陶乎予心, 顔厚有忸怩)"란 구절이 다른 책에 있다(『孟子』에 "象이 이르기를, "마음이 답답하여 都君을 그리워하였습니다" 하고는 부끄러워하였다는 구절이 있다243) — 原註). ○ 염

---

236)『國語』「周語」下篇 韋氏解.
237) 蔡沈,『書傳』「五子之歌」註.
238) 左思: 250?~308?. 중국의 詩人. 晉나라 臨淄人. 字는 太沖.「三都賦」(蜀都賦·吳都賦·魏都賦)가 대표작이며 벼슬엔 오르지 않았다. 저서로는 『左思集』이 있다.
239)『文選』卷 第6,「魏都賦」.
240) 張華: 232~300. 西晉의 문인, 정치가. 字는 茂先. 晉武帝 때 吳나라 토벌에 공을 세워 武侯에 봉해졌다. 저서로『博物志』『張司空集』이 있다.
241) 阜茂豊物, 和鈞關石: "많고 盛한 풍성한 물자에 關石이 일정하도다"라는 뜻.
242) 景王: 周나라 제24대 왕.
243)『孟子』「萬章」上.

약거는 "울도(鬱陶)는 기뻐하는 것이다"고 하였다(인용한 典據가 수십 군데 이른다 — 原註). ○모기령은 "「구변九辯」[244]에 '기불울도이사군(豈不鬱陶而思君)'이란 구절이 있다"고 하였다[245](王逸은 분한 생각이 쌓인 뜻이라고 하였다 — 原註). 조식(曹植)의 시에 '울도사군미감언(鬱陶思君未敢言)'[246]이란 구절이 있다(謝靈運의 시에 '幽思還鬱陶'란 구절이 있다 — 原註).

○나는 이렇게 생각한다. '울도'는 상(象)의 거짓 감정이고 '육니'란 상의 참얼굴이다. 천고 이래로 오직 상이 순(舜)을 볼 때의 한 가지 일에만 이 네 글자[247]를 겸용해서 쓸 수 있는 것인데, 다른 사람에게 무슨 관계가 있겠는가? ○요컨대, 이미 즐기고 방탕하여 그 나라를 잃은 뒤에 노래를 지어 원망하는 것은 효자·충신의 행실이 아니니, 「오자지가」는 위작이다.

윤정(胤征)

(孔壁本에는 16편 중에 있었으나 지금은 없다 — 原註)

중강(仲康)이 온 세상을 다스리기 시작하자, 윤(胤)나라 제후에게 명하여 육사(六師)를 장악하게 하였다. 희씨(羲氏)와 화씨(和氏)[248]가 그들의 직책을 버리고 그들의 고을에서 술에 빠져 지내니 윤나라의 제후가 임금의 명을 받들고 가서 정벌하게 되었는데, 여러 군사들에

---

244) 九辯: 『楚辭』의 「九辯」. 朝本과 奎本에는 '辯'이 '辨'으로 되어 있다.
245) 毛奇齡, 『古文尙書冤詞』 卷5, 張3.
246) 曹植의 「樂府燕歌行」.
247) '鬱陶忸怩'의 네 글자를 가리킨다.
248) 羲氏·和氏: 전설에 나오는 姓氏로 唐虞時代부터 내려오면서 天文曆象을 담당한 집안이라고 함. 茶山은 羲和를 天文曆象을 관장하는 官名으로서 本是 6人이며 內職에 2人, 四方의 外職에 4人이 있었다고 본다.

게 다음과 같이 고하였다. "아! 나의 군사들이여! 성인이 모훈(謨訓)을 두었으니, 밝게 징험(徵驗)하여 나라를 안정시키고 보호하라. 옛날 임금님은 하늘이 경계하는 것을 능히 삼가므로 신하들은 일정한 법을 능히 지키고 있었다. 모든 관리들은 임금을 위하여 일하고 보좌하였으니 그 임금이 오직 밝고 밝았다.

○나는 이렇게 생각한다. 중강이 온 세상을 다스리기 시작한 일이 없다. 중강이란 사람은 예(羿)가 세운 사람이다. 예가 바야흐로 제(帝)라고 일컬으면서(『左傳』의 虞人之箴에서는 '帝夷羿'라 하였다— 原註) 제경(帝京)에 도읍(都邑)하였고, 태강은 나라를 잃어 있는 곳도 모르게 되었다(金仁山의 『綱目前編』에 이르기를, "태강은 제위를 잃은 지 또 10년 만에 죽었다"고 하였다— 原註). 중강은 왕실의 간사한 자식으로 적과 공모하여 적에 의해서 세워진 것이니, 이름은 하(夏)나라의 왕이라 하지만 필시 그가 차지한 것은 한 소읍(小邑)으로서 하외(河外)에 우거한 것에 지나지 않을 것이고, 예(羿)는 천자의 위를 차지하고서 들판을 횡행했을 것이며, 한착(寒浞)은 유궁국(有窮國)의 권력을 전유(專有)하고서 내외를 모두 복종케 하였을 것이다(『左傳』에 보인다[249]— 原註). 중강은 재위 13년 만에 죽고 하후(夏后)인 상(相)이 계승하였으나 오히려 나라를 다스리지 못하고 제후 나라에 의지하였다. 그 의지한 나라 이름은 짐관(斟灌)·짐심(斟鄩)이었는데 하(夏)나라와 동성(同姓)이다. 결국 또한 나라를 보전하지 못하고 한착에게 시해(弑害)되어(『左傳』에 보인다[250]— 原註) 하(夏)나라의 왕통(王統)이 드디어 단절되고 사해(四海)는 예(羿)와 한착의 사해였으니, 중강이 사해를 다스리기 시작했다는 말이 무슨 말인가? 사해가 이미 그의 소유가 아닌데 육사(六師)를 장차 어

249) 襄公 4年.
250) 哀公 1年.

떻게 장악할 수 있겠는가? 두려워서 잠깐 사이도 보전 못할 판에 이에 "윤(胤)나라 제후에게 명하여 육사를 장악하게 했다"는 말이 무슨 말인가? 헤아려보건대, 태강이 나라를 잃은 해(辛亥年—原註) 로부터 아래로 소강(少康)[251]이 한착을 죽인 해(壬午年—原註)까지 는 92년 간이다. 예와 한착의 시대에는 예악(禮樂)과 정벌(征伐)이 하나라 천자로부터 나오지 않았는데[252] 윤나라 제후에게 명하여 육사를 장악하게 했다는 말이 무슨 말인가?

【左傳】오원(伍員)[253]이 이르기를, "옛날 유과(有過) 나라의 요 (澆)가 짐관을 죽이고는 또 짐심을 치며 하후인 상(相)(仲康의 아 들—原註)을 멸망시켰을 때 후민(后緡)(夏后인 相의 妻—原註)은 막 임신 중이었는데 구멍으로 도망쳐나갔다가 유잉(有仍)으로 돌아와 소강(少康)을 낳았습니다. 요(澆)는 초(椒)(椒는 澆의 신하이다—原註) 로 하여금 소강을 구하게 했더니, 유우(有虞)로 도망쳐 달아나 포 정(庖正)[254]이 되었습니다. 우(虞)나라의 임금 우사(虞思)가 두 딸을 소강에게 시집보내고 윤(綸) 지방을 도읍으로 삼아 머물게 했습니 다. 그랬더니 사방 10리의 밭과 5백 명의 백성을 차지하고 있으면 서 그 덕(德)을 널리 펴서 드디어 과(過)와 과(戈)(寒浞의 두 아들— 原註)를 멸망시키고 우임금의 공적을 이어 하나라의 조상을 제 사하여 하늘에 짝하게 하였습니다"고 하였다(哀公 元年—原註). 위 장자(魏莊子)[255]가 이르기를, "미(靡)(夏后의 忠臣—原註)는 유격씨(有鬲氏)[256]에서 나와 짐관·짐심 두 나라의 남은 백성들을 모아 한착

---

251) 少康: 夏나라 王. 夏后인 相의 아들. 夏나라 王統이 中絶된 지 40년 만 에 少康에 이르러 中興하였다고 함(『史記』).
252) 『論語』「季氏」에 "天下有道, 則禮樂征伐自天子出"이라는 말이 있다.
253) 伍員: 春秋時代 楚나라 사람. 字는 子胥. 伍奢의 넷째 아들. 吳나라로 망명하여 楚를 쳤음.
254) 庖正: 料理를 맡은 직책.
255) 魏莊子: 春秋時代 晉나라 사람인 魏絳.
256) 有鬲氏: 지금의 山東省 濟南 지방에 있던 나라.

을 멸망시키고 소강을 세웠다. 소강은 과(過)에서 요(澆)를 멸망시키고, 후저(后杼)(少康의 아들 — 原註)는 희(豷)²⁵⁷⁾를 과(戈)²⁵⁸⁾에서 멸망시키니 유궁(有窮)이 드디어 멸망했다"고 하였다(襄公 4年 — 原註). ○『죽서기년竹書紀年』에 "소강이 즉위하니 사방 오랑캐들이 와서 조회(朝會)하였다"고 하였다.

○내가 살펴보건대, 윤(胤)이 희화(羲和)를 정벌한 것은 마땅히 소강 때 일이요, 중강이 할 수 있는 것이 아니다(『史記』 「夏本紀」에는 仲康²⁵⁹⁾의 일로 하였다 — 原註).

정현은 "윤은 신하의 이름이다"(『尙書』 序의 注 — 原註)고 하였고, 매색은 "윤은 나라 이름이다"고 하였다.²⁶⁰⁾

○나는 이렇게 생각한다. 노후(魯侯)가 서(徐)를 정벌했는데 이것을 "노(魯)가 가서 정벌했다"고 말할 수 있겠는가? 제후(齊侯)가 초(楚)를 정벌했는데 이것을 "제(齊)가 가서 정벌했다"고 말할 수 있겠는가?(『尙書』 序에서는, "胤이 가서 쳤다"고 하였다 — 原註) 당시 신하들의 이름은 미(靡)·초(椒)와 같이 한 글자로 된 것이 많이 보인다. 윤(胤)이란 신하의 이름인데, 위서를 만든 자가 고쳐 나라 이름이라고 하였다. 이에 윤(胤)의 아들 단주(丹朱)와 윤(胤)의 무의(舞衣)를 다 나라 이름이라고 주석을 달았으니 수고로움이 또한 심하구나.

채침이 이르기를, "중강은 비록 예(羿)의 무도(無道)함을 주살(誅殺)하지는 못했지만 희(羲)·화(和)가 같이 무리지어 나쁜 짓 하는 죄를 밝혀 군사를 일으켜 죄를 쳤다"²⁶¹⁾고 하였다(金仁山이 이르기를, "羲氏·和氏는 夏나라에 배반하고 羿에 붙은 者이다"고 하였다²⁶²⁾ — 原註).

---

257) 豷: 夏나라 때 諸侯 이름.
258) 戈: 夏나라 때 豷가 다스리던 나라 이름.
259) 朝本에는 中康으로 되어 있음.
260) 孔穎達, 『尙書正義』 卷 第7, 「胤征」 疏 및 孔氏傳.
261) 蔡沈, 『書傳』 「胤征」 註.
262) 金履祥, 『通鑑前編』.

○ 최술(崔述)[263]이 이르기를, "희씨·화씨는 예(羿)에 붙어 있었는데 중강이 어떻게 정벌할 수 있겠는가? 중강은 안에 있어서는 권력이 자기에게 있지 않으니, 정벌하려 하면 예가 반드시 저지시켰을 것이고, 바깥에 있어서는 국세(國勢)가 미약하니, 그들을 정벌한다면 예가 반드시 구원해줄 것이다. 중강은 예를 어떻게 할 수 없었고, 또 예에 붙은 무리들을 어떻게 할 수 있겠는가?"라고 하였다.[264]

○ 나는 이렇게 생각한다. 채침의 설은 거짓이고 최술의 설이 옳다.

전갑(錢甲)[265]이 이르기를, "희씨·화씨는 역관(曆官)이니 마땅히 서울에 있어야만 하였을 터인데, 어찌 군사를 수고롭게 하고 무리를 움직여 정벌했겠는가?"라고 하였다[266](李塨[267]이 이르기를, "羲氏·和氏는 각자 國邑을 갖고 있었으므로 『尙書』에서 '그들의 고을에서 술에 빠졌다'고[268] 했다"라고 하였다[269]── 原註).

○ 나는 이렇게 생각한다. 『상서』서(序)에서 "윤(胤)이 가서 정벌했다"고 하였다. 이미 가서 정벌했다고 하면 희씨·화씨는 서울에 있지 않았으니, 『상서』서문을 공격할 수는 없다(이 序文은 『史記』에 실려 있으니 梅賾이 고친 것은 아니다 ── 原註). 이공(李塨)은 『상서』의 서문을 인용하지 않고 사경(私經)[270]을 인용했다. 역사를 대하

---

263) 崔述: 1740~1816. 淸代의 經學者. 大名人. 字는 武承, 號는 東壁. 벼슬은 羅縣·上杭 등의 長官. 그의 학문은 考據가 명확하고 辨析이 精微하였음. 저서 『考信錄』 36권이 그의 성과를 대표한다.
264) 崔述, 『考信錄』 「夏考信錄」 卷2.
265) 錢甲: 淸代의 經學者.
266) 毛奇齡, 『古文尙書冤詞』 卷5, 張6.
267) 李塨: 1659~1733. 淸代의 經學者. 字는 剛主, 號는 恕谷. 顔元을 師事하고 毛奇齡에게 樂律을 배웠음. 저서로 『論學』 『周易傳注』 『論語傳注』 『學庸約注』 『恕谷文集』 등이 있다.
268) 梅賾의 僞文인 現行 「胤征」에서 '酒荒于厥邑'이라고 한 것을 가리킴.
269) 毛奇齡, 『古文尙書冤詞』 卷5, 張7.
270) 私經: 여기서는 梅賾의 『僞古文尙書』를 가리킨다.

는 것이 이러하니 무엇으로써 원통함을 밝히겠는가? 우이(嵎夷)[271] 와 유곡(柳谷)[272]에 의당 그 집이 있을 것이니 이에 가서 정벌할 수가 있을 것이다. 다만 『상서』에서는 "눈먼 악관은 북을 치고 색부(嗇夫)[273]는 달리고, 서인(庶人)[274]들은 뛰어다니는데, 희씨·화 씨는 관직만 헛되이 차지할 뿐 듣지도 알지도 못하는 체하였고" 라고 하였으니[275] 이는 분명히 희씨·화씨가 경사(京師)에 있었으 므로 그들을 죄 주었음에 틀림없다. 만약 희씨·화씨가 그들의 고 을에 있었더라면 북소리가 어찌하여 들리겠으며, 색부들과 서인들 이 달리고 뛰는 것을 어떻게 알겠는가? 바로 술에 빠지고 음란한 데 빠져서 임무를 방치하므로 그를 죽였다고 하는 것이 옳다. 눈 먼 악관이 북을 치고 색부가 수레를 달리고 서인들이 뛰어다니는 데 어찌 원통하지 않겠는가? 희씨·화씨가 경사에 있었다는 사실 은 『상서』에 있는 이야기지 전잡이 처음 주장한 것이 아니다.

【蒐輯】『좌전』에서 『상서』를 인용하여 "성인처럼 훈공(勳功)을 도모한 이가 밝게 징험하여 보전(保全)할 것을 확고히 할 것이 다[276]"라고 하였다(襄公 21年 — 原註).

○숙호(叔虎)[277]가 이미 주살되고 장차 숙향(叔向)[278]을 죄 주려 고 하자 기해(祁奚)[279]가 범선자(范宣子)[280]를 보고 이르기를, "『시

---

271) 嵎夷: 『尙書』「堯典」에 나오는 지명이다. 위치는 未詳.
272) 柳谷: 『尙書』「堯典」에 나오는 昧谷으로 해가 지는 곳이다. 위치는 未詳.
273) 嗇夫: 訴訟과 賦稅를 맡은 官人.
274) 庶人: 庶民으로 雜役에 종사하는 下級官吏.
275) 현행 『尙書』의 「胤征」에 나온다.
276) 『左傳』에 인용된 "聖有謨勳, 明徵定保"는 「胤征」의 글과는 그 뜻을 달 리하고 있다.
277) 叔虎: 春秋時代 晉나라 사람. 叔向의 庶弟로 本名은 羊舌虎이다.
278) 叔向: 春秋時代 晉나라 사람. 本名은 羊舌肸, 字가 叔向이다. 博學多識 하여 外交에 能하였음.
279) 祁奚: 春秋時代 晉나라 大夫. 悼公 때 中軍尉가 되었다. 개인적인 원수 를 천거하는 등 공평한 처사로 유명함.
280) 范宣子: 春秋時代 晉나라 사람. 『刑書』라는 刑法의 책을 지어 그 내용

경』에 '나에게 무궁한 은혜를 베풀어 자손들이 영원하리라'라고
하였고,[281] 『상서』에도 '이러이러하다'[282]고 하였습니다. 대저 계획
에 잘못함이 없고 남에게 베풀고 가르침에 게으르지 아니한 것은
숙향만이 가지고 있습니다. 장차 10대 후손까지도 그 죄를 용서
하여 능한 사람을 권면(勸勉)하여야 합니다. 그런데 지금 친척 한
사람 때문에 그 죄를 면하지 못한다면 또한 미혹된 것이 아닙
니까?"라고 하였다.[283] (杜預가 이르기를, "聖哲하여 공을 도모한 이가 있으
면 의당 밝혀 확정하여 그를 안정시켜야 한다. 勳은 功의 뜻이다"[284]라고 하였
다── 原註)

○나는 이렇게 생각한다. 성인처럼 훈공을 도모한 이가 있다는
것은 우·고요·주공·소공 같은 분들을 두고 한 말이다. '명징정보
(明徵定保)'는 훈벌(勳閥)을 분명히 밝히고 보전(保全)의 법을 확정
함이니, 이것이 이른바 10대 후손들까지도 용서한다는 것이다('惠
訓不倦'이라는 것은 『詩經』을 풀이한 말이다. '訓'자의 뜻은 '順'이다── 原註).
이제 '훈(勳)'자를 고쳐 '훈(訓)'자로 하여 본래의 면목을 완전히
바꾸었으니 "밝게 징험하여 나라를 안정시키고 보호하라"는 말이
무슨 말인가? 무릇 이 구절을 읽는 사람들은 모두 무슨 말인지 모
를 것이니 한심스럽도다.

매년 이른 봄이 되면 주인(遒人)[285]이 목탁(木鐸)을 들고 거리를 돌
아다니며, 관사(官師)들은 서로 가르치고 바로잡아주며, 백공(百工)들
도 기예의 일로써 간(諫)한다. 만약 누구라도 공경하지 아니하면 나

에 있는 刑法을 晉나라에 시행하였다고 함(『左傳』昭公 29年).
281) 『詩經』「周頌─淸廟之什」.
282) "聖有謨勳, 明徵定保"라는 글을 가리킴.
283) 『左傳』襄公 21年.
284) 杜預, 『春秋左傳集解』襄公 21年 註.
285) 遒人: 傳令官. 곧 王命을 전달하는 관리.

라에는 일정한 형이 있다고 알려준다.

【蒐輯】『좌전』에 「하서」를 인용하여 "주인이 목탁을 두드리면서 길에 돌아다니며, 관사(官師)들은 서로 가르치고 바로잡아주며, 백공(百工)들도 기예의 일을 가지고 간(諫)한다"고 하였다(襄公 14年—原註). ○ 진(晉)의 사광(師曠)이 이르기를, "사관이 기록한 것은 서(書)가 되고 악관이 연주한 것은 시(詩)가 되고, 악공은 잠간(箴諫)을 노래하고 대부는 서로 바로잡아주며 가르치고, 사(士)는 착한 말을 전하고 서인(庶人)들은 잘못을 비방하고, 장사치는 저자에 돌아다니고 백공들은 기술을 바친다. 그러므로 「하서」에 이르기를, '이러이러하다'고[286] 말했는데, 정월 초봄에 이에 이런 일들이 있었던 것이다"라고 하였다[287](王應麟이 이르기를, "『漢書』「賈誼傳」의 註에 官師는 한 관직의 長이 된다"고 하였다—原註).

○내가 살펴보건대, 관사는 정관(正官)이 아니다. 변사(弁師)·무사(舞師)·생사(笙師)·박사(鎛師) 등의 유와 같으니, 한 가지 기예를 가지고서 벼슬하는 사람이다. 공(工)도 또한 한 가지 기예로써 관직에 있는 사람인데, 무릇 악공(樂工)·윤인(輪人)·재인(梓人) 등속이 바로 이것이다. 이 경문(經文)은 희씨·화씨가 직분을 어지럽힌 일과는 조금도 관계가 없다. 생각이 수집하는 데만 있었으므로 그 타당성을 찾으려 하지 않은 것이다.

【旁蒐】『주례』에 "정월에 목탁을 들고서 길거리를 돌면서 이르기를, '법을 따르지 않는 사람은 나라에 일정한 형벌이 있다'"고 하였다는 기록이 있다(「小宰」「小司徒」「小司寇」에 모두 이런 문장이 있다—原註).

○나는 이렇게 생각한다. 「하서」에서 목탁을 두드리며 거리를

---

286) "遒人以木鐸徇於路, 官師相規, 工執藝事以諫"의 글을 가리킴.
287) 『左傳』襄公 14年.

돈 것은 백성으로 하여금 두려움이 없게 하여 말을 하게끔 인도한 것이고, 『주례』에서 거리를 돌면서 목탁을 치는 것은 백성으로 하여금 두려움을 알아서 감히 자기 직분을 폐기하지 말게 하는 것이다. 거리를 돌면서 목탁을 치는 것은 비록 같지만 하나는 관대하고 하나는 엄한 것이니 뜻하는 바가 아주 다른데, 이에 위서를 만든 자가 얼음과 숯불을 섞어 범벅을 하여 한 떡을 만들었으니 그것이 옳은 맛이 있겠는가? 이미 거리를 돌면서 목탁을 두드리며 그들로 하여금 감히 간(諫)하게 해놓고서 또 한 가지 법을 드리워 그들로 하여금 형벌을 두려워하게 한다면 누가 말하는 사람이 있겠는가? 천자의 법은 무릇 민중을 깨우치려고 할 때는 목탁을 쓰지 않는 일이 없는 까닭으로 졸곡(卒哭)에 휘신(諱新)[288]의 예(禮)를 반포할 때는 목탁을 두드리고, 대사마가 진려(振旅)의 법을 가리킬 때는 금탁(金鐸)을 사용한다(「明堂位」에 이르기를, "朝廷에서 號令을 반포할 때 목탁을 두드리는 것은 天子의 政事이다"고 하였다 — 原註). 무릇 목탁이 있는 문장 두 가지를 모아서 말을 만들었으니 의미가 있겠는가?

희씨·화씨는 그들의 덕을 뒤엎어버리고 술에 빠져 국정을 어지럽혀 관직을 저버리고 자리를 떠나 처음으로 하늘의 기강을 어지럽혔다. 그들이 맡은 일을 멀리 저버려서 늦가을 9월 초하루에 신(辰)[289]이 방(房)[290]에 합치하지 않았거늘, 눈먼 악관은 북을 치고 색부(嗇夫)들은 수레를 달리고 서인(庶人)들은 뛰어다니고 하는데, 희씨·화

---

288) 諱新: 卒哭이 지나면 死者의 生前의 이름을 忌하는 것을 말함. 『禮記』「檀弓」 下에 '舍故而諱新'이란 말이 있다.
289) 辰: 茶山은 金星·木星·水星·土星·火星 등과 같은 큰 별을 辰이라 하고, 梅賾·蔡沈은 해와 달이 만나는 것이라고 함.
290) 房: 별의 이름. 28宿의 하나인데 네 개의 별로 형성되어 있으며, 9월 초하루에 해와 달이 房의 星座에 와서 머무는 것이 운행의 정상이라고 함. 辰이 房에 합치하지 않았다고 하는 것은 곧 日食을 뜻한다고 한다.

씨는 관직만 헛되이 차지할 뿐 듣지도 알지도 못하는 체하였소. 하늘의 역상(曆象)에 어둡고 미혹하여 선왕들도 이들을 목 베려고 할 만큼 큰 죄를 범하였소. 나라를 다스리는 법전에도 '때를 앞서는 것도 죽여 용서하지 않고 때에 미치지 못하는 것도 죽여 용서치 않는다'라고 하였다.

매색은 이르기를, "신(辰)은 해와 달이 만나는 것이고, 방(房)은 머무르는 곳의 자리이며, 집(集)은 합치한다는 뜻이니, 합치할 것이 합치하지 않으면 곧 일식(日食)임을 알 수 있다"[291]고 하였다.

○나는 이렇게 생각한다. 위서를 만든 자가 본래 『좌전』에 의거하여 이 경문(經文)을 만들어냈으나 『좌전』의 문장을 본래 스스로 잘못 보고서 잘못 일식(日食)이라고 여긴 것이다.

【蒐輯】『좌전』에서 「하서」를 인용하여 "신(辰)이 방(房)에 모이지 않았으므로 눈먼 악관이 북을 치고 색부들이 수레를 달리고 서인들이 뛰어다닌다"고 하였다(昭公 17年 ─ 原註). ○여름 유월(六月)(지금의 4월 ─ 原註) 갑술(甲戌) 초하룻날에 일식이 있었다. 축사(祝史)가 일식에 쓸 폐백을 청하니, 평자(平子)[292]가 "그만두어라. 정월 초하룻날에 음기(陰氣)가 아직 일어나지 않아서 일식이 있으면 이에 북을 치고 폐백을 쓰는 것이 예이요 그 나머지는 그렇게 하지 않는다"고 하였다(平子는 周의 6월이 正陽의 달임을 알지 못했다. '慝未作'이란 陰氣가 아직 생겨나지 않는 것을 이른 것이다 ─ 原註). 태사(太史)[293]가 이르기를, "이달에는 해가 분(分)은 지났고 아직 지(至)는 되지 않았는데(春分은 지났고 夏至는 아직 되지 않았다는 뜻이다 ─ 原註) 삼신(三辰)[294]에 재앙이 있자, 이에 백관이 소복(素服)을 하고 임금은 조

---

291) 孔穎達, 『尙書正義』 卷 第7, 「胤征」 孔氏傳.
292) 平子: 春秋時代 魯의 大夫인 季孫意如. 諡號가 平이다.
293) 太史: 여기의 太史는 魯나라 太史이다.
294) 三辰: 日·月·星辰.

회를 하지 않고 한참 동안 자리를 옮겼다(正殿을 피해 있었던 것을 말함—原註). 악관이 북을 치고, 축관(祝官)은 폐백을 올리고, 사관은 축문(祝文)을 읽었다(三辰은 해와 달과 별이다—原註). 그러므로 「하서」에 '이러이러하다'고 한 것도[295] 이 6월 초하루에 관한 것을 이야기한 것이다. 이것은 하력(夏曆) 4월에 해당되는 달로서 맹하(孟夏)라 한다[296]"(杜[297]預가 이르기를, "集은 安住한다는 뜻이고, 房은 집이란 뜻이니, 해와 달이 그 집에 安住하지 않으면 日食이 일어난다"고 하였다.[298] ○孔穎達이 이르기를, "『左傳』에서는 士文伯[299]이 이르기를, '해와 달이 만나는 것을 일러 辰이다'[300]라고 하고, 어떤 사람은 '房은 房星이다'라고 하였다. 9월에 해와 달이 大火의 위치에서 만나는데 房星과 心星은 모두 大火가 되니, 이 말은 틀렸다"고 하였다[301]—原註).

○내가 살펴보건대, 두예의 주에서는 해와 달이 그 머물 집에 안주하지 않으면 일식이 일어난다고 하였고, 매색의 주에서는 해와 달이 만나는 것으로 되어 있는 신(辰)이 그 머물 곳의 자리와 일치하지 않으면 일식이 일어난다고 했는데 모두 잘못된 것이다. 일식이란 것은 달이 해를 가리는 것이니(孔穎達도 역시 이렇게 말했다—原註), 해와 달이 만나 동서로는 위치가 같고 남북으로는 가는 길이 같아, 보는 사람의 눈과 세 가지가 직선상에 있게 되면 이에 일식이 된다. 두예·매색 두 사람은 이것과는 반대로 안주하지 않고 합치하지 않아 일식이 된다고 했으니 크게 잘못된 것이다. 공영달의 『상서정의』 소(疏)에서는 신(辰)을 만난다는 뜻으로, 방(房)을 머문다는 뜻으로 풀이했으나 역시 잘못된 것이다. 가만히

---

295) "辰不集于房, 瞽奏鼓, 嗇夫馳, 庶人走"라는 글을 가리킴.
296) 『左傳』昭公 17年.
297) 朝本에는 '祉'로 되어 있다.
298) 杜預, 『春秋左傳集解』昭公 17年 註.
299) 士文伯: 春秋時代 晉나라 사람.
300) 『左傳』昭公 17年.
301) 孔穎達, 『尙書正義』卷 第7, 「胤征」疏.

생각해보건대, 신(辰)이란 오위(五緯)[302]의 큰 별이다. 「우서」에 "오신(五辰)에 순(順)한다"[303]고 했는데 오신(五辰)이란 오위(五緯)이다. 이 오위의 별은 진퇴·출몰(出沒)이 빨라서 일정함이 없는데 어떤 때는 한자리에 모여 있기도 한다. 『한사漢史』에 "오성(五星)이 동정(東井)에 모였다"고 하였고, 『송사』에서는 "오성이 규성(奎星) 쪽에 모였다"는 것이 모두 이것을 두고 한 말이다. 「하서」가 쓰여질 당시에는 미리 모월모일에 오신이 방성(房星)의 자리에 모인다고 했는데 그 시기에 이르러 모이지 않았다(당시의 曆法이 정밀하지 못했기 때문이다 — 原註). 이것은 이른바 해와 달에 일식·월식이 마땅히 있어야 하는데 있지 않게 되면 이에 논의가 재앙으로 여겨 드디어 재앙을 제거할 예(禮)를 쓰게 되는 행사와 같은 것이다(눈먼 樂官이 북을 치는 것 등 — 原註). 「하서」에 실린 것은 바로 이런 일이다. 노(魯) 태사가 이런 성재(星災)를 없애는 예식을 끌어다가 일식의 재앙을 없애는 예식의 증거로 삼았다. 그러므로 「하서」를 인용하면서 먼저 예식의 실례를 말하여 "삼신(三辰)에 재앙이 있으면 북을 치고 폐백을 올린다"고 하였다. 이와 같이 태사는 본래 일식의 예를 인용하여 일식의 재앙을 없애는 의식을 증명하려고 했는데, 어찌 꼭 삼신(三辰)에 재앙이 있으면 모두 이 예(禮)를 썼다고 말할 수 있겠는가?(三辰은 日·月·星이다 — 原註) 그렇다면 「하서」가 씌어진 당시에는 본래 일식의 행사가 없었는데, 두예는 일식의 행사라고 생각했고 매색도 일식의 행사라고 생각했다. 대개 생각하건대, 소공(昭公) 17년에는 본래 일식 때문에 이런 평의(評議)가 일어나게 된 것으로 여겨지니 어찌 한심스럽지 않겠는가? 그 맹랑함이 이러한데도 수·당 이래로 『매서』를 독신하여 역법가들이 망

---

302) 五緯: 金·木·水·火·土의 五星.
303) 『尙書』「皐陶謨」.

령되이 장력(長曆)304)을 만들어 "중강(仲康) 5년 계사(癸巳) 9월 경술(庚戌) 초하룻날 일식이 방성(房星) 2도(度)에 있었다"고 하였다 (『大衍曆議』에 보인다 ─ 原註). 단성식(段成式)305)의 『유양잡조酉陽雜俎』 「지낙고支諾皐」에서는 정경(正經)에 나열해놓았으니, 그 몰아붙이는 위세는 막을 수가 없다. 중강 5년은 혹 병인(丙寅)년이라고도 하는데(王應麟이 이르기를, "『皇極經世書』에 '仲康 5年은 丙寅이다'고 하는데 曆書와 같지 않다"고 하였다. ○金仁山의 『綱目前編』에도 丙寅으로 되어 있다 ─ 原註) 『강목전편綱目前編』에는 또 중강 원년(元年) 임술(壬戌)년에 엄연히 "9월 초하룻날에 일식이 있었다"라고 씌어져 있다. 아! 연대가 미정인데 일식이 먼저 기록되어 있으니, 그 전말을 살펴볼 때 허망하기가 이러한데 책을 모두 믿을 수 있겠는가? ○어떤 사람이 이르기를, "「하서」에서 성재(星災)를 제거하는 행사를 한 것은 분명하나 다만 위성(緯星)306)을 신(辰)이라 하는 것은 옛 문헌 어디에 증거가 있는가?"하니, 대답하기를, "오위의 별은 별도 아니고 달도 아니다. 옛사람들이 글자를 만들 때 '오위'라는 말의 문자를 만들지 않고, 먼저 십이차(十二次)라는 말의 문자를 만들어 일·월·성(日月星)과 더불어 병렬하여 네 가지로 하였다"고 하였다. 그러나 반드시 이럴 이치가 없다. 신(辰)이란 것은 오위이다. 제순(帝舜)이 옷을 만들어 일·월·성신(日月星辰)으로써 무늬를 만들었으나 십이차는 본래 형상이 없는데 어떻게 무늬를 만들 수 있단 말인가? 그러니 신이란 것은 오위이다. 『주례』「대종백」에 "섶을 쌓고 희생을 그 위에 놓고서 일·월·성신에 제사 지냈다"고 했다. 십이차란 사람들이 만든 이름이지 본래 운행을 맡은 신(神)이 아

---

304) 長曆: 曆法을 推算하여 수백 년 간의 年月閏朔을 구하는 것. 萬年曆. 杜預는 『春秋長曆』을 만들었다.

305) 段成式: ?~863. 唐의 臨淄人. 字는 柯古. 벼슬은 校書郎 太常少卿을 지냈음. 저서로 『酉陽雜俎』 20권, 續集 10권이 있다.

306) 緯星: 五緯의 별.

닌데 어떻게 제사를 지낸단 말인가? 그러니 신이란 오위이다(日月 星辰은 모두 天神으로서 運行을 맡은 것이다. 그래서 그 맡은바 神을 제사 지내 는 것이지 그 본 형체에 제사 지내는 것은 아니다— 原註).「고요모」에 "백 공(百工)들은 일에 당면할 때마다 오신(五辰)에 순(順)한다"고 하였 다(注에는 五行의 運行하는 때라고 하였다— 原註). 그러나 사시(四時)와 삼광(三光)307) 등에다 이름 붙일 수는 없으니, 오신이란 것은 오위 이다.『춘추좌씨전』소공 17년 겨울에 성패(星孛)가(孛는 彗星이다— 原註) 대신(大辰)308)에 나타났다고 하였는데,『공양전』에서는 대화 (大火)가 오위 중의 화성(火星)이라고 했다가 또 그 설을 어지럽게 하여 북신(北辰)을 또한 대신(大辰)이라고 했다(何休309)는 또 大火를 心 星이라고 했다— 原註). 그러나 별도로 대신이라고 이름했다면 그것 은 위성(緯星)을 가리키는 것이 분명하다. 그러니 신(辰)이란 것은 오위(五緯)이다(후대의 曆學家들은 心星을 大火의 위치에 있는 것으로 생각하 였다— 原註). 한(漢)·위(魏) 이후로 오위 가운데서 수성(水星)을 이 름하여 신성(辰星)이라 했다. 이것은 반드시 예로부터 서로 전해오 는 유문(遺文)이니, 그 실상은 오위가 모두 신성(辰星)으로 일컬을 수 있는 것이지 화성·수성만 그런 것은 아니다. 그러니 신(辰)이 란 것은 오위이다(水星·火星 두 별의 이름을 옛날에 大辰이라 하였으니 이 것으로 가히 미루어 알 수 있다— 原註).「하서」의 '신불집방(辰不集房)'310) 이란 구절에서 신(辰)을 위(緯)로 해석하지 않으면 마침내 해석이 분명하지 못하니 신이란 것은 오위이다. 어찌 옛 문헌에 증거가

---

307) 三光: 해·달·별, 또는 별의 28宿 중에 房星·心星·尾星을 말함.
308) 大辰: 별의 28宿 중에 房星·心星·尾星을 말함.
309) 何休: 129~182. 後漢의 經學者. 字는 邵公. 六經을 정밀히 연구하였고 曆算을 잘하였으며『春秋公羊傳』에 정통하였다. 저서로『春秋公羊解詁』 『公羊墨守』『左氏膏肓』『穀梁廢疾』등이 있다.
310)『左傳』昭公 17年에『夏書』를 인용하여 '辰不集房'이라고 한 것을 가리 키는 것이지, 僞古文인「胤征」에 나오는 '辰不集房'을 가리키는 것이 아 니다.

없다고 하겠는가?

【竹書紀年】[311] "중강 5년 가을 9월 경술(庚戌) 초하루에 일식이 있었다. 윤(胤)나라 제후에게 명하여 군사를 거느리고 가서 희씨·화씨를 정벌케 하였다"고 하였다. ○ 석천(石泉) 신작(申綽)이 이르기를, "이것은 『매서』와 꼭 들어맞는다. 그러나 『죽서기년』 가운데는 이렇게 경서(經書)를 모의(模擬)하여 문장을 만든 것이 많은데, 아마도 이것은 후인들이 추가시킨 것 같으니 믿을 수가 없다"고 하였다.[312]

○ 내가 살펴보건대, 『죽서기년』은 진(晉)나라 이래로 가장 많이 변조되어 옛날 것이 없어지고 새것이 더해지기도 하고, 전에 있던 것이 지금은 없어진 것이 심히 많으니(『四庫書目』에 보인다―原註), 그 정도를 족히 말할 수 없다.

공영달은 이르기를, "저기서는 여름 4월에 북을 울림이 있었다고 하였는데, 여기서는 9월에 또한 북을 울렸다"[313]고 하고, 고표(顧彪)[314]는 이르기를, "하례(夏禮)는 주례(周禮)와 다르다"[315]고 하였다. ○ 어떤 사람이 이르기를, "『좌전』에서는 초여름이라 하였는데 여기서는 늦가을이라고 하였으니 거짓이 아니겠느냐?"고 하였다(毛奇齡은 이르기를, "『左傳』에서 '이달 초하루를 두고 이른 것이다'[316]고 한 것은 무릇 매달 초하루에는 모두 폐백을 올린다는 것을 이른 것이다"고 하였

---

311) 『竹書紀年』: 지은이 未詳, 晉의 武帝 太康 2年 汲郡 사람 不準이 魏襄公의 墓를 발굴하여 竹簡의 文書 多量을 얻었는데 모두 漆書科斗文字로 되어 있고 그 중에 『竹書紀年』 13편이 있었다고 함. 내용은 夏나라부터 魏의 安釐王 20년까지의 事蹟을 編年體로 기술해놓은 것임.

312) 申綽, 『書次故』.

313) 孔穎達, 『尙書正義』 卷 第7, 「胤征」疏.

314) 顧彪: 隋 餘杭人. 字는 仲文이며 『尙書』와 『春秋』에 정통하였음. 벼슬은 秘書學士. 저서로 『古文尙書疏』가 있다.

315) 毛奇齡, 『古文尙書冤詞』 卷5, 張6.

316) 『左傳』 昭公 17年에 나오는 '此月朔之謂也'를 가리킴.

다[317] — 原註).

○나는 이렇게 생각한다. 노(魯) 태사의 말에 '차월(此月)'이라고 두 번 말한 것은,[318] 하나는 '이달에는' 하는 것을 가리키고, 다른 하나는 '이달 초하루를 두고 말한다'를 가리킨 것이다. 위아래의 '차월(此月)'이라고 한 것은 모두 같이 정양(正陽)의 달(周나라의 6月 — 原註)을 가리킨 것이니 두 가지 뜻이 있는 것은 아니다. 모기령은 이에 아래의 '차월'을 매달 초하루라고 풀이하였으니 사람이 누가 믿겠는가? 그러나 『좌전』의 아래쪽 '차월'의 아래에 또 이어서 하력(夏曆) 4월에 해당되는 것을 맹하(孟夏)라고 한다고 하였으니,[319] 그 글이 쇠에 새긴 것과 같은데 어떻게 농간을 부리겠는가?

매색이 꼭 계추(季秋)라고 고친 것은 그 마음에 추분(秋分)이 지나고 동지가 다가오기 전을 또한 '해가 분(分)은 지났고 지(至)는 되지 않았다'는 것으로[320] 여겼기 때문이다. 그러나 춘분의 뒤에는 양(陽)이 자라서 길러진다고 생각되므로 재앙을 없애는 푸닥거리가 있을 수 있으나 추분 뒤에 어떻게 반드시 그런 것이 있겠는가?

【蒐輯】『순자』에서는 『상서』를 인용하여 "때를 앞서는 것도 죽여 용서하지 않고, 때에 미치지 못하는 것도 죽여 용서하지 않는다"고 하였다[321](또 『韓詩外傳』에서도 이 두 구절을 인용하여 周制에 '이러이러한 말이 있다'[322]고 하였다 — 原註). ○매색은 이르기를, "때에 앞선다는 것은 사계절의 절기나 상현·하현·보름·그믐·초하루 등이 하늘이 정한 천시(天時)에 앞서는 것이다"[323]라고 하였다.

---

317) 毛奇齡,『古文尙書冤詞』卷5, 張6.
318) 『左傳』昭公 17年.
319) 『左傳』昭公 17年.
320) 『左傳』昭公 17年.
321) 『荀子』「君道」.
322) 『韓詩外傳』에는 '殺無赦'에서 殺이 死로 되어 "先時者, 死無赦, 不及時者 死無赦"라고 하였다.
323) 孔穎達,『尙書正義』卷 第7,「胤征」孔氏傳.

○나는 이렇게 생각한다. 일찍이 선왕들에게 이런 법이 있다고 말함이 있던가? 상고(上古)에는 역법(曆法)이 성기고 어긋나 주나라가 낙양(洛陽)에 도읍한 시기까지도 오히려 정밀하지 못했다. 『춘추』에 기록된 바로는 일식이 혹 2일에 있기도 하고(隱公 3年 2月이다.[324] 『公羊傳』에 보임— 原註) 혹 그믐날에 있기도 하다(莊公 18年 3月 그믐— 原註). 만약 때에 앞서거나 때에 뒤처지면 반드시 목 베어 용서하지 않았다면 세상에 다시 역관(曆官)이 있겠는가? 없는 일을 위조하여 이런 잔학한 법전을 만들었다면, 이것은 만세에 독을 끼침이니 어떻게 하겠는가? ○김인산(金仁山)[325]은 이 때문에 고민하여 '정전(政典)' 이하를 아래 장에 소속시켜 군율(軍律) 가운데 맹세하고 경계하는 글로 만들었으니[326] 그 뜻은 정말 애썼다. 단 매색의 주석에서 역률(曆律)이라고 한 것을 어찌 이것을 고친단 말인가? 다른 사람의 경전의 주석에 적당하지 않은 것이 있다면 내가 마땅히 달리 해석해야 할 것이지만 『매서』는 그렇지 않다. 그가 본디 스스로 경을 만들고 스스로 주석을 달았는데 무엇 때문에 이것을 고친단 말인가? ○또 『한시외전』에 의거하면 분명히 인용한 것이 주제(周制)이다(「天官—太宰」에 六典[327]으로써 왕의 다스림을 도왔는데 그 네번째를 政典이라고 하였으니 政典은 과연 軍律인데 僞書를 만든 자가 잘못 사용하였다— 原註). 위서를 만든 자가 우연히 보지 못하였으므로 「하서」에다 이것을 썼다.

염약거는 이르기를, "「하서」의 일식은 정확히 어느 왕의 시대인지 알 수 없다. 그래서 유흠의 『삼통력』에 실려 있지 않다(살펴

---

324) 『春秋公羊傳』에는 隱公 3年 2月 己巳라고 되어 있다.
325) 金仁山: 1232~1303. p. 214 주 56 참조.
326) 金履祥, 『通鑑前編』
327) 六典: 周代 나라를 다스리기 위한 여섯 가지의 法典, 곧 治典인 天官冢宰, 敎典인 地官司徒, 禮典인 春官宗伯, 政典인 夏官司馬, 刑典인 秋官司寇, 事典인 冬官司空을 말함.

보건대,「夏書」에는 본래 日食이 없다. 閻若璩도 또한 깨닫지 못한 것이다── 原註). 뒤에 대동력(大同曆)을 만든 사람이 비로소 미루어 중강 원년으로 만들었다. 내가 수시력(授時曆)[328]·시헌력(時憲曆)[329] 등으로 추산해보니, 중강이 처음 즉위한 해의 5월 정해 초하루에 일식이 있었지, 계추월[330] 초하루가 아니었고, 일식은 동정(東井) 쪽에 있었지 방성(房星)이 있는 쪽은 아니었다. 또 4년 9월 임진(壬辰) 초하루에 일식이 있었는데, 일식은 저성(氐星)의 끝쪽에 있었지 방성 쪽에 있었던 것은 아니었다"[331]고 하였다.

○ 내가 살펴보건대, 노(魯) 태사가 인용한「하서」는 본래 일식의 설이 없었다.

이제 나는 그대들과 함께 왕명을 받들어 천벌을 내리려 하오. 여러 군사들은 왕실을 위해 함께 힘을 합하고, 바라건대, 나를 도와 천자의 위명(威命)을 삼가 받들도록 하여주오. 곤륜산(崑崙山) 등성이에 화재가 일어나면 구슬과 돌이 함께 탈 것이나, 천리(天吏)가 덕을 잃은 것은 사나운 불길보다도 더 심한 것이오. 저들 괴수들을 섬멸하고, 협박 때문에 추종하는 자들은 다스리지 않을 것이로되, 예전에 물든 더러운 습속을 모두 새로워지도록 하겠소. 아! 위엄이 사사로운 정을 이기면 진실로 성공할 것이나 사사로운 정이 위엄을 이기면 진실로 일을 성공시키지 못할 것이니, 그대들 여러 군사들은 힘쓰고 경계하기 바라오."

---

328) 授時曆: 曆의 한 이름이며 그 내용은『元史』「曆志」에 나오는데, 이 曆은 元代에 農民에게 四時와 八節 및 二十四氣 등의 時와 節候를 가르치기 위하여 만든 曆이다.
329) 時憲曆: 淸代 高宗時 欽天監에서 만든 曆인데, 당시 중국에 들어온 서양인 선교사들에 의해 제작된바 太陰曆法에다 太陽曆의 原理를 가미한 曆이다. 우리나라의 朝鮮王朝도 孝宗 5년(1654년)부터 時憲曆을 採用하게 되었으며 이후 1896년 1월 太陽曆을 採用할 때까지 準用하였다.
330) 季秋月: 9월을 말함.
331) 閻若璩,『尙書古文疏證』卷6 上, 張1~2.

채침이 이르기를, "희씨·화씨의 죄는 역(曆)에 있어 시일(時日)을 어지럽힌 것에 그치지 않을 것이다. 이는 반드시 무례한 무리들을 모아 예(羿)에게 붙어 악한 짓을 했을 것이다"라고 하였다.[332]

○나는 이렇게 생각한다. 위서를 만든 자가 크게 어지럽게 뒤범벅을 해서 우습게 1편을 만들어냈다. 채침은 이에 또 위서를 만든 이의 원래 주석 이외에 별도로 의리(義理)를 만들어내었다. 그 설이 비록 정밀하지만 장차 무엇에 쓰겠는가? 진실로 만약 무리를 모아 예(羿)에게 붙었다면 예가 바야흐로 노려보고 있을 것이니 중강이 어떻게 정벌할 수 있겠는가?

【剽竊】『좌전』에서 공자(公子)인 광(光)[333]이 "나는 이런 이야기를 들었다. 일을 하는 데 있어서 위엄이 사사로운 정을 이기면 비록 작은 일이라도 반드시 성사가 될 것이다"고 하였다(昭公 23年 —原註). ○진림(陳琳)[334]의 「격오문檄吳文」에 "많은 병력을 한번 풀어놓으면 옥과 돌이 모두 함께 부서진다"고 하였다.

○나는 이렇게 생각한다. 천리(天吏)란 말은 『맹자』에서 나왔다.[335] 대개 생각하건대, 탕왕·무왕 등이 천명을 받들어 난을 토벌한 것을 '천리'라 하였는데, 윤(胤)나라 제후가 어떻게 천리가 될 수 있겠는가?(劉峻[336]은 梁武帝 때의 사람이다. 그의 「辨命論」에 이르기를, "崑崙山 산등성이에 화재가 일어나면 조약돌과 琬琰의 아름다운 玉이 함께 타버린다"고 하였다. 이것은 또 『梅書』에서 표절한 것이다 — 原註) 가령 일

<hr>

332) 蔡沈, 『書集傳』「胤征」註.
333) 光: 春秋時代 吳나라 大夫, 諸樊의 아들.
334) 陳琳: ?~217. 三國時代 魏 廣陵人. 字는 孔璋. 建安七子의 한 사람. 文章으로 명성이 있었음. 袁紹·曹操를 위해 많은 檄文을 지었다. 저서로 文集 10권이 전함.
335) 『孟子』「公孫丑」下.
336) 劉峻: 462~521. 南朝 梁 平原人. 字는 孝標, 諡號는 玄靖. 安貧好學하고 耕讀不倦하였다. 저서로 『類苑』『山栖志』『世說新語注釋』등이 있다.

식 때 일식의 재앙을 구제할 예식(禮式)을 행하지 않아, 불러서 그들을 죄주고 귀양 보내고 죽인다 해도 마땅히 당사자에서 끝날 것인데, 어찌 협박 때문에 추종하는 사람이 있겠으며, 그 괴수라 하여 육군(六軍)을 장황하게 거느리고서 불이 옥과 돌을 함께 태운다는 말로 경계하는 데까지 이르렀으니 어찌 괴이한 일이 아니겠는가? 거짓이로다! 거짓이로다!

6

매씨서평(梅氏書平) 6

중훼지고(仲虺之誥)

은(殷)나라 탕임금이 걸(桀)을 남소(南巢)로 추방하고 자신의 덕에 부끄러움을 느껴 말하기를 "나는 후세에 내가 구실(口實)거리가 될까 두렵소"라고 하였다.

【剽竊】『국어』「노어魯語」에 이혁(里革)이 이르기를, "걸이 남소로 달아났다"고 하였다. ○『회남자』에 "탕이 역산(歷山)에서 걸을 패배시키자 말희(妹姬)[1]와 함께 배를 타고 강을 따라 가다가 남소산으로 달아나 거기서 죽었다"고 하였다. ○『사기』「하본기」에 이르기를, "걸이 명조(鳴條)로 달아났다가 드디어 추방되어 죽었다"고 하였다(『律書』에 이르기를, "湯임금은 南巢의 정벌이 있었다"고 하였다 — 原註).

○나는 이렇게 생각한다. 남소로 추방했다는 설은 정경(正經)에

---

1) 妹姬: 夏나라 桀王의 妃로 有施氏의 딸이다. 美色이었으나 德이 없었는데 桀王이 그의 말을 들어 정치를 하다가 나라를 도탄에 빠뜨려 결국 湯에게 추방되어 南巢에서 그와 함께 죽었다고 한다. 朝本에는 '妹'이 '妺'로 되어 있다.

는 보이지 않는다. 『국어』『회남자』에서도 또한 걸이 스스로 달아 났다고 하였으니, 탕이 이것을 추방한 것은 아니다. 『상서』 서(序)에 이르기를, "소백(巢伯)이 와서 조공을 바쳤다"고 하였고(「旅巢 命」[2]—原註), 『춘추』에 이르기를, "초인(楚人)이 소(巢)를 포위했다"[3]고 하였고(注釋에 이르기를, "巢는 吳·楚 사이의 小國인데 廬江 六 縣 동쪽에 居巢城이 있다"[4]고 하였다—原註), 『좌전』에 이르기를, "오인(吳人)이 소(巢)를 포위했다"[5]고 하였고(또 薳啓疆[6]이 巢에 성을 쌓았다[7]—原註), 『국어』에 이르기를, "소호(巢湖)에 가득하다"고 하였고(『一統志』[8]에 이르기를, "옛 巢縣이 내려앉아 호수가 되었다"고 하였다— 原註), 『사기』에 이르기를, "오원(伍員)[9]이 초나라를 쳐서 거소(居 巢)를 취했다"[10]고 했는데 모두 이곳이다(潘岳[11]의 「西征賦」에 이르기를, "亡王이 교만하고 음탕하여 南巢로 귀양 가서 목숨을 버린 것을 거울 삼으리라"[12]고 하였다—原註). 그러나 『초사』에서는 "남풍(南風)에 순하여 배 띄워 놀다가 남소에 이르러 한 번 쉬었네"[13]라고 하였으니, 이것은 또 아주 남쪽 끝 황폐한 곳 같은데 지금은 상고(詳考)할 수 없다.

2) 「旅巢命」: 『尙書』 1백 편 가운데의 한 篇名으로 지금은 이 篇에 대한 「序」만 남아 있는데 거기에 '巢伯來朝'라는 말이 있다.
3) 『左傳』 文公 12年.
4) 『左傳』 文公 12年의 杜預 註.
5) 『左傳』 成公 17年.
6) 薳啓疆: 春秋時代 楚나라 사람.
7) 『左傳』 昭公 4年.
8) 『一統志』: 全國의 輿地를 記載한 책으로 李賢 등이 勅命에 의하여 지은 明의 『大明一統志』를 말한다.
9) 伍員: 春秋時代 楚나라 사람. 字는 子胥. 伍奢의 넷째 아들. 吳나라로 망 명하여 楚를 쳤음.
10) 『史記』 卷66 「伍子胥列傳」.
11) 潘岳: ?~300. p. 180 주 94 참조.
12) 『文選』 卷 第10.
13) 『楚辭』 「遠遊」.

【依據】『좌전』(襄公 29年— 原註)에서 계찰(季札)[14]이 풍악을 관람하다가 소호무(韶濩舞)[15]를 추는 것을 보고 이르기를, "성인의 위대함이여! 오히려 덕에 부끄러움이 있는 무악(舞樂)이다. 성인의 어려움이여!"라고 하였다(班固의 「典引」[16]에 이르기를, "소호의 舞樂은 德에 부끄러움이 있는 것이다"고 하였다— 原註).

○나는 이렇게 생각한다. 계찰이 대무(大武)[17]를 추는 것을 보고 칭찬함은 있었어도 폄하함은 없었고(다만 '아름답도다! 周나라의 盛함이여!'라고 하였다— 原註) 상(象)을 추는 것을 보고 이르기를, "오히려 유감됨이 있다"고 하였으며(象[18]은 文王의 樂이다— 原註), 호(濩)를 추는 것을 보고 이르기를, "오히려 덕에 부끄러움이 있다"고 했으니 그 말은 본래 맞지 않는다. 무릇 무왕이 주(紂)를 쳤는데도 칭찬만 하고 깎아내림은 없었는데, 도리어 탕과 문왕에 대해서만 어찌 유독 유감스럽게 여기는가? 탕임금은 걸(桀)을 추방하였으나 죽이지는 않았고, 문왕은 삼가면서도 게으르지 않았는데 어찌 홀로 깎아내림을 당하는가? 공자는 말씀하기를 "무왕의 음악은 선을 다하지 못했다"[19]고 하였다. 선유(先儒)들은 이르기를, "무왕은 왕위에 오른 지 오래되지 않아 붕어(崩御)했다. 그래서 예악이 일어나지 않고 제도가 갖추어지지 않았으므로 무왕의 음악은 선을 다하지 못한 것이지 정벌 때문에 선을 다하지 못한 것이 아니다"라고 하였다. 그런데 하물며 그 덕에 부끄러움이 있다고 할 수 있겠는가? 탕임금이 걸을 추방한 것은 탕임금이 처음으로 한 일은

---

14) 季札: 春秋時代 吳나라 사람. 吳王 壽夢의 아들. 賢者로 風樂에 조예가 있었던 것으로 알려져 있다.
15) 韶濩舞: 湯이 만들었다고 하는 舞樂의 일종.
16) 「典引」: 班固가 지은 文章의 篇名으로 漢의 德을 서술하였다.
17) 大武: 周武王의 樂名이다.
18) 朝本에는 '衆'으로 되어 있다.
19) 『論語』「八佾」.

아니다. 신농씨(神農氏)의 세상이 쇠퇴해지자 황제(黃帝)가 그것을 쳤고, 제후들이 이미 항복함에 드디어 신농씨인 염제(炎帝)를 대신하였다. 복희씨·신농씨가 일어날 때도 또한 이러했으리라 생각된다. 그들도 모두 부끄러워함이 없었고, 탕임금도 또한 부끄러워함이 없었다(그 내용은 내가 지은 「湯論」[20]에 詳細하다 — 原註). 탕임금은 하늘의 밝은 명을 받아 하(夏)나라의 죄를 바로잡았으니, 후세의 왕위를 찬탈한 역적들이 임금을 죽이고 자기를 이롭게 한 것과는 같지 않으니 무슨 덕에 부끄러울 것이 있어서 모름지기 중훼(仲虺)[21]가 그것으로써 이것을 풀어야 하였겠는가? 부끄러워하는 것과 부끄러워하지 않는 것은 역(逆)과 순(順)으로 판별하는 것인데, 우물쭈물 흐리멍덩하게 반쯤 옳고 반쯤 틀려서, 부끄러워했다고 해도 해될 것이 없고 부끄러워하지 않았다 해도 괜찮은 식으로 되어서는 안 된다. 부끄러움이 없으면 이는 성인이고 부끄러움이 있으면 이는 역적이다. 만약 터럭만큼이라도 덕에 부끄러운 것이 탕임금의 몸에 있다면 이 행동은 천명을 거스르고 인정에 어긋나 시해가 되고 찬탈이 되는 것이니, 「중훼지고仲虺之誥」는 장차 양웅(揚雄)이 신(新)나라를 찬미한 것과 한 가지가 될 것인데 공자가 어찌 이것을 취하겠는가? 탕이 착하지 못한 일을 했다면 오히려 천리(天理)가 없어지지 않고 있어 마음속으로 부끄러움을 품었을 텐데 이에 중훼가 거짓을 꾸미고 잘못된 것을 얼버무리고 악하고 사특한 것에 아첨하여 탕임금의 마음을 위안시켰으니 소인이 아니겠는가? 이런 짓은 순문약(荀文若)[22]도 하지 않는데 중훼가 그런 짓을 하겠는가?

주자는 이르기를, "계찰이 풍악을 관람하였다는 것은 좌씨(左氏)

---

20) 『與猶堂全書』 제1집(詩文集)에 있다.
21) 仲虺: 湯의 賢臣으로 左相이 되었다고 한다.
22) 荀文若: 後漢의 潁陰人인 荀彧인데 字가 文若이며 諡號는 敬이다.

가 꾸며낸 소리이므로 또한 믿기가 어렵다"고 하였으니(『朱子語類』
「春秋」條에 보인다 — 原註) 그것은 바로 이런 것 때문이다. 장애백(臧
哀伯)[23]이 이르기를, "무왕이 구정(九鼎)[24]을 낙읍(洛邑)으로 옮기자
정의로운 선비들이 오히려 혹 그 일을 비난했다"(『左傳』 桓公 2年에
보인다 — 原註)라고 하였다. 계찰의 말도 그 뜻은 또한 이와 같다.
이제 이 대수롭지 않게 말한 한담(閑談)에 근거하여 엄연히 한 고
(誥)를 만들어 만세에 보였으니 그 속임이 어떠하겠는가? 공자가
말씀하기를 "요·순은 선위(禪位)를 하였고, 하후(夏后)와 은(殷)·주
(周)는 세습을 했지만 그 의리(義理)는 한 가지이다"[25]라고 했다.
만약 덕에 부끄러움이 있다면 어떻게 한 가지가 되겠는가?

【剽竊】『국어』「초어楚語」에서 왕손어(王孫圉)[26]가 이르기를, "관
야보(觀射父)[27]가 능히 훈사(訓辭)를 지어 우리 임금으로 하여금 구
실(口實)이 되지 않게 하였다"고 하였다.

○내가 살펴보건대, '구실(口實)'이란 두 자는 본래『주역』「이
頤」괘의 단사(彖辭)에 "스스로 구실을 찾는다"는 말에서 나왔다.
구실이란 먹는 것이다. 그러므로 진(晉)나라 사람이 정(鄭)나라
의 임금에게 조회하러 올 것을 요구하니, 정나라의 자산(子産)[28]이
이르기를, "만약 큰 나라가 작은 나라의 근심거리를 불쌍히 여겨
주지 않고 구실(食言을 말함 — 原註)만을 일삼으면 이에 견딜 수
없지 않은가?"(襄公 22年에 보인다 — 原註)라고 하였다. 또 안영(晏

---

23) 臧哀伯: 春秋時代 魯나라 大夫로 僖伯의 아들이다.
24) 九鼎: 夏의 禹王이 九州에서 구리를 거둬들여 鑄造한 솥이라 하는데 夏·
    殷·周 三代에 걸쳐 전해 내려오는 天子의 보물이라 함. '鼎'은 두 개의
    손잡이와 세 개의 발이 달린 솥으로 九鼎은 한 개의 鼎이라 하기도 하고
    아홉 개의 鼎이라 하기도 함.
25) 『孟子』「萬章」上.
26) 王孫圉: 春秋時代 楚나라의 大夫.
27) 觀射父: 春秋時代 楚나라의 大夫. 賢者로 알려져 있다.
28) 子産: 春秋時代 鄭의 公孫僑로 東里子産이라고도 한다. 見聞이 많고 당시
    에 있어서 정치가로 널리 알려졌다.

嬰)29)의 말에 "신하인 자가 어찌 구실(食祿을 말함 — 原註)만 일삼겠
습니까? 사직을 보호해야지요"(襄公 25年에 보인다 — 原註)라고 하였
으니 구실이란 먹는 것이다. 다른 사람의 비방을 받아 구설(口舌)
에 곤란을 겪는 것이 마치 먹을 것이 입에 든 것과 같다는 것이
다. 그러므로 왕손어의 말이 저러하다. 위서를 만든 자가 "중훼가
고(誥)를 지어 성탕(成湯)으로 하여금 구실이 되지 않도록 한 것이
관야보가 훈사를 지어 초왕(楚王)으로 하여금 구실이 되지 않게 한
것과 같다"고 생각했다. 그래서 표절한 것이 이와 같다(梅賾이 이르
기를, "후세의 사람들이 내가 天子를 내쫓는 범법을 하였다고 논함이 항상 입에
서 떠나지 않을까 두렵다"고 하였다 — 原註). ○『후한서』「유반전劉般30)
傳」에 이르기를, "빈강(濱江)31)의 백성들은 고기 잡는 것에 의지해
서 구실을 도운다"고 하였고, 유향의 『설원』에 이르기를, "의복을
수(襚)라 하고 구실을 함(含)이라 한다"고 하였으니(庾肩   吾32)의
「檳榔啓」에 이르기를, "바야흐로 口實로 삼았으니 영원히 병을 없애리라"고 하
였다. ○ 夏后湛33)의 「芙蓉賦」에 이르기를, "아름다운 과일을 섞어서 진귀한 음
식을 만들어 길이 구실을 채워두네"라고 하였다. ○ 傅休奕34)의 「李賦」에 "여러 나
라의 口實을 두루 찾아 신령에게 드리네"라고 하였다 — 原註) 구실이란 먹
는 것이다.

---

29) 晏嬰: 春秋時代 齊나라의 名臣으로 字가 平仲, 晏子로 알려진 인물이다.

30) 劉般: 後漢 사람. 宣帝의 玄孫. 字는 伯興, 菑丘侯에 封해지고 벼슬은 宗正.

31) 濱江: 淸代에는 吉林省 阿城縣 西北에 濱江이라는 縣名이 있었으나 여기
서는 江邊이라는 뜻으로 쓰인 듯하다.

32) 庾肩吾: 梁의 詞人. 字는 子愼. 8세 때 능히 詩를 지었다고 함. 梁의 簡文
帝 때 度支尙書를 지냈다.

33) 夏后湛: 243~291. 晉 譙人. 字는 孝若. 벼슬은 散騎常侍. 재주가 뛰어나
고 文章에 능하였으며 潘岳과 친하였음. 『晉書』卷55에는 '夏侯湛'으로
되어 있다.

34) 傅休奕: 217~278. 晉나라 北地 泥陽人인 傅玄. 休奕은 그의 字. 諡號는
剛이다. 文章에 능하고 音律에 조예가 깊었음. 벼슬은 司隸校尉. 저서로
『傅子』『傅玄集』이 있었으나 모두 佚失되었다.

중훼가 고(誥)를 지어 다음과 같이 말하였다. "아! 하늘이 백성을 낳음에 백성은 욕망이 있었으니, 그 욕망은 임금이 없으면 곧 어지러워질까 하는 것입니다. 그래서 하늘은 총명한 사람을 내어 이들을 다스리게 하였습니다. 하나라 임금은 덕에 어두워 백성들이 도탄에 빠졌으니, 하늘은 이에 우리 임금께 용기와 지혜를 내리어 온 나라의 의표(儀表)가 되어 나라를 바로 다스리게 하고, 우임금의 옛일을 계승하게 한 것입니다. 이리하여 그 법도를 따라서 하늘의 명을 받드는 것입니다.

【踏襲】 하늘이 백성을 낳음에 욕망이 있다는 말은 「악기樂記」를 답습한 것이다(『禮記』 「樂記」에 "사람이 태어나면서 고요한 것은 하늘이 준 性이요, 사물에 느껴서 움직이는 것은 性의 欲이다"라고 하였다 ─ 原註). 우임금의 옛일을 계승한다는 말은 「상송商頌」에 의거한 것이다(『詩經』 「商頌」에 "禹임금이 다스리던 곳에 도읍을 세운다"[35]는 말이 있다 ─ 原註).

하나라 임금은 죄가 있어 상제를 속이고 명령을 백성들에게 내렸습니다. 상제는 이것을 옳지 않게 여기고 상(商)나라가 명(命)을 받도록 하여 그 백성들을 밝혀주게 한 것입니다. 하나라는 어진 이를 업신여기고 권세에 아부하는 무리들이 득실거려서, 처음 우리나라가 하나라에 있어서는 벼이삭 속에 섞인 가라지와 곡식알 속에 섞인 쭉정이 같은 존재였습니다. 그래서 작은 사람이나 큰 사람 할 것 없이 모두 떨면서 죄 없이 두려워하지 않은 이가 없었습니다. 하물며 우리 임금의 덕은 그 말씀이 듣기에 족하니 어떠하겠습니까? 임금께서는 노래와 여색을 가까이 않고 재물과 이익을 불리지 않으며 덕에 힘쓰는 사람에게는 힘써 벼슬을 주고, 공에 힘쓰는 사람에게는 힘써 상을 내리며 사람을 쓸 때는 자신과 같이 대우하고 허물을 고침에는

---

35) 「商頌─殷武」.

주저하지 않으며 관대하고 어질어서 만백성들에게 밝게 믿고 따르게
하였습니다.

【蒐輯】『묵자』에 「중훼지고」를 인용하여 "내가 하나라 사람에
게 들으니 하나라 왕이 천명(天命)을 속여 아래 백성들에게 명령을
내리므로 상제가 그의 악(惡)을 쳐서 그 백성을 잃게 하였다"고
하였다(「非命」上篇에 보인다. ○ 또 「非命」中篇에서 이것을 인용하여 "내가
들으니, 夏나라의 왕이 天命을 속여 아래 백성들에게 명령을 내렸다. 上帝가 그
를 미워하여 백성들을 잃게 했다"고 하였다. ○ 또 「非命」下篇에서도 이것을
인용하여 "내가 들으니 夏나라의 왕이 天命을 아래 백성들에게 속이니 上帝가
미워하여 그 백성들을 잃게 하였다"고 하였다— 原註).

○ 염약거가 이르기를, "'상사(喪師)''궐사(闕師)''상사(爽師)'등
이 무슨 길하고 상서로운 좋은 일이라고 위서를 만든 자가 '이에
상나라가 명을 받아 하나라의 그 백성을 잃게 하였다'는 말로 바
꾸었는가?(梅賾은 '爽'자를 '밝다'는 뜻으로 풀이하였다— 原註) 대저 『묵
자』에서는 인용하기를 이렇게 여러 번 하였고, 풀이를 이렇게 확
실히 했는데도(墨子가 이르기를, "桀이 天命을 잡고 있는 것처럼 하니 湯임금
이 다만 그를 비난하여 '백성을 잃을 것이다'라고 말했다"고 하였다— 原註)
가히 이것을 바꿀 수가 있겠는가?"[36]라고 하였다.

【剽竊】『좌전』에 "『정서鄭書』[37]에 이런 말이 있다. 곧은 사람을
미워하고 바른 사람을 미워하는 것이 실로 그 무리가 매우 많다"[38]
고 하였다.

○나는 이렇게 생각한다. 가라지와 쭉정이는 천하고 나쁜 물건
인데 중훼가 자기 나라 조정을 필시 이 가라지와 쭉정이에 견준

---

36) 閻若璩, 『尙書古文疏證』 卷1, 張47~48.
37) 『鄭書』: 古書의 이름.
38) 『左傳』昭公 28年.

것이며, 또 임금 앞에서 입에 넘치도록 칭찬하고 아첨하였으니, 이것은「대우모」의 풍취(風趣)와 흡사하다.

이에 갈(葛) 땅의 제후가 밥 나르던 아이들을 원수로 여기니, 갈 땅부터 정벌을 시작하였습니다. 동쪽을 향해서 정벌하면 서쪽 오랑캐들이 원망하고 남쪽을 향해서 정벌하면 북쪽 오랑캐들이 원망하여 '어찌 우리만을 뒤로 미루는가'라고 하였습니다. 임금께서 가는 곳마다 백성들은 온 집안이 서로 경축하면서 '우리 임금님이 오기를 기다리고 있었는데 임금님이 오셔서 우리 다시 살아나리라'고 말하니, 백성들이 상나라를 떠받드는 것이 오래되었습니다.

【蒐輯】『맹자』에『상서』를 인용하여 "탕이 한 번 정벌함을 갈(葛) 땅에서 시작하니 천하 사람들이 모두 그를 믿었다. 동쪽을 향해서 정벌하면 서쪽 오랑캐들이 원망하고 남쪽을 향해서 정벌하면 북쪽 오랑캐들이 원망하여 '어찌해서 우리만을 뒤로 미루는가?'"라고 하였고[39](孟子가 이르기를, "그 임금을 형벌에 처하고 그 백성들을 위문하니 마치 단비가 때 맞추어 내리는 것 같아 백성들이 크게 기뻐했다"[40]고 하였다 — 原註), 또『상서』를 인용하여 "우리 임금을 기다렸더니 임금께서 오시니 우리들은 다시 살아나리라"[41]고 하였으며(이것은 齊宣王에게 告하는 글이다. 또「滕文公」에서 이 글을 인용하였는데 그 문장이 대체로 같다 — 原註), 한편으로는 "우리 임금을 기다렸더니 임금께서 오시니 그 형벌이 없어지리라"고 하였다(지금「太甲」에 있다 — 原註) ○ 맹자가 이르기를, "갈 땅의 제후가 자성(粢盛)이 없다고 하여 제사를 지내지 않거늘 탕(湯)이 박(亳) 땅의 백성들로 하여금 갈

---

39) 『孟子』「梁惠王」.
40) 『孟子』「梁惠王」.
41) 『孟子』「梁惠王」.

땅에 가서 밭을 갈아 주게 하니, 동자(童子)들이 기장밥과 고기를
밭 가는 사람들에게 날라주러 갔는데 갈 땅의 제후가 그들을 죽이
고 밥을 빼앗았다. 『상서』에서 '갈 땅 제후가 음식 나르는 사람을
원수로 여겼다'는 말은 이것을 두고 한 말이다"[42]라고 하였다.

【考訂】『상서』「서서書序」에 이르기를, "탕임금이 제후들을 정
벌할 때 갈 땅의 제후가 제사를 지내지 않으므로 탕임금이 처음으
로 이 나라를 쳐서 「탕정湯征」을 지었다"고 하였다(『史記』「殷本紀」
에도 역시 그렇게 말하였다 — 原註).

○ 내가 살펴보건대, "갈 땅 제후가 음식 나르는 사람을 원수로
여겼다"는 말과 "탕이 한 번 정벌함을 갈(葛) 땅에서 시작하다"는
말 이하는 반드시 모두 「탕정」의 문장이다. 그러므로 「서서」 및
「은본기」의 내용이 동일하다. 그런데 지금 이것으로 「중훼지고」
를 만들었으니 그래도 믿겠는가?(「殷本紀」에 「湯征」에 관한 문장이 조금
남아 있는데 그 문장이 같지 않다. 그래서 앞 시대의 사람들이 모두 의심하였
다 — 原註)

  어진 이를 돕고 덕 있는 사람을 돌보며 충성된 사람을 드러내고
착한 사람을 끌어올리십시오. 그리고 약한 자를 병합하고 혼란에 빠
진 자는 치며, 어지럽히는 자는 취하고 망할 짓을 하는 자는 모욕을
주어, 도(道)를 망치는 자들은 밀어내고 도를 존속시키는 자들은 이
를 견고히해주면 나라는 창성(昌盛)해질 것입니다. 덕이 날로 새로워
지면 모든 나라가 따를 것이요, 뜻이 자기 자만에 빠지면 구족이 뿔
뿔이 떨어져나갈 것이니, 임금님께서는 힘써 큰 덕을 밝히어 백성들
에게 중정(中正)을 세워주십시오. 의(義)로써 일을 제절(制節)하고 예
(禮)로써 마음을 규제하여 후손들에게 넉넉함을 전해주십시오.

---

42) 『孟子』「滕文公」下.

【蒐輯】『좌전』에서 중훼의 말을 인용하여 "어지럽히는 자는 취하고 망할 짓을 하는 자는 모욕을 준다"고 하였다(宣公 12年에 나온다─原註). ○진(晉)나라 군사가 정(鄭)나라를 구원하러 오다가 황하(黃河)에 이르렀을 때 정나라가 이미 초(楚)나라와 화평하였다는 말을 듣고 환자(桓子)[43]는 되돌아가려고 하였다. 수무자(隨武子)[44]가 이르기를, "약한 자를 병합하고 혼란에 빠진 자를 공격하는 것은 전쟁의 좋은 법칙입니다. 아직 오히려 약하고 혼란에 빠진 나라가 얼마든지 있는데 어찌 반드시 초나라만 생각하겠습니까? 중훼의 말에 '어지럽히는 자는 쳐서 빼앗고, 망할 짓을 하는 자는 모욕을 주어야 한다'고 한 것은 약한 나라를 병합한다는 뜻입니다. 「작(酌)의[45] 시(詩)에 '아! 성대한 무왕의 군대여! 순리에 따라 적의 이 우매(愚昧)함을 기른다'고 한 것은 혼란에 빠지는 것을 조장(助長)한다는 것이요, 또 「무(武)」의[46] 시(詩)에 '겨룰 사람이 없도다. 무왕의 공열(功烈)이여!'라고 하였으니, 이것은 약한 자를 어루만지고 혼란에 빠진 자를 조장하여 이로써 공열을 세우기에 힘쓰는 것이 좋다는 것입니다"고 하였다.[47] ○또 진(晉)나라 제후가 위(衛)나라의 사건을 중행헌자(中行獻子)[48]에게 물으니, 대답하기를, "중훼가 '망하는 자는 모욕을 주고 어지러운 자는 취한다'고 하였으니, 망하는 자를 밀어내어 무너뜨리고 존속시키는 자를 견고히해주는 것이 나라의 길입니다. 그러니 임금님께서는 위(衛)나라를 안정시켜주면서 때를 기다려야 합니다"고 하였다(襄公 14年에 보인다─原

---

43) 桓子: 春秋時代 晉나라 大夫인 荀林父. 諡號가 桓子이다.
44) 隨武子: 春秋時代 晉나라 大夫인 士會. 隨를 采邑으로 하였기 때문에 隨武子라 함.
45) 「酌」: 『詩經』 「周頌」의 詩題이다. 『左傳』에는 '汋'으로, 朝本에는 '勺'으로 되어 있으나 통용된다.
46) 「武」: 『詩經』 「周頌」의 詩題이다.
47) 『左傳』 宣公 12年.
48) 中行獻子: 春秋時代 晉나라 사람. 荀林父의 손자. 字는 伯游, 諡號는 獻이다.

註). ○또 정백(鄭伯)이 허(許)나라로 도망갔다. 자피(子皮)⁴⁹⁾가 이르기를, "중훼의 기록에 '어지러운 자는 차지하고 망하는 자는 모욕을 준다'고 하였으니, 망하는 자는 밀어 넘어뜨리고 존속시키는 자는 견고하게 해주는 것이 나라의 이익이다"라고 하였다(襄公 30年에 보인다 — 原註).

○나는 이렇게 생각한다. 이 여러 글들을 살펴보면 중훼의 말은 오직 '취란모망(取亂侮亡)'의 한 구(句)뿐이고, '약한 자를 병합하고 혼란에 빠진 자를 공격한다〔兼弱攻昧〕'고 말한 것은 수무자의 말이다. 그 '기매(耆昧)'라고 한 것은 또 작시(酌詩)의 주석이니 중훼와는 더욱 관계가 없다. '추망고존(推亡固存)' 네 글자는 중행헌자 및 자피의 말이다. 위서를 만든 자가 『상서』를 만들면서 '겸약공매(兼弱攻昧)'와 '추망고존(推亡固存)' 등도 아울러 중훼의 말로 만들었으니, 그 얄팍하게 드러나는 것이 이러한데도 오히려 아래로 천 년을 속여왔으니 어찌 슬프지 않겠는가?

내가 듣건대 '능히 스스로 스승을 얻은 사람은 왕 노릇을 할 것이요, 남을 자기만 같지 못하다고 말하는 사람은 망할 것이다. 문기를 좋아하면 넉넉하여지고 스스로의 뜻만을 굳이 쓰면 작아진다'고 하였습니다. 아! 그 끝을 삼가려거든 그 처음부터 도모해야 하니 예(禮)가 있는 사람을 길러주고, 어둡고 포악한 사람을 넘어뜨려 하늘의 도(道)를 공경하고 높이어 하늘의 명을 길이 보전하십시오."

【蒐輯】『순자』에 중훼(中虺)⁵⁰⁾의 말을 인용하여 "제후들 가운데

---

49) 子皮: 春秋時代 楚나라의 范蠡이다. 그가 스스로를 鴟夷子皮라 한 데서 이를 줄여 子皮라 하였다.
50) 中虺: 仲虺와 같다. 讀音도 '중훼'이다.

서 스스로를 위해서 스승을 얻은 사람은 왕 노릇을 할 수 있고, 벗을 얻은 사람은 패자(覇者)가 되고, 의심을 결단해줄 자를 얻은 사람은 존속(存續)하고, 스스로를 위해서 도모하여 자기보다 나은 사람이 없다고 여기는 사람은 망한다"[51]고 하였다(『呂氏春秋』에 "仲 虺가 '제후의 德이 능히 스스로를 위해서 스승을 얻는 사람은 왕 노릇을 할 수 있고, 능히 스스로를 위해서 친구를 얻는 사람은 존속할 수 있고, 그 택한 것이 자기만 같지 못하다고 한 사람은 망한다'고 하는 말이 있다"고 하였다[52] ── 原 註). ○유향(劉向)의 『신서新序』에 고어(古語)를 인용하여 "벗을 선 택하여 얻는 사람은 패자(覇者)가 된다"[53]고 하였다.

【剽竊】『노자老子』에 "끝을 삼가기를 처음과 같이하라"는 말이 있다.[54] ○『좌전』에 "예(禮)가 있는 사람을 친하게 지낸다"고 했 고, 또 "어둡고 어지러운 사람을 넘어뜨린다"는 말이 있다(閔公 元 年에 보인다 ── 原註).

○나는 이렇게 생각한다. "하늘의 도를 공경하고 높이어 하늘 의 명을 길이 보전한다〔欽崇天道, 永保天命〕"라는 말은 아무렇게나 급히 쓴 글이다.

탕고(湯誥)
(孔壁本에는 16篇 속에 있다 ── 原註)

「탕고」란 탕이 제후들과 약속한 내용으로 제후들로 하여금 모 두 일덕(一德)을 지니고서 만백성에게 임하게 한 것이다. 그 일부 분의 글이 아직까지 오히려 『사기』에 실려 있는데, 이제 이것을

---

51) 『荀子』 卷20 「堯問」.
52) 『呂氏春秋』 「恃君覽」 第8 「驕恣」.
53) 劉向, 『新序』 卷 第1, 「雜事」 1.
54) 『老子道德經』 第64章.

「서서書序」55)에 수록해놓았다.

　탕(湯)임금은 하(夏)나라를 정복하고 돌아와 박(亳) 땅에 이르러 온 세상에 다음과 같이 크게 고(告)하였다. "아! 그대들 온 세상 백성들 이여! 나 한 사람의 고함을 밝게 들어주오. 위대한 상제(上帝)께서 아래 백성들에게 충(衷)을 내리어 이 항성(恒性)을 따르도록 하였으니, 능히 그 도(道)에 순하여 편안케 하는 이라야 임금이오. 하나라 임금은 덕을 멸(滅)하고 위세만을 부려 그대들 온 세상 백성들에게 학정(虐政)을 펼쳤는데, 그대들 온 세상 백성들은 그 흉해(凶害)를 입어 씀바귀와 벌레의 독 같은 괴로움을 참지 못하고 모두 같이 죄 없음을 하늘과 신들에게 고하였소. 하늘의 도는 착한 사람에게 복을 주고, 나쁜 자에게는 화를 내리는 것이니 하나라에 재앙을 내리어 그 죄를 밝혔소.

　【剽竊】『국어』「오어吳語」에 부차(夫差)56)가 신서(申胥)57)를 꾸짖기를, "이제 하늘이 오나라에 충(衷)을 내려주었으니 제(齊)나라 군사에 항복을 받을 것이다"고 하였다(韋昭는 衷은 善이라고 하였다58) ― 原註).
　○ 내가 살펴보건대, '강충(降衷)'이라는 것은 하늘이 자비롭고 착한 충심(衷心)을 내려 오나라를 돌보아 도왔다는 말이지, 사람이 배태(胚胎)할 때 인·의·예·지의 영성(靈性)을 부여한다는 말이 아니다. 「오어」에서는 본래 하늘의 천충(天衷)을 가리켜 말했는데,

---

55) 여기 「書序」라고 하는 것은 茶山의 『與猶堂全書』 제2집(經集) 「尙書古訓 序例」 속의 「尙書序」를 가리킨다. 「尙書序」 張16에 「殷本紀」에 나오는 「湯誥」의 殘文을 모두 수록해놓았다. 奎本에는 「咸有一德」이 「咸有功德」 으로 되어 있다.
56) 夫差: 春秋時代 吳나라 泰伯의 후손으로 闔廬의 아들이며 姬姓이다.
57) 申胥: 春秋時代 楚나라 大夫인 伍奢의 아들로 伍子胥를 말한다.
58) 『國語』「吳語」韋氏解.

『매서』에서 이것을 가져다 인충(人衷)으로 만들었으니 되겠는가? 진서산(眞西山)[59]은 '강충(降衷)'이란 한 말로써 만대 성학(性學)의 근원으로 삼았다. 나는 생각하건대, 상고 시대 사람들은 모두 도(道)의 큰 근원이 상제(上帝)에게서 나온다는 것을 알았다(董仲舒의 말이다─原註). 그러므로 다시 훈석(訓釋)을 꾸미지 않고 오직 밝게 섬기는 데 힘썼다. 그러다가 그것이 쇠퇴해지고 어두워진 뒤로부터 여러 현철한 사람들이 그것을 걱정하여 비로소 성명(性命)의 이치를 논하게 되었다. 유강공(劉康公)[60]이 이르기를, "백성들은 천지의 중정(中正)을 받아서 태어났다"[61]고 하였고, 자사(子思)[62]는 이르기를, "하늘이 명(命)한 것을 일러 성(性)이라 한다"[63]고 하였다. 비록 위서의 한마디 말이 아니더라도 성학의 근원은 본래 끊어지지 않았다. 충(衷)이란 중정의 정(情)이란 말인데, 춘추 시대에는 혹 이것을 천충이라 하기도 했고, 혹 저 인충을 가리키기도 했다. 『좌전』에 이르기를, "신에게 맹세를 청하여 천충을 유도한다"[64]고 하였고, 또 "과인에게 와서 천충을 장려한다"[65]고 했고, 또 "하늘이 사람들에게 충(衷)을 유도하여 그들로 하여금 모두 마음을 가라앉히게 한다"[66]고 했고, 『국어』에는 "하늘이 그 충(衷)을 버리니 초나라 군사가 패배했다"[67]고 하였으니, 이 모두가 중정의 정

---

59) 眞西山: 南宋의 思想家 哲學者인 眞德秀(1178~1235)를 말함. 字는 景元이었으나 후에 希元으로 고쳤고 號가 西山이다. 저서로 『西山眞文忠公文集』과 『讀書記』 등이 있다.

60) 劉康公: 春秋時代 周나라 定王의 아우. 王季子라고 稱하기도 하였는데 采邑이 劉이기 때문에 劉康公이라 하였다.

61) 『左傳』 成公 13年.

62) 子思: 孔子의 손자. 字가 子思이며 名은 伋이다.

63) 『中庸』 第1章.

64) 『左傳』 僖公 28年.

65) 『左傳』 定公 4年.

66) 『左傳』 僖公 28年.

67) 『國語』 「吳語」.

(情)으로써 충(衷)이라고 했는데, 위서를 만든 자가 '강충(降衷)'을 사람이 부여받은 성(性)으로 만들었으니 잘못 보고 잘못 사용한 것이다.

그러므로 나 같은 못난 사람이 천명(天命)의 밝은 위엄(威嚴)을 받들게 되어 감히 용서하지 못하였소. 이에 감히 검은 황소를 제물로 써서 하늘의 신후(神后)에 밝게 고하여 죄가 하나라 임금에게 있음을 청하였고, 드디어 위대한 성인을 구하여 그와 더불어 힘을 합쳐 그대들 백성들을 위하여 하늘의 명을 청하게 되었던 것이오. 하느님은 아래 백성들을 진실로 도와 죄인을 내치고 굴복시켰소. 하늘의 명이 어그러지지 않음은 아름답기가 풀과 나무에 꽃이 핌과 같으니, 만백성들은 진실로 번성하게 된 것이오. 나 한 사람에게 그대들의 나라를 화평하고 편안하게 하도록 하였소. 이에 나는 하늘과 땅에 죄를 짓고 있는지 몰라 두려워 떨기를 마치 깊은 연못에 떨어지려는 듯하고 있소.

【蒐輯】『논어』에 "나 보잘것없는 사람 이(履)는 검은 황소를 제물로 써서 감히 위대한 상제(上帝)에게 밝게 고합니다. 죄가 있는 사람은 용서할 수가 없고"[68]라는 문단이 있다('帝臣' 이하는 아래 문단에 있다[69] ── 原註).

○나는 이렇게 생각한다. 상세한 논의가 아래에 있다.

【蒐輯】『묵자』에서 「탕서湯誓」를 인용하여 "드디어 위대한 성인을 구하여 그와 더불어 힘을 합하고 마음을 하나로 하여 천하를

---

68) 『論語』「堯曰」.
69) 『論語』「堯曰」의 "予小子履, 敢用玄牡, 敢昭告于皇皇后帝, 有罪不敢赦. 帝臣不蔽, 簡在帝心. 朕躬有罪, 無以萬方, 萬方有罪, 罪在朕躬"이라는 글을 「湯誥」에서는 나누어 '帝臣' 이하를 가지고 다음 글로 만들었다는 말이다.

다스리다"고 하였다(「尙賢」에 나온다 ─ 原註).

○나는 이렇게 생각한다. 『묵자』에서 인용한 바 「탕서」는 대개 「탕서」의 일문(逸文)이 아니고 「탕고」의 일문인데, 「탕고」로써 「탕서」로 한 것 같다. 위서를 만든 자가 생각이 여기에 이르렀으므로 그것을 「탕고」에 사용하였다.

무릇 우리가 만든 새 나라는 떳떳한 법이 아닌 것을 따르지 않을 것이며, 방자하고 음탕한 데에 나아가지 않을 것이다. 각기 그대들의 법도를 지킴으로써 하늘의 아름다운 명(命)을 받들도록 하오.

【蒐輯】『국어』「주어周語」에 선양공(單襄公)이 이르기를, "선왕의 명령에 '천도(天道)는 착한 사람에게 상을 주고 음란한 사람에게는 벌을 주어 무릇 우리가 만든 나라는 떳떳한 법이 아닌 것을 따르지 않고 방자하고 음탕한 데에 나아가지 않을 것이다. 각자 그대들의 법도를 지킴으로써 하늘의 훌륭함을 받들도록 하오'란 것이 있다"고 하였다. ○염약거가 이르기를, "선왕의 명령이란 문왕·무왕의 가르침이다. 선양공은 주(周)나라 신하다. 주나라 신하가 주나라 왕을 대하여 주나라 법령을 말하는 것은 딱 들어맞아 믿을 만하다. 그런데 위서를 만든 자가 이에 이것을 「탕고」가운데 살짝 고쳐 넣어놓았다"[70]고 하였다(毛奇齡이 이르기를, "앞 글의 夏나라 令에는 '9월에 길을 치운다'고 했고, 아래 글의 周制에서는 '나무를 나열해 심어서 길을 표시한다'고 했는데 무릇 선왕이라고 한 것은 前代를 통틀어서 가리킨 것이다"[71]고 하였다 ─ 原註).

○나는 이렇게 생각한다. 선왕이 하나라인지 주나라인지는 잠시 놓아두고, 천도는 착한 사람에게 상을 내리므로 가히 하늘의

70) 閻若璩, 『尙書古文疏證』 卷2, 張23.
71) 毛奇齡, 『古文尙書冤詞』 卷5, 張10.

아름다운 명을 받들 수 있고, 천도는 음란한 사람에게 벌을 내리므로 방자하거나 음탕한 데로 나아가지 말아야 하는 것이다. 그런데 지금 '천도(天道)'한 문단을 위로 옮겨서(96자를 그 사이에 두고 있다[72]―原註) 하나라를 음란한 것으로 만들고, 나는 선한 것으로 자처하니 스스로 자랑하는 것이 아닌가? 이왕 표절하였으면 어째서 구태여 고치는가?

그대들이 착하면 내가 감히 덮어두지 않을 것이며, 죄가 내 몸에 있으면 감히 나 스스로를 용서하지 않을 것이니, 다만 간택하는 것이 상제의 마음에 달려 있소. 그대들 만방의 백성들이 죄가 있다면 나 한 사람에게 그 책임이 있는 것이나, 나 한 사람에게 죄가 있다면 그대들 만방의 백성들과는 상관도 없는 것이오.(『國語』에는 '萬夫'로 되어 있다[73]―原註). 아! 능히 이에 정성껏 하여야 또한 끝이 좋을 것이오."

【割裂】『논어』에는(위의 玄牡의 句節에 이어서―原註) "죄가 있는 사람은 감히 용서하지 아니하며, 상제의 신하를 덮어두지 않으니 그 간택은 상제의 마음에 있습니다. 저의 몸에 죄가 있는 것은 온 세상 사람들의 탓으로 돌릴 수 없고, 온 세상 사람들에게 죄가 있는 것은 저에게 그 죄가 있다"[74]라는 문단이 있다. ○『국어』에 내사(內史)인 과(過)[75]가 「탕서湯誓」를 인용하여 "내 한 사람에게 허물이 있는 것은 만인의 탓으로 돌릴 수 없고, 만인에게 허물이 있는 것은 그 원인이 나 한 사람에게 있다"고 했다[76](韋昭가 이르기를,

---

72) 현행 僞古文「湯誥」의 '天道福善禍淫' 다음의 '降災于夏'에서 '若將隕于深淵'까지의 문장을 가리킴.
73) 『國語』「周語」.
74) 『論語』「堯曰」.
75) 過: 春秋時代 周나라 사람. 內史는 官名으로 국가의 法典을 맡는다.
76) 『國語』「周語」上篇.

"「湯誓」는 桀왕을 친 것에 관한 글이다. 지금의 「湯誓」에는 이 글이 없으니 이미 흩어져 없어진 것이다"[77]고 하였다 — 原註).

○ 내가 살펴보건대, '유죄불감사(有罪不敢赦)' 이하 29자[78]는 모두 성탕(成湯)이 상제에게 밝게 고한 글인데, 위서를 만든 자가 '현모소고(玄牡昭告)'의 문단을 잘라 윗절에 쓰고(그래서 后帝에게 告하는 말이 없다 — 原註) '제신불폐(帝臣不蔽)' 이하를 잘라 만방에 고하는 고(誥)로 만들었으니(매 구마다 '爾'자 한 글자를 자기가 더했다 — 原註) 그 마음 둔 바를 알지 못하겠다. 대개 그 천성이 거짓되고 경박하여 비록 옛글을 수집했다 해도 옛글 그대로 순수하게 쓰지 못했다. 또 이 경(經)에서는 한쪽으로는 『국어』에 맞추고, 다른 한쪽으로는 『묵자』에 맞추고, 측면으로는 『여람呂覽』과도 통하게 하려 했다(『呂氏春秋』에서도 "내 한 사람에게 죄가 있는 것을 만인에게 미치게 할 수는 없다"[79]는 문단이 있다 — 原註). 그래서 찢어 고치는 것이 이런 지경에 이르렀다. 경전을 어지럽힘이 이러한데도 오히려 그냥 참고 말 않는 것이 마땅하겠는가? 공안국의 『논어』 주석에 이르기를, "『묵자』에서 「탕서」를 인용한 것도 그 말이 이와 같다"[80]고 하였다.

○ 나는 이렇게 생각한다. 가짜 공안국[81]은 비록 이것을 「탕고」라고 하나 진짜 공안국은 이미 이것을 「탕서」라고 했으니 이 일을 장차 어떻게 하겠는가? 이제 『묵자』 본문을 살펴보니 「탕서」라고 분명히 말하지 않았는데도 공안국이 반드시 이것을 「탕서」라고 한 것은 『국어』에 근거한 것이다.

---

77) 『國語』 「周語」 上篇 韋氏解.
78) 『論語』 「堯曰」에 나오는 "有罪不敢赦. 〔……〕 罪在朕躬"까지를 말함.
79) 『呂氏春秋』 「順民」.
80) 邢昺, 『論語正義』 卷 第20, 「堯曰」 邢昺 疏.
81) 가짜 공안국: 梅賾을 가리킴.

【蒐旁】『묵자』에 이르기를, "우(禹)가 말하기를, '준동(蠢動)하는 저 묘족(苗族)은 하늘의 벌을 써야겠다'고 하였다.〔……〕「우서禹誓」에만 그렇게 되어 있는 것이 아니라 탕설(湯說)[82]에도 또한 이와 같다. 탕이 이르기를, '이제 하늘이 크게 가무니 이것은 곧 내 몸 이(履)가 상하(上下)에 죄를 얻었는지 알지 못하겠다. 착한 사람이 있으면 감히 덮어두지 아니하고, 죄가 있으면 감히 용서하지 아니하며, 온 세상 사람들에게 죄가 있는 것은 곧 그 원인이 나에게 해당하고, 내 몸에 죄가 있는 것은 온 세상 사람들에게 미치게 할 수 없다'고 하였다. 이 말에 따라 살펴본다면 탕임금은 귀하기론 천자가 되었고, 부(富)하기론 천하를 가졌는데도 오히려 자기 몸을 희생으로 삼아 상제(上帝)[83]를 비롯한 여러 귀신들에게 기도의 의식을 올림을 꺼리지 않았으니 이것은 곧 탕임금의 겸애(兼愛)이다"[84]라고 하였다(湯이 또한 兼愛하였음을 이름이다 — 原註).

○내가 살펴보건대, 『논어』에 실린 것과 『묵자』에서 인용한 것은 판연히 합치되지 않는다. 저기 『논어』에서 "죄가 있는 사람을 감히 용서하지 않는다"고 한 말은 걸(桀)을 두고 한 말인데(「湯誓」에 "夏나라가 죄가 많아 天命으로 그것을 죽였다. 나는 상제를 두려워하여 감히 바로잡지 않을 수 없다"고 한 것은 바로 이런 뜻이다 — 原註) 이제 그것을 고쳐 "죄가 내 몸에 있으면 감히 스스로 용서하지 아니할 것이다"고 한 것은 순전히 『묵자』의 글을 인용한 것이다. 공자를 버리고 묵자를 취한 것을 잘 선택했다고 말할 수 있겠는가? 또 『묵자』를 상고(詳考)해보건대, 거기에는 이것으로써 상림(桑林)[85]에서 비를 빌던 때의 말로 삼았으나 『국어』에서는 분명히 「탕서」라고

---

82) 朝本에는 '說'자가 빠져 있다.
83) 朝本·奎本에는 '上下'로 되어 있다.
84) 『墨子』「兼愛」下篇.
85) 桑林: 殷나라 湯王이 祈雨祭를 지냈던 곳.

했으니, 『묵자』의 신빙성이 『국어』보다 못할 것이니 『논어』에 기재된 것은 「탕서」의 일문(逸文)이다. 『논어』에서 '감용현모(敢用玄牡)'라고 했으므로 탕이 이 제사에서 분명히 희생을 썼으나 자신을 희생으로 삼았다고는 말해서도 안 되니, 상림에서 비를 빌던 때의 말이 아님이 이미 분명하지 않은가?

염약거는 이르기를, "'금천대한(今天大旱)' 이하는 연문(衍文)이다. 묵자가 『상서』를 인용함에 스스로 더하거나 고치기를 좋아했으니, 「감서甘誓」를 「우서禹誓」로 고친 것 등이다. 또 '이 대낮에 나는 유호씨(有扈氏)와 하루의 목숨을 걸고 결전(決戰)하겠다[日中, 今予與有扈氏, 爭一日之命]'[86] 등의 글을 더 보탰는데(三句[87] — 原註) 역시 연문이다"[88]라고 하였다.

○나는 이렇게 생각한다. 위서엔 순전히 『묵자』의 문구를 쓰고서는 또 걸(桀)을 정벌한 고(誥)로 하였으니 둘 모두 맞는 것이 없다(『墨子』에서는 '未知得罪于上下'라 했는데 梅賾은 그것을 고쳐 '未知獲戾于上下'라 하고, 또 이것을 먼저 上節에다 옮겨놓았으니 그 천성이 거짓되고 경박함이 이러하다 — 原註).

이훈(伊訓)
(孔壁本에는 16篇 속에 있었는데 지금은 亡失되었다 — 原註)

태갑(太甲) 원년 12월 을축에 이윤(伊尹)이 선왕에게 제사를 드릴 때 뒤를 이은 임금을 받들어 조상을 경건히 뵙도록 하였다. 후복(侯

---

86) 『墨子』「明鬼」下篇.
87) 『尙書』「甘誓」의 經文 가운데 없는 "日中, 今予與有扈氏, 爭一日之命. 且爾卿大夫庶人, 予非爾田野葆士之欲也"를 『墨子』의 「明鬼」下篇에는 더 집어넣었고, 또 「甘誓」에 나오는 글을 「禹誓」에 나오는 글로 해놓았다.
88) 閻若璩, 『尙書古文疏證』卷2, 張24~25.

服)과 전복(甸服)89)의 여러 제후들이 모두 모여 있었고 백관(百官)들
도 자기의 직책을 총괄하여 재상의 말을 들었다. 이윤은 공이 많은
조상이 이룬 덕을 밝혀 말하고 임금에게 훈계하였다.

매색이 이르기를, "탕이 죽고 나서 태갑이 왕위에 올라 원년이
라 했다"90)고 하였다(孔穎達이 이르기를, "太甲은 손자로서 할아버지를 이
었으므로 곧 돌아간 그해를 元年으로 일컫게 되었다. 周나라 법에는 해를 넘기
고 즉위하니 의당 正月에 행사를 하였을 것인데 어찌하여 12月을 쓸 수 있겠는
가? 「殷本紀」는 잘못된 것이다. 劉歆·班固는 古文을 보지 않고 잘못『史記』를
따랐다. 皇甫謐은 이미 이 經을 얻어『帝王世紀』를 지었는데도 司馬遷을 따랐으
니 이것이 그 疏漏한 점이다"91)고 하였다 — 原註). ○ 채침이 이르기를,
"태갑은 중임(仲壬)92)의 뒤를 이었으므로 중임의 상(喪)을 입었다.
정삭(正朔)을 고침에 이르러서 월수(月數)를 고치지 않는 것이니,
이 점은 경사(經史)에서 더욱 고증할 수 있다"93)고 하였다(그 글이
매우 뛰어나므로 마땅히 참고하여야 한다 — 原註). ○소식(蘇軾)이 이르기
를, "붕어(崩御)한 해에 개원(改元)하는 것은 난세(亂世)의 일이다.
이윤 때에 이러한 일이 있을 수가 없다94)"고 하였다(毛奇齡은 이르
기를, "宋나라 사람들은 殷나라 제도를 잘 알지 못하고 또 三正95)이 改元할 때
반드시 月數를 고쳤다는 것을 알지 못하였다. 그러나 周나라 제도로는 해를 넘
기고 改元하고 商나라 제도는 해를 넘기지 않고 改元하는데 앞달에 왕이 崩御했
으면 이달에 改元한다"96)고 하였다. ○또 이르기를, "外丙은 두 살에 죽었고,
仲壬은 네 살에 죽었으니, 이는 湯임금이 崩御하기 전에 있었으므로 왕위를 계

---

89) 侯服·甸服: 王城 밖 5백 리를 甸服이라 하고, 그 밖 5백 리를 侯服이라
한다.
90) 孔穎達,『尙書正義』卷 第8,「伊訓」孔氏傳.
91) 孔穎達,『尙書正義』卷 第8,「伊訓」孔穎達 疏.
92) 仲壬: 殷王인 成湯의 아들. 外丙의 아우이다.
93) 蔡沈,『書傳』「伊訓」註.
94) 蔡沈,『書傳』「伊訓」註.
95) 三正: 夏正은 建寅, 商正은 建丑, 周正은 建子인데 이를 三正이라 한다.
96) 毛奇齡,『古文尙書冤詞』卷5, 張11~12.

승하지 못하였다"고 하였다 — 原註).

○나는 이렇게 생각한다. 외병과 중임이 왕위를 계승했음은 『맹자』에도 보이고[97] 『사기』에도 나타나 있어[98] 분명하기가 해와 별 같아 1만 사람들이 보는 바인데, 이에 위유(僞儒)가 전을 지어 무리하게 이르기를, "탕이 죽고 나서 태갑이 왕위에 올랐다"고 하니, 그 무단(武斷)과 위제(威制)는 반드시 성토되어야 할 것인데, 수·당 이후로 기와 조각을 받들어서 구슬이라고 여겨 고표(顧彪)·공영달 등이 본말을 헤아리지 않고 오직 위서만을 숭상했다. 맹자는 아성(亞聖)인데 그 말을 듣지 않았고, 사마천은 훌륭한 사관인데 그 말을 듣지 않았고, 조기(趙岐)는 대유(大儒)인데 그 말을 듣지 않았고(趙岐가 이르기를, "外丙은 왕위에 오른 것이 2년, 仲壬은 4年이다"고 하였다[99] — 原註)『세본(世本)』[100]과 고적(古籍) 가운데서 가히 믿을 만한 책은 믿지 않았고, 유흠과 반고는 깊은 학문인데 그 말을 듣지 않았고, 그 사사로이 친한 이로서 황보밀은 명사인데 그 말을 듣지 않았다. 그런데 오직 아무런 근거도 없는 거짓된 인간의 말만을 숭상하고 믿으니, 어찌 심하게 미혹된 것이 아니겠는가? 채침이 힘써 주소(註疏)를 격파하여 태갑이 중임의 상(喪)을 입었다고 했으니, 이는 어지러움을 다스려 바른 곳으로 돌렸다고 할 수 있겠다. 다만 이른바 "정삭(正朔)을 고치고 월수를 고치지 않았다"고 한 것은, 이는 또 잘못을 바로잡으려다가 지나쳐서 다시 군더더기를 생기게 한 격이다. 위서를 만든 자는 본래 『한서』「율력

97) 『孟子』「萬章」上에 "湯崩, 太丁未立, 外丙二年, 仲壬四年"이라 하였다.
98) 『史記』「殷本紀」에 "湯崩, 太子太丁未立而卒. 於是迺立太丁之弟外丙, 是 爲帝外丙. 帝外丙卽位三年崩, 立外丙之弟中壬, 是爲帝中壬"이라고 하였 다.
99) 朱熹, 『孟子集註』「萬章」上.
100) 『世本』: 先秦時代의 史書의 하나. 이 책은 黃帝 以來로 春秋時代까지 帝王·公侯·卿大夫의 祖世의 내력을 기록해놓은 것이다.

지」의 '이훈십이월(伊訓十二月)'의 글을 훔쳐다가 「이훈」을 짓고, 또 「태갑」 중편에서 다시 '십이월삭(十二月朔)'을 써서 상하가 조응 (照應)되게 하였다. 이에 양편에 스스로 주를 달아 한곳에서는 "일찍 죽은 사람에게 전(奠)을 올리고 고했다"고 하였고, 다른 한곳에서는 "복(服)이 끝나자 면류관(冕旒冠)을 썼다"고 하였으니, 이것이 어찌 상고 시대의 믿을 만한 글이며 채침이 여기에 의거하였는가? 정삭을 고치고 월수를 고치지 않았다는 것은 진(秦)·한(漢) 시대의 법이다. 『사기』「진본기秦本紀」「시황본기始皇本紀」「한고조본기漢高祖本紀」 등에서 그 사건을 기록한 것이 모두 10월에 시작하여 그 나머지 달에 미쳤다(『漢書』에도 「景帝紀」이상에는 또한 그렇다 — 原註). 한 무제 태초(太初) 원년(B.C.104년)에 정삭을 고친 이후로 비로소 하력(夏曆)의 정삭을 썼으므로 다시는 이런 글이 없게 되었다. 이런 예로써 어찌 은(殷)·주(周)에 적용하겠는가? 춘추 240년 동안에 '춘왕정월(春王正月)'이란 모두 월건(月建)이 자(子)인 달이다.[101] 『춘추』가 이미 그러했는데 자질구레한 여러 글들은 들어볼 필요가 없다.

○모기령의 말에 "외병은 두 살 때 죽었고, 중임은 네 살 때 죽었다"고 하였으니 또 무슨 말인가? 이것을 정휘암(程徽菴)[102]의 설과 비교해보면 더욱 기괴하다(程徽菴이 이르기를, "湯이 죽을 때 外丙은 두 살이었고, 仲壬은 네 살이었으며 오직 太甲이 나이가 조금 더 많았다"[103]고 하였다 — 原註). 탕은 1백 세까지 살았으니 휘암의 설과 같다면 탕은 97세 때 중임을 낳았고, 99세 때 외병을 낳았으니 기이한 일이다. 맹자와 사마천의 말에 대해 매양 이 때문에 두 살 된 자를 형

---

101) 子月로써 正月을 삼았다는 말이다.
102) 程徽菴: 宋의 休寧人인 程若庸. 字는 達原. 徽菴은 그의 號. 저서로 『性理字訓講義』와 『太極洪範圖說』이 있다.
103) 蔡沈, 『書傳』「伊訓」 小註에 나온다.

이라 하고, 네 살 된 자를 동생이라고 했다 하여 듣는 사람이 모두 실소(失笑)하지 않는 사람이 없었는데, 하물며 또 두 사람은 모두 어렸을 때 죽었다고 함에랴? 이 두 사람이 즉위하기 전에 죽었다고 한다면 그 이름자가 어찌 역사책에 실려 있겠는가? 아침 버섯이 저녁이면 이미 죽는데 어찌 초하루 그믐을 묻겠으며,[104] 봉황이 비록 존귀하나 그렇다고 어찌 그 깨진 알을 돌아보겠는가?[105] 바른 길을 버리고 굽은 길을 가니 그 뒤얽힘에 빠져 곤욕을 치르는 것이 본래 이러하다.

고표(顧彪)가 이르기를, "은나라 왕실은 질박하여 달만 넘기면 곧 개원하지 정월(正月)을 기다려 세수(歲首)로 삼지 않았다"고 하였다(『尙書正義』에 보인다[106] — 原註).

○나는 이렇게 생각한다. 아니다. 무릇 애상(哀喪)의 법은 질박하면 돈독하다고 일컬었으므로 『주역』에 이르기를, "상고 시대에는 상기(喪期)가 일정한 기한이 없었다"[107]고 하고, 『예기』에 이르기를, "은나라는 연제(練祭)를 지내면 부제(祔祭)를 지내고, 주나라 사람들은 졸곡(卒哭)을 지내고서 부제(祔祭)를 지냈다"[108]고 하고, 또 『예기』에 이르기를, "은나라 사람들은 망인(亡人)의 구(柩)를 조묘(祖廟)에 뵈옵게 하고 빈장(殯葬)[109]하며, 주나라 사람은 조묘에 뵈옵고 바로 장사 지냈다"[110]고 하였다. 이런 종류의 글은 이루 모두 헤아릴 수가 없는데, 누가 애상(哀喪)의 예(禮)는 질박하면 더욱 쉽다고 말했는가? 요임금이 돌아갔을 때 백성들이 부모를

104) 『莊子』「逍遙遊」에 "朝菌不知晦朔"이라는 글이 보인다.
105) 『孔子家語』「困誓」에 "覆巢破卵, 則鳳凰不翔其邑"이라는 글이 보인다.
106) 孔穎達, 『尙書正義』卷 第8,「伊訓」疏.
107) 『周易』「繫辭」下 一章.
108) 『禮記』「檀弓」下篇.
109) 殯葬: 장사 지낼 때까지 일정 기간 임시로 안치해놓는 장례의 절차.
110) 『禮記』「檀弓」下篇.

잃은 것같이 하기를 3년 동안 했고, 주나라 사람들은 왕이 돌아갔을 때 방상(方喪)¹¹¹⁾을 하였으며, 노(魯)나라 사람들은 왕이 돌아갔을 때 식사(食食)¹¹²⁾를 하였다(『禮記』「檀弓」에 보인다 — 原註). 해를 넘기고 개원하는 법에 대해서는 「요전」에 분명히 이르기를, "정월 원일(元日)에 순(舜)이 문조(文祖)에 이르렀다"고 했으니 바로 요임금이 돌아간 그 다음해였다(『孟子』에 이르기를, "堯임금이 돌아가자 3년 상을 마치고 舜은 堯임금의 아들을 피하여 南河의 남쪽으로 갔다"¹¹³⁾고 하였는데, 그 뜻이 「堯典」과 합치되지 않으므로 이제 취하지 않는다. 그러나 顧彪의 說과는 또한 정반대가 된다 — 原註). 『춘추』의 노나라 왕들의 원년에는 매양 '춘왕정월(春王正月)'이라고 했고, 즉위는 반드시 앞 임금이 죽은 그 다음해에 했는데 이것은 예(禮)이니, 우(虞)·하(夏)·상(商)·주(周)나라 때도 변치 않던 바이다. 이제 "은나라 사람들은 질박하여 달을 넘기고서 개원했다" 하면 되겠는가? 거상(居喪)하는 슬픔과 왕위에 오르는 예는 질박할수록 더욱 엄해진다. 그래서 은나라 사람들의 법은 비록 해를 넘기고서 개원을 했지만 3년 안에는 '양암(諒闇)'이라 하여 여막에 거처하면서 명령하거나 훈계하는 일이 없었고, 왕위에 올라 대통(大統)을 잇는 일을 했지만 명령을 내리는 일은 하지 않았다. 그래서 『상서』에 "고종(高宗)이 즉위 하여 양음(亮陰) 3년 동안은 말하지 않았다"고 했다(「無逸」편의 글이다 — 原註). 공자가 이것을 외워 말씀하기를, "어찌 반드시 고종만 그렇겠는가? 옛날 사람들은 모두 그러했다. 임금이 죽으면 백관들은 자기의 직책을 총괄하여 총재(冢宰)에게 3년 동안 정사(政事)에 관한 명령을 들었다"(『論語』에 보인다¹¹⁴⁾ — 原註)고 하였다. 아래로 주나라 사람들에게 와서는 그 예에 변함이 있었다. 「고명顧命」에

---

111) 方喪: 아버지의 喪에 비겨서 三年服을 입는다는 뜻이다.
112) 食食: 보통 때와 같이 식사를 한다는 뜻이다.
113) 『孟子』「萬章」上.
114) 『論語』「憲問」.

"을축(乙丑)에 왕이 돌아가자 7일 지난 계유(癸酉)에 왕이 마면(麻冕)을 쓰고 보상(黼裳)을 입고 들어가 왕위에 오르고 일을 마치고 서는 돌아와 상복(喪服)을 입었다"고 하였다. 내려와 춘추 시대에는 그 예가 크게 어지러워졌다. 진 도공(晉悼公)의 상에는 석 달만에 장례를 마치고서 옷을 바꾸어 입고 정사를 보았으며, 곡옥(曲沃)에서 증제(烝祭)[115]를 지내고 온(溫)에서 크게 잔치를 하고 가무(歌舞)가 번갈아 일어나고 하였으며(『左傳』에 보인다[116] — 原註) 노장공(魯莊公)의 상에는 이미 장례를 마치고 졸곡(卒哭) 때는 그 삼으로 된 수질(首絰)과 요질(腰絰) 등을 버렸고(『禮記』「檀弓」에 보인다 — 原註) 등 정공(滕定公)의 상에는 부형(父兄)과 백관들이 3년상을 알지 못했고(『孟子』에 보인다[117] — 原註) 진(秦)·한(漢) 시대에는 그 예가 드디어 없어져서 문제(文帝)[118]가 조서(詔書)를 남기기를 "대공(大紅)·소공(小紅)[119] 36일을 입으라"고 하였다(『漢書』에 보인다 — 原註). 이것이 고금 제왕가의 상례(喪禮) 연혁의 대강이다. 그러니 은나라 사람은 질박하여 달을 넘기고서 개원을 했다고 어찌 말할 수 있겠는가? 선왕을 속이고 성전(聖典)을 헐뜯어 무너뜨리고서 이 위서를 억지로 감싸니 또한 탄식스럽지 아니한가?

【蒐輯】『한서』「율력지」에「이훈」을 인용하여 "태갑 원년 12월 을축(乙丑) 삭(朔)에 이윤은 선왕에게 제사드리고 방명(方明)[120]의 단(壇) 앞에서 목(牧)들에게 크게 물었다"고 하였다. ○『한서』「율력지」에 "상(商) 12월 을축 삭 아침 동지에"라고 하였다. 그러므

---

115) 烝祭: 天子·諸侯가 지내는 宗廟의 祭祀에 있어 봄에 지내는 제사를 祠, 여름에 지내는 제사를 禘, 가을에 지내는 제사를 嘗, 겨울에 지내는 제사를 烝이라고 한다(『禮記』「王制」참조).
116) 『左傳』襄公 16年.
117) 『孟子』「滕文公」上.
118) 文帝: 여기서는 前漢의 文帝를 가리킨다.
119) 大紅·小紅: 喪服의 大功·小功을 말함. 紅은 功과 통용된다.
120) 方明: 나무로 만든 方形의 神像.『儀禮』「覲禮」참조.

로 「서서書序」에 "성탕(成湯)이 이미 죽고 태갑 원년에 이윤으로 하여금 「이훈」을 짓게 하였다"고 하였으며, 「이훈」에 "이러이러하다"¹²¹⁾고 하였다(살펴보건대, 孔壁本의 古文에는 원래 「伊訓」 등 16篇이 있었다. 그래서 班固가 이 몇 문단을 採錄할 수 있었다─原註). ○반고는 이르기를, "이 말은 태갑에게 비록 성탕(成湯)·태정(太丁)·외병(外丙)의 복(服)이 있었으나 동지에 월불(越茀)¹²²⁾의 예(禮)로써 방명의 단 앞에서 선왕을 제사 지내어 상제(上帝)에 짝하였으니(설명이 아래에 보인다─原註), 이것은 초하루 아침이 동지인 해이다"¹²³⁾고 하였다. ○어떤 사람이 이르기를, "「이훈」에 원래 '탄자유목방명(誕資有牧方明)'이란 한 문단이 있었는데, 『고문상서』에 이것을 빠뜨린 것은 어째서인가?"¹²⁴⁾라고 하였다(毛奇齡이 이르기를, "이 문단은 혹 古語이거나 古禮文일 것이다"¹²⁵⁾고 하였다. ○方明이란 것은 上帝의 자리인데, 上帝가 백성을 기르는 것으로써 일을 삼는 것이 말을 기르는 神을 先牧¹²⁶⁾이라 일컫는 것과 같다¹²⁷⁾─原註). ○모기령은 이르기를, "반고가 두 갈래로 말을 만들어 '태갑에게 비록 성탕·태정·외병의 복이 있었으나' 하고 말하였지만 이 몇 사람을 연칭(連稱)한 것이 경의(經義)에는 없다"¹²⁸⁾고 하였다.

○나는 이렇게 생각한다. 반고의 한 조각 정신이 '삭단동지(朔旦冬至)' 네 글자에 있었으므로 그 경의(經義)에 대해서는 거칠고 성글어 자세히 고찰하지 못했다. 대개 생각하건대 반고는 본래 「율

---

121) "太甲 元年 12月 乙丑에 伊尹이 先王에게 제사를 드리다〔惟元祀十有二月乙丑, 伊尹祠于先王〕"라는 말을 가리킴.
122) 越茀: 喪中에 있으면서 葬事를 치르지 않고 天地社稷에 제사하는 禮.
123) 毛奇齡 『古文尙書冤詞』 卷5, 張11.
124) 毛奇齡 『古文尙書冤詞』 卷5, 張11.
125) 毛奇齡 『古文尙書冤詞』 卷5, 張11.
126) 先牧: 『周禮』 「夏官─校人」에 '夏祭先牧'이란 말이 있고, 그 註에 '先牧'은 말을 기르는 神이라고 하였다.
127) 毛奇齡 『古文尙書冤詞』 卷5, 張13.
128) 毛奇齡 『古文尙書冤詞』 卷5, 張11.

력지」를 지은 것이지 『상서』 주석을 지은 것이 아니기 때문이다. 「요전」에 이르기를, "12주(州)의 목(牧)에게 묻는다〔咨十有二牧〕"라고 하였으니 '탄자유목(誕資有牧)'이라고 한 것은 곧 이런 예(禮)이다('資'와 '咨'는 본래 서로 통한다 — 原註). 『예기』「치의緇衣」에서 『상서』를 인용하여 '자(咨)'자를 '자(資)'자로 하였으니, 이것이 그 증거다.[129] 방명(方明)이란 신(神)의 상(象)인데 그 제도는 『의례儀禮』「근례覲禮」에 자세히 보인다(「覲禮」에 이르기를, "제후가 천자를 뵈올 때의 격식으로, 宮을 짓는 데는 사방 3백 步, 壇은 12尋[130]이 되게 하고, 方明을 그 위에 둔다"[131]고 하였다. ○ 또 이르기를, "方明이란 것은 나무로 만드는데 사방 4尺에 여섯 가지 색을 칠하고, 여섯 가지 玉을 설치하는데 위는 圭요, 아래는 璧이며, 남쪽은 璋이요, 서쪽은 琥이며, 북쪽은 璜이요, 동쪽은 珪이다"[132]고 하였다. ○ 또 이르기를, "천자가 동문 바깥에서 해에 절하고 돌아와 方明에게 제사드린다"[133]고 했다 — 原註). 『주례』「사의司儀」에 이른바 "장차 제후들을 모을 때 단은 삼성(三成)[134]이 되게 한다"고 하니 곧 이것이 방명의 단이다(鄭玄의 말이다[135] — 原註). 『좌전』에 노 양공(魯襄公)이 박(亳) 땅에서 회맹(會盟)했는데, 범선자(范宣子)[136]가 맹약의 문서를 작성하여 "근신함을 맡은 신(神)과 동맹을 맡은 신 등의 밝은 신들이 그들을 죽일 것입니다"라고 하였는데(襄公 11年에 보인다 — 原註), 이른바 방명이란 것은 곧 근신함을 맡은 신과 동맹을 맡은 신 등의 신주(神主)이다. 그러므로 『주례』「사맹司盟」에 이르기를, "회동(會同)하면 그 동맹하는 문서를 맡아 북면(北面)하

---

129) 『禮記』「緇衣」에 『尙書』「君牙」의 '小民惟曰怨咨'를 '小民惟曰怨資'라고 인용하였다.
130) 尋: 1尋은 8尺이다.
131) 『儀禮』「覲禮」.
132) 『儀禮』「覲禮」.
133) 『儀禮』「覲禮」.
134) 三成: 三重으로 쌓는다는 뜻이다.
135) 『十三經注疏』『周禮』「司儀」鄭玄 註.
136) 范宣子: 春秋時代 晉나라 사람. 范文子의 아들.

여 명신(明神)에게 고한다"고 했는데 명신이란 방명의 신이다(如淳[137]·孟康[138] 등은 모두「觀禮」를 인용했는데,[139] 班固는 方明이 어떤 물건인지를 알지 못했다— 原註). 당시의 여러 목(牧)들이 방명의 단에 모여 왕명을 들었다. 그래서 "방명의 단 앞에서 목(牧)들에게 크게 물었다(誕資有牧方明)"고 한 것이다.

선왕에게 제사 지냈다는 것은 초하룻날에 올린 전(奠)인데, 특별히 외병(外丙)에게 제사 지낸 것을 말한다(『左傳』에 "특별히 새로 모신 神主에만 제사 지내고 그 뒤로는 宗廟에서 烝·嘗·禘를 지냈다"[140]고 하였다—原註) 『예기』「왕제王制」에 이르기를, "오직 천지·사직의 신에만 제사하되 월불(越紼)의 행사로 지낸다"고 하였다(장례를 지내기 전에 제사 지내는 것을 '越紼'이라 한다— 原註). 반고가 반드시 '월불(越紼)'이라고 말한 것은 그가 장차 12월 초하루로써 그해의 동지로 삼으려 한 것이다. 그런데『주례』「대사악大司樂」에는 "동지에 원구(圜丘)[141]에서 풍악을 연주하였다"고 하였는데, 선유(先儒)들은 이를 교제(郊祭)라고 잘못 생각하였다(圜丘에서 음악을 연주하는 것은 본래 푸닥거리하는 행사지 교제는 아니다— 原註). 그래서 드디어 선왕에게 제사하는 것을 동짓날 상제에 교제를 지내면서 왕을 상제에 짝하여 배향하는 것으로 여겼는데 그 주장이 크게 잘못되었으니 수용해서는 안 된다(심지어 方明을 가리켜 上帝의 神이라 하기에 이르렀다— 原註). 상제에게 교제를 지내면서 글을 선왕에게 제사 지낸다고 썼다면 말이 안 된다. 선왕이란 새로 죽은 왕이니(즉 中壬[142]이다— 原註) 거기에 이윤이라고 한 것은 제사 지낸 사람이다. 『예기』「증

---

137) 如淳: 三國時代 魏의 馮翊人.『漢書』에 註를 달았다
138) 孟康: 三國時代 魏의 安平人. 字는 公休.『漢書』에 註를 달았다.
139)『漢書』「律曆志」下의 註.
140)『左傳』僖公 33年.
141) 圜丘: 천자가 冬至에 하늘에 제사를 지내기 위해 하늘의 모양을 본떠 둥글고 높게 만들어놓은 壇. 音은 '원구'이다.
142)『孟子』에는 '仲壬'이라 하고,『史記』에는 '中壬'이라고 하였음.

자문曾子問」에 "천자·제후의 상에 참최(斬衰)를 입은 사람은 전(奠)을 드린다"(公卿 이하는 모두 斬衰를 입는다──原註)고 했으니, 이윤이 제사를 거행하고 새 왕은 왕의 신분에서 곡(哭)을 하고 있었음이 분명하다. ○모기령의 말은 한결같이 어찌 이렇게 잘못되었는가? '탄자유목(誕資有牧)'한 문단을, 위서를 만든 자가 이것을 잘못 깎아서 스스로 철안(鐵案)[143]을 만들었는데, 모기령은 이에 그것을 고어(古語)로 돌렸다(억지 주장이 심하다──原註). '방명(方明)'의 뜻은 『의례』「근례」에 갖추어져 있는데, 이에 '방명'을 상제의 신이라 하고, 또 "상제는 선목(先牧)과 같다"고 하였으니 또한 사리에 어그러지지 않겠는가?

매색은 이르기를, "탕임금이 죽고 달을 넘겨서 태갑이 즉위하여 빈소에 전(奠)을 드리고 고했다"[144]고 하였다(孔穎達은 이르기를, "祠와 奠은 크고 작음의 차는 있으나 모두 신에게 享祀하는 것이다. 그러므로 祠로써 말할 수 있다"[145]고 하였다──原註). ○오역(吳棫)이 이르기를, "빈소에서 아침 저녁으로 올리는 전(奠)이 있는데 무엇 때문에 종묘에서 제사하겠는가? 주상자(主喪者)는 빈소 곁을 떠나지 않는 법인데 어찌하여 조상을 공경히 뵙는 것을 기대하겠는가?"라고 하였다.[146]

○나는 이렇게 생각한다. 탕임금은 반드시 11월에 죽었을 것이다. 무슨 증거가 있느냐 하면, 은나라는 축월(丑月)로써 정월(正月)을 삼는다. 만약 자월(子月)에 탕임금이 죽고 태갑이 축월에 즉위했다면 또한 해를 넘기고 즉위했다고 할 수 있는 것이다(春秋時代에는 비록 장례를 치르지 않았다 하더라도 이미 해를 넘겼으면 즉위했다──原

---

143) 鐵案: 確固不動한 斷案.
144) 孔穎達, 『尙書正義』「伊訓」孔氏傳.
145) 孔穎達, 『尙書正義』卷 第8, 「伊訓」疏.
146) 現行하는 「伊訓」의 본문에 나오는 '祇見厥祖'에 대한 評이다. 吳棫의 『書裨傳』에 나온다.

註). 그런데도 매색의 주에서는 매양 "달을 넘겼다[踰月)¹⁴⁷⁾"고 한 것은 자기가 『상서』를 위작하고 자기가 주를 단 흔적을 엄폐하고 뒷사람으로 하여금 그 뜻을 밝히게 하려고 하였을 뿐이다. "그 조상을 공경히 뵈옵게 하였다[祗見厥祖]"는 것이 이치에 맞지 않는 것은 오역의 말이 명백하고 통쾌하여 어려움이 없을 것이다. 채침이 "태갑이 중임(仲壬)의 상을 입고 있는데 이윤이 태조의 사당에서 제사 지낸다"¹⁴⁸⁾고 하였는데, 이것도 또한 통하기가 어렵다. 왜냐하면 태갑이 이미 거상(居喪) 중에 있는 까닭에 이윤으로 하여금 제사를 대신하게 하였다면 또 어떻게 아홉 가지 무늬의 의복과 면류관을 갖추고서 엄숙하게 현조(玄祖)¹⁴⁹⁾의 묘정에 들어갈 수 있겠는가? 만약 최질(衰絰)을 하고서 사당에 알현하였다면 이는 3천년 내려오면서 이런 예가 없었다.

【剽竊】『논어』에 "백관들이 자기의 직책을 총괄하여 총재(冢宰)에게 3년 동안 명을 들었다"고 하였다(「憲問」편에 보인다 — 原註).

○나는 이렇게 생각한다. '후복 전복의 여러 제후[侯甸群后]'라는 말의 아래와 '명언열조(明言烈祖)'의 위에 이 두 문단¹⁵⁰⁾을 삽입해서는 문리가 되지 않는다.

"아! 옛날 하나라를 다스리던 선후(先后)는 덕에 힘써 하늘의 재앙이 없었고 산천의 귀신들도 모두 편안하지 않음이 없었으며, 새와 짐승과 물고기에 이르기까지도 모두 순종했습니다. 그러나 그의 자손에 이르러 이를 따르지 않으니, 하늘이 재앙을 내려 명을 받은 우리에게 손을 빌려 명하게 하였습니다. 하늘이 처음 공격하기를 명조

---

147) 孔穎達, 『尙書正義』 卷 第8, 「伊訓」 孔氏傳.
148) 蔡沈, 『書集傳』 「伊訓」의 註.
149) 玄祖: 여기서는 殷의 始祖인 契을 말함.
150) "百官總己, 以聽冢宰"를 가리킴.

(鳴條)[151]에서부터 하거늘, 우리는 박(亳) 땅에서부터 시작하였습니다. 우리 상(商)나라 임금께서는 성스러운 무위(武威)를 펴 밝히어 너그러움으로써 포학함을 대신하니, 만백성들이 진심으로 따르게 되었던 것입니다. 지금 임금은 그분의 덕을 계승하였으나 모두가 처음에 달려 있습니다. 사랑을 세우되 친족부터 하며 공경함을 세우되 어른부터 하여 먼저 집안과 나라에서 시작하여 온 천하에서 끝맺도록 하십시오.

【竄改】『묵자』에 「상서商書」를 인용하여 "아! 옛날 하나라에 아직 재앙이 내리지 않았을 때, 온갖 짐승과 벌레들 그리고 심지어 나는 새까지도 순종하지 않음이 없었는데, 하물며 인류가 누가 감히 두 마음을 품겠는가? 산천의 귀신도 편안하지 않음이 없었으니, 만약 능히 공경하고 정성스레 해나간다면 천하를 통일하여 하토(下土)의 인간 세상을 영원히 보전할 것이다"[152]고 하였다. ○가의(賈誼)의 『신서新書』에 이르기를, "문왕의 은택이 아래로 새와 짐승에까지 미치고 물고기와 자라에게도 흡족하여 모두 즐거워하는 바를 좇았다"고 하였다(「君道」[153]에 보인다 ── 原註).

○나는 이렇게 생각한다. 『신서』의 몇 구는 '문왕(文王)' 두 자가 있기 때문에 수집하는 데 들어갔고, '금수(禽獸)' 등의 말은 『묵자』에 가깝기 때문에 섞어 사용하였다.

【剽襲】『좌전』에 이르기를, "하늘에서 재앙을 내렸다"고 하였고 또 "하늘이 허(許)나라에 재앙을 내릴 때 나에게 손을 빌려 망쳤다"고 하였다(隱公 11年에 보인다 ── 原註).

○나는 이렇게 생각한다. 이것은 염약거가 수집한 것이다(鄭나라

---

151) 鳴條: 옛 지명으로 成湯이 夏桀을 물리친 곳이라고 한다. 그러나 그 정확한 위치는 未詳이다.
152) 『墨子』「明鬼」下篇.
153) 朝本에는 '君德'으로 되어 있음.

莊公의 말이다 — 原註).

【竄改】「이훈」에 이르기를, "하늘의 주토(誅討)가 처음 목궁(牧宮)에서 시작하거늘, 나는 박(亳)에서 시작하다"고 하였다(『孟子』에 나온다[154] — 原註). ○ 전갑(錢甲)이 이르기를, "걸(桀)은 안읍(安邑)에 도읍을 정했는데, 지금의 산서성(山西省)이니 명조(鳴條)와 무슨 관계가 있겠는가?"[155]라고 하였다(李塨이 이르기를, "『尙書正義』에 '陳留郡 平丘縣에 鳴條亭이 있으니, 이것은 東鳴條인데 舜이 돌아간 곳이요, 蒲州 安邑縣에 鳴條陌이 있으니 이것은 西鳴條인데 桀이 주살된 곳이다. 하나는 동쪽에 있고 하나는 서쪽에 있으니, 꼭 억지로 끌어다 붙일 필요가 없다'[156]라고 한다"[157]고 하였다 — 原註).

○나는 이렇게 생각한다. 걸이 명조에서 싸웠다는 것은 그 글이 『상서』「서서書序」에 있고, 걸이 명조로 도주했다는 것은 그 글이 『사기』에 있다(「夏本紀」에 보인다 — 原註). 걸과 명조의 관계는 이에 대한 글이 없다고 말하는 것은 아니다. 다만 명조는 걸이 죄를 지은 곳은 아니다. 탕은 박(亳) 땅으로부터 일어났고, 걸은 이(陑) 땅으로부터 출발하여 와서(「湯誓」의 序文에 보인다 — 原註) 명조의 들판에서 싸웠으니, 명조는 탕임금의 읍과 걸의 읍 사이에 있다(桀의 邑으로부터 陑를 지나 鳴條에 이른다 — 原註). 이미 여기는 들판이요, 또한 별궁 같은 것도 없었을 것이니 걸을 처음 칠 만한 죄가 어찌 일찍이 명조에서 있었겠는가? 이공(李塨)이 명조를 걸이 주토(誅討)된 곳이라고 했는데 이것이 무슨 말인가? 매색이 위작한 경문(經文)에는 "명조에서 걸을 주토했다"고는 말하지 않고 이에 "처음 공격하기를 명조에서 하였다"고 했으니 "처음 공격을 시작했다"고 하는 말은 그 읍에 살고 그 궁에 앉아서 밖에 나가면

---

154) 『孟子』「萬章」上.
155) 毛奇齡, 『古文尙書冤詞』 卷5, 張15.
156) 『尙書正義』에 이런 疏가 없는데 잘못 引用한 듯하다.
157) 毛奇齡, 『古文尙書冤詞』 卷5, 張15.

술에 빠지고 집에 들어오면 여색에 빠져서 처음 공격할 만한 죄를 저질렀다는 것이니, 어찌 일이 망쳐지고 난 뒤에 주토되거나 또는 도주해버리는 것을 두고 이르겠는가? 맹자가 『상서』를 외움에 반드시 틀린 것이 있지는 않을 것이니 어찌 구태여 이것을 고쳤는가? 『초사』「천문天問」에 "왜 명조에 걸을 추방하여 하늘이 벌을 내리니 백성들이 크게 기뻐하였겠는가?" 한 것도(王逸이 이르기를, "湯임금이 桀을 誅討하여 鳴條의 들에 추방했다"[158]고 하였다 ─ 原註). 또한 명조에서 추방했다는 말이지 명조에서 걸이 처음 죄를 저질렀다는 것을 두고 이름이 아니다. ○정현의 「탕서」 주에 "명조는 남이(南夷)의 지명이다"고 하였다.

공영달의 『상서정의』 소에는 황보밀의 "「이훈」에 공격을 시작하기를 명조에서 하였다"는 말이 있다.

○나는 이렇게 생각한다. 매색의 『상서』에 대한 것은 그 시초가 황보밀에서 싹트기 시작했는데 그 흔적은 아주 많다. 글이 비록 담박하고 전아하여 이름이 있으나 그 가운데 의심이 없을 수가 없다(그의 『帝王世紀』도 또한 꾸며 지어낸 것이 많다 ─ 原註).

【依據】『예기』에 "탕이 너그러움으로써 백성을 다스려 그 학정을 없앴다"고 하였다(「祭法」에 보인다 ─ 原註). ○「소고召誥」에 "지금의 왕께서는 그 천명을 이어받았습니다. 이것은 어린아이가 그 처음 태어났을 때 스스로 밝은 천명을 부여받지 않음이 없는 것과 같습니다〔今王嗣受厥命, 若生子罔不在厥初生, 自貽哲命〕[159]"고 하였다. ○『예기』에 이르기를, "사랑을 세우되 자기 친족부터 시작하며 공경을 세우되 어른부터 시작하라"[160]고 하였다. ○『효경』에 "애경(愛敬)은 어버이를 섬기는 데 다하고, 덕교(德敎)는 백성에게 베

---

158) 王逸, 『楚辭章句』「天問」註.
159) 朝本에는 '自貽哲命'이 빠져 있음.
160) 『禮記』「祭義」.

풀어 온 세상에 모범을 보여라"[161]고 하였다. ○ 염약거가 이르기를, "상하 10여 조는 모두 고치고 찢어 뜯고 해서 엮어 이루어놓은 것이다"[162]고 하였다.

아! 선왕께서는 사람들의 기강(紀綱)을 닦는 일에서부터 시작하여 신하들의 간(諫)함을 좇아 어김이 없었으며 앞사람들의 구덕(舊德)을 이에 따랐습니다. 윗자리에 앉았을 때는 능히 밝았으며 아랫자리에 있을 때는 충성을 다하였습니다. 사람들에게 대해서는 모든 것을 갖추기를 요구하지 않았으며, 자신을 단속함에는 부족함이 있는 듯이 하여 온 나라를 다스리기에 이르렀으니, 이것이 얼마나 어려운 일입니까? 또 탕임금은 널리 어진 사람을 구하여서 뒤를 이은 당신을 돕도록 하였습니다.

【竄改】『순자』에 『상서』를 인용하여 "명령을 좇아 거스르지 않고 은근하게 간(諫)하기를 게을리 하지 않고 윗사람이 되어서는 명철하고 아랫사람이 되어서는 겸손할 것이다"(「臣道」편[163]에 보인다─原註)고 하였다.

○나는 이렇게 생각한다. 『순자』에서 『상서』를 인용한 것은 본래 신하가 임금을 섬기는 도리로서, 인신(人臣)의 도(道)는 또한 명령을 순종하여 받들고 또 은근하게 간하는 데 부지런해야 한다는 것을 말한 것이다(부모를 섬기는 것도 또한 그러하니, 『論語』에 '事父母幾諫'이라 했는데 '幾'자의 뜻은 '은근하게'라는 뜻이다. "見志不從, 又敬不違"란 문단은 "命을 좇아서 어기지 않는다"는 뜻이요, '勞而不怨'[164]은 이른바 "게을리

---

161) 『孝經』「天子」章.
162) 閻若璩, 『尙書古文疏證』 卷1, 張24.
163) 朝本에는 '臣道'가 빠져 있음.
164) 『論語』「里仁」에 "子曰: 事父母, 幾諫, 見志不從, 又敬不違, 勞而不怨"이란 말이 있다.

하지 않는다"는 뜻이니 그 뜻은 「論語說」에 상세히 있다165) ― 原註). 이것은 지극한 이치가 깃들어 있는 것인데, 이제 그것을 고쳐서 "간함을 좇아 어기지 않으며 앞사람들의 구덕(舊德)을 이어 따른다"고 했으니 무슨 말인가?(『荀子』에 인용된 옛 『尙書』는 본래 ㅏ韻이 되는데 이제 이를 고쳐서 韻이 되지 않는다 ― 原註).

【依據】『논어』에 "한 사람에게 모든 것이 갖추어지기를 요구하지 않는다"166)는 구절이 있다. ○『묵자』에서 『전傳』을 인용하여 "성군과 철인을 구하여 너의 몸을 돕게 하였다"고 하였다(「尙賢」167)편에 보인다 ― 原註).

관리(官吏)의 형벌을 제정하여 벼슬 자리에 있는 사람들에게 경고하기를, '감히 궁전에서 항상 춤을 추고, 방에서 취하여 노래함이 있다면 이것은 무풍(巫風)이라 이르는 것이요, 감히 재물과 여색을 추구하고 항상 놀이와 사냥에 빠짐이 있다면 이것은 음풍(淫風)이라 이르는 것이오. 감히 성인의 말씀을 모욕하고 충성스럽고 곧은 것을 거스르며 나이 많고 덕 있는 이를 멀리하고 미련하고 유치한 사람들과 벗함이 있다면 이것은 난풍(亂風)이라 이르는 것이니, 이 삼풍(三風)168)과 열 가지 허물은 벼슬을 하는 이들이 몸에 한 가지라도 지니고 있으면 그 집안이 반드시 망할 것이요, 나라의 임금이 이중에 한 가지라도 몸에 지니고 있으면 그 나라는 반드시 망할 것이니, 신하들이 이것을 바로잡아나가지 않는다면 그 형벌이 묵형(墨刑)이다'라고 하여 이 모두를 몽사(蒙士)169)에게 교훈으로 삼게 하였습니다.

---

165) 丁若鏞,『論語古今註』「里仁」第4에 보면 "幾諫者, 不敢直諫, 但以微意諷之使喩也"라고 하였다.
166) 『論語』「微子」.
167) 朝本·奎本에는「兼愛」으로 되어 있음.
168) 三風: 巫風·淫風·亂風을 말함.
169) 蒙士: 梅賾은 下士라고 註하였고, 蔡沈은 童蒙始學의 士라고 하였으나

아! 뒤를 이은 임금께서는 자신을 공경히하여 잘 생각하소서. 성인의 교훈은 위대하여 그 훌륭한 말씀은 매우 밝습니다. 상제(上帝)는 천명을 내림이 항상 한 사람에게 머물러 있지 않으니, 착한 일을 하면 그에게 온갖 복을 내리고, 착하지 않은 일을 하면 그에게 온갖 재앙을 내립니다. 당신께서 덕을 행할 때는 작은 것이라고 여기지 마시오, 온 세상의 경사입니다. 당신께서 부덕(不德)한 일을 행할 때는 큰 것이라고 여기지 않아도 종사(宗社)를 망치게 될 것입니다.”

【竄改】『묵자』에 다음과 같이 말하였다. 탕의 관형(官刑)에 “항상 궁(宮)에서 춤추는 것을 무풍(巫風)이라고 이르니, 그 형벌에 군자는 이위(二衛)에 나가 갇히고, 소인은 이백(二伯)[170]처럼 막힌다. 그래서 『황경黃經』에는 ‘아! 춤이 양양(佯佯)하다’고 하였고(‘춤이 佯佯하다’는 것은 ‘춤이 僷僷하다’고 말한 것과 같다[171] — 原註), 『황언黃言』에는 ‘매우 드러난다’고 하였다(『黃經』과 『黃言』은 黃帝의 말을 실은 책이다 — 原註). 그러니 상제가 천명을 내림이 떳떳하지 않으면 구주(九州)가 멸망하고 상제가 즐겁지 않으면 그들에게 날마다 재앙을 내려 그들의 집을 반드시 망하게 한다”는 말이 있다(「非樂」에 보인다. 字典에 ‘佯’자는 없는데 뜻은 ‘殃’자와 같다 — 原註). ○ 염약거의 말에 “『좌전』(昭公 6年 — 原註)에 진(晉)나라 숙향(叔向)이 정(鄭)나라 자산(子產)에게 편지를 보내어 ‘옛날의 선왕들은 사건을 의논하여 제재하고, 정해진 형벌을 만들어놓지 않았는데, 이는 백성들에게 다

文脈上으로 볼 때 下級官吏인 듯하다.
170) 二衛·二伯: 茶山은 ‘二衛’를 罪人이 수감되는 장소로 보고, ‘二伯’을 옛날에 불순했던 어느 두 諸侯로 指稱한 듯하나 未詳임. 淸代의 經學者 孫詒讓은 『墨子』의 이 글을 校正하여 ‘其刑君子出絲二術, 小人否, 以二伯黃徑’으로 해놓고, ‘二術’은 누에고치에서 나오는 絹絲의 量單位로 보고 ‘二伯黃徑’은 2백 絲의 黃色 絹絲로 보았다.
171) 『詩經』 「小雅－賓之初筵」에 “屢舞僷僷”란 말이 있다. ‘僷僷’는 그치지 않는다는 뜻이다.

투는 마음이 있게 될까 두려워했기 때문입니다(杜預가 이르기를, "사건에 임해서 형벌을 제정했지 미리 형법을 만들어두지 않았다"[172]고 하였다 — 原註). 하나라에서 문란한 정치가 있게 되자 우형(禹刑)을 만들었고, 상나라에 문란한 정치가 있게 되자 탕형(湯刑)을 만들었고, 주나라에 문란한 정치가 있게 되자 구형(九刑)을 만들었다고 했습니다. 이 세 가지 형법이 생겨난 것은 모두 말세의 일입니다'라는 말이 있다"[173]라고 하였다.

『묵자』의 이른바 탕의 관형(官刑)이란 것은 바로 상나라의 말세에 만들어진 것인데, 위서를 지은 자가 『좌전』을 상고해보지도 않고, 드디어 탕임금이 만든 것을 이윤의 입을 통해 구술(口述)하여 태갑을 훈계한 것으로 만들었다(昭公 29年에 晉의 趙鞅이 형벌에 쓸 솥을 주조하니 仲尼가 이르기를, "晉나라는 아마도 망하겠구나!"라고 했으니 春秋時代 말기에도 또 그러했다 — 原註).[174]

○나는 이렇게 생각한다. 『황경』은 황제(黃帝)의 말을 실은 책으로, 한(漢)나라 초기에 황로(黃老)의 학(學)이 이것을 근본으로 삼은 것 같다. 위서를 만든 자가 말이 궁하게 되니까 이에 『황경』의 글을 가져다 그것을 고쳐 말을 만들었는데 자형(字形)을 모방한 것이 비슷하다. 그리하여 그것을 돌려 '무양양(舞佯佯)'을 '모양양(謨洋洋)'으로 고쳤고('聖'자를 더 보탰다 — 原註) '황언공장(黃言孔章)'을 고쳐 '가언공창(嘉言孔彰)'이라고 했고(옛날에는 아랫사람의 말을 嘉言이라 했는데, 선대 임금의 말을 嘉言이라고 하는 것은 타당하지 않다 — 原註) '강지일양(降之日殃)'을 고쳐 '강지백앙(降之百殃)'이라고 했고(먼저 '百祥'자를 집어넣어 '日殃'자와 근사하게 했다 — 原註) '상제불상(上帝不常)'이란 문구를 이곳에다 쓰고 아래의 '구유이망(九有以亡)'이란 문

172) 杜預, 『春秋左傳集解』 昭公 6年.
173) 閻若璩, 『尙書古文疏證』 卷1, 張28~29.
174) 閻若璩, 『尙書古文疏證』 卷1, 張29.

구를 남겨두었다가 하편(下篇)에 썼으니(「咸有一德」에 썼다—原註)
완전히 옛 경전을 가지고 장난의 도구로 삼았는데도 오늘날 사람
들은 오직 위서만을 신봉할 뿐, 무릇 그 위서를 만든 자의 간교함
을 밝히는 사람을 죄주니 어찌 슬프지 아니한가?('其刑出絲'란 문구를
고쳐 '其刑墨'이라 했으니 역시 말이 궁했기 때문이다—原註)

【依據】『국어』「정어鄭語」에 사백(史伯)[175]이 이르기를, "지금
임금께서는 머리에 물소뿔을 꽂고 얼굴이 중후(重厚)한 어진 재상
을 미워하고, 완악하고 유치한 무리들을 가까이합니다"라는 기록
이 있다. ○『사기』에 "진(秦)나라 태자가 법을 범하자 상앙(商鞅)
이 태자(太子)의 사부(師傅)인 공손가(公孫賈)[176]를 묵경(墨黥)[177]에
처(處)하였다"는 기록이 있다.[178] ○『노사路史』[179]에 "하나라 대부
두자(杜子)에게 묵형(墨刑)을 하고 기자(旣子)에게 묵경(墨黥)을 하
였다"고 하였다.

○나는 이렇게 생각한다. 그 신하에게 군주를 바로잡지 못한
죄를 이유로 묵경에 처하는 것은 상앙의 가혹한 법이다. 일찍이
선왕들의 정치에 이런 법이 있었다는 말이 있는가? 순임금이 채
찍질하는 것으로 관형(官刑)을 삼았는데 탕임금이 묵경하는 것으
로 관형을 삼았다고 하면 또 어떻게 그렇게 갑자기 엄해졌단 말인
가? 오형(五刑)은 참혹한 것으로 간악한 도적들에게 적용하는 것
도 오히려 혹 차마 하지 못하거늘, 하물며 바로잡지 못한 신하에
있어서랴? 폭군이 간언을 물리치면 군자는 기미를 안다.[180] 나라

---

175) 史伯: 중국 고대 周나라 太史인 伯을 말함. 名은 穎, 字는 碩父.
176) 公孫賈: 戰國時代 秦孝公의 太子 師傅를 지냄.
177) 墨黥: 五刑의 하나인 墨刑과 같은 말인데, 얼굴에 入墨하는 刑罰.
178) 『史記』「商君列傳」.
179) 『路史』: 宋나라 羅泌의 저술. 47권으로 되어 있음.
180) 군자는 기미를 안다: 茶山과 臺山 金邁淳의 經學에 대한 왕복 書翰에서
    臺山이 茶山의 『梅氏書平』을 보고 1822년 1월 29일 書翰에서 "暴君拒
    諫, 君子明哲, 〔……〕此段內'不亦難乎?'以上, 恐當略加刪潤, 以存世敎"

에 도가 없으면 그 묵묵히 지내는 것이 족히 용납이 되는데, 이러한 사람에게 갑자기 얼굴에 묵경의 형벌을 가하는 것은 또한 곤란하지 않은가? 또 이 법은 반드시 행할 수가 없다. 왜냐하면 이미 삼풍(三風)을 범했으면 폭군이다. 폭군이 도리어 그 임금을 바로잡지 못한 것으로 그 신하를 죄준 사람은 아직까지 없었다. 만약 탕임금이 걸의 신하에게 묵형(墨刑)을 가하고, 무왕이 주(紂)의 신하에게 묵형을 가하여 그 법을 시행하였다면(朱子는 이르기를, "바로잡지 못한 이에게 적용하는 형벌은 대개 나라를 잃은 사람에게 시행한다"[181]고 하였다—原註) 하나라 조상이 은나라 왕을 위해서 법을 만들고, 은나라 조상이 주나라 왕을 위해서 법을 만든 셈이니 이럴 이치가 있겠는가?(鄭玄이 이르기를, 『周易』에 "솥의 다리가 부러진 것과 같으니〔……〕重刑에 處해진다"[182]라는 구절의 文義는 대개 여기서 나왔다"고 하였다—原註)

【依據】 가의(賈誼)의 『신서』에 이르기를, "선은 작아도 이익됨이 없다고 말할 수 없고, 불선은 작아도 해로움이 없다고 말할 수 없다"[183]고 하였다. ○『회남자』에 "군자는 작은 선을 족히 행할 만하지 못하다 하여 그것을 버릴 수가 없으니 조그마한 선이 쌓여서 큰 선이 되며, 조그마한 불선은 해로움이 없다 하여 그것을 해서는 안 되니 조그마한 불선이 쌓여서 큰 불선이 된다"[184]고 하였다. ○한(漢) 소열제(昭烈帝)가 이르기를, "선은 작다고 해서 행하지 아니하지 말며, 악은 작다고 해서 이것을 행하지 말아라"[185]고

라고 하였으므로 茶山이 그해 2월 4일자 답장에서 臺山의 의견을 수용하겠다고 하고서 그 뒤에 '君子明哲'을 '君子知幾'로 수정하였다.
181) 蔡沈, 『書集傳』 「伊訓」 註.
182) 『周易』 「鼎」卦 九四.
183) 『新書』 「連語」.
184) 『淮南子』 「繆稱訓」.
185) 『三國志』 卷32 「蜀書-劉備傳」에 나오는데, 劉備가 後主에게 남긴 遺詔이다.

하였다.

○나는 이렇게 생각한다. 세 사람이 말한 것이 모두 한 가지 의미인데 위서를 만든 자가 이것을 근본으로 삼은 것이다. 다만 대략 몇 자를 고쳐 드디어 문리가 통하지 않는 말을 만들어버렸다. 왜냐하면 "당신께서 덕을 행할 때는 작은 것이라고 여기지 말라 〔爾唯德罔小〕"고 한다면 작은 선은 반드시 경시되어 하지 않게 되고, "당신께서 부덕을 행할 때는 큰 것이라고 여기지 않는다〔爾唯不德罔大〕"고 한다면 작은 것은 허여하는 것이니, 이런 따위의 훈계를 듣는 사람은 선을 함에는 게으르고 악을 행하는 쪽에 점점 빠져들지 않겠는가?

【遺漏】『한서』「율력지」에 「이훈」을 인용하여 "방명(方明)의 단 앞에서 크게 목(牧)에게 물었다〔誕資有牧方明〕"라고 하였다. ○정현의 『상서』「전보典寶」 주에 「이훈」을 인용하여 '재부재박(載孚在亳)'[186]이라고 하고, 또 "이 삼종(三朡)의 나라를 정벌하였다〔征是三朡〕"라고 하였다(孔穎達『尙書正義』「堯典」 疏에 보인다 — 原註).

○나는 이렇게 생각한다. 이 수구(數句)는 분명히 「이훈」의 유문(遺文)인데도 위서를 만든 자가 외부에서 수집하기를 탐내다가 안의 보배를 잃어버렸으니 애석하도다.

태갑 상(太甲上)

뒤를 이은 임금이 아형(阿衡) 벼슬에 있는 이윤(伊尹)의 말에 따르지 아니하였다.

---

186) 載孚在亳: 이 글의 내용은 未詳.

모장(毛萇)의 『시전詩傳』에 이르기를, "아형은 이윤이다"[187]고 하였다. ○정현의 『시전詩箋』에 이르기를, "아(阿)는 의지한다는 뜻이요, 형(衡)은 균평(均平)의 뜻이다. 이윤은 탕임금이 의지하여 균평을 취하였으므로 관직명이 되었다"[188]고 하였다(梅賾과 蔡沈이 풀이한 것도 같다―原註). ○최술(崔述)이 이르기를, "『사기』「은세가殷世家」에는 '이윤의 이름이 아형이다'라고 했다. 이런 까닭으로 이윤과 아형은 동일 인물로 여겨졌다. 『위상서僞尙書』에서는 이것에 바탕하여 드디어 '뒤를 이은 왕이 아형을 따르지 않았다'고 하고, 또 '옛날 재상 보형(保衡)은 우리 선왕을 도와 일어나게 한 분인데, 그분은 한 사람이라도 제자리를 얻지 못함이 있으면 곧 이것은 나의 허물이다'(지금의 「說命」에 보인다―原註)고 하였으니, 이것은 모두 이윤을 아형·보형으로 말한 것이다. 내가 살펴보건대, 『상서』에 '옛날 탕임금께서 이미 천명을 받았을 때는 이윤 같은 이가 있어서 하늘의 뜻에 맞도록 하였으며, 태갑 때에는 보형 같은 이가 있었다'(「君奭」에 보인다―原註)라고 하였으니, 이윤과 보형은 두 사람인 것이 아주 분명하다. 어찌 동일 인물을 두 번 언급하면서 한 번은 성탕에게 속하게 하고, 한 번은 태갑에게 속하게 하여 그 명칭을 바꾸어 이상하게 만들었겠는가? 『시경』에 '옛날 중엽에는 두렵고 또 위태로웠는데 진실로 천자에게 훌륭한 신하를 내려주시니(太甲이 추방되었을 때를 말한다―原註) 바로 아형이 그분이다. 그분이 실로 상(商)나라 임금을 보좌하였네'[189]라고 하였다. 대개 '중엽'은 태갑의 시대이다(太甲은 제4대 왕이다―原註). '두렵고 위태롭다'고 한 것은 태갑이 동궁(桐宮)에 있을 때의 일이다. 다만 아형이 태갑을 보좌한 것만 말했지, 성탕(成湯)을 도운 일이

---

187) 『十三經註疏』, 『毛詩正義』 卷 第20, 「商頌－長發」 鄭氏箋.
188) 同上.
189) 『詩經』 「商頌－長發」.

있음을 일찍이 보지 못했다. 고례(古例)에는 관명을 사람 이름 앞에 두는 일이 많았다. 『시경』의 '사(師)인 상보(尙父)', 『상서』의 '보(保)인 석(奭)', 『춘추전』에 실린 '사(史)인 일(佚)' '복(卜)인 언(偃)' '축관(祝官)인 타(鮀)' '사(師)인 광(曠)' 등의 유(類)이니, 이런 예는 모두 헤아릴 수 없다(巫賢·巫咸·疑至·臣扈·傅說 등도 모두 그럴 것인데 崔述이 이런 것들을 미처 생각하지 못했을 뿐이다 — 原註). 그렇다면 아(阿)·보(保)는 마땅히 관명(官名)이 되어야 할 것이고, 형(衡)은 사람 이름이 되어야 할 것이다"[190]라고 하였다(옛날에는 관직으로 師·傅·阿·保가 있었는데, 대개 衡이란 사람이 일찍이 阿도 되었다가, 또 保도 되었던 것이다. 그래서 혹은 阿衡 혹은 保衡이라 부르기도 한 것이다[191] — 原註).

○나는 이렇게 생각한다. 『상서』 「군석」과 『시경』 「상송商頌」을 상고해보니 아형[192]이 이윤이 아님은 분명하다. 위서의 흔적이 필경에는 파탄됨이 이와 같다.

이윤이 글을 지어 말하였다. "선왕께서는 이 하늘의 밝은 명(命)을 돌아보아 천지신명을 받들었으며, 사직(社稷)과 종묘(宗廟)에 대해서도 공경하고 엄숙히하지 아니함이 없었으며, 하늘은 그분의 덕을 굽어보고 큰 명을 이루어 온 세상을 어루만져 편안하게 해주도록 하였습니다. 이 이윤은 몸소 능히 임금을 도와서 무리들을 안정시켰으니, 그래서 뒤를 이은 임금은 유업(遺業)을 크게 계승하게 된 것입니다.

【蒐輯】『대학』에서 「태갑」을 인용하여 "이 하늘의 밝은 명을 돌아본다"[193]는 문단이 있다. ○정현이 이르기를, "'고(顧)'는 생각한다는 뜻이요(梅賾은 "顧는 늘 눈을 거기에 둔다는 뜻이다"라고 하였다 —

190) 崔述의 『考信錄』 「商考信錄」 卷1.
191) 이 註는 崔述의 『考信錄』의 내용을 茶山이 그대로 옮겨놓은 것이다.
192) 朝本에는 '保衡'으로 되어 있음.
193) 『大學章句』 傳의 首章에 나온다.

原註) '시(諟)'는 바르게 한다는 뜻과 같은데(梅賾은 "諟는 是이다"라고 하였다 — 原註) 한편으로 '제(題)'¹⁹⁴의 뜻이 되기도 한다"¹⁹⁵고 하였다.

【剽竊】『시경』「상송」에 이르기를, "진실로 아형(阿衡)이 실로 상나라 임금을 좌우에서 도왔다"고 하였다(「長發」에 보인다 — 原註). ○정현이 이르기를, "'아(阿)'는 의지한다는 뜻이요, '형(衡)'은 균평(均平)의 뜻이다"¹⁹⁶고 하였다(梅賾도 "'阿'는 의지한다는 뜻이요, '衡'은 均平의 뜻이다"고 하였다 — 原註).

○나는 이렇게 생각한다. 위서를 만든 자가 이것에 의거해서 『상서』를 만들어 "이윤이 그 임금을 도왔다"고 하였다. 그러나 성탕(成湯)은 태조(太祖)이니 중엽이 될 수가 없다. 최동벽(崔東壁)¹⁹⁷은 "아형은 이윤이 아니다"¹⁹⁸고 하였는데 그 말이 진실로 옳다. ○또 나는 이렇게 생각한다. 「장발」의 시(詩)는 후인(後人)들이 지은 것인데, 이윤이 그 글을 미리 훔쳐다가 자기의 공을 찬미한 것으로 하고, '아형(阿衡)'을 "의지하여 균평을 취한다"고 주석한 것은 정현이 주석한 것인데, 공안국이 미리 그 글을 훔쳐다가 스스로 『상서』의 전(傳)을 지었다면 괴이한 일이다. 만약 정현의 주석이 공안국의 주석에서 나왔다고 한다면, 정현이 그 경(經)을 보지 못했는데 어떻게 먼저 그 주석을 볼 수 있었겠는가? 또 이윤이 스스로 이 편을 지었다고 하더라도 이에 붓을 휘둘러 쓰기를, "뒤를 이은 왕이 아형인 나에게 따르지 않았다"고 하는 것이 말이 되겠는가? 차라리 마침 추방되어 있을 때 이미 뉘우쳐 허물을 고치게 되어 그를 돌아오게 했다라는 문단 뒤에다 지난 일을 추기(追記)하

---

194) 題: 살펴본다는 뜻.
195) 『十三經註疏』, 『禮記正義』 卷第60, 「大學」 鄭玄 註.
196) 『十三經註疏』, 『毛詩正義』 卷第20, 「商頌-長發」 鄭氏箋.
197) 崔東壁: 崔述. 東壁은 號.
198) 『考信錄』 「商考信錄」 卷1.

였다면 글이 응당 감히 이와 같지는 않았을 것이다.

○나는 이렇게 생각한다. "사직·종묘를 공경하고 엄숙히하지 않음이 없다"라는 구절을 하나라와 은나라의 고문(古文)이라고 할 수 있겠는가? 비록 혜안(慧眼)이 아니라 하더라도 이를 분별하지 못하겠는가?

 이윤이 몸소 먼저 서쪽에 도읍하였던 하나라를 살펴보았더니 임금이 스스로 성실히하여 끝을 잘 맺음에 재상들도 또한 끝을 잘 맺었는데 그 뒤를 이은 임금들이 능히 끝을 잘 맺지 못함에 재상들도 또한 끝을 잘 맺지 못했습니다. 뒤를 이은 임금께서도 경계하여 당신께서 임금 된 그 법도를 공경하십시오. 임금이 임금답지 못하면 조상을 욕되게 하는 것입니다." 임금이 이에 범상하게 여겨 들을 생각을 하지 않았다.

【蒐輯】『예기』에 윤길(尹吉)이 이르기를, "나 윤의 선조가(鄭玄이 이르기를, "尹吉은 尹誥[199]이다. '天'자는 '先'자로 해야 하니 글자의 잘못이다"[200]고 하였다 ── 原註) 서쪽에 도읍한 하나라에 벼슬할 때 임금이 스스로 성실히하여 끝을 잘 맺으니 재상들도 또한 끝을 잘 맺었다"고 하는 문단을 인용한 것이 있다(「緇衣」에 보인다 ── 原註). ○ 정현이 이르기를, "충성스럽고 신실한 것이 '주(周)'요, '상(相)'은 돕는다는 것이니 '신(臣)'을 이름이다. 지금 하늘이 걸을 멸망시키는 것은 스스로 재앙을 짓기 때문이다. 이윤이 처음에 하나라에 벼슬하였다가 이때는 탕임금에게로 간 것이다. 하나라의 도읍은 박(亳)의 서쪽에 있다"[201]고 하고(鄭玄이 "'見'자는 혹 '敗'자로 되어 있고, '邑'자는 혹 '子'자로 되어 있다"고 하였다 ── 原註), 또 정현이 이르기를, "이윤

---

199) 朝本·奎本에는 '尹告'로 되어 있음.
200) 『十三經註疏』, 『禮記正義』 卷 第55, 「緇衣」 鄭玄 註.
201) 同上.

이 말한 것은 이윤의 선조가 하나라의 선대 왕조에 벼슬할 때 군신들이 모두 충성스럽고 신실하여 끝을 잘 맺었다는 것이다"[202]고 하였다(梅賾은 이르기를, "이것은 몸소 먼저 夏나라 君臣들을 보니 충성스럽고 신실한 것으로써 끝을 잘 맺었다는 것을 말한 것이다"[203]고 하였다 — 原註).

○내가 살펴보건대, 「치의」에서 두 번 '윤길(尹吉)'을 인용했는데, 그 하나는 본래 「함유일덕」의 글이다. 『사기』에 근거해보면 「함유일덕」은 분명히 탕임금 때 지어졌다(鄭玄의 『目錄』에도 역시 「湯誥」다음에 있다 — 原註). 저 윤길의 말이 이미 탕임금 때 지어졌으면, 이 윤길의 말도 또한 다르지 않다. 그래서 정현은 이것을 탕임금에게 고한 말로 하였으니 「태갑」과 무슨 상관이 있겠는가?

【蒐輯】『예기』「방기坊記」에 『상서』를 인용하여 "임금이 임금답지 못하면 그 조상을 욕되게 한다"고 하였다(孔子가 말씀하기를 "父子가 자리를 같이하지 않는 것은 공경을 두텁게 하기 때문이다. 『尚書』에 '이러이러하다'[204]고 하는 구절이 있다"고[205] 하였다 — 原註). ○정현이 이르기를, "'첨(忝)'은 욕되게 한다는 뜻이다. 임금이 임금답지 못하고, 신하들과 서로 친압하게 논다면 그 선조를 욕되게 하는 것이다. 군부(君父)의 도는 의당 존엄(尊嚴)해야 한다"[206]고 하였다(梅賾의 註도 같다 — 原註).

○나는 이렇게 생각한다. 공안국이 또 정현의 주를 훔친 것이 되었으니 괴이하구나.

이윤이 이에 이르기를, "선왕께서는 날이 아직 새기 전에 일어나 크게 덕을 밝히려 하면서 앉아서 아침을 기다렸고, 두루 뛰어나고

---

202) 同上.
203) 孔穎達, 『尚書正義』 卷 第8, 「太甲」 上 孔氏傳.
204) "辟不辟, 忝厥祖"를 가리킴.
205) 『禮記』「坊記」.
206) 『十三經註疏』, 『禮記正義』 卷 第51, 「坊記」 鄭玄 註.

어진 사람들을 구하여 뒷사람에게 나아갈 길을 열어주었습니다. 그
분의 명을 어겨 스스로 무너지게 하지 말며, 검소한 덕을 신중히하
여 영원한 도모를 생각하십시오. 마치 우인(虞人)²⁰⁷⁾이 쇠뇌의 시위
를 잡아당겨놓고 가서 화살 끝과 표적이 맞는가를 살피고 나서 쏘는
것처럼 하여, 그 멈추는 바를 공경히해서 당신의 조상께서 행한 바
를 따르십시오. 그러면 저도 그것으로써 기뻐할 것이며 만세토록 칭
찬의 말이 있게 될 것입니다"고 하였다. 그러나 임금은 그래도 끝내
달라지지 않았다.

【剽竊】『좌전』(昭公 3年에 보인다 — 原註)에 숙향(叔向)이 참정(讒
鼎)의 명(銘)²⁰⁸⁾에 "어두운 새벽에 일어나 크게 덕을 밝히려 하였
는데 후세에는 오히려 게으르다"고 한 말을 인용하였다. ○ 맹자
가 말씀하기를 "주공은 삼왕(三王)²⁰⁹⁾의 덕을 겸할 것을 생각하였
는데 그 부합하지 않는 바가 있으면 앉아서 아침을 기다렸다"²¹⁰⁾
고 하였다.

【蒐輯】『예기』에 「태갑」을 인용하여 "그 명을 어겨 스스로 무너
지게 하지 말라. 마치 우인(虞人)이 쇠뇌의 시위를 잡아당겨 놓고
가서 화살 끝과 표적이 맞는가를 살피고 나서 쏘는 것처럼 하라"
고 하였다(「緇衣」에 나온다. 孔子가 이르기를, "군자는 삼가지 않을 수 없나
니 「太甲」에 '이러이러하다'²¹¹⁾고 하는 말이 있다"고 하였다 — 原註). ○ 정현
이 이르기를, "'월(越)'의 말뜻은 넘어진다는 뜻이요, '복(覆)'은 패
망한다는 뜻이니, 이 말은 스스로 너의 정교(政敎)를 무너뜨려 패
망케 하지 말라는 것이다(梅頤는 "조상의 명을 잃지 말라는 뜻이다"라고

---

207) 虞人: 官職名. 옛날 왕들의 苑囿와 사냥하는 지역을 관장하는 官員.
208) 讒鼎의 銘: 讒은 地名인데, 그 地名에 관계 있는 鼎에 새겨진 銘.
209) 三王: 禹·湯·文武를 말함.
210) 『孟子』「離婁」下.
211) "毋越厥命, 以自覆也. 若虞機張, 往省括于厥度, 則釋"을 가리킴.

하였다 — 原註). '우(虞)'는 사냥하는 지역을 관장하는 자요(梅賾은 '虞'는 잰다는 뜻이라고 하였다 — 原註) '기(機)'는 쇠뇌의 시위이며(梅賾도 역시 그렇게 말했다 — 原註) '도(度)'는 쏘려고 겨누는 곳을 말한다. 우인(虞人)이 새를 쏠 때는 쇠뇌를 이미 벌려놓고 노아(弩牙) 사이로 화살 끝과 쏠 곳을 견주어보아 서로 맞으면 시위를 놓아 화살을 쏘는 것이니(梅賾은 이르기를, "쇠뇌의 시위를 잡아당기는 데는 일정한 度數가 있어서 그것으로 표준 삼아 견준다"[212]고 하였다 — 原註), 정치를 하는 것도 마땅히 자기의 마음을 가지고 여러 신하 및 만백성에게 맞춘 뒤에라야 시행할 수 있다"[213]고 하였다(蔡沈은 '括'을 矢括이라고 하였는데, 『說文』에서는 '矢括'은 화살의 끝을 시위에 끼도록 오금을 낸 곳이라고 하였다 — 原註).

○내가 살펴보건대, '궐명(厥命)' 두 글자를 정현은 자기의 정령(政令)이라고 풀이했고, 매색은 조상의 유명(遺命)이라고 풀이했다. 가만히 상고해보건대, 임금이 명령을 내는 것은 우인이 화살을 쏘는 것과 같으니, 그 비유를 취한 것이 아주 적절하다. 만약 조상의 유명이라고 한다면 '우기(虞機)'의 한 문단을 어떻게 해석할 것인가? 또 「치의」의 본문에 『상서』의 「열명」을 이어서 이르기를, "이 입이 부끄러움을 일으킨다"고 했으니 이것도 또한 명령을 신중히한다는 뜻이요, 조상의 유명을 준수하라는 훈계는 아니다. 또 하나의 문기(文氣)로 문장을 이루어놓은 경전을 찢어서 두 문단으로 하여 자기가 두 구를 삽입해서 전후 관계를 끊어버린 것은 또한 무슨 이유에서인가? 구름 무늬 수놓은 비단〔緋緞〕한 단에 거친 삼베 한 단을 섞어놓은 격이 되니 어찌 애석하지 않겠는가?

○나는 이렇게 생각한다. 「치의」를 지은 자가 「태갑」을 인용할 때는 반드시 '태갑왈(太甲曰)'이라고 했는데, 어찌 앞장에서는 「태

---

212) 孔穎達, 『尙書正義』 卷 第8, 「太甲」上 孔氏傳.
213) 『十三經註疏』, 『禮記正義』 卷 第55, 「緇衣」 鄭玄 註.

갑」을 인용하면서 갑자기 '윤길왈(尹吉曰)²¹⁴⁾'이라고 하였는가? 위서를 만든 흔적을 은폐할 수 없음이 이와 같다.

이윤이 이르기를, "이처럼 당신의 불의(不義)는 습관이 성품이 되어버렸으니, 나는 의리(義理)를 따르지 않는 사람과는 가까이하지 않겠소. 동(桐) 땅에 궁전을 세우고 선왕의 무덤에 아주 가까이하게 하여 그 교훈(敎訓)을 받게 함으로써 평생토록 미혹되지 않게 하리라"고 하였다. 임금은 동궁(桐宮)으로 가서 복상(服喪)하여 마침내는 능히 진실한 덕을 다할 수 있게 되었다.

【變亂】「무일無逸」에 이르기를, "그 조갑(祖甲)²¹⁵⁾에 있어서는 왕이 되는 것을 옳다고 여기지 않았다"고 하였다(梅賾은 湯임금의 손자 太甲이라고 하였다. 孔穎達도 그것에 따랐다──原註). ○ 염약거는 "주공의 말에 '은나라 왕 중종(中宗)·고종(高宗)·조갑(祖甲)으로부터 우리 주나라의 문왕(文王)에 이르기까지'라는 말이 있는데, 그 선후 차례에 따라 하나하나 들면 조갑이 태갑이 아님은 매우 분명하다. '왕이 되는 것을 옳다고 여기지 않았다'는 말은 태갑의 일이 아니다. 고문(古文)을 짓는 자가 잘못 해석하고 있던 때에 생겨난 것이다. 그래서 '이처럼 당신의 불의는 습관이 성품이 되어버렸다'"²¹⁶⁾고 하였다.

○나는 이렇게 생각한다. 위서를 만드는 자가 매양 오주(誤註)가 있으면 문득 위경(僞經)을 만들어 그 오주를 증명하였으니 이것이 그 중의 한 가지이다. 「요전」의 '계고(稽古)' 두 자를 잘못 알고 요임금의 도덕(道德)으로 만들고, 이것이 마음에 불안하여 이에

---

214) 朝本에는 '尹告曰'로 되어 있다.
215) 祖甲: 殷의 제22대 왕, 武丁(高宗)의 둘째 아들.
216) 閻若璩, 『尚書古文疏證』 卷4, 張6~7.

「주관周官」이란 편의 경문(經文)을 지어내어 "당우계고, 건관유백
(唐虞稽古, 建官惟百)"이란 말로 채웠으며, 「요전」의 '윤자(胤子)' 두
자를 잘못 알고 윤나라 제후로 만들고, 이것이 마음에 불안하여
이에 「윤정胤征」이란 편의 경문을 지어내어 '윤후명장육사(胤侯命
掌六師)'란 말로 채웠다. 이 같은 것이 대여섯 군데 되는데 「태갑」
의 '불의(不義)'라고 한 것도 이러한 수법이다.

【蒐輯】『맹자』에 「이윤」을 인용하여 "나는 의리를 따르지 않는
사람과는 가까이할 수 없다고 하고서 태갑을 동(桐) 땅에 추방했
다"고 하였다(「公孫丑」에 '이러이러하다'[217]고 말하였다 — 原註). ○ 정현
은 "동(桐)은 땅 이름인데 왕의 별궁이 있다"고 하였고(「書序」의 注
에 보인다 — 原註) 매색은 "탕의 장지(葬地)"라고 하였다. ○ 살펴보
건대, 『황람皇覽』[218)에 "탕의 무덤은 제음(濟陰) 박현(亳縣) 북쪽 30
리(『水經』 註에도 또한 그렇게 말하였다 — 原註)에 있다"라 하고, 장수절
(張守節)[219)은 "낙주(洛州) 언사현(偃師縣)에 탕의 무덤이 있는데 동
궁(桐宮)에 가깝다"라 하고(『史記』 註에 보인다 — 原註), 두예는 "양국
(梁國) 몽현(蒙縣)에 탕의 무덤이 있다"라고 하였다. 총괄해보건대,
유향은 대유(大儒)이다. 유향의 말에 "은나라 탕임금은 장례 지낸
곳이 없다"고 하였으니, 『칠략七略』을 상고해보아도 전혀 그런 글
이 없다. 그래서 그의 말이 이러하다. 동(桐) 땅을 탕의 장지라 하
는 것은 헛된 소리다(『水經』 註에 "漢나라 哀帝 때 탕의 무덤을 찾았다"고
하고, 또 어떤 이는 "蒲州 寶鼎縣에 탕의 무덤이 있다"고 하는데 모두 헛소리이
다 — 原註). 만약 분명히 「상서商書」에서 "선왕의 무덤에 아주 가
깝게 하였다"고 했다면 누가 장례 지낸 곳이 없다고 하겠는가?

---

217) "予不狎于不順, 放太甲于桐"을 가리킨다.
218) 『皇覽』: 『太平御覽』. 宋 太平興國 2년(977년)에 李昉 등이 王命으로 纂
　　述한 類書. 古今의 사실을 널리 모아, 모두 55門으로 분류하였는데 뒤에
　　考證學의 淵源이 되었다. 1천 권.
219) 張守節: 唐나라 사람. 地理에 뛰어났으며 저서로 『史記正義』가 있다.

○『사기』에 "태갑이 덕을 닦자 이윤이 그것을 가상히 여겨「태갑」3편을 지어서 임금의 덕을 기려 태종(太宗)이라고 일컬었다"[220]고 하니, 그렇다면 3편은 모두 덕을 닦아 왕위에 다시 오른 뒤에 지은 것이다. 군자는 지난날의 악을 생각하지 않고, 그 나아가는 것을 인정해주는데, 이미 깨닫고 이미 착한 곳으로 옮긴 뒤에 그 옛 죄상을 나열하고 자기의 덕을 과장하기를 이렇게 무례하게 하는 것은 듣지 못했다. 대등한 관계 이하의 사람에게도 오히려 감히 그렇게 하지 못할 것이거늘, 하물며 임금에게 있어서야 말할 것이 있겠는가? 처음 시작하는 말에 "뒤를 이은 왕이 아형(阿衡)에게 따르지 않았다"고 하고, 또 "왕이 범상하게 여겨 들을 생각을 하지 아니하였다"고 하며, 또 "왕은 그래도 끝내 변치 않았다"고 하다가, 이에 "이처럼 당신의 불의(不義)는 습관이 성품이 되어버렸다"고 하고서, 여기에다 이것을 이윤이 지었다고 써놓으면 이것이 어찌 이치가 되겠는가? 이윤은 사조(四朝)[221]의 원로(元老)로서 그 덕이 하늘에 이르렀으니, 그를 추방하고 훈계하여도 안 될 것이 없다. 그러나 이미 깨닫고 왕위에 다시 올랐는데 이런 글을 지었다는 것은 절대로 있을 수 없는 일이다.

태갑 중(太甲中)

태갑 3년 12월 초하룻날 이윤은 면류관과 예복(禮服)을 가지고 가서 뒤를 이은 임금을 받들어 박(亳) 땅으로 돌아왔다.

매색이 "탕은 원년 11월에 죽었는데 이에 이르러 26개월이 되

---

220) 『史記』「殷本紀」.
221) 殷의 成湯·外丙·仲壬·太甲의 네 朝廷을 말한다.

었으니 3년복이 끝난 것이다"222)라고 하였다(또 이르기를, "冕은 冠이다. 달을 넘기면 吉服을 입는다"223)고 하였다— 原註). ○ 염약거는 "『예기』에 '중월(中月)에 담제(禫祭)를 지낸다'224)고 했는데, 정현이 중월을 간월(間月)로 보았고, 왕숙은 중월을 월중(月中)으로 보았다. 그런데 지금 매색은 「태갑」을 풀이하면서 '26개월에 3년복이 끝났다'고 하니 왕숙의 설을 따른 것이다"225)라고 하였다(「書序」에 상세히 보인다.226) — 原註).

○나는 이렇게 생각한다. 뛰어나도다! 잠구(潛丘)의 견해여! 정현과 왕숙이 문호를 나누어 칼과 창이 서로 향해 대립하고 있는 격인데 "중월에 담제를 지낸다"고 한 것은 서로 각축전을 벌일 더욱 큰 송사(訟事)거리다. 결국은 왕숙의 문하에서 이 위서를 지었으므로 매색의 주석은 모두 왕숙의 옛것에 바탕하여 정현의 주장을 반박하였다. 공충원(孔沖遠)227)이 "왕숙은 『공안국전』을 엿본 것 같다"고 하는 것이 이것을 두고 한 소리다. 또 왕숙은 기(氣)를 숭상하여 이기기를 좋아했으므로 그가 해놓은 주해(註解)가 사람의 마음을 승복시키지 못하는 것이 있으면 문득 『공자가어孔子家語』로써 눌렀다. 『공자가어孔子家語』는 그가 사사로이 만든 위서이다. 그 유풍(流風)이 전승되어 이에 이 매색의 『상서』도 그 문하의 계통에서 지어진 것으로 심법(心法)을 전수한 것이 충분히 원류(源流)가 있다. 가다가 낭패당하는 바가 있으면 또 『공총자孔叢子』로써 증명을 하는데, 『공총자』도 그가 사사로이 지은 위서이다(『孔叢

---

222) 孔穎達, 『尙書正義』 卷 第8, 「太甲」 中 孔氏傳.
223) 同上.
224) 『禮記』 「閒傳」.
225) 閻若璩, 『尙書古文疏證』 卷2, 張17.
226) 丁若鏞, 『與猶堂全書』 第2집(經集) 「尙書古訓序例」 「尙書序」 張19~20에 이것을 상세히 서술해놓았다.
227) 孔沖遠: 孔穎達. 沖遠은 그의 字.

子』는 『孔子家語』의 枝葉이요, 『梅書』의 羽翼 같은 것이다. 이 두 책은 모두 王肅의 門下에서 나왔다 — 原註). '중월이담(中月而禫)'이란 문단에 대해서도 정현의 해석을 변경할 수가 없는 것으로 천하의 사람들이 쏠리어 그것을 으뜸으로 치는데, 왕숙의 무리들이 이것 때문에 번민한 나머지 이 위경(僞經)과 위주(僞註)를 지어 스스로 은나라 사람들의 예(禮)에 가탁하여 한 번 이길 것을 바랐다. 유자(儒者)들의 문호를 나누는 습성은 천하를 병들게 함이 이러하다. 또 나는 이렇게 생각한다. 대상(大祥)을 지냈으나 담제(禫祭)를 지내지 않았으면 어떻게 길복(吉服)을 입을 수 있겠는가? 천하에 본래 이런 예는 없다. 내가 의심하는 바는 또 이보다 더 큰 것이 있다. 탕임금이 원년 11월에 죽어서 이윤이 12월 초하루에 「이훈」을 지었다면 그 뒤에 또 '불혜(不惠)'니 '망념문(罔念聞)'이니 '미극변(未克變)'이니 하는 등의 세 곡절228)이 있으니, 비록 십일(十日)을 한 곡절로 한다 하더라도 이미 40일이 걸린다. 만약 그렇다면 태갑이 추방된 것은 2년의 봄이니, 그가 박 땅으로 돌아올 때까지는 2년이 채 되지 못하는데, 어째서 『맹자』『사기』「세본」「서서」등의 글에서는 모두 "3년이 되어서 박 땅으로 돌아왔다"고 하는가?('不惠' '罔念聞'229) '未克變' 세 곡절은 1·2년이 걸리지 않으면 될 수 없다. 이런 일들이 어찌 급히 되겠는가? — 原註) 예(禮)에 천자는 7개월 만에 장사 지낸다고 하였으니, 슬프도다 태갑이여! 할아버지가 죽었는데도 장사 지내지 않고 불쌍하게도 추방을 당하고 그가 죄를 뉘우쳐 고친 뒤에 이르러서도 오히려 삼베 옷에 흰 갓을 쓰고 대상일(大祥日)에 한 번 곡(哭)하지도 못하다가 달을 넘긴 뒤에야 비로소 박 땅으로 돌아왔으니 천리(天理)와 인정(人情)이 어찌 차마 이러하겠는가? 이

---

228) 세 곡절: 太甲이 伊尹의 말을 따르지 않은 것[不惠]과 들을 생각을 하지 않은 것[罔念聞]과 끝내 달라지지 않은 것[未克變]의 그 과정을 말함.
229) 朝本에는 '聞'이 빠져 있다.

윤은 성인이다. 성인이 하는 것은 천리에 따르고 인정에 순(順)하지 않음이 없는데, 태갑으로 하여금 대상이 끝나고 달을 넘긴 뒤에 돌아오게 하였으니, 반드시 이런 일이 없었을 것이다(『史記』「殷本紀」에 의하면 湯임금이 죽은 뒤에 外丙은 2년, 仲壬은 4년 임금을 지내고, 太甲은 또 이미 왕위에 올라서 3년 만에 추방되고 또 桐 땅에 산 지 3년 만에 復位했다고 했으니, 위로 湯이 죽은 해까지는 이미 12년 간격이 있다 ― 原註).

이윤이 글을 지어 아뢰기를, "백성은 임금이 아니면 능히 서로 바로잡아주면서 살아갈 수 없는 것이요, 임금은 백성이 아니면 사방에 임금 노릇 할 수 없습니다. 거룩한 하늘이 상(商)나라 왕실을 돌보고 도와서 뒤를 이은 임금으로 하여금 능히 그 덕을 다할 수 있게 하였으니, 실로 만세토록 무한한 기쁨입니다"라고 하였다.

【蒐輯】『예기』「표기表記」에 「태갑」을 인용하여 "백성들은 임금이 아니면 서로 편안할 수 없고, 임금은 백성이 아니면 사방에 임금 노릇을 할 수 없다"고 하였다. ○정현이 "'서(胥)'는 서로란 뜻이니 백성들은 임금이 아니면 서로 편안할 수 없다는 뜻이다"[230]라고 하였다.
○나는 이렇게 생각한다. "서로 바로잡아주면서 살아갈 수 없다"는 말은 「반경」의 고(誥)이다. 이윤이 미리 그 글을 훔친 것이 되니 어찌 괴이한 일이 아닌가? 이미 옛 경문을 수집해놓고서 어찌 또 구태여 그것을 고친단 말인가?

임금이 손을 이마에 대고 머리를 조아려 절하면서 "이 못난 사람은 덕에 밝지 못하여 스스로 못난 짓을 하여 욕망은 법도를 망치고 방종은 예(禮)를 망치어 이 몸에 죄를 불러들이는 데 이르렀습니다.

230) 『十三經注疏』, 『禮記正義』 卷 第54, 「表記」 疏註.

하늘이 내리는 재앙은 피할 수가 있으나 스스로 지은 재앙은 피할 수 없습니다. 전에는 사씨(師氏)·보씨(保氏)의 교훈을 어기어 그 처음은 잘하지 못하였으나 바로잡고 구하여주는 덕에 힘입어 끝까지 잘 다스리는 데 힘쓰고자 합니다"고 하였다(맹자가 두 번 인용하여 '不可道'을 '不可活'이라 하였다[231] — 原註).

【蒐輯】『좌전』에 『상서』를 인용하여 "욕심은 법도를 망치고, 방종은 예를 망친다"(昭公 10年에 보인다 — 原註)고 하였다. ○ 자피(子皮)가 그 폐백을 모두 쓰고 돌아가 자우(子羽)[232]에게 이르기를, "『상서』에 '이러이러하다'[233]고 말한 것은 나를 두고 한 말이다"[234]고 하였다.

【蒐輯】『예기』에 「태갑」을 인용하여 "하늘이 내린 재앙은 피할 수 있지만 스스로 지은 재앙은 피할 수 없다"(「緇衣」에 보인다 — 原註)고 하였다. ○『맹자』에 「태갑」을 인용하여 "하늘이 내린 재앙은 오히려 피할 수 있지만 스스로 지은 재앙은 살아남을 수 없다"고 하였다(두 번 인용함[235] — 原註). ○ 정현은 "'위(違)'는 피한다는 뜻과 같고(梅賾은 "天災는 피할 수 있다"고 하였다 — 原註) '환(逭)'은 도망간다는 뜻이다"[236](「緇衣」의 註에 보인다 — 原註)라고 풀이했다.

이윤이 손을 이마에 대고 머리를 조아려 절하면서 "그 몸을 닦으며 진실한 덕이 아랫사람과 화합하면 바로 밝은 임금인 것입니다. 선왕께서는 곤궁한 사람들을 자식처럼 사랑하였는데 백성들은

231)『孟子』「公孫丑」上 및 「離婁」上.
232) 子羽: 春秋時代 鄭나라 公孫揮의 字.
233) "欲敗度, 縱敗禮"라는 말을 가리킨다.
234)『左傳』昭公 10年.
235)『孟子』「公孫丑」上 및 「離婁」上.
236)『十三經注疏』,『禮記正義』卷 第55, 「緇衣」鄭玄 註.

그분의 명령에 복종하여 기뻐하지 않는 사람이 없어서, 그분과 함께 나라를 가진 이웃 제후들의 백성들까지도 이에 이르기를, '우리 임금님을 기다리고 있으니 우리 임금님이 오시면 벌이 없겠는가?'라고 말하였습니다. 임금님은 당신의 덕에 힘쓰며 당신의 조상들을 본받아 언제나 편안히 지내고 게으르게 하지 마십시오. 선조를 받들 때는 효도를 생각하고, 아랫사람을 대할 때는 공손하기를 생각하십시오. 멀리 볼 때는 밝고 덕(德)을 들을 때는 귀가 밝아야만 저는 임금님의 아름다움을 받드는 데 싫증이 나지 않을 것입니다"라고 하였다.

【蒐輯】『맹자』에 『상서』를 인용하여 "우리 임금을 기다렸는데 우리 임금이 오시니 벌이 없으리라"[237]고 하였다.

○나는 이렇게 생각한다. 이것은 본래 "갈(葛) 땅의 제후가 밥을 갖다 나르는 사람을 원수로 여겼다"는 말의 아래 문단인데 이제 또 이것을 다시 썼다.

【剽竊】『국어』「초어楚語」에 오거(伍擧)[238]가 "신은 들으니 나라의 임금은 덕 있는 말을 들으면 총명해지고, 원대한 이치에 이르게 되면 현명해진다"고 하였다(아래에 보인다[239] — 原註).

태갑 하(太甲下)

이윤이 거듭 임금에게 다음과 같이 아뢰었다. "아! 하늘은 특정한 사람을 친함이 없고 공경하는 사람을 친하며 백성들도 특정한 사람

---

237) 『孟子』「滕文公」下.
238) 伍擧: 春秋時代 楚나라의 大夫.
239) 아래 「太甲」下의 補遺에 설명해놓았다는 말이다.

을 품음이 없고 어진 사람만을 품으며 귀신도 일정한 흠향이 없고 정성을 다하는 데만 흠향하니, 천자의 자리는 어려운 것입니다. 덕이 있으면 다스려지고 덕이 없으면 어지러워집니다. 잘 다스리는 이와 함께 길을 같이 가면 흥하지 않음이 없고 어지러운 이와 함께 일을 같이하면 망하지 않음이 없을 것이니, 처음부터 끝까지 그 함께하는 이를 신중히 택하면 밝고 밝은 임금이 될 것입니다. 선왕께서는 언제나 오직 그분의 덕을 힘쓰고 공경하여 능히 상제(上帝)에 짝하였습니다. 지금 임금께서는 훌륭한 유업(遺業)을 이어받았으니 바라건대 이를 본받으십시오.

【蹈襲】『좌전』(僖公[240] 5年에 보인다 — 原註)에 진(晉)나라 제후가 우(虞)나라에 길을 빌리려 하자 궁지기(宮之奇)[241]가 간(諫)하여 이르기를, "신이 듣건대 귀신은 사람을 친하지 않고 오직 덕이 있는 사람에 의지한다고 하였습니다. 그러므로 「주서周書」에 이르기를, '거룩한 하늘은 특정한 사람을 친함이 없고 오직 덕 있는 사람을 돕는다'고 했고(지금의 「蔡仲之命」에 보인다 — 原註) 또 이르기를, '신(神)에게 바치는 제물이 향기로운 것이 아니라 사람의 밝은 덕이 향기롭다'고 하였으며(지금의 「君陳」에 보인다 — 原註) 또 이르기를, '백성이란 다스리는 문물 제도를 바꾸지 않아도 된다. 사람의 덕이야말로 백성을 다스리는 훌륭한 물건인 것이다'"(지금의 「旅獒」에 보인다 — 原註)고 하였다.

○나는 이렇게 생각한다. 위서를 만든 자가 「주서」의 삼절(三節)을 가져와서 삼편(三篇)[242]에다가 나누어 넣고, 또 한 번 두드리고 녹여서 이 문단을 꾸몄다.

---

240) 朝本에는 '昭公'으로 되어 있다.
241) 宮之奇: 春秋時代 虞나라 사람.
242) 三篇: 僞文인 「蔡仲之命」 「君陳」 「旅獒」를 말한다.

높은 곳에 오를 때는 반드시 낮은 곳에서부터 시작하고, 멀리 갈 때는 반드시 가까운 곳에서부터 시작하는 것과 같이 하십시오. 백성들의 일을 가벼이 여기지 말고 어렵게 생각하며, 임금 자리를 편안히 여기지 말고 위태롭게 여기십시오. 끝을 삼가기 위해서는 처음부터 잘하십시오. 당신의 마음을 거스르는 말이 있거든 반드시 도(道)에 맞는 말인가 알아보고, 당신의 뜻에 순(順)하는 말이 있거든 반드시 그것이 도(道)에 어긋나지 않는가를 알아보십시오. 아! 생각하지 않는다면 무엇을 얻으며 행하지 않는다면 무엇을 이루겠습니까? 한 사람의 원량[243]이 있으면 온 나라가 곧게 될 것입니다. 임금은 교묘한 말재주만으로 옛 정치를 어지럽히지 아니하며, 신하는 영화와 이익을 구하는 것으로 성공에 안주하지 말아야 나라는 영원히 아름다움을 보전하게 될 것입니다."

【剽竊】『중용』에 "비유하건대, 먼 곳을 가는데 반드시 가까운 곳으로부터 시작하는 것과 같고, 높은 곳을 오르는데 낮은 곳으로부터 시작하는 것과 같다"[244]는 말이 있다. ○『한서』「동방삭전東方朔[245]傳」에 "말에는 마음에 거슬리나 몸에 편한 것도 있고, 마음에는 순(順)하나 행신에는 훼손이 되는 것이 있다"고 하였다.

【改換】『예기』에서 옛말을 인용하여 "악정(樂正)은 세자의 학업을 맡고 부사(父師)[246]는 덕행의 성취를 맡는다. 한 사람의 원량(元良)이 있으면 만국이 그 때문에 곧게 된다"고 하였다(「文王世子」에 보인다 ― 原註).

○나는 이렇게 생각한다. 원(元)이란 진(震)의 덕이다. 진은 장

---

243) 元良: 여기서는 크게 훌륭한 君主의 뜻으로 쓰였다.
244) 『中庸章句』第15章.
245) 東方朔: B.C. 161~94?. 漢武帝 때의 사람. 名은 朔, 字는 曼倩. 벼슬은 常侍郎·太中大夫. 諧謔·辯舌·直諫으로 이름이 났다.
246) 父師: 道德이 있어 國學에서 敎學을 담당한 者. 여기서는 世子의 師傅를 말함.

자(長子)인데 그 덕(德)이 인선(仁善)하기 때문에 옛날에는 세자를 원량이라고 했다. 이제 그것을 고쳐 천자를 원량이라 하면 되겠는가?(梅賾의 注에는 한 사람이라는 것은 天子를 말함이라고 했다 — 原註) 『매서』가 처음 나옴에 사람들이 그것을 믿지 않았다. 그래서 양(梁) 간문제(簡文帝)의「상소명태자문집표上昭明太子文集表」에 "어려서는 문장의 재능이 있었고 자라서는 원량의 덕을 갖추었다"고 하였고, 그 뒤에도 따라서 그러한 뜻으로 송(宋) 진종(眞宗)은 원량잠(元良箴)을 지어 태자에게 내려주었다(『宋史』에 보인다 — 原註). 소원숙(蕭圓肅)[247]의 태자잠(太子箴)에도 "주(周)나라가 장구하게 지속된 것은 진실로 원량 때문이다"고 했으니 원량이 어찌 천자이겠는가?

보유(補遺)

【剽竊】『국어』「초어」에 오거(伍擧)가 "신은 나라의 임금이 덕을 들으면 총명해지고 원대한 것에 이르면 현명해진다는 말은 들었으나, 여색에 빠진 것을 밝다 하고 음조의 청탁(淸濁)을 잘 살피는 것을 총명하다고 하는 말은 듣지 못했습니다"고 하였다.

○나는 이렇게 생각한다. 오거의 말은 대개 덕을 들으면 총명해진다는 것이지('聽'자는 글자가 형성된 것이 '悳'에 관련된 것이니, 그 글자의 뜻이 본래 그러하다 — 原註) 덕을 들을 때는 마땅히 총명해야만 한다는 것을 이름이 아니다. 여기 몇 글자를 고쳐 전문(全文)이 진실을 잃고 말도 또한 비속하게 되었으니 '시원(視遠)'이란 말도 역시 그런 식이다.

---

247) 蕭圓肅: 539~584. 北周 사람. 字는 明恭. 咸陽郡守를 지냈으며 정치적인 업적이 있어서 隋의 開皇(581~600) 初에는 貝州刺史에 제수되었음. 저서로 『文海』『淮海亂離志』가 있다.

7

매씨서평(梅氏書平) 7

함유일덕(咸有一德)

(孔壁本에는 16篇 속에 있었는데, 지금은 亡失되었다. 鄭玄本에서는 「湯誥」의
다음에 있다 ── 原註)

『사기』에 "탕임금이 이미 하나라를 이기고 돌아와 태권도(泰卷
陶)[1]에 이르니 중훼(仲䛼)[2]가 고(誥)를 지었고(즉 「仲虺」이다 ── 原
註) 이미 하나라의 천명을 쳐 물리치고 박(亳)으로 돌아와 「탕
고」를 지었으며(『史記』에 그 誥를 기록한 것이 아래 「尙書古訓書序」에 나온
다[3] ── 原註) 이윤(伊尹)은 「함유일덕」을 짓고, 고선(咎單)은 「명거
明居」를 지었다"[4]고 하니, 이것이 「서서書序」[5]의 진본이다. 「탕
고」는 당시에 천하의 제후들에게 경계한 것이니 그 대의는 두 가

---

1) 泰卷陶: 泰卷은 地名이고 陶는 衍字(史記集解, 裵駰).
2) 仲䛼: 䛼는 虺와 同字. 仲虺는 湯의 左相. 奚仲의 손자. 伊尹 다음가
   는 賢臣.
3) 朝本 『與猶堂全書』 제2집 제21권, 「尙書古訓序例」 張16에 나오는 글
   을 가리킨다.
4) 『史記』 「殷本紀」.
5) 「書序」: 『尙書』 각 편의 머리에 있는 小序. 孔子의 作이라고 하나 확
   실치 않음.

지이다. 하나는 백성의 윗사람이 된 자는 모두 공덕이 있어야 한다는 것이고, 또 다른 하나는 민생을 편안히하는 자는 사업을 세움이 있어야 한다는 것이니, 이것은 천하 사람들과 더불어 처음을 새롭게 하고 약속을 거듭 엄하게 하기 위한 것이다. 이에 이윤·고선이 각기 하나의 고(誥)를 지어, 이 두 가지 대의(大義)를 밝혔기 때문에 「함유일덕」은 또한 「윤고尹誥」라고도 이른다(「緇衣」[6]에서는 「尹誥」의 글을 두 번 인용했다—原註). 그것은 탕임금 때(夏를 이긴 처음—原註) 지어서 제후들에게 고한 것이다. 이처럼 분명한데 위작자(僞作者)가 자의로 경계의 말을 지어 태갑(太甲)을 경계한 것으로 해서 '궁기탕함유일덕(躬曁湯咸有一德)'의 말을 잘못 가져다가(「緇衣」에서 이것을 수집하였다—原註) 태갑에게 고한 말로 삼아, 내려서 「태갑太甲」 3편의 아래에다 편집해놓았으니, 경(經)을 어지럽힘이 이와 같도다.

이윤이 이미 그 임금[7]에게 정사를 되돌려주고 장차 자기의 늙음을 고하고 돌아가려 할 때에 덕에 대해 진술하여 다음과 같이 훈계하였다. "아! 하늘을 믿기 어려운 것은 천명(天命)이 떳떳지 않기 때문이니, 그 덕을 떳떳하게 하면 그 자리를 보전하고 그 덕이 떳떳하지 않으면 구주(九州)가 이 때문에 망할 것입니다.

매색이 이르기를, "늙음을 고하고 자기 고을로 돌아갔다"[8]라고 했다.
○나는 이렇게 생각한다. 이윤의 '고귀지설(告歸之說)'은 거짓된 것이다. 『춘추전春秋傳』에 이르기를, "이윤이 태갑을 내쫓고 재상

6) 「緇衣」: 『禮記』의 篇名.
7) 太甲을 가리킴.
8) 『尙書正義』 卷 第8, 「咸有一德」孔氏傳.

노릇을 했는데도 원망의 기색이 없었다"(襄公 21年—原註)라고 했고, 태갑이 이미 죽고 나서도 또 옥정(沃丁)을 도왔다. 그래서 고선이「옥정沃丁」을 지었는데 모두 이윤의 일을 말하고 있으니(『史記』에 보인다—原註) 누가 태갑의 시대에 이윤이 귀로(歸老)했다고 말했던가? 위작자가 소인의 마음으로 성인을 촌탁(忖度)하고 후세의 안목으로 지난 옛날을 엿보아, 정사(政事)를 되돌려준 후에 이윤의 종적이 불안할 것이므로 이치상 마땅히 고로(告老)했을 것이라고 여긴 것이다. 분명히 이와 같다면 어찌 '고로(告老)'했다고 하는 데 그칠 뿐이겠는가?『죽서기년竹書紀年』에는 태갑이 이윤을 죽였다는 말까지 있으니, 위작하는 자들의 마음이 서로 비슷하다.

【蹈襲】 '복정궐벽(復政厥辟)'은「낙고洛誥」를 답습했고(周公이 이르기를 "그대 밝은 임금에게 고한다"라고 했다—原註) "천난침, 명미상(天難諶, 命靡常)"은『시경』·『상서』에 산재되어 있어 모두 지적할 수 없다.

○『묵자墨子』에 탕형(湯刑)[9]과『황경黃經』을 인용하여 이르기를, "상제(上帝)는 떳떳하지 않아 구주(九州)가 이 때문에 망한다"[10]라고 했다(앞의「伊訓」에 대해 말한 곳에 보인다—原註). 위작자가 이 한 구(句)를 가지고 이곳에 쓴 것이다.

하나라 왕이 능히 덕(德)을 떳떳하게 하지 않고 신(神)을 업신여기며 백성을 학대하니, 하늘이 그를 보호하지 않고 만방을 내려보아 천명(天命)이 있는 자에게 길을 열어 인도하며, 한결같은 덕을 지닌 자를 두루 구하여 신주(神主)[11]가 되게 하였으니, 이윤이 몸소 탕임금과 한결같은 덕을 지녀 천심(天心)에 잘 합치되어 하늘의 밝은 명

---

9) 湯刑: 殷의 湯王이 제정한 官吏에 대한 형벌. '商有亂政而作湯刑'이란 말이『竹書紀年』에 나온다.
10)『墨子』「非樂」上篇.
11) 神主: 神을 받드는 主祭者라는 뜻으로, 여기서는 天子를 말함.

을 받아 구주(九州)의 백성을 소유하게 되었으며, 이에 하정(夏正)[12]을 바꾸게 된 것입니다.

【蒐輯】『예기』에는 「윤길尹吉」의 '유윤궁급탕함유일덕(惟尹躬及湯咸有壹德)'이라고 한 말을 인용하였다.(「緇衣」 ○ 鄭玄이 이르기를 "吉은 마땅히 告가 되어야 한다. 告는 고문의 誥字의 잘못이다"[13]라고 했다 ─ 原註).

○ 정현이 이르기를, "「윤고」는 이윤의 고(誥)이다. 「서서書序」에는 「함유일덕」이라 했는데, 지금은 망실되었다(孔壁本의 16篇이 鄭玄의 시대에 이르러서는 글이 없어졌다 ─ 原註). '함(咸)'은 '개(皆)'이다. 군신이 모두 한결같은 덕이 있어 이랬다저랬다 하지 않으면 의혹이 없을 것이다"[14]라고 했다.

○ 나는 이렇게 생각한다. 이 편의 본명은 「윤고」이다(「周書」의 「召誥」와 같다 ─ 原註). 고선과 함께 각기 하나의 고(誥)를 지어 제후에게 고(告)했기 때문에 구별하여 이름하기를 「윤고」라고 했다. 만약 그렇다고 하면 '유윤궁선견(惟尹躬先見)'의 한 구절도 본래 이 편의 글인데(지금은 「太甲」 上篇에 있다 ─ 原註). 위작자가 다른 편에 잘못 배치해놓았다.

학경(郝敬)[15]이 이르기를, "'함유일덕(咸有一德)'이란 말은 오히려 각기 한 가지 장점을 자기만이 가지고 있음을 말하는 것인데,

---

12) 夏正: 夏나라의 正朔. 夏나라의 正月은 寅月, 곧 지금의 음력 正月이며, 殷나라의 正月은 丑月, 곧 지금의 음력 12월인데, 夏正을 바꾸었다는 것은 음력 12월을 正月로 했다는 말이다. 당시의 제도는 나라가 바뀌면 正朔을 바꾼다.
13) 『禮記正義』 卷 第55, 「緇衣」 鄭玄 註.
14) 『禮記正義』 卷 第55, 「緇衣」 鄭玄 註.
15) 郝敬: 1558~1639. 明의 經學者. 字는 仲輿. 호는 楚望. 『尙書辨解』를 비롯한 經學에 관련된 저서가 매우 많다.

지금은 모두 일덕(一德)의 ‘일(一)’을 순일(純一)하다는 뜻으로 말하니, 이윤이 탕임금과 더불어 함께 이 ‘하나’를 지니고 있다고 스스로 자랑하는 것과는 맞지 않는다”[16]고 하였다.

○살펴보건대, 『사기』에 기록되어 있는 「탕고」에 “군후(群后)들은 백성에게 공이 있지 않다 함을 없게 하라”고 하였고(咸有功이다──原註) 또 “삼공(三公)은 모두 백성에게 공이 있다”[17]라고 했으니(咸有功이다──原註) 과연 이는 각기 하나의 공을 말한 뜻이니, 그가 스스로 말한 것도 의당 이와 같을 것이다.

염약거(閻若璩)가 이르기를 “「치의緇衣」에서 두 번 인용하여 한 번은 ‘유윤궁기탕(惟尹躬曁湯)’이라 했고, 한 번은 ‘유윤궁선견(惟尹躬先見)’이라 하였다. 임금 앞에서 신하는 그 이름을 부르는 것이 예(禮)인데, 태갑이 이미 이윤에게 머리를 조아렸고, 이윤은 또 자주 자신이 태갑에게 자기의 자(字)를 호칭했으니, 어찌 임금과 신하가 서로 예를 잃은 것이 아니겠는가?(字가 尹이고 이름이 摯이다──原註) 이 편은 순서가 고선이 지은 「명거」의 앞에 있어 태갑과는 무관하다”[18]라고 하였다.

○나는 이렇게 생각한다. 이것은 하나라를 이긴 초기에 제후에게 고(告)한 말이니, 자를 일컬을 수도 있고 탕(湯)이라고 호칭할 수도 있다. 이는 태갑에게 고한 것도 아니고 탕에게 고한 것도 아니다(太甲이 拜手·稽首한 것은 비록 僞書에서 나왔으나 잘못된 것은 아니다. 成王이 周公에 대해서도 또한 일찍이 拜手·稽首한 적이 있다──原註).

어떤 이는 이르기를, “「함유일덕」은 성탕(成湯)에게 고한 것이다”라고 했다(毛奇齡이 이르기를, “湯의 이름은 履요, 廟號는 天乙이며, 成湯이라 호칭한 것은 謚號이다. 『史記』의 謚法에 엄연히 ‘잔악함을 제거하는 것[除

16) 郝敬, 『尚書辨解』.
17) 『史記』 「殷本紀」.
18) 閻若璩, 『尚書古文疏證』 卷4, 張55~56.

殘去虐]'을 湯이라 했는데, 湯이 아직 죽지도 아니하였는데 어찌 '尹躬曁湯'이라고 할 수 있겠는가? 만약 湯이 諡號가 아니라면 面前에서 임금 이름을 부르는 것은 더욱 버릇없는 일이니, 이는 모두 배우지 못한 사람들이 말하는 것이다"[19]라고 했다—原註).

○나는 이렇게 생각한다. 많이 배운 사람이 말한 것도 그 마땅한 것을 보지 못하겠다. 『예기』에 이르기를, "사후에 시호를 제정한 것은 주나라의 법도이다"라고 했고(「檀弓」의 글이다—原註) 『주례周禮』에는 "대상(大喪)에 시관(屍棺)을 위해 시호를 짓는다"라고 했으며(「大師」의 글이다—原註) 『대대례大戴禮』에는 "주공(周公)이 시법(諡法)을 제정했다"라고 했으니(逸周書에서 이르기를, "周公이 처음으로 文王의 諡號를 제정했다"라고 했다—原註) 누가 은대(殷代)에 시호가 있다고 했단 말인가? 만약 은(殷)나라 때 시호가 있었다면 무릇 그 선왕들을 모두 갑·을·병·정으로 한 것은 어째서인가? 만약 시법에 의거한다면 시법에 '인성성명(仁聖盛明)'을 '순(舜)'이라 하고(『白虎通』—原註) '연원유통(淵源流通)'을 '우(禹)'라 한다(『尙書正義』 疏[20]에 보인다—原註). 그러나 순(舜)이 아직 죽지 아니하였는데 요임금이 "오너라, 너 순이여!"라 하고, 우(禹)가 아직 죽지 아니하였는데 순임금이 "오너라, 너 우여!"라고 한 것은 또 무슨 까닭인가? 진시황(秦始皇)의 제도에 이르기를, "태고(太古)에는 호(號)만 있었고 시호는 없었으며, 중고(中古)에는 호도 있고 죽으면 시호를 지었다"고 하였으니, 탕(湯)은 호이다. 또 제후에게 고한 것이지 탕에게 고한 것은 아니니, 어떤 이가 말한 것과 모기령이 말한 것이 모두 잘못되었다.

하늘은 우리 상(商)나라를 사사로이 한 것이 아니라 오직 하늘은 한

---

19) 毛奇齡, 『古文尙書冤詞』 卷5, 張17.
20) 孔穎達, 『尙書正義』 卷第2, 「堯典」의 堯典序의 疏.

결같은 덕이 있는 이를 도운 것이며, 상나라가 아래 백성들에게 요구한 것이 아니라 오직 백성들이 한결같은 덕이 있는 이에게 귀의한 것입니다. 덕이 한결같으면 움직임마다 길(吉)하지 않음이 없고, 덕이 한결같지 않으면 움직임마다 흉(凶)하지 않음이 없을 것이니, 오직 길흉(吉凶)이 어긋나지 않고 사람에게 달려 있는 것은 하늘이 재앙과 상서를 내리는 것이 덕에 달려 있기 때문입니다. 지금 대를 이은 왕께서 새로이 천명을 행하려면 그 덕을 새롭게 할 것이니, 처음과 끝을 한결같이 하는 것이 바로 날마다 새롭게 하는 것입니다. 관리 임용은 훌륭하고 재능 있는 이로 하고 좌우의 보좌인을 적임자로 하십시오. 신하는 임금을 위해서 덕을 닦도록 하고 아래로는 백성을 위해야 할 것이니, 어렵게 여기고 삼갈 것이며 오직 조화롭고 한결같게 하십시오. 덕에는 일정한 스승이 없고 선을 위주로 하는 것이 스승이 되며, 선에는 일정한 기준이 없고 능히 한결같음에 합하게 하는 것입니다. 만백성이 모두 '위대하도다, 왕의 말씀이여!'라고 하게 하고, 또 '한결같도다, 왕의 마음이여!'라고 하게 하여, 능히 선왕의 녹(祿)을 편안히하여 길이 뭇 백성의 삶을 이루게 하십시오.

○나는 이렇게 생각한다. 오로지 '일덕(一德)'이란 두 자를 가지고 뒤집고 엎고 하여, 그 속에는 의리(義理)의 주장되는 바가 없으니, 그 문장이 모두 뼈대가 서로 연결되지 않아, 마치 시골의 향원(鄕愿) 선생이 억지로 잠언(箴言)을 만들어놓은 모양과 같다.

아! 칠대(七代)의 조묘(祖廟)에서 덕을 살필 수 있으며, 만인의 우두머리인 천자에 의해 그 정사(政事)를 살필 수 있습니다. 임금은 백성이 아니면 부릴 수 없으며 백성은 임금이 아니면 섬길 수 없으니, 자신만을 넓게 여겨 남을 좁다 하지 마십시오. 필부필부(匹夫匹婦)라

도 스스로의 능력을 다하지 못하게 되면 임금도 함께 그 공을 이룰
수 없을 것입니다."

【蒐輯】『여씨춘추呂氏春秋』에 『상서商書』를 인용하여 이르기를,
"오대(五代)의 조묘(祖廟)에서 괴이함을 살필 수 있고, 만인의 우
두머리인 천자에 의해 계책을 낼 수 있다"[21]라고 했다.

○ 어떤 이는 이르기를, "옛날에 천자 제후 모두 오묘(五廟)를 모
셨는데, 지금 칠대의 묘(廟)라고 한 것은 거짓된 것이 아닌가?"라
고 했다(毛奇齡이 이르기를, "『新唐書』「藝文志」에 『尙書』의 逸篇 3卷이 있는
데, 晉의 徐邈[22]의 註 가운데 '七世之廟 可以觀德'이라고 말한 것이 있다"[23]라
고 했다―原註).

○ 나는 이렇게 생각한다. '천자칠세(天子七世)'라는 것은 불천지
종(不遷之宗)이 있기 때문이다. 주(周)에는 문왕·무왕이 있고 은
(殷)에는 삼종(三宗)이 있는데(太甲을 太宗, 太戊를 中宗, 武丁을 高宗이
라 한다―原註). 무릇 종(宗)으로 모시는 자는 체천(遞遷)하지 않는
다. 그래서 『효경』에 이르기를, "문왕을 명당(明堂)에서 종(宗)으
로 하여 제사한다"[24]라고 했으니, 종사(宗祀)하는 것은 체천하지
않는 것이다(魯나라 展禽[25]이 이르기를, "周나라 사람들은 文王을 祖로 하고
武王을 宗으로 하였다"[26]고 했으니, 『孝經』에서 文王을 宗으로 했다고 한 것은
잘못되었다―原註). 한대(漢代)에 이르기까지 오히려 이러한 제도가
남아 있어 문제(文帝)를 태종(太宗)이라 하고, 무제(武帝)를 세종
(世宗)이라 하였다(宣帝를 中宗, 元帝를 高宗이라 하고 또 東漢의 明帝를 顯

---

21) 「有始覽」第一, 「論大」.
22) 徐邈: 344~397. 晉 姑幕人. 字는 仙民. 『五經音訓』을 撰하였음.
23) 毛奇齡, 『古文尙書冤詞』卷5, 張16.
24) 『孝經』「聖治章」.
25) 展禽: 魯나라 大夫 柳下惠를 이름. 名은 獲, 字는 季.
26) 『國語』「魯語」上.

宗, 章帝를 肅宗이라 했다 — 原註). 종(宗)으로 모시는 자는 체천하지 않고 체천하는 자는 종(宗)으로 하지 않는다. 친(親)으로써 제사 지내는 것은 사묘(四廟)에서 그친다. 다만 정현은 "하나라에는 아예 조종(祖宗)의 제도가 없고 다만 우임금과 사대(四代)의 친(親)으로 오묘(五廟)를 삼았다"[27]라고 했으나, 이는 그렇지 않다. 노(魯)나라 전금(展禽)의 말에 "하대(夏代)에는 전욱(顓頊)을 조(祖)로 하고 우(禹)를 종(宗)으로 했다"[28]라고 했는데(『禮記』의 「祭法」의 글도 대개 같다 — 原註) 만약 전욱을 태조(太祖)로 하고 우(禹)와 계(啓)를 체천하지 않았다면 아래로 사친(四親)을 제사한다고 할 때 엄연히 칠묘(七廟)이니 어째서 오묘(五廟)라고 하는가? 다만 칠묘의 설(說)이 모두 주말(周末)에 나온 것이니(「祭法」『荀子』『穀梁傳』「王制」— 原註) 어떻게 이윤의 시대에 칠묘라는 명칭이 이미 있었겠는가? 『여람呂覽』에서 인용한 것도 본디 오묘이니, 위작자가 '오(五)'를 고쳐 '칠(七)'로 한 것이다(『通典』[29]에서 虞喜의 말을 기록하여 이르기를, "七廟는 周代에 시작된 것이 아니다. 伊尹이 이미 '七世之廟'를 말했다"라고 했다. 虞喜는 晉나라 明帝 때 사람으로 이미 梅賾의 『尙書』를 보았다. 梅賾의 『尙書』의 출현은 대체로 東晉 초기이다 — 原註).

【依據】맹자가 이르기를, "필부필부라도 요순의 혜택을 입는 데 참여하지 못한 자가 있으면〔匹夫匹婦 有不與被堯舜之澤者〕"[30]이라고 하였으니(伊尹의 뜻을 말한 것이다 — 原註), "필부필부라도 스스로의 능력을 다하지 못하게 되면〔匹夫匹婦 不獲自盡〕"이라는 것은 대체로 이것에 의거한 것이다.

【誤漏】『예기』에 「윤고」를 인용하여 이르기를, "윤(尹)이 몸소 먼저 서쪽에 도읍한 하나라를 봄에, 왕이 스스로 충신으로써 끝맺

---

27) 『尙書正義』卷 第8,「咸有一德」孔穎達 疏.
28) 『國語』「魯語」上.
29) 『通典』: 書名. 2백 권. 唐 杜佑의 撰.
30) 「萬章」上·下.

음이 있으니 보필하는 신하도 또한 충신으로써 끝맺음이 있더라"
라고 하였다(「緇衣」──原註).

열명 상(說命上)

『사기』「은본기」에 부열(傅說)을 재상으로 삼은 기사는 있으나
「열명(說命)」을 지었다고는 말하지 않았다.

임금이 상(喪)을 당해 3년을 거상(居喪)하고 이미 상을 면하고도
말을 하지 않거늘, 군신이 모두 임금에게 간(諫)하기를, "아! 아는
것을 일러 명철(明哲)이라 하니 명철이 실로 법이 되는 것입니다. 천
자께서 만방에 임금으로 계심에 백관이 받들고 공경하여 임금의 말
씀을 명령으로 삼는데, 말씀하지 않으시면 신하들이 명령을 받들 곳
이 없게 되는 것입니다"라고 하였다.

【蒐輯】「주서周書」에 이르기를, "고종이 왕으로 즉위하여 거상
3년 동안 말하지 않았다. 이렇게 말하지 않았으나, 말하게 되면
온화하였다"라고 했다(「無逸」──原註).
○『논어』에서 『상서』를 인용하여 "고종이 거상 3년을 말하지
않았다"[31]라고 하였다(「憲問」에 나온다. 孔安國의 註에는 '諒陰'을 信默[32]
이라고 했다──原註).
○『예기』「단궁」에서 『상서』를 인용하여 이르기를, "고종이 3
년을 말하지 않았으나 말을 하게 되면 백성들이 기뻐하였다"라고
했다.

---

31) 『論語』「憲問」.
32) 信默: 信任하고 가만히 있는 것.

○『예기』「방기」에 이르기를, "「고종」에 '3년 동안 말을 하지 않았으나 말을 하면 백성들이 기뻐하였다'는 말이 있다"라고 하였다(鄭玄이 이르기를, "「高宗」은 『尙書』에 있다. 3년 동안 말하지 않은 것은 아버지인 小乙의 喪이 있어서이다"33)라고 했다 ─ 原註).

○『예기』「상복사제」에서 『상서』를 인용하여 이르기를, "고종이 거상 3년 동안을 말하지 않았다"라고 했다.

○ 내가 살펴보건대, 『상서』 편목(篇目)에 원래 「고종지훈」이 있었다(「說命」의 아래에 「高宗肜日」과 「高宗之訓」이 있었다 ─ 原註) 「고종지훈」을 「고종」이라고도 칭하는 것은 「반경지고」를 「반경」이라고 칭하는 것과 같다(「沃丁」「仲丁」「何亶甲」「祖乙」이 모두 『尙書』 篇名이니 「高宗」도 그대로 篇名이 될 수 있다 ─ 原註). 그래서 「방기」에서 바로 "「고종」에 '삼년불언(三年不言)'이라 했다"라고 하였다. 『상서대전』에 「반경」을 인용하여 "만약 덕이 밝다면〔若德明〕"이라 하고, 내사(內史)인 과(過)가 「반경」을 인용하여 "나라의 풍속이 착하면〔國之臧〕"이라 한 것과 같은 것도(『國語』「周語」에 보인다 ─ 原註) 모두 『상서』를 인용한 예이다. '삼년불언'이란 것은 본래 고종이 직접 입으로 말한 것이 아니다. 그러니 「방기」에서 "고종이 이르기를"이라고 하였을 이치가 있겠는가? 그런즉 "거상 3년을 말하지 않았다〔亮陰三年 其惟不言〕"는 것은 바로 옛 『상서』「고종지훈」에 실려 있는 구절이다. 공자의 문하에서 「방기」를 지을 때에는 『상서』가 아직까지 없어지지 않아서 이와 같이 얻어 인용하였고 정현이 이것을 주(註)한 것이 매우 분명한데, 위작자가 주인 없는 물건으로 여겨 제멋대로 취해다가 「열명」의 머리장으로 만들었으니 어떻게 다행히 천 년 후에 다시 이 구의 이 장을 「고종지훈」에 붙여, 그 보옥(寶玉) 대궁(大弓)을 마침내 공실(公室)로 되돌려보내기를 바랄 수 있겠는가? 주공이 이 글을 인용하여 「무일」을 짓

───────────

33) 『禮記正義』 卷 第32, 「表記」 鄭玄 註.

고, 공자가 이 글을 인용하여 자장(子張)에게 답하였고, 『예기』의 「단궁」과 「상복사제」 등이 인용한 것에 이르러서는 모두 「고종지훈」(「高宗之訓」은 祖庚[34]의 時代에 지어진 것이지 高宗이 지은 것은 아니다—原註)을 인용하였음이 더욱 분명하다.

○또 살펴보건대, '양음(亮陰)' 두 자를 어디서는 '양음(亮陰)'이라 했고(「無逸」과 梅賾本의 「說命」—原註) 어디서는 '양음(諒陰)'이라 했고(『論語』—原註) 어디서는 '양암(諒闇)'이라 했고(「喪服四制」—原註) 어디서는 '양암(亮闇)'이라 했고(「魯世家」—原註) 어디서는 '양암(梁闇)'이라 했고(『尙書大傳』—原註) 어디서는 '양음(凉陰)'이라 했으며(『漢書』「五行志」—原註) 그 뜻을 푼 것도 어디서는 '신묵(信默)'이라 했고(孔安國의 『論語』 註—原註) 어디서는 '미려(楣廬)'라 했고(鄭玄의 「喪服四制」 註—原註) 어디서는 '심상(心喪)'이라 해서(杜預의 『左傳』 註—原註) 사장가(詞章家)들은 따르기도 하고 따르지 않기도 하여 같지 않다. 진(晉)나라 산도(山濤)[35]의 「전傳」에 있어 왕의 조서(詔書)에 "태상(太常)인 산도는 지금까지 아직 양암(諒闇) 중에 있다"[36]라고 했는데, 이는 신묵의 뜻을 따른 것이요(楣廬라는 것은 天子의 제도이다. 여기서는 山濤가 喪事로 말하지 않은 것이 아니라는 애기이다—原註) 반악(潘岳)의 「서정부西征賦」에 "천자께서 양암(諒闇)에 거처하신다"[37]라고 했는데, 이는 미려의 뜻을 따른 것이다. 내가 생각하건대, '음(陰)'은 '음(瘖)' '음(暗)'과 본래 상통하는 글자이니, '양음(諒陰)'이란 것은 '묵(默)'의 뜻이다. 총괄하건대, 이것은 3년을 거상하는 항례(恒禮)이다(孔子가 말했다—原註). 고종이 이 항례에 따라 묵묵히 도를 생각한 것인데(「楚語」에 보인다—原

---

34) 祖庚: 殷의 高宗인 武丁의 아들.
35) 山濤: 205~283. 晉 河內 懷人. 字는 巨源. 老莊을 좋아하였으며 竹林七賢 중의 한 사람이었음.
36) 『晉書』「山濤傳」.
37) 『文選』 卷 第10.

註), 지금 "이미 상을 면하고도 말하지 않았다〔旣免喪 其惟不言〕"라고 하는 것이 옳겠는가? 위작자는 말하지 않았다는 것을 가지고 글을 만들고자 하였기 때문에 은나라 고종이 "꿈에 성인을 얻었다"는 것을 또 항례[38]에 있어서 말하지 않았던 것으로는 그 일을 족히 신기하게 하지 못할까 염려하였다. 그러므로 또 거기에다 '기면상(旣免喪)'이란 한 구절을 더하였다. 비록 그러하나 공자는 이것을 상중의 일로 하였으니, 3년 외에 또 3년을 더하는 것은 불가하다. 『제왕세기』에 이르기를, "무정이 즉위하여 양암으로 여막에 있으면서 3년을 말하지 않고 상을 면하고도 오히려 말하지 않으니, 뭇 신하들이 모두 간하였다"라고 하였다(『太平御覽』에도 이것을 인용했다 ─ 原註).

○나는 이렇게 생각한다. 상(喪)을 면하고도 오히려 말하지 않은 것은 본래 황보밀(皇甫謐)의 말인데, 위작자가 근거로 한 것이 여기에 있을 것이다.

【剽竊】 묵자가 이르기를, "선왕의 글은 하늘의 밝고 간단(間斷) 없는 도(道)에 따르는 것이다. 이것을 아는 것을 '명철(明哲)'이라고 하니, 오직 위대하게 다스리는 임금만이 아래에서 나온다"[39]고 하였다.

임금이 이들의 간언(諫言) 때문에 글을 지어 고하기를 "하늘이 나로 하여금 사방을 바로잡게 하였으니, 나는 덕이 선왕과 같지 못할

---

38) 恒禮: 여기서는 일반적으로 통용되는 居喪 3년의 禮를 말한다.
39) 『墨子』「天志」中篇에 나온다. 『墨子』에 나오는 이 구절의 해석은 다양하다. 淸의 經學者 王引之는 "馴天明不解之道也, 知之"까지를 한 구절로 하고 그 다음 구절은 校訂하여 "曰明哲維天, 臨君下土"로 하였다. 해석은 "하늘이 언제나 사람들에게 밝게 비추어 태만하지 않게 하는 道를 가르치기 때문에 사람들은 그러한 것을 알게 된다. 그 先王의 글에 '明哲함은 하늘이니 언제나 下土의 백성들에게 君臨한다〔曰明哲維天, 臨君下土〕'"로 하였다.

까 걱정하여 이 때문에 말하지 않고 삼가고 말없이 치도(治道)를 생각하였는데, 꿈에 상제(上帝)께서 훌륭한 보필을 내려주었으니, 그 사람이 내 말을 대신할 것이다"하였다. 이에 임금은 그 모습을 살펴 그림을 그려 천하에 두루 구하게 하니, 열(說)이 부암(傅岩)의 들에서 담을 쌓고 있었는데 그 모습이 닮았다. 이에 그를 세워 재상으로 삼고 왕이 그 곁에 두었다. 임금이 부열에게 다음과 같이 명하였다. "조석으로 가르침을 들려주어 나의 덕을 도우라. 만약 내가 쇠라면 너를 숫돌로 삼을 것이며, 만약 큰 내를 건너게 되면 너를 배와 노로 삼을 것이며, 만약 크게 가물면 너를 임우(霖雨)로 삼을 것이니, 그대의 마음을 열어 나의 마음을 적셔다오. 약이 아찔하게 독하지 않으면 그 병이 낫지 않으며 맨발로 감에 땅을 보지 않으면 그 발이 다칠 것이다.

【修飾】「초어楚語」에 보면 영왕(靈王)이 포학하니 백공(白公)[40]인 자장이 이르기를, "옛날에 은(殷)의 무정이 능히 그 덕을 공경히하여 신명(神明)에 이르렀습니다. 그래서 하내(河內)에 옮기고 하내에서 박(亳)으로 가서, 이에 3년을 말없이 도(道)를 생각하니, 경사(卿士)들이 근심하여 아뢰기를 '왕의 말씀은 영(令)을 내기 위한 것입니다. 만약 말씀하지 않으면 영을 받을 곳이 없습니다'하니, 무정이 이에 글을 지어 이르기를, '나로 하여금 사방을 바로잡게 하였으니, 나는 덕이 선왕과 같지 못할까 걱정하여 이 때문에 말하지 않은 것이 이와 같다'라고 하였다. 그리하여 또 꿈에 본 어진 이의 모습을 그려 사방(四方)의 현성(賢聖)을 구하게 하니, 부열(傅說)을 구해옴에 높은 자리에 올려서 공(公)으로 삼고, 조석으로 바로잡고 간하게 하면서 이르기를, '만약 내가 쇠라면 너를

---

40) 白公: 楚나라 大夫. 楚平王의 太子인 建의 아들로 이름은 勝. 白公이라고 한 것은 白縣의 장관이었기 때문에 붙여진 稱號이다.

숫돌로 삼을 것이며, 만약 물을 건너게 되면 너를 배로 삼을 것이며, 만약 하늘이 가물면 너를 임우(霖雨)로 삼을 것이다. 그대의 마음을 열어 내 마음을 적셔다오. 약이 아찔하게 독하지 않으면 그 병이 낫지 않으며, 맨발로 감에 땅을 보지 않으면 그 발이 다칠 것이다'하였습니다"[41]라고 하였다(武丁의 神明으로도 오히려 스스로 다스려지지 못했다고 여겨 3년 동안 말없이 도를 생각하고, 이미 得道하여서도 감히 專制하지 않고 형상으로 그려 두루 성인을 구하게 하고 이미 얻어 보필로 삼고도 또 거칠고 어두워서 망각해버릴까 염려하였기 때문에 조석으로 바로잡고 가르치며 경계하고 諫하게 하면서 이르기를, "반드시 서로 사귀어 나를 수양케 하고 나를 버리지 말라"[42]고 하였다 — 原註). ○ 위소(韋昭)[43]가 이르기를, "글을 지어 글로써 경사(卿士)들에게 알게 하였다"하니, 가당(賈唐)이 이르기를, "글은 「열명」이다"하거늘, 위소가 이르기를, "아니다. 그때에는 부열을 얻지 못하였다"[44]라고 하였다.

○내가 살펴보건대, '이여정사방(以余正四方)' 이하의 세 구는 바로 당시의 조서(詔書)이다. 대체로 말을 하지 않았기 때문에 글을 지어 말을 대신한 것이다. 위소가 분변한 것이 명료한데 지금 이것을 「열명」이라고 하면 되겠는가? "꿈을 그린 형상으로 두루 卜하게 하였다"는 것은 백공(白公)이 덧붙여 실명한 말이요, "반드시 서로 사귀어 나를 수양케 한다"는 것은 백공이 연역한 뜻인데(서로 사귀어 나를 수양케 한다는 것은 쇠와 숫돌로 비유한 말이다 — 原註) 모두 기록하여 경을 만든 것이 옳겠는가?

『사기』「은본기」에 이르기를, "무정이 즉위하여 은(殷)을 중흥케 하기를 생각하였으나, 그 보좌할 사람을 얻지 못했다. 그래서

---

41) 『國語』「楚語」上.

42) 同上.

43) 韋昭: 204~273. 三國時代 吳나라 雲陽人. 字는 弘嗣. 저서로 『洞記』 『官職訓』과 『國語』『孝經』『論語』 등의 註가 있다.

44) 『國語』「楚語」上 韋氏解.

3년 동안 말하지 않고 정사를 총재(冢宰)에게 결정하게 하고는 나라의 풍속을 살폈다. 무정이 밤에 꿈에서 성인을 얻었는데 이름을 열(說)이라 했다. 꿈에서 본 것으로 군신(群臣)과 백리(百吏)들을 살펴보니 모두 아니었다. 이에 백공(百工)을 시켜 초야에서 두루 찾게 하여 부암(傅岩)⁴⁵⁾에서 열(說)을 얻었다. 이때 열은 도형수(徒刑囚)⁴⁶⁾로 부암에서 담을 쌓고 있다가 무정에게 발견되었다. 무정이 '이 사람이다' 하고 만나서 그와 말을 나눠보니 과연 성인이었다. 등용하여 재상으로 삼으니 은나라가 크게 다스려졌다. 마침내 부암으로 성(姓)을 삼아주어 부열(傅說)이라고 하였다"라고 하였다.

○ 최술(崔述)이 이르기를, "꿈은 황홀의 경지이다. '나라가 장차 흥하려 할 때는 사람에게서 듣고, 장차 망하려 할 때는 귀신에게서 듣는다'고 하였는데, 하물며 천하에 재상을 임명하는 큰일에 있어서랴! 옛사람들은 반드시 대중에게 살펴서 말로써 아뢰게 하고 공으로써 시험하며, 두루 시험하여 모두 공효가 있은 연후에 등용하여 재상으로 삼았는데, 어찌 한 꿈에서 결정하는 일이 있었겠는가?"⁴⁷⁾라고 하였다.

○ 나는 이렇게 생각한다. 『국어』에 이르기를, "높은 자리에 올려서 공(公)으로 삼았다"⁴⁸⁾라고 했고, 『사기』에 "등용하여 재상으로 삼았다"⁴⁹⁾라고 했으니, 이는 서둘러 올려서 재상을 삼은 것이요, 지금 사람들의 말처럼 그 자리에서 바로 임명한 것이 아닌데, 지금 사람들은 위서의 '원립(爰立)' 두 자를 믿어서 이와 같이 알

---

45) 傅岩: 지금 山西省 平陸縣의 동쪽에 聖人의 岩窟이 있다고 함. 그곳을 傅岩 또는 傅險이라 함.
46) 徒刑囚: 五刑의 하나로 勞役을 하는 刑罰을 받은 사람임.
47) 崔述, 『考信錄』「商考信錄」卷2.
48) 『國語』「楚語」上.
49) 『史記』「殷本紀」.

고 있다. 맹자가 이르기를, "부열은 담을 쌓고 있던 장소에서 등용되었다"[50]라고 하고, 「이소경離騷經」에서 이르기를, "열이 부암에서 담을 쌓고 있었는데 무정이 등용하고서는 의심하지 않았다"라고 하며, 가의(賈誼)의 「복조부鵩[51]鳥賦」[52]에서 이르기를, "부열이 도형수였다가, 이에 무정을 도왔다"라고 하고(『莊子』에는 "傅說이 발탁되어 武丁을 도왔다"[53]고 하였다 — 原註) 반고의 「답빈희答賓戲」에 이르기를, "은(殷)의 부열이 부암에서 꿈으로 발탁되었다"[54]라고 하여(庾信[55]의 「傅說贊」에 이르기를, "몸소 版築의 일을 했다"라고 했고, 夏侯湛[56]의 賦에 이르기를, "傅說이 담 쌓는 일을 하다가 왕을 깨우쳤다"라고 했다 — 原註) 모두 그 자리에서 바로 임명했다는 글이 없으니, '원립(爰立)'이라고 말한 것은 거짓된 것이다.

정현이 이르기를, "부암에서 얻으니, 고종이 그 때문에 부(傅)로써 열(說)에게 명하여 씨(氏)로 삼게 하였다"[57]라고 했다(梅賾은 "傅氏의 岩窟이 虞·虢의 경계에 있다"고 하였다[58] — 原註).

○ 내가 살펴보건대, 정현의 설(說)은 『사기』에 근본한 것이다. 나의 생각에는, '사(師)' '부(傅)'라는 것은 삼공(三公)이다. 고종이 열(說)을 등용하여 스승으로 삼고, 마침내 '부열(傅說)'이라 칭한 것인데(周의 太師인 尙父와, 太保인 奭[59]의 경우와 같다 — 原註), 후인들이

---

50) 『孟子』 「告子」 下.
51) 鵩: 朝本에는 '服'으로 되어 있다.
52) 鵩鳥賦: 前漢의 賈誼가 長沙王의 護衛官으로 左遷되어 있을 때 자신의 不遇함을 슬퍼하여 지은 글.
53) 『莊子』 「大宗師」.
54) 蕭統, 『文選』 卷45.
55) 庾信: 513~581. 北周의 新野人. 肩吾의 아들. 字는 子山. 文章에 능했으며 저서로 『庾開府集』이 있다.
56) 夏侯湛: 243~291. p. 321 주 33 참조.
57) 『尙書正義』 卷 第10, 「說命」 上 孔穎達 疏.
58) 『尙書正義』 卷 第10, 「說命」 上 孔氏傳.
59) 奭: 周나라 武王 때 燕에 封해졌던 召公의 이름.

마침내 담 쌓던 곳의 땅을 일러 부암이라 한 것이라고 여겨진다
(尸子60)에 이르기를, "傅岩은 北海 물가에 있다"라고 했다. 옛날에는 매양 齊東
을 北海라고 했다 ── 原註).

맹자가 『상서』를 인용하여 이르기를, "약이 아찔하여 독하지 않
으면 그 병이 낫지 않는다"61)라고 했다(趙岐가 이르기를, "약이 사람의
병을 다스릴 때 먼저 어지럽게 한다"62)고 했다 ── 原註). ○살펴보건대,
『설문說文』에 이 두 구절이 있는데 『맹자』에서 기록한 것이다.

그대의 요속(僚屬)들과 더불어 마음을 한 가지로 하여, 그대의 임
금을 바로잡아 선왕을 따라 우리 탕(湯)임금의 자취를 이어 만백성
을 편안케 하도록 하라. 아! 나의 이 명(命)을 공경히 받들어 좋은
끝이 있도록 생각하라."
부열(傅說)이 임금께 아뢰기를, "나무는 먹줄을 따라야 바르게 되
고, 임금은 간언을 따라야 성군이 되는 것이니, 임금이 능히 성군이
되면 신하는 명(命)하지 않아도 받들 것인데, 누가 감히 공경히 왕
의 훌륭한 명(命)을 따르지 아니하겠습니까?"라고 하였다.

【剽取】순자(荀子)가 이르기를, "나무는 먹줄을 받으면 곧아지
고, 쇠는 숫돌에 갈면 날카로워진다"63)라고 했다. ○『대대례』에도
또한 이 글이 있다(「勸學」 ── 原註).

---

60) 尸子: 戰國時代 楚나라 사람. 이름은 佼. 商鞅의 스승. 『尸子』20편
    을 지었다고 함.
61) 『孟子』「滕文公」上.
62) 孫奭, 『孟子正義』卷第5 上, 「滕文公章句」上 趙岐의 註.
63) 『荀子』「勸學」.

열명 중(說命中)

부열이 왕명으로 백관(百官)을 총괄하였다. 이에 왕에게 나아가 다음과 같이 아뢰었다. "아! 밝으신 선왕이 천도(天道)를 받들어 따르고 나라를 건설하여 도읍을 설치해 후왕(后王)과 군공(君公)을 세우고, 대부(大夫)와 사장(師長)을 두어 받들게 한 것은 이들을 편안히 즐기게 함이 아니라 백성을 다스리게 함입니다. 하늘이 총명하니 성왕(聖王)께서 이를 본받으시면 신하들이 공경하고 따르며, 백성들은 따라서 다스려질 것입니다.

【剽取】묵자(墨子)가 이르기를, "선왕이 써놓은 글인『상년相年』에 이르기를, '대저 나라를 건설하여 도읍을 설치해 이에 후왕과 군공을 세워놓은 것은 교태를 부리게 하고자 함이 아니요, 경대부(卿大夫)[64]와 사장을 둔 것은 즐기게 하고자 한 것이 아니다. 분변하여 하늘의 고른 질서를 다스리게 한 것이다'"라고 했고(「尙同」─原註) 또 이르기를, "'옛날에 나라를 건설하여 도읍을 설치해, 이에 후왕과 군공을 세우고 경사(卿士)와 사장으로 받들게 한 것은 그들을 기쁘게 하고자 한 게 아니다. 오직 분변하여 하늘의 밝은 도(道)를 도와 다스리게 한 것이다"[65]라고 했다.

○살펴보건대, '건방설도(建邦設都)'는 본래『주례』의 첫머리 글이요, 묵자가 일컬은 선왕이 써놓은 글은『상서』가 아닌데, 취해다가 부열이 처음으로 임금 앞에서 아뢴 것으로 삼았으니, 무의미하기가 짝이 없는 것이다.

---

64)『墨子』에는 輕大夫로 돼 있으나 이 輕은 卿의 뜻이다.
65)『墨子』「尙同」下篇.

입은 수치를 초래하며 갑주(甲冑)는 전쟁을 일으킵니다. 의상은 덕 있는 이에게 주는 것이니 항상 상자에 보관하여 가벼이 하지 말고, 간과(干戈)는 정벌에 쓰는 것이니 그 몸을 잘 살펴서 주어 임금께서 이를 경계하여 이를 진실되게 하고 능히 밝게 하면 아름답지 않음이 없을 것입니다. 치란(治亂)이 여러 관리들에게 달려 있으니, 관직을 사사로이 좋아하는 이에게 하지 말고 능력 있는 이에게 하며, 작위를 악덕한 이에게 주지 않고 훌륭한 이에게 주소서. 생각이 좋으면 움직이되, 그 움직임은 때에 맞게 하소서. 선(善)이 있다고 자부하면 그 선을 잃을 것이며, 능함을 자랑하면 그 공을 잃을 것입니다. 일삼을 것을 일삼는 것이 갖춤이 있게 되는 것이니, 갖춤이 있어야 환란이 없을 것입니다. 총애의 길을 열어 모욕을 불러들이지 말고, 허물을 부끄러워하여 잘못을 짓지 마십시오. 오직 그 지켜야 할 지위에 안거(安居)해야만 정사가 순후(醇厚)해질 것입니다. 제사를 자주 지내 욕되게 하면 이를 공경치 못하다고 이르는 것이니, 예가 번거로우면 어지러워지고 신을 섬기는 것도 도리어 어렵게 됩니다."

【蒐輯】『예기』에 「열명兌命」을 인용하여 이르기를, "입은 치욕을 초래하며 갑주(甲冑)는 전쟁을 일으킨다. 의상은 덕 있는 이에게 주는 것이니 상자에 보관하여 가벼이 하지 말고 간과(干戈)는 정벌에 쓰는 것이니 그 몸을 잘 살펴주어야 한다"라고 하였다(「緇衣」—原註). ○정현이 이르기를, "'열(兌)'은 마땅히 '열(說)'로 되어야 하니, 부열을 이름이다(「學記」註에 "글자의 잘못이다"라고 했다—原註). '수(羞)'는 욕(辱)과 같다. '의상(衣裳)'은 조회, 제사 때 입는 제복이다. 입은 욕을 일으키니 마땅히 말을 삼가야 할 것이고, 갑주는 전쟁을 일으키니 마땅히 군대의 일을 삼가야 한다(梅賾이 이르기를, "兵器는 그 능력을 가지지 않은 사람에게 맡겨서는 안 된다"[66]라고

---

66) 『尙書正義』卷 第10, 「說命」中 孔氏傳.

했다—原註). 의상은 상자에 보관되어 있으니 마땅히 입을 때 입어서 예를 행해야 할 것이요(梅賾이 이르기를, "制服은 그 적임자가 아닌 사람에게 주어서는 안 된다"[67]라고 했다—原註), '유간과성궐궁(惟干戈省厥躬)'이라고 하는 것의 뜻은 마땅히 자기를 미루어 남을 해치는 데 더하지 않아야 한다"[68]라고 하였다.

○내가 살펴보건대, 갑주는 방어하는 물건이요, 병인(兵刃)은 찔러서 해치는 물건인데, 남을 의심하여 믿지 않고 항상 방어하는 태도로 있으면, 도리어 병인을 초래하는 것이니 정현의 뜻은 정밀하지 못하다.

【割裂】『예기』에 「열명」을 인용하여 이르기를, "술잔을 악덕한 이에게 주어서는 아니 되니, 만약 주면 백성들도 그를 세워 바르다고 여길 것이다. 매사에 모두 이렇게 하여 제사하면 이것을 불경(不敬)이라 한다. 일이 번거로우면 어지러워지고 신을 섬기는 것도 어려운 것이다"라고 했다(「緇衣」—原註). ○정현이 이르기를, "악덕은 떳떳함이 없는 덕이요, 순(純)은 '모두'라는 뜻과 같다(「說命」에 말한 것은 임금이 제사하여 신하들에게 술잔을 내려 줄 때 악덕한 사람에게 주지 말라. 주면 백성이 장차 그를 내세워 바른 사람으로 여긴다는 것이요, 또 「說命」에 말한 것은 본받는 것이 빠름을 말한 것이다. 일을 모두 이와 같이 하여 제사 지내면 귀신에게 불경한 것이다. 악덕한 사람은 일을 번거롭게 하니, 일이 번거로우면 어지러워져서 가령 귀신을 섬긴다 하더라도 또 복을 얻기는 어렵다.[69]—原註). '순(純)'은 또 '번거롭다'는 뜻도 된다"라고 했다.[70] ○매색이 이르기를, "고종(高宗)의 제사에 특별히 그 횟수를 많이 하고 묘(廟)를 늘리기 때문에, 부열이 경계한 것이다"[71]라고 하였다.

---

67) 同上.
68) 『禮記正義』卷 第55,「緇衣」鄭玄 註.
69) 同上.
70) 同上.
71) 『尚書正義』卷 第10,「說命」中 孔氏傳.

○내가 살펴보건대, 고례(古禮)에는 제사하고 술잔을 내려주었다(「祭統」72)에 보인다 — 原註). '작망급악덕(爵罔及惡德)'은 바로 제사에 대해 경계한 것이다. 정현이 이것을 주(註)한 것이 매우 명료한데, 위작자는 작위와 제사가 무관하다고 여겨 이 한 구를 잘라다가 위 글에 올려놓았고, 또 깎고 고치고 하여 자기 하고 싶은 대로 찢어서 하단을 만들었으니, 어찌 슬프지 않겠는가?「고종융일高宗肜日」이 본래 조경(祖庚)73) 때의 작품이니, 역시 정현의 주가 매우 명료하다(鄭玄은 祖庚을 어리석은 사람으로 여겼다 — 原註). 위작자가 이것을 풀어서 무정(武丁)의 허물로 삼았고, 여기에서 '순(純)'을 고쳐 '독(黷)'으로 하여, 아버지의 사당에만 제사를 성대하게 하였다는 죄로 실증하였으니, 아! 슬프다. 무정도 현철한 왕인데 무고를 입음이 이와 같다. 모두 나의『상서고훈尙書古訓』에 상세하니 고찰해봄이 마땅하겠다(「高宗肜日」 — 原註).

【剽取】『좌전』에 위강(魏絳)74)이『상서』를 인용하여 이르기를, "편안한 데 거처하여 위태로움을 생각해야 하니, 생각하게 되면 갖춤이 있고 갖춤이 있게 되면 환란이 없을 것이다"라고 했다(襄公 11年 — 原註). ○『좌전』에 사백(士伯)75)이 이르기를, "'총애의 길을 열면 모욕을 불러들인다〔啓寵納侮〕'는 것은 이것을 두고 일컫는 것이다"라고 했다(定公 元年76) — 原註). ○나는 이렇게 생각한다. '허물을 꾸며 잘못을 이룬다〔文過遂非〕'를 고쳐서 '허물을 부끄러워하여 잘못을 짓는다〔耻過作非〕'라고 한 것이다.

---

72)「祭統」:『禮記』의 篇名.
73) 祖庚: 殷나라 21대 왕으로 武丁의 아들. 11년 간 재위하였음.
74) 魏絳: 春秋時代 晉나라 哀公 때 大夫.
75) 士伯: 春秋時代 晉나라 大夫인 士彌牟. 朝本에는 '史伯'으로 되어 있다.
76) 朝本에는 '昭公 10년'으로 되어 있다.

임금이 이르기를, "훌륭하도다 부열이여! 그대의 말은 행할 만하다. 그대가 좋은 말을 해주지 않았던들 나는 행할 바를 듣지 못하였을 것이다"하니, 부열이 절하고 머리를 조아리며 아뢰기를, "아는 것이 어려운 것이 아니라 행하는 것이 어려우니, 임금께서 정성껏 하고 어렵게 여기지 않으면 진실로 선왕의 이루신 덕에 화합할 것입니다. 부열이 이러한 말씀을 드리지 않으면 그 허물이 부열에게 있을 것입니다"라고 하였다.

【剽取】『좌전』에 정(鄭)나라 자피(子皮)[77]가 이르기를, "아는 것이 실제로 어려운 것이 아니라 장차 행하는 데 달려 있다"라고 했다(昭公 10年 — 原註).

○나는 이렇게 생각한다. 등용해서 공(公)으로 삼았으면 사·부·보(師傅保)의 지위인데 "훌륭하다 부열아" "오너라 너 부열아"라고 하여 마치 어린아이 부르듯이 했으니, 또한 이치상 좋을 수 없다.

열명 하(說命下)

임금이 이르기를, "오너라, 너 부열이여! 내가 예전에 감반(甘盤)에게 배웠으나 뒤이어 곧 황야에 물러나 있었고, 하내(河內)에 들어가 살았으며, 또 하내에서 박(亳)으로 가게 되었다. 이렇게 됨으로써 지금에 이르기까지도 밝아지지 못했느니라. 그대는 나의 지향할 바를 가르쳐주어 만약 내가 술이나 단술을 만들거든 그대는 누룩이 될 것이며, 맛좋은 국을 만들거든 그대는 소금이나 식초가 되어다오. 그대는 여러 가지 면으로 나를 닦게 하여 나를 버리지 말라. 내 능히

---

77) 子皮: 春秋時代 鄭나라 罕虎의 字. 벼슬은 上卿.

그대의 가르침에 나아가리라"라 하였다.

매색이 이르기를, "이미 배우다가 중도에 학업을 그만두고 전야
(田野)에 물러나 있었다"[78]라고 했다. ○소식(蘇軾)이 이르기를,
"감반이 황야에 물러나 있었다"[79]라고 했다(朱子는 '옳지 않다'[80]고 했
다 ─ 原註). ○소강절(邵康節)[81]이 이르기를, "고종(高宗)이 왕의 자
리에 오르고, 감반이 재상이 되었다"라고 했다(『經世書』[82] ─ 原註).
  ○나는 이렇게 생각한다. 감반에 관한 것은 위작한 것 중에서도
큰 것이다. 「주서」에 이르기를, "성탕(成湯) 때에는 이윤 같은 이
가 있었고, 무정(武丁) 때에는 감반 같은 이가 있었다"[83]고 하였다.
무정이 59년 동안 재위에 있었으니, 감반은 무정의 원보(元輔)[84]
이다. 덕을 같이하고 다스림을 이룬 것이 탕(湯) 때의 이윤 같고,
태무(太戊) 때의 이척(伊陟) 같은 자이니, 어렸을 때 일시 수학한
선생이 아니다. 매색의 설(說)대로 한다면 무정이 왕의 자리에 오
르지 않았을 때 감반은 이미 죽었고, 무정이 황야에 물러나 있다
가 몇 년 후에 하내로부터 박으로 돌아와서 오랜 후에 재위를 이
어받은 것으로 되어 있으니 감반은 하루도 받들어 보좌한 공이 없
고, 면상(免喪) 후에는 부열을 바로 세웠으므로 감반은 무정의 원
보가 될 수 없는 것인데, 어찌 「군석君奭」에서 주공(周公)의 말이
저와 같겠는가? 가령 복생과 공안국의 원서(原書)에 이런 기록이
있더라도 오히려 주공의 말에 중점을 두어야 할 것이어늘, 하물며

---

78) 『尙書正義』 卷 第10, 「說命」 下 孔氏傳.
79) 朱熹, 『朱子語類』 卷79, 「尙書」.
80) 同上.
81) 邵康節: 1011~1077. 宋나라 邵雍. 河南人. 康節은 諡號. 字는 堯夫.
    『周易』에 정통하였음. 저서로 『皇極經世書』 『先天圖』 등이 있다.
82) 『經世書』: 『皇極經世書』를 말하는데 全 12편으로 되어 있다.
83) 『尙書』 「君奭」.
84) 元輔: 天子의 補佐.

매색의 경문과 매색의 전주(傳註)에서 말한 것임에 있어서랴. 소강절이 이것 때문에 고민하다가 "제위에 오른 처음에는 감반이 재상이 되었다"고 하였으니, 매색의 경문과 매색의 전주와는 그 차이가 천 리(千里)로서 같지 않은 것은 어째서인가? 그러나 대저 60년 동안 국군(國君)의 자리를 누렸는데 이에 제위에 오른 처음에 갑자기 재상이 된 자가 원신(元臣)에 배정되었으니, 이런 이치가 있겠는가? 부열은 초년(初年)의 보필이요, 감반은 만년의 재상인데, 위작자가 잘못 쓴 것이 이와 같을 뿐이다. 소동파(蘇東坡)가 "물러난 것은 감반이다"라고 한 것도 또한 잘못된 것은 아니다. 『주역』에 이르기를, "세상을 숨어 살아도 근심함이 없다"[85]라고 했으니, '둔(遯)'이란 것은 세상을 피하고 세속을 끊어 멀리 떠나는 행위이다. 무정은 부왕(父王)이 계시고 자신은 세자(世子)이니, 반드시 감히 몸을 감추고 자취를 없애 깊이 은둔하는 지조에 힘써야 하고 스스로 이륜(彝倫)의 대죄에 빠져서는 안되니, 감반이 은둔하는 것이 오히려 낫지 않겠는가? 다만 매색의 경문의 뜻은 자신의 주에서 벗어나지 않았다. 자신이 경문을 만들어 자신이 주(註)한 것이니, 무슨 논란할 것이 있겠는가?(梅賾은 "武丁이 은둔했다"고 했다 ─ 原註)

○ '자하조박(自河徂亳)'(은둔했다 돌아온 것 ─ 原註)과 '이교수여, 망여기(爾交修予, 罔予棄)'(이것을 찢어놓았다 ─ 原註)는 모두 백공(白公)의 말을[86] 수습(收拾)해놓은 것이다. ○'이유국얼(爾惟麴糵)'은 「예운禮運」[87]을 훔쳐 답습한 것이고(술의 누룩과 같다는 것 ─ 原註) '이유염매(爾惟鹽梅)'는 안영(晏嬰)의 말을 훔쳐 답습한 것이다(『左傳』昭公 20年에 晏嬰이 이르기를, "調和는 국을 끓이는 것과 같으니, 水·火·鹽·梅로

---

85) 『周易』「大過」卦의 「象傳」.
86) 『國語』「楚語」에 나오는 말, 즉 "〔……〕以入於河, 自河狙亳, 〔……〕曰, 必交修余, 無余棄也"를 가리킴.
87) 「禮運」: 『禮記』의 篇名.

써 魚肉을 끓이는 것이다"라고 하였다).

부열이 아뢰기를, "임금님이여! 사람 가운데서 견문이 많은 이를 구하는 것은 일을 세워서 이루기 위함이요, 또 옛 교훈을 배워야 얻음이 있을 것입니다. 일을 함에 옛것을 스승 삼지 않고 능히 세대를 길이 이어나갔다는 자를 저는 듣지 못했나이다. 오직 배움은 뜻을 겸손히할 것이니, 힘써 언제나 학문에 민첩하면 그 닦는 바가 보람이 올 것이니, 진실로 이와 같은 뜻을 품으면 도가 자신의 몸에 쌓일 것입니다. 가르침은 배움의 반이니 처음부터 끝까지 생각을 항상 학문에 두면 깨닫지 못하는 사이에 그 덕이 닦일 것입니다. 선왕이 이루신 법도를 헤아려 길이 허물이 없도록 하소서. 부열이 능히 공경하여 받들어, 두루 어진 이를 초치하여 여러 관직에 임명하겠습니다"라고 하였다.

【剽竊】『사기』「진시황본기」에 순우월(淳于越)이 이르기를, "일을 함에 옛것을 스승 삼지 않고 능히 오래 이어나갔다는 자를 들어본 적이 없다"라고 했다.
○나는 이렇게 생각한다. 일을 함에 옛것을 스승 삼지 않은 것으로 "이에 그를 세워서 재상으로 삼았다〔爰立作相〕"는 것보다 더 큰 것은 없다.[88]
【蒐衍】「학기學記」에 「열명兌命」을 인용하여 이르기를, "공경히 하고 겸손히하며 힘써 언제나 학문에 민첩하면 그 닦는 바에 보람이 올 것이다"라고 하였다. ○ 정현이 이르기를, "경손(敬孫)은 도를 공경히하고 업(業)을 겸손히하는 것이며, 민(敏)은 빠른 것이

---

88) 茶山은 僞古文의 「說命」 上에 나오는 "說築傅巖之野, 惟肖. 爰立作相, 王置諸其左右."라는 말과 「說命」 下에 나오는 "事不師古, 以克永世, 匪說攸聞."이라는 말이 논리적으로 서로 맞지 않음을 지적한 것이다.

다. 배우는 자가 힘써 그때그때에 미쳐 빠르게 하면, 그 닦는 바의 학업에 보람이 올 것이다"[89]라고 했다.

○나는 이렇게 생각한다. '경손(敬孫)'을 고쳐 '유학손지(惟學遜志)'라고 하여 쓸데없이 늘려놓았다.

【蒐衍】「학기」에 이르기를, "가르침과 배움은 서로 성장하는 것이니, 「열명兌命」에 '가르침은 배움의 반이다'라고 했다"고 하였다. ○정현이 이르기를, "남을 가르치는 것이 자기 학문의 반을 증가시킨다"[90]라고 했다(陸德明의 『經典釋文』에 이르기를, "'學'자 위의 것은 胡·孝의 反切音이다"라고 했다 — 原註).

○내가 살펴보건대, '학학반(學學半)'의 두 '학(學)'자는 모두 마땅히 글자대로 읽어야 한다. 아래의 '학'자는 학문의 전체를 통칭하여 지적한 것이고, 위의 '학'자는 오로지 수학(受學)의 처음 공부를 가리키는 것이니(아래의 '學'자는 '志于學'의 '學'자와 같고, 위의 '學'자는 '學而時習'의 '學'자와 같다 — 原註), 이는 수업 받는 일을 일컫는 것이다. 비록 도학의 전체를 마쳤다고 하더라도 겨우 반공부일 뿐이요, 반드시 남을 가르치는 공을 더한 후에야 바야흐로 완전함을 이룰 수 있는 것이다. 정현이 '학'을 읽기를 '가르칠 교(敎)'자의 뜻으로 한 것은 본디 잘못된 뜻인데 위작자가 금석처럼 믿고서 바로 '효(斅)'로 고친 것이다. 옛글에 반을 말하는 것은 모두 앞의 반쪽을 근거로 하여 말하는 것이니, 이 세상에 백 년을 사는 자는 앞의 반을 '반생'이라 하고, 백 리(百里)를 가는 자는 앞의 반을 '반정(半程)'이라 하며, "반쯤 건넌 틈을 타 공격한다" "길을 향해 반쯤 가다가 지쳐 쓰러진다"는 것들이 모두 이것이다. 가르침으로 반을 삼는다면, 이는 아래의 반을 가지고 반으로 삼는 것이니, 이러한 예가 있는가?

---

89) 『禮記正義』 卷36, 「學記」 鄭玄 註.
90) 同上.

【蒐衍】「학기」에서 「열명兌命」을 인용하여 이르기를, "염종시, 전우학(念終始, 典于學)"이라고 했다(또「文王世子」91)에도 보인다 — 原註). ○ 정현이 이르기를, "전(典)은 경(經)이니, 배움에 있어서 그 업(業)을 그만두지 않음을 이름이다"92)라고 했다(또「文王世子」註에 이르기를, "典은 常이다. 일을 처음과 끝까지 그 생각을 항상 學에 두니 學은 禮義의 府庫이다"93)라고 했다 — 原註).

○나는 이렇게 생각한다. 이 구(句)가 '학학반(學學半)' 구와 서로 연결되어 있었다면, 「학기」에서 반드시 구를 나누지 않았을 텐데, 각기 별도로 인용했으니 그 본래는 각 장(章)이었음을 알 수 있다.

임금이 이르기를, "아! 부열아, 온 천하가 모두 나의 덕을 우러러 보는 것은 그대의 풍화(風化) 덕택이로다. 수족이 있어야 사람이 되고 양신(良臣)이 있어야 임금이 훌륭해지게 된다. 옛날 선대의 재상 보형(保衡)이 우리 선왕을 일으키려고 하여 이에 이르기를, '내가 임금으로 하여금 요순이 되게 할 수 없다면 그 마음의 부끄러움이 저자에서 매 맞는 것 같다'고 하고, 한 사람이라도 제자리를 얻지 못하면 곧 '이는 나의 잘못이다'라고 하여, 우리 열조(烈祖)를 도와 그 공이 하늘에까지 이른 것이다. 그대는 바라건대, 밝게 나를 보좌하여 아형(阿衡)으로 하여금 우리 상(商)에서 유일하게 미(美)를 독차지하게 하지 말지어다. 임금은 어진 이가 아니면 다스릴 수 없고, 어진 이는 임금이 아니면 먹지 못하니, 그대는 능히 그대의 임금을 선왕에게 잇게 하여, 길이 백성을 편안하게 하라" 하니, 부열이 절하고 머리를 조아리며 아뢰기를, "감히 천자의 아름다운 명(命)에 보답하여 이를 선양하게 하겠나이다"라고 하였다.

---

91) 「文王世子」: 『禮記』의 篇名.
92) 『禮記正義』卷 第36, 「學記」鄭玄 註.
93) 『禮記正義』卷 第20, 「文王世子」鄭玄 註.

나는 이렇게 생각한다. "온 천하가 모두 나의 덕을 우러러보는 것은 그대의 풍화 덕택이다〔四方之內, 咸仰朕德, 時乃風〕"라는 것은 무슨 말인가? 부열을 "이에 세워 재상으로 삼았다"는 것은 일 년도 못 되었으니 하나하나의 정령(政令)이 혹 시행되지 못함도 있을 터인데, 헛된 교만으로 먼저 헛된 욕망을 발설한 것이 이와 같은가? 성왕(聖王)이 현인(賢人)을 세워 함께 다스림에 어찌 온 천하로 하여금 모두 나의 덕을 우러러보게 하겠는가? 「대우모」에 이르기를, "내가 하고자 하는 바대로 다스려, 사방의 백성들이 바람에 풀이 쏠리듯 잘 다스려짐은 오직 그대의 공이로다" 하였고, 또 "만세토록 길이 힘입음이 바로 그대의 공이로다" 하여, 문기(文氣)가 같이 한 사람의 손에서 나온 것으로 모두 군신(君臣)이 서로 찬양하는 것이 되어 있는데, 본래 법도로는 경연(經筵)의 진강(進講)에서 임금의 덕에 대해 칭찬을 줄이는 것이 대부분일 것이다.

【蹈襲】맹자가 이윤의 마음을 형용하여, 이윤의 말을 가설해 이르기를, "내가 어찌 이 임금으로 하여금 요순(堯舜)과 같은 임금으로 만드는 것만 하겠는가?"[94]라 했고, 또 "필부필부(匹夫匹婦)라도 요순의 은택을 입지 못하는 자가 있으면 마치 자기가 그를 밀어서 도랑 가운데에 떨어뜨린 것같이 여겼다"[95]라고 했다(또 이르기를, "北宮黝는 조금이라도 남에게 꺾이면 마치 저자에서 매를 맞는 듯이 여겼다"[96]라고 했다 — 原註).

○나는 이렇게 생각한다. 이 몇 마디 말은 맹자가 가설하여 대신해서 한 말이요, 이윤에게 원래 이런 말이 있는 것이 아니다. 무정이 맹자보다 천여 년 전 시대인데 미리 맹자의 말을 기술하여

---

94) 『孟子』「萬章」上.
95) 同上.
96) 『孟子』「公孫丑」上.

부열에게 고하다니, 괴이한 일이 아닌가?

태서 상(泰誓上)

(마땅히 「太誓」라고 해야 한다 ── 原註)

13년 봄에 맹진(孟津)에서 크게 회합(會合)하다.

매색은 13년 정월이라고 하였다(「書序」의 註에 있다 ── 原註).

○ 내가 살펴보건대, 「서서」에 이르기를, "11년에 무왕(武王)이 은(殷)을 쳤다"고 하였고(위쪽 반의 글에서 ── 原註) 「주본기周本紀」[97]에 이르기를, "11년 12월 무오(戊午)에 군사가 맹진을 건넜는데(제후들도 모두 모여 말하기를, "부지런히 힘쓰고 게을리 하지 말자"[98]라고 하였다 ── 原註), 무왕이 여기에서 「태서」를 지었다"고 하였고(그 글이 곧 「河內太誓」이다 ── 原註) 『한서』 「율력지」에도 또한 이르기를, "11년에 무왕이 주(紂)를 치고 팔백(八百)의 제후들에게 크게 서약(誓約)을 하였다"[99]고 하였다. 오직 반고(班固)만이 『상서』 「홍범洪範」의 서(序)에 의거하여 잘못 말하기를, "무왕이 은을 이긴 것은 13년이다"고 하였는데(이 글은 다음에 보인다 ── 原註) 위서를 만든 사람이 반고를 독실히 믿어 경(經)을 지으면서 '13년'이라 하고, 서(序)에 주(註)를 달면서 '13년'이라 하였다. 옛글을 변경하여 어지럽히고 원래의 서(序)를 깨뜨려 찢어놓음이 이렇게 심한 데에까지 이르렀으니 애석하도다(아래 「書序論」에 상세하다[100] ──

---

97) 「周本紀」: 『史記』의 篇名.
98) 「周本紀」의 '師渡孟津'에 이어서 나오는 말이다.
99) 『漢書』 卷21, 「律曆志」 第1 下.
100) 『與猶堂全書』 제2집(經集) 「尙書詁訓序例」의 「尙書序」에 나오는 글

原註).

【律曆志】구본(舊本)의 「무성武成」[101]의 서(序)에 이르기를, "1월 무오에 군사가 맹진을 건넜다"고 하였는데(梅賾의 本에서는 이것을 옮겨다가 「太誓」의 序 아래 半으로 만들었다 ── 原註) 반고는 말하기를 "무왕이 주(紂)를 쳐서 은(殷)을 이긴 것은 13년이다"[102]고 하였다(그러므로 「書序」에 이르기를, "武王이 殷을 이기고 箕子를 데리고 돌아와 「洪範」을 지었다"고 하였고, 「洪範」에 이르기를, "13년에 왕이 箕子를 찾아갔다"고 하였다[103] ── 原註.).

○ 내가 살펴보건대, 무왕 9년에 군사를 사열하고 11년에 은을 이겼다. 이 일이 「주본기」에 실려 있고, 「노세가魯世家」[104]에 실려 있고, 「제세가齊世家」[105]에 실려 있어서 「태서」의 구서(舊序)와 서로 일치하니 의심할 것이 없다. 「홍범」 서(序)에 기자를 데리고 돌아왔다고 말한 것은 사리에 합당하지 아니하다(아래 「書序論」에 상세하다 ── 原註.). 무왕이 찾아가서 대도(大道)를 물은 것은 의당 역성혁명(易姓革命)한 수년 후에 있었을 일인데, 주(紂)를 죽이고 돌아오는 길에 사로잡아 함께 돌아왔다고 하니, 나라를 다스리고 천하를 평정하는 방법을 묻는 데에 기자가 기꺼이 진술을 하였겠는가? 그렇다면 어떻게 삼인(三仁)[106]과 일치하겠는가? 가령 다른 근거도 없이 다만 「홍범」에 13년이라고 한 것만 가지고 단정한다면 은을 이긴 것은 틀림없이 13년의 일이 아니니, 경(經)에 13년이라고 한 것은 거짓이다.

【謬義】『상서대전』에 이르기를, "문왕이 명(命)을 받은 지 1년에

을 말한다.
101) 「武成」:『尙書』의 篇名.
102) 『漢書』卷21, 「律曆志」第1 下.
103) 同上.
104) 「魯世家」:『史記』의 篇名.
105) 「齊世家」:『史記』의 篇名.
106) 三仁: 殷末의 충신 세 사람으로, 微子·箕子·比干.

우(虞)[107]와 예(芮)[108]의 질문에 판결을 내리고,[109] 6년에 숭(崇)[110]
을 치고, 7년에 죽었다"고 하였다. ○「주본기」에 이르기를, "서백
(西伯)은 대개 명을 받은 해에 왕이라 칭하고, 우와 예의 송사(訟
事)를 판결한 뒤 10년 만에 죽었고, 무왕은 즉위하여 9년에 맹진
에서 군사를 사열하였다(이때에 제후들은 약속을 하지 않았는데도 모인 사
람이 8백 명이나 되었다——原註.). 그리고 군사를 이끌고 돌아와 2년
있다가 동쪽으로 주(紂)를 치고, 11년 12월 무오에 군사가 맹진을
건넜다"고 하였다. ○반고가 이르기를, "문왕이 명을 받은 지 9년
만에 죽었고 대상(大祥)을 마친 뒤 주(紂)를 쳤으며(그렇기 때문에
「書序」에 이르기를, "11년에 武王이 紂를 치고 8백 명의 제후들의 모임에서 크
게 서약하였다"고 하였다——原註), 돌아와서 2년 만에 드디어 주를 쳐
서 은(殷)을 이겼으니(「洪範」에서 인용한 것이다——原註) 문왕이 명을
받은 해로부터 이해까지는 13년이다"라고 하였다(文王이 열다섯 살에
武王을 낳고, 武王이 殷을 이긴 해의 나이가 86세이다. 그래서 「文王世子」[111]에
이르기를, "文王은 97년을 살고 마쳤고, 武王은 93세에 죽었다"고 하였다——原
註). ○황보밀이 이르기를, "문왕이 즉위한 42년에는 그 해의 별 위
치가 순화(鶉火)[112]에 있으므로 이 해를 다시 명을 받은 원년(元年)
으로 삼아서 비로소 왕이라고 칭하였다"고 하였다. ○매색이 이
르기를, "명을 받은 지 9년 만에 문왕이 죽고, 무왕은 상(喪)을 마

---

107) 虞: 중국 고대의 國名. 舜의 先祖가 이 나라에 봉해졌다고 함. 武王
이 殷을 이기고 虞仲을 이곳에 封하였음.
108) 芮: 國名. 周와 同姓의 나라.
109) 판결을 내리고: 虞와 芮가 영토를 가지고 다툼이 일어났는데 결판
을 보지 못하고 西伯에게 물으러 갔다. 周에 가보니 농민들이 밭두
렁을 양보하고 풍속이 모두 어른에게 양보하는 것을 보고 부끄러운
생각이 들어 西伯을 만나지 않고 돌아왔다고 함. 『史記』「周本紀」에
나온다.
110) 崇: 중국 고대 神話時代의 國名. 禹의 父인 鯀에게 封해졌던 나라
라고 함.
111)「文王世子」: 『禮記』의 篇名.
112) 鶉火: 星次의 이름인데, 周나라의 分野인 三河에 속한 위치.

치고 맹진에서 군사를 사열하였으며, 13년 정월에 다시 제후들과
함께 주를 쳤다"[113]고 하였다. ○공영달이 이르기를, "이 11년이
무왕이 즉위한 해가 아니라는 것은 『대대례』[114]에 '문왕이 열다섯
살에 무왕을 낳았다'고 하였고(文王보다 14세 적다 — 原註) 「문왕세
자」에 '무왕은 93세에 죽었다'고 말한 데에서 알 수 있다"[115]고 하
였다(武王이 84세에 즉위하여 93세에 죽었으니 꼭 10년을 채운 것이다. 그러니
13년에 紂를 칠 수는 없는 것이다.[116] ○『易緯』[117]에서는 "文王이 명을 받아 正
朔을 고치고 王號를 천하에 반포하였다"고 하였는데, 鄭玄이 이에 의거하여 주
장해놓은 것은 잘못이다[118] — 原註). ○주자가 말하기를, "「태서」의 서
(序)에는 11년인데, 경(經)에는 13년이라고 하였으니 반드시 착오
가 있을 것이다"[119]라고 하였다. ○채침이 이르기를, "13년이라는
것은 무왕이 즉위한 지 13년이라는 말이다"[120]라고 하였다(歐陽脩
가 이르기를, "西伯이 즉위하여 이미 改元을 하였으니 중간에 改元을 하는 것은
마땅하지 않는데 또 改元을 하였고, 武王이 즉위함에 이르러서는 改元하는 것이
당연한데도 또 改元을 하지 않고는 先君의 元年을 위에다 두어 11년이라고 칭하
였다. 商을 멸망시켜 천하를 얻었으니, 그 일은 소송을 판결하는 것보다 훨씬
큰 것인데 또 改元을 하지 않았다. 이로써 말한다면 文王은 命을 받아 改元을
하고 武王은 文王의 元年을 앞에 두었다고 하는 것이 모두 망령된 말이다"[121]고
하였다 — 原註). ○모기령이 이르기를, "무왕에게는 13년이 있을 수
없다(紂는 文王 때에 이미 죄악이 많았는데 어찌 13년을 허송할 이치가 있겠는

---

113) 『尙書正義』 卷 第11, 「泰誓」 上篇 孔氏傳.
114) 『大戴禮』: 書名. 前漢 戴德이 지음. 古禮 204편을 删取하여 85편으
　　로 해놓은 것인데, 지금 전하는 것은 85편 중 그 절반이 散佚되고
　　없다.
115) 『尙書正義』 卷 第11, 「泰誓」 上篇 孔穎達 疏.
116) 同上.
117) 『易緯』: 『周易』의 緯書의 일종.
118) 『尙書正義』 卷 第11, 「泰誓」 上篇 孔穎達 疏.
119) 朱熹, 『朱子語類』 卷79, 「尙書」.
120) 蔡沈, 『書集傳』 「泰誓」 上篇 註.
121) 同上.

가?—原註). 훗날의 학자들이 글을 읽는 데 있어서 선입견에 얽매이고 빠져서, 문왕을 틀림없이 왕이라고 칭하는 것을 부당하다고 여겼을 것이다(「文王世子」에는 武王이 文王을 君王이라고 불렀다고 되어 있다—原註). 만일 개원(改元)을 하였다면 위 혜왕(魏惠王)이나 진(秦) 혜문왕(惠文王)이 모두 후원년(後元年)을 두었던 것과 같을 것이다"[122]라고 하였다.

○ 내가 살펴보건대, 이것은 큰 시비가 된다. 큰 시비는 고경(古經)으로 판결해야 한다.『상서』「무일」에 이르기를, "문왕이 명을 받은 것은 중신(中身) 때이고, 그가 나라를 다스린 것은 50년이다"(中身은 50세이다. 文王이 47세에 王季를 이어 임금이 되었다—原註)라고 하였으니, 어찌 문왕이 명을 받은 지 7년 만에 죽었다고 하는가? 황룡(黃龍)·현구(玄龜)·백이(白魚)·주작(赤雀)이 그림을 등에 지고 글씨를 물고 나왔다는 설(『尙書正義』에 보인다—原註)은 요사(妖邪)하고 허황(虛荒)되어서 들추어 말할 수 없는 것인데, 이것을 가지고 문왕이 명을 받은 증거로 삼으니 되겠는가?『상서대전』에 이르기를, "목(牧)의 들에서 주(紂)와 싸운 일은 무왕에게 있어서 큰 일이다. 일을 마치고 물러나서 태왕(太王)과 왕계(王季)와 문왕을 왕으로 추존하였다"(『中庸』에는 "周公이 왕으로 推尊하였다"고 하였다—原註)고 하였다. 왕으로 추존한 기록이 이렇게 드러나 있는데, 은나라의 국운(國運)이 끊어지지도 않아서 주나라가 이미 왕호(王號)를 참칭(僭稱)하였다고 한단 말인가? 하늘에는 두 개의 태양이 없고 땅에는 두 임금이 없는 것인데, 감히 이러한 말로써 우리 문왕을 그토록 모함한단 말인가? 설령 문왕이 진정 이러한 일이 있었다 하더라도 그 연기(年紀)를 무왕의 앞에 붙이는 것은 또 무슨 법인가? 탕임금이 명을 받아 왕이 된 지 13년 만에 죽었지만 이 연기를 외병(外丙)의 앞에 붙이지 않았고, 우임금이 명을 받아 왕

---

122) 毛奇齡,『古文尙書寃詞』에는 이 글이 보이지 않는다.

이 된 지 8년 만에 죽었지만 그 연기를 아들 계(啓)의 앞에 붙이지 않았다. 대저 우임금과 탕임금이 명을 받아 혁혁하게 빛나는 것이 문왕이 왕을 참칭하였다는 것에 비교하면 하늘과 땅의 차이 정도가 아닌데도 그 연기를 당대에만 사용하고 말았는데, 어찌 문왕의 연기만 보배로 여겨 차마 버리지 못할 수가 있겠는가? 위 혜왕이 후원년(後元年)을 두었지만(『汲冢紀年』[123]에 나온다─原註) 그 연기를 양왕(襄王)의 앞에 붙이지 않았고, 진 혜문왕이 후원년을 두었지만 그 연기를 왕탕(王蕩)의 앞에 붙이지 않았는데, 어찌 문왕의 연기만 무왕의 앞에 붙였겠는가? 반고의 이 설은 결코 이치에 맞지 않는다. 다만 유흠(劉歆)이 『삼통력三統曆』을 만들면서 『대대례』와 「문왕세자」 두 기록의 글에 얽매여서, 반드시 무왕의 연기를 단축시키고자 하여 두 기록을 따랐기 때문에 이렇게 억지로 끌어다 맞추어 왜곡된 주장을 한 것이고, 반고는 그것을 좇아서 기록한 것이다.

옛날에는 혼인에 있어서 여자가 남자보다 나이가 적은 것이 예이었다. 그래서 『주역』에 이르기를, "노부(老婦)가 젊은 사부(士夫)를 얻는 것은 가히 추하다고 할 만하다"[124]고 하였고, 『예기』에 "삼십에 장가가고 이십에 시집간다"[125]고 하였으니, 이로써 미루어보면 태사(太姒)가 문왕보다 나이가 적었을 것임을 알 수 있다(『詩經』「大雅」의 疏에 이르기를, "太姒가 文王보다 한두 살 적다"고 하였다─原註). 진실로 만약에 문왕이 열세 살에 백읍고(伯邑考)[126]를 낳고 열다섯 살에 무왕을 낳았다면 태사는 겨우 열 살을 넘어서 이

---

123) 『汲冢紀年』: 晉武帝 때 汲 땅 魏襄王의 墓에서 나왔다는 『竹書紀年』 14편을 말함.
124) 『周易』 「大過」卦의 「象傳」.
125) 『禮記』 「內則」.
126) 伯邑考: 周나라 文王의 長子. 商나라에 인질로 갔다가 紂에게 살해되었다고 함.

미 두 아들을 낳았단 말인가?(醫家에서는 여자 나이 열넷에 月經이 있는 데 月經이 있을 나이가 되지 않으면 아들을 낳을 수 없다고 한다—原註) 그리고 또 무왕의 향년이 90이 채 안 된다. 사람이 일찍 죽고 장수하고 하는 것은 그 명(命)이 하늘에 있는데 어떻게 아버지의 나이를 덜어서 자식에게 더해주기를 멋대로 할 수가 있겠는가? 문왕이 하늘을 공경하기를 게을리 하지 않았으니 반드시 이러한 말은 없었을 것이다. 「대고大誥」[127]에 이르기를, "하늘이 우리나라에 흉해(凶害)를 내리기를 조금도 지체하지 않았다"고 하였으니, 조금도 지체하지 않았다는 것은 무왕이 천수를 누리지 못한 것을 말한 것이다. 『예기』에 이르기를, "사람이 나서 10년이 되면 유(幼)라고 한다"[128]고 하였다. 무왕이 죽었을 때 성왕(成王)이 아직 어렸으니〔幼〕, 무왕이 천수를 누리지 못한 것이다(『禮記』의 疏에 이르기를, "成王이 열세 살이었다"[129]고 하였다. ○ 만약 그렇다면 武王이 81세에 成王을 낳은 것이다—原註). 『사기』「주본기」에 이르기를, "무왕이 은(殷)을 이기고 돌아와서 주공에게 말하기를 '하늘이 은나라의 제사를 향양하지 않은 것이 내가 태어나기 전부터로 해서 지금에 이르기까지 60년이나 되어 고라니와 사슴이 교외에 마구 날뛰고 있도다'라고 하였다"고 하였으니, 이때 무왕이 은을 이겼을 때의 나이는 오히려 60이 채 안 되었다. 그래서 『죽서기년』에서는 마침내 무왕이 54세에 죽었다고 하는 것이니 어찌 믿을 만한 글이 아님을 알겠는가? 전기(傳記)의 여러 글들은 한 사람이 쓴 것이 아닌데, 이것저것을 끌어다 합해놓아서 어지러이 엉키지 않은 것이 없으니, 학식 있는 유자(儒者)들이 달갑게 여기는 바가 아니다. 무왕이 즉위하여 11년 만에 은(殷)을 이기고 문왕을 왕으로 추존하였으며

---

127) 大誥: 『尙書』의 篇名.
128) 『禮記』「曲禮」.
129) 『禮記正義』卷 第20, 「文王世子」孔穎達 疏에 나온다.

13년에 기자를 찾아갔으니, 문왕의 연기를 앞에 붙였다고 말하는 것은 망령된 것이다. '1월 무오(戊午)'라는 것은(「書序」에서 한 말이다 ─原註) 자월(子月)을 정월로 삼은 달의 무오일이라는 말이다. 「주본기」에 '12월 무오'라고 이른 것은 은(殷)의 역법(曆法)을 따른 것이다(殷이 子月을 正月로 삼은 것은 곧 12월이다─原註). 「무성」의 구서(舊序)에 '1월 무오'라고 한 것은 주(周)의 역법을 따른 것이다(곧 正月이다─原註). 정월이라고 하지 않고 1월이라고 말한 것은, 군대가 건너갈 때는 정삭(正朔)을 아직 고치지 않았기 때문에 사신(史臣)이 앞의 일을 추술하여 서(序)를 쓰면서 주의 역법을 쓴다 하더라도 감히 정월이라고 하지 않았으니 그 필법이 엄격하다.

임금이 말하였다. "아! 나의 우방의 대군(大君)들과 나의 일을 다스리는 신하들과 여러 병사들이여, 나의 맹세를 분명히 들어라. 오직 천지(天地)는 만물의 부모요, 오직 사람은 만물의 영장이다. 진실로 총명한 이는 임금이 되고 임금은 백성의 부모가 되는 것이다. 그런데 지금 상왕(商王) 수(受)는 하늘을 공경하지 아니하고 아래에 있는 백성들에게 재앙을 내리며 술에 빠지고 여색을 탐하여 함부로 포악하고 잔악한 짓을 하며 사람에게 죄를 줄 때는 그 족속(族屬)까지 벌을 받게 하고 벼슬을 줄 때는 대대로 물려받게 하며, 궁실·누대·정자 등을 짓고 둑과 못을 파며 사치한 복장으로 너희 만백성들을 잔악하게 해치며, 충성스런 어진 이를 태워 죽이고 잉태한 부인의 배를 갈라서 보기도 하니, 하늘이 진노하여 나의 선고(先考) 우리 문왕에게 명하여 하늘의 위엄을 삼가 행하라고 하였는데, 큰 공훈을 아직 이루지 못하였다.

○나는 이렇게 생각한다. "오직 천지는 만물의 부모이다"라는 말은, 삼대(三代)의 고경(古經)에는 전혀 이런 말이 없다. 요·순·

우·탕·문왕·무왕·주공·공자의 입에서 반드시 이런 말이 없고 오직 진(秦)·한(漢) 이래로부터 대도(大道)가 어두워지고 사설(邪說)이 어지러이 일어났으니, 이때에 그런 말이 있었던 것이다. 「설괘說卦」[130]에 "건(乾)은 아비가 되고 곤(坤)은 어미가 된다"고 말한 것은 팔괘(八卦)의 물상(物象)이지 직접 푸른 하늘을 큰 아비로 삼고 누른 땅을 큰 어미로 삼은 것은 아니다. 「설괘」의 물상은 멀리서 취하면 말이 되고 소가 되며 가까이서 취하면 머리가 되고 배가 되니, 정해진 원리가 있는 것이 아니고 다만 그 비슷한 것을 형상화한 것이다. 비와 이슬과 햇빛은 하늘에서 아래로 베푸는 것이고, 흙과 물과 습기는 땅에서부터 위로 피어나는 것이어서 이른바 하늘은 베풀고 땅은 낳는다고 하는 것이다. 그렇기 때문에 푸른 하늘을 아비의 상(象)으로 여기고 누른 땅을 어미의 상(象)으로 여기어 그것으로 점을 보는 것일 뿐이다. 조화와 발육의 근본은 본래 황천(皇天)의 상제(上帝)가 있어서 형체도 없고 소리도 없으나 날마다 살펴봄이 이에 있는데, 이제 말하기를 "오직 천지는 만물의 부모이다"라고 한다면 곧바로 조화와 생육의 근원을 푸른 하늘과 누른 땅에 돌리는 것이니, 이것이 어찌 성인이 상제(上帝)를 밝게 섬기는 도리이겠는가? 『효경』에 이르기를, "옛날에 밝은 임금은 아버지를 섬김이 효성스럽기 때문에 하늘을 섬김이 밝고 어머니를 섬김이 효성스럽기 때문에 땅을 섬김이 밝다"[131](또 이르기를, "천지의 性에는 사람의 性이 귀한 것이 된다"[132]고 하였다―原註) 고 하였으니, 이것이 어찌 공자와 증자가 남긴 글이겠는가? 『춘추위春秋緯』[133]에 이르기를, "임금은 하늘을 아비 삼고 땅을 어미 삼

---

130) 「說卦」: 『周易』의 篇名.
131) 『孝經』 「應感」章 第16.
132) 『孝經』 「聖治」章 第9.
133) 『春秋緯』: 書名. 漢代에 지어진 春秋에 관한 緯書. 28편으로 되어 있음.

고 해를 형 산고 달을 누이 삼는다"(「感精符」에 있다—原註)고 하였으니, 한나라의 유자(儒者)들이 경(經)을 풀이하면서 위서(緯書) 때문에 많이 어지러워지고 거기에 빠져든 지 오래이다. 그리하여 드디어 남교(南郊)·북교(北郊)에서 아울러 천지를 제사 지내기까지에 이르렀으니, 우(虞)·하(夏)·은(殷)·주(周) 때에 상제를 밝게 섬기는 법이 모두 어둡고 막혀서 캄캄하게 되어 다시 물어볼 수도 없게 되었다. 주자가 『효경』을 의심한 것은 그 식견이 천고에 탁월하니, 북교에서 아울러 천지에 제사 지내는 것이 부당하다고 한 것은 그 의론이 만인을 뛰어넘는 것이었다. 임황중(林黃中)[134]이 「서명西銘」[135]에서 "하늘은 아비요 땅은 어미이다"라고 한 것을 비난하였는데, 주자는 장재(張載)의 설을 배척하였으나 ("大君은 우리 부모인 천지의 宗子요, 大臣은 宗子의 家相이다"[136]라고 한 것은 잘못 풀이한 것이다—原註) 건곤(乾坤)의 설(說)은 배척하지 않았다. 대개 옛사람이 섬긴 것은 곧 형체도 없고 소리도 없는 상제이지 형체가 있고 바탕이 있는 천지가 아니다. 위서를 지은 자가 거짓 경문(經文)을 만들어 도의 큰 원리를 범한 것이 이와 같다.

【剽取】『순자』에 이르기를, "그 족속으로써 죄를 논하고, 대대로 이어서 어진 이를 등용한다"[137]고 하였다.

○나는 이렇게 생각한다. 벼슬을 주는데 대를 이어 하는 것은 선왕의 법이다. 봉건 시대에 다섯 등급의 작위는 세습되지 않은 것이 없었고 경대부(卿大夫)도 역시 그러하다. 그렇기 때문에 문왕

---

134) 林黃中: 宋의 儒學者 林栗. 黃中은 그의 字, 諡號는 簡肅. 兵部侍郎을 지냈으며 朱熹와 易에 대한 논쟁이 잦았다. 저서로 『周易經傳集解』가 있음.
135) 「西銘」: 宋의 儒學者인 張載의 저술. 朱熹의 「西銘」 註釋書인 『西銘解』가 저술됨으로써 세상에 널리 알려졌다.
136) 「西銘」에 "大君者, 吾父母宗子. 其大臣, 宗子之家相也."라는 말이 있다.
137) 『荀子』「君子」.

이 기(岐)를 다스릴 때 벼슬한 사람에게 대대로 녹(祿)을 준 것[138]을 맹자가 칭송하였고, 등(滕)에서도 대대로 녹을 준 것[139]을 맹자가 칭찬하였으며, 노(魯)·위(衛)·진(晉)·정(鄭)도 모두 문왕의 법대로 세경(世卿)에게 대대로 녹을 주었는데 『춘추』에서 나무라지 않았다. 다만 제(齊)와 진(秦)만이 공(功)을 숭상하여 관리를 임명하는 데 오직 어진 이를 썼다. 비록 그 법이 서로 장단점이 있지만 대대로 벼슬을 주는 법은 주(紂)에서부터 시작된 것이 아닌데 이것을 가지고 주(紂)를 죄준다면 주(紂)가 억울할 것이다.

【剽取】'궁실(宮室)' '대사(臺榭)'는 『예기』「예운」을 답습한 것이고(그릇을 저장해두는 곳을 榭라고 하니 후세에 遊觀하는 곳을 榭라고 한 것과 같은 것은 아니다─原註) "충성스런 어진 이를 태워 죽인다"는 것은 『열녀전列女傳』[140]에서 나온 것이다(곧 炮烙의 刑을 말한다─原註). ○『묵자』에 이르기를, "옛날에 은왕 주(紂)가 죄 없는 사람을 패고 독살하였으며 잉태한 부인의 배를 갈랐다"고 하였고(「明鬼」에 있다─原註) 추양(鄒陽)[141]이 옥중(獄中)에서 올린 글에는 "비간(比干)의 묘를 봉분(封墳)한 후에 잉태한 부인의 묘를 사토하였다"고 하였다(皇甫謐의 『帝王世紀』에 이르기를, "紂가 比干의 妻의 배를 갈라 그 胎를 보았다"고 하였다─原註).

채침이 이르기를, "문왕 때에 있어서는 일찍이 큰 공훈을 마음에 둔 바가 없었다"[142]고 하였다.

○ 살펴보건대, 하늘이 일찍이 문왕에게 명하여 하늘의 위엄을 삼가 행하라고 한 적이 없는데, 위서를 만든 자는 마치 문왕이 한

---

138) 『孟子』「梁惠王」下.
139) 『孟子』「滕文公」上.
140) 『列女傳』: 書名. 漢나라 劉向이 지음. 全 7권.
141) 鄒陽: 前漢 臨淄人. 景帝 때에 枚乘·嚴忌와 함께 吳나라에서 벼슬하였음.
142) 蔡沈, 『書集傳』「泰誓」上 註.

번 싸워 이기지 못한 듯이 그렇게 한 것 같다.

그러므로 나 소자(小子) 발(發)이 너희들 우방의 대군(大君)들과
함께 상나라 정사를 보니, 수(受)가 마음을 고쳐먹으려 함이 없이
이에 편안히 지내면서 상제 신기(神祇)를 섬기지 아니하고, 선조의
종묘를 버려두고 제사를 지내지 아니하며, 희생(犧牲)과 자성(粢盛)
이 흉악한 도적에게 모두 없어지는데도 '나는 백성이 있으며 천명이
있노라'고만 하고 있는데 그 모만(侮慢)함을 징계하지 않는다. 하늘
이 아래 백성을 도와 그들에게 임금을 만들어주고 스승을 만들어준
것은 능히 상제를 도와 사방을 사랑하여 편안케 함이니, 죄가 있고
죄가 없는 것에 대해 내가 어찌 감히 그 하늘의 뜻에 위배할 수 있
으리오. 능력이 같으면 덕을 헤아리고, 덕이 같으면 의(義)를 헤아리
는 것이니, 수(受)가 억만의 신하가 있으나 마음이 억만 가지이거니
와 나는 삼천의 신하가 있으되 오직 한마음이니라.

매색이 이르기를, "'정사를 본다〔觀政〕'함은 11년에 맹진으로부
터 돌아온 때를 말한 것이다"[143]라고 하였다(蔡沈이 이르기를, "先儒들
이 '觀政'을 '觀兵'이라고 한 것은 살못이나"[144]라고 했다 — 原註).
○나는 이렇게 생각한다. 매색의 『상서』는 자기가 경(經)을 만
들고 자기가 주(註)를 달고 잘못이 있는 것을 받아들이지 않아,
경(經)을 지을 때에 원래 관병(觀兵)을 관정(觀政)이라 하였기 때
문에 그 아래 글에서 구습을 고치지 않고 아무 생각 없이 편안히
지낸 것을 주(紂)의 죄목으로 삼은 것이다. 관병이란 위엄을 보이
는 것이다. 주 목왕(周穆王)이 스스로 제사를 받들지 않는 나라를
정벌하고 또 병사를 사열하자 채공모보(祭公謀父)[145]가 간(諫)하기

---

143) 『尙書正義』 卷 第11, 「泰誓」 上 孔氏傳.
144) 蔡沈, 『書集傳』 「泰誓」 上 註.
145) 祭公謀父: p. 252 주 43 참조.

를, "선왕은 덕을 빛내었지 관병을 하지 않았습니다"(『國語』「周語」上에 보인다 — 原註)라고 하였는데, 일찍이 무왕이 관병을 하였다고 한단 말인가? 『좌전』에 이르기를, "초자(楚子)[146]가 육혼(陸渾)의 오랑캐[147]를 치고 주(周)의 강계(疆界)에서 관병을 하였다"(宣公 3年 — 原註)고 하였고, 또 "초자가 오(吳)를 치고 지기(坻箕)[148]의 산에서 관병을 하였다"(昭公 5年 — 原註)고 하였으며, 또 "제후의 군대가 정(鄭)나라의 동문(東門)[149]에서 관병을 하였다"(襄公 11年 — 原註)고 하였는데, 위소와 두예의 주(註)에 모두 이르기를, "위엄을 보이는 것이니, '관(觀)'이란 것은 '보인다〔示〕'는 것이다"[150]라고 하였다(또 『周易』 註에 보인다[151] — 原註). 오직 『상서대전』과 「위태서僞太誓」만이 모두 관병의 설이 있고 사마천이 「주본기」에 이것을 기록하였으니, 위자(僞者)가 이것을 믿고 또 채공모보의 말을 생각하여 관정이라고 고친 것이다. 정(政)이란 병(兵)이다. 『주례』에는 병전(兵典)을 정전(政典)이라고 하여 대사마(大司馬)가 나라의 정사를 맡는 것으로 되어 있다.

【蒐改】『묵자』에 「태서泰誓」를 인용하여 말하기를, "주(紂)가 이에 그 편안히 있으면서 상제를 기꺼이 섬기지 아니하고, 그 선조의 신위(神位)를 버려두고 제사 지내지 않으면서 말하기를 '나에게 천명이 있노라'고 하고 천하에 능멸하고 죽이는 일을 힘쓰

---

146) 楚子: 春秋時代 楚나라 莊王을 가리킴.
147) 陸渾의 오랑캐: 중국 西北 邊境에 있던 戎族이다. 春秋時代에 이 陸渾의 오랑캐를 秦·晉이 서로 의논하여 洛水·伊水 사이의 지역에 이주시켜놓았는데, 이 戎族이 楚나라의 북방을 침범하였기 때문에 楚가 토벌하였음.
148) 坻箕: 山名. 安徽省 巢縣의 남쪽에 있음.
149) 『左傳』에는 '東門'으로 되어 있는데 朝本·奎本에는 '南門'으로 되어 있다.
150) 韋昭의 『國語』 註 및 杜預의 『春秋左傳集解』.
151) 奎本에는 '又見周易注'라고 되어 있으나 朝本에는 '見易注'로 되어 있다.

니, 하늘도 역시 주를 버려두고 돌보지 않았다"고 하였다(「天志」
中篇에 나온다. ○ 또 「非命」 上篇에 이르기를, "紂가 편안히 거처하면서 상제와
귀신을 기꺼이 섬기지 아니하고, 그 선조의 神位를 파괴하고 제사 지내지 않으
면서 말하기를 '우리 백성들은 宿命이 있다'고 하며 능멸하고 죽이는 일을 빠뜨
리지 않으니 하늘도 역시 버리고 보호하지 않았다"고 하였다. ○「非命」 中篇에
이르기를, "紂가 편안히 거처하면서 상제를 기꺼이 섬기지 아니하고 그 선조의
神位를 버려서 제사 지내지 아니하였다. 그리고 말하기를 '우리 백성들은 宿命
이 있다'고 하고는 능멸하고 죽이는 일만 힘쓰니, 하늘도 역시 버리고 돌보지
않았다"고 하였다 ── 原註). ○ 염약거가 이르기를, "지금 여기에 '제사
지내지 않았다〔不祀〕'라는 구절 다음에 '희생과 자성이 흉한 도적
에게 모두 없어졌다〔犧牲粢盛, 旣于凶盜〕'는 두 구절을 더해서 모두
기자의 말에 합하고(神祇의 제사에 쓰는 犧牲을 훔쳤다는 말이다 ── 原註)
'내버려 돌보지 않았다〔縱棄不葆〕'는 한 구절을 삭제하여 아래 맹
자의 말에 이었다('作之君'이라고 하는 말에 ── 原註)"[152]고 하였다.

【蒐改】 맹자가 『상서』를 인용하여 말하기를 "하늘이 아래 백성
들을 내려주어 임금을 만들고 스승을 만든 것은 오직 그 상제를
도우라고 한 것으로, 사방의 사람들 가운데서 이 임금과 스승을
사랑하시니 죄가 있고 죄가 없고는 오직 나에게 있도다. 천하가
어찌 감히 그 뜻을 넘음이 있으리오"[153]라고 하였다(이어서 이르기
를, "한 사람이 천하에 횡행하는 것을 武王이 수치로 여겼으니 이는 武王의 勇
입니다"[154]라고 하였다 ── 原註).

○나는 이렇게 생각한다. '총지사방(寵之四方)'이란 하늘이 이
군사(君師)인 사람을 사랑한다는 말이다(왕이란 하늘의 보살핌을 계승
하는 것이다 ── 原註). 이제 그것을 고쳐서 말하기를, "사방을 사랑하
여 편안케 한다"고 하였으니(梅頤의 註는 '寵'자를 위 구에 속하게 한 것

---

152) 閻若璩, 『古文尙書疏證』 卷1, 張48.
153) 『孟子』 「梁惠王」 下.
154) 同上.

같다 ─ 原註) 하늘의 사랑을 받는 자는 백성이지 왕은 아닌 것이다. "죄가 있고 죄가 없고는 오직 나에게 있다"는 것은 "만방의 사람들에게 죄가 있는 것은 나 한 사람에게 죄가 있는 것"이라는 말인데(「古湯誓」에 있다 ─ 原註) 지금 "오직 나에게 있다〔惟我在〕"는 한 구절을 빼버리면 또 자신이 천하를 맡는다는 뜻이 없는 것이다(이미 수집해놓고 또 고치니 대개 그의 천성이 詐薄하고 순진하지 못하다 ─ 原註).

【剽取】『좌전』에 장홍(萇弘)155)이 이르기를, "덕을 같이하면 의(義)를 헤아리게 되는 것입니다. 「태서」에 이르기를, '주는 억조의 사람들이 있으나 또한 덕을 배반함이 있었고, 나는 잘 다스리는 신하 열 명이 있는데 마음을 같이하고 덕을 같이하는 사람들이다' 라고 하였습니다"라는 구절이 있다(昭公 24年 ─ 原註).

○나는 이렇게 생각한다. 장홍이 「태서」를 인용하기에 앞서 "덕을 같이하면 의를 헤아리게 된다〔同德度義〕"고 하였는데, '동덕탁의(同德度義)'라는 말은 장홍의 말이다. 그것을 취해다가 경(經)으로 만들면 되겠는가? 장홍은 잘 다스리는 신하 열 명으로 마음을 같이한다 하였는데, 매색의 『상서』에서 삼천의 신하로 마음을 같이한다고 한 것은 관자(管子)가 인용한 것이다.156) 까치 둥지에 비둘기가 살고, 조(趙)나라 성벽에 한(漢)나라 깃대를 꽂으며, 머리와 꼬리가 서로 바뀌고 배와 등이 서로 바뀌어, 오직 가르고 찢고 뒤집고 굴리는 것을 재주로 삼았으니, 대개 그의 천성이 속이기를 잘하고 순진하지 못함이 이와 같다(『左傳』 襄公 31年과 昭公 26年에 이르기를, "나이가 같으면 어진 이를 택하고 義가 같으면 점을 친다"고 한 말이 있으니, 文法이 또 여기에서 나온 것이다 ─ 原註).

【蒐換】『관자』에 「태서」를 인용하여 말하기를, "주(紂)는 신하가 억만인이 있었으나 또한 억만의 마음이 있었고, 무왕은 신하 3

---

155) 萇弘: 春秋時代 周나라 사람. 敬王 때의 大夫.
156) 『管子』「法禁」.

천 명이 있었는데 한마음이었다"고 하였다(「法禁」에 있다 — 原註).

○ 살펴보건대, 『관자』에 '무왕'이라고 이른 것은 전송(傳誦)된 글이다. 본래는 응당 "나에게 신하가 있으니"로 되어 있을 것이다(「太誓」는 太公의 誓이니 반드시 "나에게 신하가 있으니"라고 하였는지는 또한 알 수 없다 — 原註).

상(商)나라 왕의 죄가 내리 가득 찬지라, 하늘이 명하여 주토(誅討)하는 것이니 내가 하늘을 따르지 않으면 그 죄가 같으리라. 나 소자(小子) 아침 일찍부터 밤까지 공경하고 두려워하여 선고(先考)인 문왕(文王)께 명을 받아 상제께 유제(類祭)[157]를 지내고 총토(冢土)[158]에 의제(宜祭)[159]를 지내며 너희 무리를 이끌고 하늘의 벌을 행하노라. 하늘이 백성을 불쌍히 여기는지라, 백성이 바라는 바를 하늘이 반드시 좇으시니 너희는 바라건대 나 한 사람을 도와 길이 사해를 맑게 하라. 이때로다. 이때를 놓칠 수 없느니라."

【剽取】'내리 가득차다[貫盈]'란 말은 중행환자(中行桓子)[160]의 말을 훔친 것이다(『左傳』宣公 6年에 晉侯가 赤狄을 치고자 하니 中行桓子가 말하기를, "그 백성들을 괴롭게 하여 꿰미를 가득 채우는 것입니다"라고 하였다 — 原註).

○『예기』「왕제王制」에 이르기를, "천자가 장차 출군(出軍)하려고 할 때 상제에게 유제(類祭)를 지내고 사직에 의제(宜祭)를 지내며, 아버지의 사당에 조제(造祭)[161]를 지낸다"고 하였다(孔穎達의

---

157) 類祭: 上帝에 지내는 제사의 일종.
158) 冢土: 土地의 守護神으로 삼아, 왕이 萬民을 위해 세웠다는 大社를 말함.
159) 宜祭: 出征에 임하여 社稷에 지내는 제사.
160) 中行桓子: 春秋時代 晉나라 大夫 荀林父. 字는 元寶. 御史中丞을 지냄.
161) 造祭: 아버지의 神位를 모신 사당에 지내는 祭名.

疏에 이르기를, "先考인 文王에게서 命을 받으면 곧 아버지의 사당에 造祭를 지낸다"162)고 하였다 — 原註).

○ 살펴보건대, 문왕이 숭(崇)을 칠 때 이미 유제를 행하였기 때문에 「황의皇矣」163) 시(詩)에 이르기를, "이에 유제를 지내고 마제(禡祭)164)를 지낸다"고 하였다.

【蒐輯】『국어』「주어周語」에 선양공(單襄公)이 「태서」를 인용하여 말하기를, "백성이 바라는 바를 하늘이 반드시 좇으신다"고 하였다(또 『國語』「鄭語」에 史伯165)이 이 구절을 인용하였고, 또 『左傳』襄公 31年에 穆叔166)이 이 구절을 인용하였고, 昭公 元年에 鄭나라 子羽167)가 이 구절을 인용하였다 — 原註). ○ 위소는 이르기를, "지금의 「태서」에는 이 말이 없으니 흩어져 없어진 것인가?"168)라고 하였다(杜預는 이르기를, "지금의 「太誓」에는 이 글이 없기 때문에 諸儒들이 의심하였다"169)고 하였다 — 原註). ○ 살펴보건대, 위소와 두예가 말한 지금의 「태서」라는 것은 곧 「하내태서河內太誓」이다.

【剽取】『사기』「오세가吳世家」에 공자 광(公子光)170)이 말하기를, "이때를 놓칠 수 없으니 전제(專諸)171)로 하여금 임금인 요(僚)172)를 죽이게 하라"고 하였다.

○나는 이렇게 생각한다. "이때로다, 이때를 놓칠 수 없다〔時

---

162) 『禮記正義』卷 第12, 「王制」의 孔穎達 疏.
163) 「皇矣」: 『詩經』「大雅」에 나오는 詩題.
164) 禡祭: 朱子의 『詩集傳』에는 정벌할 곳에 도달하여 처음 軍法을 만든 자에게 지내는 제사라 하였고, 『毛傳』에는 들에서 馬祖의 神에게 지내는 제사라고 하였음.
165) 史伯: 周나라의 太史. 이름은 穎, 字는 石父.
166) 穆叔: 春秋時代 魯나라 大夫였던 叔孫豹의 諡號.
167) 子羽: 春秋時代 鄭나라 公孫揮의 字.
168) 『國語』「周語」中篇 韋昭 註에 나온다.
169) 杜預, 『春秋左傳集解』卷 第40, 襄公 31年 杜預 註에 나온다.
170) 公子光: 春秋時代 吳나라 왕인 諸樊의 아들.
171) 專諸: 春秋時代 吳나라 堂邑 사람. 勇士로 유명함.
172) 僚: 春秋時代 吳나라 왕.

哉不可失〕"고 한 것은 무왕이 반드시 이 말을 하지 않았을 것이다. 이것은 천하를 이롭게 하는 말이나 오왕(吳王)을 시역(弑逆)한 말을 취해다가 이곳에 썼으니, 그 꾸며서 속이는 마음이 있도다!

태서 중(泰誓中)

무오(戊午)에 무왕이 하수(河水)의 북쪽에 머무르니 여러 제후들이 군사를 이끌고 모두 모였다. 무왕이 이에 군사를 사열하고 다음과 같이 맹세하여 말하였다. "아! 서토(西土)의 여러분들이여, 모두 나의 말을 들으라. 내 듣건대, '길(吉)한 사람은 좋은 일을 하되 오직 날이 모자란다고 여기는데 흉한 사람은 좋지 않은 일을 하되 역시 날이 모자란다고 여긴다'고 하였다. 지금 상왕(商王) 수(受)가 무도한 일에만 힘써 행하여 늙은이를 내치고 죄인을 가까이하며, 음탕과 주정과 방자함과 포학함을 일삼고 있는데, 신하가 거기에 동화되어 각기 붕당을 세우고 원수를 만들며, 권세로 협박하여 서로 죽여없애니, 죄 없는 사람들이 하늘을 향해 부르짖고, 더러운 덕이 하늘에까지 밝게 들리느니라.

『한서』「율력지」의 「무성」 구서(舊序)에 이르기를, "1월 무오에 군사가 맹진을 건넜다"고 하였다.

○나는 이렇게 생각한다. "오직 날이 모자란다고 여긴다"는 것은 「천보天保」[173] 시의 구절이다. 말해놓은 것이 진부한 말이 아닌 것이 없다.

【剽取】『국어』「오어吳語」에 오자서(伍子胥)가 말하기를, "지금

---

173) 「天保」: 『詩經』 「小雅」에 나오는 詩題.

왕이 늙은이를 내치고 무지한 아이들과 친하여 모의를 한다"라고
하였다.

○나는 이렇게 생각한다. 위서를 만든 자가 이 두 구절을 좋아
하여, 하나는 이곳에다 쓰고 하나는 『상서』「이훈伊訓」에 써서("어
리석은 아이와 친하다〔比頑童〕"고 한 말―原註) 버리는 것이 없었다.

　　하늘은 백성에게 은혜를 내려주고 임금은 하늘을 받드는 것인데,
하(夏)의 걸(桀)이 능히 하늘을 따르지 아니하여 아래 나라의 백성
들에게 해독을 유포하였으니, 하늘이 이에 성탕(成湯)을 도와 명하
여 하(夏)나라의 천명을 내치게 하였느니라. 수(受)는 죄가 걸(桀)
보다도 지나쳐서 착한 사람을 해쳐 물리치고 간언으로 보필하는 사
람을 학살하면서 말하기를, '나는 천명이 있노라'고 하고, '공경이라
는 것은 족히 행할 것이 못 된다'고 하고, '제사를 지내는 것은 이
로울 게 없다'고 하며, '사나운 짓도 해치는 것이 없다'고 하니, 그
본보기가 멀지 않고 저 하(夏)의 임금에 있느니라. 하늘이 그리하여
나로 하여금 백성을 다스리게 하니, 나의 꿈이 나의 점〔卜〕에 합하
여 아름다운 상서(祥瑞)가 거듭되고 있으니 상(商)을 쳐서 반드시
이기리로다.

【蒐改】『묵자』에 「태서」를 인용하여 이르기를, "주(紂)가 이에
말하기를, '나의 백성들은 날 때부터 숙명이 있도다'고 하였다"[174]
고 하였고(글은 앞의 「西伯戡黎」[175]에 이른바 "나의 삶은 하늘의 命이 있기
때문이 아닌가"[176]라고 한 곳에 보인다―原註) 또 이르기를, "아! 군자
여, 하늘은 드러난 덕이 있으니 그 행하는 바가 매우 명백하니라.
본보기가 되는 것이 멀지 않으니 저 은(殷)나라 임금에게 있도다

174) 『墨子』「非命」上.
175) 「西伯戡黎」: 『尙書』의 篇名.
176) 『尙書』「西伯戡黎」.

(梅賾의 『尙書』에는 고쳐서 夏王이라고 하였는데, 蕩詩[177])에 이르기를, "殷의 본보기가 멀지 않으니 바로 夏后의 세상에 있느니라"고 하였으니, 고친 것이 근거가 있다―原註). 사람은 명이 있다 하고, 공경이라는 것은 행할 것이 못 된다고 하고, 제사 지내는 것은 이로울 것이 없다고 하고, 사나운 짓도 해치는 것이 없다고 하였다. 상제는 언제나 돌보아주는 것이 아니니, 그래서 구주(九州)를 망하게 하였고, 상제는 왕이 바라는 바를 늘 들어주는 것이 아니니, 저주를 내려 그 나라를 없앴다. 오직 우리 주(周)가 상(商)을 이어받았다"[178]고 하였다.

○나는 이렇게 생각한다 "상제가 언제나 돌보아주는 것은 아니다〔上帝不常〕"라는 그 이하는 위서를 만든 자가 깎아버린 것이다. 그러나 차마 끝내 이것을 버리지는 못하였다. "상제가 언제나 돌보아주는 것은 아니다"라는 말은 「이훈」에 있고 "구주(九州)를 망하게 하였다"는 말은 「함유일덕」에 있다.

○살펴보건대, 묵자가 인용한 「태서」는 문체가 비순(卑順)해서 고경(古經)의 뜻과 같지 않다. 묵자가 『상서』를 인용한 것은 조금 그 까다로운 글을 바꾸어서 평이하게 하였으니, 마치 사마천이 『상서』의 제편(諸篇)을 기록하면서 모두 자구(字句)를 바꾼 것과 같다.

【蒐輯】『국어』「주어周語」에 선양공(單襄公)이 「태서」를 인용하여 말하기를, "나의 꿈이 나의 점(占)에 합하여 아름다운 상서(祥瑞)가 거듭하니 상(商)을 쳐서 반드시 이기리로다"라고 하였다(또 『左傳』昭公 7年에 史朝[179]가 말하기를, "占이 거듭 꿈과 맞았다는 것은 武王이 썼던 말이다"라고 하였다―原註).

○살펴보건대, 『사기』「제세가齊世家」에 이르기를, "무왕이 주(紂)를 치는데 거북점을 치니 조짐이 불길하였다. 여러 공들이 모

---

177) 蕩: 『詩經』「大雅」에 나오는 詩題.
178) 『墨子』「非命」下.
179) 史朝: 春秋時代 衛나라 사람. 史官.

424

두 두려워하는데 오직 태공(太公)[180]만이 강경하였다"고 하였다
(『六韜』[181]에 이르기를, "전쟁을 점치는데 거북이가 타버리고 시초점도 또한 불
길하니 太公이 말하기를, '마른 뼈와 썩은 시초가 사람의 꾀만 못 하다'고 하였
다"라고 하였다— 原註). 태사공(太史公)도 역시 『국어』를 보았으나
취하고 버린 것이 같지 않다.

수(受)가 억조(億兆)의 보통 사람들을 두었으나 마음도 여러 가지
덕도 여러 가지이거니와 나는 어지러움을 다스리는 신하 열 사람이
있으니 마음도 같고 덕도 같으니, 아무리 지극히 친한 사람이 있을
지라도 어진 사람만 같지 못하니라. 하늘이 보는 것은 우리 백성이
보는 것으로부터 하며 하늘이 듣는 것은 우리 백성이 듣는 것으로부
터 하니, 백성이 허물이 있는 것은 나 한 사람에게 그 죄가 있는 것
이니, 이제 나는 반드시 정벌하러 가리라.

【蒐改】『좌전』에 장홍이 「태서」를 인용하여 이르기를, '이러이
러하다'고 하였고(글은 앞에 나왔음[182]— 原註), 또 『좌전』에 군자가
이르기를, "「태서」에 이른바 '상(商)의 조민(兆民)은 흩어지고 주
(周)의 십인(十人)은 한뜻이다'라고 한 말이 있다"[183]고 하였다.
○두예가 이르기를, "주(紂)의 무리가 억조이고 이에 사이(四夷)를
겸유하고 있었다(梅賾이 이르기를, "夷人은 보통 사람이다"[184]고 하였다—
原註). 그런데 지금 「태서」에는 이런 말이 없다"[185]라고 하였다.

---

180) 太公: 周나라 文王 때 宰相 姜太公을 말함. 이름은 呂尙.
181) 『六韜』: 周나라의 太公望이 지었다고 하는 兵法書인데 『六韜三略』
　　이라고도 함.
182) 『左傳』 昭公 24年에 나오는 "紂有億兆夷人, 亦離德, 余有亂臣十人,
　　同心同德."을 가리킴.
183) 『左傳』 成公 2年.
184) 『春秋左傳正義』 卷第51, 孔穎達 疏.
185) 『春秋左傳正義』 卷第51, 杜預 註.

『논어』에 무왕이 이르기를, "나는 어지러움을 다스리는 신하 열 명이 있다"는 말이 있다(「泰伯」— 原註). ○『좌전』에 숙손목자(叔孫穆子)[186]가 말하기를, "무왕은 어지러움을 다스리는 신하 열 사람이 있다"[187]고 하였다.

○살펴보건대, 위서를 만든 자가 쓴 것은 장홍이 인용한 것이다.

【割裂】『논어』에 이르기를, "주(周)나라에 큰 선물이 있으니 착한 사람이 많은 것이다. 비록 지극히 가까운 사람이 있으나 어진 사람만 같지 못하고, 백성의 허물 있는 것이 나 한 사람에 있느니라"고 하였다(「堯曰」— 原註). ○진짜 공안국의 말에 이르기를, "친해도 어질지 못하고 충성스럽지 못하면 벌을 주니 관숙(管叔)과 채숙(蔡叔)[188]이 이에 해당하였고, 어진 사람은 기자(箕子)와 미자(微子)를 이름이니, 이들이 왔으니 이들을 등용하였다"[189]고 하였다(『論語』 註 — 原註). ○가짜 공안국의 말[190]에 이르기를, "주(周)는 지(至)의 뜻이다. 주(紂)가 지극히 친한 사람이 아무리 많아도 주(周)나라의 소수의 어진 사람만 같지 못하다는 것을 말한 것이다"라고 하였다(「太誓傳」[191] — 原註).

○나는 이렇게 생각한다. 이미 이것이 공안국의 「전傳」이었다면 어째서 공안국의 주(註)와 마치 호(胡)와 월(越)의 다른 소리 같겠는가?(邢昺[192]이 이르기를, "孔安國의 註가 서로 다른 것은 양쪽으로 그 뜻을 통하게 하고자 했기 때문에 같지 않은 것이다"[193]라고 하였다 — 原註)

---

186) 叔孫穆子 : 春秋時代 魯나라 大夫였던 叔孫豹.
187)『左傳』襄公 28年.
188) 管叔·蔡叔 : 모두 武王의 아우.
189) 何晏,『論語集解』「堯曰」註.
190) 梅賾의 註인『尙書正義』의 孔氏傳을 가리킴.
191) 孔穎達의『尙書正義』卷 第11,「泰誓」中篇에 나오는 孔氏傳을 가리킴.
192) 邢昺 : 932~1010. 宋 濟陰人. 字는 叔明. 벼슬은 金部郎中·禮部尙書에 이름. 저서로『三禮』『三傳』『孝經』『論語』『爾雅』등의 義疏가 있다.
193)『論語』「堯曰」의 邢昺 疏.

공안국이 이미 이「진태서」를 보았으면 그『논어』를 주(註)할 때 어찌 이것을「태서」의 글로 여기지 않았는가? 나는 생각하건대, 공안국도 역시 공안국의 전(傳)을 보지 못하였다는 것은 지나친 말이 아니다(上庚 4에 나와 있다[194] — 原註). "주나라에 큰 선물이 있으니〔周有大賚〕"라는 구절을 나누어「무성」에 쓰고, '주친(周親)'에서 '백성(百姓)' 사이를 찢어 '천청(天聽)'[195]이라는 구절을 집어넣었으니[196] 경전을 나누고 찢음이 베와 비단을 찢어서 함께해놓은 것과 같다. 죄가 크고 악이 극심한 것이 대개 이 지경에 이르렀다.

【蒐輯】『맹자』에「태서」를 인용하여 말하기를, "하늘이 보는 것은 우리 백성이 보는 것으로부터 하며, 하늘이 듣는 것은 우리 백성이 듣는 것으로부터 한다"고 하였다(「萬章」— 原註). ○조기(趙岐)는 이르기를, "「태서」는『상서』의 편명이다"[197]라고 하였다.

○살펴보건대, 조기가 일문(逸文)이라고 하지 않은 것은 당시의「하내태서」에 어쩌면 이 구절이 있어서일 것이다.『한서』「원제기元帝紀」에 조서를 내려 이르기를, "전(傳)에 말하지 않았는가? 백성이 허물 있는 것은 내 한 사람에게 그 책임이 있다"[198]고 하였다(顔師古는 이르기를, "『論語』에 殷의 湯이 桀을 쳐서 천하에 告한 글이 실려 있다"[199]고 하였다 — 原註).

○살펴보건대, 위에 '주(周)'자가 있으니 안사고(顔師古)의 설은 잘못이다. "이제 내가 반드시 가리라〔今朕必往〕"고 한 것은「탕서」를 답습하여 쓴 것이다. 그러나 탕은 박(亳)에 있으면서 맹세

---

194) 上庚 4:『梅氏書平』2,「正義」7에 나와 있는 말을 가리킴.
195) 朝本에는 '天聽'이 '天聰'으로 되어 있음.
196)『論語』「堯曰」에 나오는 "雖有周親, 不如仁人"과 "百姓有過, 在予一人" 사이에 "天視自我民視, 天聽自我民聽"을 집어넣었다는 말이다.
197) 孫奭,『孟子正義』卷 第9 下,「萬章章句」上 趙岐 註.
198)『漢書』卷9.
199)『漢書』卷9, 顔師古 註.

한 것으로, 아직 군사를 이끌고 가지 않고 반드시 가겠다는 뜻을 고하였으니 이것은 가(可)하지만, 무왕은 이미 맹진을 건넜으니 이미 천여 리를 가서 그 갈 곳에 이르렀을 텐데 이에 말하기를, "이제 나는 반드시 가리라"라고 하였으니 장차 또 어디로 간단 말인가. 거짓이로다!

우리 위무(威武)를 떨쳐 저들의 국경에 쳐들어가서 저 흉악하고 잔악한 주(紂)를 잡아서 우리의 정벌의 공이 크게 베풀어지면 탕임 금보다 더욱 빛남이 있으리라. 힘쓸지어다, 장사(將士)들이여! 혹시 라도 두려워할 것이 없다고 하지 말고, 차라리 적으로 삼음이 아니 라는 생각을 가져라. 백성들은 두려워하는 모양이 마치 짐승이 그 뿔을 땅에 대듯이 하니, 아! 너희 덕을 하나로 하고 마음을 하나로 하여 그 공을 세워 능히 영세(永世)토록 하라."

【蒐輯】『맹자』에 「태서」를 인용하여 말하기를, "우리 위무를 떨 쳐 저들의 국경에 쳐들어가서 곧 잔악한 자를 잡아죽이고 살벌(殺 伐)의 공이 크게 베풀어지니 탕임금보다 더욱 빛남이 있다"라고 하였다(「滕文公」─原註). ○ 소기(趙岐)는 이르기를, "「태서」는 옛 날 『상서』 120편 때의 「태서」이다. 지금의 「태서」는 나중에 얻어 서 공부하는 데 충당한 것이기 때문에 옛날의 「태서」와 같지 않 다. 여러 전기(傳記)에 인용한 「태서」는 모두 옛날 「태서」이다"[200] 라고 하였다. ○ 염약거는 이르기를, "무왕이 스스로 한 말이 아니 다. '탕임금보다 더욱 빛남이 있다'고 한 것은 과장한 것이 아닌데, 위작자는 이 '우탕유광(于湯有光)'을 무왕의 말로 만들어 뽐내듯이 스스로 그 공을 대단하게 여기는 것으로 하였다"[201]고 하였다.

---

200) 孫奭, 『孟子正義』卷 第6 上, 「滕文公章句」下 趙岐 註.
201) 閻若璩, 『尙書古文疏證』卷4, 張13.

○나는 이렇게 생각한다. 「태서」는 본래 태공이 군사에 맹세한 글이다(그 내용은 『史記』「齊世家」에 보인다 — 原註). 그래서 그 말이 이와 같다.[202] 그런데 지금 말하기를, "무왕이 스스로 맹세하면서 스스로 자기의 공을 말해 '탕임금보다 더욱 빛남이 있으리라'고 하였다" 하니 되겠는가?

【蒐割】『맹자』에 이르기를, "무왕이 은(殷)을 치는데 혁거(革車) 3백 대와 호분(虎賁)[203] 3천이었다. 왕이 말하기를, '두려워 말라. 너희를 편안케 하려는 것이요, 백성들을 대적하려는 것이 아니다' 하자, 상(商)나라 사람들이 마치 짐승이 그 뿔을 땅에 대듯이 머리를 조아렸다"고 하였다(「盡心」— 原註). ○조기는 이르기를, "'마치 뿔을 땅에 대듯 한다'는 것은 뿔 있는 물소가 이마를 땅에 들이받듯 한다는 것이며, '머리를 조아린다'는 것은 명령에 순종하여 무왕으로 하여금 와서 자기 나라를 정벌케 해주기를 바라는 것이다"라고 하였다.[204]

○나는 이렇게 생각한다. "마치 짐승이 뿔을 땅에 대듯이 한다〔若崩厥角〕"함은 만민이 명령을 들어 일시에 머리를 조아리니 그 이마를 땅에 대는 형세가 마치 무엇이 무너지는 것 같은 듯하다는 것이다. 이 네 글자는 은(殷)의 백성들이 마치 가뭄에 비를 얻은 것과 같은 심정을 형용한 것이다. 이제 그것을 고쳐서 말하기를, "백성들의 두려워하는 모양이 마치 뿔을 땅에 대듯 하였다"고 하였으니 이것은 항우(項羽)가 진(秦)나라에 들어간 기상이다. 어찌 천리(天吏)가 잔악한 자를 제거하는 도리이겠는가?(梅贖과 蔡沈은 백성들이 紂의 포악함을 두려워하여 근심하고 두려워서 불안해하였다고 생각하였

---

202) 『孟子』「滕文公」下篇에 나오는 「太誓」의 말을 가리킨다.
203) 虎賁: 『周禮』에 의하면, 용맹스러운 힘을 가지고 帝王을 護衛한 者를 虎賁氏라고 했다. 그리고 「牧誓」序에 "武王戎車三百兩, 虎賁三百人"이란 말이 있다. 곧 용맹 있는 사람을 대표할 때 쓰는 말.
204) 孫奭, 『孟子正義』卷 第14 上, 「盡心章句」下 趙岐 註.

다. ○朱文公[205]의 『孟子』의 註는 趙岐의 뜻과 같다──原註)“차라리 적으로 삼음이 아니라는 생각을 가지라〔寧執非敵〕”는 말은 또 무슨 말인가? 천성이 잘 속이고 경박하여 하나의 온전하고 좋은 고경을 얻으면 그것을 깨고 찢고 해치고 가르지 않고는 참지 못함이 이와 같다. 혁거(革車)·호분(虎賁)은 「목서牧誓」의 서(序)에 있다. 목야(牧野)에서 싸워 이긴 후에 사신(史臣)이 그날의 광경을 추심하여 진술하기를 이와 같이 한 것이다. 혹 옛 「무성」의 유문(遺文)에 관계된 것인지도 모른다. 위서를 만든 자가 그것을 「태서」에다 갖다 썼으니 잘못이다.

【剽竊】“그 공을 세워 능히 영세토록 하라〔立定厥功 惟克永世〕” 한 것은 「하내태서」의 글을 훔쳐온 것이다(거기에 이르기를, “功을 세우고 사업을 세우면 가히 해를 길이 할 수가 있다”고 하였다. ○『漢書』 「平當傳」에 이것을 인용하였다──原註).

○나는 이렇게 생각한다. 「하내태서」의 위작자가 만일 매색의 본(本)을 봤다면 당연히 매색의 본을 세상에 내놓았을 것인데, 이미 매색의 본을 보고도 또 하내(河內)의 본을 만들었다는 것은 반드시 이러한 이치가 없다. 매색이 「하내태서」를 훔친 것이 이미 분명하지 않은가? 위작한 글을 훔쳐다가 위작의 글을 만들었으니 장차 무슨 짓을 하고자 함인가?

태서 하(泰誓下)

그 다음날 무왕이 이에 크게 육군(六軍)을 사열하여 밝게 군사들과 맹세하였다. 임금은 다음과 같이 말하였다. 아! “우리 서토(西土)의 군자들이여! 하늘에 밝은 도가 있어 그 법칙이 뚜렷하다. 이제

---

205) 朱文公: 宋의 朱熹(1130~1200)를 말함. 文은 諡號이다.

상나라 임금 수(受)가 오상(五常)을 업신여기며 거칠고 게을러서 공경치 아니하여 스스로 하늘과 절연하고 백성들에게 원망을 맺었도다. 아침에 물을 건너는 사람의 정강이를 쪼개보고 어진 사람의 심장을 갈라내보며, 위엄을 부려 살육으로 사해를 악독하게 하고 병들게 하며, 간사함을 높이고 믿으며 사부(師傅)들을 내쫓고 법과 형벌을 물리쳐버리고 올바른 인사를 가두어 종 노릇 하게 하며, 하늘과 땅에 제사도 지내지 아니하고 종묘에 제사를 받들지 아니하며, 기이하고 교묘한 방법으로 부인을 기쁘게 하니, 상제께서 받아들이지 아니하고 단호히 이 멸망을 내리었으니, 너희들은 부지런히 힘써서 나 한 사람을 받들어 공경히 하늘의 벌을 행하라.

매색이 이르기를, "군대가 율령으로써 출동하는데 세 번 거듭 명령하였다"[206]고 하였다 (孔穎達이 이르기를, "『孫子兵法』에 세 번 명령하고 다섯 번 거듭한다'는 말이 있다"[207]고 하였다 ── 原註).

○나는 이렇게 생각한다. 병법에 세 번 명령하고 다섯 번 거듭한다는 것은 치고 찌르고 나누고 합할 때와 앉고 일어서고 나아가고 물러나는 절도를 말한 것이다. 그렇기 때문에 「목서」에 이르기를, "너의 방패를 나란히하고 너의 창을 세우라"라 하였고, 「비서費誓」[208]에 이르기를, "네 방패를 손질하고 네 창을 담금질하라"고 하였으며, 심지어는 그 말이 "육보칠보, 육벌칠벌(六步七步, 六伐七伐)"[209]에까지 이른 것이니, 모두 군령은 거듭되고 거듭되어야 하는 것이 마땅한 것이다. 그런데 지금은 행군하고 적을 이기는 방책에 대해서는 한마디도 언급하지 않고 오직 주(紂)의 크고 작은

---

206) 『尙書正義』 卷 第11, 「泰誓」 下 孔氏傳.
207) 『尙書正義』 卷 第11, 「泰誓」 下 孔穎達 疏.
208) 「費誓」: 『尙書』의 篇名.
209) 六步七步, 六伐七伐: 「牧誓」에 나오는 말로, 함부로 진격하는 것을 경계한 말.

죄를 나열하여 빠뜨리지 않았고 허(虛)와 실(實)을 무릅쓰고 나누어 늘어놓고 3일 동안 거듭거듭 말하였으니, 어찌 병가(兵家)에서 이른바 세 번 명령하고 다섯 번 거듭한다는 것이겠는가? 「태서」가 본래 한 편에 그치는 것인데 모두 세 편이라고 하는 것은 모두 거짓이다.

【剽襲】"왕이 이에 크게 사열하였다〔王乃大巡〕"는 것은 『국어』의 괵문공(虢文公)의 말을 답습하였다(그 藉田²¹⁰)의 법을 論하여 말하기를, "여러 관리들에게 명하여 농사짓는 일을 순시하여 격려하게 하는데, 農師가 첫번째로 하고 農正이 두번째로 하고 后稷이 세번째로 하고 마지막에 왕이 公卿大夫를 거느리고 巡視한다"라고 하였다²¹¹) — 原註). "오상을 업신여기고 스스로 하늘과 절연하였다"는 것은 「주본기」에 실려 있는 「위태서僞太誓」를 답습한 것이다(거기에 이르기를, "三正²¹²)을 무너뜨리고 스스로 하늘과 절연하였다"고 하였다 — 原註). "백성들에게 원망을 맺었다"는 것은 「범수전范睢傳」을 답습한 것이다(거기에 이르기를, "백성들에게 원망을 맺었다"고 하였다 — 原註).

○나는 이렇게 생각한다. 또 「위태서」를 훔쳐다가 「위태서」를 지었다.

【剽取】『회남자』에 이르기를, "어진 사람의 심장을 가르고 재주 있는 선비의 정강이를 쪼개었다"고 하였고(「俶眞訓」 — 原註) 또 이르기를, "아침에 물을 건너는 사람의 정강이를 쪼개었다"고 하였다(「主術訓」 — 原註). ○유향의 『신서新序』²¹³)에 이르기를, "송(宋)의 강왕(康王)이 꼽추의 등을 가르고 아침에 물을 건너는 사람의 정강이를 자르니, 나라 사람들이 크게 놀랐으며 제(齊)나라 사람

---

210) 藉田: 天子가 祖廟의 제사에 쓸 쌀을 경작하는 밭.
211) 『國語』「周語」上篇.
212) 三正: 여기의 三正은 天·地·人의 正道를 말함.
213) 『新序』: 書名. 春秋에서 漢初에 이르기까지의 軼事와 法戒를 모은 책.

들이 듣고 그를 쳤다”고 하였다(『水經註』[214]에 이르기를, “늙은 이가 물을 건너는데 망설이면서 결단하지 못하고 건너기를 어려워하거늘 紂가 그 까닭을 물으니 좌우에서 말하기를, ‘늙은 이는 뼈가 虛實하기 때문에 추위를 두려워하는 것입니다’라고 하자 紂가 이에 정강이를 쪼개서 그것을 보았다”고 하였다—原註).

○나는 이렇게 생각한다. 위서를 만든 자가 근거한 바는 『회남자』이다. 그러나 유향이 말한 바는 사실이 모두 갖추어져 있는데, 이제 송(宋)나라 언(偃)[215]의 일을 상(商)의 수(受)에게 뒤집어씌웠으니 되겠는가?(「宋世家」[216]에 이르기를, “偃이 피 주머니를 쏘아놓고 하늘을 맞추었다고 하거늘, 齊의 湣王이 그를 멸망시켰는데 천하에서 그를 일러 ‘桀宋’이라 하였다”고 하였다—原註) 『논어』[217]에 이르기를, “주(紂)의 악함이 이처럼 심하지는 않은데 천하의 악이 모두 그에게 돌아간다”[218]고 하였으니 그 말이 진실되도다(『水經註』는 梅賾의 『尙書』보다 뒤의 것이니 말할 것이 못 된다—原註).

【剽取】“부인을 기쁘게 한다〔以悅婦人〕”는 말과 “공경히 하늘의 벌을 행하라〔恭行天罰〕”는 말은 모두 「주본기」의 「위태서」의 글이다. “상제께서 받아들이지 아니하고 단호히 이 멸망을 내리었다〔上帝弗順 祝降時喪〕”는 말은 『묵자』에 인용된 「태서」의 글을 잘라놓은 것이다(곧 “제사를 지내는 것은 이로울 것이 없다 한다〔謂祭無益〕”의 아래 글을 이름이니[219] 전문은 앞에 보인다—原註). “부지런히 힘쓰라〔孜孜〕”는 두 글자도 역시 「위태서」에 나온다.

---

214) 『水經注』: 書名. 後魏의 酈道元이 지음.
215) 偃: 宋나라 康王의 이름.
216) 「宋世家」: 『史記』의 篇名.
217) 朝本에는 『孟子』로 되어 있다.
218) 『論語』 「子張」에 나오는 子貢의 말이다.
219) 『墨子』 「非命」 下에 나오는 “謂祭無益, 〔……〕 上帝弗順, 祝降時喪”의 글을 말함.

옛사람의 말에 이르기를, '우리를 위로하면 임금이요, 우리를 학대
하면 원수이다'라고 하였다. 독부(獨夫) 수(受)가 널리 위엄을 부리
고 있으니 너희들에게는 대대로 원수이다. 덕을 심는 데는 점점 번
성케 하는 데 힘쓰고 악을 제거함에는 근본에 힘쓸지니라. 이러므로
나 소자는 크게 너희 뭇 군사로써 너희들의 원수를 베고 섬멸하려
하니, 너희 뭇 군사들은 과단성 있고 굳센 것을 좇아서 너희들의 임
금을 성공하게 할지어다. 공이 많으면 후한 상이 있고 따르지 않으
면 드러내어 죽이리라.

【剽取】『급총주서』[220]에 이르기를, "덕을 베풀면 백성이 추대하
고 그렇지 않으면 백성이 원수로 삼는다"고 하였다.

【蒐輯】『순자』에 「태서」를 인용하여 '독부(獨夫) 수(受)'[221]라고
하였다(孟子가 말하기를, "一夫인 紂를 베었다는 말은 들었다"[222]고 하였으니,
대개 또한 「太誓」에 의거해서 말한 것이다 — 原註). ○『좌전』에 오원(伍
員)[223]이 말하기를, "신이 듣건대 덕을 심는 데는 번성케 하는 것
만 같은 것이 없고, 질병을 없애는 데는 완전히 없애버리는 것만
같은 것이 없다고 합니다"라고 하였다(哀公 원년 — 原註). ○『전국
책』에 진(秦)의 객경(客卿)[224]이 양후(穰侯)[225]에게 이르기를, "『시
경』에 이르되 '덕을 심는 데는 번성케 하는 것만 같은 것이 없고,

---

220) 『汲冢周書』: 書名. 晉의 咸寧의 初에 汲郡 사람 不準이 魏의 襄王
　　(일설에는 安釐王)의 墓를 발굴하여 얻은 『周書』라고 함. 顔師古가
　　『漢書』「藝文志」의 『周書』 71편이란 곳에 註하여 공자 刪書의 나머
　　지라고 稱하고부터 '逸周書'라고 불린다.
221) 『荀子』「議兵」.
222) 『孟子』「梁惠王」下.
223) 伍員: 春秋時代 吳나라의 伍子胥.
224) 客卿: 戰國時代 他國에서 와서 卿相이 된 사람. 張儀 같은 사람이
　　客卿이다.
225) 穰侯: 戰國時代 魏나라 사람 魏冉. 秦나라 昭王 때 秦의 宰相이 되
　　어 秦을 興하게 함과 동시에 魏를 안전하게 함. 穰은 封號이다.

해(害)를 제거하는 데는 완전히 없애버리는 것만 같은 것이 없네'[226]라고 하였습니다"[227]고 하였다(姚氏[228]의 本에는 '書云'이라고 되어 있다[229]── 原註).

○나는 이렇게 생각한다. 점점 더하여 넓게 하는 것을 "번성케 하는 것[滋]"이라고 하고, 남김없이 다하게 하는 것을 "완전히 없애는 것[盡]"이라고 한다. 두 말이 고르고 바르니 참으로 이것이 이치에 닿는 말이다. 이제 그것을 고쳐서 말하기를, "악을 제거함에는 근본에 힘쓸지어다"라고 하면 두 말의 뜻이 서로 반대될 수 없으니 지극히 무미(無味)한 말이다('번성케 한다[滋]'는 것과 '근본[本]'이라는 말은 서로 반대될 수 없다── 原註). 기왕 모으고 기왕 취해 왔으면 어찌 구태여 그것을 고치는가?

아! 나의 돌아가신 아버지 문왕께서는 해와 달이 비추어 이르는 것처럼 사방에 비추고 서토(西土)에 비추니, 우리 주나라는 크게 많은 나라의 도움을 받으리라. 내가 수(受)를 이겨도 그것은 나의 무용(武勇)의 힘이 아니라 오직 나의 선고(先考) 문왕이 죄가 없기 때문이며, 수(受)가 나를 이겨도 그것은 나의 선고 문왕이 죄가 있어서가 아니라 나 소자가 어질지 못한 때문이니라."

【蒐改】『묵자』가 「태서」를 인용하여 말하기를, "문왕은 해처럼 달처럼 갑자기 빛을 사방에 비추고 서토에 비추다"라고 하였다

---

226) 『詩經』에는 이러한 詩句가 없다. 『戰國策』에 '詩云'이라고 한 것 중에는 『詩經』에 없는 것이 몇 군데 있는데, 이것은 아마도 '詩'字가 잘못 쓰인 듯하다. 그렇다고 해서 '書云'도 아니다.
227) 『戰國策』卷 第5.
228) 姚氏: 宋나라 剡川人. 이름은 宏, 字는 令聲 또는 伯聲. 宋의 紹興 丙寅(1146년) 中秋에 姚宏이 刻本한 『戰國策』이 있는데 이것을 『姚本戰國策』이라고 함.
229) 姚宏의 本엔 "書云: '樹德務滋, 除惡務本'"이라고 되어 있다.

(「兼愛」— 原註).

○나는 이렇게 생각한다. 『묵자』에 인용된 고아(古雅)한 말을 어찌 구태여 그것을 고치는가?

【蒐輯】「방기坊記」[230]에 「태서」를 인용하여 말하기를, "내가 주(紂)를 이겨도 그것은 나의 무용의 힘이 아니라 오직 나의 선고 문왕이 죄가 없기 때문이며, 주(紂)가 나를 이겨도 그것은 나의 선고 문왕이 죄가 있어서가 아니라 나 소자가 어질지 못한 때문이다"라고 하였다(孔子께서 이르기를, "착하면 어버이를 들먹이고, 허물이 있으면 자기를 들먹이면 백성들이 孝行을 한다. 「太誓」에 이르기를, '이러이러하다'는 말[231]이 있다"고 하였다 — 原註). ○정현이 이르기를, "'이긴다〔克〕'는 것은 승리한다〔勝〕는 것이다. '나의 무가 아니다〔非予武〕'라는 것은 '나의 무공이 아니다〔非我武功〕'라는 것이다. '문고(文考)'는 문왕이다. '죄가 없다〔無罪〕'는 것은 덕이 있음을 말한 것이다. '어질지 못하다〔無良〕'는 것은 공업(功業)과 선행이 없다는 것이다. 이것은 무왕이 무리들에게 주(紂)를 치겠다는 말로 맹세한 것인데, 지금 「태서」에는 이 글귀가 없으니 그 편은 흩어져 없어진 것이다"[232]고 하였다.

○살펴보건대, 「태서」는 비록 태공이 맹세한 바이나 무왕의 명으로 무리들에게 포고되었기 때문에 나〔予〕라 칭하고 짐(朕)이라 칭한 것이다. 다른 장도 모두 그렇다.

【遺漏】『묵자』에 「태서」를 인용하여 말하기를, "소인이 간교함을 나타내면 아뢰어라. 아뢰지 않고 발각되면 죄가 같다"고 하였다(「尙同」에 보인다. ○墨子가 이 「太誓」의 구절을 풀어 말하기를, "이 말은 淫辟한 것을 보고 그것을 告하지 않은 者는 그 죄가 또한 淫辟한 자와 마찬가지

---

230) 「坊記」: 『禮記』의 篇名.
231) 『禮記』「坊記」에 "太誓曰: '予克紂非予武, 惟朕文考無罪, 紂克予非朕文考有罪, 惟予小子無良'"이라는 말.
232) 『禮記正義』卷 第51, 「坊記」鄭玄 註.

라는 것이다"라고 하였다 — 原註). ○ 염약거는 이르기를, "마융(馬融) 이 '전해오는 옛 서적에서 『서전』의 「태서」를 인용한 바가 매우 많으나 대략 다섯 가지 일[233]을 들어 이것을 밝힌다'고 말하였는 데, 위서를 만든 자는 군서(群書)에 해박하지 못하고 다만 마융이 언급한 데에만 의거하고 나머지는 빠뜨린 것이 많다"[234]고 하였다.

○나는 이렇게 생각한다. 『묵자』에 인용된 「태서」는 모두 마융 이 거론한 것 밖의 것인데 위서를 만든 자는 그것을 모두 수집하 여 이 장에다 맞추어놓았으니 묶지 않은 볏단이 되어버린 격이다. 위서를 만든 것이 탄로나는 것은 그 모조리 모아 빠뜨리지 않은 것에 연유한다. 빠뜨린 것이 있더라도 병이 될 것이 없다. 전기에 인용된 것 중에 빠뜨린 것은 오직 "혼(昏)·묵(墨)·적(賊)[235]의 세 가지 죄는 사형에 처한다"는 등의 몇 구절뿐이다(『左傳』昭公 14年에 「夏書」를 인용하여 말하기를, "昏·墨·賊의 세 가지 罪를 死刑에 처한 것은 皐 陶의 刑法이다"라고 하였다 — 原註).

---

233) 다섯 가지 일: 여기서 다섯 가지 일은 『春秋』에 인용된 「泰誓」의 "民之所欲, 天必從之,"『國語』에 인용된 「泰誓」의 "朕夢協卜, 襲於 休祥, 戎商必克,"『孟子』에 인용된 "我武惟揚, 侵于之疆, 則取于殘, 殺伐用張, 于湯有光,"『荀子』에 인용된 「泰書」의 "獨夫受",『禮記』 에 인용된 「泰誓」의 "予克受, 非予武, 惟朕文考無罪, 受克予, 非朕文 考有罪, 惟予小子無良"의 다섯 가지를 말한다.
234) 閻若璩:『尙書古文疏證』卷1, 張31~32.
235) 昏·墨·賊:『左傳』 昭公 14年에 "己惡而掠美爲昏, 貪以敗官爲墨, 殺人不忌爲賊, 夏書曰: '昏墨賊殺, 皐陶之刑也'"라고 하였다.

8

매씨서평(梅氏書平) 8

무성(武成)

(孔壁本에는 16편 中에 있다 —— 原註)

『한서』「율력지律曆志」에 실려 있는 「무성」구서(舊序)에 말하기를, "1월 무오에 군사들이 맹진(孟津)을 건넜다"고 하였다(지금梅賾의『尙書』에는 「書序」에 이 한 단락이 없다 —— 原註).

○나는 이렇게 생각한다. 사마천이 공안국의 진본(眞本)을 보고서 「무성」의 편명을 실었으며, 반고는 유흠(劉歆)의 『삼통력三統曆』에 근거해서 서문을 기록한 것이다. 그러므로 두 사람 모두 맥락이 서로 통하니 이에 잘못이 있음은 용납하지 않는다. 그런데 지금 매색의 『상서』는 마음대로 고치고 바꾸어서 선인의 남긴 자취를 찾기 어려우니 정밀하게 조사하고 엄밀하게 연구하지 않으면 이해할 수 없다고 생각한다.

1월 임진 초이튿날이 지나고 그 다음날인 계사에 임금이 아침에 주(周)나라로부터 가서 상(商)나라를 쳤다.

【漢書律曆志】「무성」을 기록하여 이르기를, "1월 임진 초이튿날 〔旁死覇〕[1](지금은 魄으로 되어 있다—原註)이요, 이에 다음날인 계사에 무왕이 아침에 주나라로부터 가서 주를 쳤다"고 하였다(孟康[2]이 말하기를, "旁死覇는 2일이다. 1월은 辛卯가 초하루이므로 2일은 壬辰이 된다"고 하였다—原註). ○반고는 말하기를, "사패(死覇)는 초하루이다. 생패(生覇)는 보름이다. 군사가 처음에 출동한 것이 무자이기 때문에 무오에 맹진을 건넌 것이다"[3]라고 하였다(孟津은 周나라와의 거리가 9백 리이다. 군사는 하루에 30리를 행군한다. 그러므로 31[4]일 만에 건너게 된 것이다.[5] ○戊午에 孟津을 건넜다[6]—原註).

○내가 살펴보건대, 1월은 자월(子月)을 정월로 세운 달이다(蔡沈은 이르기를, "寅月을 正月로 세웠다"[7]고 했다—原註).

【律曆志】「무성」에 이르기를, "3월 초하루에 와서 5일 지난 갑자에 상나라 왕 주(紂)를 죽였다"[8]고 하였다(顏師古가 이르기를, "劉는 殺이다. 이는『今文尙書』의 말이다"[9]라고 했다—原註). ○반고는 말하기를, "윤 2월은 경인이 초하루이며, 3월 2일은 경신이며, 4월은 기축이 초하루이다"[10]라고 했다. ○또 말하기를, "경신날에 이르렀다는 것은 2월 초하루이며, 4일 계해날에 목야(牧野)에 이르러 밤에 진을 치고 갑자날이 밝아질 무렵에 회전(會戰)을 하였다. 그러므로『외전外傳』[11]에 이르기를, '무왕이 2월 계해날 밤에 진을

1) 旁死覇: 음력으로 매월 초이틀을 이름.
2) 孟康: 魏나라 安平人. p. 345 주 138 참조.
3)『漢書』卷第21,「律曆志」第1 下.
4)『漢書』에는 '31일'로 되어 있는데 朝本·奎本에는 '27일'로 되어 있음.
5)『漢書』卷第21,「律曆志」第1 下.
6) 同上.
7) 蔡沈,『書集傳』「武成」註.
8)『漢書』卷第 21,「律曆志」第1 下.
9)『漢書』卷第21,「律曆志」第1 下, 顏師古 註.
10)『漢書』卷第21,「律曆志」第1 下.
11)『外傳』:『春秋左傳』에 대해『國語』를『春秋外傳』이라고 함.

쳤다'고 하였다"12)고 했다(『國語』「周語」에 伶州鳩13)가 이르기를, "왕이 2월 癸亥날 밤에 陳을 치는데 마치기도 전에 비가 내렸다"고 하였다 — 原註).

○ 염약거는 이르기를, "『삼통력』은 「무성」을 인용했고 반고가 그 것을 나누어 3절로 만들었던 것이다. 그리하여 각기 다른 말로 거 기에 간격을 생기게 해놓았는데 위작자가 그것을 제1절만을 슬쩍 보고 그것을 끌어다가 지금의 「무성」에 넣었고, 제2절과 제3절은 마침내 빠뜨린 것이다"14)라고 했다.

　○나는 이렇게 생각한다. 위작자가 마음이 조급해서 「주관周官」 을 지을 때에 그 여섯 개의 관직의 직장(職掌)을 모두 『주례周禮』 에 의거했는데, 동관(冬官)에 이르러서는 애써 고생스럽게 스스로 만들었으나 『주례』 「천관天官」의 「소재小宰」15)에 원문이 갖춰져 있는 것을 알지 못했다. 지금 「율력지」에서도 또한 한 절만 수집 하고 나머지 두 절을 빠뜨렸던 것이다.

　【律曆志】「무성」에 이르기를, "4월 16일〔旣旁生覇〕에서 6일이나 지난 경술날에 무왕(武王)16)이 주나라 사당에서 요제(燎祭)를 지 냈다. 그리고 그 다음날 신해에 천위(天位)에 제사를 지냈다. 그리 고 5일 지난 을묘날에 여러 나라가 잘라온 귀〔馘〕를 전리품으로 가지고 와서는 주나라 종묘에서 제사 지냈다"17)라고 하였다(顏師 古는 이르기를, "또한 『今文尙書』의 말이다"18)라고 했다 — 原註). ○ 반고 가 이르기를, "이달 갑진은 보름이요, 을사는 16일이다"19)라고 하 였다.

---

12) 『國語』「周語」에도 나오고 『漢書』 卷第21, 「律曆志」 第1 下에도 나온다.
13) 伶州鳩: 周나라 樂官. 伶은 伶人, 즉 樂官을 말하며, 州鳩는 이름이다.
14) 閻若璩, 『尙書古文疏證』 卷1, 張21.
15) 「小宰」: 『周禮』「天官」의 한 掌職이며, 篇名도 된다.
16) 朝本에는 '武王'이 빠져 있음.
17) 『漢書』 卷第21, 「律曆志」 第1 下.
18) 『漢書』 卷第21, 「律曆志」 第1 下, 顏師古 註.
19) 『漢書』 卷第21, 「律曆志」 第1 下.

○나는 이렇게 생각한다. 안사고가 나머지 2절[20]을 『금문상서』로 여긴 것은 매색의 『상서』에 이 2절이 없었으니 이것은 고문에 없고, 고문에 없으니 금문으로 돌릴 수밖에 없음을 말한 것뿐이지 복생의 집 벽 속에서 나온 『상서』 가운데에 「무성」이 있었음을 어떻게 보았겠는가?(『今文尙書』 28편에는 「武成」이 없다 — 原註) 명백하게 공안국의 『고문상서』 16편 가운데에는 분명 「무성」이 있었는데도 위서에 수록되어 있는 것을 보지 못했다고 해서 차서 배척한 것이 이와 같으니 어찌 원통하지 않겠는가?

공영달이 이르기를, "「율력지」에 인용된 「무성」은 분서 이후에 어떤 사람이 가짜로 그것을 만들었는데, 한나라 때에는 그것을 일서(逸書)라고 했다. 그런데 그후에 그 편도 없어졌다"[21]라고 하였다(鄭玄은 "「武成」의 逸書는 建武 年間에 없어졌는데 저 「僞武成」을 두고 말함이다"[22]고 하였다 — 原註).

○염약거가 이르기를, "『고문상서』의 「무성」은 건무의 연간에 없어졌고, 건무의 연간 이전에는 유향·유흠 부자가 비부의 책을 대교(對校) 정리할 때 「무성」이 진실로 갖춰져 있었다. 1월 계사와 2월 갑자, 4월 경술·신해·을묘 〔……〕 모두 유흠이 그것을 상위(象緯)에 점쳐보고 시령(時令)에 징험하고, 경전에 상고해보아 딱 들어맞지 않은 것이 없었는데도, 그 뒤에(伶州鳩의 말과 서로 합치됨을 이름이다 — 原註) 그 설을 지은 것이 이와 같으니, 반고가 말한 바 역법을 추린 것이 가장 엄밀한 것이다. 〔……〕 그래서 이미 안사고가 그것을 가리켜 금문이라 했고 공영달은 그것을 가리켜

---

20) 『漢書』에 班固가 인용한 「武成」의 "粤若來三月, 旣死覇, 粤五日甲子, 咸劉商王紂"와 "惟四月旣旁生覇, 粤六日庚戌, 武王燎于周廟. 〔……〕 乃以庶國祀馘于周廟"의 구절을 가리킴.

21) 『尙書正義』 卷 第11, 「武成」 孔穎達 疏.

22) 同上.

위서라고 했다"[23]고 하였다(孔穎達이 이르기를, "焚書 이후에 어떤 사람이 가짜로 그것을 만들었다"고 했다 — 原註).

○나는 이렇게 생각한다. 염약거의 설은 따지기는 하였으나 증거를 갖추지 못했다. 「무성」한 편은 곧 공안국의 16편 가운데 하나인 것이다(上丁七에 보인다 — 原註). 당시에 비록 사설(師說)은 없었으나 역기(曆紀)에 관계가 있었던 것은 유향(劉向)·유흠 부자가 애쓰고 고생해서 풀이하여, 「이훈伊訓」의 한 조목(「伊訓」도 16편 가운데 한 편이다 — 原註)과 「무성」의 3조목이 『삼통력』에 기록되어 있으니 황당하고 근거 없는 잡서(雜書)를 취하여 구차하게 끌어모아 이룩한 것이 아니다. 아! 유흠 부자가 공안국의 집에서 올린 바의 공자 고가(古家)의 벽 속에서 나온 진본을 직접 대교(對校)하고(上甲八에 보인다 — 原註) 그리고 그것을 집안에서 전하고 대대로 보존하는 데에 뜻을 한결같이 하고 전일하게 하였다. 공벽본(孔壁本)의 『상서』가 한 점 한 획이라도 혹 착오가 있는 것을 공안국이 혹 알지 못하였으면 유흠 부자가 반드시 명백하게 판변하였을 것이니, 어찌 한 글자라도 가짜 경(經)을 가지고 혹시라도 『삼통력』 가운데에 실을 수 있었겠는가? 칠서(漆書)를 무함할 수 있고, 정현의 본을 매도할 수 있어도 유흠의 『삼통력』 속에 실려 있는 경(經)은 무릇 고문의 학(學)을 높이는 자는 단정코 감히 한 글자라도 비방하거나 훼손시키지 못한다. 그런데 이에 충원(沖遠)[24]이 유흠의 『삼통력』의 세 조목을 가리켜서 위서에서 나왔다고 했으니, 천하에 어찌 이 같은 일이 있을 수 있겠는가? 유씨(劉氏)는 공안국에 대해서 진실로 정성되고 심혈을 기울여 고문을 드러내어 밝혀서, 그것을 보물처럼 여기고 애호하기를 천구(天球)·홍

---

23) 閻若璩, 『尙書古文疏證』 卷1, 張17~18.
24) 沖遠: 孔穎達의 字.

벽(弘璧)²⁵⁾처럼 하여, 몸과 이름을 망치고 욕보이는 데까지 이르러도 결코 후회할 줄 몰랐다. 이 양가(兩家)²⁶⁾가 호의를 두텁게 하여 1백 세 후에까지 이르렀는데 이에 충원이 거짓을 받들어 조상처럼 여기고 진짜를 가리켜서 적으로 여겨 유씨의 가전(家傳)한 학문을 비방하는 지경에까지 이르면서도 이것을 깨달을 줄 모르니 어찌 미혹된 것이 아니겠는가? 설사 만약에 그 말한 세 조목이 모두 거짓이라고 하더라도 매색의 『상서』가 또 어찌 제1조와 서로 같은가? 건무의 연간에 그 『상서』가 비록 없어졌으나(杜林이 미리 古文이 반드시 없어질 것을 알고서 이에 漆書의 작은 책을 만들어서 제자들에게 주었다. 16편은 漆書에 넣지 않아서 드디어 없어지고 말았다 ─ 原註) 삼통(三統)의 역법은 그대로 모두 남아 있다. 그러므로 반고가 그것을 취해서 「율력지」를 지을 수 있었으니, 어찌 건무의 연간에 책이 없어진 일로써 싸잡아 이 「무성」 세 조목을 속일 수 있을 것인가? 유흠의 『삼통력』과 반고의 「율력지」는 그들이 스스로 지어 문장으로 된 것이 진실로 많다. 그러므로 잡박한 것은 문왕의 해를 함부로 무왕의 해에다 해놓고 「홍범洪範」의 해를 끌어다 은(殷)을 이긴 해로 해놓은 유(類)가 이것이다. 그러나 잔결(殘缺)된 장구를 「이훈」과 「무성」에서 채집한 것은 반드시 하나도 오류가 없으니 후세 사람들이 속을 수 있는 것이 아니다(鄭玄의 이른바 "建武 年間에 없어졌다"고 하는 것은 곧 古文 16편이요, 別本의 僞書가 있었다가 없어진 것은 아니다 ─ 原註).

【逸周書】²⁷⁾ 「세부해世俘解」²⁸⁾에 이르기를, "1월 병진(丙辰)은 16

---

25) 天球·弘璧: 모두 큰 玉을 말함. 天球는 雍州에서 바치던 玉이며, 弘璧 또한 구슬의 이름으로 大璧이다.
26) 兩家: 孔安國과 劉歆 父子를 말함.
27) 『逸周書』: 원이름은 『周書』 또는 『汲冢周書』라고도 한다. 晉나라 太康 2년 汲郡에 사는 사람이 魏나라 安釐王의 古冢에서 발굴한 책으로 周代 諸王의 征伐에 관한 言行을 적었다. 모두 10권.
28) 「世俘解」: 『逸周書』의 篇名.

일이다. 이에 다음날 정사(丁巳)에 왕이 가서 상나라를 쳤다. 그리고 2월 초하루에서 닷새 지난 갑자에 상나라 왕인 주(紂)를 죽였다.〔……〕4월 16일에서 6일 지난 경술에 무왕이 주나라에서 요제(燎祭)를 지냈다. 이에 다음날 신해(辛亥)에 천위(天位)에 제사를 지냈고, 5일 지난 을묘에는 드디어 여러 나라가 잘라온 귀〔馘〕를 전리품으로 가지고 와서는 주나라 종묘에서 제사 지냈다(4월 이하는 같다[29] — 原註)”고 했다. ○ 염약거가 이르기를, “1월 병진과 2월 갑자는 크게 의논할 만한 것이다. 무왕 1월이 실제로 신묘(辛卯)인 초하루가 된다면 1월 16일은 당연히 정미(丁未)가 되어야 하고, 그 다음날은 마땅히 무신(戊申)이 되어야 하거늘 어떻게 병진과 정사가 될 수 있겠는가?”[30]라고 했다(이 또한 僞書이다 — 原註). ○ 신작(申綽)[31]이 이르기를, “『삼통력』에 인용된 바를 대략 몇 글자를 고쳐서 『주서』에 집어넣어서 그것을 이름하기를 「세부해」라 하고, 아울러 무왕이 사냥 나갔던 일이 있어서 ‘귀수(歸獸)’의 서문[32]에 합치되게 한 것이다”라고 했다.

주자는 말하기를, “종묘의 내사(內事)는 일상적으로 정일(丁日)과 기일(己日)을 쓴다. 『한서』「율력지」에는 정미일(丁未日)은 없고 ‘경술일에 주나라 종묘에 요제를 지냈다’고 하니, 이것은 강일(剛日)이 되므로 마땅히 쓸 바가 아닌 것이며, 요제는 또한 종묘의 예도 아닌 것이다. 또 ‘다음날 신해일(辛亥日)에 천위에 제사를 지내고 5일 지난 을묘일에 또 잘라온 귀〔馘〕를 전리품으로 가지고

---

29) 『漢書』「律曆志」에 나오는「武成」의 글과 같다는 말이다.
30) 閻若璩, 『尙書古文疏證』卷1, 張20.
31) 申綽: 1760~1828. 朝鮮 正祖 때 學者. 字는 在中. 號는 石泉. 經學에 造詣가 깊으며 저서로는 『詩次故』 『易次故』 『書次故』가 있으며, 문집으로 『石泉遺稿』가 있다.
32) 歸獸의 序文:「武成」의 序文에 보면 ‘往伐歸獸’라는 말이 있으므로 이에 合致되게 글을 만들었다는 뜻이다.

와서는 주나라 종묘에서 제사 지냈다'라고 했으니, 6일 사이에 세 번이나 큰 제사를 거행한 것은 예(禮)가 자주 행해지면 번거로워 불경(不敬)한 데에 가깝고, 또한 이러한 것은 경문(經文)에도 없는 데 유흠이 어디에서 근거했는지 알지 못하겠다"[33] (살펴보건대, 張覇 의 僞書에 「武成」편이 있으니 劉歆이 이것을 잘못 古文으로 여긴 것이다[34] — 原註)고 하였다.

○ 내가 살펴보건대, 일상적으로 정일(丁日)과 기일(己日)을 쓴 것은 『의례儀禮』 「소뢰례少牢禮」의 글인 것이다(己는 音이 紀이다 — 原註). 『예기』 「곡례」에는 "외사(外事)는 강일(剛日)을 쓰고, 내사 (內事)는 유일(柔日)을 쓴다"고 했다. 그러므로 「교특생郊特牲」에 이르기를, "사제(社祭)는 일상적으로 갑일(甲日)을 쓴다"고 했고, 「소뢰례」에 이르기를, "제사는 일상적으로 정일(丁日)을 쓴다"라 고 했다. 『춘추春秋』를 고찰해보니, 기묘일과 정축일은 증제(烝 祭), 을해일은 상제(嘗祭), 정묘일은 협제(祫祭), 신묘일은 체제(禘 祭)로 모두 유일(柔日)을 썼다. 그러므로 종묘의 제사에 반드시 유 일을 쓴 것은 본래 그 글이 있는 것이다. 비록 그렇기는 하나 경 전을 살펴보면 반드시 그렇지도 않은 것이 또한 많다. 『예기』 「교 특생」에 말하기를, "교제(郊祭)는 일상적으로 신일(辛日)을 쓴다" 고 했고(이는 周나라 사람의 禮이다 — 原註), 『상서』 「소고召誥」에 "교 제는 정일과 기일을 쓴다"고 했으며, 그리고 『좌전』에 "우제(雩 祭)는 상신일(上辛日)과 계신일(季辛日)을 쓴다(昭公 25年 — 原註)" 고 했고, 『예기』 「월령月令」에 "석채(釋菜)는 정일을 쓴다"고 했 으니, 이것은 외사(外事)이므로 반드시 강일(剛日)을 쓰지 아니하 였다. 초하루를 고할 때는 소뢰(少牢)의 천신(薦神)이 있고(「玉藻」[35]

---

33) 朱熹, 『朱子大全』 卷65, 「武成月日譜」.
34) 同上.
35) 「玉藻」: 『禮記』의 篇名.

에 나타나 있다—原註) 하지(夏至)에는 조묘(祖廟)의 제사가 있다(『禮記』「雜記」의 孟獻子[36]의 말이다—原註). 초하루와 지일(至日)[37]에는 반드시 모두 정일과 기일로 하는 것은 아니다. 천자가 제후를 순수(巡守)할 때 종묘에 고하고(『禮記』「王制」에 보인다—原註), 제후가 내조(來朝)하면 종묘에 고한다(『左傳』桓公 2年—原註). 무릇 종묘에 고하는 예에는 친히 고하면 희생을 쓰고, 사관(史官)이 고하면 폐백을 쓴다(子思가 말했다—原註). 천자가 순수(巡守)를 나가고 제후가 내조할 때의 고묘(告廟)는 반드시 모두 정일과 기일로 하는 것은 아니다. 복조제(復胙祭)[38]는 역제(繹祭)이며, 삼우(三虞)[39]는 길례(吉禮)이다. 예에 있어서 반드시 강일을 쓰니, 이것은 내사이나 반드시 유일(柔日)을 쓰는 것은 아니다. 경술일의 요제는 종묘에서 지내는 것인데 또 하필 그것을 의심하는가?(또 先儒들은 혹 外事는 군사를 다스리는 것이라 하고, 內事는 제사라 했다. 그리고 때로는 제사 중에도 또 內外를 나누었다—原註) 대개 약제(禴祭)·사제(祠祭)·증제(烝祭)·상제(嘗祭)[40]는 사계절의 정제(正祭)인 것이다. 그러므로 반드시 정일과 기일을 쓰고 일지(日至)[41]의 제사와 초하루를 고하는 제사, 고사(告事)의 제사와 혹 천시(天時)를 좇거나 혹 인사(人事)에 관계된 제사에 이르러서는 강일과 유일을 따지지 않는 것이 오직 마땅한 것이다. 천자가 명을 내려 무공(武功)을 모아서 이를 주나라 사당에 고하여 요제를 지내는 것은 고사(告事)의 제사인

---

36) 孟獻子: 春秋時代 魯나라의 大夫 仲孫蔑을 지칭함. 賢大夫로 이름이 높았음.
37) 至日: 夏至와 冬至.
38) 復胙祭: 正祭의 다음날 지내는 제사.
39) 三虞: 장사 지낸 후 세번째 지내는 虞祭.
40) 禴·祠·烝·嘗:『詩經』「天保」에 "禴祠烝嘗, 于公先王"이란 詩句가 있는데 朱子는 이에 註를 하여 "宗廟之祭, 春曰祠, 夏曰禴, 秋曰嘗, 冬曰烝"이라고 하였다.
41) 日至: 夏至와 冬至.

것이다. 정제(正祭)를 '증제' '상제'라 하고, 고사의 제사를 '요제'라 한다. 예를 들면 정제를 '교제(郊祭)'라 하고 고사의 제사를 '시제(柴祭)'[42]라 하는 것과 같으니 또 무엇 때문에 굳이 경일(庚日)을 의심하고 정일(丁日)을 믿을 것인가?

○또 살펴보건대, 요제는 외신(外神)에게 지내는 예이다. 대종백(大宗伯)[43]은 유요(槱燎)로써 사중(司中)·사명(司命)·풍사(風師)·우사(雨師)에 제사 지낸다.『사기』의「봉선서封禪書」에 이르기를, "오치(五畤)[44]에서 제물을 올릴 때에 한 마리 소를 더해서 요제를 지낸다"고 하였다. 두업(杜鄴)[45]이 이르기를, "요제·인제(禋祭)[46]에는 법도가 있다"고 한 것은 이것을 두고 한 말인 것이다(『漢書』「郊祀志」에 보인다— 原註). 비록 그렇다고는 하나 종묘에서 요제를 지내는 것은 주나라 사람의 예이다. 요제는 연(煙)이 있고, 연(煙)이란 인(禋)이다. 정현의 말에 "인(禋)은 연(煙)을 말하는 것이다. 연(煙)은 기운의 냄새이다(『周禮』의 註— 原註)"라고 했다. 그래서『상서』「낙고洛誥」에 이르기를, "거창(秬鬯)[47] 2통으로 문왕과 무왕께 인제(禋祭)를 지냈다"라고 하였다. 비록『국어』에는 마음을 정하게 하여 향사(享祀)한다는 뜻이 있고, 매색의 주에는 맑고 깨끗이 해서 치경(致敬)한다는 풀이가 있기는 하나, 모두 본래의 뜻이 아니다. 인(禋)이란 것은 연(煙)이다. 그러므로「교특생」에 이르기를, "지극히 공경하는 데 있어서는 맛을 흠향하지 아니하고

---

42) 柴祭: 섶을 태워 祭天하는 祭.
43) 大宗伯: 周나라 官職名으로 春官의 長이다. 나라의 祭祀와 典禮를 관장함.
44) 五畤: 東·西·南·北·中央의 神을 제사 지내는 곳.
45) 杜鄴: 漢나라 繁陽人. 字는 子夏. 同時代의 杜欽과 더불어 재능으로 일컬어졌는데, 두 사람이 姓·字가 동일하여 欽은 小冠杜子夏로, 鄴은 大冠杜子夏로 불렸음.
46) 禋祭: 天神을 제사하는 祭.
47) 秬鬯: 鬱鬯酒. 제사의 降神에 쓰는데 향기가 매우 난다.

기운의 냄새를 귀하게 여긴다"고 했고, 또 이르기를, "주(周)나라 사람들은 냄새를 숭상한다"고 하였으며, 또 이르기를, "쑥을 서직(黍稷)과 합하여 태우면, 취양(臭陽)[48]이 장옥(牆屋)에 통달한다"라고 했고, 또 이르기를, "쑥을 태워서 전향(羶薌)[49]과 합한다"고 했으며, 또 "율요(膟膋)[50]를 취해서[51] 태워 양(陽)의 기운에 보답한다"라고 했다. 「제의祭義」에는 이르기를, "제사 지내는 날에는 난도(鸞刀)를 가지고 베어서 율요(膟膋)를 취한다"고 했으며, 또 "전향(羶薌)을 태워서 소광(蕭光)[52]을 엿보아 기운에 보답한다"라고 했다. 이것으로 보건대, 주나라 사람이 종묘에 쑥과 서직 등을 태워서 연기를 오르게 하는 것이 아니면 제사를 지내지 않으니, 어떻게 주나라 종묘에 요제를 지낸 것을 일러 가짜 글이라 할 수 있겠는가? 다만 후세 사람이 예(禮)를 말할 때 모두 번제(燔祭)와 시제(柴祭)를 섞어서 같게 했기 때문에 드디어 종묘에서 요제를 지내지 않는 것으로 생각했다. 『한서』「교사지郊祀志」에 이르기를, "남교(南郊)에서 번요(燔燎)하여 제사를 지낸다"고 했고, 『진서晉書』「재기載紀」에 이르기를, "교(郊)에서 요제를 지낸다"고 했고, 『북사北史』「제제기齊帝紀」에 이르기를, "시제와 요제로써 하늘에 고한다"고 했으며, 심약(沈約)[53]의 「남교조南郊詔」에 이르기를, "연기를 올려서 하늘에 요제를 지낸다"고 했다. 이 이후로부터 교(郊)에서만 요제가 있게 되었고 종묘에서는 요제를 지내지 않게 되었다. 그러나 「대종백大宗伯」에는 일찍이 실제로 시제(柴祭)의

---

48) 臭陽: 냄새에서 오는 陽의 기운.
49) 羶薌: 黍稷의 향기.
50) 膟膋: 犧牲物의 창자 사이에 낀 기름.
51) 朝本·奎本에는 '取'자가 빠져 있음.
52) 蕭光: 쑥 태운 연기가 올라가는 것.
53) 沈約: 441~513. 梁나라 武康人. 字는 休文. 저서로 『晉書』『宋書』『齊紀』『梁武紀』『宋文章志』『四聲韻譜』 등이 있음.

한 이름이 있었으니 「요전堯典」의 대시(岱柴)의 유법(遺法)이다.
그러므로 『의례儀禮』의 「근례(覲禮)」에는 하늘에 제사 지내는 것
을 '번제(燔祭)' '시제(柴祭)'라 했고, 『이아爾雅』에도 하늘에 제사
지내는 것을 '번제' '시제'라고 했으니, 시제와 요제는 서로 통하
지 않는다. 가령 종묘의 요제가 모두 경(經)에 근거가 없다 하더
라도 「율력지」에 실려 있는 바는 분명히 고문에서 나온 것이니,
드디어 의당 이것만 가지고도 모든 책들을 압도하는데, 하물며 여
러 글에 분명한 데 있어서랴? 오늘 종묘에 제사 지내고 내일 하늘
에 제사 지내는 것은 사람에게 있어서는 번거로우나 신(神)에게
있어서는 모독이 아닌 것이다. 그러므로 군사가 출동하는 날에 상
제에게 유제(類祭)를 지내고 예묘(禰廟)에 조제(造祭)를 지내는 것
은 번거로운 것이라고 여길 수 없다. 공(功)을 고하는 날에 종묘
에서 요제를 지내고, 하늘에 제사 지내는 것이 또 무슨 모독이겠
는가? 5일 지난 을묘(乙卯)의 제사에 이르러서는 이것이 곧 이웃
나라 임금으로서 각기 자기 공적을 바치는 것이다(각기 서로 잡은 포
로와 자른 귀 등을 바치는 것이다─原註). 그러므로 왕이 새로이 종묘
에 제사해야 하기에 그 제사를 허락하지 않을 수 없으니, 6일 사
이에 세 번 큰 제사를 거행한 것을 무엇 때문에 의심하는가?

○ 염약거가 이르기를, "내사(內事)는 유일(柔日)로써 하는 것을
주(周)나라의 정제(定制)로 했으면 「낙고」에 무진(戊辰)에 왕이
신읍(新邑)에 있어서 증제(烝祭)를 지낸 것은 어떻게 이해하겠는
가? 제사는 여러 번 번거롭게 하지 않고자 하였다면 「소고」에 '정
사(丁巳)에 희생을 가지고 교제를 지내고, 다음날 무오(戊午)에 신
읍에서 사제(社祭)[54]를 지냈다'고 하니, 이것은 또한 어떻게 이해
할 수 있겠는가? 나는 비로소 늦게 나온 위작의 『상서』에 '정미일

---

54) 社祭: 土地神에 지내는 祭.

에 종묘에서 제사 지냈다'라고 고친 것은 유일(柔日)에 맞게 하고
자 한 것이고, '경술날에 시제(柴祭), 망제(望祭)55)를 지냈다'라고
고친 것은 제사를 자주 지내고자 하지 않는다는 말을 피하여 한
것임을 깨달았다"56)라고 했다.

○또 살펴보건대, 「무성」은 본래 공벽본(孔壁本)의 증다편이지
장패(張覇)의 위서가 아니라는 것은 이미 앞에 나타나 있다(上庚三
에 보인다——原註).

그 4월 초사흗날에 왕이 상(商)나라로부터 돌아와 풍(豊)에 이르
러 무기(武器)를 거두어들이고 문치(文治)를 닦아 말은 화산(華山)
의 남쪽에 돌려보내고 소는 도림(桃林)의 들에다 놓아주어 다시는
쓰지 않을 것을 천하에 보인 것이다. 왕이 정미(丁未)날에 주나라 종
묘에 제사 지내니 방국(邦國)의 전(甸)·후(侯)·위복(衛服)의 제후
들이 달려와 두(豆)와 변(邊)의 제기(祭器)를 운반하여 제사를 도왔
다. 3일 지난 경술(庚戌)날에 시제(柴祭)와 망제(望祭)를 지내어 크
게 무사(武事)의 성공을 고하였다. 16일에 여러 방국의 제후들과 모
든 백관들이 주나라에서 명령을 받았다.

【蒐改】『예기』「악기(樂記)」에 이르기를, "하수(河水)를 건너서 서
쪽으로 가서 말을 화산의 남쪽에 놓아주고 다시 타지 않고 소는
도림의 들에 놓아주고 다시 쓰지 않았다"라고 하였다. ○『사기』
「주본기」에 이르기를, "주나라 도읍을 낙읍(洛邑)에다 경영한 뒤
에 호경(鎬京)을 떠났다. 또 말은 화산의 남쪽에 놓아주고 소는
도림의 언덕에다 놓아주었으며, 무기를 거둬들이고 병사를 정돈해
서 군대를 해산하여 천하에 다시는 전쟁을 하지 않겠다는 것을 보

---

55) 望祭: 멀리 바라보며 山川에 지내는 祭.
56) 閻若璩, 『尙書古文疏證』 卷1, 張22.

였다"라고 했다. ○ 전갑(錢甲)이 이르기를, "고인이 전부(田賦)에
는 병사를 내고 구(丘)와 전(甸)[57]에는 수레를 내어 왕의 말과 소
를 모두 민간에서 취하였는데, 지금 이에 말과 소를 민간에 돌려
주지 않고 산림으로 몰아넣는 것은 걸(桀)·주(紂)의 일이다"[58]고
하였다(李塨이 이르기를, "『詩經』에 '검은 입술의 소가 90마리나 되도다'[59]고
한 것은 公牛요, '저 살찌고 살찐 수말'[60]이라고 한 것은 公馬이다"[61]라고 하였
다—原註).

○나는 이렇게 생각한다. 공마(公馬)와 사마(私馬)를 고사하고
"말을 돌려보냈다"라고 한 것은 위작이다. 「악기」에 "말을 놓아
주고 소를 놓아주었다"라고 했고, 그리고 「주본기」에 "말을 놓아
주고 소를 놓아주었다"라고 했고, 『여씨춘추』에 "말을 쉬게 하고
소를 쉬게 하였다"[62]라고 했고(呂氏가 이르기를, "말을 華山에 쉬게 하고
소를 桃林에 쉬게 하였다"[63]고 하였다—原註). 『사기』「유후세가留侯世
家」에도 "말을 쉬게 하고 소를 놓아주었다"라고 했고(張良이 이르기
를, "말을 華山의 남쪽에 쉬게 하고 소를 桃林의 북쪽에 놓아 주었다"[64]고 했다
—原註) 유향의 『신서新序』에도 "말을 놓아주고 소를 쉬게 했다"
라고 했고(潘岳의 「西征賦」에도 역시 "周나라 武王이 소를 놓아준 옛 桃林을
물었다"고 하였다—原註) 장협(張協)[65]의 「칠명七命」에는 "말을 쉬게
하고 활을 감추었다"고 하였으니(庾信의 글에도 "말을 산의 남쪽에서 쉬
게 했다"고 하였다—原註) 말은 고향이 없는데 어디로 돌아갈 수 있

57) 丘와 甸: 고대의 土地 區劃 單位. 四丘가 一甸이 됨.
58) 毛奇齡, 『古文尙書冤詞』 卷6, 張14.
59) 『詩經』「小雅 - 無羊」.
60) 『詩經』「魯頌 - 駉」.
61) 毛奇齡, 『古文尙書冤詞』 卷6, 張15.
62) 『呂氏春秋』「愼大覽」.
63) 同上.
64) 『史記』 卷55, 「留侯世家」.
65) 張協: 晉나라 安平人. 字는 景陽. 載의 아우. 벼슬은 中書侍·河間內史를
지냈음.

겠는가? 오직 「서서書序」의 「무성」에 "가서 정벌하고 귀수(歸獸)를 하였다"고 한 것은 무왕이 은(殷)을 이기고 돌아오는 길에 또 사냥을 한 것이니, 이는 옛날 군대의 진려(振旅)의 항례(恒禮)인 것이다. 이러한 일이 『사기』「주본기」에 보인다(「周本紀」에 이르기를, "전쟁을 끝내고 서쪽으로 돌아오다가 사냥을 하고, 政事를 기록해서 이에 「武成」을 지었다"라고 하였다 — 原註). 『일주서逸周書』의 「세부해」에 "잘라온 귀를 전리품으로 가지고 와서는 주나라 종묘에서 제사 지냈다"는 글 아래에도 또한 '사냥을 했다'는 말이 있다. 귀수(歸獸)라는 것은 짐승의 고기를 먹여 군사를 위로하는 것이다. 좌태충(左太沖)[66]의 「위도부魏都賦」에 이르기를, "무인(武人)이 귀수(歸獸)를 하고 무사(武事)를 그만두었다"[67]라고 했고, 육신주(六臣註)[68]에도 이것은 매우 분명하다(注에 사냥을 끝낸 것으로 여겼다 — 原註). 위작자가 노둔하여 '축(畜)'을 '수(獸)'라고 하였다(『爾雅』에는 「釋畜」과 「釋獸」가 각각 한 편으로 되어 있으니 섞어서 하나의 類로 할 수 없다 — 原註). 드디어는 「악기」의 글을 취해서 '산(散)'을 고쳐서 '귀(歸)'라고 하여 '귀수(歸獸)'의 문(文)에 합치되게 했다. 공충원의 회피하는 말과 미봉하는 말로도 오히려 가릴 수가 없는 것인데(「書序」의 疏 — 原註), 이공(李塨)이 하고자 한들 어떻게 하겠는가?

○"소를 쓰고 말을 탄다〔服牛乘馬〕"는 것은 『역전易傳』의 글인데, 「악기」에서는 이것을 나누어서 말한 것을 위경(僞經)에서는 말과 소를 모두 쓰지 않았다고 하였으니 또한 조잡한 것이다.

【竄改】"정미(丁未)에 주나라 종묘에서 제사 지냈다"는 것은

---

66) 左太沖: 약 250~305. 晉의 臨淄人. 이름이 思. 太沖은 그의 字. 晉의 太康年間(280~289)에 활동한 文人. 작품으로는 魏·蜀·吳의 「三都賦」가 유명하다.
67) 蕭統, 『文選』卷 第6.
68) 六臣註: 唐의 李善을 비롯해 呂延濟·劉良·張銑·呂向·李周翰 등 6인의 『文選』에 대한 註를 말함. 宋代에 간행한 『六臣註文選』60권이 있다.

「율력지」를 고친 것이요(본래는 庚戌로 되어 있다 ─ 原註) "경술(庚戌)에 시제(柴祭)를 지내고 망제(望祭)를 지냈다"라 한 것도 「율력지」를 고친 것이요(본래는 辛亥로 되어 있다 ─ 原註) '여러 나라 제후들이 주나라에서 명령을 받았다'고 한 것도 「율력지」를 고친 것이다(본래는 "乙卯에 여러 나라가 잘라온 귀를 전리품으로 가지고 와서는 周나라 宗廟에서 제사 지냈다"고 되어 있다 ─ 原註).

○나는 이렇게 생각한다. 위작자가 내사(內事)에는 마땅히 정일(丁日)로 써야 하고(少牢[69]에 근거해서 ─ 原註) 외사(外事)에는 마땅히 강일(剛日)로 써야 된다는 것을 알았다. 그래서 '경(庚)'을 '정(丁)'으로 고쳐서 주나라 종묘에서 제사 지냈다고 했고, '신(辛)'을 '경(庚)'으로 고쳐서 시제와 망제를 거행했다고 하여, 스스로 옛날의 예에 반드시 부합될 만하고 반고의 「율력지」를 반드시 누를 만하며, 천세의 이목을 반드시 속일 만하다고 여겼던 것이다. 비록 그렇다고는 하나 주나라가 하늘에 제사 지내는 것은 본디 신일(辛日)을 썼기 때문에 『춘추』에 교제(郊祭)를 기록한 것이 세 가지인데 그 하나는 신축일(辛丑日)을 썼고(成公 17年 ─ 原註) 또 하나는 신해일(辛亥日)을 썼고(定公 15年 ─ 原註) 나머지 하나는 신사일(辛巳日)을 썼다(哀公 元年 ─ 原註). 교제(郊祭)에 신일(辛日)을 쓰는 것은 주(周)나라 예(禮)이다. 그러므로 『예기』「교특생」에도 역시 교제를 지내는 데에 신일을 쓰는 것으로 주나라 사람들의 예로 삼았다. 『상서』「소고」에 "정사(丁巳)에 교제를 지내다"라고 한 것은 또 특별한 예(例)이다(이것 역시 柔日이다 ─ 原註). 동중서(董仲舒)·유향(劉向)·왕숙(王肅) 등이 모두 논한 바가 있으니, 「율력지」에 실린바 '다음날 신해(辛亥)'라고 한 것이 어찌 주나라 사관(史官)이 남긴 글이 아니겠는가? 주나라의 정(鼎)과 은나라의 이(彝)는

---

69) 少牢: 朝本에는 '小牢'로 되어 있다.

본래 옛날의 진짜 물건이다. 비록 물에 잠기거나 무덤에 들어가 있어 깨진 잔결(殘缺)이라 하더라도 그 조각조각의 성한 빛은 거간꾼의 가짜 물건과 비교할 바가 아니니, 위작자가 감히 이런 짓을 할 수 있겠는가?

○또 살펴보건대, "종묘에 적의 귀를 바쳤다"는 것은 옛날 군례(軍禮)이다. 군대를 훈련시켜서 출정할 때에 조묘(祖廟)에서 명령을 받고, 돌아와 공적을 바칠 때에도 조묘에서 명령을 받는 것이다. 「감서甘誓」에 이르기를, "명령을 잘 따르는 사람은 조상의 위패 앞에서 상을 받을 것이다"라고 했고, 『춘추』에 노인(魯人)의 예를 기록하여 "돌아옴에 술을 하사하고 전리품을 헤아렸다(隱公 5年—原註)"라고 하였고, 진인(晉人)의 예를 기록하여 "군대를 정돈하여 개선하고 돌아와서는 포로를 바치고 자른 귀를 바침에 술을 하사하여 크게 상을 주었다(僖公 28年—原註)"라고 했는데, 이것은 군례의 성대한 행사인 것이다. 은(殷)을 이긴 후에 제후가 공적을 바치고 상을 받는 것을 조상의 사당에서 하지 않고 어느 곳에서 하는 것이 마땅하겠는가? 지금 그것을 고쳐서 "명령을 주나라에서 받았다"라고 한 것은 너무 산만하여 적절하지 않다.

염약거가 이르기를, "지금의 「무성」에 정미(丁未)에 주나라 종묘에 제사 지내고 3일 지난 경술(庚戌)에 시제(柴祭)와 망제(望祭)를 지냈다고 하였으니, 이것은 『상서』의 날짜를 기록하는 예(例)가 아니다(옛날에 있어서 날짜를 계산하는 例가 아닌 것이다—原註). 「소고」에 이르기를, "오직 3월 병오(丙午) 초사흗날을 3일 지나면 무신일(戊申日)이다"라고 했고, 「고명顧命」에 "정묘(丁卯)에 작책(作冊)70)에게 명령하여 상례의 법칙을 제정하게 하였다. 그리고 7일 지나면 계유일(癸酉日)이다"라고 하였으니 이것은 그 당일을 빼놓

---

70) 作冊: 內史의 職에 있는 史官.

고 계산한 것이 아니다. 그런데 지금의 「무성」에는 "정미(丁未)에 주묘(周廟)에서 제사 지냈다고 하니 3일 지나면 기유(己酉)가 되는데 어떻게 경술이 되겠는가?"[71]라고 했다.

○나는 이렇게 생각한다. 이것도 역시 거짓으로 고안된 것이다.

【剽取】 "빠르게 달려와 두(豆)와 변(邊)의 제기를 운반하여 제사를 도왔다〔駿奔走執豆邊〕"는 것은 『예기』의 「대전大傳」을 훔쳐쓴 것이다. 「대전」에 다음과 같이 말했다. "목야(牧野)의 전투는 무왕의 한 큰 일이었다. 이미 전투를 마치고 물러나와 상제에게 시제를 지내고 사(社)에 기제(祈祭)를 지내며 목야의 관(館)에서 문왕(文王)의 신주(神主)에 제물을 올렸다(牧野의 館에서 行主[72]에게 제물을 올려 告하는 것이다—原註). 그리고 드디어 천하의 제후들을 거느리고 두(豆)와 변(邊)의 제기를 들고 조묘(祖廟)에 바삐 달려가서 태왕 단보(太王亶父)와 왕계 력(王季歷)과 문왕 창(文王昌)을 왕으로 추존하였다. 이것은 제후의 낮은 칭호(稱號)를 가지고 천자의 높은 지위에 임하게 되지 않도록 피한 것이다."

○내가 살펴보건대, 「대전」의 삼례(三禮)는 모두 목야에서 행한 것이다. 대개 천자가 직접 정벌할 때에는 본래 묘(廟)의 신주와 사(社)의 신주를 싣고 가는데(『상서』 「甘誓」 註와 『禮記』 「曾子問」에 보인다—原註), 사(社)에서 기제(祈祭)를 행하는 것은 풍읍(豊邑)의 단(壇)에 제사 지내는 것이 아니다. "천자가 순수(巡狩)를 위해 사방에 나가서는 먼저 시제(柴祭)를 올린다"고 하였으니(『禮記』 「郊特牲」에 보인다—原註) 시제는 밖에서 행하는 예(禮)이다. 지금 매색의 『상서』는 사실을 뒤집고 자구를 고쳐 목(牧)을 풍(豊)으로 하고 전(奠)을 사(祀)로 하여 저것과 이것이 뒤섞여져서 징험해볼 수 없으니 매색이 경을 어지럽힌 것이 극심하도다.

---

71) 閻若璩, 『尙書古文疏證』 卷1, 張18～19.
72) 行主: 有事時 수레에 싣고 다니는 神主.

왕이 이렇게 말하였다. "아! 여러 제후들이여, 오직 선왕(先王)[73]께
서 나라를 세워 토지를 열어놓았고, 공류(公劉)가 선대의 공렬을 돈
독하게 해놓았다. 그리고 태왕에 이르러 비로소 왕업의 기틀을 이룩
하였고, 왕계(王季)께서는 왕가의 일을 부지런히 힘썼다. 나의 문덕
많은 선고(先考) 문왕(文王)께서는 능히 훈공을 이루어서 크게 하늘
의 명을 받아 온 중하(中夏)를 어루만졌는데, 큰 나라는 그 힘을 두
려워했고, 작은 나라는 그 덕을 품게 되었다. 9년 동안 그렇게 하였
으나 대통(大統)을 이루지 못하였거늘 나 소자가 그 뜻을 이었도다."

【依據】 태왕(太王)·왕계(王季)·문왕(文王)에 대해서는 슬쩍 영
주구(伶州鳩)의 말을 써먹었다. 『국어』「주어」에 영주구가 이르기
를, "상(商)에 영(令)을 포고하여 문왕의 덕(德)을 밝게 드러내고
(韋昭가 말하기를, "商은 紂의 도읍지다"고 하였다—原註) 주(紂)의 많은
죄를 고시(告示)한 것은 삼왕(三王)의 덕을 선양하기 위한 것이요
(韋昭가 말하기를, "三王은 太王·王季·文王을 말한다"고 하였다—原註) 군
사를 돌이켜 영내(嬴內)에까지 와서(嬴內는 지명인데 嬀汭와 같은 것으
로 읽는다—原註) 법을 반포하여 은혜를 백성에게 베푼 것은(재물을
흩고 곡식을 내놓는 것을 말한다—原註) 너그러운 덕으로 백성을 포용
하기 위한 것이다"[74]라고 했다.

○살펴보건대, "상(商)에 영(令)을 포고하였다"는 것은 은(殷)
의 백성에게 깨우쳐 알린 것인데, 지금 그 뜻을 훔쳐서 제후에게
고한 것으로 하였다.

【蒐輯】『좌전』에 북궁문자(北宮文子)[75]가 이르기를, "『주서』에
문왕의 덕을 헤아려서 말하기를, "큰 나라는 그 힘을 두려워했고,

---

73) 先王: 여기서는 周나라의 始祖인 后稷을 말함.
74) 『國語』「周語」下.
75) 北宮文子: 春秋時代 衛의 大夫인 北宮佗. 文子는 諡號.

작은 나라는 그 덕을 품게 되었다"는 말이 있다"고 하였다(襄公 31 年―原註).

【謬義】"9년 동안 그렇게 하였으나 대통(大統)을 이루지 못했다"는 것은 위서(緯書)를 따른 것이다.

○나는 이렇게 생각한다. 문왕이 천명(天命)을 받아 그 나라를 누린 것이 50년이다(「無逸」의 글이다―原註). 그런데 무엇 때문에 9년이라 한 것인가? "천명을 받은 지 9년이다"는 설은 본래 참위가(讖緯家)의 부명(符命)[76]의 논(論)에서 나왔는데, 『상서대전』과 『일주서』『삼통력』『제왕세기』등이 돌아가면서 서로 이어받아 진술하였으니 그 무리한 것이 극심하다. "천명을 받은 지 9년이다"는 설을 파기하지 않으면 「태서」의 13년이라는 것도 또한 문왕의 해로 앞에다 내세우게 된다. 채구봉(蔡九峰)이 이미 「태서」를 가지고 무왕이 즉위한 13년이라 하였는데, 문왕이 천명을 받은 지 9년으로 하여 미봉적으로 설을 만들어서 두 가지가 합할 수가 있겠는가?

상나라의 죄에 이르러서는 황천(皇天)과 후토(后土), 그리고 지나는 곳마다의 명산대천(名山大川)에 고해서 말하기를, "도(道)가 있는 조선(祖先)들의 증손(曾孫)이며 주(周)나라 임금인 발(發)은 장차 상(商)나라를 크게 바로잡을 것이니, 지금 상나라의 왕 수(受)는 무도(無道)하여 하늘이 낸 물건들을 포학하게 없애며, 수많은 백성들을 해롭게 하고 포학하게 하며, 천하에 도망쳐온 자들의 임금이 되어 온갖 나쁜 무리들은 연못처럼 수풀처럼 여기로 모였거늘, 내 소자가 이미 어진 사람을 얻어서 감히 공경하여 상제의 뜻을 이어서 난폭한 계략을 막노니, 화하(華夏)와 만맥(蠻貊)이 좇지 아니하는

---

76) 符命: 하늘이 상서로운 조짐으로 임금에게 내리는 명령, 즉 天子가 되는 天命.

자가 없도다

【剽取】 "상(商)의 죄에 이르러서는〔底商之罪〕" 하는 말은 영주구의 말을 훔친 것이다("商의 많은 죄에 이르러서는"라는 말 — 原註).

○나는 이렇게 생각한다. 주(紂)의 죄에 이르러서는 은나라 백성에게 알렸는데, 어찌 천지 산천에 알렸겠는가?(底는 致의 뜻이다 — 原註)

【剽取】 "황천(皇天)과 후토(后土) 그리고 명산대천에 고했다"고 한 것은 『사마법司馬法』[77]에서 훔친 것이다(『司馬法』에 이르기를, "皇天上帝에게 고하고 后土·山川·冢社[78]에 기도하며 선왕에게 造祭를 지내다"라고 하였다 — 原註).

○나는 이렇게 생각한다. 후토(后土)란 것은 관직명이다. 예(禮)에 이르기를, "공공씨(共工氏)의 아들 구룡(九龍)이 후토가 되다"[79]라는 것은 주(周)의 기(棄)가 후직(后稷)이 된 것과 다를 바가 없는 것이다. 『춘추』 이후로 비로소 황천과 더불어 함께 들어 말하였다(皇帝와 皇后가 짝이 되는 것과 같다 — 原註). 진대부(晉大夫)가 머리를 풀어뜨려 슬퍼하며 임금을 따르면서 말하기를, "황천과 후토는 실로 임금의 말을 들어줄 것입니다"라고 했고(僖公 15年 — 原註), 월왕(越王) 구천(句踐)이 산에 봉제(封祭)를 지내면서 스스로 맹세하여 말하기를, "황천과 후토 그리고 사방의 토지신은 밝게 비추소서"라고 했다(『國語』「越語」에 보인다 — 原註). 대개 푸른 하늘과 누런 땅을 가리켜서 신이라 한 것이다. 그러므로 『초사楚辭』에 이르기를, "황천이 어두워지더니 가을의 장맛비로다. 후토가 어느

---

77)『司馬法』: 書名. 兵法에 관한 책인데 春秋時代 齊의 장수인 司馬穰苴가 지었다고 傳함.
78) 冢社: 土地의 神을 제사 지내는 사당.
79)『左傳』昭公 29年.

458

때에나 마를 것인가?"[80]라고 했으니, 이는 본래 여항(閭巷)의 속된 말이다. 『예기』에 이르기를, "천지에 제사 지낸다"는 것은(『禮記』의 「曲禮」와 「王制」에 나온다─原註) "천신(天神)과 지신(地神)에게 제사 지낸다"는 것을 말함인데, 진한(秦漢)의 예는 태사(太社)의 밖에서 따로 후토신(后土神)에게 제사 지낸 데서 비롯되어서, 이것이 잘못 와전되어 왕망(王莽)의 시대에 이르러서는 남교(南郊)와 북교(北郊)에서 황천과 후토신에게 제사 지내고, 광무제(光武帝) 때에는 고황후(高皇后)를 후토신에게 배향하였으니, 이것은 왕망의 예였던 것이다. 그러므로 이것은 우주가 무너지는 큰 변고인데, 일찍이 "서주(西周)의 성왕(聖王)이 이러한 고함을 두었다"고들 한다.

○『주례』의 「대축大祝」에 이르기를, "크게 모여 함께 종묘에 조제(造祭)를 지내고 사(社)에 의제(宜祭)를 지내고 큰 산천을 지나면 제사 지냄이 있었다"라고 하니, 이는 순수(巡守)할 때 지내는 망제(望祭) 같은 뜻인데, 여기 심지어 주(紂)의 죄를 나열해서 산천에 고한 것은 『사마법』의 법(法)이다.

【蒐割】묵자가 이르기를, "옛날에 무왕이 태산에 제사 지내고 수(隧)[81] 의식을 행하였다. 전(傳)에 이르기를, "태산의 신(神)이여! 도를 지닌 증손(曾孫) 주왕(周王)이 제사를 지냅니다. 신(神)의 가호로 큰일을 이미 성취하였으니, 어진 사람들아! 일어나서 상하(商夏)[82]는 물론 만이(蠻夷)와 추맥(醜貉)까지를 구제해주기 바란다. 비록 가까운 친척을 두었으나 어진 사람만 같지 못하고, 만방에 죄가 있는 것은 그 책임이 오직 나 한 사람에게 있다"고

---

80) 『楚辭』 「九辯」 第4段.
81) 隧: 戰勝을 告하고 군사의 武運을 비는 제사 의식의 일종.
82) 商夏: 여기서는 商과 夏 나라를 지칭하는 것이 아니고 中夏의 사람들을 지칭하는 것이다.

했다(「兼愛」 中篇에 있다―原註)"고 하였다. ○염약거는 말하기를, "그 문장의 뜻을 음미하면 이미 천하를 평정하였고 주(紂)를 칠 때의 일이 아니다"[83]라고 하였다.

○나는 이렇게 생각한다. 무왕이 주를 친 것은 태산을 지난 날 보다 먼저일 수 없고, 또 묵자가 말한 것이 본래 황당하고 뒤섞여 무슨 설인지 모르겠다. 위작자가 윤색하는 것을 잘했으나 다만 증손이라고 칭한 것이 예(禮)의 격식에 합당하지 않으니, 「곡례」에 "오직 제후만이 외사(外事)에서 증손이라 일컬을 수 있다"고 했다(「曲禮」에 이르기를, "天子가 제사에 임하여 內事에는 '孝王 아무개'라 칭하고 外事에는 '嗣王 아무개'라고 칭했다. 제후는 제사에 임하여 內事에는 '효자 아무 侯 아무개'라고 칭하고 外事에서는 '증손 아무 侯 아무개'라 한다"고 하였다― 原註). 대개 천자는 천지신인(天地神人)의 주관자가 되기 때문에 사왕(嗣王)이라 일컬을 수 있고, 제후는 오직 자신의 선조의 업(業)만을 계승하기 때문에 스스로 증손이라 일컫는 것인데(『禮記』註에 그러하다―原註). 지금 왕이면서도 손(孫)이라고 한 것은 또한 무엇 때문인가? 그러나 또 외사란 교사(郊社)를 두고 말한 것이기 때문에 「곡례」에 따로 귀신을 말하였으니(「曲禮」에 이르기를, "鬼神에 告하여 天王某甫[84]라 했다"고 하였다―原註) 귀신이란 것은 산천(山川)·오사(五祀)[85]의 귀신 같은 것이다. 「왕제王制」에 이르기를, "오악(五嶽)을 제사할 때는 그 규모를 삼공(三公)을 제사할 때의 규모에 준하게 하고, 사독(四瀆)[86]을 제사할 때는 제후를 제사할 때의 규모에 준하게 한다"라고 했는데, 생호(牲號)와 축호(祝號)와 품질

---

83) 閻若璩, 『尙書古文疏證』 卷2, 張67.
84) 天王某甫: 天子가 諸侯國을 巡視하여 그 나라의 神들에 祭를 올릴 경우 祝文은 使者가 대신하므로 天子의 이름을 쓰지 않고 字를 쓴다. 某甫는 天子의 字를 대신한다.
85) 五祀: 5種의 祭祀. 地神의 五祀는 『周禮』 「宗伯」과 『禮記』 「曲禮」와 「祭法」에 나오는 것이 각각 다르니, 이 古典들을 參照하기 바람.
86) 四瀆: 네 개의 大河. 長江·黃河·淮水·濟水를 말함.

(品秩)의 높고 낮은 것이 천자가 공후(公侯)를 대우하는 것과 등
급이 같은 것이다. 천자가 열국(列國) 공후의 종묘(宗廟)에서 또한
자손(子孫) 노릇 하려고 하겠는가? 「곡례」에 있어서 산천에 고할
때는 분명히 "천왕(天王)"이라고 했지 "사왕(嗣王)"이라고 이르지
않았고, 그리고 분명히 "모보(某甫)"라 하고 이름을 부르지 않았
다("某甫"라 한 것은 字이다—原註). 그러므로 사(嗣)와 이름을 오히
려 달갑게 여기지 않았는데, 하물며 "증손"이라 말하였겠는가? 진
(晉)나라 평공(平公)이 황하(黃河)의 신에게 제(齊)나라를 저주하
면서 증신(曾臣)[87] 표(彪)라 일컬었고(『左傳』 襄公 18年—原註) 진
(秦)나라 후왕(後王)이 아타신(亞駝神)에게 초나라를 저주할 때는
오히려 사왕(嗣王)이라고 일컬었다(蘇軾의 「鳳翔八觀詩序」에도 초나라를
저주한 글을 기록하여 이르기를, "秦 嗣王이 감히 吉한 王을 神前에 바칩니다"
고 했다—原註). 한제(漢制)에는 명산대천이 천자의 축관(祝官)에게
제사를 받지 않았고(「封禪書」에 보인다—原註) 당(唐)나라 헌종(憲
宗)이 남해신을 제사 지낼 때 '사천자(嗣天子) 아무개'라고 일컬었
다(韓愈의 이른바 "封冊에는 天子의 이름이 있다"고 하는 것과 같은 것이다
—原註). 산천에 망제(望祭)하면서 손(孫)이라고 일컬었으니 이런
법이 있는가? 위 태자(衛太子)가 출분(出奔)한 왕을 빌 때 스스로
증손(曾孫) 괴외(蒯瞶)라 칭하고(『左傳』 哀公 2年 衛太子가 빌기를, "曾
孫 蒯瞶는 皇祖인 文王, 烈祖인 康叔, 文祖인 襄公에게 감히 밝게 고합니다"라
고 하였다—原註) 주공이 무왕을 위해서 삼왕에게 빌 때에도 그 칭
호를 원손(元孫)인 왕 발(發)이라고 한 것은(「魯世家」와 「金縢」에 보
이나 같지는 않다—原註) 모두 마땅히 손(孫)이기 때문에 손이라 하
였으니 잘못 일컬은 것이 아니다. 오직 「소아小雅」 「보전甫田」에
이르기를, "전조(田祖)[88]를 맞아서"라 하고, 또 이르기를, "증손

---

87) 曾臣: 자신을 낮추어 한 말 賤臣, 또는 末席의 臣이란 뜻.
88) 田祖: 神農氏를 가리킴.

(曾孫)이 왔을 때"라 했다. 주자는 「곡례」와 매색의 「무성」을 인용해서 그 뜻을 증명했다. 그러나 옛 설을 고찰해보니 「보전甫田」시(詩)는 본래 전조(田祖)에 제사 지낼 때의 시가 아니니(『儀禮』에 보면 大夫의 제사에서 복을 비는 말에 으레 밭에는 의당 곡식을 심어야 한다는 등의 말이 있다―原註) 그가 증손이라 칭한 것은 의심할 만한 것이 없다. 그런데 "증손인 왕 발(發)"이라고 한 것은 또 무슨 예인가? ○"하늘이 낸 물건들을 포악하게 없애며〔暴殄天物〕"는 「왕제」에 나온다(사냥을 禮로써 하지 아니 한 것을 天物을 포악하게 한 것이라고 한다 ―原註).

【蒐取】『좌전』에 "초자(楚子)[89]가 장화(章華)의 궁(宮)을 만들어서 도망한 사람들을 가두어 그 궁을 채웠다. 우윤(芋尹)인 무우(無宇)가 말하기를, "무왕이 주(紂)의 죄를 따져서 제후들에게 고하여, 주가 천하에 도망하는 무리들의 주인이 되어 나쁜 무리가 연못에 모이고 수풀에 모이듯이 했다"라고 했다"(昭公 7年― 原註).

○나는 이렇게 생각한다. 이것은 본래 제후에게 고하는 말이다. 당시에는 역시 주나라 사관(史官)이 있어서 반드시 모두 『상서』로 할 필요가 없었는데, 지금 매색이 천지 산천에 고하는 것으로써 그것을 승격시켜서 『상서』를 만든 것이다.

【剽取】"이미 어진 사람을 얻었다〔旣獲仁人〕"는 글은 또 『묵자』의 글을 끌어온 것이고(글이 위에 보인다―原註), "화하(華夏)·만맥(蠻貉)"의 글도 『묵자』의 글을 수정 윤색한 것이다(『墨子』에 이르기를, "商夏·蠻夷·醜貉"이라고 하였다― 原註). "이끌고 좇지 아니함이 없었다〔罔不率俾〕"는 글은 「군석君奭」에 나온다(「君奭」에는 "바다 모퉁이에서 해가 돋으니 이끌고 좇지 않는 것이 없었다"라고 했다― 原註).

---

89) 楚子: 春秋時代 楚나라의 靈公.

하늘을 공경하여 천명을 이루려 하였다. 그러므로 내가 동쪽을 정벌하여 그 사녀(士女)들을 편안케 하니, 그 사녀들이 검고 누런 비단을 광주리에 담아와서 우리 주나라 임금을 밝게 하는 것은 하늘의 아름다운 덕이 진동한 것이다. 그래서 백성이 우리 큰 고을 주나라에 돌아와 의지한 것이다. 너희 신(神)은 바라건대 나를 도와 억조 백성을 구하여서 귀신의 부끄러움을 짓지 말라."

【蒐改】맹자가 이르기를, "신하가 되지 아니하는 자가 있거늘, 동쪽을 정벌하여 그 사녀(士女)들을 편안하게 하니, 그 검고 누런 비단을 광주리에 담아와서 우리 주나라 왕을 섬겨 그 아름다움을 받아서 큰 도읍인 주나라에 신하가 되어 의지하니, 그 군자는 검고 누런 비단을 광주리에 채워서 그 군자를 맞이하고 그 소인은 한 도시락 밥과 한 병의 음료수로 그 소인을 맞이했다"라고 하였다(「滕文公」下에 보인다——原註). ○조기(趙岐)가 이르기를, "이는 무왕이 주(紂)를 정벌할 때를 말함이니 모두 『상서』의 일실된 편의 글이다. '그 검고 누런 비단을 광주리에 담아 가지고 왔다'는 것은 제후가 세 번 물들인 검은 비단과 두 번 물들인 붉은 비단을 가지고 와서 주나라 왕을 보기를 원하며 그 아름답고 착한 것을 바라본 것이다. 군자와 소인은 각기 가진 것이 다름이 있어 그 같은 유(類)를 맞이한 것이다"[90]라고 했다.

○나는 이렇게 생각한다. 매색의 『상서』는 갑자기 '유기사녀(惟其士女)'라는 한 구절을 증가시켰으니 또한 무슨 까닭인가? 검은 비단과 누런 비단은 사녀(士女)가 가질 수 있는 것이 아니다(梅賾이 이르기를, "士女가 광주리에 그 실과 비단을 담아와서 길가에서 받들어 맞이했다"[91]고 했다——原註). 오옥(五玉)과 삼백(三帛)의 폐백은 그 벼슬

---

90) 孫奭, 『孟子正義』 卷 第6, 「滕文公章句」 下 趙岐 註.
91) 『尙書正義』 卷 第11, 「武成」 孔氏傳.

의 품계가 높은 사람에게만 해당되는 것이니, 위로는 경대부에서 아래로는 정사(正士)에까지 이르러서도 오히려 가질 수 있는 것이 아니다(王肅이 이르기를, "三孤가 검은 비단을 가진다"[92]고 하였는데 그 뜻은 틀린 것이다. 모두 나의 「堯典說」에 상세하다—原註). 하물며 벼슬이 없는 사녀(士女)에게 있어서랴! 맹자가 당시에 스스로 외워 읽고 풀이하기를 "군자가 광주리에 담아와서 군자를 맞이하고 소인은 한 도시락 밥을 가지고 와서 소인을 맞이했다"고 했으니, 이는 명료하게 해명되고 분명해서 가려질 것이 없는 것이다. 조기(趙岐)도 또한 검고 누런 비단을 광주리에 담았다는 것을 일러서 제후의 폐백이라고 했다. 무릇 『맹자』를 읽었다면 그 누가 이를 모르겠는가? 그런데 위작자가 조잡하고 노무하여 갑자기 「정풍鄭風」「진유溱洧」의 시구법을 모방하여 필요없는 말을 불쑥 집어넣어 "오직 사녀가 검고 누런 비단을 광주리에 담아오다"라 하고, 그대로 이것을 위해 스스로 주(註)를 내기를 "사녀가 그 실과 비단을 광주리에 담아와서 길가에서 받들어 맞이했다"고 했다(孔穎達의 疏에는 논한 것이 없으니 아마도 그것이 파탄이 날까 알고 가려버린 것이다—原註). 아! 이 무슨 말인가? 주(紂)의 당시에는 유사(有司)가 가렴주구해서 백성들의 기력이 이미 고갈되어 무왕이 스스로 이르기를, "천하를 위해 잔악한 적을 제거하겠다"라고 하였거늘, 길에서 수레를 멈추고 이 가련한 사람들의 폐백을 받았다고 하면 천하에 이런 일이 있겠는가? 사(士)와 서인(庶人)들의 폐백이 꿩과 오리에 지나지 않고, 부인들의 폐백이 포(脯)와 밤에 지나지 않는데(「曲禮」에 보인다—原註) 감히 예가 아닌 물건을 가지고서 천리(天吏)에게 아첨하겠는가? 이 더욱이 거짓 고안한 병폐를 어떻게 변명할 수 있겠는가? 정현의 「우공禹貢」 주석에 「윤정胤征」을 인용해서 말하기를, "그 검고 누런 비단을 광주리에 담아와서 우리 주왕

---

92) 『尙書正義』 卷 第3, 「舜典」 孔穎達 疏.

을 밝게 하리라”고 하였다(『尙書正義』의 「夏書」[93]에 보인다[94] — 原註).
○ 곽박(郭璞)[95]의 『이아爾雅』의 주석에 이르기를, “일서(逸書)에
이르기를, ‘우리 주왕을 만나보네’라고 했다”(『爾雅』「釋詁」에 이르기
를, “昭·覿·釗·覲은 ‘본다’는 뜻이다”고 했는데, 郭璞의 註에 “이러이러하다”[96]
고 하였다 — 原註).

○ 살펴보건대, “비궐(篚厥)”2구[97]가 만약 본래 「무성」의 글이
라면, 「무성」과 「윤정」이 모두 16편 속에 들어 있으므로 이른바
16편은 문드러지고 빠지고 뒤섞이고 어지러워지고 하여 이것이
따로 한 부의 「주서周書」의 글로 되어질 것인데, 그렇지 않고 잘
못 「하서夏書」에 들어가버렸기 때문에 정현이 이러한 잘못된 인용
을 하게 된 것이다. 곽박의 주석에 인용한 것은 혹 일주서(逸周書)
가운데서 이 한 구가 있었는지는 지금은 상고할 수 없다(『孟子』에
는 昭가 紹로 되어 있으니 郭璞이 孟子를 인용한 것은 아니다 — 原註).

【考覈】 최술(崔述)이 이르기를, “이 글에 ‘신하가 되지 않는 자
가 있다〔有攸不爲臣〕’고 한 것은 주(紂)를 정벌한 일이 아니라는
것이 분명하다. 주가 어찌 능히 주나라의 신하가 될 수 있겠는가?
「무성」을 거짓으로 만들 때에 이 글을 무왕이 주를 친 데에서 채
집했고 또 그 내용이 부합되지 않는 것을 근심해서 이에 그 수구
(首句)를 깎아버렸다(신하가 되지 않는 자가 있다는 句 — 原註). 그리고
끝 구(句)인 ‘신(臣)’자로 그 일에 부합하게 하였다. 만약 그렇다
한다면 맹자가 무엇 때문에 이 몇 글자를 더해서 그 문장으로 하

---

93) 朝本에는 「虞書」로 되어 있다.
94) 『尙書正義』 卷 第3, 「夏書」「禹貢」 孔穎達 疏에 나오는 鄭玄의 말.
95) 郭璞: 276~324. 晉의 聞喜人. 字는 景純. 博學高才로 그의 詞賦는 東晉
     에 으뜸이었음. 저서로 『爾雅』『山海經』『方言』의 註와 『洞林』『新林』
     『卜韻』 등이 있음.
96) 郭璞의 註에 나오는 ‘釗我周王’을 가리킴.
97) “惟其土女, 篚厥玄黃, 昭我周王, 天休震動”을 가리킴.

여금 이치가 통하지 않도록 했겠는가? 「태서」의 글을 인용하는 데에 이르러서는(『孟子』의 이 문장 아래는 「太誓」의 글을 인용했다—原 註) 특별히 '잔학한 자를 취했다〔取殘〕'는 뜻을 증명한 것으로서[98] 원래 이 일과는 연관시킬 필요가 없는데, 하물며 「태서」가 이미 없어졌다면 어떻게 당일의 잘못된 것을 알아서 지난 일을 추술(追述)하겠는가? 무왕이 즉위한 때부터 주(紂)를 칠 때까지가 11년인데 그사이에 어찌 정벌이 전혀 없었겠는가? 그러므로 『사기』에 군대를 관병(觀兵)한 글이 있고, 김인산(金仁山)은 여(黎)라는 제후국을 이긴 것으로 무왕의 일로 삼았는데, 이는 혹 『상서』에서 말하는 '감려(戡黎)'인지, 『사기』에서 말하는 '관병(觀兵)'인지 모두 알지 못하겠으나 요컨대 의당 주(紂)를 치기 전에 있었을 것이다"[99]고 하였다.

○내가 살펴보건대, 최동벽(崔東壁)의 이 이론은 따진 것이 정밀하고 이치에 적중하니 주를 친 일이 아님이 분명하다. 다만 무왕이 은나라를 이기고 왕이 되기 전에는 신(臣)이 되지 않았다는 이유로 제후에게 죄를 성토하고 토벌할 수는 없다. 비록 숭(崇)을 치고 밀(密)을 치고 여(黎)를 이긴 일들이 모두 무왕에게 속한다 하더라도 은(殷)나라가 망하지 아니하고 주(紂)가 죽지 않았다면 반드시 신하가 되지 않았다는 이유로 죄를 물을 수는 없고 그 잔학하고 음황(淫荒)한 죄를 치는 데 지나지 않을 뿐이다. 그렇다면 이미 은의 난리를 평정하고, 천하가 주(周)를 종주국으로 한 뒤에라야 신하가 되지 않는 자가 있을 때 무왕이 이에 신하가 되지 않았다는 이유로 토벌할 수 있다. 지금의 「무성武成」에 말하기를, "말을 돌려보내고 소를 놓아주어 천하에 다시 쓰지 않을 것을 보

---

98) 『孟子』 「滕文公」 下에 나오는 "太誓曰: '我武惟揚, 侵于之疆, 則取于殘, 殺伐用張, 于湯有光'"이란 글을 가리킴.
99) 崔述, 『考信錄』 「豊鎬考信錄」 卷2, 「武王」 上.

였다"고 하니, 이것은 "팔짱을 끼고 가만히 있어도 천하가 저절로 다스려진다"는 격이다. 오늘날 사람들이 이 글에 익숙하여(「周本紀」에도 또한 그렇다―原註) 드디어 "무왕이 은을 이긴 후에는 다시 병사를 쓰지 않았다"라고 말했다. 그러므로 최동벽도 이것으로 은을 이기기 전의 일로 한 것이다. 그러나 은을 이기기 전에는 천하의 사람들이 모두 신하가 되지 못하는데 어떻게 "신하가 되지 않는 자가 있다"고 이를 수 있겠는가? 회이(淮夷)와 서융(徐戎)은 오래되도록 오히려 평정되지 못하였는데, 당시에도 또한 어찌 없겠는가?

【剽襲】'유이유신(惟爾有神)'과 '무작신수(無作神羞)' 등의 구절은 진 평공(晉平公)과 위 태자(衛太子)가 기도한 글을 답습한 것이다(晉平公이 이르기를, "神에게 부끄러움을 짓지 말라. 너희 神이 그것을 制裁하리라"[100]하였고, 衛太子가 이르기를, "三祖[101]에게 부끄러움을 짓지 말게 할 것이다"[102] 했다―原註). 그 주의 죄를 나열한 것도 또한 평공과 위 태자의 기도문의 문법인 것이다.

모기령이 이르기를, "「무성」은 원래 빠지거나 잘못된 것이 없는데, 송인(宋人)들이 빠지고 잘못된 것이 있다고 하여 정씨,[103] 유씨[104] 등이 각각 개작한 본(本)이 있고 채침은 따로 하나의 「고정무성考定武成」을 새겨 경(經) 속에 넣었다"[105]고 하였다.

○나는 이렇게 생각한다. 옛날 송나라 선유(先儒)들은 이미 그 거짓된 것을 의심했고 또 그것을 좇아서 차례를 고증해서 바로잡

---

100) 『左傳』 襄公 18年.
101) 三祖: 三人의 先祖. 여기서는 春秋時代 衛나라 蒯聵가 말한 皇祖文王·烈祖康叔·文祖襄公을 가리킴.
102) 『左傳』 哀公 2年.
103) 程氏: 宋의 儒學者 程頤를 말함.
104) 劉氏: 宋의 儒學者 劉安世를 말함.
105) 梅鷟, 『古文尙書寃詞』.

는 데도 또한 일이 많았다. 그러나 위작자가 본래 스스로 착란되게 하여 슬그머니 옛 간편(簡編)에다 위탁하였으니, 그 거짓됨을 몰랐던 이가 어찌 고정(考定)이 없을 수 있겠는가? "황천에 고한다〔告皇天〕"는 한 문단을 모두 제후에게 고하는 말로 한 것은 그래도 오히려 가(可)하거니와 이 아래 또 "검고 누런 비단을 광주리에 담고〔篚玄黃〕"의 한 문단을 넘어서 갑자기 말하기를, "너희 신은 바라건대 나를 도와서"라 한 것은 마치 너무 술에 취한 사람의 말과 같은 것이다. 모기령이 장차 어떻게 하겠는가?

이미 무오날에 군사가 맹진을 건넜고, 계해날에 상나라 교외에 진을 쳐서 하늘의 아름다운 명령을 기다렸다. 갑자날 새벽에 수(受)는 숲을 이룬 듯한 많은 군사를 이끌고 와서 목야(牧野)에서 만나 싸웠는데 우리 군사를 대적할 수 없고 선두 무리들은 창을 거꾸로 돌려 자기 편의 뒤를 공격하며 패주하니, 피가 흘러서 절굿공이를 띄울 정도였다. 한 번 갑옷을 입고 싸우매 천하가 크게 평정되었거늘, 이에 상나라 정사를 본래대로 돌이켜서 그 정사를 예전대로 하고, 기자(箕子)의 갇힌 것을 풀어주고, 비간의 묘에 봉분을 하고, 상용(商容)에게 정려문을 세워 경의를 표하고, 녹대(鹿臺)의 재물을 나누어 주고 거교(鉅橋)의 곡식을 풀어 크게 사해에 은혜를 베푸니, 만백성이 기뻐하며 복종하였다.

【依據】 "무오날에 군사가 맹진을 건넜다"는 구절은 또 옛 「서서書序」를 사용한 것이다(「漢書」「律曆志」―原註). '계해'와 '갑자'는 모두 『한서』「율력지」를 답습한 것이다(또 伶州鳩의 말[106]에 의거한 것이다―原註). "하늘의 아름다운 명령을 기다렸다"는 구절은 「악

---

106) 『國語』「周語」 下篇에 나오는 "王以二月癸亥夜陣, 未畢而雨"를 가리킴.

기」에 의거한 것이며(「樂記」에 이르기를, "더디고 또 오래 걸린 것은 무엇 때문인가? 孔子께서 이르기를, '방패를 가지고 山처럼 바르게 서 있은 것은 무왕의 일이다'라고 했다"고 하였다— 原註) 또 「주본기」를 답습한 것이다 (처음에 이르기를, "너는 하늘의 命을 모르는가?" 하고, 商에 이르러서 백성들에게 고하기를, "하늘이 아름다운 命을 내렸다" 하니 商人이 모두 두 번 절했다는 말이 있다— 原註).

○나는 이렇게 생각한다. 「악기」에서 말한 "더디고, 오래 걸렸다" 한 것은 제후가 도착하기를 기다렸기 때문이요(「樂記」의 글에 보인다— 原註) 천명을 기다린 것이 아니다. 갑자에 싸워 계해에까지 천명을 기다린 것은 너무 늦은 것이 아니겠는가? 무왕이 비로소 하늘의 명령을 받들지 않고 군사를 출동해서 경사(京師)를 침범하고 목야에서 진을 치기를 마친 뒤에야 비로소 하늘의 명령을 기다렸겠는가? "순임금·우임금이 문덕(文德)을 문득 잊었다가 묘족(苗族)과 만족(蠻族)을 위해서 문덕을 펴고 무왕이 천명을 알지 못하고 목야에 이르러서 천명을 기다렸다"는 것은 모두 기괴한 말들이다.

【剽取】"숲을 이룬 듯한 많은 군사를 이끌고 와서 목야에서 만나 싸웠다"는 구절은 「대명」[107]에서 훔쳐온 말이다(「大明」의 詩에 이르기를, "殷商의 군사가 그 모임이 숲과 같아서 牧野에 진을 치다"라고 한 말이 있다— 原註). "선두의 무리들은 창을 거꾸로 하다"의 구절은 「주본기」에서 따온 것이다(『周本紀』에 "武王이 신속하게 쳐들어가니 紂의 군사가 모두 병기를 거꾸로 돌려서 紂를 향해 싸우더라"는 말이 있다— 原註).

○나는 이렇게 생각한다. "창을 거꾸로 했다"는 것은 "병기를 거꾸로 돌렸다"는 것이다. 사승(謝承)[108]의 『후한서』에는 어떤 이

---

107) 「大明」: 『詩經』 「大雅」에 나오는 詩題.
108) 謝承: 三國時代 吳나라 山陰人. 字는 偉平. 博學強記하였고 벼슬은 武陵太守에 이름. 저서로 『後漢書』가 있다.

가 채옹(蔡邕)[109]을 꾸짖으면서 이르기를, "그대는 대대로 한(漢)나라의 은혜를 받았으니 창을 거꾸로 하지는 않을 것이다"고 했다(蔡邕은 董卓이 죽었다는 소식을 듣고 탄식하는 소리가 있었기 때문에 王允[110]이 그를 꾸짖은 말이다—原註). 『강표전江表傳』[111]에 이르기를, "손호(孫皓)[112]가 행군할 때, 병사가 견디지 못하여 말하기를, '만약 적을 만나면 반드시 창을 거꾸로 하겠다'"라고 하였으니(큰눈과 혹한을 만났기 때문이다—原註) "창을 거꾸로 한다"는 말은 한·위(漢魏) 시대에 항상 쓰는 말이었다.

【依據】 맹자가 이르기를, "내가 「무성」편에 대해서 일부분의 글만을 취할 따름이다. 지극한 인(仁)으로 지극히 불인(不仁)한 사람을 정벌하였으니, 어찌 그 피가 절굿공이를 띄울 만큼이었겠는가?"[113]라고 했다. ○『전국책』에 "무안군(武安君)[114]이 한(韓)·위(魏)와 이궐(伊闕)에서 싸울 적에 유혈이 방패를 띄웠다"[115]라고 했다(鹵는 방패이다—原註).

【誤用】 "한 번 갑옷을 입고〔一戎衣〕"는 『중용』을 답습한 것이다(『中庸』에는 "壹戎衣"로 되어 있다—原註).

○나는 이렇게 생각한다. 『중용』의 정현의 주에는 그것을 "큰 은(殷)을 싸워서 멸망시켰다"는 뜻으로 "에융은(殪戎殷)"으로 읽었으니 "에융은(殪戎殷)"은 「강고康誥」의 글이다(옛날에는 甲冑를 일

---

109) 蔡邕: 132~192. 後漢의 陳留人. 字는 伯喈. 孝誠이 지극하고 博學하였으며 六經文字를 奏定하였음. 벼슬은 議郎, 高陽侯에 封해졌음. 저서로 『蔡中郎集』이 있음.
110) 王允: 137~192. 後漢 때 太原 祁人. 字는 子師. 벼슬은 尙書令.
111) 『江表傳』: 書名. 晉의 虞溥의 撰.
112) 孫皓: 242~283. 三國時代 吳나라의 孫權의 손자. 吳郡富春人. 吳나라의 제4대 왕. 字는 元宗 또는 皓宗.
113) 『孟子』 「盡心」 下.
114) 武安君: 戰國時代 秦의 將帥 白起. 封號가 武安君이다.
115) 『戰國策』 卷 第33, 「中山」.

러서 戎衣라고 하지 않았다 — 原註). 위작자는 다만 『중용』만을 보았지, 정현의 주를 보지 못해서 잘못 사용한 것이다(아래 나의 「康誥說」에 상세하다 — 原註).

【蒐刪】『예기』「악기」에 이르기를, "무왕이 은을 이기고 상나라 도읍에 들어가서는(미처 수레에서 내리기 전에 황제의 후예와 요임금의 후예와 순임금의 후예를 봉하고, 수레에서 내려서는 夏后氏의 후예를 봉하고 은나라의 후예를 宋나라에 옮겼다 — 原註) 왕자 비간의 묘에 봉분을 하고 기자의 갇힌 것을 풀어주어 그로 하여금 상(商)의 예악의 관(官)을 살피게 하여 뛰어난 자들에게는 그 본래의 지위를 회복시켜주었다"라고 하였다(鄭玄이 이르기를 "行은 視이다. 箕子를 시켜서 商의 禮樂의 官職을 살피게 한 것이다"[116]라고 하였다 — 原註 ○ 공영달이 이르기를, "鄭玄이 古文을 보지 못하고서 商容이 人名인데 禮樂의 官으로 여겼다"[117]라고 하였다 — 原註). ○『사기』「주본기」에 이르기를, "소공에게 명하여 기자의 갇힌 것을 풀고 필공(畢公)에게 명하여 백성들의 갇힌 것을 풀어주었으며 상용에게 정려(旌閭)를 표하였으며, 굉요(閎夭)에게 명하여 비간의 묘에 봉분을 만들어주게 하였다"라고 하였다(『史記』「留侯世家」에 이르기를, "武王이 紂를 쳐서 商容에게 旌閭를 表하였는데, 지금 폐하는 賢者에게 旌閭를 表하고 智者의 門에 敬意를 表할 수 있습니까?"라고 했다 — 原註).

○ 살펴보건대, 『한시외전韓詩外傳』에 이르기를, "무왕이 은을 이기고 상용을 삼공으로 삼고자 했으나, 상용이 굳이 사양했다(商容이 일찍이 馬徒에서 羽籥[118]을 잡고 춤을 추며 은거해 있었다 — 原註)"고 하였고 『사기』에 연왕(燕王)이 악한(樂閒)[119]에게 편지를 보내어

---

116) 『禮記正義』卷 第39, 「樂記」鄭玄 註.
117) 『禮記正義』卷 第39, 「樂記」孔穎達 疏.
118) 羽籥: 左手에 籥을 잡고 右手에 雉羽를 잡고 추는 춤.
119) 樂閒: 戰國時代 兵術에 能하였던 樂毅의 아들. 그 先祖는 魏나라 사람이었으나 樂毅·樂閒은 燕에서 벼슬하였다.

이르기를, "주(紂)의 시대에 상용(商容)이 현달하지 못하고 몸은 다만 욕만을 당했다"[120]고 하였으니 아마도 현자였을 것이다. 비록 그렇다고는 하나 「주본기」와 「유후세가留侯世家」에는 오직 정려를 표했다는 설만 있는데 지금 『상서』에 "식려(式閭)"라고 이르는 것은 무엇인가? 장량(張良)[121]이 이르기를, "지자(智者)의 문에 경의를 표한다"고 한 것을 위작자가 이것에 의거해서 그것을 고친 것이다. 수레 위에서 한 번 고개 숙이는 것은 큰 정사가 될 수 없는데 어째서 「무성」에 이것을 기록하였는가?(「武成」序에 "그 政事를 기록한다"라고 되어 있다 ― 原註) ○『여람呂覽』에 이르기를, "상용의 정문에 경의를 표했다"[122]라고 하였다(선비가 걸어서 지나갈 때는 추창해 가고 수레를 타고 갈 때는 내리는 것이다 ― 原註).

【蒐取】「주본기」에 이르기를, "남궁괄(南宮括)에게 명하여 녹대의 재물을 백성에게 나누어주고 거교(鉅橋)의 곡식을 내놓았다"라고 하였다. ○『논어』에 "주나라에 큰 베풂이 있으니, 착한 사람이 이에 부유하게 되었다"[123]라고 하였다.

○나는 이렇게 생각한다. 『시경』에 이르기를, "주(周)에 베풀고 내려주었다"[124]는 것은 대뇌(大賚)의 뜻이다(뜻이 나의 「詩說」[125]에 보인다 ― 原註). 무왕이 제후들에게 나눠주는데 보옥을 나눠주고 재물을 나눠주며 곡식을 내놓아, 가난하고 약한 이들을 진휼하였다(『史記』의 글임 ― 原註). 그러나 어떻게 대뇌가 사해의 먼 곳에까지 미칠 수 있는 것인가? 이것은 위작자의 헛된 과장인 것이다. 「악

120) 『史記』 卷80, 「樂毅列傳」.
121) 張良: ?~B.C. 186. 漢高祖 때 蕭何·韓信과 같이 三傑의 한 사람. 字는 子房, 諡는 文成. 留侯에 封해졌음. 兵法에 能하고 黃老學을 좋아하였음.
122) 『呂氏春秋』 「愼大覽」.
123) 『論語』 「堯曰」.
124) 『詩經』 「大雅―文王」.
125) 『與猶堂全書』 제2집 제20권, 『詩經講義補遺』 張24, 「大雅―文王」.

기」에 이르기를, "서사(庶士)들에게 녹을 더해주고(庶士는 즉 府史에 소속된 사람—原註) 서민들에게 악정(惡政)을 제거하였다"라 하였으니(征役을 너그럽게 하는 것이다—原註) 이와 같이 했을 따름이다. 사해에 미칠 바가 아닌 것이다.

벼슬은 다섯 등급으로 나열하고 봉토(封土)는 세 단계로 나누었으며, 벼슬 자리를 세워서는 어진 이를 등용하고, 자리를 주어 일을 맡길 때는 능한 이로써 하며, 백성의 오교(五敎)와 식(食)과 상(喪)과 제(祭)를 중히하였으며, 신(信)을 두텁게 하고 의(義)를 밝히며 덕(德)을 높이고 공 있는 이에게 보답하니, 팔짱을 끼고 가만히 있어도 천하가 다스려졌다.

【依據】"벼슬은 다섯 등급으로 나열하고, 봉토는 세 단계로 나누었다"라는 구절은 『한서』「지리지」에서 답습한 것이다(『漢書』「地理誌」에 이르기를, "周나라는 벼슬이 五等이고 그 봉토는 三等이다"라고 했다—原註).

○나는 이렇게 생각한다. "벼슬은 다섯 등급으로 나열하고 봉토는 세 단계로 나누었다"는 구절은 『맹자』와 『예기』「왕제王制」에 그 글이 잘 갖춰져 있으니, 『한서』뿐만이 아닌 것이다.

【蒐改】『논어』에 이르기를, "소중히 여긴 것은 백성의 식(食)과 상(喪)과 제(祭)이다"[126]라 하였다. ○공안국이 말하기를, "백성을 소중히 여기는 것은 나라의 근본을 위한 것이며, 식(食)을 소중히 여기는 것은 백성의 생명을 위한 것이며, 상(喪)을 소중히 여기는 것은 슬픔을 다하기 위한 것이며, 제(祭)를 소중히 여기는 것은 공경을 지극히하기 위한 것이다"[127]라고 했다.

---

126) 『論語』「堯曰」.
127) 邢昺, 『論語正義』卷 第20,「堯曰」『何晏集解』.

○내가 살펴보건대, 공안국의 주는 잘못된 듯하다. 민식(民食)이라는 것은 여덟 가지 농정(農政)에 그 첫번째가 "식(食)"이라는 것이요, 상제(喪祭)라는 것은 여덟 가지 농정에 그 세번째가 "사(祀)"라고 하는 것이다. 『주례』에 상황(喪荒)의 의식과 제사의 의식은 모두 재용(財用)으로써 말한 것이다. "민식상제(民食喪祭)"는 둘로 하거나 셋으로 할 수는 있어도 네 가지로 할 수는 없다. 네 가지로 하면 종류가 같지 아니하고 문장도 조화가 안 된다. 위작자가 이에 "민"을 제거하고 세 가지로 하는 것을 고민하여 불쑥 오교(五敎)를 집어넣었으니 더욱 종류가 같지 아니한 것이다. 또 공안국이 주를 달았을 때 「무성」을 말하지 않았으니, 이 구가 「무성」에서 나왔다면 또 무엇 때문에 이렇게 소원히했단 말인가?

【剽取】「역대전易大傳」[128)]에 이르기를, "황제(黃帝)와 요와 순임금이 의상을 드리우고 가만히 있었는데도 천하가 다스려졌다"[129)]라고 했다.

○나는 이렇게 생각한다. "수공(垂拱)"과 "수의상(垂衣裳)"은 같은 것이 아니다. 『예기』의 「옥조玉藻」에 이르기를, "임금을 모시는 자는 턱을 처마처럼 숙이고 손을 모아 드리운다"라고 하였으니, 이것은 모습의 공손함이다. 진·한(秦漢) 이후로 점차 "공수(拱手)"를 "수공(垂拱)"이라고 했다. 『사기』의 「소진전蘇秦傳」에 이르기를, "지금 임금이 거만하게 팔짱을 끼고 앉아서 이 두 가지를 얻도록 하려 한다"라고 했다(「李斯傳」에는 "폐하가 궁중에서 깊숙이 팔짱을 끼고 있다"[130)]고 하였다 —— 原註). 『풍속통風俗通』[131)]에 이르기를, "삼황(三皇)이 두 손을 모아 드리우고 아무것도 하지 않았다"고

---

128) 「易大傳」: 茶山은 『周易』의 「繫辭傳」을 「易大傳」이라고 하였다.
129) 『周易』 「繫辭傳」 下에 나온다. 無爲而治를 말한다.
130) 『史記』 卷87.
131) 『風俗通』: 漢의 應劭의 저술. 全 10권, 附錄 1권.

하였다(夏侯湛[132]의「虞舜贊」에 이르기를, "두 팔을 모아 드리우고 백성에게 임했다"고 하였다 — 原註). 그러므로 위작자가 그것을 쓰기를 이와 같이 했으니, 요컨대 경전의 글이 아닌 것이다.

여오(旅獒)

상나라를 쳐서 이기자 드디어 구이팔만(九夷八蠻)에 길이 통하였으며, 서쪽의 여족(旅族)이 그들의 개를 공물로 바쳐왔다. 태보(太保)[133]가 이에「여오旅獒」를 지어 임금에게 다음과 같이 훈계하였다.

"아! 밝은 임금이 덕을 삼가면 사방의 오랑캐들이 모두 귀복(歸伏)하여 먼 곳 가까운 곳 할 것 없이 모두 그들 고장의 산물을 바쳐 오는데, 오직 늘 쓰이는 옷과 음식, 그릇 등이었습니다. 임금은 이에 덕이 성(姓)이 다른 나라에까지 이르게 한 것을 밝히어 그들에게 직책을 잊지 않게 하고, 보배와 구슬을 백부와 숙부의 나라에 나눠주어 이로써 친함을 더욱 두터이하는 것이 좋습니다.

【剽襲】「노어魯語」에서 중니(仲尼)가 이르기를, "옛날에 무왕이 상나라를 쳐서 이기자 구이와 백만(百蠻)에 길이 통하게 되어 각각 그들로 하여금 그 지방의 특산물을 조공하게 하였다. 이에 숙신씨(肅愼氏)는 고시(楛矢)[134]를 바쳤다. 선왕은 그 아름다운 덕이 먼 지방에까지 이르렀음을 밝히고자 하여 이것을 뒷사람들에게 보여 그들로 하여금 길이 귀감이 되게 하였다. 그래서 옛날에는

---

132) 夏侯湛: 243~291. 晉 譙人. 字는 孝若. 文章이 뛰어나며 당시 문장가인 潘岳과 친하였음. 벼슬은 散騎常侍에 이르렀고 대표작「抵議」를 비롯해 30여 편의 글이 있다.
133) 太保: 周의 召公인 奭을 가리킴.
134) 楛矢: 싸리나무의 一種인 楛木으로 만든 화살.

성(姓)이 같은 제후들에겐 보배와 구슬을 나눠줌으로써 친함을 더욱 두텁게 하며, 성이 다른 제후들에겐 먼 지방의 공물을 나눠줌으로써 그들의 조근(朝覲)의 직무를 잊지 않게 하였다. 그러므로 진(陳)나라에는 숙신씨의 공물을 나눠준 것이다"라고 하였다.

○나는 이렇게 생각한다. 「여오」맨 첫머리는 모두 공자의 고시지설(楛矢之說)을 취하여 매본(梅[135]本)을 만들었다. 그러나 사실이 본래 전혀 다르며 문장도 부합되지 않는 곳이 많다. 중니가 먼저 구이(九夷)를 말한 것은 숙신이 본래 동이(東夷)이기 때문이다. 지금 여족(旅族)의 그 개는 서융으로부터 왔다고 하였는데, 당시에 길이 통한 것은 동이와 남만 지역에 지나지 않았으니 그 개가 어찌 이를 수 있었겠는가? "그 아름다운 덕이 먼 지방에까지 이르게 한 것을 밝히고자 한다"는 말은 중니의 말로서 그 표현이 졸렬하지 않은데, 지금 그것을 고쳐서 "덕이 이르게 한 것을 밝힌다〔昭德之致〕"고 하였으니, 너무 간략한 표현이 아닌가?(『孔子家語』에 "아름다운 德이 먼 사물에까지 이르게 한 것을 밝힌다"고 하였으니, 그 문장이 더욱 좋다——原註). 천자와 제후의 관계에 있어, 성이 같은 이를 백부·숙부라 하고 성이 다른 이를 백구(伯舅)·숙구(叔舅)라 하였으니(『左傳』에 보인다——原註) 백숙(伯叔)은 성이 다른 이에게도 똑같이 사용하는 말이다. 지금 오로지 성이 같은 사이의 칭호로만 생각하고 있는데, 이것은 또 어떠한 이유에서인가?(옛날에는 50세가 되면 伯, 仲으로 부르기 때문에 申生이 狐突을 伯氏라 하고, 子游가 縣子를 叔氏라 하였다. 개인적으로 서로 부르는 칭호 역시 姓이 다른 이에게도 똑같이 사용되는 것이다[136]——原註) 『예기』「명당위明堂位」의 숭정(崇鼎)·관정(貫鼎)·화종(和鍾)·이경(離磬)은 모두 노나라의 종묘에서 쓰던 제기

---

135) 朝本·奎本에는 '酶'로 되어 있다.
136) 『禮記』「檀弓」上에 나온다. 茶山은 子游가 縣子를 叔氏라 하였다고 해 놓았으나 「檀弓」의 原文에는 縣子가 子游에게 叔氏라 했고, 鄭玄의 註에는 叔氏가 子游의 字라고 하였다.

이다(또 越棘·大弓도 같다 — 原註). 또『좌전』에서 진(晉)나라의 적담 (籍談)(昭公 15年에 나옴 — 原註) 위(衛)나라의 축타(祝鮀)(定公 4年에 나옴 — 原註)도 당숙(唐叔)·강숙(康叔)에게 그릇을 나누어준 일을 상세히 말하였는데, 이는 친함을 두터이한 것이다. 반드시 먼 지방의 공물을 성이 다른 나라에 나눠준다는 것은 그의 직분을 잊지 않게 하기 위한 뜻이다. 그것을 고쳐서 "그 직책을 잊지 않게 한다〔無替厥服〕"고 한 것은 본래의 뜻이 희미해질 것이다.

사람들은 그 받은 물건들을 가벼이 여기지 아니하고 오직 그 물건을 덕에 의한 것으로 여깁니다. 덕이 성하면 희롱하고 업신여기지 못합니다. 군자를 희롱하고 업신여기면 군자의 진심을 다하게 하지 못할 것이고, 소인들을 희롱하고 업신여기면 소인의 노력을 다하게 하지 못할 것입니다. 귀와 눈을 즐겁게 하는 일에 얽매이지 않으면 모든 법도가 올바로 될 것입니다. 사람을 가지고 희롱하면 덕을 잃게 되고, 물건을 가지고 놀면 뜻을 잃게 될 것입니다. 뜻은 도로써 편안히 하여야 하고, 말은 도(道)로써 주고받아야 합니다. 무익한 일을 함으로써 유익한 일을 해치지 아니하면 공이 이루어질 것이며, 기이한 물건을 귀하게 여김으로써 늘 쓰는 물건을 천하게 여기지 아니하면 백성들의 생활이 풍족하여질 것입니다. 개나 말은 그 풍토의 성질에 맞는 것이 아니면 기르지 말고 진기한 새나 짐승들을 나라에서 기르지 마십시오. 먼 곳의 물건을 보배로 여기지 아니하면 먼 곳 사람들이 올 것이고, 오직 어진 이를 보배로 여기면 가까운 사람들이 편안하게 될 것입니다.

【蒐取】『좌전』에서 궁지기(宮之奇)[137]가 「주서」를 인용하여 이르기를, "기장과 피가 향기로운 것이 아니고, 밝은 덕이 오직 향

---

137) 宮之奇: 春秋時代 虞나라의 大夫.

기롭다"고 하였으며, 또 "백성들이 제물(祭物)을 바꾸지 아니하고 오직 덕이 이에 제물이 되게 한다"고 하였다(僖公 5년 — 原註). ○ 두예(杜預)는 이르기를, "물건은 하나이나 두 가지로 쓰인다"[138]고 하였다(孔穎達은 이르기를, "백성들이 祭物을 바꾸지 아니한다는 것은, 가령 여기 두 사람이 함께 祭物로써 제사를 지낼 때 이 祭物을 바꾸지 아니하더라도 오직 德이 있는 사람이면 神이 이 祭物을 歆饗한다는 것이다"라고 하였다[139] — 原註).

○살펴보건대, "오직 덕이 이에 제물이 되게 한다"는 것은 제물이 스스로 제물다울 수 없고, 오직 덕 있는 자가 올리게 된 연후에야 제물이 제물다울 수 있다는 뜻으로, 가령 서직(黍稷)이나 생폐(牲幣) 등과 같은 것도 오직 덕이 따른 것이라야 귀하다 하였는데, 이 역시 제사의 이치를 논한 것이다. 여오(旅獒)와 무슨 관계가 있겠는가?(蔡沈이 "易"을 '輕易'의 '易'로 읽었으니 이것은 宮之奇의 말에는 통하지 않는다 — 原註)

【旁剽】 장형(張衡)[140]의 「동경부東京賦」에 이르기를, "오랑캐 말을 잘 이해하는 사람이 아홉 번이나 통역을 하여 여러 나라 제후들이 내조(來朝)해왔다. 마음은 그 지닌 바를 어지럽히지 않고 눈은 그 하고 싶은 바를 나타내지 않으며, 물소의 뿔과 상아를 천하게 여기고 구슬과 옥을 대수롭게 여기지 않으며, 오직 어진 이만을 귀하게 여기고 곡식만을 보배로 여겼다"[141]고 하였다.

○나는 이렇게 생각한다. "물소의 뿔과 상아를 천하게 여겼다"는 구절이 있는 것으로 인해서 마침내 한 구절을 표절한 것이다.

【旁剽】 『좌전』에 이르기를, "진나라의 제후가 정(鄭)나라의 말

---

138) 『春秋左傳正義』 卷 第12, 僖公 5年 杜預 註.
139) 同上의 孔穎達 疏.
140) 張衡: 78~139. 後漢의 文章家. 벼슬은 太史令, 尙書에 이름. 저술로는 「西京賦」「東京賦」가 유명하다.
141) 蕭統, 『文選』 卷 第3.

을 타고 싸움터에 나갔다가 진흙 구렁에 빠졌는데, 이는 그 지방에서 출산된 말이 아니라서 그 지리에 익숙하지 못하였기 때문이다"고 하였다(僖公 15年에 보인다. ○孔穎達의 疏는 이것을 인용하였다 — 原註).

○나는 이렇게 생각한다. 여러 훈계한 말이 역사서에 널리 기록되어 있으나, 흐트러지고 어지럽혀 있어 반드시 다 그 출전을 찾아낼 필요는 없다고 본다.

　아! 새벽부터 밤까지 조금도 게을리 함이 없게 하십시오. 사소한 행위를 삼가지 않으면 마침내 큰 덕에 누를 끼치게 될 것이니, 아홉 길 높이의 산을 만듦에 있어서 한 삼태기의 흙이 모자라도 공을 다 이루지 못합니다. 진실로 이러한 것을 실천한다면 백성들은 그들의 사는 곳을 보전하게 되고 당신께서는 대대로 임금 노릇을 하게 될 것입니다."

【剽取】『논어』에 "비유컨대, 산을 만듦에 한 삼태기 흙이 모자라서 산을 이루지 못하고서 그치는 것도 내가 그치는 것이요, 비유컨대 땅을 편평하게 하는 데 한 삼태기 흙을 갖다 덮는 것이라 하더라도 이에 나아감도 내가 가는 것이다"라고 하였다(「子罕」— 原註). ○매작(梅鷟)이 이르기를, "'일궤(一簣)'는 『논어』에서 끌어온 것이고, '구인(九仞)'은 『맹자』에서 끌어온 것이다"고 하였다(『孟子』에 "우물을 아홉 길 팠다"는 비유가 있다[142] — 原註).

○염약거가 이르기를, "우물을 파는데 아홉 길〔九仞〕이라고 말할 수 있으나 산을 만듦에 아홉 길이라고 말할 수 없다. 『순자荀子』의 책에는 산에 대해서 모두 '백길〔百仞〕'이라고 하고 있다"[143]

---

142) 『孟子』「盡心」上篇.
143) 閻若璩, 『尙書古文疏證』卷5 下, 張26.

고 하였다.

○나는 이렇게 생각한다. 무왕이 여국(旅國)의 큰 개를 공물(貢物)로 얻었다고 하여도 사냥과 주색에 빠져 국사를 돌보지 않을 리가 없는데 지금 이 한 편에서는 이윤(伊尹)이 태갑(太甲)을 훈계한 것과 같으니, 위작자는 이와 같이 그 상황이 다른 것을 알지 못한다.

미자지명(微子之命)

임금은 이에 말하였다. "아, 은나라 임금의 맏아들이여! 오직 옛날을 상고하여 덕을 높이며 어짊을 본받아 옛 임금들의 대통을 이어받고, 그 예의와 문물을 닦으시오. 그대는 주나라 왕가(王家)의 빈객이 되어 나라와 더불어 모두 아름다움을 누리어 영세무궁(永世無窮)토록 하시오.

【依據】『좌전』에 이르기를, "미자(微子) 계(啓)는 제을(帝乙)의 원자(元子)이다"라 하였다(哀公 9年 ─ 原註).

○『사기』「송미자세가宋微子世家」에 이르기를, "미자개(微子開)는 제을의 맏아들이며 주(紂)의 서형(庶兄)이다"고 하였다(『呂氏春秋』에 이르기를, "紂의 모친이 微子 啓와 仲衍을 낳고, 첩에서 正妻로 바뀐 다음 紂를 낳았다. 紂의 부친이 微子 啓를 太子로 삼으려 할 때 太史가 法에 의거하여 諫하기를, "正妻의 자식이 있으면 첩의 자식을 세울 수 없다"고 하여 紂를 세운 것이다"[144]고 하였다 ─ 原註). ○최술(崔述)은 이르기를, "「목서牧誓」에 "주가 혼란에 빠져 그 생존해 있는 왕부(王父)와 모제(母弟)를 버렸다"고 하였는데, 왕부는 기자(箕子)와 비간(比干)을 가

────────────

144)『呂氏春秋』「當務」.

리키는 것 같고, 모제는 미자를 가리키는 것 같다. 아마도 미자는 곧 주와 같은 어머니의 아우이니, 반드시 주의 다른 어머니의 형이라고만 할 수는 없는 것이다.『여씨춘추』의 설에는 어긋나고 잘못된 곳이 더욱 많다. 옛날에는 본래 첩이 처가 되는 법이 없었는데, 제을에게 과연 이런 일이 있게 되었다면『여씨춘추』는 처첩을 분별치 못한 것이니, 어찌 여기에 다시 적서(嫡庶)를 분변할 수 있었겠는가? 대저 첩이 왕후가 되었으면 첩의 자녀는 곧 왕후의 자녀이다. 탕왕과 무왕이 모두 제후로서 천자가 되었는데, 만약 태사의 말대로라면 역시 당연히 그 천자가 된 후에 태어난 어린 자식을 세워야 하며, 그 맏아들을 내세울 수는 없지 않은가? 태사가 실로 법에 따라 간하였다면 어찌 첩을 정처로 세우는 날 간하지 않았는가? 첩은 왕후가 될 수 있는데 첩의 자식이 태자가 되는 것은 불가하단 말인가?"[145]라고 하였다.

○ 내가 살펴보건대, 최술의 말은 꼭 맞는 사실이다. 다만『맹자』에 분명히 말하기를, "주를 형의 아들로 삼았고, 미자와 비간이 있었다"고 하였다(「告子」上篇 公都子의 말이다 — 原註). 그런즉 미자가 반드시 제을의 맏아들이 되는 것은 또한 알 수 없다. 진실로 만약 미자가 제을의 맏아들이라면 무왕이 그때 미자를 버리고 무경(武庚)[146]을 세웠겠는가? 역시 그렇지 않은 것 같다. 위작자가 단지『좌전』에 근거해서 곧바로 말하기를, "은왕의 원자"라고 한 것이다. 어떠한가?(『呂氏春秋』에 仲衍을 微仲이라 한 것도 역시 잘못이다. 衍은 미자의 둘째 아들이다. 「檀弓」에 보인다 — 原註)

【誤用】『예기』에 이르기를, "대를 이어 제후의 자리에 서게 되는 것은 선대의 어짊을 본받았기 때문이다"라고 하였다(『禮記』「郊特牲」— 原註).

---

145) 崔述,『考信錄』「商考信錄」卷2.
146) 武庚: 殷의 마지막 君主인 紂의 아들.

○나는 이렇게 생각한다. 『예기』의 뜻은 대개 천하에는 날 때부터 귀한 사람이 없다는 말이다. 제후의 아들이 꼭 제후가 되는 것은 아니다. 그러나 반드시 그로 하여금 대를 잇게 하였다는 것은 어진 자식이 어진 아비를 계승한 것을 상징하는 것이다(정현의 주도 역시 이런 뜻이다─原註). 미자를 송(宋)나라에 봉한 것은 대를 이은 것이 아니다. 어찌 어짊을 본받는다고 하는가? 잘못 쓰인 것이다.

아! 그대의 선조인 탕왕은 능히 바르고 성스럽고 넓고 깊은 분이어서 하늘이 돌보고 도와 크게 그 천명을 받았습니다. 너그러움으로 백성을 어루만지고 그 사학(邪虐)한 자들을 제거하니, 공로가 날로 더해져서 덕이 후손들에게까지 드리워졌습니다. 그대는 오직 그분들의 길을 따르고 닦아서 오래전부터 아름다운 소문이 있었으며, 삼가 효도를 행하여 신과 사람들을 공경하였으므로 나는 그대의 덕을 가상히 여겨 '독실하니 잊지 않으리라'고 한 것입니다. 하느님은 그대의 제사를 흠향할 것이며, 밑의 백성들도 삼가여 화합할 것이므로 이에 그대를 상공(上公)으로 세워서 이 동쪽 중화 땅을 다스리게 한 것입니다.

【剿取】 "바르고 성스럽고 넓고 깊다"는 말은 사극(史克)[147]의 말을 표절한 것이다(文公 18年 『左傳』에 史克이 이르기를, "高陽氏[148]에게 재주 있는 아들 여덟 명이 모두 바르고 성스럽고 넓고 깊은 기품이 있었는데, 이를 일러 八愷[149]라 한다"고 하였다─原註). ○"그 사학한 자들을 제거한다"는 것은 『국어』와 『예기』「제법祭法」을 답습한 것이다(「魯

---

147) 史克: 春秋時代 魯나라의 太史인 克.
148) 高陽氏: 중국 고대의 전설적인 인물로 五帝 중의 한 사람인 顓頊. 黃帝의 孫이라고 함. 高陽의 땅에서 일어났다고 해서 高陽氏라고 함.
149) 八愷: 蒼舒·隤敱·檮戭·大臨·尨降·庭堅·仲容·叔達.

語」에 展禽이 이르기를, "湯王이 너그러움으로 백성을 다스리고 그 사악한 자들을 제거하다"고 하였다. ○「祭法」에는 "湯王이 너그러움으로 백성을 다스리고 그 邪虐한 자들을 제거하다"고 하였다 ─ 原註). ○ "독실하니 잊지 않으리라"고 한 말은 양왕의 명을 표절한 것이다(僖公 12年『左傳』에 襄王이 管仲에게 命하여 이르기를, "그대의 아름다운 德을 가상하게 여긴다. 독실하니 잊지 않으리라. 가서 그대의 직책을 실천하고 짐의 명령을 거스르지 말라"고 하였다 ─ 原註).

○나는 이렇게 생각한다. 은나라와 주나라의 글은 서(誓)·고(誥)·훈(訓)·명(命)을 막론하고 난해한 표현으로 되어 있어 읽기 어렵지 않은 것이 없다. 위서는 대개 이것을 4언으로 구절을 나누었으니, 진실로 세상 사람들을 속일 마음이 있어 명백하고 곧은 것에 부응하지 못함이 이와 같다. 그것을 찬집할 때는 속석(束晳)[150]이 잃어버린 시를 보충하는 것과 같은 데 지나지 않았고 본래 악의가 있었던 것은 아니나 마음이 변하여 이 지경에 이른 것이다.

공경하오. 가서 그대의 교훈을 펴고 그대의 직무와 명령을 신중히 하며, 떳떳한 법에 따름으로써 왕가의 울타리가 되시오. 그대 조상들의 드높은 공을 넓히고, 그대의 백성들을 법도로 다스려 그 자리를 영원히 편안케 하여 나 한 사람을 도와주기 바랍니다. 대대로 덕을 누리게 하고 온 나라들의 모범이 되어 나의 주나라로 하여금 싫어하지 않도록 하오. 아! 가서 오직 정사를 아름답게 하여 내가 명한 것을 저버리지 마오."

○나는 이렇게 생각한다. 베어 죽이는 일을 재차 행하고[151] 은

---

150) 束晳: 晉나라 학자. 元城人. 字는 廣微. 殘缺이 많은 汲冢의 竹書의 글에 대해 그 정리를 맡아 많은 疑義를 바로잡았다고 함. 저서로『五經通論』『文集』등이 있음.
151) 周의 成王이 紂의 아들 武庚을 죽인 것을 가리킴.

전(恩典)을 다시 내리어 이 「미자지명」을 지은 것이니 여기에는 애절하고 측은한 말이 없을 수 없는데, 지금 전편을 읽음에 한결같이 어찌 냉락(冷落)함이 이와 같은가?

채중지명(蔡仲之命)

(鄭玄의 목록에는 篇名의 차례가 96번째인데, 梅賾의 『尙書』本에는 「多方」 위에 올려놓았다 ─ 原註)

　주공(周公)이 재상 자리에 있으면서 여러 관리들을 거느릴 때 여러 아우들이 뜬소문을 퍼뜨리므로, 이에 관숙(管叔)은 상나라에서 죽이고, 채숙(蔡叔)은 곽린(郭鄰)에 유폐하였으되 수레 일곱 대를 딸려주었다. 또 곽숙(霍叔)은 서민으로 강등시켜 3년 동안 연치(年齒)에 의한 형제의 서열을 주지 않았다. 채중(蔡仲)[152]은 능히 항상 덕을 삼았으므로 주공이 그를 경사(卿士)로 삼았는데, 채숙이 죽자 임금께 아뢰어 그를 채(蔡)나라에 봉하였다.

　염약거는 이르기를, "「강고康誥」「문후지명文侯之命」이 모두 편 머리에 서문처럼 된 것이 없는데, 지금 축타(祝駝)의 말[153]을 취하여 서문처럼 만들었으니 쓸데없는 일이다"[154]라고 하였다.
　○나는 이렇게 생각한다. 오직 이 편만이 그런 것은 아니다. 「오자지가五子之歌」「윤정胤征」「이훈伊訓」「태갑太甲」「열명說命」 등도 모두 그 편의 서두를 서문처럼 하였으니, 위조된 형태가 더

---

152) 蔡仲: 蔡叔의 아들.
153) 『左傳』定公 4年에 나오는 祝駝의 말을 가리킴.
154) 閻若璩, 『尙書古文疏證』卷5 下, 張39〜40.

욱 확실하다. 사명(詞命)을 짓는 자는 명사(命詞)를 지을 뿐인데, 일을 풀어 설명함은 무엇 때문인가?

【蒐增】『좌전』(定公 4年 — 原註)에 축타가 장홍(萇弘)[155]에게 고하여 말하기를, "옛날에 주공이 성왕을 도와 천하를 다스렸는데, 관숙·채숙이 상나라 백성을 이끌고 가서 왕실을 해치므로 왕은 이에 관숙을 죽이고, 채숙은 추방하되 수레 일곱 대와 도(徒) 70명을 딸려주었으며 그 아들 채중은 행실을 바르게 하고 덕을 좇았으므로 주공이 그를 천거하여 자기의 경사(卿士)로 하고 왕에게 뵙게 하여 그를 채(蔡)에 봉하였다"라고 하였다(『史記』 「管蔡世家」에 이르기를, "管叔·蔡叔이 武庚의 힘을 믿고 亂을 일으키자, 周公은 成王의 命을 받들어 武庚을 목 베고 管叔을 죽였으며, 蔡叔인 도(度)는 추방하여 유배하면서 수레 열 대와 徒 70명을 딸려주었는데, 蔡叔은 이미 유배된 곳에서 죽게 되고 그 아들 胡는 행실을 바르게 하고 덕을 좇았으므로 周公이 그 말을 듣고서 魯나라 卿士로 삼으니, 魯나라가 잘 다스려지자 이에 成王에게 말하여 다시 蔡에 封하고 蔡叔의 제사를 받들게 하였다"고 하였다 — 原註). ○공영달이 이르기를, "주공은 몸소 봉한 땅에 나아가지 않았는데, 어떻게 호(胡)를 경사로 삼을 수 있었겠는가? 사마천의 설은 잘못된 것이다"[156]고 하였다.

○나는 이렇게 생각한다. 경사는 왕조에 소속된 관직이다(그 증거는 매우 많으나 여기서는 생략한다 — 原註). 사마천의 설은 본래 잘못이다. 경사의 일이 이 편에 있는 것도 매우 부질없는 군더더기이며 그 수법도 아둔하다.

학경(郝敬)이 이르기를, "후세의 유학자들이 「금등金縢」을 잘못 이해하여 '아지물피(我之勿辟)'[157]의 '피(辟)'자를 형벽(刑辟)의

---

155) 萇弘: 周나라 사람. 敬王 때의 大夫. 萇叔이라고도 함. 晉의 范中行氏의 難에 참가해 晉人의 항의에 부딪쳐 죽임을 당함. 孔子가 일찍이 樂을 물은 적이 있음.

156) 『尙書正義』 卷 第17, 「蔡仲之命」 孔穎達 疏.

157) 『尙書』 「金縢」에 "周公乃告二公曰: '我之勿辟, 我無以告我先王'"이란 말

'벽(辟)'자로 보고 주공이 관숙을 죽이게 하였다고 하여 드디어 위명(僞命)¹⁵⁸⁾을 만든 것이다"¹⁵⁹⁾고 하였다(毛奇齡이 이르기를, "만약 그렇다면 周公이 管叔, 蔡叔을 베어 죽인 것은 僞事가 된다"¹⁶⁰⁾라고 하였다— 原註).

○나는 이렇게 생각한다. 경산(京山)¹⁶¹⁾의 생각은 「금등」의 "아 지물피(我之勿辟)"를 형벽의 '벽(辟)'이 아님을 말한 것이지(『史記』 에는 "避"로 되어 있다— 原註) 관숙·채숙을 베어 죽였다고 한 것이 거짓된 일이라고 한 것은 아니다. 그러나 축타(祝鮀)는 왕이 그를 죽였다고 하고, 사마천은 왕명을 받들어 죽였다고 한다. 지금 「금 등」의 "물벽(勿辟)"이 '죽이지 아니하면'이라는 뜻이라면 이는 주 공 스스로 그를 죽인 것이 된다. 어찌 분별하지 아니할 수 있겠는 가? 매색은 「금등」을 주석하여 "'벽(辟)'은 '법(法)'이다. 내가 법 으로써 삼숙(三叔)¹⁶²⁾을 처벌하지 아니하면 선왕에게 고(告)할 수 없다"고 하였으니, 이것은 주공이 먼저 죽일 마음이 일어나서 삼 숙을 죽인 것이니, 더욱이 마땅히 분별하지 아니할 수 있겠는가? 『사기史記』「노세가魯世家」에 분명히 말하기를, "내가 남이 오해 할 것을 피하지 않고 섭정한 것은 온 천하가 주(周)를 배반하여 우리 선왕에게 보답할 수 없게 될까 염려했기 때문이다"고 하였 으니(이는 眞古文의 說이다— 原註), 이것은 주공의 심적(心跡)의 어질 고 사악함에 관계되는 것이 이와 같은 것이므로 더욱이 마땅히 분 별하지 아니할 수 있겠는가? 위작자는 매양 잘못된 주석이 있으 면, 반드시 별도로 한 경(經)을 지어 그 잘못된 주석을 증명하려

이 있다.
158) 僞命:「蔡仲之命」을 僞作했다는 것을 가리킴.
159) 毛奇齡,『古文尙書冤詞』卷6, 張21.
160) 同上.
161) 京山: 明의 經學者인 郝敬의 號. p. 379 주 15 참조.
162) 三叔: 管叔·蔡叔·霍叔을 말함.

고 한다(무릇 대여섯 군데가 있다—原註). 여기에 "관숙을 죽였다〔致
辟管叔〕"고 한 말도 그 하나이다. 경산의 설이 잘못인가?

【依據】『일주서逸周書』에 "왕자 녹보(祿父)[163]는 달아나고 관숙
과 곽숙은 목매 죽었으며, 채숙은 곽린에 유폐되었다"고 하였다
(『周書』[164] 「作洛解」에는 郭隣이 郭凌으로 되어 있다. 孔晁[165]는 "지명인데 소
재가 자세하지 않다"고 하였다—原註). ○ 매색은 "곽린은 중국 밖의
지명이다"[166]고 하였다(蘇東坡는 "'郭'은 '虢'이고 五家를 '一隣'이라 한다"
[167]고 하였다—原註).

○나는 이렇게 생각한다. 네 명의 간흉을 유배하였던 것은 모
두 「우공禹貢」에서 말하는 구주(九州)의 안인데, 어찌 반드시 채숙
만 홀로 이역(異域)에 유폐하였겠는가?『일주서』는 매색의『상서』
와 더불어 서로 성원(聲援)하고 있는 바가 많다. 이른바 곽린이
어느 곳인지 어찌 알겠는가? 동파는 '곽'을 '괵'이라 하였는데 사
실과는 너무나 거리가 멀다(虞와 虢은 晉나라 땅 안에 있으니 蔡叔을 추
방하였다고는 말할 수 없다—原註). 이미 추방하였는데 또 어찌 유폐
하였단 말인가? 왕자를 추방할 때 오히려 위엄스러운 의식을 갖
추어 부차(副車) 일곱 대(『史記』에 열 대라 한 것은 잘못이다—原註)와
도(徒) 70명을 딸려보내고 그리고서 그를 유폐하였다고 하였으니,
이 같은 법이 있는가?『주례周禮』에 부차의 수는 제후가 일곱 대,
대부는 다섯 대라 하였는데, 일곱 대의 수레는 적은 것이 아니다.
삼묘(三苗)로 유찬(流竄)할 때는 그 백성도 함께 옮기게 하였으므
로, 「우공」에 이르기를, "삼묘가 크게 순종하게 되었다"고 하였

---

163) 祿父: 紂의 아들인 武庚의 이름.
164) 『周書』: 이『周書』는 晉代의 孔晁가 註를 낸『周書』八卷本을 가리킴.
165) 孔晁: 晉代의 학자. 孔晁가 註를 낸『周書』八卷本이 있었는데, 宋代에
　　와서『汲冢周書』十卷本과 그 내용의 일부가 混用되었음.
166) 『尙書正義』卷 第17, 「蔡仲之命」孔氏 註.
167) 蔡沈, 『書集傳』「蔡仲之命」蔡沈 註.

다. 명목은 비록 유찬이나 가서는 군장이 되는 것이다. 채숙을 추방한 것도 또한 어찌 그렇지 않고서 반드시 이역에 그를 유폐한 것이라고만 알겠는가?

저 매색은 『주례』「대사구大司寇」의 "환토(圜土)[168]에 가두었다"는 글을 보고 사사로이 스스로 율법을 따져 "뜬소문을 퍼뜨린다는 것은 남을 해치는 일이다. 그 죄가 무거운 자는 마땅히 환토에 가두고, 그 죄가 가벼운 자는 마땅히 벌을 주어 지위의 서열을 회복시켜주지 않아야 한다"고 한 것이다(「大司寇」에도 보인다 — 原註). 그러나 또 중국으로 돌아왔다는 한 구절을 잘못 보고, 드디어 채숙을 중국 밖에 유폐하였다고 하였으니, 비열하고 무식함이 어찌 이 지경에까지 이르렀는가? '중국(中國)'이란 말은 '국중(國中)'이라는 뜻이다(『周禮』의 註에는 "향리로 돌아왔다"고 하였다 — 原註). 제나라 왕이 "맹자에게 중국(中國)[169]에 집을 지어주었다"[170]고 하였는데, 어찌 맹자가 반드시 오랑캐인 채(蔡)의 땅에서 왔겠는가? 『일주서』와 위작인 「채중지명」 중 어느 것이 먼저 지어졌는지 알 수 없으나, 반드시 "수(囚)"라고 하고 "불치(不齒)"라고 한 것은 『주례』에 근거한 것이다. 어찌 탄식할 노릇이 아닌가?(僞經에는 徒 70명을 빼어버렸고 僞註에는 수레 일곱 대를 적은 것으로 말하였으니[171] 역시 잘못이다 — 原註).

【寃案】곽숙(霍叔)의 원통함은 정현의 『시보詩譜』에서 야기되었다. ○「주본기」에는 "무왕이 주(紂)의 아들 녹보(祿父)를 봉하고 은나라 유민을 그 아우 관숙선(管叔鮮)·채숙도(蔡叔度)로 하여금 녹보를 도와 은을 다스리게 하였다"고 하였다. ○「노세가」에는

---

168) 圜土: 獄城.
169) 中國: 여기서 말하는 中國은 國中, 즉 齊나라 首都를 말한다.
170) 『孟子』「公孫丑」下.
171) 『尙書正義』 卷 第17, 「蔡仲之命」 孔氏 註.

"무왕이 주의 아들 무경(武庚)인 녹보(祿父)를 봉하고 관숙·채숙으로 하여금 그를 돌보게 하였다"고 하였다. ○「관채세가管蔡世家」에는 "두 사람이 무경인 녹보를 도와 은나라 유민을 다스렸다"고 하였다. ○『상서대전尚書大傳』에 이르기를, "무왕이 주를 죽이고 무경을 세워서 공자(公子)인 녹보를 계승하게 하고, 관숙·채숙으로 하여금 녹보를 감독하게 하였는데 녹보와 삼감(三監)이 배반하였다"고 하였다(孔穎達은 이르기를, "管叔·蔡叔으로 하여금 祿父를 감독하게 하였으니, 祿父는 자기 스스로가 감독하지는 않은 것이다. 祿父와 三監이 배반하였다고 한다면 祿父 이외에 또 세 사람의 감독이 있었다는 것인데, 管叔·蔡叔·霍叔 등 三叔을 三監으로 삼은 것이 명확할 것이다"고 하였다 ─ 原註). ○『한서』「지리지」에 이르기를, "패(邶)에 주의 아들 무경을 봉하고, 용(鄘)은 관숙이 다스리게 하였으며, 위(衛)는 채숙이 다스리게 하여 은나라 유민을 감독케 하였으므로 삼감이라 한 것이다"라고 하였다(孔穎達은 이르기를, "「地理志」의 三監은 武庚이 그 한 사람이며 霍叔은 없다. 王肅·服虔이 모두 「地理志」에 의거하여 말하였으나 鄭玄은 그렇지 않다"[172]고 하였다 ─ 原註). ○ 정현의 『시보』에 "패(邶)·용(鄘)·위(衛)는 은나라의 불순한 유민들이 있었던 곳인데, 주(紂)의 영향을 입은 지 오래되었으므로 그 땅을 셋으로 나누어서 삼감을 두어 관숙·채숙·곽숙으로 하여금 이를 다스려 교화케 한 것이다"[173]고 하였다. ○공영달의 『상서』 소(疏)에 이르기를, "곽숙은 은나라 유민을 감독하지 않았으며, 주공은 곽숙을 치지 않았다. 대개 이때 곽숙은 경읍(京邑)에 있으면서 관숙과 채숙의 말을 듣고 그 말을 전한 것이다"[174]고 하였다.

　○나는 이렇게 생각한다. 아, 원통하다 곽숙이여! 주나라를 배

---

172)『尚書正義』卷 第13,「大誥」孔穎達 疏.
173) 鄭玄,『詩譜』「邶鄘衛譜」.
174)『尚書正義』卷 第17,「蔡仲之命」孔穎達 疏.

반하고 은나라의 백성과 무리를 지어 형을 무고하고 윗사람을 속여 종주국을 위태롭게 하였다고 하니, 이 무슨 큰 죄악이란 말인가? 멋대로 한 평범한 사람을 가리켜 세 사람에 충당하려 하였으니, 천하에 이같이 원통한 일이 있는가? 「왕제王制」에 의거하면, "천자는 그 대부로 하여금 삼감으로 삼아 방백의 나라를 감독하게 하였는데, 각 나라마다 세 명씩 두었다"고 한다(또 『儀禮』「燕禮」의 註에는 "牧에 三監이 있다"고 하였다―原註). 삼감이라는 것은 벼슬 이름이다. 본래 세 사람을 두었으므로 삼감이라 한 것이다. 이미 삼감이라 이름한 뒤에는 꼭 세 사람이 필요한 것은 아니었다. 한(漢)나라의 호관(壺關)의 삼로(三老)인 동공(董公)이 꼭 세 사람 중 한 사람이었던 것은 아니고, 요(堯)임금의 사악(四嶽)이 꼭 네 명인 것은 아니며, 진(秦)나라의 오대부(五大夫) 조영(趙嬰)이 꼭 다섯 명 중 한 사람이었던 것도 아니다. 어찌 은나라의 삼감만이 꼭 세 사람임을 찾아야 하겠는가? 『상서대전』에서 처음에는 관숙·채숙 두 사람을 말하고 끝에 가서 녹보가 삼감과 함께 배반하였다고 한 것은 관숙과 채숙 두 사람을 삼감으로 삼은 것이며 다른 한 사람이 또 있는 것이 아닌데, 이름도 없고 자(字)도 없는 것을 그 사이에 슬쩍 끼워 넣은 것이다(두 사람 외에는 예로부터 지목된 이가 없다―原註). 그런데 이에 반고와 정현은 부질없이 이 문제의 시비를 끌어서 세 사람의 수를 채우려 하였던 것임에 틀림없다. 혹 무경이 그것에 충당되기도 하였고, 곽숙이 그것에 채워지기도 하였다. 무경은 그럴 수 있겠으나 곽숙은 무슨 죄인가? 대저 천자가 삼감을 설치한 것은 제후와 방백을 감독하기 위한 것이었다. 한(漢)나라에 있어 제후의 왕사부(王師傅)와 그 뜻이 대략 같다(『史記』에는 다만 傅相이라 하였다―原註). 이에 무경으로 하여금 스스로 그 자신을 감독케 하였다고 하였는데, 세상에 이런 법은 없다. 그러나 배반한 것은 배반한 것이니, 그 이름은 원통스럽지 않으나,

곽숙 같은 이는 본래 문왕의 아들로서 무왕 초창기에 봉하여졌고
(殷나라를 쳐서 이기던 처음 무렵임─原註) 자손 대대로 주나라와 함께
아름다움을 같이하였다. 일찍이 터럭만큼의 죄악도 없는 것이 사
책(史冊)에 나타나 있고, 아래로 진(晉)나라 헌공(獻公) 때에 이르
러 불행히도 그에게 봉한 나라가 멸망하고 말았는데(閔公 원년─原
註), 갑자기 1천3백 년이나 지난 뒤에 아무런 까닭 없이 정현의
붓끝에 의해 반역자라는 이름이 찍혔으니, 죽은 자가 이를 안다면
그 아니 울부짖지 않겠는가? 주나라 이래로 무릇 뜬소문이나 난
을 일으켰던 일을 기록한 것은 관숙·채숙에서 그쳤고, 곽숙에 대
해서는 듣지 못하였다. 「은본기」「주본기」「노세가」「관채세가」
에서 『좌전』의 축타의 말(글은 앞에 보임─原註) 「주어周語」의 부진
(富辰)175)의 말("管叔·蔡叔은 마음이 합하지 아니하였다"176)고 하였다─原
註), 「초어楚語」의 사미(士亹)177)의 말(管叔·蔡叔을 文王의 간사한 자식
이라 하였다─原註)에 이르기까지 한 치의 차이도 없다. 그러나 또
관숙이 괴수가 되었기 때문에 「금등」과 『맹자』같은 데서는 다만
관숙만을 들었으니, 진실로 가령 곽숙이 혹 죄악이 있다 하여도
가히 더불어 셋이라 할 수 있겠는가? 어찌 선진(先秦)과 서한(西
漢)의 경사(經史) 백가(百家)의 글을 마침내 실증하지 않고 꼭 정
강성(鄭康成)의 『시보』를 기다려 비로소 동호(董狐)의 붓178)을 휘
두르는가?
『일주서』 71편이 비록 『한서』「예문지」에 기재된 것과 서로 부

---

175) 富辰: 春秋時代 周나라의 大夫.
176) 『左傳』僖公 24年에 "周公弔二叔之不咸"이란 말이 있고, 『國語』「周語」
    에는 "兄弟鬩于牆"이라는 말이 있다.
177) 士亹: 春秋時代 楚나라의 大夫. 楚莊王의 아들(恭王)인 箴의 師傅를 지
    냈음.
178) 董狐의 붓: 春秋時代 晉나라의 史官인 董狐가 "趙盾이 그 君主 靈公을
    살해하였다[趙盾殺其君]"고 直筆한 것을 이름(『左傳』宣公 2年에 나옴).

합되나『수서』「경적지」에서는『급총주서汲冢周書』라 칭하였으니, 어찌 아무런 까닭 없이 이같이 이름 붙였겠는가?(「四庫書目」에는『隋書』「經籍志」의 말을 배척하였다 — 原註) 반드시 진(晉)나라 때 얻은 급총의 여러 책 가운데도 역시『주서』라 칭한 것이 있는데, 유전해 오던『일주서』와 혼합되어 한 책이 된 것이다. 곽숙이 목을 매어 죽고, 채숙이 유폐되었다는 등의 이야기는 옛글에는 전혀 아무 자취가 없다. 오직『일주서』에만 이 두 구절이 있어, 정현의『시보』와 매색의『상서』를 만드는 데 성원하였으니 어찌 족히 근거로 삼겠는가? 심한 경우, 근자에 간행한『상서대전』중에는 두 자를 더 넣어 "무왕이 관숙·채숙·곽숙으로 하여금 녹보를 감독케 하였다"고 하였다(이 역시 鄭玄이 보탠 바가 아니고, 梅賾의『尚書』를 펀드는 자들이 한 짓이다 — 原註). 뒤에 나온『상서』에 어찌 족히 의거할 수 있겠는가? 오직「주본기」와「금등」에서는 매양 이르기를, "여러 아우들이 뜬소문을 퍼뜨렸다〔羣弟流言〕"고 하니, 이것은 한 명의 채숙으로는 족히 "군(羣)"이라 할 수 없기 때문에 곽숙에게까지 미친 것이다(毛大可의 말임 — 原註). 그러나 "군(羣)"이라 한 것은 '중(衆)'이라는 뜻으로 말한 것이다. 셋 이상을 '군'이라 한다(글자는 羊에 관련된 것으로 짐승이 셋인 것을 "羣"이라 한다 — 原註). 비록 여기에 곽숙을 보탠다 하더라도 '군'이라고는 할 수 없다. 또 가령 곽숙으로 하여금 함께 삼감으로 만들었다면 결국 한 사람의 아우도 국중에 있으면서 전파한 바가 없을 것인데, 어찌 뜬소문이 왕의 귀에 굴러 들어가겠는가? 무릇 여러 아우들의 몫으로 조(曹)·성(郕)·모(毛)·담(聃) 등의 나라를 이치상으로 볼 때 의당 모두 나누어 받았을 것이고, 곽숙만이 홀로 이 삼감에 해당될 리가 없는데, 이에 위작자가 정현의『시보』에 의거하여 곽숙을 집어넣어 마침내 삼감의 숫자를 채워 드디어 천고의 철안(鐵案)으로 못박아버렸으니 슬픈 일이다.

○나는 이렇게 생각한다. "3년 동안이나 연치(年齒)에 의한 형제의 서열을 주지 않았다〔三年不齒〕"고 하니, 또 이것은 무슨 처벌인가? 『주례』 「대사구」에 의하면 "남을 해친 자는 환토(圜土)(獄城임—原註)에 가두어두었다가 능히 마음을 바로 고친 자는 국중으로 되돌아 오게 하였으며, 3년 동안 그 서열(序列)의 지위를 회복시켜주지 않았다"고 한다(나이 차례를 얻지 못하고 평민의 서열에 두는 것이다—原註). 「왕제」에는 "무릇 교령(敎令)을 따르지 않는 자는 교(郊)와 수(遂)에 옮기고, 또 마음을 바로 고치지 않는 자는 먼 지방으로 내치고 종신토록 그 서열의 지위를 회복시켜주지 않았다"고 하였다(「玉藻」에 이르기를, "玄冠에 縞武를 부착한 것은 먼 지방에 추방되어 다시는 그 서열에 회복되지 못하는 자의 服色이다"고 하였다—原註). 지금 곽숙을 3년 동안이나 그 서열의 지위를 회복시켜주지 않았다는 것은 남을 해쳐서는 안 된다는 율법을 어겨서인가? 교령을 따르지 않으면 안 된다는 율법을 어겨서인가?(『逸周書』에 霍叔은 목 매어 죽었다고 하고, 梅賾의 『尙書』에서는 서민으로 강등시켰다고 하는데 또 그 율법을 순수하게 사용한 것이 아니다—原註) 만약 그가 여기에 참여하였다면 죄가 여기서 그치지 않았을 것이요, 만약 그것이 실정이 아니라고 한다면 지금 왕이 숙부를 함부로 이와 같이 욕을 주지는 않았을 것이다. 또 제후왕이 죄가 있으면 그 신분을 면하게 하여 서민으로 강등한 것은 한(漢)나라 법이다. 「대사구」에 친척에 관한 형벌을 논의한 것이 있고, 『예기』 「문왕세자」에 공족(公族)의 형벌을 논한 것이 있는데, 거기에 서민으로 강등하게 한 법이 있다는 것은 듣지 못하였다. 채숙의 죄가 무거움에도 오히려 부차(副車)가 있고 도(徒)를 따르게 하여 존귀한 체모를 잃지 않게 하였는데, 곽숙은 죄가 가벼웠어도 서민으로 강등하였으니, 또 어찌 그같이 고르지 못할 수 있는가?

매색이 이르기를, "주공은 기내(畿內) 제후이니 두 경(卿)으로 하여금 정사를 다스리게 했다"[179]고 하였다.

○나는 이렇게 생각한다. 내가 경사라는 명칭을 상고해보건대, 오직 왕국에만 이것을 둔 것이다. 『시경』에 이르기를, "황보(皇父)는 경사(卿士)요, 번씨(番氏)는 사도(司徒)이다"라고 하였고(「十月之交」—原註), "왕이 경사 중에 남중(南仲)[180]을 태조(太祖)로 하는 이에게 명하였다"고 하였다(「常武」편—原註). 정(鄭)나라 환공(桓公)이 주(周)나라 평왕(平王)의 경사(卿士)가 되었고(『春秋傳』—原註) 괵중(虢仲)·괵숙(虢叔)이 문왕(文王)의 경사(卿士)가 되었으며(僖公 5년—原註), 괵공(虢公)인 기보(忌父)는 주(周)나라 경사(卿士)가 되었다(隱公 8년—原註). 주공이 천자의 일을 섭행하였으니, 주의 경사는 역시 주공의 경사이다. 그러므로 『좌전』에 이르기를, "자기의 경사"라 한 것이다. 매색이 주공 채읍(采邑)의 경사라 한 것은 역시 잘못이다. 또 「채세가蔡世家」에 이르기를, "채숙이 이미 죽자 주공은 비로소 채중을 천거하여 경사로 하였다"고 하였다. 위경(僞經)에는 먼저 채중을 기용하고 나서 채숙이 죽었다고 말하였으니, 이는 형편으로 보나 법으로 보나 양쪽 다 이치에 맞지 않는다.

임금이 이에 말하였다. "너 젊은 사람 호(胡)여! 너는 덕을 따라 행동을 고쳤고, 그 도를 신중히하였으므로 나는 너를 명하여 동쪽 땅의 제후로 삼으니, 네가 봉함을 받은 자리에 나아가 공경하게 하라. 네가 앞사람의 허물을 덮고자 한다면 오직 충성과 효성이 있어야 하니, 너는 자기 자신이 올바른 자취를 따라 나아가서 부지런하고 게을리 하지 않음으로써 그대 후손들에게 본보기를 드리우도록 하라. 너의 할아버지 문왕의 떳떳한 훈계를 따르고, 너의 아버지처럼

---

179) 『尙書正義』 卷 第17, 「蔡仲之命」 孔氏 註.
180) 南仲: 『詩經』 「小雅-出車」의 註에 보면 周나라의 大將으로 되어 있다.

왕명을 어기는 일이 없도록 하라.

【剽取】 "덕을 따라 행동을 고친다〔率德改行〕"라는 말은 축타의 말을 다시 사용한 것이다(역시 『史記』의 글이다 — 原註). "동쪽 땅의 제후로 삼았다〔侯于東土〕"고 함은 「노송魯頌」을 답습한 것이다(「閟宮」의 詩 — 原註).

○나는 이렇게 생각한다. 그 아버지에게 옛날 봉했던 곳에다가 그를 봉하였는데, 어찌 "동쪽의 땅에 제후로 삼았다"고 하는가?

【蒐增】『좌전』에 축타가 이르기를, "그를 명하여 채(蔡)에 봉하였는데, 그 명을 내린 글에 왕이 '호(胡)여! 너의 아버지처럼 왕명을 어기는 일이 없도록 하라'고 하였다"는 말이 있다(定公 4年 — 原註).

○나는 이렇게 생각한다. "왕이 이르기를, 호여!"라는 글 아래에 몇 구절이 보태졌다.

하늘은 친함이 따로 없고 오직 덕 있는 자를 이에 도우며, 백성들의 마음은 일정하지 아니하여 오직 은혜를 베푸는 자를 생각하게 되는 것이다. 선을 행함은 같지 않으나 다같이 다스려지는 데로 돌아가고, 악을 행함은 같지 않으나 모두 같이 어지러워지는 데로 돌아가게 되니, 너는 그것을 경계할 것이다. 그 처음을 삼가고 그 끝까지 잘하기를 생각하여야 마침내 곤란하지 않을 것이나 그 끝까지 잘하기를 생각하지 않으면 마침내 곤궁해질 것이다. 너의 공적이 될 바에 힘쓰며 너의 사방 이웃과 화목함으로써 왕실의 울타리가 되고 형제들을 화친케 하며, 백성들을 편안하게 구제하라. 따르기를 중정(中正)으로부터 하고 총명한 체하여 옛 법도를 어지럽히지 말며, 너의 보는 것과 듣는 것을 자세히하여 치우친 말로써 그 법도를 고치지 않으면 나 한 사람은 너를 칭송할 것이다." 임금이 또 말하였다.

"아, 너 젊은 사람 호여! 너는 가서 나의 명령을 저버리지 말라."

【蒐取】『좌전』에 궁지기(宮之奇)가 「주서」를 인용하여 이르기를, "하늘은 친함이 따로 없고 오직 덕이 있는 자를 이에 돕는다"고 하였다(僖公 5년―原註). ○『좌전』에 대숙문자(大叔文子)[181]가 『상서』를 인용하여 이르기를, "처음을 삼가고 그 끝을 공경하면 마침내 곤란하여지지 않을 것이다"고 하였다(襄公 25년―原註). ○ "오직 은혜를 베푸는 자를 생각하게 된다〔惟惠之懷〕"라는 말은 『논어』를 답습한 것이다(『論語』에 "小人은 은혜를 생각한다"[182]는 말이 있다―原註). ○ "너의 보는 것과 듣는 것을 자세히한다〔詳乃視聽〕"는 말은 「강고」를 답습한 것이다(「康誥」에 "너의 듣는 바를 높이 하라〔高乃聽〕"고 하였다―原註).

---

181) 大叔文子: 春秋時代 衛나라 大夫인 大叔儀. 諡號가 文子이다.
182) 『論語』「里仁」.

9

매씨서평(梅氏書平) 9

주관(周官)

주왕(周王)[1]이 만방을 어루만지고 후전(侯甸)[2]의 제후를 순수(巡狩)하며 사방으로 내조(來朝)하지 않는 제후를 정벌하여 만백성을 편안케 하니, 육복(六服)[3]의 모든 군주가 덕(德)을 받들지 아니함이 없거늘, 종주(宗周)[4]에 돌아와서 다스리는 관원들을 감독하여 바로잡았다. 왕은 말하였다. "옛 대유(大猷)[5]에 다스림은 어지럽지 않을 때 단속하며, 나라는 위태하지 않을 때 편안케 하였다. 당우(唐虞)가 옛것을 상고하여 관직을 세우되 오직 백(百)으로 하니, 안으로 백규(百揆)[6]와 사악(四岳)[7]이 있고, 밖으로 주목(州牧)과 후백(侯伯)이

---

1) 周王: 여기서는 周나라 成王을 말함.
2) 侯甸: 侯服과 甸服을 말한 것으로 王城 밖 5백 리를 甸服이라 하며 다시 그 밖 5백 리를 侯服이라 한다.
3) 六服: 王畿 밖의 땅을 遠近에 따라 여섯으로 구별하여 여기에, 侯服・甸服・男服・采服・衛服・蠻服을 두었다.
4) 宗周: 宗主國인 周나라.
5) 大猷: 大道와 같은 뜻이다.
6) 百揆: 冢宰를 말한다.
7) 四岳: 東에는 泰山, 西에는 華山, 南에는 衡山, 北에는 恒山이 있는데 이를 총괄하는 사람.

있어 모든 정사가 화(和)하고 만국이 모두 편안하였다. 하(夏)나라
와 상(商)나라의 관직은 배가 되었으나 또한 잘 다스려졌으니, 명왕
(明王)이 정사를 세움에는 그 벼슬보다 그 사람을 중히 여겼다. 이제
나 소자(小子)는 덕을 공경하고 힘써 밤낮으로 옛사람에게 미치지
못한 듯이 하여 전대(前代)를 우러러보고 이에 순(順)하여 그대들
관리들을 가르쳐 인도하려 한다.

○나는 이렇게 생각한다. 서두의 첫 구절 '주왕(周王)'이라는 것
은 이 무슨 말인가? 하왕(夏王) 두 글자는 처음으로 『상서』「탕
서湯誓」에서 나왔고 '상왕(商王)' 두 글자는 처음으로 『상서』「목
서牧誓」에서 나왔는데, 아직 주정(周鼎)[8]이 옮겨지지 않았는데 어
떻게 주왕이라고 이른단 말인가? 위자(僞者)가 망발(妄發)한 것
이라고 이를 수 있다(殷나라 遺民에게 고할 때는 혹 周王이라 부르기도 한
다—原註). ○"사방으로 내조하지 않는 자를 정벌한다〔四征不庭〕"
하는 것은 『좌전』을 답습한 것이다(襄公 16年에 大夫들이 맹세하여
이르기를, "來朝하지 않는 자를 함께 토벌한다"고 하였다—原註). ○육
복(六服)이라는 것은 주나라 제도이니 왕기(王畿)는 내복(內服)이
고, 후(侯)·전(甸)·남(男)·채(采)·위(衛)는 내오복(內五服)이며,
만(蠻)·이(夷)·진(鎭)·번(蕃)은 외사복(外四服)이다(아래 『尙書』
「康王之誥」에 자세하다—原註). 외사복을 제외하면 육복일 따름이다
(孔穎達의 疏에는 오직 夷·鎭·蕃 三服을 제외하고 王畿도 세지 아니했다[9]—
原註).

【證誤】"당우가 옛것을 상고하다〔唐虞稽古〕"라고 한 것은 위작
자가 스스로 그 잘못되어 있는 뜻을 가리려고 한 것이다.

---

8) 周鼎: 중국 고대에는 鼎이 나라의 보물로 되어 있다. 周鼎이 옮겨졌다는
   것은 殷나라가 망하고 周나라가 성립되었다는 말이다.
9) 『尙書正義』 卷 第18,「周官」孔穎達 疏.

○나는 이렇게 생각한다. 「우서虞書」[10]의 말에 '왈약계고(曰若稽古)'라고 하는 것은 하(夏)나라 사관의 치사(致辭)인데(마치 후세의 '臣謹按'이라는 말과 같다—原註), 위작자가 주(註)를 그릇되게 하여 '계고(稽古)'를 "고도(古道)를 따라 상고하여 실행한 자인 요임금이다"고 하였으니, 곧 '계고' 두 글자는 분명히 요임금의 휘호(徽號)[11] 같다. 위작자는 매양 잘못된 주가 있을 때마다 마음에 불안하여, 문득 따로 위경(僞經)을 만들어 그 그릇된 주를 증명하고자 하니(무릇 대여섯 가지 일이 있다—原註), 이것이 그 중의 하나이다. '당우'라는 것이 계고의 나라이겠는가?

【剗改】『예기』「명당위明堂位」에 이르기를, "유우씨(有虞氏)[12]는 관직이 50이고 하후씨(夏后氏)는 관직이 1백이며 은(殷)은 2백, 주(周)나라는 3백이다"고 하였다(孔穎達은 이르기를, "『禮記』는 이것이 후세의 말이니 經典과 합치되지 않는다"[13]라고 하였다—原註).

○나는 이렇게 생각한다. 『주례』 육관(六官)의 소속에는 각각 60의 관속을 거느려 360관이 되니 이것은 주천(周天)의 도수에 맞춘 것이다(鄭玄이 말한 것이다—原註). 옛날에는 비록 간략하게 생략하였다 하더라도 우(虞)의 50과 하(夏)의 1백은 모두 이치에 가깝지 못하므로 위작자가 표절하여 개작한 것은 이것 때문이다. 그러나 안으로 백규(百揆)와 사악(四岳)이 있고, 밖으로 주목(州牧)과 후백(侯伯)이 있으니 양한(兩漢) 이전에는 이러한 조잡한 글이 없다. 또한 관직을 세우는 데 오직 1백으로 한다는 것은 내직(內職)인데, 곧 또 이것을 이어서 주목(州牧)·후백(侯伯)을 말하니, 그

---

10) 「虞書」: 『尙書』의 「堯典」 「舜典」 「大禹謨」 「皐陶謨」 「益稷」 다섯 편. 虞의 史官이 기록하였다고 하여 말한 것이다.

11) 徽號: 帝王의 尊號.

12) 有虞氏: 중국 고대의 전설적 인물인 舜임금을 일컬음.

13) 『尙書正義』卷 第18, 「周官」 孔穎達 疏.

거칠고 경솔함이 이와 같다.

　태사(太師)·태부(太傅)·태보(太保)[14]를 세우니, 이들이 바로 삼공(三公)이다. 도(道)를 논하여 나라를 경륜하며 음양을 섭리(燮理)하니 관직은 반드시 갖추어지지 않아도 무관하나 반드시 그 적임자가 있어야 될 것이다. 소사(少師)·소부(少傅)·소보(少保)는 삼고(三孤)라고도 하니, 삼공(三公)의 부관(副官)으로서 왕화(王化)를 넓혀 천지를 공경하고 밝혀 나 한 사람을 보필한다.

　【蒐改】『禮記』에 이르기를, "삼왕(三王)[15]이 세자를 교육함에는 반드시 예·악으로써 하고 태부·소부를 세워서 세자를 교육시킨다. 집에 들어오면 보(保)가 있고 밖에 나가면 사(師)가 있다. 옛 기록에 이르기를, '우(虞)·하(夏)·상(商)·주(周)에는 사(師)·보(保)가 있고 의(疑)·승(丞)이 있다. 사보(四輔)[16] 및 삼공을 두기도 하나 반드시 갖추어놓지 않고 오직 훌륭한 인재에 의존했다'고 하니, 이것은 능력 있는 사람을 부렸다는 말이다"(「文王世子」—原註)고 하였다. ○『대대례大戴禮』[17]에 이르기를, "옛날 성왕(成王)이 어려서 포대기에 싸여 있을 때 소공(召公)[18]이 태보가 되고 주공은 태부가 되고 태공(太公)[19]은 태사가 되었으니 이것이 삼공의 직책이다. 여기에 삼소(三少)를 두니, 모두 상대부로서 '소보·소부·소사'라고 하였는데 이들은 태자[20]와 함께 거지(居止)를 같

---

14) 太師·太傅·太保: 모두 周나라의 官名으로 三公의 하나.
15) 三王: 夏·殷·周 三代의 聖王이란 말인데, 夏의 禹, 殷의 湯, 周의 文王·武王을 指稱함.
16) 四輔: 군주의 전후좌우에서 보좌하는 벼슬. 左輔·右弼·前疑·後丞.
17) 『大戴禮』: 前漢의 戴德이 지음. 古禮 204편을 85편으로 刪定한 것임.
18) 召公: 周나라 文王의 아들. 名은 奭. 諡號는 康.
19) 太公: 周나라 文王의 宰相. 성은 姜, 이름은 呂尙.
20) 朝本에는 大夫로 되어 있음.

이하는 사람들이다"라고 하였다(「保傳」[21]는 賈誼의 『新書』에 근본한 것이다 — 原註). ○『한서』의 「백관공경표百官公卿表」[22]에 이르기를, "하(夏)나라·은(殷)나라의 관직은 들을 수 없고, 주나라 관직은 구비되어 있다. 천관(天官)은 총재(冢宰)요, 지관(地官)은 사도(司徒)요, 춘관(春官)은 종백(宗伯)이요, 하관(夏官)은 사마(司馬)요, 추관(秋官)은 사구(司寇)요, 동관(冬官)은 사공(司空)이니, 이것이 육경(六卿)이다.[23] 각 관직에는 도속(徒屬)이 있다. 태사·태부·태보는 삼공이니, 이들은 대개 천자에게 참여하여 앉아서 정사를 의논하며 모든 관직을 통솔하지 아니함이 없다. 그러므로 하나의 직책으로써 관명(官名)으로 하지 않는다. 또 삼소(三少)를 세워서 부(副)로 삼으니 소사·소부·소보이며, 이들이 고경(孤卿)이다. 그래서 육경과 함께 아홉이 된다. 옛 기록에 이르기를, '삼공(三公)은 반드시 그 관원을 갖출 필요가 없다'고 하였는데, 이것은 그 적임자가 있은 후에야 보충한다는 말이다"라고 하였다. ○ 염약거(閻若璩)는 이르기를, "위작자는 『한서』의 「백관공경표」를 옮겨서 이것을 만들었다"[24]고 하였다.

○나는 이렇게 생각한다. 『주례』「육관六官」[25]에는 삼공·삼소의 직책이 없다. 그러나 『주례』「춘관春官─전명典命」에 이르기를, "왕의 삼공은 팔명(八命)[26]이다" 하였고(鄭玄의 註에 "三太가 곧 三公

21) 「保傳」: 『大戴禮』의 篇名.
22) 「百官公卿表」: 『漢書』卷19 上에 수록되어 있는 조정의 官職 制度에 대한 기록과 그 圖表.
23) 顏師古는 周나라의 이 官職에 대해 註하기를 "冢宰掌邦治, 司徒掌邦敎, 宗伯掌禮, 司馬掌邦政, 司寇掌邦禁, 司空掌邦土也"라고 하였다.
24) 閻若璩, 『尙書古文疏證』卷4, 張60.
25) 六官: 周代의 중앙 행정 기관. 天官·地官·春官·夏官·秋官·冬官을 말함.
26) 八命: 『周禮』의 「春官─典命」에 보면 "王之三公八命, 其卿六命, 其大夫四命"이란 말이 있다. 九等의 位階에서 第二位인 三公에게 내리는 辭令.

임을 말하지 아니하였다"고 하였다 — 原註), 「추관秋官 — 경사卿士」[27])에 "경사는 삼공을 위하여 앞에서 인도한다"고 하였고, 「조사朝士」에 "조사는 외조(外朝)의 법을 관장하니 좌측으로 구극(九棘)[28])에는 고경(孤卿)이 자리하고(孤는 3인, 경(卿)은 6인 모두 9인이다 — 原註) 앞쪽으로 삼괴(三槐)[29])에는 삼공(三公)이 위치한다"고 하였으니(注에는 三太를 말하지 않았다 — 原註), 주나라 법제에 삼공·삼고가 있었음이 분명하다. 그러나 위작자가 근본한 것은 『한서』의 「백관공경표」에 있다.

나유의(羅喩義)[30])가 이르기를, "태사·태부·태보는 태자의 삼공이다(賈誼의 『新書』에 근거한 것이다 — 原註). 군주가 이미 성장하면 어찌 보(保)라는 것이 필요하겠는가?[31])"라고 하였다(毛奇齡은 이르기를, "『詩經』에 '尹氏 太師'[32])라 하였고, 또 '太師 維垣'[33])이라 하였으며, 또 '太師 皇父'[34])라 하였다. 武王은 太公을 太師로 삼고, 召公을 太保로 삼았으니, 모두 太子와는 상관이 없다"[35])고 하였다 — 原註).

○나는 이렇게 생각한다. 나유의의 설은 옳지 않다. 『대대례』에 근거하면 무릇 태자를 보양(輔養)하는 관직은 후세 동궁(東宮)의 관료들을 별도로 하나의 부서로 설치한 것과는 같지 않다. 태사(太史)가 허물을 기록하고, 선재(膳宰)[36])가 음식을 철거하고, 태재

---

27) 「秋官 — 卿士」: 『周禮』의 篇名.
28) 九棘: 棘木을 세워 朝臣의 위치를 정했다. 九棘의 위치는 좌측에 孤卿大夫가 위치하고 群士는 그 뒤에 위치하고 九棘의 우측에는 公·侯·伯·子·男이 위치하고 群吏는 그 뒤에 위치하였다(『周禮』 「秋官 — 朝士」에 나온다).
29) 三槐: 朝廷의 外朝에 심은 세 그루의 槐나무. 三公이 이것을 향하여 앉았기 때문에 三公을 두고 일컫는 말이다.
30) 羅喩義: 漢나라 莊烈帝 때의 益陽人. 字는 湘中, 諡號는 文介이다.
31) 毛奇齡, 『古文尙書冤詞』 卷6, 張23.
32) 『詩經』 「小雅 — 節南山」.
33) 『詩經』 「大雅 — 板」.
34) 『詩經』 「大雅 — 常武」.
35) 毛奇齡, 『古文尙書冤詞』 卷6, 張24~25.
36) 膳宰: 중국 고대의 官으로 『大戴禮』의 「保傳」에 보인다. 임금의 飮食과

502

(太宰)³⁷⁾가 말(斗)³⁸⁾을 가지고 방문에서 기다리고 건거(巾車)³⁹⁾가 방울을 울려 수레에서 오르내리는 절도로 삼고 하는 것은⁴⁰⁾ 모두 조정 관직이니 어찌 반드시 삼공·삼소를 별도로 세움이 있겠는가? 탕임금은 이윤(伊尹)에게 배운 후에 신하로 하였고, 환공(桓公)은 관중(管仲)에게 배운 후에 신하로 하였다(孟子가 말하였다⁴¹⁾ ─ 原註). 그렇기 때문에 양웅(揚雄)⁴²⁾은 맹자를 천자(天子)의 스승으로 삼았고(「解嘲」라는 작품의 글에 나온다 ─ 原註), 환담(桓譚)⁴³⁾은 백리해(百里奚)⁴⁴⁾를 왕자(王者)나 패자(覇者)의 스승으로 삼았으며(『新論』의 글에 나온다 ─ 原註), 장량(張良)⁴⁵⁾이 왕자(王者)의 스승이 되고, 장우(張禹)⁴⁶⁾가 제자(帝者)의 스승이 되었으니 옛날부터 제왕은 모두 스승이 있었다. 『주례』 육관(六官)의 관속(官屬)은 대체로 황후 태자의 일에 대해 같은 규례(規例)로 이바지하고 있었으니, 이것으로 추측해보건대, 천자의 삼공도 또한 태자를 가르칠 수 있었다. 다만 대덕(大德)이 아니면 삼공으로 세울 수 없었기에 춘추 시대 이래 태자를 위해 별도의 보(保)·부(傳)를 세웠다. 진

膳羞를 도맡아 하는 사람.
37) 太宰: 여기에서 말하는 太宰는 冢宰의 職과는 다른 것으로 膳夫의 한 職責인 것 같다.
38) 朝本에는 '升'으로 되어 있다.
39) 巾車: 수레를 맡은 官職.
40) 『大戴禮』 「保傳」에 보인다.
41) 『孟子』 「萬章」.
42) 揚雄: B.C. 53～A.D. 18. 前漢의 儒學者. 字는 子雲. 蜀의 成都人. 저서로 『太玄經』 『揚子法言』 『揚子方言』 등이 있다.
43) 桓譚: B.C. 23～A.D. 50. 後漢의 沛國相人. 字는 君山. 음악을 좋아하고 五經에 능통하였으며 문장을 잘하였음. 저서로는 『新論』 29편이 있다.
44) 百里奚: 春秋時代의 虞人. 字는 井伯. 秦穆公을 도와 秦을 覇者國으로 만든 인물. 五羖大夫라 불렀다.
45) 張良: ?～B.C. 180. 漢高祖의 충신. 字는 子房, 諡號는 文成, 蕭何·韓信과 漢의 三傑임
46) 張禹: ?～B.C. 5. 前漢 河內軹人. 字는 子文, 諡號는 節. 經學에 精通하여 博士가 됨. 元帝 때 光祿大夫로 太子에게 『論語』를 가르쳤다.

(晉)나라 헌공(獻公)의 아들 4, 5인에 각자 하나의 사부를 세웠고 (狐突47))은 申生48)의 사부가 되고, 荀息49)은 奚齊50)의 사부가 된 것과 같은 것이다──原註) 조(趙)나라 무령왕(武靈王)은 주소(周紹)51)로써 태자의 사부로 삼고, 진(秦)나라 효공(孝公)은 공자건(公子虔)52)으로 태자의 사부로 삼고, 공손가(公孫賈)53)로써 태자의 사부로 삼았다. 한(漢)나라에서는 소광(疏廣)54)·소망지(蕭望之)55) 등이 태부·소부가 되었으니 곧 태자를 보양하는 관직이다. 종실과 제후왕이 모두 태부가 있었으나 천자의 삼공을 처음 상국(相國), 좌우승상(左右丞相)이라 한 것은 대개 진(秦)나라 법이다. 진나라 사람은 군주를 높이고 신하를 낮추었으며 오직 태자에만 사부(師傅)를 두었고 왕자(王者)에는 두는 것을 금하였으니 이것은 후세의 폐속이었다. 가의(賈誼)가 처음으로 시론(時論)을 따라서 오로지 삼공으로 태자를 보양하는 직책을 삼았으나, 어찌 이것으로 옛날 삼공을 논의할 수 있겠는가?

아래로 후위(後魏)의 시대에 이르러 삼공이 비로소 두 가지 형태가 있었으니, 천자의 삼사(三師)와 태자의 삼사(三師)가 있었다. 후주(後周)·수(隋)·당(唐) 이래로 천자에게는 '삼공'이라 하고 태자에게는 '삼사'라 하였다. 요컨대 고전(古典)이 아니니 모기령의 설이 옳다. 비록 그러나 「주관周官」은 곧 위서이다. 다만 그가 말

---

47) 狐突: 春秋時代 晉나라 大夫. 字는 伯行. 公子 重耳의 外祖父.
48) 申生: 春秋時代 晉나라 獻公의 太子.
49) 荀息: 春秋時代 晉나라 公族. 字는 叔. 獻公 때 大夫.
50) 奚齊: 春秋時代 晉나라 獻公의 寵妃인 驪姬가 낳은 아들.
51) 周紹: 戰國時代 趙나라 惠文王의 師傅.
52) 公子虔: 戰國時代 秦나라 公族. 惠王의 師傅.
53) 公孫賈: 戰國時代 秦나라 사람. 惠王의 師傅. 商鞅에게 墨刑을 당함.
54) 疏廣: 前漢의 蘭陵人. 字는 仲翁. 宣帝 때 태자의 太傅가 되었고 爲人이 청렴하였으며 『春秋』에 精通하였다.
55) 蕭望之: ?~B.C. 47. 前漢 蘭陵人. 字는 長倩. 宣帝 때 태자의 太傅가 되었다.

한 것만은 틀리지 않을 뿐이다. 『주례』의 소(疏)에(地官「保56)氏」의 疏—原註) 이르기를, "『정지鄭志』에 조상(趙商)57)이 물어 말하기를, '살펴보건대 성왕의 「주관」에 태사·태부·태보를 세우니 이들이 삼공이라고 하여, 곧 삼공의 호칭에는 그 자체가 사(師)·보(保)의 명칭이 있었다. 성왕의 「주관」은 이것이 주공의 섭정 3년 동안의 일이요, 이 『주례』는 이것이 주공의 섭정 6년의 기간이다. 삼공을 스스로 사(師)·보(保)라고 명칭하여 이것을 끄집어내어 앞에다 두는 것은 무엇인가?'라고 하자, 정현(鄭玄)이 대답하여 말하기를, '주공은 좌측에서 보필하고, 소공은 우측에서 보필하여 사(師)·보(保)를 겸하였으니(「君奭」58)의 序文에 의거한 것이다—原註) 초기에 그러하였던 것이다'고 하였다"59)라고 하였다.

○내가 살펴보건대, 정현이 매색의 「주관」을 보지 못하였으니 어떻게 해서 태사·태보가 삼공이 된다는 것을 알겠는가? 사씨(師氏)·보씨(保氏)는 본래 중하대부(中下大夫)인데, 정현은 「군석」의 서문에 주공이 사(師)가 되고 소공이 보(保)가 된 것으로써 여기에 맞추었으니(「師氏」의 註—原註), 정현이 어찌 일찍이 꿈엔들 「주관」을 보았겠는가? 이른바 『정지』는 그것이 진나라·수나라 사이에 있어서 매색의 『상서』를 편드는 자들에 의해 이와 같이 변조되어 비리의 설을 많이 끄집어 넣었음은 족히 의심할 것이 없다.
○정현은 『주례』 「소재(小宰)」60)의 주에 이르기를, "성왕이 「주관」을 지었으니 그 뜻은 하늘이 벼슬을 내려준 뜻을 기술한 것이다"고 하였으니(賈公彦의 疏에 陰陽을 燮理하였다는 등의 구절로써 맞춘 것은 잘못이다—原註) 이것은 정현이 원래 「서서」를 주석하였기 때문

---

56)「保氏」: 朝本에는 '師氏'로 되어 있다.
57) 趙商: 後漢의 河內人. 鄭玄의 弟子.
58)「君奭」: 『尙書』 「周書」의 篇名.
59) 『周禮』 「地官」 保氏 序官 疏에 나온다.
60)「小宰」: 『周禮』의 篇名.

에 이렇게 언급하였다(梅賾의『尙書』를 본 것이 아니다—原註). 정현이 『주례』 향로(鄕老)[61]의 주에 이르기를, "삼공은 안으로 왕과 도를 논하고 조정에서는 육관(六官)의 일에 참가하고 밖으로는 육향(六 鄕)[62]의 교육에 참여했다"[63]고 하였으니(또한 燮理 등의 말은 없다— 原註), 이것은 정현이 삼공이 있었다는 것만 알고 사(師)·보(保)· 부(傅)가 삼공이라는 것을 알지 못한 것이다.

【剽取】"삼공이 도를 논하였다"는 것은 「고공기考工記」[64]를 표 절한 것이고(「考工記」에는 "앉아서 道를 논하니 이를 일러 王公이라 하다"고 하였다—原註) 또 향로(鄕老)의 주에 근거한 것이다(鄭玄은 이르기를, "三公은 왕과 함께 道를 논하였다"고 하였다—原註). ○"음양을 섭리하 였다"는 것은 진평(陳平)[65]과 위상(魏相)[66]의 말을 답습한 것이다.

○나는 이렇게 생각한다. 음양을 다스리고 사시(四時)를 고르게 함을 삼공의 직책으로 여긴 것은 고전에 증거가 없다. 한나라 초 기에 주발(周勃)[67]이 승상이 되어서 결옥(決獄)과 전곡(錢穀)의 숫 자를 대답할 수 없어 땀이 나서 등을 적시자 진평이 권사(權辭)[68] 로 위기를 모면하게 해주면서 풀이하기를, "재상은 위로 천자를 도와 음양을 다스리고 사시를 고르게 하며, 아래로는 만물의 마땅

---

61) 鄕老: 三公의 벼슬에 있었던 사람으로, 벼슬에서 물러나더라도 公卿의 대 우를 받는 사람.
62) 六鄕: 周의 制度인데, 王畿의 郊內에 속하며 大司徒가 管掌하는 行政區域 이다.
63) 『周禮』「地官」序官의 '鄕老二鄕則公一人'이란 구절에 대한 鄭玄의 註이 다.
64) 「考工記」: 『周禮』 제6편을 말함.
65) 陳平: ?~B.C. 178. 前漢의 정치가. 처음 楚의 項羽를 섬겼으나 후에 漢高 祖를 섬김. 周勃과 힘을 합하여 呂氏一族의 반란을 平定함.
66) 魏相: ?~B.C. 59. 前漢의 定陶人. 字는 弱翁, 諡號는 憲. 易學에 정통하 였고 宣帝 때 丞相이 되었으며 高平侯에 봉해졌음.
67) 周勃: ?~B.C. 169. 前漢의 沛人. 諡號는 武. 漢高祖 때 功臣이며 文帝 때 右丞相이 됨.
68) 權辭: 臨機應變의 말을 뜻한다.

506

함을 이루게 하는 것이다"(이하 생략―原註)고 하였으니, 이것은 간사한 늙은이가 동료 재상을 도와서 보호해주는 말이거늘 어찌 반드시 금석(金石)의 법전(法典)이 될 수 있겠는가? 위상(魏相)이 처음 군수가 되었을 때 자못 공능(功能)을 믿고 엄한 것으로 명성을 얻었으나 급기야 그의 치행(治行)이 드러나자 이에 병길(丙吉)69)의 정책을 써서 자중하는 척 자신의 능력을 감추는 데 힘썼고, 승상이 되자 오직 고사(故事)만을 떠받들어 자기의 단점을 보호하였다. 그리고 드디어 음양을 다스리고 사시를 고르게 한다는 말을 떠들어대며 군주를 속이면서 녹위(祿位)를 확고히하여, 조요(趙堯)70)를 춘관(春官)에 천거하고 이순(李舜)71)을 하관(夏官)에 천거하고 예탕(兒湯)72)을 추관(秋官)에 천거하고 공우(貢禹)73)를 동관(冬官)에 천거하여 스스로 희화(羲和)의 법을 모방한다고 하였다. 병길은 재상이 되자 이 법을 이어서 받들고 대체(大體)를 힘써 유지하여 사람 죽인 것은 묻지 않아도 소가 헐떡이는 것을 묻고서는 스스로 음양을 조화한다고 하였으니, 매양 『한서』를 읽을 때마다 박장대소하게 된다. 생각하건대, 영웅이 사람을 속이는 꾀로는 군주를 섬길 수 없거늘, 일찍이 주공(周公)이 관직을 제정할 때 맨 먼저 이것으로써 삼공의 직책으로 삼았다는 말인가?

순임금이 요임금을 돕고, 우임금이 순임금을 돕고, 익(益)·직(稷)이 순(舜)·우(禹)를 돕고, 이윤(伊尹)이 탕(湯)을 돕고, 주공(周公)·소공(召公)이 무왕을 도울 때에 절대로 이 말이 없었다.

---

69) 丙吉: ?~B.C. 55. 前漢 魯國人. 諡號는 定. 字는 少卿. 廷尉가 되었을 때 宣帝를 보살핀 공으로 關內侯에 封해졌고 魏相을 대신하여 丞相이 되었으며 博陽侯로 封해졌다.

70) 趙堯: 前漢 趙人. 漢高祖 때 御史大夫가 됨.

71) 李舜: 前漢 高祖 때 사람. 벼슬은 大司馬.

72) 兒湯: 前漢 高祖 때 사람으로 中謁이 되어 服制를 의논했다.

73) 貢禹: 前漢 琅邪人. 字는 少翁. 明經潔行으로 박사가 되었음. 후에 涼州刺史가 되었다가 河南令을 지냈다.

오직 3년에 공적을 고과하고 세 번 고과하여 내치기도 하고 승진시키기도 하니 그 유명(幽明)은 비록 대신이라 하더라도 용서하지 않았다. 그렇기 때문에 요임금이 순임금에게 말하기를, "너의 말은 공적이 될 만 한데 이르렀다"[74]고 하였고, 우(禹)·직(稷)이 스스로 공행(功行)을 아뢰어 혐의와 부끄러움을 피하지 않았으니(「皐陶謨」― 原註) 누가 음양을 섭리하는 것으로 직업을 삼을 수 있다고 말하였겠는가? 탕임금의 시대에 이윤이 재상이 되었는데도 7년 가뭄이 있었고, 태무(太戊)[75]의 시대에 이척(伊陟)[76]이 재상이 되었는데도 상곡(桑穀)[77]의 요사함이 있었거늘, 어찌 이와 같이 음양을 섭리할 수 있겠는가? 이 두 사람은 장차 면관돈수(免冠頓首)하고 병을 핑계하여 일을 사양하고 떠나려 하였겠는가? 후세에 있어서 삼공이 된 자는 걸핏하면 이 뜻을 인용하여 공적에 일임하지 않아 백공(百工)이 게을러져 만사가 무너지는데도 바야흐로 거만스럽게 스스로 무거운 척하면서 그 용렬하고 무능한 자질을 가려버리려고 하니, 이것은 모두가 위상(魏相)과 병길(丙吉)의 유폐이다. 이제 이 두 사람의 비열하게 사람 속이는 술책을 훔쳐서 엄연히 하나의 경으로 만들어 명명하기를, "주공의 법이다"라고 하여 후세 사람들을 가르쳐 정사를 해치고 국가를 좀먹게 하니 장차 어떤 지경에 이르겠는가? 그 이른바 사(師)·부(傅)·보(保)란 것은 또한 임금의 덕을 돕고 인도하는 것으로써 스스로의 임무라 생각하는데, 하는 일 없이 먹고 지내며 스스로 편하고자 하니 슬프다! 누가 바로잡으랴.

---

74) 『尙書』「堯典」.
75) 太戊: 商의 제7대 임금. 太甲의 손자이며 太康의 아들. 왕실을 다시 일으켜 75년 동안 재위하였다고 함.
76) 伊陟: 殷나라 太戊 때의 賢相이라고 함. 伊尹의 아들.
77) 桑穀: 桑과 穀은 모두 나무 이름으로 옛날 桑·穀이 함께 아침에 나서 상서롭지 못했다고 함.

총재(冢宰)는 나라의 정사를 담당하니 백관을 거느려 사해(四海)를 고르게 하는 것이다. 사도(司徒)는 나라의 교화를 담당하니 오전(五典)78)을 펴 조민(兆民)을 순화시키는 것이다. 종백(宗伯)은 나라의 예제(禮制)를 담당하니 귀신과 사람을 다스려 상하를 화합하게 하는 것이다. 사마(司馬)는 나라의 군정을 담당하니 육사(六師)를 거느려 방국(邦國)을 평안케 하는 것이다. 사구(司寇)는 나라의 법금(法禁)을 담당하니 간특(姦慝)함을 꾸짖으며, 난폭(亂暴)함을 벌주는 것이다. 사공(司空)은 나라의 토지를 담당하니 사민(四民)을 살게 하며 지리(地利)를 시후(時候)에 맞도록 하는 것이다. 육경(六卿)이 직책을 나누어 각자 그 관속들을 거느려 구목(九牧)을 인도하여 조민을 크게 번영하게 한다.

【依據】『주례』에 "총재(冢宰)는 나라의 정사를 담당하여 방국(邦國)을 고르게 하고,79) 사도(司徒)는 나라의 교육을 담당하여 방국을 편하게 순화시키고,80) 종백(宗伯)은 나라의 예(禮)를 담당하여 방국을 화목케 하고,81) 사마(司馬)는 나라의 군정을 담당하여 방국을 평안케 하고,82) 사구(司寇)는 나라의 법을 담당하여 방국에 형벌을 시행한다"83)라고 하였다(또 이르기를, "사방의 백성을 조심하게 한다"84)라고 하였다 — 原註).

○「소재직小宰職」에 이르기를, "첫째는 치직(治職)이니 만민을 고르게 하고 재용(財用)을 절제하는 것이요, 둘째는 교직(教職)이니 만민을 평안케 하고 빈객(賓客)을 포용케 하는 것이요, 셋째는

---

78) 五典: 五常의 教, 즉 五倫.
79) 『周禮』「天官-冢宰」.
80) 『周禮』「地官-司徒」.
81) 『周禮』「春官-宗伯」.
82) 『周禮』「夏官-司馬」.
83) 『周禮』「秋官-司寇」.
84) 『周禮』「秋官-大司寇」.

예직(禮職)이니 만민을 화목케 하고 귀신을 섬기는 것이요, 넷째
는 정직(政職)이니 만민을 바르게 하고 백물(百物)을 모으는 것
이요, 다섯째는 형직(刑職)이니 만민을 규찰하고 도적을 제거하
는 것이요, 여섯째는 사직(事職)이니 나라를 부강케 하고 만민
을 기르며 백물을 생장하게 한다"[85]라고 하였다(또 「太宰職」에 이르
기를, "여섯째는 事典이니 나라를 부강케 하고 百官을 임명하며 萬民을 생장케
한다"[86]라고 말하였다─原註).

○孔穎達이 이르기를(「周官」의 疏에 있다─原註), "『주례』에는
「동관」이 없고, 「소재직」에 '여섯째는 동관이니 나라일을 담당한
다'라고 하였고, 또 '여섯째는 사직(事職)이니 나라를 부강케 하고
백성을 양육한다'라고 하였으니(馬融이 이르기를, "事職은 百工과 器用을
담당한다"라고 하였다─原註), 여기 '토지를 담당하여 백성을 살게 한
다〔主土居民〕'는 것과는 전연 서로 맞지 않는 다"[87]고 하였다.

○나는 이렇게 생각한다. "위작자가 『주례』에 의거하여 육관
(六官)을 꾸몄으니 '균(均)'자, '요(擾)'자, '화(和)'자, '평(平)'자
같은 것은 마디마디 조금씩 본떠 옮겨 절반은 비슷하고 절반은 틀
리어 사람의 눈을 가리었고, 동관(冬官)에 이르러서는 마치 맹인
이 지팡이를 잃고 어찌할 줄 모르고 방황하는 듯하다. 「태재太宰」
「소재小宰」의 바로 그 정문(正文)에 장(掌)으로는 방사(邦事)라 하
고, 전(典)으로는 사전(事典)이라 하고, 직(職)으로는 사직(事職)이
라 해놓은 것이 있음을 알지 못하고 이를 자의적으로 멋대로 이름
하여 사공(司空)이 방토(邦土)를 담당한다고 말하였으니 누가 동
관의 직책이 왕의 토지를 담당한다고 말하였는가? 마융의 사공(司
空)의 주에 '공토(空土)'라고 이른 것은 있거니와 바로 '방토(邦

85) 『周禮』 「天官─小宰」.
86) 『周禮』 「天官─太宰」.
87) 『尙書正義』 卷第18, 「周官」의 孔穎達 疏.

土)'라고 하는 것이 가(可)하겠는가? 이것은 위작이다.

【旁剽】『禮記』「왕제王制」에 이르기를, "사공이 토지를 측량하여 백성을 살게 하였으며 사시(四時)의 계절에 순(順)하게 하였다"라고 하였다.

○나는 이렇게 생각한다. "사민(四民)을 살게 하며, 지리(地利)를 시후(時候)에 맞도록 한다〔居四民時地利〕"는 것이 절반은 「고공기」에서 나왔고(「考工記」에서는 먼저 士·農·工·商을 논하고 다음으로 天時·地氣를 논하였다 — 原註) 절반은 「왕제」에서 답습하였는데, 여기에 반드시 "사민을 살게 했다"고 말한 것은 「고공기」에 의거한 것이다(또 管子[88]가 四民을 살게 한 법을 논한 것이 『國語』의 「齊語」에 보인다 — 原註). 그러나 결국 『주례』와는 서로 어긋나니 무슨 유익함이 있겠는가? ○『주례』「태재」에 이르기를, "셋째는 예전(禮典)이니 백관을 거느린다"고 말한 것은 예의로써 백관을 통솔하는 것이다. 위작자는 예가 무너진 세상에 태어나 이 뜻을 알지 못하고 이 세 글자를 옮겨 총재(冢宰)에 사용하였으니 후세의 눈을 어찌 가릴 수 있겠는가?

6년에 오복(五服)[89]이 한 번 내조(來朝)하거든 또 다음 6년에는 왕이 계절에 따라 순수(巡狩)하여 여러 제도를 사악(四嶽)에서 살펴 바로잡는다. 이때 제후가 각각 방악(方岳)에서 조현(朝見)하고 거기서 출척(黜陟)을 크게 밝히는 것이다."

【依據】『주례』「대행인大行人」에 이르기를, "후복(侯服)은 1세

---

88) 管子: ?～B.C.645. 春秋時代 齊의 潁上人. 이름은 夷吾. 字는 仲. 諡號는 敬. 처음 公子糾를 섬기다가, 후에 桓公의 宰相이 되어 覇諸侯하는 데 공을 세움. 저서로 『管子』가 있음.
89) 五服: 王畿 밖의 지역에 있는 侯·甸·男·采·衛의 五服諸侯를 말함.

(歲)에 한 번 뵙고, 전복(甸服)은 2세에 한 번 뵙고, 남복(男服)은 3세에 한 번 뵙고, 채복(采服)은 4세에 한 번 뵙고, 위복(衛服)은 5세에 한 번 뵙고, 요복(要服)은 6세에 한 번 뵙는다. 〔……〕왕이 제후를 위무(慰撫)하는 것은 1세에 편존(徧存)하고 3세에 편조(徧覜)하고 5세에 편성(徧省)하고[90] 7세에 사명(辭命)을 전달하여 이루게 하고 9세에 성음(聲音)을 듣고[91] 11세의 상서로운 계절에 와서 도량(度量)을 통일하고 법칙을 수습(修習)하며,[92] 12세에 왕이 은국(殷國)을 순수한다[93]"고 하였다.

○나는 이렇게 생각한다. 삼가 이 문장을 상고해보건대, 주공의 법제가 6년에 후복은 여섯 번 조현하고(1년에 한 번씩 뵙는다─原註), 전복은 세 번 조현하고(2년에 한 번씩 뵙는다─原註), 남복은 두 번 조현하고(3년에 한 번씩 뵙는다─原註), 채복은 12년에 세 번 조현하고(4년에 한 번씩 뵙는다─原註), 위복은 5년에 한 번 조현하여 30년에 여섯 번 조현하는 것을 제도로 삼고 있으니(그 5년의 격차를 누적시키면 30년에 여섯 번 조현한다─原註) 6년에 한 번 조현하는 것은 요복뿐이다. 그런데 지금 「대행인」의 법을 답습하여 그 주기(周期)를 큼직하게 써서 "6년에 오복(五服)이 한 번 조현한다"고 하니 이는 어떤 법인가?(孔穎達의 疏에 또한 이르기를, "이 「周官」은 모두 『周禮』와 부합되지만 6년에 한 번 來朝한다는 것은 『周禮』에 그런 法이 없다. 「大行人」에는 諸侯가 각자 服의 等級 數대로 來朝하는 것으로 되어 있고 6년에 한

---

90) 徧存·徧覜·徧省: 周나라 天子가 巡狩한 그 다음해에 사신을 보내어 邦國의 여러 제후를 存問하는 것을 徧存이라 하고, 3년째 되는 해에 사신을 보내어 視察하는 것을 徧覜, 5년째 되는 해에 사신을 보내어 視察하는 것을 徧省이라 한다.

91) 朝本에는 "歲徧存, 三歲徧覜, 五歲徧省, 七歲協辭命, 九歲聽聲音"까지가 빠져 있어서 전후 문장을 이해하는 데 어려움이 있으므로 『周禮』「大行人」의 글 가운데 생략된 것을 보충하였다.

92) 朝本에는 "同度量, 修法則"이 빠져 있음.

93) 殷國을 巡狩한다: 天子가 12년마다 한 번 많은 제후국을 巡守함에 있어 제후국들이 모두 方岳의 기슭에서 朝見하는 것을 말함.

512

번 朝見하는 일은 없다"[94]고 하였다——原註) 주공은 문리(文理)가 밀찰(密察)하고 정의(精義)가 신의 경지에 들어갔으니 비록 한때의 명령이라도 이와 같이 조잡하지 않았을 것인데, 하물며 『주관周官』[95] 한 책은 만세를 위해 법도를 세운 것이니 그 한 자 한 구절도 소략하고 어긋난 것을 용납하지 않은 것이다. 더욱이 저 「대행인」의 문장도 또한 다른 사람이 지은 것도 아닌데, 피차간에 모순됨이 어찌 이와 같은 데까지 이르게 되었는가? 시험 삼아 논해보건대, 후복(侯服)의 한 제후국이 저 「대행인」에서는 6년에 여섯 번 조현하며, 이 『상서』의 「주관周官」에서는 6년에 한 번 조현한 것으로 되어 있으니, 명령이 혼란하여 백성이 믿고 따르지 않고 곧 "주공의 뛰어난 재능으로써 법을 제정함이 이와 같은가?"라고 할 것이다(「堯典」에 '네 번 조현한다'는 뜻에 대해 僞作者의 註가 본래 잘못되었기 때문에 그 僞經을 찬술한 것도 또한 다시 이와 같이 한 것이다——原註) 모기령의 『중용설中庸說』[96]에 이르기를, "앞 시대의 유학자들이 대행인(大行人)의 직책을 오해하여 후복의 '세일현(歲一見)'을 매년 한 번 조현한 것으로 하고, 전복의 '이세일현(二歲一見)'을 2년마다 한 번 조현한 것으로 하고, 남복의 '삼세일현(三歲一見)'을 3년마다 한 번 조현한 것으로 하였다. 그렇다면 6년 사이에, 후복은 여섯 번 조현하고 전복은 세 번 조현하고 남복은 두 번 조현하게 되니 오복(五服)이 한 번 조현하는 것이 아닐 것이다. 모르기는 하지만 이것은 아마도 당우(唐虞)의 예(禮)에 "6년에 오복이 다만 한 번 조현한다"는 것을 본받아(「堯典」에 "네 번 조현한다"는 뜻에 대해서 毛奇齡은 또한 誤認하였기 때문에 그 말이 이와 같다——原註) 지역

---

94) 『尙書正義』 卷 第18, 「周官」의 孔穎達 疏.
95) 『周官』: 여기서는 『周禮』를 가리키는 듯하다.
96) 『中庸說』: 毛奇齡이 『中庸』에 관해 논한 바를 그 門人 弟子들이 編次한 것인데, 그 내용이 『朱子章句』와는 서로 다르다. 全 5권으로 되어 있음.

의 원근으로써 선후를 삼은 것이다. "후복의 세일현(歲一見)"이란 것에 있어서 이 '세(歲)자'는 즉 6년에 있어서 제1년이요, 그 2세·3세는 즉 6년의 제2년·제3년이다. 그러므로 1년에는 후복이 조현하고 2년에는 전복이 조현하고 3년에는 남복이 조현하고 4년에는 채복이 조현하고, 5년에는 위복이 조현하니 이것을 '오복일조(五服一朝)'라 한다. 이것은 『주례』와 「주관」이 서로 부합되는 것이다"라고 하였다(五服은 5년에 그치는데 여기에 6년이라 말한 것은 五服의 바깥쪽에 또 要·荒·鎭·蕃 등의 四服을 두어 朝見의 年數에서 제외한 데서 온 것이다. 荒·鎭은 정해진 年數가 없고 오직 蕃國은 一世에 한 번 조현한다는 글이 있다 — 原註).

○누상명(樓象明)[97]이 이르기를, "「대행인」의 뒤 문장에 왕이 제후의 예를 물은 것이 있는데 거기에 역시 1세(歲)에 편존(徧存)하고, 3세에 편조(徧覜)하고, 5세에 편성(徧省)한다는 것에서부터 7세·9세·11세에 이르기까지 말한 뒤에 그치고 있으니 또한 세(歲)는 이 제1년이요, 3세·5세는 이 제3년·제5년이며 모두 해마다 3년마다, 5년마다라는 뜻이 아니다. 이것은 정현의 자주(自註)이다. 경문은 전후가 서로 접맥이 되고 피차가 같은 글인데 앞의 주는 저와 같고 뒤의 주는 이와 같으니 이것을 어떻게 경문의 주라 할 수 있겠는가?"라고 하였다.

내가 살펴보건대, 자(字)에는 자례(字例)가 있고, 구(句)에는 구례(句例)가 있으니 여타 글이 다 그렇고 경문은 더욱 엄격하다. 모기령이 '세일현(世壹見)'[98]으로(또한 「大行人」의 글이다 — 原註) '일세

---

97) 樓象明: 茶山의 經傳 註傳에 그의 學說이 여러 번 인용되어 있는데 婁象明을 잘못 표기하였는지는 未詳. 婁象明은 明나라 象山人. 名은 文煥, 字가 象明이다. 明나라가 망하자 친족을 이별하고 바닷가 모래 위에 단정히 앉아 조수의 파도에 휩쓸려 죽었는데, 며칠이 지난 후에도 그 시신이 물 위에 떠 있으면서 안색이 변함없어 모든 사람이 놀랐다고 한다. 『勝朝殉節諸臣錄』에 보인다.

98) 世壹見: 父王이 죽고 嗣王인 아들이 卽位하였을 때 한 번 朝見하는 것을

일조(一世一朝)'라 생각하고, 세일현(歲壹見)을 일세일조(一歲一朝)로 생각하지 않으니 그 마음이 공평하겠는가? '일삼조(日三 朝)'99)라고 말하는 것은 매일 세 번 조회하는 것이요(『禮記』에 보인다 — 原註), '월일제(月一祭)'는 매월 한 번 제사하는 것이며(『後漢書』— 原註), '세삼전(歲三田)'은 매해 세 번 사냥하는 것이니(「王制」에 보인다 — 原註) 예로부터 오늘날까지 글의 이치가 모두 그런 것이다.

모기령이 손에 가짜 물건을 붙잡고서 차마 버리지 못하고 매양 파탄(破綻)을 만나면 쓸데없이 입을 놀려 제 욕심 나는 대로 흰 것을 가리켜 검은 것이라 하는 것이 모두 이러한 유(類)이니 어찌 탄식스럽지 않겠는가? 그러나 정현의 「대행인」의 주(註)는 본래 그 자체가 모호하여 앞구절에서는 이미 '매세일현(每歲一見)'의 설이 없고(經文이 본래 스스로 명백하기 때문이다 — 原註) 뒷구절에서는 비록 '세편존(歲偏存)'을 순수(巡狩)의 다음해로 삼아 그 말이 명백하지 않았다고 하더라도, 누상명이 무엇 때문에 앞주가 저와 같고 뒷주가 이와 같다고 하였는가?

이상하구나! 주공(周公)의 법이여. 순수(巡狩)한 후 5·6년은 해마다 제후의 조근을 받는 것이 해를 이어 끊어지지 않다가 홀연 제7년 이후로부터는 왕래함이 없고 조용히 적막하다가 12년의 주기에 와서야 비로소 다시 순수(巡狩)하니, 앞에는 자주 하고 뒤에는 성긴 것이 어찌 이같이 심한가? 이상하도다! 주공의 법이여. 순수(巡狩)한 다음해에 사신을 보내어 존문(存問)하고, 3년째에 편조(偏胏)하고, 5년째에 편성(偏省)하다가 홀연히 6·7년 이후부터 존몰(存沒)을 묻지 않으며, 위무(慰撫)도 꾀하지 않고 반드시 12년을 기다린 후에 비로소 다시 친목을 한다면 이것이 과연 무슨 도리인가? 정현은 이것을 민망히 여겨 칠세(七歲)와 구세(九歲)를

_____

말함.
99) 朝本에는 '日三朝'로 되어 있다.

모두 편성(偏省)의 글에 해당시켜 보충 설명하였으니 경문에 빠진 것을 어찌 주에서 보충할 수 있겠는가? 이「대행인」의 글을 상고해보건대, 대개 그 순수(巡狩)하는 해에는 육복(六服)이 조현하는 예와 여섯 가지 존무(存撫)의 법이 경사(京師)에서 있지 않고 순수하는 가운데 있으니, 그 다음해부터 육복이 조현하는 예를 법제대로 하고(이미 앞에 보인다 — 原註) 왕이 제후를 위무하는 것은 매년 한 번 존문하고, 3년마다 한 번 편조하고, 5년마다 한 번 편성하고, 7년마다 한 번 협(協)하고(辭命을 전달하여 協和하게 함 — 原註) 9년마다 한 번 청(聽)하고(음악의 聲音을 익혀 듣게 함 — 原註) 11년마다 한 번 수(修)하고(瑞節에 와서 度量을 통일하고 법칙을 修習함 — 原註) 12년마다 한 번 순수하니(왕이 巡狩함 — 原註) 육복(六服)이 조현하는 주기가 만약 순수하는 해와 만나게 된다면 방악(方岳)에서 조현하고 경사(京師)에서 조현하지 아니하며, 여섯 가지 존무(存撫)의 주기가 만약 순수하는 해와 만나게 되면 방악에서 이것을 행하고 여러 나라에 가지 않는 것이니, 이것이 대경대법(大經大法)이며 공평방정한 것으로 옮겨 바꿀 수 없는 것인데, 정현의 주석 상하는 모두 분명치 아니하여 모기령으로 히여금 이 틈을 다게 하였으니 어찌 애석하지 않겠는가?

도량(度量)을 같게 하고 수기(數器)를 같게 하는 것은 본래 순수(巡狩)의 예이거늘, 여기에 반드시 사신을 파견하여 시행하는 것은 주초(周初)로 내려오면서 땅이 더욱 넓어지고 의식의 제도가 더욱 번잡하여(虞舜의 간소한 것과는 같지 않다 — 原註) 순수(巡狩)가 비록 정해진 시기가 있기는 하나 혹 시행하기도 하고, 혹 정지하기도 하여 요·순 시대와 같지 않았기 때문에 법을 제정함이 이와 같다. 그러므로「직방씨職方氏」[100]에 이르기를, "왕은 제후의 나라

---

100) 職方氏:『周禮』「夏官」의 篇名.

가 많아서 또한 이와 같이 했다"고 하였다(殷은 衆의 뜻이다 — 原註).
정현의 주에 이르기를, "12세에 왕이 만약 순수하지 않으면 육복
이 모두 조현한다" 하였으니 이것으로 그것을 징험할 수 있다.

孔穎達의 소(疏)에 『좌전』 숙향(叔向)의 말을 인용하여 이르기
를, "저 '육년일회(六年一會)'라는 것을 이 '6년에 한 번 조현한다'
는 것과 비교해보니 일이 서로 들어맞으며 '재회이맹(再會而盟)'이
라는 것을 이 '12년에 왕이 시순(時巡)한다는 것과 비교해보니 또
한 서로 들어맞는다'"[101]고 하였다(『左傳』 昭公 13年에 叔向이 이르기를,
"明王의 제도는 제후로 하여금 歲聘하여 志業[102]을 하게 하고 제후는 그사이
에 서로 만나 禮를 익히고 재차 만나서는 회합하여 위엄을 보이고 또 재차 회
견해서는 맹약을 하여 昭明을 나타낸다"고 하였다. ○ 杜預는 이르기를, "3년에
한 번 만나고 6년에 한 번 회견하고 12년에 한 번 맹약한다"[103]고 하였다 —
原註).

○ 살펴보건대, 숙향이 논한바 이것은 제후들이 서로 회견(會見)
하는 법이며, 이 「주관」에서 논한 것은 제후가 왕에게 조현하는
법이니 어찌 멀리 저 진짜를 끌어다가 억지로 이 위작을 증명하려
하는가? 매색의 주는 분명히 후(侯)·전(甸)·남(男)·채(采)·위
(衛)로 오복(五服)을 삼았으니, 대개 그 위경(僞經)을 지을 때 본
래 「대행인」에 근거하여 만든 것이다. 그러므로 스스로 경(經)을
짓고 스스로 주(註)를 한 것이 조금도 서로 어긋나지 아니하는데,
孔穎達은 「대행인」의 밖에서 별도의 주(周)나라 제도를 구하여 가
짜 경(經)을 구제하고자 하였으니 어찌 될 수 있겠는가? 총괄해
보건대, 「주관」의 경문에 조현·순수(朝見·巡狩)의 제도가 본래 제
목 밖의 말에 관련되었고, 또 그 관직의 제도가 반드시 『주례』의

---

101) 『尙書正義』 卷 第18, 「周官」 孔穎達 疏.
102) 志業: 朝貢의 義務를 마음에 기록하여 잊지 않게 하는 것.
103) 『春秋左傳正義』 卷 第46, 昭公 13年 杜預 註.

육전(六典)과는 서로 부합되지 않으니 시험 삼아 「입정立政」을 비교·관찰해보면 깨달을 수 있다.

왕이 다시 말하였다. "아! 무릇 나의 모든 관직에 있는 군자들아. 그대들이 맡은 일을 공경하며 그대들이 내리는 영(令)을 신중히하라. 영(令)이 나가면 시행하도록 하고 돌이켜서는 아니 된다. 공(公)으로써 사(私)를 멸(滅)하면 백성이 믿으며 복종하리라. 옛것을 배워 관(官)에 들어가 일을 미리 의논하여 결정해야 정사가 혼미해지지 아니하리니, 그대들은 상전(常典)으로 스승을 삼고 이구(利口)[104]로써 그 관(官)을 어지럽게 하지 말라. 의심을 쌓으면 꾀하는 일이 패(敗)하며 태홀(怠忽)하면 정사가 거칠어지며 배우지 아니하면 담장에 얼굴을 맞댄 것같이 보이지 않아 일에 임함에 혼란하기만 하리라. 그대들 경사(卿士)들에게 경계하노니 공(功)의 높음은 오직 지(志)요, 업(業)의 넓음은 오직 근(勤)이니 능히 과단성이 있어야만 이에 뒤의 어려움이 없으리라.

【剽取】"옛것을 배워 관(官)에 들어간다〔學古入官〕"라는 것은 자산(子産)의 말을 답습한 것이며(『左傳』襄公 31年에 子産이 말하기를, "내가 들으니 배운 이후에 政事에 들어간다"고 하였다 — 原註) "일을 미리 의논하여 결정한다는 것〔議事以制〕"은 숙향의 말을 훔친 것이며(昭公 6年 子産이 刑書를 만드니 叔向이 이를 譏弄하여 말하기를, "옛날 선왕께서는 일을 의논하여 심의 처리하였지 형법을 미리 만들지 않았다"고 하였다 — 原註) "이구(利口)로써 하지 말라〔無以利口〕"라는 것은 『논어』를 답습한 것이며(利口가 나라를 전복시키는 것을 미워한다[105] — 原註) "배우지 아니하면 담장에 얼굴을 맞댄 것 같다〔不學牆面〕"라는 것도 『논

---

104) 利口: 말솜씨로 교묘히 꾸며대는 것.
105) 『論語』「陽貨」.

어』를 답습한 말이다(사람이면서 周南·召南을 배우지 않으면 그것은 마치 담장에 낯을 맞대고 서 있는 것과 같다[106] — 原註).

○나는 이렇게 생각한다. 말에 맥락이 없고 이치에 귀추가 없으며, 또 「입정」 같은 데서는 경계가 택인(擇人)에 있는데, 이 편에는 경계가 진직(盡職)에 있으니 고금의 진위가 구별된다.

작위(爵位)는 기필하지 아니하여도 모르는 가운데 교만하며, 봉록(俸祿)은 기필하지 아니하여도 모르는 가운데 사치해지니 공검(恭儉)을 덕으로 하고 너의 거짓을 일삼지 말라. 덕을 행하면 마음이 편안하여 날로 아름답고 거짓을 행하면 마음이 피로하여 날로 비참해진다. 명예로운 자리에 있을 때 위태로움을 생각하여 두려워하지 아니함이 없도록 하라. 두려워하지 아니하면 두려운 형벌에 들어가게 된다. 어진 이를 밀어주고 능한 이에게 사양하면 모든 관원이 이에 화목하고, 화목하지 아니하면 정사가 어지러워질 것이니 천거한 이가 그 관직을 능히 감당함은 오직 너의 능력이며 천거된 이가 그 사람이 아님은 오직 너의 책임을 다하지 못함이다." 왕은 또 말하였다. "아! 삼사(三事)[107]와 대부여! 너희들이 맡은 관직을 공경하며 너희들이 행하는 정사를 잘 다스려 너희들의 임금을 도와 길이 조민(兆民)을 편안케 하여 만방이 싫어하지 않게 하라."

【瓢取】"작위는 기필하지 아니해도 모르는 가운데 교만하다〔位不期驕〕"라는 것은 『전국책』을 답습한 것이다.[108] ○"너의 거짓을

---

106) 『論語』「陽貨」.
107) 三事: 三卿을 말함. 『尙書』「立政」에는 事·牧·準의 三宅의 官을 三事라고 하였다.
108) 奎本에는 본래 이 句節이 없고 朝本에는 '襲' 아래의 글이 빠져 있다. 原本에는 이 '襲'자 아래에 반드시 『戰國策』이란 말이 있었을 것인데, 轉寫 또는 인쇄 과정에서 빠진 듯하다. 『戰國策』卷 第20, 「趙策」3에 "貴不與富期而富至, 富不與粱肉期而粱肉至, 粱肉不與驕奢期而驕奢至, 驕

일삼지 말라〔無載爾僞〕"라는 것은 일시(逸詩)를 훔친 것이다(『左傳』
襄公 30年에 逸詩를 인용하여 말하기를, "너의 행동거지를 삼가고 너의 거짓을
일삼지 말라"[109]라고 하였다 —— 原註). ○"영예로운 자리에 있으면서 위
태로움을 생각한다〔居寵思危〕"는 것은 일서(逸書)를 고친 것이다
(襄公 11年에 魏絳이 『尙書』를 인용하여 말하기를, "편안한 데 있으면서 위태로
움을 생각하라"고 하였다 —— 原註).

○나는 이렇게 생각한다. 대저 이미 "거짓을 행하면 마음이 피
로하여 날로 비참해진다"고 말하였으니 거짓을 행하면 이런 지경
에까지 이르게 된다. 언론이 독실하다고 해서 이를 허여한다면 군
자다운 자이겠는가?[110] ○또 나는 이렇게 생각한다. 주공이 「주
관」을 지어 관직을 시의적절하게 나누었고, 또 「입정」을 지었으니
(「魯世家」에 보인다 —— 原註) 「주관」 「입정」이 반드시 서로 연관되어
상호 맺어진 맥락이 있어야 하는데 이 편에는 오직 삼사(三事) 두
글자만이 「입정」에서 나왔고, 나머지는 영향이 없으며 또 삼사라
는 신하는 반드시 대부가 아닌 것은 아닌데, 지금 삼사 및 대부라
고 이른다면 삼사는 대부의 위에 있는 것이니 어떻게 이것을 엄폐
할 수 있겠는가?

군진(君陳)

임금은 이에 말하였다. "군진(君陳)아! 너의 착한 덕(德)은 효
(孝)이며 공(恭)이다. 오직 효도하며 형제에게 우애(友愛)하여 이로
써 능히 정사(政事)에 베풀어나가는 것이다. 너에게 명하여 이 동교

　　　奢不與死亡期而死亡至"라는 글이 있다.
109) 朝本에는 '無載爾僞, 淑愼爾止'로 되어 있음.
110) 언론이 독실하다고 해서 〔……〕 군자다운 자이겠는가: 이 말은 『論語』
　　　「先進」에 나온다.

(東郊)를 다스리게 하나니 삼가 공경하라. 옛적에 주공(周公)이 만민을 인도하고 보호(保護)했는데 백성이 그 덕을 흠모하였다. 가서 너의 맡은 것을 신중히하고 그 떳떳한 도를 좇아 주공(周公)의 가르침을 힘써 밝히면 백성이 다스려질 것이다.

「군진」의 서(序)에 이르기를, "주공이 이미 죽으니 군진(君陳)에게 명하여 동교(東郊)에 있는 성주(成周)를 나누어 분담해 다스리게 했다"고 하였다.

○ 내가 살펴보건대, 동교는 신읍(新邑)의 동교를 말하는 것이다. 신읍(新邑)이 두 개가 있는데 그 하나는 왕성(王城)이라 한다. 왕성은 겹욕(郟鄏)[111]이다. 주나라의 말엽에 와서 그것을 서주(西周)라고 일컬었다(昭公 22年에 보면 王子인 猛이 王城에 들어가 스스로 西周라고 불렀다─原註). 『한서』「지리지」에 그것을 하남(河南)이라 하였으니 곧 무왕이 정(鼎)을 옮기고 소공(召公)이 영택(營宅)하고 평왕(平王)이 동천(東遷)했던 땅이다. 또 하나는 하도(下都)라 했으니 하도는 성주(成周)이니 주나라의 말엽에 와서 그것을 동주(東周)라고 했다(宣公 16年 『公羊傳』에 "成周라는 것은 東周이다"라고 했다─原註). 『한서』「지리지」에 그것을 낙양(洛陽)이라 일컬으니 곧 주공(周公)이 이 낙읍(洛邑)을 경영하여 은(殷)나라의 완민(頑民)을 옮겨놓은 땅이다. 「낙고洛誥」[112)에 처음에 "전수(瀍水)[113) 서쪽을 점쳤다"고 하는 것이 왕성(王城)이요, 그 다음에 "전수 동쪽을 점쳤다"고 하는 것이 하도(下都)이니 그 서로의 거리가 18리이다(史漸[114)이 말하였다─原註). 왕성의 동쪽에 있기 때문에 동교

---

111) 郟鄏: 周나라 成王이 王城을 이곳에 정하여 將來를 占친 곳. 지금의 河南省이다.
112) 「洛誥」: 『尙書』의 篇名.
113) 瀍水: 河南省 孟津縣에서 發源하여 동으로 흐르는 洛水의 支流.
114) 史漸: 宋나라 儒學者. 字는 鴻漸.

(東郊)라고 한 것이다. 주공은 풍읍(豊邑)에서 죽었는데(『史記』에 의거하였음—原註) 성왕(成王)은 이때에 신읍에 있었다(王城에 居住하였다—原註). 으뜸가는 성인(聖人)인 주공이 죽으니 국세(國勢)가 고허(孤虛)해지고 은나라의 완민이 동요하기 쉬운 까닭으로 처음 군진에게 명하여 동교를 분담하여 다스리게 하였으므로 분정(分正)이란 말은 분명히 처음 나눈다는 뜻이다. 이 이전에는 아주 왕도(王都)에서 가까워 그곳을 따로 구별해 관리(官吏)에게 명하여 나누어 다스리지 않았다. ○ 어떤 이는 이르기를, "교(郊)는 읍명(邑名)이다. 『춘추春秋』 소공(昭公) 23년에 "진인(晉人)이 교(郊)를 포위했다"고 하고(杜預가 "郊는 周邑이다"라고 하였다—原註), 『공양전』에 이르기를, "교(郊)가 어찌 임금의 도읍이겠는가?"라고 했고 (何休[115]가 "天子의 閒田이다"라고 했다—原註), 『좌전』에 "교(郊)와 심(尋)이 무너지다"라고 했고(또 昭公 26年에 "왕이 군사를 일으켜 郊에 있었다"라고 했다—原註), "이 이전에 왕자 조(王子朝)가 교·요·전(郊·要·餞)[116]의 군사를 거느리고(杜預는 "셋은 邑의 이름이다"라고 했다—原註) 유자(劉子)[117]를 축출하였다'(昭公 22年—原註)라고 하였으니, 교(郊)는 읍명(邑名)으로 왕성의 동쪽에 있었기 때문에 이것을 동교라고 하는 것이다"라고 하였다.

【剟取】 '영덕효공(令德孝恭)'이란 어구는 『국어』에서 답습한 것이다.

【蒐改】 『논어』에 『상서』를 인용하여 말하기를, "효도하고 오직 효도하며 형제에게 우애하여 이로써 늘 정사에 베풀어나간다"[118]

---

115) 何休: 129~182. 後漢 任城 樊人. 字는 邵公. 董仲舒의 四傳弟子가 되어 六經을 깊이 研究하였음.
116) 郊·要·餞: 현 洛陽의 서편. 新安縣의 땅.
117) 劉子: 春秋時代 周나라의 劉狄. 字는 伯蚠.
118) 『論語』 「爲政」에 나온다. 茶山은 '孝乎惟孝'를 一句로 하여 해석하였다.

라고 했다(孔子께서 이르기를, "이것도 또한 政事를 하는 것이니 어찌하여 벼슬하여 政事를 하는 것만이 政事이겠는가?"라고 하였다[119] — 原註). ○ 매작(梅鷟)이 이르기를, "위는 『국어』에서 표절하고 아래는 『논어』에서 수집했는데 자못 중복이 되므로 드디어 '효호(孝乎)' 이자(二字)를 제거했다"고 하였다. ○ 모기령이 이르기를, "포함(包咸),[120] 하안(何晏)은 '효호유효(孝乎惟孝)'로써 한 구절(句節)로 삼았으며, 반악(潘岳)의 「한거부閒居賦」와 하후담(夏侯湛[121])의 「곤제고昆弟誥」와 도잠(陶潛)의 「효전찬孝傳贊」에도 '효호유효(孝乎惟孝)'라고 말하지 않음이 없으며, 당나라 왕이정(王利貞)[122]의 「유주석부도송幽州石浮圖頌」과 송나라 장제현(張齊賢)[123]의 「증자찬曾子贊」에도 또한 '효호유효(孝乎惟孝)'라 했다"[124]고 하였다.

○나는 이렇게 생각한다. 『상서』를 인용한 자가 혹 한두 자를 빠뜨리는 것은 진실로 때때로 있겠으나 공자가 『상서』를 인용하면서 갑자기 두 자('孝乎' 두 字 — 原註)를 더했다는 것은 이치가 아니다. 반악·하후담[125]·도잠 등이 단지 『논어』만 읽고 『상서』를 읽지 않았다는 것도 이치에 맞지 않는다. 또 요가 순임금에게 명할 때 칭찬으로 효우(孝友)를 말하지 않았는데 군진이 비록 효도했다 하더라도 그 가상함을 찬양함이 어찌 여기에까지 이르렀겠는가? 옛날에 군신 사이에는 서로 아첨하지 않았으니 이것은 거짓된 것이다.

---

119) 『論語』 「爲政」.
120) 包咸: B.C. 8~65. 後漢 때 會稽의 曲阿人. 字는 子良. 何晏의 『論語集解』에 包咸의 『論語』에 대한 註가 있는데 이것이 包咸說이다.
121) 湛: 朝本에는 '諶'으로 되어 있음.
122) 王利貞: 唐나라 文人. 字와 出身은 未詳.
123) 張齊賢: 943~1014. 宋나라 冤句人. 字는 師亮. 諡號는 文定. 저서로 『洛陽縉紳舊聞記』가 있음.
124) 毛奇齡, 『古文尙書冤詞』 卷7, 張2.
125) 湛: 朝本에는 '諶'으로 되어 있음.

내가 듣건대, '지극한 정치는 향기롭고 꽃다워 신명(神明)을 감동시키리니, 서직(黍稷)이 향기로운 것이 아니라 명덕(明德)이 오직 향기롭다'고 하였다. 너는 바라건대, 주공(周公)의 도와 교훈을 본받아 날마다 부지런히 힘쓰고 감히 편안히 지내지 말라. 무릇 사람이 성인의 도를 보지 못하였을 때는 자기는 볼 수 없는 것처럼 여기고 이미 성인의 도를 본 후에는 또한 성인의 도를 쓸 수 없다고 여기니 너는 그것을 경계하라. 네가 바람이라면 백성은 풀이다. 그 정사(政事)를 도모하되 아무 일이고 간에 어렵지 않다고 하지 말라. 일을 폐하고 일으키는 데는 정교(政敎)의 출입을 너의 무리들과 같이 꾀하여 여럿의 의견이 같으면 시행하라.

【蒐取】『좌전』에 궁지기(宮之奇)가 「주서」를 인용하여 말하기를, "서직(黍稷)이 향기로운 것이 아니라 명덕(明德)이 오직 향기롭다"고 했다(僖公 5年 — 原註). ○『예기』에 「군진」을 인용하여 말하기를, "성인을 만나보지 못하였을 때에는 자기는 만날 수 없는 것처럼 여기고 성인을 만난 후에는 또한 성인을 따를 수 없다고 여긴다"라고 했다(「緇衣」 — 原註). 정현(鄭玄)은 "'극(克)'은 능(能)이고 '유(由)'는 용(用)이다"[126]라고 했다(梅賾은 "자신이 聖人의 道를 보고도 능히 그것을 應用하지 못하는 것이다"[127]라고 했다 — 原註)

○나는 이렇게 생각한다. 궁지기는 본래 제사의 이치를 논하면서 이 두 구를 인용하였으니, '서직형향(黍稷馨香)'이 보리(保釐)[128]에 무슨 관계가 있겠는가? 또 '유성(由聖)'이란 이 한 어구의 유(由)는 '좇는다, 따르다'의 뜻이다. 정현이 '용(用)'이라고 풀어 한 것은 본뜻이 아닌데 매색은 어찌 그것을 표절했는가?(또 '見聖'이라

---

126) 『禮記正義』 卷 第55, 「緇衣」 鄭玄 註.
127) 『尙書正義』 卷 第18, 「君陳」 孔氏傳.
128) 保釐: 백성을 보호하고 다스리는 것.

는 것은 聖人을 보는 것이지 어찌 聖人의 道를 보는 것을 두고 일컫는 것이겠는
가? — 原註).

【剽取】 "네가 바람이라면 백성은 풀이다〔爾惟風, 下民惟草〕'라는
것은 『논어』에서 답습하였다(『論語』에 "君子의 德은 風이요. 小人의 德은
草이니 풀 위에 바람이 지나면 쓰러진다"129)고 했다 — 原註).

○ 염약거는 "성왕(成王)이 헐후어(歇後語)130)를 만들어 군진에
게 그것을 추측하여 알라고 했겠는가?"131)라고 했다.

○ 나는 이렇게 생각한다. 군진은 솔솔 부는 봄바람이 아니고
하민(下民)은 잎이 무성한 풀이 아니니 반드시 『논어』의 본문과
같게 한 연후에라야 사(詞)가 살아나고 뜻이 살아나게 된다. 「홍
범洪範」에 "경사는 달이요 서민은 별이다〔卿士惟月, 庶民惟星〕"라고
하였으니, 저 「홍범」은 그 앞글의 "임금이 살피는 것은 해이다〔王
省惟歲〕"라는 말을 받아서 된 것이므로 이것과는 같지 않다.

【蒐衍】 『예기』에 「군진」을 인용하여 말하기를, "정교의 출입은
너의 무리들이 꾀하는 것에 말미암아 여럿의 의견이 같으면 시행
한다〔出入自爾師虞, 庶言同〕"라고 하였다(「緇衣」— 原註). 정현이 이
르기를, "'자(自)'는 '유(由)'라는 뜻이요 '사·서(師庶)'는 모두 '중
(衆)'이라는 뜻이며 '우(虞)'는 '탁(度)'이라는 뜻이다. 여기에 말한
것은 정교(政敎)는 출납(出納)할 때는 마땅히 너의 무리들이 도모
하는 바에 말미암아야 한다. 그래서 여럿의 말이 같으면 이것을
시행한다. 정교는 마땅히 한결같은 것을 말미암아야 한다"132)고
하였다.

---

129) 『論語』 「顔淵」.
130) 歇後語: 어떤 成語의 끝을 생략하고 그 윗부분으로만 전부의 뜻을 갖게
하는 것. 예컨대 『尙書』의 '友于兄弟'라는 말의 뜻을 '友于'만으로 나타
내는 따위.
131) 閣若璩, 『尙書古文疏證』 卷5 下, 張24.
132) 『禮記正義』 卷 第55, 「緇衣」 鄭玄 註.

○ 내가 살펴보건대, '서언동(庶言同)'이라 하는 것은 중론(衆論)이 하나같다는 것이니 이것은 정교출입(政敎出入)을 여러 사람의 마음에 표준을 두고 그것을 헤아리면 하나의 말로 화동(和同)하여 어긋남이 없다는 것을 말함이다. 정현은 "여럿의 말이 같으면 이 것을 시행한다〔衆言同乃行之〕"고 하였는데, 정현이 말한 바와 같다 면 「군진」의 말이 오히려 마치지 않은 것으로 보이니, 위작자가 정현의 주(註)를 보고 「군진」에 탈자(脫字)가 있음을 의심해서 이 에 그 글을 연역하여 "같으면 시행한다〔同則繹〕"라고 했다(毛奇齡 이 이르기를, "천하에 '庶言同'에다 句節을 끊을 수는 없는 것이니, 이 「君陳」에 '則繹' 두 자를 증가한 것이 아니요, 저 『禮記』에 인용된 「君陳」의 말이 축소된 것일 뿐이다"[133]고 하였다 — 原註). 그러나 『주역』에 "그 일이 같아 만물을 생성한다〔其事同〕"[134]고 하였고, 『좌전』에 "10인이 같아 화합하고 있다〔十人同〕"[135]고 하였으니(「太誓」에 근본을 두었다 — 原註), 어떻게 '서언동(庶言同)'에 구절을 끊을 수가 없다고 하겠는가?

너에게 아름다운 계획과 아름다운 방도가 있으면 곧 들어가서 안으로는 네 임금에게 고(告)하고 밖에서는 네가 그것에 순(順)하여 이르되 '이 계획과 이 방도는 오직 우리 임금의 덕(德)이다'라고 하라. 아! 신하 된 자 모두 이와 같으면 어질고 그 이름이 드러날 것이다."

【蒐輯】「방기坊記」에 공자가 이르기를, "선한 것은 임금이 한 일이라 말하고 허물은 자기가 한 일이라 말하면 백성이 충성한다. 「군진」에 말하기를, '너희 아름다운 계획과 아름다운 방법이 있으면 들어가서 안으로는 너희 임금에게 고하고 밖에서는 너희가 그

---

133) 毛奇齡, 『古文尙書冤詞』 卷7, 張3.
134) 『周易』 「睽」卦 象辭.
135) 『左傳』 成公 2年.

것을 실천하라. 이 계획과 이 방도는 오직 우리 임금의 덕이다. 아! 임금의 덕은 어질고 밝도다'라고 하였다〔爾有嘉謀嘉猷, 入告爾 后于內, 女乃順之于外, 曰此謀此猷, 惟我后之德, 於乎是惟良顯哉〕"고 했 다(또 「坊記」에 孔子가 이르기를, "善한 것은 어버이께서 한 일이라 칭하고 허 물은 자기가 한 일이라 칭하면 백성이 효도를 한다. 「太誓」에 '내가 紂를 이긴 것은 나의 武功이 아니라 오직 나의 돌아가신 아버지 文王이 〔……〕 한 것이 다'136)고 하였다"고 했다 — 原註). ○ 정현이 말하기를, "가(嘉)는 선 (善)이고 유(猷)는 도(道)이다"라고 했다. ○ 갈씨(葛氏)137)는 말하 기를, "성왕(成王)이 아마도 실언(失言)을 했을 것이다"고 했다(蔡 沈의 註에 보인다 — 原註). ○ 염약거는 이르기를, "위작자는 다만 『상서』의 서(序)만 보고 드디어 한 편을 통틀어 성왕의 말이라고 했는데, 어찌 당일(當日)에 신하의 말을 여기에 끼워 넣지 않았음 을 알겠는가? 아! 이 말이 한 번 나감으로부터 임금에게는 바르 게 간하는 것을 명예를 구하는 것으로 삼게 되고 신하에게는 아름 다움을 돌리는 것을 성대한 충절로 삼게 되어 이사(李斯)의 분수 에 지나친 충성과 공광(孔光)138)의 소장(疏章)을 태워버리는 공경 이 드디어 임금 섬기는 표준이 되었다. 그러나 「태서」를 취하여 인자지언(人子之言)임을 실증한다면 「군진」을 취하여 또한 반드시 인신지언(人臣之言)임을 실증하는 것은 으레히 알 만한 일이다"139) 고 하였다(閻若璩의 이 말은 지극히 명확하다 — 原註).

○나는 이렇게 생각한다. 전(傳)이나 기(記)에서 『상서』를 인용 하는 법은 대부분 '서왈(書曰)'이라고 일컬었으며 간혹 '태갑왈(太

---

136) 『禮記』 「坊記」의 "無罪. 紂克予, 非朕文考有罪. 惟予小子無良"이 생략된 것을 가리킨 것이다.
137) 葛氏: 宋나라 儒學者 葛興仁을 가리킴.
138) 孔光: B.C. 65~5. 前漢 曲阜人. 字는 子夏, 諡는 簡烈. 經學에 밝았고 벼슬은 御使大夫·丞相에 이르렀음.
139) 閻若璩, 『尙書古文疏證』 卷2, 張70~71.

甲曰)' '반경왈(盤庚曰)' '군진왈(君陳曰)' '군아왈(君雅曰)'처럼 이름을 일컬을 때도 있으니 이것은 아마도 모두 본인의 말인 듯하다. 군진이 장차 동교로 나아가 머물 때 경사(京師)에 있는 여러 신하들에게 고(告)했다는 것이 또한 옳지 않겠는가? 절대로 성왕이 한 말이 아니다.

왕(王)은 다시 이렇게 말하였다. "군진아 네 주공(周公)의 큰 교훈을 넓혀 세력(勢力)에 의지하여 위엄을 부리지 말고 법에 의지하여 침탈하지 말며 관대하되 절제(節制)를 두고 종용(從容)하면서 화합(和合)하라. 은민(殷民)이 죄에 걸렸을 때도 내가 벌주라고 하더라도 너는 이대로 처벌해서는 안 되고 내가 용서하라고 말하더라도 너는 용서해서는 안 되며 오직 중정(中正)을 지켜라. 너의 정사(政事)에 순하지 아니하고 너의 교훈에 순화되지 않으면 형벌로써 죄를 방지하여 형벌이 제구실을 하게 하라. 간악하고 사악함에 익숙하며 상도(常道)를 깨고 풍속을 어지럽히는 자는 이 세 가지 중에 그 죄가 아무리 가벼운 것이라도 용서치 말라. 너는 완민(頑民)에게 화를 내어 미워하지 말고 한 사람에게 모든 것이 갖추어지기를 요구하지 말라. 반드시 인내가 있어야 일이 성취될 것이며 관용이 있어야 덕이 커질 것이다. 수양이 있는 자를 가려내되 혹 수양이 부족한 자도 발탁하고 어진 자를 등용하되 때로는 혹 어질지 못한 자도 거느리라. 백성의 본성은 순후하나 사물로 인해서 옮겨간다. 그리하여 위에서 명령한 바를 어기고 그 좋아하는 바를 따르게 된다. 네가 상도(常道)를 공경하고 덕이 몸에 있으면 이에 변하지 않음이 없게 되어 진실로 대도(大道)에 오르게 될 것이다. 그렇게 되면 나 한 사람은 많은 복을 받을 것이며 너의 아름다움도 마침내 영세(永世)토록 찬사를 받게 되리라."

○나는 이렇게 생각한다. "세력에 의지하여 위엄을 부리고 법에 의지하여 침탈한다〔依勢作威倚法以削〕"하는 것은 한(漢)나라 때 이천석(二千石)[140]의 녹(祿)을 받던 지방 장관들이 강세를 부리고 불법(不法)을 자행하던 그런 유(類)이다. 처음 글에 이미 칭찬하여 "착한 덕이 효공(孝恭)이요 이로써 정사에 베풀어나간다"해 놓고, 끝의 글에는 "세력에 의지하여 횡포를 부리며 백성을 침탈한다"하는 것으로 경계하였다. 저와 같은 사람에게 이와 같은 악행을 염려하였으니 또한 지나치지 않은가? 위작이다.

【蒐改】『국어』「주어周語」에 부진(富辰)[141]이 말하기를, "『상서』에 '반드시 인내가 있어야 곧 능히 성취함이 있을 것이다'라는 말이 있다"고 하였다(王이 조그마한 忿을 참지 못하여 鄭나라를 버렸다[142] — 原註).

필명(畢命)

(孔壁本 16편 중에는 그것이 없다 — 原註)

12년 6월의 경오(庚午)날은 초승달이 뜬 3일이다. 이로부터 3일 뒤인 임신(壬申)일에 임금은 아침에 걸어서 종주(宗周)로부터 풍(豊)에 이르렀다. 성주(成周)의 백성들에 관한 것은 필공(畢公)에게 명하면서 동교(東郊)를 보호하여 다스리게 했다.

---

140) 二千石: 太守의 異稱. 漢代에 그 祿이 二千石이었으므로 그렇게 이른다. 전하여 地方長官을 말함.
141) 富辰: 周나라 襄王 때 大夫.
142) 『國語』「周語」中篇에 나오는 말인데 富辰의 위의 말에 이어진 것이다.

【蒐改】『한서』「율력지」(康王 12年 — 原註)에 "「필명풍형畢命豐刑」에 이르기를, '12년 6월 경오(庚午) 초승달이 뜬 3일에 왕(王)이 명하여 책명(冊命)하는 「풍형豐刑」을 짓게 하였다'"고 하였다(孟康[143]은 「豐刑」을 逸書라고 하였다 — 原註). ○공영달이 이르기를, "한초(漢初)에 이 편(篇)을 얻을 수 없어서 그 글을 위작하여 그것을 대신한 것인데 위작자가 옛말을 전해 들어 그 연월(年月)을 얻고(『梅書』와 부합이 되기 때문에 그 年月을 얻은 것을 인정하였다 — 原註) 이하(以下)의 말을 얻을 수 없어서 망령되게 「풍형」을 지은 것이니 「풍형」의 말이 무슨 말을 했는지 또한 알 수가 없다. 정현이 말하기를, '지금 그 일편(逸篇)에 곽후(霍侯)[144]에게 책명(策命)한 일이 있는데 이 「필명」의 서(序)와는 상응(相應)하지 않으므로 그것을 그르다'라고 하였으니 정현이 본 바도 또 「풍형」과 다른 듯하니 모두 망작(妄作)이다"[145]라고 하였다.

○내가 살펴보건대, 「필명」 일편이 공벽본(孔壁本)의 16편 중에 들어 있지 않다(上丁七에 보인다 — 原註). 그러나 「제고帝告」[146]의 잔장(殘章)을 복생(伏生)이 오히려 몇 구(句)를 외우고 있었으니(上丁一에 보인다 — 原註), 이른바 「필명풍형」도 또한 몇 구가 유전(流轉)하여 유흠(劉歆)이 채용한 바가 없으리라고 어찌 알겠는가? 「율력지」는 『삼통력三統曆』에 기본한 것이다. 유향(劉向)·유흠(劉歆)의 부자(父子)는 고문(古文)·금문(今文)을 고교(考校)하여 해박하게 꿰뚫었음이 비교할 데가 없으니 가벼이 논할 수 없다. 다만 정현이 본 것은 별도의 한 본(本)이요, 『두림칠서杜林

---

143) 孟康: p. 345 주 138 참조.
144) 霍侯: 周의 武王의 아우로서 霍에 封해졌던 霍叔을 가리키는 듯하다.
145) 『尙書正義』卷 第19, 「畢命」孔穎達 疏.
146) 「帝告」: 『尙書』1백 편 중의 1편인데 지금은 亡失되었음. 朝本에는 「帝誥」로 되어 있음.

漆書』[147]에는 본래 「필명」이 없으니 소위 일편(逸篇)이라는 것은 정현도 불신(不信)했으므로 그 말이 저와 같은데(「畢命」의 序를 가지고 볼 때 그것을 그르다고 여겼다 ─ 原註), 이에 위작자는 「율력지(律曆志)」에 집착하여 그 연월일(年月日)을 절취하고 또 '풍(豊)'자를 절취해서 '조보지풍(朝步至豊)'의 3·4구를 이끌어내어 그를 풍(豊) 지방에 있도록 명령하여 이를 「풍형」이라고 한 것 같은 그런 것이 있으니 얼마나 거짓된 것인가?

【蹈襲】'조보자종주지우풍(朝步自宗周至于豊)'은 「소고召誥」를 답습한 것이다.

○나는 이렇게 생각한다. '조보(朝步)'의 뜻은 명확(明確)한 해석이 있지 않은데 정현은 종묘(宗廟)에 치공(致恭)하는 것이라 하였으니 여기 또 무슨 연고로 걸어간다는 것일까?

왕은 이에 말하였다. "아! 부사(父師)[148]여, 문왕(文王)과 무왕(武王)은 천하(天下)에 큰 덕을 펴시어 능히 은(殷)으로부터 천명을 이어받았다. 오직 주공(周公)은 선왕(先王)을 보좌하여 그 왕가(王家)를 안정시키고 은(殷)의 완고한 백성들을 신중하게 다스려 낙읍(洛邑)에 옮겨 왕실에 가깝게 둠으로써 그 교훈을 본받아 감화되게 하였다. 이미 36년이 지나 세상도 변하고 풍속(風俗)도 바뀌어 사방에 근심이 없으니 나 한 사람도 편안하구나. 도(道)는 오르내림이 있고, 정사(政事)는 풍속(風俗)에 따라 변혁하는 것이다. 백성들의 선(善)함을 선(善)하다 하지 않으면 백성이 권면하지 않을 것이다. 오직 공(公)은 덕(德)에 힘써 적은 일에도 능히 부지런하여 사대왕[149]을 돕고 빛내주오. 근엄한 자세로 아랫사람을 거느렸는데 아랫사람이

---

147)『杜林漆書』: 後漢 때 杜林이 西州에서 얻었다고 하는『古文尙書』.
148) 父師: 畢公이 周公 뒤에 太師가 되었다고 해서 일컫는 말.
149) 四代王: 文王·武王·成王·康王을 이름.

스승의 말처럼 사언(師言)을 공경하지 않음이 없어서 아름다운 공적이 선왕(先王) 때보다 많으니 나 소자는 옷을 드리우고 팔짱을 끼고서 아무 하는 일 없이 성공을 기다릴 뿐이오."

【誤用】 "그 이미 36년이 지나다[旣歷三紀]"는 『제왕세기帝王世紀』에 근거한 것이다(成王의 在位 37年이다 — 原註).

○나는 이렇게 생각한다. '삼기(三紀)'는 고문이 아니며 12년을 일기(一紀)로 삼는 것은 고법(古法)이 아니다. 「홍범」에 오기(五紀)가 있고, 『좌전』에 "천(天)을 나누어 칠기(七紀)로 하였다"[150]고 하였고, 『소문素問』[151]에 "천(天)은 팔기(八紀)가 있다"고 하였으니 모두 일월성신(日月星辰)에 관한 것이다. 『일주서逸周書』에는 또 사시삼광(四時三光)[152] 등을 구기(九紀)라 하였고, 『국어』 「정어鄭語」 사백(史伯)의 말에는 육부삼사(六府三事)[153]를 구기(九紀)라 하였고, 장형(張衡)의 부(賦)에는 일월(日月)을 이기(二紀)라 하였고("二紀와 五緯를 살펴보다"[154] — 原註), 반고(班固)의 부(賦)에는 십제(十帝)를 십기(十紀)로 하였고(漢나라의 皇帝 十紀에 와서 벼슬이 점점 올라간다[155] — 原註) 『사기』 천관(天官)의 글에는 1천5백 년을 일기(一紀)라 하였으니(緯書에는 27만 5천 년을 一紀라 한다 — 原註) 12년을 일기(一紀)로 한 것은 고대의 글에는 없다. 대개 옛날 갑자(甲子)는 오직 날짜에만 쓰고 연(年)에는 쓰지 않았으니 이러한 설

---

150) 『春秋左傳』 昭公 10年.
151) 『素問』: 『黃帝素問』을 말하는데, 전설적인 인물인 황제와 그 신하인 名醫 岐伯과의 문답을 기록해놓은 것이라고 함. 全 24권.
152) 四時三光: 春夏秋冬의 四時. 日月星辰의 三光.
153) 六府三事: 六府는 火水金木土穀으로 財物을 저장하는 곳. 三事는 나라를 다스리는 데 중요한 세 가지 일. 곧, 正德·利用·厚生.
154) 『文選』 卷 第15, 張衡의 「思玄賦」에 나오는데, 二紀는 日月, 五緯는 五星으로 木·火·土·金·水星을 말한다.
155) 『文選』 卷 第14, 班固의 「幽通賦」.

(說)은 본래 없었다. 한(漢)의 태초력(太初曆) 이래로 비로소 갑자
(甲子)로써 그해를 호칭하여(그 처음에는 오히려 古甲子를 썼다 ─ 原註)
십이지(十二支)로써 십이율(十二律)에 분배하였으니 이로부터 내려
오면서 점점 12년을 일기(一紀)로 하였다. 그러므로 『위지魏志』
「관녕전管寧傳」에 "오래 두터운 혜택을 입어 그해가 일기(一紀)를
쌓았다"고 했고, 『남사南史』「왕홍전王弘傳」에는 "옷을 털고 돌아
가 밭갈이한 지 삼기(三紀)가 지났다"고 했으며, 『북사北史』「위
세강전韋世康傳」에는 "말달리기를 마지않은 것이 이에 사기(四紀)
가 되었다"고 했는데, 어찌 주나라 강왕(康王) 때에 이미 삼기(三
紀)의 설(說)이 있었겠는가?(梅賾은 12년을 一紀라 한다고 하였다 ─ 原
註) 이것은 또한 거짓된 고안 가운데서 쇠처럼 굳어진 설이다.

【剿取】'수공앙성(垂拱仰成)'은 『후한서』에서 나온 것이다(「淸河
孝王慶傳」[156]에 "현명한 임금에 의지하여 옷을 드리우고 팔짱을 끼고서 아무
하는 일 없이 성취하게 되었다(仰恃明主 垂拱受成)"고 하였다 ─ 原註). 그러
나 '수공(垂拱)'이라는 글은 진한(秦漢) 시대부터 일어난 것이니
이미 「무성」에 보인다.

 왕은 또 말하였다. "아! 부사(父師)여, 지금 내가 주공(周公)께서
행하던 일을 삼가 공에게 명하노니, 가서 다스리시오. 선한 사람과
악한 사람을 확실하게 구분하여 그 사는 마을을 분별할 수 있도록
표를 세우며, 선을 표창(表彰)하고 악을 억눌러 그곳에 풍성(風聲)
을 세우시오. 교훈의 상도를 따르지 않거든 그 농토의 경계를 다르
게 하여 그들로 하여금 능히 두려워하고 사모하게 하시오. 여기에
또 교외(郊外)와 기내(畿內)를 분명히 구획하여 봉(封)해 받은 땅의
지킴을 삼가 굳게 하여 사해(四海)를 강녕(康寧)케 하시오. 정사(政

---

156)「淸河孝王慶傳」: 後漢 景帝의 여덟 아들 중 長子인 慶의 傳. 이름은 慶,
 諡號는 孝. 竇后 때문에 廢世子되어 淸河王에 封해졌다.

事)는 항심이 있는 것을 귀하게 여기고 말은 내용이 있고 간결한 것을 숭상하는지라. 오직 기이함을 좋아해서는 아니 되오. 상(商)나라 풍속(風俗)은 부화(浮華)해서 말재주 부림을 현자(賢者)라 하여 그 여풍(餘風)이 아직 끊어지지 않았으니 공(公)은 이런 점을 유념하시오. 내가 들으니, '대대로 녹(祿)을 받는 집안은 능히 예(禮)를 따르는 이가 드물어, 방탕하여 덕(德)을 능멸하며 실로 천도(天道)를 어기는 일을 행하여 악풍에 물들어 사치하고 화려함이 만세토록 같은 경향이다'고 하외다. 이 은(殷)의 서사(庶士)들은 영화를 누려온 지 오래라서 사치함에 의지하여 의(義)를 멸하고, 복식을 아름답게 꾸며 남에게 과시하여 교음(驕淫)하고 자만이 심하니 장차 그 악(惡)으로 말미암아 끝장이 나게 될 것이오. 비록 방탕한 마음을 거두어 들이려고 하더라도 그것을 방지하는 것은 어려운 것이오. 자산(資産)이 풍부하고 교훈을 잘 따른다면 본선(本善)을 길이 보전할 수 있으니 오직 덕(德)과 의(義)가 큰 교훈이오. 옛날 교훈을 따르지 않으면 무엇을 교훈으로 하리오?"

【剽竊】『육도六韜』[157]「영허盈虛」에 태공(太公)이 말하기를, "선한 사람과 악한 사람을 구분히어 그 문려(門閭)를 표했다〔旌別淑慝表其門閭〕"라고 했다.

○나는 이렇게 생각한다. 「서서書序」에서 "사는 마을을 구분한다"고 한 것은 아마도 『관자管子』의 "사민(四民)을 나누어 살게 한다"는 뜻일 것이다(「齊語」에 보인다―原註). 지금 『육도』의 정별법(旌別法)으로 이 「필명」 서(序)의 뜻에 상응(相應)시켰으니 잘못된 것이다. '문려(門閭)'를 고쳐 '택리(宅里)'로 한 것도 또한 서(序)에 '거리(居里)'라는 글이 있기 때문이다. ○어떤 이는 『육도』를 진(陳)·수(隋) 시대의 위서라고 하였으니 『육도』가 『매서』를

---

157) 『六韜』: 姜太公 呂尙이 지었다고 하는 兵書.

절취한 것이요, 매색이 『육도』를 표절한 것은 아니다.

【剽取】 '창선탄악(彰善癉惡)'은 「치의」의 구절을 표절한 것이요 (저「緇衣」에 이르기를, "의를 표창하고 악을 억눌러 백성에게 그 중한 것을 보이다"고 하였다 — 原註). '수지풍성(樹之風聲)'은 『좌전』을 표절한 것이다(文公 6年에 君子가 이르기를, "옛날의 왕 된 자는 風聲을 세우고 의복 또는 정기를 통해 身分의 차를 분명히하다"고 하였다 — 原註). ○'이구여풍(利口餘風)'은 장석지(張釋之)[158]의 말을 습용한 것이다(蔡沈의 注에 보인다 — 原註). ○'불솔훈전(不率訓典)'은 「왕제」를 습용한 것이다(저「王制」에 이르기를, "敎訓을 따르지 않는 자는 郊와 遂에 이주시켜 생활 구역을 다르게 했다"고 하였으니 즉 이런 뜻이다 — 原註). ○'신획교기(申畫郊圻)'는 「필명」 서(序)의 뜻을 응용(應用)한 것이다(序에 이르기를, "周의 郊를 이루다"라고 하였는데, 梅賾은 "東周의 郊境을 안정시키다"라고 하였다 — 原註).

○나는 이렇게 생각한다. 서문(序文)에 반드시 탈자(脫字)가 있는데, 지금 '신획교기(申畫郊圻)'라고 한 것은 그 오주(誤註)를 증명하는 것이다. 그러나 왕성과 하도(下都) 사이에 전수(瀍水)가 경계를 나누고 있으니, 이것은 천연적으로 형성된 구획인데 또 어떻게 여기에 다시 구획할 수 있겠는가?

【剽取】 '수방심(收放心)'은 『맹자』에서 표절한 것이다.

○나는 이렇게 생각한다. 주나라 강왕(康王)이 어떻게 해서 맹자가 "사람이 닭과 개가 도망하면 찾을 줄 알되, 마음을 잃고서는 찾을 줄을 알지 못한다"[159]고 비유해놓은 것을 미리 알고 은민(殷民)으로 하여금 그 방심(放心)을 거두게 했다고 하겠는가? 또 은민은 본래 망국(亡國)의 잔민(殘民)으로 화난(禍難)을 여러 번 겪

---

158) 張釋之: 前漢 堵陽人. 字는 季, 벼슬은 文帝 때 廷尉. 朝本에는 張繹之로 되어 있음.
159) 『孟子』 「告子」 上.

었는데, "영화를 누려온 지 오래라서 사치함에 의지하고 교음(驕淫)하며 자만이 심했다"고 하니 이럴 이치가 있겠는가? 아무 까닭 없이 사람을 속여 천세의 후세 사람에게 보여주니 되겠는가?

왕은 다시 또 말하였다. "아! 부사(父師)여, 나라의 안위(安危)는 이 은(殷)나라 사람들에게 달려 있다. 강하지도 말고 유(柔)하지도 말아야 그 덕(德)이 진실로 닦일 것이다. 오직 주공(周公)은 그 시초를 능히 삼갔고 군진(君陳)은 그 중기(中期)를 조화롭게 하였으니 오직 공은 그 마지막을 능히 이루시오. 삼후(三后)160)가 협심(協心)하여 함께 도에 이르게 하면 도가 널리 행해지고 정사가 다스려지게 되어 민생(民生)이 윤택하게 될 것이며, 옷깃을 왼쪽으로 하는 사방 오랑캐도 모두 의지하지 않음이 없게 될 것이니, 나 소자도 영원히 많은 복을 받게 될 것이다. 공이 이 성주(成周)인 동교(東郊)에 무궁(無窮)한 터전을 세우면 또한 무궁하게 명성이 전해지게 될 것이다. 자손들도 그 이루어놓은 법에 순하여 잘 다스리게 될 것이다. 아! 어려워서 하지 못하겠다고 말하지 말고 오직 그 마음을 다하시오. 백성이 적다고 말하지 말고 오직 그 일을 신중히하시오. 삼가 선왕(先王)들의 공업에 순하여 선인(前人)이 행한 징지를 더욱 빛나게 하시오."

○나는 이렇게 생각한다. 약(藥) 상자 속의 인삼(人蔘)과 창출(蒼朮)을 꺼내어 쓰는 것이 거의 다 되었으니 이 편(篇)에는 고문을 인용하지 않고 위작자(僞作者)가 스스로 만들었기 때문에 글자마다 비천(卑淺)하고 구절마다 진부(陳腐)하여 이것을 가지고 양한(兩漢)의 고명(誥命)이라고 한다 하더라도 또한 그것을 믿을 수 없을 것이다.

---

160) 三后: 여기서는 周公·君陳·畢公을 가리켜 한 말이다.

군아(君牙)

(『禮記』에는 「君雅」로 되어 있다 —— 原註)

왕은 이에 말하였다. "아! 군아(君牙)여, 그대의 할아버지와 아버지는 대대로 충정(忠貞)에 독실하여 왕실을 위해 수고를 다하였으니, 그 이루어놓은 공적(功績)이 태상(太常)[161]에 기록되어 있다. 나 소자가 문왕·무왕·성왕·강왕께서 남기신 유업(遺業)을 이어받아 지키고 있는 것도 이 역시 선왕(先王)의 신하들이 좌우에서 보필하여 어지러운 사방(四方)을 다스린 덕분이다. 마음의 근심과 위태로움이 마치 호랑이 꼬리를 밟은 듯하고 봄에 얼음 위를 건너는 것 같다. 이제 그대에게 명하나니 나를 도와 나의 팔다리와 심장과 등뼈가 되어 달라. 그대 가문의 예부터의 충성을 계승하여 할아버지와 아버지를 욕되게 하지 말라. 널리 오륜(五倫)을 펴서 백성들이 지켜야 할 법칙을 본받아 화합하도록 하라. 그대의 몸이 바르면 감히 바르지 않는 이가 없을 것이다. 백성의 마음에는 중정(中正)이 없고 오직 너의 마음의 중정을 따를 뿐이다.

【剽取】'기우태상(紀于太常)'은 『주례周禮』에서 답습하였다(「司勳」에 이르기를, "무릇 有功者는 王의 깃발인 太常에 이름을 새겨 썼다"고 했다 —— 原註). ○'약도호미(若蹈虎尾)'는 『주역周易』의 괘사(卦辭)에서 답습하였다(호랑이 꼬리를 밟다[162] —— 原註). ○'고굉심려(股肱心膂)'는 태자인 진(晉)의 말을 표절했다(「周語」에 이르기를, "四岳이 禹의 팔다리와 심

---

161) 太常: 해와 달이 그려져 있는 王의 旗인데, 여기에는 國家 有功者의 이름을 기록해놓았다고 함.

162) 『周易』 「履」卦의 卦辭.

장과 등뼈가 되었다"고 했다 — 原註).

○나는 이렇게 생각한다. 군아의 조(祖)와 부(父)는 사책(史冊)에 보이지 않는데 아무 사실도 없는 것에 빙자하여 위찬(僞撰)하기를 "조(祖)와 부(父)는 대대로 충정(忠貞)에 독실하였다"고 하였으니, 대저(大抵) 이는 경박하고 행실이 없는 사람이다.

여름에 덥고 비가 많이 오면 소민(小民)은 원망하고 탄식하며, 겨울에 심하게 추워도 소민은 또한 원망하고 탄식하니, 그들을 다스리는 것은 어려운 일이다. 그 어려움을 생각하여 그것이 용이(容易)하도록 도모하면 백성이 편안해질 것이다. 아! 크게 드러났도다. 문왕의 계책이여! 크게 계승하였도다. 무왕의 공렬(功烈)이여! 우리 후인들을 계도하고 돕되 모두 바른 것으로써 하고 결함이 없게 하였다. 그대는 이 가르침을 공경히 밝혀 선왕(先王)들을 받들고 따르도록 하라. 문왕과 무왕(武王)의 광명(光命)에 응대하여 이를 발양하며 전대의 훌륭한 분들에게 짝이 되도록 추구해나가라."

【蒐改】『예기』에 「군아」를 인용하여 이르기를(鄭玄이 이르기를, "雅는 「書序」에 牙로 되어 있는데 假借의 글자이다"[163]라고 하였다 — 原註), "여름에 덥고 비가 많이 오면 소민(小民)은 원망하고, 겨울에 이르러 이에 추우면 소민은 또한 원망한다"라고 하였다(「緇衣」 — 原註). ○정현이 이르기를, "'자(資)'는 마땅히 '이르다(至)'로 되어야 한다. 이것은 제(齊)나라·노(魯)나라 등지의 말로 성음의 잘못이다. '기(祁)'라는 말은 '시(是)'의 뜻이니 제나라 서쪽 지방의 말이다. '소민이 하늘을 원망한다'는 것은 '백성은 항상 원망이 많아 임금 노릇 하기가 어렵다'는 것을 말함이다"[164]라고 하였다.

---

163) 『禮記正義』卷 第55, 「緇衣」鄭玄 註.
164) 同上.

538

○나는 이렇게 생각한다. 하서동한(夏暑冬寒)은 모두 사자구(四字句)인데 그것을 깎아서 삼자(三字)로 만들고, '유왈원(惟曰怨)'이라는 문구도 상하(上下)가 모두 삼자구(三字句)인데 그것을 덧붙여 사자구(四字句)로 하여 스스로 잘 고쳤다고 여겨 '유왈원(惟曰怨)'의 아래에 하나의 글자 '자(咨)'자를 더하였으니 우둔하고 거칠고 정(精)하지 못하며 글이 죽어 있다. 또 덧붙여 이어서 말하기를, '궐유간재(厥惟艱哉)'라 하였으니 이것은 대개 정현의 '임금 노릇 하기 어렵다'는 주석을 본 것이니 어떻게 변명할 수 있겠는가?

【蒐輯】맹자가『상서』를 인용하여 말하기를, "크게 드러났도다. 문왕(文王)의 계책이여! 크게 계승하였도다. 무왕(武王)의 공렬(功烈)이여! 우리 후인들을 도와 계도하되 모두 정도(正道)로써 하고 결함이 없게 하였다"라고 했다(「滕文公」에 보인다 — 原註). ○조기(趙岐)는 말하기를, "서(書)는『상서』의 일편(逸篇)이다. 성왕(成王)·강왕(康王)은 모두 정도(正道)를 행하여 이지러짐이 없음을 말한 것이니(梅賾이 이르기를, "모두 正道로 하여 邪缺이 없다"고 하였다 — 原註) 이것은 주공이 보필하여 어지러움을 다스린 공 때문이다"[165]라고 하였다.

○나는 이렇게 생각한다. 매색의 주는 조기의 주를 답습하였다.

왕은 이에 또 말하였다. "군아여! 그대는 선정(先正)의 옛 법도를 토대로 하여 이를 본받아라. 백성들이 다스려지고 어려워지는 것은 여기에 달려 있으니 그대 할아버지와 아버지의 행한 바를 좇아 그대 임금의 치적(治績)을 밝도록 해달라."

채침(蔡沈)은 "선정(先正)은 군아(君牙)의 조부(祖父)이다"[166]라

---

165) 孫奭,『孟子正義』卷 第6 下,「滕文公章句」下 趙岐 註.
166) 蔡沈,『書集傳』「君牙」註.

고 하였다.

○나는 이렇게 생각한다. 슬그머니 그 조부를 가리킨 것은 경박한 것이다.

경명(冏命)

(孔壁本에는 16편 중에 있다 ── 原註)

서(序)에 이르기를, "목왕(穆王)이 백경(伯冏)[167]에게 명(命)하여 주(周)나라 태복정(太僕正)으로 삼고 「경명」을 지었다"고 하였다.

매색이 이르기를, "태복장(太僕長)은(孔穎達은 말하기를, "正은 長이다"[168]라고 하였다 ── 原註) 태어중대부(太御中大夫)[169]이다"[170]라고 하였다. ○孔穎達이 "만약 『주례』의 태복(太僕)이라면 여기서 태복이라고 하면 족(足)한 것인데 어찌 반드시 정(正)이라고 하였는가? 또 이 경(經)에 이르기를, '그대에게 명하여 태정(大正)으로 삼으니 여러 복(僕) 가운데 우두머리가 되어〔……〕'라고 하였다. 『주례』를 살펴보건대, 태어(大馭)의 아래에 융복(戎僕)[171]·제복(齊僕)[172]·도복(道僕)[173]·전복(田僕)[174]이 있는데 태어(太馭)가 가장

---

167) 伯冏: 周나라 穆王 때의 신하.
168) 『尙書正義』卷 第19, 「冏命」孔穎達 疏.
169) 太御中大夫: 周나라 때 설치한 官職名.
170) 『尙書正義』卷 第19, 「冏命」孔氏傳. 여기서 말하는 孔氏는 梅賾이 孔安國에 자신을 假託한 것이다.
171) 戎僕: 周나라 때 兵車를 管掌하던 官職.
172) 齊僕: 周나라 때 금으로 장식한 임금의 수레, 즉 金路를 管掌하던 官職.
173) 道僕: 周나라 때 象牙로 장식한 임금의 수레, 즉 象路를 管掌하던 官職.
174) 田僕: 周나라 때 사냥할 때 쓰는 임금의 수레, 즉 田路를 管掌하던 官職.

우두머리가 된다. 이미 군복(羣僕)의 정(正)이라고 하였기 때문에
태어(大御)라고 여긴 것이다"[175]라고 하였다(또 임금과 함께 수레를
타니 가장 친근하다. 그러므로 『春秋』에 隨侯가 少師를 총애하여 수레 오른쪽에
두었고, 『漢書』에 文帝가 趙同을 총애하여 그를 명하여 御로 삼았다. 무릇 御
者는 가장 친근하기 때문에 이 經에 이르기를, "너는 간사한 사람에게 친근해
서 임금의 耳目에 해당하는 시종의 官에 충당되지 말라"[176]고 했다 — 原註)
○ 응소(應劭)[177]가 이르기를, "태복(太僕)은 주(周) 목왕(穆王)이
설치했다. 대개 태어(太馭)는 여러 복(僕)의 우두머리로 중대부(中
大夫)이다"라고 하였다(『史記』 註에 보인다 — 原註).

　○나는 이렇게 생각한다. 태복정(太僕正)을 태어(太馭)라고 한
것은 대개 후한(後漢) 이래로 이와 같이 서로 전해졌다. 지금 『주
례』를 살펴보건대, 태복(太僕)은 하대부(下大夫) 2인이고 태어(太
馭)는 중대부(中大夫) 2인이니, 그 품계의 차례는 비록 이와 같더
라도 그 직(職)의 관장하는 것을 고람해보면, 즉 태복은 왕의 복
위(服位)를 관장하고(그 옷을 바르게 하고 또 그 서는 자리를 바르게 하는
것을 담당한다 — 原註) 왕의 대명(大命)을 출납(出納)하고(虞의 納言과
같다 — 原註) 제후(諸侯)의 복역(復逆)을 관장하고(鄭玄이 이르기를,
"일을 아뢰는 것이다"라고 했다 — 原註) 노고(路鼓)[178]를 설치하여 곤궁
한 사람을 기다리고(원통하면 곧 치는 것이다 — 原註) 제사(祭祀) · 빈
객(賓客) · 상기(喪紀) · 군려(軍旅) · 연음(燕飮) · 조회(朝會) 때도 태
복이 오히려 있어 태복이 관장하는 모든 것을 모두 열거할 수 없
다. 그 솔속(率屬)에는 소신(小臣) · 제복(祭僕)[179] · 어복(御僕)[180]

---

175) 『尚書正義』 卷 第19, 「冏命」 孔穎達 疏.
176) 同上.
177) 應劭: 後漢 汝南 南頓人. 字는 仲遠. 『漢書』에 註를 낸 학자.
178) 路鼓: 四面을 가죽으로 싼 북인데, 宗廟의 제사 때나 원통한 백성이 호
　　소할 일이 있을 때 친다.
179) 祭僕: 周나라 때 제사를 맡은 官職.
180) 御僕: 周나라 때 官員들과 백성들의 奏告를 맡아 그들을 懷柔하던 官職.

등이 있는데 그 관장하는 일도 또한 모두 가벼운 것이 아니다. 이름은 비록 태복(太僕)이라도 수레를 몰고 말을 모는 사람이 아니요 그 소임도 지극히 중요하다. 만약 태어(太馭) 같으면 그 직책이 왕의 옥로(玉路)를 몰고 가면서 범발(犯軷)[181]·수비(受轡)[182]·제범(祭軓)[183]·집비(執轡)[184] 등의 행사와 수레가 가고 말이 움직일 때 난화(鸞和)[185]로써 빠르고 느린 절도를 조절할 뿐이다. 그러나 또 융복(戎僕)·제복(齊僕)·도복(道僕)·전복(田僕) 등이 비록 모두 이름은 복(僕)이나 각각 그 직책은 혹 융로(戎路)를 관장하고 혹 금로(金路)를 관장하고 혹 상로(象路)를 관장하고 혹 전로(田路)를 관장하였으니, 태어의 솔속이 될 수 없으며 태어의 절제를 받지 않았다(戎僕도 역시 中大夫 2인이다—原註). 누가 태어를 여러 복(僕)의 우두머리라고 하였는가? 또 공영달이 『춘추』의 수후(隨侯)와 『한서』의 문제(文帝)의 일을 인용하여 태어가 임금과 함께 수레를 탔다고 말하는 것은 잘못이다. 태어의 직책은 꼴을 묶어 신(神)을 만들고 개를 잡아서 노제(路祭)를 지내는 것으로서 그 일이 가장 천하니, 임금과 함께 수레를 타는 일은 없다. 오직 금로(金路)를 맡은 제우(齊右)와 상로(象路)를 맡은 도우(道右)가 임금이 수레를 탈 때는 말을 잡고 갈 때는 수레를 모신다(戎車는 戎右가 수레를 모신다—原註). 이것이 진실로 수후(隨侯)의 거우(車右)이며 한대(漢代)의 참승(參乘)이니(鄭玄의 註에는 陪乘을 參乘이라고 했다—原註), 누가 태어를 임금과 함께 수레를 탄다고 하였는가?

---

181) 犯軷: 길에서 올리는 제사. 路祭와 같은 것.
182) 受轡: 王者가 잡고 있는 고삐를 太馭가 받는 것.
183) 祭軓: 수레 앞턱나무에 무사함을 비는 祭. 朝本에는 祭軌로 되어 있음.
184) 執轡: 太馭가 왼손으로 고삐를 잡는 것.
185) 鸞和: 天子의 수레에 다는 황금으로 된 방울인데 鸞은 衡에 달고, 和는 軾에 단다.

무릇 사륜(絲綸)[186]을 제정하여 관직을 줄 때 체모(體貌)를 존중하였는데, 말을 관장하고 수레를 맡는 자가 어찌 이런 지위를 얻을 수 있겠는가? 오직 태복지신(太僕之臣)은 왕의 복위(服位)를 바르게 하고 왕의 대명(大命)을 맡는 것이니 총명이 통달하고 언변이 능통해야 한다. 현량한 이가 거기에 앉으면 화기(和氣)를 도양(導揚)하고 간사(奸邪)한 이가 거기에 앉으면 천자의 총명을 가리게 된다. 품계(品階)의 서열이 비록 낮다 하더라도 국가의 안위와 존망에 관계된다. 그러므로 목왕(穆王)이 당시에 문왕(文王)·무왕(武王)의 도가 이지러짐을 슬퍼하고 왕의 치도(治道)가 쇠미해짐을 답답하게 여겨(『史記』「周本紀」— 原註) 태복을 거듭 훈계해서 천자의 명을 신중히하여 그 명이 제후의 뜻에 잘 전달되어 왕국이 다시 편안해지도록 하였으니 이것이 어찌 한 수레를 관장하고 한 말을 맡은 자가 능히 얻을 수 있는 관직이겠는가?

특히 선유(先儒)들 가운데 『상서』에 있어 「경명」의 서(序)에 대해 주(註)한 이들이 잘못하여 태어(太馭)로써 그것에 해당하게 했으며, 정현이 『주례』를 주(註)한 것도 또한 태어(太馭)를 어(馭)의 가장 높은 것으로 하였으니(鄭玄은 이미 太馭를 가장 높은 것으로 하였으니 「冏命」을 註한 것도 또한 이와 같다. 梅賾의 註는 아마도 鄭玄의 註의 뜻에 근본한 듯하다— 原註), 위작자는 깊이 믿어 그것을 의심하지 않고 경문을 지을 때, "여러 복(僕)의 우두머리가 되다"든가 "동료(同僚)를 간택하다"든가 하는 두어 말로써 허둥지둥 엮고, 왕명에 대한 출납을 진실하게 하여 원왕(冤枉)을 도달(導達)[187]하는 말은 한 자도 언급한 것이 없다. 고문(古文)의 진짜 「경명」은 결단코 이와 같지 않다. 매색은 태복의 관직이 궁정(宮正)·주정(酒正)처럼 바로 '정(正)'으로 일컫는 것과 같지 않다고 보고 태복의 장을 별도

186) 絲綸: 詔勅의 雅稱.
187) 導達: 윗사람이 모르는 사정을 아랫사람이 위에 알려주는 일.

로 구하여 그가 태복을 거느린다고 여겼다. 만약 그렇다면 대사악
(大司樂)[188]도 악정(樂正)이 되지 못하며 태복(太卜)도 복정(卜正)
이 되지 못한다(『左傳』에 滕侯가 스스로 말하기를, "우리 周나라의 卜正이
다"[189]고 하였으니 卜正은 太卜이다ㅡ原註). 이런 이치가 있겠는가? 제
복(祭僕)·어복(御僕)은 모두 태복이 거느리는 속관(屬官)이다. 그
러므로 부(府)·사(史)·서(胥)·도(徒) 28인이 태복에 같이 예속되
는 것이니 태복이 여러 복(僕)의 우두머리가 아닌가? 만약 태어
(太馭)[190]이면 여러 복들과 동렬(同列)이 되는 데 불과하니 다시
이것을 상고하기 바란다.

목왕(穆王)이 다음과 같이 말했다. "백경(伯冏)아! 나는 덕을 잘
닦지 못하였으면서도 선인(先人)의 뒤를 이어 임금의 자리에 앉게
되었다. 두려워 조심스럽고 위태로이 여겨 밤중에도 일어나 그 허물
을 면하려고 생각한다. 옛날 문왕(文王)과 무왕(武王)께서는 총명하
고 존엄하며 성스러워, 높고 낮은 신하들도 모두 충량(忠良)을 품었
으며, 그분들을 시중들고 따라다니던 사람들까지도 바르지 않은 사
람이 없었다. 조석으로 그 임금을 받들어 도왔으며 출입하고 기거하
는 일상생활에서 공경하지 않음이 없었다. 명을 내리고 시행함에 있
어 선하지 않음이 없었으니, 하민(下民)은 공경하고 따랐으며 만방
(萬邦)이 모두 기뻐하였다. 나 한 사람은 어질지 못하여 실로 좌우전
후에 벼슬하는 인사 선비들에게 힘입어 그 미치지 못함을 바르게 하
고자 하니 허물을 바로잡아주고 잘못을 일깨워 옳지 않은 마음을 고
쳐줌으로써 능히 선열(先烈)을 잇게 해달라.

---

188) 大司樂: 周나라 때 樂官의 우두머리.
189) 『左傳』 隱公 11年.
190) 朝本에는 '太馭'로 되어 있음.

나는 이렇게 생각한다. 수집(蒐輯)할 수 있는 대상들이 이제는 다 된 것이다(이 篇은 드디어 한 條目도 수집한 것이 없다 — 原註). 이 편은 본래 지을 만한 근거가 없었다. 매색은 위고문(僞古文)을 위작할 처음에 본래 공벽본(孔壁本) 16편의 목록에서 취하여 순차(順次)를 살펴서 메우고 보충하여 고문(古文)의 완본(完本)을 만들려고 하였다. 그러므로 다만 16편 안에서 빙탁(憑託)한 바가 많고, 메우고 보충한 바도 11편의 많은 부분에 이르며(「舜典」「大禹謨」「棄稷」「五子之歌」「胤征」「湯誥」「咸有一德」「伊訓」「武成」「旅獒」「冏命」 — 原註), 그 버리고 보충하지 않은 것은 불과 5편이니, 그 간교한 마음과 거짓된 배짱의 근본은 16편으로부터 일어났음을 알 수 있다(보충하지 않은 것은 「汩作」「九共」「典寶」「肆命」「原命」 등 5편뿐이다 — 原註). 그 16편 밖에 남용하여 내놓은 편은 17편에 이르니, 「태갑太甲」「열명說命」「태서太誓」 등(이미 9편이다 — 原註)은 그 본문이 전기(傳記)에서 얻은 것이 심히 많고, 「중훼지고仲虺之誥」「함유일덕咸有一德」「군진君陳」「군아君牙」「필명畢命」 등(또 5편이다 — 原註)도 또한 본문을 수취(蒐取)한 바가 있기 때문에 차마 버리지 못하였다. 「주관」은 『주례』가 있어 근거할 수 있고 「미자微子」「채중지고蔡仲之誥」(또 3편이다 — 原註)는 사전(史傳)이 있어 의빙(依憑)할 수 있었다. 그러므로 남상(濫觴)이 여기에까지 이르렀으니, 이것이 위조(僞造)의 본뜻은 아닐 것이다.

【劓取】'조석출입기거(朝夕出入起居)'와 '발호시령(發號施令)'은 『주례』「도복道僕」의 글에서 답습한 것이다(『周禮』에 이르기를, "朝夕으로 出入할 때 副車의 政令을 관장한다"고 했다 — 原註).

○나는 이렇게 생각한다. 정현의 주는 사리에 멀고 어긋난다. 장차 도복으로써 선왕의 도를 행하려 한다고 여겼으니(鄭玄이 이르기를, "道僕은 아침 저녁으로 諸臣과 함께 先王의 道를 행한다"고 했다 — 原註), 위작자는 정현의 주를 보고 드디어 도복의 직임(職任)이 높고

중대하다고 하여 다만 「도복」의 글을 훔쳐서 이 편을 지었으나, '출입(出入)'이니 '정령(政令)'이니 하는 등의 구(句)는 육관(六官)의 제직(諸職)에 항상 있는 것이지 오직 도복뿐만은 아닌데 어찌 이것을 취하였는가?

【剽取】'격기비심(格其非心)'은 『맹자』를 표절한 것이다(오직 大人이라야 능히 임금 마음의 그른 것을 바룬다[191] — 原註).

○나는 이렇게 생각한다. 반드시 '심지비(心之非)'에다 '격(格)'자를 갖다 붙여야 바야흐로 그 말이 살아나는데, 지금 '격기비심(格其非心)'이라 하면 말이 죽어버리니 '비심(非心)'이란 어떤 마음인가?

지금 내가 그대를 태정(太正)으로 임명한다. 여러 복(僕)과 시어(侍御)하는 신하들의 우두머리가 되어 그대 임금의 덕을 위하여 힘쓰고 임금이 미치지 못하는 점을 번갈아 닦도록 하라. 신중히 그대 속관들을 간택하고 교언영색(巧言令色)하는 자와 비위 맞추는 자, 남의 눈치만 보는 자, 아첨하는 자는 쓰지 말고 오직 길사(吉士)만을 쓰라. 시중하는 신하가 바르면 그 임금도 능히 바르게 될 것이요, 시중하는 신하가 아첨하면 그 임금은 스스로 성인인 체하게 될 것이니, 임금의 덕도 신하에게 달려 있고 부덕함도 신하에게 달려 있다. 그대는 간사한 자와 가까이해서 임금의 이목(耳目)에 해당하는 시종의 관리에 충당되어 임금을 선왕의 법도가 아닌 곳으로 가게 인도하지 말라. 인물이 훌륭한 것이 아니라 재물로써 훌륭하게 되려는 자가 있으면 이런 자들은 그 벼슬을 병들게 할 것이다. 그러면 그대는 임금을 크게 공경치 않은 것이 되니 나는 그대를 벌하게 될 것이다."

왕은 다시 말한다. "아! 공경하여 영원토록 그대 임금을 법도로써 보필하라."

---

191) 『孟子』「離婁」上.

채침(蔡沈)이 말하기를, "여러 복(僕)은 제복(祭僕)·예복(隷僕)·융복(戎僕)·제복(齊僕) 등이다"[192]라고 했다.

내가 살펴보건대, 채침이 열거한 사복(四僕) 중에 오직 제복(祭僕)만이 태복의 속관이고 그 나머지는 아니다. 예복(隷僕)은 별도로 하나의 낮은 관직으로 똥 치고 청소하는 일을 관장하고 융복(戎僕)·제복(齊僕)은 어거(馭車)하는 관직이니 태복과는 관련이 없다. 채침은 이미 태복을 태복의 우두머리로 하였으니 이것은 오히려 한유(漢儒)의 구설(舊說)에 혼합되어 있다.

염약거가 말하기를, "한표(漢表)[193]에 '태복은 진(秦)나라 관직이니 여마(輿馬)를 관장한다'는 말이 있으니, 태복으로 마정(馬政)을 전담하게 한 것은 대개 진(秦)나라 때부터 잘못되어온 것이다"[194]라고 했다.

나는 이렇게 생각한다. 한유(漢儒)들은 눈에 익고 귀에 익어 태어(太馭)를 태복의 우두머리라 했는데 매색이 이것에 기인했을 뿐이다.

(謬義) '신간내료(愼簡乃僚)'는 한(漢)·위(魏)의 군국법(郡國法)에서 표절한 것이다(孔穎達이 이르기를, "府史 以下는 官長이 스스로 불러서 임명하고 士以上은 모두 君主가 스스로 선발하는 데 응한다"[195]고 하였다― 原註).

나는 이렇게 생각한다. 『주례』「천관天官─총재冢宰」에 "관부(官府)에 다스리는 법을 반포하여 그 정(正)을 세우고 이를 보좌하는 그 부(副)를 세우며 중사(衆士)와 이를 돕는 부사(府史)를 설치한다"고 하였으니(殷은 '많은 무리'라는 뜻이다― 原註), 대개 우(虞)

---

192) 蔡沈, 『書集傳』「冏命」註.
193)「漢表」: 『漢書』의「百官公卿表」.
194) 閻若璩, 『古文尙書疏證』卷7, 張9.
195) 『尙書正義』卷 第19,「冏命」孔穎達 疏.

의 백규(白揆)로부터 전주(銓註)의 권한은 여러 문(門)에서 나오지 않았는데 오직 한대(漢代)의 군국(郡國) 등은 그 좌리(佐吏)·장사(長史) 등을 군국(郡國)의 장(長)이 스스로 불러 기용하는 것을 허용하고 있다. 위작자는 드디어 태복정(太僕正)으로 하여금 스스로 그 관속(官屬)을 기용하게 하는 것으로 하였으니 『주례』에 이런 법이 있는가? 옛날의 선거법은 본래 사도(司徒)로부터 사마(司馬)에로 나아갔는데(「王制」에 보인다 ─ 原註) 총재(冢宰)에게 명령을 듣고 임용하였으니, 어찌 노제(路祭)를 지내는 관리가 감히 스스로 그 관속을 선발하겠는가? 육지(陸贄)[196]가 모든 사(司)의 장관(長官)으로 하여금 스스로 그 관속을 기용하게 하려고 한 것도 또한 후세의 논의이니 주(周)나라 법에는 이런 것이 없다.

나는 이렇게 생각한다. "시중드는 신하가 아첨하면 그 임금은 스스로 성인인 체하게 된다〔僕臣諛, 厥后自聖〕"고 하였으니, 다른 신하가 아첨하면 이런 폐단이 없겠는가? 말이 모두 무미하고 글이 모두 이치에 맞지 않으니, 진실로 위작을 가릴 수 없는 것이 이와 같다.

발(跋)

위의 『매씨서평』 9권은 전에 경오년(庚午年: 1810년) 봄(嘉慶 15年 ─ 原註)에 내가 다산(茶山)에 유배 가 있을 때 지은 것인데 금년 봄(道光 14年: 1834年 ─ 原註)에 내가 열상(洌上)에 있을 때 『상서고훈尙書古訓』과 『상서지원록尙書知遠錄』을 취하여 그것을 합해 한 책으로 만드니 21권이다. 이미 또 『매씨서평』을 취하여 거칠고 잡된 것

---

196) 陸贄: 754~805. 唐나라 蘇州의 嘉興人. 字는 敬輿, 諡號는 宣公. 저서로는 『翰苑集』이 있음.

을 깎아내리고 그 빠뜨린 것을 더하여 수정 완성해서 옛것을 따라 9권으로 하니 두 책이 모두 30권이다. 내 나이 금년에 73세라 눈이 어둡고 손이 떨리는데 그래도 이것을 할 수 있었던 것은 하늘의 도움이다(『梅氏書平』의 윗부분 4권은 수년 전에 수정한 것이다 — 原註). 8월 14일 열상노인(洌上老人)이 쓰다(甲午年: 1834年 가을 — 原註).

10

매씨서평(梅氏書平) 10

하내태서(河內泰誓)

(『史記』에는 「泰誓」 3편이라고 언급하지 않았다. ○ 鄭玄本에는 3편이 있었지만 지금은 亡失되었다 ─ 原註)

　　마융(馬融)의 「서서書序」[1]에 이르기를, "「후득태서後得泰誓」[2]는 그 글을 살펴보니 내용이 너무 얕은 것 같다"고 하고, 또 이르기를, "'8백의 제후들이 부르지 않아도 스스로 왔고 기약하지 않았는데도 그 때를 같이하여 모였으며 꾀하지 않았지만 말이 같았다'고 하고, '불이 하늘에 올라가서는 다시 내려와 무왕(武王)의 진옥(陣屋)에 이르러 변하여 까마귀가 되었고 다섯 번 이르렀는데 곡식이 함께 왔다'고 하니, 불을 일으켜 주(周)나라가 일어나는 징조를 알리는 신기한 일을 거론하는 것은 공자가 말하지 않은 것에 해당하는 것이 아니겠는가?[3] 또, 『춘추』에서 「태서」를 인용하여,

---

1) 「書序」: 馬融이 지은 『尙書』에 대한 서문.
2) 「後得泰誓」: 孔壁古文尙書의 「太誓」가 아니고 所謂 「西漢後得泰誓」를 말함.
3) 孔子는 怪力亂神을 말하지 않았다(『論語』 「述而」).

'백성들의 소망은 하늘이 반드시 따른다'⁴⁾고 했고, 『국어』에서는 「태서」를 인용하여, "짐(朕)의 꿈이 짐의 복서(卜筮)에 합치되었다'⁵⁾고 했고, 맹자는 「태서」를 인용하여, '나의 무위(武威)를 떨쳐서'⁶⁾라고 했으며, 손경(孫卿)은 「태서」를 인용하여, '독부(獨夫) 수(受)⁷⁾'라 했고, 『예기』에서는 「태서」를 인용하여, '내가 저 수(受)를 이긴 것은 나의 무위가 아니다'라고 하였는데(「坊記」에 보인다—原註), 금문(今文)의 「태서」(「河內泰誓」를 말함—原註)에는 이같은 말이 하나도 없다. 내가 전해오는 옛 서적을 본 것이 많다. 그러나 「태서」를 인용하였는데 정작 「태서」 속에는 그 글이 없는 것이 매우 많아 다시 이 모두를 기록하지 아니하고 대충 다섯 가지의 일만을 들어서 이 점을 밝혀도 역시 알 수 있을 것이다"라고 하였다.⁸⁾

○내가 살펴보건대, 「태서」가 없어진 시기는 맹자(孟子)·순경(荀卿)의 뒤일 것이다(孟子의 沒年은 周의 赧王 初年이요, 荀卿이 蘭陵令이 된 것은 范雎가 정승을 그만둔 해이다—原註). 그리고 진(秦)의 분서(焚書)가 그다지 오래되지 않았을 때 누경(婁敬)⁹⁾은 이미 8백 제후에 관한 말이 있었으니 「위태서僞泰誓」가 지어진 때는 아마도 상당히 일렀던 것 같다. 그러므로 복생이 이것을 『상서대전』에 실어놓았고, 공안국이 이것을 『고문상서』에 덧붙여놓았으며, 사마천이 이것을 정사(正史)¹⁰⁾에 기록하여 유림들이 서로 전하는 전적(典籍)이 되었다. 그러나 정현(鄭玄)이 주를 낸 것은 바로 「하내태서」이

---

4) 襄公 31年.
5) 「周語」下.
6) 「滕文公」下.
7) 『荀子』「議兵」.
8) 孔穎達,『尙書正義』卷 第11,「泰誓」上 孔穎達의 疏.
9) 婁敬: 前漢 齊人. 高祖 때 都邑을 關中으로 定할 것을 건의하였으며, 賜 姓이 劉이므로 劉敬이라고도 함.
10) 『史記』를 가리킴.

며, 일찍이 세상에 나온 원본은 아니다(上丙七에 있다—原註).

　공영달이 이르기를, "『상서』는 진(秦)나라 때 와서 없어졌다.
그래서 한(漢)나라 초(初)에는 그 편수를 알지 못했다. 한나라 무
제(武帝) 때에 공장(孔臧)이 공안국에게 보낸 편지에서, '『상서』
28편은 28수(宿)의 상에서 따왔다'(上甲十에 있다—原註)고 하였으
니, 이것으로 보면 한나라 초에는 「태서」가 없었다. 뒷날 「위태
서」 3편을 얻었는데 여러 유학자들은 대부분 이것을 의심하였고,
〔……〕 마융만이 오직 뒤에 얻었다고 하였으니 어느 때 얻었는지
를 모르겠다"[11]고 하였고, 또 "『한서』에 누경(婁敬)이 고조(高祖)
에게 설명하여 이르기를, '무왕(武王)이 주(紂)를 칠 때 기약하지
않아도 맹진(盟津)에 모인 제후가 8백이었다'[12]고 하였으니(「僞太
誓」에 이 글이 있다—原註) 그 본이 어느 『상서』에서 나온 것인지 모
르겠다. 한 무제(漢武帝) 때 동중서(董仲舒)의 「대책對策」에, '『상
서』에 백어(白魚)가 배에 들어왔다'[13]고 하는 말을 했으니, 이는
무제 때 이미 「위태서」를 얻었을 것이다"[14]고 하였으며, 또 "양왕
(梁王)이 이를 함께 보존하여 '본디 두 본의 「태서」가 있는데, 「고
문태서」는 주(紂)를 칠 당시의 일을 성인(聖人)[15]이 이를 취하여
『상서』를 만들었고(梅頤의 「泰誓」를 말함—原註) 「금문태서」는 관병
(觀兵) 당시의 일을 따로 기록하여 「주서周書」를 만들었다'고 하였
는데(「河內泰誓」를 말함—原註) 이는 잘못된 말이다. 저 위서 3편
(「河內泰誓」를 말함—原註) 중에 상편은 관병 당시의 일이고 중·하
2편은 또한 주(紂)를 칠 당시의 일이니, 모두가 관병 당시의 일은

---

11) 孔穎達, 『尙書正義』 卷 第11, 「泰誓」上 孔穎達의 疏.
12) 『漢書』 卷43, 「酈陸朱劉叔孫傳」 第13.
13) 『漢書』 卷56, 「董仲舒傳」 第26.
14) 孔穎達, 『尙書正義』 卷 第11, 「泰誓」上 孔穎達의 疏.
15) 聖人: 孔子를 가리킴.

아니다(또한 글자도 梅書를 끌어와서 말한 것이다 — 原註). 그리고 관병 당시에는 약함만 보이고 곧 퇴군하였는데 무슨 맹세할 일이 있었 겠는가?"[16]라고 하였다.

○내가 살펴보건대,「위태서」의 전말은 머리편에 자세하게 갖추어놓았기에(上丙七에 있다 — 原註) 여기에 다시 기술하지는 않는다. 다만 공충원(孔沖遠)이 매색의 「태서」를, 주(紂)를 칠 당시의 일을 기록한 것이라 하여 그 자체를 「금문태서」(河內泰誓本 — 原註)와 구별시켰다. 그런데 이제 매색의 3편을 살펴보니 역시 상편은 관병의 일에 의거한 것이고 중·하 2편에 와서 비로소 주(紂)를 치는 것으로 되어 있기 때문에 매색본(本)「서서書序」의 위쪽 반은 구서(舊序)(『漢書』「律曆志」에 수록된 「太誓」의 序文 — 原註)를 그대로 사용하여 관병했던 연대와 같게 했고(이른바 11년이라고 하는 것 — 原註) 아래 반은 「무성武成」의 구서를 사용하여 주(紂)를 치는 연대에 억지로 맞추어놓았다(이른바 13년이라고 하는 것 — 原註). 이는 대개 그 당시 「하내태서」가 바야흐로 세상에서 주류를 점하고 있어 구서와 똑같이 쓰기가 어려워 이를 틀리게 한 때문이었으니 거짓을 가지고 거짓을 치고 있는 것을 장차 누가 이를 바로잡겠는가?

이제 그 글은 없어졌다. 사전(史傳)에 실려 있는 것을 채록한다 해도 빠지고 없어져 완전치 못하나 슬퍼할 것도 없다. 이에 다음과 같이 기록하여 매색의 『상서』와 혼동하지 않도록 하고자 한다.

『사기』에 이르기를, "무왕이 즉위한 9년에 동쪽으로 정벌하기로 하여 맹진(孟津)에 이르자, 기약하지 않았는데도 모인 제후가 8백이나 되었다. 무왕이 회군하여 와서 태공(太公)과 함께 「태서」를 지었다"고 하였다(「齊世家」 — 原註).

---

16) 孔穎達,『尙書正義』卷 第11,「泰誓」上, 孔穎達의 疏.

「태서」의 뜻에 대해서는 담론하는 이들이 동일하지 않다(나의 「書序說」에 상세히 나타나 있다[17] — 原註). 이제 이 글을 상고하니 아마도 태공의 맹세인 것 같다. 이윤이 훈계한 것을 「이훈伊訓」이라 하고 소공(召公)이 고한 것을 「소고召誥」라 하는 것과 다를 게 없다. 다만 서(誓)라는 것은 전쟁에 임할 때 하는 약속이다. 군사를 되돌려와서 맹세했다고 하니 이런 이치가 있겠는가? 대개 무왕이 주(紂)를 칠 때 먼저 앞서 나갔고 태공이 뒤따르며 몸소 군사를 인솔했던 것 같다. 그래서 「태서」는 태공의 서(誓)이고 「목서牧誓」는 무왕의 서(誓)이다.

『상서』에 이르기를, "4월에 태자(太子) 발(發)[18]이 필(畢)[19] 아래에서 제사를 올리고 맹진(盟津) 가에 당도했다"고 하였다(『尙書大傳』— 原註).

정현이 이르기를, "4월이란 주(周)나라의 4월이다. 발(發)은 주(周)의 무왕인데 부업(父業)을 마쳤기 때문에 태자라 했다"[20]고 하였다.

○나는 이렇게 정정(訂正)한다. 부업(父業)을 마쳤기 때문에 태자로 칭했다고 하는데 이런 이치가 있겠는가? 당시에 유행하던 잘못된 사설(邪說)이다. 무왕의 9년·11년을 문왕(文王)이 수명(受命)한 9년·11년으로 생각했기 때문에 문왕이 수명(受命)하고 있던 때로 여겨 태자 발(發)이라고 칭한 것이다. 머리 숙여 비굴하게 이 위서에 주(註)를 냈으니 정강성(鄭康成)은 부끄러움이 있을 것

---

17) 『與猶堂全書』 제2집(經集) 「尙書詁訓序例」 「尙書序」를 가리킴.
18) 發: 武王의 이름.
19) 畢: 馬融은 文王의 墓所가 있는 곳의 地名이라고 함.
20) 『皇淸經解續編』 卷332, 『尙書今古文集解』 「太誓」 第10, 鄭玄의 『尙書大傳注』.

이다.

『사기』에, "무왕 9년에 필(畢)에서(馬融은 이르기를, "畢은 文王의 墓所의 地名이다"고 하였다──原註) 제사를 올리고 나서 동쪽을 향해 정벌하려고 하는 군사의 위엄을 보이고 맹진에 이르렀으며, 문왕의 목주(木主)[21]를 만들어 수레에 실어 중군(中軍)에 두고서 자칭 태자 발(發)이라 했다"[22]고 하였다(文王을 받들어 정벌하는 것이지 감히 스스로 함부로 하지 아니함을 말한 것이다──原註).

○나는 이렇게 정정한다. 군사의 출동에 목주를 싣는 것은 비록 그것이 고례(古禮)라 하더라도(『禮記』「曾子問」과 『尙書』「甘誓」의 注에 보인다──原註) 천주(遷主)[23]는 실어도 신주(新主)는 싣지 못하니, 『사기』에 수록된 말은 잘못이다(이것은 또한 「僞太誓」중의 문구는 아니다──原註).「백이전伯夷傳」 같은 곳에 이르기를, "아비가 죽었는데 장례도 치르지 않고 목주를 실었다"고 하니, 대저 장례를 지낸 다음에 우제(虞祭)를 지내고 우제를 지내고서 입주(立主)하거늘, 이미 장례를 치르지도 아니했는데 어떻게 목주가 있을 수 있겠는가? 한유(漢儒)들의 주소(註疏)가 분명치 않은 것이 이와 같다.

이에 사도(司徒)·사마(司馬)·사공(司空) 등의 제절(諸節)[24]에게 고하노니 항재(亢才)[25]들아! 나는 무지(無知)하나 선조(先祖)·선부(先父)의 유덕한 신하들을 기용하여 이들이 나를 좌우에서 도와 내가 선조의 공을 받게 되었으니 상벌에 힘써 선조들의 유법에 따라 그 공을 정하겠노라(『尙書大傳』──原註).

---

21) 木主: 나무로 만든 位牌.
22) 『史記』「周本紀」.
23) 遷主: 遷廟에 奉安된 木主로 師行이나 巡狩時에 싣고 간다.
24) 諸節: 符節을 받은 여러 官人들.
25) 亢才: 高才.

복생이 이르기를, "천자의 삼공(三公)은 사도공(司徒公)·사마공(司馬公)·사공공(司空公)이고 한 공(公)마다 삼경(三卿)이 보좌하고 한 경(卿)마다 세 명의 대부(大夫)가 보좌하며, 한 대부마다 세 사람의 원사(元士)가 보좌하는 까닭에 삼공(三公)·구경(九卿)·이십칠대부(二十七大夫)·팔십일원사(八十一元士)가 있다. 참여하여 천하를 다스리는 자가 이와 같을 뿐이다"고 하였다(『尙書大傳』—原註).

○살펴보건대, 삼공·구경에 대한 해석은 잘못이다.

【考異】『사기』에 이르기를, "이에 사마·사도·사공 등의 제절(諸節)에게 고하노니(馬融은 "符節을 받은 여러 有司들이다"고 하였다—原註) 삼가고 두려워하며 신실하게 할지어다. 나는 무지하나 선조 때의 덕 있는 신하들을 기용하여 내가 선조의 공을 받았다"[26](徐廣은 "한편으로 '予小子受先公功'으로 되어 있다"고 하였다—原註)고 했다.

○살펴보건대, "『사기』에 이르기를"이라고 한 것은 「주본기」와 「제세가」에서 취한 것인데, 이것은 바로잡아 글을 만든 것이다(상하에 '史云'이라고 한 것은 모두 그러하다—原註). 이 글은 복생의 본(本)과 같지 않으니 대개 여러 본들이 각기 틀리는 모양이다.

드디어 군사를 일으켰다. 사상보(師尙父)[27]는 왼손에 황월(黃鉞)을 쥐고 오른손에 백모(白旄)를 잡고 호령하기를, "창시(蒼兕)[28] 창시(蒼兕)야, 너의 무리들과 너희 배와 노를 정돈하여 거느려라. 늦게 오는 자는 참(斬)하리라"고 하였다(『史記』에 기재된 것이다[29] — 原註).

정현이 이르기를, "사상보는 문왕이 반계(磻溪)에서 얻은 성인

---

26)「周本紀」.
27) 師尙父: 周나라 文王·武王 때의 呂尙, 즉 姜太公의 尊稱.
28) 蒼兕: 水中의 怪獸 이름인데 여기서는 舟楫을 맡은 官職.
29)「齊世家」.

인 여상(呂尙)인데 그를 세워서 태사(太師)로 삼았다. 상보(尙父)라고 부른 것은 그를 높이는 뜻이다(『毛詩』「大明」의 疏에 보인다 — 原註). 또 '호(號)'라고 한 것은[30] 명령 중에 군법(軍法) 가운데서도 무거운 것이다"[31]고 하였다(號가 誓로도 되어 있다 — 原註). ○마융이 이르기를, "창시(蒼兕)는 주즙(舟楫)을 주관하는 관명(官名)이다"[32]고 하였다(王充은 "蒼兕는 九頭를 가진 水獸인데 여기서는 군사들에게 명령하여 빨리 물을 건너게 하는 데 사용하였다. 그러므로 蒼兕라는 이름을 말하여 두려워하게 한 것이다"[33]라고 하였다 — 原註).

○살펴보건대『상서대전』에는 이 문단이 없으니 이제『사기』에서 취하여 보충해놓는다.

태자 발(發)이 배에 올라 중류쯤 오니 백어(白魚)가 배 안으로 들어오기에 몸을 굽혀 취하여 물가로 나가 요제(燎祭)를 지냈다(『尙書大傳』 — 原註).

『사기』에 이르기를, "무왕이 강을 건너는데 중류에 이르자 백어가 왕의 배 안으로 뛰어들어와 무왕이 몸을 구부려 잡아 가지고 제사를 지냈다"[34]고 하였다. ○마융은, "고기란 어패류(魚貝類)이니 병(兵)을 형상하는 것이요, 흰색은 은나라의 정색(正色)이니, 은나라의 병상(兵象)이 주나라에게 주어지는 것을 형상함을 말한다"[35]고 하였다.

---

30) 원문에서 '以號曰'이라고 한 것의 '號'를 가리킴.
31) 『皇淸經解續編』卷332, 『尙書今古文集解』「太誓」第10, 鄭玄의 『尙書大傳注』.
32) 『史記』「齊太公世家」의 註인「索隱」에 나온다.
33) 同上.
34) 『史記』「周本紀」.
35) 『皇淸經解續編』卷332, 『尙書今古文集解』「太誓」第10, 馬融의 註.

○나는 이렇게 생각한다. 창시(蒼兕)·백어(白魚)·적오(赤烏) 등의 설은 사궤(邪詭)한 말로 떳떳한 것이 되지 못하는데도 복생·공안국·마융·정현 등이 머리를 숙여 받들지 않음이 없으니 부끄러운 일이로다(馬融은 이것을 의심함이 이미 깊었으나 그래도 이것을 또 註하였다—原註).

왕충(王充)의 『논형論衡』에, "무왕이 주(紂)를 칠 때 일이다. 배에 오름에 양후(陽侯)[36]의 파도가 일고 질풍이 강물을 역류시키니, 무왕이 황월(黃鉞)을 잡고 휘젓자 바람과 물결이 잠잠해졌다. 강 중류에서 백어(白魚)가 배에 들어오거늘 구워서 하늘에 고하였다"고 하였다(『水經』注에도 역시 이 문단을 수록해놓았다—原註).

『시경』「주송周頌—사문思文」의 주소(註疏)에 「태서」를 인용하여 이르기를, "4월에 태자 발(發)이 필(畢)에서 제사를 올리고 맹진(孟津)(註에 "孟津은 地名이다"고 하였다—原註) 가에 이르렀다"고 하였고, 또 "태자 발이 배에 올라 중류에 이르자 백어(白魚)가 왕의 배에 들어오거늘, 왕이 몸을 굽혀 잡아 물가에 나가 이것을 가지고 하늘에 요제(燎祭)를 지냈다"[37]고 하였다. ○정현이 이르기를, "백어가 배에 들어온 것은 하늘의 서조(瑞兆)이다. 고기에는 수족이 없으니 이는 주(紂)에게는 도울 이가 없는 것을 상징하는 것이며, 흰색은 은나라의 정색(正色)이다. 하늘의 뜻이 만일, 은나라를 무왕에게 주겠다고 하였다면 마땅히 주(紂)를 도울 이가 없을 때까지 기다려야 한다. 지금은 아직도 어진 사람이 자리에 있으니 칠 수가 없다. 그러나 백어의 서조(瑞兆)를 얻게 되었으니 곧 바꾸어 왕이라고 칭하고 천명(天命)에 따라 연호(年號)를 정하게 된 것이다. '사(涘)'는 '애(涯)'의 뜻이다. 왕이 물가에 나가 물

---

36) 陽侯: 옛 제후인데 물에 빠져 파도의 신이 됨.
37) 孔穎達, 『毛詩正義』 卷 第19: 2, 「周頌—思文」의 疏.

고기를 구워 제사 지낸 것은 변례(變禮)이다"[38]고 하였다(이것도 「思文」의 疏에 보인다 — 原註).

○나는 이렇게 생각한다. 사설(邪說)을 부회하여 천충(天衷)을 속이고 있으니 정현의 주석은 그것이 심한 것이다.

『상서대전』에 이르기를, "무왕이 배를 타고 물에 들어가 앞에 있으면 고종(鼓鐘)이 그 다음에 있고 관대(觀臺)가 그 다음에 있으며, 장주(將舟)와 종묘(宗廟)가 차례로 그 다음에 있다"고 하였다('惡'는 모두 '亞'로 읽으니 '次'의 뜻이다 — 原註). ○『주례』「사사肆師」의 주(註)에 정현이 『상서대전』을 인용하여 이르기를, "왕이 배를 타고 물에 들어가 앞에 있으면(賈公彦의 疏에 이르기를, "武王이 文王 受命 11년 觀兵할 때에 孟津에서 배를 탔다는 것을 말함이다"고 하였다 — 原註) 고종(鼓鍾)이 아(亞)('亞'는 왕이 탄 배의 뒤라는 뜻이다 — 原註)요, 관대(觀臺)(不吉한 것과 祥瑞로운 것을 바라볼 수 있다 — 原註)가 아(亞)요, 장주(將舟)(社의 神主 — 原註)가 아(亞)요, 종묘(宗廟)(遷廟의 神主 — 原註)가 아(亞)이다"라고 하였다.

○살펴보건대, 이 문단 역시 소위 경문(經文)이란 것이겠는가, 아니면 자신이 『상서대전』에 부연한 것인가? 지금은 알 수가 없다. 『상서대전』에, "무왕이 주(紂)를 칠 때 상(商)나라 교외에 당도하여 머물러 밤을 지내니, 사졸(士卒)들이 모두 가무를 즐기면서 아침을 기다렸다"고 하였다(본래는 "배를 타고 물에 들어갔다[升舟入水]"는 글 앞에 있다 — 原註).

여러 공(公)들이 모두들 이르기를, "훌륭하도다! 불이 왕의 집에 흘러들더니 세 발 달린 적오(赤烏)로 화하였다"고 하였다(『尙書大傳』— 原註).

---

38) 同上.

『사기』에 이르기를, "이미 강을 건너니 불이 하늘에서 아래로 내려와 왕이 계신 집에 이르러서 변하여 까마귀가 되었는데 그 빛깔이 붉고 그 소리가 안정되어 있었다"[39]고 하였다. ○마융은 이르기를, "왕옥(王屋)은 왕이 거주하는 집이며, 유(流)는 행(行)한다는 뜻이고, 백연(魄然)은 안정되어 있는 것을 뜻한다"[40]고 하였다. ○정현은 이르기를, "서설(書說)에 '오(烏)에는 효(孝)를 상징하는 이름이 있다(살펴보건대, 書說이라는 것은 『尙書緯』의 설이다─原註). 무왕이 아버지의 대업(大業)을 잘 마쳤기 때문에 까마귀의 서조(瑞兆)가 이르렀다. 적(赤)이란 주(周)나라의 정색(正色)이다'는 말이 있다"[41]고 하였다. ○사마정(司馬貞)[42]은 이르기를, "「금문태서」를 살펴보건대, '변하여 조(鵰)가 되었다'고 하니 조(鵰)는 지조(鷙鳥)[43]이다"[44]고 하였고, 마융은, "무왕이 능히 주(紂)를 토벌할 수 있음을 밝힌 것이다"[45]고 했다.

○살펴보건대, '기성백(其聲魄)' 세 글자는 『상서대전』에 보이지 않는다. 그러나 마융이 백(魄)자를 주(註)하여 "당연히 이 '백(魄)'자는 경문(經文)에 본래 있는 것이다"고 하였고, 또 고문에는 '유위오(流爲烏)'라고 하여 정현이 오(烏)자로 주하였는데, 금문에는 '유위조(流爲鵰)'라고 하여 마융이 조(鵰)로 주하였다. 스승과 제자 두 사람이 한 사람은 금문, 다른 한 사람은 고문을 주장하였으니(今文은 伏氏本이요, 古文은 孔氏本이다─原註) 두 사람 모두 탄식할 만하다.

---

39) 「周本紀」.
40) 『史記』「周本紀」의 註.
41) 同上.
42) 司馬貞: 唐나라 河內人. 字는 子正, 官은 朝散大夫, 弘文館學士. 저서로는 『史記索隱』이 있다.
43) 鷙鳥: 독수리.
44) 『史記索隱』.
45) 『史記』「周本紀」의 註.

【考異】「주송−사문」소(疏)에서 「태서」를 인용하여, "5일에 이르러 불이 위로부터 다시 내려와 왕의 집에 닿아 그것이 변하여 조(鵰)가 되었는데, 그 색은 붉고 울음소리는 안정되어 있었으며 다섯 번 이르렀는데 곡식이 함께 왔다"[46]고 했다. ○ 정현은 이르기를, "5일이란 요제(燎祭)를 지낸 다음의 날 수(數)요, 왕옥(王屋)은 임금이 계신 집 위다. 유(流)는 변한다는 말과 같고 조(鵰)는 당연히 아(鴉)로 되어야 한다. 아(鴉)는 오(烏)이다. 요제(燎祭)를 지낸 5일 만에 불이 까마귀가 된 것은 하늘이 무왕에게 이 서조(瑞兆)를 가지고 알린 것이다. 서설(書說)에 '까마귀에는 효를 상징하는 이름이 있다(곧 『尙書緯』이다 — 原註). 무왕이 아버지의 사업을 마쳤기 때문에 까마귀의 서조가 이르렀다. 적(赤)은 주(周)나라의 정색(正色)이요, 곡(穀)은 후직(后稷)의 덕을 기록한 것이다'고 하는 말이 있다"[47]고 하였다.

○ 살펴보건대, '오지이곡구래(五至以穀俱來)' 6자도 역시 소위 경문(經文)이라는 것이기 때문에 정현이 곡(穀)자를 주석하였으며, 글귀를 일으킨 앞의 '지어오일(至於五日)' 4자도 또한 마찬가지이다.

무왕이 기뻐하고 모든 대부들이 모두 좋아하니 주공(周公)이 이르기를, "성대하도다! 천지가 이를 드러내어 권면하도록 한 것이니, 이것을 믿고 자만할까 두렵다"고 하였다(『尙書大傳』. ○ 一本에는 "周公曰: '復哉復哉!'"라고 되어 있다. 아래에 보인다 — 原註).

【考異】『주례』「대축大祝」주에 『상서』를 인용하여, "왕께서 감동하여 얼굴색이 변하였다"[48]고 하였으며(賈公彦은 이르기를, "「今文

---

46) 孔穎達, 『毛詩正義』 卷 第19: 2, 「周頌−思文」의 疏.
47) 同上.
48) 『周禮』 「春官−大祝」 賈公彦 疏.

太誓」에는 火鳥의 瑞兆를 얻었다는 것을 앞에 붙여서 周公의 글로써 王에게 알리니 王이 감동하여 얼굴빛이 변하였다"[49]고 하였다 ── 原註), 또 「태서」를 인용하여 이르기를, "주공이, '아! 힘쓸지어다. 나는 옛 어진 왕들의 격언(이 아래 글은 빠져 있음.── 原註)을 듣고 태자 발(發)은 머리를 조아렸다'고 했다"고 하였다(賈公彦의 疏에 보인다. ○賈公彦이 이르기를, "임금이 신하에게 머리를 조아렸다"[50]고 하였다 ── 原註).

○살펴보건대, 소위 경문이란 것이 흩어지고 없어져 상고할 수 없다.

병오(丙午)에 왕이 군사를 회군할 때 앞선 군사들이 북을 치며 떠들썩하니, 이에 군사들이 기뻐하여 앞에서는 노래하그 뒤에서는 춤을 추었다(『尙書大傳』에 수록된 것은 여기에서 그친다 ── 原註).

『주례』「대사마大司馬」의 주에, 『상서』를 인용하여, "앞선 군대들이 북을 치며 떠들썩하였다"고 했다. ○『모시』의 「대명大明」소(疏)에서 「태서」를 인용하여, "군사들이 북을 치고 떠들썩하니 앞에서는 노래하고 뒤에서는 춤을 추었는데 그 진동이 하늘과 땅까지 이르렀으며, 모두들 '부지런히하여 게으르지 말자' 했다"[51]고 하였다(또 『禮記』「文王世子」疏에는 "師樂이 이를 위해 前歌·後舞를 하였다는 것으로 「太誓」의 글로 삼았다"[52]고 하였다 ── 原註). ○왕일(王逸)[53]의 『초사楚辭』주에 이르기를, "무왕의 삼군(三軍)은 저마다 싸움을 즐겨 적진에 나갈 적에 서로 앞을 다투었다. 앞에서는 노래하고 뒤에서는 춤을 추어 기뻐하며 떠들었다"고 하였다(「天問」註에

---

49) 同上.
50) 同上.
51) 孔穎達, 『毛詩正義』卷 第16: 2, 「大明」의 疏.
52) 孔穎達, 『禮記正義』卷 第20, 「文王世子」의 疏.
53) 王逸: 後漢 宜城人. p. 244 주 10 참조.

나온다 — 原註).

○살펴보건대, '격어상천하지(格於上天下地)'란 이 말은 『상서대
전』에는 빠져 있고, '함왈자자무태(咸曰孜孜無怠)'라는 글은 『사기』
에는 '11년에' 하는 곳(再次 征伐한 때이다 — 原註)에 기록되어 있으
나 지금은 상고할 수 없다.

『사기』에는, "드디어 맹진(孟津)에 이르니 제후들이 기약하지
않고서 모여든 자가 8백 제후나 되었는데, 제후들이 모두 '주(紂)
는 정벌해야 된다'고 하였다. 그러자 무왕은 '너희는 아직 천명(天
命)이 은(殷)에서 떠나지 않은 것을 알지 못한다. 은(殷)을 칠 시
기가 아니다'라 하고 군사를 돌렸다"[54]고 했다.

○살펴보건대, 이 이상은 곧 「하내태서」의 잔문(殘文)이다.

【散考】『한서』「동중서전董仲舒傳」에 이르기를, "『상서』에, '백
어(白魚)가 왕의 배에 들어오고 불이 하늘에서 왕의 집에 내려와
그것이 변하여 까마귀가 되었다'(顔師古는 "「今文泰誓」의 말이다"고 하
였다 — 原註)고 하였으니, 이는 아마도 하늘의 명을 받게 되는 부
절이라고 여기고, 주공이 '알리는구나. 알리는구나'(顔師古는 "역시
「今文泰誓」에 보인다"고 하였다 — 原註)라고 하였으니, 이러한 것은 모
두가 선(善)을 쌓고 덕(德)을 쌓은 데서 오는 효험이다"[55]고 하
였다.

○「종군전終軍傳」에 이르기를, "옛날 무왕(武王)이 강 중류까지
오고 아직 다 건너지 못하고 있는데 백어(白魚)가 왕의 배에 들어
오거늘 몸을 굽혀 잡아 요제(燎祭)를 지내니 뭇 공후(公侯)들이
모두들 아름다운 일이라고 했다"[56]고 하였다. ○「유보전劉輔傳」에
이르기를, "옛날 무왕과 주공이 천지를 받들고 이에 순(順)함으로

---

54) 『史記』「周本紀」.
55) 『漢書』 卷56.
56) 『漢書』 卷64.

써 백어(白魚)와 화오(火鳥)의 상서로움을 얻었으나 그래도 군신(君臣)이 서로 공경하고 두려워하면서 낯빛을 바꾸며 서로 경계하였다"[57]고 하였다.

【散考】왕일의 『초사』 주에 이르기를, "무왕이 처음 맹진에 이르자 8백 제후들이 서로 기약하지 않았지만 당도하여, 모두들, '저 주(紂)는 쳐야 한다'고 했고, 백어(白魚)가 왕의 배에 들어오자 뭇 신하들이 모두 '아름다운 일이로다'고 하니, 주공이 '비록 아름다운 일이나 아름답게 여기지 말라'고 했다"고 하였다(「天問」註에 나온다 — 原註).

○『수경』 주에 이르기를, "하남(河南)에 구진루(鉤陳壘)가 있는데 세상에 전하기를 무왕이 주(紂)를 칠 때 8백 제후들이 회동했던 곳이라 하니 『상서』에 이른바 '기약하지 않았는데도 때를 같이하여 모였다'는 곳이다. 하수가 이곳에 이르러 맹진의 지목(地目)이 있다"고 하였다.

【總論】매색이 이르기를, "무왕이 삼년상을 마치고 맹진에서 군사의 위엄을 보였다"[58]고 하였다(孔穎達이 이르기를, "「周書」를 살펴보건대, 文王이 受命한 9년 暮春에 鎬京에 있으면서 太子인 發을 불러 文王의 傳을 짓게 했다고 하니, 그때는 오히려 생존해 있었으나 다만 崩御한 달만 모를 뿐이다. 가령 暮春에 崩御하였으면 武王의 服喪은 11년 3월에 와서 大祥이고, 4월에 와서 觀兵하였다. 그러므로 『今文泰誓』에도 역시 '4월에 觀兵하다'고 했다"[59]고 하였다 — 原註).

○나는 이렇게 생각한다. 태자 발(太子發)을 불러 문왕의 전(傳)을 짓게 한 것은 문왕 9년의 일이며 동쪽을 향해 군사의 위엄을 보이고 맹진에 이른 것은 무왕 9년의 일이다. 주소(註疏)는

---

57) 『漢書』 卷77.
58) 「泰誓」 上 孔氏傳.
59) 孔穎達, 『尙書正義』 卷 第11, 「泰誓」 上의 疏.

『상서위尙書緯』를 군게 믿고서 무왕 9년을 깎아버리고, 이에 "대상(大祥)을 지낸 그 다음달에 맹진에서 군사의 위엄을 보였다"고 하니, 이는 『사기』와 「서서」와 복생의 『대전大傳』에서도 하나도 증빙할 근거가 없는데 매색의 『상서』가 잘못 짚은 것이다. 매색이 이렇게 한 이유의 하나는 "무왕이 아버지가 죽고 장사 지내기 전에 이에 군사를 일으켰다"고 하는 큰 잘못을 피한 것이요, 다른 하나는 "왕숙(王肅)이 삼년상을 마치고 대상(大祥)과 담제(禫祭)를 같은 달에 지냈다"고 하는 오류를 변명한 것이다. 경사(經史)의 내용을 바꾸어 어지럽게 한 것이 어디 이르지 아니한 데가 없다가 끝내는 이를 부정하여 무왕 9년을 그르다고 여겨 문왕의 연대에 올려놓은 것은 그가 공안국에 자탁(自託)한 것이다. 그런데 공안국은 본래 백어(白魚)의 일을 사실로 믿었으니 백어의 일을 기록해놓은 「태서」를 모두 어길 수 없는 이유가 있었기 때문이다. 관병(觀兵)을 한 것은 무왕 9년의 일이요, 은나라를 친 사건은 무왕 11년이며 「태서」에 일컬은 "13년에 맹진에서 회동했다"는 것은 모두 반고의 잘못이요 매색이 거짓으로 만든 것이다.

총괄하여 보건대, 무왕 9년에 관병(觀兵)을 하였다는 설은 원래 위찬(僞撰)인데, 그 같은 설(說)은 위태서(곧 위의 白魚에 관한 기록이 있는 글을 말함—原註)에서 처음 일어났다. 사마천은 의심스러운 마음을 두고서 『사기』에 실었는데 이제 그 말을 상고해보니 모두가 이치에 맞지 않는다. 대저 제후로써 천자를 치는 일이란 용이한 게 아니다. 한 번 거사하여 성공하기도 오히려 위태로운데, 8백 제후가 이미 모였다고 하면 어떻게 파하고 돌아갈 수 있겠는가? 이치에 맞지 않는 이유의 첫번째이다. 제후들이 회동할 때는 날짜를 기약함이 있고 군대는 서약을 다짐하여 뒤늦게 온 자는 참(斬)한다. 그런데 약속하지도 않았는데 모인 이가 어찌 8백에 이를 수가 있겠는가? 교외(郊外)에 진을 쳐둔 밤에도 오히려 제후들이 오기를 기다렸는데(『禮記』「樂記」에 보인다 —— 原註), 하물며 맹진(孟津)에 있어서랴. 이치에 맞지 않는 이유의 두번째이다. 군대가 행진하면서 신주(神主)를 싣고 가는 것은 비록 고례(古禮)에 있다 하더라도 천주(遷主)를 싣고 가는 일은 있어도 신주(新主)를 싣고 가는 일은 없다(그 내용은 『禮記』「曾子問」에 보인다 —— 原註). 문왕의 목주(木主)를 실었다고 하니 이런 법이 있겠는가? 이치에 맞지 않는 이유의 세번째이다. 제후가 상중에 있으면 처음에는 '자(子)'라고 칭하고 1년을 넘기면 '군(君)'이라 칭하며(『春秋』와 『禮記』에 보인다 —— 原註), 천자(天子)가 상을 벗지 않았을 때엔 '여소자(予小子)'라 하고 상을 벗고 나서는 '여일인(予一人)'이라 하는데(『禮記』「曲禮」의 글이다 —— 原註), 어찌 즉위한 지 1년 지난 군(君)이 자칭 '태자발(太子發)'이라 하겠는가? 이치에 맞지 않은 이유의 네번째이다. 백어(白魚)와 화오(火烏)의 설(說)에 이르러서는 그 요사함과 거짓스러움을 칭술(稱述)할 수 없으니 이것을 어찌 통유(通儒)들이 기꺼이 믿겠는가? 채공모보(祭公謀父)[60]가 이르기를, "선왕께서는 덕을 빛내고 관병(觀兵)을 하지 않았다"[61]고 하였으니, 무릇 무왕이 맹진에서 관병을 하였다고 하는 것은 모두 거짓이다.

이상은 「위태서」 상편을 논한 것이다.

『사기』에 이르기를, "11년 12월 무오(戊午)에 군사가 모두 맹진(孟津)을 건너고 제후들이 모두 모여서 '부지런히하고 태만함이 없어야 한다'고 하자 무왕이 이에 「태서」를 지어 뭇 군중들에게 고했다"[62]고 하였다.

---

60) 祭公謀父: p. 252 주 43 참조.
61) 『左傳』 昭公 12年.
62) 『史記』 「周本紀」.

「주본기」에 이르기를, "돌아와 2년이 지났다.[63] 주(紂)의 정사(政事)가 혼란하고 그 포악함이 더욱 심하여 왕자 비간(比干)을 죽이고 기자(箕子)를 옥에 가두고 태사(太師) 자(疵)와 소사(少師) 강(彊)이 악기를 안고 주(周)로 도망했다는 소문을 듣고, 이에 무왕이 제후들에게 두루 고하기를, '저 은나라는 무거운 죄가 있으니 아무튼 이를 정벌하지 않을 수 없겠다'고 하고, 이에 문왕의 의지(意志)를 좇아 드디어 융거(戎車) 3백 승(乘)과 호분(虎賁)[64] 3천 명 갑사(甲士) 4만 5천 명을 거느리고 동으로 주(紂)를 쳤다"(이 글을 이어서 "11년에〔……〕"라고 하였다 — 原註)고 하였다.

○ 살펴보건대, 앞에 기록한 바 '9년에'라는 것은 관병(觀兵)할 때의 서(誓)이고, 이 이하에 나오는 '11년에'라는 것은 재차 정벌할 때의 서(誓)이다(「牧誓」와 같은 때이다 — 原註).

지금 은나라 왕 주(紂)는 부인의 말을 따르고 스스로 하늘의 뜻을 거스려 그 삼정(三正)[65]을 무너뜨렸다.[66]

마융이 이르기를, "걸핏하면 천(天)·지(地)·인(人)을 거슬렀다"[67]고 하였다.
○ 살펴보건대, 이미 마융과 정현이 경(經)에 주석을 해놓은 것이 있다.

그 왕부모제(王父母弟)[68]를 멀리 버리고 그 선조의 전래 음악을

---

63) 武王이 동쪽을 향해 觀兵하고 孟津까지 갔다가 아직 天命이 자기에게 있지 않다고 하여 還軍하여 돌아온 지 2년을 가리킴.
64) 虎賁: 近侍의 병사로서 용감한 자를 말함.
65) 三正: 天地人의 正道.
66) 『史記』「周本紀」.
67) 『史記』「周本紀」의 註.
68) 王父母弟: 祖父母·父母·兄弟 등 血族인 一族을 말함.

끊어버렸으며, 음탕한 노래를 만들어 정성(正聲)을 변란시켜서 부인을 즐겁게 하였다.[69]

정현이 이르기를, "왕부모제는 조부모의 일족인데 반드시 모제(母弟)라고 말하는 것은 친척을 통틀어 말하는 것이다"[70]고 하였다.

○나는 이렇게 생각한다. 여기 두서너 문단은 비록 아순(雅馴)한 것 같으나 또 「목서」를 답습한 것이다.

지금 나 발(發)은 이에 삼가 은(殷)에 천벌을 행하니 힘쓸지어다! 부자(夫子)들이여. 두 번 세 번 기회가 있다고 하지 말라(『史記』의 말은 여기서 그친다──原註).

정현이 이르기를, "부자(夫子)는 장부(丈夫)의 호칭이다"[71]고 하였다.

○살펴보건대, 이것은 이른바 중편(中篇)[72]의 글이다.

『한서』「예악지禮樂志」에 이르기를, "『상서』의 「서서(書序)」에 '은주(殷紂)가 선조의 전래 음악을 끊어버리고 이에 음탕한 노래를 만들어 정성(正聲)을 변란시켜서 부인을 즐겁게 하였다'고 서술하였으니, 악관(樂官)과 사고(師瞽)가 그 악기를 가슴에 안고 도망쳐 흩어져서 어떤 이는 제후에게로 가고 어떤 이는 바닷가로 들어갔다"고 하였다. ○「곡영전谷永傳」에 『상서』를 인용하여 이르기를, "이에 부인의 말을 따르고 스스로 하늘의 뜻을 거슬렀다"[73]고

---

69) 『史記』「周本紀」.
70) 『史記』「周本紀」의 註.
71) 同上.
72) 中篇: 여기서는 「僞太誓」中篇을 가리킴.
73) 『漢書』卷85.

하였다.

○『초사』「천문天問」에 이르기를, "무왕 발(發)이 저 은을 죽인 것은 무슨 걱정할 바가 있었으며 문왕의 목주(木主)를 싣고 가서 회전(會戰)한 것은 무슨 급한 바가 있었는가?"라고 하였다(王逸이 이르기를, "尸는 神主이다. 武王이 紂를 정벌할 때 文王의 木主를 싣고 가서 太子 發이라고 일컬은 것을 말함이다"고 하였다—原註).

「태서」에 이르기를, "정히 옛날을 상고해보니 입공(立功)과 입사(立事)는 길이 갈 수 있으며 이것은 하늘을 받드는 커다란 법칙이다"고 하였다.

『한서』「교사지郊祀志」의 광형(匡衡)[74]·장담(張譚)[75]의 주의(奏議)에 나온다.

○『한서』「형법지刑法志」에 『상서』를 인용하여 이르기를, "입공과 입사는 길이 갈 수 있다"고 하였다.

○「평당전平當傳」에 『상서』를 인용하여 이르기를, "정히 옛날을 상고해보니 입공과 입사는 길이 갈 수 있고 무궁하게 전해진다"[76]고 하였다(顏師古는 "「今文泰誓」이다"고 하였다—原註).

『상서』에 이르기를, "하늘이 장차 부모를 세워 백성을 다스리게 하고 거주하게 한다"고 하였다.

『모시』「홍안鴻雁」에 대한 정현의 전주(箋註)에 인용되어 있는

---

74) 匡衡: 前漢 東海人. 字는 稚圭. 少時부터 好學하여 大儒가 됨. 官은 太子少傅, 樂安侯에 封해졌다.
75) 張譚: 前漢 成帝 때 사람. 官은 御使大夫.
76) 『漢書』卷71.

것이다(孔穎達의 疏에는 지금의 「泰誓」의 글이라고 하였다[77] —— 原註).

「태서」에 이르기를, "아래에 붙어 위를 업신여기는 자는 죽고 위에 붙어 아랫사람을 업신여기는 자는 형벌을 받으며 나라 정사에 참여하여 백성들에게 혜택이 없는 자는 물러나고 윗자리에 있으면서 능히 현인을 등용하지 못하는 자는 쫓겨난다"고 했다.

유향(劉向)의 『설원說苑』「신술臣術」편에서 나왔다(또 元朔[78] 元年에 有司가 孝廉科를 두어 인재를 기용할 것을 奏議한 것에도 또한 이 글을 인용하였는데 두서너 글자가 같지 않을 뿐이다 —— 原註). ○모기령은 이르기를, "『한서』에 「태서」를 인용하여, '신을 속이는 자는 재앙이 삼세(三世)에 미친다'라고 했다"고 하였다.
○살펴보건대, 『한서』「교사지」에는, 이것을[79] 인용하여 "『역대전易大傳』의 글이다"고 하였다(일찍이 「太誓」라고는 하지 않았음 —— 原註).

                    이상은 중편과 하편의 잔문(殘文)이다.

【總論】「위태서」의 천박스럽고 이치에 어긋난 것이 이와 같은데도 복생이 『상서대전』에 실었고 동중서가 「대책對策」에 실었으며 공안국은 이에 대한 주설(註說)을 지었고 이옹(李顒)[80]은 이것을 인용하게 되었다(『古文尙書冤詞』 5에 나온다 —— 原註). 유향은 그 뜻을 인용하여 경(經)처럼 『설원』에 싣고, 반고는 『상서위』를 뒤섞어

---

77) 孔穎達, 『毛詩正義』 卷 第11: 1, 「鴻雁」의 疏.
78) 元朔: 漢武帝의 年號(B.C. 128~123).
79) "誣神者, 殃及三世"라는 말을 가리킴.
80) 李顒: 여기에 나오는 李顒은 明末淸初의 理學者인 인물이 아니고 晉代의 학자 李充의 아들을 말한다. 孔穎達의 『尙書正義』「泰誓」 上 疏에 보면 그는 『尙書集註』를 지은 것으로 되어 있다.

「율력지」를 찬술하고, 마융과 정현은 이것을 받들어 경으로 삼아 훈고(訓詁)를 지었다. 그런데 온 세상에서 경서를 연구하는 선비들이 이를 마음속으로 비난한 지 3, 4백 년에 매색의 『상서』가 나오자, 목마른 이가 마실 물을 얻은 듯하여 그 글의 한 마디 말까지도 존숭하여 믿었다. 이는 아마도 매색의 「태서」가 부명(符命) 같은 사설(邪說)을 깎아버리고 선고(先古)의 믿을 만한 글을 모아 넣음으로써 그 「하내태서」의 본과 비교하면 아정(雅鄭)한 것이 전혀 다르고 인귀(人鬼)도 섞이지 않아 충분히 인심을 굴복시킴이 있을 것으로 보아서일 것이다. 이에 25편이 승승장구하여 드디어 육예지가(六藝之家)로 하여금 범을 피하고 시랑을 맞아들이며 동탁(董卓)을 죽이고 조조(曹操)를 총애케 하여 널리 1천 년 동안 내려오면서 길이 불간(不刊)의 책이 되게 했다. 진실로 그 연유를 찾아본다면 모두가 이 「위태서」 때문이니 어찌 통탄하지 않겠는가?

일주서극은편변(逸周書克殷篇辨)

주(紂)의 병사가 모두 무너지자 주(紂)가 도망하다 되돌아 들어와 녹대(鹿臺)[81] 위에 올라가서 그 주옥(珠玉)을 걸치고 스스로 불에 타 죽었다. 무왕이 태백기(太白旗)를 잡고 제후들을 지휘하여 〔……〕 드디어 들어가 주가 죽은 장소에 이르렀다. 무왕이 손수 활 세 발을 쏜 뒤에 수레에서 내려와 경려(輕呂는 劍名이다—原註)로써 치고 황월(黃鉞)로써 주(紂)의 머리를 베어 태백기에 매달았다. 조금 뒤 주(紂)의 사랑하는 첩 두 여자에게 가니 두 여자는 모두 이미 목을 매달아 죽었다. 무왕이 또 활 세 발을 쏘고 검(劍)으로 치고 현월(玄

---

81) 鹿臺: 재물 창고의 이름.

鉞)로 베어 소백기(小白旗)에 그 머리를 매달았다. 무왕은 그제야 은 (殷)의 도읍에서 나와 자기 군영으로 되돌아갔다(여기 이것은 「周本 紀」에서 베낀 것이다 — 原註).

　나는 다음과 같이 논변한다. 지금 사람들은 진(秦) 이후의 안목 으로 진(秦) 이전의 하늘을 우러러본다. 그래서 모든 사물이 어 느 하나도 거꾸로 비치고 비스듬히 비치지 않는 것이 없으니, 탕 (湯)·무(武)가 가장 그러하다. 그것이 진 이후의 법과는 아주 틀 리는 것으로 양단이 있으니 그 하나는 '제명(帝命)'이요, 다른 하 나는 '후대(侯戴)'이다. 그 이른바 '제명'이란 것은 무엇인가? 고인 (古人)들의 사천(事天)은 모두가 정성스럽고 진실로 두려워하여, 후세의 왕권(王權)을 다투는 이들이 하늘에 빗대어 가탁(假託)하 면서 일컫는 하늘이 아니다. 저 경건한 마음으로 소사(昭事)하는 사람은 상제(上帝)에 그 정성이 닿아 능히 몸소 밀훈(密訓)을 받 들고 밝게 천명(天命)을 알게 되니 제왕(帝王) 된 자가 이런 인물 을 얻지 못하면 나라를 다스리고 조고(祖考)의 통서(統緖)를 감히 계승하지 못할 것이다. 이 같은 인물을 얻은 뒤에야 능히 정치를 잘하여 국가를 중흥(中興)할 수 있고, 혁명의 시기를 만난 사람도 이러한 인물을 얻은 뒤에야 능히 천명(天命)을 받아 창업을 이룰 수 있다. 그러므로 소강(少康)[82]이 미(靡)[83]를 얻어 우임금의 사 업을 부활했고, 태무(太戊)가 척(陟)[84]을 얻어 은(殷)나라의 기강 을 바로잡았으며, 탕(湯)이 이윤(伊尹)을 얻어 하(夏)나라의 정사 를 교체하게 되었으며, 문왕·무왕이 상보(尙父)[85]를 얻어 상(商)

---

82) 少康: 夏나라 왕. 帝相의 아들.
83) 靡: 夏나라 왕인 少康의 臣.
84) 陟: 夏나라 왕 太戊 때의 臣인 伊陟.
85) 尙父: 周나라 초기의 신하인 太公望 呂尙을 말함. '尙父'란 이름은 武王 이 즉위하면서 그를 존경하여 부른 이름이다.

나라의 군사를 베었으니 그 지모와 재술(才術)이 천하에 대적할 이가 없었기에 그런 것이 아니다. 바로 그 신명(神明)스런 정성이 능히 천명(天命)을 아는 데 이르렀기 때문에 그를 세워 스승으로 삼고, 그 말씀을 물어 이에 따랐던 것이다. 그러므로 바야흐로 군사를 출동시켜 죄를 토벌함에 있어, 감히 큰 소리로 "상제(上帝)가 나에게 명하여 죽이려고 하는 것이니 감히 정벌하지 않을 수 없다"[86]고 하였다. 이는 상제를 속여 이에 빙자하면서 스스로 상제의 명명(明命)을 얻었다고 하는 것이 아니다. "상제가 문왕에게 말했다"고 하는 것은 진실로 이런 점이 있는 것이다. 진(秦)나라 이후 사설(邪說)이 가득 차고 정로(正路)는 황무(荒蕪)하여 오방(五方)과 후토(后土)에 제사를 지내 사신(邪神)에게 아첨하였다. 그리하여 무슨 일이든 쟁취하고 싶은 것이 있으면 새매를 풀어놓아 새를 잡으려는 격으로 하고 결코 천명에 우러러 질정하려고 하지 않았다. 약육강탄(弱肉强呑)하여 힘으로 복종시키고 위세로 제압하였지만 하늘 또한 그대로 방치해두고 다스리지 않았다. 눈이 모두 여기에 맞추어졌으니 어떻게 옛 상제의 명을 믿겠는가? 이것은 그 이유가 위서를 만들게 된 데서 온 것이다.

'후대(侯戴)'라는 것은 무엇인가? 백성들이 모여 그들 중 장자(長者)를 구해 뽑고 장자들 중에서 그 지도자를 뽑아 각각 그 지도자를 세워 이를 후(侯)라 이름한다. 후(侯) 중에서 가장 뛰어난 자가 있으면 서로 모여 상의하여 추대해서 그를 천자(天子)라 부른다(柳宗元의 의견이다[87]) —原註). 천자의 자손이 어질지 못하면 제후들이 받들지 않아도 또한 이를 편안히 여기며 받아들이고, 분발하여 중흥하는 자가 있으면 제후들이 다시 가서 그에게 조회(朝

---

86) 「湯誓」.
87) 柳宗元의 「封建論」에서 언급한 것을 가리킨다.

會)를 하여도 또한 이를 편안히 여기면서 받아들이며 지난 일을 따지지 않는다. 만일 포악하고 음탕한 짓으로 만백성을 해치는 자가 있으면 서로들 모여서 상의하여 그를 제거하고 또 다른 한 뛰어난 인물을 추대하여 천자를 삼으니, 그 제거되는 자도 역시 그의 종사(宗祀)를 끊어버리거나 그 유족을 멸망시키지 않고 물러나 원래의 후위(侯位)로 되돌아가게 할 뿐이다.

신농씨(神農氏)의 후손들이 쇠퇴하자 황제(黃帝)가 무기를 사용하여 싸워서 이기니 제후들이 그를 추대하여 천자로 삼았고, 고신씨(高辛氏)의 후손들이 쇠퇴하자 제왕(帝王)인 지(摯)[88]가 미약함으로써 제후들이 조회하지 않으니 요(堯)가 나라를 일으켰으나 이를 문제삼지 않았고, 하후씨(夏后氏)의 후손들이 쇠약해지자 태강(太康)이 나라를 잃은 지 1백여 년 만에 소강(少康)이 중흥하니 제후들이 다시 조회를 드렸고, 걸(桀)에 이르러 포악한 정사를 펼치자 탕(湯)은 제후들이 자기를 추대함을 알고 걸을 쳐 왕조를 교체하였다. 은나라는 중간에 쇠퇴한 적이 대여섯 번인데 제후들이 조회하지 않았고, 분발하여 중흥한 것이 대여섯 번인데(모두「殷本紀」에 보인다─原註) 주(紂)에 이르러 포악한 정치를 행하니, 무왕은 제후들이 자신을 추대함을 알고 주(紂)를 쳐 왕조를 교체하였다. 탕왕이나 무왕의 일은 상도(常道)를 좇고 옛것에 순응하는 떳떳한 법일 뿐이니, 후세에 있어 임금을 죽이고 나라를 찬탈하는 역적과는 어찌 서로 터럭만큼이라도 닮은 점이 있겠는가? 진(秦) 이후로 세상에는 제후가 없고 왕망(王莽)·조조(曹操)·사마의(司馬懿)[89]·유유(劉裕)[90] 등이 각각 한 개인의 사욕을 가지고 뭇사람들을 위

---

88) 摯: 중국 고대의 전설적 인물로 帝嚳의 長子이다.
89) 司馬懿: 179~251. 西晉의 初代王인 宣帝. 字는 仲達. 처음 曹操의 幕下에 있을 때 蜀의 諸葛孔明과 싸운 일로 유명함.
90) 劉裕: 363~422. 南北朝時代 南朝 宋의 武帝. 字는 德輿, 諡는 武. 晉을

협하여 시역(弑逆)을 행했으니 눈이 모두 여기에 맞추어지면 어떻게 옛날 제후가 추대한 사실을 믿겠는가? 무릇 천위(天位)를 축출하고 이를 대신한 이를 시역(弑逆)했다고 의심을 한다. 이것도 그 이유가 위서를 만들게 된 데서 온 것이다.

이미 그를 시역했다고 의심하면 반드시 그가 예성(睿聖)이 아니라고 의심하는 것이다. 여기에서 패란(悖亂)하고 흉포(凶暴)한 말을 지어내어 탕왕과 무왕에게 뒤집어씌워 "이것이 그가 말한 바이며, 이것이 그가 행한 바이다"고 하니, 슬프다! 탕왕·무왕은 이미 시대가 멀어졌다. 또 어찌 혐의를 받지 아니할 수 있겠는가? 여기에다 유독 슬픈 것은 탕왕과 무왕을 외워 기술하는 사람으로서 중니(仲尼)나 자여(子輿) 같은 이가 한 말을, 모두 악을 덮어버리고 아름다움만을 수식하는 자들의 말과 같은 것으로 귀결시켰으니 이것이 작은 일일 뿐이겠는가?

탕은 그래도 오히려 심하지 아니함이 있으나 무왕은 더욱 심하다. 『일주서逸周書』가 이를 속였고, 『상서대전』이 이를 속였고, 「위태서」가 이를 속였고(白魚의 글이 있는 「泰誓」本 ─ 原註), 「주본기」가 이를 속였고, 「율력지」가 이를 속였고, 또 「위태서」가 이를 속였고(梅賾의 「泰誓」本 ─ 原註), 「위무성僞武成」이 이를 속였고, 『상서위』의 제설(諸說)과 정현의 주가 이를 속였고, 여불위(呂不韋)·가의(賈誼)·동중서(董仲舒)·유향(劉向)·왕충(王充)의 글이 이를 속였으니, 무왕을 어떻게 밝힐 수 있겠는가? 심지어 "손수 활을 쏘아 죽이고 손수 목을 쳐 태백기에 매달았다"고 하는 데 이르러서는 이것을 사책(史策)에 써서 만세에 보여주었으니 장차 저 같은 것을 어떻게 하겠는가? 그 근본을 더듬어보면 '제명(帝命)'과 '후대(侯戴)'를 불신한 데서 나타난 것이다. 내가 옛날 「탕론」을

───────────────

섬기다가 簒奪하여 宋을 세웠다.

짓고 이제 또 이를 써서 그 뒤를 잇는다.

양신(楊愼)[91]이 이르기를, "무왕이 주(紂)를 친 것은 천하를 위해 폭정을 제거한 것이다. 주가 이미 죽었는데 또 황월(黃鉞)로 목을 베어 백기(白旗)에 매달았다 하니 어찌 그렇게도 사리에 어긋나는가?"라고 하였다(賈誼가 말하기를, "紂가 죽자 王門 밖에 버리니 보는 이들이 모두 가서 발로 찼다. 武王이 사람을 시켜 帷帳으로 가려 지켰으나 오히려 그래도 그치지 아니하였다"[92]고 하였으니, 이것이 事理에 가까울 것이다—原註).

최술(崔述)이 이르기를, "내가 「목서」를 읽고서 무왕은 반드시 차마 주(紂)의 머리를 베어 태백기에 매달지는 않았을 것임을 알았다. 「목서」에서 주(紂)의 죄를 헤아려 들추어냈으나 오직 부인의 말만을 따르고 여기에다 죄를 짓고 도망한 자를 높이고 기르고 믿고 등용하였다는 것에 불과할 뿐이다. 그 백성을 포학하게 하고 상읍(商邑)을 간악한 도읍으로 만든 것은 비록 주(紂)가 주도했다지만 실은 대부(大夫)와 경사(卿士)들이 그렇게 만든 것이다. 그 말과 뜻을 더듬고 헤아려보니 상나라를 이긴 뒤에 반드시 이같이 포악하고 간사한 자들을 모두 잡아 죽여서 인심(人心)을 시원하게 하려고 하였으나 주(紂)에 대하여는 바로 죽이지 않고 역시 폐위하여 귀양 보내는 데 불과하였으니, 이는 마치 월왕(越王) 구천(句踐)이 오(吳)를 멸하고 오왕을 용동(甬東) 땅에 살게 한 것과 같을 뿐이다. 다만 그 사직을 결코 없애려 하지도 않았을 뿐만 아니라 또 그를 결코 굳이 죽이려 하지도 않았는데, 하물며 이미 죽은 이에 대해 그 시신을 훼손시켰겠는가? 「목서」에는 무경(武庚)을 봉한 무왕과 한 사람의 무왕이고, 「태서」에는 주(紂)의 머리를 베어

---

91) 楊愼: 1488~1559. 明의 思想家이자 文學家. 字는 用修, 號는 升菴, 諡는 文憲. 저서로 『檀弓叢訓』 『奇字韻』 『古音略例』 등 매우 많다.

92) 賈誼, 『新書』 第5卷, 「連語」 第33.

매단 무왕과 한 사람의 무왕이니, 이 2편은 반드시 하나가 진실이면 하나는 거짓이며 이 두 가지 사건도 또한 반드시 하나가 옳으면 하나는 그른 것이다"[93]고 하였다.

서대전약론(書大傳略論)

「사고서목四庫書目」에 이르기를, "『상서대전』 4권 보유(補遺) 1권, 구본(舊本)은 한나라 복승(伏勝)의 찬술에 정현의 주(註)로 되어 있는데 정현의 서문(序文)에 의하면, 이것은 곧 복생의 유설(遺說)인데 장생(張生)·구양생(歐陽生) 등이 기록한 것으로, 그 글은 혹 『상서』를 논하기도 하고, 혹 『상서』를 논하지 않기도 하였다. 대저 이것은 『역건착도易乾鑿度』[94]나 『춘추번로春秋繁露』와 같이 경의(經義)와는 서로 이합(離合)하는 사이에 있는 책인데, 고훈(古訓)과 구전(舊典)이 왕왕 있으니, 이른바 육예(六藝)의 지류(支流)이다"고 하였다.

○ 내가 살펴보건대, 『상서대전』은 비록 복생에게 의탁했다고 하더라도 실상은 구양생이 거짓으로 가려 만들어낸 말들이다. 언급한 말들은 구경(九經) 사서(四書)에서 전혀 증거로 끌어낼 수가 없으니 아마도 이것은 『상서위』를 만든 것과 동시에 생긴 것이다 (文句가 또 『管子』와 같다 — 原註). 여기 몇 편을 취하여 대략 평정(評訂)을 붙여 개괄해본다.

원년에 사악(四岳)과 팔백(八伯) 제후들에게 순수(巡狩)하고 사방의 신에게 단제(壇祭)를 지내고 사해의 수신에게 침제(沈祭)를 지냈

---

93) 崔述, 『考信錄』「豊鎬考信錄」卷3, 「武王」中篇.
94) 『易乾鑿度』: 易에 관한 緯書 18편 중의 하나이다.

다(「虞夏傳」, 아래 '用特'까지이다 — 原註).

정현은 이르기를, "사(祀)⁹⁵⁾는 연(年)이다. 원년(元年)은 정월(正月) 초하루이다. 순임금이 문조(文祖)에 나아가 즉위를 고하고 제사한 해를 이름이다. 사악(四岳)의 직분은 외직으로 나가면 방백(方伯)이 되는데 후에 나누어 팔백(八伯)을 두었다"⁹⁶⁾고 하였다.

○ 살펴보건대, 정현의 주는 성급하다. 사악은 안과 밖의 차이가 있는바, 안의 사악은 한 사람이 사악의 일을 총괄(總括)한다. 요임금이 이르기를, "아! 사악이여, 그대는 나의 명을 잘 받들어 일을 충실하게 하였으므로 나의 제위를 양위하고자 한다"⁹⁷⁾는 것이 이것이다. 밖의 사악은 네 사람이 각각 한 악(岳)의 일을 다스린다(무릇 東方의 제후들은 東岳에서 회동하는데 모두 東方에 있는 四岳이 이들을 주관한다 — 原註). 여기에서 정현이 이르기를, "외직으로 나가면 방백이 된다"고 하였으나 이것은 안도 아니고 밖도 아니며 하나도 아니고 넷도 아니니 이해가 되지 않는다. 희화(羲和)도 분명히 안에 두 사람이 있어서 안에서 역(曆)을 다스리며, 또 밖에 네 사람이 있어서 각각 한 지방의 역을 주관하는데, 이것도 또한 희화(羲和)라고 하고("이에 羲和에게 命하여 광대한 하늘을 공경하여 받들게 하였다"는 말이 있다⁹⁸⁾ — 原註), 저것도 또한 희화라고 한다(「胤征」序에 "羲和가 술에 빠져 음탕하다"는 말이 있다 — 原註). 사악도 또한 이와 같다.

팔백(八伯)에 대한 주도 역시 성급하다. 『상서대전』에, "사악(四岳)과 팔백(八伯)을 순수(巡狩)했다"고 하였으니, 사악과 팔백은

---

95) 祀: '年'의 뜻. 『爾雅』에 "夏曰歲, 商曰祀, 周曰年, 唐虞曰載"라고 하였다.
96) 『皇淸經解續編』 卷354, 『尙書大傳輯校』 「虞夏傳」 鄭玄의 註.
97) 『尙書』 「堯典」.
98) 『尙書』 「堯典」.

일시에 같이 둔 것이요, 사악을 나누어 팔백으로 한 것은 아니다. 어찌 뒤에 나누었다고 하는가? 정현이 이르기를, "단(壇)은 사방의 신에게 제사를 지내는 것이고, 물에 제사 지내는 것을 침(沈)이라 한다"[99]고 하였다.

십이산(十二山)에 봉(封)을 하여 처음으로 십이주(十二州)를 두었고 악정(樂正)[100]이 악명(樂名)을 정하였다.

정현은 이르기를, "제사한다는 것은 반드시 산에 봉(封)을 하는 것이니 봉(封)은 또한 단(壇)이다. 조(肇)는 역(域)이니 영역(營域)을 만들어 십이주(十二州)의 분성(分星)[101]에 제사한다"[102]고 하였다.
○ 살펴보건대, 조(肇)를 역(域)으로 풀이한 것은 옳지 않다.

원(元)[103]에 대종(岱宗)[104] 태산(泰山)('代'는 '岱'와 통한다─原註)에 제사를 지내고 양백(兩伯)의 악(樂)을 바쳤는데, 동악(東嶽) 양백(陽伯)의 악이 주리(侏離)[105]의 곡을 타니, 그 가성(歌聲)이 여요(余謠)와 같아서 이름하여 석양(晳陽)이라 하고, 의백(儀伯)의 악은 장재(鼗哉)의 곡을 타니, 그 가성(歌聲)이 대요(大謠)와 같아서 남양(南陽)이라 하였다.

정현은 이르기를, "양백(陽伯)은 춘백(春伯)과 같은 말로 춘관

---

99) 『皇淸經解續編』卷354, 『尙書大傳輯校』「虞夏傳」鄭玄의 註.
100) 樂正: 鄭玄은 樂官의 長이라고 하였다.
101) 分星: 地上의 각 分野에 배당되어 있는 별.
102) 『皇淸經解續編』卷354, 『尙書大傳輯校』「虞夏傳」鄭玄의 註.
103) 元: '元'이란 '春'의 뜻이다.
104) 岱宗: 泰山을 말함. 五嶽 가운데 으뜸이 되므로 일컫는 말이다.
105) 侏離: 地上의 각 分野에 배당되어 있는 별.

(春官)인 질종(秩宗)[106]이다. 이는 백이(伯夷)[107]가 관장하였다. 주리(侏離)는 무곡(舞曲)의 이름인데 생물이 자라서 뿌리와 줄기를 떠난 것을 본떠 말함이다. 다만 노래만을 말할 때 요(謠)라 한다. 그 소리의 청탁(淸濁)이 여요와 같은 뒤라야 음률에 화응(和應)하게 된다. 석(晳)은 석(析)으로 되어야 한다. "봄철이 되면 백성들이 흩어진다"[108]는 뜻이다. 석양은 악정(樂正)이 정한 것이다. 이때 설(契)이 사도(司徒)가 되어 지관(地官)을 관장했고 또 우(禹)를 천거해 천관(天官)을 관장케 하였다"[109]고 하였다.

○살펴보건대, 이『상서대전』을 지은 자가 본래 아무 근거도 없는 것을 빗대어 위작하여 알 수도 없는 말을 만들었으니 정현이 아무리 신고(辛苦)해서 주해(註解)를 하였다고 하더라도 어찌 그 뜻을 환히 알 수 있었겠는가? 우(禹)의 백규(百揆)[110]는 요임금이 붕어한 뒤이다(나의「堯典說」에 나타나 있다—原註). 정현은 이해에 우(禹)가 천관(天官)이 되었다 하는데 무엇에 근거한 것이며 또 전문(傳文)[111]과 무슨 관계가 있는가? 정현은 이르기를, "'의(儀)'는 당연히 희중(羲仲)의 후손이 되어야 한다. '장(戇)'은 움직이는 모양이고 '재(哉)'는 '시(始)'의 뜻이다. 말하자면 사물이 뇌성(雷聲)에 응하여 그 움직임이 처음으로 나타나는 것을 본뜬 것이다. '남(南)'은 맡는다는 뜻이다"[112]라고 하였다.

○살펴보건대, 알지 못하는 것을 억지를 부려 풀이한 것으로 원래 알 수 없는 글이다. 그 글은 알 수 없는 것이지만 반드시 나

---

106) 秩宗: 禮儀와 祭祀를 맡은 官職名.
107) 伯夷: 殷 末期의 伯夷가 아니고, 여기서는 전설적인 인물로 舜의 신하로서의 伯夷를 말함. 姓은 姜氏.
108)「堯典」.
109)『皇淸經解續編』卷354,『尙書大傳輯校』「虞夏傳」鄭玄의 註.
110) 百揆: 國政을 總括하는 官職.
111) 傳文:『尙書大傳』의 글을 말함.
112)『皇淸經解續編』卷354,『尙書大傳輯校』「虞夏傳」鄭玄의 註.

의 주석을 따르라고 말하는 것과 같다.

중(中)[113]에 대교(大交) 곽산(霍山)에 제사를 지내고 양백(兩伯)의 악(樂)을 바쳤는데, 하백(夏伯)의 악(樂)이 만욱(謾彧)[114]의 곡을 타니 그 가성(歌聲)이 중요(中謠)와 같아서 초려(初慮)라 하고 희백(羲伯)의 악(樂)이 장양(將陽)[115]의 곡을 타니 그 가성(歌聲)이 대요(大謠)와 같아서 주우(朱于)라 하였다.

정현은 이르기를, "'중(中)'은 '중(仲)'인데 고자(古字)는 서로 통한다. 춘(春)이 원(元)이고 하(夏)가 중(仲)이다. 5월에 남(南)으로 순수(巡狩)하여 여름에 대교(大交)의 기운을 곽산(霍山)에 제사 지냈다. 남교(南交)를 대교라 하니 『상서』에 '남교에 자리를 잡는다'[116]고 했다. 하백(夏伯)은 하관(夏官)인 사마(司馬)이니 기(棄)가 관장했다. '만(謾)'은 '만(曼)'과 같고 욱(彧)은 기다란 모양으로 물건이 뻗어서 긴 것을 형상한 것과 같다. '초려(初慮)'는 양(陽)이 끝까지 올라가 음(陰)이 비로소 태동하는 것이다. '만(謾)'은 혹 '방(謗)'으로도 되어 있다. '장양(將陽)'은 사물이 성하게 결실하여 동요하는 것을 형상한 말이며 '우(于)'는 크다는 뜻이다"[117]라고 하였다.

○나는 이렇게 생각한다. 지은 자도 무슨 말인지 모르고 주석한 자도 무슨 말인지 모르니 이것은 사람을 속이는 책이다.

가을에 유곡(柳穀) 화산(華山)에 제사를 지내고 양백(兩伯)의 악

---

113) 中: '中'은 '夏'라는 뜻이다.
114) 謾彧: 舞曲名.
115) 將陽: 舞曲名.
116)「堯典」.
117)『皇淸經解續編』卷354,『尙書大傳輯校』「虞夏傳」鄭玄의 註.

(樂)을 바쳤는데, 추백(秋伯)의 악(樂)이 채숙(蔡俶)[118]의 곡을 타니 그 가성이 소요(小謠)와 같아서 영락(苓落)이라 하고, 화백(和伯)의 악이 현학(玄鶴)[119]의 곡을 타니 중요(中謠)와 같아서 귀래(歸來)라 하였다.

정현이 이르기를, "8월에 서방으로 순수하여 유곡의 기운을 화산에 제사 지냈다. '유(柳)'는 '모은다'는 뜻이니 제(齊)나라 사람들의 말이다. '추백(秋伯)'은 추관(秋官)의 사(士)이니 고요(皐陶)가 관장하였다. '채(蔡)'는 '쇠(衰)'의 뜻이고 '숙(俶)'은 '시(始)'의 뜻이니, 사물이 처음 쇠미해지는 것을 형상하는 말이다. 화백(和伯)은 화중(和仲)의 후손이고 '현학(玄鶴)'은 '양조(陽鳥)'[120]가 남쪽으로 날아가는 것을 형상한 것이며 '귀래(歸來)'는 그 근본으로 되돌아가는 것을 이름이다"[121]라고 하였다.

○나는 이렇게 생각한다. 고요를 추관이라고 함은 괜찮으나(이 해에는 크게 가물었다—原註) '희기(姬棄)'를 대사마(大司馬)라고 한 것은 어느 책에 보이는가? '유(柳)'는 '유(卯)'요 '유(卯)'는 '유(酉)'인데, '취(聚)'라고 해석하는 것이 옳겠는가? 정현은 의미가 잘 통하지 않는 곳에 대해서는 문득 제인(齊人)의 말이라 하니, 모두 믿을 수 없다. 현학(玄鶴)이 기러기를 상징한다는 것은 또 무슨 뜻인가?

유도(幽都)[122] 홍산(弘山)에 제사(祭祀) 지내고 양백(兩伯)의 악(樂)을 바쳤는데, 동백(冬伯)의 악(樂)이 제락(齊落)[123]의 곡을 타니

---

118) 蔡俶: 舞曲名.
119) 玄鶴: 舞曲名.
120) 陽鳥: 기러기.
121) 『皇淸經解續編』卷354, 『尙書大傳輯校』「虞夏傳」鄭玄의 註.
122) 幽都: 전설적 인물인 堯임금 때 北方의 땅인 幽州를 말함.
123) 齊落: 舞曲名.

그 가성(歌聲)을 만만(縵縵)이라 하였다.[124] 아울러 팔음(八音)과 사회(四會)[125]를 논(論)하고 돌아와서는 예조(禰祖)[126]의 묘(廟)에 나아가 소 한 마리를 희생으로 하여 제(祭)를 지냈다.[127]

정현이 이르기를, "홍산(弘山)은 항산(恒山)이다. 11월에 북방으로 순수(巡守)[128]하여 항산에 유도의 기운을 제사하였다. 이것을 호언(互言)[129]한 것은 산의 북쪽인 유도라는 곳에서 제사 지낸 것을 밝힌 것이다. 동백은 동관(冬官)인 사공(司空)이니 수(垂)[130]가 이것을 관장(管掌)하였다. 제락은 곡의 마지막이니 사물의 마지막을 형상한 것이다. 제(齊)는 취(聚)의 뜻도 된다"[131]('四會'이니 '歸格'이니 하는 말을 볼 때 그렇다—原註)고 하였고, 또 정현이 이르기를, "이 문장 아래위에 빠진 말이 있는데 그 말은 아직 들어보지 못하였다"[132]고 하였다. ○김인산(金仁山)은 "복생은 진(秦)의 박사로서 고서(古書)를 보는 데 가담하였으니 그가 서술한 것은 믿을 만하다"[133]고 하였다(또 이르기를, "옛날에 侯伯은 風樂을 天子에게 바쳤다"[134]고 하였다—原註).

○살펴보건대, 이것은 충후(忠厚)한 이론(理論)이다. 그러나 그

---

124) 이 장에서는 二伯 중에 一伯이 빠져 있는데, 『尙書大傳』 原文에 원래 그렇게 되어 있다.

125) 四會: 음악의 聲調의 변화를 말하는 것인 듯한데, 宋玉의 「高唐賦」에 보면 "纖條悲鳴, 聲似竽籟, 淸濁相和, 五變四會, 感心動耳"라는 말이 있다.

126) 禰祖: 禰는 堯의 父廟, 祖는 堯의 先祖.

127) 지금의 「舜典」에 나오는 "十有一月朔巡守, 至于北岳, 如西禮, 歸格于藝祖, 用特"이라고 한 글과 대비해보면 參考가 된다.

128) 舜, 五月南巡守, 八月西巡守, 十有一月朔巡守(「舜典」).

129) 互言: 幽都와 弘山을 함께 말함.

130) 垂: 八伯 중의 한 사람으로 舜의 臣下의 이름이다.

131) 『皇淸經解續編』 卷354, 『尙書大傳輯校』 「虞夏傳」 鄭玄의 註.

132) 同上.

133) 金履祥, 『通鑑前編』.

134) 金履祥, 『通鑑前編』.

거짓되고 허황한 빛이 문사(文辭)에 넘치고, 옛 전적(典籍)에 있지 않으니, 만약 그것이 있었다면 어찌 그 근본한 바를 분명하게 지적하지 않았겠는가? 또 '귀격우예조(歸格于禰祖)'는 이것이 곧 순예(舜禰)[135]인가? 이때에 고수(瞽瞍)가 아직 죽지 않았으니(『史記』에 "舜임금이 天子의 旌旗를 수레에 세우고 가서 瞽瞍를 뵈었다"[136]고 하였다―原註), 이는 요예(堯禰)인가? 순이 돌아와 고하고 제사 지낸 것과는 맞지 않은데 예(禰)라고 일컫고, 또 먼저 예(禰)를 말하고 나중에 조(祖)를 말한 것은 옛날에 이를 근거할 만한 것이 없으니, 이처럼 알 만한 구절도 이미 잘못되었는데, 알 수 없는 구절을 어찌 취하여 믿을 수 있겠는가? 『상서대전』도 역시 위작이다.

5사(祀)에는 종석(鍾石)을 정(定)하고 인성(人聲)을 논(論)하니, 이에 조수(鳥獸)까지 모두 앞에서 따라 춤을 추었다. 그러므로 이것을 사시(四時)에 번갈아 나타내어 육률(六律)과 육려(六呂)를 미루어 12음의 변화를 고르게 하니 이에 도(道)가 크게 넓혀졌다. 오작십도(五作十道)는 효력(孝力)을 우(右)로 하여, 가을에는 늙은이를 봉양하고 봄에는 고자(孤子)를 먹이니, 이에 발연(勃然)히 소악(招樂)[137]이 대록(大鹿)[138]의 들에 이루어졌다(「虞夏傳」―原註).

정현이 이르기를, "조수(鳥獸)는 '솔무(率舞)'[139] 같은 유에 속하고 순(詢)은 균(均)의 뜻이다. 오작(五作)은 오교(五教)이며, 십도

---

135) 舜禰: 舜의 父廟.
136) 『史記』 「五帝本紀」.
137) 招樂: 舜의 樂名. 鄭玄은 이것을 樂章의 이름이라고 하였다.
138) 大鹿: 산기슭의 넓은 숲. 大鹿(麓)은 또 堯가 舜에게 讓位한 곳으로도 되어 있다.
139) 率舞: 「益稷」에 "擊石拊石, 百獸率舞(磬을 치고 두드리니 모든 짐승이 따라 춤을 춘다)"라는 말이 있는데, 여기의 '率舞'는 그런 유의 뜻으로 말한 것이다.

(十道)는 임금은 명령하고 신하는 받들며, 아버지는 자애하고 자식은 효도하며, 형은 사랑하고 아우는 공경하며, 남편은 온화하고 아내는 유순하며, 시어미는 자애하고 며느리는 순종하는 것을 이름이다. 홍(興)은 성(成)의 뜻이니 악(樂)은 천신(天神)을 이르게 하고 지기(地祇)를 나오게 하며 인귀(人鬼)를 감동케 하여 이루어지게 되는 것이다"[140]고 하였다.

○나는 이렇게 생각한다. 위찬(僞撰)한 빛이 겉으로 다 드러났으니 논하기를 달갑게 여기지 아니한다.

　5년에 한 번 순수(巡守)하면 군후(群后)가 덕양(德讓)하고 정성(正聲)을 바쳐 구주(九族)[141]가 모두 이루어졌다. 비록 금수(禽獸)의 소리라 하더라도 오히려 모두 율(律)에 넣었으니, 악(樂)이라는 것은 인성(人性)이 원래부터 가지고 있는 것이다. 그러므로 성왕(聖王)이 십이주(十二州)를 순수(巡守)하여 그 풍속(風俗)을 보고 그 성정(性情)을 익혀 그로 인하여 십이주의 풍속을 논하였다(「虞夏傳」— 原註).

　정현이 이르기를, "주(族)는 마땅히 주(奏)가 되어야 하니, 제후(諸侯)가 정성(正聲)을 바쳐 천자의 구주(九奏)의 악(樂)이 이에 모두 이루어짐을 말함이다. 관(關)은 그 뜻이 입(入)과 같다(十二俗을 律에 넣었다 — 原註). 지금의 『시경』 「국풍國風」이 이것이다"[142]고 하였다.

○나는 이렇게 생각한다. 시(詩)의 작용은 선(善)을 드러내고 악(惡)을 징계하는 것이니, 따라서 이것은 군심(君心)의 그릇됨을

---

140) 『皇淸經解續編』 卷354, 『尙書大傳輯校』 「虞夏傳」 鄭玄의 註.
141) 九族: 九奏와 같음. 音樂의 九曲을 연주하여 마치는 것.
142) 『皇淸經解續編』 卷354, 『尙書大傳輯校』 「虞夏傳」 鄭玄의 註.

바르게 하는 것이다. 「풍風」의 부(賦)·비(比)·흥(興)은 풍자(諷刺)하여 말한 것이요, 「소아小雅」「대아大雅」는 바른말로 말한 것이다. 포폄(褒貶)과 미자(美刺)는 아래로 서인(庶人)에게까지는 미치지 아니하니 풍속을 관찰한다는 것은 곧 후유(後儒)의 말이다. 우(虞)의 시대에 "오언(五言)을 출납(出納)한다"[143]고 하였으니, 이것은 곧 육시(六詩) 중의 다섯이다(頌은 계산에 넣지 않았다—原註). 지금 이것으로써 풍속을 논한 것은 위작임을 말한 것이다.

악(樂)을 정(定)하는 데 육률(六律)·오성(五聲)·팔음(八音)·칠시(七始)로 한 것은 그 처음을 나타내는 것이요, 모아서 팔(八)로 한 것은 이는 팔백(八伯)의 일이요, 오(五)에 나누어 정한 것은 오악(五岳)의 일이다. 오음(五音)은 천음(天音)이요, 팔성(八聲)은 천화(天化)요, 칠시(七始)는 천통(天統)이다(「虞夏傳」—原註).

정현이 이르기를, "오성(五聲)은 궁(宮)·상(商)·각(角)·치(徵)·우(羽)요, 팔음(八音)은 종(鍾)·고(鼓)·생(笙)·경(磬)·훈(塤)·지(篪)·축어(柷敔)·금(琴)이요, 칠시(七始)는 황종(黃鐘)·태주(太簇)·대려(大呂)·남려(南呂)·고선(姑洗)·응종(應鍾)·유빈(蕤賓)이다. 가성(歌聲)이 여기에 화응(和應)하지 않으면 버린다. 소(素)는 그 뜻이 시(始)와 같고 족(蔟)은 그 뜻이 취(聚)와 같다. 악음(樂音)이 많이 모여서 팔음(八音)이 된다. 오(五)는 훈(塤)이 북방(北方)에 있고 고(鼓)가 동방(東方)에 있다는 것들을 이르는 것이요, 천(天)은 음양(陰陽)을 다스리는 것이다"[144]고 하였다.

○나는 이렇게 생각한다. 칠시(七始)가 어떤 것인지 알 수 없다. 『상서』를 지은 사람도 또한 알지 못하는 것인데, 정현은 곧

---

143) "予欲聞六律五聲八音, 在治忽以出納五言, 汝聽"(『尙書』「益稷」).
144) 『皇淸經解續編』卷354, 『尙書大傳輯校』「虞夏傳」鄭玄의 註.

한유(漢儒)가 율(律)을 음(音)이라고 한 잘못된 법(法)으로써 칠시(七始)를 정하고, 또 천(天)은 음양을 다스리는 것이라고 하였으니 속임이 심하다. 오음(五音)이라는 것은 악성(樂聲)의 청탁(淸濁)이요, 육률(六律)이라는 것은 악기(樂器)의 도수(度數)이다(『周禮』에 보인다—原註). 오정(五正)과 이변(二變)을 사율(四律)과 삼려(三呂)에 해당시켜 이것을 이름하여 칠시(七始)라 하니 허황(虛荒)하다.

집사(執事)가 돌아온 지 2년에 빛나게도(諴[145]然) 대당(大唐)의 노래를 지었다(「虞夏傳」—原註).

정현이 이르기를, "영(諴)은 그 뜻이 작(灼)과 같다. 대당(大唐)의 가(歌)는 요임금의 선양(禪讓)을 노래하여 찬미(讚美)한 것이다"[146]고 하였다.
○나는 이렇게 생각한다. 대당(大唐) 두 자(字)는 우하인(虞夏人)의 어투가 아니며, 영(諴)자도 경전(經典)에 보이지 않으니 위작이다.

14년에 임금이 이에 옹(雍)[147]의 악장(樂章)을 연주함에 노래하는 자는 그 악장을 되풀이하였다. 15년에 제사 지내는 자가 시동(尸童)을 대신하였다.[148] 이때에 준예백공(俊乂百工)이 서로 화답하여 경운(卿雲)[149]을 노래하였다. 임금이 이에 창화(倡和)하기를, "경운(卿雲)의 빛남이여! 만만(縵縵)하게 뒤얽혔도다. 일월(日月)의 빛남이여, 밝고 또 밝도다"고 하니, 팔백(八伯)이 모두 나아가 머리를 조아

---

145) 諴: 朝本에는 諤로 되어 있다.
146) 『皇淸經解續編』 卷354, 『尙書大傳輯校』 「虞夏傳」 鄭玄의 註.
147) 雍: 樂의 이름.
148) 朝本에는 "維十有五祀, 祀者貳尸"가 빠져 있다.
149) 朝本에는 '慶'으로 되어 있음.

리고 말하기를, "밝고도 밝은 상천(上天)이여, 빛나는 성진(星陳)[150]
이로다. 일월의 빛남이여, 한 사람에게 크게 비추도다"라고 하니 임
금이 이에 다시 노래하였다[151]("虞夏傳" — 原註).

정현이 이르기를, "경(卿)은 마땅히 경(慶)으로 되어야 한다.
『한서』"천문지"에 '연기 같으면서도 연기가 아니고, 구름 같으면
서도 구름이 아니다. 욱욱(郁郁)하고 분분(紛紛)하며 소삭(蕭索)하
고 윤균(輪困)하니 이것이 경운(慶雲)이다'라고 하였으니, 이는 온
화(溫和)한 기운이다"고 하였다.
○나는 이렇게 생각한다. 칙천갱재(勅天賡載)의 노래[152]를 보면
이 노래가 위작임을 판단할 수 있다.

노래는 다음과 같다. "일월이 떳떳함이 있음에 성신(星辰)도 행함
이 있고, 사시가 법칙에 순함에 만백성도 진실되고 정성스럽도다.
아! 내가 악(樂)을 논함에 천령(天靈)을 짝하였고 현성(賢聖)으로
옮김에 모두 듣지 아니함이 없도다. 둥둥 북을 침에 둥실둥실 춤을
추고, 아름다운 꽃망울이 다함에 꽃잎들이 사라진다."[153] 이에 팔풍
(八風)이 수통(修通)하고 경운(卿雲)이 모이며, 반룡(蟠龍)이 그 깊
은 곳에서 몸을 크게 펴고 교어(蛟魚)가 그 연못에서 뛰고 귀별(龜
鼈)이 그 구멍에서 다 나왔도다(『汲冢竹書』에도 있는데 "伊尹이 桐宮에

150) 星陳: 星辰. 陳은 辰의 뜻.
151) 이 文段 끝부분의 '帝乃載歌旋持衡'에 있어서 '旋持衡'은 錯簡인 듯하다.
    『宋書』"符瑞志"에 보면 舜 때의 史傳을 인용하면서 이 문단의 몇 句節
    앞에 '舜乃擁璿持衡而笑曰'이라는 말이 있고, 이 부분에는 '帝乃再歌曰'
    이라고만 되어 있다.
152) 『尙書』"益稷"에 "帝庸作歌曰: '勅天之命 惟時惟幾' 〔……〕 乃賡載歌曰:
    '元首明哉! 股肱良哉! 庶事康哉!'"라는 말이 있다.
153) 朝本에는 이 노래의 앞에 '曰'자가 빠지고 "維十有五祀, 祀者貳尸"라는
    글이 있다.

제사 지냈다"는 글 아래에 있다 — 原註).

정현이 이르기를, "제순(帝舜)의 노래이다"라고 하였다. ○『송서宋書』「부서지符瑞志」에 이르기를, "이때를 당하여 경성(景星)이 방성(房星)에서 나오고 경운(慶雲)이 일어나니 임금이 이에 다시 노래하였다"[154]고 하였다.

○나는 이렇게 생각한다. 열수(列宿) 밖에 별도로 경성(景星)이 나타나니 이러한 이치는 없고 총롱(葱蘢)한 기운(氣運)을 가리켜 경운(慶雲)이라 하는 것은 대단히 많으니, 이는 모두 후세에 별을 점쳐 기운을 관망하는 사설(邪說)이다. 앞의 노래와 이 노래는 모두 위작이니 도학(道學)의 유가(儒家)들은 이런 것을 주석하기를 달갑게 여기지 않는 것이다.

왕후(王后)[155] 원년(元年)에 임금이 대우(大禹)로 하여금 천자의 자리에 오르도록 하였다. 우(禹)가 이에 임금의 그 덕을 받들고 임금의 아름다운 영(令)을 받아 이에 오사(五事)[156]로써 하고 왕극(王極)을 세웠다(「周傳」[157] — 原註).

정현이 이르기를, "왕은 우(禹)를 이름이다. 우(禹)가 처음으로 섭정(攝政)을 하다가 군(君)이 된 해이니(天子 자리에 앉았다는 것 — 原註), 우(禹)로 하여금 천도(天道)를 이루게 한 것이다. 처음 우(禹)가 치수(治水)를 할 때에 낙수(洛水)에서 문자(文字)를 등에 진 신령스러운 거북을 얻어 우(禹)가 이로써 천인(天人) 음양(陰

---

154) 『宋書』「符瑞志」에는 '帝乃再歌'로 되어 있다.
155) 王后: 여기서는 君主인 禹를 가리킴.
156) 五事: 「洪範」의 洪範九疇에 "五事, 一曰貌, 二曰言, 三曰視, 四曰聽, 五曰思"라는 내용이 있다.
157) 朝本에는 '「虞夏傳」'으로 되어 있다.

陽)의 작용을 다 터득하였는데, 이에 이르러 제명(帝命)을 받들어 이것을 베풀었다"[158]고 하였다.

○나는 이렇게 생각한다. 오사(五事)로써 하는 것과 왕극(王極)을 세우는 것은 은연중에 「홍범」에 의탁하여 "하늘이 이에 우임금에게 준다[天乃錫禹]"[159]라는 글귀와 상응하게 하였다. 그러나 우(禹)는 섭정한 일이 없으며(經에는 그런 글이 없다 — 原註) 가령 섭정하였다면 자기의 위에 임금의 군림이 있을 것인데 연호를 제정하여 왕이라 칭(稱)한 것은 또 이러한 이치가 없으며, 이 문단은 왕망(王莽) 때에 지은 유흠(劉歆) 등의 소행에 관계되는 것 같다. 정강성이 그 잘못된 이치를 분변하지 못했으니 안타깝다.

하(夏)나라 사람이 술을 마시고 서로 어울려 노래하기를, "어찌 박(薄)[160] 땅으로 돌아가지 않으리오? 박(薄)도 역시 크도다"라고 하였다. 이윤(伊尹)이 물러나 한거(閑居)하면서 깊이 악성(樂聲)을 듣고 고쳐 말하기를, "밝고도 드러남이여! 나의 큰 명이 이르렀도다. 불선(不善)을 버리고 선(善)으로 나아가니 어찌 즐겁지 않으리요?"라고 하였다. 이윤(伊尹)이 들어가 왕에게 고하니, 왕이 한연(僩然)히 탄식하고 아연(啞然)히 웃으며 말하기를, "하늘에 해가 있는 것은 나에게 백성이 있는 것과 같은데 해가 없어지면 내가 또한 망할 것이다"라고 하였다(「殷傳」[161] — 原註).

정현이 이르기를, "스스로를 하늘에 비유한 것은 없어지지 않고 항상 있다는 것을 말함이요, 해에 비유한 것은 갔다가는 다시 옴을 말한 것이다. 살펴보건대, 유향(劉向)의 『신서新序』에 기록한

158) 『皇淸經解續編』卷355, 『尙書大傳輯校』「周傳」鄭玄의 註.
159) 『尙書』「洪範」.
160) 薄은 毫과 통용함.
161) 朝本에는 「夏傳」'으로 되어 있다.

바와 대체로 같다(羣臣이 서로 잡고 노래하기를, "강물의 성함이여, 舟楫[162]이 부서지네. 우리 왕이 망함이여, 재촉해 薄 땅으로 돌아가자. 薄 땅이 또한 크도다"고 하고, 또 노래하기를, "즐겁도다! 즐겁도다! 四牡가 강성하고 六轡가 기름지도다. 不善을 버리고 善을 따르니 어찌 즐겁지 않으리오?"라고 하였다. 伊尹이 天命의 이르렀음을 알고 잔을 들어 桀에게 고하니 桀이 손바닥을 치고 일어나서 啞然히 웃으며 말하기를, "나에게 천하가 있는 것은 하늘에 해가 있는 것과 같다. 해가 망함이 있으면 나도 또한 망하리라"[163]라고 하였다 —— 原註)"[164]고 하였다.

○나는 이렇게 생각한다. 본래 '시일갈상(時日曷喪)'[165]이라는 구절을 토대로 하여 연출해놓은 위가(僞歌)인데 유향이 해를 백성에게 비유한 것은 해를 걸(桀)에게 비유시킨 것과는 같지 않다. 또 다듬어 윤색(潤色)한 것이 이와 같으니 이는 모두 위작(僞作)이다('薄'과 '毫'은 통한다 —— 原註).

탕(湯)이 걸(桀)을 추방하고 박(毫)으로 돌아오니 3천 제후(諸侯)들이 크게 모였다. 탕이 제후(諸侯)의 지위에 그대로 있기로 하고 세 번 사양하니, 3천 제후가 감히 지위에 나아가지 못하므로 그런 뒤에야 탕(湯)이 천자(天子)의 지위에 나아갔다(「殷傳」 —— 原註).

나는 이렇게 생각한다. 탕(湯)이 군사들에게 맹세하는 날에 있어서는 벌써 일찍이 그전에 제후(諸侯)들을 통솔(統帥)하여 왕으로서 "오너라, 너희 많은 무리들이여! 모두 나의 말을 들을지어다〔格爾衆庶, 咸聽朕言〕"[166]라고 하였는데, 여기에는 곧 이와같이 거

---

162) 舟楫: 배와 노. 임금을 보필하는 신하.
163) 劉向, 『新序』「刺奢」.
164) 『皇淸經解續編』 卷354, 『尙書大傳輯校』「殷傳」 鄭玄의 註.
165) 『尙書』「湯誓」의 "이 해가 언제나 없어질고?〔時日害喪?〕"를 인용한 것이다.
166) 『尙書』「湯誓」.

짓 되게 왕위를 사양하는 것으로 하였는가? 위작이다.

　무왕(武王)이 주(紂)와 더불어 목야(牧野)에서 싸웠는데, 주(紂)의 병졸이 흩어지고 주(紂)의 수레가 부서졌으며 주(紂)의 갑사(甲士)가 모여들어 항복해 무왕을 축하(祝賀)하였다. 주(紂)가 죽자 무왕은 불안한 듯하였는데, 이때는 천하가 아직 안정되지 아니하였다. 태공(太公)을 불러서 물어 말하기를, "은(殷)나라로 들어가는 것이 어떠한가?"하였다. 태공이 말하기를, "신이 듣기로는 '남을 사랑하는 자는 그 지붕 위의 까마귀도 함께 사랑하고, 남을 사랑하지 않는 자는 미워함이 집여(臣餘)¹⁶⁷⁾에까지 미친다'고 하였으니 어떠합니까?"라고 하니, 무왕이 "불가(不可)하다"라고 하였다. 소공(召公)이 빠른 걸음으로 나아가 말하기를, "신이 듣기로는 '죄 있는 자는 죽이고, 죄 없는 자는 살리는데 그 적은 모두 죽여서 남음이 없도록 한다'(『說苑』에는 이 두 句가 없다 — 原註)고 하였으니 어떠합니까?"라고 하자, 무왕이 "불가하다"고 하였다. 주공(周公)이 빠른 걸음으로 나아가 말하기를, "신이 들으니 '각각 그 집을 편안히하고 각각 그 밭에서 농사를 지어, 일부러 하지도 않고 사사로이 하지도 않으며 오직 인(仁)으로써 친애한다'고 히였으니, 이떠힙니까?"라고 하니, 무왕의 환한 표정이 천하가 이미 안정된 것과 같다(「周傳」에는 '臣'이 혹 '胥'로도 되어 있다 — 原註).

　정현이 이르기를, "'집여(臣餘)'는 이락(里落)의 벽(壁)이다"¹⁶⁸⁾고 하였다('臣餘'가 『說苑』에는 '餘胥'로 되어 있다 — 原註).

　드디어 은(殷)에 들어가서 비간(比干)의 묘(墓)에 봉분을 하고 상

---

167) 臣餘: 婢僕.
168) 『皇淸經解續編』卷355, 『尙書大傳輯校』「周傳」鄭玄의 註.

용(商容)[169]의 여(閭)에 정표(旌表)를 하고 거교(鉅橋)[170]의 곡식을 풀고 녹대(鹿臺)의 재물을 백성들에게 나누어주고, 경궁(頃宮)[171]의 여자들을 돌아가게 하니, 백성들이 알고 말하기를,[172] "왕이 인인(仁人)에 대해 죽은 자는 그 묘에 봉분을 하였는데, 하물며 살아 있는 자에 있어서랴. 왕이 현인에 대해 도망한 자는 그 여(閭)에 정표(旌表)를 하였는데, 하물며 남아 있는 자에 있어서랴. 왕이 재물에 있어서는 모인 것을 나누어주었는데, 하물며 다시 바치게 하겠는가? 왕이 여자에게 있어서는 남아 있는 자를 그 부모에게 돌려보냈는데, 하물며 다시 부르게 하겠는가?"라고 하였다.

살펴보건대, 이 고안(考案)들은 모두 연출(演出)해놓은 위찬(僞撰)이다. 이 두어 편을 보면 나머지는 유추(類推)할 수 있다. 『상서대전』에서 말한 것은 본래 복생이 말한 것이 아니요, 모두 장생(張生)과 구양생(歐陽生)의 무리들이 위작한 것인 듯하다. 다만 정현의 주해(註解)로 인하여 이 책이 존중되어, 드디어 "복생이 옛날에 진(秦)나라의 박사로 고적(古籍)을 많이 보았으니, 아마도 거기에 삼고(三古)의 유문(遺文)이 있어 이것을 그 속에 섞어놓은 듯하다"고 말하고 있지만 사실은 전혀 그렇지 아니하다. 거기에 경전에서 증거로 삼을 만한 것이 있는 것은 나누어 각 편에 집어넣고 나머지는 모두 취하지 아니하였다. 지금 두어 편을 적어서 대략 그 진위를 논하니 벗들이 현혹(眩惑)되지 않기를 바란다. 「위태서」의 '백어(白魚)'와 '화오(火烏)'의 설(說)도 또한 복생이 말할 수 있는 것이 아니다. 대개 복생의 28편이 세상에 행해진 지 이미 오래된 뒤에 「태서」가 이에 세상에 행해졌으니, 어찌 복생이

---

169) 商容: 紂에게 直諫한 것으로 귀양 간 사람.
170) 鉅橋: 곡식 倉庫의 이름.
171) 頃宮: 紂의 宮名.
172) 朝本에는 '民之方'으로 되어 있음.

미리 백어의 일을 말하였겠는가? 다만 『상서대전』의 한 책으로
인하여 복생이 이러한 큰 누(累)를 짊어졌으니, 『상서대전』이라는
것은 복생에 있어서는 도니(塗泥)[173]가 되는 것이다.

---

173) 塗泥: 못쓰게 뻘칠하는 것.

엄씨고문소증초(閻氏古文疏證抄) 1

내가 탐진(耽津)에서 귀양살이할 때, 『상서』를 공부하면서 모기령(毛奇齡)[1]의 『고문상서원사古文尙書冤詞』에 관해 그 잘못된 것을 변증하여 『매씨서평梅氏書平』 9권을 저술하고 매색(梅賾)의 위서를 공박한 지 지금 벌써 20년이다. 근래에 청(淸)대의 학자 송감(宋鑒)[2]의 『상서고증尙書攷證』[3]을 읽어보니 그의 논거가 나와 딱 일치한다. 다행히 해외 변방에 사는 보잘것없는 나의 견해가 중화(中華)의 대가와 상의한 것도 없는데 일치한다는 것을 알았다. 송감의 책 가운데는 엄약거(閻若璩)[4]의 『상서고문소증尙書古文疏證』 속에 나오는 말을 여러 차례 인용하였는데 논의가 분명한 것이 많아 기쁘기만 하다. 그러나 송감의 책이 엄약거의 책보다 나중에 나와서 내용은 더 잘 갖추어졌다고 말할 수 있다.

정해년(丁亥年: 1827년)(道光 7년 — 原註) 겨울에 마침 해거도위(海居都尉)[5] 홍현주(洪顯周)가 열상(洌上)에 있는 내게 들러 나의 『매

---

1) 毛奇齡: 1628~1716. 淸의 학자·문인. p. 45 주 14 참조.
2) 宋鑒: 淸 乾隆 때의 학자. 字는 元衡, 號는 半塘. 閻若璩의 學을 傳受하였다. 저서로 『尙書考辨』 『說文解字疏』 등이 있다.
3) 『尙書考辨』을 『尙書攷證』으로 잘못 써놓았다.
4) 閻若璩: 1636~1704. 淸代의 학자. p. 246 주 15 참조.
5) 海居都尉: 海居는 朝鮮 後期 正祖 때의 학자인 洪顯周의 號. 都尉는 駙馬都尉의 준말로 임금의 사위를 지칭한다. 洪顯周의 字는 世叔. 本貫은 豊

씨서평』을 찾기에 끝까지 거절하지 못하고 그가 돌아간 뒤에 부쳐 보냈다. 유배 당시를 돌이켜보면 적소에는 서적이라고는 전혀 없고, 가지고 있는 것이란 겨우 『사기』『한서』『후한서』『진서(晉書)』『수서(隋書)』 등 전지류(傳志類) 수십 권뿐이어서 마치 화살 없는 활로 날카로운 칼날을 감당하는 격이니 걸핏하면 웃음거리가 될 뻔하였다. 그러나 내가 마음먹고 있는 것이 옳고 병사란 곧은 것을 장한 것으로 하기 때문에 모기령의 도전적인 칼날에 꺾이는 지경에는 이르지 않았다. 그런데 도위(都尉)가 그의 형 판서공(判書公) 홍석주(洪奭周)의 명으로 염약거의 『상서고문소증』 한 질(一帙)을 보내주면서 "이 책은 내용이 참고할 만한 것이 많은데 보내온 책 속에는 수록되지 않았으니, 미처 열람해보지 못한 듯하므로 지금 이것을 보내어 취택에 도움이 되게 한다"고 하였다. 대개 그의 의도는 내가 학문함에 있어서 조금 터득하고 있는 것을 가상히 여겼으나 나의 견해가 고루함을 애처롭게 여겨서 나로 하여금 학문함에 있어 그 선단(善端)을 확충해주려고 한 것이다.

삼가 그 책을 읽어보니 무릇 128조목으로 모두 8권이었다. 그 가운데 매색의 위안(僞案)에 대한 것은 빗질한 듯 정밀하고 엄정하게 다루어져 있으며, 인용한 전거(典據)도 넓고 설명도 남김이 없으며 내용에 있어 실상도 숨김이 없이 아주 잘 갖추어져 있다고 할 만하다. 송감이 이미 염약거의 책을 보고서도 무슨 까닭에 또 고증하는 데 주력하였는지 모르겠으나 생각하건대, 번거로운 것을 없애고 요점만 나타내고자 하였을 것이다. 나의 저술은 지금 없애 버리는 것이 좋을 것 같다. 나의 저술에서 무엇을 취할 것이 있겠는가? 다만 염약거의 책에 대해 조금 수정의 의견을 붙여 기억을

山. 仁謨의 아들이며 奭周의 아우이다. 正祖의 딸 淑善翁主와 결혼하여 永明尉에 封해지고 1815년 知敦寧府事가 되었다. 저서로 『海居詩集』이 있다.

새롭게 해주는 것도 또한 도위(都尉) 형제의 본뜻에 보답할 수 있을 것이다.

남뢰황종희서(南雷黃宗羲序)

(全文을 수록한다 ─ 原註)

　오초려(吳草廬)[6]는 『고문상서』가 위작(僞作)이란 것을 가지고 『서찬언書纂言』을 지었는데 복생(伏生)의 28편은 그것을 해석하고, 고문 25편은 그 자체 한 권질(卷帙)로 만들었으며, 그리고 소서(小序)가 나뉘어져 각 편(篇)의 머리에 있던 것을 합하여 한 편으로 만들어 뒤에 두었다. 귀진천(歸震川)[7]은 이것을 불간(不刊)의 전적(典籍)으로 여겼으며, 학초망(郝楚望)[8]이 『상서변해尙書辨解』를 지을 때 또한 이 예(例)에 의거하였다.

　초려(草廬)가 지은 『역찬언易纂言』도 또한 십익(十翼)으로써 각각 별편(別篇)으로 하였으며, 지금 『상서』의 서(序)로써 별도의 일편(一篇)을 만든 것도 또한 서한(西漢)의 구관(舊觀)이니 이것이 어찌 옳지 않겠는가? 다만 『상서』는 원래 세 본(本)이 있으니 복씨본(伏氏本)이 하나요, 공씨본이 하나요, 매씨본이 하나인데 지금은 복·공씨본은 없어지고 오직 매씨본만이 세상에 행해지고 있으니, 알지 못하겠도다! 초려가 어디로부터 복씨본 28편을 얻어 이에 해석을 하였는가? 「순전舜典」이 「요전堯典」에 합해지고, 「익직

---

6) 吳草廬: 1249～1331. 元人 吳澄을 말함. p. 45 주 13 참조.
7) 歸震川: 1506～1571. 明나라 歸有光. p. 192 주 4 참조.
8) 郝楚望: 1558～1639. 明의 학자인 郝敬. p. 379 주 15 참조.

益稷」이 「고요모皐陶謨」에 합해지고, 「반경盤庚」이 합해져서 1편으로 되고, 「강왕지고康王之誥」가 「고명顧命」에 합해져 1편으로 된 것 이것만으로는 그것을 바로 복씨본이라고 말할 수는 없다. 복씨본과 공씨본은 문자(文字)가 다른 것이 7백여(餘) 군데이므로, 비록 공씨본이 복씨본을 잊지 못하였다 하더라도 진면목은 이미 이 세상엔 없다. 하물며 공씨본도 또한 없어졌는데 지금 매씨본『상서』33편[9]을 취하여 그 편목(篇目)을 바꾸고 억지로 그것을 이름하여 복씨(伏氏) 28편이라 하니, 매색이 그것을 알았다면 혼잣말로 중얼대며 웃지 않겠는가? 매색이 만든 위찬(僞撰)이 오직 25편을 새로이 지어 증입(增入)시켰으나 원경(原經) 33편에는 한 자(字)도 고치거나 바꾸고 한 것이 없다면 곧 33편은 비록 복본(伏本)이라 할 수는 없으나 오히려 공씨본이라고 말할 수 있겠다. 그러나 이에 원경(原經)에 손을 댄 바가 있으니 예를 들면, '첨왈익재(僉曰益哉)'와 같은 따위가(본래는 '禹曰益哉'인데 아래에 보인다 — 原註) 그것이다. 서(序)는 공자가 지은 것이라고 한 것이 분명한데, 복본(伏本)은 그래도 나으나 공본(孔本)의 구문(舊文)은 변하고 어지러워져서 오직 뜻과 면목(面目)이 모두 바뀌어 그 망멸(亡滅)됨이 이와 같으니, 지금 매경(梅經)과 매서(梅序)를 취하여 복본의 이름에 덮어씌우는 것이 가하겠는가? 귀진천이 불간(不刊)의 전적이라고 한 것도 또한 깊이 생각해보지 못한 것이다. 그러면 어떻게 해야 하는가? 다만 마땅히 『상서찬언尙書纂言』이라 하되, 먼저 서례(序例)에 분명히 말하기를, "복씨 금문과 공씨 고문은 지금 모두 존재하지 않으니, 부득이 매씨본에 나아가 33편을 발출(拔出)하여 경(經)으로 삼았으나, 그 복본(伏本)·공본(孔本)이 매본(梅本)과 더불어 같지 않다"고 하고, 선고(先古)의 유문(遺文)에

---

9) 「舜典」과 「益稷」을 포함시키고 「太誓」를 削除하면 33편이 된다.

산견(散見)한 것은 매양 한 장(章)의 아래에 별도로 기록하고, 고이일이조(考異一二條)는 『사기』 『설문설문(說文)』 『좌전』 『예기』 등에서 취해서, 예를 들어 우철(嵎銕)·유곡(柳谷)10)과 같은 따위를 절록(節錄)하여 그 본면목(本面目)을 보존시켜 참고(參考)에 대비하고, 여기에 조금 수정의 의견을 붙여 그 찬성과 반대를 보이면 거의 이치에 합당할 것이다.

오초려가 반드시 복씨를 취하고 황남뢰(黃南雷)11)가 또 오초려를 허여(許與)한 것은 그 병통의 뿌리가 모두 채구봉(蔡九峰)에게서 온 것이다. 채구봉이 매색의 25편에 대해 글을 써 말하기를, "금문에는 없고 고문에는 있다"고 하였으니 이것은 그 생각의 출발이 잘못된 것이다. 금문·고문이 모두 없는데 어찌하여 고문에는 있다고 할 수 있겠는가? 당시에 양한(兩漢)의 사서(史書) 한 장도 검토하지 않고 다만 25편에만 집착하여 그 경문(經文)만을 익숙히 보면서 그 위찬(僞撰)을 의심하였을 뿐이다. 진장(眞贓)12)이 잡히지 아니하여 죄인이 숨어버렸으니, 매양 공안국이 위서를 지었다는 것만을 의심하고 매중진(梅仲眞)13)이 진짜 도적임을 알지 못하였다. 주자처럼 혜안(慧眼)을 가진 사람은 문체(文體)로써 의심하고, 채침(蔡沈)처럼 둔근(鈍根)한 사람은 사설(師說)이, 타당성이 지나쳤다고 하면서, 드디어 매씨본을 취하여 이것을 전체적으로 해석하였고, 오초려도 또한 여기에서 벗어나지 못하였다.

그러나 종래의 고문을 논의한 자들이 사전(史傳)으로써 고증(考

---

10) 嵎銕·柳谷: 「堯典」에 나오는 地名.
11) 黃南雷: 1610~1695. 淸의 학자·思想家. 餘姚人. 字는 太沖. 이름은 宗羲. 南雷는 그의 號. 저서로 『明儒學案』 『宋元學案』 『明文海』 『明夷待訪錄』 『南雷文集』 등 많은 것이 있다.
12) 眞贓: 진짜 장물아비.
13) 梅仲眞: 梅賾. 仲眞은 그의 字.

證)한 것은 모순이 많다. 이미 말하기를, "공안국의 학문은 도위조(都尉朝)에게 전수하고, 도위조가 용생(庸生)에게 전수하고 용생이 호상(胡常)에게 전수하고 호상이 서오(徐敖)에게 전수하고 왕황(王璜)과 도운(塗惲)에게 와서 도운이 가휘(賈徽)에게 전수하고 휘(徽)는 그의 아들 규(逵)에게 전수하였다"[14] 하여 그 전수가 역연(歷然)한데, 어찌 『후한서』에는 또 "부풍(扶風)의 두림(杜林)이 서주(西州)에서 『칠서고문상서漆書古文尚書』 한 권을 얻고, 같은 고을의 가규(賈逵)가 그것에 훈(訓)을 지었다"[15]고 하였는가? 그렇다면 그 아버지에게서 전해 받은 것은 무슨 『상서』인가? 이미 가규가 『고문상서』를 위하여 훈(訓)을 지었다고 한다면 어찌하여 규(逵)가 훈(訓)을 지은 것이 다만 구양(歐陽)·하후(夏侯)의 『상서』에만 그치고 다른 『상서』에는 미치지 아니하였는가?

사전(史傳)에는 본래 모순이 없다. 사전에 합하지 않는다고 하는 것은 매색의 『상서』를 옹호하는 자들이 들추어내어 현란시킨 계책인데 황남뢰가 또한 그 설을 익히 듣고도 의심하거나 달리 생각하지 못하였던 까닭으로 말한 것이 이와 같을 뿐이다. 『고문상서』는 다만 한 본(本)일 뿐이요, 다시 제2본(第二本)이 없는데도 그것을 서로 혼동하였으니 대체로 『고문상서』라고 하는 것은 모두 공씨(孔氏) 벽중(壁中)의 본이지 별본(別本)이 아니다. 가휘가 전한 것도 이것이요, 두림이 전한 것도 이것이니, 이것이 아니라면 『고문상서』라 일컬을 수 없다. 지금 이에 도위조 이래 왕황·도운의 경(經)을 한 본(本)으로 하고, 또 두림이 전한 칠서 한 권을 한 본으로 하여 사람의 눈을 현란(眩亂)하게 하는 자가 그것을 장차 매색에게 나아가도록 하려고 한 것이다. 왕황·도운이 왕망

---

14) 王璜·塗惲까지는 『漢書』 「儒林傳」의 말이고, 賈徽·賈逵까지는 『後漢書』 「儒林傳」에 나오는 말이다.
14) 王璜·塗惲까지는 『漢書』 「儒林傳」의 말이고, 賈徽·賈逵까지는 『後漢書』 「儒林傳」에 나오는 말이다.
15) 『後漢書』 「儒林傳」.

(王莽)의 권세를 끼고 잠시 고문을 세워 학관(學官)에 열립(列立)하였다가 왕망이 주살(誅殺)되자 관학(官學)에서도 또한 이것이 폐(廢)해졌다(당시 伏生의 今文의 學이 심히 古文을 미워하였던 까닭으로 王莽이 죽자 古文도 廢해졌다 — 原註). 광무제(光武帝)가 즉위함에 구적(仇敵)들이 요로(要路)를 차지하면서(今文과 古文이 서로 원수였다 — 原註) 금서(禁書)[16]가 몰래 전해지며 두려워 오그라든 것이 끝이 없었던 까닭으로 두림이 이에 29편을 요약하여 한 권(卷)으로 만들고, 또 병란(兵亂)에 유리(流離)되어 글자의 자취가 마멸될까 두려워하였던 까닭으로 먹을 버리고 칠(漆)을 사용하였다. 또 그 가학(家學)이 창힐(倉頡)의 고문에 깊었기 때문에 자체(字體)가 고아하였고, 또 그 내력이 본래 왕황·도운에게서 나왔던 까닭으로 그 전해온 길을 기피하여 다만 "전에 서주(西州)에서 그것을 얻었다"고만 하고, 그 서순(徐巡)과 위굉(衛宏) 두 사람에게 부탁한 말은 처완(悽捥)하고 애창(哀愴)하여 족히 서로 감동할 만함이 있었다. 이를 토대로 살펴보건대, 왕황이 학관에 세운 것이 곧 두림이 전한 것이요, 두림이 전한 것이 곧 왕황이 세운 것인데, 이것을 나누어 둘로 하여 "마치 뿔이 없는 양을 내놓으라[俾出童羖]"[17]고 하는 격으로, 모두 모서하(毛西河)의 『원사冤詞』 중의 궤계(詭計)로 자기도 모르게 황남뢰가 현혹된 것이다. 가규에게는 본래 가전(家傳)하는 고문이 있었고, 또 같은 고을에서 두림의 고문을 얻은 것도 모두 공벽(孔壁)의 진본(眞本)이니 훈전(訓傳)을 지은 것은 본래 나무랄 것이 없다. 채침이 『상서』에 주를 달 때에는 구주(九州)와 사황(四荒)에 『상서』가 억만(億萬)으로 셀 정도였으나 『상서』에 여러 본(本)이 있었다는 말은 하지 않았으니, 채침이 주

---

16) 禁書: 古文을 말함.
17) 『詩經』「小雅－賓之初筵」에 나오는 말로, 道理 없는 말만 내놓음을 이르는 말.

(註)한 것이 어느 본인가를 물을 필요가 없는데, 어찌하여 유독 가규가 훈(訓)한 것에 대해 두 본을 세웠다고 꾸짖는가? 가규가 금문을 공부하지 않았으므로 훈(訓)을 지은 것이 다만 구양(歐陽)·하후(夏侯)의 『상서』에만 그쳤다니 이러한 이치가 있겠는가? 『후한서』에 이 글이 없으니 황남뢰가 무엇에 근거하여 이 말을 하였는지 알지 못하겠다.

『수서』「경적지(經籍志)」에 이르기를, "두림의 『고문상서』에 대해 가규·마융·정현이 전주(傳註)를 지었다. 그러나 금문으로 섞어놓아 공씨(孔氏)의 구본(舊本)이 아니다"고 하였으니, 이것은 대개 정현의 본래 방식이다. 그가 『의례儀禮』에 주(註)한 것에도 또한 금문과 고문을 참용(參用)하였는데(『梅氏書平』에 보인다 — 原註), 드디어 이 방법을 『상서』에 옮긴 것이니, 두림의 경(經)에 본래 금문이 섞인 것이라고 말한 것이 아니다. 가령 가규가 금문을 겸해서 공부했다 하더라도 그 뜻은 참용하는 데 불과할 뿐이지 어찌 갑자기 그 가학(家學)을 버리고 이문(異門)에 투신하였겠는가? 이러한 이치는 없을 것이다.

또 이르기를, "마융이 전(傳)을 짓고 정강성이 주(註)를 내었다"[18]고 하였는데, 어찌하여 정강성의 「서서書序」의 주(註)에 「골작汩作」「구공九共」「전보典寶」「사명肆命」「원명原命」[19]의 주(註)는 있으면서 「중훼지고仲虺之誥」「태갑太甲」「열명說命」 제편(諸篇)의 주는 없는가? 그리고 편명(篇名)이 같은 것도 또한 그 내용의 글이 같지 않으니, 예컨대 「우공禹貢」을 주한 곳에 「윤정胤征」을 인용하여 이르기를, "그 검고 누런 비단을 광주리에 담아 가지고 와서 우리 주왕을 밝게 하리라〔篚厥玄黃, 紹我周王〕"고 하였으니, 이는 공씨의

---

18) 『後漢書』「儒林傳」.
19) 모두 『尙書』의 逸篇名.

『상서』에 있는「무성武成」의 글이다.

이 문단을 상세히 살펴보면 황남뢰도 또한 공본(孔本)과 매본(梅本)의 근원에 대해 왜곡하여 오히려 밝지 못하였는데도, 성급히 염약거를 위하여 이 서문을 지은 것이다. 정강성이 지은 『상서』의 서(序)에 대한 주는 본래 모두 완비되어 있었으나 지금 모두 망멸(亡滅)하였으니(孔穎達이 『尙書正義』를 著作할 때에는 오히려 그래도 鄭註가 남아 있었으나 그후에 드디어 없어졌다 — 原註), 어찌하여「골작」「구공」「전보」「사명」「원명」의 서(序)에는 정현의 주가 있고「중훼지고」와「태갑」「열명」제편(諸篇)에는 정현의 주가 없다고 말하는가? 두루 공영달의 『정의』와 여러 사전(史傳)을 살펴보아도 전혀 이 설(說)이 없는데 황남뢰가 어찌하여 이렇게 말하는가?「골작」「구공」「전보」「사명」「원명」은 모두 공씨의 벽중(壁中)에서 나온 소위 증다(增多)한 16편인데, 벽에서 나온 이후에 아래로 유향(劉向)·유흠(劉歆)에 이르기까지 사설(師說)이 끊어져 없고 정현이 주한 것도 아니며, 오직 그 소서(小序)만 각 편(篇)의 안에 나열되어 있어서 마융과 정현이 이를 주하였다.「중훼지고」와「태갑」「열명」은 본래 28편 안에 들어가지도 않았고, 또한 증다한 16편 안에도 들어가지 않았으나 그 소서만은 남아 있었던 것이다(百篇의 序가 伏本과 孔本에 모두 있었다 — 原註). 정현이 이미 『상서』의 서에 주를 달았는데 유독 이 여러 편의 서(序)만을 빼버릴 이치는 없는 것이요, 다만 지금은 정현의 주가 모두 없어져서 드러내어 보일 방법이 없을 뿐이다. 황남뢰의 설은 도청(道聽)[20]에 가까우니 한탄스러운 것이다. 또 정현의「우공」의 주에 "비궐현황

---

20) 道聽: 道聽塗說의 준말. 길에서 얻어듣고 이를 이내 길에서 옮겨 말함. 수양이나 지식이 얄팍한 것에 비유하는 말.

소아주왕(篚厥玄黃, 紹我周王)"이라는 구(句)를 인용하여 「윤정」(孔穎達의 『尙書正義』에 보인다 ─ 原註)이라고 말한 것은 마땅히 힐난해야 할 것은 아니며, 「윤정」 또한 증다한 16편 중의 한 편이니 곧 전편(全篇)은 비록 알 수 없으나, 꼭 이 두 구(句)는 통하지 않음이 없으므로 정현이 「우공」의 주에 이 두 구(句)를 인용한 것은 본래 이상한 일이 아니다. 예를 들면 「무성」의 잔장(殘章)과 결구(缺句)(「武成」도 또한 16편 중의 하나이다 ─ 原註) 같은 것을 유흠이 얻어 그것을 『삼통력三統曆』에 인용하였고, 반고가 얻어 그것을 「율력지 律曆志」에 실었는데('唯一月壬辰旁死覇'와 같은 類 ─ 原註) 그 자체 의심할 만한 것이 없다. 오직 「윤정」은 그것이 정주본(鄭註本)에는 「우하서虞夏書」의 끝에 넣어서 그 글에 이르기를, "우리 주왕을 밝게 하리라〔昭我周王〕"고 하였으며, 하물며 이 두 구는 맹자가 암송한 바[21]로 분명히 이는 무왕(武王) 때의 문구(文句)인데, 이에 「윤정」의 편중에 있는 것은 간편(簡編)의 탈오(脫誤)이다. 그러나 이미 「윤정」의 안에 있으므로 어쩔 수 없이 인용하여 「윤정」으로 하였다. 이것으로는 매색의 위안(僞案)에 대해 조금도 성원할 수 없는 것인데 황남뢰가 어찌하여 의심을 하지 않았는가? 위작자(僞作者)가 기민(機敏)하여 드디어 이 두 구를 옮겨 그것으로써 가짜로 만든 「무성」에 사용하여 흡연(翕然)히 서로 합하게 하고 물연(沕然)히 그 흔적을 없애게 한 것이 바로 그 폐와 간을 들여다보는 것처럼 환하게 밝힐 수 있는데도, 지금 황남뢰의 논의를 상고해보면 공벽의 진본에 원래 「무성」이 있어 이 두 구가 분명히 실려 있는 것 같은 느낌이 있다. 그러나 그는 공안국과 매색의 위안(僞案)에 대해 꿈에서 깨어나지 못하였으니, 또 어찌 매색을 공격하는 사람을 기뻐하겠는가? 이해할 수 없다.

---

21) 『孟子』 「滕文公」 下.

또 이르기를, "정강성이 그 손자인 소동(小同)에게 전(傳)하였고, 소동은 정충(鄭沖)과 함께 고귀향공(高貴鄕公)[22]을 섬겼는데, 충(沖)은『고문상서』로써 교수(敎授)하여 그 학문이 끊어지지 않았다"고 하였으니, 어찌하여 동진(東晉)의 예장내사(豫章內史) 매색이 처음으로『상서공안국전尙書孔安國傳』을 얻어 그것을 주상(奏上)하였겠는가? 사전(史傳)의 모순이 이와 같다.

공영달의『정의』가『진서晉書』를 인용하여 "진 태보공(晉太保公) 정충이 고문으로써 부풍(扶風)의 소유(蘇愉)에게 전수하고 유(愉)가 양류(梁柳)에게 전수하였으니 이가 곧 황보밀(皇甫謐)[23]의 외제(外弟)이다"[24]고 하였다(지금의『晉書』에는 이 글이 없다 — 原註). 이것이 바로 매색『상서』의 연원(淵源)이다. 그런데 지금 이르기를, "정소동(鄭小同)은 정충과 동학(同學)이다"고 한다면, 정충이 전수한 것이 바로 정강성의 본(本)이라고 할 수 있겠는가? 이 설(說)은 무엇을 토대로 하였는지 알 수 없다. 설령 믿을 글이 있다 하더라도 정충이 바로 정학(正學)이요, 황보밀은 위서(僞書)의 조(祖)인데 속여서 정충을 조(祖)로 하였다. 사전(史傳)에는 하나도 모순이 없는데 황남뢰가 매양 모순이라고 말하니, 대개 공안국과 매색의 주빈(主賓) 사이를 오가며 깊은 잠에서 깨어나지 못함이 있다.

만약 문사(文辭)와 격제(格制)가 같지 않은 것으로 구별지어서 고문이라고 할 것 같으면 그 채집(採緝)하고 보철(補綴)한 것이 어느 한 자라도 근본하지 않은 바가 없으며, 금문에 질정(質正)하여 확인

---

22) 高貴鄕公: 三國時代 魏나라 학자인 曹髦. 高貴鄕은 封號.
23) 皇甫謐: 215~282. 晉의 학자. p.73 주 139 참조
24) 孔穎達,『尙書正義』卷 第2,「堯典」疏.

해도 또한 큰 차이가 없을 것이니, 역시 절각(折角)²⁵⁾하기에 충분치 않다. 오직 진화(秦火)²⁶⁾ 이전의 모든 서적에 믿을 수 있는 것은 『좌씨내외전左氏內外傳』²⁷⁾과 『맹자孟子』『묵자墨子』『순자荀子』와 같은 유(類)이니, 그것을 취하여 증명하면 생각에 가까운 것이 절반은 넘을 것이다. 옛날부터 내려오면서 제유(諸儒)들 간에는 그 한둘을 가리켜 이것을 탈 잡아 의심하니 의심하고 믿는 것이 서로 반이었다.

여러 책을 취하여 증명하면 곧 서로 다투고, 문체(文體)를 가지고 공격하면 복종하지 않는다. 오직 여러 사전(史傳)과 사지(史志)를 밝게 열거해놓고 변별하면 곧 내용에 그 실정을 숨길 수 없어서 큰 옥사(獄事)가 결정날 것인데, 황남뢰가 매양 사전(史傳)으로 고증하는 것은 모순이라고 말하니, 대개 그 이치를 분별함이 소상하지 않다고 하겠다.

가정(嘉靖)²⁸⁾ 초(初)에 정천(旌川) 매작(梅鷟)이 『상서보尚書譜』 1편을 지었다. 여러 전기(傳記)의 말을 취하여 25편과 서로 가까운 것을 종류별로 나열하여 그 표절(剽竊)을 증명하였는데, 증거를 끌어댐이 매우 넓었다. 그러나 사전(史傳)의 이동(異同)에는 끝내 합치할 수 없었다.

매작의 『상서』에 관한 설(說) 중에 몇 조(條)는 모서하에 의해 시비가 되어 앞에서 이미 변별(辨別)하였다. 사전(史傳)의 이동(異同)은 무엇을 가리키는지 알 수 없다.

---

25) 折角: 傲慢한 자의 콧대를 꺾음. 여기서는 效力이 있는 것을 말함.
26) 秦火: 秦始皇의 焚書坑儒를 말함.
27) 『春秋內外傳』: 左氏의 『春秋左傳』과 『春秋外傳』인 『國語』를 말함.
28) 嘉靖: 明世宗(1522~1566)의 年號.

회해(淮海)29)의 염백시(閻百詩)30)가 『상서고문소증尙書古文疏證』 4권을 보내왔다. 나에게 서(序)를 써줄 것을 부탁해서 내가 끝까지 읽어보고 그 재료를 취한 것이 풍부하고 절충한 것이 마땅하였음을 알았다. 양한(兩漢) 때를 당하여 공안국의 『상서』가 학관에는 세워지지 못했지만 사사로이 스스로 유통되지 않은 적이 없었는데 영가(永嘉)의 난에 이르러 없어졌다.

양한(兩漢)의 시대에 공본(孔本)이 크게 소리가 나서 일찍이 이로써 천자가 묻는 일도 있었고, 대유(大儒)들이 옮겨 적기도 하였고, 학관에 세워지기도 하였다. 위굉(衛宏)31)이 『훈지訓旨』를 짓자 광무제가 의랑(議郎)으로 삼았으며, 마융·정현이 총애와 영광을 받아 일세에 빛났고, 제자가 많아 각각 천 명이나 되었는데 모두 공본을 공부하였으니, 어찌 겨우 사사로이 스스로 유통되었다고 말할 수가 있겠는가? 매색을 옹호하는 자가 백 가지 꾀로 마치 공안국을 탄압한 것처럼 매양 말하기를, "공본은 영갑(令甲)32)에 억압되어 사사로이 스스로 유통되었다"고 하는데 황남뢰가 이 설을 익히 듣고도 말한 바가 명쾌하지 못하다. 또 이르기를, "공안국의 학(學)이 영가(永嘉)의 난에 없어졌다"고 함은 또 무슨 말인가? 위(魏)·진(晉)의 시대에 공안국의 학(學)이 크게 일어나고 복생의 학(學)은 미약해졌으며, 영가의 난에 이르러 구양생(歐陽生)과 하후승(夏侯勝)·하후건(夏侯建)의 학(學)이 모두 없어졌는데, 누가 공안국의 『상서』와 정현의 주(註)가 없어졌다고 하는가? 당나라

---

29) 淮海: 淮水와 바다 근처의 지방.
30) 閻百詩: 閻若璩. 百詩는 그의 字. p. 246 주 15 참조.
31) 衛宏: 後漢 東海人. 字는 敬仲·次仲. 杜林에게서 『古文尙書』를 전수받아 『訓旨』를 지었다. 앞에 나왔음.
32) 令甲: 漢代의 政令에 令甲·令乙·令丙 등이 있다. 令甲은 가장 엄한 第一令이다.

초기에도 오히려 없어지지 않았기 때문에 공영달이 직접 그 책을 보고 많이 베껴 모아 『정의』에 집어넣었는데 어찌 "영가의 난에 없어졌다"고 하는가? 염약거가 말한 것이 이와 같은데(아래쪽에 보인다—原註) 황남뢰가 그것이 잘못되지 않은 것임을 믿으면서도 이와 같이 서술했다. 나는 그렇기 때문에 황남뢰가 공안국과 매색의 위안(僞案)에 대하여 본래 어둡다는 것을 알겠다.

매색이 위서를 만들어서 공안국의 이름을 함부로 내세웠으니, 이는 매색이 처음으로 위작을 한 것인데 도리어 후인들은 한(漢)나라의 공안국까지 아울러 의심을 하니 되겠는가? 사전(史傳)에서 연결되어 있는 사슬의 맺음을 풀어야 할 것이다.

이 문단도 역시 잘못되었다. 종래의 사전(史傳)에 공안국과 매색의 연결되어 있는 사슬의 맺음을 풀어야 한다니, 어째서 사전에 연결되어 있는 사슬의 맺음이 있다고 하는가? 황남뢰가 사전을 읽은 것이 원래 분명하지 못하다.

중간에 삼대(三代) 이전의 시일(時日) · 예의(禮義) · 지리(地理) · 형법(刑法) · 관제(官制) · 명휘(名諱) · 기사(記事) 등을 변석(辨析)하여 이에 구두(句讀)를 달고 자의(字義)를 해놓은 것과 『상서』를 토대로 하여 다른 경사(經史)를 고증한 것은 모두 족히 후대 유학자들의 가려진 견해를 제거할 수 있었으니, 이와 같이 해야 바야흐로 경(經)을 깊이 연구했다고 할 수 있다. 이 책에 "이족(夷族)의 화(禍)는 「태서」에서 비롯되었고, 「태갑」에 단상(短喪)과 작용(作俑)[33]이 있었으며, 「금등金縢」을 잘못 풀이하여 주공을 불경(不

---

33) 作俑: 俑을 만드는 것. 俑은 죽은 사람을 葬事 지낼 때 함께 매장하는 나무로 만든 人形이다.

敬)에 빠뜨렸다"고 추구해놓은 것은 인인(仁人)의 말이니, 후세
에 공이 있는 바가 크다고 할 것이다.

염약거의 고증하는 공부는 실로 넓고도 정밀하다. 다만 가짜 경
(經)과 진짜 경(經)을 뒤섞어서 풀이하고, 『상서』의 뜻과 다른
경의 뜻을 뒤섞어 말하여 그의 책에는 달리 구별되는 의례(義例)
가 없다. 무릇 책을 짓는 데 있어 그 의례가 정돈되지 아니하면
아무리 그 논한 바가 정밀하고 확실하다 하더라도 모두 어지럽게
얽혀 찾기 어렵고 파묻히고 가려져 나타나지 않는다. 그런 까닭에
염약거의 이 책은 오재로(吳才老) 이후로는 처음 나온 글이나 거
의 사설(邪說)이 끊어지고 거기에 동조하는 벗들이 붓을 놓았는데
도, 모신(毛甡)³⁴⁾이 오히려 방자하게 마음대로 고치는 장난을 하
여 매양 염약거의 설을 공박하였고, 송감(宋鑑)이 또 『상서고변尙
書考辨』을 지었으나 중첩되게 뒤섞어 놓은 허물을 돌아보지 않았
으니, 이는 모두 이 책의 의례가 정돈되지 않은 데에서 온 것이
다. 애석함을 다할 수 있겠는가?(夷族·短喪說에 대한 評議는 아래에 있
다 ─ 原註)

내 친구 주강류(朱康流)³⁵⁾가 나에게 이르기를, "종래의 강학하는
사람들은 위미정일(危微精一)³⁶⁾의 뜻에 연원을 두지 않음이 없었다.
만약 「대우모大禹謨」가 없었으면 이학(理學)이 끊어졌을 텐데 이것
을 굳이 위작하겠는가?"라고 하였다. 내가 말하기를, "이는 고금에

---

34) 毛甡: 毛奇齡. 甡은 本名.
35) 朱康流: 明末 淸初의 經學者 朱朝瑛. 海寧人. 字는 美之. 康流는 그의 號.
  明代 崇禎 때의 進士로 淸에 들어와서는 벼슬하지 않았다. 저서로『五經
  略記』『金陵遊草』가 있음.
36) 危微精一: "人心은 위태롭고 道心은 미미하니 精하고 한결같이 하여 진
  실로 그 가운데를 잡아라〔人心惟危, 道心惟微, 惟精惟一, 允執厥中〕"는
  말이『尙書』「大禹謨」에 있다.

있어서 하나의 큰 절목(節目)인데, 옛날부터 모두 너무 우뚝해서 그냥 지나와버렸다. '진실로 그 가운데를 잡아라'라는 말은 『논어』에 근본을 둔 것이고, '오직 위태롭고 오직 미미하다'는 말은 『순자』에 근본을 둔 것이다. 『논어』에 이르기를, '순임금은 또한 요임금이 자기에게 명한 말로써 우임금에게 명하였다'[37]고 하였으니, 순이 말한 바는 곧 요가 말한 것이다. 만약 요의 말에 덧붙인 것이 있으면 『논어』도 믿을 만한 것이 못 된다. '인심(人心)'과 '도심(道心)'은 바로 『순자』의 성악설(性惡說)의 종지(宗旨)이니, 오직 위태롭다는 것은 천성(天性)이 악하다는 데에서 말하게 된 것이고, 오직 미미하다는 것은 이 이(理)가 흩어지고 변하여 형상이 없게 되니, 반드시 이것을 택하는 데 지극히 정(精)하게 한 뒤라야 비로소 나와 더불어 하나가 되는 것이기 때문에 고쳐서 바르게 하는 이론이 생긴 것이다. 후세의 학자들이 그래서 마음이 가지고 있는 것은 오직 이 지각(知覺)이고 이(理)는 천지만물에 있는 것이니 천지만물의 이(理)를 궁구하여 내 마음의 지각에 합하게 한 연후에 도(道)라 하는 것이라 하였으니, 이것은 모두 인심·도심의 설이 그르친 것이다. 무릇 사람은 다만 인심(人心)만 있는데도 측은한 일을 당하면 저절로 능히 측은해하고, 부끄러워하고 미워할 일을 당하면 스스로 능히 부끄러워하고 미워하며, 사양하는 것과 시비를 가리는 것도 모두 다 그렇지 않은 것이 없다. 이 본심(本心)을 잃지 않고 옮기거나 바뀜이 없으면 곧 이것이 '진실로 그 가운데를 잡는다'는 것이다. 그렇기 때문에 맹자는 '잃어버린 마음을 구하라'[38]고 하고 '도심(道心)을 구하라'고 하지 않았으며, '그 본심을 잃는다'고 말하였지 '도심을 잃는다'고 말하지 않았던 것이며, 공자가 말한 '마음에 하고자 하는 바를 좇아도 법도를 넘지 않는다'[39]는 것도 다만 인심을 잃지 않는다는 것일 뿐

---

37) 『論語』「堯曰」.
38) 『孟子』「告子」上.
39) 『論語』「爲政」.

이다. 그러니 이 16글자는 이학(理學)의 좀벌레가 됨이 심하다. 주강류는 그렇게 생각하지 않으니, 아! 나의 설을 터득하여 마음에 지니면 염백시의『고문소증古文疏證』에 대해 반드시 마땅하게 여기지 않음이 없을 것이다"라고 하였다. 남뢰(南雷) 황종희(黃宗羲)는 머리를 조아려 절하고 쓰노라.

이 문단은 크게 잘못되어 학술의 근원에 있어서 차이가 있음을 볼 수 있으니 구구하게 경의(經義)의 득실은 논할 것이 없다. 원래 대저 '진실로 그 가운데를 잡는다'는 것은 요·순·우 임금이 덕(德)을 잡고 도(道)를 전해주는 요지요, '인심·도심'이란 오제(五帝) 이래 마음을 돌아보고 성품을 살피는 오묘한 비결이다. 『논어』에서 나왔다고 해서 반드시 더 존숭(尊崇)하는 것도 아니요,『순자』에서 나왔다고 해서 반드시 업신여길 수 있는 것도 아니며,『상서』에 실렸다고 해서 반드시 위엄과 무게가 있는 것도 아니고,『도경道經』에서 따왔다고 해서 반드시 황당한 것도 아니다. 오직 그 지극한 이치는 인도(人道)에 합하고, 오묘한 깨달음은 하늘의 하는 일에 부합하는 것이니, 이것을 마땅히 받들어 천구(天球)[40]·홍벽(弘璧)[41]으로 삼아야 할 것이거늘, 어찌『매서』가 위서라고 해서 아울러 이 아름답고 성한 성인의 말씀을 버리겠는가? 말세의 풍속이 경박해지고 권위만 바야흐로 융성해지면 왕안석(王安石),[42] 위충현(魏忠賢)[43]을 선대의 성인에 짝이 되게 할 수도 있고, 권세가 없어지고 시대가 바뀌면 어진 자가 어리석은

---

40) 天球: 옛날에 雍州에서 바쳤던 玉의 이름.
41) 弘璧: 구슬의 이름. 大璧.
42) 王安石: 1021～1086. 宋나라 臨川人. 益의 아들. 字는 介甫, 號는 半山, 謐는 文. 唐宋八大家의 한 사람. 저서로『周官新議』『臨川集』『唐百家詩選』이 있음.
43) 魏忠賢: 明나라 肅寧人. 벼슬은 司禮秉筆太監을 지냄. 熹宗의 총애를 받아 권세를 휘둘렀으나 莊烈帝 때에 鳳陽에 幽閉되었다가 후에 목매어 죽음.

사람이 되고 바른 자가 간사한 사람이 되어 염량(炎凉)·귀천(貴賤)44)에 따라 마음이 갑자기 변하는 것이다. 오늘날 매색이 패하였다고 해서 순자를 아울러 치고, 순자가 업신여김을 받는다고 해서 『도경』을 의심스럽다고 아울러 배척하여, '인심·도심'의 설까지도 아울러 물리친다면 자신의 마음의 권형(權衡)45)이 드디어 주장(主張)이 없게 되니, 어떻게 오직 남의 얼굴빛만 보고 남의 입과 입술만 바라보고 이에 따라 근심하고 기뻐하고 떠나가고 나아가고 하겠는가? 하늘이 내려주신 시비(是非) 분별의 지혜에 대해서 부끄러움이 없을 수 있겠는가? 다만 '윤집궐중(允執厥中)'은 덕(德)을 잡는 요지요, '인심·도심'은 성품을 살피는 근본이니 도(道)는 아무리 일치한다 하더라도 뜻은 마땅히 두 가지 측면이 있는 것이다. '인심·도심'을 살펴보는 것은 중용(中庸)을 택하고 중용을 말미암는 것이 아니다. 위서를 쓴 자가 '집중(執中)'이란 말 위에 세구의 말을 더 붙여서46) 자못 온당치 못한 덧붙은 글이 되었는데, 하물며 '정일(精一)'이란 말이 있음에 있어서랴! 이제 『순자』의 본문을 상고해보건대, 원래 순일(純一)한 후에 능히 정(精)하게 된다는 것이지 정(精)한 후에 순일하게 된다는 것이 아니다(渼上47)의 말도 역시 그렇다─原註). 그 글에 이르기를, "수(倕)는 활을 만들고 부유(浮游)는 화살을 만들고 예(羿)는 쏘는 데 정(精)하였으며, 해중(奚仲)은 수레를 만들고 승두(乘杜)는 승마(乘馬)의 법을 짓고 조보(造父)는 말을 모는 데에 정(精)하였으니, 예로부터 오늘날에 이르기까지 마음을 두 쪽으로 분산시키고 있으면서 능

---

44) 炎凉·貴賤: 여기서는 榮枯盛衰 등 世態의 변화를 말함.
45) 權衡: 茶山은 『梅氏書平』 卷4에서 "마음의 自主的 能力을 權衡[權在乎自主]"이라고 하였다.
46) 「大禹謨」에 나오는 "人心惟危, 道心惟微, 惟精惟一"을 가리킴.
47) 渼上: 朝鮮 中期의 학자 金邁淳을 가리키는 듯하나 未詳.

히 정(精)한 사람은 없었다"⁴⁸⁾고 하였다(여기까지가 荀子의 말이다—原註). 이것이 순일(純一)한 후에 능히 정(精)한 것이 아니겠는가? 또 인심·도심이 하나를 버리고 하나만 가지고 있을 수 없다면(朱子는 말하기를, "上智도 人心이 없을 수 없다"고 하였다—原註) 여기에 정일(精一)로 이어받은 것은 이해할 수 없다. 또 가령 하나를 버리고 하나를 가지고 있다고 하면 이것은 진실로 그 하나를 잡는 것이지 어찌하여 진실로 그 가운데를 잡는 것인가? 만약에 두 가지의 사이를 살펴서 그 가운데를 잡는다고 말한다면, 곧 이것은 두 가지를 균등히 나누는 것이지 하나를 버리고 하나를 가지고 있는 것은 아니다. 그러니 '정일(精一)'의 아래에 '집중(執中)'으로 이어받는 것도 또한 이해할 수 없다. 그렇기 때문에 『순자』의 본문에 '인심·도심'이 스스로 한 장(章)이고 '정사(精射)·정어(精御)'가 스스로 한 장이며 '윤집궐중(允執厥中)'은 본래 아무 영향이 없음을 살펴 알 수가 있는 것이다. 이제 매색의 위작이 밝게 드러난 것이 마치 백일중천(白日中天)에 도깨비들이 숨을 수 없는 것과 같으니, 이 경(經) 네 구(句)⁴⁹⁾는 파(罷)하여 원래의 그 본질대로 돌려놓지 않을 수 없다. 그러나 인심·도심의 요지는 우리들이 자신을 인식하고 자신을 성찰하는 데에 큰 가르침이요, 성인이 되고 범인(凡人)을 초월하는 데에 오묘한 비결이다. 위서가 아무리 훼손을 해놓아도 그 진전(眞詮)은 자재(自在)하니 더욱 높이어 신뢰하고 세상에 드러내어 돕고 보호하기를 배가(倍加)해나가는 것이 마땅하다. 어찌 이에 그것을 물리쳐서 성악설(性惡說)의 종지(宗旨)를 삼겠는가? 이제 『도경』의 본문을 취하여 다음과 같이 이치를 분별하여 정리한다.

『도경』에 이르기를, "인심은 위태롭고 도심은 미미하니, 위태롭

---

48) 『荀子』「解蔽」.
49) 「大禹謨」에 나오는 "人心惟危, 道心惟微, 惟精惟一, 允執厥中"을 가리킴.

고 미미한 기미는 오직 밝은 군자가 된 후에야 능히 안다"고 하였
다(危·微·幾·之는 모두 마韻이다── 原註).

○ 주자는 말하였다. 마음의 허령(虛靈)과 지각(知覺)은 하나일
뿐이다. 그런데 인심·도심의 다름이 있다고 한 것은, 그것이 혹은
형기(形氣)의 사사로운 것에서 생기고, 혹은 성명(性命)의 바른 것
에서 근원하여 지각하는 것이 같지 않기 때문이다. 이 때문에 혹
은 위태로워 불안하고 혹은 미미하여 보기 어려울 따름이다. 그러
나 사람은 이 형기를 갖고 있지 않은 이가 없기 때문에 아무리 상
지(上智)라 할지라도 인심이 없을 수 없으며, 또한 이 성명(性命)
을 갖고 있지 않은 사람이 없기 때문에 아무리 어리석은 사람이
라 할지라도 도심이 없을 수 없는 것이다. 이 두 가지가 마음속에
섞여 있는데 그것을 다스릴 바를 알지 못하면, 위태로운 것은 더
욱 위태로워지고 미미한 것은 더욱 미미해져서 천리(天理)의 공변
됨이 마침내 인욕(人慾)의 사사로운 것을 이길 도리가 없는 것이
다.[50]

○ 살펴보건대, 이 경(經)의 이 해석은 우리들의 성명(性命)의
공안(公案)으로서 천지에 세워도 어그러지지 아니하고 백세(百世)
에 성인을 기다려도 의혹됨이 없으리라. 무릇 사람의 모습을 갖추
고 천성을 가진 자는 마땅히 시시각각 외우고 익혀서 항상 자신을
성찰할 것이니, 어찌 『매서』가 거짓이라고 하여 조금이라도 그 높
이고 신뢰하는 정성을 소홀히할 수 있겠는가? 도(道)와 교(敎)는
공사(公事)이다. 순임금이 우임금에게 명한 것이 『상서』에 실려
있다고 하면 그것을 존숭하고 순자가 노자의 말을 기술하여 『도
경』에 표방해놓았다고 하면 그것을 업신여기니, 세력이 있는 곳만
을 쫓아다니고 지극한 맛과 지극한 보배로서 기뻐할 만하고 보배

---

50) 朱子,「中庸章句序」.

로 여길 만한 것을 알지 못하니 천장부(賤丈夫)가 아니겠는가? 『심경心經』[51]을 정황돈(程篁墩)[52]이 높이는 바가 된 것은 그 본뜻이 주자를 누르고 육상산(陸象山)을 높이고자 한 것임을 모르는 바는 아니다. 그러나 우리나라에서 문순공(文純公) 이황(李滉)이 그것을 드러내어 높이고 신뢰하였으니, 학술을 택하고 마음을 잡음이 본래 마땅히 이와 같아야 하는 것인데, 황남뢰의 설이 어찌 애석하지 않겠는가? 비록 그 도리는 처음에 노자에서 나왔다 하더라도 오히려 마땅히 마음에 간직하여야 할 것이거늘, 하물며 주공, 공자, 맹자의 말에 이것을 상고해볼 때 확실히 서로 합치가 되는데 어찌 그것을 도외시하겠는가? 주공이 말하기를, "성인도 생각함이 없으면 미치광이가 되고, 미치광이도 능히 생각하면 성인이 된다"[53]고 하였으니, 이것이 인심은 위태롭고 도심은 미미하다는 것이 환하게 분명하지 아니한가? 공자가 말하기를, "타고난 성품은 서로 가깝고, 배워 익힌 것은 서로 멀다"[54]고 하였으니, 성품이 서로 가깝다는 것은 도심이 미미한 것이니 지혜 있는 사람이나 어리석은 사람이 같은 것이고, 익힌 것이 서로 멀다는 것은 인심이 위태롭다는 것이니 성인과 미치광이로 갈라져 변하는 것이다. 맹자가 말하기를, "사람이 짐승과 다른 점은 미미하다. 소인은 그것을 버리고, 군자는 그것을 보존한다"[55]고 하였으니, '기희(幾希)'는 미미하다는 것이다. 사람이 이 형기(形氣)를 가지고 있기 때문에 그 식욕(食慾)과 색욕(色慾), 그리고 편안하고자 하는

---

51) 『心經』: 宋나라 眞德秀가 지은 책. 聖賢의 마음을 論한 格言들을 모아서 이에 대한 諸儒들의 논의와 자기의 註를 달아놓은 책.
52) 程篁墩: 약 1445~1500. 明나라 休寧人. 程敏政. 字는 克勤. 禮部右侍郎을 지냄. 저서로 『眞西山心經附注』가 있다.
53) 『尙書』「多方」.
54) 『論語』「陽貨」.
55) 『孟子』「離婁」下.

것이 짐승과 같으니, 이것이 인심이 위태롭다는 것이다. 하늘이 내려준 성품은 선(善)을 즐거워하고 악(惡)을 부끄러워하나 형기가 강하고 정신이 약하여 굳세게 단속하지 못하니, 이것이 도심의 미미한 것이다. 얼마 안 되는 미미한 것을 보존하지 못하면 짐승이 될 뿐이니, 어찌 위태롭지 아니하겠는가?(오늘날의 사람들이 이르기를, "本然의 性은 사람과 만물이 같이 얻은 것이고 氣質의 性은 사람과 만물이 다르게 稟賦받았다"고 하니, 그렇다면 사람이 짐승과 다른 것은 形氣인데, 군자는 形氣를 지니고 있고 소인은 形氣를 버린다고 하는 論調이니 스스로 납득이 가지 않는다 — 原註) 우리 유가(儒家)에서 전수되는 취지는 본래 이와 같고 『도경』의 설이 이와 더불어 서로 발흥시켜주니 다만 마땅히 이에 참여하여 서로 같은 것을 즐길 뿐인데, 하물며 이른바 『도경』이 꼭 복희씨(伏羲氏)·신농씨(神農氏) 이래의 팔색구구(八索九丘)[56]와 같은 고서(古書)의 유문(遺文)이 아닌 것도 아님에 있어서랴. 어떤 사람은 말하기를, "인심·도심은 폐가 되는 근원이요, 유정유일(唯精唯一)은 구제하는 약이 되며, 윤집궐중(允執厥中)은 공을 이루는 것이 된다. 만약 아래의 두 구(句)를 없애면 말이 병폐가 있을 뿐이니 장차 어디에 쓸 것인가?"라고 하였다. 나는 이렇게 말한다. 그렇지 않다. 함정이 길에 있으면 아는 사람은 빠지지 않고 모르는 사람은 그것을 밟을 것이다. 매양 한 생각이 있을 때마다 아는 사람은 그것을 살펴보고 모르는 사람은 그대로 모르고 할 것이니, 경계하여 그들로 하여금 알아서 살피게 하는 것이 좋지 않겠는가? 주공은 이것을 살펴서 성인이 되고 미치광이가 되는 관계에 대해 삼갔고, 공자는 이것을 살펴서 습관으로 물들게 되는 것을 삼갔으며, 맹자는 이것을 살펴서 사람과 짐승의

---

56) 八索九丘: 古書의 이름. 八索은 八卦에 관한 것이며, 九丘는 九州의 志를 말하는 것인데, 三墳五典과 함께 중국 고대의 古書의 명칭으로 사용되고 있다.

구분을 엄격히하였으니, 비록 구하는 약과 그 공효(功效)로써 이어지는 바를 말하지 않았다 하더라도 이미 도를 공부하고 몸을 닦는 사람을 위하여 큰 바다의 나침반이 되기에 충분하거늘, 어찌 반드시 아래 두 구가 있어야 하겠는가? 아래 두 구는 본래 혈맥(血脈)이 없다. 그렇기 때문에 주자의 「중용장구서中庸章句序」 135 자(앞에 기록되어 있다─原註)가 땅에 던지면 쇳소리가 나는 것으로 오묘한 해석이 이처럼 정밀하고 달통했는데, 거기에다 '정일(精一)'을 잇고 또 '집중(執中)'을 이어대면 혼연한 천성(天成)으로는 될 수 없게 된다(胡炳文[57]이 이르기를, "人心은 본래 위태로우나 능히 거두어들이면 위태로운 것이 편안해지고, 道心은 본래 미미하나 능히 채우고 개척해 나가면 미미한 것이 드러난다"[58]고 하였는데, 『蒙引』에는 위의 說을 배척하여, "인심이 잠기고 감추어져서 가운데에 숨어 엎드려 있으면 마침내 해로움이 있다"고 하였다─原註). 대개 네 구(句)를 통석(通釋)해보면 아무리 정(精)함을 다하고 정신을 모아 심력을 다해 이것을 해나간다 하더라도 끝내 흡족하게 이치가 순(順)하게는 될 수 없으니 형세가 본래 그런 것이다.

황남뢰가 바야흐로 순자의 성악설을 배척하여 말하기를, "사람은 다만 인심만 있을 뿐인데 이 본심을 잃지 않으면 곧 이것이 진실로 그 가운데를 잡는 것이다"라고 하였다. 아! 이것이 무슨 말인가? 청(淸)나라 학자들의 학문은 고증에 뛰어나고, 고증의 법은 훈고(訓詁)에는 정밀하나 의리(義理)에는 소략하고, 또 이기성정(理氣性情)의 설에 많이 손상을 주었다. 무릇 이기성정(理氣性情)의 설을 한 번 비질로 청소를 하여 스스로 한(漢)과 송(宋)을 절충하고자 하였으나 그 실상은 한(漢)을 높일 뿐이었다. 송(宋)이 반드

---

57) 胡炳文: 1250~1333. 元나라 徽州 婺源人. 字는 仲虎. 雲峯先生이라고 함. 저서로 『易本義通釋』 『書集解』 『春秋集解』 『禮書纂述』 『四書通』 『大學指掌圖』 『五經會義』 『爾雅韻語』 등이 있다.
58) 朱子의 「中庸章句序」 小註.

시 모두 틀린 것은 아닌데 그러나 그들은 성명(性命)의 이(理)를 보존하고 있음은 논할 것도 없고, 한(漢)이 반드시 모두 옳은 것은 아닌데 그러나 그들은 사리에 멀고 편벽된 해석을 믿어 의심치 않았다. 그 단점을 감싸고 흠을 숨기는 이론이 속유(俗儒)가 송(宋)을 호위하는 것보다 배나 엄하여 이 유폐가 장차 성명(性命)이 어떤 물건인지, 성정(誠正)[59]이 무슨 공부인지 알지 못하게 하니 그 해독을 이루 다 말할 수 있겠는가? 송(宋)의 학문적 굴신(屈伸)은 잠시 놓아두고라도 요·순·주공·공자의 도를 과연 자구(字句) 훈고(訓詁)의 학으로 계승할 수 있겠는가? 송(宋)이 반드시 다 옳지는 않지만 그 몸과 마음에 체득하여 행하고자 하는 것은 옳다. 어찌 한유(漢儒)들처럼 장구(章句)나 공부하고 훈고(訓詁)나 밝혀서 박사의 영록(榮祿)을 바라는 자들과 같겠는가? "사람은 다만 인심만 있을 뿐이다"고 하는 이 말은 간단한 것 같지만 옛날 성현의 글에서 살펴보면 송유(宋儒)들의 이론이 신빙성이 있는 것과는 같지 않다. 어째서인가? 송유들이 성(性)을 논하는 데 있어 본연지성(本然之性)과 기질지성(氣質之性)이 있는 것은, 실은 인심·도심의 경(經)에 근본한 것이다. 다만 '본연(本然)' 두 자는 원래 『수능엄경首楞嚴經』에 "여래장성 청정본연(如來藏性, 淸淨本然)"이란 말에서 나온 것이다('本然之性'은 佛書에 여러 번 나오니 여기에 그치지 않는다―原註). 그 용어는 어긋나서 타당하지는 않으나 인성(人性)에는 둘로 나누어져 나옴이 있는 것은 분명하다. 다만 『순자』만 보아도 오히려 근거가 있는데, 하물며 정경(正經)에 근거가 많음에 있어서랴! 「소고召誥」에 말하기를(「湯誥」에 '若有恒性'이란 말이 있으나 이것은 僞書. 六經 중에 性을 말한 것은 「召誥」가 맨 처음이다―原註), "성품(性品)을 절제케 하면 날로 선에 나아가게 되리라"고

<hr />

59) 誠正: 誠意正心을 말함.

하였는데, 매색의 주와 채침의 주에는 모두 식욕과 색욕을 절제하라는 말이라고 하였다. 「왕제王制」에 이르기를, "육례(六禮)를 닦아서 백성들의 성품을 절제한다"(그 지나친 욕심을 금하다 ─ 原註)고 하였고, 『맹자』에 이르기를, "마음을 분발(奮發)시키고 성(性)을 참게 한다"60)(그 嗜欲을 참고 절제하게 하다 ─ 原註)고 하였으니, 이것이 이제 이른바 '기질지성'이다. 「상서商書」에 이르기를, "천성(天性)을 헤아리지 아니하다"(「西伯戡黎」의 祖伊의 말이다 ─ 原註)고 하였고, 『주역周易』에 이르기를, "이치를 궁구하고 성(性)을 다하여 명(命)에 이른다"61)고 하였으며, 공자는 "성(性)은 서로 가깝다"62)고 하였고(이것은 두 가지를 합하여 말한 것이다 ─ 原註), 『중용』에 이르기를, "하늘이 명한 것을 성(性)63)이라 하고 "덕성(德性)을 높인다"고 하였으며, 『맹자』에 이르기를, "성선(性善)"64)이라 하고 "그 마음을 다한 자는 그 성(性)을 알고 그 성(性)을 알면 하늘을 안다"65)고 하였으니, 이것이 이제 이른바 '본연지성'인데 '본연(本然)'이란 두 글자는 그 뜻이 바르지 못하니 "하늘이 명한 것을 성(性)이라 한다" 하는 것만 같지 못하다. 성(性)에는 둘로 나누어져 나옴이 있는 것이 이처럼 명백하니 인심·도심을 본래 응당 두 가지 측면에서 살펴보아야 할 것인데, 황종희가 붓을 휘둘러 말하기를, "사람은 다만 인심이 있을 뿐이다"라고 하였으니 옳겠는가? 황종희가 "인심을 잃지 않으면 진실로 그 중(中)을 잡게 된다"는 말은 그 근원이 '양지(良知)'에 은근히 닿아 있지 아니한가? 두 가지의 성(性)은 곧 두 가지의 마음이요, 두 가지의 마음은 두 가지

60) 「告子」下.
61) 「說卦傳」.
62) 『論語』「陽貨」.
63) 『中庸』首章.
64) 「滕文公」上.
65) 「盡心」上.

의 몸에 말미암는 것이다. 황종희는 두 가지의 몸에 관한 설명을 들어보고 싶은가? 공자가 말하기를, "몸을 닦는다"고 하고 "옛날의 학자는 자기 자신을 위한다"[66]고 하였으니, 이것은 내가 본래부터 가지고 있는 몸이다. 공자가 말하기를, "자기를 이기고 예(禮)로 돌아감이 인(仁)을 하는 것이다"[67]고 하였으니, 이는 내가 싸워 이기는 몸이다. 분명히 저 한 몸이 있어 이 한 몸을 이기니 이미 두 몸이 있거늘, 어찌 두 마음이 없겠으며, 이미 두 성(性)이 있거늘 어찌 두 마음이 없겠는가? 군자의 도는 이것을 살필 뿐이다. 눈을 밝게 하고 담을 크게 하여 이것을 살펴서 사람인가 귀신인가 판단하고, 성인인가 미치광이인가 분간할 것이니, 황종희가 오로지 한 마음만 믿고 감행하여 의심치 않으면 결국은 어긋나 잘못될 것이 없겠는가? 다만 이 본래부터 가지고 있는 몸 기(己)자에 대해서는 옛날부터 몸이라는 뜻의 한 글자로만 오로지 일컬어짐이 없다. 맹자는 그것을 대체(大體)라 하였고, 불가(佛家)에서는 그것을 법신(法身)이라 하였는데, 옛날 사람들은 대개 이것을 마음(心)이라고 생각하였다. 『설문』에 이르기를, "심(心)이란 것은 한 몸의 주재이다"고 하였으니, 이것이 거의 그릇됨이 없으나 같은 한 심(心)자가 원래 세 등급이 있으니, 그 하나는 영지(靈知)의 전체를 심(心)이라고 하는 것이니, 이른바 "마음의 작용은 생각하는 것이다"[68]라는 것과 "먼저 그 마음을 바르게 한다"[69]라고 하는 따위가 이것이다. 그 다른 하나는 감동과 사려(思慮)가 작동하는 것을 심(心)이라 하는 것이니, 이른바 측은지심(惻隱之心)이니 비벽지심(非辟之心)[70] 같은 것이 이것이다. 또 다른 하나는 오장

---

66) 『論語』「憲問」에 "古之學者爲己, 今之學者爲人"이란 말이 있다.
67) 「顏淵」.
68) 『孟子』「告子」上.
69) 『大學』.
70) 非辟之心: 도리에 어긋나는 마음.

(五臟) 가운데 혈(血)과 기(氣)를 맡고 있는 것을 심이라 하는 것이니, 이른바 심(心)에는 일곱 구멍이 있다고 하는 것 같은 것이이것이다(肝·肺·脾·腎은 그 글자가 고기 肉字의 뜻을 따르니, 心字와는 다르다. 대개 五臟의 心은 반드시 心字에서 근본하지는 아니하였으며 神明의 心은 반드시 心字에서 假借하지는 아니하였다— 原註). 첫째 것과 셋째 것은 하나만 있고 둘이 없는데 둘째의 심(心) 같은 것은 넷도 되고 일곱도 되며 백도 되고 천도 되니, 운부(韻府)에 열거된 것이 어찌한정이 있겠는가? 다만 이 백 가지 천 가지 마음을 조용히 그 분수를 살펴보면 인심과 도심에서 벗어나지 아니하니, 인심이 아니면 도심에서, 도심이 아니면 인심에서 나와 공(公)과 사(私)로 나누어지고 선(善)과 악(惡)으로 판별된다. 공자·안자(顏子)·증자·자사(子思)·맹자가 살펴본 바가 여기에 있고, 요·순·우·탕이 경계한 바가 여기에 있다. 황종희가 섞어서 하나로 만들고자 하니어찌 소략하지 아니한가? 『매서』에는 없애버렸다 하더라도 『도경』의 20글자[71]와 주자의 「중용장구서」135자는 이에 마땅히 큰비(碑)에 새기어 태학에 세워서 만세의 뒤를 위하여 큰 가르침을 확립할 것을 소홀히하여서는 안 될 것이다.

후세의 학자들이 '성(性)'자 보기를 매우 중히하여, 이에 '성(性)'자를 영지(靈知)와 대체(大體)로써만 오로지 일컫는 것으로여겼다. 그래서 "마음이 성정을 통섭한다〔心統性情〕"고 하면 심(心)은 크고 성(性)은 작은 것이라 여기고, "성명에 근원함을 추구한다〔推原性命〕"고 하면 심은 작고 성은 큰 것이라 여기며, 이(理)니 기(氣)니, 같으니 다르니 하여 천 갈래 만 갈래로 이리저리 얽혀서 오늘날 천지사이에서 깊이 알아볼 수 없는 물건이 되어버렸다. 이제 만약 고지식한 사고 형태에서 몸을 벗어나 초연히

---

71) "人心之危, 道心之微, 危微之幾, 惟明君子而後知之"를 가리킴.

위로 옛 성현들의 말씀을 살펴보면 성(性)이라는 글자가 된 것이 본래 '기호지욕(嗜好之欲)'을 가리키는 것이다. '기호(嗜好)'라는 것은 마음에서 생기는 것이니 마음에서 생기는 것이 성(性)이 아니겠는가?(六書 가운데 指事와 會意이다 —— 原註) 「소고」를 보나 『맹자』를 보나 「왕제」를 보나 성(性)이 기호라는 것은 분명하다. 만일 기호가 아니라면 어찌 '절제한다'고 하였으며, 만일 기호가 아니라면 어찌 참는다고 하였겠는가? 기질지성(氣質之性)이 이미 기호로써 이름을 얻었으면 천명지성(天命之性)도 마땅히 기호로써 그 의미를 찾아야 할 것이다. 오늘날의 사람들이 이 말을 들으면 반드시 한 번 보고는 모두 고자(告子)가 다시 나왔다고 할 것이다. 그러나 고자는 기질지성을 성(性)의 전체로 보았고, 황남뢰 같은 이는 사람에게는 다만 인심만 있을 뿐이라고 하였으나 나는 그렇지 않다. 나는 말한다. 기질지성은 단것을 좋아하고 쓴것을 싫어하며 향기를 좋아하고 악취를 싫어하는 것이며, 천명지성은 선을 좋아하고 악을 미워하며 의(義)를 좋아하고 탐욕을 미워하는 것이니, 기호한다는 이름은 비록 같지만 그 기호하는 바가 같지 않은데 어떻게 고자에다 몰아붙이는가? 이뿐만이 아니다. 공자가 원래 기호로써 성(性)을 말하였다. 『시경』에 이르기를, "백성이 떳떳한 본성을 가지고 있기에 이 아름다운 덕을 좋아한다"[72]고 하였으므로 공자가 말하기를, "이 시를 지은 사람은 도(道)를 아는구나"[73]라고 하였다. 떳떳한 본성을 가지고 있음이 성(性)이 아니며, 덕을 좋아하는 것이 기호가 아닌가? 맹자도 원래 기호로써 성(性)을 말하였다. 『맹자』에 이르기를, "입은 맛에 있어서 좋아하는 바가 같고, 귀는 소리에 있어서 듣는 바가 같으며, 눈은 빛깔에 있어

---

72) 『詩經』 「大雅 － 烝民」.
73) 『孟子』 「公孫丑」 上.

서 아름답게 여기는 바가 같다"⁷⁴⁾고 하고, 역아(易牙)⁷⁵⁾·사광(師曠)⁷⁶⁾·자도(子都)⁷⁷⁾ 등을 널리 인용하여 마음이 기호하는 바가 같다는 그 뜻을 밝혀, 이에 이르기를, "의리(義理)가 내 마음을 기쁘게 하는 것이 마치 가축들의 고기가 내 입을 기쁘게 하는 것과 같다"⁷⁸⁾고 하였다("입은 맛에 있어서 그 性이 남과 같다"는 一段을 孟子가 곧바로 하나의 '性'자에다 언급해놓았다 — 原註). 이것은 분명히 저 성(性)의 기호를 인용하여 이 성(性)의 기호를 증명한 것이니, 이른바 기질지성과 천명지성이 모두 기호로써 이름을 얻은 것이 아니겠는가? 문득 또 생각하건대, 기호가 성(性)이 되는 것은 옛날부터 오늘날까지 우리들이 다반사의 이야깃거리로 삼는 것이다. "사안(謝安)⁷⁹⁾은 성(性)이 음악을 좋아하였다" "두보(杜甫)는 성(性)이 시율(詩律)을 좋아하였다" "위징(魏徵)⁸⁰⁾은 성(性)이 검소한 것을 좋아하였다" "왕유(王維)는 성(性)이 산수(山水)를 좋아하였다"고 하고, 심지어 꿩은 성(性)이 산림(山林)을 좋아한다느니, 물오리는 성(性)이 연못을 좋아한다느니 하여, 식성(食性)·색성(色性)·안일지성(安逸之性) 등 입에서 나오는 대로 말하여 모두 기호로써 성(性)이라고 하는데, 유독 성(性)을 논하는 자리에서만은 기호라는 말을 물리쳐버리고 반드시 거창하게 현묘하고 심원한 태극(太極), 이기(理氣), 음양오행(陰陽五行)으로 별도의 어렵고 심원한 이론을 지어내니,

---

74) 『孟子』「告子」上.
75) 易牙: 春秋時代 齊나라 사람. 맛을 잘 알았다고 함.
76) 師曠: 春秋時代 晉의 樂師. 소리의 미묘함을 잘 알았다고 함.
77) 子都: 옛날 미남자의 이름.
78) 『孟子』「告子」上.
79) 謝安: 320~385. 晉나라 陽夏人. 字는 安石, 諡는 文靖. 벼슬은 吏部尙書·中書監·錄尙書事를 歷任하였음.
80) 魏徵: 580~643. 唐나라 太宗 때의 政治家. 曲城人. 字는 玄成, 諡는 文貞. 독서를 좋아하여 群書를 博涉하였고, 벼슬은 左光祿大夫를 지냈고, 鄭國公에 封해졌음. 저서로 『類禮』『群書治要』가 있음.

어찌 맹자가 성을 논한 법을 믿고 의지하기에 족하지 않겠는가?

천명지성(天命之性)은 그 체모(體貌)가 높고 귀중한데 반드시 기호로써 정의를 내리는 것은 무엇 때문인가? 경(經)의 뜻을 알고자 하면 먼저 글자의 뜻을 찾아야 한다. 창힐(倉頡)[81]과 태사 주(太史籀)[82]가 글자를 만들 당초에, 원래 본심의 기호로써 성(性)이라고 하였다. 무릇 성(性)은 모두 기호이다. 천명지성은 선(善)을 좋아하고 의(義)를 좋아하니 거기에는 두 가지 증거가 있다. 하나는 눈앞에 당장 기뻐하고 성내는 것으로 징험되고, 다른 하나는 마침내 끝에 가서 살찌고 마르는 것으로 징험된다. 무릇 어린이는 아는 것이 없지만 착하다고 칭찬하면 좋아하고 나쁘다고 꾸짖으면 성내고, 도둑은 수치심이 없지만 청렴하다고 칭찬하면 기뻐하고 탐욕스럽다고 꾸짖으면 슬퍼하니, 그 기호하는 바를 알 수 있다. 두 사람이 함께 굶주렸는데 밥을 얻어서 그 짝과 나누어 먹으면 마음이 쾌하고, 혼자 먹고 나눌 수 없으면 쾌하지 못하며, 의롭지 못한 재물이 있는데 마음을 다잡고 물리쳐 받지 않으면 즐겁고, 나쁜 일인 줄 알면서 마침 여기에 손을 대면 부끄러우니, 그 기호하는 바를 알 수 있다. 이것을 유추해나가면 접하는 일마다 모두 그렇다. 이것이 하나의 증거이다. 오늘 하나의 착한 일을 하고, 내일 하나의 의로운 일을 하여 착한 일을 쌓아가고 의로운 일을 모아 심성(心性)을 기르면, 심기(心氣)가 날로 펴지고 날로 편안해지며 날로 넓어지고 날로 살이 쪄서, 호연히 굳세고 정직하여 부귀도 마음을 방탕하게 하지 못하고, 빈천(貧賤)도 절개를 옮겨놓지 못하며, 위무(威武)도 지조를 굽히게 하지 못하니,[83] 이른바

---

81) 倉頡: 上古時代 전설상의 인물로 黃帝 때의 左史. 처음으로 漢字를 만들었다고 함.
82) 太史籀: 周나라의 太史. 大篆을 만든 사람.
83) 『孟子』「滕文公」下.

"곧은 것으로써 잘 기르고 해침이 없으면 천지 사이에 가득 차게 된다"[84]는 것이다(孟子가 말한 浩然之氣의 뜻임—原註). 오늘 마음에 등지는 일 하나를 행하고 내일 마음에 부끄러운 일 하나를 행하여, 마음에 부끄러운 줄을 알면서도 억지로 얼굴빛을 태연하게 하려고 억누르면 마음이 실로 기운이 떨어지며, 회피하는 말로 변명하여 재앙이 쌓이고 허물이 모여 심성을 해치면 심기가 날로 꺾이고 날로 위축되고 날로 비열해지고 날로 어두워져서 파리한 모습으로 몸이 연약해지고 메말라 위축되니, 그 결과는 홀아비와 과부 같은 외로운 사람을 업신여기고 굳세고 사나운 사람을 두려워하며 은덕을 저버리고 권세를 좇아, 마침내 임금을 잊고 나라를 저버리며 오랑캐에게 항복하고 목숨을 구걸하게 되는 뒤라야 그만두게 될 것이다. 대저 이것은 형체가 없는 물건이다. 그렇기 때문에 사람의 눈으로 볼 수가 없다(心體를 말하는 것이다—原註). 만약 사람의 눈으로 능히 볼 수 있도록 해놓았다면 저 의(義)를 모은 사람의 심체(心體)는 틀림없이 살이 찌고 튼튼하여 그 강대(剛大)하게 잘 자란 것이 부러워할 만할 것이고, 저 재앙을 쌓은 사람의 심체는 반드시 마르고 초췌하여 그 힘없게 늘어져 고달픈 것이 슬퍼할 만할 것이다. 무릇 만물의 좋아하는 바는 그것을 기르는 것에서 징험할 수 있다. 보리는 성(性)이 오줌을 좋아하므로 오줌으로 기르면 무성하게 자라고 오줌으로 기르지 않으면 오그라들어 말라버리고, 연(蓮)은 성(性)이 진흙을 좋아하므로 진흙으로 기르면 무성하게 자라고 진흙으로 기르지 않으면 오그라들어 말라버린다. 사람은 성(性)이 선(善)을 좋아하므로 선으로써 기르면 호연(浩然)히 강대해지고 선으로써 기르지 않으면 파리하게 쇠잔해져버린다. 맹자가 성선(性善)을 말한 것이 그 정의(精義)가 여기에

---

84) 『孟子』「公孫丑」上.

있다. 이것이 다른 하나의 징험이다. 성(性)이란 것은 기호로써 이름을 얻은 것이 아니겠는가?

순자는 성악설을 말하였고 양웅(揚雄)은 선악이 섞여 있다고 말하였으니 어째서인가? 저들은 각자 소견이 있는데 다만 '성(性)'자에 대한 인식이 원래 그릇되었고, 또 인심·도심 둘로 나누어져 나온다는 것을 알지 못하였으니, 이것은 황남뢰와 같은 부류이다. 하늘이 영지(靈知)를 부여함에 재(才)도 있고, 세(勢)도 있고 성(性)도 있다. 재(才)란 것은 그 능력이요, 그 권형(權衡)이다. 기린은 착한 것으로 정해져 있기 때문에 착한 것이 공이 되지 않고, 시랑(豺狼)은 악한 것으로 정해져 있기 때문에 악한 것이 죄가 되지 않는다. 사람은 그 재(才)가 착할 수도 있고 악할 수도 있는데, 능력은 자력(自力)에 달려 있고 권형(權衡)은 자주(自主)에 달려 있기 때문에 착하면 그를 칭찬하고(惡할 수 있는 기틀이 있기 때문에 칭찬한다─原註), 악하면 그를 꾸짖는다(능히 善할 수 있는 才能이 있기 때문에 꾸짖는다─原註). 양웅은 이에 대한 자기 소견이 있기 때문에 선악이 섞여 있다고 말하였으나, 그것으로 성(性)을 말하면 잘못이다. 세(勢)란 것은 그 처지요 그 기미이다. 식욕과 색욕은 안에서 유혹하고 명예와 이익은 밖에서 끌어당긴다. 또 그 기질의 사사로움은 편안함을 좋아하고 수고로운 것을 미워하기 때문에, 그세(勢)가 선을 따르는 것은 높은 데 올라가는 것과 같고, 악을 좇는 것은 힘들이지 않고도 쉽게 무너져 내리는 것처럼 쉽다. 하늘이 알지 못하고 그러하도록 한 것이 아니니 이와 같은 형세인데도 그 선을 한 사람은 귀히 여길 만한 것이다. 순자는 이에 대한 자기 소견이 있기 때문에 성악설을 말하였으나 그것으로 성(性)을 말하면 잘못이다. 성(性)을 안 사람은 오직 맹자뿐이다. 대저 천명지성은 선(善)과 의(義)를 좋아하여 스스로를 기르니, 이것은 마치 기질지성이 가축의 고기를 좋아하여 스스로를 기르는 것과 같다. 그래서 반드시 기호로써 성을 삼아야 하니 이렇게 하면 그 뜻이 이에 분명해진다(『孟子』의 '耳目口味章'[85]은 性에 대해 論한 큰 考案이다—原註). 아! 재(才)에서 말하면 착할 수도 있고 악할 수도 있으며, 세(勢)에서 말하면 착하기는 어렵고 악하기는 쉽다. 이 두 가지를 가지고 장차 어떻게 선을 할 수 있겠는가? 오직 이 천명지성은 선을 즐기고 악을 부끄러워하니, 매양 한 일을 만날 때마다 그 선과 악이 앞에 있을 때 한결같이 이 천명지성이 향하고자 하는 바를 따르면 어긋나거나 그릇됨이 없을 것이다. 그렇기 때문에 '성(性)을 따르[率]는 것을 도(道)라 한다'고 하였다. '따른다[率]'는 것은 '따른다[循]'는 뜻이다. 예를 들면 톱질하는 사람은 먹줄을 따르고 물을 건너는 사람은 다리를 따라가서 감히 좌우로 어긋나지 않게 하는 것과 같으니 이를 일러 성(性)을 따른다고 한다. 다만 이 한 조목이 우리들에게 악을 면하고 선을 이루게 하는 자부(資斧)[86]가 될 것이다. 만약에 이 성(性)이 없으면 아무리 지혜가 신명(神明)과 같다 하더라도 세상을 마치도록 터럭만한 선(善)도 해내지 못할 것이다. 그렇기 때문에 『중용』의 공부는 오직 덕성(德性)을 높이는 데에 있다. 이 성을 일러 곧 우리가 덕을 닦는 준칙(準則)이라 하며, 하늘이 나에게 주어서 덕을 이루게 하는 것이라고 한다. 그런 까닭에 높이고 받들어 감히 실추시키지 않는 것이다. 청(淸)나라 학자들의 학문이 성명(性命)에 소홀하였는데, 그 유폐가 장차 우리나라에 넘치려 하기 때문에 대략 이와 같이 말하는 것이다. 윤집궐중(允執厥中)의 뜻에 대해서는 다시 강토(講討)하겠다.

---

85) 『孟子』「告子」上 제7장에 나오는 말을 가리킨다.
86) 資斧:『周易』「巽」괘에 '喪其資斧'라는 말이 있다. '資'는 자기가 소유한 財産 또는 爵祿을 뜻하며, '斧'는 물건을 자르는 도끼로서 權威를 상징하나 여기서는 惡을 물리치는 기능을 뜻한다.

'본연(本然)'이란 두 글자가 타당하지 않은 것은 무엇 때문인가? '본연'이란 것은 윤회(輪廻)의 뜻이다. 불씨(佛氏)가 말한 "이 한 조각 청정진여(淸淨眞如)의 본체(本體)"라는 것은 명(命)을 받은 바가 없고 처음 시작하는 바도 없어서 이미 천지가 생기기 전 명막무짐(冥漠無朕)할 때로부터 본래 그러한 것으로 자재(自在)하여 맑고 맑아 더러움이 없는 것이다. 한 번 태어난 처음에서부터는 붉은 것과 흰 것이 서로 물들어 드디어 더럽고 탁하게 되어, 살아서는 탐내고 음란하고 성내고 원망하다가 죽어서 벗어나게 되면 이 육신에서 떨어져나가 또다시 청정(淸淨)해졌다가 윤회해 개나 소로 태어나 또다시 더러움을 받게 된다. 그 시초도 없이 자재하고 있는 것이 본연지성(本然之性)이고 태어나서 물들게 되는 것이 기질지성(氣質之性)인데, 혹은 이것을 신훈(新薰)이라고도 하고 혹은 이것을 구염(舊染)이라고도 한다. 이로써 보면, '본연' 두 글자는 이치에 극히 어긋나 있는데, 선유(先儒)들이 어찌하여 구태여 이것을 차용(借用)하면서도 의심하지 않았는가를 모르겠다. 우리 도(道)에서 성(性)을 말한 것은 본래 천명(天命)에 연유한 것이다. 이미 받은 바가 있으면 본연도 아니고 시초(始初)가 없는 것도 아니며, 자재한 것도 아니다.

염씨고문소증초(閻氏古文疏證鈔) 2

염약거의 『상서고문소증尙書古文疏證』은 내용이 호한(浩汗)하고 산만하여, 내가 지난해 평의(評議)한 것은 놓아두고 그중에 혹 빠진 것만을 수습하여 대강 수정의 의견을 붙이고, 또 차례를 갑(甲)·을(乙)로써 표시하여[1] 상고하고 검증하는 데 편리하도록 하였다.

갑(甲) 1

왕충(王充)의 『논형論衡』 「정설正說」에 이르기를, "경제(景帝) 때 노공왕(魯共王)이 공자의 교수당(敎授堂)을 헐어서 궁전을 만들 당시, 벽장(壁牆) 속에서 1백 편의 『상서』를 발견하였다. 무제(武帝)가 사자(使者)를 시켜 가져오게 해서 보았으나 읽을 수 있는 자가 없어서, 드디어 궁중에다 비장해두어 밖에 있는 이들이 볼 수 없었다. 성제(成帝) 때 와서 장패(張霸)가 『백량편百兩篇』의 『상서』를 위조하여 성제에게 헌상(獻上)하니,[2] 성제가 비장해둔 1백 편을 꺼

---

1) 『閻氏古文疏證』은 모두 128條로 구성되어 있다. 다산은 본문에서 말한 대로 『閻氏古文疏證』의 128條를 十干에 각 10條, 十二支의 子와 丑에 각 10條, 寅에 각 8條씩 차례대로 나누어 붙였다. 128條 가운데 논의의 대상이 되지 않는 條는 빼버렸으므로 干支에 딸린 段의 수가 꼭 10段, 또는 8段이 되지는 않는다.

2) 朝本·奎本·閻若璩의 『尙書古文疏證』에는 '獻之成帝'가 빠져 있음.

내어 그것과 대교(對校)하였다"고 하였다. ○ 염약거가 이르기를, "왕충의 『논형』의 내용은 전해오는 소문에서 취득한 것 같으며, 또 '공안국이 헌상했다'고 하지 않고, '무제가 취득하여 보았다'고 하였는데, 이것은 어디에서 근거한 것인가? 『논형』에는 다만 '경제 때 노공왕이 공자의 저택을 헐었다'고만 하였는데, 『한서』「예문지」와 대조해보면 「예문지」에는 '무제말(武帝末)'이란 석 자가 분명히 있으니, 어떻게 된 것인가? 노공왕은 경제 전삼년(景帝前三年: B.C. 154년) 정해(丁亥)에 옮겼으며 옮긴 지 27년 만에 죽었으니, 이 해는 바로 무제(武帝) 원삭(元朔: B.C. 128~123) 원년(元年) 계축(癸丑)해가 되며, 무제가 바야흐로 즉위한 지 13년이 되는데, 어떻게 '무제말(武帝末)'이라고 말할 수 있겠는가?"라고 하였다.[3]

살펴보건대, 그 "1백 편을 얻었다"고 하는 것은 전해 들은 소문의 잘못이며, 나머지는 사실임을 징험할 수 있다.

염약거는 이르기를, "공벽(孔壁)의 『상서』가 경제(景帝) 초기에 나왔는데 무제 천한(天漢: B.C. 100~97) 이후에 공안국이 비로소 헌상했다면, 서로 떨어진 거리가 이미 60여 년이 된다. 그리고 「공자세가孔子世家」에 '안국(安國)이 지금 황제(皇帝)[4]의 박사가 되었고, 임회태수(臨淮太守)에 이르렀으나 일찍 죽었다'고 하였으니, 공벽의 『상서』가 나올 당시 공안국은 아직 태어나지 않았음이 분명하다"고 하였다.[5]

살펴보건대, 공안국이 일찍 죽었는데, 「상서대서尙書大序」는 노년기의 저작인 듯하니 이것은 위작이다.

---

3) 閻若璩, 『尙書古文疏證』 卷1, 張2~3.
4) 皇帝: 武帝를 가리킴.
5) 閻若璩, 『尙書古文疏證』 卷1, 張3.

갑(甲) 2

염약거는 이르기를, "정강성이 헌제(獻帝: 재위 189~220) 때 죽었으므로, 동진(東晉) 원제(元帝: 재위 317~323)와의 거리가 오히려 1백여 년이나 되니, 고문 16편이 망실된 것은 의당 이 1백 년 사이에 망실되었을 것이다. 『수서』「경적지經籍志」에는 '진대(晉代) 비부(秘府)에 보존된 것 중에 『고문상서』의 경문(經文)이 있었는데, 지금은 전하여지는 것이 없다'고 기록되어 있다. 〔……〕 나는 이것을 본 후에 『고문상서』는 정현이 주석한 이후로 전습(傳習)한 자가 이미 드물었으며, 가끔 비부에만 그 글이 남아 있었다는 것을 알았다. 〔……〕 공안국이 처음 공벽의 『상서』를 전할 때에는 원래 「상서대서」와 『고문상서공안국전古文尙書孔安國傳』이 없었으니, 마융이 「상서서尙書序」에서 말한 바의 '일십육(逸十六)편은 끊어져 사설(師說)이 없다'는 것이 바로 이것이다. 한(漢)나라가 중흥(中興)됨에 미쳐서, 위굉(衛宏)이 앞에서 『상서』의 훈지(訓旨)를 저술하고, 가규(賈達)가 뒤에서 『상서』의 『고문동이(古文同異)』를 찬술하였으며, 마융이 『상서』의 전(傳)을 짓고, 정현이 주석(註釋)을 지어서 공안국 일가(一家)의 학(學)이 빛나게 되었다. 그런데 뜻하지 않게도 정현 이후에 점점 희미해지고 없어져서, 비록 널리 많은 책을 보고 연구한 왕숙·손염(孫炎)[6] 같은 이라고 하더라도, 그들이 찬술한 저술을 상고해보면 모두 『고문상서』에 대한 것은 없으니, 어찌 그 당시에 이미 비부에 사장되어 다시 유전(流傳)되지 않았겠는가? 불행히도 영가(永嘉)의 난(亂)을 당하여 경적(經籍)이 소실(消失)되어, 무릇 구양(歐陽)·대소하후(大小夏侯)의 학(學)을 경사(經師)라고 부르면서 번갈아 서로 강수(講授)하던 이들이 이미 자취를 감추어버렸으니, 또한 더구나 비부에 감추어진 몇 개의 보잘것없는 간책(簡策)에 있

---

6) 孫炎: 三國時代 魏나라 樂安人. 字는 叔然. 鄭玄의 門下에서 受學. 저서로 『周易春秋例』와 『毛詩』『禮記』 등의 註釋이 있음.

어서야 말할 것이 있겠는가? 그러므로 『고문상서』의 망실은 실로 '영가란(永嘉亂)'에 있었던 것이다. 〔……〕내가 또 생각하건대, 비부에 과연 그 『상서』가 있었다면 비록 가탁(假託)하여 위찬(僞撰)하는 무리가 있었더라도 비부의 『상서』를 끄집어내어 대교해보면, 그 거짓된 것을 즉시 볼 수 있을 것이다. 성제(成帝) 때 장패의 『백량편』을 성제가 비부의 『상서』와 대교해보고 옳지 않다고 판단하여, 드디어 장패를 옥리(獄吏)에게 내려보냈던 것이다. 만약 진(晉)의 원제 때 비부의 『상서』가 오히려 보존되어 있었다면, 매색이 헌상한 바의 『공안국전(孔安國傳)』이 거짓이라는 것을 입증하는 데 무슨 어려움이 있었겠는가?"라고 하였다.[7]

살펴보건대, 이 문단은 모두 잘못되었다. 이것은 염약거가 공본(孔本)과 매본(梅本)의 시종 본말에 대해 알고 있는 것이 오히려 자세하지 못하다. 오직 25편만을 가지고 옛것을 상고하여 매색의 간교함을 밝히려고 했기 때문에, 그 말이 맹랑하고 황당함이 이 지경에 이른 것이다. 이상하도다! 오재로(吳才老)와 오유청(吳幼淸) 이래로, 무릇 매색의 『상서』를 공박한 자들은 대체로 사전(史傳)과 사지(史志)에 전적으로 힘을 쏟지 않아, 혹 한두 개는 열서하였으나 여덟아홉 개는 버려 수미(首尾)를 능히 통관하지 못하였다. 이 때문에 비록 염약거의 해박한 식견으로도 의심하는 정도가 이와 같으니, 하물며 매작(梅鷟)과 진제(陳第)[8]의 무리에 있어서랴. 지금 염약거의 말을 상고하니, 공벽 고문의 학(學)은 오직 증다(增多) 16편뿐이고, 그 나머지는 복생의 『금문상서』인 것 같은

---

7) 閻若璩, 『尙書古文疏證』 卷1, 張4~5.
8) 陳第: 1541~1617. 明의 連江人. 字는 季立, 號는 一齋. 詩에 能하고 藏書가 많음. 벼슬은 遊擊將軍을 지냄. 저서로 『毛詩古音考』 『尙書疏衍』 『寄心集』 『一齋詩集』 등이 있음.

그런 느낌이 있으니, 어찌 그 주장이 그렇게도 소략한가?『수서』「경적지」에서 말한 것은 "공벽 고문의 원경(原經) 진본(眞本)이 진대(晉代)에는 오히려 내부(內府)에 있었으나, 지금 드디어 실전(失傳)되었다"는 것이다. 이 공벽 고문에 대해서는 반고(班固)의『한서』「예문지」에서부터 신중하고도 엄정하게 기재해놓아 그 책의 내력이 상세하게 밝혀졌으나, 반고 당시에는 이것에 대한 전주(傳註)가 없었다. 그래서 다만 그 경문만을 천구(天球)와 홍벽(弘璧)같이 중요하게 여겨 유실(遺失)되지 않았다. 그런데 『수서』「경적지」를 찬술하는 자는 그 존망(存亡)을 기록하지 않을 수 없었으니(지금도 郡縣에서 그 傳授를 거듭 기록함이 있다— 原註), 누가 민간에 유포되어 있는 공본『상서』와 마융·정현의 전주(傳註) 34편이 지금은 전하지 않는다고 말하는가?『수서』「경적지」에는 또이르기를, "양(梁)·진(陳)에서 강의(講義)한 것에는 공안국과 정현 이가(二家)의 학(學)이 있었고, 제나라 시대에는 오직 정현의 학(學)만이 전하였으며, 수(隋)나라에 이르러서는 공안국과 정현의 학(學)이 함께 행해졌으나 정현의 학(學)은 매우 미미했다"(『梅氏書平』의 首篇에 보인다— 原註)고 하였으니, 어찌 "모두 영가(永嘉)의 난에 망실되었다"고 말할 수 있겠는가? 영가의 난에 망실된 것은 복생의 금문(今文)의 학이다(歐陽·大小夏侯의 章句— 原註). 공씨의 16편이 혹 이때에 망실되었는지는 또한 분명한 글이 없어 확언할 수가 없다. 정현이 주석한『상서』가 당대(唐代)까지 오히려 남아 있었기 때문에 공영달이 그 편수를 기록하여 차례를 정렬하고 그 고훈(詁訓)을 채록하여 동이(同異)를 밝혔는데, 어째서 비부의『상서』가 이미 망실되어 비교해볼 만한 근거가 없다고 말할 수 있겠는가? 그리고 비부의『상서』는 고교(考校)할 수 있으면서, 어째서 민간에 널리 퍼져 있는『상서』는 그 편수와 차례를 고교하여 동이(同異)가 있음을 밝힐 수 없다고 하겠는가? 공영달은 직접 정현·매색의 두 본을 가지고서 빠짐없이 상세하게 궁구했는데도, 오히려 매색을 취하고 정현을 버렸으니 염약거가 또 무슨 한(恨)이 있을 것인가? 이른바 16편은 처음부터 끊어져 사설(師說)이 없었고(오직「湯誥」는『史記』에 채록되어 있고,「武成」은『三統曆』에 인용되어 있고,「胤征」은 鄭玄의 註釋에 인용되어 있다 — 原註), 위굉(衛宏)·가규(賈逵)·마융·정현도 또한 일찍이 훈석(訓釋)한 것이 없는데, 지금 염약거의 말을 상고해보면, 또 16편 같은 것도 위굉·가규·마융·정현에 의해 훈석되었으나 이것도 필경 영가의 난에 망실된 것처럼 생각하고 있으니, 어찌 그 주장이 소략한 것이 아니겠는가? 왕숙이 직접 정현의 주석을 보고 미진하다고 여겨서 스스로 또 주석을 찬술하였는데, 어째서 "정현의 학(學)이 미미하여 없어져서, 왕숙도 또한 고문을 보지 못했다"고 말하는가? 왕숙이 보지 못한 것은 매색의 25편인데, 누가 "공본 33편을 왕숙이 보지 못했다"고 말하였는가? 이것은 모두 매색을 두둔하는 자들의 간사한 말이니, 염약거는 이 말을 익히 듣고 그릇되게 인식한 것이 이와 같다. 또 황종희(黃宗羲)가 이 말을 깊이 믿어서 서문(序文)을 지은 것이 위와 같으니, 아! 하나의 위서에 대한 그 간교함을 밝혀내는 것이 이렇게도 어려운 것인가? 이른바 이것은 "하늘이 총명을 아껴서 결코 한 사람에게 모든 아름다움을 돌리지 않는다"는 것이다.

『진서晉書』「순숭전荀崧傳」에 이르기를, "원제(元帝)가 즉위하고 순숭(荀崧)[9]이 태상(太常)으로 전직되었을 때, 바야흐로 학교를 정비하고 박사를 두었는데,『상서』에는 정현의 학(學)으로 한 사람,『고문상서』에는 공안국의 학(學)으로 한 사람을 두었다"고 하였다. ○ 염약거는 이르기를, "공영달의『상서정의』「우서虞書」소(疏)에서

---

9) 荀崧: 262~328. 晉나라 潁川 臨潁人. 字는 景猷, 諡는 敬. 志操淸純하고 文學을 좋아하였음. 벼슬은 太常·錄尙書事을 지냄.

『진서』를 인용하여 말하기를, '전진 시대(前晉時代)에『상서』를 주상(奏上)하여 이를 나라에 시행하였다'고 하였는데, '전(前)'자는 아마도 잘못 쓰여진 것 같다. 그렇지 않다면, 전진 시대에는 비부의『상서』가 현존하였을 것인데, 위서가 어찌 시행될 수 있겠는가? 공안국의 학이 세워진 것은 바로 이때인 것 같으니(荀崧이 살아 있을 당시 —原註), 공영달이 인용한 바의『진서』는 곧 별도의 한 책이다"[10]고 하였다.

살펴보건대, 진 원제(晉元帝)가 처음으로 박사를 세웠을 때, 정현의 학은 다만『상서』라 칭하고 공안국의 학은『고문상서』라 칭하였으니, 대개 이때 매색을 두둔하는 자들이 매색의『상서』를 깊이 믿어 진고문(眞古文)으로 삼고, 정현본은 은밀히 배척하여 금문과 섞어 공벽의 구본(舊本)이 아닌 것으로 하였다. 그래서 정현의 학(學)의 박사는 곧 관함(官銜)에서 고문 두 자를 뺀 것이니,『주역周易』에서 구괘(姤卦)가 한 음(陰)을 만나서 박괘(剝卦)를 침식하는 징조를 여기에서 볼 수 있다. 아! 정현본에 섞인 금문은 기이한 글자가 수십 개에 지나지 않고,「주고酒誥」「소고召誥」에 탈간(脫簡)된 글자도 수십 개에 지나지 않는다. 그러나 또 금문을 취한 것에도 고문이 있고, 고문을 취한 것에도 금문이 있으니, 반드시『의례儀禮』17편과 같이 고문을 법도로 삼아야만이 드디어 더 이상 상고(詳考)할 만한 것이 없는 것은 아니다. 이런 일로 배척당한다면 또한 원통하지 않겠는가? 구경(舊經)과 신경(新經)을 진실로 대비 교감하고자 한다면, 교감할 만한 것은 그것의 편수와 차례이다. 당시에 이미 고문과 금문 두 학(學)을 함께 둔 것은, 곧 교감하지 않고 세운 것이 아니니, 비록 비부의『상서』가 있다 하

---

10) 閻若璩,『尙書古文疏證』卷1, 張6.

더라도 장차 무슨 도움이 되겠는가? 염약거의 말은 생각하지 못한 것이 심하다.

갑(甲) 3

염약거가 이르기를, "정현이 「서서書序」에 주(註)를 할 때, 지금 『공안국전』에 현존해 있는 13편에 대해 모두 '망(亡)'이라고 주를 달고(「仲虺之誥」「太甲」3篇, 「說命」3篇, 「微子之命」「蔡仲之命」「周官」「君陳」「畢命」「君牙」— 原註), 지금 『공안국전』에 전혀 없는 13편에 대해 모두 '일(逸)'이라고 주석을 달았는데(「汨作」「九共」9篇, 「典寶」「肆命」「原命」— 原註), 다만 이것뿐만은 아니다. 또 『공안국전』에 갈라서 내놓은 「순전舜典」「익직益稷」 두 편에 대해 모두 '일(逸)'이라고 주석하였으니, 이것은 공안국과 정현의 고문이 다만 편명만 합치되지 않는 것이 아니라, 그 문사(文辭)도 같지 않다. 편명이 꼭 서로 부합하는 것에 있어서도 그 문사가 또한 어찌 모두 같을 수 있겠는가? 예장(豫章)의 『상서』[11]는 반드시 공벽의 구물(舊物)인 것은 아니다"[12]라고 하였다.

살펴보건대, 이 문단 역시 잘못된 것임이 분명하다. 정현은 증다(增多) 16편에 대해 모두 '일(逸)'이라고 주를 달았고(孔本에는 있으나 伏本에는 없으며, 또 師說이 없기 때문에 逸書가 되었다 — 原註), 그 나머지 없어져 보존되지 않은 것을 모두 '망(亡)'이라고 주석하였다. 그런데 염약거는 "16편 모두를 일(逸)이라고 주석하였다"고 하지 않았으며, "42편 모두를 망(亡)이라고 주석하였다"고 하지 않고 (다만 편명만 있는 것이 42편이다[13] — 原註) 곧 이것과 저것에서 각각

---

11) 豫章의 『尙書』: 梅賾의 『僞古文尙書』를 가리킴.
12) 閻若璩, 『尙書古文疏證』 卷1, 張9.
13) 孔壁本 58편 이외의 42편을 가리킴. 『尙書』는 원래 1백 편이라고 한다.

13편을 뽑아서 말하였으니, 보는 자가 어찌 "정현의 주석은 통하기가 어렵다"고 말하지 않겠는가? 또 정현은 「순전」과 「기직棄稷」에 대해서 '일(逸)'이라고 주석하였으나, 일찍이 매색이 갈라서 내놓은 「순전」과 「익직」에 대해서 '일(逸)'이라고 주석한 적이 없는데도, 염약거는 바로 정현이 『공안국전』에서 갈라서 내놓은 「순전」「익직」을 '일(逸)'이라고 주석한 것이라고 하였으니, 이렇게 되면 정현이 주석하기 이전에 엄연히 공안국이 갈라서 내놓은 두 편이 있는 것처럼 되니, 보는 자가 어찌 현혹되고 미혹되어 그 실마리를 알지 못함이 없겠는가? 「순전」과 「기직」이 어찌 증다 16편 중의 두 편이 아니겠는가? 정현이 주석한 「서서」에 「익직」이 있음을 보았는가? 누가 한(漢)·위(魏) 제유(諸儒)들이 꿈에라도 진본 「순전」의 면목을 보았다고 말하였는가? 편명(篇名)은 같으면서도 문사(文辭)가 같지 않은 것을 이루 다 말할 수 있겠는가? 까치 둥지에 비둘기가 사는 것과 조(趙)나라 성벽(城壁)에 한(漢)나라의 기(旗)를 세운 것과 같은 격이니, 오히려 아직 거기에 불분명한 것이 있는 것인가? ○또 탄식스러운 것은 황종희의 서문에서 정현의 주를 논한 곳에 대해, 그 근본한 바를 알지 못하다가 지금에 와서 깨닫게 되었다. 황종희는 다만 염약거의 설만을 보고 착오가 없음을 믿고 서문을 지은 것이 저와 같으니, 어찌 길에서 듣고서 길에서 말해버리는 얄팍한 지식이 아니겠는가?

「왕망전王莽傳」에 『상서』의 일서(逸書) 중에 「가화嘉禾」를 인용해 이르기를, "주공이 울창주(鬱鬯酒)를 받들고 주인이 오르는 동쪽 계단에 서서 연등(延登)14)할 때, 찬(贊)15)에 '가왕(假王)'이 정사를

---

14) 延登: 漢代에 丞相·御史大夫를 任命할 때 王이 宮殿에 이들을 불러들여 친히 詔書를 내리는 것을 말함. 또 人材를 불러서 登庸하는 것을 말함.
15) 贊: 여기서는 祭祝의 文辭를 말함.

맡았으니 천하를 삼가 화평하게 하리로다'라고 했다"16)고 하였다.
○ 염약거는 이르기를, "이는 반드시 왕망 때의 위작이다. 왜냐하면
한인(漢人)은 재이(災異) 같은 것을 숭상하였기 때문에 장패의 『상
서』에 '이윤(伊尹)이 죽음에 대무(大霧)가 3일 동안 끼었다'는 설이
있다. 왕망이 섭정(攝政)을 하고자 하였기 때문에 주공가왕설(周公
假王說)이 있는 것이다"17)라고 하였다.

이 문단은 매우 긴데 여기서는 잘라서 기록한 것이다. 그러나
공안국과 매색의 위안(僞案)에 대해서는 염약거의 설이 호한(浩
汗)하고 산만함이 심하다.

『상서대전尙書大傳』에 「반경盤庚」을 인용하여 "너의 덕이 밝구나!
탕임보(湯任父)여, 말할 때는 자기를 낮추어 응대한다"라고 하였고,
또 「주고酒誥」를 인용하여 "성왕(成王)이 강숙(康叔)을 경계하여 이
르기를, '봉(封)18)아, 규벽(圭璧)과 같이 되라'"고 하였다.19)
○ 염약거는 이르기를, "유향(劉向)이 중고문(中古文)20)으로써, 전
해오는바 금문과 대교하니 「주고」에 탈간(脫簡)된 것이 하나 있어
보정(補止)하는 것을 신실(信實)히하였다고는 하였으나, 「주고」에
다시 증문(增文)이 있다는 말은 듣지 못했다. 이것은 아마도 후인들
이 부회(傅會)한 데서 나온 것이요, 반드시 복생에게서 일일이 전해
받은 것은 아닐 것이다"21)라고 하였다.

살펴보건대, 유향이 중고문으로써 복생본 금문의 경(經)과 대교

---

16) 『漢書』卷99 上.
17) 閻若璩, 『尙書古文疏證』卷1, 張10.
18) 封: 周代 武王의 第九子인 康叔의 이름.
19) 閻若璩, 『尙書古文疏證』卷1, 張12에 인용되어 있다.
20) 中古文: 여기서는 宮中 書庫에 있는 『古文尙書』를 가리키는 듯하다.
21) 閻若璩, 『尙書古文疏證』卷1, 張12.

하여 공본 고문의 「주고」에 탈간된 것 하나를 알아낸 것이다. 이제 염약거의 설을 자세히 살펴보면, 마치 복생본 금문의 「주고」에 탈간된 것이 하나 있는 것처럼 되어 있으니 또한 『한서』 「예문지」를 잘못 본 것이다.

갑(甲) 4

양웅(揚雄)의 『법언法言』에 이르기를, "「우하서虞夏書」는 질박하고 간략하며, 「상서商書」는 넓고 온건하며, 「주서周書」는 밝고 곧다"라고 하였다. ○『좌전』 희공(僖公) 27년에 「하서夏書」를 인용하고는 주석하기를 "「우하서」이다"라고 하였다. ○염약거는 이르기를, "서한(西漢)[22] 때에는 「우서虞書」와 「하서夏書」를 구분하여 둘로 함이 있지 않았다"[23]라고 하였다.

살펴보건대, 양웅과 두예(杜預)는 매색의 『상서』를 보지 못하였고 본 것은 오직 공안국의 진본(眞本)이다.

갑(甲) 5

염약거는 이르기를, "고문 「무성武成」은 건무(建武) 연간에 없어졌고, 건무 이전에는 유향(劉向)·유흠(劉歆) 부자가 비부의 『상서』를 대교하고 정리할 때 그 편이 본래 모두 갖추어져 있었다. 〔……〕 무왕(武王)은 1월 3일 계사(癸巳)에 상(商)을 정벌하였고 2월 5일 갑자(甲子)에 주(紂)를 베었다. 이해 윤(閏) 2월은 경인(庚寅)이 초하루요, 3월은 기미(己未)가 초하루이며, 4월은 기축(己丑)이 초하루이니, 16일 갑진(甲辰)은 보름이 되어야 하고, 17일 을사(乙巳)는 '방(旁)'으로서 이른바 '유사월기방생패(惟四月旣旁生霸)'가 그것이

---

22) 西漢: 朝本·奎本에 모두 '西晉'으로 되어 있음.
23) 閻若璩, 『尙書古文疏證』 卷1, 張17.

다. 6일 지난[24] 경술(庚戌)은 22일이 되니 무왕이 주묘(周廟)에 요
(燎)제사를 지내고, 그 다음날 신해(辛亥)는 23일이 되니 무왕이 천
위(天位)에 제사 지내고, 5일 지난 을묘(乙卯)는 27일이 되니 곧 여
러 제후국들이 전리품으로 귀를 베어 와서는 주묘에 제사를 지냈다.
이것은 모두 유흠이 일월성신(日月星辰)에 점을 쳐보고 절기(節氣)
에 징험해보고 경전에 고람(考覽)해보아 들어맞지 않는 것이 없는
연후에 그 설을 저술한 것이 이와 같다. 이것이 반고의 이른바 '법을
미루어 추측함이 가장 엄밀한 것이다'고 하는 것이다. 지금 「무성」에
'4월 초사흘에 임금이 되어 풍(豊)에 이르렀다'고 하는 것은 그 설
(說)이 이미 아무 데도 근본한 바가 없고, '정미(丁未)에 주나라 사
당에 제사하고 3일 지난 경술(庚戌)에 하늘에 시제(柴祭)하고 산천
에 망사(望祀)하였다'고 하는 것은 또 그 일과는 서로 어긋난다(『三
統曆』과는 부합되지 아니함을 이름이다 ― 原註). 또 「소고召誥」에는 3월
병오(丙午)인 초삼일에서 3일 지난 것을 무신(戊申)이라 하였고,
「고명顧命」에는 정묘(丁卯)에 작책(作冊)[25]에게 명하여 예를 행하게
조치함으로부터 7일 지난 것을 계유(癸酉)라고 하였으니 일진(日辰)
에 그날을 빼고 센 것이 아니다. 지금 정미(丁未)에 주나라 사당에
제사하고 3일 지난 날에 시제(柴祭)하고 망사(望祀)한 것은 기유(己
酉)가 되는 것이지 어찌 경술(庚戌)이겠는가?"[26]라고 하였다(또 이르
기를, "杜元凱[27]가 『左傳』에 註를 하면서 먼저 長曆[28]을 공부하여 經傳의
잘못된 甲子를 바로잡았고, 司馬公이 『通鑑』을 편찬하면서 또한 劉羲叟[29]의
長曆을 근거로 하였으니 옛날 大儒들의 저서가 曆理에 精明하지 아니함이 없

24) 朝本에는 '粤六日'이 '六日'로 되어 있음.
25) 作冊: 內史의 官職. 史官.
26) 閻若璩, 『尙書古文疏證』 卷1, 張18～19.
27) 杜元凱: 晉의 杜陵人인 杜預. 元凱는 그의 字.
28) 長曆: 曆法의 추산에 의해 수백 년 간의 年月閏朔을 구해놓은 역. 일명
    萬年曆이라고도 한다.
29) 劉羲叟: 1011～1060. 宋의 晉城人. 字는 仲更. 歐陽修의 추천으로 著作郎
    이 됨. 天文曆法에 능하였으며, 저서로 『十三代史志』 『劉氏輯曆』 『春秋
    異災』 등이 있다.

640

음이 이와 같다"[30]고 하였다—原註).

살펴보건대, 이 아래도 또 『삼통력』을 인용하여 지금의 위작된 「무성」을 논변한 것인데 여기에서는 모두 삭제하였다.

『일주서逸周書』「세부해世俘解」에, "1월 병진(丙辰)은 16일이다. 그 다음날 정사(丁巳)에 왕이 가서 상(商)을 쳤다. 그리고 돌아오는 2월 초하루에서 닷새 지난 갑자(甲子)에 상나라 왕인 주(紂)를 죽였다. 〔……〕 4월 16일에서 6일 지난 경술(庚戌)에 무왕이 주나라 종묘에서 요제(燎祭)를 지내고 그 다음날 신해(辛亥)에 천위(天位)에 제사를 지냈으며 5일 지난 을묘(乙卯)에는 이에 여러 나라가 '잘라 온 귀(馘)'를 전리품으로 가지고 와서는 주나라 종묘에서 제사 지냈다"(4월 이하는 閻若璩가 「武成」과 부합된다고 하였다[31]—原註)고 했다. ○ 염약거는 이르기를, "1월 병진과 2월 갑자는 크게 논의할 만하다. 무왕 1월은 실제로 신묘(辛卯)가 초하루이므로 1월 16일은 당연히 정미(丁未)이고 다음날은 당연히 무신(戊申)이니 어찌 병진(丙辰)과 정사(丁巳)이겠는가?"[32]라고 하였다(『逸周書』도 역시 僞書이다—原註).

살펴보건대, 이 절은 「주어周語」에서 영주구(伶州鳩)가 "계사(癸巳)에 무왕이 비로소 출발하여 무오(戊午)에 군사들이 맹진(孟津)을 건넜다"고 한 말을 인용하고 아울러 수녀(須女)[33]와 천원(天黿)[34]에 관한 말을 적어서 매우 상세하게 논변하였으니 여기서는 삭제한다.

---

30) 閻若璩, 『尙書古文疏證』 卷1, 張19~20.
31) 『漢書』 「律曆志」에 나오는 「武成」의 글과 같다는 말이다.
32) 閻若璩, 『尙書古文疏證』 卷1, 張20.
33) 須女: 星名.
34) 天黿: 星座名.

염약거는 이르기를, "『삼통력』에 「무성」을 인용한 것이 『한서』 「율력지」에 보이는데, 반고는 세 부분으로 나누어서 '유일월임진(惟 一月壬辰)'을 한 절로 하고 '이월기사패(二月旣死霸)'를 한절로 하고 '사월방생패(四月旁生霸)'를 한 절로 하여 각각 다른 말을 집어넣어 그 사이를 띄워놓았는데, 위작자가 제1절만 슬쩍 보고 지금의 「무 성」에 끌어들이고 제2·3절은 마침내 빠뜨렸으므로, 안사고(顔師古) 는 주를 달면서 오인(誤認)하여 모두 『금문상서』의 말이라고 여겼으 며, 공영달은 그것을 가리켜 일서(逸書)라고 하였으니, 이것은 분서 (焚書)한 후에 위작한 사람이 있음을 말한 것이다"[35]고 하였다.

살펴보건대, 일서 16편은 끊어져 사설(師說)이 없어서 나는 일 찍이 의심하였다. 이에 「무성」의 일월(日月)이 장력(長曆)에 부합 되고 「주어」(伶州鳩의 말 ― 原註)에 부합되면 이것이 진고문(眞古文) 중의 증다의 「무성」인데 이것이 드디어 마멸되었으니 어찌 안타 깝지 않겠는가? 안사고는 복생의 본(本)에 「무성」이 없다는 것을 몰랐고, 공영달은 조상이 해놓은 업적을 위작된 물건이라고 하였 으니 대유(大儒)를 어찌 믿을 수 있겠는가?

주자는 일찍이 『한서』「율력지」에서 "경술(庚戌)에 주(周)의 사당 에 요제(燎祭)를 지냈다"는 것을 의심하면서, "경(庚)은 곧 강일(剛 日)인데 종묘의 내사(內事)에 마땅히 사용할 바가 아니니 경문(經 文)에서 정미(丁未)로 해놓은 것이 합당한 것만 같지 못하다"고 하 였고(梅賾本보다 못 하다는 것을 말한다 ― 原註), 또 "경술(庚戌)에서 을묘(乙卯)까지는 겨우 엿새밖에 안 되는데도 세 번이나 큰 제사를 거행하였으니, 이것은 자주 제사 지내는 번거로운 것으로서 공경치 못한 것이다. 유흠이 어디에 근거를 두고 말한 것인지 알지 못하겠

---

35) 閻若璩, 『尙書古文疏證』 卷1, 張21.

다"[36]고 하였다. ○ 염약거는 이르기를, "내사(內事)에는 유일(柔日)로 쓰는 것을 주나라의 제도로 정하였다면 「낙고洛誥」에 무진(戊辰)에 왕이 신읍(新邑)에 있으면서 증제(蒸祭)를 지낸 것을 어떻게 이해할 것인가? 제사는 자주 지내는 번거로움을 하지 않고자 한다면 「소고」에 주공이 정사(丁巳)에 교제(郊祭)를 지내면서 희생을 사용하였고, 다음날인 무오(戊午)에 또 신읍에 사제(社祭)를 지냈으니 이것은 또 어떻게 이해할 것인가? 옛날에 천자가 출정(出征)할 때에 이른바 유제(類祭)와 의제(宜祭)는 요컨대 또한 수일간에 다만 행해지는 것이니, 어찌 제사를 자주 하지 않고자 한다는 것에 구애되어 앉아서 병기(兵機)를 놓치겠는가? 나는 이에 이르러 비로소 늦게 나온 「무성」이 정미(丁未)에 종묘에 제사 지낸 것으로 고친 것은 유일(柔日)에 맞도록 하고자 해서요, 경술(庚戌)에 시제(柴祭)와 망제(望祭)를 지낸 것으로 고친 것은 제사는 자주 하지 않고자 한다는 것을 피한 것임을 깨달았다"[37]고 하였다.

살펴보건대, 이 문단은 내가 『매씨서평』에 상세하게 논의하였다.

주자는 또 요제(燎祭)는 종묘에서 지내는 예가 아니라고 의심하였다.[38] ○ 염약거는 이르기를, "『주례』 「대종백大宗伯」에 유료(槱燎)로 사중(司中)·사명(司命)·풍사(風師)·우사(雨師)에 제사 지내는데, 인귀(人鬼)의 제사는 다만 육향(六享)[39]만 있고 요(燎)로 제사 지내는 것을 듣지 못했기 때문에 이러한 의심에 이르렀으니, 모를 일이로다! 『주례』 「혼인閽人」에는 '혼인(閽人)[40]이 큰 제사를 관장

---

36) 朱熹, 『朱子大全』 卷65, 「武成日月譜」.
37) 閻若璩, 『尙書古文疏證』 卷1, 張21~22.
38) 朱熹, 『朱子大全』 卷65, 「武成日月譜」.
39) 六享: 宗廟에 祭하는 六祭, 즉 肆獻祼·饋食·祠·禴·嘗·烝을 이름.
40) 閽人: 官職名.

하여 문에 화톳불을 피웠다'고 하였고, 「사훤씨司烜氏」에는 '사훤씨 (司烜氏)가 문 밖에 밝히는 대촉(大燭)과 문 안에 밝히는 정료(庭 燎)를 공급한다'고 하였으며, 『예기』「월령月令」에는 '계동(季冬)에 일정한 수의 신시(薪柴)를 거두어들여 교제(郊祭)·묘제(廟祭)와 온 갖 제사에 신료(薪燎)를 공급한다'고 하였으니, 요(燎)는 바로 종묘 에 사용한 것이니 주자도 우연히 잊어버린 것인가?"41)라고 하였다.

살펴보건대, 묘제(廟祭)에 화톳불을 지핌이 있다는 것은 내가 『매씨서평』에 상세히 말하였다. 염약거가 인용한 삼조(三條)와 같 은 것은 모두 지촉(地燭)으로 지금의 횃불이므로 제례에 올리는 것이 아니니 크게 잘못된 것이다.

갑(甲) 6

『삼통력』은 『고문상서』의 「이훈伊訓」을 인용하여 "태갑(太甲) 원 년 12월 을축(乙丑) 초하루에 이윤(伊尹)이 선왕에게 제사 지내고 방명(方明)의 단(壇) 앞에서 목(牧)들에게 크게 물었다"고 하였다. ○ 정현이 주한 『상서』「전보典寶」42)의 서(序)에 「이훈」을 인용하여 "재부재박(載孚在亳)"이라고 하였으며, 또 "이 삼종(三螺)의 나라를 정벌하였다〔征是三螺〕"고 하였다. ○ 염약거는 이르기를, "지금 『공 안국전』에는 이것을 없애버렸다"43)고 하였다(上節에 '誕資有牧方明'의 句가 없다 — 原註).

『맹자』에 「이훈(伊訓)」을 인용하여 "하늘의 토벌이 처음 목궁(牧 宮)으로부터 시작되었는데 이것은 내가 박읍(亳邑)에 있을 때부터

---

41) 閻若璩, 『尙書古文疏證』 卷1, 張22~23.
42) 「典寶」: 『尙書』 1백 편 중 逸書의 篇名으로 『史記』「殷本紀」에 '義伯·仲 伯, 作典寶'라고 나와 있다.
43) 閻若璩, 『尙書古文疏證』 卷1, 張23.

이다"⁴⁴⁾고 하였다. ○『논어』에 "백관(百官)들이 자기의 직책을 총
괄하여 3년 동안 총재(冢宰)에게 명령을 들었다"⁴⁵⁾고 하였다(王이 居
喪할 때의 禮이다—原註). ○「상송商頌」에 "우리 열조(烈祖)를 즐겁
게 하도다"⁴⁶⁾고 하였다(成湯을 칭송함이다—原註). ○「소고」에 "지금
의 왕이 그 명을 이어받으니 마치 어린아이가 그 처음 태어날 때 스
스로 밝은 명을 부여받지 않음이 없는 것과 같다"고 하였다(처음 卽
位하여 告戒하는 말이다—原註). ○『논어』에 "한 사람에게 모든 것이
완비하기를 요구하지 않는다"⁴⁷⁾고 하였다. ○또 "성인의 말씀을 업
신여긴다"⁴⁸⁾고 하였다. ○『주역』에 "선한 일을 쌓는 집에는 반드시
후손에게까지 미치는 경사가 있고, 악한 일을 쌓는 집에는 반드시
후손에게까지 미치는 재앙이 있다"⁴⁹⁾고 하였다. ○『예기』에 "탕은
관대함으로써 백성을 다스려 그 포학함을 제거하였다"⁵⁰⁾고 하였다.
○또 "사랑하는 가르침을 세우려 하면 어버이를 사랑하는 것으로부
터 시작하고, 공경하는 가르침을 세우려 하면 어른을 공경하는 것으
로부터 시작한다"⁵¹⁾고 하였다. ○『효경孝經』에 "어버이를 사랑하는
자는 감히 다른 사람을 미워하지 아니하고, 어버이를 공경하는 자는
다른 사람을 업신여기지 아니한다. 사랑과 공경으로 어버이 섬기는
데 다하고 덕교(德敎)로써 백성들을 교화하면 사해(四海)의 법칙이
된다"⁵²⁾고 하였다. ○『좌전』에 "하늘에서 재앙을 내리다"⁵³⁾고 하였
다. ○또 "하늘이 허국(許國)에 재앙을 내림에 나 과인(寡人)에게

---

44) 『孟子』「萬章」上.
45) 『論語』「憲問」.
46) 『詩經』「商頌—那」.
47) 『論語』「微子」.
48) 『論語』「季氏」.
49) 『周易』「坤」卦 <文言>.
50) 『禮記』「祭法」.
51) 『禮記』「祭義」.
52) 『孝經』「天子章」.
53) 『左傳』僖公 15年.

손을 빌렸다"[54]고 하였다. ○『묵자』「명귀明鬼」에「상서商書」를 인
용하여 "아! 옛날 하(夏)나라가 바야흐로 아직 재앙이 있지 않을 때
에는 백수(百獸)와 정충(貞蟲)에서 비조(飛鳥)에 이르기까지 도를
따르지 아니함이 없었는데, 하물며 인간이 어찌 감히 마음을 달리하
리오? 산천의 귀신도 또한 감히 편안하지 아니함이 없었으니, 만약
함께 정성스럽게 해나간다면 천하도 통일하고 하토(下土)도 보존할
것이다"라고 하였다. ○「상현尙賢」[55]에서는 또 전(傳)을 인용하여
"성군(聖君)과 철인(哲人)을 구하여 네 몸을 돕게 하였다"고 하였다
(先王의 글이며 먼 옛날의 말이다 — 原註). ○「비악非樂」에서는 또 탕
(湯)의 관형(官刑)에 "항상 궁에서 춤추는 것을 무풍(巫風)이라 하
니, 그 형(刑)에 군자는 이위(二衛)에 갇히고 소인은 이백(二伯)처
럼 막힌다. 그래서『황경黃經』에는 '아! 춤이 양양(伴伴)하다'고 하
였고,『황언黃言』에는 '매우 밝다'고 하였다. 그러므로 상제(上帝)가
천명을 내림이 떳떳하지 아니하면 구주(九州)가 망하고, 상제가 즐
겁지 않으면 그들에게 날마다 재앙을 내려서 그들의 집을 반드시 망
하게 한다"는 것이 있음을 인용하였다. ○『순자』에서『상서』를 인용
하여 "명령을 좇아 거스르지 아니하고, 조심스럽게 간하되 게을리
하지 아니하며, 윗사람이 되어서는 명철(明哲)하고 아랫사람이 되어
서는 공손해야 한다"[56]고 하였다. ○가의(賈誼)는 "문왕의 은택은
아래로 금수에 미치고 어별(魚鼈)에 끼치어 모두가 순하여 즐기는
바이다. 〔……〕 선(善)은 작다고 해서 이익이 없다고 할 수 없고,
불선(不善)은 작다고 해서 상(傷)함이 없다고 할 수 없다"[57]고 하였
다(『淮南子』에 "君子가 작은 善은 족히 行할 만한 것이 못 된다고 해서 그것
을 버려서는 안 되니 작은 善도 쌓이면 큰 善이 된다. 작은 不善은 해로움이

---

54)『左傳』隱公 11年.

55) 朝本·奎本에는 '兼愛'로 되어 있다.

56)『荀子』「臣道」.

57) 賈誼,『新書』「連語」.

없다고 해서 그것을 해서는 안 되니 작은 不善도 쌓이면 큰 不善이 된다"[58)
고 하였다 — 原註). ○ 염약거는 이르기를, "무릇 이 10여 조는 모두
갈기갈기 찢고 고쳐서 이어 맞추어 글을 이룬 것이다"[59)고 하였다
(『荀子』에서 『尙書』를 인용한 것은 「臣道」에 나오는 것으로, 옛날 大人이 君
心을 바로잡는 道인데 僞作者가 이를 고쳐서 先王의 일로 하였으니 말이 도
리어 淺近하다 — 原註).

살펴보건대, 이 아래는 곧 정삭(正朔)을 고치고 월(月)을 고친
것에 대한 논쟁이다. 채침(蔡沈)은 "삼대(三代)와 진(秦)이 모두
정삭은 고쳤어도 월은 고치지 않았다"고 했다(「伊訓」의 12월에 대한
註이다 — 原註). 염약거는 『춘추』에 나오는 재신(梓愼)[60)의 말을 인
용하여(昭公 17년 — 原註) 삼대가 월(月)을 바꾸었다는 것의 증거로
삼았는데 여기서는 그만 생략한다. ○ 또 살펴보건대, 매색의 위전
(僞傳)에는 "탕이 죽고 달을 넘겨 태갑(太甲)이 즉위하여 빈소에
전(奠)을 드리고 고하였다"고 하였으니 이것은 붕년(崩年)에 개원
(改元)한 것이다. 『맹자』와 「은본기殷本紀」에 의하면 탕이 죽고 외
병(外丙)이 3년, 중임(仲任)이 4년을 다스리고 중임이 죽자 태갑을
세웠으니, 태갑이 탕을 이었다는 것은 곧 위안(僞案) 중에서도 심
히 큰 것인데 염약거는 깨치지 못하고 다만 붕년에 개원하였다는
설만 공격하였으니 이론이 소략하다.

염약거는 이르기를, "『좌전』 소공(昭公) 6년에 진(晉)의 숙향(叔
向)이 자산(子産)에게 글을 보내어 말하기를, '옛날 선왕은 사건을
심의하여 형(刑)을 제정하고 미리 형벌을 만들지 않았으니, 이것은
백성들이 법에 대해 다투는 마음이 있을까 두려워서이다'고 했다(杜

---

58) 『淮南子』「繆稱訓」.
59) 閻若璩, 『尙書古文疏證』 卷1, 張24.
60) 梓愼: 春秋時代 魯의 大夫. 術數家.

預는 "사건에 임하여 刑을 제정하고 미리 법을 만들지 않는 것이다"고 하였다 —原註). 하(夏)나라에 난정(亂政)이 있어서 우형(禹刑)을 만들고 상(商)나라에 난정(亂政)이 있어서 탕형(湯刑)을 만들고 주(周)나라에 난정(亂政)이 있어서 구형(九刑)을 만들었으니 삼벽(三辟)[61]이 일어난 것은 모두 숙세(叔世)[62] 때이다. 묵자의 이른바 탕(湯)의 관형(官刑)이라는 것은 바로 상(商)의 숙세에 만들어진 것이다. 그런데 위작자는 『좌전』을 상고하지 아니하고 드디어 곧 탕(湯)이 만든 것으로서 이윤의 입에서 나와서 태갑에게 가르친 것이라 여겼다"[63]고 하였다(昭公 29年 晉의 趙鞅[64]이 刑鼎[65]을 鑄造하니 仲尼는 "晉이 망하였도다"고 하였으니 春秋의 末에도 또한 그러하였다. 일찍이 成湯이 미리 법을 설치하여 下民에게 알렸겠는가?[66] — 原註).

살펴보건대, 탕형(湯刑)의 글은 비록 숙세에 만들어졌다 하더라도 탕(湯)이 형벌을 사용한 고사가 있었던 까닭으로 숙세인(叔世人)이 형서(刑書)를 지어서 여기에다 이름을 얻어 탕형이라 하였으니(우리나라의 『受敎輯錄』[67]과 같다 — 原註) 이것으로써 위작자임을 벗어나기 어렵다는 의견이 되기에는 부족하다.

진상도(陳祥道)[68]의 『예서禮書』에 이르기를, "『한서』「율력지」에

---

61) 三辟: 禹刑・湯刑・九刑.
62) 叔世: 정치・도덕・풍속 등이 쇠퇴하여 망해가는 시대. 末世.
63) 閻若璩, 『尙書古文疏證』 卷1, 張28~29.
64) 趙鞅: 春秋時代 晉나라 사람. 諡號가 簡이므로 趙簡子라 불렀다. 趙武의 孫子.
65) 刑鼎: 刑法을 새겨놓은 鼎.
66) 閻若璩, 『尙書古文疏證』 卷1, 張28~29.
67) 『受敎輯錄』: 朝鮮 中宗 때 이루어진 『大典後續錄』 이후 1698년(肅宗 24년)까지 155년 간의 典敎를 모은 것으로 吏曹判書 李翊 등이 肅宗의 命에 따라 輯錄한 것이다.
68) 陳祥道: 宋의 福州人. 字는 用之. 벼슬은 太常博士・秘書省正字를 지냄. 저서로 『禮書』『論語全解』가 있다.

『상서』「이훈」을 인용하여 말하기를, '태갑 원년(元年)에 이윤이 선왕에게 제사 지내고 방명(方明)의 단(壇) 앞에서 목(牧)들에게 크게 물었으며, 동지에 월불(越茀)의 예로써 방명의 단 앞에서 선왕에게 제사 지내어 상제(上帝)에 짝하였다'는 말이 있다"[69]고 하였다(스스로 이르기를, "『今文尙書』와는 같지 않다"고 하였다—原註). ○ 염약거는 이르기를, "상도(祥道)는 북송인(北宋人)으로서 보았던 것이 별본(別本)인 듯하나 『금문상서』와 일치하지 않을 뿐 아니라, 아울러 지금의 『한서』와도 서로 다르다"[70]고 하였다.

살펴보건대, '이동지월불(以冬至越茀)' 이하는 곧 반고의 말로 「율력지」에 분명히 실려 있고, 진씨(陳氏)가 끌어와 이것을 연결하여 기록해놓았는데, 이에 염약거는 별본인 듯하다고 한 것은 소략한 것이다.

송(宋)나라 사승조(史繩祖)[71](『學齋佔畢』에 보인다—原註)가 『좌전』 소공(昭公) 10년에 자피(子皮)가 '하서夏書'의 "욕심을 부리면 절도를 잃고, 방종하면 예를 잃는다"고 하는 말을 인용하였다(지금의 『左傳』에는 夏字가 없다—原註). ○ 염약거는 "승조(繩祖)가 본 것도 역시 별본이다"[72]고 하였다.

살펴보건대, 송(宋)이라는 나라는 후세(後世)이다. 후세에 사사로이 보관하였던 책의 착구오자(錯句誤字)로써 어찌 매색의 위작을 증명할 수 있겠는가? 염약거의 글은 의당 모기령의 논박을

---

69) 閻若璩, 『尙書古文疏證』 卷1, 張30.
70) 同上.
71) 史繩祖: 宋의 眉山人. 字는 長慶. 魏了翁의 門人. 벼슬은 秘書監. 저서로 『孝經解』 『學齋佔畢』이 있다.
72) 閻若璩, 『尙書古文疏證』 卷1, 張30.

받아야 한다.

갑(甲) 7

『묵자』「상동尙同」에 「태서」를 인용하여 이르기를, "소인이 간교한 것을 드러내면 이에 알려야 한다. 보고하지 아니하고 발각되면 그 죄가 같아진다"고 하였다(墨子가 풀이하기를 "이것은 淫辟한 것을 보고 알리지 아니한 자는 그 죄가 또한 淫辟한 자와 같음을 말한 것이다"고 하였다 — 原註). ○ 염약거는 이르기를, "마융은 분명히 '전해오는 옛 서적에서 「태서」를 인용한 것이 매우 많으나 대략 오사(五事)[73]를 들어서 이것을 밝힌다'고 말하였는데, 이 오사에서 그 인용을 다 말한 것은 아닌데도 위작자는 여러 책을 널리 살피지 아니하고 다만 마융이 언급한 것만을 근거로 하고 마융이 언급하지 않은 것은 근거로 하지 않았다. 묵자의 글은 참으로 진짜의 것인데 고문에서 유독 빠뜨렸으니, 이것은 큰 파탄(破綻)이 아니겠는가?"[74]라고 하였다.

마융이 이르기를, "뒤에 얻은 「태서」는(「河內太誓」를 이른다 — 原註) 그 글을 살펴보니 마치 천로(淺露)[75]한 것 같았으며, 그 일을 상고해보아도 자못 신괴(神怪)함에 관계가 되어(白魚와 赤烏 등을 이름[76] — 原註) 공자가 말하지 아니한 것 중에 있는 것이 아니겠는가? 『춘추』에 「태서」를 인용하여 '백성이 하고자 하는 바를 하늘이 반드시 따른다'[77]고 하였고, 『국어國語』에는 「태서」를 인용하여 '짐의 꿈이

---

73) 五事: 여기서 다섯 가지 일은 『春秋』에 인용된 「泰誓」의 "民之所欲 天必從之,"『國語』에 인용된 「泰誓」의 "朕夢協朕卜, 襲於休祥, 戎商必克,"『孟子』에 인용된 "我武惟揚, 侵于之疆, 則取于殘, 殺伐用張, 于湯有光,"『荀子』에 인용된 "獨夫紂,"『禮記』에 인용된 「泰誓」의 "予克受, 非予武, 惟朕文考無罪, 受克予, 非朕文考有罪, 惟予小子無良"의 다섯 가지를 말한다.
74) 閻若璩,『尙書古文疏證』卷1, 張31∼32.
75) 淺露: 물이 얕아서 드러나는 것처럼 글이 深奧한 뜻이 없음을 말함.
76) 『梅氏書平』「河內泰誓」에서 茶山이 白魚赤烏의 설에 대하여 평해놓은 것이 있다.
77) 『左傳』「襄公」31年에 나오는 것으로 原文은 "民之所欲, 天必從之"이다.

짐의 점과 일치하고 아름다운 징조에 맞으니, 상을 쳐서 반드시 이길 것이다'[78]고 하였고, 『맹자』에는 「태서」를 인용하여 '우리의 무(武)를 떨치어 저들의 국경을 침략하여 저 잔악한 자를 취함으로써 살벌의 공이 크게 베풀어지니, 탕왕보다 더욱 빛남이 있다'[79]고 하였고, 손경(孫卿)[80]은 「태서」를 인용하여 '독부(獨夫)인 수(受)이다'[81]라고 하였고, 『예기』에는 「태서」를 인용하여 '내가 수(受)를 이긴다면 그것은 나의 무덕이 아니라 나의 돌아가신 아버님 문왕께서 허물이 없으신 때문이요, 수(受)가 나를 이긴다면 나의 돌아가신 아버님 문왕께서 허물이 있어서가 아니라 내가 어질지 못한 때문이다'[82]라 하였는데, 금문 「태서」에는 모두 이 말이 없다. 내가 전해오는 서적을 본 것이 많은데 「태서」를 인용하였으면서도 실제로 「태서」에 없는 것이 매우 많아 모두를 적을 수 없고, 대략 오사를 거론하여 이것을 밝히더라도 역시 알 수 있을 것이다"[83]고 하였다. ○요립방(姚立方)[84](이름은 際恒이다 — 原註)이 "마융의 이 말은 본래 위서를 논변한 것이라고 하나 마침내는 다른 사람으로 하여금 위서 만드는 방법을 가르친 것이다"고 하였다. ○염약거는 "마융이 거론한 오사 외에 또한 '주(紂)가 억조의 인민들을 두었으나 또한 덕을 이반(離反)함

---

78) 『國語』卷3「周語」下에 나오는데 원문은 "朕夢協朕卜, 襲於休祥, 戎商必克"이다.
79) 『孟子』「滕文公」下에 나오는데 「僞泰誓」의 原文은 "我武惟揚, 侵于之疆, 取彼凶殘, 我伐用張, 于湯有光"이다.
80) 孫卿: 荀子, 즉 荀卿.
81) 『荀子』「議兵」에 나오는데 「僞泰誓」의 原文은 '獨夫受'이다. 『荀子』原文에는 '受'가 '紂'로 되어 있다.
82) 『禮記』卷51「坊記」에 나오는데 原文은 "予克受, 非予武, 惟朕文考無罪, 受克予, 非朕文考有罪 惟予小子無良"이다.
83) 孔穎達, 『尙書正義』卷 第11, 「泰誓」上 孔穎達의 疏에 인용해놓은 馬融의 「書序」에 나오는 글이다.
84) 姚立方: 1647~1715? 淸의 학자, 安徽의 桐城人. 이름은 際恒, 立方은 그의 字. 號는 馮山. 博學하고 經學에 造詣가 깊다. 저서로 『古今僞書攷』 『九經通論』 『書畫記』 『好書堂書目』 등이 있다.

이 있다[紂有億兆夷人, 亦有離德]'는 것을 표절한 것도 알 수 있다"[85]
고 하였다(『左傳』昭公 24年에 나온다 — 原註).

살펴보건대, 위작자는 마음이 조급(躁急)하여 「주관周官」을 지
을 때에 육경(六卿)[86]의 직장(職掌)을 모두 주례(周禮)를 답습하면
서 동관(冬官) 사공(司空)의 직장(職掌)을 어쩔 수 없이 자작(自
作)하였으나,[87] 「천관天官－소재小宰」에 바로 전문(全文)이 있음[88]
을 알지 못하였고 「무성」을 지을 때에는 다만 『한서』「율력지」의
위의 한 절구만 살피고 아래의 두 절구는 드디어 묶지 않은 볏단
이 되어버렸으며, 「태서」를 지을 때에도 『묵자』를 대충 보고 마침
내 간교(姦巧)한 절(節)을 남겼다.

『묵자』에는 「태서」를 인용하여, "문왕은 해와 같고 달과 같아서
떠올라서는 사방을 비추고 특히 서토에 밝게 비추었다[文王若日若月,
乍照光于四方于西土]"고 하였다.[89] ○ 또 이르기를, "주(紂)가 거만
하게 지위에 앉아 상제 귀신을 기꺼이 섬기지 아니하고 그 선조의
신위를 파괴하고 제사 지내지 아니하면서 이에 말하기를, '나의 백성
은 숙명이 있다'고 하여 능멸하고 숙이는 일을 빠뜨리지 않으니, 하
늘도 또한 주(紂)를 버리고 보호하지 않았다[紂夷處, 不肯事上帝鬼
神, 禍厥先神禔不祀, 乃曰吾民有命, 無僇排漏, 天亦縱棄之而弗葆]"[90]고
하였다. ○ 또 이르기를, "아! 이때 자발(子發)이 말하기를, '아! 군

---

85) 閻若璩, 『尙書古文疏證』 卷1, 張33.
86) 六卿: 周의 官制. 여섯 사람의 長官. 天官－冢宰, 地官－司徒, 春官－宗
　　伯, 夏官－司馬, 秋官－司寇, 冬官－司空을 말함.
87) 『尙書』「周官」에는 '司空掌邦土'라고 해놓았다.
88) 『周禮』「天官－小宰」에 "冬官其屬六十, 掌邦事"라고 되어 있다.
89) 『墨子』卷4, 「兼愛」中의 글로 原文에는 "文王之治西土, 若日若月, 乍光
　　于四方于西土"로 되어 있다.
90) 『墨子』卷9, 「非命」上의 글로 原文에는 "天亦縱之, 棄而不葆".가 "天亦
　　縱棄之而弗葆"로 되어 있다.

자여! 하늘은 드러난 덕이 있으니 그 행하는 바가 심히 밝도다. 저 귀감(龜鑑)이 됨이 머지않으니 바로 저 은왕에게 있도다. 사람에게 명이 있다고 이르고, 공경이라 하는 것은 행할 것이 못 된다 이르고, 제사 지내는 것은 이로울 것이 없다 이르고, 사나운 짓도 해치는 것이 없다고 하였다. 상제가 언제나 돌보아주는 것이 아니니 그래서 구주를 망하게 하였고, 상제가 왕이 바라는 바를 늘 들어주지 아니하니 그래서 저주를 내려 나라를 없애고 오직 우리 주(周)가 상(商)의 정권을 이어받았도다〔"於! 去發[91]曰: '惡乎! 君子, 天有顯德, 其行甚章. 爲鑒不遠, 在彼殷王. 謂人有命, 謂敬不可行, 謂祭無益, 謂暴無傷. 上帝不常, 九有以亡, 上帝不順, 祝降其喪, 惟我有周, 受之大帝[92]〕'"[93]고 하였다.

살펴보건대, 『묵자』에서 인용한 「태서」는 문체가 비순(卑順)하여 「목서牧誓」[94]나 「대고大誥」[95]와는 전혀 서로 같지 않으나 오직 그 의미는 고고(高古)하다. 아마도 묵자가 『상서』를 인용한 것은 그 까다로운 것을 조금 바꾸어 평이한 대로 하여 사마천(司馬遷)이 「요전堯典」과 「고요모皐陶謨」를 기록해놓은 것과 같으니 모두가 자구(字句)를 개환(改換)한 것이다.

염약거는 이르기를, "유종원(柳宗元)이 '사람들은 가의(賈誼)의 「복조부鵩鳥賦」[96]를 모두가 『갈관자鶡冠子』[97]에서 나온 것이라고 하

---

91) 去發: '去發'은 이 글의 文理上 당연히 '子發'이 되어야 한다. 子發은 周代 武王의 字이다. 한편으로는 '去發'의 '去'자가 '太子'의 合字라는 說도 있다.
92) 이 글은 모두 韻이 있는 글이므로 '帝'는 '商'이 되어야 한다는 주장이 있다.
93) 『墨子』卷9「非命」下.
94) 「牧誓」: 『尙書』의 篇名.
95) 「大誥」: 『尙書』의 篇名.
96) 「鵩鳥賦」: 『文選』卷13에 실려 있다.
97) 『鶡冠子』: 책 이름. 작자 未詳. 일설에는 鶡冠子라고 일컫던 楚나라의 隱

였으나, 내 생각은 호사자(好事者)가 『갈관자』라는 책을 위작하면서 도리어 「복조부」를 이용하여 채워 넣은 것이요, 가의가 『갈관자』에서 취함이 있었던 것은 아니다. 종래에는 후인(後人)이 전인(前人)의 것을 인용하였는데, 유독 이것은 전인이 후인의 것을 인용한 것이 된다'고 했다"[98]고 하였다.

살펴보건대, 『공자가어孔子家語』나 『공총자孔叢子』도 모두 『갈관자鶡冠子』와 같은 유(類)이고 『참동계參同契』[99]나 『음부경陰符經』,[100] 『관윤자關尹子』[101]는 모두 당 이후의 누유(陋儒)들이 지은 것이니 이것이 위서임은 의심할 것이 없다.

갑(甲) 8

염약거는 이르기를, "주(周)나라의 유월(六月)[102]은 곧 하(夏)나라의 사월(四月)인데 위작자는 역법에 중강(仲康)[103]의 즉위 초를 당해서 구월(九月)에 일식(日食)의 사건이 있었던 것만 대강 알고서 드디어 「윤정」을 지었고, 악관(樂官)인 고(瞽)가 주고(奏鼓)하는 등의 예(禮)를 하왕실(夏王室)에서는 정작 일찍이 구월(九月)에는 사용하지 않았음을 알지 못한 것이다"[104]고 하였다. ○또 이르기를,

---

士가 지었다고도 하나 柳宗元은 後人의 僞作이라 보고 있다. 道家·法家·兵家의 사상이 섞여 있다. 3권.

98) 閻若璩, 『尙書古文疏證』 卷1, 張35.

99) 『參同契』: 漢代의 魏伯陽이 지은 책으로 『周易』의 爻象을 빌려 道家의 煉丹修養說을 論한 것인데 茶山은 唐 이후의 僞書로 보았다. 3권.

100) 『陰符經』: 道·法·術 셋을 융합한 道家者流의 책으로 黃帝가 지었다고도 하고 周의 太公이 지었다고도 하나 後人의 僞書이다. 1권.

101) 『關尹子』: 道家에 속하는 책으로 周代의 尹喜의 저술이라고 하나 唐 이후 方士의 僞書라는 주장이 定說이다. 1권.

102) 六月: 『左傳』 昭公 17年에 "夏六月에 日食이 있었다"고 하였다.

103) 仲康: 「胤征」의 중심 인물로 太康의 동생이다. 羿가 太康을 몰아내고 그의 동생인 仲康을 세웠다. 在位는 13년.

104) 閻若璩, 『尙書古文疏證』 卷1, 張36.

"『시경』「소아小雅」에 '정월(正月)[105]에 된서리가 내리니 내 마음이 근심스럽고 서글프다[正月繁霜, 我心憂傷]'[106]라 하였으니, 만약 하(夏)나라의 인월(寅月)로 주(周)나라의 자월(子月)에 해당시킨다면 그 된서리가 내리는 것이 어찌 족히 재이(災異)가 되겠는가? 정양(正陽)[107]의 일식은 옛날에 더욱 꺼리던 바이다.「소아」의 시(詩)에 대해『집전集傳』에서 소식(蘇軾)이 '순양(純陽)[108]에 일식이 있는 것은 양(陽)이 매우 약한 것이요, 시월(十月)의 순음(純陰)에 일식이 있는 것은 음(陰)이 매우 왕성한 것이다'[109]고 하였고, 시(詩)에서 '시월(十月)의 일월이 서로 만나는 초하루 신묘일에 해가 먹힘이 있다'[110]고 한 것을 시인이 '또한 심히 나쁜 징조로다[亦孔之醜]'[111]고 한 것이 바로 이것이니, 그 설은 모두『좌전』과 더불어 서로 같이 나온 것이다"[112]고 하였다.

살펴보건대, 하지(夏至)로써 양장(陽長)의 끝으로 하는 것은 중국이 적도(赤道)의 북쪽에 있기 때문이다. 그 적도의 남쪽에 있는 것은 하지가 양소(陽消)의 끝이 되니 누가 즐겨 정양의 달을 사월(四月)이라고 하겠는가? 태양의 본체는 사시(四時)에 항상 왕성한데, 이른바 일식이라는 것은 보는 지역에 따라 좌우되는 데 불과하니, 온 천하가 일찍이 재앙을 같이하지는 아니한다. 실제 이치가 이미 그러하므로 선고(先古)에 일식을 구제하는 예(禮)는 재변

---

105) 正月: 여기 正月은 夏나라의 4월이다. 이를 正月이라고 하는 것은 純陽이 用事하여 正陽의 달이 되기 때문이다.
106)『詩經』「小雅－正月」.
107) 正陽: 夏나라의 4월.
108) 純陽: 夏나라의 4월.
109) 朱熹,『詩經集傳』「小雅－十月之交」의 註.
110)『詩經』「小雅－十月之交」.
111) 同上.
112) 閻若璩,『尙書古文疏證』卷1, 張37～38.

(災變)을 예시하는 뜻에 불과하니, 희화(羲和)[113]가 비록 잘못이 있다 하더라도 그 죄가 정벌하여 주살(誅殺)할 정도까지 이르지는 아니하였을 것이다. 「윤정胤征」서(序)에 '면음(湎淫)'[114]이라고 한 것은 의당 별도로 그 죄가 있을 것이요, 일식이 있는데도 알리지 않았음을 이르는 것은 아니다. 모두 이것은 위언(僞言)이니 구구(區區)하게 사월(四月)이니 구월(九月)이니 하는 것은 논별할 필요가 없다.

『순자』「군도君道」에 『상서』를 인용하여 이르기를(『韓詩外傳』에는 '周制曰'로 되어 있다 — 原註), "때를 앞서는 자도 죽여 용서하지 않고, 때에 미치지 못하는 자도 죽여 용서하지 않는다〔先時者, 殺無赦, 不逮時者, 殺無赦〕"[115]고 하였다.

살펴보건대, 순자와 한영(韓嬰)이 본 것이 의당 같을 것이니 곧 이것이 「주서周書」이지 어찌 「하서夏書」가 될 수 있겠는가?

염약거는 이르기를, "「하서」의 일식은 정확하게 어느 왕 때에 있었는지 알 수 없다. 그러므로 유흠의 『삼통력』에는 실리지 않았고, 후에 대동력(大同曆)을 만든 자가 처음으로 이것을 추정(推定)하여 중강(仲康) 원년(元年)이라 하였고, 당(唐)의 부인균(傅仁均)[116] 등은 또 5년 계사(癸巳)라 하였으니 아마도 모두 늦게 나온 『상서』로 인하여(梅賾本이다 — 原註) 견강부회(牽强附會)하여 이렇게 한 것이리

---

113) 「夏本紀」에 보면 "仲康이 太康을 이어 王位에 올랐을 때에 천문 曆象을 맡은 羲和의 官人이 氣象의 觀測을 그만두고 酒色에 빠져 있으므로 이에 仲康은 胤을 시켜 이 사람을 치게 하였다"고 되어 있다.
114) 湎淫: 酒色에 빠짐. 여기서는 羲和의 官職을 맡은 이의 行實을 가리킨다.
115) 『尚書』「胤征」에도 이 말이 나온다.
116) 傅仁均: 唐나라의 白馬人. 曆學에 精通하였으며 벼슬은 太史令을 지냈다.

라. 유원보(劉原父)[117]의 『칠경소전七經小傳』에서 '시(詩)는 모두 하정(夏正)[118]이나 정현이 「시월지교十月之交」의 전주(箋註)에서 주(周)의 시월(十月)은 하(夏)의 팔월(八月)이라고 한 뒤로 역법(曆法)을 만드는 이들이 유왕(幽王) 6년 유월(酉月)[119] 신묘(辛卯) 초하루에 과연 일식이 있었다고 해놓았다'고 하였는데, 이 말은 아마도 견강부회에서 나온 것인 듯하니 사실과는 너무 멀어 특별히 기록해 둔다"[120]고 하였다.

살펴보건대, 일식이라는 것은 달이 해를 가린 것이니 모름지기 해·달·눈(사람의 눈이다 — 原註) 이 셋이 일직선상에 있어 기울어진 형세가 없는 후라야 바로 일식을 볼 수 있는 것으로, 정말로 태양의 먹힘이 있는 것이 온 천하가 모두 같은 것은 아니다. 하후씨(夏后氏)는 안읍(安邑)에 도읍을 정하였는데(平陽에 속한다 — 原註) 희화(羲和)가 살던 곳은 어느 읍인지 알 수 없다. 「서서」에 이미 "윤(胤)이 가서 정벌하였다"고 하였으니 곧 희화는 경관(京官)[121]으로 안읍에 있는 사람이 아니다. 지금 3천 년 전의 일에 대해 온 천하의 일식을 추산하는 것이 가능하겠는가? 당(唐)은 장안(長安)에 도읍을 정하고 송(宋)은 변경(汴京)에 도읍을 정하고 요(遼)·금(金)·원(元)·명(明)은 모두 북경에 도읍을 정하였으니, 이 삼도(三都)는 모두 안읍과는 전혀 서로 가깝지 아니하다. 당·송·원·명의 사람이 그 당시의 흠천감(欽天監)의 장소에서 중강(仲康) 때

---

117) 劉原父: 1019~1068. 宋나라 新喻人인 劉敞. 原父는 그의 字. 벼슬은 集賢院學士를 지냈다. 학문이 深博하고 『春秋』에 造詣가 깊었다. 저서로 『春秋傳』『春秋意林』『公是集』 등이 있다.
118) 夏正: 「小雅－正月」과 「小雅－十月之交」에 나오는 月曆은 모두 夏曆이라는 말.
119) 酉月: 8월의 異稱.
120) 閻若璩, 『尙書古文疏證』 卷1, 張39.
121) 京官: 中央 政府에 소속된 官員.

의 일식을 추산한다면 알 수 있겠는가? 가령 안읍의 도수(度數)로
산정한다고 하여도 또한 이것은 헛되이 마음과 힘을 수고롭게 하
는 것이다. 어째서인가? 희화가 살던 곳이 우이(嵎夷)인가 매곡
(昧谷)인가? 살던 곳도 오히려 고정(考定)할 수 없는데 먼저 그
지역의 일식을 산정한다는 것이 어찌 맹랑한 것이 아니겠는가?
만약 희화가 경관이었는데 천자가 밖에 있는 제후를 불러 명하여
육사(六師)를 통솔하게 하고 가서 흠천감의 치력관(治曆官)을 치는
데 그 형세가 마치 "곤산(崑山) 등성이에 불이 타올라 거기에서
나는 옥과 돌이 모두 타버리는 것"[122]과 같은 정도라고 한다면 괴
이한 일이 아니겠는가? 더욱이 당시에 일식을 구제하는 예(禮)가
전혀 거행되지 아니한 것이 아니다. "악관인 고(瞽)가 북을 치고
색부(嗇夫)가 말을 달리고 서인(庶人)이 달려가는 것"[123] 등의 예
(禮)를 빠뜨린 바가 없는데, 오직 희화 한 사람만이 깊이 술에 취
하여 깨지 않고 있었다면 사사(士師)[124]에 붙여서 급히 유찬(流竄)
하는 형벌을 시행해야 족할 것이니, 어찌하여 육사를 동원하여 자
칭 천리(天吏)라 하기까지에 이르렀던가? 죄는 가벼운데 벌을 무
겁게 하는 것은 아마도 또 심한 것 같다. 매색이 천고(千古)를 우
롱하고 부유(腐儒)가 글을 지어 이에 해를 상고하고 달을 계산하
여 일식에 연계(連繫)시키고, 또 아래로 백세(百世)를 속이려 하였
으니 어찌 탄식하지 않겠는가? 유왕(幽王) 때에는 호경(鎬京)에
도읍을 하였는데 송인(宋人)이 변경(汴京)에 앉아서 호경의 일식
을 추정하였으니, 그것이 과연 동서가 도수(度數)를 같이하고 남
북이 궤도가 같아서 해와 달과 사람의 눈, 이 셋이 일직선상에 있
는 것인가? 탄식스럽도다.

---

122) 『尙書』「胤征」.
123) 同上.
124) 士師: 周代의 官職名. 獄事를 맡은 관리.

갑(甲) 9

『좌전』 장공(莊公) 8년에 하(夏)나라 군사와 제(齊)나라 군사가 성(郕)을 포위하니, 성(郕)이 제나라 군사에게 항복하자 중경보(仲慶父)125)가 제나라 군사를 칠 것을 청하였다. 공(公)이 말하기를, "안 된다. 우리가 실로 부덕한 것이지 제나라 군사가 무슨 죄가 있는가? 「하서」에 이르기를, '고요가 힘써 덕을 심어 덕이 이에 항복을 받았다〔皐陶邁種德, 德乃降〕'126)고 하였으니, 우선 덕을 닦는 데 힘쓴 후에 때를 기다려야 한다"고 하였다(杜預는 "德이 있으면 이에 사람들이 항복하게 된다"고 하였으나, 孔穎達은 "杜預가 '德乃降'을 莊公의 말이라 한 까닭으로 띄워서 아래의 글을 좇아 註를 달았다"127)고 하였다 ─ 原註). ○ 염약거는 이르기를, "'덕내항(德乃降)'이 장공의 말임은 역력하게 증거가 있는데 위작자가 살피지 못한 것이다"128)고 하였다.

살펴보건대, 순(舜)임금이 고요(皐陶)에게 명하기를, "오랑캐들이 중국을 침범하고 도적들이 노략질을 하고 있으니 네가 사관(士官)이 되어라〔蠻夷猾夏, 寇賊姦宄, 汝作士〕"129)고 하였으니, 이 사관은 대사구(大司寇) 겸 대사마(大司馬)이다. 고요가 사이(四夷)를 정벌함에 매양 덕(德)을 심어 항복하게 하였다(降은 降服이다 ─ 原註). 그러므로 「하서」에 이르기를, "고요가 힘써 덕을 심어 덕이 이에 항복을 받았다〔皐陶邁種德, 德乃降〕"고 하였다. 만약 「하서」의 원문에 본래 항자(降字)가 없었다면 노 장공(魯莊公)이 성(郕)을 항복하는 일에 어찌 이 구(句)를 인용하였겠는가? 나는 '고무수덕

---

125) 仲慶父: 春秋時代 魯나라 사람.
126) 『尙書』「大禹謨」에도 나온다.
127) 孔穎達, 『春秋左傳正義』 卷 第8, 莊公 8年 孔穎達의 疏.
128) 閻若璩, 『尙書古文疏證』 卷1, 張40~41.
129) 『尙書』「舜典」에도 나온다.

(姑務修德)'[130] 이하(以下)가 장공의 말이라고 생각한다(孔穎達의 생각은 또한 '德乃降'을 上句에 속하게 하고자 했기 때문에 杜預의 뜻이 그러하지 않음을 밝힌 것이다 ─ 原註).

염약거는 이르기를, "『맹자』에 '상(象)이 울도(鬱陶)하게 도군(都君)을 그리워했습니다〔象曰, 鬱陶思君爾〕'[131]고 하였으니 이것은 상(象)의 말이요, '육니(忸怩)'[132]는 곧 서사(敍事)의 말이다. 지금「오자지가五子之歌」에 '울도육니(鬱陶忸怩)'를 아울러 한 사람의 어투로 하였으니, 『맹자』의 문의(文義)를 잃어버린 것이 아닌가?"[133]라고 하였다.

염약거는 이르기를, "『맹자』에 '왕께서 두려워하지 말라. 너희들을 편안히하려는 것이요, 백성들을 대적하려는 것이 아니다〔王曰, 無畏, 寧爾也, 非敵百姓也〕'[134]고 하였으니, 이는 무왕(武王)의 말이요, '마치 짐승이 그 뿔을 땅에 대듯이 머리를 조아렸다〔若崩厥角稽首〕'[135]고 한 것은 곧 서사(敍事)의 말인데, 지금「태서」에는 '백성들이 두려워하여 마치 짐승이 그 뿔을 땅에 대듯이 한다〔百姓懍懍, 若崩厥角〕'고 하여, 모두 무왕의 어투로 하고 있으니, 더욱 『맹자』의 문의를 잃어버린 것이 아니겠는가? 또 싱세히 그 말을 살펴보면, 이는 상(商)나라의 교외(郊外)에 이르러 백성을 위안(慰安)하는 말이니, 그 하삭(河朔)[136]의 서사(誓辭)와는 서로 전혀 이어지지 않는다.「주본기周本紀」에 무왕이 상나라에 이르러 상(商)의 백성에게 고하기를 '하늘이 아름다움을 내리리라〔上天降休〕'고 하니, 상나라 사람들이 모두 재

---

130) '皐陶邁種德, 德乃降'에 이어진 글이다.
131) 『孟子』「萬章」上.
132) 『孟子』「萬章」上에 "象曰: '鬱陶思君爾.' 忸怩"라는 말이 있다. '忸怩'는 부끄러워하는 모양이다.
133) 閻若璩, 『尙書古文疏證』卷1, 張42.
134) 『孟子』「盡心」下.
135) 『孟子』「盡心」下.
136) 河朔: 黃河 이북의 땅.「五子之歌」.

배(再拜)하면서 머리를 조아리고(곧 '若崩厥角'이다 ─ 原註) 무왕 또한 답배(答拜)하였다는 글이 있는 것이 바로 그 일이다"137)라고 하였다.

살펴보건대, 나는 『매씨서평』에서 이에 대해 논의한 것이 상세하다.

갑(甲) 10

매작(梅鷟)이 이르기를, "『상서』「군진君陳」에서 위쪽은 『국어』의 '착한 덕은 효공이다〔令德孝恭〕'라는 글을 표절(剽竊)하였고, 아래쪽은 『논어』의 '효우(孝友)' 등의 말을 모아 자못 중복되게 하고는 드디어 '효호(孝乎)' 두 자(字)를 없애버렸다"138)고 하였다.

을(乙) 1

『맹자』에 『상서』를 인용하여 한군데는 "우리 임금님을 기다렸는데, 임금님이 오시면 소생하겠지〔徯我后, 后來, 其蘇〕"139)라 하였고, 한군데는 "우리 임금님을 기다렸는데, 임금님이 오시면 형벌이 없으시겠지〔徯我后, 后來, 其無罰〕"140)라 하였다. ○ 염약거는 이르기를, "『맹자』에서 『상서』를 인용하여 '탕왕이 첫번째 정벌을 갈나라로부터 시작하였다〔湯一征, 自葛始〕'141)라 하고, 다른 날에는 이것을 인용하여 문득 '일(一)'을 바꾸어 '시(始)'라 하고, '시(始)'를 바꾸어 '재(載)'라 하였으니,142) 이는 곧 고인(古人)들의 문장에는 구애됨이 없는 곳인데, 어찌하여 '후래기소(后來其蘇)'를 이미 「중훼지고仲虺之

---

137) 閻若璩, 『尙書古文疏證』 卷1, 張42~43.
138) 閻若璩, 『尙書古文疏證』 卷1, 張45에 인용해놓았다.
139) 『孟子』 「梁惠王」 下.
140) 『孟子』 「滕文公」 下.
141) 『孟子』 「梁惠王」 下.
142) 『孟子』 「滕文公」 下에는 "湯始征, 自葛載, 十一征而無敵於天下".로 되어 있다.

誥」에 찬입(竄入)하고는 '후래기무벌(后來其無罰)'을 다시 「태갑太甲」 가운데에 찬입하였는가?"[143]라고 하였다.

살펴보건대, 「탕정湯征」[144] 서(序)에 이르기를, "갈백이 제사를 지내지 않거늘 탕이 처음으로 정벌하고 「탕정」을 지었다〔葛伯不祀, 湯始征之, 作湯征〕"고 하였으니, 무릇 갈백의 일은 모두 「탕정」의 글이다(金仁山은 "「殷本紀」에 「湯征」의 말이 실려 있는데 같지 않다. 아마도 「湯征」의 舊文이 아닌 것 같다"[145]고 하였다―原註). 「중훼지고」와 「태갑」이 어찌 이에 관계되겠는가? 「탕정」은 본래 망실되었으므로 또한 증다십육편(增多十六篇) 안에 넣지 않았으니 사마천이 어디에 근거하여 이것을 기록하였는지 알 수 없다.

『묵자』「비명非命」 상편에는 「중훼지고」를 인용하여 "내가 들으니 하나라 왕이 천명(天命)을 속여 아래 백성들에게 명령을 내리므로 상제가 그의 악을 쳐서 그 백성을 잃게 하였다"고 하였다. ○ 또 중편에서는 「중훼지고」를 인용하여 "내가 들으니, 하나라의 왕이 천명을 속여 아래 백성들에게 명령을 내렸다. 상제가 그를 미워하여 백성들을 잃게 했다"고 하였고, 하편에서도 「중훼지고」를 인용하여 "내가 들으니 하나라의 왕이 천명을 아래 백성들에게 속이니 상제가 미워하여 그 백성들을 잃게 하였다"고 하였다. ○ 염약거는 이르기를, "'상사(喪師)' '궐사(闕師)' '상사(爽師)' 등이 무슨 길상선사(吉祥善事)라고 위작자가 '이에 상나라가 명을 받아 그 백성을 밝혀주게 하였다〔式商受命, 用爽厥師〕'는 말로 바꾸었는가?(『梅傳』[146]에서는 '爽' 자를 '밝다'는 뜻으로 풀이하였다―原註) 대저 『묵자』에서는 인용하기

---

143) 閻若璩, 『尙書古文疏證』 卷1, 張46.
144) 「湯征」:『商書』 1백 편 중의 한 篇名.
145) 閻若璩, 『尙書古文疏證』 卷1, 張46.
146) 『梅傳』: 梅賾의 『僞古文孔安國傳』을 말함.

를 이처럼 여러 번 하였고, 풀이하기를 이처럼 확실히하였다"[147]고
하였다(墨子는 "桀이 天命을 잡고 있는 것처럼 하니 湯이 다만 그를 비난하
여 '백성을 잃을 것이다'고 했다"[148]고 하였다 — 原註).

살펴보건대, 「비명」 3편이 문득 이 「중훼지고」의 글을 인용함
은 그 정신이 상사(喪師)에 있는 것이니 이것을 바꾸어서는 안 된
다. 위작자가 무엇 때문에 이것을 고쳤는가?

   『묵자』 「천지天志」 중편에 「태서」를 인용하여 "주(紂)가 이에 그
편안히 있으면서 상제를 기꺼이 섬기지 아니하고, 그 선조의 신위
(神位)를 버려두고 제사 지내지 않으면서 말하기를, '나에게 천명이
있노라'고 하고 천하에 능멸하고 죽이는 일을 힘쓰니, 하늘도 또한
주를 버려두고 돌보지 않았다"고 하였다. ○「비명」 상편에 "주(紂)
가 편안히 거처하면서 상제와 귀신을 기꺼이 섬기지 아니하고, 그
선조의 신위를 파기하고 제사 지내지 않으면서 말하기를, '우리 백성
들은 숙명(宿命)이 있다'고 하며 능멸하고 죽이는 일을 빠뜨리지 않
으니, 하늘도 또한 버리고 보호하지 않았다"고 하였다. ○「비명」 중
편에 "주(紂)가 편안히 거처하면서 상제를 기꺼이 섬기지 아니하고
그 선조의 신위를 버려서 제사 지내지 아니하였다. 그리고 말하기를,
'우리 백성들은 숙명이 있다'고 하고 능멸하고 죽이는 일만 힘쓰니,
하늘도 또한 버리고 돌보지 않았다"고 하였다. ○ 염약거는 이르기를,
"지금 여기에 '제사 지내지 않았다〔不祀〕'라는 구절 다음에 '희생과
자성이 흉한 도적에게 모두 없어졌다〔犧牲粢盛, 既于凶盜〕'는 두 구절
을 더해서 모두 기자의 말에 합하고, '내버려 돌보지 않았다〔縱棄不
葆〕'는 한 구절을 삭제하여 아래 맹자의 말에 붙였다"[149]고 하였다.

---

147) 閻若璩, 『尚書古文疏證』 卷1, 張47～48.
148) 閻若璩, 『尚書古文疏證』 卷1, 張47.
149) 閻若璩, 『尚書古文疏證』 卷1, 張48.

살펴보건대, 이 아래에는 "어지럽히는 자는 취하고 망할 짓을 하는 자는 모욕을 주며, 약한 자는 병합하고 우매한 자는 공격한다[取亂侮亡 兼弱攻昧]"150)를 논하였는데, 이것은 모두 『매씨서평』에 상세히 말하였으므로 여기에서는 생략한다.

을(乙) 3

『좌전』 양공(襄公) 4년에 위강(魏絳)151)이 "하훈(夏訓)152)에 '유궁(有窮)의 후예(后羿)'153)(魏絳이 夏訓의 말을 다 끝내지 않았다 — 原註) 하니, 공(公)154)이 말하기를, '후예가 어떠했다는 말입니까?'라고 다 그치자, 위강이 대답하기를(다시 夏訓을 외워 말하지 않고 — 原註), '옛날에 하(夏)가 어떠어떠하였습니다'155)라고 하였다. ○ 염약거는 이르기를, "이것은 곧 고인의 문장의 심오(深奧)한 곳이니, 지금 한번 시험 삼아 '유궁후예(有窮后羿)' 아래의 그 말을 알 수 있을까 하고 생각해본다"156)고 하였다. ○ 왕원(王源)157)(字가 崑繩이다 — 原註)이 이르기를, "반을 줄여 끊어버리는 구법(句法)은 『좌전』에서 시작되었다. 양공 25년에 최저(崔杼)158)와 경봉(慶封)159)이 정승이 되어 태궁(大宮)160)에서 국인(國人)에게 맹세하기를 '최저와 경봉에게 협력하지 않는 자'161)(말이 모두 끝나지 않았다 — 原註)라 하니, 안사(晏子)

---

150) 『尙書』「仲虺之誥」에는 "兼弱攻昧, 取亂侮亡"으로 되어 있다.
151) 魏絳: 春秋時代 晉의 大夫. 諡는 莊子.
152) 夏訓: 夏代의 글에 전해지는 敎訓.
153) 『尙書』「五子之歌」.
154) 公: 晉侯를 가리킴.
155) 『左傳』 襄公 4年에 나오는 魏絳의 말로, "昔有夏之方衰也, 后羿自鉏遷于窮石, 因夏民, 以代夏政"하고 길게 諫言해놓은 것을 가리킨다.
156) 閻若璩, 『尙書古文疏證』 卷1, 張50.
157) 王源: 1648~1710. 淸代의 학자. 大興人. 字는 崑繩 또는 或菴. 經世學으로 自負함. 저서로 『易傳』 『評春秋三傳』 『或菴文集』이 있다.
158) 崔杼: 春秋時代 齊의 大夫. 字는 武子.
159) 慶封: 春秋時代 齊의 大夫. 字는 子家.
160) 大宮: 太祖宮廟로 呂尙의 廟를 말한다.
161) 이것은 뒤의 말이 끊어져서 줄어진 것인데, "협력하지 않는 자는 天罰

가 하늘을 우러러보고 탄식하면서 '무엇무엇'라고 하였으니, 또한 자못 서로 같은 것이다"[162]라고 하였다.

살펴보건대, '유궁후예(有窮后羿)' 4자는 갑자기 불쑥 나와 하훈(夏訓)의 내용 밖에 있으니 곧 진짜 하훈이 아니다. 하훈은 대개 후예가 사냥하는 일에 빠져 있는 것을 인용하여 후왕(後王)을 경계한 것이라고 생각된다.

염약거는 이르기를, "위강(魏絳)이 처음에 일찍이 태강(太康)이 사냥에 지나치게 빠져 있다고 말하지 않았고, 신갑(辛甲)[163]이 우잠(虞箴)[164]을 만든 것도 또한 오로지 예(羿)를 책망하기 위해서였는데, 지금 후예의 사냥을 와전하여 태강의 사냥으로 여기고 있다. 「이소경離騷經」에 '계(啓)[165]는 구변과 구가의 악곡을 즐겼고, 하나라 태강은 안일에 빠지고 방탕하여 환난을 뒤돌아보고 앞날을 도모하지 않으니 다섯 아들이 집과 거리를 잃고 헤매었네〔啓九辨與九歌兮! 夏康娛以自縱, 不顧難以圖後兮! 五子用失乎家巷〕'라고 하였으니, 대개 이는 그 음락(淫樂)으로써 나라를 잃은 것이다"[166]고 하였다.

살펴보건대, 위작자가 반드시 「이소경」을 보지 않고는 이것을 짓지 않았을 것이다.

을 입는다"는 말을 다하지 않은 것이다.
162) 閻若璩, 『尙書古文疏證』 卷1, 張51〜52에 인용해놓았다.
163) 辛甲: 周武王의 太史.
164) 虞箴: 虞는 虞人, 즉 사냥을 관장하는 官職. 箴은 箴言.
165) 啓: 夏나라 禹王의 아들로 고대 전설에 그는 하늘에 올라가 「九辯」과 「九歌」 두 樂曲을 얻어왔다고 전한다.
166) 閻若璩, 『尙書古文疏證』 卷1, 張51.

을(乙) 4

주자는 이르기를, "복생은 제남인(濟南人)이며 조조(晁錯)는 영천인(潁川人)으로 다만 복생의 딸이 '입으로 전하는 것(口授)'을 얻었는데, 그 말을 알지 못해 뜻으로써 붙여 읽었다"[167]고 하였다. ○ 염약거는 이르기를, "『한서』「예문지」에 '진(秦)나라가 책을 태우고 학문을 금하여 복생이 홀로 벽에 감추어두었다가 한나라가 일어나자 29편을 찾아서 얻어 제(齊)나라와 노(魯)나라에서 가르쳤'고 하였으니, 이것은 복생이 스스로 책이 있어서이지 입을 빌려 전한 것이 아님이 분명하고, 『한서』「유림전儒林傳」에는 '복생이 제남의 장생(張生)과 구양생(歐陽生)에게 가르치고, 구양(歐陽)·하후(夏侯) 이가(二家)가 학관(學官)에 열립하였'고 하였으니, 이때부터 복생이 친히 전하였고 조조(晁錯)가 받은 바의 책이 아님이 분명하다. 또 '복생이 손자(孫子)가 있어서 『상서』를 공부한 이유로 부름을 받았다'고 하였으니, 손자가 있으면 당연히 자식이 있는데 어찌 딸로 하여금 전언(傳言)하게 하는 데까지 이르렀겠는가?"[168]라고 하였다.

살펴보건대, '구수(口授)' 2자는 그 말이 처음에 위작된 「상서대시」[169]에서 나왔는데, 이깃은 위작자가 복생의 『상서』가 완선한 경전이 아니게 되도록 속인 것이다. 그러나 「예문지」에는 분명히 '복생이 처음으로 벽중에 1백 편을 감추어두었는데 한나라가 일어나자 망실되어(壁中의 『尙書』가 많이 없어졌다 ─ 原註) 29편만을 찾아서 얻어(스스로 찾아서 얻은 것이다 ─ 原註) 제나라와 노나라에서 가르쳤'고 하였으니, 조조가 와서 가르침을 받기 전에 제자가 이미 많았을 것이다(衛宏이 伏生의 딸로 하여금 말을 전하게 하여 晁錯를 가르쳤

---

167) 閻若璩, 『尙書古文疏證』 卷1, 張54에 인용되어 나온다.
168) 閻若璩, 『尙書古文疏證』 卷1, 張54~55.
169) 「尙書大序」: 梅賾이 위작한 『僞古文孔安國轉』의 序文을 말함. 孔穎達의 『尙書正義』에 나오는 「尙書序」가 바로 그것이다.

다고 하는 說은 본래 齊東野言[170]인데 僞作者가 이를 빙자하여 속인 것이다——
原註).

을(乙) 5

염약거는 이르기를, "좌씨(左氏)의 『춘추내전春秋內傳』[171]에 『시
경』의 시(詩)를 인용한 것이 156이요, 일시(逸詩)를 인용한 것이 10
이요, 『상서』를 인용한 것이 21이요, 일서(逸書)를 인용한 것이 33
이며, 『춘추외전春秋外傳』에는 『시경』의 시를 인용한 것이 20이요,
일시(逸詩)를 인용한 것이 1이요, 『상서』를 인용한 것이 4요, 일서를
인용한 것이 10이다(『尙書』의 逸篇은 逸詩의 배이다——原註). 어째서 매
색의 25편이 나와도 그 이전의 위소(韋昭)와 두예(杜預) 두 사람의
이른바 일서라는 것이 역력히 모두 그대로 있는데, 끝내 일서가 되
는 것은 겨우 소공(昭公) 14년에 「하서」에서 '혼과 묵과 적은 모두
사형에 처한다'고 하였는데, 이는 고요(皐陶)의 형벌이다〔夏書曰: '昏
墨賊殺.'[172] 皐陶之刑也〕고 한 일칙(一則)뿐이겠는가? 대저 『상서』가
공자의 산삭(刪削)을 거치지 않은 것이 모두 얼마인지 알 수 없으나,
산삭하여 1백 편에 이르렀는데도 복생이 전하지 못한 것이 오히려
69편이 되니(마땅히 고쳐서 72편이라고 해야 한다——原註) 그 일서가 이
와 같은데, 어찌 좌씨가 수백 년 전에 미리 뒷날 25편이 있을 줄을
알겠으며, 또 그 인용한 것이 반드시 여기에서 나왔겠는가?"[173]라고
하였다.

살펴보건대, 이 문단은 매색이 『상서』를 위작한 것을 극명(極

---

170) 齊東野言: 事理를 분별 못 하는 어리석은 사람들의 말. 齊의 동부 지방
　　사람들은 어리석어 그들의 말을 믿을 수 없다는 데서 나온 말.
171) 『春秋內傳』: 『國語』를 『春秋外傳』이라 하고 『春秋左傳』을 『春秋內傳』
　　이라고 한다.
172) 昏墨賊殺: "己惡而掠美爲昏, 貪以敗官爲墨, 殺人不忌爲賊"(『左傳』 昭公
　　14年). 杜預의 註에 "昏墨賊三者, 皆死刑"이라고 하였다.
173) 閻若璩, 『尙書古文疏證』 卷1, 張56~57.

明)하게 핵실(覈實)해놓은 철안(鐵案)[174]이니, 비록 장의(張儀)와 추연(鄒衍)을 시켜서 대답하게 한다 하더라도 해명할 수 없을 것이다. 『좌전』『맹자』『묵자』『순자』『예기』등의 제편(諸篇)에 인용한 것이 매색의 25편 밖으로 벗어나지 아니하는 것은 진실로 괴이하다. 나의 중씨(仲氏) 손암(巽菴)[175]선생이 또 일찍이 나에게 어려운 문제를 제기하여 말하기를, "공안국과 복생이 각각 1백 편을 벽중에 감추었다가 한나라가 일어나자 각각 그 『상서』를 내어놓을 때 각각 망실한 것이 있었다고 하면, 복생이 없는 것은 공안국이 혹 가지고 있고, 공안국이 없는 것은 복생이 혹 가지고 있는 것이 이치상 응당 그러한 것인데, 지금은 그러하지 아니하여 복본(伏本)에 없는 것이 공본(孔本)의 증다(增多) 16편이니 이것은 그렇다치고, 복본에 있는 29편은 공본에는 다 갖추어져 빠짐이 없으니 이것은 무슨 이치인가? 장차 『상서』 백편(百篇)의 설은 이것이 믿기에 허박(虛薄)한 것이라고 말할 수 있겠는가? 「이훈」「태갑」「중훼지고」「열명」「태서」 등이 제서(諸書)에 산견(散見)하니 매색에 의해 편집된 것은 실로 그 편이 있었으므로 허장(虛張)한 것이라고 말할 수 없다. 장차 공본은 원래 복본을 가지고 이것을 윤색해놓고 거짓으로 '벽출(壁出)'이라 일컬었다고 말할 수 있겠는가? 『삼통력』에서 인용한 「이훈」「무성」의 유(類)는 비록 잔결(殘缺)로 믿을 수 없으나 결코 안물(贋物)[176]은 아닌데, 장차 어떻게 이 옥사(獄事)을 결단할 것인가?"라고 하였다. 대도(大盜)가 나라를 옮겨서 내홍(內訌)이 또 일어나면 천학(淺學)이 더욱 손을 댈 수 없는 까닭으로 우선 참지만, 대저 복본이 없어진 것은 유학(儒學)의 영세적(永世的)인 애통(哀痛)이요 그 다음은 공본이 없어

---

174) 鐵案: 不動의 斷案
175) 巽菴: 茶山의 仲兄인 丁若銓(1758~1816)의 號.
176) 贋物: 가짜 물건, 僞造한 물건.

진 것이다.

을(乙) 6

염약거는 이르기를, "『예기』 49편에 『시경』의 시(詩)를 인용한 것이 102요, 일시(逸詩)를 인용한 것이 3이며, 『상서』를 인용한 것이 16이요, 일서(逸書)를 인용한 것이 18인데 매색의 『상서』가 나와서 정현이 지적한 일서가 모두 온전하게 실려 있어 어느 하나도 빠진 것이 없으나 그 파탄(破綻)을 드러낸 것이 또한 『좌전』에 있는 것과 서로 같다"177)고 하였다. ○또 이르기를, "정현이 주한 『상서』에 '망(亡)'이라고 한 것이 있고 '일(逸)'이라고 한 것이 있으니, '망(亡)'은 곧 민간에는 없는 것이요, '일(逸)'은 곧 민간에는 비록 있었으나 박사가(博士家)에서 읽은 바가 없는 것이다. 두예 주에는(『左傳』 註 ― 原註) 통틀어 이름하여 '일(逸)'이라 하였으니 이것은 잘 분별한 것이 아니다"178)고 하였다(鄭玄이 『禮記』 「緇衣」에 인용된 「君奭」의 글에 註하여 이르기를, "지금의 博士는 읽고서 '그것으로써 寧王179)의 德을 권장한다〔厥亂勸寧王之德〕'는 것으로 해놓았다"180)고 하였으니, 이것이 곧 伏生이 전한 바요, 歐陽·夏侯가 註한 『今文尙書』로 學官에 선 것이다 ― 原註).181)

살펴보건대, 정현은 증다한 16편에 대해서는 '일서(逸書)'라고 주(註)를 하고 나머지는 모두 '망(亡)'이라고 하였다.

---

177) 閻若璩, 『尙書古文疏證』 卷1, 張58.
178) 閻若璩, 『尙書古文疏證』 卷1, 張59.
179) 寧王: 천하를 편안하게 하는 왕이란 뜻인데, 여기에는 周나라의 文王을 가리킨다는 것과 武王을 가리킨다는 것의 두 가지 說이 있다. 前者는 梅賾의 주장이고 後者는 蔡沈의 주장이다.
180) 鄭玄의 註에 의하면 『禮記』 「緇衣」에 인용한 『尙書』의 「君奭」의 글인 '周田觀文王之德'을 『古文尙書』에서는 '割申勸寧王之德'으로 해놓고, 『今文尙書』에서는 '厥亂勸寧王之德'으로 해놓은 것으로 되어 있다. '厥亂'을 蔡沈은 '其治効'로 해석하였고, 王引之는 '厥率,' 즉 '그것으로써'로 해석하였음.
181) 역시 閻若璩의 말이다. 閻若璩, 『尙書古文疏證』 卷1, 張59.

을(乙) 7

염약거는 이르기를, "공안국의 고문학은 그 전해진 것이 네 갈래가 있는데 하나는 도위조에게 전해지고, 하나는 예관(兒寬)에게 전해지고, 하나는 그 집안에 전해진 것으로, 「공희전孔僖傳」[1]에 이른바 공안국으로부터 그 아래에 대대로 『고문상서』가 전해졌다는 것이 이것이며, 하나는 사마천에게 전해졌다. 〔……〕 두림『칠서』[2]는 가규(賈逵)가 이것을 위해 훈(訓)을 짓고 마융이 전(傳)을 지었으며 정현이 주해를 하였다"[3]라고 하였다.

살펴보건대, 두림의 『칠서』는 본래 왕황(王璜)·도운(塗惲)에서 나온 것이니, 네 파 중에 두림은 바로 도위조의 뒤를 이었고, 가규의 학(學)도 또한 그 아버지 휘(徽)가 바로 도운에게 전수받은 것이니, 본래 두림과 동문(同門)이기 때문에 『칠서』를 위해 훈(訓)을 지었다.

염약거는 이르기를, "매색의 『상서』도 함께 학관에 열립(列立)되

---

1) 「孔僖傳」: 『後漢書』 卷79 上 「儒林列傳」.
2) 『漆書』: 後漢 杜林이 西州에서 얻은 『古文尙書』 1권을 말함.
3) 閻若璩, 『尙書古文疏證』 卷2, 張1.

어 집안으로 전해지고 사람들에게 외워졌는데, 그 까닭은 대개 세 가지가 있었다. 황보밀(皇甫謐)은 고명한 학자로 오래 좌사(左思)의 삼도경(三都經)⁴⁾을 배워 그 편언(片言)들을 드디어 다투어가며 서로 찬술(讚述)하였는데, 하물며 그가 실로 공서(孔書)를 얻어서 『제왕 세기』에 실었으니, 어찌 이로 인해 귀중한 것으로 여기지 아니함이 있었겠는가? 이것이 이 공서를 세상에 처음 믿도록 만든 것이니, 이 는 황보밀의 허물이다. 남북조 시대에는 혹 공서가 행해져 정현의 주해본(註解本)이 미미해지고, 혹 정현의 주해본이 행해져 공서가 미미해졌으며, 혹 공서와 정현의 주해본이 함께 행해지다가 당나라 초에 이르러 비로소 공서에 의거하여 소(疏)가 지어져, 양한(兩漢) 전문(專門)의 학(學)이 문득 폐절(廢絶)되었다. 이것이 이 공서를 다시 세상에 믿게 만든 것이니, 이는 공영달의 허물이다. 하늘이 우 리 유학(儒學)을 도와 극진하게도 휘국공(徽國公) 주자를 탄생시켰 으니, 공자의 뒤로 믿음을 취할 만한 이는 한 사람뿐이다. 경(經)과 서(序)를 나누어서 옛 체제를 보존하여, 그 첫째 원칙에서도 공안국 의 『상서』를 위서(僞書)라고 하고, 그 둘째 원칙에서도 공안국의 『상서』를 위서라고 하였는데, 여기에 제자 된 자는 바로 마땅히 믿 어서 그 믿음을 전해야 할 터인데, 의심하여 의심을 전해서 이에 명 백히 사승(師承)을 배신하고 구설(舊說)을 따르게 되었다. 이것이 이 공서를 마침내 세상에 믿게 한 것이니, 이는 채침(蔡沈)의 허물이 다"라고 하였다.⁵⁾

살펴보건대, 위서를 찬술한 자는 원래 황보밀이니, 황보밀 이외 에는 능히 이것을 만들 수 있는 자가 없을 것이다. 정충(鄭沖)⁶⁾·

---

4) 三都經: 左思가 지은 三都賦, 즉「蜀都賦」「吳都賦」「魏都賦」를 말함.
5) 閻若璩, 『尙書古文疏證』卷2, 張2~3.
6) 鄭沖: ?~273. 晉나라 開封人. 字는 文和, 諡는 成. 儒學 및 諸子學에 博通 함. 벼슬은 魏의 陳留太守를 거쳐 晉武帝 때 太保가 됨. 저서로 何晏과 共 撰한 『論語集解』가 있다.

소유(蘇愉)는 적막하게 아무 명성이 없었으니 어찌 해박하게 섭렵하기를 이 정도로 하였겠는가? 황보밀은 본래 『상서』를 사찬(私撰)할 때 처음부터 아래로 천세(千世)를 속이고자 한 것은 아니었고, 다만 속석(束晳)이 없어진 시(詩)를 보충하듯 애오라지 『상서』의 결실(缺失)된 부분을 보충하여 사서(私書)를 만들고자 한 것이다. 그러므로 『제왕세기』에는 대부분 서로 주워 맞춘 것이 많다. 만약 이 책이 필경에는 성경(聖經)으로 행세할 줄 알았다면 『제왕세기』에 응당 먼저 그 내용을 이와 같이 소략하게 누락시키지는 않았을 것이다. 공영달은 학문이 넓고 지식이 정밀하여 정현본(鄭玄本)과 매색본(梅賾本)에 대해 그 원위본말(源委本末)을 환하게 알아 의심이 없을 것인데, 필경에는 진짜를 버리고 가짜를 취한 것은 공안국을 추대하여 조상으로 삼아 조상이 전하고 후손이 소주(疏註)를 냄으로써 문호의 영광을 만들려고 하였기 때문에 그 위작임을 알면서도 이것을 수용한 것이다. 『주자가례朱子家禮』는 무릇 정강성의 잘못된 것을 주자가 대부분 따르지 않고서 바로 옛것을 씻어버리고 새것을 도모하는 기틀을 마련하였는데, 양신재(楊信齋)[7]는 모두 고쳐서 다시 정현의 주(註)를 따랐다. 매색의 『고문상서』는 주자가 일찍이 간교한 위서임을 들추어냈으나 붓을 멈추고 주(註)를 하지 않았는데, 채구봉(蔡九峯)이 도리어 이것을 높여 성경으로 삼았으니 모두 우리 유학의 깊은 한(恨)이다. 채구봉은 다만 공안국이 실로 『고문상서』를 전한 것으로만 알고 매중진(梅仲眞)[8]이 또 위서를 만든 것은 알지 못하였으니, 어떻게 그 책임을 면할 수 있겠는가?

---

7) 楊信齋: 宋의 長溪人인 楊復. 字는 志仁. 信齋는 그의 號. 朱熹의 門下에서 수업하였다. 저서로 『祭禮圖』『儀禮圖』『家禮雜說附註』가 있다.
8) 梅仲眞: 梅賾을 말함. 仲眞은 그의 字이다.

염약거는 이르기를, "임천(臨川) 오문정공(吳文正公)[9]의 『상서서록尚書叙錄』은 실로 주자의 뜻을 이루어놓은 것인데, 주자 이전에 이미 오역(吳棫)이 있었고 문정공 이후에 또 귀유광(歸有光)[10] 등 여러 사람이 있었다"[11]라고 하였다.

살펴보건대, 매색의 『상서』가 위작인 것은 오직 양한(兩漢)·진(晉)·수(隋)의 「예문지藝文志」와 「유림전」을 상고해보면 바로 그 실상을 숨길 수 없는 것인데, 전 시대 사람들은 매양 문체로써 의심하였기 때문에 수고로움만 많고 공은 적었다.

염약거는 이르기를, "「공자세가孔子世家」에 '공안국이 일찍 죽었다'(이미 앞에 보인다─原註)고 하였으나 『한서』 「초원왕전楚元王傳」에 '천한(天漢)[12] 후에 공안국이 『고문상서』를 바쳤는데, 무고지난(巫蠱之難)을 만나 미처 시행되지 못하였다'[13]고 하였으니, 이때 그의 나이가 이미 57, 8세이니(「兒寬傳」에 근거해보면 미루어 알 수 있다─原註), 어찌 일찍 죽었다고 하겠는가? 또 공안국의 「상서대서尚書大序」[14]에 이르기를, '벽중(壁中)에서 나온 『상서』를 모두 관부(官府)에 올려 보내고 조명(詔命)을 받들어 전(傳)을 지어 마침에, 마침 나라에 무고 사건(巫蠱事件)이 있어 다시 아뢰지 못했다'고 하였으니, 이는 『상서』를 바친 것이 따로 한 시기요, 전(傳)을 지어 마쳐서 이것을 바치고자 한 것이 또 다른 한 시기이다. 애당초 『상서』를 바칠 때에는 무고 사건이 있지 않았으니, 어찌하여 바로 학관(學官)에 열립되지 않고서 이에 무고 사건 때문에 미처 시행하지 못했다고 하

---

9) 吳文正公: 吳澄을 말함. p. 45 주 13 참조.
10) 歸有光: 1506~1571. 明나라 학자. p. 192 주 4 참조.
11) 閻若璩, 『尚書古文疏證』 卷2, 張3~4.
12) 天漢: B.C. 100~97. 前漢 武帝의 年號.
13) 『漢書』 卷36, 「楚元王傳」 第6.
14) 「尚書大序」: 실은 孔安國이 지은 것이 아니고 梅賾이 僞作한 것이다.

였을까? 대개 위작자가 양한(兩漢)의 비부(秘府)에 고문만 있고 훈전(訓傳)이 없는 것을 알아, 이제 또 훈전[15]이란 말을 끄집어내어 그 주장을 고쳐서 견강부회(牽强傅會)[16]하는 데로 나가지 아니할 수 없었던 것이다"[17]라고 하였다.

살펴보건대, 사마천은 10세에 고문을 외우고 공안국에게 종유(從遊)하면서 『상서』를 물었으니, 안국의 나이가 조금 높음을 알 수 있다. 그렇다면 천한(天漢) 후에 『상서』를 바쳤다는 것은 비록 믿을 글이 있다고 하더라도 오히려 의심스럽다. 예관이 공안국에게 수업을 받아서 반드시 이 수업 받던 연간에 장탕(張湯)[18]의 졸사(卒史)[19]에 보임(補任)되지는 않았다 하더라도 공안국이 일찍 죽었다는 글은 더욱 의심할 만하다. 또 살펴보건대, 처음 『상서』를 바쳐서 학관에 세워지지 아니한 것은 족히 물을 것이 못 되고, 천한 후 처음 바치고 8, 9년이 지나서야 정화(征和)[20]의 무고 사건의 해가 되니, 「상서대서」의 글이 이치상에는 더 낫지 않겠는가마는 이 말들을 자세히 분석해보면 다만 그 위작했다는 기세만 더 해가기에 족할 뿐이다.

염약거는 이르기를, "「유림전」을 살펴보면 공안국은 실로 금문·고문을 겸하여 통하고 있는 것 같다. 그가 박사가 되었을 때에 스스로 마땅히 제자에게 금문으로써 전수해야 하였던 것은 녹리(祿利)의 길이 그러했던 것이다. 이와는 별도로 호고(好古)의 선비로 사마천·도

---

15) 朝本·奎本에는 '訓傳'이 빠져 있음.
16) 朝本·奎本에는 '傅會'가 빠져 있음.
17) 閻若璩, 『尙書古文疏證』 卷2, 張4〜5.
18) 張湯: 前漢 杜陵人. 武帝 때 廷尉·御史大夫를 지냈다. 廷尉로 있을 때 獄을 公平하게 잘 다스린 것으로 유명함.
19) 卒史: 漢代의 官職名인데, 下級 官吏이다.
20) 征和: B.C. 92〜89. 漢武帝의 年號.

위조 같은 이가 있어 바야흐로 공안국에게 종유하면서 고문을 물었는데, 소위 '고문이 자못 시무(時務)에는 합당하지 아니하나'라고 한 것이 이것이다.[21] 예관이 처음 구양생(歐陽生)을 섬겨『상서』를 공부하고 또 박사에 나아가 공안국에게 수업하였으나 예관을 공안국 고문[22]의 아래에다 연계시킨 것은 본래 부당하다. 근래 한유(漢儒)의『수경도授經圖』[23]에 구양생의 금문과 공안국의 고문 아래에 함께 각각 예관을 연계시켜두었는데, 나는 미처 이를 개정할 겨를이 없었다."[24]고 하였다.

살펴보건대, 이 문단은 매우 정밀하다. 공안국 당시에는 고문박사가 없었고 그 박사로서 예관을 교수한 것은 본래 이 복생의 금문이지 그가 사사로이 간직해두었던 고문은 아니다.

염약거는 이르기를, "내가 일찍이 공안국이『상서』를 바치고 무고지난을 만났다는 것을 의심한 것은, 그 나이를 헤아려봄에 그의 나이가 많았는데, 이른바 '일찍 죽었다'는 것과는 합치되지 않는 데에 있는 것이다. 진실로 일찍 죽었다면『한서』에서『상서』를 바쳤다는 것은 반드시 공안국이 아니며, 진실로『상서』를 바쳤다면『사기』에서 '일찍 죽었다'고 하는 것도 반드시 공안국이 아니다. 그러나 사마천이 친히 공안국을 종유하였으니, 그가 그 생졸(生卒)을 기록한 것은 반드시 잘못되지 아니하였을 것이다. 내가 가만히 생각해보니, 천한(天漢) 후는 공안국이 죽은 지가 이미 오래이다. 아마도 그 집안

---

21) 閻若璩는 여기에 '古文頗不合時務'라고만 하여 생략해버렸으나『後漢書』「杜林傳」의 원문에는 杜林이 衛宏·徐巡에게 한 말로 "古文雖不合時務, 然願諸生無悔所學"으로 되어 있다.

22) 朝本·奎本에는 '古文'이 빠져 있음.

23)『授經圖』: 書名. 明代 朱睦㮮의 撰인데, 經書를 傳한 宗派에 대해 論한 책으로 全 20권.

24) 閻若璩,『尙書古文疏證』卷2, 張5~6.

자손들이 이것을 바쳤을 터인데, 구태여 명증(明證)할 필요는 없다. 몇 해 지나서 순열(荀悅)의 『한기漢紀』를 읽으니, 「성제기成帝紀」에 이르기를, '노공왕(魯共王)이 공자의 집을 헐어서 『고문상서』를 얻었는데 16편이 더 많았다. 무제(武帝) 때에 공안국의 일가에서 이것을 바쳤다. 마침 무고 사건을 만나 학관에 열립되지 못하였다'고 하였다. 이 글에 공안국 아래에 '가(家)'자를 더하여 『한서』에서 빠뜨린 것을 보충하였으니, 「상서대서」가 거짓인 것은 변론을 기다릴 필요가 없다"[25]고 하였다.

살펴보건대, 공안국의 생전에 만약 『상서』를 바친 일이 있었다면 사마천의 『사기』 일부 속에 의당 그 기재가 있을 것인데, 『사기』 「유림전」에는 다만 공안국이 이것을 토대로 하여[26] 그 일가를 일으켰다고 일컬었을 뿐이고 『상서』를 바쳤다는 말은 없다. 『상서』를 바친 것이 공안국이 이미 죽은 이후에 있었던 것은 과연 명문(明文)이 있는데, 위작자가 『한서』만 깊이 믿고 순열의 『한기』를 생각하지 않고서 마침내 붓에 맡겨 거짓으로 기술할 수 있겠는가? 공안국은 과연 일찍 죽었을 것이다.

『수경水經』[27]의 「치수淄水」 주에 『정지鄭志』를 인용하여 이르기를, "장일(張逸)[28]이 「서찬書贊」[29]에 '우리 선사(先師) 극하생(棘下生)이라는 말이 있는데 극하생은 어느 때 사람인가?' 하고 물으니, 정강

---

25) 閻若璩, 『尚書古文疏證』 卷2, 張7.
26) 이것을 토대로 하여: 孔安國이 孔子壁中에서 『古文尚書』를 비롯해 여러 古文의 典籍을 취득한 것을 토대로 하였다는 말.
27) 『水經』: 중국 河川의 本流와 支流 등에 대해 그 地理·水道를 상세히 서술해놓은 작자 未詳의 책. 全 40권.
28) 張逸: ?~1040. 宋나라 滎陽人. 字는 大隱. 벼슬은 樞密直學士·知益州.
29) 「書贊」: 鄭玄이 지은 『尚書』에 대한 贊이다.

성이 대답하기를 '제(齊)나라 전씨(田氏) 때에 선학자(善學者)30)들
이 모였던 곳에서 제나라 사람들이 그를 극하생이라고 불렀으니, 보
통 사람은 아니다'라고 했다"고 하였다. 염약거는 이르기를, "극하생
은 자안국(子安國)이라는 사람이다. 정강성이 스스로 공안국에게 연
원(淵源)을 대었기 때문에 안국의 위에다 자(子)를 붙였다"31) (『公羊
傳』의 子沈子의 뜻과 같다 — 原註)라고 하였다.

　『사기』「유림전」에 복생의 금문을 서술하면서 끝에 이르기를, "이
로부터 이후로 노(魯)의 주패(周覇)32)·공안국과 낙양(洛陽)의 가가
(賈嘉)33)가 자못 『상서』에 대한 것을 잘 말하였다"라고 하였다. 염
약거는 이르기를, "이는 공안국이 금문에 통한 것을 지적한 것이다.
그러나 이 글 아래에 따로 공씨(孔氏)는 고문이 있다고 서술하였으
니, 고문은 공안국으로부터 일어난 것이다. 반고(班固)는 주패 등 세
사람 중에서 공안국을 그 속에서 덜어내어 오로지 고문으로 돌려버
렸으니, 이것은 사마천의 의견을 물리친 것이다"34)라고 하였다.

　살펴보건대, 이 문단의 말은 매우 정밀하다. 공안국이 안으로는
고문을 품고 밖으로는 금문을 내세워 일생을 마쳤으니, 종신토록
『고문상서』를 바친 일이 없다.

　염약거는 이르기를, "오문정(吳文正)의 『상서서록尙書叙錄』은 진
실로 불간(不刊)의 전적이다. 그러나 거기에 오류가 여섯 가지가 있
다. 하나는 공벽진고문서(孔壁眞古文書)가 전하지 않았다고 한 것으
로, 이것은 전해지다가 서진(西晉)의 영가(永嘉)35) 때에 비로소 없

---

30) 善學者: 여기서는 儒者들을 가리킴.
31) 閻若璩, 『尙書古文疏證』 卷2, 張8.
32) 周覇: 前漢 魯人. 제1장 주 64 참조.
33) 賈嘉: 前漢 때 사람. 賈誼의 손자. 제1장 주 65 참조.
34) 閻若璩, 『尙書古文疏證』 卷2, 張8.
35) 永嘉: 西晉 孝懷帝의 年號(307~313).

어졌다는 것을 알지 못한 것이요, 하나는 「순전(舜典)」「골작(汩作)」「구공(九共)」 등 편이 장패(張覇)의 위작이라고 한 것으로, 이것은 공영달의 망설임을 알지 못한 것이요, 하나는 『한서』「예문지」에 고경(古經) 16권이라고 하는 것이 곧 장패의 위고문서(僞古文書)라고 한 것으로, 이것은 『한서』「예문지」에 곧 46권이라는 것이 16권이 아니며, 또 이것은 곧 '진공벽서(眞孔壁書)'로 위서가 아님을 알지 못한 것이요, 하나는 매색의 『상서』와 「서서書序」 1편을 59편이라고 한 것으로, 이것은 서(序)가 이미 각 편의 머리에 붙어서 다시 1편이 되지 못함을 알지 못한 것이요, 하나는 당(唐)나라가 『상서정의尙書正義』를 편찬한 이후로 한(漢)나라의 구양생(歐陽生)·대소하후(大小夏后)[36] 씨가 전한 『상서』라는 것이 없어져 다시 세상에 행해지지 않았다고 한 것으로, 이것은 진(晉)나라 영가 때부터 이미 없어진 것을 알지 못한 것이다"[37]라고 하였다.[38]

살펴보건대, 공벽진고문(孔壁眞古文)이 반드시 영가의 난리 때 없어졌다는 것은 명문(明文)이 있지 않으니, 잠구(潛丘)[39]가 여러 번 이 설(說)을 주장하는 것은 이상스럽다.

을(乙) 8

공영달은 이르기를, "왕숙이 처음으로 매색의 『상서』를 훔쳐보았다. 그가 『상서』에 주(註)를 낸 것에는 『공전孔傳』의 것이 많다. 의

---

36) 大小夏后: 前漢 때의 經學者인 夏后勝과 夏后建을 말함.
37) 閻若璩, 『尙書古文疏證』 卷2, 張6.
38) 茶山은 여기에 다섯 가지만을 열거해놓고 다음 한 가지를 빠뜨렸다: "一謂漢魏四百年間, 諸儒所治, 不過二十八篇耳, 不知此外, 仍有治古文尙書者也"〔하나는 漢魏 4백 년 간에 여러 儒者들이 공부한 것은 28편에 불과하다고 한 것으로, 이것은 이 28편밖에 『古文尙書』를 공부한 사람이 있음을 알지 못한 것이다〕.
39) 潛丘: 閻若璩의 號.

심하건대, 왕숙이 고문을 보고 그것을 은닉하고서 말하지 않은 것이다"고 하였고, 육덕명(陸德明)의 『경전석문經典釋文』에 이르기를, "왕숙이 금문에 주(註)를 하였는데 그 풀이가 크게 고문과 서로 같으니, 혹시 왕숙[40]이 사사로이 『공전』을 보고서 그것을 감추어버렸는가?"라고 하였다.[41]

염약거는 이르기를, "왕숙은 위인(魏人)이요, 『공전』은 위(魏)·진(晉) 연간에 나왔으니 그 전(傳)과 주(註)가 서로 같은 것은 곧 『공전』이 왕숙의 주본(註本)을 훔친 것이요, 왕숙이 『공전』을 훔친 것은 아니다. 다만 한 가지 일로써 이것을 밝혀본다면 3년상(喪)은 25개월 만에 마치고 중월(中月)에 담제(禫祭)를 지내는 것이다. 정현은 '중월'을 간월(間月)이라고 하였으니, 27개월이 된 뒤에 길복(吉服)에 나아가고, 왕숙은 '중월'을 월중(月中)이라고 하였으니, 26개월이면 곧 가하고 또 길복에 나아간다. 왕숙 이전에는 이런 설이 있음을 듣지 못하였다. 지금 『공전』에는 「태갑太甲」에 '3년 12월 삭(朔)'[42]을 해석하여 이르기를, '탕(湯)이 원년(元年) 11월에 돌아가고 이 26개월인 3년 12월에 이르러 3년복을 벗었다'라고 하였으니, 이것은 왕숙의 설을 쓴 것이 아니고 무엇이겠는가?"[43]라고 하였다.

살펴보건대, 위작자는 대개 왕숙의 학(學)을 하여 정현을 억누른 자임이 이 문단에서 명확해졌으니, 분간하기 어려울 것이 없다. 다만 정현의 주장은 27개월에 담제를 지내는 것이므로 28개월이 되어야 길복에 나아가는 것이니, 이것은 바야흐로 왕숙의 주장인 26개월과 서로 똑같이 틀리는 데 해당되므로, 지금 "27개월이 된 뒤에 길복에 나아간다"고 하는 것은 잘못이다.

---

40) 王肅: 朝本·奎本에는 '肅'이 '陸'으로 되어 있음.
41) 閻若璩, 『尙書古文疏證』 卷2, 張17.
42) 『尙書』 「太甲」 中篇 첫머리에 나오는 글.
43) 閻若璩, 『尙書古文疏證』 卷2, 張17.

염약거는 이르기를, "위작자는 삼대(三代)의 전례(典禮)를 알지 못하고, 이미 돌아간 해로써 개원(改元)을 한 것은 말세에나 있는 좋지 못한 일인데, 이것을 위로 성세(盛世)에도 모두 그렇게 해놓았다. 또 대상(大祥)과 담제를 같은 달에 하는 것은 후세 유자(儒者)들의 단상(短喪)의 제도이니, 위로 고인(古人)들이 한 예와 비교해보면 그 거짓됨을 덮을 수 없을 것이다"[44]라고 하였다.

살펴보건대, 이 태갑의 상(喪)은 오히려 시마(緦麻)와 소공(小功)일 것이다. 태갑은 본래 탕(湯)을 계승하여 왕(王)이 된 일이 없다. 탕(湯)이 돌아간 뒤 두 왕이 왕위를 이어 왕이 된 뒤 태갑에게 전한 것인데, 염약거는 어찌하여 이것을 말하지 않았는가?

『구당서舊唐書』「경적지經籍志」에는 "『고문상서』 10권은 왕숙의 주(註)이다"하고, 『신당서新唐書』「예문지藝文志」에는 "정현이 주(註)를 낸 『고문상서』 9권이다"라고 하였다. 어떤 이가 이르기를, "「골작」「구공」 등의 편들이 어찌 당대(唐代)까지도 오히려 보존되었겠는가?"라고 하였다. 염약거는 이르기를, "공영달의 소(疏)에 가규(賈逵)와 마융·정현이 주를 낸 『상서』에는 모두 고문이라고 썼으나 편수는 복생이 전한 것과 꼭 같고, 다만 경(經)의 글자가 다른 것이 많으니, 예를 들면 '우이(嵎夷)'를 '우철(嵎鐵)'이라 하고, '매곡(昧谷)'을 '유곡(柳谷)'이라 한 것 따위가 그것이다. 내 생각에는 이 왕숙과 정현의 주(註)에도 또한 복생의 29편을 취하여 이것을 고문의 글자체로 옮겨 썼기 때문에 『고문상서』라고 한 것으로 여겨지고, 또한 당대(唐代)에도 오히려 『금문상서今文尙書』 13권이 있었다. 『공안국전』은 대개 당 현종(唐玄宗)이 고문을 좋아하지 않아 집현학사(集賢學士)인 위포(衛包)[45]에게 조서(詔書)를 내려 고문을 금문으

---

44) 閻若璩, 『尙書古文疏證』 卷2, 張18.
45) 衛包: 唐人. 天寶年間(742~756) 集賢學士로 詔書를 받고 『古文尙書』를

로 고치게 하였는데, 공안국의 『상서』도 또한 다시 이것으로 인하여
일변(一變)하였을 것이다. 일찍이 생각하기를, 『상서』가 벽장 속에
감추어져 있었던 것은 순전히 과두 문자(科斗文字)[46]의 고문이었는
데, 공안국에 와서 금문의 문자로 그것을 읽어서 비로소 예서(隷書)
로 바꾸었으나 그래도 오히려 과두의 고문자와 예서가 함께 병존하
였다. 이것은 공영달이 이른바, '옛것을 보존하는 것은 흠모할 만하
고 예서로써 하는 것은 알 수 있게 하는 것이다'라는 것이다. 그러므
로 「상서대서」에 '예고정(隷古定)이다'라고 하는 것이 이것이다. 천
보(天寶) 3년[47]에 이르러 비로소 조서를 내려 개정하였는데, 무릇
개원(開元)[48] 시대 문자와 부합되지 아니한 것이어서 이를 두고 '야
서(野書)'라고 하였으므로, 고문이 폐절(廢絶)되었을 뿐만 아니라 양
한(兩漢) 이래 전해진 예서까지도 또한 침실(侵失)됨이 많았다. 이
로부터 글자가 그릇되고 어긋났으며, 글도 다시 간략하고 비루해서
오랫동안 헛된 것을 빌리고 참된 것으로 돌아가지 않아[49] 그만 습성
이 쌓여 풍속이 되었으니, 이것은 또 고문·금문의 경학(經學)을 논
하는 자가 책을 덮고 몇 번이고 탄식할 바이다"[50]라고 하였다.

살펴보건대, 금문과 고문을 복생과 공안국으로 구분하여 말하는
자가 있고, 글자의 체를 가지고 말하는 자가 있다. 정현의 주(註)
는 공안국의 본(本)인데, 염약거는 여기에 이르러 홀연히 의심하
여 복생의 본이라고 여겼으니, 대개 복생과 공안국의 원류(源流)
에 관한 큰 안건에 대해서 오히려 투명하지 못한 것이 있다.

　　　'今文'으로 고쳤음.
46) 科斗文字: 蝌蚪文字. 篆文 以前에 사용된 最古의 글자. 글자의 모양이 올
　　챙이 모양 같다는 데서 指稱된 것임.
47) 天寶 3年: 唐 玄宗 744년.
48) 開元: 唐 玄宗의 年號(713∼741).
49) 『孟子』「盡心」上에 '久假而不歸'라는 말이 있다.
50) 閻若璩, 『尚書古文疏證』 卷2, 張18∼19.

『수서』「경적지」에 "이미 금자(今字)『상서』14권의 『공안국전』
이 있었다"고 하였다. 염약거는 이르기를, "금자(今字)의 『공전』은
당(唐)나라 때부터 시작된 것이 아니다. 당(唐)은 또 이것을 개원
(開元)[51] 문자로 고쳤다"[52]고 하였다.

살펴보건대, '금문'이라 하지 않고 '금자(今字)'라고 한 것이야말
로 이것은 또 다른 의심의 대상이다.

을(乙) 9

반고(班固)의 『백호통白虎通』에는 두 번이나, '나 소자(小子) 이
(履)[53]'를 인용하였는데, 모두 걸(桀)을 정벌하려고 하늘에 고하는
말로 되어 있으나, 「탕고湯誥」의 것으로는 되어 있지 않고, 『국어國
語』에는 선양공(單襄公)이 선왕(先王)의 명령에, "천도(天道)는 착
한 사람을 상 주고 음탕한 사람을 벌 주니 무릇 내가 만든 나라의
제후들은 상도(常道)가 아닌 것을 좇지 말라"[54]라는 말을 인용하였
는데, 위소(韋昭)의 주해(註解)에 "선왕의 명령은 문왕(文王)·무왕
(武王)의 가르침이다"라고 하였다. 염약거는 이르기를, "선양공은 주
(周)나라 신하이다. 주나라 신하가 주나라 왕을 대하여 수나라의 넝
령을 서술한 것이니, 이것은 틀림없이 믿을 만한데도 위작자는 이것
을 바로 「탕고」 속에다가 고쳐 넣어버렸다"[55]라고 하였다.

『묵자墨子』「겸애兼愛」에 '여소자이(予小子履)'의 한 문단(무릇 13
句이다[56] ── 原註)을 인용하였는데, "후제(后帝)에게 고한다"는 글 아

---

51) 開元: 朝本에는 '改元'으로 되어 있음.
52) 閻若璩, 『尙書古文疏證』卷2, 張19.
53) 履: 湯王의 명.
54) 『國語』「周語」中篇.
55) 閻若璩, 『尙書古文疏證』卷2, 張23.
56) 『墨子』「兼愛」下에, "湯曰: '惟予小子履, 敢用玄牡, 告於上天后, 曰今天
大旱, 卽當朕身履, 未知得罪于上下. 有善不敢蔽, 有罪不敢赦. 簡在帝心.
萬方有罪, 卽當朕身, 朕身有罪, 無及萬方'"이라고 되어 있음.

래에, "지금 하늘이 크게 가무니 이것은 곧 나 이(履)에게 죄가 있음을 알리는 것인데, 나는 상하(上下)에 죄를 얻고 있음을 알지 못한다"는 글을 더 많이 써 넣어놓았다(3句이다 — 原註). 염약거는 이르기를, "이것은 연문(衍文)이다. 묵자는 『상서』를 인용하면서 스스로 더하고 고치기를 좋아하였다. 예를 들면 「감서甘誓」를 「우서禹誓」로 바꾼 것 같은 것이 그러한 것이며,57) 이 글에 또 '대낮에 지금 나는 유호(有扈)씨와 하루의 목숨을 걸고 결전(決戰)을 하겠다'는 말을 더 많이 갖다 붙여놓은 것도(4句이다 — 原註) 또한 연문이다"58)라고 하였다.

또 염약거는 이르기를, "묵자가 이것을 인용하여 탕설(湯說)이라 하고, 「탕서湯誓」라 하지 않았는데, 공안국이 묵자가 「탕서」를 인용한 것이라고 한 것은 내사(內史)인 과(過)가 멀리 묵자 이전에 살아서 이미 「탕서」라고 하였기59) 때문일 것이다"60)라고 하였다.

『묵자』「상현尙賢」 중편(中篇)에는 「탕서」를 인용하여 이르기를, "드디어 위대한 성인을 구하여, 그와 더불어 힘을 합치고 마음을 합쳐 천하(天下)를 다스린다"라고 하였고(지금 「湯誓」엔 이것이 없다 — 原註), 『국어國語』에는 「탕서」를 인용하여 이르기를, "나 한 사람에게 죄가 있는 것은 만부(萬夫)에게는 그 책임이 없고, 만부에게 죄가 있는 것은 그 책임이 나 한 사람에게 있다"라고 하였다(韋昭가 말하기를, "지금 「湯誓」에 이 글이 없으니 이미 흩어져 없어진 것이다"라고 하였다 — 原註). 염약거는 이르기를, "「탕서」가 혹시 두 편인지는 몰라도 지금 「탕서」는 144자로 수미(首尾)가 완전하여 좋고 글뜻도 연속되

---

57) 『墨子』「明鬼」下篇에 "禹誓曰: '大戰于甘, 王乃命左右六人〔……〕'"이라고 하는 글을 가리킴. 이 글 아래에 또 "有曰: '日中, 今予與有扈氏, 爭一日之命'"이라는 말을 덧붙여놓았음.

58) 閻若璩, 『尙書古文疏證』 卷2, 張24~25.

59) 『國語』「周語」上篇에 內史인 過의 말에 "在湯誓曰: '余一人有罪, 無以萬夫, 萬夫有罪, 在余一人'"이란 구절이 있다.

60) 閻若璩, 『尙書古文疏證』 卷2, 張24.

어 있어 절대로 잘못되거나 빠진 것이 없다"[61]라고 하였다.

매작(梅鷟)이 이르기를, "하안(何晏)은 『논어집해論語集解』를 정충(鄭沖)과 함께 헌상(獻上)하였으므로 정충은 고문을 전수한 사람이라고 부른다. 그러면 그가 고문을 반드시 익숙하게 익혔다면 '효호유효(孝乎惟孝)'를 의당 「군진君陳」에 근거하여 이것을 바로잡아야 하고,[62] '여소자이(予小子履)'도 응당 이것을 「탕고」에 있다고 해야 할 것인데[63] 지금 그렇지 않으니, 정충은 고문을 전수하지 않았음을 알겠다"[64]고 하였다.

살펴보건대, 위작자는 반드시 멀리 유명한 유학자를 추대하여 전수의 근본으로 삼으니, 이것은 논변할 필요조차 없다.

을(乙) 10

『환담신론桓譚新論』[65]에 이르기를, "『고문상서』는 옛날엔 45권(5 는 마땅히 6으로 되어야 한다 — 原註) 18편('十' 위에 '五'가 빠졌다[66] — 原註)이 있었다"고 했다. 염약거는 이르기를, "권수와 편수는 모두 『한서』 「예문지」와 합치되는데, 그 조금 합치되지 아니함이 있는 것은 곧 옮겨 쓸 때의 잘못이나. 내가 『환담신론』을 더욱 좋아하는 것은 건무(建武)[67] 이전에 만들어져서 「무성武成」이 오히려 보존되어 있어서이다. 그러므로 57이라 하지 않고, 58이라 하였다"[68]라고 하였다.

---

61) 閻若璩, 『尙書古文疏證』 卷2, 張26~27.
62) 『論語』 「爲政」에 나오는 "書云: '孝乎惟孝, 友于兄弟'"를 「君陳」에 나오는 '惟孝友于兄弟'로 바꾸는 것을 말함.
63) 『尙書』의 「湯誓」에 있지 않고 「湯誥」에 있다고 주장해야 함을 말한 것임.
64) 閻若璩, 『尙書古文疏證』 卷2, 張27에 인용되어 있음.
65) 『桓譚新論』: 書名. 後漢人 桓譚이 찬술한 총 29편으로 된 책.
66) '五十八'인데 '十八'로 되었다는 말.
67) 建武: 後漢 光武帝의 年號(25~56).
68) 閻若璩, 『尙書古文疏證』 卷2, 張29.

병(丙) 1

고당생(高堂生)이 전한 『예禮』 17편에 대한 금문·고문의 다른 점을 논하였다(여기서는 삭제한다[69] ― 原註).

병(丙) 2

공안국은 『노시魯詩』에 근본을 두었는데, 매색의 『전傳』은 『모시毛詩』로써 그것을 해석한 것을 논하였다(여기서는 삭제한다[70] ― 原註).

병(丙) 3

염약거는 이르기를, "지금 『공서孔書』[71]의 '우이(嵎夷)'를 정현은 '우철(嵎鐵)'이라 하고 '매곡(昧谷)'을 '유곡(柳谷)'이라 하였으며, '심복신장(心腹腎腸)'[72]을 '우신양(憂腎陽)'이라 하고, '의이탁경(劓刵椓黥)'[73]을 '다리 베는 형벌, 궁형, 코 베는 형벌, 머리 베는 형벌, 묵형〔臏宮劓割頭庶剠〕'이라 하였으니 진고문(眞古文)과 같지 않음이 이와 같은 것이 있다. 고문과 같지 않으면 의당 금문과 같아야 할 것인데, 석경(石經)이 오래 실전(失傳)되어버렸다. 그러나 부서진 잔비(殘碑)의 남은 글자들이 그래도 오히려 퍽 많이 송(宋)의 홍괄(洪适)의 『예석隷釋』[74] 가운데 수습되어 있는데「반경盤庚」172자,「고종융일高宗肜日」15자,「목서牧誓」24자,「홍범洪範」108자,「다사多士」44자,「무일無逸」103자,「군석君奭」11자,「다방多方」5자,「입

---

69) 閻若璩, 『尙書古文疏證』 卷2에 나오는 第21의 글을 말함.
70) 閻若璩, 『尙書古文疏證』 卷2에 나오는 第22의 글을 말함.
71) 『孔書』: 『古文尙書孔安國傳』, 즉 梅賾의 『僞孔傳』을 말함.
72) 心腹腎腸: 『尙書』「盤庚」下篇에 나오는 말.
73) 『尙書』「呂刑」에 나오는 네 가지 刑罰.
74) 『隷釋』: 宋나라 洪适의 撰인데, 漢隷로 써놓은 碑碣을 모아 해설해놓은 책. 27권, 續 21권.

정립政」56자,「고명顧命」17자이니 합하여 547자나 된다. 홍괄의 『예석』으로『공서』와 대교(對校)해보니 10자가 많고 21자가 적으며 같지 않은 것이 55자, 차용(借用)한 것이 8자, 통용(通用)되는 것이 11자였다. 『공서』에는 삼종(三宗)75)을 서술함에 재위(在位)의 연수의 다소로 선후를 삼았는데, 비문(碑文)에는 왕위를 전한 차례로 순서를 삼았다. 비문에는 또 '고종(高宗)이 왕위에 있었던 기간이 1백 년이다'라고 하였는데, 이것도 또한 59년과는76) 차이가 있으니, 금문과 같지 않은 것은 또 이와 같은 것이 있다. 나는 그런 뒤에야 이 『공서』는 고문도 금문도 아니고 복생도 공안국도 아니면서 따로 일가(一家)의 학(學)을 만들고자 한 것임을 알게 되었다"77)고 하였다.

살펴보건대, 경문(經文)이 정현의 본(本)과 같지 않다고 하는 것은 말이 된다. 그것이 홍괄의 『예석』 가운데의 복생의 금문과 같지 않은 것이다. 공벽진본(孔壁眞本)은 복생의 본(本)과 문자가 다른 것이 7백여 자나 되는데, 유향(劉向)이 대교한 것이 이와 같다. 이것으로써 매색을 죄준다면 매색은 복종하지 않을 것이다. 또 '우이(嵎夷)' 등 네 가지는 공녕날의 소(疏)에 "하후씨(夏侯氏) 등의 글이다"고 하였으니 이것은 금문이다.

유향(劉向)은 중고문(中古文)78)으로써 구양씨·대소하후씨 삼가(三家)의 경문(經文)인 『금문상서』를 대교했는데, 문자가 다른 것

---

75) 三宗: 三宗에는 두 說이 있다. 一說은 殷의 太甲(太宗)·太戊(中宗)·武丁(高宗)을 三宗이라 하고, 다른 一說은 祖乙(中宗)·武丁(高宗)·祖甲을 三宗이라 한다.

76) 『尙書』「無逸」에 "高宗之享國, 五十有九年"이란 말이 있다.

77) 閻若璩, 『尙書古文疏證』 卷2, 張41.

78) 中古文: 여기서 말하는 中古文은 宮中의 書庫에 있는 『古文尙書』를 가리키는 듯하다.

이 7백여 자이고, 탈자(脫字)가 수십 자였다. 유도(劉陶)[79]는 삼가(三家)의 『상서』와 고문을 추구하여 문자를 시정한 것이 3백여 가지인데, 이것을 이름하여 『중문상서中文尙書』라고 하였다. 반고(班固)와 범엽(范曄)은 각기 『한서』와 『후한서後漢書』에 그 설(說)을 기록하여 금문·고문을 구별하는 것으로 삼았다.[80]

병(丙) 4

염약거는 이르기를, "고종(高宗)이 1백 년 동안 왕위에 있었다는 것은 또한 『한서』「오행지五行志」와 유향(劉向)·두흠(杜欽)의 두 「전傳」에 보이는데, 대개 금문의 글로써 그렇게 한 것이고, 성왕(成王)이 주공(周公)을 장사 지낼 때 뇌풍(雷風)이 일고 재앙이 나타났다는 것은 또한 「매복전梅福傳」[81]에 보이는데, 안사고(顏師古)의 주(註)에서는 『상서대전尙書大傳』에서 나왔다고 하였으니, 곧 사마천의 글은 또 금문의 설(說)을 섞어서 쓴 것임을 알겠다"[82]고 하였다.

살펴보건대, 『사기』에는 금등(金縢)을 연 것이 주공의 사후(死後)에 있었다고 하였는데, 어떤 이는 복생본의 경문(經文)이 원래 이와 같다고 했다. 사마천이 비록 「미자微子」「금등金縢」에서 일컬은 말들에 고문의 설(說)이 많다고 하더라도 이 절은 아마도 금문의 설(說)을 사용한 듯하다(鄭玄의 『毛詩箋』에 이르기를, "成王이 이미 「金縢」의 글을 얻고서 몸소 周公의 돌아옴을 맞이하였다"고 하였다. ○閻若璩는 이것을 가지고 孔壁古文에는 周公의 死後에 「金縢」을 열었다는 說이 없다고

---

79) 劉陶: 後漢의 潁陰人. 字는 子奇. 『尙書』와 『春秋』에 精通하였고 벼슬은 尙書令을 지냈으며 封號는 中陵鄉侯.

80) 閻若璩, 『尙書古文疏證』 卷2, 張42에 인용되어 있음.

81) 「梅福傳」: 『漢書』 卷67에 나오는 梅福에 대한 「傳」이다. 梅福은 前漢 壽春人. 字는 子眞. 『尙書』 『春秋穀梁傳』에 精通하였다.

82) 閻若璩, 『尙書古文疏證』 卷2, 張58.

알고 있다 — 原註).

병(丙) 5

『설문』에 「우서虞書」를 인용하여 '방구(方鳩)'[83]를 '방구(旁救)'(한편
으로는 '旁逑屛功'으로 되어 있음 — 原註), '찬삼묘(竄三苗)'[84]를 '최삼묘
(竅三苗)', '붕음우가(朋淫于家)'[85]에서 '붕(朋)'을 '붕(堋)'이라 하였
고, '여승사재(予乘四載)'[86] 아래에 "물을 건널 때는 배를 타고〔水行
乘舟〕길을 갈 때는 수레를 타고〔陸行乘車〕산길을 갈 때는 썰매를
타고〔山行乘欙〕연못을 건널 때는 뗏목을 탄다〔澤行乘栅〕"의 4구
(句)가 있다. '교주자(敎冑子)'[87]를 '육자(育子)'라 했고, '제내조락
(帝乃殂落)'[88]에서 '제(帝)'를 '방훈(放勛)'이라 했고, 「하서夏書」의
"부우회사, 달우하(浮于淮泗, 達于河)"[89]라는 말에서 '하(河)'를 '하
(菏)'라 했고, '동출우도구북(東出于陶丘北)'[90]을 '동지우도구(東至于
陶丘)'라 했고, '유균로고(惟箘簵楛)'[91]에서 '고(楛)'를 '고(枯)'라 했
고, 「상서商書」의 "고종이 꿈에 부열을 꿈꾸어 백공을 시켜 사방을
수색하여 찾아내게 하였는데, 부암에서 발견하였다〔高宗夢得說, 使百
工營求諸野('諸野' 두 字가 없다 — 原註), 得諸傅巖('諸'자가 '之'자로 되어
있다 — 原註)〕"[92]는 말에서 '영구(營求)'를 '형구(夐求)'라 했고, '조
이반(祖伊反)'[93]을 '조갑반(祖甲返)'이라 했다. 「주서周書」의 '재후지

83) 「堯典」.
84) 同上.
85) 「益稷」.
86) 同上.
87) 「舜典」.
88) 同上.
89) 「禹貢」.
90) 同上.
91) 同上.
92) 「說命」序.
93) 「西伯戡黎」.

통(在後之侗)'을 '재하후지동(在夏后之詷)'으로, '기비능함우소민(其
不能諴于小民)'94)에서 '비능(丕能)'을 '불능(不能)'으로, '유기도단확
(惟其塗丹臒)'95)에서 '도(塗)'를 '도(敦)'로, '기재수덕민(其在受德
瞀)'96)에서 '민(瞀)'을 '민(忞)'으로 하였고, '망불대(罔不懟)'97) 위에
'범민(凡民)' 2자(字)가 있다. '일인면집윤(一人冕執銳)'98)을 '집윤
(執銳)'으로, '지우속부(至于屬婦)'99)를 '추부(媰婦)'로, '진집구이귀
(盡執拘以歸)'100)를 '진집가(盡執柯)'로, '원시음위의이탁경(爰始淫爲
劓刵椓黥)'101)을 '월의탁경(刖劓斀黥)'으로, '부중멸석(敷重篾席)'102)에
서 '부(敷)'를 '포(布)'로, '민망불혁(民罔不盡)'103)에서 '망(罔)'을 '망
(妄)'으로, '치내후량(峙乃糇糧)'104)을 '후장(餱粻)'으로, '용매상아국
가(用勱相我國家)'105)에서 '국가(國家)'를 '방가(邦家)'로 하였다. 염
약거는 이르기를, "허신(許愼)의 아들 충(沖)이 안제(安帝)에게 글
을 올려, '신(臣)의 아비는 본래 가규(賈逵)에게 고학(古學)을 전수
받고 가규의 고학에 상고하여 『설문』을 만들었다'고 하였으니, 이
『설문』에 인용한 『상서』는 바로 동한(東漢)에 성행(盛行)하던 고문
인 것이다"106)라고 하였다(글자는 다르나 音이 같은 경우에는 기록하지
않고, 그것이 모두 다른 것만 기록하였다 ── 原註).

  염약거는 또 이르기를, "『설문』에서 인용한 것 중, '여취도산(予娶

---

94) 「召誥」.
95) 「梓材」.
96) 「立政」.
97) 「康誥」.
98) 「顧命」.
99) 「梓材」.
100) 「酒誥」.
101) 「呂刑」.
102) 「顧命」.
103) 「酒誥」.
104) 「費誓」.
105) 「立政」.
106) 閻若璩, 『尙書古文疏證』 卷2, 張60~61.

崙山)'과 '아유준우서(我有戴于西)(본래는 蠢字이다— 原註)'와 같은 것은 모두 축약하여 문장을 만든 것이니,[107] 진짜로 이런 구(句)가 있었던 것은 아니다"[108]라고 하였고, 또 이르기를, "맹자가 『상서』를 인용한 것 6조(條)에 그중 셋은 『설문』에 보이는데 자구가 모두 합치된다. '무릇 백성이 원망하지 않음이 없다〔凡民罔不憝〕'[109] (똑같이 '凡民'이란 글자가 있다— 原註)라고 하고, '방훈이 이에 돌아가셨다〔放勛乃徂落〕'[110] ('帝'라고 말하지 않았다— 原註)라고 하였는데, 오직 '삼묘를 죽였다〔殺三苗〕'[111]는 것만은 『설문』에 '최삼묘(竅三苗)'로 되어 있다('竅'는 '殺'자로 잘못 쓸 수 있으나 '竄'과는 서로 거리가 멀다— 原註)"[112]라고 하였다.

살펴보건대, 『설문』에 인용한 것은 모두 28편의 경(經)이다. 오직 "약이 독하여 어지럽지 않으면〔不暝眩〕"[113] 하는 말은 『맹자』에서 나온 것이다.

염약거는 이르기를, "문왕(文王)은 천명(天命)을 받은 9년에 죽었다는 것과 천명을 받자 왕이라 하고 개원(改元)했다는 사실이 없다. 구양영숙(歐陽永叔)[114]의 「태서본泰誓論」이 나오고서야 문왕의 원동함이 비로소 밝혀졌고, 「위태서僞泰誓」3편은 무왕(武王)이 관병(觀

---

107) 「益稷」에 나오는 "予創若時, 娶于塗山"을 축약하여 '予娶崙山'이라 하고, 「大誥」에 나오는 "卽命曰: '有大艱于西土, 西土人亦不靜越玆蠢'"을 축약하여 '我有戴于西'라고 한 것을 가리킴.
108) 閻若璩, 『尙書古文疏證』 卷2, 張61.
109) 『孟子』 「萬章」 下.
110) 同上.
111) 同上.
112) 閻若璩, 『尙書古文疏證』 卷2, 張61~62.
113) 『孟子』 「滕文公」 上.
114) 歐陽永叔: 1007~1072. 宋의 吉州 廬陵人. 이름은 脩, 字는 永叔, 號는 醉翁 또는 六一居士, 諡는 文忠. 唐宋八大家의 한 사람.

兵)한 것을 가지고 상편(上篇)으로 하였는데, 이천(伊川)이 무왕은 관병한 일이 없다고 하여 무왕의 원통함이 비로소 밝혀졌다.[115] 이제 뒤늦게 나왔던 「무성」편의 글을 취하여 읽고서 크게 「위태서」와 다른 것이 있다고 하면 이것은 또한 깊이 생각하지 못한 것이다"[116]라고 하였다.

"나의 돌아가신 아버지 문왕은 크게 천명을 받아 사방의 중국을 어루만지기를 9년 동안이나 하였으나 대통(大統)을 이루지 못하였다"[117](이미 天命을 받고서 改元하였다고 하는 것이 妄說이 아니겠는가?─原註)라고 하고, "그러므로 나 이 사람 발(發)은 너희 우방 군주들을 이끌고서 상(商)나라의 정사를 살피니(이것이 곧 三年喪을 마치고 孟津에서 觀兵하였다는 說이 아니겠는가?─原註) 오직 수(受)는 개전(改悛)의 마음을 두지 않고서 '무엇무엇'[118]이라고 하였다. 나 이 사람은 밤낮으로 조심하고 두려워하여 너희 무리들에게 하늘의 벌이 이르도록 하노라"[119](이것은 곧 돌아와 2년을 지나는 사이에 紂의 虐政이 더욱 심하여 다시 東으로 가서 紂를 정벌했다는 說이 아니겠는가?─原註)라고 하였다. 살펴보건대, 속담에 "절도놈 집에 강도가 들어왔다"는 격이다. 위작자가 「위태서」을 가지고 그 사실에 따라서 그 문구(文句)를 고쳐 지금의 「태서」를 만든 것이다.

『묵자』「겸애」중편에 이르기를, "옛날 무왕이 태산(泰山)에 제사하고 수(隧)[120]를 거행하였다. 이때 신(神)에게 맹세한 기록에 이르기를, '태산의 신(神)이여! 신의 후예로서 도(道)가 있는 증손(曾孫)

---

115) 伊川(程頤)은 『禮記』「中庸」의 '武王壹戎衣而有天下'라는 글과 「樂記」의 "武始而北出, 再成而滅商"이라는 글을 인용하여 武王이 觀兵한 일이 없음을 증명하였다(閻若璩, 『尙書古文疏證』 卷2, 張66).
116) 閻若璩, 『尙書古文疏證』 卷2, 張65~67.
117) 「武成」.
118) 『尙書』「泰誓」 上篇에 나오는 '吾有民有命'이라고 하는 말을 가리킨다.
119) 「泰誓」 上篇.
120) 隧: 神에게 戰勝을 고하는 軍隊 儀式의 일종.

주왕(周王) 내가 이에 제사를 올립니다. 대사(大事)가 이미 성공하였으니, 바라건대, 인인(仁人)이 나와서 중국이 만이(蠻夷)와 추맥(醜貉)을 구제하기를 기원합니다. 비록 지극히 가까운 친족이 있어도 인인(仁人)만 같지 못하고, 만방(萬方)에 죄가 있는 것은 오직 그 책임이 나 한 사람에게 있는 것입니다'"라고 하였다.

염약거는 이르기를, "그 문의(文義)를 완미해보니 곧 이는 무왕이 천하를 이미 평정한 후에 산천에 망사(望祀)를 지낸 것이고, 주(紂)를 정벌할 때의 일이 아니다.[121] 『논어』「요왈堯曰」에는 '수유주친(雖有周親)' 네 글자가 '대뢰(大賚)'의 구절 뒤이며, '근권량(謹權量)'의 구절 앞에 실려 있는데, 이것은 모두 천하를 처음 평정하였을 때 일로서, 또한 원래 서로 같은 유이다"라고 하였다. 염약거는 이르기를, "서백(西伯)이 천명을 받고 왕이라고 칭한 것은 『사기』에서 비롯된 것이 아니다. 복생의 『상서대전』「은전殷傳」에 이미 이런 말이 있고, 『예기』「문왕세자文王世子」에 무왕이 문왕에게 대답하기를, '서방에 아홉 제후국이 있으니, 군왕이 마침내 이것을 소유할 것입니다'라는 글이 있다"[122](鄭玄은 이르기를, "君王이라고 하였으면 이미 天命을 받은 뒤이다"라고 하였다 ─ 原註)라고 하였다. 염약거는 이르기를, "「초세가楚世家」에 초무왕(楚武王)이 '나에게도 군대가 있으니, 일어나 중국(中國)의 정치에 참여하고자 한다. 주(周)나라 왕실에다 청하여 나의 작호(爵號)를 높여달라고 요구하라' 하였고, 『좌전』선공(宣公) 3년에, '초 장왕(楚莊王)이 육혼(陸渾)의 융족(戎族)을 정벌하고 드디어 주나라의 국경에 관병하여 주나라 왕위의 상징인 정(鼎)의 대소(大小)와 경중(輕重)을 물었다'고 하였다. 관정(觀政)과 관병(觀兵)은 모두 놀랍게도 주나라를 핍박함이 동일하며, 임금을 업신여겨 거동함으로써 무왕에게 참람한 짓을 한 것이니, 그것은 도

---

121) 僞作된 「武成」의 내용에는 『墨子』에 나오는 이 구절을 옮겨와서 紂를 정벌할 때의 일로 해놓았음을 비판한 것임.

122) 閻若璩, 『尙書古文疏證』 卷2, 張67~68.

리가 아닐 것이다"[123]라고 하였고, 또 이르기를, "『국어』에 '선왕(先王)은 덕을 빛나게 하고 관병하지 않았다' 하고(韋昭가 말하기를, '觀'은 '示'의 뜻이다 — 原註), 그 아래에 또 이르기를, '장차 그들에게 병사를 보이려고 하였다'(또한 '示'의 뜻이다 — 原註)고 하였으며, 『사기』에는 '동으로 가서 관병하여 맹진에까지 이르렀다' 하고, 『좌전』에는 '동이(東夷)에게 관병했다'고 하였다(僖公 4年 — 原註). 관병은 제후에게 위엄을 보이는 것이니, 이것은 모두 글자대로 읽는 것이 또한 가하다"[124]고 하였다.

살펴보건대, 관병이란 것은 위엄을 드러내어 적에게 보이는 것이다.

병(丙) 7

『예기』「방기坊記」에, "공자께서 이르기를, '선(善)한 일은 임금이 행하였다'고 하고 '허물이 되는 일은 자기가 행하였다'고 하면 백성들이 임금에게 충(忠)을 다하게 되니, 『상서』「군진」에 '너희 좋은 계획과 좋은 꾀가 있으면 이러이러하다'[125] 했다"고 하였다.

염약거는 이르기를, "위작자가 다만 「서서」에 '주공이 죽자 성왕(成王)이 군진(君陳)에게 명하여 동교(東郊)[126]를 나누어 다스리게 했다'고 한 것만을 보고 드디어 이 편(篇)을 통틀어 모두 성왕의 말로 해놓았으니, 어찌 당시에 「고명」의 체계처럼 신하의 말을 여기에 끼워 넣지 않았겠는가? 아! 이 말이 한번 나가게 됨으로부터 임금에게는 바르게 간하는 것을 명예를 구하는 것으로 삼게 되고, 신하에

123) 閻若璩, 『尙書古文疏證』 卷2, 張68~69.
124) 閻若璩, 『尙書古文疏證』 卷2, 張69.
125) 이러이러하다: 「坊記」에 「君陳」을 인용한 말 가운데 "曰: '此謀此猷, 惟我君之德'"이라고 한 구절을 가리킴. 이 구절이 僞古文에 그대로 나온다.
126) 東郊: 成周인 洛陽의 동쪽 近郊.

게는 아름다움을 돌리는 것을 성대한 충절로 삼게 되어 이사(李斯)의 분에 넘치는 충성과 공광(孔光)[127]의 삭고지경(削槁之敬)[128]이 드디어 후세의 임금을 섬기는 표준이 되었다"[129]라고 하였다.

살펴보건대, 『좌전』 『예기』 등에 『상서』를 인용하는 법은 편명이 만약 사람의 이름을 썼다면 그 사람의 이름으로 편명을 제시하였고, 그렇지 않은 경우는 '서왈(書曰)'이라 한 것이 많으니 '태갑왈(太甲曰)'이라 한 것은 아마도 모두 태갑의 말인 듯하고 '군진왈(君陳曰)'은 아마도 본래 군진의 말인 듯하니, 군진이 장차 동교에 나가 머무르려 할 때 경사(京師)에 남아 있는 여러 신하들에게 고한 말이라는 것이 또 무슨 불가함이 있겠는가?

『예기』 「방기」에 "공자께서 이르기를, '선한 일은 어버이가 행하였다고 하고 허물되는 일은 자기가 행하였다고 하면 백성들이 효를 일으키게 되니, 「태서太誓」에, '내가 주(紂)를 이긴 것은 나의 무공(武功)이 아니라 오직 나의 돌아가신 아버지 문왕이 이러이러한 것이다'[130] 했다"라고 하였다.
염약거는 이르기를, "「태서」를 취하여 인자(人子)의 말임을 증거 댄다면 「군진」을 취하여 또한 인신(人臣)의 말임을 증거대는 것은 으레히 알 만한 일이다"[131]라고 하였다.

---

127) 孔光: B.C. 65~A.D. 5. 前漢 魯國人. 字는 子夏, 諡는 簡烈. 經學에 精通하여 成帝 때 博士로 尙書令이 되었다가 그 뒤에 大司徒·太傅·太師를 역임하였음.

128) 削槁之敬: 孔光이 前漢의 成帝 때 成帝의 잘못을 지적하여 올리려고 했던 疏章을 태워버렸는데, 그 이유는 임금의 허물을 드러내어 자기의 忠直을 구하는 것은 신하로서 大罪를 범한 것이라고 보았기 때문이다.

129) 閻若璩, 『尙書古文疏證』 卷2, 張70~71.

130) 이러이러한 것이다: 「坊記」에 「太誓」를 인용한 말 가운데 "惟朕文考無罪, 紂克予, 非朕文考有罪, 惟予小子無良"이라고 한 구절을 가리킴. 이 구절이 僞古文 「泰誓」 下篇에 그대로 나온다.

131) 閻若璩, 『尙書古文疏證』 卷2, 張70.

살펴보건대, 이 문단은 매우 분명하니 또 하나의 위작의 자취가 밝게 드러난 것이다.

염약거는 이르기를, "비단 「군진」뿐만이 아니다. 『맹자』에 순(舜)을 칭찬하여 '사기종인(舍己從人)'[132]이라 한 것을 지금 순의 입 속에 넣어 요(堯)를 칭찬했고,[133] 요(堯)의 때를 당하여 『상서』를 인용해 '홍수경여(洚水警余)'라 하였으니, 여기에 '여(余)'자는 저절로 요에 속하는데, 또 순의 입 속에 넣어 순에게 속하게 했고,[134] 『예기』「문왕세자」에 '한 사람의 원량(元良)이 있을 때에는 만국이 이 때문에 곧게 되어진다. 이 원량은 세자를 일컬은 것이다'라고 하였는데, 지금 '원량' 두 마디를 이윤의 입 속에 집어넣어 임금을 훈계했고,[135] 『맹자』에 나오는 『상서』의 말에 '우리 임금을 기다렸는데 임금이 오시면 아마도 형벌이 없겠지!'[136]라고 하였는데, 이 말 앞에다 '처음 정벌을 갈(葛)로부터 하였다〔初征自葛〕'[137]라는 것으로 하면 아마도 사정이 그런대로 겨우 가하다고 여기고서 중훼(仲虺)가 이 말을 하여 탕의 부끄러워함을 푸는 데 사용하였고, 지금 또다시 이 말이 이윤의 입 속에서 나와 태갑을 훈계하였으니,[138] 너무 실정에 멀어 절실치 못하며, 「탕서」에 '이제 내가 반드시 가서 정벌해야겠다' 하였으니, 이것은 탕이 처음 군사를 일으킬 때에 박(亳)의 군중들에게 고유(告諭)한 말인데 지금 무왕의 입 속에서 나온 것으로 해 놓았다.[139] 그때에 무왕의 군사는 이미 하수 북쪽에 머물러 진을 치고 있어 여러 제후들이 모두 모였는데, 어찌 이 말을 할 필요가 있었

---

132) 『孟子』「公孫丑」上.
133) 『尙書』「大禹謨」에 있다.
134) 同上.
135) 『尙書』「太甲」下篇.
136) 『孟子』「滕文公」下篇.
137) 『尙書』「仲虺之誥」.
138) 『尙書』「太甲」中篇.
139) 『尙書』「泰誓」.

겠는가?"[140]라고 하였다.

　염약거는 이르기를, "「함유일덕(咸有一德)」은 본래 이윤이 탕의 조정에 있을 때 탕을 보좌한 내용의 것인데, 태갑의 조정에 옮겨 넣어 태갑에게 훈계를 펴는 것으로 했으니, 탕의 조정에서는 군신동덕(君臣同德)의 도움과 명량교태(明良交泰)[141]의 아름다움이 되지만, 태갑의 조정에 있어서는 공을 자랑하고 선을 뽐내는 것이 되고 신하가 임금을 대해 하는 말이 아니다. 또 그 손자를 섬기면서 추술(追述)함에 있어, 그 할아버지와 태갑을 같이 순일(純一)한 덕으로 해놓고도 아무 불만스러움이 없는 듯하니 임금과 신하 사이를 가볍게 본 것이 아니겠는가?"[142]라고 하였다.

병(丙) 8·병(丙) 9·병(丙) 10[143]은 본래 빠져 있다.

정(丁) 1
「중훼지고仲虺之誥」를 『순자』에서는 '중귀지언(仲歸之言)'으로 하였고, 『좌전』에서는 '중훼지지(仲虺之志)'로 하였으며, 「은본기(殷本紀)」에서는 중뢰(仲𧆞)로 하였으니 음은 '뢰(𧆞)'이다.[144]

정(丁) 2
　염약거는 이르기를, "'인심(人心)·도심(道心)'은 본래 『도경道經』에서 나왔다. 예를 들면 '곡신(谷神)'은 죽는 일이 없다. 이것을 현빈(玄牝)이라 하고, 현빈의 문은 이것을 천지의 근원이라고 한다. 있는 듯 없는 듯하면서도 영원히 그 존재가 이어져서 아무리 써도 다함이

---

140) 閻若璩, 『尙書古文疏證』 卷2, 張71～72.
141) 明良交泰: 밝은 임금과 어진 신하가 서로 잘 통하는 것.
142) 閻若璩, 『尙書古文疏證』 卷2, 張73.
143) 閻若璩, 『尙書古文疏證』 卷2의 第28·29·30을 가리킴.
144) 中𧆞에는 두 가지 音이 있는데 하나는 𧆞의 音이며, 하나는 虺의 音이다. 『史記』에 대한 司馬貞의 註에 나온다.

없다〔谷神不死, 是謂玄牝. 玄牝之門, 是謂天地之根. 緜緜若存, 用之不勤〕'[145]와 같은 것이다. 열자(列子)는 이것을 『황제서黃帝書』[146]의 말로 인용하였는데,[147] 지금 『노자』 상편에 보인다. '장차 깨뜨려버리려고 하면 반드시 어느 사이에 도리어 이것을 돕고, 장차 빼앗아 버리려고 하면 어느 사이에 도리어 이것을 주게 된다〔將欲敗之, 必姑輔之. 將欲取之, 必姑與之〕'라고 하는 것은 『전국책』이 『주서周書』라고 하여 인용했는데,[148] 또한 『노자』에 보인다[149]라고 하였다.[150]

살펴보건대, 이를 통해 본다면 '인심·도심'은 또한 오제(五帝) 의 남긴 글인 듯하다.

무(戊) 10

염약거는 이르기를, "「무일」에 '조갑(祖甲)의 경우에 있어서는 왕됨이 의(義)가 아니다'(孔氏傳에는 湯의 손자 太甲이라 하였는데 唐 孔穎達은 이를 따랐다[151] ── 原註)라 하였는데, 채침의 『서집전』에서는 이 것을 바로잡아 아래 글에 주공이 '은왕(殷王) 중종(中宗)에서부터 고종(高宗)·조갑(祖甲), 우리 주 문왕(周文王)이 〔……〕하다'에 이르기까지 말한 것을 근거로 하여 그 선후의 차례에 따라 낱낱이 열거하였으니,[152] 곧 조갑은 태갑이 아닌 것이 분명하며, '불의유왕(不義惟王)'[153]이 태갑의 일이 아닌 것도 또한 매우 분명한데, 고문을 위작한 자가 채침 이전의 잘못된 해석이 바로잡히지 아니하였을 때

---

145) 『老子』第6章.
146) 『黃帝書』: 지금은 不傳.
147) 『列子』「天瑞」에 나온다.
148) 『戰國策』卷 第22, 「魏」.
149) 『老子』第36章.
150) 閻若璩, 『尙書古文疏證』卷2, 張77.
151) 孔穎達, 『尙書正義』卷 第16, 「無逸」孔氏傳과 孔穎達 疏.
152) 蔡沈, 『書集傳』「無逸」註.
153) 朝本·奎本에는 '不義唯王'으로 되어 있음.

에 태어났기 때문에 「태갑」상(上)에 '이에 당신의 불의(不義)는 습관이 성품이 되었다〔玆乃不義, 習與性成〕'154)라고 해놓은 것이다"155)고 하였다.

김씨(金氏)『전편』에156) 이르기를, "「고종융일高宗肜日」과 「고종지훈高宗之訓」을 사마천이 조경(祖庚)의 기(紀)157) 안에 관련지어놓았으니 이는 조기(祖己)가 조경을 위해 지은 것이 된다"158)고 하였다. 염약거는 이르기를, "「고종융일」의 서(序)에 '고종이 성탕(成湯)에게 제사 지내다'(蔡沈의 『書集傳』에는 "禰廟에 제사 지냈다"고 하였다 — 原註)라 하였는데, 무릇 『상서』의 본서(本序)에는 임금의 이름을 칭한 것이 많다. 어떤 이는 이르기를, '제사 지내는 왕이 자신의 묘호(廟號)로써 칭해지는 경우가 없다. 여기에 '고종융일'이라 했으니, 어찌 조경의 때에 고종의 사당에 역제(繹祭)를 지내는데 꿩이 우는 이변이 있었던 것이 아님을 알겠는가?'라고 하였다. 그러니 두 편은 조기가 그것으로 조경을 훈계한 것이 매우 분명하며, '전사풍닐(典祀豊昵)'159)이 고종의 일이 아닌 것도 또한 매우 분명한데, 고문을 위작한 자가 김이상(金履祥) 이전의 잘못된 해석이 바로잡히지 아니하였을 때에 태어났기 때문에 「열명」 중편에 '제사를 번거롭게 자주 하는 것을 불경한 것이라고 이른나〔黷于祭祀, 時謂弗欽〕'고 해놓은 것이다"160)고 하였다.

---

154) 梅賾이 「無逸」에 나오는 '不義惟王'의 '不義'를 太甲의 일로 여기고 「太甲」에다 쓴 것은 僞作이라는 말이다.

155) 閻若璩, 『尙書古文疏證』 卷4, 張6~7.

156) 金氏의 前編: 宋 金履祥의 『通鑑前編』을 말함.

157) 祖庚의 紀: 「殷本紀」 中의 祖庚條를 말함.

158) 閻若璩, 『尙書古文疏證』 卷4, 張6에 인용해놓았다.

159) 典祀豊昵: 항상 지내는 선조의 제사에 있어서 유독 부친의 제사에만 풍부하게 한다는 뜻. 「高宗肜日」에 "典祀, 無豊于昵〔늘 지내는 제사를 가까운 분에게만 풍성하게 차리지 말라〕"하는 말이 있다.

160) 閻若璩, 『尙書古文疏證』 卷4, 張6~7.

살펴보건대, 『사기』에 이미 두 편을 조경의 기(紀) 안에 관련지어놓았으니 공벽의 진고문(眞古文)의 서(序)에도 반드시 "성탕(成湯)에게 제사 지냈다"는 글은 없을 것이다. 이를 토대로 하여 보건대, 매색이 바꾸고 어지럽힌 뒤로는 「서서(書序)」를 믿을 수 없는 것이 왕왕 이와 같다.

염약거는 이르기를, "『공안국전』의 잘못은 왕숙에게 기인하고 왕숙의 잘못은 『사기』에 기인하고 『사기』의 잘못은 또 『국어』에 기인한다. 이에 조갑(祖甲) 한 사람이 홀연히 위로 태갑의 어짊을 뒤집어쓰고 다시 아래로 제갑(帝甲)의 음란함을 뒤집어쓰게 되었으니,[161] 그 행불행(幸不幸)이 이와 같다"[162]고 하였다.

기(己) 1

『맹자』에는 『상서』를 인용하여 "하늘이 백성을 내리어 〔……〕 천하에 어찌 감히 하늘의 뜻을 어기는 자가 있겠는가?〔天降下民 (……) 天下曷敢有越厥志〕"[163]라고 했다.

염약거는 이르기를, "지금 「태서泰誓」에 '내가 어찌 감히 하늘의 뜻을 어김이 있겠는가?〔予曷敢有越厥志〕'라고 고쳤으니,[164] 여기에 조금이라도 무왕의 용기 같은 것이 있겠으며 따라서 이것을 맹자가 인용했겠는가? 또 「무성」에서는 맹자가 인용한 '신하로 되지 않는 자가 있다〔有攸不爲臣〕'[165]라는 한 문단의 '우리 주나라 왕을 섬겨

---

161) 『史記』에는 祖甲이 帝甲으로 되어 있고 淫亂한 사람으로 기록되어 있음.
162) 閻若璩, 『尙書古文疏證』卷4, 張8.
163) 「梁惠王」下.
164) 『孟子』에는 '천하 사람 중 누구도'의 뜻이고 「泰誓」에는 '나 武王'을 지칭하는 것으로 됨.
165) 梅賾의 僞古文에는 이 5자가 없고 『孟子』에는 「滕文公」下 제5장의 "書曰: '徯我后, 后來其無罰'"의 글 아래에 나와 있다.

그 아름다움을 받아 큰 도읍인 주나라에 신하가 되어 의지하다〔紹我
周王見休, 惟臣附於大邑周〕'하는 것은 곧 사신(史臣)이 사녀(士女)들
의 말을 기술한 것인데, 위작자가 무왕의 말로 바꿔 넣고자 하여 부
득불 그 수구(首句)¹⁶⁶⁾를 없애버리고 또 '우리 주나라 임금을 밝게
하는 것은 하늘의 아름다운 덕이 진동한 것이다. 그래서 백성이 우
리 큰 고을 주나라에 돌아와 의지한 것이다〔紹我周王, 天休震動, 用附
我大邑周〕'라고 고쳐버렸으니, 시험 삼아 「대고大誥」에 '하늘이 영왕
에게 복을 내려 우리 작은 주나라를 일으키게 하였다〔天休于寧王, 興
我小邦周〕라고 한 것과 「다사多士」에 '우리 작은 나라가 감히 은나
라의 천명을 뺏은 것이 아니다〔非我小國, 敢弋殷命〕'라고 한 것을 생
각해보면, 그 스스로를 낮춤이 이와 같으며 전 왕조에 대해 한 번은
'대국은(大國殷)'이라 했고 또 한 번은 '대방은(大邦殷)'이라 했고,
심지어는 '천읍상(天邑商)'이라 하여 그 남을 높이는 것이 이와 같은
데, 어찌 무왕이 처음으로 천하를 차지하는 날에 여러 제후들에게
두루 고하는데 뽐내듯이 스스로를 높여 '대읍주(大邑周)'라고 함이
있었겠는가?"¹⁶⁷⁾라고 하였다.

살펴보건대, 당시의 사신이 또한 두려워하고 삼갔기 때문에 '대
방주(大邦周)'라고 하지 않은 것이다.

지금 「태서(泰誓)」에 "하늘이 아래 백성을 도와 그들에게 임금을
만들어주고 스승을 만들어준다〔天祐下民, 作之君作之師〕"라고 하였
다. 염약거는 이르기를, "하늘이 백성을 내려 임금과 스승을 세워주
기 때문에 사광(師曠)¹⁶⁸⁾이 이것을 서술하기를 '하늘이 백성을 낳아

---

166) '有攸不爲臣'을 가리킴.
167) 閻若璩, 『尙書古文疏證』 卷4, 張9~10.
168) 師曠: 春秋時代 晉나라 사람으로 유명한 樂官이었다. 『師曠六編』을 지
     었다고 함.

임금을 세워주다〔天生民而立之君〕'[169]라 하고, 또 순경(荀卿)은 그것을 해석하여 '하늘이 백성을 낳은 것은 임금을 위해서 그렇게 한 것이 아니요, 하늘이 임금을 세운 것은 백성을 위해 그렇게 한 것이다〔天之生民, 非爲君也. 天之立君, 以爲民也〕'[170]라 하였으니 모두 일맥 상통하거늘, 지금 「태서泰誓」에 '강(降)'을 고쳐 '우(祐)'로 하였으니 마음에 삭연(索然)함을 느끼게 한다"[171]고 하였다.

기(己) 2

『맹자』에는 「태서太誓」를 인용하여, "우리 위무를 떨쳐〔……〕탕 임금보다 더욱 빛남이 있다〔我無維揚, (……) 于湯有光〕"[172]라고 했다.

염약거는 이르기를, "이것은 필시 사신(史臣)이 무왕을 찬미한 말이요, 무왕 스스로가 한 말이 아니다. '우탕유광(于湯有光)'은 과장한 것이 아닌데, 위작자가 무왕의 말로 만들어 뽐내듯이 스스로 그 공을 대단하게 여기는 것으로 하였으니, 성인의 기상이 어찌 이 지경에까지 이르렀겠는가?"[173]라고 하였다.

『관자管子』「법금法禁」에 「태서泰誓」를 인용하여 "주(紂)는 신하가 억만인이 있었으나 또한 억만의 마음이 있었고, 무왕은 신하 3천 명이 있었는데 한마음이었다〔紂有臣億萬, 人亦有億萬之心, 武王有臣三千而一心〕"라고 하였다. 염약거는 이르기를, "또한 사신의 말이다"[174]고 하였다.

살펴보건대, 『관자』에는 이것을 고쳐 무왕으로 한 듯하니 『맹

---

169) 『左傳』襄公 14年.
170) 『荀子』「大略」.
171) 閻若璩, 『尙書古文疏證』卷4, 張12.
172) 『孟子』「滕文公」下.
173) 閻若璩, 『尙書古文疏證』卷4, 張13~14.
174) 閻若璩, 『尙書古文疏證』卷4, 張14.

자』『국어』등과는 같은 것으로 믿을 수는 없는 것이다.

기(己) 4

염약거는 이르기를, "주자가 '고사(古史)에는 으레 시(時)를 쓰지 않는다'고 하는 설이 있는데, 28편으로 상고해보건대, 「강고康誥」 「다방多方」「홍범洪範」「금등金縢」에는 모두 시(時)를 쓰지 않았으니 정확하도다, 주자의 견해여! 지금의 「태서泰誓」는 개권(開卷)하자 크게 '유십유삼년춘(惟十有三年春)'이라고 써놓았다"175)고 하였다.

또 이르기를, "주자가 임택지(林擇之)176)에게 답하는 글에서, 그로 하여금 급총(汲冢)의 『죽서기년竹書紀年』을 구하도록 한 것이 있는데, 이 책은 지금 전해지지 않고 전해지는 것은 가짜 책이다. 두원개(杜元凱)177)는 그 책을 일컬어 '문의(文義)가 『춘추』와 대략 비슷하다'고 했고, 『사기』「위세가魏世家」에 대한 배인(裴駰)178)의 주(註)에는 『죽서기년』을 인용했으나 또한 시(時)를 기록하지 않았다"179)고 하였다.

또 이르기를, "「위태서」는 손대어 바꾸는 데 미진한 곳이 있으니 '스스로 하늘과의 관계를 끊고[自絶于天]'하는 것과(「周本紀」, 『漢書』「谷永傳」, 『漢紀』「昭帝記」 등에 보인다 — 原註), '부인을 즐겁게 한다[以悅婦人]'(『漢書』「禮樂志」에 보인다 — 原註)는 것 등이다"180)라고 하였다.

---

175) 閻若璩, 『尙書古文疏證』 卷4, 張19~20.
176) 林擇之: 宋의 古田人. 이름은 用中, 擇之는 그의 字, 號는 東屛. 草堂先生이라 칭함. 朱子가 畏友로 여겼다.
177) 杜元凱: 杜預. 元凱는 그의 字.
178) 裴駰: 六朝時代 宋의 河東 聞喜人. 字는 龍駒. 『史記集解』 80권을 지었다.
179) 閻若璩, 『尙書古文疏證』 卷4, 張20~21.
180) 閻若璩, 『尙書古文疏證』 卷4, 張25.

기(己) 6

'울도(鬱陶)'를 '희(喜)'의 뜻으로 논하면서 이에 대한 것을 널리 인용하고 근거를 대어놓은 것이 수천 언(言)에 이른다[181](여기에서는 삭제한다 ─ 原註).

기(己) 8

「요전」에 "임금께서 이르기를, 내 그를 시험해보리라〔帝曰我其試哉〕"라 하였는데, 마융·정현·왕숙의 삼가(三家)의 본(本)에는 '제왈(帝曰)' 두 자가 없으니 사악(四岳)의 말이다. 정현은 시험하여 신하로 삼는다는 일로 주석하였고, '삼가 오전(五典)을 아름답게 한다〔愼徽五典〕'를 원래대로 '임금께서 이르기를, 공경하라〔帝曰欽哉〕'라는 글에 바로 연접시켰다. 또 '여러 신하가 말하기를, 익(益)입니다〔僉曰益哉〕'라는 글은 삼가(三家)의 본(本)에는 '첨(僉)'이 '우(禹)'로 되어 있다. 이것은 아마도 우(禹)가 자기와 함께 치수할 자가 익(益)과 직(稷) 2인으로, 우(禹)는 깊이 그들의 재능이 초(草)·목(木)·조(鳥)·수(獸)에 익숙함을 알았기 때문에 특별히 천거하였을 것이다. 살펴보건대, 「오제본기五帝本記」에 "요(堯)가 말하기를, '내가 시험해보리라' 하니 모두가 이르기를, '익(益)이 좋습니다〔堯曰吾試哉, 皆曰益可〕'"라고 하였는데, 늦게 나온 책은 바로 여기에 근거한 것이다.[182]

살펴보건대, 정본(鄭本)이 아마도 금문을 참고한 듯하다. 그러니 『사기』에 실려 있는 것이 공안국의 고문설에 관계되는 듯하였기 때문에 위작자가 이와 같이 고친 것이다.

---

181) 閻若璩, 『尙書古文疏證』 卷4, 張26~30에 閻若璩는 '鬱陶'가 '喜'의 뜻이라며 장황하게 증거를 끌어대고 있다.
182) 閻若璩, 『尙書古文疏證』 卷4, 張37~39.

육덕명의 「상서음의尚書音義」에 "익(益)은 곧 고요(皐陶)의 아들이다"[183]라고 했는데, 이는 조대가(曹大家)[184]가 주한 『열녀전列女傳』과 고유(高誘)가 주한 『여씨춘추呂氏春秋』와 『시보詩譜』에서 얻어온 것이다[185](그 說이 너무 길어 여기에서는 삭제한다 — 原註). 육상산(陸象山)이 "요(堯)·순(舜) 때에는 도(道)가 고요(皐陶)에게 있었다"고 했으니, 그는 아마도 「고요모皐陶謨」만 보고 「기직棄稷」이 따로 있는 줄을 알지 못했던 듯하다[186](이미 7條로 해놓았다[187]) — 原註).

나는 살펴보건대, 『대학』『중용』은 그 연원이 모두 「고요모」에서 비롯되었으니, 상산(象山)의 논(論)은 정확하다. 「기직」은 본래 태강(太康) 때에 지어졌으니, 정본의 서차(序次)도 이와 같다. 염약거는 기직(棄稷)을 후직(后稷)으로 여겼으니 잘못이다.

기(己) 10

『맹자』에 이르기를, "태갑이 탕왕의 떳떳한 법을 전복시키거늘, 이윤이 그를 동(桐) 땅에 3년 동안 유폐시키자, 태갑이 자신의 과오를 뉘우쳐 스스로 원망하고 스스로 다스려, 동 땅에서 3년 동안 인(仁)에 처하고 의(義)에 옮겨 이윤이 훈계한 것을 따랐다. 그리하여 다시 박읍(亳邑)으로 돌아왔다"[188]고 하였다.

염약거는 이르기를, "태갑이 쫓겨난 지 3년 뒤에 비로소 허물을 뉘우치고 또 3년을 경과하였는데, 위작자는 다만 3년이라고만 해놓

---

183) 陸德明, 『經典釋文』「尙書音義」上.
184) 曹大家: 後漢 때 曹壽의 妻인 班昭를 말함. 班固의 妹氏로서 班固의 『列女傳』을 註하였다.
185) 閻若璩, 『尙書古文疏證』卷4, 張40.
186) 閻若璩, 『尙書古文疏證』卷4, 張37.
187) 閻若璩는 『尙書古文疏證』卷4, 張30~37에서 일곱 가지 조목을 들어 밝혀놓았다.
188) 『孟子』「萬章」上.

았으니 『맹자』와는 맞지 않는다"[189]라고 하였다.

「서서」에 이르기를, "태갑이 이미 왕위에 올랐으나 밝지 못했기에 이윤이 그를 동(桐)에 추방하고 3년이 되어서야 다시 박(亳)으로 돌아오게 하니 태갑이 상도(常道)를 생각하게 되었다. 그래서 「태갑」 3편을 지었다"고 하였다. 염약거는 이르기를, "위작자가 위(魏)·진(晉) 간에 태어나고 그때에는 모두 「서서」를 공자의 작으로 하였기 때문에 위작자가 지어낸 25편도 모두 이를 모방해서 드디어 3년으로 하여 「서서(書序)」와 맞추고 『맹자』와 맞지 않는 것은 돌아보지 않았다"[190]라고 하였다.

살펴보건대, 염약거는 「서서」가 본래 공자의 소작임을 믿지 않아서 대개 이 일의 본말에 대해 밝지 못함이 있다. 매본(梅本)의 「서서」는 위작자가 변란(變亂)시킨 것이 많으니 공자의 원본(原本)이 아니다. 그러나 만약 공자가 본래 「서서」를 짓지 않았다고 한다면 『사기』 『한서』에서 일컬은 29편은 원래 어떤 것이란 말인가? 또 위작자가 25편의 서(序)에 고쳐서 새로 위작한 경문(經文)을 따른 것이 많은데, 지금 "모두 이를 모방하였다"고 하니 또한 소략한 설명이다.

이 아래는 동궁(桐宮)에서 3년 만에 박(亳)으로 돌아온 일을 논한 논쟁의 문제이니, 그 내용이 너무 길어 여기서는 삭제한다.

경(庚) 1

'함유일덕(咸有一德)'을 『예기』 「치의緇衣」에 두 번 인용하였으니, 하나는 '유윤궁기탕(惟尹躬曁湯) 〔……〕'이라고 하는 것이요, 다른 하나는 '유윤궁선견(惟尹躬先見) 〔……〕'이라고 하는 것이다.

---

189) 閻若璩, 『尙書古文疏證』 卷4, 張46~47.
190) 閻若璩, 『尙書古文疏證』 卷4, 張47~48.

염약거는 이르기를, "임금 앞에서 신하는 자신의 이름을 부르는 것이 예(禮)이다. 태갑이 이미 이윤에게 머리를 조아렸고 이윤은 또 태갑에게 자기의 자(字)를 자주 호칭했으니, 어찌 군신(君臣)이 서로 예를 잃은 것이 아니겠는가?(字가 尹이고 名은 摯이다——原註) 그런데 이 편은 그 서(序)가 '고선(咎單)[191]'이 『명거明居』를 지었다〔咎單作明居〕'는 것의 앞에 있어 「태갑」과는 무관한 것이다"[192]라고 하였다.

살펴보건대, 「함유일덕」은 이윤이 제후에게 고한 말이다.

「입정」에 이르기를, '기재수덕민(其在受德暋)'이라 하였는데, 공씨(孔氏)[193]는 '수덕(受德)'을 주(紂)의 자(字)로 하여 그의 아버지 제을(帝乙)이 지어준 것이라고 했는데[194] 그 설이 정강성(鄭康成)과 같다. 『주서周書』[195]「극은해克殷解」에 "은나라 말손인 수덕〔殷末孫受德〕"이라 하고 『여씨춘추』「중동기仲冬紀」에 "그 다음은 수덕이니 곧 주(紂)이다〔其次曰受德, 乃紂也〕"라고 했다.[196]

살펴보건대, 『예기』에 '천왕모보(天王某甫)'라고 일컬은 것이 있으니, 무왕이 자주 수(受)라고 일컬은 것은 이것 때문일 것이다.
『한서』「백관공경표百官公卿表」에 "하(夏)·은(殷)의 관직은 들은 것이 없고 주나라 관직은 갖추어져 있다. 천관(天官) 총재(冢宰), 지관(地官) 사도(司徒), 춘관(春官) 종백(宗伯), 하관(夏官) 사

---

191) 咎單: 湯의 司空.
192) 閻若璩, 『尙書古文疏證』 卷4, 張55~56.
193) 여기의 孔氏는 『僞孔傳』을 지은 梅頤를 말한다.
194) 『尙書正義』卷 第17, 「立政」孔氏傳.
195) 『周書』:『逸周書』 10권을 이름.
196) 閻若璩, 『尙書古文疏證』 卷4, 張57.

마(司馬), 추관(秋官) 사구(司寇), 동관(冬官) 사공(司空)은 이것이
육경(六卿)이니, 각각 도속(徒屬)과 직분을 두어 모든 업무에 종사
한다. 태사(太師)·태부(太傅)·태보(太保)는 이것이 삼공(三公)이
니, 대개 천자가 앉아서 정사를 의논하는 데 참여하여 모든 것을
총괄하여 거느리지 않음이 없다. 그러므로 한 직책으로 관명(官
名)을 삼지 않는다. 또 삼소(三少)를 세워 그 도와주는 부(副)로
삼는데, 소사(少師)·소부(少傅)·소보(少保)로 이것이 고경(孤卿)이
니, 육경(六卿)과 더불어 아홉이 되는 것이다. 옛 기록에 '삼공(三
公)은 관원을 모두 갖추지 않는다'라고 했으니, 이것은 그 적임자
가 있은 연후에 충원한다는 말이다"197)라고 했다.

『예기』「명당위明堂位」에 "유우씨의 관(官)은 50이요, 하후씨는
100, 은(殷)은 200, 주는 300이다〔有虞氏官五十, 夏后氏官百, 殷二百,
周三百〕"라고 하고, 「문왕세자」에 '사보(四輔)와 삼공(三公)을 설
치하나 반드시 충원하지 않고 오직 그 적임자로써 한다〔設四輔及三
公, 不必備, 唯其人〕'고 하였다. 염약거는 이르기를, "위작자가 『한
서』의 「백관공경표」를 옮겨 가운데 한 문단을 만들고, 『예기』를
옮겨 앞 한 문단과 가운데 문단을 만들었다"198)고 하였다.

경(庚) 2

『주례周禮』「보씨保氏」199)의 소(疏)에 "『정지鄭志』에 나오는 조상
(趙商)의 질문을 인용하여 말하기를, '살펴보건대, 성왕(成王) 때 주
관(周官)에 태사·태부·태보를 세웠으니 이것이 삼공(三公)이다'"라
고 하였다. 염약거는 이르기를, "『정지』 10권은 정강성이 살아 있는

---

197) 『漢書』卷19 上, 「百官公卿表」第7 上.
198) 閻若璩, 『尙書古文疏證』卷4, 張60. 梅賾의 『尙書』「周官」에 대한 閻若
　　璩의 評이다.
199) 「保氏」: 『周禮』「地官」에 속한 職名이자 篇名.

동안 당시 사람들과 응답한 것을 추론(追論)한 것이나 또한 후인(後人)에 의해 섞여진 것이 많다. 원래의 글이 아니니 어떻게 증거를 댈 수 있겠는가?(지금 전하지 않는다 — 原註) 학자가 이러한 곳을 만나면 모두 따라서 말살해버릴 것이요, 다시 의심할 필요조차 없다"[200]고 하였다.

살펴보건대, 이는 마융의 『충경忠經』 중의 '유정유일(惟精惟一)'과 같은 것들이다.

경(庚) 3[201]

『순자』에 "난세에는 일족에게 모두 죄를 논하고 세습으로 현인(賢人)처럼 등용한다〔亂世, 以族論罪, 以世擧賢〕"[202]라고 하였다.

염약거는 이르기를, "이 말을 「태서」에는 고쳐서 집어넣었는데 옛날에는 이족(夷族)의 형벌[203]이 없었고, 진 문공(秦文公) 20년에서부터 시작되었으니 오랑캐의 법이다. 춘추 시대에 들어와 초(楚)에서 처음으로 야오씨(若敖氏)의 종족을 멸하고, 진(晉)에서 처음으로 선곡(先縠)의 족속을 멸하였다"[204]라고 하였다.

살펴보건대, 「대우모大禹謨」에 "어버이의 벌은 아들에게 미치지 않는다〔罰不及嗣〕"라고 하였으니, 이 「태서」의 말은 바로 후대 사람들의 어투이다.

---

200) 閻若璩, 『尙書古文疏證』 卷4, 張68.
201) 朝本에는 丑十으로 되어 있음.
202) 『荀子』 「君子」.
203) 夷族의 형벌: 宗族을 모두 滅殺시키는 형벌.
204) 閻若璩, 『尙書古文疏證』 卷4, 張69~70.

경(庚) 5

『경전석문經典釋文』에 다음과 같이 실려 있다. 제(齊)나라 명제 (明帝) 건무(建武: 494~497) 연간에 오흥(吳興)의 요방흥(姚方興)이 마융·왕숙의 주(註)를 채집하여『공안국전』의「순전舜典」1편을 지어 대항두(大航頭)에서 샀다고 하여 이것을 바쳤다. 양(梁)나라 무제(武帝) 때 그가 박사가 되니 조정에서 논의하여 말하기를, "『공안국전』의「서서」에는 복생이 잘못 5편을 합해놓은 것은 모두 글이 서로 이어져 있기 때문에 잘못을 범하게 된 것이라고 한다. 그러나「순전」머리에 '왈약계고(曰若稽古)'가 있었다면, 복생이 비록 혼모 (昏耄)했다고 하더라도 어떻게 이것을 합쳤겠는가?"라고 하여 드디어 수용되지 아니하였다.[205]

염약거는 이르기를, "뛰어났도다. 이 식견이여! 진실로 왕명을 칭탈하여 결단을 내릴 만한데, 어째서 수(隋)나라 개황(開皇: 581~600) 초(初)에는 그러하지를 못했던가?"[206]라고 하였다.

경(庚) 6

『양자법언揚子法言』「효지孝至」에 "어떤 사람이 충언(忠言)·가모 (嘉謨)를 물었는데 이르기를, '말이 직(稷)·설(契)의 말과 일치하는 것을 충(忠)이라 하고, 모(謨)가 고요(皋陶)의 모(謨)와 일치하는 것을 가(嘉)라고 한다'"라고 하였다. 염약거는 이르기를, "지금「우서虞書」5편에 고요(皋陶)는 그 모(謨)를 진술하였으나 직(稷)과 설 (契)은 아예 한마디 말도 세상에 전해 내려오는 것이 없다. 그러나 자운(子雲)이 어찌 실제 없는 것을 끌어들인 것이겠는가? 자운의 때를 당해서는「기직」이 현존했기 때문에 직(稷)·설(契)의 말을 얻어볼 수 있었던 것인데, 애석하게도 영가의 난리에 망실되었다"[207]라

---

205) 陸德明,『經典釋文』卷第1,「序錄」.
206) 閻若璩,『尚書古文疏證』卷 5上, 張4.
207) 閻若璩,『尚書古文疏證』卷5 上, 張5.

고 하였다.

살펴보건대, 「기직」은 일서(逸書) 16편 중의 하나이다. 양웅(揚雄)이 왕망(王莽)·유흠(劉歆)의 때를 당하여 그것을 본 것이 진실로 당연하다. 다만 「기직」은 「감서」의 뒤에 있으니, 직(稷)·설(契)의 말이 있는 것과는 아무 연고가 없다.

경(庚) 9

육덕명의 『경전석문』에 '왕운(王云)'이라고 한 것은 왕숙의 주(註)이며, '마운(馬云)'이라고 한 것은 마융의 주이다. 염약거는 이르기를, "오늘날의 감본(監本)[208]인 『상서』의 「순전」에서 '사류우상제(肆類于上帝)' 아래에 '왕운'과 '마운'을 『공안국전』으로 인용한 것은 잘못 간행한 것이 분명하다. 『경전석문』에는 『공안국전』에 들어 있는 글 가운데 『공안국전』의 그 본연(本然)의 것이 아니면 비록 서로 이어놓았다 하더라도 '매색이 바친 『공안국전』에는 「순전」한 편이 없다'고 하였다. 당시에 왕숙의 주가 공안국의 견해와 자못 유사했기 때문에 드디어 '신휘오전(愼徽五典)' 이하를 「순전」으로 삼고 왕숙의 주로써 보충해놓았다. 그러니 여기에 응당 다시 '왕운'이라고 표시를 하지 말아야 했다. 이 점을 독자들은 마땅히 잘 분변해야 할 것이다"[209]라고 하였다.

신(辛) 1

『제왕세기』에 "상용(商容)과 은(殷)나라 백성들이 주(周)나라 군사가 들어오는 것을 구경하고 필공(畢公)이 오는 것을 보았다[……]"하고, 또 "왕자(王者)는 어진 사람에 대해서 죽은 자에게도 오히려

---

208) 監本: 國子監의 刊行本을 말함.
209) 閻若璩, 『尙書古文疏證』卷5 上, 張32.

그 문에 정표를 해주는데, 하물며 살아 있는 자에 있어서랴"라고 하였다. 염약거는 이르기를, "글이 서로 내용에 실정과는 거리가 있는 것이 네 구(句)[210]이며 상용은 이미 죽었으니, 뜻이 매우 괴리된다"고 하고, 또 이르기를, "식(式)자는 어디서 근거한 것인가? 이는 『여람呂覽』에 '상용의 문에 정표를 하니, 걸어서 그 앞을 지나던 선비는 총총걸음으로 공경히 지나고 수레를 타고 지나던 사람은 수레에서 내려 지나갔다'[211]라고 한 데서 따온 것이다. 『사기』 「유후세가留侯世家」에도 '지자(智者)의 문에 공경을 표하였다〔式智者之門〕'고 하였으니, 이는 기자(箕子)를 두고 말한 것이다"[212]라고 하였다.

살펴보건대, '식(式)'자는 끝내 분명한 근거가 없다.
『회남자淮南子』 「숙진훈俶眞訓」에 "현인의 심장을 쪼개고 재사(才士)의 다리를 잘랐다" 하였고, 또 「주술훈主術訓」에 "아침에 걸어서 강물을 건너는 자의 다리를 자르자 만민이 배반하였다"고 하였다.[213]

신(辛) 2

『당서唐書』 「왕발전王勃[214]傳」에 "애초 그의 조부 통(通)이 수(隋)나라 말기에 백우계(白牛溪)에 우거하면서 자제들을 가르쳤는데 문인들이 매우 많았다. 일찍이 한(漢)·위(魏)로부터 진(晉)까지 120편의 『상서』를 지어 옛 『상서』를 이었는데 지금은 모두 전하지 않는

---

210) 「武成」에 나오는 '式商容閭' 다음의 "散鹿臺之財, 發鉅橋之粟, 大賚于四海, 而萬姓悅服"의 네 句를 가리킴.
211) 『呂氏春秋』 「愼大覽」.
212) 閻若璩, 『尙書古文疏證』 卷5 上, 張47.
213) 이 문단은 「泰誓」下篇에 나오는 "斷朝涉之脛, 剖賢人之心"에 대한 閻若璩의 考證이다. 閻若璩, 『尙書古文疏證』 卷5 上, 張48.
214) 王勃 : 647~675. 唐 絳州 龍門人. 字는 子安. 그의 詩는 初唐 四傑의 한 사람으로 이름이 있음. 특히 「滕王閣序」로 유명하다.

다"고 하였다. 염약거는 이르기를, "육조(六朝) 시대 학사가(學士家)들은 원래 이런 종류의 찬저(撰著)가 있었다. 백거이(白居易)[215]는 「탕정湯征」을 지어 일서(逸書)를 보충해놓았고, 소백형(蘇伯衡)[216]의 『평중집平仲集』에도 「헌화獻禾」「귀화歸禾」「가화嘉禾」 등 3편의 주서보망(周書補亡)이 있으며, 『당문수唐文粹』[217]에도 진암(陳黯)[218]의 「우고禹誥」 1편이 있다"[219]라고 하였다.

살펴보건대, 25편도 또한 처음 지을 때는 희필(戲筆)에 불과했을 뿐이다.

신(辛) 3[220]

호위생(胡渭生)[221](字는 朏明이다 — 原註)이 말하기를, "「오자지가五子之歌」는 대체로 각 장의 처음 2구는 연운(連韻)이고 나머지는 2구가 1운인데, 제1장의 운구는 더욱 거친데다 15구에는 협운(叶韻)으로 4~5구씩 만들어졌을 뿐이다"고 하였다. 염약거는 이르기를, "옛날에는 평성(平聲)·상성(上聲)·거성(去聲)·입성(入聲)의 4성이 없었고 통틀어 한 음으로 되어 있었다. 그러므로 순임금의 노래[222]

---

215) 白居易: 772~846. 中唐의 대표적인 詩人. 字는 樂天. 香山居士 또는 醉吟先生이라고 불렸다.
216) 蘇伯衡: 明代의 文人. 字는 平仲. 博涉群籍하였고 古文에 능통하였음. 저서로 『蘇平仲集』이 있다.
217) 『唐文粹』: 唐代의 뛰어난 詩文을 모아놓은 것인데 全 1백 권으로 宋의 姚鉉이 편하였음. 文賦와 詩歌는 모두 古體만을 취택하였다.
218) 陳黯: 唐 潁川人. 字는 希孺. 黃巢의 亂을 피하여 終南山에 隱居. 저서로 『禆正書』『辨謀』 등이 있음.
219) 閻若璩, 『尙書古文疏證』 卷5 上, 張51~53.
220) 朝本·奎本에 모두 '庚三'으로 되어 있다.
221) 胡渭生: 1633~1714. 淸의 經學者인 胡渭. 初名이 渭生이다. 德淸人. 字는 朏明, 號는 東樵. 저서로 『禹貢錐指』『易圖明辨』『洪範正論』『周易揆方』『大學翼眞』 등이 있다.
222) 순임금의 노래: 『尙書』 「益稷」의 "股肱喜哉, 元首起哉, 百工熙哉"를 말함

에 희운(熙韻)·희운(喜韻)·기운(起韻)으로써 한 것이 그 증거이다. 「오자지가」도 또한 도운(圖韻)·하운(下韻)·여운(予韻)·마운(馬韻)으로써 한 것은 대개 고법(古法)인 것이다. 제1장의 두 '하(下)'자는 음이 호(戶)이며 '마(馬)'는 음이 모(姥)이니, '여(予)'와 더불어 운이 되며, 또 제4장의 '유(有)'는 음이 이(以)이니 '사(祀)'와 더불어 운이 되니, 대개 고법인 것이다. 그런데 위작자는 옛날과 그렇게 멀리 떨어진 시대에 살지 않아서 오히려 이런 것들을 알았던 것이다"[223]라고 하였다.

『전국책戰國策』에 "우(禹) 임금이 의적(儀狄)[224]을 멀리하면서 이르기를, '후세에 반드시 술 때문에 그 나라를 망칠 자가 있을 것이다'라고 하였고, 또 제 환공(齊桓公)은 이르기를, '후세에 반드시 맛난 음식 때문에 그 나라를 망칠 자가 있을 것이다'라고 하였으며, 진 문공(晉文公)은 이르기를, '후세에 반드시 여색(女色) 때문에 그 나라를 망칠 자가 있을 것이다'라고 하였고, 초왕(楚王)은 이르기를, '후세에 반드시 사치스런 고대(高臺)와 피지(陂池) 때문에 그 나라를 망칠 자가 있을 것이다'라고 하였으며, 〔……〕이중에 하나라도 있다면 그 나라를 망치기에 충분할 것이다'"[225]라고 하였다. 염약거는 이르기를, "이 노래의 제2장[226]은 본래 근거하여 나온 바가 있다"[227]고 하였다(본래 魯나라 임금이 梁王에게 말한 것이다――原註). 또 염약거는 이르기를, "『시경』「개풍凱風」은 일곱 명의 아들의 시이나, 시는 다만 4장뿐이고 또한 한 사람의 수법이다. 그러니 어찌 「오자지가」도 편명이 「오자지가」라고 하여, 후세에 제목을 나누고 종이를 주어 사람마다 시 한 수씩 한정하는 것처럼 다섯 아들이 차례대로

---

223) 閻若璩, 『尙書古文疏證』 卷5 下, 張2~4.
224) 儀狄: 人名. 帝王의 딸이라고 註한 것도 있고, 제왕의 딸이 儀狄을 시켜 처음으로 술을 만들게 했다는 설도 있다.
225) 『戰國策』 卷 第23, 「魏」 2.
226) 「五子之歌」의 제2장을 가리킴.
227) 閻若璩, 『尙書古文疏證』 卷5 下, 張6.

노래를 지어 그들 이름에 부합되게 한 것이겠는가?"[228] 하였다. 매악(梅鷟)[229]이 이르기를, "'금실기행(今失其行)'을 '금실궐도(今失厥道)'로 개작하여[230] 당(唐)·상(常)·방(方)·강(綱)·망(亡)과는 협운이 되지 않는다"고 하였다. 염약거는 이르기를, "『묵자』에서 인용한 바 '천유현덕, 기행심장(天有顯德, 其行甚章)'[231](「泰誓」下篇의 앞부분에 竄入되어 있다 — 原註)과 '위감불원, 재피은왕(爲鑒不遠, 在彼殷王)'6구[232](도치되어「泰誓」中篇의 중간 부분에 竄入되어 있다 — 原註)와 '상제불상, 구유이망(上帝不常, 九有以亡)'2구(「伊訓」「咸有一德」에 거듭 내놓고 사용했으므로 여기서는 없애버렸다 — 原註)는 다만 그 뒤의 말만 남겨놓았다"[233]고 하였다.

신(辛) 4

이 한 문단은 운학(韻學)에 대해 광범위하게 논한 것으로 여기서는 삭제하였다.[234]

신(辛) 5

「서서」의 주(註)에 마융은 "오(獒)는 호(豪)로 되어야 하니, 추호(酋豪)이다"고 하였고, 정현은 "오(獒)는 호(豪)로 읽어야 한

---

228) 閻若璩,『尙書古文疏證』卷5 下, 張7.

229) 梅鷟: 明나라 文人. 梅鷟의 형이다. 字는 百一, 號는 凫山. 閻若璩가 梅鷟을 梅鷟으로 잘못 쓴 것이 아닌지 의심이 간다.

230) 『左傳』哀公 6年에 孔子의 말 속에 '夏書曰'이라고 하여 "惟彼陶唐, 帥彼天常, 有此冀方, 今失其行, 亂其紀綱, 乃滅而亡"이라는 말이 있는데, 여기 '今失其行'을「五子之歌」에서 '今失厥道'로 고친 것을 말함.

231) 『墨子』「非命」下에「太誓」의 말로 나온다.

232) 『墨子』의「非命」下에「太誓」의 말로 되어 있는 "爲鑒不遠, 在彼殷王, 謂人有命, 謂敬不可行, 謂祭無益, 謂暴無傷"6句를 梅賾의「泰誓」에서는 이 글을 도치시켜 "謂己有天命, 謂敬不足行, 謂祭無益, 謂暴無傷, 厥鑒惟不遠, 在彼夏王"으로 해놓은 것을 말함.

233) 閻若璩,『尙書古文疏證』卷5 下, 張8~10.

234) 閻若璩,『尙書古文疏證』卷5 下, 제74장을 두고 한 말임.

다"235)고 하였다.

신(辛) 6

『논어』에 "비유컨대 산을 만듦에 흙 한 삼태기를 채우지 못하고 그만두는 것도 내가 그만둔 것이다"236)고 하였다(나의 「旅獒」의 說에 있다—原註). 『논어』에 "군자의 덕은 바람이고 소인의 덕은 풀이니 바람이 풀 위에 불면 풀은 반드시 쓰러진다"237)고 하였다. 그런데 지금 개작하면서 반을 버리고 "너는 바람이고 하민은 풀이다"238)고 하였으니, 성왕(成王)이 헐후어(歇後語)를 쓰기 좋아하여 장차 군진(君陳)으로 하여금 의심을 갖고 생각하게 하려 한 것인가?239)(『漢書』「叙傳」에 "내 德은 바람과 같으니 백성들은 응당 풀과 같아야 한다"240)고 하였다—原註)

매작(梅鷟)이 말하기를, "한 삼태기(一簣)란 말은 『논어』에서 빼앗아온 말이고, '구인(九仞)'이란 말은 『맹자』에서 빼앗아온 말이다"(『孟子』「盡心」上에 "우물을 九仞까지 판다"는 말이 있다—原註)고 하였다.241) 염약거는 이르기를, "우물을 파는 데는 구인이라고 말할 수 있지만 산을 만드는 데는 구인이라고 말할 수 없다. 『순자』의 책에는 산에 대해서 모두 백인(百仞)이라고 하고 있다"242)고 하였다.

내가 살펴보건대, 산을 만드는 데 무엇을 이용하느냐 하는 것을 비유하는 것은 강론할 수 있다. 『맹자』에 "높은 산을 만드는 데에

---

235) 閻若璩, 『尙書古文疏證』 卷5 下, 張21.
236) 『論語』 「子罕」.
237) 『論語』 「顔淵」.
238) 『尙書』 「君陳」.
239) 閻若璩, 『尙書古文疏證』 卷5 下, 張24.
240) 『漢書』 卷100 上, 「敍傳」第70 上.
241) 梅賾의 「旅獒」에 "爲山九仞, 功虧一簣"라는 말이 있어 이를 考證한 것이다.
242) 閻若璩, 『尙書古文疏證』 卷5 下, 張26.

는 반드시 구릉을 이용한다”[243]고 하였다. 옛날에 어찌 또한 산을 만드는 일이 있었겠는가?

신(辛) 8

『설문』에 『상서』를 인용한 것은 아마도 24편[244]에서 나온 듯하기에 여기 기록해놓는다(『逸周書』라고 표기된 것은 기록하지 않는다 — 原註).

「우서虞書」에 “인(仁)으로 아래를 불쌍히 여겨 덮어주는 것을 민천(旻天)[245]이라 한다”고 한 것, 「우서」에 “짝을 원망하는 것을 구(逑)라 한다”고 한 것, 「상서商書」에 “서로 능멸한다”고 한 것, 「주서周書」[246]에 “궁중의 용식(冗食)[247]이다”고 한 것(「周書」의 ‘若藥不瞑眩’과 같이 읽는다[248] — 原註), 「주서」에 “남을 해치는 교묘한 말이다”고 한 것, 「주서」에 “와서 해롭게 한다”고 한 것, 「주서」에 “원(貆)이란 짐승은 발톱이 있지만 할퀴지 않는다”고 한 것, 「주서」에 “왕이 물가에 나갔다”고 한 것, 「주서」에 “백경(伯繠)이다”고 한 것, 「주서」에 “군사가 곧 쳐들어왔다”고 한 것, 「주서」에 “부지런히 노력하여 게을리 하지 않는다”고 한 것, 「주서」에 “오직 가는 털을 헤아림이 있나”고 한 섯, 『상서』에 “맴돌며 오르는 구름이 반은 있고 반은 없다”고 한 것, 『상서』에 “죽전(竹箭)이 진(楉)과 같다”[249]고

243) 『孟子』「離婁」上.
244) 閻若璩는 賈逵가 傳授한 24편이라고 하는데 그 구체적인 篇名은 未詳.
245) 朝本에는 ‘昊天’으로 되어 있음.
246) 段玉裁는 『說文』의 註에 「周書」가 아니라 『周禮』로 해야 한다고 하였음.
247) 冗食: 外朝·內朝에 當直하는 冗吏가 집에 돌아가지 않고 稟人이 제공하는 음식을 먹는 것을 말함. 冗吏는 外朝·內朝에 당직하는 官吏. 散吏라고도 함(『周禮』「地官—稟人」의 疏에 나온다).
248) 閻若璩의 『尙書古文疏證』에 ‘宮中之冗食’ 다음에 ‘讀若周書若藥不瞑眩’이라고 해놓은 것은 閻若璩의 註인 듯하여 註로 처리하였으나 ‘宮中之冗食’의 註로 보았을 때도 이 글은 이해하기 어렵다.
249) ‘竹箭如楉’에 대해 段玉裁는 未詳이라고 註를 하였고 王肅은 『尙書』에 이런 말이 없다고 하였다. 竹箭의 竹은 큰 대이며 箭은 細竹이다. 楉은

한 것 등이다.[250] 이상은 모두 위작자가 채용하지 못한 것들이다.[251]

살펴보건대, 이중에는『일주서』의 글귀도 있다.

『후한서』「장제기章帝紀」에 장제(章帝)가 건초(建初) 8년에 조서를 내리기를 "여러 유자(儒者)들 중에 재주가 뛰어난 유생들을 선발하여『좌씨춘추左氏春秋』『곡량춘추穀梁春秋』[252]『고문상서』『모시毛詩』[253]를 가르쳐 미미한 유학을 부지(扶持)시키게 하고 다른 견해들을 널리 궁구하게 하라"고 하였고,「안제기安帝紀」에 안제가 연광(延光) 2년에 조서를 내리기를 "삼서랑(三署郎) 및 이인(吏人) 중에『고문상서』『모시』[254]『곡량춘추』에 능통한 사람 각 1명씩 선발하라"고 하였으며,「영제기靈帝紀」에 영제가 광화(光和) 3년에 조서를 내리기를 "『상서』(顧炎武는『尙書』란 말 위에 '古文' 두 글자가 탈락되었다고 하였다—原註)『모시』『좌씨춘추』『곡량춘추』에 능통한 자 각 1명씩 천거하라"고 하였다. 또「유림전」에는 "『고문상서』『모시』『좌씨춘추』『곡량춘추』가 비록 학관에 열립(列立)되지는 못했지만 이 분야에 뛰어난 사람은 모두 선발하여 강랑(講郎)을 삼아 근서(近署)[255]에서 봉사하도록 하라"고 하였다.[256]

살펴보건대, 모서하(毛西河)가 매양 말하기를, "영갑(令甲)이 삼

木名 또는 竹名으로 註를 내놓고 있다.『尙書古文疏證』과『梅氏書平』의 奎本·朝本에는 樏이 櫑으로 되어 있음.
250) 여기에 列擧해놓은『尙書』의 14條는 現傳하고 있는『尙書』의 今古文에는 없는 글인데,『尙書』의 46권 58편 중 鄭玄이 註를 내지 않아 師承이 끊어져 亡佚된 16권 24편 중의 글인 듯하다.
251) 閻若璩,『尙書古文疏證』卷5 下, 張29~30.
252) 奎本·朝本에는『穀梁春秋』가 빠져 있음.
253) 奎本·朝本에는『毛詩』가 빠져 있음.
254) 奎本·朝本에는『毛詩』가 빠져 있음.
255) 近署: 帝王 곁에 있는 部署의 官所.
256) 閻若璩,『尙書古文疏證』卷5 下, 張31~32에 인용되어 있다.

엄하여 『고문상서』가 세상에 행해지지 않다가 동진(東晉) 때 와서 비로소 세상에 나왔다"고 하였으나, 후한(後漢) 때의 조령(詔令)을 보니 모서하의 말은 거짓이다.

신(辛) 10

「채중지명蔡仲之命」의 "주공이 총재(冢宰)의 지위에 있으면서"에서 "채(蔡) 땅에다 채중(蔡仲)을 봉해주었다"고 하는 데까지에 대하여 염약거는 이르기를, "「강고康誥」에 곧바로 '맹후(孟侯)[257]인 나의 동생 소자 봉(封)아!'라고 하였고, 「문후지명文侯之命」에도 곧바로 '왕은 이에 숙부인 의화(義和)여!'라고 하였으니, 한 편의 편머리에 서문처럼 된 것이 없다. 그런데 지금은 축타(祝鮀)의 말을 취해서 서문을 삼았으니 췌언이다"[258]고 하였다.

『주서周書』[259] 「작락해作雒解」에는 곽린(郭鄰)[260]이 곽준(郭浚)으로 되어 있다[261](孔晁는 말하기를, "이는 地名인데 소재가 확실치 않다"[262]고 하였다 ─ 原註).

살펴보건대, 이 문단 이하는 산시(刪詩)·채시(采詩)·소서(小序)·음시(淫詩)에 대해서 광범위하게 논해놓은 것이 매우 자세하고 폭넓은데 여기서는 삭제하였다.[263]

---

257) 孟侯: 顔師古는 "孟, 長也. 言爲諸侯之長"이라 하여 諸侯의 우두머리로 註하였다. 여기서는 康叔을 가리킴.
258) 閻若璩, 『尙書古文疏證』 卷5 下, 張39~40.
259) 『周書』:『逸周書』를 말함.
260) 郭鄰: 중국 고대의 地名. 郭國 近郊의 땅.
261) 閻若璩, 『尙書古文疏證』 卷5 下, 張41.
262) 閻若璩, 『尙書古文疏證』 卷5 下, 張39~40.
263) 閻若璩, 『尙書古文疏證』 卷5 下, 張42~73까지를 말함.

염씨고문소증초(閻氏古文疏證鈔) 4[1]

임(壬) 1

염약거는 이르기를, "내가 전에 위고문(僞古文)을 지은 자가 역법(曆法)을 대충 알고서 중강(仲康)의 즉위 초를 당해 9월에 일식(日食)이 있었다고 해놓은 것으로 여겼으나 이것이 정양(正陽)에 합치되지 않는다는 뜻을 살피지 못하였다(제1권 — 原註). 지금은 내가 이미 역법에 통하였다. 그래서 수시(授時)와 시헌(時憲) 두 역법으로 추산해보니, 중강이 즉위하던 해 5월 정해일 초하룻날에 일식이 있었지 9월 초하룻날에 일식이 있었던 것은 아니다. 일식은 동정성(東井星) 자리에 있었지 방성(房星) 자리가 아니다. 재위 13년 동안에 또 오직 4년 9월 임진일 초하룻날 일식이 있었는데, 이것은 도리어 경문(經文)의 '처음 즉위하여 온 천하를 다스리게 되다'[2]고 한 구절과는 합치되지 않는다. 그리고 일식은 저성(氐星)의 끝 쪽에 있었지 방성 자리에 있었던 것이 아니다"[3]고 하였다(또 이르기를, "『左傳』杜預의 注에 '房은 집이란 뜻이다. 日月이 그 집에 安住하지 않으면 日食이 일어난다'고 하였는데, 僞作者가 착각하여 房星의 자리라고 한 듯하다"[4]고 하였다 — 原註).

---

1) 朝本에는 이 表題가 빠져 있음.
2) 「胤征」의 첫머리에 나오는 말.
3) 閻若璩, 『尙書古文疏證』 卷6 上, 張1~2.
4) 閻若璩, 『尙書古文疏證』 卷6 上, 張6.

살펴보건대, 하(夏)나라 도읍이 안읍(安邑)인데, 염약거가 과연 안읍에서 특별히 월력(月曆)을 만들어 추산해보았던가?『좌전』에 『상서』를 인용한 부분에는 본래 일식이 있었다는 글이 없으니, 일식에 대해서는 추산해볼 필요가 없다(이미 앞에 보인다― 原註). 이 문단은 성토(星土)의 분야에 대한 이치를 장황하게 논해놓은 것이니 여기서는 삭제한다.5)

임(壬) 2

「홍범洪範」에 "달이 별을 따름으로써 풍우(風雨)가 생기는 것이다"고 하였는데, 전주(傳註)에는 모두 기성(箕星)6)과 필성(畢星)7)으로 해당시켜놓았다. 이에 대해 염약거는 이르기를, "근대 서양인인 목니각(穆尼閣)8)이『천문실용天文實用』이란 책을 지었는데, 전적으로 각 방면의 풍우를 관측하고 있다. 그 법이 태음(太陰)을 주로 삼고 5성(星)이 이에 상충해 비추면 풍우가 생기는 것으로 되어 있다. 달이 5성을 따르는 것이 모두 경성(經星)9)에만 관계된 것이 아니니 차례차례 징험해보면 분명히 틀리지 않는다. 지극한 이치라는 것은 중국인이든 외국인이든 차이가 나는 것이 아니고, 심오한 뜻이라는 것은 또한 수천 년이 지난 뒤에도 점점 드러나게 마련이다"10)고 하였고, 또 이르기를, "'달이 필성에 걸려 있으니

---

5) 閻若璩,『尙書古文疏證』卷6 上, 張7~28까지를 말함.

6) 箕星: 星名. 28宿의 하나. 달이 箕星을 통과하면 바람이 많이 분다고 하여 바람을 좋아하는 별이라고 함.

7) 畢星: 星名. 28宿의 하나. 달이 畢星을 통과하면 비가 많이 온다고 하여 비를 좋아하는 별이라고 함.

8) 穆尼閣: 淸代 서양에서 들어온 曆學者. 淄川의 薛鳳祚가 그 學을 전함. 저서로『天步眞原』『四綫比例』가 있음.

9) 經星: 星名. 일정한 位置에 있다고 하여 일명 恒星이라고도 함. 28宿을 가리켜 또 經星이라고도 함.

10) 閻若璩,『尙書古文疏證』卷6 上, 張28.

큰비가 주룩주룩 내리겠다'고 한 것은 「소아小雅－점점지석漸漸之石」에 나오는 구절이다. 또『한서』「천문지天文志」에 '기성은 동북풍이 불 징조의 별이다'고 하였으며(『春秋緯』에 "달이 箕星에 걸리면 큰 바람이 불어 모래를 날린다"고 하였다 — 原註),『사기』「천관서天官書」에는 '진성(軫星)[11]은 바람을 좋아한다'고 하였고(星占에 "東井星은 風雨를 좋아한다"고 하였다 — 原註), 손무자(孫武子)는 이르기를, '기(箕)·벽(壁)[12]·익(翼)[13]·진(軫) 네 별은 바람이 이는 날과 관계된다'"고 하였다.[14]

이 아래는 모두 역법을 논한 것인데, 여기서는 삭제한다.[15]

임(壬) 5

『시경』「대아－대명大明」에 "상제가 너에게 임해 있으니 네 마음을 이랬다저랬다 하지 말라" 하였고, 「노송魯頌－비궁閟宮」에 "두 마음을 갖지 말고 근심도 하지 말라. 상제가 너에게 임해 있다"고 하였으니, 이것은 모두 무왕이 목야(牧野)에 있을 때를 가리킨 것으로 「탕서湯誓」의 "나는 상제를 두려워하는지라 감히 그 죄를 바로잡지 않을 수 없다"라고 하는 것과 동일한 심법(心法)인데, 지금은 "하늘의 아름다운 명을 기다린다"[16]고 하였으니, 아마도 무왕의 마음이 아닌 듯하다.[17]

살펴보건대, "하늘의 아름다운 명을 기다린다"라고 한 것은『예

---

11) 軫星: 星名. 28宿의 하나.
12) 壁: 星名. 28宿의 하나. 東壁이라고도 함.
13) 翼: 星名. 28宿의 하나. 軫星의 서쪽에 위치함.
14) 閻若璩,『尙書古文疏證』卷6 上, 張28~29.
15) 閻若璩,『尙書古文疏證』卷6 上, 張30~69까지를 말함.
16)『尙書』「武成」.
17) 閻若璩,『尙書古文疏證』卷6 上, 張72.

기』「악기」의 문구를 습용한 것이다. 우(禹)가 문득 문덕(文德)을 잊었다가 묘만(苗蠻) 때문에 다시 문덕을 펴게 되었고, 무왕이 천명을 알지 못하다가 목야에 이르러 천명을 기다렸다고 하는 것은 모두 기이한 말들이다.

진 헌공(晉獻公)의 상(喪)에 진 목공(秦穆公)이 사람을 보내 조문하고자 할 때, 중이(重耳)[18]가 말하기를, "이때를 실기(失期)할 수 없다"고 하였고, 『국어』「진어晉語」에 강씨(姜氏)가 공자(公子)에게 고할 때에도 "이 기회를 잃어서는 안 된다"고 하였으며, 오(吳)나라 임금이 초(楚)나라 상(喪)을 계기로 하여 치려고 할 때에도 공자 광(公子光)[19]이 말하기를, "이때가 기회이니 실기해서는 안 된다"[20]고 하였으니, 이것은 모두 이(利)를 다투는 말이다. 그러나 무왕이 주(紂)를 칠 때에 어찌 "이때를 놓칠 수 없다"고까지 말하였겠는가?[21]

임(壬) 6

심괄(沈括)[22]의 『몽계필담夢溪筆談』에 "정공(定公) 4년 초자(楚子)가 장강(長江)을 건너 운중(雲中)[23]으로 침입한 사건을 가지고 운(雲) 땅이 강북에 있다는 증거로 삼고, 소공(昭公) 3년 주왕(周王)[24]이 강남의 몽(夢)[25] 땅에서 사냥을 했다는 것으로 몽 땅이

---

18) 重耳: 春秋時代 晉文公의 이름.
19) 公子光: 春秋時代 吳나라 諸樊의 아들. 뒤에 吳王이 됨.
20) 『左傳』昭公 27年.
21) 閻若璩, 『尙書古文疏證』卷6 上, 張72.
22) 沈括: 1030~1094. 宋의 湖州人. 字는 存中. 벼슬은 翰林學士. 저서로 『夢溪筆談』『長興集』이 있음.
23) 雲中: 雲夢澤을 지칭하는데 지금의 雲夢縣 부근의 澤地.
24) 周王: 周나라 靈王을 말함.
25) 夢: 雲夢澤을 지칭함. 당시 春秋時代 雲夢澤을 '雲' 또는 '夢'이라고 하였으나 매우 광범위한 지역으로 長江의 남북에 걸쳐 있는 듯하다.

강남에 있다는 증거를 삼는데, 태종(太宗) 때 얻은 고본(古本)의
「우공(禹貢)」에는 '운몽(雲夢)' 두 자가 붙어 있지 않고 '운토몽작
예(雲土夢作乂)'²⁶⁾로 되어 있으니, 대체로 운 땅은 물이 빠져 바닥
의 흙이 겨우 드러나 보일 뿐이고, 몽 땅은 이미 농사를 지을 수
있는 땅이다. 『주례周禮』 「하관夏官―직방씨職方氏」에 '형주(荊州)
는 그 택수(澤藪)를 운몽(雲夢)²⁷⁾이라 한다'고 하였고, 두예(杜預)
의 『좌전』 주(註)에는 '초나라 운몽은 장강 남북에 걸쳐 있다'²⁸⁾
고 했다"고 하였다(이미 혼합해서 통칭한 것이다―原註). 염약거는 이
르기를, "『공전』에 '운몽의 늪이 강남에 있다'고 한 것은 잘못이
니, '애석하게도 채침이 심괄의 말을 따르지 않았다'고 하는 말을
기다릴 필요도 없다"²⁹⁾고 하였다.

임(壬) 9

염약거는 이르기를, "상흠(桑欽)의 『지리지地理志』에는 애초
『수경(水經)』이라는 명칭이 없다. 『수경』은 실로 누가 지은 것인
지 모르겠다. 혹자는 '상흠(桑欽)³⁰⁾이 먼저 짓고 곽박(郭璞)과 역
도원(酈道元)³¹⁾이 뒤에 덧붙여놓았다'고 하고, 혹자는 '한(漢)나라
이후의 지명은 곧 주(註)가 경(經)에 혼합되어 있다'고 하니 모두
잘못이다. 대체로 『수경』은 동한(東漢) 때 처음 지어지고 위진(魏
晉) 시대 사람들이 이어서 이루어놓은 것이다"³²⁾고 하였다.

---

26) 雲土夢作乂: 雲 땅은 흙이 드러나 있고 夢 땅은 이미 경작할 수 있다
   는 말.
27) 雲夢: 朝本·奎本에는 '荊州'로 되어 있음.
28) 杜預, 『春秋左傳集解』昭公 3年 註.
29) 閻若璩, 『尙書古文疏證』卷6 上, 張80~81.
30) 桑欽: 前漢 河南人. 字는 君長, 塗惲의 제자. 『水經』을 지었다는 說이 있
   으나 확실하지 않음.
31) 酈道元: ?~527. 北魏의 范陽人. 字는 善長. 벼슬은 荊州刺史 關右大使.
   저서로 『水經注』 40권이 있음.
32) 閻若璩, 『尙書古文疏證』卷6 上, 張99~100.

계(癸) 2

진제(陳第)³³⁾(字는 季立—原註)는 말하기를, "「익직」의 '여승사재 (予乘四載)'³⁴⁾에서 채침이 주를 낸 '이승순(泥乘輴)'의 '순'이 『사기』「하본기夏本紀」에는 취(橇)로 되어 있고, 『사기』「하거서河渠書」에는 취(毳)로 되어 있으며(『漢書』「溝洫志」에도 毳로 되어 있다—原註), 『시자尸子』에는 체(蕝)로 되어 있으나, 실제로는 한 물건이다. 맹강(孟康)³⁵⁾은 '취(毳)의 모양은 기(箕)와 같다'고 하였고, 장수절(張守節)³⁶⁾은 '취(橇)의 모양은 배와 같다'고 하였다. 그리고 채침이 주를 낸 '산승류(山乘欙)'의 '류(欙)'에 대해 『사기』「하본기」에는 국(樏)으로 되어 있고, 『사기』「하거서」에는 교(橋)로 되어 있으며, 『한서』「구혁지」에는 국(梮)으로 되어 있으나, 실제로는 한 물건이다. 여순(如淳)³⁷⁾은 '국(梮)은 쇠로 송곳처럼 만들어서 신발 아래에다 대는 것이다'고 하였고(미끄러지지 않게 하려는 것이다—原註), 위소(韋昭)는 '국(梮)은 나무로 만든 기구로 오늘날의 여상(轝牀)과 같은 것이다'고 하였으며, 모씨(某氏)는 '교(橋)는 교 (轎)로 오늘날의 죽도자(竹兜子)와 같은 것이다'고 했다"³⁸⁾고 하였다.

이 아래는 「우공」의 산천과 지리에 대해 논하면서 다방면으로

---

33) 陳第: 1541〜1617. 明나라 連江人. 字는 季立, 號는 一齋. 詩에 능하고 藏書가 많았음. 벼슬은 遊擊將軍. 저서로 『毛詩古音考』 『伏羲先天圖贊』 『尙書疏衍』 『一齋詩集』 등이 있음.
34) 予乘四載: 나는 사재를 탄다는 뜻인데, 四載는 육지에서는 車, 물에서는 舟, 진흙에서는 橇, 산에서는 木蕈을 말함.
35) 孟康: 三國時代 魏나라 사람. p. 345 주 138 참조.
36) 張守節: 唐나라 사람. 벼슬은 諸王侍讀率府長史. 저서로 『史記正義』 130 권이 있음.
37) 如淳: 三國時代 魏나라 사람. p. 345 주 137 참조.
38) 閻若璩, 『尙書古文疏證』 卷6 下, 張54〜55.

폭넓게 전거(典據)를 인용하였으나 여기서는 모두 삭제하였다.[39]

계(癸) 9

염약거는 이르기를, "위서(緯書)가 세상에 나돌기 시작한 것에 대해, 장형(張衡)[40]은 '성제(成帝)·애제(哀帝) 이후에 비로소 들었다'고 하였지만, 『한서』「이심전李尋傳」에는 '성제 원연(元延: B.C. 12~9) 중에 이심(李尋)[41]이 왕근(王根)[42]에게 말하기를, "오경(五經)과 육위(六緯)[43]로 유술(儒術)을 높이고 선비를 드러낼 것이다'고 하였으니, 성제 때에 이미 위서(緯書)라는 이름이 있었던 것이다"[44]고 하였다.

계(癸) 10

『한서』「백관공경표百官公卿表」에 이르기를, "태복(太僕)은 진(秦)나라 관직이니 여마(輿馬)를 관장한다"고 하였으니, 태복으로 마정(馬政)을 전담하게 한 것은 대체로 진나라부터 잘못된 것이다.[45]

자(子) 1

학경(郝敬)[46]의 「거동동정변居東東征辨」에 "주공(周公)이 동쪽에

---

39) 閻若璩, 『尙書古文疏證』 卷6 下, 張56에서 卷7, 張5까지를 말함.

40) 張衡: 後漢 西鄂人. 字는 平子. 五經과 天文曆算에 精通함. 저서로 『靈憲算罔論』 『周易訓詁』가 있음.

41) 李尋: 前漢 平陵人. 字는 子長. 『尙書』를 전공하였으며, 洪範災異를 좋아하였음.

42) 王根: 前漢人. 字는 稚卿, 諡는 煬. 曲陽侯에 封해짐. 벼슬은 驃騎將軍.

43) 六緯: 6種의 緯書. 五經(易·書·詩·春秋·禮)의 緯와 樂緯를 말함.

44) 閻若璩, 『尙書古文疏證』 卷7, 張7.

45) 閻若璩, 『尙書古文疏證』 卷7, 張9.

46) 郝敬: 1558~1639. 明의 經學者. p.379 주 15 참조.

2년 동안 거처한 것은 무슨 이유인가 하면, 성왕(成王)의 의심이 오랫동안 풀리지 않았기 때문이다. '곧 죄인을 잡았다〔則罪人斯得〕'[47]는 것은 관숙(管叔)이 비로소 복형(伏刑)된 것을 말한다. 주공이 처음 동쪽에 이르렀을 때 관숙이 도모하여 막았는데도 끝내 걸음을 돌리려고 하지 않았다. 다음해 은나라 유민들을 거느리고 배반하려 하므로 성왕이 깨닫고 사람을 시켜 잡아서 죽였다. 그러므로 죄인을 잡았다고 한 것이니, 죄인은 바로 관숙이다. 토벌(討)이라고 하지 않고 잡았다(得)고 한 것은 군사를 쓰지 않고 계책을 써서 잡았기 때문이다. 누가 그를 잡았는가 하면, 왕과 두 공(公)이 잡았다. 그렇다면 주공은 모르고 있었는가? 모르고 있었다. 주공이 동쪽에 거처할 때 관숙이 배반을 하니 성왕이 주공도 관숙의 당(黨)인가 의심했다. 그러므로 관숙을 잡고서도 주공으로 하여금 알지 못하게 하였고, 주공이 알고도 또한 감히 관숙을 위해 용서를 청하지 않았다. 나아가서 성왕에게 논변하여 밝히지 않고 물러나서 형에게 해명하지 않아, 관숙은 이 때문에 그대로 죽임을 당했고 주공은 이 때문에 한쪽 팔의 힘을 펼 수 없을 정도로 묵묵히 침통해하고 있었는데, 뒤에 주공이 그 사실을 알고 「치효鴟鴞」[48] 시를 지어 왕에게 주었다. 〔……〕 주공이 동정(東征)한 것은 성왕이 주공을 의심하였던 것을 후회하여 깨우치고 주공을 돌아오게 한 다음해의 일이요, 동쪽에 있던 2년 동안의 일이 아니다. 『춘추전』에 위(衛)나라 축타(祝鮀)가 말하기를, '관숙과 채숙이 상나라 유민들을 계도하여 왕실을 범하려고 모의하니, 왕이 관숙과 채숙을 죽였다'고 하였으니, 이는 성왕이 관숙을 죽였고 주공이 구제하지 않았다는 것을 말하는 것이다. 그런데 그 자식[49]에게 성왕의

---

47) 則罪人斯得: 『尙書』 「金縢」.
48) 「鴟鴞」: 『詩經』 「豳風」의 篇名.
49) 蔡叔의 아들인 蔡仲을 말함.

은혜가 추급(推及)되어 있는 그 시말이 매우 분명하다. 두원개(杜元凱)는 주공이 왕명으로 관숙을 죽인 것으로 여겨 주공에게 형을 죽인 잘못을 꾸미려고 하였고, 주공이 본래 형을 죽이지 않은 것을 알지 못한 것이다."[50] 라고 하였다.

살펴보건대, 잠구(潛丘)[51]는 주공이 관숙을 죽이지 않았다고 하여, 드디어 거동(居東)과 동정(東征)을 두 가지 일로 나누어 온갖 말로 길게 설명했는데 여기서는 모두 삭제하였다.[52]

자(子) 3

염약거는 이르기를, "「대우모」의 '사해곤궁(四海困窮)'은 한(漢)나라 때 주(註)보다 좋은 것이 없고, '천록영종(天祿永終)'은 주주(朱註)보다 좋지 못한 것이 없다. 대체로 '사해곤궁'은 아래를 굽어 살펴 사람들의 곤궁함을 구휼하려고 함이며, '천록영종'은 위로 우러러 하늘의 복을 이어받고자 함이다. 「왕가전王嘉傳」에 '나라를 어지럽히고 자신을 망치면 그 녹(祿)을 끝까지 보전할 수 없다'[53]고 하였고, 「설선·주박전薛宣·朱博傳」에 '지위가 자기 직임보다 지나치면 그 녹을 끝까지 보전하는 이가 드물다'[54]고 하였으며, 위사(魏使)[55] 정충(鄭沖)이 책명(策命)을 받을 적에 진왕(晉王)이 말하기를, '진실로 그 중용(中庸)을 잡아 천록을 길이 보전하라'고 하였고, 준불의(雋不疑)[56]가 포승지(暴勝之)[57]에게 말하기를, '공을

---

50) 閻若璩, 『尚書古文疏證』 卷7, 張17~19.
51) 潛丘: 閻若璩의 號. 앞.
52) 閻若璩, 『尚書古文疏證』 卷7, 張19~26 第102 前까지를 말함.
53) 『漢書』 卷86.
54) 『漢書』 卷83.
55) 魏使: 鄭沖의 벼슬이 魏의 陳留太守였기 때문에 魏使라고 한 듯하다.
56) 雋不疑: 前漢人. 字는 曼倩. 武帝 때 青州刺史, 昭帝 때 京兆尹을 지냈음.
57) 暴勝之: 前漢 河東人. 字는 公子. 武帝 때 直指使者를 지냈음.

수립하고 이름을 날려 길이 천록을 보전하라'하였다. 또 한 영제(漢靈帝)가 황후를 세우는 조서에 '짐의 명을 어기지 말고 천록을 길이 보전하라'고 하였고, 손권(孫權)의 고천문(告天文)에 '오(吳)나라를 도와서 길이 천록을 보전하게 하소서'라고 했다"[58]고 하였다.

살펴보건대, 염약거의 이른바 "굽어 살펴 사람들의 곤궁함을 구휼하고 우러러 하늘의 복을 이어받는다"는 것은 문리(文理)가 이루어지지 않으니, 마땅히 "너는 진실로 그 중용을 잡아 백성들의 표준이 되어야 한다. 만약 사해가 곤궁하여 편치 못하면 천록을 어떻게 길이 보전할 수 있겠는가?"라고 해석해야 할 것이다.

『주역』에 "군자가 이 괘(卦)의 상을 본받아 길이 끝마칠 것이요, 그렇지 않으면 파탄이 있음을 안다"고 하였고(「歸妹」卦 象傳의 말이다―原註), 『상서』「금등金縢」에 "길이 끝마치기를 이에 도모할 것이다"고 하였으며, 『시경』「주송周頌―진로振鷺」에 "이 명예를 길이 끝마치리다"고 하였고, 한 원제(漢元帝)의 조서에 "성명(性命)을 길이 끝마칠 수 없게 되었으니, 짐은 매우 민망하게 생각한다"[59]고 하였으며, 『한서』「위현전韋賢傳」에 광형(匡衡)이 고유(告諭)하기를 "그 도가 천도에 부응했기 때문에 복록이 길이 끝마치게 되었다"고 했고, 『삼국지』「손권전孫權傳」의 조서에 "우리 국가를 도와 너희들의 아름다운 공렬을 길이 끝마치도록 하라"하였다(이는 모두 永終으로 永祿을 삼은 것이다―原註).

『삼국지』위 명제(魏明帝)의 조서에 "산양공(山陽公)[60]은 천록

58) 閻若璩, 『尙書古文疏證』 卷7, 張26~28.
59) 『漢書』 卷9, 「元帝紀」.
60) 山陽公: 181~234. 後漢의 獻帝로 曹丕에게 찬탈당한 뒤 山陽公에 封해졌음.

을 길이 끝마치는 운수를 깊이 인식하여 문황제(文皇帝)[61]에게 선위(禪位)하였다"[62](또 詔書에 "山陽公은 天命이 자기에게서 길이 끝마치리라는 것을 예전에 알았다"고 하였다 ── 原註)고 하였으며, 「진류왕환전陳留王奐傳」[63]에는 "함희(咸熙: 264~265) 2년에 천록이 길이 끝나 역수(曆數)가 진(晉)나라에 있게 되자, 조서를 내려 진나라에 선위하였다"[64]고 하였다(이는 모두 永終으로 永絶을 삼은 것이다 ── 原註).

자(子) 4

요제항(姚際恒)(字는 立方이다 ── 原註)이 말하기를, "「오자지가五子之歌」에서 오자(五子)를 아들로 일컬어 터무니없이 끌어다 써놓음으로써 여기 한 어머니는 방불하게도 『시경』「개풍凱風」의 칠자(七子)와 서로 비슷하다. 그러나 본래의 의도는 원(怨)자 한 글자를 쓰기 위한 것뿐이다('五子咸怨'이란 글자를 두고 한 말이다 ── 原註)"고 하였다.

염약거는 이르기를, "'자(子)'란 어버이가 있고 지칭하는 말이다. 이때에 태강(太康)의 아버지 계(啓)가 이미 죽고 그 어머니가 아직 살아 있다고 보는 망령된 생각에 '어모(御母)'[65]라는 구절을 특별히 삽입한 것이다"[66]고 하였다.

자(子) 5

염약거는 이르기를, "1백 편의 서(序)를 소서(小序)라고 하는데,

---

61) 文皇帝: 曹丕를 가리킴.
62) 『三國志』「魏書─明帝紀」에는 이 말이 없고 裴松之의 註인 「獻帝傳」에 나온다.
63) 「陳留王奐傳」: 陳留王 奐의 傳. 陳留王 奐은 武帝의 孫으로 魏의 마지막 君主이며 奐은 그의 이름이다.
64) 『三國志』卷4,「魏書」4.
65) 御母:「五子之歌」에 나오는 "厥弟五人 御其母以從"의 '御其母'를 가리킴.
66) 閻若璩, 『尙書古文疏證』卷7, 張36.

복생의 시대에도 오히려 이 소서를 얻지 못해 「반경盤庚」 3편을 합해서 1편으로 하고, 「강왕지고康王之誥」를 「고명顧命」에다 합해 놓았다. 그런데 공안국이 처음으로 이에 근거해 『고문상서』를 서술함으로써 양한(兩漢)의 제유(諸儒)들은 모두 소서를 공자가 지은 것으로 생각하였다(「孔子世家」에 "『書傳』을 순서대로 정리하여 위로는 唐·虞로부터 기록해서 아래로 秦나라 繆公에 이르기까지 하였다"고 하였으니, 序는 孔氏[67]로부터 나온 듯하다 — 原註). 그러므로 경(經)을 비하시키고 서(序)를 따르면서도 그 설이 통할 수 없는 점은 돌아보지 않았다. 그러다 송(宋)나라 제유들이 나와서야 비로소 힘써 배척하게 되었으니, 배척한 것은 참으로 옳았다. 주자는 '이 서(序)는 주나라와 진(秦)나라 사이의 사람의 손에 의해 지어진 것이다'고 하였으니, 이 말은 더욱이 탁견이라고 하겠다"[68]고 하였다.

살펴보건대, 1백 편의 서(序)는 복벽(伏壁)에 있었던 것으로 『한서』 「예문지」에 분명히 나타나 있다(上甲三에 보인다 — 原註). 염약거는 이에 이르기를, "복생의 시대에도 오히려 이 1백 편의 서를 얻지 못하였다"고 하니 그 말이 매우 소략하다. 다만 「반경」과 「고명」의 분합(分合)이 이미 다르면, 공본(孔本) 소서에는 보탠 글자가 있지 않을 수 없고(보탠 것이 '盤庚' 3편이라는 두 글자와 '康王之誥'라는 네 글자이다 — 原註), 「반경」과 「고명」의 편수에는 응당 3편의 서목(書目)이 있어야 하니(伏本도 1백 편이면 모름지기 3편을 더해 「盤庚」 2편과 「康王之誥」의 빠진 편수를 채워놓으려 했을 것이다 — 原註) 복본 소서도 이 3조항이 있도록 더하지 않을 수 없었을 것이다. 비록 공자가 지은 것이라고 하더라도 복생과 공안국 양가(兩家) 중에는 한 쪽이 잘못되었을 것이다. 더구나 매색이 혼탁하게 하고 어지럽게

---

67) 孔氏: 孔安國을 가리킨다.
68) 閻若璩, 『尙書古文疏證』 卷7, 張38.

한 뒤라서 흩어지고 없어져 다시 볼 만한 옛것이 없었으니, 지금 은 알 수 없는 훼손된 물건과 다를 바 없이 되었다. 그러나 반드 시 공자 손에서 나오지 아니하였다고는 도리어 분명히 증명할 길 이 없다.

자(子) 6

염약거는 이르기를, "마융·정현·왕숙 삼가(三家)의 설(說)은 본래 진고문(眞古文)에 관계되는 것인데, 송대(宋代)에 이미 전하 지 않고, 육덕명의 『경전석문經典釋文』과 공영달의 『소疏』에 나타 나 있기 때문에 그것을 적출(摘出)해놓는다"[69]고 하였다.

「요전堯典」의 "우이(嵎夷)에 거처하다(宅嵎夷)"(鄭本에는 夷를 鐵로 하였다. 馬融은 "嵎는 海嵎이고 夷는 萊夷이다"라고 하였으니, 馬本이 처음에는 다르지 않았다. 또 『經典釋文』을 상고하니 거기에는 "『尙書考靈曜』[70]와 『史記』 에서는 嵎鐵이라고 되어 있는데, 여기 鄭玄이 써놓은 것은 곧 緯文[71]에 의거한 것이니 鐵은 옛날 夷자이다"고 하였다. ○嵎鐵은 伏生의 本이다──原註)와 "봄 농사를 고루 다스리게 하다〔平秩東作〕"(馬本에는 '平'을 '苹'으로 하여 '시킨다〔使〕[72]'는 뜻이라 하였다──原註)와 "남교(南交)에 살다〔宅南 交〕"(鄭玄은 이르기를, "여름에 '日明都'라는 三字를 말하지 않은 것은 이것이 마멸되었기 때문이다"[73]고 하였다. 孔穎達은 이르기를, "伏生이 외운 것과 壁中 의 舊本에는 모두 이 글자가 없으니 마멸된 것이 아니다"고 하였다. 王肅은 "여 름에 '明都'가 없기 때문에 피하고 '敬致'[74]로 하였다. 그러나 幽都가 있으면 그

69) 閻若璩, 『尙書古文疏證』 卷7, 張43.
70) 『尙書考靈曜』: 『尙書緯』 30편 중의 하나.
71) 緯文: 『尙書』에 관한 緯書의 글.
72) 朝本·奎本에는 '便'으로 되어 있음.
73) 鄭玄은 「堯典」의 '宅南交' 다음에 '日明都'가 있어야 하는데 없는 것은 '日明都'가 마멸되었다고 보고 있다.
74) 敬致: 『孔氏傳』에서는 '敬行其教, 以致其功'으로 해석하고 蔡沈은 '冬夏致

대칭으로 明都를 볼 수 있는데 闕文이 되어 없어진 것이다"고 여겼으니, 王肅의 말대로 하면 뜻이 통할 수 있다— 原註)와 "여름 농사를 고루 다스리게 하다〔平秩南訛〕"(馬本에는 平이 苹으로 되어 있다— 原註)와 "매곡이라 한다〔曰昧谷〕"(鄭本에는 昧가 柳로 되어 있다— 原註)와 "가을 추수를 고루 다스리게 하다〔平秩西成〕"(馬本에는 平이 苹으로 되어 있다— 原註)와 "겨울의 저장을 고루 살피게 하다〔平在朔易〕"(馬本에는 平이 苹으로 되어 있다— 原註)와 "남과 말다툼을 좋아하니 되겠는가〔嚚訟可乎〕"(馬本에는 訟이 庸으로 되어 있다— 原註)와 "임금께서 이르기를, '내가 시험할 것이다'고 하였다〔帝曰我其試哉〕"(馬·鄭·王本에 모두 '帝曰' 두 글자가 없다— 原註)와 "서례(西禮)와 같이 하였다〔如西禮〕"(馬本에는 '西禮' 두 글자가 '初'자로 되어 있다[75]— 原註)와 "모두 말하기를, '익(益)입니다'고 하였다〔僉曰益哉〕"(馬·鄭·王本에 '僉'자를 '禹'자로 하였다— 原註) 등이다.

「고요모皐陶謨」의 "하늘이 질서를 세워 전(典)을 두다〔天叙有典〕" (馬本에는 '有'가 '五'로 되어 있다— 原註)와 "우리 다섯 가지 예(禮)로 부터 하여 떳떳함이 있게 하소서〔自我五禮, 有庸哉〕"(馬本에는 '有'가 '五'로 되어 있다— 原註)와 "하늘의 밝고 두려움〔天明畏〕"(馬本에는 '畏' 가 '威'로 되어 있다— 原註)과 "직(稷)과 함께 씨 뿌리고 여러 가지 익힌 음식과 날음식을 제공해주다〔暨稷播, 奏庶艱食鮮食〕"(馬本에는 '艱'이 '根'으로 되어 있는데 뿌리에서 난 식량을 百穀이라 한다고 하였다— 原註)와 "그림 그리다〔作會〕"(馬本·鄭本에는 '會'가 '繪'로 되어 있다. 또 孔穎達의 疏를 살펴보면 거기에 이르기를, "鄭康成의 註에 '會는 繪로 읽는다'고 하였으니, 鄭本이 애초에는 다르지 않았고 다만 읽기를 '繪'로 하였을 뿐이다"고 하였다— 原註) 등이다.

日'로 해석하지만 衍文이란 說이 지배적이다. 「堯典」에 '平秩南訛敬致'라는 말이 나온다.
75) '至于北岳如初'로 되어 있다는 말.

「우공禹貢」의 "도이(島夷)[76]는 가죽으로 의복을 만든다〔島夷皮服〕"(鄭玄은 이르기를, "鳥夷[77]는 東方의 백성으로 鳥獸를 잡아먹는 사람들이다"고 하였고, 王肅의 註에는 "鳥夷[78]는 東方의 오랑캐 나라 이름이다"고 하였으니, 孔安國과는 같지 않다. 이는 鄭本·王本에 '島'가 '鳥'로 되어 있다는 것이다 — 原註)와 "경작한 지 열세 해가 되어서 이에 같게 하다〔作十有三載乃同〕"(馬本·鄭本에는 '載'가 '年'으로 되어 있다 — 原註)와 "그 토질은 붉고 차지며 비옥하다〔厥土赤埴墳〕"(鄭本에는 '埴'이 '戠'로 되어 있다. 鄭玄과 王肅이 모두 '熾'로 읽었다 — 原註)와 "요(瑤)와 곤(琨)과 소(篠)와 탕(簜)〔瑤琨篠簜〕"(馬本에는 '琨'이 '瑻'으로 되어 있다 — 原註)과 "장강과 바다를 따라 올라가다〔沿于江海〕'(鄭本에는 '沿'이 '松'으로 되어 있는데 '松'은 마땅히 '沿'으로 하여야 한다. 馬本에는 '均'으로 되어 있는데, '均平'의 뜻이라고 하였다 — 原註)와 "형파(滎波)의 못도 이미 물이 가득 차다〔滎波旣豬〕"(馬本·鄭本·王本에는 '波'를 '播'라고 하였는데, 이 못의 이름을 '滎播'라고 한 것이다 — 原註)와 "견산(岍山)과 기산(岐山)을 다 스리다〔導岍及岐〕"(馬本에는 '岍'이 '開'로 되어 있다 — 原註) 등이다.

「감서甘誓」의 "하늘이 그 명(命)을 끊어버렸다〔天用勦絶其命〕"(馬本에는 '勦'가 '巢'로 되어 있다 — 原註)와, 「반경盤庚」 중편의 "크게 정성을 가지고 고하였다〔誕告用亶〕"(馬本에는 '亶'이 '單'으로 되어 있다. 音은 같고 '정성'이라는 뜻이다 — 原註)와, 「반경」하편의 "이제 내 그 심복(心腹)과 신장(腎腸)을 모두 드러내어 보이겠다〔今予其敷心腹腎腸〕"(鄭本에는 '心腹腎腸'이 '憂腎陽'으로 되어 있다 — 原註) 등이다.

「미자微子」의 "형벌을 써서 조세(租稅) 징수를 혹독하게 자주 하다〔用乂讐斂〕[79]"(馬本에는 '讐'가 '稠'로 되어 있다. '자주'라는 뜻이다 —

---

76) 島夷:『史記』『漢書』에 모두 鳥夷로 되어 있고, 鄭玄·王肅도 모두 鳥夷라고 하였다. 島夷라고 한 것은 後人이『僞孔傳』을 보고 고친 것이다.
77) 朝本·奎本에 모두 '島夷'로 되어 있음.
78) 同上.
79) 用乂讐斂: 이에 대해서는 註釋이 다양하나, '用刑以厚斂'으로 해석하는 것이 적당한 것 같다.

原註)와 "스스로 편안히하다〔自靖〕"(馬本에는 '靖'이 '淸'으로 되어 있다. '깨끗하다'는 뜻이다 — 原註)와 「목서牧誓」의 "멈추지 말고 능히 분별 해서 우리 서토(西土)를 위해 노역(勞役)하자〔弗迓克奔以役西土〕" (馬本에는 '迓'가 '禦'로 되어 있다. 禁한다는 뜻이다. 또 孔穎達의 疏를 살펴보 면 거기에 이르기를, "王肅은 '御'를 '禦'로 읽었다"고 하였으니, 이는 王本에 또 '御'로 되어 있다는 것이다 — 原註) 등이다.

「홍범洪範」의 "밝음은 철(哲)이 된다〔明作哲〕"(王肅의 註와 『漢書』 의 「五行志」에는 모두 '悊'이라고 하였는데, '지혜롭다'는 뜻이다. 이는 王本에 '哲'이 '悊'로 되어 있다는 것이다 — 原註)와 "의지할 곳 없는 외로운 사 람을 학대하지 말라〔無虐煢獨〕"(馬本에는 '無虐'이 '亡侮'로 되어 있다 — 原註)와 "몽(蒙)[80]의 형상이다〔曰蒙〕"(王肅의 註에는 "霿은 하늘의 기운 이 땅에 내리는데 서로 상응하지 않아 어두운 것이다"고 하였고, 鄭玄은 "霿이 란 기운이 풀리지 않아 답답하고 어둑어둑한 것이다"라고 하였으니, 이는 鄭本 · 王本에 '蒙'이 '霿'으로 되어 있다는 것이다 — 原註)와 "역(驛)의 형상이 다〔曰驛〕"(王肅은 "圛은 날아가 소멸하는 것이 구름 기운과 같다"고 하였고, 鄭玄은 "圛은 분명히 빛깔이 光明한 것을 말함이다"고 하였으니, 이는 鄭本 · 王 本에 '驛'이 '圛'으로 되어 있다는 것이다 — 原註)와 "말하나니 예(豫)일 때는〔曰豫〕"(鄭本 · 王本에는 '豫'가 '舒'로 되어 있다. 鄭玄은 '거동이 늦은 것' 이라고 하였고, 王肅은 '舒'는 '게으르다'는 뜻이라고 하였다 — 原註) 하는 것 등이다.

「금등金縢」의 "슬프다. 주공(周公)의 명령이로다〔噫公命〕"(馬本에 는 '噫'가 '懿'로 되어 있는데 '億'과 같다 — 原註)와 "그 친히 맞이하다〔其 新逆〕"(馬本에는 '新逆'이 '親迎'으로 되어 있다 — 原註) 등이다.

「대고大誥」의 "아! 크게 너희 많은 나라에 고하노라〔猷大誥爾多 邦〕"(馬本에는 '大誥繇爾多邦'이라고 되어 있다. 또 孔穎達의 疏를 살펴보면 거

---

80) 蒙: '안개가 끼는 형상'과 '구름이 끼는 형상'의 두 가지 주석이 있다. 아 래에 나오는 '驛'은 날이 개였다가 흐렸다가 하는 형상이다.

기에 이르기를, "鄭本과 王本에는 '猷'자가 '誥'자 아래에 있다. 『漢書』에 보면 王莽이 『尙書』의 이 「大誥」에 의거해서 「大誥」를 지었는데 또한 '猷'가 '誥'의 아래에 있다"고 하였다. 이는 鄭本에서도 그대로 '猷'로 되어 있다 — 原註)와 "우리집에 해(害)를 내리다〔降割于我家〕"(馬本에는 '割'이 '害'로 되어 있다 — 原註)와 "조금도 기다리지 않는다〔不少延〕"(馬融은 이것을 한 구절로 읽었다. ○ '不'은 '弗'로 되어 있다 — 原註)와 "그 부형이 어찌 기꺼이 '나는 후사를 두었으니 계획을 버리지 않으리라'고 하겠는가?〔厥考翼, 其肯曰: '予有後, 弗棄基'〕"(鄭本과 王本에는 "하물며 집이 얽어지겠는가?〔矧肯構〕"의 아래에도 이 열두 자가 있다 — 原註) 등이다.

「주고酒誥」의 "왕이 이에 말하였다〔王若曰〕"(馬本에는 '成王若曰'이라고 되어 있다. 陸德明이 이르기를, "衛·賈[81]는 成王을 경계함으로써 康叔[82]이 술을 삼가서 사람의 도리를 성취하였기 때문에 '成'이라고 하였다고 하였는데, 내 생각으로는 이 '成'자는 후에 책을 쓴 사람이 더한 것이어서 따를 수 없다"고 하였다. 또 孔穎達의 疏를 살펴보면, "馬·鄭·王本이 모두 '成'자가 있다"고 하였다 — 原註)와 「재재梓材」의 "황천(皇天)이 이미 부여해주다〔皇天旣付〕"(馬本에는 '付'가 '附'로 되어 있다 — 原註)등과 「다사多士」의 "감히 은(殷)나라의 천명을 취하다〔敢弋殷命〕"(馬·鄭·王本에 '弋'이 '翼'으로 되어 있다. 뜻은 같다 — 原註)와 "크게 방종하다〔大淫泆〕"(馬本에 '泆'이 '屑'로 되어 있다. 지나치다는 말이다 — 原註) 등이다.

「무일無逸」의 "엄중하고 공손하며 공경하고 두려워하다〔嚴恭寅畏〕"(馬本에는 '嚴'이 '儼'으로 되어 있다 — 原註)와 "문왕은 천한 일에 종사하다〔文王卑服〕"[83](馬本에는 '卑'가 '俾'로 되어 있다. '使'의 뜻이다 — 原註)와 "크게 스스로 덕을 공경하다〔皇自敬德〕'(王本에는 '皇'이 '況'으로 되어 있다. 더욱 德을 공경한다는 뜻이다 — 原註) 등과 「군석君奭」의

---

81) 衛·賈: 衛宏과 賈逵를 가리킨다.
82) 康叔: 周武王의 아홉째 동생.
83) 卑服: 蔡沈은 천한 옷이라고 註를 하였음.

"그 덕(德)을 열어 위로 보이며 아래를 덮어주다〔迪見冒〕"[84](馬本에는 '冒'가 '勗'으로 되어 있다. 힘쓴다는 뜻이다 — 原註)와 「다방多方」의 "제(帝)의 열어줌〔帝之迪〕"[85](馬本에는 '迪'이 '攸'로 되어 있다. '바 소(所)'자'의 뜻이다 — 原註)과 "능히 법(法)을 좇지 아니하다〔不克枲〕"(馬本에는 '枲'이 '劓'로 되어 있다 — 原註) 등이다.

「고명顧命」의 "임금이 기쁘지 아니하다〔王不懌〕"(馬本에는 '懌'이 '釋'으로 되어 있다. '不釋'이라고 한 것은 병이 낫지 아니한다는 말이다 — 原註)와 "뒤의 통(侗)에 있어서도〔在後之侗〕"(馬本에는 '侗'이 '詷'으로 되어 있다. '恭'의 뜻이다[86] — 原註)와 "왕이 돌아가시다〔王崩〕"(馬本에는 '成王崩'으로 되어 있다. 註에는 백성을 편안히하고 政事를 세운 것을 '成'이라고 한다고 되어 있다 — 原註)와 "기변(綦弁)을 쓰다〔綦弁〕"(馬本에는 '綦'가 '騏'로 되어 있다. 靑黑色을 말한다 — 原註)와 "세 번 잔을 올리다〔三咤〕"(馬本에는 '咤'가 '詫'로 되어 있다 — 原註) 등이다.

「강왕지고康王之誥」의 "왕이 이에 말하다〔王若曰〕"[87](馬本・鄭本・王本에는 '王若曰'이하로부터 「康王之誥」로 되어 있다 — 原註)와 「여형呂刑」의 "이에 비로소 크게 코를 베고 귀를 자르고 음부(陰部)를 자르고 입묵(入墨)을 하다〔爰始淫爲劓刵椓黥〕"(鄭本에는 '劓刵椓黥'이 '臏宮劓割頭庶剠'으로 되어 있다. 孔穎達의 疏에는, "鄭玄의 註에 '刵는 귀를 자르는 것이고, 劓는 코를 자르는 것이고, 椓은 陰部를 베어 망가뜨리는 것이고, 黥은 사람의 얼굴에 굴레를 씌워 먹물로 글씨를 뜨는 것인데, 苗族이 크게 이 네 가지 형벌을 만든 것은 특히 皐陶가 한 것과는 심각하게 다르다는 것을 말한 것이다'고 하였으니, 이는 鄭本에도 또 애초에는 孔氏의 註와 다르지 않았던 것이다"고 하였다. 孔穎達이 어찌하여 스스로 모순되게 이렇게 하였는지 알 수 없

---

84) 迪見冒: 楊筠如는 馬本을 따라 "그것으로써 힘씀을 드러내다〔用勗勉其顯〕"로 해석함.
85) 帝之迪: 江聲과 楊筠如는 '上帝의 道'라고 하였음.
86) 『十三經注疏』에는 "馬本, 侗作詷, 共也"라 하였는데 '共'과 '恭'은 같은 뜻이다.
87) 朝本・奎本에는 '王若曰'이 빠져 있음.

다 — 原註)와 "우리로 하여금 하루만 하게 하다〔俾我一日〕"(馬本에는
'俾'가 '矜'으로 되어 있다. '矜'은 哀의 뜻이다 — 原註)와 "왕이 이르되,
아!〔王曰吁〕"(馬本에는 '吁'가 '于'로 되어 있다. '于'는 於의 뜻이다 — 原註)
와 "뇌물을 청하는 것이다〔惟來〕"(馬本에는 '來'가 '求'로 되어 있다. 뇌
물을 要求함이 있음을 뜻한다 — 原註)와 「진서秦誓」의 "교묘한 말을 잘
하다〔善諞言〕"(馬本에는 '諞'이 '偏'으로 되어 있다. 적다는 뜻이다. 말이 적고
뜻이 분명한 것이 말을 크게 잘하는 사람이다 — 原註) 등이다.

　염약거는 이르기를, "『송사宋史』「예문지」에 삼가(三家)[88]가 주
석을 낸『고문상서』가 없어서, 내가 당(唐) 이전 사람들의『상서』
에 관한 책에 한정하여 이것을 차례로 적출한 다음 육덕명과 공
영달이 미처 갖추지 못했던 것을 보충한다"[89]고 하였다.

　「오제본기五帝本紀」[90]:「요전」의 '사악(四岳)'(鄭本에는 '四嶽'으로
되어 있다 — 原註)과 "가히 공을 이룬 지 세 해이다〔底可績三載〕"(鄭
本에는 '三年'으로 되어 있다 — 原註)와 "다섯 서(瑞)를 거두다〔輯五瑞〕"
(馬本에는 '輯'이 '揖'으로 되어 있다. 거둔다는 뜻이다 — 原註)와 "시(柴) 제
사를 지내다〔柴〕"(鄭本에는 '祡'로 되어 있다. 燎祭祀라는 뜻이다 — 原註)
와 "폐백이다〔贄〕"(馬本에는 '摯'로 되어 있다 — 原註)와 "과실로 지은
죄는 놓아 용서하다〔眚災肆赦〕"(鄭本에는 '眚災過赦'로 되어 있다. '眚災'
는 남을 위하다가 근심과 해로움이 일어나게 되는 것이니, 잘못된 것이 비록 해
로움이 있으나 곧 용서한다 — 原註)와 "그렇다. 그대는 가거라!〔俞, 汝
往哉〕"[91](鄭本에는 '俞'가 '然'으로 되어 있다 — 原註)와 "도적떼들이 안

---

88) 三家: 馬融·鄭玄·王肅을 말함.
89) 閻若璩, 『尚書古文疏證』 卷7, 張44~46.
90) 朝本·奎本에서는 '五帝本紀'가 '鄭本作四嶽'의 아래에 와 있다.
91) 朝本에는 '俞, 汝永往哉!'로 되어 있다.

쫘에서 노략질하다〔寇賊姦宄〕”(鄭本에는 ‘宄’가 ‘軌’로 되어 있다 — 原註)
와 “공명하여야 능히 믿게 됨이 있으리라〔惟明克允〕”(馬本에는 ‘惟明
能信’으로 되어 있다. 註에 이르기를, “마땅히 그 죄에 밝아야 능히 사람들을 信
服하게 할 수 있다”고 하였다 — 原註)와 “노래는 말을 길게 함이다〔歌
永言〕”(馬本에는 ‘謌長言’으로 되어 있다 — 原註) 등이다.

내가 살펴보건대, 마융의 본(本)은 간혹 『사기』와 같은데 고치
고 바꾼 글자가 있는 것 같다.

「하본기夏本紀」: 「우공」의 “높은 산과 큰 내의 경계를 정하다
〔奠高山大川〕”(馬本에는 ‘奠’이 ‘定’으로 되어 있다. 註에 이르기를, “그 祭禮를
差等하여 보이는 것을 정하는 것이다”92)고 하였다 — 原註)와 “제수(濟水)
와 황하(黃河) 사이에 연주(兗州)가 있다〔濟河93)惟兗州〕”(鄭本에는
‘兗’이 ‘沇’으로 되어 있다 — 原註)와 “옹수(灉水)와 저수(沮水)가 합류
하다〔灉沮會同〕”(鄭本에는 ‘灉’이 ‘雍’으로 되어 있다 — 原註)와 “경작한
지 열세 해이다〔作十有三載〕”(鄭本에는 ‘載’가 ‘年’으로 되어 있다 — 原註)
와 “장강과 바다를 따라 내려가다〔沿于江海〕”(鄭本에는 ‘沿’이 ‘均’으로
되어 있다. 註에 이르기를, “‘沿’으로 읽는다”고 하였다 — 原註)와 “타수(沱
水)와 잠수(潛水)가 이미 소통되었다〔沱潛旣道〕”(鄭本에는 ‘潛’이 ‘涔’
으로 되어 있다 — 原註)와 “균·노의 대나무와 싸리나무〔惟箇簵楛〕”
(馬本·鄭本에는 모두 ‘簵’가 ‘簬’로 되어 있다 — 原註)와 “세 나라가 그 이
름난 것을 공물로 바치다〔三邦底貢厥名〕”(馬本에는 ‘三國致貢其名’으로
되어 있다 — 原註)와 “종남산과 돈물산〔終南惇物〕”(鄭本에는 ‘惇’이 ‘敦’
으로 되어 있다. 註에 이르기를, “惇物山은 右扶風 武功縣에 있다”고 하였다 —
原註)과 “저야(豬野)에 이르다〔至于豬野〕”(鄭本에는 ‘豬’가 ‘都’로 되어

---

92) 馬融은 ‘奠高山大川’을 高山大川에 祭祀 지내는 差等을 定하는 것으로 해
석하였음.
93) 朝本에는 ‘濟何’로 되어 있음.

738

있다. 註에 이르기를, "都野는 武威에 있는데 '休屠澤'이라고 이름한다"고 하였다 — 原註)와 "견산(岍山)과 기산(岐山)에서 산줄기를 세우다〔導岍及岐〕"(鄭本에는 '岍'이 '汧'으로 되어 있다. 註에 이르기를, "汧은 右[94]扶風에 있다"고 하였다 — 原註)와 "북으로 강수(漳水)를 지나다〔北過漳水〕"(鄭本에는 '漳'이 '降'으로 되어 있다. 註에 이르기를, "降水는 信都의 남쪽에 있다"고 하였다 — 原註)와 "파총(嶓冢)에서 양수(漾水)를 인도하다〔嶓冢導漾〕"(鄭本에는 '漾'이 '瀁'으로 되어 있다. 註에 이르기를, "瀁水는 隴西郡 氐道縣에서 나온다"고 하였다 — 原註)와 "또 동으로 예(澧)에 이른다〔又東至于澧〕"(馬本·鄭本·王本에 모두 '澧'가 '醴'로 되어 있다 — 原註)와 "넘치어 형수(滎水)가 되다〔溢爲滎〕"(鄭本에는 '溢'이 '泆'로 되어 있다 — 原註)와 "모든 지방의 토질이 바로잡힘에 재부(財賦)를 신중히하다〔庶土交正底愼財賦〕"(鄭本에는 '庶'가 '衆'으로 되어 있고 '底'가 '致'로 되어 있다 — 原註)와 「고요모」의 "백성들이 힘써 도와 가까운 데서부터 먼 데까지 미칠 수 있을 것이다〔庶明勵翼邇可遠〕"(鄭本에는 '庶'가 '衆'으로 되어 있고 '邇'가 '近'으로 되어 있다 — 原註)와 "하늘이 거듭 명을 내려 이로써 아름답게 하리다〔天其申命用休〕"(鄭本에는 '申'이 '重'으로 되어 있다. 註에 이르기를, "하늘이 장차 아름다운 應報로 거듭 너를 命하려 하였으니, 이는 상서로운 징조를 말함이다"고 하였다 — 原註)와 "다스려지는가 어지러운가를 살피다〔在治忽〕"(鄭本에는 '忽'이 '智'로 되어 있다. 註에 이르기를, "'智'이라는 것은 신하가 임금의 마음에 지닌 바를 보고 그 생각하는 바를 써서 명령에 대비하는 것이며, 임금도 또한 이러한 것이 있어야 政敎를 五官에 출납할 수 있다"고 하였다 — 原註) 등이다.

「은본기殷本紀」: 「탕서」의 "모두 태만하여 협력하지 아니하다〔率怠弗協〕"(馬本에는 '不和'로 되어 있다 — 原註)와 「서백감려」의 "편안히 먹게 함이 없다〔不有康食〕"(鄭本에는 '康'이 '安'으로 되어 있다 — 原註) 등이다.

---

94) 朝本에는 '古扶風'으로 되어 있음.

「주본기周本紀」:「목서」의 "멈추지 말고 능히 분발하다〔弗迓克
奔〕"(鄭本에는 '弗迓'가 '不禦'로 되어 있다. 註에 이르기를, "'禦'는 '强禦'이니
彊暴함을 말한다"고 하였다. '奔'은 '犇'으로 되어 있다—原註)이다.

「노주공세가魯周公世家」:「금등」의 "사관(史官)이 책문을 지어
빌다〔史乃冊祝〕"(鄭本에는 '冊'이 '策'으로 되어 있다—原註)와 "이에 제
(帝)의 뜰에 명하다〔乃命于帝庭〕"(馬本에는 '于'가 '於'로 되어 있다—原
註)와 "길이 의지하여 돌아감이 있다〔永有依歸〕"(鄭本에는 '永有' 다음
에 '所'자가 있다—原註) 등과 「무일毋逸」의 "소인(小人)과 어울려 살
다〔爰曁小人〕"(馬本에는 '爰曁'가 '爲與'로 되어 있다. 註에 이르기를, "小人과
더불어 일에 종사해야 소인의 어렵고 수고로운 것을 안다"고 하였다—原註)
와 "이에 양암(亮陰)에서 거상(居喪)하다〔乃或亮陰〕"(鄭本[95]에는 '梁
闇'으로 되어 있다. 註에 이르기를, "문 위에 가로 댄 들보〔楣〕를 '梁'이라 하며
'闇'은 '廬'이다"라고 하였다—原註)와 "말을 하면 온화하였다〔言乃雍〕"
(鄭本에는 '雍'이 '讙'으로 되어 있다. 註에 이르기를, "'讙'은 '喜悅'의 뜻이다"라
고 하였다—原註)와 "오랫동안 소인이 되어 있었다〔舊爲小人〕"(馬本
에는 '舊'가 '久'로 되어 있다—原註) 등과 「힐서肸誓」의 "노(魯)나라의
삼교(三郊)와 삼수(三遂)〔魯人三郊三遂〕"(王本에는 '遂'가 '隧'로 되어 있
다—原註) 등이다.

「송미자세가宋微子世家」:「미자」의 "나는 일어나서 떠나간다〔我
其發出狂〕"[96](鄭本에는 '狂'이 '往'으로 되어 있다. 註에 이르기를, "發은 '일어
난다'는 뜻이니 나는 일어나서 떠나간다고 한 것이다"고 하였다—原註)와
"뒤엎어지고 굴러 떨어지다〔顚隮〕"(馬本에는 '隮'가 '躋'로 되어 있다. 註
에 이르기를, "'躋'는 떨어진다〔墜〕는 뜻이다"라고 하였다—原註) 등과 「홍

95) 朝本·奎本에는 '鄭云'으로 되어 있음.
96) 我其發出狂: 이 구절의 해석이 다양하다. 蔡沈은 "우리 紂王이 미친 짓을
發作하여"라고 하였는데 여기서는 鄭玄의 註를 따랐다.

740

범鴻範」의 “위엄을 육극(六極)으로써 하다〔威用六極〕”(馬本에는 ‘威’가 ‘畏’로 되어 있다. 註에 이르기를, “하늘이 사람을 두렵게 하는 것은 六極을 쓰기 때문이다”고 하였다 — 原註)와 “토지는 이에 심고 거두는 것이다〔土爰稼穡〕”(王本에는 ‘爰’이 ‘曰’로 되어 있다 — 原註)와 “말이 순하면 다스려지게 된다〔從作乂〕”(馬本에는 ‘乂’가 ‘治’로 되어 있다 — 原註)와 “너와 더불어 그 극(極)을 지킨다〔錫汝保極〕”[97](鄭本에는 ‘汝’가 ‘女’로 되어 있다 — 原註)와 “네 나라가 그 창성하리라〔而邦其昌〕”(王本에는 ‘邦’이 ‘國’으로 되어 있다 — 原註)와 “네 비록 그에게 복을 줄지라도〔汝雖錫之福〕”(鄭本에는 ‘汝’가 ‘女’로 되어 있다 — 原註)와 “그 너에게 허물로써 되갚을 것이다〔其作汝用咎〕”(鄭本에는 ‘汝’가 ‘女’로 되어 있다 — 原註)와 “임금이 준칙으로 공포한 말〔皇極之敷言〕”(馬本에는 ‘皇’이 ‘王’으로 되어 있다 — 原註)과 “상제(上帝)께서 훈계한 것이다〔于帝其訓〕”(馬本에는 ‘訓’이 ‘順’으로 되어 있다. 註에 이르기를, “백성이 임금에게 말씀을 드려 임금의 마음에 들면 이것을 따르고 행한다”고 하였다 — 原註)와 “이에 명하여 점을 치다〔乃命卜筮〕”(鄭玄의 말을 인용하여 말하기를, “다섯 가지 占의 작용을 점치는데 이것을 일러 雨·濟·圛·霧·克이라 한다”고 하였다. 또 말하기를, “雨·濟·圛·霧·克이라는 것이니, 鄭玄의 本에 ‘曰圛’이 ‘曰霧’의 위에 있다”고 하였다. 王本도 또한 그렇다 — 原註)와 “개는 형상이다〔曰霧〕”(鄭本에는 ‘曰濟’로 되어 있다 — 原註)와 “어긋난 것을 미루어나가다〔衍忒〕”[98](鄭本에는 ‘忒’이 ‘貳’으로 되어 있다 — 原註)와 “이 사람을 세워서 복서(卜筮)를 행하다〔立時人作卜筮〕”(鄭本에는 ‘作’이 ‘爲’로 되어 있다 — 原註)와 “임금의 살핌은 한 해가 사시(四時)를 겸하는 것과 같다〔王省惟歲〕”(馬本에는 ‘省’이 ‘眚’으로 되어 있다 — 原註) 등이다.[99]

이상은 배인(裴駰)의 『사기』주(註)에서 인용한 것이다.

---

97) 錫汝保極: 黃式三이 ‘與汝其守極’이라고 해석한 것을 따랐다.

98) 衍忒: 鄭玄의 註에는 ‘卦象多變故言衍忒’이라고 하여 여러 가지로 변화하는 것을 ‘衍忒’이라고 하였다.

99) 閻若璩, 『尙書古文疏證』 卷7, 張46~49.

정현의 『주례』주(註):「소고召誥」의 "태보(太保)가 아침 일찍 낙양(洛陽)에 이르다[太保朝至于洛]"('洛'이 '雒'으로 되어 있다―原註)와 "낙수(洛水) 북쪽에 터를 잡다[攻位于洛汭]"('於雒汭'로 되어 있다 ―原註) 등과 「여형」의 "헤아려 형벌을 만들다(度作刑)"('度作詳刑'으로 되어 있다―原註)와 「요전」의 "서쪽에 살게 하니 이른바 매곡(昧谷)이다[宅西, 曰昧谷]"('度西, 曰柳穀'으로 되어 있다―原註)와 「우공」의 "우(羽)의 산골에서는 여름 꿩을 바치다[羽畎夏翟]"('翟'이 '狄'으로 되어 있다―原註)와 「고요모」의 "하늘이 밝고 두렵다[天明畏]"('畏'가 '威'로 되어 있다―原註)와 「홍범(洪範)」의 "도모함을 서인과 같이 하다[謀及庶人]"('人'이 '民'으로 되어 있다―原註)와 「고명」의 "이튿날에 이르다[越翼日]"('翼'이 '翌'으로 되어 있다―原註)와 "왕이 돌아가시다[王崩]"('成王崩'으로 되어 있다―原註)와 「고요모」의 "그림 그리다[作會]"('會'가 '繢'로 되어 있다―原註)와 "누비고 수놓다[絺繡]"('絺'가 '希'로 되어 있다―原註)와 「홍범」의 "우(雨)의 형상이다. 제(霽)의 형상이다. 몽(蒙)의 형상이다. 역(驛)의 형상이다. 극(克)의 형상이다[曰雨, 曰霽, 曰蒙, 曰驛, 曰克]"('曰雨, 曰濟, 曰圛, 曰蟊, 曰尅'으로 되어 있다―原註)와 「금등」의 "자물쇠를 열다[啓籥]"('啓'가 '開'로 되어 있다―原註)와 "임금은 그 해로움이 없을 것이다[王其罔害]"('罔'이 '無'로 되어 있다―原註)와 "그리하여 금등의 글을 열다[以啓金縢之書]"('啓'가 또한 '開'로 되어 있다―原註)등과 「요전」의 "동방의 춘작(春作)에 차례를 세우게 하다[平秩東作]"(네 '平'자가 모두 '辨'으로 되어 있다―原註)와 「고명」의 "천자가 타는 대로(大輅)는 손님이 오르내리는 섬돌에 있다[大輅在賓階]"(네 '輅'자가 모두 '路'로 되어 있다―原註)와 "대로(大輅)의 부거(副車)[綴輅]"[100]('綴'이 '贅'로

---

100) 朝本・奎本 및 『尙書古文疏證』에는 '綴輅'가 빠져 있으며, 朝本・奎本의 '綴作贅'는 鄭玄의 註이다.

되어 있다— 原註)와 「우공」의 "넘쳐서 형수(滎水)가 되었다〔溢爲滎〕"('溢'이 '泆'로 되어 있다— 原註)와 "형수(滎水)와 파수(波水)도 이미 물이 괴어 못이 되다〔滎波旣豬〕"('滎播旣都'로 되어 있다— 原註)와 '옹수(灉水)와 저수(沮水)가 합류하여 모이다〔灉沮會同〕"('灉'이 '雝'으로 되어 있다— 原註)와 「감서」의 "처자까지 죽이다〔孥戮〕"('孥'가 '奴'로 되어 있다— 原註)와 「비서費誓」('費'가 '粊'로 되어 있다[101] — 原註)의 "네 덫을 막아라〔杜乃擭〕"('杜'가 '敜'로 되어 있다— 原註)와 「주고」의 "유정(有正)과 유사(有事)〔有正有事〕"[102]('正'이 '政'으로 되어 있다— 原註)와 「요전」의 "드디어 동방의 제후를 인견하다〔肆覲東后〕"('肆'가 '遂'로 되어 있다— 原註)와 「우공」의 "참죽나무와 산뽕나무〔杶幹〕"('杶'이 '櫄'[103]으로 되어 있다— 原註) 등이다.

정현의 『예기』 주(註):「대고」의 "및 너의 어사(御事)〔越爾御事〕"('爾'가 '乃'로 되어 있다— 原註)와 「우공」의 "짚과 고갱이만 딴 것을 바치게 하다〔納秸服〕"('秸'이 '鞂'로 되어 있다— 原註)와 「금등」의 "점괘는 임금에게 그 해로움이 없을 것이다〔體王其罔害〕"[104]('罔'이 '無'로 되어 있다— 原註)와 「요전」의 "너에게 명하여 음악을 맡게 하다〔命汝典樂〕"('汝'가 '女'로 되어 있다— 原註)와 「목서」의 "네 번 침을 지나지 말라〔不愆于四伐〕"('愆'이 '過'로 되어 있고 '于'자가 없다— 原註)와 "왕이 아침에 상교(商郊)에 이르렀다〔王朝至于商郊〕"('于'가 '於'로 되어 있다— 原註)와 「고요모」의 "나는 자식을 돌볼 겨를도 없었다〔予弗子〕"[105]('弗'이 '不'로 되어 있다— 原註)와 "간결하되 청렴

---

101)『周禮』「雍氏」의 鄭玄 注에 '費誓'가 '粊誓'로 되어 있음.
102) 有正 有事: 諸官의 長과 그 屬吏.
103) 櫄:『尙書古文疏證』에는 '櫄'으로 되어 있음.
104) 朝本・奎本・『尙書古文疏證』에는 모두 '體其罔害'로 되어 있음.
105) 朝本에는 '子'가 '字'로 되어 있음.

하다〔簡而廉〕”(‘廉’이 ‘辨’으로 되어 있다 ─ 原註)와 「요전」의 “유주(幽洲)”(‘洲’가 ‘州’로 되어 있다 ─ 原註)와 「무일(無逸)」의 “이에 양암(亮陰)에서 거상(居喪)하다〔乃或亮陰〕”(옛날에는 ‘梁闇’으로 되어 있었다고 하였다 ─ 原註) 등이다.

자(子) 7

「대서大序」[106]에, “포희(庖犧) 씨가 서계(書契)를 만들었다”고 하는 데 대하여, 염약거는 이르기를, “『설문』의 서(序)에 처음 서계를 만든 것은 황제(黃帝)의 사관(史官)인 창힐(倉頡)이라 하였는데, 이것은 『주역』의 계사(繫詞)와 『세본世本』[107]에서부터 유래한 것이니, 「대서」가 망령되이 그러한 설을 내세운 것이다. 『세본』에 이르기를, ‘황제 때에 처음으로 사관을 세웠는데, 창힐과 저송(沮誦)[108]이 그 직책에 있었다’고 하였고, 또 ‘창힐이 글을 만들었다’고 하였으며, 허신(許愼)의 『설문』 서(序)에 이르기를, ‘황제의 사관 창힐이 새와 짐승의 발자국을 보고 처음으로 서계를 만들었다’고 하였고, 황보밀의 『제왕세기』에 이르기를, ‘황제가 무위(無爲)의 선정(善政)을 하고 있을 때 창힐이 문자를 만든 연후에 서계가 처음 만들어졌다’고 하였으며, 위항(衛恒)[109]의 『서세書勢』에 이르기를, ‘옛날 황제 때에 모든 문물을 창제하였는데, 저송과 창힐이라는 자가 있어 처음으로 서계를 만들어서 결승문자(結繩文字)에 대신하였다’고 하였다”[110]고 했다. 또 염약거는 이르기를, “포

---

106) 梅賾의 『僞孔傳』의 序文을 가리킴.
107) 『世本』: 先秦時代 史書의 하나. 이 책은 黃帝 以來로 春秋時代까지 帝王·公侯·卿大夫의 祖世의 내력을 기록해놓은 것이다.
108) 沮誦: 중국의 전설적 인물. 黃帝의 右史로서 倉頡과 함께 文字를 만들었다고 함.
109) 衛恒: ?~291. 晉의 安邑人. 字는 巨山, 追諡는 蘭陵貞世子. 벼슬은 黃門郎에 이름. 저서로 『四體書勢』가 있다.
110) 閻若璩, 『尙書古文疏證』 卷7, 張54~55.

희는 만세(萬世)에 문자의 조(祖)로서 팔괘(八卦)를 그었다"[111]고
하였다.

살펴보건대, 점을 침이 없었으면 괘(卦)를 긋지 않았을 것이고,
64괘(卦)가 없었으면 8괘(卦)를 긋지 않았을 것이며, 추이(推移)와
괘변(卦變)[112]이 없었으면 점을 칠 수 없을 것이다. 그렇기 때문에
손(損)·익(益)·진(晉)·환(渙)의 괘의 명칭이 분명히 8괘와 함께
일어난 것이다. 진실로 만약 8괘를 그은 사람이 포희씨라면 문자
를 만든 사람도 또한 이때에 있었을 것이니, 여러 글들은 족히 믿
을 수 없다. 다만 8괘를 긋기만 해서야 장차 어디 쓰겠는가?

축(丑) 2

이 문단은 오로지 하도낙서(河圖洛書)와 소씨(邵氏)[113]의 『역도
易圖』의 본말에 대하여 논하였는데, 천 마디 만 마디의 긴 말로
되어 있어 여기에는 수록하지 않는다. 송렴(宋濂)[114]의 「하도낙서
문답河圖洛書問答」(宋文憲의 『潛谿集』[115]에 있다 — 原註) 왕충문공(王忠
文公)[116]의 「낙서변洛書辨」(洛書가 「洪範」이 아님을 밝힌 것이다 — 原註),
귀진천(歸震川)의 「역도론易圖論」(有光의 字는 熙甫이다 — 原註)·「홍
범전론洪範傳論」, 황태충(黃太沖)[117]의 「역학상수론易學象數論」 등

---

111) 同上, 張55.
112) 推移·卦變: 茶山은 『周易』을 推移·卦變·互體·爻(卦)變의 네 가지 原
   理로 풀이하였다.
113) 邵氏: 宋나라의 邵雍. 字는 堯夫, 諡는 康節. 저서로 『先天卦位圖』가 있
   다.
114) 宋濂: 1310~1381. 明의 浦江人. 字는 景濂, 號는 潛溪·無相居·龍門子
   등. 追諡는 文憲. 벼슬은 翰林學士, 知制誥. 저서로 『宋學士集』『洪武聖
   政記』『浦陽人物記』 등이 있다.
115) 朝本·奎本에는 '潛'이 '金'으로 되어 있음.
116) 王忠文公: 明 義烏人. 이름은 褘, 字는 子充, 忠文은 諡임. 文章에 뛰어
   났으며 宋濂과 함께 『元史』를 편수하였다.
117) 黃太沖: 黃宗義. p.599 주 11 참조.

이다.[118]

축(丑) 3

염약거는 다음과 같이 말하였다. 동진(東晉) 건무(建武) 원년(元年: 317년)에는 고문이 학관(學官)에 들어 있었는데, 송(宋)이 남쪽으로 건너옴에 이르러서 처음으로 811년 만에 오역(吳域)(字는 才老——原註)이 나와 비로소 이 『상서』를 의심하여 이르기를, "공안국이 증다(增多)한 『상서』는 모두 글이 글자를 따라 순하여, 복생의 『상서』가 까다로워 심지어 읽을 수 없는 것이 있는 것과는 같지 않다"고 하였다. 오재로(吳才老)의 『서비전書裨傳』 13권(總說[119]·書序·君辨·臣辨·考異·詁訓·差牙·孔傳 등 모두 8篇이다——原註)이 있는데, 채침의 『서집전書集傳』 「태서泰誓」 편목(篇目) 아래에는 오재로의 "탕왕(湯王), 무왕(武王)이 모두 싸움을 하여 천명을 받았다. 그러나 탕왕의 말은 넉넉하고 무왕의 말은 급박하여, 탕왕이 걸(桀)을 문죄(問罪)함은 공손하고 무왕이 주(紂)를 문죄함은 오만하니, 배우는 이가 유감이 없을 수 없다. 그 『상서』가 늦게 나온 것이거나, 아니면 모두가 당시의 본문이 아니라고 하며 의심을 품고 있었다"는 말을 인용하였다. 『오초려집吳草廬集』[120]에 「제복생수서도題伏生授書圖」라는 시가 있는데, 거기에 스스로 발(跋)을 써서 이르기를, "복생의 『상서』는 까다로워서 읽기가 어려우니 진고문의 서체(書體)이다. 〔……〕 진(晉)·수(隋) 간에 고문 25편이 나왔는데, 순탄하기가 오늘날 사람들의 말과 같고 복생 『상서』의 까다로움과는 같지 않다"고 하였다. 아! 이는 본디 얕고 적은 견문으로

---

118) 閻若璩, 『尙書古文疏證』 卷7, 張60~86(第112條)에 수록된 내용이 『河圖洛書問答』 『洛書辨』 등의 말임을 茶山이 말한 것이다.

119) 朝本·奎本에는 '總說'이 빠져 있음.

120) 『吳草廬集』: 吳澄의 文集. 吳澄에 대해서는 p. 45 주 13 참조.

는 말하기 쉬운 것이 아니다. 어찌 오재로와 주중회(朱仲晦)[121]가 구원(九原)에서 일어날 수 있겠는가? 조맹부(趙孟頫)[122]의 『송설재집松雪齋集』에 『상서』에 대한 「집주서集註序」가 있는데 금문과 고문으로 나누어서 집주(集註)를 만들어 이르기를, "아! 대저 『상서』가 『상서』된 것은 이제삼왕(二帝三王)의 도가 여기에 있기 때문이다. 불행히도 없어지는 지경에까지 이르렀으나 불행한 가운데도 다행히 남아 있는 것이 있으니, 차마 거짓으로 진짜를 어지럽히게 하겠는가? 또 다행히도 그것이 거짓임을 깨달았으니 차마 그것을 서술하여 밝히지 아니하고 천하의 후세 사람들로 하여금 늘 그 속임을 받게 할 수 있겠는가?"라고 하였다. 오초려의 「증별조자앙贈別趙子昻」이란 시에 이르기를,

유양(維揚)[123]역에서 그대를 알았는데
옥 같은 얼굴빛 천인(天人)의 모습이라.
복생 매색의 천년 전 일을
하루 저녁에 의심하여 평의(評議)해버렸노라.

라고 하였다. 주승(朱升)[124]이 절강(浙江) 행성(行省)[125]의 과시(科試)에 응하였는데, 책문(策問)에 대답하는 말에 "금문과 고문은 편(篇)이 나뉘고 합하여짐이 있고 글이 어렵고 쉬움이 있다. [……] 주자·오재로로부터 본래 이미 의심을 내보였다"고 하였다. 주석

---

121) 朱仲晦: 朱熹. 仲晦는 그의 字.
122) 趙孟頫: 1254~1322. 宋의 歸安人. 字는 子昻, 號는 松雪道人. 經史에 博通하고 詩書畵에 능함. 벼슬은 元代에 翰林學士承旨. 諡는 文敏, 魏國公에 追封. 저서로 『松雪集』이 있음.
123) 維揚: 揚州를 말함.
124) 朱升: 明의 休寧人. 字는 允升, 楓林先生이라 칭함. 五經에 방주를 하였으며, 저서로 『楓林集』이 있음.
125) 行省: 지방 구역의 이름.

창(朱錫鬯)126)이 나에게 말하기를, "오초려의 시(詩) 등은 모두 그 말이 아니니127) 그대들이 드러내놓고 공박하는 것과는 같지 않다"고 하기에, 내가 말하기를, "오초려의 『상서서록尚書叙錄』을 한번 보아라. 확실히 둘로 나누어져 서로 혼동시키지 않는다. 학식도 또한 주자보다 낫다"고 하였더니 주석창이 잠자코 있었다. 대개 근래에 지은 『경의고經義考』가 비록 점차 내 견해에로 전이(轉移)되고 있지만 끝내 투철하지는 못하다. 요제항(姚際恒)(字는 立方이다─原註)이 이르기를, "경(經)과 전(傳)이 한 손에서 같이 나왔으니 거짓이면 모두 거짓일 것이다(은근히 朱子를 가리키는 것인데 다만 傳의 거짓만을 분변하였다─原註). 예를 들면 「이훈伊訓」의 전(傳)에 '태갑(太甲)이 탕(湯)을 이어서 즉위하였다'고 한 것이 잘못이면 경(經)에 '왕이 동궁(桐宮)으로 가서 거상(居喪)하다'128)라고 한 것도 통할 수 없다. 대개 태갑이 중임(仲壬)의 상(喪)에 복(服)을 입고 조묘(祖廟) 옆에 거처한 일은 없는 것이다. 「태서」에 '무왕이 아버지의 햇수를 이어받았다'고 한 것이 잘못이라면 경(經)에 '9년에 대통(大統)을 이루지 못하다'129)고 한 것도 통하지 않는다. 대개 문왕이 천명을 받지 않고 원년을 고쳐 9년이라고 칭할 수는 없는 것이다"라고 하였다.130)

살펴보건대, 동(桐)에 거처하였다는 것은 「서서」에 근거를 댈

---

126) 朱錫鬯: 清의 考證學者인 朱彝尊. 錫鬯은 그의 字. 호는 竹坨. 저서로 『經義考』 『曝書亭全集』이 있음.

127) 茶山이 『尚書古文疏證』에 나오는 이 글의 앞쪽 문장을 생략했기 때문에 이해하기가 어렵다. 楊士雲의 「讀尚書」의 詩인 "二十八篇今, 自漢伏生授, 二十五篇古, 至晉梅賾奏"와 吳澄의 「題伏生授書圖」의 詩인 "先漢今文古, 後晉古文今, 若論伏氏功, 遺像當鑄金"을 가리켜 이 말은 僞古文을 공박하는 말이 아니라는 것.

128) 「太甲」 上.

129) 「武成」.

130) 閻若璩, 『尚書古文疏證』 卷8, 張1~15.

수 있고『맹자』에서 징험해 볼 수 있으니, 위작자가 위찬(僞撰)한 것은 아니다. 동(桐)이 이미 탕(湯)의 묘지라면 외병(外丙)·중임(仲壬)을 그 묘역 내에 장사 지내는 것은 이상한 일이 아니다. 또 동(桐)에 거처한 것이 후세의 사람들이 무덤 옆에 초막을 짓고 사는 제도와 같은 것이 아니라면, 아무리 임금의 복상(服喪)이라고 하더라도 탕의 무덤 옆에 가 있으면서 그로 하여금 바라보고 의지하며 감모(感慕)가 일어나게 하는 것도 또한 예를 어긴 것이 아니니, 요제항(姚際恒)의 설은 진실되지 못하다.

손광(孫鑛)[131]의『평상서評尚書』에도 또한 「대우모」의 글 된 것이 점점 갈수록 배구(排句)로 만들어졌다고 하고(排句로 나누는 것을 對偶라 한다— 原註), 전수지(錢受之)[132]도 극력 꾸짖어 그것은 성인을 비방함이 법이 없고 성인의 말을 모독하는 것인데, 저들이 감히 문자로써 성경(聖經)을 논할 수 있는가라고 하였다.

살펴보건대, 전목재(錢牧齋)[133]가 비록 총명하고 지혜로운 것 같아도 기실은 환히 알지 못한 사람이다. 도술(道術)에 있어서는 겉으로는 유가(儒家) 같으나 안으로는 불가(佛家) 같고, 의리에 있어서는 겉으로는 복종하는 것 같으나 속으로는 두 마음이고, 경학(經學)에 있어서는 매색의『상서』를 높이면서 도리어 그 의심스러운 것을 공격하는 자이니, 사물의 청탁시비(淸濁是非)가 분명한 사람이 이러한 일이 있겠는가? 만약 문자로써 성경을 논하는 것을 감히할 수 없는 것으로 한다면 주자가 마땅히 제일 먼저 이 비방을 들어야 할 것이다.

---

131) 孫鑛: 明나라 사람. 字는 文融, 號는 月峯. 저서로『孫月峯評經』이 있음.
132) 錢受之: 1582~1664. 淸의 常熟人. 受之는 字, 이름은 謙益, 號는 牧齋 또는 漁樵子, 石渠舊史, 東澗老人, 虞山宗伯 등으로 칭한다. 저서로『初學』『有學』이 있음.
133) 錢牧齋: 錢謙益. 牧齋는 그의 號.

학경(郝敬)은 25편을 끝에다 두어 따로 권질(卷秩)을 하여 낱낱이 공박하였는데, 말이 더러는 지나치게 심하였다. 학경이 이르기를, "「함유일덕」이란 말은 오히려 각기 한 가지 장점을 자기만이 가지고 있음을 말하는 것인데, 지금은 모두 일덕(一德)의 '일(一)'을 순일(純一)하다는 뜻으로 말하니, 이윤(伊尹)이 스스로 탕(湯)과 더불어 함께 이 '하나'를 갖고 있다고 자긍(自矜)한 것과는 부합되지 않는다"고 하였다. 염약거는 이르기를, "매양 「필명」을 읽을 때마다 '착함과 간악함을 표하여 분별하다〔旌別淑慝〕'의 구절에 이르러, 그 이하 37구가 모두 넉 자로 되어 있어 이 때문에 웃으며 말하기를, '공안국의 예고정(隷古定)이 마침내 당(唐)의 방융(房融)[134]이 『수능엄경首楞嚴經』을 번역할 때 넉 자로 글을 이룬 것과 같다'"[135]고 하였다.

인(寅) 1

계유년(癸酉年: 1693년) 겨울에 잠시 서령(西泠)[136]에 노닐 때에 휴녕(休寧)[137]의 요제항(姚際恒)(字는 立方이다 — 原註)이 문을 닫고 저술하면서 위고문(僞古文)을 연구한다는 말을 들었는데, 소산(蕭山) 모대가(毛大可)가 나에게 말하기를, "이 사람은 그대에게는 요칭(廖偁)[138]과 같은 사람이다. 날마다 그대가 오기를 바라고 있으니 만나보지 않을 수 없을 것이다" 하고 나를 소개하여 사귀게 하였다. 나보다 11세 아래로 그가 저술한 책 무릇 10권을 내보였는

---

134) 房融: 唐 洛陽人. 『首楞嚴經』을 번역하였음.

135) 閻若璩, 『尙書古文疏證』 卷8, 張2 ~ 27.

136) 西泠: 浙江省 杭縣 西湖畔의 孤山과 蘇堤 사이에 있는 다리로 西湖十景의 하나. 朝本에는 '泠'이 '冷'으로 되어 있음.

137) 休寧: 縣의 이름. 오늘날의 安徽省에 있음.

138) 廖偁: 宋나라 衡山人. 天禧年間(1017 ~ 1021)의 進士. 好古能文한 학자이며 文章家이다. 저서로 『朱陵編』이 있음. 朝本에는 '偁'이 '稱'으로 되어 있음.

데, 또한 그 납득할 수 없는 것이 있었다.[139]

인(寅) 8

이 문단은 문묘(文廟)에 배향(配享)한 제현(諸賢)들의 당부(當否)를 논한 것인데 여기에는 수록하지 않는다.[140] 염약거가 정현은 마땅히 문묘에서 폐출해야 한다는 논의에서 이르기를, "정강성은 위서(緯書)에 가장 미혹되어 거기에 빠졌다. 위서는 전한(前漢)의 성제(成帝)·애제(哀帝) 이후에 생겨나서 후한(後漢) 때에 더욱 성하였다. 유종(儒宗)이 된 사람은 마땅히 성경(聖經)을 끌어와 바로 그 망령된 것을 꺾어야 할 것인데, 도리어 그것을 성원하여 경(經)을 증명하였으니, 이는 경을 믿는 것이 참위(讖緯)를 믿은 것만 같지 못한 것이다. 정강성을 향(鄕)에서 향사(享祀)하는 것으로 고치는 것이 또한 가히 그 공평함을 얻었다고 할 수 있겠다. 가규(賈逵)가 『도참圖讖』 같은 책을 견강부회하고 하휴(何休)가 『풍각風角』[141] 같은 책을 주석하였으니, 이들은 모두 향사를 파하는 것이 마땅하다"[142]고 하였다.

【附見】[143] 『주자고문서의朱子古文書疑』는 염영(閻詠)[144] (字가 申甫[145]이다 ─ 原註)이 편집한 것으로 어류사십칠조(語類四十七條)인데, 이것은 대개 25편의 문체가 비순(卑順)하다는 것과, 조(詔)·고(誥)는 읽기 어렵고 훈(訓)·명(命)은 깨치기 쉽다는 이치를 논한 것이

---

139) 閻若璩, 『尙書古文疏證』 卷8, 張60.

140) 閻若璩, 『尙書古文疏證』 卷8, 張72〜95(第128條)에 나오는 글을 가리킴.

141) 『風角』: 점술서. 風角은 바람으로 길흉을 보는 점술.

142) 閻若璩, 『尙書古文疏證』 卷8, 張77〜78.

143) 附見: 여기 附見은 閻若璩의 『尙書古文疏證』 卷末에 附錄으로 閻詠이 朱子의 『朱子語類』와 『朱子大全』에서 발췌한 글(주로 『尙書』에 관한 것) 11편을 수록해놓은 것에 대한 茶山의 간략한 설명을 붙인 것이다.

144) 閻詠: 淸나라 山陽人. 閻若璩와 同鄕이며 그의 제자이다.

145) 朝本·奎本에는 모두 '復申甫'로 되어 있으나 '復'자는 衍字인 듯하다.

니, 여기에는 수록하지 않는다.

문집육조(文集六條)는 「답손계화서答孫季和1[146]書」「서임장소간사경후書臨漳所刊四經後」「기상서삼의記尙書三義」(또 3條가 있다 — 原註) 등이다.

「강고康誥」에 이르기를, "요수(要囚)[147]는 5, 6일에서 열흘까지 두고 그 죄상을 조사하여 비로소 요수(要囚)를 결정한다〔要囚, 服念五六日至于旬時, 丕蔽要囚〕"고 하였는데, 매색이 이르기를, "요수란 그 중요한 말을 살펴서 옥사(獄事)를 결정하는 것을 말한다"고 하였다. 「다방多方」에 이르기를, "나는 이에 그들을 가르치고 권고하며, 나는 이에 그들을 두렵게 여긴다. 그들을 요수하되, 신중하기를 두 번에 이르며 세 번에 이르노라"라고 하였다.[148]

---

146) 孫季和: 南宋의 학자. 會稽人. 이름은 應時. 季和는 그의 字. 朱子의 제자이다.

147) 要囚: 용의자를 체포 구금하는 것.

148) "「康誥」에 이르기를, '〔……〕 결정한다'에서 '〔……〕 세 번에 이르노라'라고 하였다"까지의 글은 茶山의 『尙書古訓』「康誥」주석에 나오는 글로서, 閻若璩의 『閻氏古文疏證』과는 상관이 없다. 奎本에는 이 글이 없고 朝本에만 있는데, 이것은 朝本의 인쇄 과정에서 잘못 끼어든 것이다.

『매씨서평』
원문 교주본(原文 校註本)

梅氏書平 一

序

昔余游學京師, 竊聞, 師友往往疑梅氏尙書二十五篇, 文體卑順. 心服其言. 逮應講內閣, 課至禹貢, 遂遭大故. 尙記, 乾隆壬子之春, 入侍于熙政堂, 誦禹貢訖, 睿獎隆洽, 玉音諄復. 時聖上, 潛心經籍, 博詢時英, 有尙書條問數百餘條, 縷縷致意於今文古文之辨, 而賤臣, 寢苦在家, 未有條對, 至今呑恨. 何者? 聖人旣沒, 無緣質問, 此譴聞也. 竊以梅氏之書, 薈萃羣言, 裒成一家, 至言格訓, 誠亦不少. 然其蒐輯之時, 如兌命·太誓之本標篇名者, 以之爲兌命·太誓, 誰曰不可, 至於夏書·周書之但標時代者, '書曰''書云'之原無標別者, 分隷各篇, 雜以僞言, 苟成文理, 以纂[1]聖經之名, 則凡愼思明辨者, 在所研覈. 故朱子曰: "某嘗疑孔安國書, 是假書." 又曰: "孔書, 至東晋方出, 前此諸儒, 皆未之見, 可疑之甚." 又曰: "書凡易讀者, 皆古文, 難讀者, 皆今文." 又曰: "伏生口授, 如何偏記其所難, 而其易者, 全不能記也?" 又曰: "豈有數百年壁中之物, 不訛損一字者?" (語類, 疑古文語, 尙有四十餘條, 今不盡錄) 夫自漢唐以來, 篤好古經, 未有朱子者. 豈其起

---

1) 朝本에는 '纂'으로 되어 있음.

疑於無疑, 欲毀無瑕之至寶哉? 梅氏之書, 誠有可疑. 故朱子不得不疑之耳. 況'德不孤 必有鄰,' 前乎朱子, 有吳才老(棫), 後乎朱子, 有吳幼淸(澄), 皆另有成書, 痛辨其僞, 攻梅氏, 豈唯朱子已哉? 至蕭山毛氏(奇齡) 之書出, 其侮嫚詆諆, 無復餘地, 乃云: "古文之冤, 始于朱氏." 而所著古文尙書冤詞八卷, 橫說豎說, 累千萬言. 自言曰: "我衛聖經." 言旣如是, 亦何必苦口力戰, 以取毀經之罵哉? 但其本意, 非衛聖經, 凡朱子所言, 務欲觝排, 以自立幟, 名雖自鳴, 志殊不正. 凡秉心公平者, 在所必辨. 然其考據瓌譎, 辯論豪快, 非精硏密核, 未易折角. 且凡議獄之法, 貴在平允, 漢人所爲廷尉平, 是也. 彼有何冤, 譁譟噴薄? 我本無事, 應之以平, 亦以逸待勞之義也. 於是, 取朱子所以起疑之端, 平心訂議, 名之曰梅氏書平, 凡九卷.

總　叙

上甲　一

古今尙書之學, 總有三本. 其一, 伏生所傳今文尙書二十九篇(經二十八篇, 書序一篇), 出於漢文帝時者也. 其二, 孔安國所獻古文尙書四十六卷(與伏本同者, 二十九卷, 增多者, 十六篇, 僞太誓一篇), 出於漢武帝時者也. 其三, 梅賾所奏, 稱孔安國古文尙書五十八篇(與孔本同者, 三十三篇, 增多者, 二十五篇), 出於東晉時者也. 伏生今文之學, 亡於晉懷帝永嘉之亂(見隋書), 孔氏古文之學, 中墜厥緒, 官學旋廢, 建武之際, 杜林傳之, 賈逵·馬融·鄭玄之等, 作爲訓傳, 爲世所宗, 至唐而亡(後漢書·隋書·唐書). 梅氏所自言古文之學, 晉元帝時, 首立學官(晉書荀崧傳), 唐太宗時, 孔穎達作正義, 南宋之時, 蔡沈作集傳, 今所行世者, 是也. 又漢成帝時, 張覇僞造尙書一百二篇(所謂百兩篇), 獻于朝廷, 當時隨卽見黜(漢書儒林傳). 此其大略也. 乃孔氏正義·蔡氏集傳, 調護爲說,不辨眞僞, 學者, 旣無以分別源委. 乃毛氏寃詞, 澒洞錯亂, 眩惑多端, 觀者迷焉. 今取三本源流, 疏理如左.

伏生所傳今文尙書 第一

上甲 二

史記儒林傳云: "伏生, 濟南人也(伏生, 名勝). 故爲秦博士. 孝文帝時, 欲求能治尙書者, 天下無有. 乃聞伏生能治, 欲召之. 是時, 伏生年九十餘, 老不能行. 乃詔太常, 使[2]掌故鼂錯往受之. 秦時焚書, 伏生壁藏之. 其後兵大起, 流亡, 漢定, 伏生求其書, 亡數十篇, 獨得二十九篇, 卽以敎于齊·魯之間. (節) 伏生敎濟南張生及歐陽生, 歐陽生敎千乘兒寬"(又見鼂錯傳).

鏞案, 二十九篇者, 經二十八篇, 書序一篇(當時, 書序, 別爲一篇, 未嘗分冠于各篇). 後人, 或疑一篇是僞太誓者, 非也.

上甲 三

漢書藝文志云: "易曰: '河出圖, 雒出書.' 故書之所起, 遠矣. 孔子纂焉, 上斷於堯, 下訖于秦, 凡百篇, 而爲之序, 言其作意. 秦燔書禁學, 濟南伏生, 獨壁藏之, 漢興亡失, 求得二十九篇, 以敎齊·魯之間."

鏞案, 百篇之序, 伏壁原有之. 故班固錄之如此, 後儒不察, 每云: "百篇之序, 孔本獨有." 亦疎矣(伏生, 有百篇之序, 故帝告·九共·嘉禾之等, 伏生書大傳, 歷歷言之).

---

2) 朝本·奎本에는 '使'가 빠져 있음.

上甲 四

漢書儒林傳云: "歐陽·大小夏侯氏學, 皆出於倪寬."

歐陽生(字和伯), 千乘人也. 事伏生, 授倪寬. 寬又受業孔安國(案, 孔安國, 本亦治今文). 寬授歐陽生子, 世傳, 至曾孫高, 高孫地餘, 爲博士. 由是, 尙書世有歐陽氏學. 夏侯勝, 其先夏侯都尉, 從濟南張生, 受尙書, 以傳族子始昌, 始昌傳勝, 勝又事東郡簡卿, 簡卿者, 倪寬門人. 勝傳從兄子建, 建又事歐陽高. 由是, 尙書有大小夏侯之學(武帝立五經博士, 初書唯有歐陽. 至宣帝時, 復立大小夏侯尙書).

鏞案, 兩漢儒林之傳, 其傳伏生之學者, 支分派裂, 不可盡紀, 皆出於歐陽·大小夏侯三家. 今並略之.

上甲 五

漢書藝文志, 尙書經二十九卷(師古曰: "此伏生傳授者"), 傳四十一篇(卽伏生之傳), 歐陽章句三十一卷(後漢書, 又有牟氏章句, 四十五萬餘言), 大小夏侯章句 各二十九卷(大夏侯勝, 小夏侯建), 大小夏侯解故 二十九卷(孝宣時, 三家並立學官), 歐陽說義二篇(又劉向五行傳記十一卷, 許商五行傳記一篇).

鏞案, 後漢末, 蔡邕所勒石經, 是伏生今文(見孔氏正義).

上甲 六

隋書經籍志云: "永嘉之亂(晉懷帝時末), 歐陽·大小夏侯尙書並亡"(又云: "濟南伏生之傳, 唯劉向父子所著五行傳, 是其本法, 而又多乖戾").

鏞案, 東京以降, 大小夏侯已微, 唯牟融習大夏侯(又有吳良·張馴等), 王良習小夏侯, 而歐陽氏, 寢亦不振. 光武之時, 朱普·桓榮, 皆習牟氏章句, 其後榮子郁·典及楊震·張奐之等, 綿綿不絶(並見後漢書). 至東漢之末, 馬·鄭古文之學大盛, 而三家皆廢, 故至晉而遂亡.

孔安國所獻古文尙書 第二

上甲 七

史記儒林傳云: "伏生敎濟南張生及歐陽生, (節) 是後, 魯周覇‧孔安國‧洛陽賈嘉(誼之孫), 頗能言尙書事(皆伏學). 孔氏有古文尙書, 而安國以今文讀之, 因以起其家, 逸書得十餘篇, 蓋尙書滋多於是矣."

鏞案, 孔安國, 本亦伏生門徒, 故伏生歿後, 兒寬受業於安國也. 逸書十餘篇, 卽所謂增多十六篇.

上甲 八

漢書藝文志, 尙書古文經, 四十六卷(爲五十七篇). 古文尙書者, 出孔子壁中. 武帝末, 魯共王壞孔子宅, 欲以廣其宮, 而得古文尙書及禮記‧論語‧孝經凡數十篇, 皆古字也. 共王往入其宅, 聞鼓琴瑟鍾磬之音, 於是, 懼乃止不壞. 孔安國者, 孔子後也, 悉得其書, 以考二十九篇, 得多十六篇(汩作‧九共等). 安國獻之, 遭巫蠱事, 未列于學官. 劉向以中古文, 校歐陽‧大小夏侯三家經文, 酒誥脫簡一, 召誥脫簡二.[3] 率簡二十五字者, 脫亦二十五字, 簡二十二字者, 脫亦二十二字, 文字異字七百有餘, 脫字數十.

鏞案, 論衡云: "孝景帝時, 魯共王壞孔子敎授堂, 得百篇尙書於牆壁中"(正說篇). 參攷五宗世家, 則武帝之末, 魯共王, 卒已久矣. 論衡以爲景帝時, 似長(琴瑟鐘磬之說, 亦史記所無). 四十六卷者, 與伏生今文, 同者二十九篇, 增多者十六篇, 僞太誓一篇(當時盛行, 故附入古文中, 決非壁中本有僞太誓), 合之爲四十六卷也. 班固自注曰: "五十七篇"者, 孔氏古文, 盤庚分爲三篇, 顧命分爲二篇(爲康王之誥), 九共, 本是九篇, 細

---

3) 朝本‧奎本에는 '一'로 되어 있음.

剖其數, 則五十七篇也(本經二十八篇, 盤庚分出者二篇, 顧命分出者一篇, 增多二十四篇, 僞太誓一篇, 序一篇, 皆未及分). 又按, 先儒, 皆以古文爲倉頡古文(見孔氏正義), 則中古文者, 史籀之大篆也(易之興也, 其於中古, 中古者, 西周也). 古文今文, 邈然遼絶, 乃取中古之篆文, 上視古文, 下視今文, 參伍譯解, 乃知其同異也. ○又按, 劉向所校, 不過二十九篇, 二十九篇, 僅以伏氏經文, 校讎同異, 餘十六篇, 津梁旣斷, 無緣比對, 故當時無所討論也.

上甲 九

荀悅漢紀云: "魯共王壞孔子宅, 得古文尙書, 多十六篇. 武帝末, 孔安國家獻之, 會巫蠱事, 未列于學官."

劉向別錄云: "古文書十六篇"(詳見左傳序·正義). 馬融書序云: "逸十六篇, 絶無師說"(見孔氏正義).

朱竹垞(彝尊) 云: "孔子世家, 言'安國蚤卒'(爲武帝博士, 至臨淮太守, 卒). 安國傳, 稱'安國受書于伏生'(伏生年九十餘, 安國, 雖最幼, 年已十五六). 天漢之後, 改元太始, 年已七十二, 征和二年, 巫蠱事發, 安國年七十七矣. 尙得謂之蚤卒乎? 當依漢紀, 增家字爲是"(荀紀云: "孝成帝三年, 劉向典校經傳云: '武帝時, 安國家獻之.' 則知安國已逝, 而其家獻之也").

○鏞案, 十六篇者, 泂作·九共等, 增多於伏本者也, 文字遼絶, 無可梯接, 所以無師說也. 又按, 漢書云: "魯人高堂生爲漢博士, 傳儀禮十七篇, 是今文也"(今所行儀禮). 武帝之末, 魯共王壞孔子宅, 得儀禮五十六篇, 皆以篆書, 是古文也. 古文十七篇, 與高生所傳者同, 而字多不同. 其餘三十九篇, 絶無師說, 秘在于館(見士冠禮疏). 尙書十六篇之絶無師說, 如儀禮三十九篇之絶無師說, 欲辨今文古文之源委者, 宜與儀禮比對也.

上甲 十

家語云："孔騰，字子襄，以秦法峻急，藏尙書·孝經·論語於夫子舊堂壁中"(顏師古注，漢紀尹敏傳云："孔鮒所藏." 二說不同，未知孰是).

○孔穎達云："太常蓼侯孔臧，卽安國之從兄. 與安國書云：'舊書潛于屋壁，欻爾復出，古訓再申. 臧聞，尙書二十八篇，取象二十八宿，何圖乃復有百篇耶?'"(太誓疏)

鏞案，孔叢子，亦以孔鮒(襄兄，字子魚)，爲藏書之人，錄其與陳餘(成安君)問答之言，殊不合理. 豈有畏禍，藏書之人，先以宣泄外人之理? 孔臧之書，亦孔叢子所載也. 百篇之書，伏亦有之，故漢書藝文志明云："孔子作百篇之序，而伏生壁藏之"(上甲三) 百篇之序，不自安國始也. 今孔臧之書，有若安國之前，都無百篇之名，此豈西京人所言哉? 孔叢子者，東晋時贗書也(家語，亦王肅門徒之所修潤，非信書也). 本與梅書竝出，以爲梅書之外援. 朱子謂'同出一手.' 誠哉，言也!

上乙 一

漢書劉歆傳云："歆欲建立古文尙書，列於學官，移書博士曰：'伏生尙書，初出屋壁，朽折散絶. 太誓後得，博士集而讀之. 古文尙書十六篇，天漢之後，孔安國獻之，藏於秘府，伏而未發'"(哀帝時，歆欲建立毛詩·逸禮·古文尙書，諸博士或不肯. 歆移書責之曰："魯恭王壞孔子宅，欲以爲宮，而得古文於壞壁之中，逸禮有三十九，書十六篇. 安國獻之，遭巫蠱倉卒之難，未及施行. 孝成皇帝，乃發秘藏，校理舊文，以考學官所傳，經或脫簡，傳或間編. 傳問民間，則有膠東庸生之遺學與此同，抑而未施. 此乃有識者之所惜閔，士君子之所嗟痛也. 往者綴學之士，不思廢絶之闕，以尙書爲備，豈不哀哉! 古文舊書，皆有徵驗，外內相應，豈苟而已哉!" 書入，諸儒皆怨，光祿大夫龔勝惡之，願乞骸骨罷，大司空師丹，亦大怒，奏歆改亂舊章，非毀先帝所立，上曰："歆欲廣道術，亦何以爲非毀哉?" 歆由是爲衆儒所訕，懼誅，求出補吏，爲河內太守)

鏞案，孔氏所獻，本四十五篇(藝文志，並計僞太誓一篇，故云，四十六卷)，此云'十六篇'者, 藏於秘府, 伏而不發者, 十六篇, 餘則布在於人間也. ○又按, 經或脫簡者, 尙書‧逸禮之謂也(酒誥‧召誥, 有脫簡, 見上). 傳或間編者, 詩傳‧左傳之謂也(當時, 無書傳). 詳觀全文, 可知也.

上乙 二

漢書儒林傳云: "孔氏有古文尙書, 孔安國以今文字讀之, 因以起其家, 逸書得十餘篇(襲用史記文). 安國授都尉朝, 而司馬遷, 亦從安國問. 故遷書載堯典‧禹貢‧洪範‧微子‧金縢諸篇, 多古文說. 都尉朝授膠東庸生(卽庸譚, 見後漢書), 庸生授淸河胡常(字少子), 常授虢徐敖, 敖授王璜(字子中), 平陵塗惲(字子眞), 惲授河南桑欽(字君長). 王莽時, 諸學皆立, 劉歆爲國師, 璜‧惲等, 皆貴顯, 乃莽廢, 官學仍不行"(又贊云: "平帝時, 爲立古文尙書").

鏞案, 以今文字讀之者, 二十九篇(與伏本同者), 餘十六篇, 旣無今文, 不能讀也. 因以起家者, 文字異者, 七百有餘, 且其論道釋義, 自成一家, 與伏氏門戶不同, 故謂之起家. 公‧穀‧鄒‧左, 非有別篇之春秋, 齊‧魯‧韓‧毛, 非有增數之雅頌也. ○又按, 司馬遷, 十歲誦古文, 從安國問書(此時, 孔書未及獻), 而其爲古文說者, 止於堯典‧禹貢‧洪範‧微子‧金縢諸篇, 則仍是二十八篇之文而已(唯所言湯誥在十六篇內, 又湯征在十六篇外). 卽所謂十六篇者, 安國當時, 亦不能讀. 若其平易, 可讀如今說命‧太誓, 則安國必能盡讀, 司馬遷亦必載之於史記矣.

上乙 三

後漢書儒林傳云: "光武初, 尹敏(字幼季), 初習歐陽尙書, 旣而受古文, 汝南周防(字偉公). 師事徐州刺史蓋豫, 受古文尙書, 撰尙書雜記三十二篇四十萬言. 至肅宗朝, 有詔, 高才生能受古文尙書者, 魯國孔僖(字仲和), 自安國以下, 世世傳古文不絶, 拜郎中. 陳留楊倫, (字仲理) 師事司徒丁鴻, 習古文尙書, 講學大澤中, 弟子至千餘人. 陽嘉二

762

年, 拜大中大夫, 與將軍梁商不合, 以病免"(又孫期, 字仲彧, 濟陰人也. 少
習京氏易·古文尙書. 又周磐, 少遊京師, 學古文尙書·洪範五行).

　鏞案, 尹敏·周防之學, 不知淵源, 大抵璜·惲之支流也. 孔僖家傳
之學, 亦不過屬讀分章而已, 誠若有論譔文字, 劉歆傳問民間之時, 何
無一個孔氏獻其家學, 而使膠東庸生, 獨擅其名乎? ○又按, 孔僖者,
安國之血胤也, 肅宗崇慕古文, 博訪高才, 孔僖旣應是擧, 至拜郞中,
誠使乃祖, 眞有書傳, 藏之巾衍, 傳子孫孫(梅書大序文), 獻之朝廷, 列
于學官, 此其時也. 鴻毛遇順, 翼彼天衢, 何憚而不爲也?

上乙 四

　隋書經籍志云: "晉世秘府所存, 有古文尙書經文, 今無有傳者"(下
文卽書梅氏事).

　鏞案, 秘府所存, 卽前劉歆所言, 藏於秘府, 伏而未發者也(上乙一).
民間講習, 皆今字翻寫之本, 其孔氏本, 所獻古篆原經之出於壁中者,
猶藏秘府, 至隋而無傳也(亡失之). 故史官特書之, 以見梅賾之書, 無
所考校而相徵也.

別書杜林傳古文尙書事 第三

上乙 五

　後漢書杜林傳云: "杜林(字伯山), 扶風茂陵人. 光武徵拜侍御史. 林
前于西州, 得漆書古文尙書一卷, 常寶愛之, 雖遭艱困, 握持不離身,
出以示東海衛宏·濟南徐巡曰: '林流離兵亂, 常恐斯經逡絶, 何意東
海衛子·濟南徐生⁴⁾復能傳之? 是道竟不墜地, 雖不合時務, 然願諸生

---

　4) 朝本·奎本에는 '東海衛子濟南徐生'이 빠져 있음.

無悔所學.' 宏·巡益重之, 於是古文遂行"(又云: "林少, 好學沈深. 家既多書, 又從外氏張竦受學, 博學多聞, 時稱通儒"). ○儒林傳云: "衛宏從杜林, 受古文尚書, 作訓旨, 光武以爲議郎"(時濟南徐巡, 師事宏, 後從林受學).

　鏞案, 漢書藝文志, 有杜林蒼頡訓纂一篇·蒼頡故一篇(西溪叢話云: "杜鄴尤長小學, 鄴子林好古, 其正文字過於鄴. 故言小學者, 宗杜林"). 蓋其所學, 深於古文, 故上溯蒼頡, 爲之訓詁. 雖入於小學家流, 其實古文尚書釋文也. 其所得漆書, 亦古文, 未獻之前, 依其字樣, 漆寫于繒帛(倉頡文), 以存本面者. 故愛之寶之, 猶恐墜失. 若是今字傳贍之本, 何至珍惜如是? ○又按, 杜林尚書之學, 其師友淵源, 卽張竦·賈徽·劉歆·鄭興·衛宏之等(見本傳及儒林傳), 直抵於王璜·塗惲, 乃都尉朝·膠東庸生之嫡傳也. 其傳衛·徐兩生之語, 悽婉感慨, 半宣半吞, 是其中別有隱痛, 可知. 其云'前于西州得之'者, 隱其來路也. 璜·惲貴顯之時, 得于西京, 今王莽旣誅, 光武龍飛, 敢云得之於璜·惲乎? 官學旣廢(事見前), 舊游零落, 璜·惲古文之學, 便作禁, 方唯玆漆書一卷, 異於篇簡之麤(卷者, 捲圜也. 繒紙爲卷), 頻年困阨, 不忘握抱之誠. 其云'流離兵亂, 常恐斯經遂絶'者, 淵源旣汚, 宗緒易墜也. 其云'不合時務, 無悔所學'者, 璜·惲之學, 爲世所擯, 進無所用, 退無所講, 苟非好古衛道之人, 鮮不改悔也. 上下數十餘言, 其哀愴沈鬱之情, 溢於辭表, 其書之出於璜·惲, 無疑也(後漢書, 惲作憚).

上乙 六

後漢書儒林傳云: "賈徽受古文尚書於塗惲, 逵悉傳父業. 肅宗(章帝), 特好古文尚書, 建初元年, 詔逵入講北宮. 扶風杜林傳古文尚書, 同郡賈逵, 爲之作訓, 馬融作傳, 鄭玄作註解. 由是古文尚書, 遂顯於世(孔疏亦云: "孔所傳者, 膠東庸生·劉歆·賈逵·馬融等所傳, 是也"). 鄭玄從東郡張恭祖, 受古文尚書, 以山東無足問者, 乃西入關, 因盧植事扶風馬融, 後註尚書. (節) 由是古文尚書, 遂顯于世."

鏞案, 賈逵之學, 本出塗惲, 而乃爲杜林漆書作訓, 則杜林漆書之本, 出塗惲, 又明甚. 塗惲者, 都尉朝之嫡傳也. 乃衛宏訓旨·賈逵書訓·馬融書傳, 集大成於鄭玄, 則杜林古文之爲世所宗, 久矣. 其爲孔安國之嫡統, 又何疑哉?

上乙 七

後漢書盧植傳曰: "植(字子幹), 涿郡人也. 少與鄭玄, 俱事馬融, 能通古今學. 熹平後(靈帝時), 作尙書章句, 時始立太學石經, 以正五經文字. 植乃上書曰: '臣願, 得能書生二人, 共詣東觀, 專心精研, 合尙書章句, 刊正碑文. 古文科斗, 近于爲實, 而壓抑流俗, 降在小學. 中興以來, 通儒達士班固·賈逵·鄭興父子, 並敦說之, 宜置博士, 爲立學官'"(會南夷叛, 植出爲盧江太守).

鏞案, 孔氏古文, 曾於平帝元始三年, 莽奏立博士, 每經各五人, 逸禮古書, 通知其義者, 皆詣公車(王莽傳). 莽誅而官學亦廢. 其後光武, 以衛宏能治古文之, 故召拜議郎, 而官學未復至是(熹平時). 已一百五十餘年, 而范陽盧植, 始復請立學官, 又未施行.

上乙 八

陳壽魏志王朗傳云(王肅父): "王肅(東海郡人, 字子雍), 初善 賈·馬之學, 而不好鄭氏. 采會異同, 爲尙書解, (節) 皆列于學官." ○晉書荀崧傳云: "元帝時, 修學校, 簡省博士, 置周易王氏, 尙書鄭氏, 古文尙書孔氏(卽梅氏所上), 博士各一人"(荀崧爲太常時, 置博士, 卽太興四年).

鏞案, 王肅書註, 雖與鄭玄不同, 旣善賈·馬之學, 則仍是杜林之本, 卽孔氏古文, 至曹魏之時, 再立官學矣. 至於鄭玄之註, 其立學官, 似在西晉之時. 元帝時, 乃簡省員數, 非創置也. 此時梅書已行, 豈有創立鄭學之理? 特以舊立之, 故許其並存耳. 然且鄭氏, 單稱尙書, 孔氏乃稱古文尙書(卽梅書). 新間舊, 賤妨貴, 勢已成矣.

隋書經籍志, 馬融註尙書十一卷, 鄭玄註尙書九卷, 王肅註尙書十
一卷. ○又云: "後漢扶風杜林, 傳古文尙書, 同郡賈逵·馬融·鄭玄,
爲之作傳註. 然其所傳, 唯二十九篇, 又雜以今文(謂伏本). 非孔舊本.
(節) 梁陳所講有孔·鄭二家, 齊代有傳鄭義, 至隋, 孔·鄭並行(孔卽梅
氏也), 而鄭氏甚微."

鏞案, 杜林之書, 本爲都尉朝之嫡傳, 而馬·鄭之學, 接於杜林, 則
是孔安國主圉之孫也. 隋書病其所傳唯二十九篇, 然孔氏之書, 能有
師說者, 本不過二十九篇, 安國所讀二十九篇. 漢書藝文志所論二十
九篇, 劉歆校書之時, 校之以歐陽·夏侯二十九篇, 二十九篇, 非馬·
鄭之過也. 餘十六篇, 安國之所不讀, 劉歆之所不校. 故馬融書序曰:
"逸十六篇, 絕無師說." 今以二十九篇, 疵馬瑕鄭, 不亦難乎?(史
記·漢書 皆云: "安國得古文, 以今文讀之, 餘十六篇, 旣無伏生今文, 安國自不能
讀") 隋書撰定之時, 梅書之行于世, 己二百餘年, 增多二十五篇, 眼
慣耳熟, 反執眞實無僞之書, 病其略[5]少. ○又按, 隋書, 病其經字雜
以今文, 此又不通之論也. 鄭玄註經之法, 本取今文, 古文從其善者.
故儀禮十七篇, 其高堂生所傳者, 謂之今文, 其孔安國所獻者, 謂之古
文, 而鄭玄通執二文, 擇其善者, 或從或違. 士冠禮'布席閵西'之註曰:
"古文閵爲粲." 此從今而存古者也, 其'孝友時格'之註曰: "今文格爲
徦." 此從古而存今者也(十七篇, 皆用此例). 彼此兩備, 優劣胥顯, 注經
之法, 莫此爲良. 其注尙書, 亦必主之以古文, 參之以今文, 舍短取長,
如於儀禮. 而今乃病之曰: "雜以今文, 非孔舊本." 豈公言乎? 儀禮
之註, 參用高堂, 而後之讀禮者, 未嘗云參以今文非孔舊本, 何獨於尙
書之註, 以此爲病乎? 尙書·儀禮, 今古出沒, 情同理均, 毫無差殊,
而於彼則宗之, 於此則病之, 將唯梅氏之書, 是孔舊本乎? 失之遠矣

---

5) 朝本에는 '路'로 되어 있음.

(世方信之曰: "是孔舊本." 故兹乃斥之曰: "非孔舊本." 自此以前, 皆以杜林漆書, 爲孔舊本, 又可推也).

梅賾所奏孔傳尚書 第四

上乙 十

晉書曰: "晉太保公鄭沖, 以古文授扶風蘇愉(字休預), 愉授天水梁柳(字洪季), 卽皇甫謐外弟也. 柳授城陽臧曹(字彦始), 曹授郡守子汝南梅賾(字仲眞). 賾爲豫章內史, 遂於前晉, 奏上其書而施行焉."

鏞案, 孔穎達正義, 引晉書如此, 然今考晉書, 無此文. ○朱氏(彝尊)曰: "鄭沖在高貴鄕公之時, 已拜司空, 講尚書, 與鄭小同(玄之孫), 俱被賜." 使得孔氏增多之書, 何難上進? 其後官至太傅, 几杖安居, 備極榮遇, 與孔邕‧曹羲‧荀顗‧何晏, 其集論語訓註, 奏之于朝, 何獨孔書秘而不進?(高貴鄕公, 卽魏主髦)

上丙 一

晉書皇[6]甫謐傳云: "謐從姑子外弟梁柳, 得古文尚書. 故作帝王世紀, 往往載孔傳五十八篇之書."

鏞案, 孔氏正義, 引晉書如此, 然今考晉書, 無此文(皇甫謐傳, 無此語). ○朱氏(彝尊)曰: "孔傳謂, '堯死, 壽百十七歲,' 世紀則云, '堯年百十八歲,' 孔傳謂, '舜壽百十二歲,' 世紀則云, '舜年百歲'(案, 中間歷試卽位等事, 皆不相合. 今略之). 孔傳, 釋文命謂, '外布文德教命,' 世紀則云, '足文履己, 故名文命'(字高密). 孔傳, 釋伯禹謂, '禹代鯀爲崇伯,' 世紀則云, '堯封爲夏伯, 故謂之伯禹,' 所述多不相符. 竊意,

---

6) 朝本에는 '皆'로 되어 있음.

謐亦未見孔氏古文者也"(案, 世紀所述, 或與梅書相符, 則是又梅書之所據取, 不必云士安見梅書. 且梅書, 太甲嗣湯, 而世紀, 則外丙·仲壬之後, 太甲乃立, 亦不合).

上丙 二

隋書經籍志云: "晉世秘府所存, 有古文尙書經文, 今無有傳者. (卽)至東晉, 豫章內史梅賾, 始得孔安國之傳, 奏之"(左傳襄三十一年, 疏云: "東晉元帝時, 梅賾獻書"). ○又云: "古文尙書十三卷, 今字尙書十四卷." 又云: "漢武帝時, 壞孔子宅, 得其末孫惠所藏之書(家語稱孔襄, 漢紀稱孔鮒, 此又稱孔惠). 孔安國得古文, 以今文校之, 得二十五篇, 其泰誓, 與河內女子所獻不同. 安國並依古文, 開其篇第, 以隸古字寫之, 合成五十八篇作傳, 會巫蠱起, 不得奏上. 安國遂私傳其業于都尉朝, 朝授膠東庸生, 生授胡常, 謂之尙書古文之學."

鏞案, 孔安國以考今文, 得多十六篇(累見前), 諸文歷然, 今忽云, 得增二十五篇, 何據矣? 古文尙書四十六卷(爲五十七篇), 昭載漢藝文志, 今忽云, 五十八篇, 何據矣? 兩漢諸史, 皆無安國作傳之語, 諸史皆云, 安國獻之(荀紀云: "安國家獻之"), 今忽云, 作傳而不得奏上, 何據矣? 都尉朝·膠東庸生之嫡傳, 下抵于塗惲(已見前), 杜林·賈逵, 寔得其宗, 公諸一世, 無所隱秘, 今忽云, 私傳其業, 何據矣? 膠東·庸生, 誠有所受之孔傳, 劉向·劉歆, 傳問民間之時(成帝時), 庸生何不獻之? 此皆悠悠之說, 不可立也.

上丙 三

陸德明經典釋文云: "梅賾上孔氏傳古文尙書, 亡舜典一篇, 購不能得.[7] 時以王肅註頗類孔氏, 故取王註, 從愼徽五典以下爲舜典, 以續

---

7) 朝本·奎本에는 '購不能得'이 빠져 있음.

768

孔傳." ○孔疏云: "梅賾上孔氏傳, 猶闕舜典, 多用王·范之註補之, 而皆以愼徽以下, 爲舜典之初"('玄德升聞'下).

鏞案, 梅氏割分堯典, 以作二篇, 所以充鄭玄本五十八篇之數也(鄭本三十四篇, 又逸書二十四篇), 旣又思量, 故缺一篇, 以應藝文志五十七篇之文(班固自注). 必缺此舜典者, 堯典一部, 渾然天成, 文理接續, 分則分之, 而未易取信(時無二十八字). 於是, 模糊漫漶, 闕其傳註以作然, 疑之, 案其計至密, 其機至巧也. ○又按, 取王注補之者, 晉元帝太興四年, 梅氏之書, 始立學官(上乙八), 其博士等, 取以補之也. 范甯又是晉末人, 其取范注, 似在蕭齊時, 姚方興二十八字補入之後也(今所行汲古閣本, '肆類上帝'之節, 有'馬云''王云'之註, 此係陸氏釋文, 誤刊在此, 又非前人所補).

建武舜典考 第五

上丙 四

隋書經籍志云: "梅賾始得安國之傳, 奏之, 又闕舜典一篇. (節) 齊建武舜典, 姚方興于大桁市(建康地名), 得其書, 奏上, 比馬·鄭所註, 多二十八字"(曰若稽古帝舜, 曰重華協于帝, 濬哲文明, 溫恭允塞, 玄德升聞, 乃命以位). ○孔疏云: "齊蕭鸞建武四年, 吳興姚方興於大航頭, 得孔氏傳古文舜典, 亦類太康中書, 乃表上之, 事未施行, 方興以罪致戮. 至隋開皇初, 購求遺典, 始得之."

鏞案, 當時之人, 號此舜典, 曰建武舜典, 所以別之於孔壁所出十六篇中舜典也. 于市得之者, 諱其根也. 萬人聚市, 不知誰出也, 不荒唐乎? ○又按, 類太康中書者, 謂字畫典雅, 籤帶華麗, 或似晉武帝太康年間, 內府所藏書籍樣子, 非謂太康中書, 本有孔氏傳古文尚書也. ○又按, 梅氏孔傳, 本是僞撰. 缺者故缺, 非有脫失. 姚氏孔傳, 又自僞撰, 非果得梅之所失也. 蕭齊時, 其書遂亡, 今所行舜典之傳, 仍是王·范之註, 補綴成篇者, 非姚之所獻(王·范本, 作堯典注). 姚之所獻, 今不過二十八字(自晉元帝初年, 至蕭鸞建武四年, 已一百八十年, 梅氏遺篇, 何以存矣? 此是另作一篇, 非梅之所失). 今所行二十八字之註(華謂 '文德,' 玄謂 '幽潛' 等四段, 共計六十一字), 又是隋人所補.

又丙 四

陸氏釋文云: "齊建武中, 姚方興采馬·王之註, 造孔傳舜典一篇, 言於大航頭買得, 上之. 梁武時爲博士, 議曰: '孔序稱伏生誤合五篇, 皆文相承接(舜典·益稷·盤庚中下·康王之誥, 爲五篇), 所以致誤. 舜典首有[8]'曰若稽古,' 伏生雖昏耄, 何用合之?' 遂不行用."

鏞案, 此論一出, 雖蒙士亦可悟矣, 方興雖不被誅, 二十八字, 其不立矣.

河內泰誓考 第六

上丙 五

漢書藝文志云: "尚書古文經四十六卷"(爲五十七篇).

鏞案, 四十六卷者, 二十九篇(其一篇書序), 十六篇(增多者), 太誓一篇也. 安國旣得壁書, 又取僞太誓時行者, 以古文寫之, 附入其中, 故班固並錄如此. 晉李顒尚書集註, 於僞太誓, 每引孔安國之說(見孔氏太誓疏). 以此觀之, 僞太誓之附入古經, 本安國所爲, 而司馬遷亦而信, 而錄之於周本紀也.

---

8) 朝本·奎本에는 '有'가 빠져 있음.

上丙 六

劉向別錄云：“武帝末，民有得泰誓於壁內者，獻之，與博士使讀說之數月，皆起傳以敎人”(劉歆移書太常博士曰：“太誓後得”)．○馬融書序云：“泰誓後得．案其文，似若淺露”[9](引古書所引太誓五事，以明其僞．見太誓論．)　鄭玄書論云：“民間得泰誓”(孔本太誓一篇，鄭本太誓三篇)．王肅云：“泰誓近得，非其本經”(陸氏釋文云：“泰誓本非伏書．司馬遷以武帝之世，見泰誓之出而得行，因入于伏生所傳之內”)．

鏞案，武帝之前，早有泰誓，故伏生書大傳稱：“八百諸侯俱至盟津，白魚入舟．”又董仲舒引書曰：“白魚入于王舟．”僞太誓之行，蓋已久矣(或云：“伏生·董生引僞太誓，如墨子·孟子引古太誓，今不見全文．民間太誓，如梅氏太誓，得依此以造全篇”)．然則孔安國所說太誓，卽伏生所說，藝文志所載卷數，或係都尉朝以下後學之所增也(先儒稱：“安國蚤卒，則武帝末，太誓，非安國所能收也”)．

上丙 七

後漢紀云：(獻帝建安十四年，黃門侍郎房宏等所說)　“宣帝太[10]和元年[11](太[12]和當是本始)，河內女子壞老屋，得古文泰誓三篇”(論衡云：“宣帝時，河內女子，發老屋，得逸易·禮·尙書各一篇，奏之，宣帝下示博士．然後易·禮·尙書，各益一篇，而尙書二十九篇，始定矣．”又云：“泰誓掘地所得”)．

鏞案，泰誓總有五本，古經眞本久已亡滅者一(左傳·墨子·孟子之所引)，伏生·孔安國所嘗論說者二(白魚入舟事)，武帝末，得之民間者三(此太誓只是一篇．附入於孔氏古文)，宣帝時，河內女子所得者四(此太誓方是三篇，鄭玄本乃此物)，梅氏所獻，今世所行者五(古經多入此中)．其二其三

---

9)　朝本에는 ‘靈’으로 되어 있음.
10)　朝本에는 ‘泰’로 되어 있음.
11)　朝本에는 ‘帝’로 되어 있음.
12)　朝本에는 ‘泰’로 되어 있음.

其四，總謂之僞太誓，而實非一本．伏・孔所說，若是此物，武帝末所得，何至博士讀之數月，宣帝時所得，若是同本，何必下示博士，而壞屋掘地，神異其事乎?(史記書有三篇者，皆言三篇，太誓，則不云三篇，當時只一篇也) 漢書律歷志・郊祀志・刑法志・平當傳・終軍傳及兩漢諸書，其引僞太誓之文，略爲蒐輯，以資考辨，今並略之．○總之，鄭玄之本，句引僞太誓而作部，梅賾之本，蒐采眞太誓而成編(左傳・國語・禮記・孟子・管子・墨子・荀子等所引)，遂使一僞廢衆眞，小善掩大惡，而砥璞旣幻，雄雌誤決，此向書興廢之大端也．君子容一小人，而終致覆局之禍，奸人飾其外貌，而反竊睟面之名，豈不嗟哉?

上丙 八

隋書云："伏生口授二十八篇，又河內女子得泰誓一篇"(此云'一篇'者，統舉篇額，不細剖也)．

鏞案，隋書之意，欲以河內太誓一篇，充伏壁二十九篇之額，大非也(宣帝時新書，無以充文帝時舊額)．二十九篇者，書序一篇，列其額也．

張霸僞書考 第七

上丙 九

漢書儒林傳云："世所傳百兩篇者，出自東萊張霸．分析合二十九篇，以爲數十，又采左氏傳・書叙，爲作首尾，凡百二篇．篇或數簡，文意淺陋．成帝時，求眞古文者，霸以能爲百兩徵，以中書校之，非是．霸辭受父，父有弟子尉氏樊並．時太中大夫平當・侍御史周敞，勸上存之，後樊並謀反，乃黜其書．"

鏞案，漢成帝時，孔氏古文，旣在祕府(安國家所獻)，而更求眞古文於民間，則孔氏之書，不見容於諸博士，可知(時只有伏氏今文，博士黨同伐異, 已甚), 或其文字古奧, 無以悉通, 故更求別本也. 張霸之書, 當時隨卽見黜, 一字不播於人間, 而今人誤讀孔疏, 乃以孔壁十六篇爲張霸所作(見下篇), 謬甚(張霸有二, 後漢書又有一張霸. 字伯饒, 數歲知孝讓, 號張曾子. 永元中爲會稽太守, 郡中爭厲志節, 道路但聞誦聲. 與造僞之張霸, 不同也).

上丙 十

春秋說云: "書凡百二十篇." 〇尙書緯云: (璇璣鈐) "孔子定書百二十篇(鄭玄云: "孔子得黃帝玄孫帝魁之書, 迄於秦穆公, 凡三千二百四十篇. 斷遠取近, 定爲百二十篇"), 以百二篇爲尙書, 十八篇爲中候"(並見孔氏正義).

鏞案, 百二篇, 應是自昔流傳之名, 經文百篇, 書序二篇也(周易十翼上彖·下彖, 分爲二篇, 書序二篇, 亦猶是也). 緯家之說, 有若經文爲百二篇, 而張霸依之, 可咍也.

伏生今文尙書篇目

上丁 一

堯典(今之舜典合爲一)·皐陶謨(今之益稷合爲一)·禹貢·甘誓·湯誓·盤庚(三篇合一. 有'若德明哉! 湯任父言卑應言'等句)·高宗肜日·西伯戡黎·微子·牧誓·洪範·金縢·大誥·康誥·酒誥(有'王曰封, 唯曰若圭璧'等句)·梓材·召誥·洛誥·多士·毋逸·君奭·多方·立政·顧命(康王之誥合一)·呂刑·文侯之命·費誓·秦誓(已上二十八篇) 書序一篇(不分冠各[13]篇) 共二十九篇.

鏞案, 伏生尙書大傳引書, 有九共·帝告等篇(九共篇引書曰: "予[14]辯下上, 使民平平, 使民無傲." 帝告篇引書曰: "施章, 乃服明上下"), 大傳之序, 有

---

13) 朝本에는 '名'으로 되어 있음.
14) 朝本에는 '矛'로 되어 있음.

嘉禾·掩誥等篇(王應麟考異), 則伏生之書, 不止二十八篇. 伏生亦有壁藏, 亂定而還, 亡其書數十篇, 其中或有數句之記憶者, 載之大傳也(書大傳所言, 學校之制及它說, 多不雅馴, 未可尊信). 大傳說堯典爲唐傳, 引九共爲虞傳, 帝告爲殷[15]傳, 則堯典曰唐書, 皐陶謨曰虞書, 商書曰殷書, 又可知也(堯典·皐陶謨, 皆稱'曰若稽古,' 堯典之末, 書舜死, 則明係夏史所作. 其可曰唐書乎? 詩云商頌, 則書曰殷書乎? 某書某書, 疑非夫子所定. 故二家各殊).

史記所載尙書篇目

上丁 二

堯典('如喪考妣'以上, 入堯本紀, '格于文祖'以下, 入舜本紀)·禹貢·皐陶謨('帝曰來'以下不分)·甘誓·五子之歌·胤征(以上夏本紀). ○帝誥·湯征·女鳩·女房·湯誓·典寶·夏社·仲虺之誥·湯誥·咸有一德(作於湯時, 序次與梅異)·明居·伊訓·肆命·徂后·太甲訓三篇·沃丁·咸艾·太戊·原命·盤庚三篇(小有文)·說命(有事實無文)·高宗肜日·高宗之訓·西伯戡黎(已上殷本紀)·微子(宋世家). ○太誓(齊世家)·牧誓·武成(有事實似經文, 無律曆志所載諸文)·分殷之器物(卽分器)·鴻範(宋世家)·金縢·大誥(已上魯世家)·微子之命(宋世家)·歸禾·嘉禾(已上魯世家)·康誥·酒誥·梓材(已上衛世家)·召誥·洛誥·多士(魯世家)·毋逸(魯世家)·君奭(燕世家)·多方·周官(魯世家)·立政(魯世家)·賄息愼之命·顧命·康誥(卽康王之誥)·冏命·甫刑(已上諸篇, 皆入周本紀. 或有序無文, 或詳略不同. 唯君奭·立政, 不見於周本紀中)·文侯之命(晉世家)·肸誓(魯世家)·秦誓(秦本紀). ○凡六十四篇, 其有序有文者, 十三篇(甘誓·胤征·湯誓·湯誥·高宗肜日·太誓·洪範·多士·毋逸·君奭·甫刑·文侯之命·肸誓), 其有文無序者八篇(堯典·禹

---

15) 朝本에는 '毀'로 되어 있음.

貢·皐陶謨·西伯戡黎·微子·牧誓·金縢·秦誓），有序無文者四十一篇(五子之歌·胤征·帝誥·女鳩·女房·典寶·夏社·仲虺之誥·咸有一德·明居·伊訓·肆命·徂后·太甲訓三篇·沃丁·咸艾·太戊·原命·盤庚三篇·高宗之訓·分殷之器物·大誥·微子之命·歸禾·嘉禾·康誥·酒誥·梓材·召誥·洛誥·多方·周官·立政·賄息愼之命·顧命·康誥·冏命），有事實而有序無文者一篇(卽武成)，有事實而無序無文者一篇(卽說命).

鏞案，史記盤庚分爲三篇，顧命分爲二篇，此孔安國之學也(其太戊一篇，亦見書大傳). 又凡三篇者，必云三篇，太甲訓三篇，盤庚三篇，是也. 太誓只是一篇，故不言三篇. 藝文志亦然(四十六卷者，太誓只一卷故也)，至河內女子獻書之後，太誓始爲三篇.

鄭玄所註古文尙書篇目

上丁 三

堯典(今之舜典不分)·舜典(非今之舜典也. 古別自一篇)·汨作·九共九篇·稿飫·大禹謨·皐陶謨(今之益稷不分)·禹貢·甘誓·棄稷(非今之益稷也，古別自一篇)·五子之歌·胤征.

○已上虞夏書二十篇(孔穎達云：“馬融·鄭玄·王肅·別錄[16]題皆云‘虞夏書,’以虞·夏同科，雖虞事亦連夏”).

鏞案，鄭本棄稷，序在甘誓之下，棄稷者，太康時書也. 周語云："及夏之衰，棄稷弗務不窋，用失其官." 史記亦載是說(夏本紀)，棄稷之戒，自一篇也. 梅本截取皐陶謨下半，改之爲益稷，並改其序文，合之曰大禹·皐陶謨·益稷(棄稷本序，遂滅無存. 孔氏正義，亦不槪及)，序在禹貢之上，亂經大矣. 今人謂棄名稷官，不宜連稱，遂以梅書爲近理(張華大司農箴云："棄稷弗修，不籍千畝." 此本諸書序而作).

上丁 四

帝告・釐沃・湯征・汝鳩・汝方・夏社・疑至・臣扈・湯誓・仲虺之誥・湯誥・咸有一德・明居・典寶・伊訓・肆命・徂后・太甲三篇・沃丁・咸乂四篇・伊陟・原命・仲丁・河亶甲・祖乙・盤庚三篇・說命三篇・高宗肜日・高宗之訓・西伯戡黎・微子. ○已上商書四十篇.

鏞案, 尙書序次, 梅本益多變亂(湯誓在夏社之上, 典寶在仲虺之誥之上, 咸有一德在太甲之下). 湯旣克夏, 還亳作誥, 以戒萬邦, 其大義有二. 一爲民上者, 務樹功德(將以考實績), 二安民居者, 乃爲功德(將以奠斯民). 於是伊尹作咸有一德, 咎單作明居(見史記), 以申原誥之義, 梅氏倒亂如此, 則湯拯民水火之意, 泯矣. 伊所言曰伊訓, 高宗所言曰高宗之訓, 則太甲訓者(史記作太甲訓), 太甲之所言也, 太甲修德之後, 垂訓後嗣者也, 今亦作伊所訓, 可乎?

上丁 五

泰誓三篇(非梅本泰誓, 卽河內女子所獻)・牧誓・武成・洪範・分器・旅獒・旅巢命・金縢・大誥・微子之命・歸禾・嘉禾・康誥・酒誥・梓材・召誥・洛誥・多士・無逸・君奭・成王正・將蒲姑・多方・周官・立政・賄息愼之命・亳姑・君陳・顧命・康王之誥・畢命・君牙・冏命・蔡仲之命・費誓・呂刑・文侯之命・秦誓. ○已上周書四十篇(孔氏正義云: "百篇次第, 孔・鄭不同. 湯誓鄭以爲在臣扈後第二十九, 咸有一德在湯誥後第三十二, 蔡仲之命在費誓前第九十六, 周官在立政前第八十六, 費誓在呂刑前第九十七").

鏞案, 鄭註尙書, 本之以孔壁古文, 參之以伏生今文. 兩漢兩家之說, 集大成于鄭本, 今已亡矣. 唯據孔疏所記, 序次如右. 其文字異同, 今不可詳.

上丁 六

百篇之內, 鄭所注釋者, 三十四篇(堯典・皐陶謨・禹貢・甘誓・湯誓・盤庚三篇・高宗肜日・西伯戡黎・微子・泰誓三篇・牧誓・洪範・金縢・大誥・康誥・酒誥・梓材・召誥・洛誥・多士・無逸・君奭・多方・立政・顧命・康王之誥・費誓・呂刑・文侯之命・秦誓). 此隋書所謂鄭玄作註, 不過二十九篇.

鏞案, 伏本二十九篇, 包函序一篇, 鄭之書序, 外於百篇, 則鄭玄作註, 實不過二十八篇, 隋書誤矣(前儒以僞太誓一篇, 誤充二十九篇之數, 故隋書云然耳). 二十八篇, 盤庚二篇・康王之誥一篇・僞太誓三篇, 共三十四篇也.

上丁 七

其自出壁之初, 絶無師說, 鄭玄不註者, 二十四篇(舜典・汨作・九共九篇・大禹謨・ 棄稷・五子之歌・胤征・湯誥・咸有一德・典寶・伊訓・肆命・原命・武成・旅獒・冏命). 此漢書所謂十六篇也(九共九篇, 故得增八算).

鏞案, 此二十四篇之目, 出於鄭註書序(見正義), 此中唯伊訓・武成, 見於劉歆三統曆, 餘皆散亡.

上丁 八

其有序無文, 或但有篇名之註者, 四十二篇(稾飫・帝告[17]・釐沃・湯征・汝鳩・汝方・夏社・疑至・臣扈・仲虺之誥・明居・徂后・太甲三篇・沃丁・咸乂四篇・伊陟・仲丁・河亶甲・祖乙・說命三篇・高宗之訓・分器・旅巢命・微子之命・歸禾・嘉禾・成王正・將薄姑・周官・賄息愼之命・亳姑・君陳・畢命・君牙・蔡仲之命).

鏞案, 此諸篇序文, 多載史記, 而馬・鄭篇名之註, 或見於陸氏釋文, 猶是孔壁之眞面也. 其中太甲・說命・畢命・君陳數章, 或爲諸經所引, 餘無遺影矣.

平曰, 古今尙書, 諸本先後異同, 眞僞虛實如右, 所列史乘儒籍, 昭布萬目, 而孔穎達以若精識, 迫於詔命, 俛首於梅氏之僞書, 疏解唯謹, 蔡仲默以若通敏, 疎於考檢, 謬信於朱子之正論, 集傳以成, 擧世

---

17) 奎本에는 '誥'로 되어 있음.

蒙冒, 莫之解脫, 而吳才老·吳幼淸之苦心論辨, 又皆湮晦而不章, 唯
朱子數語, 爲學者誦而已. 朱子疑而舍之, 不及是正, 深爲後學之恨,
而蕭山毛氏, 反謂朱子非聖毁經, 漫罵罔狀, 舞弄唯意, 顚倒文句, 變
幻數目, 一唯梅氏之書, 是護是掩, 世且眩惑, 而莫之決. 嗚呼! 亦斯
文之蔀障也. 余今謫居南荒, 書籍鮮少, 無以折其角, 唯據理剖析, 亦
無不可曉者. 先從大序次及乎正義·集傳, 所以疏其源也, 若毛氏寃
詞, 則所致力借一者也, 並詳下篇.

梅氏書平 二

大序 一

伏生失其全經，口以傳授，裁二十餘篇，百篇之義，世莫得聞．至魯共王，好治宮室，壞孔子舊宅，以廣其居，於壁中，得先人所藏古文，皆科斗文字．

上丁 九

大序者，僞者所作也．伏生未嘗失其全經．史記唯云：“亡數十篇”(上甲二)．劉歆謂：“初出屋壁，朽折散絶”(上乙一)．何謂，‘失其全經，口以傳授乎？’藉失其全經，伏生誠能誦之，當書之竹帛，以成簡編，何至遂無文字，一生口授乎？口授之說，起於衛宏．光武詔定古文，官書衛宏，承詔作序，有使女傳言之語(序云：“伏生老，不能正言，言不可曉也，使其女傳言教錯，齊人語，多與穎川異，錯所不知者，十二三．略以其意屬讀而已．” ○見正義)．原宏之意，非謂伏生都無簡編，謂解說其義旨，教授其句讀，使其女代言耳(此亦孔學人，詆訾伏學之言，本出於黨同伐異)．文帝本令鼂錯，往受義旨，非唯簡編是索也．僞者，誤看衛序，遂唱口授之說，嗣玆以降，傳相循襲．隋書曰口授(上丙八)，釋文曰口授(陸德明)，朱子曰口授(朱子云：“出其女口授，有齊音，不可曉者．”是用衛宏說，非襲大序文)，蔡氏曰背誦(集傳序錄云：“背文暗誦”)．前此司馬遷・班固・劉歆之筆，無口授二字, 口授者, 衛宏以後之人所言.

上丁 十

百篇之義, 世莫得聞, 又何言也? 班固藝文志直云: "百篇之序, 孔子作之, 伏生藏之"(上甲三). 安國少時, 受業於伏生, 親見今文(上甲七), 何得云伏生之書, 無百篇之義乎? 安國必無此言, 言此者, 僞也.

上戊 一

史記五宗世家云: "魯共王, 以景帝前三年, 徙爲魯王(本是淮陽王), 又二十六年而卒, 則武帝卽位之十二年也"(卽元光六年). 武帝之末, 墓木已拱, 安得治宮? 班固謂'武帝之末, 魯王得書'(上甲八). 本是傳聞之誤. 司馬遷生並一世, 親受書於安國(上乙二), 而壞屋得書之說, 不見史記, 安得百年之後, 倒能詳知乎? 僞者, 據藝文志, 同聲吠影, 是豈安國之手筆哉? 琴瑟鍾磬之說, 本自難信. 僞自改之爲金石絲竹, 則管籥之音, 又何據矣?

古文, 無科斗之名, 科斗非西京口氣. 許愼說文云: "秦有八體(一曰1)大篆, 二曰小篆, 三曰刻符, 四曰蟲書, 五曰摹印, 六曰署書, 七曰殳書, 八曰隷書), 王莽之時, 始定六體"(一曰古文, 二曰奇字, 三曰小篆, 程邈所作, 四曰佐書, 卽秦之隷書, 五曰繆篆, 六曰鳥蟲書, 使甄豐校定). 而科斗之名, 不見小學, 自鄭玄 · 盧植以來, 始有此稱. 鄭云: "書出屋壁, 皆象形文字, 今所謂科斗書"(本論杜林漆書, 見正義). 盧植云: "古文科斗, 降在小學"(上乙七). 晉書衛恒傳: "魯共王得尙書, 時人謂之科斗"(鄭所云'今'者, 漢末也. 此云'魯共王時人, 謂之科斗.' 非也). 束晢傳云: "汲郡人, 盜發魏安釐王塚, 冢中得漆書數十章, 皆科斗字"(又云: "嵩山下, 得竹簡一枚, 上兩

---

1) 朝本에는 '曲'으로 되어 있음.

行, 科斗書. 束皙曰: '此漢明帝陵冊文.'"). 蘇軾石鼓歌, 稱籀史變科斗, 皆後世所言, 孔安國西京人, 何以云科斗? ○西京雜記云: "滕公至東都門, 得石槨有銘, 文字古異, 以問叔孫通, 通曰科斗書"(西京雜記者, 晉人葛洪作, 言皆誕妄, 不足據者. 淵泉洪[2]伯云: "西京雜記, 今所傳者, 又是吳均贋本, 非葛洪作也. 清人所纂四庫書目, 辯證甚明"). 日本, 舊有孔安國孝經傳(亦有皇侃論語疏, 日本人太宰純, 以此二書, 傳于中國, 見錄于鮑氏叢書), 其孔序云: "魯共王得古文孝經, 字皆科斗"(此孔序, 亦或梅氏所爲, 又或好事者, 效梅而爲之). 皆非信書, 不足爲僞序之聲援也.

大序 二

以所聞伏生之書, 考論文義, 定其可知者, 爲隷古定, 更[3]以竹簡寫之, 增多二十五篇. 伏生, 以舜典合於堯典, 益稷合於皐陶謨云云. 并序, 凡五十九篇, 四十六卷.

上戊 二

所聞伏生之書, 何謂也? 謂伏生竟無簡編, 可聞而不可見耶? 隷古定, 何謂也? 隷者, 程邈之所作(與今所云八分相近), 古者, 倉頡之所作. 隷則非古, 古則非隷, 何以寫之於竹簡也? 史記云: "孔氏有古文, 安國以今文讀之"(上甲七). 僞者, 依此爲說. 然若如此說, 孔壁古文, 世無知者, 唯以所聞於伏生者, 擇其可知者, 而定之(定之爲言, 吞疑憑臆之辭), 而又翻之以隷書, 則是孔本尙書, 乃伏本尙書之翻身換面者而已, 豈復能自立耶?

---

2) 朝本·奎本에는 '聲'으로 되어 있음.
3) 朝本·奎本에는 '更'이 빠져 있음.

上戊 三

孔氏增多之篇, 本止十六, 藝文志(上甲八)·荀悅漢紀·劉向別錄·馬融書序(上甲九), 傳至鄭玄, 篇目歷然(上丁七), 猝增多二十五篇, 將誰信之? 將彼班固·荀悅·劉向·劉歆·馬融·鄭玄之等, 相傳相授之學, 皆擁虛簿乎? 且此增多之篇, 出壁以來, 絕無師說(上甲九), 若使安國之傳, 果傳于都尉朝(上丙二), 則兩漢以來, 何至於絕無師說耶? 偽者, 始欲作十六篇而止, 因太甲·說命·太誓之等, 其在先秦古籍, 多有可採(左傳·禮記·墨子·孟子·荀子等), 故不得不汎濫, 至二十五篇, 而終於十六篇中, 多取至十篇耳(舜典·大禹謨·五子之歌·胤征·湯誥·咸有一德·伊訓·武成·旅獒·冏命). 然湯誥·咸有一德, 不收史記之所載(上丁四), 伊訓·武成不收律歷志所載(又伊訓二句, ‘載祚在亳,’ ‘征是三朡,’ 爲鄭注所引), 此其疏脫處.

上戊 四

堯典自堯典, 伏生未嘗取舜典合之也. 孟子引堯典曰: “二十有八載, 放勳乃徂落.” 非今舜典之文乎? 孟子生於伏生二百年前, 焉能逆知其牽合, 而預題曰堯典耶? 是其合之也, 明在孟子之前, 伏生抑寃矣. 且使安國眞有是傳, 眞有是序, 公而傳之於都衛朝(上丙二), 私而傳之於孔僖(上乙三), 則兩漢諸人, 一何蒙昧堅以舜典爲堯典耶? 漢書王莽傳云: “堯典十有二州.” 後漢書 張純奏: “宜遵唐堯之典, 以二月東巡狩.” 又陳寵言: “唐堯著典, 眚災肆赦.” 晉幽州秀才張髦上疏, 引堯典云: “肆類于上帝, 禋于六宗”(毛氏所輯). 凡稱堯典, 皆在‘愼徽五典’之下, 何無一人剽聞其緒論耶?

上戊 五

書有棄稷, 本無益稷(上丁三). 雖棄名稷官, 不宜連稱(見正義), 棄稷之解, 明在周語(上丁三), 何謂棄名? 古書之分, 一爲二者, 總有三例.

其一, 任取篇首二字, 以名之, 如旣夕·有司徹之類, 是也, 其二, 總括宗義, 以名之, 如康王之誥, 是也, 其三, 不別立名, 標以第⁴⁾次, 如盤庚·太甲之類, 是也. 今此皐陶謨下段, 皐·夔·禹·益, 迭相都兪, 而益稷二字, 不在篇首, 則于三例, 都無所當, 名曰益稷, 豈古法耶? 棄稷, 本作於太康之時, 與五子之歌, 相連爲篇(上丁三), 不可改也.

上戊 六

五十九篇者, 依於鄭也, 四十六卷者, 依於班也. 鄭之所註, 五十八篇(上⁵⁾丁六七), 增一書序, 八可九也, 班之所志, 四十六卷(上甲八), 以序爲卷(見正義), 數可合也. 又見班志有五十七篇之註(上甲八), 於是故缺一篇(今所云舜典), 欲以徧合於諸文, 所合者, 唯數目耳. 羊質虎皮, 鵲巢鳩居, 雖多, 亦奚以爲?

大序 三

承詔, 爲五十九篇作傳. 書序宜相附近, 故引之各冠其篇首.

上戊 七

漢武帝, 無此詔也. 班·馬二史, 劉向別錄, 凡經籍顯晦關, 由朝廷者, 書之唯謹, 況此聖裔儒宗, 承詔作傳, 許大好事, 顧乃遺之乎? 安國少時, 及見伏生(家語附錄云: "安國受書于伏生"), 而倪寬受業于安國(上甲四), 則文帝末年, 已游學矣. 孔子世家云: "安國爲今皇帝博士, 至臨淮太守蚤卒." 則武帝之初年也. 此時安國, 本以伏生之學爲今文博士, 與周覇·賈嘉並名, 何遽爲古文尙書, 承詔作傳乎? 若夫武帝晚

---

4) 朝本·奎本에는 '弟'로 되어 있음.

5) 朝本·奎本에는 '上'이 빠져 있음.

年, 則安國已古人矣(上甲九).

上戊 八

陸氏釋文云: "馬·鄭之徒, 百篇之序, 摠爲一卷, 孔以各冠其篇[6]首, 而亡篇之序, 卽隨其次第, 居見存者之間"(泊作等十一篇, 其文皆亡, 而序與百篇之序同編, 故存見泊作序下). 原陸氏筆意, 亦謂僞者就馬·鄭百篇之序, 而取之, 分冠于各篇也. 由是觀之, 孔作正義, 陸作釋文, 非不知其僞, 而一心尊信者也(陸氏蓋率口而發). 夫易傳象象, 自成一篇, 先儒分而隸之, 春秋經傳, 各紀年月, 先儒分而隸之. 諸書可然, 書序則不可, 何者? 事實顚末, 覽書自明, 以序冠首, 只成架疊, 如甘誓·洪範之類, 以序冠首, 何益矣?

大序 四

會國有巫蠱事, 經籍道息, 用不復以聞. 傳之[7]子孫,[8] 以貽後代, 若好古博雅君子, 與我同志, 亦所不隱也.

上戊 九

巫蠱者, 征和三年, 戾太子事也(武帝卽位之四十年). 文帝之末年, 近二十, 故能游學濟南. 其後歷景帝十六年, 以至武帝之四十年, 則其年恰過七十, 司馬遷何云蚤卒? 獻書之在安國旣沒之後, 明矣. 藉使安國身獻其書, 躬承帝詔, 則巫蠱之年, 雖未復命, 事定時平, 庶政無滯, 又何以自畫自沮, 戚戚然以私傳爲意耶? 人臣事君, 有命必復, 委君

---

6) 朝本·奎本에는 '編'으로 되어 있음.
7) 朝本·奎本에는 '之'가 빠져 있음.
8) 朝本·奎本에는 '孫孫'으로 되어 있음.

命於草莽者，春秋誅之，故歸父奔齊，壇帷復命（宣十八），貞子道死，將以尸入（哀十五），蘇武反節，寔祭武陵，有命必復，在禮．則然今也承詔作傳，私自傳家，有是理乎？（漢書謂，‘獻書而遭巫蠱，未列于學，’此云‘會巫蠱事未獻，’亦不合）．

上戊 十

且使不幸而未獻，亦當公諸一世，朝暮遇之，何爲此遙遙延延，千秋百歲之遐想乎？堂堂中國虞·夏·殷·周之書，賢聖訓謨之言，非比癰疽·馬醫之方，靑囊秘訣一子單傳．又何必傳子孫孫以貽後代哉？司馬遷切友也，不以示之，都尉朝，嫡傳也，不以授之，後世子雲，其何以待之？今詳其意，‘傳子孫孫以貽後代’者，暗指漢章帝時孔僖也，‘博雅同志，亦所不隱’者，暗指皇甫謐·梁柳之等也．彼見後漢書，有‘孔僖自安國以下，世世傳古文不絕’之語（上乙三），遂云‘傳子孫孫．’又恐傳子孫孫，則皇甫謐·梁柳之等，無由得見，故繼云‘博雅同志，亦所不隱．’肺肝如見，何以匿矣？安國不能前知數百年後事，何以逆覩如此？陳敬仲之筮詞曰：“五世其昌，莫之與京．”畢萬之筮詞曰：“公侯之孫，必復其始．”朱子以此知左傳有三晉後作，今執大序之末語，知大序爲東晉人作．

正義 一

序云：“古文則兩漢亦所不行，安國註之，寔遭巫蠱，遂寢而不用，歷及魏·晉，方始稍興，故馬·鄭諸儒，莫覩其學，所注經傳，時或異同．晉世皇甫謐獨得其書，載於帝紀．”

上己 一

國子祭酒, 弘文館學士, 孔穎達, 字沖遠(或云仲達), 五經之大儒也.
其邃學精識, 貫穿今古, 孔書·梅書之廢興本末眞僞虛實, 他人容或不
明, 孔祭酒, 豈有不知者乎? 竊惜夫以若弘博屈首, 解此虛僞之書, 凡
有破綻, 皆曲爲之彌縫, 心知馬·鄭之學, 乃孔安國之嫡嗣, 而每深抑
而暗壓之, 嗟乎! 斯何故也? 一時議橫生, 詔旨嚴重, 有不敢沮貳也,
一家世燀奕, 祖德彌章, 有不必打破也. 非斯二者, 孔祭酒, 豈有是
哉? 古文雖於前漢, 不列于學官, 司馬遷載之於史冊, 劉向校之於祕
閣(上甲八), 劉歆移書博士, 詔許以欲廣道術(上乙一). 塗惲幸偶平帝,
躬見其建立官學(上乙二), 雖緣王莽之亂, 事不光鮮, 不可曰全晦也.
光武龍興, 首獎古文, 衛宏甫作訓旨, 召拜議郎(上乙五), 肅宗善繼, 崇
慕古文, 孔僖僅守世業, 卽拜郎中(上乙三). 於是孔氏古文之學, 蔚然
大興, 撰書至三十餘篇, 聚徒至一千餘人, 孔祭酒, 豈皆不知, 遂謂兩
漢之所不行乎? 魏之所建, 王肅注也, 晉之所建, 鄭與孔也(上乙八).
不分涇渭, 模糊言之曰: "歷及魏·晉, 方始稍興." 其前後盛衰之
跡, 果不知而言之乎? 註經之時, 或異同者, 如堯典'九族'之註, 伏
學云'母族妻族.'孔學云'九世之族.'是也. 原經之外, 新撰二十五
篇, 又於原經之內, 變亂唯意(舜典·益稷等), 是可云時或異同耶? 經
本絕異, 註奚求同? 蔡九峰集傳, 雖未昭姦, 是不察之過, 于自己誠
意之學, 無所愧焉. 孔則不然, 古今眞僞, 如視掌紋, 而上誣古人,
下欺後學, 乃至於此.

上己 二

皇甫謐, 言行無玷粹潔之人也, 寧有是也? 帝紀中所載, 有類僞書
者, 是僞者用帝紀(或後人, 追攛于世紀中, 以作僞書之聲援), 非帝紀用僞書
也. 況兩書乖舛者多(上丙一), 豈可疑之?

正義 二

大序疏云: "伏生二十九篇, 自是計卷, 若計篇則三十四, 去泰誓, 猶有三十一, 今之泰誓, 非初伏生所得."

上己 三

計篇而爲三十一者, 孔壁之眞本, 加之以書序一篇·僞太誓一篇, 則三十三篇也. 加之以增多二十四篇, 則五十七篇也(上甲八). 計篇而爲三十四者, 鄭氏之新本, 序在額外(序不在百篇內), 而僞太誓三篇也, 加之以增多二十四篇, 則五十八篇也(鄭氏時, 二十四篇 已亡, 是虛簿也). 若伏生之本二十九篇(其一篇書序), 本無分出, 何又計卷? 孔祭酒非不知也, 計將以鄭注尙書, 翳[9]然歸之於伏氏之學. 故誣之如是, 豈不惜哉?

上己 四

伏氏書中, 本無泰誓. 書大傳中, 雖有泰誓之說(白[10]魚入舟等), 書大傳亦有帝告·九共諸說(上丁一), 其亦有經文本篇而言之乎? 孔祭酒非不知之. 猶以泰誓擬議於伏生者, 亦唯鄭玄之本, 指之爲伏學耳, 鄭固可忌, 伏有何罪? 胸中懷一僞物, 其害於政如此.

正義 三

書傳有'白魚入舟'之事. 不知伏生先爲此說, 不知泰誓出後, 後人加增此語. 司馬

---

9) 朝本에는 '翳'로 되어 있음.
10) 朝本에는 '百'으로 되어 있음.

遷時, 已得太誓, 並歸於伏生, 不得云宣帝時始出. 武帝紀載今文泰誓末篇.

上己 五

書傳白魚之說, 雖爲伏生之手筆, 不足以累伏生也. 當時周書種類甚多(藝文志有周書七十一篇), 伏生皆能言之. 故書大傳所載, 未必皆二十八篇之事, 又何嘗以白魚入舟爲泰誓文乎? 伏生雜論周書, 偶及白魚之說, 於是僞造泰誓者, 遂取白魚之說, 入于泰誓也. 譬如鄭玄註書, 偶有科斗之說, 於是僞造大序者, 遂取科斗之說, 入于大序.

上己 六

漢書藝文志, 載向書古文經四十六卷, 其一卷明是僞太誓一篇(上甲八). 若去僞泰誓一篇, 無可以當此額者. 正見漢代史家, 以僞泰誓, 並歸於孔氏, 司馬遷作史, 多用孔安國之義, 而白魚之說, 載於周本紀, 何云'並歸於伏生?' ○僞泰誓, 明有多本(上丙七), 周本紀所載, 藝文志所計(上甲八), 明止一篇(此所云民間得者), 河內女所掘, 鄭玄本所列, 乃爲三篇(上丁六), 孔疏混言之, 亦謬.

上己 七

司馬遷不作武帝紀, 武帝紀者, 褚先生之所補也. 且考武帝紀, 無今文泰誓末篇(其必謂之今文泰誓者, 專爲淸脫孔安國, 以鄭玄本僞泰誓, 歸之於伏生今文之學), 唯有'附下罔上者死'以下四五句, 是或僞太誓末篇中語. ○後儒之欲詆伏本者, 必云伏本之內, 原有泰誓(謂伏本無書序, 以泰誓當一篇). 不知伏旣負累, 孔亦同歸. 何則? 二十九篇, 劉向旣相校讎(上甲八), 凡有瑕纇, 伏生無獨當之理也(孔書出壁之後, 以今文校之, 其二十九篇, 與伏本同. 若云入於二十九篇之中, 則伏本·孔本, 俱有此僞太誓矣). 劉歆移書博士, 明云: "伏書先出, 泰誓後得."(上乙一) 何以誣之?

788

正義 四

此云'四十六卷'者, 不見安國明說. 蓋以同序者同卷, 以異序者異卷. 故五十八篇爲四十六卷. 太甲·盤庚·說命·泰誓, 皆三篇共卷, 減其八, 大禹謨·皋陶謨·益稷, 又三篇同序共卷, 其康誥·酒誥·梓材, 亦三篇同序共卷, 又減四. 以五十八減十二, 非四十六卷而何? 其康王之誥, 乃與顧命別卷, 以別序故也. ○(大序疏)

上己 八

藝文志所載四十六卷, 明有額數, 不可移動(上甲八). 與伏本同者, 二十九卷, 僞泰誓一卷, 增多者十六卷(分之則五十七篇). 僞者, 換其骨而蒙其皮, 壞其實而冒其名, 趙壁漢幟, 圓鑿方枘, 造謀作奸, 靡所不至. 然其五十八之所以爲四十六, 不過曰以卷包篇. 其數目分合, 梅亦不言, 孔祭酒, 辛苦打算, 巧合如此. 然太甲·說命, 其在孔壁眞本, 本不入於二十九篇之內, 亦不入於十六篇之中(十六篇, 其篇目, 見正義). 大禹謨·益稷, 雖在十六篇之中, 而益稷本是棄稷, 事在太康之時, 必不與皋陶謨同序(上丁三). 泰誓不過一篇, 計在四十六卷之中(上丙七), 又安得更數三篇?(上丙七) 凡此簿領, 載在班志(上甲八), 載在荀紀, 載在劉錄(上甲九), 載在鄭序(上[11]丁六七), 萬目所覩, 千歲不泐. 今欲以玄貝十朋, 當壯貝十朋, 則數目雖同, 賈値相懸, 泉府舊掌管籥尙嚴, 豈奸胥之所能竊哉? 此疏一出, 無人駁正, 或攻梅如吳幼淸者, 或訟梅如毛大可者, 皆祖述此說, 蔀惑滋甚, 不可以不辨.

---

11) 朝本·奎本에는 '上'이 빠져 있음.

馬融·鄭玄·王肅, 皆曰虞夏書. 孔於禹貢注云: "夏書之首." 則以上爲虞書, 十六篇. 又帝告·釐沃·湯征·汝鳩·汝方, 於鄭玄爲商書, 而孔幷於胤征之下, 或以爲夏事.

上己 九

余謂虞夏書二十篇, 都是夏史所作. 夫以唐堯之史官, 記唐堯之事實, 何謂之曰若稽古, 以虞舜之史官, 記皐陶之謨猷, 何謂之'曰若稽古?' '曰若稽古'者, 時代已遷, 聲跡寢遠, 或稽之往牒, 或稽之遺跡, 以成追述之史, 故謹嚴其筆, 先書云'曰若稽古'也, 乃梅氏孔傳曰: "順考古道, 而行之者帝堯"(其注舜典·大禹謨·皐陶謨, 皆云: "順考古道"). 此以稽古二字, 爲帝堯之尊號也. 旣又推演此義, 其造周官之篇曰: "唐虞稽古, 建官唯百." 則堯之稽古, 已不刊矣(蔡氏注堯典曰: "史臣將叙堯事, 先言考古." 此謂堯典, 乃虞史所作. 斯固然矣, '曰若稽古帝舜,' 又何故也? 不如皆作夏史所作). 顧炎武云: "堯典亦夏書."

上己 十

左傳引堯典, 則曰'虞書,' 引皐陶謨, 則曰'夏書.' 據史克之言, 擧'愼徽五典, 納于百揆'之節, 而謂之虞書(文十八), 則古之堯典文也, 趙衰之言, 擧賦納以言, 明試以功之節, 而謂之夏書(僖卄七), 則古之皐陶謨也. 司馬遷漢史也. 能作堯本紀·舜本紀, 何必夏史不能作? 虞書旣以夏史並作, 虞夏之書, 則其謂之虞夏書, 又何不可乎?(伏生之唐傳·虞傳, 未有經據, 馬·鄭所不取也) 故司馬遷, 於伯夷傳, 實引堯典, 而通稱虞夏之文, 正是安國之法(史遷本孔學). 乃僞者, 忽執皐陶謨, 升之爲虞書, 於是蒐輯左傳·國語·呂覽之等, 得其稱夏書者八九條, 以飾大禹謨一篇(詳見下本篇), 亦稱虞書, 其所依靠者, 唯趙衰引夏書一節也(趙衰所言夏書, 旣入虞書. 他所引夏書, 亦可同例). 蘇東坡云: "春秋傳引虞書, 皆云夏書, 安知非作於夏時乎?"

上庚 一

鄭玄之本, 虞夏書二十篇, 商書·周書各四十篇, 井井合度. 眞有删正成部之意, 不可亂也. 帝告等五篇, 不唯鄭玄以爲商書, 抑亦司馬遷, 載之於殷本紀(上丁二). 此亦問之於安國者(上乙二), 今錄爲以夏書, 可乎?

正義 六

前漢諸儒, 知孔本有五十八篇, 不見孔傳. 遂有張霸之徒, 於鄭注之外, 僞造尙書, 凡二十四篇, 以足鄭注三十四篇, 爲五十八篇. ○毛奇齡云: "穎達不曉漆書, 作此不通語. 張霸西漢成帝朝人, 乃僞造二十四篇, 以足東漢鄭注書不足之數, 其人在夢中."

上庚 二

毛西河誤看孔疏, 譏切萬端, 細看孔疏, 殊不然也. 鄭玄之爲漢獻帝時人, 孔豈忘之? 但三十四篇, 旣不欲名之爲孔壁古文, 則無以名之, 第謂之鄭註(謂鄭之所注). 其云張霸之徒, 猶言張霸之類, 非直云'張姓霸名者僞造此二十四篇'(孔疏上文云: "張霸之徒, 僞造太誓." 亦謂張霸之類). 孟子曰: "雞鳴而起, 孳孳爲利者, 跖之徒也." 豈必展季之兄盜跖, 聞雞而興? 可以比例看.

雖然, 孔疏之言, 竟是誣毁, 孔安國獻書之初, 蚤有此二十四篇(上甲八[12]), 旣獻一百五十年之後, 班固作藝文志, 始題古文經五十七篇(上甲八). 乃云: "張覇之徒僞造二十四篇, 以充其額." 豈不誣哉? 其意欲以此二十四篇爲生於東漢之時也. 然此二十四篇, 不自天降, 不由地湧, 西京史册, 記載已久. 史記之云十餘篇(上甲七), 劉歆之云十六篇, 漢書之云十六篇, 荀悅之云十六篇也(上甲九[13]). 皆是此物, 豈可歸之於東漢人之追足乎? 天下書皆僞, 此十六篇必非僞, 何者? 自古造僞之人, 務爲美詞, 令人傾信, 故僞書之文, 無不易讀. 民間太誓·河內太誓, 以至近世之子貢詩傳·申培詩說, 莫不皆然. 而此古文十六篇, 越自安國之初, 絶無師說(馬融云). 蓋其古文奇句, 壞怪險奥, 人莫能知. 又無伏生今文, 可以梯接, 故有文無注, 藏於秘府(上乙一), 以此爲僞, 可乎? 辛苦造僞, 以示當世, 世無知者, 造將何爲? ○孔疏, 必以此爲僞者, 此二十四篇之中, 舜典等十一篇(舜典·大禹　謨·棄稷·五子之歌·胤征·湯誥·咸有一德·伊訓·武成·旅獒·冏命), 今有梅賾新本, 故斥之如此. 盜憎主人, 後妻妬前妻, 此之謂矣.

正義　七

藝文志云: "古文又多十六篇." 卽是僞書二十四篇也. 劉向·班固·劉歆, 不見孔傳, 賈逵·馬融·服虔·杜預, 皆不見之, 鄭玄亦不見之. 故註書序, 舜典云: "入麓伐木." 五子之歌云: "避亂於洛汭." 胤征云: "胤征臣名." 旅獒云: "獒讀曰豪." 是不見古文也.

---

12) 朝本·奎本에는 '甲七八'로 되어 있음.
13) 朝本·奎本에는 '甲八九'로 되어 있음.

上庚 四

奉一贗, 以詆百眞, 所謂詖辭知其所蔽也. 藝文志所載十六篇爲僞書, 則梅內史所獻二十五篇, 爲眞經乎? 竊嘗論之, 孔安國得書之後, 其生並一世. 耳提面命者, 司馬遷, 其造門執贄, 親受句讀者, 都尉朝, 其嫡傳直下, 尸厥匕昬者, 膠東庸生, 校讎同異, 考驗完缺者, 劉向(上甲八), 移書博士, 圖列學官, 衷悃幽憤, 溢於辭表者, 劉歆(上乙一), 詳記本末, 纖悉數目, 尋而冠之於伏生今文之上者, 班固(藝文志, 首載古文, 次錄今文), 曾孫是若弘闡祖猷, 玷汚名節, 莫之知避者, 王璜·塗惲(上乙二), 流于末而有名者, 桑欽, 廣輯師說者, 周防, 世胄血胤, 守其靑氈者, 孔僖, 大放厥聲者, 楊倫, 悽詞哀婉嗚咽, 而傳其業者, 杜林(上乙五), 親受眞詮, 再續墜緒者, 衛宏·徐巡, 泝考蒼籀,[14] 剖析今古, 以辨兩家之同異者, 許愼(詳說文). 承塗惲之嫡統, 受庭誨而作訓者, 賈逵, 傳者馬融, 註者鄭玄, 以鄭玄之註爲未善, 而更註之者, 王肅(見正義), 博考典籍, 具載史冊者, 荀悅·范曄, 習於書敎, 羽翼斯文者, 趙岐·包咸·服虔·杜預·韋昭·高誘之倫也. 若使孔壁古文眞有二十五篇之經, 而安國當時眞有五十八篇之傳, 凡此諸儒, 理當視之爲府庫, 歸之爲淵藪, 引據取重, 咸以爲宗, 而考其所爲, 則趙岐注孟子, 包咸注論語, 服虔·杜預注左傳(孔疏云: "服·杜注'亂其紀綱,' 並云夏桀時"), 韋昭注國語, 高誘注戰國策·呂氏春秋, 每遇二十五篇之文, 蒙然未悟, 注云逸書. 荀悅爲漢紀, 范曄爲後漢書, 唯十六篇, 伏而未發者, 是載是詳,[15] 而二十五篇五十八傳, 不少槩見, 是此諸人, 皆不見孔安國之傳也. 王肅注書: "有棄稷而無益稷"(見孔疏). 鄭玄注書: "胤征曰臣名, 旅獒曰酋豪"(又仲虺之誥·太甲·說命等, 見在而云亡). 馬融書序云: "經傳所引太誓, 太誓並無此文"(謂河內太誓無此文). 賈逵奏尙書疏云: "火流爲烏"(見孔疏). 是此諸人, 皆不見孔安國之傳也. 許愼作說文,

---

14) 朝本·奎本에는 '籕'로 되어 있음.

15) 奎本에는 '說'로 되어 있음.

自序云: "書主孔氏." 夷考其書, 僅有二十八篇中字, 而二十五篇中字, 無一偶及 (唯'若藥不瞑眩'一句爲說命, 然許所引者, 孟子也). 是許愼亦不見孔安國之傳也. 馬·鄭之註, 本於衞·徐, 衞·徐之學, 本之杜林, 而馬·鄭所注, 仍止二十九篇, 則是杜林·衞宏·徐巡之等, 皆不見孔安國之傳也. 孔僖位躋郞中, 楊倫徒至千人 (上乙三), 鴻毛之遇順風, 何鬱不伸, 而祖師遺藳, 秘之不宣, 有是理乎? 鄭玄箋詩, 上戴毛傳, 杜註春秋, 不廢服虔, 汝南周防, 撰尙書雜記三十二篇四十萬言, 何不以孔安國之傳爲之冠冕? (上乙三) 是周防·孔僖·楊倫之等, 皆不見孔安國之傳也. 孔傳禹貢曰: "始出山爲漾水, 東南流爲沔水." 而桑欽之爲水經曰: "漾水出氐道縣嶓冢山, 沔水出沮縣狼谷中." 祖一其源, 孫乃二之 (若是者甚多, 姑擧其一). 是何故也? 是嫡傳桑欽, 亦不見孔安國之傳也. 王莽雖爲亂逆, 雅尙儒術, 以劉歆爲國師, 王璜·塗惲, 左右作翼 (上乙二). 當此之時, 苟欲建立, 雖疤痺噎夢稗官之說, 猶莫之夭閼, 況於堂堂先師孔安國之書傳乎? 旣立其經, 不立其傳, 豈不拗哉? 劉向校書之時, 博問民間, 廣求古文, 唯膠東庸生, 寔傳孔學 (上乙一). 當此之時, 膠東庸生, 如有所受於都尉朝 (隋書謂: "孔安國私傳都尉朝," 卜丙二), 則抱書往天祿閣上, 以伸巫蠱以來幽鬱之情. 天理則然, 而寂寥殘經, 無所增多, 是都衞朝·膠東庸生·王璜·塗惲之等, 皆不見孔安國之傳也. 劉向·劉歆·班固之等, 所知者二十九篇, 所見者十六篇, 而二十五篇思議不到 (疏云: "劉歆作三統曆, 論武王伐紂, 引今文泰誓云: '丙午逮師.' 又引武成, '越若來三月五日甲子, 咸劉商王受.' 並不與孔同"), 是班固·劉向·劉歆之等, 皆不見孔安國之傳也. 司馬遷爲史記, 其用安國之說者, 不過堯典·禹貢·洪範·微子·金縢等數篇 (上乙二), 其或詮錄經文, 不出二十九篇之外, 而皐陶謨仍連益稷, 太誓不言三篇, 是司馬遷亦不見孔安國之傳也. 論語曰: "予小子履, 敢用玄牡, 敢昭告于皇皇后帝" (堯曰篇). 此赫赫湯誥文也 (今梅本湯誥). 乃孔安國註之曰: "墨子引湯誓, 其詞若此." 以誓爲誥, 援墨證儒, 不亦勞乎? 則是孔安

794

國亦不見孔安國之傳也, 天下其有是乎? 夫所謂孔安國之傳, 是何神
物? 後學不得窺, 名儒不得引, 嫡傳不得受而傳之, 史官不得採而錄
之, 血胤不得藏于家, 切友不得聞其說, 並其本身, 不得見其文. 所謂
孔安國之傳, 委是何物? 神訶鬼護, 天慳地閟, 譎怪幽陰, 垂四百年,
必待豫章內史梅賾而後, 始出人間, 豈不奇哉? 孔祭酒博學精識, 超
越古今, 獨於是棄智塞聰, 奉承唯謹, 必其時勢, 有不敢不然而然矣.
今正義所列, 無非所以昭姦之確證, 而不令湮沒論著如此, 抑其中有
微意存焉. 若無此正義, 今人將何據而知之? 孔祭酒其有微意夫.

正義 八

鄭玄書贊云: "我先師棘下生子安國, 亦好此學, 衛‧賈‧馬二三君子之業, 則雅才
好博, 既宜之矣." 又云: "歐陽氏失其本義, 今疾此蔽冒." 是鄭意, 師祖孔學, 傳授
膠東庸生‧劉歆‧賈逵‧馬融等學, 而賤夏侯‧歐陽等. 何意鄭注尙書, 亡逸並與孔異,
篇數與三家同?

上庚 五

棘下生者, 齊人語也. 鄭玄齊人(高密人). 鄭志曰: "張逸問贊云: '我
先師棘下生, 何時人?' 鄭答云: '齊田氏時, 善學者所會處, 齊人號之,
棘下生, 無常人也'"(見水經淄水注). 子安國者, 尊師之稱. ○孔疏此節,
又所以予鄭玄, 以孔安國之嫡統, 不欲抹摋沒於千載之下也.

上庚 六

鄭注亡逸, 並與孔異者, 謂仲虺之誥‧太甲‧說命等篇, 見在而云亡,
其汩作‧典寶之等十三篇, 見亡而云逸也(見正義). 二十四篇, 除梅氏
本所存十一篇(舜典‧大禹謨‧益稷‧五子之歌‧胤征‧湯誥‧咸有一德‧伊訓‧武

成・旅獒・冏命, 共十一), 則餘者十三篇, 其實五篇而已(汩作・典寶・肆命・原命・九共而已). 二十四篇, 孔疏雖斥之爲僞書, 而梅氏造僞之初, 本欲按簿, 塡闕翕合而無爽, 故十六, 而塡至十一, 竟緣太甲・太誓遺文極多, 遂不免濫及額外耳. 然鄭於此十六篇之序, 曰逸, 曰亡, 所注均平. 梅之所有, 不必曰亡, 梅之所無, 不必曰逸. 正義所言, 有若鄭於其中, 有所差殊, 以別之者, 非矣. 鄭未前知二十四篇, 寧有愛憎?

上庚 七

篇數與三家同者, 謂與歐陽・大夏侯・小夏侯同, 止二十九篇而已. 此欲以馬・鄭之本, 隱然歸之於伏生今文之學. 然史記云: "孔氏有古文, 安國以今文讀之"(上甲七). 漢書云: "劉向以中古文, 校歐陽・大小夏侯三家經文, 唯有脫簡異字, 餘無不同"(上甲八). 孔安國自以今文讀之, 劉更生亦以今文校之, 而其爲古文之學自如, 奚獨鄭註之本, 病其與三家同也? 篇數不與三家同者, 非孔氏之眞本也(唯盤庚・顧命, 有所分出).

正義 九

又劉歆・賈逵・馬融之等, 並傳孔學, 云十六篇逸, 與安國不同者, 良由孔注之後, 其書散逸, 傳注不行, 以庸生・賈・馬之等, 唯傳經文三十三篇. 故鄭與三家同.

上庚 八

書傳傳授之法, 厥有三條, 傳之子孫一也, 傳之後學一也, 藏之秘府一也. 所謂孔註傳之子孫, 則孔僖被召之日, 必獻不疑(上乙三), 傳之後學, 則庸譚承問之日, 必獻不吝(上乙一), 藏之秘府, 則劉向校書之日, 必發無秘(上甲八). 又何故而散逸不行? 旣散逸不行, 豫章內史梅頤, 何以於四百年之後, 忽然得之?

上庚 九

經文之與伏本同, 不可病也. 齊·魯·韓·毛 其三百篇則一也. 公·穀·鄒·夾, 其二百四十年則一也, 歐陽·夏侯·衛·賈·馬·鄭, 其二十九篇則一也. 經之欲殊者, 造僞之兆也.

正義 十

至晉, 王肅注書, 始似竊見孔傳. 故注'亂其紀綱,'爲太康時. ○左傳哀六年 引夏書曰: "唯彼陶唐." 孔氏正義云: "賈·服·孫·杜, 皆不見古文, 解爲夏桀之時, 唯王肅云, 太康時也. 王肅注尚書, 其言多是孔傳, 疑肅見古文, 匿之而不言也." ○又云: "皇甫謐云云."

上庚 十

不是王肅竊見孔傳, 當是梅頤竊取王說, 主客不難辨也. 不是皇甫採取孔傳, 當是梅頤依靠世紀, 先後不難辨也. 賈·服·孫·杜, 但謂有夏之亡, 應是夏桀, 注之曰: "夏桀時." 王肅淵然沈思曰: "夏桀之惡, 應在商書, 此旣夏書, 則其唯太康時乎?" 國不遂亡, 猶有撰書, 以爲戒者, 是太康時也. 於是注之爲太康時, 善改之註也. 於是造僞者, 取王肅之意, 以作五子之歌, 其餘凡與僞經相近者, 其情皆如此. ○王肅之學, 本善賈·馬(上乙八), 故虞書曰虞夏書, 益稷曰棄稷(見正義), 我其試哉! 曰試之以官(孔壁本, 無'帝曰'二字, 故馬·鄭·王, 皆云'試以職事'). 王肅何曾夢見梅本?(竊見而還匿之, 何言也? 以爲至實而私之乎? 以爲神物而閟之乎? 于情于理, 百無所當) 皇甫謐亦無得見之明驗, 不可疑也. 已見前(上丙一, 正義一).

集傳 一

自序云:"二典·禹謨, 先生蓋嘗是正."

上辛 一

朱子釋二典, 至大禹謨,'正月朔日, 受命于神宗, 率百官, 若帝之初.'而絕筆焉, 斯豈偶然意倦而止之乎? 大禹謨中'征苗'一節, 最不合理. 朱子於此, 蓋嘗反覆紆思, 而深覺其僞, 故弛然掩卷而罷耳. 若金縢說·召誥·洛誥解·武成日月譜, 此是平日試筆, 非於禹謨絕筆之後, 又作此註也.

集傳 二

大序注云:"伏生求其書, 獨得二十九篇, 陸氏曰:'卽馬·鄭所注二十九篇.'孔穎達曰:'泰誓本非伏生所傳, 武帝之世始出, 史因以入於伏生所傳之內, 故二十九篇.'"

上辛 二

陸氏釋文·孔氏正義, 皆欲以馬·鄭向書, 翳然歸之於伏生今文之學. 故所言如是, 而班·馬·荀·范之史, 其源委本領, 孔疏·陸釋, 每諱之不言. 故吳才老·吳幼清, 雖慧眼如曙星, 而終有一重之紗罩. 蔡九峰錄朱子大序之註, 而亦本孔·陸之說, 殊與平日議論不類.

上辛 三

僞泰誓, 旣於武帝時始出, 則攙入孔本之中, 以作三十三篇, 可也. 伏生, 則已於文帝時, 以二十九篇敎于齊·魯之間, 武帝時所出, 何得入於伏生二十九篇之中乎? 此亦孔祭酒陰擠鄭玄, 歸於伏學之言, 朱子未反照檢, 而采錄之也.

集傳 三

百篇之序, 藝文志以爲孔子爲之, 然以今考之其見存之篇, 雖頗依文立義, 而無所發明, 如康誥‧酒誥‧梓材之屬, 則與經文有自相戾者, 其於已亡之篇, 則伊阿簡略, 尤無所補, 其非孔子所作明甚. 然相承已久, 今亦未敢輕議.

上辛 四

朱子眼力於經典眞僞, 照燭如神, 但當遵承. 然於百篇之序, 亦私自有議. 誠以伏氏百篇之序, 今無存者, 其序次文句, 無以考驗. 若云鄭本百篇之序, 卽亦伏本所有, 則不但鄭本今亦亡滅, 雖尙完存, 必與伏本大殊. 何也? 盤庚分出之二篇, 顧命分出之一篇, 僞泰誓加出之二篇(史[16]記泰誓只一篇), 共五篇之額. 是伏本所殊, 則伏本百篇之內, 必別有五篇, 代居此額. 如所云太戊‧掩誥之等(太戊見史記, 掩誥見王氏考異), 應亦有序. 彼序爲孔子所作, 則此序非孔子所作. 二者之中, 必有一私撰者矣. 況梅氏之書, 變置易樹, 唯意所欲, 其又與鄭本諸序, 汩亂差舛, 可勝言哉? 雖本孔子所作, 今離披衰敝, 不可復知也.

上辛 五

竊當思之, 祖訓大訓先王之訓, 皆所以遺誨後世者, 則太甲訓, 是太甲成德之後, 訓其後嗣也. 高宗之訓, 是武丁致治之後, 訓其後嗣也. 書序太甲曰: "伊尹訓王." 高宗之訓曰: "祖己訓王." 此以伊訓例之

---

16) 朝本에는 '吏'로 되어 있음.

也. 若然, 聖王哲辟, 曾不得一言垂後, 唯聽訓於臣佐已乎? 微子之
命·蔡仲之命·文侯之命·畢命·冏命, 旣皆君命臣之辭, 則奚獨說命
爲臣戒君之詞? 傅說舉於版築, 天下未信, 宜有命詞, 以詔于羣下也
(此皆書序之異義, 不敢質言).

集傳 四

訓誥, 皆當時號令之本語. 其間多有方言及古語, 當時人所共曉, 而於今反爲難知.
誓·命, 是當時史官所撰, 礱栝潤色, 粗有體製, 故在今日亦不難曉耳.

上辛 六

此朱子調護梅書, 曲爲之商度者也. 其奈伊訓·湯誥, 平易如此, 湯
誓·費誓·顧命·文侯之命, 古奇如彼, 豈可解也? 平日議論, 只以今
文古文, 疑其順澁, 爲不易之論也(朱子曰: "今文多艱澁, 而古文反平易. 伏
生偏得其所難, 安國專得其所易, 皆不可曉").

集傳 五

今按, 此序不類西京文字, 疑或後人所托. 然無所據, 未敢必也(亦朱子說).

上辛 七

朱子曰: "書序, 恐不是安國做. 漢文粗枝[17]大葉, 今書序細膩, 只
似六朝時文字"(又云: "只是魏·晉人文字, 陳同父, 亦如此說." ○ 又云: "書註,

---

17) 朝本에는 '技'로 되어 있음.

決非孔安國所注. 文字困[18]善, 不是西漢人文章. 但有太囒處, 決不如此困善也, 亦非後漢文."○又云: "某嘗疑孔安國書是假書. 比[19]毛公傳如此高簡, 大段爭事. 漢儒訓釋文字, 多是如此, 有疑則闕, 今此却盡釋之"). 朱子但據孔疏, 一通以聽此訟, 而其神明燭物之光如此. 若於班·馬·荀·范之史, 考驗其簿籍, 沿溯其源流, 則梅氏之書, 其不立於後世也.

集傳 六

朱子曰: "尙書孔傳, 是魏·晉間人作, 託孔安國爲名耳." 又云: "孔傳並序, 皆不類西漢文字, 氣象與孔叢子同, 是一手僞書." 蓋其言多相表裏, 而訓詁亦多出小爾雅.

上辛 八

僞書必有聲援. 僞者, 造此二十五篇五十八傳, 乃造孔叢子, 以爲外援, 又取皇甫謐帝王世紀, 攙入數條. 至唐, 又有人撰馬融忠經, 多用梅書之義, 乃鄭志, 趙商之問答, 儼有周官篇內之說. 今文都能辨別, 此一種靈慧之識, 其源皆出於朱子. 朱子知詩序之僞, 疑左傳有追撰, 疑孝經有僞端, 疑梅氏之書是僞書. 蓋擇善固守之志, 誠於中, 而愼思明辨之功, 著於外, 非淺學所能逮也.

集傳 七

吳才老棫云: "增多之書, 皆文從字順, 非若伏生之書, 詰曲聱牙. 夫四代之書, 作者不一, 乃至二人之手, 而定爲二體, 其亦難言矣."

---

18) 朝本·奎本에는 '固'로 되어 있음.
19) 朝本·奎本에는 '此'로 되어 있음.

上辛 九

梅氏之書，自東晉之初，列于官學，下逮陳·隋，無一人敢枝梧者．孔穎達正義，始與馬·鄭·王本，參互商議，雖外若尊信，而衷悃有可見者．至宋吳才老，著書禆傳八篇（總要·書序·君辨·臣辨·考異·詁訓·差牙·孔傳），共十三卷，專斥二十五篇五十八傳之可疑．唯其一條，爲吳幼淸所引（見永樂大全），餘不可見．然獨見獨悟於千歲相承之餘，非豪傑之士，惡能然矣？偉哉！

集傳 八

吳幼淸澄云："孔壁眞古文書不傳，後有張霸僞作舜典·汨作等二十四篇，目爲古文書，辭義蕪鄙，不足取重於世．以售其欺，及梅賾，二十五篇之書出，則凡傳記所引書語，注家指爲逸書者，收拾無遺，旣有證驗，而其言率依於禮，比張霸僞書，遼絶矣．世遂以爲眞孔壁所藏也．唐初諸儒，從而爲之疏義．自是尙書，止有二十九篇者，廢不復行，唯此五十八篇，孤行於世．竊嘗讀二十五篇，體製如出一手，采集補綴．雖無一字無所本，而平緩卑弱，殊不類先漢以前之文．夫千年古書，最晚乃出，而字畫略無脫誤，文勢略無齟齬，不亦大可疑乎？下引吳才老·朱仲晦說云．澄斷斷然不敢信此二十五篇．是非之心，不可得而昧也．"見集傳大全．

上辛 十

吳草廬撰詩·書·易纂言若干卷，其中多名義格言．其尙書叙錄，所論如右．遂取二十九篇，疏釋文義，而梅氏二十五篇，別爲一部，附之編末，快哉！此擧可謂成朱子未卒之志也．但其所論，猶據孔氏正義，以知其源流本末，而班·馬·荀·范之史，未或稽驗，故差謬非一．孔壁眞本，卽鄭註古文，而首云："孔壁眞古文書不傳．"一誤也．二十四篇，卽十六篇，出壁之初，則有此書，兩漢諸史記，載詳悉，乃信孔疏之誣斥，遂云："張霸僞造此篇．"二誤也．伏氏之學，亡於永嘉之亂，至唐儒撰疏之後, 而廢不復行者, 鄭氏古文之學也. 乃云: "歐陽·夏侯今文之學, 至唐已亡"(本文今有刪). 三誤也.

集傳 九

蔡云: "今文伏生所授, 馬·鄭等所注." ○見堯典篇題.

上壬 一

九峯誤看陸氏釋文, 遂認馬·鄭所註爲伏本也(釋文云: "伏生二十餘篇, 卽馬·鄭所注二十九篇"). 陸意, 蓋云彼二十九篇, 卽此二十九篇, 非謂馬·鄭直就伏書, 而註之也. 伏學孔學, 門戶旣別, 源流絶殊. 乃孔疏·陸釋, 極意貿亂, 遂使孔學之嫡孫移入伏學之別譜, 可勝歎[20]哉! 於是今文古文, 皆無者, 題之曰, '今文無古文有,' 其名實之不相副. 如是, 梅於其間, 得怡怡然, 偃息矣.

集傳 十

舜典云: "今文古文皆有, 今文合于堯典, 無篇首二十八字. 梅賾旣失孔傳舜典, 故亦不知有此二十八字, 而'愼徽五典'以下, 固具於伏生之書. 故傳者,[21] 取王·范注補之."

上壬 二

先儒唯見孔疏, 故孔安國·都尉朝, 以傳于王璜·塗惲·杜林·賈逵·

---

20) 朝本에는 '歡'으로 되어 있음.
21) 朝本에는 '故傳者'가 빠져 있고, 奎本에는 '傳者'가 빠져 있음.

馬融·鄭玄之書三十四篇眞古文，全然未聞．又據梅氏大序，深信伏生誤以舜典上合于堯典，遂信姚方興二十八字，爲不可無之虞·夏人手筆．然‘曰若稽古帝舜，曰重華’一節，眞若介居於兩間，伏生雖好合古篇，決不能膠之漆之．此梁武帝之所能悟，而吾儒猶多聽瑩，豈不嗟哉？

3

梅氏書平 三

冤詞 一

李塨曰: "梅氏上古文, 晉史無有, 何也?" 予曰: "舊史十八家有之. 官府所藏, 名爲中古文, 漢·晉皆存, 而民間授受者, 名爲外學, 故劉歆校書, 名爲中外, 相應."

蕭山毛奇齡, 字大可(又名甡, 字老晴). 所著經說數百卷, 一反宋儒之學, 辭氣暴慢, 可驚可惡. 然理苟是也, 其是者, 是之已矣, 乃其禮學, 則一節一文, 無不錯解, 所撰喪禮吾說篇·祭禮通俗譜, 尨雜紕繆, 不可疏理, 其爲易學, 則不知爻變, 膠固木强, 而十二辟推移之外, 自刱子母易之法, 義例喎戾, 無一中理. 所謂古文尙書冤詞八卷, 專欲背馳朱子, 曲護梅氏. 噫! 其博聞强識, 足以辨伏·孔之門戶, 昭鄭·梅之眞僞, 而褊心未平, 遁辭橫出, 有不堪悶塞者矣. 夫梅氏獻書之事, 漏於晉書(上乙十), 亦一疑端. 雖孔疏明白, 而或係劉焯·劉炫等道聽塗說之言, 今指舊史十八家, 何異乎問諸水濱?

中古文者, 中古之篆文也. 藝文志云: "劉向, 以中古文校施·孟·梁丘之易." 又"以中古文校歐陽·夏侯之書"(上甲八). 蓋以費氏之易·孔氏之書, 皆古文奇字, 人莫能知. 故用中古史籀[1]之文, 上下梯接, 使

---

1) 朝本·奎本에는 '籀'로 되어 있음.

得翻寫也. 毛氏見顏師古之註(師古云: "中者, 天子之書也." 言中, 以別於外), 以中古文, 爲中秘書, 謬矣. 劉向別錄云: "臣向, 謹與長社衛杜參, 校中秘書"(漢書注). 張覇獻百兩篇, 以中書校之(上丙九), 字句異例不相混也. ○劉向, 以中古文, 校書(上甲八) 之後, 劉陶推三家尙書及古文, 是正文字三百餘事, 名曰中文尙書(後漢書). 班固·范曄, 各有論著, 以爲今文古文之別.

冤詞 二

唯不立學官, 世多未見, 又令甲森嚴, 立學者, 稱官書, 不立學者, 稱逸書.

僞太誓三篇, 自東晉以前, 未嘗爲官書(鄭註, 立學之時, 始得並立). 然以其膾炙人間之故, 漢·魏註經之家, 莫不引用. 小雅鴻鴈之箋·周頌思文之註·周禮大祝之註·大司馬之註, 皆明引太誓, 節錄其文(餘不可勝數). 若使梅氏二十五篇, 亦果流行于人間, 雖不立學, 豈不引用如此乎? 儒林註書之法 雖莊·列·楊·墨之流, 讖緯方技之說, 苟可以宣明經旨, 則無不引用. 奚獨於二帝三王之遺書, 必以其不立學官, 而不敢引用, 畏約兢愼, 如犯大禁, 知其書名, 而不敢發口, 知其篇名, 而不敢題目, 唯僅指爲逸書乎? 此遁辭也.

且孔氏之書, 雖未早立於官學, 人主之寵遇榮賚, 冠絶古今(上己一). 周防作箋註四十萬言, 楊倫聚弟子千有餘人, 而御史莫之劾, 廷尉莫之執. 毛每云: "令甲森嚴." 何據矣? 光武中興, 愛好經術, 未及下車, 先訪儒雅, 四方學士, 雲會京師, 而鄭興·杜林·衛宏與焉(後漢儒林傳). 肅宗初立, 特好古文尙書, 詔賈逵, 入講北宮白虎觀. 逵數爲帝, 言古文尙書, 詔令撰尙書古文同異. 逵集爲三卷, 帝善之. 八年詔諸儒, 各選高才生, 受左氏春秋·古文尙書(賈逵傳), 令甲森嚴者, 何據矣?

冤詞 三

經文在外者, 自都尉朝至桑欽, 尹敏至楊倫, 太保鄭沖至梅賾, 皆歷有授受, 彼我傳述, 並無僞學, 老師宿儒, 不可輕爲謗訕, 況古先賢聖[2]之冊, 二禋三代之蹟!

　此段詐甚矣. 都尉朝·桑欽 雖是嫡傳, 一字不傳於後世, 尹敏·楊倫, 雖亦大鳴, 片言不流於後學. 唯賈逵·馬融·鄭玄之學, 有傳有訓有註有贊, 毛氏何不並擧, 依草附木? 託於幽陰之地, 而陽明昭朗, 布示萬目者, 終不免諱惡. 豈非彼直我曲, 彼實我虛, 自視欿然, 不能不沮蹙耶?

　挾天子, 以威天下, 欲用魏武之術乎? 彼所挾者, 眞天子, 毛所尊者, 假帝王, 其威亦相懸矣. 竊嘗思之, 其位彌尊, 其簒之者彌惡. 無恥愚氓, 修其先譜, 假竊官封, 其罪未甚. 若有人追尊匹庶, 僭竊王爵, 罪犯莫逭於誅殛, 理有然也. 今梅氏之書, 僞舜假禹贋湯詐武, 議其章, 程死有餘罪. 今反以斥僞昭姦者, 謂之侮先聖. 若然, 誅莽·操者, 爲侮帝王, 闢老佛者, 爲誣聖賢. 一竊其號, 唯屈躬服事而後, 方爲忠順之人, 天下寧有斯義哉?

冤詞 四

　伏書二十九篇, 武帝時, 外間疑泰誓爲僞, 遂去此篇. 于是, 有謂泰誓非伏生書者. 兩漢諸儒, 皆造言出處, 而俱不得合. ○太誓只一篇也. 二十九篇去一篇, 故二十八宿. ○伏生自作大傳, 直用'白魚'明明, 伏書何必曲諱? ○馬融有曰: "今文太誓都無此語." 直加以今文之名, 何等明快?

---

2) 朝本에는 '聖'으로 되어 있음.

外間疑僞之事，馬史·班史·荀史·范史，都無影響，何據而爲此說也？梅氏之新撰太誓，欲以爲孔本，則鄭氏之舊注，太誓斥之爲僞書。斯名正言順矣，何必曰，伏氏之書，原有太誓乎？伏氏二十九篇，其一明是書序。故梅氏大序曰："宜相附近，各冠篇首。"明伏本別爲一篇也(毛氏每云："伏本無百篇之序。"而藝文志，厥有明文。上甲三)。旣別一篇，自入於二十九篇之中，'白魚'之誓，無額可塡。且書大傳所言，非皆二十九篇中說。帝告·九共·嘉禾·太戊，伏氏無所不言，豈以其偶談白魚，而遂冒之以造僞誓之大罪乎？且梅之嫡鄭也。伏生之書，已屬先天，何苦誣之乎？太誓之說，雖若多端，漢宣帝以前，絕無三篇之說，史記所載，亦止一篇(史記，書凡三篇者，必言三篇，太誓，則不訓三篇)。太誓，凡有三篇者，皆僞書也。太誓三篇，亦梅氏之僞案，而毛反奉之，爲宗器，唯恐其分美耶？

馬融之說，舞文也。馬融雖亦孔學，未嘗見梅書。執梅之太誓，擊伏之太誓，馬所不能。馬云'今文'者，通指向書而言也。古文出壁，安國以今文讀之(上甲七)，孔本胡獨無今文乎？設令伏本亦有太誓，自來漆書，不無太誓(馬融，亦漆[3]書之學)，疵病旣均，理當相恕，必不能赦我漆書，單擊伏木也。孔祭酒前，以馬融此語，爲馬融不見梅書之證(見正義)，毛反以此，爲馬融竊見之證耶？

冤詞 五

王肅云："古文太誓，伐紂時事，聖人取以爲尙書，今文太誓，觀兵時事，當別錄之，以爲周書。"見孔氏正義。

---

3) 朝本·奎本에는 '桼'로 되어 있음.

王肅必無此言, 毛乃引之. 余始大驚, 今檢本文(太誓疏), 又舞文矣.
孔疏引王肅語, 不過八字(太誓近得, 非其本經, 止八字), 繼引馬融, 引婁
敬, 引董仲舒, 引李顒集註, 於是 通執兩太誓, 斷以己見曰(孔穎達己
見):"古文太誓, 伐紂時事(謂梅本), 今文太誓, 觀兵時事"(謂鄭本). 毛
氏並作王肅語讀之, 非舞文乎? 夫王肅魏人, 李顒晉人, 王肅不得引
李顒, 明矣. 何以舞之? 孔疏誤云, '王肅似竊見孔傳,' 余既辨之矣(上
庚十). 特其註義, 多與鄭異. 又未及大行, 故僞者屢竊王註, 以作孔傳,
唐儒反疑王註出於梅書, 毛氏亦依唐儒之言, 舞文如是.

李顒集註尙書, 於僞太誓篇, 每引孔安國, 曰云云(李顒者, 晉李充之子,
父子皆以文學名). 孔疏云:"安國必不爲彼僞書作傳, 不知顒何由爲此
言." ○ 鏞謂, 安國當時, 布滿朝野者, 卽'白魚火烏'之邪說. 一時名儒
伏生·董仲舒·司馬遷之等, 無不尊信, 稱引以爲王讖, 安國亦安能超
然獨免? 必取'白魚火烏'之文, 有所論說, 傳其支流, 故李顒得引之也
(李顒之時, 周防雜記, 馬·鄭傳注, 布在人間, 此皆安國之支流, 必有流來之師說,
爲李顒所引), 況孔書四十六卷(藝文志所言), 其一卷明是太誓(上甲八), 不
可諱也. 孔祭酒, 每欲推墮孔本之太誓, 歸之伏學, 故其言如此.

冤詞 六

以二十五篇, 加所分舜典·益稷·盤庚二篇·康王之誥, 共五篇, 又亡舜典一篇, 爲
二十九篇.

藝文志云:"安國得其書, 以考伏氏之二十九篇, 得多十六篇"(上甲
八). 今梅書二十五篇, 旣伏生今文之所無, 則自不得爲二十九之二十
五. 是特特新增之二十五篇. 毛乃欲和糠和米, 以飾二十九篇一部, 豈
不拗哉? ○ 今當正之曰, 梅氏尙書, 與鄭本同者, 三十三篇(鄭本三十四

篇之內，梅氏去僞太誓三篇，增舜典·益稷一篇，故爲三十三篇)，增多者二十五篇．〇孔本·梅本，頭面旣換，節目頓變，雖盡力推移，極意翻弄，其篇目之奇偶，萬不相合，何爲是枉勞也？

從來二十九篇，是原本之名，此於宮室，猶正寢也，於樹木，猶宗幹也．其餘增多之數，或稱十六，或稱二十四，此於宮室，猶廊廡也，於樹木，猶枝葉也．今取增多之篇，欲篡原本之額，凡情慾所發，無復顧畏如此．

冤詞 七

四十六篇者，有數篇合一序者，今此五十八篇，共四十六序，一序作一卷．

此孔疏之說(上己八)，亦僞者之本意，非毛之所創言也．然吾之所不曉者，梅本之有序無文者，四十二篇，厥旣引序，各冠篇首，而亡篇之序，隨其篇次，介居存者之間(上戊八)，乃其法例，必一序一卷，則此當奈何？盤庚三篇，爲一卷，大禹·皋陶謨·益稷，爲一卷，'咎單作明居'五字，爲一卷，'祖乙圮于耿，作祖乙'八字，爲一卷(如是者尙多)，或大軸如牛腰，或小簡如蚊翼，豈可以爲模樣耶？梅序·孔疏，於此一事，未有措處，毛亦未之思耶？

冤詞 八

顏師古注："漢志五十七篇，大序五十八篇．引鄭玄敘贊云：'後又亡其一篇．'故五十七"其所亡一篇，指舜典言．

僞者，旣撰二十五篇五十九傳，故缺旣所謂舜典之註，以合乎藝文志五十七篇之額(上戊六)．於是孔疏以下，皆云："梅本亡舜典一篇．"然三千年來，堯典不亡，則梅氏之舜典自在，何謂亡之？鄭玄之云，'又亡一篇'者，武成之謂也．孔壁十六篇中，原有武成一篇(其殘章破句，爲劉歆三統曆所引．見漢書律曆志)，其後亡之，故鄭玄云："武成逸書，建武之際亡"(見武成正義，孔又斥之，爲僞武成)．毛又舞文，欲借鄭玄之口，以證梅氏之亡篇，其當於理乎？

余於毛氏冤詞，屢見舞文之跡．乃淸儒王民皞之言曰："毛奇齡蕭山縣人也．其地多書吏，善舞文．故明眼人，目毛曰，蕭氣未除"(又云："毛牲平生自認，知我罪我，在駁朱．毛之逐字駁朱，這是天性，不畏王法駁朱．合處少，拗處多，其合處，未必有功於儒門，其拗處，乃反有害於世道．"又云："毛氏今人稱雷公，又稱蝟公，謂其偏身都是刺也．"王氏，號鵠汀，見朴公趾源熱河日記)．其先覺之矣．

冤詞 九

桓譚曰："古文尙書，舊有四十六卷爲十八篇．"又去大禹謨·太誓二篇，爲十六篇．○正義謂："張霸補二十四篇．"而張霸無此事，又馬融云："十六篇絶無師說．"皆不深考．

今考桓譚新論，云'古文尙書舊有四十五卷十八篇，'其云'四十五卷'者，或不數書序，或不數僞太誓也，其云'十八篇'者，十六篇之譌(或五十八篇，落五字)，皆不可知．今欲因此舞文，以證梅書，又非理也．桓譚，光武時人(本與揚雄·劉歆同輩人)，安知梅書之篇數乎？梅書之中，多收古訓，可誦可悅者，大禹謨·太誓也．今又無故去之，何也？(太誓只數一篇，亦可怪) 夫鄭本·梅本，多少頓殊，有無相形，其篇目卷額，萬不相合. 乃毛氏之詞, 見鄭本舊籍, 有云五十七, 則餙出五十七, 有云四十六, 則餙出四十六, 有云十六, 則曰我亦十六, 有云十八, 則曰我亦十八. 凡西京以來, 諸史百家, 稱古文尚書, 幾卷幾篇者, 一以是二十五篇, 加減當之, 或演而長之, 或削而少之, 或裂而分之, 或束而合之, 或以序亂之, 或以類附之, 或佯云亡之, 或勒云去之, 胡叫亂嚷, 恬不知恥. 顧梅賾何人, 曲護至此? 總由本源心術, 疾視朱子. 凡朱子所言, 必欲背馳, 故猖狂至此耳.

孔疏, 未嘗云‘張霸補二十四篇,’是毛之誤看(已見前上庚二), 馬融謂, ‘十六篇絕無師說,’又何云不深考? 將云, 大禹謨等十一篇, 有所謂孔傳耶? 謂古人不能答, 而任加之以誣罔, 豈可忍耶?

冤詞 十

百篇之名, 不始孔子. 墨翟曰:"昔周公旦, 朝讀書百篇." 揚雄曰:"昔之說書者, 序以百." ○鄭康成, 百篇其次第不同. 以湯誓, 次臣扈後, 咸有一德, 次湯誥後. ○伏書不分堯典·皐陶謨·顧命, 則于百篇之名, 皆屬謬戾. 孔傳以三謨屬虞書, 禹貢爲夏書之首, 亦非.

以余所見, 周公朝讀書, 六十篇而已. 何者? 百篇之內, 周書四十, 周公無以讀矣. 以彼百篇, 詆此百篇, 則謂孔子未嘗刪書也, 不亦過乎? 況墨翟·揚雄, 皆是孔子後人, 何云百篇之名, 不始孔子?

鄭註夏社·疑至·臣扈之序曰:"湯伐桀之時, 大旱旣置其禮祀, 明德以薦, 而猶旱至七年, 故更置社稷"(見正義). 此, 用孟子變置社稷意也. 序唯曰:"湯旣勝夏, 欲遷其社." 則若湯初年之事, 鄭又引之, 爲七年後事, 而猶不敢徙而降之於湯誓之下者, 必此百篇序次, 自古如此, 有不敢擅自移易, 如梅氏之爲也. 此似顛錯, 而眞色著外, 彼似整齊, 而僞跡在裡, 何不悟矣? 皐陶謨, 禹曰: "洪水滔天, 萬邦作乂." 此節, 明是玄圭告功後所奏, 而序在禹貢之上, 書例異於編年之史, 不可拘也.

湯誥者, 湯與天下, 更始約束諸侯. 厥有二戒, 一曰'進賢以德,' 一曰'安民以惠.' 此義上接下傳, 繼往開來. 皐陶曰: "知人則哲, 安民則惠." 大學治平之道, 不外乎進賢惠民, 此堯·舜以來, 相傳之大訓也. 殷本紀, 有古文湯誥一段, 其大意, 蓋云后牧之臣, 宜咸有功德. 居民之法, 在撫綏安輯, 於是伊尹作咸有一德, 咎單作明居, 以申明湯誥之義(殷本紀宜檢), 卽此二篇, 生於湯誥, 如兩儀生於太極. 所以書序於此二篇, 不敍事實, 以湯誥在上, 其義自明也. 二篇之於湯誥, 如鳥兩翼, 合成一體, 而僞者, 妄取一篇, 移插太甲之下(卽咸有一德), 則三篇俱亡, 而用賢惠民之大義至戒, 無地可問矣.

伏生百篇之目, 未有傳者(亡於永嘉之亂). 二十八篇之外, 其七十二篇之爲甲爲乙, 皆不可知, 何以謂之謬戾? 孟子不分堯典(上戊四), 將云, 孟子之學 亦謬戾耶?

所云'孔傳三謨,' 其於春秋內外傳·呂氏春秋, 引之爲夏書者, 今並爲虞書(上己十), 其謬不可掩, 故不得不微貶之, 以自附於公論. 然此總小功之察耳. 說文引堯典·皐陶謨, 皆稱虞書(唯五品不遜稱唐書), 梅所據者, 此也.

冤詞 十一

薛士龍, 作書古文訓, 其序引子夏學書于孔子, 有云: "帝典可以觀美, 大禹謨·禹貢, 可以觀事, 皐陶謨·益稷, 可以觀政, 洪範·六誓·五誥·甫刑" 云云.

書大傳, 孔子曰: "六誓可以觀義, 五誥可以觀仁, 甫刑可以觀誠,洪範可以觀度，禹貢可以觀事，皋陶謨可以觀治，堯典可以觀美"（文心雕龍云："書標七觀"）.

乃孔叢子續貂爲說云："帝典觀美，大禹謨·禹貢觀事，皋陶謨·益稷觀政，泰[4]誓觀義"（見王應麟考異）. 薛士龍，肇栝二文，稱說如此，皆是梅書之後援，不足取重，何苦引之？書大傳所載孔子之言，無大禹謨·益稷（薛士龍古文訓，稱孔安國隷古眞本，其中多奇文詭字，亦梅氏之學也）.

冤詞 十二

令甲所在，不敢踰越，故安國注論語，凡引經，如君陳·太誓類，皆不注篇名. 至'予小子履，敢用玄牡'節，不注湯誥，而注云："此墨子引湯誓辭." ○正義謂："漢儒皆不見古文."予謂，劉向·劉歆校中外古文[5]極悉，而孔氏誣之以不見.

毛氏令甲之說，本是遁辭. 原夫令甲，莫尊於詔旨. 大序旣云："承詔作傳."則又何禁令別揭於象魏之上乎？金科玉條，不出詔令之外. 旣已降詔，許其作傳，則雖未及建官立學，其註論語，又何不明注篇名？'敢用玄牡'之註，斯乃梅氏造僞之鐵案. 雖儀·衍復生，無以有辭. 查審到此，庶幾悟之，執迷遂非，將何益矣？

劉向校書，其脫簡脫字及相異之字，七百有餘，錄之纖悉（上甲八）. 顧獨於奕奕煌煌大禹謨等二十五篇，掩而匿之，不言其增多乎？劉歆，移書博士，亦唯十六篇，是提（上乙一）. 平帝之時，孔書立學，而歆爲國師，璜·惲皆貴（上乙二）. 惲以是傳之賈徽，徽以是傳之逵，逵以是傳[6]之馬融·鄭玄（上乙六），而鄭玄之書，仍與梅殊，謂漢儒不見梅書，豈誣

---

4) 朝本에는 '秦'으로 되어 있음.
5) 朝本·奎本에는 '中書'로 되어 있음.『古文尙書冤詞』에는 '中外古文'이라고 하였음.
6) 朝本에는 '傳'로 되어 있음.

乎哉? 非誣而曰誣者, 誣也.

冤詞 十三

若賈·馬·鄭三人所受者, 爲杜林本, 其不見孔壁古文, 斷有然者. ○又徐仲山曰:
"馬融作忠經, 引大禹謨曰: '唯精唯一, 允執厥中.' 此非古文乎?"

杜林漆書之爲孔壁眞本, 唯賈逵一人, 寔居樞要, 爲之確證, 何也?
賈逵之學, 親接塗惲, 而杜林漆書, 賈乃作訓(上乙六), 則雖欲誣漆書
爲別本, 其說不立矣. 塗惲之爲安國嫡傳(上乙二), 雖賈·育不能奪矣.
○孔穎達云: "鄭玄師祖孔學, 傳授膠東庸生·劉歆·賈逵·馬融等學"
(上庚五). 此時, 鄭書猶存, 親目閱視, 故不得誣之.

馬融忠經, 引梅氏僞書, 凡有三四處, 不唯'精一執中'之句而已. 然
今考隋·唐書藝文志, 無所謂馬融忠經者, 獨宋史藝文志有之, 此非新
出之僞書乎?(申石泉綽云: "朱子之後, 疑古文者多. 故右古文者作此, 多引梅書,
以證其眞") 忠經稱有鄭註, 而馬·鄭本傳, 並無忠經之說(宋史藝文志, 又
有王向忠經·海鵬忠經, 乃有人假託馬氏, 又作一忠經). 馬氏若見大禹謨, 何云
十六篇絶無師說?

冤詞 十四

晉范甯, 爲古文尙書作解, 猶不得舜典. ○隋經籍志云: "晉世秘府所存, 有古文
尙書經文, 今無有傳者." 謂但無傳註之人. (○案, 范寧不得舜典者, 孔疏之文)

范甯, 晉末人, 生於梅賾之後. 其所謂不得舜典, 卽梅所言不足爲梅

書之實證, 況'愼徽五典'以下, 本用王·范之註補之!(上丙三) 范甯不
得舜典, 何以有註, 爲人之所取用也? 毛說 多荒唐如此(范所不得云者,
蓋梅氏之孔傳也).

隋志所云, 蓋謂, 孔壁古經, 至晉猶存, 後亦無傳, 而梅本乃出也.
孟子曰:"桓·文之事, 後世無傳." 豈謂後人不註桓·文之書哉? 隋書
云'今'者, 卽撰隋書之時也, 此時, 梅氏孔傳大行, 何得云'今無有傳
者?'(毛氏每云:"梅賾上傳, 不上經." 故今又舞文, 以'傳流'之傳, 看作'傳注'之傳,
以爲梅氏只上孔傳之證, 而可得乎?)

冤詞 十五

隋志云:"至東晉, 豫章內史梅賾, 始得安國之傳, 奏之." ○ 梅賾所上孔傳, 非經
文也. 乃不善讀書者, 共言梅賾上僞古文經, 冤哉! 請世間人, 各開眼觀之.

言經, 不能包傳, 而言傳, 可以包經, 何者? 註經之法, 逐句立訓[7]
(自宋以後, 始分章), 經之不存, 註將焉傳? 言毛傳, 則詩之經, 在是也,
言左傳, 則春秋之經, 在是也. 傳旣奏上, 則經亦隨上, 未有不奏其經,
而單奏其傳者. 孔穎達, 以鄭註尙書名之, 曰鄭註(上庚二), 將鄭玄之
本, 有註無經乎?(毛氏, 執一箇傳字, 舞文爲說, 以明梅所云孔氏古經, 自古有之,
非今所獻) 隋志之稱孔傳, 亦猶是也, 何以舞之?

---

7) 朝本에는 '決'로 되어 있음.

冤詞 十六

堯典·舜典, 原有二篇, 伏生誤合爲一. 安國分而出之, 但不知其分在何處, 且失篇首一截, 祇以二典之序, 冠堯典之首, 而其文, 則仍合爲一.

堯典之誤合, 爲一者, 孟子也, 非伏生也(上戊四). 梅氏奏上之時, 謂闕舜典一篇(上[8]丙三四), 而'愼徽'以下, 補以王·范之註, 則'帝曰欽哉'之爲鴻溝以東, '愼徽五典'之爲鴻溝以西, 瞭然明白, 而毛氏忽欲漫其經界, 公然掉頭曰: "但不知其分在何處." 何其詐也? 蓋知孟子未易摧壓, 故別生一計也. 孟子之文不泐, 則伏氏得大國之援, 梅氏遇勍師之敵. 毛爲是悶, 欲彌縫其間, 泯其疇疊, 直欲復合爲一, 亦唯大序難滅(大序非毀伏生, 病其合一), 進退維谷, 將若之何? 於是合其所分(毛復以'愼徽五典,' 合於上文), 分其所合(毛欲以'月正元日'以下, 爲舜典), 欲以匡救梅惡, 不已勞乎?

冤詞 十七

此二十八字, 在王肅注古文尙書十一卷, 范甯註古文舜典一卷, 皆有其文. ○ 正義云: "梅賾上孔傳時, 猶闕舜典, 二十八字世所不傳, 多用王·范之注, 補之."

此又舞文也. 今詳孔疏(在'玄德升聞'下), 其云, 猶闕舜典者, 謂孔傳缺也, 其云'二十八字世所不傳'者, 謂姚氏之前, 無攸聞也, 其云'多用王·范之註補之'者, 謂補孔傳'愼徽'以下之缺也(晉元帝太興四年, 立學之

---

8) 朝本·奎本에는 '上'이 빠져 있음.

時所補. 上丙三). 毛氏據此, 欲以王·范之註, 證此二十八字, 豈不詐哉?(其意, 蓋云王·范之本, 原有二十八字, 故得以其註, 移而補之) ○於是堂堂書之曰: "魏王肅註古文尚書十一卷, 晉范甯註古文舜典一卷, 皆有其文." 有若親手執書, 親目睹文者然, 不可笑矣乎? 范甯在梅賾之後(范甯, 晉末人, 上距梅賾, 七十餘年), 猶之可也, 王肅之本, 何得有此二十八字? 二十八字, 出於蕭齊之時(鸞建武四年), 則范甯之本, 亦不能有之矣. 王·范之本, 孔祭酒皆能見之(王肅注十一卷, 見隋志). 誠若有之, 何云'二十八字世所不傳'(虞書疏云: "晉范甯爲解時, 已不得舜典一篇."毛氏纏說此事, 卽云范甯舜典注), 舞文弄法, 一至是乎?(朱子曰[9]: "梅賾旣失舜典, 故亦不知有此二十八字, 而'愼徽五典'以下, 固具於伏生之書, 故傳者, 用王·范之註, 補之"). 王·范本註, 舊本堯典而已.

冤詞 十八

阮孝緖七錄, 亦有'曰若稽古帝舜, 曰重華協于帝,'十二字.

陸氏釋文云: "曰若稽古帝舜, 曰重華協于帝, 十二字, 是姚方興所上, 孔氏傳本無. 阮孝緖七錄, 亦云"(不注疏). ○按此釋文之意, 謂此十二字, 是姚所上, 非孔所有, 阮孝緖七錄, 亦云, 是姚非孔, 如我所云也. 乃毛氏, 舞文堂堂, 書之曰: "阮孝緖七錄, 亦有此十二字." 有若姚方興獻書之前, 有大儒阮孝緖者, 預言此十二字, 載在七錄者然. 嗚呼! 一至是哉? ○阮孝緖, 字士宗, 蕭梁逸士也. 居鹿林精舍, 著七錄一百一卷(見南史). 其人, 在姚方興獻書之後. 設有經本, 何足引重耶?(佛祖通載云: "普通四年, 阮孝緖, 著七錄. 前五曰內篇, 後二曰外篇, 卽佛錄·

9) 朝本에는 '日'로 되어 있음.

仙錄也. 內外圖書, 總四萬四千五百二十六卷"云) 此數句, 應在古經眞本, 不
必崎嶇然作勞也. 孔壁增多之篇, 原有舜典, 則其首句云, '曰若稽古
帝舜,' 無可疑也. 史記云: "帝堯, 曰放勳, 虞舜者, 重華." 以此推之,
帝舜, 曰重華, 無可疑也, 唯'協于帝'三字, 未有可據.

冤詞 十九

釋文云: "姚方興所上, 只十二字, 更有四句, 出之王註." ○ 案隋志, 此二十八字,
一齊並出, 從無方興十二字, 王註二十八[10]字之別.

今案釋文, 本無二十八字出之王註之說(釋文云: "十二字, 是姚方興所上,
然方興本, 或此下更有十六字, 異聊[11]出之, 於王註無所施也"). 陸意, 蓋云: "上
十二字, 固姚所獻, 亦姚他本, 並有下四句('濬哲,' 至'以位'), 兩本有異,
聊皆著之, 但此二十八字, 旣古所無, 則王註無所施也"(謂王肅未見此二
十八字, 則王註, 無所用於二十八字). 陸意如此, 本無可怒, 一時齊出, 未
足榮也, 兩本差殊, 未足羞也.
然此下四句, 並是剽襲王延壽靈光殿賦云: "粤若稽古帝漢祖宗,
濬哲欽明." 王粲七釋云: "濬哲文明, 允恭玄塞"(毛引此二文云: "漢末
人, 引用如此, 必孔傳舊本, 原有此文. 故彼此襲用之, 方興十六字, 非偽"). 不是
王賦襲用舜典, 當時姚經, 竊取王賦(七釋亦然). 不唯是也. 班固東巡頌
云: "曰若稽古, 若漢迪哲." 潘岳碑云: "允恭克讓, 宣哲清明"(鄭司空
碑). 後漢書, 頌明帝之德曰: "聰明淵塞"(章帝紀). 晉書, 贊元帝之德
曰: "欽明聰哲"(元帝紀). 蔡邕碑銘曰: "聰明睿哲"(胡太傅碑). 庾信圜丘
歌曰: "于焉允塞." 若此之類, 不可勝數. 如云此人皆見孔傳, 孔傳

---

10) 朝本·奎本에는 '十六'으로 되어 있음.
11) 朝本·奎本에는 '聊'字 아래에 '皆'字가 들어 있음.

太爛漫矣. 或在梅先, 或在梅後, 無不順口吐詞, 隨手成文, 豈或沾丐於姚方興而爲之乎? 商頌曰: "濬哲維商." 易傳曰: "天下文明." 商頌曰: "溫恭朝夕." 大雅曰: "王猷允塞." 旣皆奕奕然經句也. 城門之軌, 衆馬所踐, 離披腐爛, 萬口同誦, 何必姚方興, 是據乎?(何晏景福殿賦云: "欽先王之允塞, 悅重華之無爲." 詳味此句, 亦非襲用今舜典文者也)

玄德, 非吾家口氣. 老子曰: "生而不有, 爲而不恃, 長而不宰, 是謂玄德." 莊子曰: "若愚若昏, 是謂玄德." 舜孝親友弟, 進賢黜邪, 五典四門, 功績可考, 何以謂之玄德? 漢文躬修玄默, 晉儒雅善玄談, 東都賦曰: "嗟嗟玄德." 蔡邕碑曰: "明德通玄"(郭有道碑). 後漢法眞, 號曰玄德, 蜀漢劉備, 字曰玄德, 皆老莊以後之事, 豈虞史所能知哉? 幽潛之訓, 不知所本(孔疏, 直引道德經云: "玄之又玄, 衆妙之門").

淮南子云: "舜口不說言, 手不指麾, 執玄德於心, 而化馳若神." ○僞者依淮南子, 或淮南此段, 是後人所增也.

毛氏每云: "'帝乃殂落'以前, 都是堯典"(畏孟子). 旣然如此, 二十八字, 原無所用, 胡乃縷縷如此? ○毛氏四書說, 至孟子咸丘蒙之節, 乃曰: "伏生尙書, 原只堯典一篇. 以舊別有舜典, 而其時已亡, 姚方興, 始分堯典爲二(梅之大序, 自云: "分堯典, 今乃歸罪於姚方興, 亦不可矣"). 以'愼徽五典'至末, 謂之舜典, 而加二十八字于其中, 僞書也. 自僞書一出, 而羣然從改, 則是古書一篇, 而今誤分之, 非古書二篇, 而今誤合之也"(文止此). 此毛西河之眞情也. 心知則如此, 冤詞則如彼, 一人之言乎? 二人之言乎?

冤詞 二十

宋書禮志, 魏明帝時, 高堂隆, 建議改朔, 引尙書文曰: "曰若稽古帝舜[12]曰重華,

---

12) 朝本·奎本에는 '舜典'으로 되어 있음.

建皇授政改朔."

高堂隆所引, 此必孔壁十六篇中, 舜典之首節也. 余每云: "'曰若稽古帝舜曰重華'九字, 不是僞文, 理宜然也. 孔壁舜典文字古奧, 絕無師說. 而'曰若稽古帝舜曰授政朔'十字, 皆在堯典中, 古文可以譯解, 唯'重華建皇改'五字, 散見諸篇, 當費力也. 高堂隆所引, 豈無所本乎?"(但劉歆三統曆, 應引此句, 而不引之, 是可疑)

冤詞 二十一

古文之冤, 始于朱氏. ○朱氏, 以臆見斷之曰: "此必假書." 以註屬之門人, 從前不分今古文者, 特爲分之.

古文之冤, 不自朱子始也. 其見於書史者, 在齊梁時, 有蕭衍, 在唐有孔穎達, 在宋有吳棫, 其私議燕譚, 而罷不能著顯者, 又幾人矣. 蕭衍之見, 迢邁出羣(上丙四), 孔沖遠, 雖迫於皇詔, 怵於時議, 爲梅書作疏, 然其博學精識, 終不忍自欺. 凡所以證梅之僞, 發梅之奸者, 靡不搜羅剔決, 載之正義. 顧余孤陋僻居, 何以知鄭·梅眞僞? 唯據孔氏正義, 以知之耳. 吳才老書裨傳一部, 專斥梅書之僞(上辛九), 朱子數語, 謹厚朴實, 又多調停之論(如訓·誥體裁, 異於誓命之類), 何云古文之冤, 始于朱氏? 譬如一等奸宄, 見囚王獄, 諸臣審理, 朱子察其面目, 知非正人, 孔穎達, 考檢文案, 稽驗年月, 執其差舛, 發其隱伏, 臚列罪目, 條開贓物, 特其結語漫漶, 傅之生路, 以順時議而已矣, 吳才老, 旣聽以辭色, 復考其文案, 特考之, 未達其源委耳(堯典·虞書等, 正義一按, 可知梅僞.)

孔穎達緇衣之疏曰: (引君奭之節) "衛·賈·馬所註者, 元從壁中所出之古文, 卽鄭註尙書, 是也"(釋鄭注今古文之辨). 孔雖迫於皇詔, 迫於時議, 勉疏梅本. 其眞性眞情, 發見如此, 何謂古文之冤, 始于朱氏?

至若集傳所註今文古文之別, 失之太寬, 何以謂冤? 其稱今文古文, 皆有猶之可也, 其稱今文無古文有, 違於實矣. 今文者, 伏本也, 古文者, 孔本也. 二十五篇, 固伏所無, 豈孔所有? 必書之曰: "今文古文, 皆無." 然後名實始允. 不然, 書之曰: "孔本無, 梅本有." 方是中理. 然而怨之人, 苦不知足矣.

冤詞 二十二

古文, 何嘗自東晉出也? 伏生今文立學, 幾及百年, 而後出于壁, 出甫四年, 又遭巫蠱. 其在官書, 則科斗原文, 見藏秘府, 而私學, 則都尉朝·桑欽·劉歆, 以至孔僖·楊倫, 王肅·皇甫謐·鄭沖, 以至梅賾. 安國之傳, 東晉始行, 古文之經, 非東晉始出也. 不學之徒妄云, 梅賾上古文.

魯共王, 卒於元光六年(上戊一), 上距文帝中年(伏生授書時), 不過四十餘年, 下距征和巫蠱之獄, 三十八年. 毛乃云: "伏生立學, 百年而後, 出于壁, 出壁四年, 而頓遭巫蠱之禍." 何說也? 胡嚷唯如此, 何以中理?

科斗原文, 見藏秘府, 桑·劉諸學, 傳自都尉, 官書私學, 上下輝映. 則毛每云: "令甲森嚴, 見謂逸書." 又何說也? 劉向·劉歆, 接于塗惲, 而衛·賈·馬·鄭, 出于塗惲, 歷數諸人, 必拔塗惲以下衛·賈·馬·鄭, 何故也? 桑欽·孔僖·丁鴻·楊倫之等, 雖曰孔學, 其片言隻字, 後世無傳, 則佯尊之, 爲梅氏之淵源, 衛·賈·馬·鄭, 有訓, 有傳, 有註, 有釋, 則強斥之, 爲孔氏之別派, 王肅·皇甫謐, 爲梅傳之所憑依, 則直戴之, 爲鄭沖之同隊, 摶沙作飯, 鍊鐵爲金, 奸心細如蠶絲, 巧計密於蛛網. 嗚呼! 一何至此?

毛氏不通, 每云: "梅賾上傳, 不上經." 死中求生, 何計不生? 而大禹謨等二十五篇, 不載遷史, 不載班志, 不載劉錄, 不載鄭序, 篇目都舛, 數額皆溢, 將何以漢代所獻孔壁眞本, 幻化爲晉代所獻梅家贗物耶?

冤詞 二十三

漢代功令最嚴, 其所極重者, 莫如學官. 出此者, 卽謂之逸. 今文立學, 稱尙書, 古文不立學, 卽稱逸書. ○ 洪邁云: "孔安國尙書, 自漢以來, 不立于學官, 故左氏所引, 杜氏輒注爲逸書."

班固, 在東漢初, 撰國史, 其作藝文志首, 載尙書古文經四十六卷 (上甲八), 此卽孔安國之眞本也. 國史事體, 極嚴至重, 非比草茅寒士, 私作箋註. 彼於窮蔀之中, 猶復兢兢栗栗, 謹書之, 曰逸書, 況此煌煌國史, 上紀祖宗, 下列勳庸法令所禁, 於是乎觀顧乃肆然書之曰, 尙書古文經四十六卷乎? 丁鴻·楊倫, 於光武初年, 聚弟子千有餘人, 以講逸書, 御史何以無言? 孔氏之尙書·左氏之春秋傳, 立則同立, 廢則同廢, 顯晦皆同, 而漢·魏諸儒, 其註經籍, 遇凡左傳所載, 皆直書云左傳, 不名曰逸傳, 奚獨大禹謨諸篇, 禁令如霜耶?

毛氏極斥宋儒, 凡宋儒所言, 以白爲黑. 乃容齋一言, 不足取重, 何苦引之? 左傳引詩曰: "翹翹車乘, 招我以弓" (莊十二). 又曰: "雖有絲麻, 無棄菅蒯" (成九年). 又曰: "周道挺挺, 我心扃扃" (襄五年). 又如河水·茅鴟·祈招·鬱之柔矣之類, 考之毛詩·韓詩, 並無其文, 故註曰逸詩, 其或引書者, 考之孔書·伏書 (時, 今文已衰), 並無其文, 故註曰逸書, 於詩於書, 無二例也. 豈河水·茅鴟之類, 亦以其不立學官, 而註曰逸詩乎? 詩若不然, 書亦不然.

冤詞 二十四

劉歆, 作三統曆, 所引太誓, 與古文不合. ○杜欽議婚禮, 以關雎爲興刺之作, 不必不見毛詩.

三統曆, 不與梅書合, 豈唯太誓而已哉? 伊訓·武成, 並有差舛, 梅之湯誥, 不合於殷本紀, 梅之胤征, 不合於鄭所引. 將云, 先見者皆誤, 後出者獨眞乎? 杜欽見毛詩, 猶以關雎爲興刺之作, 容或有之, 杜欽見毛詩, 以交交黃鳥爲關雎之詩, 無是理也. 劉歆旣見, 梅書猶以'白魚入舟'爲太誓, 有是理乎?

4

梅氏書平 四

冤詞 二十五

賈逵, 父賈徽, 曾受書塗惲. 是古文正派. 而其後逵與馬·鄭, 皆受杜林漆書之學.
雖名爲古文, 而實與孔壁古文不同.

廢鄭立梅之徒, 其一片奸心, 唯擊去杜林漆書, 使不得爲孔壁眞本
而已. 乃此獄審理之要, 唯在乎賈逵一人. 吳才老·吳幼淸·歸震川(有
光). 以來, 按獄者多, 而皆不能執, 賈逵一人立之, 爲苦主眞證, 而
片言決之也. 賈逵者, 何人也? 父徽, 受古文於塗惲, 以授子逵(上乙
六). 杜林傳漆書古文, 賈逵作訓, 馬融作傳, 鄭玄作註(上[1]乙六), 則杜
林漆書之爲塗惲古文, 明且確矣. 毛氏謂, 逵舍其家傳之正學, 橫走別
派之僞師, 天下豈有如此人哉? 塗惲之爲孔氏嫡統, 無辭可奪, 賈逵
之爲塗氏遺業, 有文可證. 則鄭氏之學, 爲孔安國直孫, 鄭沖之緖, 不
知所承, 梁柳之門, 不知所傳, 則梅氏之書, 非孔安國眞本. 片言之決,
唯此而已.

---

1) 朝本·奎本에는 '上'이 빠져 있음.

寃詞 二十六

杜林, 東漢初人. 賈·馬·鄭三人, 但得其書, 爲之傳述, 非親受業也. 是時, 或不得
眞古文, 見似而喜. ○ 林自言不合時務. ○ 儒林傳, 列之於東漢末諸儒之後.

　馬·鄭, 後者也, 賈逵則生並一世, 胡不親受? 賈徽·杜林, 同輩
人也(皆值光武時), 同郡人也(皆居茂陵鄉), 同門生也(皆塗惲門人). 杜於
賈逵, 實爲父執, 自幼至長, 耳提面命, 何得云'不親受矣'? 賈逵之於
漆書, 驗之家學, 證以師說, 直承璜·惲之遺業, 其有一字之熹微乎?
旣逵之所親受, 則傳至馬·鄭, 亦如親受. 毛乃以不親受爲病, 則豫
章內史梅賾, 親受之於何師?(毛至此, 亦知杜林難破, 故又倡不親受之說, 疑
亂之)

　杜林自言不合時務者. 林之所受, 歆與惲也. 不幸王莽之時, 建此古
文, 立身一敗, 萬事瓦裂, 官學旣廢, 門徒四散, 流離兵亂, 舊游零落.
凄凉一卷之書保之, 若趙氏遺孤. 而利祿旣遠, 傳習日稀, 其謂之不合
時務, 不亦可乎?(上乙五) 卽此一語, 其爲璜·惲之學, 明矣.

　至若儒林序列之先後, 不必爭也. 儒林列傳, 本非古今人表. 其材望
之優劣, 學術之邪正, 不係坐次之崇庳. 故史記儒林傳, 董仲舒居末,
漢書儒林傳, 賈誼居末, 將此二人爲漢儒之末流乎?

寃詞 二十七

漆書, 五十八篇. ○正義云: "鄭注三十三篇, 與孔傳同." 予謂必不然. 旣注古文,
而但注今文, 何以爲古文之註? 且齊·梁·陳·隋, 孔·鄭並行, 若鄭註止半, 則豈有
同行? 漆書原自完備, 至唐初, 有墨守今文者, 又去其半.

毛氏, 眞不知伏·孔源委, 鄭·梅眞僞, 而爲此閑話乎? 今文古文
之所以分, 豈在於篇數耶? 文字異者, 七百有餘, 其師說之傳授義旨,
兩家之判然不同者, 幾千百矣. 門戶旣分, 節目頓殊, 豈可以經額之
相同, 遂得相混乎?(齊·魯·韓·毛, 其三百十一篇皆同, 公·穀·鄒·左, 其二
百四十年皆同) 設令鄭註多於伏學, 應是孔壁流來之十六篇, 必非豫章
新撰之二十五篇. 指無向空, 悵望如此, 將誰信矣? 五十八篇名額
雖同, 二十五篇面目絶殊, 何以幻之? 唐初有墨守今文者, 力能去
此流行天下之尙書經傳, 當先除大不同之梅書, 何獨滅小有異之鄭本
哉?(伏氏之學, 已亡於永嘉之亂, 唐初, 安有墨守今文者?) 若夫陳·隋之際,
梅·鄭並行, 世衰之故也. 梅取其富, 鄭取其眞. 姑許其並存, 豈有考
核而然?

冤詞 二十八

王應麟云:"馬氏註, 本之杜林漆書, 故不唯與古文異, 與今文亦異." ○ 東漢時,
尹敏·周防·丁鴻諸學, 遞相嬗受, 杜林不入古文之列. 在漢史已疑之矣.

鄭玄之註, 雜用今文, 隋書病之(上乙九). 而杜林漆書, 必當純用古
文. 並其戈波點畫, 無一今文. 何以知其然也? 杜林之學, 專主蒼頡古
文, 訓纂·故纂, 親手撰述(上乙五). 則所抱漆書, 決是篆寫之本, 必非
隷翻之文(上乙五). 古篆也, 故不墨而漆. 旣然如此, 則雜以今文, 有是
理乎?(此必劉歆校書之日, 輂出於秘府眞本者, 故林自云, 前於西州得之) 鄭但知
箋註之法宜取所長(上乙九), 不識篆籀[2]之家所寶唯古. 則今古相雜者,
鄭註之本, 漆書必不然矣(王應麟, 素信梅書, 雖斥馬融, 不足驚也. 然今考王應

---

2) 朝本·奎本에는 '籀'로 되어 있음.

麟尙書考異, 無此言. 不知毛氏何所見而言之也).

後漢書儒林傳, 半是杜林之說. 其叙衛宏·徐巡之事, 則歸其功於杜林曰: "於是古文遂行"(上乙五). 其記馬融·鄭玄之事, 則歸其功於杜林曰: "由是古文遂顯"(上乙六). 儒林傳云: "古文科斗, 厭抑流俗,[3] 降在小學. 中興以來, 通儒達士賈逵·鄭興, 並敦悅之." 此謂杜林之書, 名儒皆悅也(盧植傳). 儒林傳云: "鄭興好古學, 自杜林·桓譚·衛宏之屬, 莫不斟酌焉"(鄭興傳). 其師友淵源, 學術根派, 蟬聯赫奕, 覇于東京, 而毛乃云: "不入古文之列, 漢史疑之." 毛所見者, 何史耶?
(尹敏·周防·丁鴻之等, 隻字無傳, 毛之戴此數人. 是其本來家計, 已見前)

冤詞 二十九

杜林云: "得之西州." 此與僞太誓之曰後得, 曰民間得, 曰掘地得, 曰河內女子得, 有何足據? ○ 尙書原有竊發, 如伏壁太誓, 張覇百兩篇, 杜林漆書之明明可疑. 而有眼不識認賊爲子, 反矯揉羅織, 以冤誣, 此孔壁所出之聖經, 亦獨何矣?

杜林西州之得, 不可與僞太誓之諸得, 同歸荒唐. 彼則每執前所未見之新物, 曰得於何處, 此則平帝之時, 建立官學, 劉歆爲師, 王璜·塗惲爲博士(上乙二), 學者雲集, 擧世風動. 萬口同誦, 萬目同觀之古文尙書, 無一字增減, 無一畫差謬之孔壁摹本, 唯其古篆, 異於隸書, 漆痕異於墨迹, 可珍可惜. 故曰西州得之, 西州者, 西京也. 光武東遷, 故指舊都曰西州. 往事可恥, 亦復可畏, 故不言其所傳授也(王莽旣敗, 歆與璜·惲皆可恥). 古文立學, 在元始三年癸亥(上乙七). 下逮光武初年[4] 乙酉, 不過二十三年. 而中間經歷百險千艱, 立者還廢, 顯者復晦, 一

---

3) 朝本·奎本에는 '厭抑流俗'이 빠져 있음.
4) 朝本에는 '季'로 되어 있음.

縷殘緒, 在此一卷. 其對徐・衛之言曰: "流離兵亂, 常恐斯經逡絶"(上乙五). 明斯一卷之經, 卽前建立之書, 今旣因莽而廢, 逡恐自玆而絶也. 杜林, 豈以前所未見新出之物, 恍忽言之曰: "得之西州乎?"且毛氏非矣. 欲立梅書, 則但論梅書之可信, 疏其淵源, 明其授受, 以絶人猜疑之心, 可矣. 不此爲務, 先擊杜林古文, 將何益矣? 語云: "我活然後殺他." 我之未活, 何以殺他?

梅氏之書, 自言傳自鄭沖, 而鄭沖・蘇愉之事, 不現晉書(上乙十), 姚氏之書, 自言大航市得之, 而茶商鹽估之名, 不載隋志(得於市者, 諱其根也. 萬人所聚, 不知所出). 然且奉之爲聖經, 每執杜林漆書, 舂之簸之, 不遺餘力, 何意也? 杜林, 非荒唐人. 其父涼州刺史杜鄴(漢書, 有鄴傳), 其外祖, 京兆尹張敞(敞之子, 竦, 亦博學有名). 其官, 大司空(後漢書), 受光武禮遇, 佐理中興之業(見本傳). 其所著, 蒼頡・訓詁二種, 載於班固藝文志(上乙五). 其師友, 塗惲・鄭興・賈徽・桓譚(後漢書云: "先是, 四方學士, 多挾書, 遁逃林藪, 光武中興, 愛好經術, 未及下車, 先訪儒雅. 自是, 抱負墳策, 雲會京師. 范升・陳元・鄭興・杜林・衛宏・劉昆・桓榮之徒, 繼踵而集"), 其弟子, 賈逵・衛宏・徐巡, 其鄉里, 扶風茂陵, 與賈氏父子, 貫籍實同. 根入九地, 聲達八絃, 毛氏何故而侮之也? 明是孔壁古文之直下孫中興祖, 問鼎輕重, 將何以移之哉?

寃詞 三十

正義云: "鄭注胤征云: '胤征臣名.'" 予謂不止不見古文, 並不見書序. 意必漆書只有篇名而無序, 注書序者, 冒昧之言. 胤征序, 史記有之, 豈鄭並不見史記耶?

杜林漆書, 何得無序? 汨作序曰: "帝釐下土." 馬融訓釐字(釐, 賜也理也). 西伯戡黎序曰: "殷始咎周." 馬融訓咎字(咎周者, 爲周所咎). 若使漆書無序, 馬融何以註之? ○鄭云, 臣名者, 本註胤字, 孔疏粗引之也. 堯典之胤子朱, 或以爲嗣子丹朱(馬·鄭云), 或以爲胤國子爵(梅本注如此, 似出王肅). 從來所爭, 只一胤字, 謂漆書無序, 謂鄭玄不見序, 猶望人信之耶? ○今按夏本紀之註, 錄鄭玄之註曰: "胤臣名." 毛氏見史記, 胡不並註而詳見之?

冤詞 三十一

朱竹垞經義考云: "漆書古文, 雖不詳其篇數, 而陸[5]氏釋文, 采馬氏注甚多. 然唯今文及小序有注, 而孔氏二十五篇, 無一語焉." ○東漢爲古文尙書不一, 有胡常所授, 有蓋豫所傳, 有杜林所得, 不盡本于安國, 正義謬稱孔所傳者, 賈逵·馬融等.

朱竹垞, 初年右梅書, 晩來專發其奸僞, 此其一也. ○毛又計窮, 欲以兩漢古文之學, 割去于孔氏書譜中, 先把孤弱無援之胡常·蓋豫, 先試手勢. 然胡常者, 都尉朝之嫡孫(上乙二), 蓋豫者, 汝南周防之嚴師(上乙三). 皆不可妄犯. 唯所謂孔安國, 不本于安國, 是宜割去耳. 孔疏之病, 在乎茌弱, 而賈·馬之謂孔所傳, 則不謬.

冤詞 三十二

朱子曰: "書凡易讀者, 蓋古文, 難讀者, 蓋今文." ○書體, 無難易之分, 儒者讀經, 當論理不論文. ○陳第云: "書之貴眞, 爲可立極也, 惡僞, 爲不足垂訓也. 今自天子服習古文, 有裨治理, 乃反苛責之." 又曰: "其文卑而高, 近而遠." ○張杉曰: "竊鈇之疑."

---

5) 朝本에는 '蓋'로 되어 있음.

眞經贗經, 固有難易(先儒每云:"今文古文恐差."今直稱眞贗). 贗經之中, 多收古籍, 不可但以書體言也. 眞經義理孤高, 語脉超絕, 讀此節時, 不知第二節當有何說, 讀首篇時, 不知第二篇當叙何事. 蓋以當時事情, 非今人所能料度, 抑聖人意旨, 非凡人所能猜摸也. 今太甲·說命之等, 步步馴習, 面面嫻熟, 一似後世臺閣之臣勉君德疏劄樣子. 而其叙事之法, 如史館日記, 皆安排揣度之文. 其文體難易, 未暇論也. ○且云:"儒者讀書, 論理不論文." 是劫說也. 論文所以辨偽. 眞偽定而後始可論理. 若愼思明辯之功, 有所未盡, 而徑加議論, 則未有不差繆者, 可不懼哉?

陳第之說, 蓋俗流之恒言. 然誠者, 天之道也. 吾人受性於天, 唯天是肖. 故其性好眞而惡偽, 信眞而疑偽, 天賦不可欺也. 李可及摹擬孔子, 不如硜硜小儒發言端詳, 贗湯偽武, 不如貞觀政要記載老實. 雖其中有洋洋聖言, 出於古籍者, 皆翻倒事實, 蒙以贗皮, 不如孤行數句, 斷章取義, 猶可以立極垂訓也. 假如遲任有言曰:"人唯求舊." 通觀上下, 知其爲牖民遷邑之喩, 固爲大善, 如其不然, 寧孤行一句. 有作贗書者, 別爲事實, 或於進賢黜邪之機, 挿此一句, 其爲義理之害, 又當如何?(王安石·呂惠卿, 不可以舊人而求之) 愼思明辨, 學問之大端, 不可作如此說. ○卑而高, 近而遠, 非理也. 太史公論離騷曰:"其稱文小而其指大, 其擧類邇而見義遠." 斯則然矣. 今直云:"卑而高, 近而遠." 可乎? 酌淤泥而勸之飮曰:"此水濁而淸." 立侏儒而敎之敬曰:"此人短而長." 其有不掩口而笑者乎?

竊鈇之疑(見列子), 謂察其文體, 指爲造偽. 是猶行步顏色言語動作之見疑也. 若考班·馬·荀·范之史, 檢左·禮·荀·墨之文, 稽其簿領, 審其根脉, 得探其篋, 而獲其鈇, 則尙得以竊鈇者, 自居乎?

寃詞 三十三

朱子曰:"數百年壁中之物, 不訛損一字, 而酒誥脫簡一, 召誥脫簡二." ○論語·孝經與書同出, 而不訛損. ○'口授'二字, 出自孔序, 朱氏竊賊言, 以詰賊.

酒誥脫簡一, 召誥脫簡二(上甲九), 何嘗云, 太甲脫簡一, 說命脫簡二乎? 襲裘弔喪, 雖爲曾子之失禮, 於殺人者, 無涉, 嗜酒關門, 雖爲孟公之過擧, 於驚座者, 何干? 朱子所疑, 正在二十五篇, 佯若不知, 對之如是乎?

孔壁古論, 未出之前, 本有魯論·齊論. 如伏生今文行世已久, 故古論出壁, 劉向得以校之. 孔壁孝經, 未出之前, 本有顏芝孝經. 如伏生今文行世已久, 故古經出壁, 劉向得以校之. 若使論語無齊·魯之學, 孝經無顏芝之藏, 則孔壁所出, 亦將與尙書十六篇·逸禮三十九篇(上甲九), 同歸於絶無師說. 其字句訛損, 遑可論哉?(孝經仍多訛舛, 今姑不論) 梅氏二十五篇, 無所考校, 而絶無訛損, 所以疑之. 論語·孝經, 何得援之?

毛氏亦知 '口授'二字, 本出大序(上丁九). 又云:"伏生無口授事, 史·漢並無此說"(並云: "孔序之後, 衛宏有曰云云"). 則心知梅氏之僞, 無遺蘊矣. 旣然如此, 何不投戈奉詔? 毛氏本意, 不在護梅, 在乎駁朱. 故朱說是處, 百計以毀之, 瞥見疎處, 卽技癢不堪, 露其眞腸, 寧梅事之有害, 而不得不痛罵朱子. 噫! 何故至於此也? 然朱子本用衛宏之說, 非據大序耳(上丁九).

冤詞 三十四

朱又曰：“孔安國序，非西漢文章，小序非孔子作.”○ 賈·馬·鄭皆云：“小序孔子所作.”○ 司馬遷已收其文，入夏·殷·周本紀中. 請善識文體者，一再讀之.

梅序之非西漢文章，可勝言哉？朱子眼力，無堅不透，固無虛發. 斯則雖凡眼，亦可辨矣. 但文體高下，本沒模捉. 甲曰卑淺，乙曰高深，終日相難，未有究竟. 不如考驗文簿，執其眞贓，爲省力耳.

小序非孔門之舊也. 棄稷之序，必有異辭，而今合於皐陶謨(正義，竝無提論者). 武成·太誓之序，去頭絶尾，添蛇續貂，乖亂唯意，面目全幻，其不能純出孔門，可知. 有人於此. 與人言雖百言皆實，其一言或謊，終爲說謊之人. 書序雖本孔子所作(上甲三)，梅本之中，雜以詐僞者，非止一二，庸得無訾乎？(毛氏謂：“朱子不讀史記.”然毛氏考史，只考夏·殷·周三本紀，不考列國之世家，其粗疎如此矣)

書序本孔子所作. 故伏生奉爲聖經，藏之壁中，班固志之，詳矣(上甲三). 其文與彖傳·象傳相類，經之所言，序更述之(如甘誓·西伯戡黎之類). 夫子所謂‘述而不作，’正謂是也. 朱子於詩序，屢執疑端，力辨僞跡，懲羹吹齏，並疑書序. 然詩序，則齊·魯·韓·毛，義各不同，其不出孔門可知，書序，則伏本·孔本，校之不殊(二十九篇本相校)，非有僞也. 但今梅氏之本，眞僞相雜，甚可恨也.

冤詞 三十五

古文之冤，成于吳氏. 吳云：“孔壁眞古文不傳.”○ 吳云：“張霸僞作舜典·汩作等二十四篇.”○ 吳云：“不敢信此二十五篇，是非之心，不可得而昧也.”

吳草盧, 力辨梅書取增多二十五篇, 別無一部超邁之見, 卓然可慕, 獨其所言, 有一二疵病. 一曰, 孔壁眞古文書不傳, 則班・馬・荀・范之史, 都尉・膠東・劉歆・杜林, 以至賈・馬・鄭三家之事, 似乎考閱未周也. 一曰, 張覇僞作舜典・汨作之等, 則是唯孔沖遠之正義是信, 而十六篇來歷, 似乎查檢不淸也. 斯固然矣(上辛十), 今觀毛氏之言, 凡吳所不知, 皆洞然知之矣. 彼不詳古今源委, 猶能辭聽氣聽, 辨其爲僞, 毛則洞見源委, 猶復執迷遂非, 耻躡朱子之後塵, 其於草盧所云'是非之心,'得無自愧乎?

大抵攻梅本者, 起疑於顔色動止之間, 而考檢文薄之工, 太疎太略. 吳草盧謂: "夏侯・歐陽之學, 亡於唐初"(不知已亡於西晉). 歸震川不檢藝文志, 謬謂孔壁古經本不過十六卷(見毛詞), 王魯齋柏謂: "科斗書廢, 安國焉能知之?"(見毛詞) 疎率如此, 遂使右梅之人, 負孔爲固, 恃孔爲險, 而其戰不利矣. 按是獄者, 須將孔本・梅本, 分而二之, 八字打開, 以絶城社之依, 然後熏灌, 乃可施也.

寃詞 三十六

或曰: "安國未嘗遭巫蠱事."(○ 毛辨甚長, 今不錄)

或者爲誰? 孔子世家明云: "安國爲今皇帝博士, 至臨淮太守蚤卒"(上甲九). 則其歿在武帝之初年也. 其云'爲皇帝博士'者, 明安國爲文景時人, 而逮事至武帝也. 若其聲跡, 始發於武帝之朝, 則是爲武帝時人, 奚必書之曰, 爲今皇帝博士乎? 安國初年, 受今文於伏生, 與賈嘉・周覇並名(上甲七). 其游學雖早, 須近二十, 此文帝時也. 其後歷景帝朝(十六年), 以至武帝之四十年(征和二年), 得見巫蠱之獄, 則其年恰過七耋, 何得云蚤卒?(上戊九) 班固記魯共王事, 年紀大舛(上甲八, 戊一). 孔安國生卒, 尤何必考核而記之乎? 安國旣沒之後, 其家人獻古文, 而會遭巫蠱事, 未蒙施行也(此本朱彝尊之論).

寃詞 三十七

崇禎末, 羅敦仁·喩義父子, 僞造今文尚書, 名曰尚書是正, 二十卷. 以小序分冠伏書二十八篇之首. ○凡攻古文者, 不敢稱小序與伏書同出. 如金履祥·黃鎭成·王柏·熊朋來輩, 猶必曰伏書合太誓爲二十九篇. ○羅氏謂: "今文二字, 鼂錯所名."

羅氏之書, 義例未詳. 然伏學之亡最久, 今已無徵. 今欲正之, 宜循鄭本, 其主今文, 一誤也. 舊序旣亡, 梅本叵信, 小序不可不別爲一篇. 今云'分冠,' 二誤也(皐陶謨之序, 上連大禹, 下連益稷, 旣不可用, 亦難擅刪). 總之, 鄭氏之本, 其緖猶存(馬·鄭·王肅之說, 散見諸經之疏者, 今亦不少). 而遙戴無憑之伏學, 似於鄭·梅眞贗, 猶有未了悟者.

伏主原有書序, 明載藝文志(上甲三). 金·黃·王·熊諸公, 以僞太誓爲二十九篇之一, 果是差謬. 毛氏欲藉此, 自衛亦疏矣. 藝文志一發, 何以復言? ○伏生當年, 宜無今文之名, 古文旣出, 今文乃名. 羅氏誠若云: "今文之名, 起於鼂錯." 則誤矣(毛云: "鼂錯不曾寫書, 安得稱今文?" 余謂, 雖寫書, 必不稱今文).

寃詞 三十八

堯·舜二典, 出伏壁, 謂之今文. 太史公司馬談, 作本紀時, 抄入紀中, 已百年矣. 及天漢末, 古文出于孔壁. 其子遷, 始就安國問學, 將採古文, 攙入之, 而以救李陵得罪, 至征和初, 又値巫蠱. 古文經文, 僅藏官府, 而史遷只見書序, 不及見古文五十八篇. 故堯·舜二典, 皆今文尚書. (○見舜典補亡)

毛氏力護梅書, 凡兩漢書籍, 極意舞弄. 每一回顧, 唯司馬遷可苦, 若刺芒在背. 何則? 遷與安國, 生並一世, 親問尙書, 而本紀·世家所錄, 不出二十九篇, 至於梅本二十五篇, 無一字半句攙入者, 則梅之僞案, 司馬遷實爲首證. 於是力屈遷而伏之, 令作不見孔書之人, 然且梅本書序, 奉爲至寶, 必欲專利, 不使分美. 故訾伏生, 則曰汝無書序, 罵鄭玄, 則曰汝不見書序. 而司馬遷之史, 屢錄書序, 若云遷得之於伏生, 卽伏生有序, 不得專利, 毛將奈何? 諱其見經而許其見序, 良以是也. 吾欲所發, 則天地不分, 浮躁如此, 何言中理? 今其所言, 句句誕妄. 一曰, 堯·舜二典, 出於伏壁, 則伏生但有堯典, 本無舜典, 一妄也. 二曰, 伏書出壁, 謂之今文, 則今文之名, 當時無有, 至孔壁古文出後, 始指伏書, 名曰今文, 二妄也(有子而後, 父之名生焉, 有渭而後, 涇之清著焉). 三曰, 司馬談作本紀, 則司馬談執手泣言之時, 並無論著, 及遷遭李陵之禍, 卒述陶唐以來(竝見自序傳), 何得司馬談作本紀? 三妄也. 四曰, 抄入百年, 値天漢之末, 則抄入之役, 當在漢高祖殺韓信之年. 此時司馬談之祖父司馬無澤, 始爲市長, 何得穉孫, 已抄尙書? 四妄也(此時挾書律, 亦未及除). 五曰, 天漢之末, 古文出壁, 則魯共王之卒, 在元光六年(上戊一), 何得天漢之末書始出壁? 五妄也. 六曰, 將採古文, 罪下蠶室, 則族陵之時, 孔書出壁, 恰過三十餘年. 三十餘年, 荏[6]冉不採, 竟遭此禍, 太史公又何其懶? 六妄也(遷之撰史, 實在宮刑之後, 不可曰遭禍而不抄入). 七曰, 衹見書序, 不見五十八篇, 則買櫝還珠, 啖蔗遺甘, 又何儱侗如此? 七妄也. 八曰, 本紀所載二典, 皆抄今文, 則班固之言曰: "司馬遷從安國問書, 故載堯典·禹貢, 多古文說"(上乙二). 不信班固而信毛氏, 吾所不願, 八妄也. 數語之間, 八妄具著, 何以解矣? 梅賾之書, 贋書也.

---

6) 朝本에는 '莊'으로 되어 있음.

冤詞 三十九

孔傳行世, 亡舜典一篇. 細檢其詞, 則舜典半篇, 在堯典後, 編今文者, 脫去書序, 誤與堯典連篇. ○古文實亡舜典, 前截而後截, 在堯典中. ○舜典補亡.

梅賾上古文時, 自言孔傳亡舜典一篇, 後人以王·范之註補之(上丙三). 蓋云, 亡傳非亡經也. 毛氏借此'亡舜典'一語, 遂欲變亂帝典, 匡救梅惡, 不擇而固, 其害一至是矣. 毛氏極詆朱子以改大學刪孝經, 譏'格致補亡,' 無復餘地. 今也尤而效之, 改堯典補舜典, 唯意所欲, 又何故也? ○堯典·舜典, 雖皆名典, 其鋪叙事實, 未必如印一板. 堯典者, 記神聖授受, 賢邪黜陟, 禮樂制度之大者也. 舜典雖不可考, 本紀所載, 耕稼陶漁, 成聚成都, 孝友之行, 及孟子所言, 號泣齊栗, 鼓琴諸事, 或是古舜典文, 何得以'月正元日'以後, 任自裁割, 屬之舜典, 又取耕稼陶漁等事, 戴之爲首乎?(毛以此爲首) 古經體裁最嚴. 詢四岳闢四門, 咨十有二牧, 咨二十二人諸段, 皆赫赫皇皇, 宗廟朝廷之大事. 顧以家難諸條爲之冠弁, 將成何等文字? 事類絶殊, 詞理不通, 古舜典斷不如此(毛所云'舜典補亡,' 其取材如此, 非矣).

冤詞 四十

今考史記, 自'曰若稽古帝堯'起, 至'放勳乃殂落,' 是堯紀, 卽是堯典. 自'月正元日'起, 至'舜生三十,' 是舜紀, 卽是舜典. ○又云: "僞太誓杜林僞古文, 武成·畢命云云."

作史者, 自立門目. 我門旣列, 任取彼文, 分入我門. 未有依彼本文立我門目者. 司馬遷執堯典, 取堯沒以後之事, 入于舜紀, 未必舜紀是舜典也. 若云咨牧命官, 於堯無涉, 不當入堯典, 則禹曰'洪水滔天,' 夔曰'擊石拊石,' 與皋陶無涉, 何以入於皋陶謨也?(梅本之益稷) 夏本紀曰: "鴻水滔天, 浩浩懷山襄陵, 下民其憂. 堯求能治水者, 羣臣四岳, 皆曰鯀可, 堯曰爲人負命毀族, 不可, 四岳曰等之未有賢於鯀者, 願帝試之. 於是堯聽四岳, 用鯀治水, 九年而水不息, 功用不成." 此用堯典文, 而略略劃易者也. 若如毛說, 宜於堯典截取此段, 以立禹典一篇, 東敗西削, 堯典其有餘哉?

　　總之, 毛氏寃詞, 不唯其秉執不端, 考據多舛, 而已本源心術之病, 觸處呈露, 良可恨也. 原夫尙書之訟, 最無當者, 伏生也. 戴之而無所憑, 攻之而無所乘. 他人不知, 毛則知之, 知之而猶攻之者, 竊自託於孔安國之門也. 夫旣託身於孔安國之門, 則凡眞傳孔安國之學者, 必愛之慕之焉, 可矣. 塗惲·賈逵·馬融·鄭玄之學, 明是孔安國之宗子嫡孫. 他人不知, 毛則知之. 知之而猶攻之者, 爲梅賾右祖, 將以對壘於朱子也. 爲其心嫉朱子如私怨. 凡朱子所言, 不忍屈膝, 明知梅僞, 而爲跰吷堯, 明知鄭眞, 而指鹿爲馬, 明知孔安國之可宗, 而陽借其威, 陰絶其統, 明知伏生之無可訾, 而洗瘢成疵, 加以藏僞之案, 明知杜林之爲眞傳, 而鍛金爲鐵, 冒以造贋之名. 其秉心如此, 尙亦何言? (至於武成·畢命之見於漢志者, 當時十六篇, 奇古險奧. 雖無師說, 其殘章缺句, 或爲儒者之所誦, 今絶無所考, 而直蒙之以僞書之名. 使劉歆·班固輩當之, 其無辭而服僞乎?)

遺議　一

朱子云: "伏生記得者, 皆難讀, 今人作全書解, 必不是." ○朱子云: "書序, 恐不是安國做, 又小序, 斷不是孔子做." ○朱子云: "毛公傳如此高簡, 漢儒訓釋, 多是如此."

　　此朱子眼力透徹處. 朱子不考漢書, 不考劉錄, 不考鄭序, 卽孔疏一
通, 亦未嘗仔細稽驗. 故篇目之差舛, 數額之贏縮, 儒林傳授之脉, 官
學興廢之跡, 未有所歷歷辨破, 直以文體之汚隆, 句讀之難易, 註釋之
詳略, 斷之以是假非眞. 譬如司寇之臣, 鑒照神明, 辭聽色聽氣聽目
聽, 已能洞徹肝肺, 悉得其情, 自不必考閱簿書, 參驗詞證, 而能折獄
致刑, 大畏民志也. 至若後生末學, 不得如是, 必須寸寸絜度, 步步踐
履, 採其實跡, 執其眞臟, 令不得游辭飾舌, 然後方可以闡發朱子之志
事也.

遺議 二

　　朱子云:"書序不可信, 伏生時無之." 又云:"小序決非孔門之舊, 向來語人, 唯陳
同父, 聞之不疑." ○ 又云:"小序可疑, 堯典一篇, 自說堯一代爲治之次序, 舜典亦
一代政事之終始, 却說歷試諸難."

　　百篇之序, 本出伏壁, 班固志之詳矣(上甲三). 當時歐陽·夏侯之學,
建官主世, 萬目咸睹, 不可以無序爲有序(伏生之二十九篇, 其一篇非卽太
誓, 乃是書序. 故漢業初定, 太誓未得之時, 伏生業已將二十九篇, 敎于齊·魯之間).
伏書·孔書二十九篇, 旣相考校(上甲八), 兩家皆有序一卷, 可知也. 但
梅賾變亂者多, 誠非孔門之舊.
　　梅氏旣分堯爲舜, 以半爲全, 理應改序以趁文. 雖然, 西晉之時, 伏
書未亡, 鄭學方盛, 舊序·新序不得大殊. 故寧與經文齟齬, 而不能有
改歟!(史記無二典之序, 無以考驗) 朱子擧舊序, 而措諸新經(今分堯爲舜),
所以不合. 若以兩序, 各施舊經, 則無可疑. 昔之堯典, 並叙堯·舜,

則其序語以堯起之, 以舜結之, 固然也(但'讓于虞舜'之下, 似刪一二句). 舜
典之序, 舜典旣亡, 無以考驗. 然舜之政事終始已具堯典, 不應疊述.
今按舜本紀, 自'漁雷澤陶河濱'以下, 九男二女, 成聚成都, 家難諸事,
無非艱險屯邅之跡. 古舜典亡篇, 或叙述如此, 故舊序有'歷試諸難'等
語, 而梅賾冒用之也. 若據梅本, 則舜已榮顯, 何云側微? 舜方平步,
何謂諸難?(梅傳, 以爲治民之難事, 釋文作平聲, 皆非也)

遺議 三

朱子云: "律曆志所引伊訓·畢命, 字畫有與古[7]文略同者, 疑卽伏生口傳, 而鼂錯
所屬讀者, 其引武成, 則伏生無此篇, 必是張霸所僞作, 劉歆誤以爲古文."

伊訓·畢命·武成, 皆孔壁十六篇中古文, 並非伏生所傳所講(書大傳
中, 亦無三篇中文句). 此十六篇, 亦非張霸僞書. 朱子據孔疏, 漫及之耳
(上庚二). 先儒駁於假安國, 不察於眞安國, 每以眞安國之部署, 驅之
爲伏學.

遺議 四

朱子云: "記錄之實語難工, 而潤色之雅詞易好. 故訓·誥·誓·命, 有難易之不
同." ○ 毛云: "謂今文是眞, 是紀實, 故難工, 古文是假, 是潤色, 故易好."

班固云: "書者, 古之號令. 號令於衆, 其言不立具, 則聽受施行者,

---

7) 朝本·奎本에는 '今'으로 되어 있음.

弗曉. 古文讀應爾雅. 故解古今語, 而可知也"(朱子說, 本此). 朱子之
意, 本欲曲恕梅書, 設此調護之論(朱子云: "盤庚之類, 是一時告語百姓, 出
於記錄 蔡仲之命·冏命之屬, 如後世詞臣所撰者也"). 毛氏徑生畏怯, 遂以潤
色爲造僞之名, 非無故發怒乎? 論語云: "東里子產潤色之." 史記云:
"孟子·荀卿潤色夫子之業." 班固西都賦云: "潤色鴻業." 而詞林代
草, 遂謂之潤色王言, 皆造僞之名乎?

訓·誥, 未必是布告愚民. 伊訓應是訓王之語(眞伊訓, 亦必然), 太甲
訓, 高宗訓, 應是戒後王之語(太甲成德之後, 胡不能撰遺訓以戒後哉? 若梅本
太甲, 則仍是伊訓, 不當名之曰太甲訓). 召誥, 卽召公告王之語, 洛誥, 是周
公與王問答之語. 何必如曉愚喩迷之文乎? 誓·命未必皆潤色詞命,
牧誓·費誓, 非布告軍民之文乎? 說命, 梅本多臣告君之辭(朱子, 本以
梅書言). 顧命, 亦非冊命之體(肆命, 梅註亦以爲戒太甲). 文之難易, 不可
以此別之.

遺議 五

吳澄云: "二十五篇, 凡傳記所引, 收拾無遺. 比張霸僞書, 遼絶矣." 已見前.

若云: "傳記所引, 收拾無遺, 是可相容, 則大不然矣." 同一至理之
言, 若通看全文, 則大善不然. 寧孤行一句, 若其翻倒事實, 冒之以僞
者, 大妨義理. 如'夔夔齊栗, 瞽亦允若,' 固爲孝子孚感之至理. 若以
感化瞽瞍之法, 又欲感化苗蠻, 私議旣定, 歸告帝舜, 舜亦嘉納, 誕敷
文德, 則甚有害於倫與理矣. 又如湯之伐桀, 不過曰'予畏上帝不敢不
正,' 武王之伐紂也, 臚陳罪惡, 不少顧藉, 而趨功擾利, 至云'時弗可
失,' 迺以'天視天聽'等至言妙訓, 挿之於此間, 則假仁借義, 似王如
霸, 其害於義, 何如也? 讀此諸篇, 以之爲嘉謨格訓, 其於父子君臣之

仁, 尙可曰講之熟, 而思之愼乎?(今人讀杜詩者, 不記全文, 寧孤吟一句, 有誦朱竹垞集杜之詩, 而奉之爲詩聖, 可乎? 其寄興託意之妙, 必皆乖戾, 而無當矣)

　吳所云, 張霸僞書, 謂孔壁二十四篇也. 二十四篇, 世所不傳, 梅氏二十五篇, 無以校看, 則其遼絶與否, 何以定之? 幼淸不考漢書, 不知張霸作何物, 又誤看孔疏, 不知孔之指意不在張霸('之徒'二字, 不細看). 又不知張霸是西漢人, 又不知孔疏何故苦攻此二十四篇, 恭遵其說, 反擊此冥漠無傳之二十四篇, 疎甚矣. 然而梅書之僞, 確然論定, 其卓識不可及也.

遺議 六

林少穎云:"唐天寶三載, 詔衛衡, 改古文從今文. 今之所傳, 乃天寶所定本."

　隋書經籍志, 有古文尙書十三卷, 今字尙書十四卷(上丙二), 必稱今字者, 明非伏生今文之本也(伏學已亡於西晉末, 隋志所載, 明亦孔本而今字者). 則隋代已有今字之本(自安國時, 已以今文讀之), 至唐天寶三載, 衛包爲集賢殿學士, 詔從今文更定, 其後不復改定(王應麟云:"按國史藝文志, 唐孝明, 寫以今字, 藏其舊本. 開寶五年, 別定今文音義, 咸平二年, 孫奭請摹印古文音義, 與新定釋文並行, 今亦不傳"). 則蔡氏集傳, 亦唐衛包本也. 梅賾之隷古定, 今亦難見(薛士龍書古文訓云:"是梅氏之本, 未知然否"). 〇宋景文筆記云:"楊備得古文尙書釋文, 讀之大喜, 書'訊''刺'字, 皆用古文"(石經殘文, 見收於洪适隷釋之中者, 五百四十七字, 洪以梅書校之, 文字互有多少). 今人讀書, 凡與梅異者, 認作伏本, 大謬也. 眞孔僞孔, 本多差舛.

遺議 七

王應麟云: "鄭康成書注, 間見於疏義, 如'作服十二章' '州十二師,' 孔所不及."

優劣奚問? 鄭雖拙, 眞也, 孔雖工, 贗也. 朱子謂: "孔傳亂道"(見語類). 誠哉言也! 鄭之諸註, 書註最善, 王粲定評, 已見於顏氏家訓(王粲云: "世稱伊·洛以東, 淮·漢以北, 康成一人而已, 咸言先儒多闕, 鄭氏道備. 粲竊嗟怪, 因求所學, 得尙書注. 退思其意, 意皆盡矣, 所疑有未喩焉, 凡二篇"), 二篇之外, 皆釋然矣. 當時文學之士, 其推重若此, 而孔穎達力詆鄭學, 使不得與於斯文, 豈不嗟哉? 然其眞性眞情, 發見於緇衣之疏(引君奭之節).

遺議 八

馬廷鸞云: "中秘書, 非世儒所得見, 宜乎? 後之引古文者, 皆不得其眞如是, 幾七百年而後傳."

中秘書, 世儒固不得見, 劉向·劉歆, 則見之矣(上甲八). 武成日月, 又何與梅書不合, 而著之於三統曆也? 其傳之都尉朝, 以至桑欽者, 世人又何不見? 孔僖·丁鴻·周防之等, 聚弟子千有餘人, 以講此書(上乙三), 得見者, 已千有餘人矣. 千有餘人爛漫誦習, 而趙岐·包咸·鄭玄·王肅·杜預·韋昭之等, 獨聾獨瞽, 有是理哉? 凡爲此說者, 盍取論語玄牡之註, 一再讀之? ○天漢獻書之後, 下至東晉之初, 不滿四百年, 其謂之七百年, 亦誤.

講義 一

嘉慶庚午四月之望，臣在茶山謫居，疏理梅書之案．偶檢笥篋，得我正宗大王御製
尚書條問一道，蓋亦反復究詰於梅本之眞僞，而思闡朱子之志者．臣復恭三誦，潸然
以泣．益知我聖主察理之明，無微不燭，無奸不照．敬錄原問，逐爲條對如平生，以寓
於戲不忘之思．

御問曰，漢興，六籍皆有師承，一經之中，諸家之本，亦各不同．如
易有三，詩有四，春秋有五之類，是也．而不過爲字句之增減訓詁之出
入而已，若以全經論之，未嘗不相同，而獨尙書有今古文之異，一爲二
十八篇，一爲五十八篇，則不但字句訓詁之異也，篇帙之多寡，蓋或相
倍．而今觀古文增多二十五篇，頗有可疑者．蓋孔安國承詔，作古文之
傳，在武帝之末，而上之秘府之後，不及頒行，則其書雖在於秘府，而
外人莫或得見也．雖漢書及正義，自都尉朝以下至于梅賾，而略言其
私相授受之人，而漢後諸儒，實皆不得見？

臣對曰，都尉朝者，孔安國之嫡傳也．四傳至王璜・塗惲．平帝之時，
王莽奏建學官，莽敗而官學亦廢．唯賈逵之父賈徽，親受古文於塗惲，
傳之子逵，以至於馬融・鄭玄，此乃孔安國之眞傳也．彼所謂梅賾者，
無源之水也，無根之木也．至於隋・唐之際，聖主不作，眞儒不出，鄭
學寢微，梅書獨行，棄眞而取贗，使新而間舊，千古儒林之恨，未有大
於是者也．孔安國，雖獻壁中之眞本，而未獻之前，私有翻寫之本，故
司馬遷・都尉朝，以至許愼・桑欽，無不傳習．其秘府眞本，劉向・劉
歆親手考校，而東漢諸儒，講授草野之間，動至千人，誰有不見者乎？
不見云者，梅氏之僞書也．

844

講義 二

問目本是一條, 今分爲四.

故太史公史記, 多用尙書文, 皆是今文也, 古文則未嘗錄. 趙岐註孟子, 高誘註呂覽, 杜預註左傳, 凡於增多篇內之文, 則皆曰'逸書'. 唯後漢書以爲賈逵·馬融·鄭玄皆從杜林得古文註解, 而今見正義所載篇目, 則增多二十五篇, 未嘗及一, 而只取伏生今文, 雜以百篇逸書之名, 以合五十八篇之數, 則此三人, 亦非見眞今文者也. 許愼作說文, 自以爲書用孔氏, 而今考十二篇中, 所引尙書字句, 皆是今文也, 孔書則亦無一字之及. 然則愼亦似不見古文者也. 是自天漢以後, 至永嘉之末, 名士碩儒, 無一人道此, 而千年遺文, 乃出於南渡搶攘之際? 其可疑一也.

臣對曰, 史記所用, 是乃孔安國之眞本. 故班固之言曰: "司馬遷從安國問書, 故堯典·禹貢·洪範·微子·金縢諸篇, 多古文說, 史記何嘗用今文乎?" 許愼說文亦然. 許愼見眞孔書, 不見贗孔書, 故所引字句, 不出於二十八篇之外. 梅氏二十五篇之非孔舊書, 斯可驗矣. 愼旣自言曰: "書主孔氏, 而實用伏氏." 有是理乎? 孔書·伏書, 其經文本同也.

講義 三

隋書經籍志以爲晉世秘府有古文尙書經, 梅賾所上者, 特安國之傳云. 而科斗書入秘府之後, 凡經王莽·董卓·劉·石之亂, 蘭臺遺籍, 不知幾入灰燼. 而乃曰: "漆書竹簡, 儼然於干戈之中." 則是豈可以確信乎? 其可疑二也. 若以文體而言之, 伏生之文, 無不艱險, 增多之篇, 一例從順. 以商書之平易, 而盤庚·微子之難讀, 則是今文也. 以周書之難讀, 而泰誓·武成之平易, 則是古文也. 作史之人, 相後於千載之遠, 而合觀古文增多之篇, 文從字順如出一手, 又豈非可怪者乎? 雖其書多見於論·孟·左·國·禮記·荀子等書引用古文處, 而設使有作僞之人, 則何難於博考諸書而纂取之也? 其可疑者三也.

臣對曰, 秘府古文, 卽民間古文. 彼特壁出之原本, 此乃翻寫之諸本, 兩漢·魏·晉, 下逮陳·隋, 孔氏古文翻寫之本, 家家有之, 如今蔡傳之行世. 則秘府原經之或存或亡, 不足追問, 特其古物之失傳, 爲可惜而已. 且梅氏所上, 經傳具備, 豈有上傳而不上經者乎? 斯則毛奇齡乖拗之言, 於理不然也. 至若文體[8]艱易之絶殊, 此是朱子平日之論, 非一非再, 吳棫·吳澄, 亦皆言之. 僞者之採輯羣書, 而自爲之修潤, 審矣, 聖諭至當, 臣無任欽服之至.

講義 四

此四節, 其總論也, 諸篇條問, 今不可得.

是以, 朱夫子, 亦嘗疑之曰: "某常疑孔安國書是假書." 又曰: "孔書至東晉方出, 前此諸儒, 皆未之見, 可疑之甚." 又曰: "書凡易讀者, 皆古文, 難讀者, 皆今文." 又曰: "豈有數百年壁中之物, 不訛損一字者?" 合衆說而觀之, 夫子平日之論, 槪可知也. 然則蔡傳所謂二典·禹謨, 蓋嘗是正, 又何故歟? 朱子之箋釋群經也, 多矣. 旁及離騷·參同之類, 而至於此經, 而獨闕焉, 其亦有微意於其間歟? 如以爲

---

8) 朝本에는 '禮'로 되어 있음.

其書之可疑，則何不作一辨，以明其僞，及使門人作傳歟？今若以古文眞爲可疑，則禹謨之十六言，太甲・說命之微言嘉猷，周官之制度，都歸烏有也．此實聖學之頭腦也，經術之大關也，窮理之士，必有所博古而深量者，願聞畫一之論．

臣對曰，朱子書傳草稿，尙載遺集，其所全註者，堯典・舜典・召誥而已．大禹謨無'征苗'之節，洛誥自'周公拜手稽首'以下，其文不備，又有金縢說・武成日月譜而已．朱子於此，蓋嘗反覆商度，竟以微意而停之也．朱子眼力，卓越千古，豈其不僞而僞之哉？至若禹謨之十六言，太甲・說命之微言嘉猷，皆本採輯於先古經傳之中，周官制度，莫備於周禮六篇・大戴禮保傳之篇，雖非梅氏之僞書，而帝王御世之術，學者治心之具，固自赫赫然昭在也．

5

梅氏書平 五

大禹謨

序曰: "皐陶矢厥謨, 禹成厥功, 作大禹·皐陶謨·益稷."

大禹謨之序, 何得以皐陶謨弁之? 此本皐陶謨之序, 移以冒之也(大禹謨之序, 未知何故不用, 遂至亡佚). 書有棄稷, 本無益稷. 已見前(上丁三).

曰若稽古大禹, 曰文命敷于四海, 祗承于帝. 曰: "后克艱厥后, 臣克艱厥臣, 政乃乂, 黎民敏德."

蘇云: "以文命爲禹名, 則'敷于四海'者, 何事?" ○平曰, 堯·舜·禹·湯, 皆有二名, 孰名孰號, 雖不可定, 要之名稱有二也. 堯典則'帝堯曰放勳,' 自爲一句. 姚氏舜典及梅氏大禹[1]謨, 則重華文命, 皆連下句, 以成文理, 其非虞·夏古史之本文, 明矣. ○堯本紀云: "帝嚳取陳鋒氏女,[2] 生放勳" 孟子曰: "放勳乃殂落"(趙岐云: "堯名"). 舜本紀

---

1) 朝本에는 '帝'로 되어 있음.
2) 朝本에는 '女'가 빠져 있음.

云: "虞舜者, 名曰重華"(帝繫云: "瞽叟生重華"). 楚辭[3]曰: "就重華而陳詞"(王逸云: "舜名"). 大戴禮云: "堯曰放勳, 舜曰重華, 禹曰文命"(五帝德). 其爲名稱歷然. 故梁元帝玄覽賦云: "東窺文命之穴"(卽禹穴). 皇甫謐作帝王世紀, 猶云: "禹名文命." 唯禹貢云: "三百里敷文教." 僞者據此一語, 書之曰: "文命敷于四海" 又自注之曰: "外布文德敎命"(又此篇之末曰: "帝乃誕敷文德" 亦所以照應). 與上'重華之協于帝,' 遙相爲援, 一若舜·禹之得是號, 緣此典謨, 僭妄甚矣. 當時之人, 皆有二名, 皐陶曰庭堅, 益曰隤獸, 而蒼舒大臨之類, 皆是別稱. 堯·舜·禹之有二名, 無可疑者. 敷者, 鋪也. 古昔治地, 皆用經緯線割之, 爲方形(井地法). 敷字從方, 良以是也. 禹貢曰: "敷土" 商頌曰: "敷下土方" 正是禹治地之說. 毛西河引此, 以證'敷于四海,' 非也. '后克艱, 臣克艱,' 用孔子語(孔子對定公曰: "爲君難, 爲臣不易").

帝曰: "兪! 允若玆, 嘉言罔攸伏, 野無遺賢, 萬邦咸寧. 稽于衆, 舍己從人, 不虐無告, 不廢困窮, 惟帝時克."

【剟取】'嘉言罔攸伏,' 用盤庚語(無或敢伏, 小人之攸箴). '野無遺賢,' 用揚雄語(連珠文). '萬邦咸寧,' 用易傳(乾之彖). '舍己從人,' 用孟子(以舜德升爲堯德). '不虐無告,' 用莊子(天道篇, 堯曰: "吾不敖無告, 不廢窮民") ○季文子云: "不虐幼賤"). ○閻云: "孟子稱舜, 舍己從人, 今入于舜口中, 以稱堯." ○平曰, 僞者, 蓋先有類聚文字, 左右取用.

益曰: "都! 帝德廣運, 乃聖乃神, 乃武乃文. 皇天眷命, 奄有四海, 爲天下君." 禹曰: "惠迪吉, 從逆凶, 惟影響."

---

3) 朝本·奎本에는 '詞'로 되어 있음.

【蒐輯】呂氏春秋, 引夏書曰:"天子之德廣運, 乃聖乃神, 乃武乃文."○平曰, 本云天子之德, 則非諂之於君前也, 今改之, 爲面諂之言, 非唐·虞氣象(諂于舜). 梅註, 以爲美堯, 則堯本嚳子, 嗣父承兄, 本非崛起之主. 奄有四海, 爲天下君, 又何說也? 然且堯·舜, 以得天下爲大憂, 奄有四海, 爲天下君, 何足以贊美揄揚? 是利天下之言也.

【依據】'惠迪吉 從逆凶,' 襲洪範'稽疑'之義. ○平曰, 九經四書無'影'字, 卽先秦·西漢之文, 都無'影'字. 周禮大司徒, '土圭測景,' 莊子齊物論, '罔兩問景,' 淮南子天文訓, '呼爲景柱,' 無不作景. 顏氏家訓云:"至晉葛洪字苑, 始加彡爲影." 故陶淵明影答形, 亦作影, 則影字, 正是晉世創造之俗字, 乃虞·夏書先用之, 非怪事乎?(響字亦然)

益曰:"吁! 戒哉! 儆戒無虞, 罔失法度, 罔遊于逸, 罔淫于樂, 任賢勿貳, 去邪勿疑. 疑謀勿成, 百志惟熙. 罔違道, 以干百姓之譽, 罔咈百姓, 以從己之欲. 無怠無荒, 四夷來王."

【蒐輯】戰國策, 趙武靈王, 立周紹爲王子傅, 引書曰:"去邪勿疑, 任賢勿貳."○平曰, '疑謀勿成,' 非古義也. 洪範曰:"汝則有大疑, 謀及乃心, 謀及卿士, 謀及庶人, 謀及卜筮." 其必博謀如是者, 將以成之也. 今有嘉謀嘉猷, 以其有疑, 而棄之勿成, 天下無可爲之事矣.

禹曰:"於! 帝念哉! 德惟善政, 政在養民. 水火金木土穀惟修, 正德利用厚生惟和. 九功惟敍, 九敍惟歌. 戒之用休, 董之用威, 勸之以九歌, 俾勿壞."帝曰:"俞! 地平天成, 六府三事允治, 萬世永賴, 是乃功."

【蒐輯】左傳引夏書曰:"戒之用休, 董之用威, 勸之以九歌, 勿使

850

壞”(文七[4]). ○晉郤缺, 言於趙宣子曰: “夏書曰云云, 九功之德, 皆可歌也, 謂之九歌. 六府三事, 謂之九功. 水火金木土穀, 謂之六府. 正德利用厚生, 謂之三事. 義而行之, 謂之德.” ○或云: “勿使壞以下, 皆釋書詞也, 通作書文, 可乎?”(毛云: “左傳 知莊子曰: ‘師之臨曰, 師出以律, 否臧凶. 順成爲臧, 逆爲否, 衆散爲弱, 川壅爲澤. 有律以如己, 曰律, 不行之謂臨’”) ○平曰, 毛氏引此, 適所以資敵, 以之白梅冤, 則未也. 知莊子引易詞, 繼演數語, 以釋二卦之義, 卻成子引書詞, 繼演數語, 以釋九歌之義, 其例正同, 何以白矣?(若易詞有‘川壅爲澤’等句, 則右梅者, 可引之)

楚辭[5]曰: “啓棘賓商, 九辯九歌”(天問云). 又云: “啓九辯與九歌, 夏康娛而自縱”(離騷文). 又云: “奏九歌而舞韶”(朱子曰: “九歌禹樂也, 九韶舜樂也”). 舜本紀云: “禹興九招之樂, 鳳皇來翔”(招韶通). ○毛云: “九歌卽九韶.” ○平曰, 非也. 歌曰九歌, 舞曰九韶, 不可混也. 大司樂云: “歌南呂舞大磬, 歌函鍾舞大夏.” 歌舞不可混也. 季札觀樂, 亦歌舞各陳(班固西都賦, 歌九功, 舞八佾), 不可混也. 且六府孔修, 明是禹功, 而韶之九成, 必皆舜德, 以禹之九功爲韶之九成, 亦無是理.

書大傳云: “廟中苟有歌, 大化·大訓·六府·九原, 而夏道興”(注云: “四章, 皆歌禹之功”). ○左傳(成十六), 申叔時曰: “民生厚而德正, 用利而事節.” 又云: (襄卄八) “夫民生厚而用利, 於是乎正德.” ○周語, 祭公謀父曰: “先王之於民也, 茂正其德, 而厚其性, 阜其財求, 而利其器用.” ○晉語云: “文公省用足財, 利器明德, 以厚民性.” ○平曰, 六府三事, 於古有徵. 但‘惟和’二字, 又不襯合.

【蒐輯】左傳引夏書曰: “地平天成”(僖卄四). ○鄭子臧, 好聚鷸冠. 君子曰: “子臧之服不稱也, 夫夏書曰: ‘地平天成’ 稱也”(又文十八年, 史克曰: “舜擧八愷, 使主后土, 以揆百事, 地平天成”). ○平曰, 若如史克之

---

4) 朝本에는 ‘十七’로 되어 있음.
5) 朝本·奎本에는 ‘詞’로 되어 있음.

言, 則'地平天成,' 禹不得獨專其功矣. 且堯獎舜曰: "乃言底可績."
質而無華, 嚴而有法如此. 舜獎禹曰: "地平天成, 六府三事允治, 萬
世永賴, 是乃功." 何其溢也? ○平曰, 纂取夏書, 以作禹謨, 而題之
曰, '虞書'者, 當時鄭玄之本, 通稱虞夏書二十篇, 知可以混之也.

帝曰: "格, 汝禹, 朕宅帝位, 三十有三載, 耄期倦于勤, 汝惟不怠, 總
朕師." 禹曰: "朕德罔克, 民不依. 皋陶邁種德, 德乃降, 黎民懷之, 帝
念哉! 念玆在玆, 釋玆在玆, 名言玆在玆, 允出玆在玆, 惟帝念功."

疏云: "舜年六十三, 卽政, 至今九十五矣"(蔡云, 九十三). ○平曰,
僞者, 鈍劣矣. 典·謨異名, 體裁應殊. 欲撰大禹謨, 應以皋陶謨爲柯,
則釋此不圖, 乃以堯典爲型範, 寸寸摹擬粧出攝政一段, 豈不鈍哉?
堯老舜攝, 史有明文, 舜老禹攝, 於何考驗? 惟舜本紀云: "舜薦禹于
天爲嗣, 十七年而舜崩"(本出於孟子). 僞者據此, 乃云: "朕宅帝位, 三
十三載." 要以巧合於在位五十之數, 其奸心可見. 原其意, 舜之時年,
九十三矣. 孔疏以爲九十五者, 孟子所言三年喪畢之說, 又爲心疾, 寧
與堯典違也('舜生三十, 徵庸三十,' 本無服喪三年之隙), 拘哉拘哉!
【蒐輯】左傳引夏書曰: "皋陶邁種德, 德乃降"(莊八年). ○仲慶父
請伐齊師, 公曰: "我實不德. 齊師何罪? 夏書曰云云, 姑務修德, 以
待時乎!" ○梅鷟曰: "'德乃降'三字, 乃莊公自言, 杜預註此甚明. 今
乃連襲其文"(毛云: "以郯降之, 故引書之稱'降'者, 以解之. 使只'邁種德'三字,
則與郯降何與?"). ○平曰, 此則毛說是也. 然夏書本受降之降, 今梅書
作升降之降, 此當奈何? 舜之時, 司馬·司寇合爲一官. 其命皋陶曰:
"蠻夷猾夏, 寇賊姦宄. 汝作士." 卽皋陶受鈇鉞, 專征伐而不嗜屠殺,
來之以德. 故夏書, 有'德乃降'之語, 今乃繼之曰: "黎民懷之." 則黎
民豈蠻夷寇賊之可以降附者乎?
【蒐輯】左傳引夏書曰: "念玆在玆, 釋玆在玆, 名言玆在玆, 允出

852

兹在兹"(襄卄一). ○魯多盜. 季孫謂臧武仲曰:"子盍詰盜?"武仲曰: "在上位者, 洒濯其心, 壹以待人. 若上之所爲, 民亦爲之, 又可禁乎? 夏書曰云云, 將謂由己壹也, 信由己壹而後, 功可念也"('惟帝念功,' 應 此句). ○又仲尼曰:"臧武仲不容於魯國, 抑有由也. 作不順, 而施不 恕.6) 夏書曰: '念兹在兹.' 順事恕施也"(襄卄三). ○又楚昭王有疾, 不 祭河, 孔子曰:"昭王知大道矣. 夏書曰: '允出兹在兹.' 由己率常, 可 矣"(哀六年). ○平曰, 左傳, 凡三引書, 其精義, 雖不可詳, 要之, 皆 强恕之義也. 一則曰由己, 二則曰恕施(恕者, 推己以施人), 三則曰由己 以此推之. 八7)箇'兹'字, 皆指自己而言. 君子之道, 盡己而已, 愛人不 親, 反求諸己. 治人不治, 反求諸己, 禮人不答, 反求諸己. 孟子曰: "反求諸己, 則天下歸之." 孔子曰:"爲仁由己. 一日克己, 天下歸 仁." 皆此義也. 反己克己, 工夫也, 天下歸仁, 功效也. 君子將欲成 功, 必先盡己. 結之曰功可念, 良以是也(杜預云: "'釋兹在兹,' 謂欲有所治 除8)於人, 亦當顧已, 得無亦有之9)"). 此與帝舜之念皐陶, 何干? 若以八個 '兹'10)字都作皐陶看, 則禹之薦賢, 何其喋喋然縷縷然? 與四岳薦舜之 語氣味不同也. 雖放齊薦朱, 驩兜薦共工, 其言簡質, 不至如此.

帝曰:"皐陶! 惟兹臣庶, 罔或干予正, 汝作士, 明于五刑, 以弼五教, 期于予治. 刑期于無刑, 民協于中, 時乃功, 懋哉!"

'惟兹臣庶,' 襲孟子(惟兹臣庶, 汝11)其于予12)治). ○平曰, 從新命官曰:

---

6) 朝本에는 '怒'로 되어 있음.
7) 朝本에는 '入'으로 되어 있음.
8) 朝本·奎本에는 '除'가 빠져 있음.
9) 朝本에는 '得無亦有之'가 빠져 있음.
10) 朝本에는 '念'으로 되어 있음.
11) 朝本·奎本에는 '子'로 되어 있음.
12) 朝本·奎本에는 '汝'로 되어 있음.

“汝作司徒, 汝作秩宗.”將說其功曰:“汝作士.”無此例.

皋陶曰:“帝德罔愆, 臨下以簡, 御衆以寬, 罰不及嗣, 賞延于世, 宥過無大, 刑故無小, 罪疑惟輕, 功疑惟重, 與其殺不辜, 寧失不經, 好生之德, 洽于民心, 玆用不犯于有司.”帝曰:“俾予從欲以治, 四方風[13]動, 惟乃之休.”

平曰, ‘臨下以簡’以下八句, 蹈襲傳記諸文, 字字陳腐, 不足考核. 唯是‘罪疑惟輕’一語, 朦朧不白. 先王之法, 罪疑則罰金, 罰疑則付過 (付之於過誤). 惟輕何說也?(詳下呂刑, 今略之) ‘功疑惟重,’又非舜·禹之法. 禹告于舜曰:“敷納[14]以言, 明試以功, 車服以庸. 帝不時, 敷同日奏罔功.”其核於功如此, 朦朧從厚曰:“功疑惟重.”可乎?

【蒐輯】左傳引夏書曰:“與其殺不辜, 寧失不經”(襄二十六[15]). ○聲子曰:“賞僭則懼及淫人, 刑濫則懼及善人. 若不幸而過, 寧僭無濫, 與其失善, 寧其利淫, 夏書曰云云.”○又漢書路溫舒傳, 引此二句.

荀子, 引‘舜曰維予從欲而治.’○平曰, ‘帝曰皋陶’三十八字, 帝譽皋陶, ‘皋陶曰帝’五十九字, 皋陶讚帝, ‘帝曰俾予’十四字, 帝譽皋陶. 一酬一酢, 上下相譽, 詔諛成風, 讜言莫聞. 曾謂唐·虞之世, 乃有此事?

帝曰:“來, 禹. 洚水警予, 成允成功, 惟汝賢. 克勤于邦, 克儉于家, 不自滿假, 惟汝賢. 汝惟不矜, 天下莫與汝爭能, 汝惟不伐, 天下莫與汝[16]爭功. 予懋乃德, 嘉乃丕績.

---

13) 朝本에는 ‘平’으로 되어 있음.
14) 朝本에는 ‘奏’로 되어 있음.
15) 朝本에는 ‘二十’으로 되어 있음.
16) 朝本에는 ‘汝’가 빠져 있음.

【蒐輯】孟子引書曰: “洚水警余[17].” ○ 閻云: “當堯之時, ‘洚水警余.’ ‘余’者, 堯也. 又入舜口中, 以屬舜.”

【蒐輯】左傳引夏書曰: “成允成功”(襄五年). ○ 楚殺子辛, 君子曰: “己則無信, 殺人以逞, 不亦難乎? 夏書曰云云.”

老子曰: “夫惟不爭, 故天下莫能與之爭.” ○ 荀子, 亦有此言. ○ 平曰, 老子, 楚人, 荀卿游楚, 習見其書, 故用是語也(薦者, 實用荀子語). 然老子·荀子之語, 蓋云: “人能謙卑, 不矜不伐, 則天下必無與汝爭妒之人.” 此箴戒語也. 今變爲此, 則是又夸矜語也, 反出二子之下. ○ ‘帝曰來’以下七十二字, 又津津譽禹, 不忍曰帝舜口中多此非禮之言.

天之曆數, 在汝躬, 汝終陟元后, 人心惟危, 道心惟微, 惟精惟一, 允執厥中.

【變亂】論語堯曰: “咨! 爾舜. 天之歷數, 在爾躬, 允執其中, 四海困窮, 天祿永終.” 舜亦以命禹. ○ 平曰, 此或舜典逸篇之文. 其云 ‘舜亦以命禹’者, 或指‘允執其中’一句. 永未必以‘天之曆數’以下, 作爲套語, 相傳用之, 如後世傳位詔規式, 其僞昭昭然也. 又此四句, 一句一韻, 一氣鑄成, 分開不得, 移易不得. 乃今割爲三段, 散入三節, 破碎毀裂, 不可復讀. 雖‘功’‘康’‘邦’‘戎,’ 點綴叶韻, 詞理冗雜, 不勝卑俗. 何況‘危’‘微’二句, 自相叶韻, 攙入其中, 不成格例.

鄭玄云: “曆數在身, 謂有圖籙之名”(何晏云: “曆數謂列次.” ○ 梅云: “曆數謂天道”). ○ 朱子云: “曆數者, 帝王相繼之次第, 猶歲時氣節之先後也.” ○ 平曰, 鄭玄溺於讖緯, 以曆數爲圖籙, 堯舜之世, 豈有所謂圖籙者乎? 帝王授受之統, 古稱曆數. 故大誥曰: “嗣無疆大歷服.”

---

17) 朝本·奎本에는 ‘予’로 되어 있음.

召誥曰: "有夏服天命, 惟有歷年." "有殷受天命, 惟有歷年." 其云 '歷服歷年,' 似指天命之定數, 朱子之說, 於詞理最順. 然洪範五紀, '五曰歷數'者, 直是治曆, 明時之政. 旣名曆數, 不得異釋. 或云: "天 之曆數, 在汝躬, 謂舜身掌曆象之數也." 羲·農以來, 最重曆象, 能明 此事, 卽承帝統. 故黃帝考定星曆, 正閏餘(律曆志云: "黃帝使羲·和占日, 常儀占月, 臾區占星, 氣大撓, 作甲子"). 顓頊命官南正重司天, 北正黎司地 (見左傳·國語). 其後二官咸廢, 而閏餘乖次, 曆數失序. 帝嚳承之, 明 於曆象, 建日月迎送之法, 堯又承之, 曆象日月, 敬授人時, 遂復重· 黎, 厥命羲·和. 舜於巡守之日, 協時月正日, 罔有差忒, 則方其禪受 之年, 可云曆數在躬. 蓋此曆數之官, 欽若昊天, 敬授人時. 而鴻厖之 世, 曆紀不明, 羲·和所治不遇, 如後世之疇人子弟, 按例考算, 若其 精微蘊奧之本理, 除非睿聖大智, 鮮有通者. 故能典曆數者, 卽承大 統, 所以堯命舜如是也. 史記曆書, 泝考曆源, 乃曰: "堯禪舜, 申戒 文祖云: '天之曆數, 在爾躬.' 舜亦以命禹"(申戒文祖者, 戒舜於祖廟也). 漢書律歷志, 亦載是語, 則司馬遷·班固, 皆以曆數在躬爲身任曆象之 統紀也.

　荀子引道經曰: "人心之危, 道心之微." ○荀子曰: "舜之治天下, 不以事詔, 而萬物成. (節) 故道經曰: '人心之危, 道心之微.' 危微之 幾, 唯明君子而後知之. (節) 倕作弓, 浮游作矢, 而羿精于射, 奚仲作 車, 乘杜作乘馬, 而造父精于御, 自古及今, 未有兩而能精者也"(解蔽 篇). ○梅鷟云: "明稱道經, 而以入尙書, 非僞何也?" ○毛云: "帝 典王謨, 實軒黃以來, 相傳之大道. 故稱道經"(易通卦驗云: "燧人眞刻道 經"). ○枰曰, 司馬談論六家要指, 已立道家一名, 與儒·墨·名·法列 爲六家(一從橫). 班固作藝文志. 道家者流, 有老子隣氏經·老子傅氏 經·老子徐氏經, 與儒·墨·名·法列爲十家, 未聞吾家之書名爲道經. 毛氏引易緯, 以證之. 然緯書之說, 本皆荒誕. 燧人之時, 安有文字? 然言苟合理, 雖其出於莊列之口者, 尙當佩服. 況老子者, 孔子之所嘗問禮者乎! 人心之危, 道心之微, 至言格訓, 弘闡性道之奧, 表章而銘佩之, 胡敢後矣? 但非大禹謨之經文, 亦非舜・禹傳心之言訣, 斯不可不辨矣.

五帝本紀云: "帝嚳溉執中而徧天下"(徐廣云: "溉, 古'旣'字." 司馬貞云: "卽尙書'允執厥中'"). 〇平曰, 執中之學, 源流遠矣. 然執中者, 執守其中和之德, 庸久不釋, 如直而溫, 寬而栗. 又能固執不變, 則執中也. 非於人心道心之間, 察其幾而操其中. 修道之工, 欲純乎道心, 豈可於二心之間, 執其中乎? 且荀子'精一'之語, 本不與執中相干. 彼是中庸之大訓, 此是專壹之至戒(且荀子之意, 謂一而后精也, 非謂精而后一也). 然則人心道心也, 精一也執中也, 義理各殊, 歸趣不同. 三言相疊, 頗覺魂磒而不安矣.

毛云: "惟精惟一, 允執厥中, 馬融忠經引其文, 非東晉梅氏所能假也." 〇平曰, 馬融不見梅書, 其論已定(上庚四), 則當據此所引, 以定忠經之僞, 豈可據此忠經, 以證梅書之眞乎? 所謂馬融忠經, 於隋書經籍志及新舊唐書藝文志, 皆無影響. 唯自脫脫宋史, 始錄其名, 與王向忠經, 海鵬忠經, 竝列爲次, 明是宋人僞撰. 乃四庫書目云: "馬融忠經鄭玄註, 其文擬孝經十八章, 經與註如出一手. 考融所述作, 具載後漢書本傳, 玄所訓釋, 載於鄭志目錄尤詳. 乇經註, 依託於玄, 劉知幾尙設十二驗, 以辨之. 其文具載唐會要. 烏有所謂忠經註哉? 隋志・唐志, 皆不著錄, 崇文總目, 始列其名, 其爲宋代僞書, 殆無疑義. 玉海引宋兩朝志, 載有海鵬忠經. 然則此書, 本有撰人, 原非贗造, 後人詐題馬・鄭, 掩其本名, 轉使眞本變僞耳." 今詳荀子'精一'之說, 却不以執中爲歸趣. 又在兩漢文字, 凡用執中者, 不言精一. 若漢書董賢冊文(冊云: "允執厥中"), 齊王閎冊文・禪曹操冊文(文見下), 皆可考也. 荀子之語, 則舜之治天下, 自一章也, 道經自一段也, 倕作弓自一段也. 附合成文, 竝作舜語, 可乎?

無稽之言勿聽, 弗詢之謀勿庸. 可愛非君, 可畏非民. 衆非元后, 何戴? 后非衆, 罔與守邦. 欽哉! 愼乃有位, 敬修其可願, 四海困窮,[18] 天祿永終. 惟口出好興戎, 朕言不再."

【蒐輯】周語引夏書曰: "衆非元后, 何戴? 后非衆, 無與守邦." ○襄王賜晉惠公命, 晉侯不敬. 內史過曰: "晉侯必無後. 夏書有之曰云云." ○平曰, 舜·禹傳道之詞, '可愛非君,' 絶無相涉, 僞者, 蒐取左傳·國語中所引夏書之句, 必欲盡用之, 而內史過所引, 無處可揷, 作此二句, 以冒之也. 舜方禪位, 敎禹以愛君, 何意?

梅云: "勤此三者, 則天之祿籍, 長終汝身"(漢書, 武帝立齊王閎冊[19]曰: "允執其中, 天祿永終." ○獻帝禪位于魏冊曰: "允執其中, 天祿永終." 班彪作王命論, 亦曰: "福祚流于無窮, 天祿其永終矣." ○三國志魏志云: "山陽公, 深識天祿永終之運, 禪位于魏"). ○毛云: "孔傳此解, 全非三國以後人所能窺見, 而謂東晉人僞爲之乎?"(自此, 包咸注論語, 爲天祿長終汝身. 東漢以前, 並無解永終爲永絶者) ○平曰, 毛說迷矣. 但使包咸之註, 不滅於天地之間, 雖唐·宋之人, 能爲此解, 況於高高東晉之時乎? 然包咸, 以困爲極, 謂能窮極四海, 則天祿長終. 梅註, 以困窮爲天民之無告者. 兩註判殊, 不相合也. 包說雖謬, 自成一家(以困爲極, 大非也). 蔡註雖晚, 却是正義(蔡云: "民困則君祿絶"). 梅氏之解, 上不逮古, 下不合理, 眞是東漁西獵, 散慢不根之學, 何苦戴之? ○平曰, 好言自口, 莠言自口(正月詩), 本是愼言之戒, 不是約誓之詞. 將說'朕言不再,' 先論'出好興戎,' 萬萬無此理. 若舜再言傳禪, 天下畔之乎?

禹曰: "枚卜功臣, 惟吉之從." 帝曰: "禹, 官占惟先蔽志, 昆命于元龜. 朕志先定, 詢謀僉同, 鬼神其依, 龜筮協從, 卜不習吉." 禹拜稽首固

---

18) 朝本에는 '窃'로 되어 있음.
19) 朝本에는 '策'으로 되어 있음.

858

辭. 帝曰: "毋! 惟汝諧."

【蒐輯】左傳引夏書曰: "官占惟能蔽志, 昆命于元龜"(哀十八). ○巴師至楚, 將卜帥, 王曰: "如志, 何卜焉?" 使帥師行. 君子曰: "惠王·知志, 夏書曰云云." ○杜注云: "官, 卜筮之官(梅云: "立卜占之官"), 蔽, 斷也, 昆, 後也, 先斷意, 後用龜"(梅云: "蔽, 斷也, 昆, 後也, 先斷人志, 後命元龜"). ○平曰, 杜預之不見梅書, 孔疏·毛詞之所共言也. 不見梅書, 則亦不見梅註, 何杜注梅注若是其酷肖也? 前妻食, 後妻之胙, 必無是理. 孰主孰客, 其有能辨之者矣.

【勡取】'枚卜,' 用葉公事(哀十七年, 楚王與葉公, 枚卜子良, 以爲令尹. ○杜云: "枚卜不斥言所卜, 以令龜"), ○卜不習吉, 用趙鞅語(哀十年, 夏, 趙鞅伐齊, 大夫請卜之, 趙孟曰: "事不再令, 卜不襲[20]吉"), ○平曰, 古禮, 再辭曰固辭, 三辭曰終辭, 禹今三辭, 混稱固辭, 亦後世之文也.

正月朔旦, 受命于神宗, 率百官, 若帝之初.

平曰, 舜本紀·夏本紀, 絶無此事. 司馬遷從孔安國問書, 多用古文說, 胡獨遺此事? 率百官, 是虞·夏文乎?

帝曰: "咨! 禹, 惟時有苗弗率, 汝徂征." 禹乃會群后, 誓于師曰: "濟濟有衆, 咸聽朕命. 蠢玆有苗, 昏迷不恭, 侮慢自賢, 反道敗德. 君子在野, 小人在位. 民棄不保, 天降之咎, 肆予以爾衆士, 奉辭伐罪. 爾尚一乃心力, 其克有勳."

平曰, 堯旣禪舜, 禮樂征伐, 自舜而出. 月正元日, 受終文祖之後,

---

20) 朝本에는 '習'으로 되어 있음.

帝堯之一政一令, 不見於堯典. 今禹旣受命於神宗, 乃舜命禹征苗, 則二天子矣. 令出多門, 其邦必亂, 甚矣, 僞者之不曉事也.

【蒐輯】墨子引禹誓曰: "濟濟有衆, 咸聽朕言. 蠢玆有苗, 用天之罰. 若予旣率爾群對諸群, 以征有苗"(兼愛篇). ○史記, 吳起對魏武侯云: "昔三苗氏, 左洞庭, 右彭蠡, 德義不修, 而禹滅之." ○案, 苗之滅亡, 明在舜時. 呂刑所載, 詳於典·謨, 而墨子·史記, 有玆二文.

孔云: "穀梁傳曰: '誥·誓, 不及五帝, 盟詛, 不及三王, 交質, 不及二伯'"(隱八年). ○或曰: "殷人作誓, 而民始畔. 禹在虞廷, 安得有誓? 舜竄三苗, 又何征苗?"(見毛詞) ○平曰, 誓未必昉殷, 苗或有遺育, 皆不足深究. 唯呂刑·楚語, 其論黎·苗之罪, 皆淫祀締鬼, 虐殺無辜, 妖邪殘忍, 俗與性成. 于今四五千年, 猫·犵·狑·獠之俗, 猶未盡革, 苗者, 南蠻之惡種也. 今數其罪, 如華夏禮義之邦, 豈不迂哉? 君子在野, 小人在位, 何說也? 苗安有君子?

三旬, 苗民逆命, 益贊于禹曰: "惟德動天, 無遠弗屆. 滿招損, 謙受益, 時乃天道. 帝初于歷山, 往于田, 日號泣于旻天于父母, 負罪引慝, 祗載見瞽瞍, 夔夔齊慄, 瞽亦允若. 至誠感神, 矧玆有苗?" 禹拜昌言曰: "兪!" 班師振旅. 帝乃誕敷文德, 舞干羽于兩階, 七旬有苗格.

【變亂】孟子曰: "舜往于田, 號泣于旻天于父母"(萬章上). 趙岐云: "孟子諸所言舜事, 皆堯典及逸書所載"(逸舜典). ○書大傳云: "舜耕於歷山." ○說文引虞書說曰: "仁覆[21]閔下, 則稱旻天"(王應麟所輯). ○平曰, 古之舜典, 或有號泣旻天之句, 今不可考.

孟子引書曰: "祗載見瞽瞍, 夔夔齊栗, 瞽瞍亦允若." ○咸丘蒙問曰: "舜南面而立, 瞽瞍北面而朝之, 此語誠然乎?" 孟子曰: "此齊東

---

21) 朝本에는 '覆'으로 되어 있음.

野人之語也. 書曰云云, 是謂父不得而子.”〇舜本紀曰:“堯崩舜踐帝位, 載天子旗, 往朝父瞽瞍, 夔夔惟謹, 如子道”(趙岐云:“舜既爲天子, 敬事嚴父, 戰栗以見父”). 〇平曰, 祗載者, 載旗也. 曲禮曰:“載靑旌.”月令曰:“載靑旂”(梅訓載爲事, 非也). 今詳二文, 號泣旻天, 耕歷山時事也, 載旗見父, 踐帝位後事也. 二文昭著, 其事瞭然. 旣踐帝位, 貴爲天子, 富有四海, 被山龍之衣, 載交龍之旗, 以見匹夫之父, 猶復夔夔齊栗, 恭執子道, 與漢高祖長樂之宴, 唐太宗頡利之舞, 氣象不同. 此舜之所以爲大孝, 而瞽瞍之所以亦允若也. 若於耕稼之日, 躬荷耒耜, 還自田間, 以見頑嚚之父, 則雖非孝子, 亦莫不戰戰栗栗, 豈足爲至行, 瞽瞍亦豈有允若之理? 梅氏之書, 裒綴鍊補, 鳩合成篇, 謬取三十年前事, 合于三十年後事, 其無理不倫如此, 尙可曰非僞乎? 不唯是也, 舜方臨御, 益與禹, 皆北面而事之, 旣將帝父, 比之苗蠻, 又以底豫之至行, 比之格頑之外務, 不唯臣分不然, 抑亦倫理不合. 曾謂禹·益對坐, 有此詩言? 且禹之班師, 無他憑據, 單單緣此感瞽瞍一段, 罷軍還來, 及到帝前, 將以何語告帝, 使帝敷文? 兩人齊聲奏曰:“伏念苗民之頑, 有如瞽瞍.”帝旣以夔栗感瞽瞍, 今請以文德, 格苗民云乎? 私議則然, 入而諱之乎? 苟其諱之, 帝亦何以知夫兩人之意, 而必欲以文德感之? 若云以實告之, 則舜亦將以感瞽瞍之法, 感苗蠻, 敷此文德乎? 理所以不通, 蒙然奉信, 可乎?

班師, 出史記楚世家之叙(又漢書趙充國傳云:“班師罷兵”). 〇平曰, 振旅 別是一法, 叙事之筆, 不暇言此, 其僞可知. 周禮夏官, ‘中春敎振旅’(大司馬), 左傳云:“三年治兵, 入而振旅”(隱五年). 國語云:“旁告諸侯, 治兵振旅.”爾雅云:“出曰治兵, 入曰振旅”(釋天文). 采芑詩曰:“伐鼓淵淵, 振旅闐闐.”蓋其爲禮, 治兵, 則幼賤在前, 振旅, 則尊老在前. 斯則少儀所云, ‘出先刃, 入後刃’之義. 毛萇所云, ‘復老幼’之法也. 安得罷軍還京, 謂之振旅?(又吳語, 吳王夫差, 以興師伐越, 爲振旅)

【依據】左傳云:“文王伐崇, 三旬不降. 退修敎, 而復伐之. 因壘而降”(僖十九). ○孔子曰: “遠人不服, 則修文德以來之”(季氏篇). ○平曰, 平論事理, 則曰修文德來遠人, 可也, 臨陣對敵, 發謀畫策, 曰敷文德以來之, 而帝乃誕敷文德, 文德不卑乎? 文德爲物, 久道而化成, 豈可一朝猝然敷之? 舜治天下六十年, 頓忘文德, 今日爲此苗蠻, 急急敷之, 舜之文德, 一何忽遽? 此個文德, 亦無感格之理.

韓非子云: “當舜之時, 有苗不服, 禹將伐之. 舜曰: ‘不可, 上德不厚而行武, 非道也.’ 乃修敎三年, 執干戚舞, 有苗乃服”(五蠹篇). ○平曰, 僞者所資, 本此韓非子也. 然舜以舞服苗, 實有是事. 故戰國策云: “昔舜舞有苗, 而禹袒入倮國”(案, 此謂舜隨苗而舞). 楚辭[22]天問云: “干協時舞, 何以懷之?”(王逸讀舞爲務, 又作少康時事. 朱子注, 直引此大禹謨) 非無據也. 但在古籍, 止有干戚, 本無干羽, 故韓非子旣云干戚, 崔寔政論, 亦云: “干戚之舞, 足以解平城之圍.” 干羽無文也(簡兮詩, 毛萇以干羽爲萬舞, 非也. 正義, 斥毛而從鄭). 故魏明帝詩云: “重華舞干戚, 有苗請服嫣”(權歌行). 鍾會檄蜀文云: “虞舜舞干戚, 而服有苗.” 鍾毓與曹爽書云: “干戚足以服有苗”(見魏志). 王導傳[23]云: “有虞舞干戚, 而化三苗”(見晉書). 降及唐代, 李白習見梅書, 猶不用之. 故其詩曰: “如何舞干戚, 一使有苗平?”(不云舞干羽) 蓋知干羽無文也. 皇甫謐帝王世紀云: “有苗氏負固不服. 舜乃修文敎三年, 執干戚而舞之, 有苗請服”(見舜紀). 始增‘修文敎’一句. 然其稱三年, 猶爲近理. 其稱干戚, 猶遵古籍, 乃梅氏之書, 以干戚爲干羽, 以三年爲七旬, 與古今諸文悉悉乖舛, 其僞可知. 彼見孔子‘修文德’一語, 必要敷文德. 旣敷文德, 宜用文舞, 而彼知干戚本爲武舞, 羽籥乃爲文舞(禮記·周禮·春秋傳), 故改戚而爲羽, 分舞而爲文也. 欲巧反拙, 非謂是乎?

‘兩階’者, 京闕之兩階也. 禹之班師, 苗則不隨. 山川曠遠, 踰數千里, 我雖儌儌, 苗則何知? 旣然不知, 何以格矣? 若云‘自然之理遙相

22) 朝本·奎本에는 ‘詞’로 되어 있음.
23) 朝本에는 ‘傳’로 되어 있음.

感應,' 則銅山西崩, 靈鍾東應, 亦渺茫之言也.

五子之歌

太康尸位, 以逸豫滅厥德. 黎民咸貳, 乃盤遊無度. 畋于有洛之表, 十旬弗反. 有窮后羿, 因民弗忍, 距于河.

太康諸文, 詳在後編(書序上), ○平曰, 太康滅德之罪, 不見於史記, 不見於左傳, 可據者, 唯楚辭[24]數句而己(啓九辯與九歌兮, 夏康娛以自縱, 不顧難而圖後兮, 五子用失乎家巷). 畋于有洛, 白撰, 無攸據也.

左傳(襄四年), 晉侯欲伐戎, 魏絳曰: "夏訓有之曰: '有窮后羿'"(言未了). 公曰: "后羿何如?" 對曰: "昔夏之衰, 后羿遷于窮石(地名也), 因夏民以代夏政, 恃其射也, 不修民事, 而淫于原獸"(杜云: "太康失國, 夏人立其弟仲康. 仲康卒, 子相立, 羿遂伐相, 號曰有窮." ○案, 羿無伐相事). ○平曰, 因夏民以代夏政, 故依之為文曰: "因民不忍, 距于河也." 然淫于原獸, 本是后羿之事, 而移冒太康, 又何故也? ○左傳, 二斟之滅, 在於寒浞之時(襄四年哀元年). 吳世家亦云: "澆殺二斟, 遂滅夏后相"(皇甫謐世紀亦然). 杜注, 忽云: "羿遂伐相." 非也. 又如淮南子, 稱羿於堯時, 射日而落九烏(楚辭[25]天問云: "羿焉彈日." 歸藏易云: "羿彈十日"). 許慎說文, 又以羿為帝嚳射官(賈逵云: "羿之先祖, 世為射官"). 若赫赫夏書, 原有'距太康'之文, 古今諸說, 豈若是荒唐? 其云'距太康,' 僞也 (孟子, 以羿為死於逢[26]蒙, 則左傳所云, 家衆殺之也).

---

24) 朝本·奎本에는 '詞'로 되어 있음.
25) 朝本·奎本에는 '詞'로 되어 있음.
26) 朝本·奎本에는 '逢'으로 되어 있음.

厥弟五人, 御其母以從, 徯于洛之汭, 五子咸怨, 述大禹之戒, 以作歌.

楚語, 士亹曰: "堯有丹朱, 舜有商均, 啓有五觀, 湯有太甲, 文王有管·蔡, 是五王者, 皆元德也, 而有姦子." ○左傳, 趙孟曰: "夏有觀·扈(五子與有扈), 商有姺·邳." ○平曰, 按此二文, 所謂五子, 是敗倫傷義之人, 豈賢哲者乎? 左傳, 魏絳之言明云: "后羿因夏民以代夏." 則夏民者, 五子也. 五子與后羿合謀, 如管·蔡之啓商, 以逐太康. 故書序曰: "太康失邦, 昆弟五人, 須于洛汭." 須于洛汭者, 待后羿之命也. 果然仲康, 得立國于河南之地, 仲康非五子之一乎? 本不與后羿連謀, 至是何以立矣? 楚士亹·趙孟之時, 夏書無缺, 夏史不亡. 使五子而賢哲, 能作歌如此, 則何以謂之姦子乎? 其作五子之歌, 蓋國人嫉之, 爲作歌, 以譏五子也.

梅云: "羿廢太康, 而立其弟仲康爲天子"(疏云: "仲康, 羿之所立, 但羿握其權, 仲康不能除去之耳"). ○平曰, 此雖猜度之言, 合於事理. 左傳所云'姦子'之稱, 於是乎有驗矣. 蓋羿之簒[27]夏, 五子有以啓之. 故曰: "因夏民以代夏也." 於是羿都河內, 仲康寓於河外, 名之曰嗣位, 而實無天子之威德, 故二世而滅, 遂殄厥祀耳. 五子豈賢弟乎?

姚際恒(方立), 云: "因五子稱子, 憑空撰出一母(御其母), 彷彿與凱風七子相似. 本意爲用此一怨字耳"(五子咸怨字). ○閻若璩云: "子者, 有親之稱. 是時父啓己逝, 妄意其母尙存, 特插入'御母'句." ○平曰, 兩說核矣.

其一曰: "皇祖有訓, 民可近, 不可下. 民惟邦本, 本固邦寧. 予視天下, 愚夫愚婦, 一能勝予. 一人三失, 怨豈在明? 不見是圖. 予臨兆民, 凜乎若朽索之馭六馬, 爲人上者, 奈何不敬?"

---

27) 朝本에는 '簒'으로 되어 있음.

周語引書曰:“民可近也, 而不可上也.” ○ 單襄公曰:“夫人性, 陵上者也. 諺曰:‘獸惡其網, 人惡其上.’ 書曰云云.” ○ 平曰, 上者猶言自尊也. 易曰:“自上下下.” 詩曰:“湯降不遲”(謂湯疾下於人). 書曰:“相我受民.” 皆民可近, 不可上之義也. 先聖先王微言至理, 正在於‘不可上’三字, 改之曰‘不可下,’ 何意也? 旣以古蒐, 何苦改之?

【蒐輯】晉語, 知伯國曰:“夏書有之曰:‘一人三失, 怨豈在明? 不見是圖.’” ○ 左傳(成十六), 郤至獻捷, 單子曰:“溫季其亡乎! 多怨而階亂, 何以在位?” 夏書曰:“怨豈在明? 不見是圖.” ○ 平曰, 方其自縱之時, 一言不諫, 及其失國之後, 追咎如此, 於古無例也.

劉向新序, 孔子曰:“履民之上, 凜乎如以腐索馭犇馬” ○ 平曰, 六馬未必橫逸, 不如仍舊作‘犇’字.

毛云:“魏絳引有窮后羿, 其稱夏訓者, 以首章曰‘皇祖有訓,’ 次章曰‘訓有之’也.” ○ 平曰, 不然. 此歌惟一章二章, 名爲祖訓, 餘皆自作(不稱訓). 卽三四五章, 尙不當引之爲夏訓, 況有窮后羿, ‘因民弗忍’者, 自以爲史臣序歌之文也, 引史臣序歌之文, 而謂之夏訓, 有是理乎? 僞者, 執左傳以作此歌, 而‘有窮后羿’四字, 不能收入於祖訓二章之中, 其手法鈍劣. 必有別本, 於其祖訓之中, 有‘有窮后羿’一句, 然後吾方信之爲夏訓, 魏獻子亦得稱之爲夏訓.

或曰:“歌何無韻? 僞也”(毛云:“皇祖有訓, 與本固邦[28]寧, 押猶烈文詩, 四方其訓之, 與百辟其刑之押同, 爲人上者, 與柰何不敬, 押猶頍[29]弁詩, 施于松上, 與憂[30]心怲怲押同”). ○ 平曰, 勑天之歌, 時代較先, 而韻法最嚴. 解繩以來, 有‘訓’‘下’‘本’‘寧,’ 可以叶韻者乎? 今攷烈文詩, 訓者, 順也, 順者, 馴也. 堯本紀曰:“彤車白馬, 能明馴德.” 徐廣, 讀馴爲訓, 周禮土訓, 鄭司農, 讀訓爲旬(地官屬). 訓本平聲, 烈文詩, 訓與人叶, 刑與

28) 朝本에는 ‘那’로 되어 있음.
29) 朝本에는 ‘頻’로 되어 있음.
30) 朝本에는 ‘中’으로 되어 있음.

忘叶. 何得舞弄如是? '者'之爲字, 與語辭不同. 故駉駉牡馬, 在坰之野, 薄言駉者(魯頌文), 維鱮及鱮, 薄言觀者(采綠詩), 皆以'者'爲韻. 安得與'兮''只'等同例? 者與敬不叶, 斯不韻也, 僞也.

其二曰: "訓有之, 內作色荒, 外作禽荒, 甘酒嗜音, 峻宇雕墻, 有一於此, 未或不亡." 其三曰: "惟彼陶唐, 有此冀方, 今失厥道, 亂其紀綱, 乃底滅亡."

【剿竊】國語, 越王召范蠡, 而問焉曰: "出則禽荒, 入則酒荒." ○平曰, 僞者, 執國語以作此歌, 酒荒改以色荒, 而徙'酒荒'二字, 用于胤征, 蓋同日所作(又戰國策, 魯君之言曰: "有一于此, 足以亡其國." 亦剿取者也).

【蒐輯】左傳, 引夏書曰: "惟彼陶唐, 帥[31]彼天常, 有此冀方, 今失其行, 亂其紀綱, 乃滅而亡." ○左傳(哀六年), 楚昭王, 不祭河, 孔子曰: "昭王知大道矣. 夏書曰云云, 由己率常, 可矣"(杜云: "滅亡謂夏桀"). ○平曰, 孔子引書, 本取'帥[32]彼天常'一句, 僞者, 任刪此句, 則所以'滅亡'者, 何故? 行者, 叙也, 秩也, 邦有常典, 秩然有叙, 是爲紀綱, 有條不紊. 今失其叙秩, 以亂紀綱, 所以亡也, 改之爲道, 有何意味?

其四曰: "明明我祖, 萬邦之君, 有典有則, 貽厥子孫. 關石和鈞, 王府則有, 荒墜厥緒, 覆宗絶祀." 其五曰: "嗚呼! 曷歸? 予懷之悲. 萬姓仇予, 予將疇依? 鬱陶乎予心, 顏厚有忸怩. 弗愼厥德, 雖悔可追?"

【蒐輯】周語, 引夏書曰: "關石和鈞, 王府則有." ○周景王, 將鑄大錢, 單穆公曰: "夏書有之曰云云"(賈逵云: "關, 通也." 韋昭云: "關, 門

---

31) 朝本·奎本에는 '率'로 되어 있음.
32) 朝本·奎本에는 '率'로 되어 있음.

關之征也, 石, 今之斛也, 言征賦調均, 則王之府藏, 常有也."一云: "關, 衡也").
〇梅云: "金鐵曰石"(蔡云: "鈞與石, 五權之最重者"). 〇左思魏都賦云:
"關石之所和均"(注, 以關石爲衡稱). 〇張華大司農箴云: "阜茂豐物, 和
鈞關石." 〇平曰, 關石者, 鑄錢之斤兩也, 和鈞者, 鑄錢之劑量也(劑
其銅錫之多少輕重). 王府者, 鑄錢藏錢之庫 內府外府玉府, 管仲之九府,
魯人之長府, 皆是也. 景王將鑄大錢, 故引此書以諫之. 太康未嘗以鑄
錢事失國, 則此二句, 亦不善用之.

【剽竊】鬱陶乎予心, 顔厚有忸[33]怩(象曰: "鬱陶思君爾." 忸怩). 〇閣
云: "鬱陶, 喜也"(引據至數十). 〇毛云: "九辯[34]曰: '豈不鬱陶而思
君?'"(王逸云: "憤念蓄積") 曹植詩, 鬱陶思君未敢言(謝靈運詩, 幽思還鬱
陶). 〇平曰, 鬱陶者, 象之假情也, 忸怩者, 象之眞面也. 千古以來,
唯象見舜一事, 可以兼用此四字, 於他人何干? 〇總之, 旣娛旣縱,
旣失其邦之後, 作歌以怨之, 非孝子忠臣之行, 僞也.

胤征

(孔壁本, 在十六篇中, 今亡)

惟仲康, 肇位四海, 胤侯命掌六師. 羲·和廢厥職, 酒荒于厥邑, 胤侯
承王命徂征. 告于衆曰: "嗟! 予有衆, 聖有謨訓, 明徵定保. 先王克謹
天戒, 臣人克有常憲. 百官修輔, 厥后唯明明.

平曰, 仲康無肇位四海之事. 仲康者, 羿之所立也. 羿方稱帝(左傳虞
人之箴, 稱在帝夷羿), 都于帝京, 太康失國, 不知所在(金仁山綱目云: "太康

---

33) 朝本에는 '扭'로 되어 있음.
34) 朝本·奎本에는 '辨'으로 되어 있음.

失位, 又十年而死"), 仲康以王室姦子, 與賊連謀, 爲賊所立, 名之曰夏王, 而必其所領, 不過一小邑, 寄在河外, 而帝羿踐天子位, 橫行于原野, 寒浞專有窮權威, 服其外內(見左傳). 仲康在位十三年而崩, 后相繼之, 猶不能爲國, 依于侯邦. 曰斟灌·斟鄩, 卽夏之同姓也. 竟亦不保, 爲寒浞所弑(見左傳), 夏統遂絶, 四海者, 羿·浞之四海也, 仲康肇位四海, 何說也? 四海旣非其有, 六師將焉所傅? 惴惴然不保朝夕, 乃云: "胤侯命掌六師." 何說也? 計自太康失國之年(辛亥歲), 下距少康誅浞之年(壬午歲), 其間九十二年. 羿·浞之世也, 禮樂征伐, 不自夏天子出, 胤侯命掌六師, 何說也?

【左傳】伍員云: "昔有過澆殺斟灌, 以伐斟鄩, 滅夏后相(仲康子), 后緡方娠(后相妻), 逃出自竇, 歸于有仍, 生少康焉. 澆使椒求之(椒, 澆臣), 逃奔有虞, 爲之庖正. 虞思妻之以二姚, 而邑諸綸. 有田一成, 有衆一旅, 能布其德, 遂滅過·戈(寒浞[35]之二子), 復禹之績, 祀夏配天"(哀元年). 魏莊子曰: "靡(夏后之忠臣), 自有鬲氏, 收二國之燼, 以滅浞而立少康. 少康滅澆于過, 后杼(少康子), 滅豷于戈, 有窮遂亡"(襄四年), 〇竹書紀年云: "少康卽位, 方夷來賓." 〇鏞案, 胤征羲和, 當是少康之事, 仲康非所能也(夏本紀, 作仲[36]康事).

鄭云: "胤, 臣名"(序之注). 梅云: "胤, 國名." 〇平曰, 魯侯征徐, 可云魯往征之乎? 齊侯征楚, 可云齊往征之乎?(序云: "胤往征之") 當時臣佐之名, 若靡若椒, 多以一字著見. 胤者, 臣名, 僞者改之爲國名. 於是胤子丹朱, 胤之舞衣, 悉註爲國名, 勞亦甚矣.

蔡云: "仲康雖未能行羿不道之誅, 明羲·和黨惡之罪, 能擧師伐罪"(金仁山云: "羲·和畔夏, 卽羿者"). 〇崔述云: "羲·和黨於羿, 仲康安能征之? 仲康在內, 則權不在己, 征之羿必沮之, 在外, 則國勢微弱, 征

---

35) 朝本에는 '捉'으로 되어 있음.
36) 朝本에는 '中'으로 되어 있음.

之羿必救之. 仲康無如羿, 何? 又安能如黨羿者, 何?"○平曰, 僞也,
崔說是也.

錢甲云: "羲·和爲曆官, 當在京師, 何勞師動衆而征之?"(李墪云:
"羲·和自有國邑, 經云:'酒荒于厥邑'")○平曰, 序云: "胤往征之." 旣曰
往征, 則羲·和不在京師, 書序未可擊也(此序載史記, 非梅之所改). 李墪
不引書序, 引其私經. 對史[37]如此, 何以白冤? 嵎夷·柳谷, 宜有厥宅,
斯可以往征矣. 但經云: "瞽奏鼓, 嗇夫馳, 庶人走, 羲·和尸厥官, 罔
聞知." 此明以羲·和在京師而罪之也. 若云'羲·和在其私邑,'則鼓聲
何以聞? 嗇夫庶人之馳走, 何以知之? 直以湎淫廢時, 誅之殛之, 可
也. 瞽奏鼓, 嗇夫馳, 庶人走, 豈不冤哉? 以羲·和在京師者, 經也,
非甲也.

【蒐輯】左傳引書曰: "聖有謨勳, 明徵定保"(襄卅一).○叔虎旣誅,
將罪叔向, 祁[38]奚見宣子曰: "詩曰:'惠我無疆, 子孫保之.' 書曰云
云. 夫謀而鮮過, 惠訓不倦者, 叔向有焉, 將十世宥之, 以勸能者. 今
不免其身, 不亦惑乎?"(杜云: "聖哲有謀功者, 當明定安之. 勳, 功也")○平
曰, 聖有謨勳, 如禹·皐·周·召之類也. 明徵勳閥, 定其保全之法, 所
謂十世宥之也(惠訓不倦者, 釋詩之辭. 訓者, 順也). 今也改勳爲訓, 全革本
面, 則明徵定保, 何說也? 凡讀此句者, 皆不知何說, 嗟乎!

每歲孟春, 遒人以木鐸徇于路, 官師相規, 工執藝事以諫. 其或不恭,
邦有常刑.

【蒐輯】左傳引夏書曰: "遒人以木鐸徇于路, 官師相規, 工執藝事
以諫"(襄十四).○晉師曠曰: "史爲書, 瞽爲詩, 工誦箴諫, 大夫規誨,
士傳言, 庶人謗, 商旅于市, 百工獻藝. 故夏書曰云云. 正月孟春, 於

---

37) 朝本에는 '吏'로 되어 있음.
38) 朝本·奎本에는 '祈'로 되어 있음.

是乎有之"(王應麟云: "漢書賈誼傳注云: '官師, 一官之長'"). ○案, 官師非正官. 如弁師舞師笙師鑄師之類, 以一技仕者也. 工亦以一藝在官, 凡樂工輪人梓人之屬, 是也. 此經, 於羲·和溺職事, 了不相涉. 意在蒐輯, 不求其倫理也.

【旁蒐】周禮曰: "正歲徇以木鐸曰: '不用法者, 國有常刑'"(小宰·小司徒·小司寇章, 皆有此文). ○平曰, 夏書徇鐸, 使民無畏, 導之使言也. 周禮徇鐸, 使民知懼, 毋敢廢職也. 其徇鐸雖同, 一寬一嚴, 立意頓殊, 乃僞者, 調合氷炭, 撚作一餅, 其有正味乎? 旣徇以鐸, 使之敢諫, 又懸一法, 使之怳刑, 人誰有言者哉? 天子之法, 凡欲曉衆, 無不用鐸, 故卒哭頒諱新之禮, 則振木鐸, 大司馬敎振旅之法, 則用金鐸(明堂位云: "振木鐸於朝, 天子之政[39]"). 凡有木鐸之文, 兩合爲詞, 其有義理乎?

惟時羲·和, 顚覆厥德, 沈亂于酒, 畔官離次, 俶擾天紀. 遐棄厥司, 乃季秋月朔, 辰弗集于房, 瞽奏鼓, 嗇夫馳, 庶人走, 羲·和尸厥官, 罔聞知. 昏迷于天象, 以干先王之誅. 政典曰: '先時者, 殺無赦, 不及時者, 殺無赦.'

梅云: "辰, 日月所會, 房, 所舍之次, 集, 合也, 不合, 卽日食可知." ○平曰, 僞者, 本據左傳, 撰此經, 而左傳之文, 本自誤看, 誤以爲日食也.

【蒐輯】左傳引夏書曰: "辰不集于房, 瞽奏鼓, 嗇夫馳, 庶人走"(昭十七). ○夏六月(卽今之四月), 甲戌朔日, 有食之. 祝史請所用幣, 平子曰: "止也. 惟正月朔, 慝未作, 日有食之, 於是乎有伐鼓用幣, 禮也, 其餘則否"(平子, 不知周之六月是正陽之月也. 慝未作, 謂陰未生). 太史曰: "在此月也, 日過分而未至(過春分, 而未夏至), 三辰有災, 於是乎

百官降物, 君不擧, 辟移時(避正殿). 樂奏鼓, 祝用幣, 史用辭(三辰, 日月星). 故夏書曰云云, 此月朔之謂也. 當夏四月, 謂之孟夏"(杜[40]云: "集, 安也, 房, 舍也, 日月不安其舍, 則食." ○孔云: "左傳士文伯曰: '日月之會, 是謂辰也.' 或以爲'房, 星.' 九月日月會于大火之次, 房·心共爲大火, 非也"). ○鏞案, 杜註以爲日月不安其舍則食, 梅註以爲所會之辰, 不合于所舍之次則食, 皆非也. 日食者, 月掩日也(孔亦云), 日與月會, 東西同度, 南北同道, 與人目而三直, 乃成日食. 杜·梅二家, 乃反以不安不合爲食, 大誤也. 孔疏以辰爲會, 以房爲舍, 亦誤. 竊謂辰者, 五緯之大星也. 虞書曰: "撫于五辰." 五辰者, 五緯也. 五緯之星, 進退伏見, 倐忽無常, 而有時乎, 聚于一次. 漢史云: "五星聚東井." 宋史云: "五星聚于奎." 是也. 夏書之時, 預算某月某日, 五辰集于房星之次, 至期而不集(當時曆法, 未精密). 如所謂日月之有當食, 不食, 於是乎議以爲災孼, 遂用禳災之禮(瞽奏鼓). 夏書所載, 卽此事也. 魯太史引此星災之禳, 以證日食之禳. 故將引夏書, 先言禮例曰: "三辰有災, 奏鼓用幣." 若此太史本引日食之禮, 以證日食之禳, 何必云三辰有災, 皆用此禮乎?(三辰, 日月星) 然則夏書當時, 本無日食之事, 而杜以爲日食, 梅以爲日食. 蓋以昭十七年, 本以日食之故, 起此評議也, 豈不嗟哉? 其孟浪如此, 而隋·唐以來, 篤信梅書, 曆法家, 妄造長曆云: "仲康五年癸巳歲九月庚戌朔, 日食在房二度"(見大衍曆議). 支諾皐, 列爲正經, 則其驅使之威, 不可遏也. 仲康五年, 或稱丙寅(王應麟云: "皇極經世書, '仲康五年丙寅,' 與曆不同." ○金[41]仁山綱目, 亦爲丙寅), 而綱目前編, 則又於仲康元年壬戌, 儼然書之曰: "九月朔日食." 嗟乎! 年數未定, 日食先紀, 查其根委, 則虛罔如此, 書可盡信哉? ○或曰: "夏書之爲星禳, 昭然明矣, 但緯星曰辰, 在古何徵?" 曰: "五緯之星, 非星非月. 古人造字, 不造五緯之字, 先造十二次之字, 使與日月星並列爲四."

---

40) 朝本에는 '社'로 되어 있음.
41) 朝本에는 '今'으로 되어 있음.

必無是理. 辰者, 五緯也. 帝舜作服, 日月星辰作繪, 十二次本無形象, 何以繪矣? 辰者, 五緯也. 大宗伯, 以實柴祀日月星辰. 十二次是人立之名, 本無司運之神, 何以祀矣? 辰者, 五緯也(日月星辰, 皆天神司運. 祭其司神, 非祭本體). 皐陶謨曰: "百工唯時撫于五辰"(注以爲五行之時), 四時三光, 無可名, 五辰者, 五緯也. 春秋昭十七年冬, 有星孛于大辰(孛者, 彗星也), 公羊傳以爲大火則五緯之火星也, 旣又自亂其說曰, 北辰亦爲大辰(何休, 又以大火爲心星). 然別名大辰, 則其指緯星, 明矣. 辰者, 五緯也(後來曆家, 遂以心星爲大火之次). 漢·魏以降, 五緯中其水星, 名曰辰星. 此必古來相傳之遺文, 其實五緯, 皆稱辰星, 非獨火星水星然也. 辰者, 五緯也(水火二星之古稱大辰, 以此可推). 夏書之'辰不集房,' 不以辰爲緯, 則卒無明解, 辰者, 五緯也. 何云於古無徵耶?

【竹書紀年】"仲康五年秋九月庚戌朔, 日有食之. 命胤侯, 帥師征羲·和." ○申石泉 (綽) 云: "此與梅書正合. 然紀年中, 望經爲文, 多有如此者, 似是後人所增, 不可信也." ○鏞案, 竹書紀年, 自晉以來, 最多變亂, 舊無而新增, 前有而今亡者, 甚多(見四庫書目), 不足言也.

孔云: "彼唯夏四月有伐鼓, 此以九月亦奏鼓者." 顧彪曰: "夏禮異於周禮." ○或曰: "左傳謂之孟夏, 今曰季秋, 非僞乎"(毛云: "左傳云: '此月朔之謂者.' 謂凡月朔皆用幣也"). ○平曰, 魯太史之言, 再言此月, 一則曰'在此月也,' 二則曰'此月朔之謂也.' 上下此月, 同指正陽之月(周六月), 無二義也. 毛氏乃欲以下此月爲每月之朔, 人孰信之? 然左傳下此月之下, 卽又繼之曰, 當夏四月謂之孟夏, 文如刻鐵, 何以舞之?

梅之必改爲季秋者, 其心以爲秋分之後冬至之前, 亦日過分而未至也. 然春分之後, 意在長養, 故災則禳之, 秋分之後, 何必然矣?

【蒐輯】荀子引書曰: "先時者, 殺無赦, 不及時者, 殺無赦"(又韓詩外傳引此二句云: "周制曰云云"). ○梅云: "先時謂四時節氣, 弦望晦朔, 先天時." ○平曰, 曾謂先王有此法乎? 先古之時, 曆法疎舛, 降及成周, 猶未精密. 春秋所紀, 日食或在二日(隱三年二月. 見公羊傳), 或在晦日(莊十八年三月晦). 苟以先時後時, 必誅無赦, 世復有曆官哉? 僞造虛事, 立此虐典, 其貽毒萬世, 顧當何如? ○金仁山爲是之悶, 乃以政典以下, 屬之下章, 以爲軍律之誓戒, 其意良苦. 但梅註以爲曆律, 何以改之? 他經註有未當, 我當他解, 梅書不然. 彼本自經而自註, 何以改之? ○且據韓詩外傳, 明引爲周制(天官太宰, 以六典佐王治, 四曰政典, 政典者, 果軍律, 僞者誤用). 僞者偶未之見, 故用之於夏書.

閻云: "夏書日食, 未知的在何王之世. 故劉歆三統曆不載(案, 夏書本無日食. 潛丘亦不悟矣). 後造大同曆者, 始推之, 爲仲康元年. 余以授時·時憲二曆推算, 則仲康始卽位之歲, 乃五月丁亥朔日食, 非季秋月朔也, 食在東井, 非房宿也. 又四年九月壬辰朔日食, 食在氐末度, 非房宿也." ○案, 魯太史所引夏書, 本無日食之說.

今予以爾有衆, 奉將天罰. 爾衆士, 同力王室, 尙弼予, 欽承天子威命. 火炎崐岡, 玉石俱焚. 天吏逸德, 烈于猛火. 殲厥渠魁, 脅從罔治, 舊染汙俗, 咸與維新. 嗚呼! 威克厥愛, 允濟, 愛克厥威, 允罔功. 其爾衆士, 懋戒哉!"

蔡云: "羲·和之罪, 不止於廢時亂日. 是必聚不逞, 黨羿爲惡." ○平曰, 造僞者, 胡亂胡塗, 戲作一篇. 九峯乃於僞人原註之外, 別生義理. 其說雖精, 將何用矣? 誠若聚徒以黨羿, 羿方虎視, 仲康何以征矣?

【剽竊】左傳(昭廿三), 公子光曰: "吾聞之, 作事威克其愛, 雖小必濟." ○陳琳檄吳文云: "大兵一放, 玉石俱碎." ○平曰, 天吏之名, 出於孟子. 蓋以湯·武奉天討亂爲天吏, 胤侯何得爲天吏?(劉峻, 梁武帝時人. 其辨命論云: "火炎崑岡, 礫石與琬琰俱焚." 此又剽取於梅書者) 藉使日食之時, 不行救食之禮, 召而罪之流之殛之, 當止其身, 安有脅從? 曷云渠魁, 張皇六師, 至戒以火炎玉石, 非怪事乎? 僞哉僞哉!

6

梅氏書平 六

仲虺之誥

成湯放桀于南巢, 惟有慙德, 曰: "予恐來世以台爲口實."

【剽竊】魯語, 里革曰: "桀奔南巢." ○淮南子曰: "湯敗桀於歷山, 與妹[1]喜同舟浮江, 奔南巢之山而死." ○夏本紀云: "桀走鳴條, 遂放而死"(律書云: "成湯[2]有南巢之伐"). ○平曰, 南巢之說, 不見正經. 國語·淮南子, 亦謂桀自奔, 非湯放之也. 書序云: "巢伯來朝"(旅巢命). 春秋云: "楚人圍巢"(注云: "巢, 吳·楚間小國, 廬江六縣東, 有居巢城"). 左傳云: "吳人圍巢"(又蓮啓疆城巢). 國語云: "滿于巢湖"(一統志云: "古巢縣, 降爲湖"). 史記云: "伍員擊楚, 取居巢." 皆此地也(潘岳西征賦云: "鑒亡王之驕淫, 竄南巢以投命"). 然楚辭[3]云: "順凱風而從游, 至南巢而一息." 又若極南荒遠之地, 今不可詳.

【依據】左傳(襄卄九), 季札觀樂, 見舞韶濩者曰: "聖人之弘也, 猶有慙德, 聖人之難也"(班固典引云: "濩有慙德"). ○平曰, 季子見舞大武

---

1) 朝本·奎本에는 '妹'로 되어 있음.
2) 朝本에는 '陽'으로 되어 있음.
3) 朝本·奎本에는 '詞'로 되어 있음.

者, 有美無貶(但云: "美哉! 周之盛也"). 見舞象者曰: "猶有憾焉"(象[4]文王之樂). 見舞濩者曰: "猶有慙德." 其言本不稱停. 夫以武王之誅紂, 而有美無貶, 顧於湯文, 奚獨憾之乎? 湯放而不殺, 文王恪而不怠, 豈獨受貶乎? 孔子曰: "武未盡善." 先儒謂武王得位未久而崩. 禮樂未興, 制作未備, 故武未盡善, 非謂征伐之故不能盡善. 矧可曰有慙德乎? 湯之放桀, 非湯之創爲之[5]也. 神農氏世衰, 黃帝伐之, 諸侯旣服, 遂代炎帝. 羲·農之興, 想亦如此. 彼皆不慙, 湯亦不慙(義詳余湯論). 湯受天明命, 以正夏罪, 非如後世篡竊之賊, 殺君以利己, 何德之慙, 而須仲虺以解之? 慙與不慙, 逆順攸判, 不可違漫漶, 牟是牟非, 謂慙無傷, 不慙亦可也. 不慙是聖, 慙則是逆. 如有一毫慙德, 存於湯躬, 卽此擧逆天而拂人, 爲弒爲篡, 仲虺之誥, 將與揚雄美新同歸一轍, 孔子奚取焉? 湯爲不善, 猶有天理不泯, 內懷忸怩, 乃仲虺飾詐文非, 諂惡諛愚, 以安慰湯心, 非小人乎? 此苟文若之所不爲, 而仲虺爲之乎?

朱子曰: "季札觀樂, 此是左氏粧點出來, 亦自難信"(語類春秋條). 正爲此等處也.

臧哀伯曰: "武王遷九鼎于洛邑, 義士猶或非之"(見左傳). 季札之言, 意亦如此. 今乃據此燕戲之閒話, 儼立一誥, 以示萬世, 其矯誣爲何如者? 孔子曰: "唐·虞禪, 夏后·殷·周繼, 其義一也." 苟有慙德, 何以一矣?

【剽竊】楚語, 王孫圉曰: "觀射父能作訓辭, 使無以寡君爲口實." ○鏞案, 口實二字, 本出易詞頤之象曰: "自求口實." 口實者, 食也. 故晉人徵朝于鄭, 子產曰: "若不恤其患, 以爲口實(謂食言), 無乃不堪?"(襄廿二) 又晏嬰之言曰: "臣者, 豈爲其口實?(謂食祿) 社稷是養"(襄廿五). 口實者, 食也. 受人譏謗, 困於口舌, 如食在口. 故圉之言如彼. 僑者, 謂仲虺作誥, 使成湯無爲口實, 如觀射父作訓, 使楚王無爲

4) 朝本에는 '衆'으로 되어 있음.
5) 朝本에는 '之'가 빠져 있음.

口實, 故剽用之如此(梅云: "恐來世論我干, 常不去口"). ○ 後漢書, 劉般傳曰: "濱江之民, 資漁採以助口實." 劉向說苑云: "衣被曰襚, 口實曰含"(庾肩吾檳榔啓云: "方爲口實, 永以蠲痾." ○ 夏后湛芙蓉賦云: "參嘉果而作珍, 長充御乎口實." ○ 傅休奕李賦云: "周萬國之口實, 充薦響于神靈"). 口實者, 食也.

　仲虺乃作誥曰: "嗚呼! 惟天生民有欲, 無主乃亂. 惟天生聰明, 時乂. 有夏昏德, 民墜塗炭, 天乃錫王勇智, 表正萬邦, 纘禹舊服. 玆率厥典, 奉若天命.

【蹈襲】惟天生民有欲, 襲樂記(樂記云: "人生而靜, 天之性也. 感於物而動, 性之欲也"). 纘禹舊服, 依商頌(商頌云: "設都于禹之績").

　夏王有罪, 矯誣上天, 以布命于下. 帝用不臧, 式商受命, 用爽厥師. 簡賢附勢, 寔繁有徒, 肇我邦于有夏, 若苗之有莠, 若粟之有秕. 小大戰戰, 罔不懼于非辜. 矧予之德, 言足聽聞! 惟王不邇聲色, 不殖貨利, 德懋懋官, 功懋懋賞, 用人惟己, 改過不吝, 克寬克仁, 彰信兆民.

【蒐輯】墨子引仲虺之告曰: "我聞于夏人, 矯天命, 布命于下, 帝伐之惡, 龔喪厥師"(非命上篇. ○ 又中篇引之曰: "我聞, 有夏人矯天命, 布命[6]于下. 帝式是惡, 用闕師." ○ 又下篇引之曰: "我聞, 有夏人矯天命于下, 帝式是增, 用爽厥師"). ○ 閻云: "喪師厥師爽師, 豈吉祥善事? 而僞者, 易之曰: '式商受命, 用爽厥師'(梅云, 爽明也). 夫以墨子引之之複如此, 釋之之確如此(墨子云: "桀執有命, 湯特非之曰: '喪師'"), 而可易之乎?"
【剽竊】左傳云: "鄭書有之. 惡直醜正, 實蕃有徒." ○ 平曰, 莠秕,

---

6) 朝本에는 '布命'이 빠져 있음.

賤惡之物, 仲虺必以本朝, 比之於莠秕. 又於君前, 滿口讚諛, 恰有大禹謨風趣.

乃葛伯仇餉, 初征自葛. 東征西夷怨, 南征北狄怨, 曰: '奚獨後予?' 攸徂之民, 室家相慶, 曰: '徯予后, 后來其蘇.' 民之戴商, 厥惟舊哉!

【蒐輯】孟子引書曰: "湯一征自葛始, 天下信之. 東面而征, 西夷怨, 南面而征, 北狄怨曰: '奚爲後我'"(孟子曰: "誅其君弔其民, 若時雨降, 民大悅"). 又引[7]書曰: "徯我后, 后來其蘇"(此告齊宣王也. 又滕文公篇引此書, 其文大同). 一云: "徯我后, 后來, 其無罰"(今在太甲篇). ○孟子曰: "葛伯不祀, 湯使亳衆往爲之耕, 有童子以黍肉餉, 葛伯殺而奪之. 書曰: '葛伯仇餉.' 此之謂也."
【考訂】書序云: "湯征諸侯, 葛伯不祀, 湯始伐之, 作湯征"(殷本紀亦云). ○鏞案, 葛伯仇餉及湯一征自葛以下, 必皆湯征篇文. 故書序及殷本紀一一. 然今以爲仲虺之誥, 猶當信之乎[8]?(殷本紀, 有湯征殘文, 而其文不類. 前人皆疑之)

佑賢輔德, 顯忠遂良. 兼弱攻昧, 取亂侮亡, 推亡固存, 邦乃其昌. 德日新, 萬邦惟懷, 志自滿, 九族乃離, 王懋昭大德, 建中于民. 以義制事, 以禮制心, 垂裕後昆.

【蒐輯】左傳引仲虺之言曰: "取亂侮亡"(宣十二). ○晉師救鄭, 及河聞鄭及楚平, 桓子欲還. 隨武子曰: "兼弱攻昧, 武之善經也. 猶有弱而昧者, 何必楚? 仲虺有言曰: '取亂侮亡.' 兼弱也. 酌[9]曰: '於鑠

---

7) 朝本에는 '又引'을, '( )' 속의 문장으로 大悅에 이어놓았다.
8) 朝本에는 '手'로 되어 있음.
9) 朝本·奎本에는 '勺'으로 되어 있음.

王師! 遵養時晦.'耆昧也. 武曰:‘無競惟烈!’撫弱耆昧, 以務¹⁰⁾烈所, 可也."○又晉侯問衛故於中行獻子, 對曰:"仲虺有言曰:‘亡者侮之, 亂者取之.’推亡固存, 國之道也. 君其定衛, 以待時乎!"(襄十四) ○又鄭伯有奔許. 子皮曰:"仲虺之志云:‘亂者取之, 亡者侮之.’推亡固存, 國之利也"(襄三十). ○平曰, 按此諸文, 仲虺之言, 唯取亂侮亡一句, 而其云‘兼弱攻昧’者, 隨武子之言也. 其云‘耆昧,’又是酌¹¹⁾詩之註脚, 尤與仲虺無涉. 至於‘推亡固存’四字, 是中行獻子及子皮之言也. 僞者撰經, 乃以兼弱功昧推亡固存, 並作仲虺之言, 其淺露如此, 猶能下欺千載, 豈不悲哉?

予聞曰:‘能自得師者王, 謂人莫己若者亡. 好問則裕, 自用則小.’嗚呼! 愼厥終, 惟其始, 殖有禮, 覆昏暴, 欽崇天道, 永保天命."

【蒐輯】荀子引中蘬之言曰:"諸侯自爲得師者王, 得友者覇, 得疑者存, 自爲謀而莫己若者亡"(呂氏春秋云:"仲虺有言曰:‘諸侯之德, 能自爲取師者王, 能自爲取友者存, 其所擇而莫如己者亡¹²⁾’"). ○新序引古語曰:"擇友者覇."

【剽竊】老子曰:"愼終如始." ○左傳云:"親有禮." 又云:"覆昏亂"(閔元年). ○平曰, 欽崇天道, 永保天命. 走筆也.

湯誥

(孔壁本, 在十六篇中)

---

10) 朝本에는 ‘求’로 되어 있음.

11) 朝本·奎本에는 ‘勺’으로 되어 있음.

12) 朝本에는 ‘王’으로 되어 있음.

湯誥者, 湯與諸侯約束, 使諸侯咸有一德, 以居萬民者也. 其殘文猶載史記, 今錄于書序篇.

王歸自克夏, 至于亳, 誕告萬方. 王曰: "嗟! 爾萬方有衆, 明聽予一人誥. 惟皇上帝, 降衷于下民, 若有恒性, 克綏厥猷惟后. 夏王滅德作威, 以敷虐于爾萬方百姓, 爾萬方百姓, 罹其凶害, 弗忍荼毒, 並告無辜于上下神祇. 天道福善禍淫, 降災于夏, 以彰厥罪.

【剽竊】吳語, 夫差訊于申胥曰: "今天降衷於吳, 齊師受服"(韋云, '衷, 善也'). ○鏞案, '降衷'云者, 謂天降其慈善之衷, 以眷佑吳國也, 非謂人胚胎之初, 降賦以仁義禮智之靈性也. 吳語本指天衷, 梅書取爲人衷, 可乎? 眞西山, 以'降衷'一語爲開萬世性學之源. 余謂, 上古之人, 皆知道之大源, 出於上帝(董子語). 故不復立訓, 惟務昭事. 及其衰昧之後, 群哲憂之, 始論性命之理. 劉康公曰: "民受天地之中以生." 子思曰: "天命之謂性." 雖微僞書一語, 性學之源, 未始絕也. 衷者, 中情也, 其在春秋之時, 或謂之天衷, 或指夫人衷. 左傳云: "乞盟於神, 以誘天衷." 又曰: "施及寡人, 以獎天衷." 又曰: "天誘其衷, 使皆降心." 國語曰: "天舍其衷, 楚師敗績." 皆以中情爲衷, 則僞者, 以降衷爲賦性, 卽誤看而誤用之也.

肆台小子, 將天命明威, 不敢赦. 敢用玄牡, 敢昭告于上天神后, 請罪有夏, 聿求元聖, 與之戮力, 以與爾[13]有衆請命. 上天孚佑下民, 罪人黜伏. 天命不僭, 賁若草木, 兆民允殖. 俾予一人輯寧爾邦家. 玆朕未知獲戾于上下, 慄慄危懼, 若將隕于深淵.

---

13) 朝本에는 '爾'가 빠져 있음.

【蒐輯】論語云曰："予小子履，敢用玄牡，敢昭告于皇皇后帝．有罪不敢赦"(帝臣以下，在下節)．○平曰，詳論在下．

【蒐輯】墨子引湯誓曰："聿求元聖，與之戮力同心，以治天下"(尙賢篇)．○平曰，墨子所引湯誓，蓋非湯誓之逸文，或似以誥而爲誓．僞者，思量到此，故用之於湯誥．

　凡我造邦，無從匪彝，無卽慆淫，各守爾典，以承天休．

【蒐輯】周語，　單襄公曰："先王之令，　有之曰：'天道賞善而罰淫，故凡我造國，無從匪彝，無卽慆淫，各守爾典，以承天休.'"○閻云："先王之令，文·武之敎也．單襄公，周臣也．周臣對周王而述周令，鑿然可信．而僞者，乃竄入湯誥中"(毛云："前文夏令曰：'九月除道.'下文周制有之曰：'列樹以表道.'凡先王通指前代")．○平曰，先王之或夏或周，姑舍，是天道賞善，故可承天休，天道罰淫，故可無慆淫．今也天道一句，徙之在上(中隔九十六字)，以夏爲淫，台居其善，非自矜乎？旣竊矣，何苦改之？

　爾有善，朕不敢蔽，罪當朕躬，不敢自赦，惟簡在上帝之心．其爾萬方有罪，在予一人，予一人有罪，無以爾萬方(國語作萬夫)．嗚呼！尙克時忱，乃亦有終."

【割裂】論語曰：(承上玄牡節)"有罪不敢赦，帝臣不蔽，簡在帝心．朕躬有罪，無以萬方，萬方有罪，罪在朕躬."○國語，內史過引湯誓曰："余一人有罪，無以萬夫，萬夫有罪，在余一人"(韋昭云："湯誓伐桀之書也．今湯誓無此文，卽已散亡矣")．○鏞案，'有罪不敢赦'以下二十九字，皆是成湯昭告后帝之文，僞者，截取'玄牡昭告'之句，用之於上節(仍無告后帝之言)，割取'帝臣不蔽'以下，以爲告萬方之誥(每句自增一爾

880

字), 其心所在, 不可度也. 蓋其天性詐薄, 雖蒐輯古文, 仍不能純用古文. 且於此經, 欲左合國語, 右叶墨子, 旁通于呂覽(呂氏春秋亦云: "余一人有罪, 無及萬夫"). 故其撦裂改換, 至於此極也. 亂經如此, 尚當隱忍而不言乎?

孔安國論語注云: "墨子引湯誓, 其辭若此." 〇 平曰, 假安國, 雖謂之湯誥, 眞安國, 已謂之湯誓, 將如之何? 今考墨子本文, 不明言湯誓, 孔必謂之湯誓者, 據國語也.

【蒐旁】墨子云: "禹曰: '蠢玆有苗, 用天之罰.'(節) 不惟禹誓爲然, 雖湯說[14]卽亦猶是也. 湯曰: '今天大旱, 卽當朕身履, 未知得罪于上下. 有善不敢蔽, 有罪不敢赦, 萬方有罪, 卽當朕身, 朕身有罪, 無及萬方.' 卽此言, 湯貴爲天子, 富有天下, 然且不憚以身爲犧牲, 以祠說于上帝[15]鬼神, 卽此湯兼也"(謂湯亦兼愛). 〇 鏞案, 論語所載, 與墨子所引, 判不相合. 彼云'有罪不敢赦,' 桀也(湯[16]誓云: "有夏多罪, 天命殛之. 予畏上帝, 不敢不正." 亦此意也), 今改之曰: "罪當朕躬, 不敢自赦." 純用墨子文也. 舍孔而取墨, 可謂能擇乎? 又詳墨子, 以此爲桑林禱雨之詞, 然國語明云湯誓, 墨子之可信, 不如國語, 則論語所記, 當是湯誓之逸文也. 論語稱'敢用玄牡,' 則湯於此祭, 明用犧牲, 不可曰身爲犧牲, 其非桑林禱雨之詞, 不旣明乎?

閻云: "今天大旱以下, 衍文也. 墨子引書, 好自增竄, 如甘誓易爲禹誓. 又增多'日中今予與有扈氏, 爭一日之命'(三句). 亦衍文也." 〇 平曰,[17] 僞書純用墨子之文, 而又以爲伐桀之誥, 則兩無當矣(墨子云: "未知得罪于上下." 梅書改之曰: "未知獲戾于上下." 又先移用於上節, 其天性之詐薄如此).

---

14) 朝本・奎本에는 '說'이 빠져 있음.
15) 朝本・奎本에는 '下'로 되어 있음.
16) 朝本에는 '陽'으로 되어 있음.
17) 朝本에는 '日'로 되어 있음.

伊訓

(孔壁本, 在十六篇中, 今亡)

惟元祀十有二月乙丑, 伊尹祠于先王, 奉嗣王, 祗見厥祖, 侯甸群后咸在, 百官總己, 以聽冢宰. 伊尹乃明言烈祖之成德, 以訓于王.

梅云: "湯沒而太甲立, 稱元年"(孔云: "太甲以孫繼祖, 卽以其年稱爲元年也. 周法, 以踰年卽位, 當以正月行事, 何以用十二月也? 殷本紀妄也. 劉歆·班固不見古文, 謬從史記. 皇甫謐旣得此經, 作帝王世紀, 乃迶馬遷, 是其疎也"). ○蔡云: "太甲繼仲壬之後, 服仲壬之喪. 至於改正朔, 而不改月數, 則經史尤可攷"(其文甚長, 宜考之). ○蘇云: "崩年改元, 亂世事也. 不容在伊尹而有之"(毛云: "宋人不曉商制, 又不曉三正改元之必改月數. 然周制踰年改元, 商制不踰年改元, 前月王崩, 卽此月改元." ○又云: "外丙二歲卒, 仲壬四歲卒, 此在湯崩前, 未嗣位也"). ○平曰, 外丙·仲壬之嗣位, 見於孟子, 著於史記, 昭如日星, 萬目所睹, 乃僞儒作傳硬云: "湯沒而太甲立." 其武斷威制, 在所必討, 而隋·唐以降, 奉瓦爲璧, 顧彪·孔穎達之等, 不揆本末, 唯贗是尊. 卽孟子亞聖也, 勿聽, 司馬遷良史也, 勿聽, 趙岐大儒也, 勿聽(趙岐云: "外丙立二年, 仲壬立四年"), 世本古籍之可信者, 勿聽, 劉歆·班固邃學也, 勿聽, 卽其所私者, 皇甫謐亦名士也, 勿聽. 惟無根無蔕僞人之言, 是崇是信, 豈非惑之甚者? 蔡九峰力破注疏, 以爲太甲服仲壬之喪, 此可謂撥亂反正. 但所謂改正朔而不改月數, 是又矯枉之過, 別生枝葉也. 僞者, 本竊漢書律曆志伊訓十二月之文, 以作伊訓, 又於太甲中篇, 再用十二月朔, 使之上下照應. 於是自註兩篇, 一則'曰奠殯而告,' 二則曰'服闋而冕,' 此豈先古之信文, 而九峰依之乎? 改正朔不改月數者, 秦·漢之法也. 故秦本紀·始皇本紀·漢高祖本紀, 其紀事,

皆始於十月, 以及餘月(漢書景帝紀以上亦然). 至漢武帝太初元年, 改正朔
之後, 始用夏正, 故更無此文. 安得以此例之於殷·周乎? 春秋二百四
十年, 其春王正月, 皆建子月也. 春秋旣然, 零碎諸文不足數也. ○蕭
山之云'外丙二歲卒, 仲壬四歲卒,'又何言也? 比之徽菴之說, 越奇怪
也(程徽菴云: "湯崩, 外丙方二歲, 仲壬方四歲, 唯太甲差長"). 湯年百歲, 若如
徽菴之說, 湯年九十七生仲壬, 九十九生外丙, 奇矣. 孟子·史遷, 每
以之二歲者爲兄, 四歲者爲弟, 聞者無不失笑, 況云二人皆殤乎? 若
此二人未及卽位而夭, 則其名字, 豈載史冊? 朝菌旣化, 安問晦朔?
鳳皇雖尊, 奚顧破卵? 舍正路而趨曲徑, 其困於葛藤, 本自如此.

　顧彪云: "殷家猶質, 踰月則改元, 不待正月以爲首也"(見正義). ○平
曰, 非也. 凡哀喪之法, 質則稱篤, 故易曰: "上古喪期無數." 禮曰:
"殷練而祔, 周人卒哭而祔." 禮曰: "殷人殯于廟, 周人朝而遂行." 若
此類不可勝數, 孰云哀喪之禮, 質則彌易乎? 堯崩, 百姓如喪考妣三
年, 周人方喪而已, 魯人食食(見檀弓). 至於踰年改元之法, 其在堯典
明云: "月正元日, 舜格于文祖." 正是堯崩之明年(孟子云: "堯崩, 三年之
喪畢, 舜避堯之子於南河之南." 其義與堯典不合, 今所不取. 然與顧彪之說, 正亦相
反). 春秋諸公元年, 每云'春王正月,'公卽位必在君薨之明年, 斯禮也,
虞·夏·商·周, 所不變也. 今乃曰: "殷人猶質, 踰月改元." 可乎? 居
喪之哀, 踐位之禮, 質則愈嚴. 故殷人之法, 雖亦踰年改元, 而三年之
內, 諒闇居廬, 未有命戒, 踐位承統則爲之, 發號施令則勿之. 故書曰:
"高宗卽位, 亮陰三年不言"(無逸文). 孔子誦之曰: "何必高宗? 古之
人皆然. 君薨百官總己, 以聽於冢宰三年"(見論語). 降及周人, 其禮有
變. 顧命曰: "乙丑王崩, 越七日癸酉, 王麻冕黼裳, 入卽位, 卒事反
喪服." 降及春秋, 其禮大亂. 晉悼公之喪, 三月旣葬, 改服修官, 烝于
曲沃, 大宴于溫, 歌舞迭[18]作(見左傳). 魯莊公之喪, 旣葬卒哭, 屏其経

---

18) 朝本에는 '送'으로 되어 있음.

廐(見檀弓). 滕定公之喪, 父兄百官, 不知三年(見孟子). 秦·漢之際,
其禮遂亡, 文帝遺詔, ‘大紅小紅, 三十六日’(見漢書). 此古今帝王家喪
禮沿革之大槪也. 何得云‘殷人猶質踰月改元乎?’ 矯誣先王, 毁壞聖
典, 以曲護此僞書, 不亦嗟乎?

【蒐輯】漢書律曆志, 引伊訓篇曰: "惟太甲元年十有二月乙丑朔, 伊
尹祀于先王, 誕資有牧方明." ○志云: "商十二月乙丑朔旦冬至." 故
書序曰: "成湯旣沒, 太甲元年, 使伊尹作伊訓, 伊訓篇曰云云"(案孔
壁古[19]文, 原有伊訓等十六篇. 故班固得採此數句). ○班固云: "此言雖有成
湯·太丁·外丙之服, 以冬至越茀, 祀先王于方明, 以配上帝(說見下),
是[20]朔旦冬至之歲也." ○或曰: "伊訓原有‘誕資有牧方明’一句, 而古
文遺此, 何也?"(毛云: "此句或古語, 或古禮文." ○方明者, 上帝之位, 上帝以養
民爲事 猶養馬神稱先牧) ○毛云: "班固兩騎作說曰: ‘太甲雖有成湯·
太丁·外丙之服.’ 數人連稱, 經義亡矣." ○平曰, 班固一片精神,
唯在‘朔旦[21]冬至’四字, 故其於經義, 荒疏不核. 蓋以班固本作律曆
志, 非作書註故也.[22] 堯典曰: "咨十有二牧." 誕資有牧, 卽此禮也(資
咨, 本相通). 緇衣引書, 以咨爲資, 此其驗也. 方明者, 神象也, 其制詳
見覲禮(覲禮云: "諸侯覲於天子, 爲宮方三百步, 壇十二尋, 加方明於其上." ○又
云: "方明者, 木也, 方四尺, 設六色, 設六玉, 上圭下璧, 南璋西琥, 北璜東珪."
○又云: "天子拜日於東門之外, 反祀方明"). 周禮司儀所云‘將會諸侯爲壇三
成,’ 卽方明之壇也(鄭玄云). 左傳, 魯襄公會盟于亳, 范宣子作載書曰:
"司愼司盟明神, 殛之"(襄十一). 所謂方明, 卽司愼司盟之神主也. 故
周禮司盟云: "會同則掌其盟載, 北面詔明神." 明神者, 方明之神也
(如淳·孟康, 皆引覲禮, 而班固不知方明爲何物). 當時群牧, 齊會于方明之

---

19) 朝本에는 ‘右’로 되어 있음.
20) 朝本에는 ‘見’으로 되어 있음.
21) 朝本·奎本에는 ‘日’로 되어 있음.
22) 朝本에는 ‘也’가 빠져 있음.

壇, 以聽王命. 故曰: "誕資有牧方明也."

祀于先王者, 朔月之奠, 特祀于外丙也(左傳云: "特祀於主, 烝·嘗·禘于廟"). 王制云: "惟祭天地社稷, 爲越紼而行事"(未[23]葬而祭者, 謂之越紼). 班固必謂之越紼者, 班固將以十二月朔爲其年冬至. 而周禮大司樂, 冬至奏樂於圜丘, 先儒誤以爲郊祭(圜丘奏樂, 本是禬刮之禮, 非郊祭). 故遂以祀于先王, 爲冬至郊天, 而以王配天, 其義大謬, 不可用也(至以方明指之爲上帝之神). 郊祭上帝, 而書之曰'祀于先王,' 有是理乎? 先王者, 新崩之王也(則中壬), 其云'伊尹,' 祀之者. 曾子問曰: "天子諸侯之喪, 斬衰者, 奠"(公卿以下, 皆斬衰). 明伊尹行事而新王哭於阼而已. ○蕭山之詞, 一何誤也? 誕資有牧一句, 僞者誤削之, 自作鐵案, 毛乃歸之於古語(硬甚矣). 方明之義, 具在覲禮, 乃曰: "方明是上帝之神." 又云: "上帝如先牧." 不亦悖乎?

梅云: "湯崩踰月, 太甲卽位, 奠殯而告"(孔云: "祠[24]與奠有大小, 俱是享神. 故以祠[25]言"). ○吳棫云: "殯有朝夕之奠, 何爲而致祠? 主喪者不離於殯側, 何待於祇見?" ○平曰, 湯必以十一月崩. 有何證據? 殷以丑月爲正. 誠若子月湯崩, 太甲丑月卽位, 亦可云'踰年卽位'(春秋之時, 雖未葬, 旣踰年則卽位). 而梅註每云'踰月'者, 欲掩其經自註之跡, 而使後人發其義耳. 祇見厥祖之非理, 吳才老之言, 明白痛快, 末之難矣. 蔡九峰謂: "太甲居仲壬之喪, 伊尹祭太祖之廟." 斯亦難通. 何則? 太甲旣以居喪之, 故使尹攝祭, 又何得以九章冕服, 儼入玄王之庭乎? 若云衰絰而見廟, 三千年來, 無此禮也.

【剽竊】論語云: "百官總己, 以聽於冢宰三年"(憲問篇). 平曰, '侯甸群后'之下, '明言烈祖'之上, 插此二句, 不成文理.

---

23) 朝本에는 '末'로 되어 있음.
24) 朝本에는 '祀'로 되어 있음.
25) 朝本에는 '祀'로 되어 있음.

曰: "嗚呼! 古有夏先后, 方懋厥德, 罔有天災, 山川鬼神, 亦莫不寧, 曁鳥獸魚鼈咸若. 于其子孫弗率, 皇天降災, 假手于我有命. 造攻自鳴條, 朕哉自亳. 惟我商王, 布昭聖武, 代虐以寬, 兆民允懷. 今王嗣厥德, 罔不在初. 立愛惟親, 立敬惟長, 始于家邦, 終于四海.

【竄改】墨子引商書曰: "嗚呼! 古者有夏, 方未禍之時, 百獸貞蟲, 允及飛鳥, 莫不比方, 矧佳[26]人面, 胡敢異心? 山川鬼神, 亦莫敢不寧, 若能共允, 佳[27]天下之合, 下土之葆." 〇賈誼新書云: "文王之澤, 不被禽獸, 洽于魚鼈, 咸若攸樂"(君道[28]篇). 〇平曰, 新書數句, 以有'文王'二字, 入於蒐輯, 以禽獸等語, 近於墨子, 因和合用之.

【剽襲】左傳云: "上天降災." 又云: "天禍許國, 假手于我寡人"(隱十一). 〇平曰, 此閻潛丘之所輯(鄭莊公之言).

【竄改】伊訓曰: "天誅造攻自牧宮,[29] 朕載自亳"(出孟子). 〇錢甲曰: "桀都安邑, 在今山西, 與鳴條何涉?"(李塨云: "正義謂: '陳留平丘縣有鳴條亭, 此東鳴條也, 舜所卒也, 蒲州安邑縣有鳴條陌, 此西鳴條也, 桀所誅也. 一東一西, 不必牽合'") 〇平曰, 桀之戰於鳴條, 其文在書序, 桀之走於鳴條, 其文在史記(夏本紀). 桀於鳴條, 非曰無文. 但鳴條非桀造罪之地也. 湯起自亳, 桀升自陑(湯誓序), 戰于鳴條之野, 則鳴條在湯邑桀邑之間(自桀邑歷陑, 而至鳴條). 旣是野地, 亦無離宮, 桀之造可攻之罪, 何嘗於鳴條乎? 李塨以鳴條爲桀之所誅, 是何說也? 經不云誅桀于鳴條, 乃云造攻自鳴條, 造攻云者, 居其邑, 坐其宮, 出則酒荒, 入則色荒, 以造可攻之罪也, 豈事敗之後, 或誅或走之謂哉? 孟子誦書, 不必有誤, 何苦[30]改之? 楚辭[31]天問云: "何條放致罰, 而黎服大說?"(王逸

---

26) 朝本에는 '住'로 되어 있음.
27) 朝本에는 '住'로 되어 있음.
28) 朝本·奎本에는 '德'으로 되어 있음.
29) 朝本에는 '官'으로 되어 있음.
30) 朝本에는 '若'으로 되어 있음.
31) 朝本에는 '詞'로 되어 있음.

云: "湯誅桀, 放之鳴條之野") 亦言自鳴條而放之, 非謂桀造罪於鳴條也. ○鄭玄湯誓註云: "鳴條南夷地名."

孔疏云: "皇甫謐云: '伊訓曰, 造攻自鳴條.'" ○平曰, 梅氏之書, 權輿胚胎于皇甫謐, 其跡甚多. 雖淡雅有名, 不能無疑於中也(其帝王世紀, 亦多粧撰).

【依據】禮記云: "湯以寬治民, 而除其虐"(祭法文). ○召誥云: "今王嗣受厥命. 若生子罔不在厥初生, 自貽哲命[32]." ○禮記云: "立愛自親始, 立敬自長始." ○孝經云: "愛敬盡於事親, 而德敎加於百姓, 刑於四海." ○閻云: "上下十餘條, 皆改竄坼裂, 補綴成之."

嗚呼! 先王肇修人紀, 從諫弗咈, 先民時若. 居上克明, 爲下克忠. 與人不求備, 檢身若不及, 以至于有萬邦, 玆惟艱哉! 敷求哲人, 俾輔于爾後嗣.

【竄改】荀子引書曰: "從命而不拂, 微諫而不倦, 爲上則明, 爲下則遜"(臣道[33]篇). ○平曰, 荀子引書, 本是臣事君之義, 謂人臣之道, 且順承命, 又勤於微諫也(事父母亦然, 論語云: "事父母幾諫." 幾者, 微也. 見志不從, 又敬不遠者, 從命而不咈也, 勞而不怨者, 所謂不倦也, 義詳論語說). 玆是至理所寓, 今改之曰: "從諫不咈, 先民時若." 斯何說也?(荀子所引古書, 本叶韻, 今改之, 則落韻)

【依據】論語云: "無求備於一人." ○墨子引傳曰: "求聖君哲人, 以裨輔而身"(尙賢[34]篇).

制官刑, 儆于有位曰: '敢有恒舞于宮, 酣歌于室, 時謂巫風. 敢有殉于

---

32) 朝本에는 '自貽哲命'이 빠져 있음.
33) 朝本에는 '臣道'가 빠져 있음.
34) 朝本·奎本에는 '兼愛'로 되어 있음.

貨色, 恒于游畋, 時謂淫風. 敢有侮聖言, 逆忠直, 遠耆德, 比頑童, 時
謂亂風. 惟玆三風十愆, 卿士有一于身, 家必喪, 邦君有一于身, 國必亡.
臣下不匡, 其刑[35]墨.' 具訓于蒙士. 嗚呼! 嗣王祗厥身, 念哉! 聖謨洋
洋, 嘉言孔彰, 惟上帝不常, 作善降之百祥, 作不善降之百殃. 爾惟德罔
小, 萬邦惟慶. 爾惟不德罔大, 墜厥宗."

【竄改】墨子云: "湯之官刑, 有之曰: '其恒舞于宮, 是謂巫風, 其
刑君子出絲二衛, 小人否似二伯. 黃經乃言曰, 嗚呼! 舞佯佯(猶言舞傞
傞), 黃言孔章(黃經·黃言, 卽黃帝之書). 上帝弗常, 九有以亡, 上帝不順,
降之曰殃, 其家必壞喪'"(非樂篇. 字典無殃字, 意與殃同). ○閻云: "左傳
(昭六年), 晉叔向貽子産書曰: '昔先王議事以制, 不爲刑辟, 懼民之有
爭心也(杜云: "臨事制刑, 不豫法"). 夏有亂政, 而作禹刑, 商有亂政, 而
作湯刑, 周有亂政, 而作九刑, 三辟之興, 皆叔世也.'"

墨子所謂湯之官刑, 正作於商之叔世, 而僞者不考左氏, 遂以爲卽
湯所制, 而述於伊尹之口, 以訓太甲(昭二十九年, 晉趙鞅鑄刑鼎, 仲尼曰:
"晉其亡乎!" 春秋之末且.然) ○平曰, 黃經似是黃帝之言, 漢初黃老之學
所本也. 僞者詞竭, 乃取黃經之文, 改換爲詞, 字形仿似. 因而轉之,
舞佯佯, 改之曰'謨洋洋'(增聖字), 黃言孔章, 改之曰'嘉言孔彰'(古以在
下之言爲嘉言, 不應以祖王之言爲嘉言), 降之曰殃, 改之曰'降之百殃'(先增
百祥字, 使與曰殃字近). 上帝不常句, 用於此處, 留下九有以亡句, 用於
下篇(咸有一德), 全把古經作爲嬉戲之具, 而今世之人, 唯僞是奉, 凡
昭奸者罪之, 豈不哀哉?(其刑出絲, 改之曰'其刑墨,' 亦詞竭也)

【依據】鄭語, 史伯云: "今王惡角犀豊盈, 而近頑童." ○史記云:
"秦太子犯法, 商鞅黥其傅公孫賈." ○路史云: "夏大夫杜子墨, 旣子
黥." ○平曰, 黥其臣以不匡之罪, 商鞅之酷也. 曾謂先王有此法乎?

舜鞭作官刑, 湯黥作官刑, 又何其猝嚴也? 五刑慘矣, 施之姦宄, 猶或不忍, 況於不匡之臣乎? 暴君拒諫, 君子知幾. 邦無道, 其默足以容, 若是者, 輒加以黥涅之刑, 不亦難乎? 且此法必不得行. 何者? 既犯三風, 暴君也. 未有暴君反以不匡罪其臣下者. 若云湯墨桀臣, 武王墨紂臣, 以行其法(朱子曰: "不匡之刑, 蓋施於喪國者"), 則夏祖爲殷王制法, 殷祖爲周王制法, 其有是乎?(鄭玄云[36]: "周易云: '鼎折足, 其刑剭[37]'句法, 蓋出於此")

【依據】賈誼新書云: "善不可謂小而無益, 不善不可謂小而無傷." ○ 淮南子云: "君子不可謂小善不足爲也而舍之, 小善積而爲大善, 不可謂小不善爲無傷也而爲之, 小不善積而爲大不善." ○ 漢昭烈[38]云: "勿以善小而不爲, 勿以惡小而爲之." ○ 平曰, 三家所言, 皆一意, 僞者之所本也. 但略改數字, 遂成無理之言. 何者? 爾唯德罔小, 則小善必薄不爲也, 爾唯不德罔大, 則其小者許之矣. 聽此訓者, 其不怠於爲善而漸於爲惡乎?

【遺漏】漢書律曆志, 引伊訓曰: "誕資有牧方明." ○ 鄭玄典寶註, 引伊訓云: "載孚在亳." 又曰: "征是三朡"(見堯典孔疏). ○ 平曰, 此數句明是伊訓之遺文, 而僞者貪於外蒐, 遺此內珍, 惜哉!

太甲 上

惟嗣王, 不惠于阿衡.

毛萇詩傳云: "阿衡, 伊尹也." ○ 鄭玄詩箋云: "阿, 倚. 衡, 平也.

---

36) 朝本·奎本에는 '云'이 빠져 있음.
37) 朝本·奎本에는 '屋'으로 되어 있음.
38) 朝本에는 '照'로 되어 있음.

伊尹, 湯倚以取平, 故以爲官名"(梅·蔡同). ○崔述云:"殷世家云: '伊尹, 名阿衡.'是以, 伊尹·阿衡爲一人也. 僞尙書, 因之遂曰: '惟嗣王, 不惠于阿衡.'又曰: '昔先正保衡, 作我先王, 一夫不獲, 則曰時予之辜'(今說命). 皆以伊尹爲阿衡·保衡. 余按, 書云: '成湯旣受命時, 則有若伊尹, 格于皇天, 在太甲時, 則有若保衡'(君奭文). 則是伊尹·保衡爲二人明甚. 安有同是一人, 而兩擧之, 一屬之成湯, 一屬之太甲, 變其稱, 以爲奇乎? 詩曰: '昔在中葉, 有震且業, 允也天子, 降于卿士(謂太甲被放), 實維阿衡, 實左右商王.'夫曰中葉, 則太甲世也(太甲是第四王). 曰有震且業, 卽太甲居桐宮事也. 但言阿衡之輔太甲, 未嘗見有輔成湯之事也. 古例多以官名冠人名. 詩曰, '師尙父,'書曰, '保奭,'春秋傳所載, 史佚·卜偃·祝鮀·師曠之屬, 不可悉數(巫賢·巫咸·疑至·臣扈·傅說之等, 皆然, 崔未之思耳). 然則阿·保當爲官名而爲衡人名矣"(古者, 有師有傅有阿有保, 蓋衡嘗爲阿, 又嘗爲保. 故或稱阿衡, 或稱保衡耳). ○平曰, 考君奭及商頌, 阿[39]衡之非伊尹, 明矣. 僞跡畢竟破綻, 有如是矣.

　　伊尹作書曰:"先王顧諟天之明命, 以承上下神祇,[40] 社稷宗廟, 罔不祗肅, 天監厥德, 用集大命, 撫綏萬方. 惟尹躬克左右厥辟宅師, 肆嗣王丕承基緖.

【蒐輯】大學引太甲曰:"顧諟天之明命."○鄭云:"顧, 念也(梅云: "常目在之"), 諟猶正也(梅云: "諟, 是也"), 諟或爲題."

【剽竊】商頌云:"實維[41]阿衡, 實左右商王"(長發詩). 鄭云:"阿, 倚. 衡, 平"(梅云:"阿, 倚. 衡, 平"). ○平曰, 僞者, 依此撰書曰:"惟尹

---

39) 朝本에는 '保'로 되어 있음.
40) 朝本에는 '祗'로 되어 있음.
41) 朝本에는 '惟'로 되어 있음.

左右厥辟." 然成湯太祖也, 不得爲中葉. 崔東壁謂'阿衡非伊尹,' 其言良是. ○又曰, 長發之詩, 後人所作, 伊尹預竊其文, 自讚其功, 倚平之註, 鄭玄所箋, 安國預竊其文, 自作其傳, 可怪也. 如云鄭箋出於孔註, 則鄭不見其經, 何得先見其註? 且伊尹自作此篇, 乃奮筆書之曰: "惟嗣王, 不惠于阿衡." 可乎? 寧適放黜旣改旣復之後, 追記往事, 宜不敢如是. ○平[42]曰, 社稷宗廟, 罔不祗肅, 可云夏商之古文乎? 雖非慧眼, 而不辨之乎?

惟尹躬先見于西邑夏, 自周有終, 相亦惟終, 其後嗣王, 罔克有終, 相亦罔終. 嗣王戒哉! 祗爾厥辟. 辟不辟, 忝厥祖." 王惟庸, 罔念聞.

【蒐輯】禮記引尹吉曰: "惟尹躬天(鄭云: "尹吉亦尹誥[43]也. 天當爲先字之誤"), 見[44]于西邑夏, 自周有終, 相亦惟終"(緇衣篇). ○鄭云: "忠信爲周, 相, 助也, 謂臣也. 今天絶桀者, 以其自作孼. 伊尹始仕於夏, 此時就湯矣. 夏之邑在亳西"(見或爲敗, 邑或爲予). 又鄭云: "伊尹言, 尹之先祖, 見夏之先君臣, 皆忠信以自終"(梅云: "言身先見夏君臣, 用忠信有終"). ○鏞案, 緇衣篇再引尹吉, 其一本咸有一德文也. 據史記, 咸有一德, 明作於湯時(鄭目錄, 亦次於湯誥). 彼尹吉旣作於湯時, 則此尹吉宜亦不殊. 故鄭以此爲告湯之語, 於太甲何干?

【蒐輯】坊記引書曰: "辟不辟, 忝厥祖"(子云: "父子不同位, 以厚敬也. 書曰云云"). ○鄭云: "忝, 辱也. 爲君不君, 與臣子相褻, 則辱先祖矣. 君父之道, 宜尊嚴"(梅註同). ○平曰, 孔安國又竊鄭註, 奇矣.

伊尹乃言曰: "先王昧爽丕顯, 坐以待旦, 旁求俊彦, 啓迪後人. 無越

---

42) 朝本에는 '評'으로 되어 있음.
43) 朝本·奎本에는 '告'로 되어 있음.
44) 朝本에는 '見'자가 '鄭云〔……〕'하는 原註 앞에 와 있음.

厥命, 以自覆, 愼乃儉德, 惟懷永圖. 若虞機張, 往省括于度, 則釋, 欽
厥[45]止, 率乃祖攸行. 惟朕以懌, 萬世有辭."王未克變.

【剽竊】左傳(昭三年), 叔向引讒鼎銘云: "昧旦丕顯, 後世猶怠."○
孟子曰: "周公思兼三王, 其有不合, 坐以待旦."

【蒐輯】禮記引太甲曰: "毋越厥命, 以自覆也. 若虞機張, 往省括
于厥度, 則釋"(緇衣). ○子云: "君子不可以不愼也, 太甲曰云云."
○鄭云: "越之言, 蹷也. 覆, 敗也, 言無自顚蹷女之政敎, 以自毀敗
(梅云: "無失祖命") 虞, 主田獵之地者也(梅云: "虞, 度也"). 機, 弩牙也(梅
亦云), 度, 謂所擬射也. 虞人之射禽, 弩已張, 從機間, 視括與所射, 參
相得, 乃後釋弦發矢(梅云: "機有度, 以準望"). 爲政亦當以己心, 參於群
臣及萬民, 可乃後施也"(蔡云: "括, 矢括."說文云: "矢括櫱[46]弦處"). ○鏞
案, 厥命二字, 鄭以爲己之政令, 梅以爲祖之遺命. 竊詳, 君之發令,
如虞之發矢, 其取譬密切. 若云祖命, 則虞機一段, 何以解矣? 且緇衣
本文, 繼以兌命曰: "惟口起羞."此亦愼令之義, 非遵祖之戒也. 且一
氣成章之經, 裂爲兩段, 自揷二句, 以斷前後之際, 抑何故也? 雲錦一
段, 間之以疏布一段, 豈不惜哉? ○平曰, 作緇衣者, 引太甲, 必云
'太甲曰,'胡于前章, 亦引太甲, 而忽云'尹吉[47]曰'乎? 僞跡之不可掩
如此.

伊尹曰: "玆乃不義, 習與性成, 予弗狎于弗順. 營于桐宮, 密邇先王
其訓, 無俾世迷."王徂桐宮居憂, 克終允德.

【變亂】無逸篇云: "其在祖甲, 不義惟王"(梅云: "湯孫太甲."○孔疏因

---

45) 朝本에는 '克'으로 되어 있음.
46) 朝本·奎本에는 '築'으로 되어 있음.
47) 朝本에는 '告'로 되어 있음.

892

之). ○閻云: "周公言: '自殷王中宗·高宗·祖甲及我周文王.' 因其先後次第而枚擧之, 則祖甲之非太甲明甚. 不義惟王, 非太甲事也. 作古文者, 生于錯解之日. 故曰: '兹乃不義, 習與性成.'" ○平曰, 僞者每有誤註, 輒撰僞經以證其誤註, 此其一也. 堯典'稽古'二字, 誤解爲堯之道德, 於心不安, 乃撰周官之經, 曰'唐虞稽古建官惟百,' 以實之, 堯典'胤子'二字, 誤解爲胤國之諸侯, 於心不安, 乃撰胤征之經, 曰'胤侯命掌六師,' 以實之. 若是者, 五六處, 太甲'不義,' 亦此手法.

【蒐輯】 孟子引伊尹曰: "予不狎于不順, 放太甲于桐"(公孫[48]丑曰云云). ○鄭云: "桐, 地名, 有王離宮焉"(書序注). 梅云: "湯葬地." ○案, 皇覽云: "湯冢, 在濟陰亳縣北三里"(水經注亦云). 張守節云: "洛州偃師縣, 有湯冢, 近於桐宮"(史注也). 杜預云: "梁國蒙縣, 有湯冢." 總之, 劉向大儒也. 向之言曰: "殷湯無葬處." 稽之七略, 都無其文. 故其言如是. 以桐爲湯葬地者, 妄也(水經注云: "漢哀帝時, 得湯冢." 又或云: "蒲州寶鼎縣, 有湯冢." 皆妄也). 若赫赫商書, 有云'密邇先王,' 則夫孰曰無葬處乎? ○史記云: "太甲修德, 伊尹嘉之, 作太甲三篇, 以褒帝德, 厥稱太宗." 則三篇皆修德復位之後, 所作也. 君子不念舊惡, 與其進也, 未聞旣悟旣遷之後, 臚列舊罪, 鋪張己德, 若是其無禮也. 於敵以下, 尙不敢然, 況於其君乎? 始云: "惟嗣王, 不惠于阿衡." 又云: "王惟庸, 罔念聞." 又云: "王未克變." 乃曰: "兹乃不義, 習與性成." 於是題之云伊尹作, 兹豈理也哉? 伊尹四朝元老, 其德格天, 放之訓之, 無所不可. 而旣悟旣復, 作書如此, 萬萬無此事也.

---

48) 朝本에는 '孔'으로 되어 있음.

太甲 中

惟三祀十有二月朔, 伊尹以冕服, 奉嗣王歸于亳.

梅云: "湯以元年十一月崩, 至此二十六月, 三年服闋"(又云: "冕, 冠也. 踰月, 卽吉服"). ○閻云: "禮云: '中月而禫.' 鄭玄以中月爲間月, 王肅以中月爲月中. 今梅氏太甲釋曰: '二十六月三年服闋.' 用王肅之說"(詳見書序篇). ○ 平曰, 卓哉! 潛丘之見. 鄭·王分門, 劍戟相向, 而中月而禫, 尤其大訟之相角者也. 畢竟王肅之門, 作此僞書, 故梅註悉因王肅之舊, 以反鄭義. 孔冲遠謂'王肅似竊見孔傳'者, 此也. 又王肅尙氣好勝, 其有註解, 有不能服人心者, 輒以家語壓之. 家語者, 其私撰之僞書也. 流風傳襲, 乃玆梅氏之書, 作於其門, 而心法傳授, 恰有源流. 行有所怯, 又以孔叢子證之, 孔叢子, 其私撰之僞書也(孔叢子, 是家語之枝葉, 梅書之羽翼. 是二書, 皆出王肅之門). 中月而禫, 鄭義不可易, 海內翕然宗之. 王肅之徒, 爲是之懟, 撰此僞經竝此僞注, 自託於殷人之禮, 而蘄其一勝. 儒者分門之習, 其禍天下如是矣. 又曰, 祥而不禫, 何得吉服? 天下固無此禮. 余之所疑, 則又有大焉. 湯以元年十一月崩, 伊尹以十二月朔, 作伊訓, 其後, 又有'不惠''罔念聞''未克變'三節, 雖以十日爲一節, 已四旬矣. 若然, 太甲被放, 當在二祀之春, 及其歸亳之時, 不滿二年, 何孟子·史記·世本·書序等文, 皆云三年而歸亳也?('不惠''罔念聞'[49]'未克變'三節, 非一二年不可. 此事豈可忽忽?) 禮天子七月而葬, 哀哉! 太甲. 祖死不葬, 恤焉被放, 及其改悔之後, 猶不能以麻衣縞冠, 一哭於大祥之日, 及其踰月之後, 始乃歸亳, 天理人情, 忍如是乎? 伊尹聖人也. 聖人所爲, 無不循天理而順人情, 使太甲旣祥踰

---

49) 朝本에는 '聞'이 빠져 있음.

月而歸, 必無此事(據殷本紀, 湯崩之後, 外丙二年, 仲壬四年, 太甲又旣立, 三
年而被放, 又居桐三年而復位, 上距湯崩之年, 已十二年).

作書曰: "民非后, 罔克胥匡以生, 后非民, 罔以辟四方. 皇天眷佑有
商, 俾嗣王克終厥德, 實萬世無疆之休."

【蒐輯】表記引太甲曰: "民非后, 無能胥以寧, 后非民, 無以辟四
方." ○鄭云: "胥, 相也, 民非君, 不能以相安." ○平曰, 不能胥匡
以生者, 盤庚之誥也. 伊尹預竊其文, 豈非怪事? 旣蒐古經, 何苦改
之?

王拜手稽首曰: "予小子不明于德, 自底不類, 欲敗度, 縱敗禮, 以速
戾于厥躬. 天作孽, 猶可違, 自作孽, 不可逭. 旣往背師·保之訓, 弗克于
厥初, 尚賴匡救之德, 圖惟厥終"(孟子再引之, '不可逭'作'不可活').

【蒐輯】左傳引書曰: "欲敗度, 縱敗禮"(昭十年). ○子皮盡用其幣,
歸謂子羽曰: "書曰云云, 我之謂矣."
【蒐輯】禮記引太甲曰: "天作孽, 可違也, 自作孽, 不可以逭"(緇衣
篇). ○孟子引太甲曰: "天作孽, 猶可違, 自作孽, 不可活"(再引之).
○鄭云: "違猶辟也(梅云: "天災可避"), 逭, 逃也"(緇衣注).

伊尹拜手稽首曰: "修厥身, 允德協于下, 惟明后. 先王子惠困窮, 民
服厥命, 罔有不悅. 並其有邦, 厥隣乃曰: '徯我后, 后來無罰?' 王懋乃
德, 視乃烈祖, 無時豫怠. 奉先思孝, 接下思恭. 視遠惟明, 聽德惟聰,
朕承王之休, 無斁."

【蒐輯】孟子引書曰: "徯我后, 后來無罰." ○平曰, 此本葛伯仇餉

之下節, 今又再用之矣.

【剽竊】楚語, 伍擧曰: "臣聞國君聽德以爲聰, 致遠以爲明"(見下).

太甲 下

伊尹申誥于王曰: "嗚呼! 惟天無親, 克敬惟親, 民罔常懷, 懷于有仁, 鬼神無常享, 享于克誠, 天位艱哉! 德惟治, 否德亂. 與治同道, 罔不興, 與亂同事, 罔不亡, 終始愼厥與, 惟明明后. 先王惟時, 懋敬厥德, 克配上帝. 今王嗣有令緒, 尙監玆哉!

【蹈襲】左傳(僖[50]五年), 晉侯假道於虞, 宮之奇諫曰: "臣聞之, 鬼神非人實親, 惟德是依. 故周書曰: '皇天無親, 惟德是輔'(今蔡仲之命). 又曰: '黍稷非馨, 明德惟馨'(今君陳). 又曰: '民不易物, 惟德繄物'"(今旅獒). ○平曰, 僞者, 取周書三節, 播之于三篇, 又一鼓鑄, 用飾此段.

若升高必自下, 若陟遐必自邇. 無輕民事, 惟難, 無安厥位, 惟危. 愼終于始. 有言逆于汝心, 必求諸道, 有言遜于汝志, 必求諸非道. 嗚呼! 不慮胡獲? 弗爲胡成? 一人元良, 萬邦以貞. 君罔以辯言亂舊政, 臣罔以寵利居成功, 邦其永孚于休."

【剽竊】中庸云: "譬如行遠必自邇, 譬如登高必自卑." ○漢書, 東方朔傳云: "談有拂于心而便于身者, 或有順于心而毁于行者."

【改換】禮記引語曰: "樂正司業, 父師司成. 一有元良, 萬國以貞"

---

50) 朝本에는 '昭'로 되어 있음.

(文王世子). 〇平曰, 元者, 震之德也. 震爲長子, 其德仁善, 故古者世子謂之元良. 今改之曰: "天子元良." 可乎?(梅注云: "一人, 天子") 梅書初出, 人不信之. 故梁簡文帝, 上昭明太子文集表云: "幼有文章之敏, 長備元良之德." 其後仍然, 宋眞宗作元良箴, 以賜太子(見宋史). 蕭圓肅太子箴云: "姬周長久, 實係元良." 元良豈天子乎?

補遺

【剽竊】楚語, 伍擧曰: "臣聞國君聽德以爲聰, 致遠以爲明, 不聞其淫色以爲明, 察淸濁爲聰也." 〇平曰, 伍擧之言, 蓋云'聽德曰聰'(聽字從惠, 其字義本然), 非謂'聽德宜聰.' 今也改換數字, 而全文失眞, 語亦卑俗矣, '視遠'亦然.

7

梅氏書平 七

咸有一德

(孔壁本在十六篇中, 今亡. 鄭本, 序在湯誥之下)

史記, 湯旣勝夏, 歸至於泰卷陶, 中䃂作誥(卽仲虺), 旣紬夏命還亳, 作湯誥(史錄其誥, 見下古訓書序中). 伊尹作咸有一德, 咎單作明居, 斯則書序之眞本也. 湯誥, 當時以戒天下諸侯, 其大義有二. 其一曰, 爲民上者, 咸有功德, 其一曰, 安民居者, 乃有建立, 所以與天下更始申嚴約束者也. 於是伊尹·咎單, 各作一誥, 以明此兩大義, 故咸有一德, 亦名曰尹誥(緇衣再引尹誥文). 其作於湯時(克夏初). 而告於諸侯也. 若是明白, 而僞者, 自撰戒語, 以戒太甲, 而謬執 '躬曁湯咸有一德' 語(蒐之於緇衣). 用作告太甲之言, 降而編之於太甲三篇之下, 其亂經如此.

伊尹旣復政厥辟, 將告歸, 乃陳戒于德曰: "嗚呼! 天難諶, 命靡常. 常厥德, 保厥位. 厥德靡常, 九有以亡.

梅云: "告老歸邑." ○平曰, 伊尹告歸之說, 僞也. 春秋傳云: "伊尹放太甲而相之, 卒無怨色"(襄卄一). 太甲旣崩, 又相沃丁. 故咎單作沃丁, 皆言伊尹之事(見史記), 孰云太甲之時, 伊尹歸老也? 僞者, 以小人之心度聖人, 以後世之眼闚前古, 謂復政之後, 蹤跡不安, 理當告老也. 審如是也, 豈止告老而已? 竹書紀年, 有太甲殺尹之說, 造僞之腸, 相去未遠也.

【蹈襲】復政厥辟, 襲洛誥(周公曰: "復子明辟"), 天難諶, 命靡常, 布在詩·書, 不能悉指. ○墨子引湯刑, 又引黃經曰: "上帝弗常, 九有以亡"(見上伊訓說). 僞者, 留此一句, 用於此處.

　夏王不克庸德, 慢神虐民. 皇天弗保, 監于萬方, 啓迪有命, 眷求一德, 俾作神主. 惟尹躬暨湯, 咸有一德, 克享天心, 受天明命, 以有九有之師, 爰革夏正.

【蒐輯】禮記引尹吉曰: "惟尹躬及湯咸有壹德"(緇衣 ○鄭云: "吉當爲告. 告古文誥字之誤也"). ○鄭云: "尹告, 伊尹之誥也. 書序以爲咸有一德, 今亡(孔壁十六篇, 至鄭時無文矣). 咸, 皆也. 君臣皆有壹德不貳, 則無疑惑也." ○平曰, 此篇, 本名尹誥(如周之召誥). 以與咎單, 各撰一誥, 以告諸侯, 故別而名之曰尹誥也. 若然, '惟尹躬先見'一節, 亦本此篇之文(今太甲上篇), 僞者, 誤播爲他篇耳.

　郝敬云: "咸有一德, 猶言各擅一長, 今言皆純一意, 則伊尹不合自矜與湯咸有此一." ○案史記所錄, 湯誥曰: "群后毋不有功於民"(咸有功). 曰: "三公咸有功于民"(咸有功). 果是各奏一功之意, 其自道, 宜亦如此.

　閻云: "緇衣再引, 一曰'惟尹躬暨湯,' 一曰'惟尹躬先見.' 君前臣名, 禮也, 太甲旣稽首於伊尹矣, 伊尹又屢自稱其字于太甲, 豈不君臣交相失乎?(字尹而名摯) 此篇序, 在咎單作明居前, 於太甲無涉." ○平曰, 此是克夏之初, 布告諸侯之詞, 可以稱字, 可以稱湯, 非告太甲, 亦非告湯(太甲拜手稽首, 雖出僞書, 未可非也. 成王於周公, 亦嘗拜手稽首).

或曰: "咸有一德, 是告成湯"(毛云: "湯, 名履. 廟號, 天乙, 其稱成湯者, 諡也. 史記諡法, 儵有除殘去虐曰湯, 湯尙未崩, 焉得云尹躬[1]曁湯? 若謂湯不是諡, 面呼君名, 尤爲無狀, 此皆不學人所言"). ○平曰, 多學人所言, 未見其當. 禮曰: "死諡周道也"(檀弓文). 周禮曰: "大喪作柩諡"(大師文). 大戴禮曰: "周公作諡法"(逸周書云: "周公肇制文王之諡"). 孰云殷有諡也? 若殷有諡, 凡其先王, 皆以甲乙丙丁, 何也? 若據諡法, 諡法, 仁聖盛明曰舜(白虎通). 淵源流通曰禹(見書疏). 然舜尙未崩, 帝曰: "格, 汝舜." 禹尙未崩, 帝曰: "來, 汝禹." 又何故也? 秦始皇制曰: "太古有號無諡, 中古有號, 死而爲諡." 湯者, 號也. 且告諸侯, 非告湯也, 或說毛說, 兩失之.

非天私我有商, 惟天佑于一德, 非商求于下民, 惟民歸于一德. 德惟一, 動罔不吉, 德二三, 動罔不凶. 惟吉凶不僭在人, 惟天降災祥在德. 今嗣王新服厥命, 惟新厥德, 終始惟一, 時乃日新. 任官惟賢材,[2] 左右惟其人. 臣爲上爲德, 爲下爲民, 其難其愼, 惟和惟一. 德無常師, 主善爲師, 善無常主, 協于克一. 俾萬姓咸曰: '大哉! 王言.' 又曰: '一哉! 王心.' 克綏先王之祿, 永底烝民之生.

平曰, 專把'一德'二字, 翻來覆去, 內無義理所主, 其文皆無筋骨相維絡, 如鄕愿夫子强作箴言樣子.

嗚呼! 七世之廟, 可以觀德, 萬夫之長, 可以觀政. 后非民罔使, 民非后罔事. 無自廣以狹人, 匹夫匹婦, 不獲自盡, 民主罔與成厥功."

【蒐輯】呂氏春秋, 引商書曰: "五世之廟, 可以觀怪, 萬夫之長, 可

---

1) 朝本·奎本에는 '躬'이 빠져 있음.
2) 朝本에는 '才'로 되어 있음.

以生謀."〇或曰: "古者天子諸侯, 皆只五廟, 今曰七世之廟, 非僞耶?"(毛云: "新唐書藝文志, 有尙書逸篇三卷, 晉徐邈注中, 有云: '七世之廟, 可以觀德'")〇平曰, 天子七世者, 以有不遷之宗也. 周有文·武, 殷有三宗(太甲曰太宗, 太戊曰中宗, 武丁曰高宗), 凡宗之者不遷. 故孝經曰: "宗祀文王於明堂."宗祀者, 不遷也(魯展禽云: "周人祖文王, 而宗武王." 孝經宗文王, 非也). 至漢猶有此制, 文帝曰太宗, 武帝曰世宗(宣帝曰中宗, 元帝曰高宗, 又東漢明帝曰顯宗, 章帝曰肅宗). 宗之者不遷, 遷之者不宗. 祭之以親者, 四廟而已. 但鄭玄謂: "夏后氏都無祖宗, 只以禹與四親爲五廟." 斯則不然. 魯展禽之言曰: "夏后氏祖顓頊而宗禹"(祭法文大同). 苟以顓頊爲太祖, 而禹與啓不遷, 則下祭四親, 儼亦七廟, 何必爲五廟乎? 但七廟之說, 皆起周末(祭法·荀子·穀梁傳·王制), 何得伊尹之時, 已有七廟之名? 呂覽所引本亦五世, 僞者, 改五爲七也(通典錄虞喜之言曰: "七廟不始於周. 伊尹已言七世之廟. 虞喜, 晉明帝時人, 已見梅書. 梅書之出, 蓋在東晉之初).

【依據】孟子曰: "匹夫匹婦, 有不與[3]被堯舜之澤者"(謂伊尹之志). "匹夫匹婦, 不獲自盡." 蓋依此也.

【誤漏】禮記引尹告曰: "惟尹躬先見于西邑夏, 自周有終, 相亦惟終"(緇衣篇).

說命 上

殷本紀, 有傅說爲相事, 不云作說命.

王宅憂亮陰三祀, 旣免喪, 其惟不言, 群臣咸諫于王曰: "嗚呼! 知之曰明哲, 明哲實作則. 天子惟君萬邦, 百官承式, 王言惟作命, 不言, 臣

---

3) 朝本에는 '與'가 빠져 있음.

下罔攸稟令."

【蒐輯】周書云: "高宗作其卽位, 乃或亮陰三年不言. 其惟不言, 言乃雍"(無逸篇). 〇論語引書曰: "高宗諒陰三年不言"(憲問篇. 孔注以諒陰爲信默). 〇檀弓引書云: "高宗三年不言, 言乃讙." 〇坊記曰: "高宗云: '三年其惟不言, 言乃讙'"(鄭云: "高宗篇, 在尙書. 三年不言, 有父小乙之喪也"). 〇喪服四制引書曰: "高宗諒闇, 三年不言." 〇鏞案, 尙書篇目, 原有高宗之訓(兌命之下, 有高宗肜日·高宗之訓). 高宗之訓, 或稱高宗, 如盤庚之誥, 或稱盤庚(沃丁·仲丁·河亶甲·祖乙, 皆尙書篇名, 高宗仍可爲篇名). 故坊記直曰: "高宗云: '三年不言.'" 如書大傳引盤庚云: "若德明." 內史過引盤庚云: "國之臧"(見周語). 皆引書之例也. 三年不言, 本非高宗親口之所言. 則坊記曰: "高宗云." 有是理乎? 然則, 亮陰三年, 其惟不言, 正是古尙書高宗之訓所載句語. 孔門撰坊記時, 尙書未亡, 得引用如此, 鄭玄註此甚明, 僞者, 以爲無主之物, 肆然取之, 用作說命之首章, 何幸千載之下, 還以此句此章, 屬之高宗之訓, 寶玉大弓, 竟還于公室也? 周公引此文, 以作無逸, 孔子引此文, 以答子張, 以至檀弓·四制之所引, 皆引高宗之訓(此篇, 作於祖庚之時, 非高宗所作), 又明甚矣. 〇又案, '亮陰'二字, 或作亮陰(無逸及梅本說命), 或作諒陰(論語本), 或作諒闇(喪服四制), 或作亮闇(魯世家), 或作梁闇(書大傳), 或作涼陰(漢書五行志), 釋其義者, 或以爲信默(孔安國論語注), 或以爲楣廬(鄭玄四制注), 或以爲心喪(杜預左傳注), 詞章之家, 從違不同. 晉山濤傳, 詔曰: "山太常尙居諒闇." 此從信默之義者也(楣廬者, 天子之制也. 此謂山公非喪事不言), 潘岳西征賦云: "天子寢于諒闇." 此從楣廬之義者也. 余謂, 陰與瘖瘖, 本相通字, 諒陰者默也. 總之, 爲三年居喪之恒禮(孔子云). 高宗因此恒禮, 凝默思道(見楚語), 今乃云: "旣免喪, 其惟不言." 可乎? 僞者, 欲以不言之, 故夢得聖人, 又恐恒禮之不言, 不足以神其事. 故又加'旣免喪'一句. 雖然, 孔子以此爲喪中之事,不可於三年之外, 又加三年. 帝王世紀云: "武丁卽位, 諒闇居凶廬, 三年不言, 旣免喪猶不言, 群臣咸諫"(太平御覽, 亦引之). ○平曰, 免喪猶不言, 本是皇甫謐之說, 僞者, 所本其在是矣.

【剽竊】墨子云: "先王之書, 馴天明不解之道也. 知之曰明哲, 維大臨君下出."

王庸作書以誥曰: "以台正于四方, 台恐德不類. 玆故弗言, 恭默思道, 夢帝賚予良弼. 其代予言." 乃審厥象, 俾以形旁求于天下, 說築傅巖之野, 惟肖. 爰立作相, 王置諸其左右. 命之曰: "朝夕納誨, 以輔台德. 若金, 用汝作[4)]礪, 若濟巨川, 用汝作舟楫. 若歲大旱, 用汝作霖雨. 啓乃心, 沃朕心. 若藥弗瞑眩, 厥疾弗瘳, 若跣弗視地, 厥足用傷.

【修飾】楚語, 靈王虐, 白公子張曰: "昔殷武丁, 能聳其德, 至於神明. 以入於河, 自河徂[5)]亳, 於是乎三年默以思道, 卿士患之曰: '王言以出令也. 若不言, 是無所稟令也.' 武丁, 於是作書曰: '以余正四方, 余恐德之不類, 玆故不言如是.' 而又使之象夢, 求四方之賢聖, 得傅說以來, 升以爲公, 而使朝夕規諫曰: '若金, 用女作礪, 若津水, 用女作舟, 若天旱, 用女作霖雨. 啓乃心, 沃朕心. 若藥不瞑眩, 厥疾不瘳, 若跣不視地, 厥足用傷'"(若武丁之神明也, 猶自謂未乂, 故三年默以思道, 旣得道, 猶不敢專制, 使以象旁求聖人, 旣得以爲輔, 又恐其荒失遺忘, 故使朝夕規誨箴諫曰: "必交修余, 無余棄也"). ○韋昭曰: "作書以書解卿士也." 賈唐曰: "書, 說命也." 昭曰: "非也. 其時未得傅說." ○鏞案, '以余正四方'以下三句, 卽當時詔書. 蓋以不言之, 故作書代言. 韋昭辨之亦明, 今以是爲說命, 可乎? 使以象旁求者, 白公申說之言也, 必交修余者, 白公演釋之義也(交修者, 金礪也). 並錄爲經, 可乎?

---

4) 朝本에는 '作'이 빠져 있음.
5) 朝本에는 '狙'로 되어 있음.

殷本紀云：“武丁卽位，思復殷，而未得其佐．三年不言，政事決定於冢宰，以觀國風．武丁夜夢得聖人，名曰說．以夢所見，視羣臣百吏，皆非也．迺使百工營求之野，得說於傅巖[6]中．是時，說爲胥靡，築於傅巖，見於武丁．武丁曰是也，得而與之語，果聖人．擧以爲相，殷國大治．遂以傅巖姓之，號曰傅說．”〇崔述云：“夢，恍惚之境也．國將興，聽於人，將亡，聽於神．況命相天下之大事！古人必稽於衆，奏以言，試以功，歷試皆效，然後用以爲相，烏有決之於一夢者乎？”〇平曰，國語云：“升以爲公．”史記云：“擧以爲相．”斯蓋驟升而爲相，未必立地直拜，如今人之說，今人信僞書‘爰立’二字，知之如此耳．孟子曰：“傅說擧於版築之間．”離騷經云：“說操築於傅巖，武丁用而不疑．”賈誼鵩[7]鳥賦云：“傅說胥靡，乃相武丁”(莊子云：“傅說得之，以相武丁”)．班固答賓戲云：“殷說夢發於傅巖”(庾信傳說贊云：“躬勞版築．”夏侯湛賦云：“傅說操築而悟主”)．皆無立地直拜之文，其云‘爰立’者，僞也．

鄭云：“得諸傅巖，高宗因以傅命說爲氏”(梅云：“傅氏之巖，在虞·虢之界”)．〇鏞案，鄭說本諸史記．余謂師傅者，三公也．高宗升說爲傅，遂稱傅說(如周師尙父·保奭)．後人遂名版築之地，曰傅巖也(尸子云：“傅巖在北海之洲．”〇古每以齊東爲北海)．

孟子引書曰：“若藥不瞑眩，厥疾不瘳”(趙岐云：“藥攻人疾，先使潰亂”)．〇案，說文，有此二句，錄孟子也．

惟曁乃僚，罔不同心，以匡乃辟，俾率先王，迪我高后，以康兆民．嗚呼！欽予時命，其惟其終．”說復于王曰：“惟木從繩則正，后從諫則聖．后克聖，臣不命其承，疇敢不祗若王之休命？”

【剽取】荀子曰：“木受繩則直，金就礪則利．”〇大戴禮，亦

有之(勸學篇).

說命 中

惟說命, 總百官. 乃進于王曰: "嗚呼! 明王奉若天道, 建邦設都, 樹
后王君公, 承以大夫師長, 不惟逸豫, 惟以亂民. 惟天聰明, 惟聖時憲,
惟臣欽若, 惟民從乂.

【剽取】墨子曰: "先王之書, 相年之道曰: '夫建國設都, 乃作后王
君公, 否用泰也, 輕大夫師長, 否用佚也. 維辯使治天鈞'" (尙同篇). 又
曰: "古者, 建國設都, 乃立后王君公, 奉以卿士師長, 此非欲用說也.
唯辯而使助治天助明也." ○案, 建邦設都, 本周禮之首詞, 墨子稱先
王之書, 非尙書也, 取爲傅說初筵之奏, 無味極矣.

惟口起羞, 惟甲冑起戎. 惟衣裳在笥, 惟干戈省厥躬, 王惟戒玆, 允玆
克明, 乃罔不休. 惟治亂在庶官, 官不及私昵, 惟其能, 爵罔及惡德, 惟
其賢. 慮善以動, 動惟厥時. 有其善, 喪厥善, 矜其能, 喪厥功. 惟事事,
乃其有備, 有備無患. 無啓寵納侮, 無恥過作非. 惟厥攸居, 政事惟醇.
黷于祭祀, 時謂弗欽,[8] 禮煩則亂, 事神則難."

【蒐輯】禮記引兌命曰: "惟口起羞, 惟甲冑起兵. 惟衣裳在笥, 惟
干戈省厥躬" (緇衣篇). ○鄭云: "兌當爲說, 謂傅說也 (學記注云: "字之
誤也"). 羞猶辱也. 衣裳, 朝祭之服也. 惟口起辱, 當愼言語也. 惟甲冑
起兵, 當愼軍旅之事也 (梅云: "兵不可任非其才"). 惟衣裳在笥, 當服以爲
禮也 (梅云: "服不可加非其人"), 惟干戈省厥躬, 當恕己不尙害人也." ○

---

8) 朝本에는 '歆'으로 되어 있음.

鏞案, 甲胄者, 防禦之物, 兵刃者, 刺害之物. 疑人不信, 常存防禦之色, 反所以來兵刃也, 鄭義未精.

【割裂】禮記引兌命曰: "爵無及惡德, 民立而正. 事純而祭祀, 是謂不敬. 事煩則亂, 事神則難"(緇衣篇). ○鄭云: "惡德無恒之德, 純猶皆也(言君祭祀, 賜諸臣爵, 毋與惡德之人也. 民將立以爲正, 言放效之疾. 事皆如是, 而以祭祀, 是不敬鬼神也. 惡德之人, 使事煩, 事煩則亂, 使事鬼神, 又難以得福). 純或爲煩." ○梅云: "高宗之祀, 特豐數延廟, 故說戒之." ○鏞案, 古禮, 祭而賜爵(見祭統). 爵罔及惡德, 正亦祭祀之戒, 鄭玄註此甚明. 僞者, 謂爵與祭無干, 割此一句, 升爲上文, 又刪又改, 惟意所欲, 裂之爲下段, 豈不悲哉? 高宗肜日, 本係祖庚時作, 亦鄭註甚明(鄭以祖庚爲惷愚之人). 僞者, 釋之爲武丁之咎, 乃于此改純爲黷, 而實之以豐昵之罪, 嗟乎! 武丁亦哲王也, 被誣如此. 並詳古訓, 宜考焉(高宗肜日篇).

【剽取】左傳, 魏絳引書曰: "居安危思, 思則有備, 有備無患"(襄十一). ○左傳 士9)伯曰: "啓寵納侮, 其此之謂矣"(定元10)年). ○平曰, '文過遂非,' 改之曰, '耻過作非.'

王曰: "旨哉! 說. 乃言惟服. 乃不良于言, 予罔聞于行." 說拜稽首曰: "非知之艱, 行之惟艱, 王忱不艱, 允協于先王成德. 惟說不言, 有厥咎."

【剽取】左傳, 鄭子皮曰: "非知之實難, 將在行之"(昭十年). ○平曰, 升之爲公, 則師·傅·保也. '旨哉! 說''來, 汝說,' 如呼小兒, 亦不能理勝也.

---

9) 朝本에는 '史'로 되어 있음.
10) 朝本에는 '昭十'으로 되어 있음.

說命 下

王曰:"來, 汝說. 台小子, 舊學于甘盤, 既乃遯于荒野, 入宅于河, 自河徂亳. 暨厥終罔顯. 爾惟訓于朕志, 若作酒醴, 爾惟麴糵, 若作和羹, 爾惟鹽梅. 爾交修予, 罔予棄. 予惟克邁乃訓."

梅云:"既學而中廢業, 遯居田野."○蘇云:"甘盤遯"(朱子曰:"非是").○邵云:(經世書)"高宗踐位, 甘盤爲相."○平曰, 甘盤, 僞案之大者也. 周書曰:"在成湯時, 有若伊尹, 在武丁時, 有若甘盤."而武丁在位五十有九年, 則甘盤者, 武丁之元輔. 同德致治, 如湯之伊尹, 太戊之伊陟者, 非於幼少之時, 一時受學之先生也. 如梅之說, 則武丁微時, 甘盤已死, 而武丁遯荒, 幾年之後, 自河回亳, 久而後嗣位, 甘盤無一日承佐之功, 而免喪之後, 傅說爰立, 則甘盤不得爲武丁之元輔也, 何周公言之如彼耶? 藉使伏‧孔原書, 有此記載, 尙當取重於周公之言, 況梅經‧梅傳之所言乎? 康節爲是之悶, 乃謂踐位之初, 甘盤爲相, 柰與梅經‧梅傳, 千里不侔, 何哉? 夫以六十年享國之君, 而乃以踐位之初, 瞥然爲相者, 配爲元臣, 有是理乎? 傅說是初年之輔, 甘盤是晚年之相, 而僞者, 誤用之如是耳. 東坡謂, '遯者是甘盤,'亦未可非也. 易曰:"遯世无悶." 遯者, 逃世絶俗之退擧也. 武丁有父王, 在身爲世子, 必不敢隱身滅跡, 以礦肥遯之操, 而自陷於彝倫之大罪, 則甘盤之遯, 不猶愈乎? 但梅經之義, 不外於梅注. 爲其自經而自注也, 何以難之?(梅云:"武丁遯").○自河徂亳(遯而回). 爾交修予, 罔予棄(割裂之). 皆收拾白公之語.○爾惟麴糵, 襲禮運(猶酒之有糵). 爾惟鹽梅, 襲晏嬰之語(左傳昭二十年, 晏嬰云:"和如羹焉, 水火鹽梅, 以烹魚肉").

說曰: "王, 人求多聞, 時惟建事, 學于古訓, 乃有獲. 事不師古, 以克永世, 匪說攸聞. 惟學遜志, 務時敏, 厥修乃來, 允懷于茲, 道積于厥躬. 惟斅學半, 念終始, 典于學, 厥德修罔覺. 監于先王成憲, 其永無愆. 惟說[11]式克欽承, 旁招俊乂, 列于庶位."

【剽竊】秦始皇本紀, 淳于越曰: "事不師古, 而能長久者, 非所聞也." ○平曰, 事不師古, 莫大於爰立作相.

【蒐衍】學記引兌命曰: "敬孫務時敏, 厥修乃來." ○鄭云: "敬孫, 敬道孫業也. 敏, 疾也. 學者, 務及時而疾, 其所修之業乃來." ○平曰, 敬孫改之曰, '惟學遜志,' 冗長.

【蒐衍】學記云: "教學相長也, 兌命曰: '學學半.'" ○鄭云: "學人乃益己之學半"(陸釋文云: "學上, 胡孝反"). ○鏞案, 學學半兩學字, 皆當如字讀. 下學字通指學問之全體也, 上學字, 專指受學之初工也(下學字, 猶'志于學'之學, 上學字, 猶'學而時習'之學). 蓋謂受學之事. 雖畢於道學之全體, 僅爲半工, 必又加之以教人之功, 然後方得成全也. 鄭玄讀學如教, 本是謬義, 而僞者, 信如金石, 直改爲斅也. 古文言半, 皆據前一半而言之, 居世百年者, 以前一半爲半生, 行道百里者, 以前一半爲半程, 曰'乘其半渡而擊之,'曰'望道半塗而廢'者, 皆是也. 以教爲半, 則是下一半爲半也, 有是例乎?

【蒐衍】學記引兌命曰: "念終始, 典于學"(又見文王世子). ○鄭云: "典, 經也, 言學之不舍業也"(又文王世子, 註云: "典, 常也, 念事之終始, 常於學, 學禮義之府"). ○平曰, 此句, 與學學半句相連, 則學記必不分句, 而各引之, 其本各章可知也.

王曰: "嗚呼! 說, 四海之內, 咸仰朕德, 時乃風. 股肱惟人, 良臣惟聖. 昔先正保衡, 作我先王, 乃曰: '予弗克俾厥后惟堯·舜, 其心愧恥,

---

11) 朝本에는 '悅'로 되어 있음.

908

若撻于市.' 一夫不獲, 則[12]曰: '時予之辜.' 佑我烈祖, 格于皇天. 爾尙明保予, 罔俾阿衡專美有商. 惟后非賢不乂, 惟賢非后不食, 其爾克紹乃辟于先王, 永綏民."說拜稽首曰: "敢對揚天子之休命."

平曰, 四方之內, 咸仰朕德, 時乃風, 何說也? 爰立作相, 不滿期月, 一政一令, 未或施措, 而虛憍先發虛望, 如此乎? 聖王立賢共治, 豈欲使四海之內, 咸仰朕德乎? 大禹謨曰: "俾予從欲而治, 四方風動, 唯乃之休." 又曰: "萬世永賴, 時乃功." 文氣同出一手, 皆君臣相讚之. 本法, 經筵進講, 有損君德, 多矣.

【蹈襲】孟子形容伊尹之心, 設爲伊尹之言曰: "吾豈若使是君爲堯‧舜之君哉?" 又曰: "匹夫匹婦, 有不被堯‧舜之澤者, 若己推而納之溝中"(又云: "北宮黝, 思以一毫挫於人, 若撻之於市朝"). ○ 平曰, 此數語, 孟子設爲之代言, 非伊尹本有是言也. 武丁於孟子, 千年之前, 預述孟子之言, 以告傅說, 非怪事乎?

泰誓 上

(當作太誓)

惟十有三年春, 大會于孟津.

梅云: "十三年正月"(書序注). ○鏞案, 書序曰: "十一年, 武王伐殷"(上半文). 周本紀曰: "十一年十二月戊午, 師渡盟津(諸侯咸會曰: "孳孳[13]無怠"), 武王作太誓"(其文, 則河內太誓). 漢書律曆志, 亦云: "十

---

12) 朝本에는 '則'이 빠져 있음.
13) 朝本에는 '慈'로 되어 있음.

有一年, 武王伐紂, 大誓八百諸侯." 唯班固據洪範之序, 謬云: "武王克殷, 在十三年"(文見左). 僞者, 篤信班固, 撰經曰: "十三年." 註序曰: "十三年." 變亂舊章, 破裂原序, 至於此極, 惜哉! (詳下書序論)

【律曆志】舊本武成篇序曰: "一月戊午, 師度于孟津"(梅本, 移作太誓序下半). 班固曰: "武王伐紂克殷, 十三年也"(故書序曰: "武王克殷, 以箕子歸, 作洪範." 洪範篇曰: "惟十有三祀, 王訪于箕子"). ○鏞案, 武王九年觀兵, 十一年克殷. 此事, 載於周本紀, 載於魯世家, 載於齊世家, 與太誓舊序相合, 無可疑者. 洪範序云: "以箕子歸." 不合事理(詳下書序論). 武王之訪問大道, 宜在鼎革數年之後, 乃云: "誅紂歸路, 俘而俱歸." 卽訪治平之術, 而箕子樂爲之敷陳乎? 烏在乎三仁之一致也? 藉無他據, 但執洪範之十有三祀可定, 克殷之必不在十有三年, 經云'十有三年'者, 僞也.

【謬義】書大傳云: "文王受命一年, 斷虞·芮之質, 六年伐崇, 七年而崩." ○周本紀曰: "西伯, 蓋受命之年稱王, 而斷虞·芮之訟, 後十年而崩, 武王卽位九年, 觀兵于盟津(是時, 諸侯不期而會者八百). 乃還師, 居二年, 東伐紂, 十一年十二月戊午, 師渡盟津." ○班固云: "文王受命九年而崩, 再期大祥而伐紂(故書序曰: "惟十有一年, 武王伐紂, 大誓八百諸侯會"), 還歸二年, 乃遂伐紂克殷(引洪範), 自文王受命至此, 十三年"(文王十五而生武王, 武王克殷之歲, 八十六矣. 故文王世子曰: "文王九十七而終, 武王九十三而終"). ○皇甫謐云: "文王卽位四十二年, 歲在鶉火, 更爲受命之元年, 始稱王矣." ○梅云: "受命九年, 而文王卒, 武王服畢, 觀兵孟津, 十三年正月, 更與諸侯伐紂." ○孔云: "知此十一年, 非武王卽位之年者, 大戴禮云: '文王十五而生武王'(少文王十四歲). 文王世子云: '武王九十三而終'"(武王八十四卽位, 九十三而崩, 適滿十年. 不得以十三伐紂. ○易緯稱: "文王受命, 改正朔, 布王號於天下." 鄭玄依而用之, 非也). ○朱子曰: "太誓序十有一年, 經云'十有三年,' 必差誤." ○蔡云: "十三年者, 武王卽位之十三年也"(歐陽修云: "西伯卽位, 已改元, 中間不宜改元, 而又改元, 至武王卽位, 宜改元, 而又不改元, 乃上冒先君之元年, 稱十一年. 及其滅商而得天下, 其事大於聽訟遠矣, 又不改元. 由是言之, 謂文王受命改元, 武王冒文王之元年者, 皆妄矣"). ○毛云: "武王不得有十三年(紂在文王時, 罪惡已稔, 安有十三年虛度之理?). 後儒讀書拘泥, 謂文王必不當稱王(文王世子, 武王呼文王爲君王也). 若改元, 則魏惠王·秦惠文王, 俱有後元年." ○鏞案, 此大訟也. 大訟決之以古經. 其在無逸曰: "文王受命, 惟中身, 厥享國五十年"(中身者, 五十也. 文王四十七, 承王季爲君). 何謂文王受命, 七年而崩乎? 黃龍玄龜白魚赤雀, 負圖銜書之說(見正義). 妖邪詭誕, 不可稱述, 乃以是爲文王受命之符, 可乎? 大傳曰: "牧之野, 武王之大事也. 旣事而退, 追王太王·王季·文王"(中庸云: "周公追王"). 追王之文, 若是著顯, 乃云'殷命未絶,' 周已僭王乎? 天無二日, 土無二王, 敢以是厚誣我文王乎? 設令文王眞有此事, 以此年紀冒之武王, 又何法也? 湯受命爲王, 十三年而崩, 不以是年冒之外丙, 禹受命爲王, 八年而崩, 不以是年冒之子啓. 夫禹·湯受命, 赫赫皇皇, 比之文王之僭稱王, 不翅天淵, 而其年紀用於當世而止, 奚獨文王之年可寶, 而不忍捨乎? 魏惠王, 有後元年(出汲冢紀年). 不以是年冒之於襄王. 秦惠文王, 有後元年, 不以是年冒之於王蕩, 奚獨文王之年, 冒之武王乎? 班固此說, 決然非理. 特以劉歆之爲三統曆, 拘於大戴禮·文王世子二記之文, 必欲短武之年, 而雙從二記, 故作此拘牽迂曲之論, 而班固從而錄之也.

古者婚禮, 女少於男. 故易曰: "老婦士夫, 亦可醜也." 禮, 三十而有室, 二十而嫁. 以此推之, 太姒之少於文王, 可知(大雅疏云: "太姒少於文王一二歲"). 誠使文王十三生伯邑考, 十五生武王, 則太姒甫踰十歲, 已產二子乎?(醫家, 以女年十四, 爲天癸, 不滿天癸者, 不得產子). 然且武王之壽, 未九十也. 人之夭壽, 有命在天, 何得損父益子, 唯意所欲? 文王敬天無豫, 必無是言. 大誥曰: "天降割于我家, 不少延." 不少延者, 謂武王不享年也. 禮曰: "人生十年曰幼." 武王之崩, 成王尙幼,則武王不享年也(禮疏云: "成王十三歲." ○若然, 武王八十一, 生成王). 周本紀曰: "武王克殷, 而歸告于周公曰: '天不饗殷, 自發未生於今六十年, 麋鹿在牧.'" 時武王克殷之歲, 猶未滿六十也. 故竹書紀年, 竟以武王五十四而崩, 安知非信文乎? 傳記諸文, 非一人之筆, 彼此牽合, 未有不七藤而八葛者, 非通儒之所屑爲也. 武王卽位之十有一年, 克殷追王, 十有三年, 訪于箕子, 其云'冒文王之年'者, 妄也. 一月戊午者(書序云). 建子月之戊午也. 周本紀云'十二月戊午'者, 從殷正也(殷之建子月, 卽十二月). 武成舊序云'一月戊午'者, 從周正也(卽正月). 不云正月, 而謂之一月者, 師渡之時, 未改正朔, 故史臣追序, 雖用周正, 而不敢云正月, 其筆法嚴矣.

王曰: "嗟! 我友邦冢君, 越我御事庶士, 明聽誓. 惟天地萬物父母, 惟人萬物之靈. 亶聰明, 作元后, 元后作民父母. 今商王受, 弗敬上天, 降災下民, 沈湎冒色, 敢行暴虐, 罪人以族, 官人以世, 惟宮室臺榭陂池侈服, 以殘害于爾萬姓. 焚炙忠良, 刳剔孕婦. 皇天震怒, 命我文考, 肅將天威, 大勳未集.

平曰, 惟天地萬物父母, 於三代古經, 絶無此言. 堯·舜·禹·湯·文·武·周·孔之口, 必無此言. 唯自秦·漢以來, 大道湮晦, 邪說紛興, 於是乎有之也. 說卦云'乾爲父坤爲母'者, 八卦之物象, 非卽以蒼天爲大父, 黃土爲大母也. 說卦物象, 遠取則爲馬爲牛, 近取則爲首爲腹, 非有定理, 唯其像似也. 雨露曦陽, 自天下施, 土壤水濕, 自地仰發, 所謂天施而地生也. 故以蒼天爲父象, 黃土爲母象, 以之觀占而已. 造化發育之本, 自有皇天上帝, 無形無聲, 日監在玆, 今乃曰: "惟天地萬物父母." 則直以造化生育之原, 歸之於蒼天黃土, 豈聖人昭事之義乎? 孝經曰: "昔者, 明王事父孝, 故事天明, 事母孝, 故事地察"(又云: "天地之性, 人爲貴"). 斯豈孔·曾之遺文乎? 春秋緯云: "人主, 父天

母地, 兄日姊月"(感精符). 漢儒解經, 多以緯書亂之, 浸漬日久. 遂至
南郊北郊, 並祀天地, 則虞·夏·殷·周 昭事上帝之法, 皆晦塞昏黑,
而不可復問矣. 朱子疑孝經, 其識見卓越千古, 謂北郊不當並祭, 其議
論超過萬人. 林黃中, 難西銘乾父坤母, 朱子斥其他說(大君宗子等錯解),
不斥乾坤之說. 蓋古人所事, 卽無形無聲之上帝, 非有形有質之天地
也. 僞者, 撰僞經, 其有干於道之大原如此.

【剽取】荀子曰: "以族論罪, 以世擧賢." ○平曰, 官人以世, 先王
之法也. 封建之世, 五等之爵, 無不世襲, 卿大夫亦然. 故文王之治岐
也, 仕者世祿, 孟子誦之, 滕之世祿, 孟子美之, 魯·衛·晉·鄭, 皆以
文王之法, 世卿世祿, 春秋不譏. 唯齊·秦尙功, 任官惟賢. 雖其法互
有長短, 世官之法, 不自紂始, 以此罪紂, 紂冤矣.

【剽取】宮室臺榭, 襲禮運(藏器曰榭, 非如後世游觀之謂榭), 焚炙忠良,
出列女傳(卽炮烙之刑). ○墨子曰: "昔者, 殷王紂, 楚毒無罪, 刳剔孕
婦"(明鬼篇). 鄒陽獄中上書曰: "封比干[14]之後, 修孕婦之墓"(皇甫謐世
紀云: "紂剖比干妻, 以視其胎").

蔡云: "大勳在文王時, 未嘗有意." ○案, 天未嘗命文王, 肅將天
威, 僞者, 若以文王爲一戰不利者然.

　　肆予小子發, 以爾友邦冢君, 觀政于商, 惟受罔有悛心, 乃夷居, 弗事
上帝神祇,[15] 遺厥先宗廟弗祀, 犧牲粢盛, 旣于凶盜. 乃曰: '吾有民有
命.' 罔懲其侮. 天佑下民, 作之君作之師, 惟其克相上帝, 寵綏四方, 有
罪無罪, 予曷敢有越厥志. 同力度德, 同德度義, 受有臣億萬, 惟億萬心,
予有臣三千, 惟一心.

梅云: "觀政, 謂十一年自孟津還時"(蔡云: "先儒以觀政爲觀兵, 　誤").

---

14) 朝本에는 '平'으로 되어 있음.
15) 朝本에는 '祇'로 되어 있음.

○平曰, 梅書自經自註, 不容有誤, 撰經之時, 原以觀兵爲觀政. 故下文, 得以不悛舊習, 恬然平居, 爲紂罪案也. 觀兵者, 示威也. 周穆王, 自征不享, 且觀之兵, 祭公謀父諫曰: "先王耀德不觀兵"(見周[16]語). 曾謂武王觀兵乎? 左傳云: "楚子伐陸渾之戎, 觀兵于周疆"(宣三年). 又"楚子伐吳, 觀兵於坻箕之山"(昭五年). 又"諸侯之師, 觀兵于鄭東[17]門"(襄十一). 韋昭·杜預之註, 皆云: "示威, 觀者, 示也"(見易注). 唯書大傳·僞太誓, 皆有觀兵之說, 史遷錄之於周本紀, 僞者信此, 又念祭公之言, 改之曰觀政, 政也者, 兵也. 周禮, 兵典曰政典, 大司馬掌邦政.

【蒐改】墨子引泰誓云: "紂越厥夷居, 不肯事上帝, 棄厥先神祇[18]不祀. 乃曰: '吾有命.' 無廖僷務天下, 天亦縱棄紂而不葆"(天志中篇. ○又非命上篇云: "紂夷處, 不肯事上帝鬼神, 禍厥先神禔[19]不祀, 乃曰: '吾民有命'. 無廖排漏, 天亦縱之, 棄而弗葆." ○非命中篇云: "紂夷之居, 而不肯事上帝, 棄闕其先神而不祀也. 曰: '我民有命.' 毋僇其務, 天亦棄縱而不葆"). ○閻云: "今不祀下, 增'犧牲粢盛, 旣于凶盜'二句, 以合箕子之言(攘竊神祇[20]之犧牷牲用). 刪去'縱棄不葆'一句, 下接孟子之言"(作之君).

【蒐改】孟子引書曰: "天降下民, 作之君作之師, 惟曰其助上帝, 寵之四方, 有罪無罪, 惟我在. 天下曷敢有越厥志"(繼云: "一人衡行於天下, 武王恥之, 此武王之勇也"). ○平曰, 寵之四方, 謂天寵此君師之人(王者承天眷). 今改之曰: "寵綏四方"(梅注, 似以寵字屬上句). 則受天寵者, 民也, 非王也. 有罪無罪, 惟我在者, 猶言萬方有罪, 在予一人(古湯誓). 今刪'我在'一句, 則又無身任天下之意(旣蒐而又改之, 蓋其天性詐薄, 不能爲純眞).

---

16) 朝本에는 '固'로 되어 있음.
17) 朝本·奎本에는 '南'으로 되어 있음.
18) 朝本에는 '祇'로 되어 있음.
19) 朝本에는 '祇'로 되어 있음.
20) 朝本에는 '祇'로 되어 있음.

【剽取】左傳, 萇弘曰: "同德度義, 太誓曰: '紂有億兆夷人, 亦有離德, 余有亂臣十人, 同心同德'"(昭廾四). ○平曰, 萇弘將引太誓, 先云, '同德度義,' 同德度義者, 萇弘之言也. 取以爲經, 可乎? 萇弘以亂臣十人爲同心, 梅書, 乃以有臣三千爲同心, 則管子之所引也. 鵲巢鳩居, 趙壁漢幟. 頭尾互換, 腹背相變, 唯割裂翻轉, 以爲伎倆, 蓋其天性詐薄, 不能純眞如此(左傳襄三十一年, 及昭二十六年, 有云: "年鈞擇賢, 義鈞以卜." 文法, 又出於此).

【蒐換】管子引泰誓曰: "紂有臣億萬人, 亦有億萬心, 武王有臣三千而一心"(法禁篇). ○案, 管子, 云'武王'者, 傳誦之文也. 本應作予有臣(太誓, 是太公之誓, 則其必云, '予有臣,' 亦未可知).

商罪貫盈, 天命誅之, 予弗順天, 厥罪惟鈞. 予小子, 夙夜祗懼, 受命文考, 類于上帝, 宜于冢土, 以爾有衆, 底天之罰. 天矜于民, 民之所欲, 天必從之, 爾尚弼予一人, 永清四海. 時哉! 弗可失."

【剽取】貫盈, 竊中行桓子語(左傳宣六年, 晉侯欲伐赤狄, 中行桓子曰: "使疾其民, 以盈其貫"). ○王制曰: "天子將出, 類乎上帝, 宜乎社, 造乎禰"(孔疏云: "受命文考, 卽造乎禰"). ○案, 文王伐崇, 已行類祭, 故皇矣詩云: "是類是禡."

【蒐輯】周語, 單襄公引太誓曰: "民之所欲, 天必從之"(又鄭語, 史伯引此句, 又左傳襄三十一年, 穆叔引此句, 昭元年, 鄭子羽引此句). ○韋云: "今太誓無此言, 其散亡乎?"(杜云: "今太誓無此文, 故諸儒疑之") ○案, 韋·杜所謂今太誓, 卽河內太誓也.

【剽取】吳世家, 公子光曰: "此時不可失, 使專諸弒王僚." ○平曰, 時哉! 弗可失, 武王必無此言. 此利天下言也, 取吳王弒逆之言, 用於此處, 其有誣之心也與!

泰誓 中

惟戊午, 王次于河朔, 羣后以師畢會. 王乃徇師而誓曰: "嗚呼! 西土有衆, 咸聽朕言. 我聞, '吉人爲善, 惟日不足, 凶人爲不善, 亦惟日不足.' 今商王受, 力行無度, 播棄犁老, 昵比罪人, 淫酗肆虐, 臣下化之, 朋家作仇, 脅權相滅, 無辜籲天, 穢德彰聞.

漢書律曆志, 武成舊序曰: "一月戊午, 師度于盟津." ○ 平曰, 惟日不足, 天保詩句也. 發言無非陳語.

【剽取】吳語, 伍子胥曰: "今王播棄犁老, 孩童焉比謀." ○ 平曰, 僞者, 愛此二句, 一用於此處, 一用於伊訓(比頑童). 無攸棄也.

惟天惠民, 惟辟奉天, 有夏桀弗克若天, 流毒下國, 天乃佑命成湯, 降黜夏命. 惟受罪浮于桀, 剝喪元良, 賊虐諫輔, 謂己有天命, 謂敬不足行, 謂祭無益, 謂暴無傷. 厥鑒不遠, 在彼夏王. 天其以予乂民. 朕夢協朕卜, 襲于休祥, 戎商必克.

【蒐改】墨子引太誓曰: "紂乃曰: '我民有命'"(文見上西伯戡黎, 所云我生不有命在天). 又云: "惡乎君子, 天有顯德, 其行甚章. 爲鑒不遠, 在彼殷王(梅書, 改云夏王, 蕩詩云: "殷鑒不遠, 在夏后之世." 改之有據也). 謂人有命, 謂敬不可行, 謂祭無益, 謂暴無傷. 上帝不常, 九有以亡, 上帝不順, 祝降其喪. 惟我有周, 受之大商[21]." ○ 平曰, 上帝不常以下, 僞者刪之. 然未忍終棄也. 上帝不常, 在伊訓, 九有以亡, 在咸有一德. ○ 案, 墨子所引太誓, 文體卑順, 不似古經意. 墨子引書, 稍變其詰屈, 以就平易, 若史遷錄尙書諸篇, 皆改換字句也.

---

21) 朝本에는 '帝'로 되어 있음.

【蒐輯】周語, 單襄公引太誓曰: "朕夢協朕卜, 襲于休祥, 戎商必克"(又左傳昭七年, 史朝曰: "筮襲于夢, 武王所用"). ○案, 齊世家云: "武王伐紂, 卜龜兆不吉. 羣公盡懼, 唯太公彊之"(六韜云: "卜戰, 龜焦, 筮又不吉, 太公曰: '枯骨朽蓍, 不踰人矣'"). 太史公亦見國語, 而所取舍不同也.

受有億兆夷人, 離心離德. 予有亂臣十人, 同心同德. 雖有周親, 不如仁人. 天視自我民視, 天聽自我民聽. 百姓有過, 在予一人, 今朕必往.

【蒐改】左傳, 萇弘引太誓曰云云(文見上). 又左傳, 君子曰: "太誓所謂商兆民離, 周十人同者." ○杜云: "紂衆億兆, 兼有四夷(梅云: "夷人, 平人也"). 今太誓無此語."

論語, 武王曰: "予有亂臣十人"(泰伯篇). ○左傳, 叔孫穆子曰: "武王有亂臣[22]十人." ○案, 僞者所用者, 萇弘所引也.

【割裂】論語曰: "周有大賚, 善人是富. 雖有周親, 不如仁人, 百姓有過, 在予一人"(堯曰篇). ○孔安國眞曰: "親而不賢不忠, 則誅之, 管·蔡是也, 仁人謂箕子·微子, 來則用之"(論語注). ○孔安國假曰: "周, 至也. 言紂至親雖多, 不如周家之少仁人"(太誓傳). ○平曰, 旣是孔安國之傳, 則何以與孔安國之註, 若胡·越之異音也?(邢昺云: "孔注異者, 欲兩通其義, 故不同") 孔安國旣見此眞太誓, 其註論語時, 何不以此爲太誓篇文也? 余謂, 孔安國亦不見孔安國之傳者, 非過語也(上庚四). '周有大賚'之節, 割而用之於武成, '周親''百姓'之間, 裂而納之以天聽[23], 割裂經典, 有同布帛. 罪大惡極, 蓋至於是矣.

【蒐輯】孟子引泰誓曰: "天視自我民視, 天聽自我民聽"(萬章篇). ○趙云: "泰誓尙書篇名." ○案, 趙岐不云逸文, 當時河內太誓, 或有此節. 漢書元帝紀, 詔曰: "傳不云乎? 百姓有過, 在予一人"(師古

---

22) 朝本에는 '臣'이 빠져 있음.
23) 朝本에는 '聰'으로 되어 있음.

云: "論語, 載殷湯伐桀, 告天下之文"). ○案, 上有'周'字, 師古之說, 非也. 今朕必往, 襲湯誓也. 然湯在亳而誓, 未及啓行, 告以必往之意, 可矣. 武王已度孟津, 已行千餘里, 到其所往矣. 乃曰: "今朕必往." 將又何往? 僞哉!

我武惟揚, 侵于之疆, 取彼凶殘, 我伐用張, 于湯有光. 勖哉!! 夫子, 罔或無畏, 寧執非敵. 百姓懍懍,[24] 若崩厥角. 嗚呼! 乃一德一心, 立定厥功, 惟克永世."

【蒐輯】孟子引太誓曰: "我武惟揚, 侵于之疆, 則取于殘, 殺伐用張, 于湯有光"(滕文公). ○趙云: "太誓, 古尙書百二十篇之時太誓也. 今之太誓, 後得以充學, 故不與古太誓同. 諸傳記引太誓, 皆古太誓也." ○閻云: "武王非[25]自語. 于湯有光非[26]誇也, 僞者, 以爲武王語, 侈然自多其功."[27] ○平曰, 太誓, 本太公誓師之文(義見齊世家). 故其詞如此. 今云: "武王自誓而自言其功曰: '于湯有光.'"可乎?

【蒐割】孟子曰: "武王之伐殷也, 革車三百兩, 虎賁三千人. 王曰: '無畏. 寧爾也, 非敵百姓也'若崩厥角稽首"(盡心篇). ○趙云: "若崩厥角者, 額角犀厥地也. 稽首, 拜命欲令武王來征己國." ○平曰, 若崩厥角者, 萬民聽命, 一時稽首, 其額角隕地勢, 若崩頹然也. 此四字, 形容殷民如旱得雨之情. 今改之曰: "百姓懍懍, 若崩厥角."則項羽入秦之氣象, 豈天吏除殘之義乎?(梅·蔡以爲民畏紂之虐, 憂懼不安. ○朱文公孟子之注, 與趙意同) 寧執非敵, 又何說也? 天性詐薄, 得一完好之古經, 不忍不破裂殘割也如此. 革車虎賁, 牧誓之序也. 牧野戰勝之後, 史臣追敍其日之光景如此. 或係古武成遺文. 僞者, 用之於太誓,

---

24) 朝本에는 '澟澟'으로 되어 있음.
25) 朝本에는 '非'가 빠져 있음.
26) 朝本에는 '非'가 빠져 있음.
27) 朝本에는 '其功'이 빠져 있음.

非矣.

【剽竊】立定厥功, 惟克永世, 竊取河內太誓文(彼云: "立功立事, 可以永年." ○漢書, 平當傳引之). ○平曰, 河內僞者, 若見梅本, 當以梅本出之, 旣見梅本, 又作河本, 必無是理. 梅之竊河, 不旣明乎? 竊僞文以作僞文, 將欲何爲?

泰誓 下

時厥明, 王乃大巡六師, 明誓衆土. 王曰: "嗚呼! 我西土君子, 天有顯道, 厥類惟彰. 今商王受, 狎侮五常, 荒怠弗敬, 自絶于天, 結怨于民. 斮朝涉之脛, 剖賢人之心, 作威殺戮, 毒痛四海. 崇信姦回, 放黜師保, 屏棄典刑, 囚奴正士, 郊社不脩, 宗廟不享, 作奇技淫巧, 以悅婦人. 上帝弗順, 祝降時喪, 爾其孜孜, 奉予一人, 恭行天罰.

梅云: "師出以律, 三申令之"(孔云: "孫子兵法, 三令五申之"). ○平曰, 兵法三令五申者, 謂擊刺分合之期, 坐作進退之節也. 故牧誓云: "比爾干, 立爾矛." 費誓云: "敿乃干, 鍛乃戈." 以至六步七步, 六伐七伐, 皆軍令之所宜申申者. 今也行軍克敵之術, 一言不及, 唯臚列紂罪, 細大不遺, 虛實相蒙分排, 三日重言複言, 豈兵家所謂三令五申者乎? 太誓本止一篇, 凡言三篇者, 皆僞也.

【剽襲】王乃大巡, 襲國語虢文公之語(其論藉田之法曰: "命旅曰徇, 農師一之, 農正再之, 后稷三之, 王則大徇"). 狎侮五常, 自絶于天, 襲周本紀所載僞太誓(彼云: "毁壞三正, 自絶于天"). 結怨于民, 襲范雎傳(彼云: "結怨于[28]百姓"). ○平曰, 又竊僞太誓, 以撰僞太誓.

【剽取】淮南子云: "剖賢人之心, 析才士之脛"(俶眞訓). 又云: "斮

---

28) 朝本에는 '干'으로 되어 있음.

朝涉者之脛”(主術訓). ○劉向新序云:“宋康王, 剖傴者之背, 鍥朝涉
之脛, 國人大駭, 齊聞而伐之”(水經注云:“老人渡水, 而沈吟難濟²⁹⁾, 紂問其
故, 左右曰:‘老者髓不實, 故畏寒也.’ 紂乃斮脛而視之”). ○平曰, 僞者所據,
淮南子也. 然劉向所言, 具有事實, 今以宋傴之事, 冒之商受, 可乎?
(宋世家云:“偃射血囊, 謂之射天, 齊湣王滅之, 天下謂之桀宋”) 論語³⁰⁾曰:“紂
之惡, 不如是之甚, 天下之惡, 皆歸之.” 誠哉! 言乎(水經注, 在梅書之
後, 不足言也).

【勦取】以悅婦人, 恭行天罰, 皆周本紀僞太誓之文. 上帝弗順, 祝
降時喪, 割墨子所引太誓之文(卽謂‘祭無益’之下文, 其全文見上). ‘孜孜’二
字, 亦出僞太誓.

　　古人有言曰:‘撫我則后, 虐我則讎.’ 獨夫受, 洪惟作威, 乃汝世讎. 樹
　　德務滋, 除惡務本. 肆予小子, 誕以爾衆士, 殄殲乃讎, 爾衆士, 其尚迪
　　果毅, 以登乃辟. 功多有厚賞, 不迪有顯戮.

【勦取】汲冢周書云:“德則民戴, 否則民讎.”
【蒐輯】荀子引太誓曰:“獨夫受(孟子曰:“聞誅³¹⁾一夫紂.” 蓋亦依太誓
言之). ○左傳, 伍員曰:“臣聞之, 樹德莫如滋, 去疾莫如盡”(哀元年).
○戰國策, 秦客卿謂穰侯曰:“詩云:‘樹德莫如滋, 除害莫如盡’”(姚氏
本, 作書云). ○平曰, 增以廣之曰滋, 殫以竭之曰盡. 兩語均正, 眞是
理到之言. 今改之曰:“除惡務本.” 則兩語旨義, 不能相反, 無味極矣
(滋與本, 不能相反). 旣蒐旣取, 何苦改之.

　　嗚呼! 惟我文考, 若日月之照臨, 光于四方, 顯于西土, 惟我有周, 誕

---

29) 朝本에는 ‘齊’로 되어 있음.
30) 朝本·奎本에는 ‘孟子’로 되어 있음.
31) 朝本에는 ‘紂’로 되어 있음.

受多方. 予克受, 非予武, 惟朕文考無罪. 受克予, 非朕文考有罪, 予小子無良."

【蒐改】墨子引太誓曰: "文王若日若月, 乍照光于四方于西土"(兼愛篇). ○平曰, 墨子所引古雅, 何苦改之?

【蒐輯】坊記引太誓曰: "予克紂, 非予武, 惟朕文考無罪. 紂克予, 非朕文考有罪, 惟予小子無良"(子云: "善則稱親, 過則稱己, 則民作孝. 太誓曰云云"). ○鄭云: "克勝也. 非予武, 非我武功也. 文考, 文王也. 無罪, 則言有德也. 無良, 無功善也. 此武王誓衆, 以伐紂之辭, 今太誓無此章, 則其篇散亡." ○案, 太誓雖太公所誓, 以武王之命布告于衆, 故稱予稱朕. 他章皆然矣.

【遺漏】墨子引太誓曰: "小人見姦巧, 乃聞. 不言也發, 罪鈞"(尙同篇. ○自釋云: "此言, 見淫辟不以告者, 其罪亦猶淫辟者也"). ○閻云: "馬融言, '書傳所引太誓甚多, 略擧五事以明之.' 僞者, 不能博極羣書, 止據馬融所及, 而餘多遺者." ○平曰, 墨子所引太誓, 皆在馬融所擧之外, 僞者悉收之, 適此章, 爲不斂之穧耳. 僞者之綻, 由其悉蒐而不遺. 有遺不足病也. 傳記所引之見遺者, 唯'昏墨賊殺'等數句而已(左傳昭十四年, 引夏書曰: "昏墨賊殺, 皋陶之刑也").

8

梅氏書平 八

武 成

(孔壁本, 在十六篇中)

漢書律歷志, 載武成舊序曰:"一月戊午, 師度于孟津"(今梅本, 書序無此一段). ○平曰, 司馬遷見孔安國之眞本, 以載篇名, 班固據劉歆之曆統, 以錄序文. 兩人皆脈絡相貫, 不容有誤. 今梅氏之經, 改換唯意, 軌躅難尋, 非精查密究, 不可解也.

惟一月壬辰, 旁死魄, 越翼日癸巳, 王朝步自周, 于征伐商.

【漢書律歷志】錄武成曰:"惟一月壬辰, 旁死覇(今作魄), 若翌日癸巳, 武王乃朝步自周, 于征伐紂"(孟康云:"旁死覇, 二日也. 一月辛卯朔, 故二日爲壬辰"). ○班固曰:"死覇, 朔也. 生覇, 望也. 師初發, 以戊子, 故戊午度于孟津"(孟津去周九百里, 師行三十里. 故三十一日[1]而度. ○戊午度孟津). ○鏞案, 一月者, 建子月也(蔡則云:"建寅").

---

1) 朝本·奎本에는 '二十七日'로 되어 있음.

【律歷志】武成曰: "粵若來三月旣死覇, 粵五日甲子, 咸劉商王紂" (師古云: "劉, 殺也. 今文尙書之辭"). ○班固云: "閏二月, 庚寅朔, 三月二日, 庚申, 四月, 己丑朔." ○又云: "至庚申, 二月朔日也, 四日癸亥, 至牧野夜陳, 甲子昧爽而合矣. 故外傳曰: '王以二月癸亥夜陳'" (周語, 伶州鳩云: "王以二月癸亥夜陳, 未畢而雨"). ○閻云: "三統曆引武成, 班固分爲三截, 各以他語間隔之. 僞者, 瞥見第一截, 援入今武成, 而第二第三截, 竟爾遺闕." ○平曰, 僞者心躁, 其作周官, 其六官職掌, 悉依周禮, 而至於冬官, 辛苦自撰, 不知天官小宰具有原文. 今於律歷志, 亦收一而遺二.

【律歷志】武成曰: "惟四月旣旁生覇, 粵六日庚戌, 武王[2]燎于周廟. 翌日辛亥, 祀于天位. 粵五日乙卯, 乃以庶國祀馘于周廟" (師古云: "亦今文尙書也"). ○班云: "是月甲辰, 望. 乙巳, 旁生覇." ○平曰, 顏師古, 以下二截爲今文尙書者, 謂梅書無此二截, 則是古文之所無, 古文之所無, 則歸之於今文而已, 幾見伏壁書中有武成篇乎? (二十八篇無武成) 赫赫孔安國古文尙書十六篇中, 明有武成, 而以不見收於僞書之, 故蹴而斥之如此, 豈不冤哉?

孔(穎達)云: "律歷志引武成者, 焚書之後, 有人僞爲之, 漢世謂之逸書. 其後又亡其篇" (鄭玄云: "武成逸書, 建武之際亡, 謂彼僞武成也"). ○閻云: "古文武成, 建武之際亡, 建武之前, 劉向·劉歆父子, 校理秘書, 其篇固具在也. 一月癸巳, 二月甲子, 四月庚戌辛亥乙卯, (節) 皆劉歆占之於象緯, 驗之於時令, 考之於經傳, 無不脗合, 而後 (謂與伶州鳩之言相合) 著其說如此, 班固所謂推法最密者也. (節) 乃顏師古指之爲今文, 孔穎達指之爲僞書" (孔云: "焚書之後, 有人僞爲之"). ○平曰, 潛丘之說, 核而未備也. 武成一篇, 乃孔安國十六篇之一也 (上丁七). 當時雖無師說, 其有關曆紀者, 劉歆父子, 辛苦譯解, 伊訓一條 (伊訓亦十六

---

2) 朝本에는 '武王'이 빠져 있음.

篇之一) 武成三條, 見錄於三統, 非取荒唐不根之雜書, 苟然衰成者也. 嗟乎! 劉歆父子, 親校孔安國家所上孔壁眞本(上甲八), 家傳世掌, 志壹精專. 卽孔壁之書, 一點一畫, 或有差誤, 安國容或不知, 劉歆父子, 必辨之明白, 何得以一字贗經, 或載於三統曆中乎? 漆書可誣, 鄭本可罵, 而劉曆所載之經, 凡尊古文之學者, 斷不敢非毀一字. 乃沖遠指劉曆三條, 謂出僞書, 天下寧有此事? 劉氏之於孔氏, 純誠血忱, 闡發古文, 寶之護之, 如天球弘璧, 以至陷辱身名, 瞀不知悔. 其兩家敦好宜, 至百世, 乃沖遠奉贗爲祖, 指眞爲賊, 至詆劉氏家傳之學, 而莫之悟焉, 豈不惑哉? 設如其言三條皆僞, 則梅書又何與第一條相同乎? 建武之際, 其書雖亡(杜林豫知古文必亡, 乃爲漆書小冊, 以授弟子. 而十六篇不入漆書, 遂亡矣), 三統之曆, 依然具存. 故班固得取以爲志, 安得以建武亡書之事, 並誣此武成三條乎? 劉曆·班志, 其自作爲文者固多. 驕駮若文王之年, 冒之武王, 洪範之年, 引爲克殷之類, 是也. 其殘章缺句, 採之於伊訓·武成者, 必無一誤, 非後人所得誣也(鄭玄所云'亡於建武'者, 則古文十六篇, 非有別本僞書亡也).

【逸周書】世俘解云: "一月丙辰, 旁生魄. 若翼日丁巳, 王征伐商. 越若來二月旣死魄, 越五日甲子, 咸劉商王紂. (節) 四月旣旁生魄, 越六日庚戌, 武王燎于周. 若翼日辛亥, 祀于位, 越五日乙卯, 乃以庶國祀馘于周廟"(四月以下同). ○閻云: "一月丙辰, 二月甲子, 大可議也. 武王一月, 實爲辛卯朔, 則一月旁生魄, 當爲丁未, 翼日當爲戊申, 豈丙辰丁巳乎?"(亦僞書) ○申綽云: "三統曆所引者, 略改數字, 投入周書, 而名之曰世俘, 兼有武王田獵事, 以合歸獸之序也."

朱子曰: "宗廟內事, 日用丁己. 漢志乃無丁未, 而以庚戌, 燎于周廟, 則爲剛日, 非所當用, 而燎又非宗廟之禮. 且以翌日辛亥, 祀于天位, 越五日乙卯, 又祀馘于周廟, 則六日之間, 三擧大祭, 禮數而煩, 近於不敬, 抑亦經文所無, 不知劉歆何所据也"(按, 張覇僞書有武成篇, 劉歆誤以爲古文). ○鏞案, 日用丁己者, 少牢禮之文也(己音紀). 曲禮, 外

924

事用剛日, 內事用柔日. 故郊特牲云: “社日用甲.” 少牢禮云: “祭日用丁.” 考之春秋, 則己卯烝, 丁丑烝, 乙亥嘗, 丁卯祫, 辛卯禘, 皆用柔日. 宗廟之祭, 必用柔日, 固有文也. 雖然稽之經傳, 其不必然者亦多. 郊特牲曰: “郊日用辛”(卽周人之禮). 召誥, 郊用丁己, 左傳, 雩祭用上辛季辛(昭卄五), 月令, 釋菜用丁日, 是外事, 不必用剛日也. 告朔有少牢之薦(見玉藻), 夏至有祖廟之祭(雜記孟獻子之言). 朔日至日, 未必皆丁己也. 天子巡而告廟(見王制), 諸侯至則告廟(左傳桓二年). 凡告廟之禮, 親告則用牲, 史告則用幣(子思云). 其出其至, 未必皆丁己也. 復胙者, 繹祭也, 三虞者, 吉禮也. 在禮必用剛日, 是內事, 不必用柔日也. 庚戌之燎于廟, 又何必疑之?(且先儒, 或以外事爲治兵, 內事爲祭祀. 或於祭祀之中, 又分內外) 蓋禴·祠·烝·嘗, 四時之正祭也. 必用丁己, 至於日至之祭, 告朔之祭, 告事之祭, 或趁天時, 或係人事, 不諏剛柔, 唯其宜也. 大命旣集武功, 是告燎于周廟者, 告事之祭也. 正祭曰烝·嘗, 告事曰燎. 如正祭曰郊, 告事曰柴, 又何必疑庚而信丁哉? ○又按, 燎者, 外神之禮也. 大宗伯, 以槱燎祀司中·司命·風師·雨師. 封禪書曰: “薦五時, 加一牛以燎.” 杜鄴所云 ‘燎·禋有常’者, 此之謂也(見郊祀志). 雖然, 燎于廟者, 周人之禮也. 燎則有煙, 煙者, 禋也. 鄭玄之言曰: “禋之言煙也. 煙, 氣之臭聞者”(周禮注). 故洛誥曰: “秬鬯二卣, 禋于文王·武王.” 雖國語有精意以享之訓, 梅註有明潔致敬之解, 皆非本旨. 禋也者, 煙也. 故郊特牲云: “至敬貴臭.” 又曰: “周人尙臭.” 又曰: “蕭合黍稷, 臭陽達於牆屋.” 又曰: “焫蕭合羶薌.” 又曰: “取[3]膟膋焫燎, 以報陽也.” 祭義曰: “祭之日, 鸞刀以刲, 以取膟膋.” 又曰: “燔燎羶薌, 見以蕭光, 以報氣也.” 以此觀之, 周人於廟, 非燎不祭, 何得以燎於周廟, 謂之贗書乎? 特以後人言禮, 皆以燔·柴之祭, 混而同之, 故遂意廟不燎也. 漢書郊祀志云: “燔燎南郊.” 晉書

---

3) 朝本·奎本에는 ‘取’가 빠져 있음.

載紀云: "以修郊燎." 北史齊帝紀云: "柴·燎告天." 沈約南郊詔云: "升煙燎於穹昊." 自此以降, 郊有燎, 而廟不燎矣. 然大宗伯, 早有實柴一名, 則堯典岱柴之遺法也. 故覲禮, 祭天曰燔·柴, 爾雅, 祭天曰燔·柴. 柴與燎, 不相通矣. 假使宗廟之燎都無經據, 曆志所載, 明出古文, 則遂當執此以壓羣書, 況諸文歷然乎? 今日祭廟, 明日祭天, 在人雖煩, 在神非瀆. 故出師之日, 類乎帝, 造乎禰, 不以爲煩. 告功之日, 燎于廟, 祀于天, 又何瀆焉? 至於越五日乙卯之祀, 此乃友邦冢君, 各獻其功者(各獻所俘馘). 不得以王新祭廟, 而不許其祀, 六日之間, 三舉大祭, 有何疑乎? ○閻潛丘云: "內事以柔日爲周定制, 則洛誥, 戊辰王在新邑烝祭, 何解? 祭不欲數煩, 則召誥, 丁巳用牲于郊, 翼日戊午, 乃社于新邑, 又何解? 余始悟晚出書, 改丁未祀廟者, 欲合柔日. 改庚戌柴·望者, 避祭不欲數也." ○又按, 武成本是孔壁之增多者, 非張霸僞書, 已見前(上庚三).

厥四月哉生明, 王來自商, 至于豐. 乃偃武修文, 歸馬于華山之陽, 放牛于桃林之野, 示天下弗服. 丁未祀于周廟, 邦甸·侯·衛, 駿奔走執豆邊. 越三日庚戌, 柴·望大告武成. 旣生魄, 庶邦冢君暨百工, 受命于周.

【蒐改】樂記曰: "濟河而西, 馬散之華山之陽, 而弗復乘, 牛散之桃林之野, 而弗復服." ○周本紀曰: "營周居于洛邑而後去. 縱馬於華山之陽, 放牛於桃林之虛, 偃干戈, 振兵釋旅, 示天下不復用也." ○錢甲云: "古人田賦出兵, 丘甸出乘, 王之馬牛, 皆取民間, 今乃驅之山林, 此桀·紂之事"(李塨云: "詩云九十其犉, 此公牛也, 騋牝三千, 此公馬也"). ○平曰, 公馬私馬, 姑舍是, 歸馬是僞案也. 樂記, 散馬散牛, 周本紀, 縱馬放牛, 呂氏春秋, 稅馬稅牛(呂云: "稅馬于華山, 稅牛于桃林"). 留侯世家, 休馬放牛, (張云: "休馬華山之陽, 放牛桃林之陰"). 劉向新序, 縱馬休牛(潘岳西征賦亦云: "問休牛之故林"), 張協七命, 息馬韜弦(庚

926

信文亦云: "息馬山陽"), 馬無故土, 何得歸之? 唯書序武成曰: "往伐歸獸者." 以武王克殷歸路, 又行田獵, 此古振旅之恒禮也. 事見周本紀(紀云: "罷兵西歸行狩, 記政事, 乃作武成"), 逸周書世俘解, 祀馘周廟之下, 亦有行獵之語. 歸獸者, 饋禽以犒師也, 左太沖魏都賦云: "武人歸獸而去戰." 六臣註, 此甚明(注以爲罷獵). 僞者, 鹵莽以畜爲獸(爾雅, 釋畜釋獸, 各爲一篇, 不混爲一類). 遂取樂記, 改散爲歸, 以合歸獸之文, 孔沖遠遁辭彌縫, 猶不能掩(書序疏) 李塨欲奈何? ○ 服牛乘馬, 易傳文也, 樂記分言之, 僞經馬牛皆弗服, 亦粗矣.

【竄改】丁未祀于周廟, 改律歷志(本庚戌), 庚戌柴·望, 改律歷志(本辛亥), 庶邦冢君, 受命于周, 改律歷志(本云: "乙卯乃以庶國祀馘于周廟"). ○ 平曰, 僞者, 知內事宜用丁日(據少⁴⁾牢), 外事宜用剛日. 故改庚爲丁, 以祭周廟, 改辛爲庚, 以擧柴·望, 自以爲古禮可必合, 班志可必壓, 千歲之耳目, 可必欺也. 雖然, 周之祭天, 本用辛日. 故春秋, 記郊者三, 其一用辛丑(成十七), 其一用辛亥(定十五), 其一用辛巳(哀元年). 郊用辛者, 周禮也. 故郊特牲, 亦以郊之用辛爲周人之禮. 召誥, 丁巳之郊, 又特例也(亦柔日). 董仲舒·劉向·王肅之等, 皆有所論, 則律歷志所載翌日辛亥, 豈非周史之遺文乎? 周鼎殷彝, 本是古眞之物. 雖沈水入塚, 破壞殘缺, 其片片爨光, 非牙郎儈物所敢倫比, 僞者敢爲是乎? ○ 又按, 獻馘于廟, 古之軍禮也. 治戎而出, 受命于祖, 歸而獻功, 受命于祖. 甘誓曰: "用命, 賞于祖." 春秋, 記魯人之禮曰: "歸而飮至, 以數軍實"(隱五年). 記晉人之禮曰: "振旅而愷, 俘授馘, 飮至大賞"(僖卄八). 斯則軍禮之奕然者. 克殷之後, 諸侯之獻功受賞, 不于祖廟, 當于何地? 今改之曰: "受命于周." 則太汗漫矣.

閻云: "今武成, 以丁未祀周廟, 越三日庚戌柴·望, 非書例也(非古

---

4) 朝本에는 '小'로 되어 있음.

昔計日之例). 召誥, 惟⁵⁾三月丙午朏, 越三日, 則爲戊申, 顧命, 丁卯命
作冊度. 越七日, 則爲癸酉, 非離其日而數之也. 今丁未祀于周廟, 越
三日爲己酉, 豈庚戌乎?"○平曰, 此亦僞案也.

【剽取】駿奔走執豆籩, 竊禮大傳. 大傳曰: "牧之野, 武王之大事
也. 旣事而退, 柴於上帝, 祈於社, 設奠於牧室(奠告行主於牧野之館). 遂
率天下諸侯, 執豆籩, 逡奔走, 追王太王亶父·王季歷·文王昌. 不以
卑臨尊也."○鏞案, 大傳三禮, 皆於牧野行之. 蓋以天子親征, 本載
廟社之主(見甘誓注, 曾子問), 祈於社, 非祭豊邑之壇也. 天子適四方先
柴(郊特牲), 柴者, 在外之禮也. 今梅氏之書, 翻倒事實, 改換字句, 以
牧爲豊, 以奠爲祀, 彼此混淆, 不可取徵, 其亂經極矣.

　　王若曰: "嗚呼! 羣后, 惟先王建邦啓土, 公劉克篤前烈, 至于太王,
肇基王迹, 王季其勤王家. 我文考文王, 克成厥勳, 誕膺天命, 以撫方夏.
大邦畏其力, 小邦懷其德. 惟九年, 大統未集, 予小子其承厥志."

【依據】太王·王季·文王, 陰用伶州鳩語. 周語伶州鳩曰: "布令於
商, 昭顯文德(韋云: "商, 紂都"), 底紂之多罪, 所以宣三王之德也(韋云:
"太王·王季·文王"), 反及嬴內(地名, 讀之如汭), 布憲施舍於百姓(謂散財發
粟), 所以優柔容民也."○案, 布令於商者, 曉告殷民也. 今竊其意,
以告諸侯.

【蒐輯】左傳, 北宮文子曰: "周書, 數文王之德曰: '大國畏其力,
小國懷其德'"(襄三十一).

【謬義】惟九年, 大統未集, 從緯書. ○平曰, 文王受命, 厥享國五
十年(無逸文). 何云九年? 受命九年之說, 本出讖緯家符命之論, 而書
大傳·逸周書·三統曆·帝王世紀等書, 轉相祖述, 其無理極矣. 受命

九年之說不破, 則太誓之十三年, 亦冒文王之年者. 蔡九峯旣以太誓
爲武王卽位之十三年, 而文王之受命九年, 彌縫爲說, 而可兩合乎?

　底商之罪, 告于皇天后土, 所過名山大川, 曰: “惟有道曾孫周王發,
將有大正于商. 今商王受無道, 暴殄天物, 害虐烝民, 爲天下逋逃主, 萃
淵藪. 予小子, 旣獲仁人, 敢祗承上帝, 以遏亂略, 華夏蠻貊, 罔不率俾.

【勦取】底商之罪, 竊伶州鳩語(底商之多罪). ○平曰, 底[6]紂之罪,
告于殷民也, 豈告於天地山川哉?(底, 致也)

【勦取】告于皇天后土名山大川, 竊司馬法(彼云: “乃告於皇天上帝, 禱
於后土山川家社, 乃造於先王”). ○平曰, 后土者. 官名, 禮曰: “共工氏之
子句龍爲后土.” 與周棄之爲后稷, 無以異也. 春秋以降, 始與皇天並
擧爲說(有若皇帝皇后之爲配). 晉大夫反首以從君曰: “皇天后土, 實聞君
言”(僖十五). 越王句踐, 封山以自誓曰: “皇天后土, 四鄉正之”(見越
語). 蓋以穹然之蒼, 隤然之黃, 指之爲神也. 故楚辭[7]曰: “皇天淫溢
而秋霖, 后土何時而得漧?” 本皆閭巷之俚諺也. 禮記云‘祭天地’者(曲
禮及王制), 謂祭天神地示, 而秦·漢之禮, 始於太社之外, 別祭后土,
轉輾訛誤, 下至王莽之時, 南郊北郊, 以祭皇天后土, 而光武以高皇后
配食於后土, 則王莽之禮也. 玆是宇宙崩壞之大變, 曾謂西周聖王, 乃
有此告. ○周禮大祝云: “大會同造于廟, 宜于社, 過大山川, 則有事
焉.” 玆是巡守望秩之義, 至於臚列紂罪, 告于山川, 司馬法之法也.

【蒐割】墨子曰: “昔者, 武王將事泰山, 隧. 傳曰: ‘泰山, 有道曾孫
周王有事. 大事旣獲. 仁人尙作以祗商夏·蠻夷·醜貉. 雖有周親, 不
如仁人, 萬方有罪, 惟予一人’”(兼愛中篇). ○閻云: “玩其文義, 乃旣
定天下, 非伐紂時事也.” ○平曰, 武王伐紂, 不得先過泰山, 且墨子

---

6) 朝本에는 ‘庭’으로 되어 있음.

7) 朝本·奎本에는 ‘詞’로 되어 있음.

所言, 本自荒錯, 不知何說. 僞者, 善於修潤, 但曾孫之稱, 不合禮例.
曲禮, 唯諸侯於外事, 得稱曾孫(曲禮云: "天子臨祭, 內事曰孝王某, 外事曰
嗣王某, 諸侯臨祭, 內事曰孝子某侯某, 外事曰曾孫某侯某"). 蓋以天子爲天地
神人之主, 故得稱嗣王, 諸侯唯繼其先祖之業, 故自稱曾孫(禮注然).
今也王而孫之, 抑何故也? 然且外事者, 郊社之謂也, 故曲禮別言鬼
神(曲禮云: "畛於鬼神曰天王某甫"). 鬼神者, 山川五祀之類也. 王制曰:
"五嶽視三公, 四瀆視諸侯." 謂其牲號祝號品秩之崇卑, 與天子之待
公侯等也. 天子於列國公侯之廟, 將亦孫之乎? 其在曲禮, 畛于山川,
則明云天王, 而不云嗣王, 明云某甫, 而不言稱名(某甫者, 字也). 嗣與
名猶不肯之, 況可云曾孫乎? 晉平公詛齊于河神, 稱曾臣彪(左傳襄十
八), 秦後王詛楚於亞駝神, 猶稱嗣王(蘇軾鳳翔八觀詩序, 錄詛楚文曰: "秦
嗣王敢用吉玉云云"). 漢制, 名山大川, 不領於天子之祝官(封禪書), 唐憲
宗祭南海神, 稱嗣天子某(韓愈所云冊有天子名). 望山川而稱孫, 有是法
乎? 衛太子禱其出王, 自稱曾孫蒯聵(左傳哀二年, 衛太子禱曰: "曾孫蒯聵,
敢昭告皇祖文王·烈祖康叔·文祖襄公"), 周公爲武王禱于三王, 厥稱元孫王
發(見魯世家, 與金縢不同), 皆宜孫而孫之, 不謬稱也. 惟甫田詩云: "以
御田祖." 又曰: "曾孫來止." 朱子引曲禮及梅氏武成, 以證其義. 然
攷舊說, 甫田本非祭田祖之詩(儀禮, 大夫之祭, 其嘏詞, 例有 '宜稼于田'等
語). 其稱曾孫, 無可疑也. 曾孫王發, 又何禮也? ○暴殄天物, 出王
制(田不以禮, 曰暴天物).

【蒐取】左傳, 楚子爲章華之宮, 納亡人以實之. 芊尹無宇曰: "武
王數紂之罪, 以告諸侯曰: '紂爲天下逋逃主, 萃淵藪'"(昭七年). ○平
曰, 此本告諸侯之辭. 當時亦有周史, 不必皆尙書, 今以告天地山川,
升之爲尙書.

【勦取】旣獲仁人, 還用墨子(文見上), 華夏·蠻貊, 修潤墨子(彼云:
"商夏·蠻夷·醜貉"). 罔不率俾, 出君奭(彼云: "海隅出日, 罔不率俾").

930

恭天成[8]命. 肆予東征, 綏厥士女, 惟其士女, 篚厥玄黃, 昭我周王, 天休震動. 用附我大邑周. 惟爾有神, 尙克相予, 以濟兆民, 無作神羞."

【蒐改】孟子曰: "有攸不爲臣, 東征綏厥士女, 篚厥玄黃, 紹我周王見休, 惟臣附于大邑周, 其君子實玄黃于篚, 以迎其君子, 小人簞食壺漿, 以迎其小人"(滕文公下篇). ○趙云: "此道武王伐紂時, 皆尙書逸篇之文也. 篚厥玄黃, 謂諸侯執玄三纁二之帛, 願見周王, 望見休善也. 君子小人, 各有所執, 以迎[9]其類也." ○平曰, 梅氏之書, 忽增'惟其士女'一句, 抑何故也? 玄黃, 非士女之所得執也(梅云: "士女篚篚盛其絲帛, 奉迎道次"). 五玉三帛之贄, 其秩最尊, 卿大夫下至正士, 猶不敢執(王蕭云: "孤執玄." 其義非也. 並詳堯典說). 況於無位之士女乎! 孟子當時自誦而自解之曰: "君子執篚, 以迎君子, 小人執簞, 以迎小人." 八字打開, 明白無翳. 趙邠卿, 亦以玄黃之篚, 謂之諸侯之贄. 凡讀孟子, 其[10]孰不知此? 乃僞者粗鹵, 忽倣鄭風溱洧詩句法, 攙入衍語曰: "惟其士女, 篚厥玄黃." 從而爲之自註曰: "士女執篚, 盛其絲帛, 奉迎于道次"(孔疏無所論, 蓋知其破綻而掩之). 嗟乎! 此何言也? 當紂之時, 有司掊克, 民膏已竭, 武王自稱爲天下除殘賊, 而路次停車, 受此可憐之絲帛, 天下其有是乎? 士庶之贄, 不過雉鶩, 婦人之贄, 不過脯栗(見曲禮), 敢以非禮之物, 媚于天吏乎? 此又僞案之鐵錮者, 何以白矣?

鄭玄禹貢註, 引胤征云: "篚厥玄黃, 昭我周王"(見夏[11]書正義). ○郭璞, 爾雅註云: "逸書曰: '釗我周王'"(釋詁云: "昭覲釗覿, 見也." 郭注曰云云). ○案, 篚厥二句, 若本武成之文, 則武成·胤征, 皆入於十六篇

8) 朝本에는 '成天'으로 되어 있음.
9) 朝本·奎本에는 '成'으로 되어 있음.
10) 朝本에는 '若'으로 되어 있음.
11) 朝本·奎本에는 '虞'로 되어 있음.

中, 所謂十六篇, 爛脫錯亂, 別爲一部周書之策, 誤入夏書之篇,[12] 故
鄭有此誤引也. 郭註所引, 或於逸周書中, 有此一句, 今不可攷(孟子,
昭作紹, 非郭所引).

【考覈】崔述云: "此文云: '有攸不爲臣.' 則非伐紂之事, 明矣. 紂
安能爲周之臣哉? 僞武成篇, 采此文於武王伐紂之時, 而又患其不合,
乃刪其首句(有攸不爲臣). 乃末句 '臣'字, 以求合於其事. 若然, 則孟子
何故, 增此數字, 使其文理不通乎? 至引太誓之文(此章下, 則引太誓),
特以證取殘之意, 原不必卽爲此事, 況太誓旣亡, 安知當日之非, 追述
往事耶? 自武王卽位, 至伐紂十一年, 其間豈能絶無征伐? 故史記有
觀兵之文, 而金仁山, 以戡黎爲武王之事. 此或卽戡黎, 或觀兵, 均未
可知, 要之, 當在伐紂之前也." ○鏞案, 東壁此論, 精核中理, 其非
伐紂之事, 明矣. 但武王, 於克殷爲王之前, 不得以不爲臣, 聲罪致討
於諸侯. 雖伐崇伐密戡黎等事, 盡屬武王, 而殷不亡, 而紂不死, 則必
不得以不爲臣而問罪, 不過討其殘虐淫荒之罪而已. 然則已平殷亂, 天
下宗周之後, 有攸不爲臣, 武王乃得以不爲臣, 致討也. 今之武成曰:
"歸馬放牛, 示天下弗復用." 垂拱而天下治. 今人習於此文(周本紀亦
然), 遂謂武王克殷之後, 不復用兵. 故東壁亦以此爲克殷之前事. 然
克殷之前, 普天率土, 皆不爲臣, 何得云有攸不爲臣乎? 淮夷·徐戎,
久猶不靖, 當時亦豈無之乎?

【剽襲】惟爾有神, 無作神羞等句, 襲晉平公·衛太子之禱文(晉平公
云: "無作神羞. 唯爾有神裁之." 衛太子云: "無作三祖羞"). 其臚列紂罪, 亦彼
文法. 毛云: "武成原無脫誤, 而宋人謂有脫誤, 程氏·劉氏, 各有改
本, 蔡氏另刻一考定武成, 入經中." ○平曰, 昔宋先正, 旣疑其僞,
又從而考定第次, 亦多事矣. 然僞者, 本自錯亂, 竊自託於先古之簡
編, 不知其詐者, 惡得無考定? 告皇天一段, 並作告諸侯之詞, 猶之可

---

12) 朝本에는 '編'으로 되어 있음.

也，此下又越篚玄黃一段，忽曰：“惟爾有神，尙克相予.”則太酩酊矣，毛將奈何？

　　旣戊午，師渡孟津，癸亥，陳于商郊，俟天休命. 甲子昧爽，受率其旅若林，會于牧野. 罔有敵于我師，前徒倒戈，攻于後以北，血流漂杵. 一戎衣，天下大定. 乃反商政，政由舊. 釋箕子囚，封比干墓，式商容閭. 散鹿臺之財，發鉅橋之粟，大賚于四海，而萬姓悅服.

【依據】戊午師渡孟津，還用舊序(律歷志). 癸亥甲子，皆襲律歷志 (又據伶州鳩之言). 俟天休命，依於樂記(記云：“遲而又久，何也？ 子曰：‘總干山立，武王之事也’”)，又襲周本紀(始云：“女未知天命.”至商告于百姓曰：“上天降休.”商人皆再拜). 〇平曰，樂記之云‘遲久’者，以待諸侯之至也(樂記文)，非待天命. 甲子之戰，而俟天命於癸亥，不已晚乎？ 武王不奉天命，發兵犯京，結陣牧野而後，始俟天命乎？ 舜·禹頓忘文德，爲苗·蠻而敷之，武王不知天命，至牧野而俟之，皆奇語也.

【剽取】率其旅若林，會于牧野，竊大明詩(詩云：“殷商之旅，其會如林，矢于牧野”). 前徒倒戈，襲周本紀(武王亟入，紂師皆倒兵以戰). 〇平曰，倒戈者，倒兵也. 謝承後漢書，或責蔡邕云：“君世受漢恩，曾不倒戈”(邕聞卓死，有歎息之聲，故允責之). 江表傳云：“孫皓行軍，兵士不堪曰：‘若遇敵便當倒戈’”(遇大雪寒凍). 倒戈，蓋漢·魏時恒言也.

【依據】孟子曰：“吾於武成，取二三策而已矣. 以至仁伐至不仁，何其血之流杵也？” 〇戰國策，武安君與韓·魏，戰于伊闕，流血漂鹵(鹵，楯也).

【誤用】一戎衣，襲中庸(中庸，壹戎衣). 〇平曰，中庸，鄭註讀之如殪戎殷，殪戎殷者，康誥文也(古者，甲胄不謂之戎衣). 僞者，但見中庸，不見鄭注，誤用之耳(詳下康誥說).

【蒐刪】樂記云：“武王克殷反商(未及下車，而封黃帝之後，封帝堯之後，封帝舜之後, 下車而封夏后氏之後, 投殷之後於宋), 封王子比干之墓, 釋箕子之囚, 使之行商容, 而復其位"(鄭云: "行猶視也, 使箕子視商禮樂之官." ○孔云: "鄭不見古文, 商容人名, 以爲禮樂"). ○周本紀云: "命召公, 釋箕子之囚, 命畢公, 釋百姓之囚, 表商容之閭, 命閎夭, 封比干之墓"(留侯世家云: "武王伐[13])紂, 表商容之閭, 今陛下能表賢者之閭, 式智者之門乎?"). ○案, 韓詩外傳云: "武王克殷, 欲以商容爲三公, 商容固辭"(容嘗執羽籥, 馮於馬徒). 史記, 燕王遺樂閒書曰: "紂之時, 商容不達, 身柢辱焉." 蓋賢者也, 雖然, 周本紀 留侯世家, 唯有表閭之說, 今云式閭, 何也? 張良謂式智者之門, 僞者, 依此而改之也. 車上一俛, 不足爲大政, 何以記之於武成也?(武成序, 識其政事) ○呂覽云: "表商容之閭"(士過者趨, 車過者下).

【蒐取】周本紀云: "命南宮括, 散鹿臺之財, 發鉅橋之粟." ○論語曰: "周有大賚, 善人是富." ○平曰, 詩云: "陳錫哉[14])周." 大賚之義也(義見余詩說). 武王班賜諸侯, 分其寶玉, 散財發粟, 以振貧弱(史記文). 然安得大賚至及四海之遠? 此僞者之浮夸也. 樂記云: "庶士倍祿(卽府史之屬), 庶民弛政"(寬其征役也). 如斯而已. 四海非所及也.

列爵惟五, 分土惟三, 建官惟賢, 位事惟能. 重民五敎, 惟食喪祭, 惇信明義, 崇德報功. 垂拱而天下治.

【依據】爵五土三, 襲漢書地理志(志云: "周爵五等, 其土三等"). ○平曰, 爵五土三, 孟子·王制, 其文甚備, 不但漢書而已.

【蒐改】論語曰: "所重民食喪祭." ○孔安國曰: "重民, 國之本也, 重食, 民之命也, 重喪, 所以致哀, 重祭, 所以致敬." ○鏞案, 孔註似誤. 民食者, 農用八政, 一曰食也, 喪祭者, 農用八政, 三曰祀也. 周

---

13) 朝本에는 '代'로 되어 있음.
14) 朝本·奎本에는 '載'로 되어 있음.

禮, 喪荒之式, 祭祀之式, 皆以財用言也. 民食喪祭, 可二可三, 不可四也. 四之則非類, 文不調協. 僞者, 是悶去民爲三, 攙入五敎, 則尤不類矣. 且孔安國旣註, 武成不言, 此句出於武成, 又何疎也?

【勦取】易大傳曰: "黃帝 · 堯 · 舜, 垂衣裳而天下治." ○平曰, 垂拱與垂衣裳不同. 玉藻云: "侍于君者, 頤霤垂拱." 貌之恭也. 秦 · 漢以來, 漸以拱手謂之垂拱. 史記蘇秦傳云: "今君高拱而兩有之"(李斯傳, 陛下深拱禁中). 風俗通云: "三皇垂拱無爲"(夏侯湛虞舜贊云: "垂拱臨民"). 故僞者, 用之如此, 要非古經之文.

旅 獒

惟克商, 遂通道于九夷八蠻, 西旅底貢厥獒, 太保乃作旅獒, 用訓于王. 曰: "嗚呼! 明王愼德, 四夷咸賓, 無有遠邇, 畢獻方物, 惟服食器用. 王乃昭德之致于異姓之邦, 無替厥服, 分寶玉15)于伯叔之國, 時庸展親.

【勦襲】魯語, 仲尼曰: "昔武王克商, 通道於九夷百蠻, 使各以方賄來貢. 於是肅愼氏貢楛矢. 先王欲昭其令德之致遠也, 以示後人, 使永監焉.16) 古者, 分同姓以珍玉, 展親也, 分異性以遠方之職貢, 使無忘服也. 故分陳以肅愼氏之貢." ○平曰, 旅獒首章, 全取孔子楛矢之說, 以爲梅17)本. 然事本絶殊, 文多不合. 仲尼先言九夷者, 爲肅愼本東夷也. 今也獒自西戎, 而通道仍不過夷蠻, 獒何以至矣? 欲昭其令德之致遠者, 非仲尼詞拙也, 今改之曰, 昭德之致, 無已太簡?(家語云:

---

15) 朝本에는 '王'으로 되어 있음.
16) 朝本에는 '以分諸陳'으로 되어 있음.
17) 朝本 · 奎本에는 '酶'로 되어 있음.

“昭其令聽之致遠物也.” 其文尤長）天子之於諸侯，同姓曰伯父叔父，異姓曰伯舅叔舅(見左傳)，伯叔者，異姓之所同用. 今專以爲同姓之名，又何故也?(古者，五十而伯仲，故申生謂孤突曰伯氏，子游謂縣子曰叔氏. 私相稱呼，亦異姓之所同）明堂位，崇鼎·貫鼎·和鍾·離磬，皆魯之宗器也(又越棘·大弓). 又左傳，晉之籍談(昭十五)，衞之祝鮀(定四年)，詳言唐叔·康叔分器之事，此展親也. 其必以遠方之貢，分於異姓之邦者，使不忘來服之義也. 改之曰，無替厥服，則本義晦矣.

人不易物，惟德其物. 德盛不狎侮. 狎侮君子，罔以盡人心，狎侮小人，罔以盡其力. 不役耳目，百度惟貞. 玩人喪德，玩物喪志. 志以道寧，言以道接. 不作無益害有益，功乃成，不貴異物賤用物，民乃足. 犬馬非其土性不畜，珍禽奇獸，不育于國. 不寶遠物，則遠人格，所寶惟賢，則邇人安.

【蒐取】左傳，宮之奇引周書曰：“黍稷非馨，明德惟馨.” 又曰：“民不易物，惟德繄物”(僖五年). ○杜云：“物一而二用”(孔云：“民不易物者，設有二人，俱以物祭，不改易此物，惟有德者，神享是物”). ○案，惟德繄物者，謂物不能自物，唯爲有德者之所薦，然後物能爲物，如黍稷牲幣之等，唯貴乎德將也，此亦論祭祀之理. 於旅獒何干?(蔡讀之爲輕易，則是宮之奇之言，不可通).

【旁剟】張衡東京賦云：“重舌之人，九譯來王. 心不亂其所在,[18] 目不見其可欲，賤犀象，簡珠玉，所貴惟賢，所寶惟穀.” ○平曰，因有賤犀象句，竟剟一句.

【旁剟】左傳云：“晉侯乘鄭馬，及戰陷於濘，是非此土所生，不習其用也”(僖十五. ○孔疏引之). ○平曰，諸所戒語，布在史冊，離披爛

---

18) 朝本에는 ‘往’으로 되어 있음.

936

漫, 不必悉求其所出也.

　　嗚呼! 夙夜罔或不勤. 不矜細行, 終累大德, 爲山九仞, 功虧一簣. 允迪玆, 生民保厥居, 惟乃世王."

【剟取】論語, 譬如爲山, 未成一簣, 止吾止也, 譬如平地, 雖覆一簣, 進吾往也(子罕篇). ○梅鷟云: "一簣攘論語, 九仞攘孟子"(孟子, 有掘井九仞之喩). ○閻云: "掘井可言九仞, 爲山不可言九仞. 荀子一書, 於山皆曰百仞." ○苸曰, 武王得旅獒, 無從獸荒亡之理, 今玆一篇, 若伊尹之戒太甲. 僞者, 不知變如此.

微子之命

　　王若曰: "猷! 殷王元子, 惟稽古, 崇德象賢, 統承先王, 修其禮物. 作賓于王家, 與國咸休, 永世無窮.

【依據】左傳云: "微子啓, 帝乙之元子也"(哀九年). ○宋世家曰: "微子開者, 帝乙之首子, 而紂之庶兄也"(呂氏春秋云: "紂之母, 生微子啓與仲衍, 及改爲妻, 始生紂. 紂父欲立微子啓爲太子, 太史據法爭之曰: '有妻之子, 則不可立妾之子.' 因立紂"). ○崔述云: "牧誓有云: '昏棄厥遺王父母弟.' 王父似指箕·比, 母弟似指微子. 恐微子乃紂之同母弟, 未必果紂之異母兄也. 至於呂覽之說, 尤爲乖謬. 古者, 本無以妾爲妻之事. 卽令帝乙果有此事, 彼旣妻妾不辨矣, 復何辨於嫡庶哉? 夫妾旣爲后矣, 則妾之子女, 卽后之子女也. 湯·武, 皆以諸侯爲天子, 若如太史之說, 亦當立其爲天子後所生之少子, 而不得立其長子乎? 太史誠能據法而爭, 何不爭之於立妾爲妻之日也? 妾可以爲后, 而妾之子不可以爲太子乎?" ○鏞案, 崔說核矣. 但孟子明云: "以紂爲兄之子, 而有微子·比干"(告子上篇, 公都子之言). 則微子之必爲[19]帝乙之元[20]子, 亦未可知. 誠若微子爲帝乙之元[21]子, 則武王當時舍微子而立武庚? 亦恐不然. 僞者, 但據左傳, 直稱曰殷王元子. 何如哉?(呂覽, 以仲衍爲微仲亦誤. 衍者, 微子之次子. 見檀弓)

【誤用】禮記云: "繼世以立諸侯, 象賢也"(郊特牲). ○平曰, 禮記之義, 蓋云天下無生而貴者. 諸侯之子, 不必爲諸侯. 而必使之繼世者, 象肖子之繼賢父也(鄭注亦此意). 微子之封於宋, 非繼世也, 何謂象賢? 誤用矣.

嗚呼! 乃祖成湯, 克齊聖廣淵, 皇天眷佑, 誕受厥命. 撫民以寬, 除其邪虐, 功加于時, 德垂後裔. 爾惟踐修厥猷, 舊有令聞, 恪愼克孝, 肅恭神人. 予嘉乃德, 曰: '篤不忘.' 上帝時歆, 下民祗協, 庸建爾于上公, 尹玆東夏.

【剽取】齊聖廣淵, 竊史克語(文十八年, 左傳云: "史克曰: '高陽氏有才子八人, 齊聖廣淵, 謂之八愷'"). ○除其邪虐, 襲國語·祭法(魯語展禽云: "湯以寬治民, 而除其邪." ○祭法云: "湯以寬治民, 而除其虐"). ○曰篤不忘, 竊襄王之命(僖十二年左傳, 襄王命管仲曰: "嘉乃懿德. 謂篤不忘. 往踐乃職, 無逆朕命"). ○平曰, 殷周之文, 毋論誓·誥·訓·命, 無不佶[22]屈聱牙. 僞書, 槩是四言截句, 誠有欺世之心, 不應白直如此. 方其撰輯之時, 不過如束皙補亡之詩, 本非惡意, 意變而至是耳.

---

19) 朝本에는 '爲'가 빠져 있음.
20) 朝本에는 '元'이 빠져 있음.
21) 朝本에는 '元'이 빠져 있음.
22) 朝本에는 '詰'로 되어 있음.

欽哉！往敷乃訓，愼乃服命，率由典常，以蕃王室. 弘乃烈祖，律乃有民，永綏厥位，毗予一人. 世世享德，萬邦作式，俾我有周無斁. 嗚呼！往哉惟休，無替朕命.”

平曰，誅戮再行，恩典復降，作是命者，不能無哀懇惻怛之言，今讀全篇，一何冷落如此？

蔡仲之命

(鄭目錄 第九十六[23] 梅本升在多方之上)

惟周公位冢宰，正百工，羣叔流言，乃致辟管叔于商，囚蔡叔于郭鄰，以車七乘. 降霍叔于庶人，三年不齒. 蔡仲克庸祗德，周公以爲卿士，叔卒，乃命諸王，邦之蔡.

閣云：“康誥·文侯之命，皆無篇端之序，今取祝鮀之言，以爲序，贅.”○平曰，不唯此篇而已. 如五子之歌·胤征·伊訓·太甲·說命之等，皆以篇端之序，僞態益昭矣. 撰詞命者，撰命詞而已，叙事何爲？

【蒐增】左傳(定四年)　祝鮀告萇弘曰：“昔周公相成王，以尹天下，管·蔡啓商，惎間王室. 王於是乎殺管叔，而蔡蔡叔，以車七乘徒七十人. 其子蔡仲改行帥德，周公舉之，以爲己[24]卿士，見諸王而命之以蔡”(管·蔡世家云：“管叔·蔡叔挾武庚以作亂，周公承成王命，誅武庚殺管叔，而放蔡叔遷之，與車十乘徒七十人. 蔡叔旣遷而死，其子胡改行率德. 周公聞之，以爲

---

23) 朝本에는 ‘九十七’로 되어 있음.
24) 朝本에는 ‘己’가 빠져 있음.

魯卿士, 魯國治. 於是言於成王, 復封[25]於蔡, 以奉蔡叔之祀"). ○孔(穎達)云: "周公身不就封, 安得使胡爲卿士? 遷說謬耳." ○平曰, 卿士者, 王朝之所有(其證甚多, 今略之). 遷說固誤. 卿士之事, 於此篇, 大是贅疣, 其手法鈍矣.

郝敬云: "後儒誤解金縢, 以我之勿辟爲刑辟, 謂公致辟管叔, 遂作僞命"(毛云: "若然, 周公誅管·蔡, 爲僞事矣"). ○平曰, 京山之意, 謂金縢之我之勿辟, 非刑辟之辟(史作避), 非謂誅管. 蔡, 是虛事也. 然祝鮀, 則曰王殺之, 史遷, 則曰承王命殺之. 今若以金縢之勿辟, 謂弗殺之意, 則是周公自殺之矣. 胡可不辨? 梅註金縢曰: "辟, 法也. 我不以法法三叔, 則無以告先王." 此周公先起殺心, 以殺三叔, 尙當不辨乎? 魯世家明云: "我之所以弗避而攝行政者, 恐天下畔周, 無以告我先王"(此眞古文說). 關係周公心跡之仁暴如此, 尙當不辨乎? 僞者, 每有誤註, 必另撰一經, 以證其誤註(凡有五六處). 此云致辟管叔, 卽其一也. 京山之說非乎?

【依據】逸周書, 王子祿父奔, 管叔·霍叔縊, 乃囚蔡叔于郭鄰(周書作洛解, 郭鄰爲郭淩. 孔晁云: "地名, 未詳所在"). ○梅云: "郭鄰中國之外地名"(蘇東坡云: "郭, 虢也, 五家爲鄰"). ○平曰, 四凶流竄, 皆在禹貢九州之內, 何必蔡叔獨囚異域? 逸周書, 多與梅書互爲聲援. 所謂郭鄰何知所在? 東坡以郭爲虢, 迂甚矣(虞·虢入于晉內地也, 則不可云蔡蔡叔). 旣放矣, 又何囚也? 王子放出, 猶有威儀, 貳車七乘(史云十乘, 字誤也), 徒七十人, 然而囚之, 有是法乎? 周禮, 貳車之數, 諸侯七乘, 大夫五乘, 七乘之車, 未嘗少也. 三苗之竄, 其民同徙. 故禹貢曰: "三苗丕叙." 名雖流竄, 往而爲君長也. 蔡叔之蔡, 亦安知不然而必囚之於異域哉?

彼見大司寇圜土之文, 私自議律曰: "流言者, 害人也. 其重者, 宜囚圜土, 其輕者, 宜罰不齒"(並見大司寇). 然且反于中國一句, 未免誤[26]看, 遂以蔡叔囚於中國之外, 其陋劣無識, 胡至於此? 中國者, 國中也(周禮注云: "反鄉里"). 齊王授孟子以中國之室, 豈必孟子來自夷蔡之地乎? 逸周書·僞蔡命, 未知何者先造, 而其必曰囚, 而曰不齒者, 据周禮也. 豈不嗟哉?(僞經, 去徒七十, 僞注, 以七爲少, 亦非也)

【冤案】霍叔之冤, 起於鄭玄詩譜. ○周本紀, 武王封紂子祿父, 殷之餘民, 乃使其弟管叔鮮·蔡叔度, 相祿父治殷. ○魯世家, 武王封紂子武庚祿父, 使管叔·蔡叔傅之. ○管·蔡世家, 二人相武庚祿父, 治殷遺民. ○書大傳曰: "武王殺紂, 立武庚, 繼公子祿父, 使管叔·蔡叔監祿父, 祿父及三監叛"(孔穎達云: "使管·蔡監祿父, 祿父不自監也. 言祿父及三監叛, 則祿父已外, 更有三人爲監, 以管·蔡·霍三叔爲三監, 明矣"). ○漢書地理志云: "邶[27]以封紂子武庚, 鄘管叔尹之, 衛蔡叔尹之, 以監殷民, 謂之三監"(孔穎達云: "地理志, 三監武庚爲其一, 無霍叔矣. 王肅·服虔, 皆依志爲說, 鄭不然"). 鄭玄詩譜云: "邶[28]·鄘·衛者, 庶殷頑民, 被紂化日久, 乃三分其地, 置三監, 使管叔·蔡叔·霍叔, 尹而敎之." ○孔穎達書疏云: "霍叔不監殷民, 周公不伐霍叔. 蓋在京邑, 聞管·蔡[29]之言, 流傳其言." ○平曰, 嗟乎冤哉! 霍叔也, 畔周黨殷, 誣兄罔上, 以謀危宗國, 是何等大惡? 任指一夫, 以充三數, 天下有是冤哉? 據王制, 曰: "天子使其大夫爲三監, 監於方伯之國, 國三人"(又燕禮注云: "牧有三監"). 三監者, 官名. 本以三人之, 故名曰三監. 旣名三監之後, 不必三人也. 漢壺關三老董公, 未必是三人, 堯之四嶽, 未必是四人, 秦之五大夫趙嬰, 未必是五人. 奚獨殷之三監, 必求三人? 書大傳, 始言管·蔡二人, 終云'祿父與三監叛'者, 彼以管·蔡二人爲三監, 非有

---

26) 朝本에는 '設'로 되어 있음.
27) 朝本에는 '邯'로 되어 있음.
28) 朝本에는 '邯'로 되어 있음.
29) 朝本에는 '叔'으로 되어 있음.

一夫, 無名沒字, 隱伏其間(兩人之外, 自古無指目). 乃班固·鄭玄, 必欲蔓延是獄, 以充三額. 或以武庚當之, 或以霍叔補之. 武庚可矣, 霍叔何罪? 夫天子之所以設三監者, 監侯伯也. 與漢之諸侯王師傅, 意趣略同(史直云傳相). 乃使武庚自監其躬, 世無此法. 然叛則叛矣, 其名不冤, 若霍叔者, 本以文王之昭, 封於武王之初(克殷初), 傳子傳孫, 與國同休. 曾無纖毫罪惡, 著於史冊, 下逮晉獻公之時, 不幸滅絶(閔元年), 忽於一千三百年之後, 無故被亂逆之名於鄭玄之筆頭, 死者有知, 其不歔泣? 自周以來, 凡記流言作亂之事者, 止有管·蔡, 不聞霍叔. 殷本紀·周本紀·魯世家·管·蔡世家, 以至左傳祝鮀之言(文見上), 周語富辰之言(云二叔不咸), 楚語士亹之言(云管·蔡爲文王之姦子), 無一參差. 然且管叔爲魁, 故若金縢·孟子, 但擧管叔, 誠使霍叔或有罪惡, 可與爲三. 何先秦·西京經史百家之文, 邃無實驗, 必待鄭康成之詩譜, 始奮董狐之筆哉?

逸周書七十一篇, 雖與漢志相合, 隋志稱汲冢周書, 豈無故題名如是乎?(四庫書目斥隋志) 必晉代所得汲冢諸書中, 亦有周書稱名者, 與流來之逸周書混爲一部耳. 霍叔縊, 蔡叔囚等說, 於古絶無影響. 唯逸周書有此二句, 爲鄭譜·梅書之聲援, 何足據也? 甚則近所刊書大傳中, 增入二字曰: "武王使管叔·蔡叔·霍叔監祿父"(是亦非鄭玄之所增, 卽右梅書者所爲). 後出之書, 何足據也? 唯周紀·金縢每云: "羣弟流言." 一蔡叔不足以爲羣, 故並逮霍叔(毛大可之言). 然羣之爲言, 衆也. 自三以上謂之羣(字從羊, 獸[30]三曰羣). 雖增霍叔, 仍不足以爲羣. 且使霍叔同作三監, 邃無一弟在內播傳, 何得流言轉入王耳? 凡羣弟之目[31] 曹·郕·毛·聃, 理宜分受, 霍叔無獨當之理, 乃僞者, 據鄭譜, 執霍叔, 竟補三監之額, 邃鐵千古之案, 悲夫! ○平曰, 三年不齒, 又何罰

---

30) 朝本에는 '獻'으로 되어 있음.
31) 朝本에는 '自'로 되어 있음.

也? 據大司寇, 凡害人者, 寘之圜土(獄城也), 其能改者, 反于中國, 不齒三年(不得以年次列於平民). 王制, 凡不帥敎者, 移之郊·遂, 又不變者, 屏之遠方, 終身不齒(王藻云: "玄冠縞武, 不齒之服"). 今霍叔三年不齒, 爲犯害人律乎? 爲犯不帥敎律乎?(逸周書, 霍叔縊而死, 梅書降爲庶人, 又非純用其義者) 如其與聞, 罪不止此, 苟云非情, 今王叔父不能僇辱如是. 且諸侯王有罪, 免爲庶人者, 漢法也. 大司寇有議親之辟, 文王世子論公族之刑, 未聞其有降庶人之法也. 蔡叔罪重, 猶有貳車從徒, 不失尊貴之體, 霍叔罪輕, 降爲匹庶, 又何其不倫也?

梅云: "周公圻內諸侯, 二卿治事." ○ 平曰, 竊詳卿士之名, 唯王國有之. 詩云: "皇父卿士, 番維司徒"(十月之交[32]篇). 詩云: "王命卿士, 南仲大祖"(常武篇). 鄭桓公爲平王卿士(春秋傳), 虢仲·虢叔爲文王卿士(僖五年), 虢公忌父爲周卿士(隱八年). 周公攝行天子事, 周之卿士, 亦周公之卿士. 故左傳云: "爲己卿士." 梅以爲周公采邑之卿, 亦誤矣. 且蔡世家云: "蔡叔旣死, 周公始擧蔡仲, 以爲卿士." 僞經先擧蔡仲, 乃卒蔡叔, 于情于法, 兩不近理.

王若曰: "小子胡, 惟爾率德改行, 克愼厥猷, 肆予命爾侯于東土. 往卽乃封, 敬哉! 爾尙蓋前人之愆, 惟忠惟孝, 爾乃邁迹自身, 克勤無怠, 以垂憲乃後. 率乃祖文王之彝訓, 無若爾考之違王命.

【剽取】率德改行, 還用祝鮀之言(亦史文). 侯于東土, 襲魯頌(閟宮詩). ○ 平曰, 因其舊封而封之, 何云侯于東土?

【蒐增】左傳, 祝鮀曰: "命之以蔡, 其命書云: '王曰: 胡, 無若爾考之違王命'"(定四年). ○ 平曰, '王曰胡'之下, 增幾句.

32) 朝本에는 '之交'가 빠져 있음.

皇天無親, 惟德是輔, 民心無常, 惟惠之懷. 爲善不同, 同歸于治, 爲惡不同, 同歸于亂. 爾其戒哉! 愼厥初, 惟厥終, 終以不困, 不惟厥終, 終以困窮. 懋乃攸績, 睦乃四鄰, 以蕃王室, 以和兄弟, 康濟小民. 率自中, 無作聰明, 亂舊章. 詳乃視聽, 罔以側言改厥度, 則予一人汝嘉." 王曰:"嗚呼! 小子胡, 汝往哉! 無荒棄朕命."

【蒐取】左傳, 宮之奇引周書曰: "皇天無親, 惟德是輔"(僖五年). ○左傳, 大叔文子引書曰:"愼始而敬終, 終以不困"(襄卄五). ○惟惠之懷, 襲論語(彼云:"小人懷惠"). ○詳乃視聽, 襲康誥(彼云:"高乃聽").

944

9

梅氏書平 九

周 官

惟周王撫萬邦, 巡侯甸, 四征弗庭, 綏厥兆民, 六服羣辟, 罔不承德, 歸于宗周, 董正治官. 王曰:"若昔大猷, 制治于未亂, 保邦于未危. 曰 '唐·虞稽古, 建官惟百, 內有百揆·四岳, 外有州牧·侯伯, 庶政惟和, 萬 國咸寧. 夏·商官倍, 亦克用乂, 明王立政, 不惟其官, 惟其人.' 今予小 子, 祗勤于德, 夙夜不逮, 仰惟前代時若, 訓迪厥官.

平曰, 頭一句 '惟周王,' 此何言也? 夏王二字, 始出於湯誓, 商王二 字, 始出於牧誓, 周鼎未遷, 何云周王? 僞者, 可謂妄發(誥告殷民, 則或 稱周王). ○四征弗庭, 襲左傳(襄十六年, 大夫盟曰: "同[1]討弗庭"). ○六服 者, 周制, 王畿爲內服, 侯·甸·男·采·衛爲內五服, 蠻·夷·鎭·蕃爲 外四服(詳下康王之誥). 除外四服, 則六服而已(孔疏, 唯除夷·鎭·蕃三服, 不數王畿).

【證誤】唐·虞稽古, 自掩其謬義. ○平曰, 虞書之言, '曰若稽古' 者, 夏史之致辭也(如後世之臣謹按), 僞者, 誤注曰: "順考古道而行之

---

1) 朝本에는 '曰同'을 '以'로 해놓았음.

者帝堯." 則稽古二字, 儼若帝堯之徽號矣. 僞者, 每有誤註, 於心不安, 輒另撰僞經, 以證其誤註(凡有五六事), 此其一也. 唐·虞者, 稽古之國乎?

【剟改】明堂位曰: "有虞氏官五十, 夏后氏官百, 殷二百, 周三百"(孔云: "禮記是後世之言, 不與經典合"). ○平曰, 周禮六官之屬, 各領六十, 爲三百六十, 以應周天之數(鄭玄云). 古雖簡省, 虞之五十, 夏之唯百, 皆不近理, 僞者之剟而改之, 以是也. 然內有百揆·四岳, 外有州牧·侯伯, 二京以上, 無此陋文. 且建官惟百, 內職也, 卽又承之, 曰州牧·侯[2]伯, 其粗率如此.

立太師·太傅·太保, 玆惟三公, 論道經邦, 燮理陰陽, 官不必備, 惟其人. 少師·少傅·少保, 曰三孤, 貳公弘化, 寅亮天地, 弼予一人.

【蒐改】禮記曰: "三王敎世子, 必以禮樂, 立太傅·少傅以養之. 入則有保, 出則有師. 記曰: '虞·夏·商·周, 有師·保, 有疑·丞. 設四輔及三公, 不必備, 唯其人.' 語使能也"(文王世子). ○大戴禮曰: "昔者, 成王幼在襁褓之中, 召公爲太保, 周公爲太傅, 太公爲太師, 此三公之職也. 於是爲置三少, 皆上大夫也, 曰少保·少傅·少師, 是與太子[3]宴者也"(保傅篇, 本賈誼書). ○漢書百官公卿表云: "夏·殷亡聞焉, 周官則備矣. 天官冢宰, 地官司徒, 春官宗伯, 夏官司馬, 秋官司寇, 冬官司空, 是爲六卿. 各有徒屬. 太師·太[4]傅·太保, 是爲三公, 蓋參天子, 坐而議政, 無不總, 故不以一職爲官名. 又立三少爲之副, 少師·少傅·少保, 是爲孤卿. 與六卿爲九焉. 記曰: '三公無官.' 言其有人然後充之." ○閻云: "僞者, 以漢百官表運而爲之." ○平曰, 周禮

---

2) 朝本에는 '侯'가 빠져 있음.
3) 朝本에는 '大夫'로 되어 있음.
4) 朝本에는 '大'로 되어 있음.

六官, 無三公三少之職. 然春官典命云: "王之三公八命"(鄭注, 不言三太是三公). 秋官, 卿士爲三公前驅, (節) 朝士掌外朝之法, 左九棘, 孤卿位焉(孤三卿六, 共九人), 面三槐, 三公位焉(注不言三太). 則周制有三公三孤, 明矣. 然僞者所本, 在漢表也.

羅喻義云: "太師·太傅·太保, 太子三公也(據賈誼). 豈有人主已長而須保者?"(毛云: "詩云: '尹氏太師.' 又云: '太師維垣.' 又云: '太師皇父.' 武王以太公爲太師, 召公爲太保, 並與太子無涉") ○ 平曰, 羅說非也. 據大戴禮, 凡輔養太子之官, 非如後世東宮僚屬之別設一府者. 太史書過, 膳宰徹膳, 太宰持斗[5]而御戶, 巾車鳴鸞以爲節, 皆大朝之官, 何必三公三少別有建立? 湯之於伊尹, 學焉而後臣之, 桓公之於管仲, 學焉而後臣之(孟子云). 故揚雄以孟子爲萬乘之師(解嘲文), 桓譚以百里奚爲王霸之師(新論文), 張良爲王者師, 張[6]禹爲帝者師, 自古以來, 帝王皆有師也. 周禮六官之屬, 凡王后太子之事, 一例供給, 以此推之, 天子三公, 亦可以敎太子. 但非大德不立三公, 故春秋以來, 乃爲太子別立保·傅. 晉獻公之子四五人, 各立一傅(狐突傅申生, 荀息傅奚齊類), 趙武靈王, 以周紹爲太子傅, 秦孝公, 以公子虔爲太子傅, 公孫賈爲太子師. 在漢, 疏廣·蕭望之等, 爲太傅·少傅, 則太子之官也. 宗室諸侯王, 皆有太傅, 而天子三公, 始謂之相國左右丞相, 蓋秦法也. 秦人尊主卑臣, 唯太子有師傅, 王者勿之, 此後世之弊[7]俗. 賈誼始順時論, 專以三公爲輔養太子之職, 安得以是議古之三公乎?

下至後魏之時, 三公始有兩樣, 有天子之三師, 有太子之三師. 後周·隋·唐以來, 天子曰三公, 太子曰三師. 要非古典, 毛說是也. 雖然, 周官則僞書也. 適其所言不差耳. 周禮疏(地官保[8]氏疏) 云: "鄭志,

---

5) 朝本·奎本에는 '升'으로 되어 있음.
6) 朝本에는 '帳'으로 되어 있음.
7) 朝本에는 '敝'로 되어 있음.
8) 朝本·奎本에는 '師'로 되어 있음.

趙商問: '案成王周官, 立太師·太傅·太保, 玆惟三公, 卽三公之號, 自有師·保之名. 成王周官, 是周公攝政三年事. 此周禮, 是周公攝政六年時. 則三公自名師·保, 起之在前, 何也?' 鄭答曰: '周公左召公右, 兼師·保(據君奭之序), 初時然矣.'" ○鏞案, 鄭不見梅氏周官, 何知太師·太保之爲三公? 師氏·保氏, 本是中下大夫, 而鄭以君奭序之周公爲師, 召公爲保當之(師氏注), 鄭何曾夢見周官? 所謂鄭志, 其在陳·隋之際, 爲右梅書者, 所變亂如此, 非理之說, 多所攙入, 不足疑也. ○鄭於周禮小宰之註云: "成王作周官, 其志有述天授位之義"(賈疏, 以變理陰陽等句當之, 非矣). 此鄭本註書序, 故言之(非見梅書也). 鄭於周禮鄉老之註云: "三公者, 內與王論道, 中參六官之事, 外與六鄉之教"(亦無變理等語). 此鄭知有三公, 而不知師·傅·保是三公也.

【剽取】三公論道, 竊考工記(彼云: "坐而論道, 謂之王公"). 又據鄉老之註(鄭云: "三公者, 與王論道"). ○變理陰陽, 襲陳平·魏相之語. ○平曰, 理陰陽順四時, 以爲三公之職, 於古典無據. 漢初, 周勃爲丞相, 不能對決獄錢穀之數, 汗出沾背, 陳平以權辭救解之曰: "宰相者, 上佐天子, 理陰陽順四時, 下遂萬物之宜"(以下署之). 此是老奸調護僚相之言, 豈必爲金[9]石之[10]典? 魏相始爲郡守, 頗任功能, 以嚴得名, 及其治行已著, 乃用丙吉之策, 務自重韜晦. 及爲丞相, 唯奉行故事, 以護己短. 遂倡理陰陽順四時之說, 以欺人主以固祿位, 使趙堯擧春, 李舜擧夏, 兒湯擧秋, 貢禹擧冬, 自以爲依倣羲和之典. 丙吉爲相, 紹述此法, 務持大體, 不問殺人, 而問牛喘, 自以爲調和陰陽, 每讀漢書, 爲之拊掌大笑. 以爲英雄欺人之術, 不可以事君, 曾謂周公制官, 首以是爲三公之職掌乎?

舜相堯, 禹相舜, 益·稷相舜·禹, 伊尹相湯, 周·召相武王, 絶無此說. 唯三載考績, 三考黜陟, 幽明雖大臣, 勿之饒焉. 故堯謂舜曰: "乃言底可績." 禹·稷自奏功行, 不避嫌羞(皐陶謨), 孰云, 燮理陰陽可爲職業耶? 湯之時, 伊尹爲相, 而有七年之旱, 太戊之時, 伊陟爲相, 而有桑穀之妖, 何燮理如此? 是二人者, 將免冠頓首, 引疾謝事而去乎? 後世之爲三公者, 動引此義, 不任功績, 百工頹惰, 萬事隳壞, 而方且偃蹇自重, 以遮其庸陋無能之質, 皆魏·丙之所流也. 今竊此二人鄙詐欺人之術, 儳作一經命之曰: "周公之法." 以詔後世, 其害於政, 而蠱人家國, 顧將何如? 其所云'師·傅·保'者, 又以輔導君德自命, 而尸位素餐以自便, 噫! 誰正之?

　　冢宰掌邦治, 統百官, 均四海. 司徒掌邦敎, 敷五典, 擾兆民. 宗伯掌邦禮, 治神人, 和上下. 司馬掌邦政, 統六師, 平邦國. 司寇掌邦禁, 詰姦慝, 刑暴亂. 司空掌邦土, 居四民, 時地利. 六卿分職, 各率[11]其屬, 以倡九牧, 阜成兆民.

【依據】周禮, 冢宰掌邦治, 均邦國, (節) 司徒掌邦敎, 安擾邦國, (節) 宗伯掌邦禮, 和邦國, (節) 司馬掌邦政, 平邦國, (節) 司寇掌邦禁, 刑邦國(又云: "詰四方"). ○ 小宰職云: "一曰治職, 以均萬民, 以節財用, 二曰敎職, 以寧萬民, 以懷賓客, 三曰禮職, 以諧萬民, 以事鬼神, 四曰政職, 以正萬民, 以聚百物, 五曰刑職, 以糾萬民, 以除盜賊, 六曰事職, 以富邦國, 以養萬民, 以生百物"(又太宰職云: "六曰事典, 以富邦國, 以任百官, 以生萬民"). ○ 孔云: (周官疏) "周禮冬官亡, 小宰職云: '六曰冬官, 掌邦事.' 又云: '六曰事職, 以富邦國, 以養百姓'(馬融云: "事職掌百工器用"). 與此主土居民, 全不相當." ○ 平曰, 僞者, 依據周禮, 以飾六官, 如均字擾字和字平字, 寸寸移摹, 半依半違, 以掩人目,

---

11) 朝本에는 '準'으로 되어 있음.

至於冬官, 如瞽失相, 狼狽彷徨. 不知太宰·小宰仍有正文, 掌曰邦事,
典曰事典, 職曰事職, 乃以自意肆然命之曰, 司空掌邦土, 孰云冬官之
職, 掌王之土地耶? 馬融司空之註, 謂之空土, 則有之矣, 直云邦土,
可乎? 僞案也.

【旁剽】王制云: "司空度地居民, 時四時." ○ 平曰, 居四民, 時地
利, 半出於考工記(彼首論土農工商, 次言天時地氣), 半襲於王制, 而其必
云 '居四民'者, 依於考工也(又管子論居四民之法, 見齊語). 竟與周禮相
舛, 何益之有? ○ 周禮太宰云: "三曰禮典, 以統百官." 謂以禮儀統
率百官也. 僞者, 生於禮崩之世, 不知此義, 移此三字, 用之於冢宰,
後世之眼也, 何以掩之?

    六年五服一朝, 又六年王乃時巡, 考制度于四岳. 諸侯各朝于方岳, 大
    明黜陟."

【依據】周禮大行人云: "侯服歲一見, 甸服二歲一見, 男服三歲一
見, 采服四歲一見, 衛服五歲一見, 要服六歲一見. (節) 王之所以撫
諸侯者, 歲徧存, 三歲徧覜, 五歲徧省, 七歲協辭命, 九歲聽聲音,[12]
十有一歲達瑞節, 同度量, 修法則,[13] 十有二歲王巡守殷國." ○ 平曰,
敬考此文, 周公之制, 六年侯服六朝(歲一見), 甸服三朝(二歲一見), 男
服再朝(三歲一見), 采服十二年而三朝(四歲一見), 衛服五年一朝, 三十
年而六朝爲度(積其差, 三十年而六朝), 六年一朝者, 要服而已. 今也旣襲
大行人之法, 而大書其期曰: '六年五服一朝.' 此何法也?(孔疏亦云: "此
篇, 皆與周禮符同, 而六年一朝, 周禮無此法也. 大行人, 則諸侯各以服數來朝, 無六
年一朝之事"). 周公, 文理密察, 精義入神, 雖一時命令, 不如是之粗略,

---

12) 朝本에는 "歲徧存 〔……〕 九歲聽聲音"까지가 빠져 있어, 前後 文章을
    이해하는 데 어려움이 있으므로 『周禮』의 원문대로 보충하였음.
13) "同度量, 修法則"이 빠져 있음.

況周官一書，爲萬世立法程，其一字半句，不容疎舛. 況彼大行人之文，亦非別人所作，彼此矛盾，豈至如此? 試論，侯服一邦，在彼則六年六朝，在此則六年一朝，命令荒亂，民莫適從，曾謂周公之才之美，制法如是乎?(堯典, 四朝之義, 僞註本誤, 故其撰僞經, 亦復如此) 毛氏中庸說曰: "前儒誤解大行人職，以侯服歲一見，爲每歲[14]一朝，甸服二歲一見，爲每二歲一朝，男服三歲一見，爲每三歲一朝. 則六年之間，侯服六朝，甸服三朝，男服兩朝，非五服一朝矣. 不知此卽倣唐·虞之禮六年五服只一朝(堯典, 四朝之義, 毛亦誤認, 故其言如此)，而以遠近爲先後. 侯服歲一見者，此歲字，卽六年之第一年，其二歲三歲，卽六年之第二年第三年也. 故一年侯朝，二年甸朝，三年男朝，四年采朝，五年衛朝，此之謂五服一朝. 此周禮與周官相合者也"(五服止[15] 五年, 而此曰'六年'者, 以五服之外, 又有要·荒·鎭·蕃四服, 在朝數之外. 荒·鎭無定數, 唯蕃國有一世一朝之文). ○樓象明云: "大行人後文，有王問諸侯禮，亦曰，歲徧存，三歲徧覜，五歲徧省，以至于七歲九歲十有一歲而後[16]止，亦歲是第一年，三歲五歲，是第三年第五年，並非每歲每三歲五歲也. 此鄭氏自註也. 經文前後相接，彼此同文，而前註如彼，後註如此，此尙能註經者乎?"○鏞案，字有字例，句有句例，他書皆然，經尤嚴矣. 毛氏旣以世壹見(亦大行人文)，爲一世一朝，不以歲壹見爲一歲一朝，其心公乎? 曰[17]三朝者，每日三朝也(見禮記)，月一祭者，每月一祭也(後漢書)，歲三田者，每歲三田也(見王制)，自古及今，文理皆然.

毛氏手執贋物，忍不能捨，每遇破綻，輒費脣舌，吾慾所發，指白爲黑，皆是此類，豈不嗟哉? 然鄭氏大行人之註，本自模糊，於上節旣無每歲一見之說(經文, 本自明白故)，於下節雖以歲徧存爲巡守之明歲，其

---

14) 朝本에는 '氣'로 되어 있음.

15) 朝本에는 '只'로 되어 있음.

16) 朝本에는 '後'가 빠져 있음.

17) 朝本에는 '曰'로 되어 있음.

言仍不明白, 樓氏, 何以謂之前註如彼後註如此也? 異哉! 周公之法
也, 巡守之後五六年, 歲受諸侯之朝, 連年不絕, 忽自第七年以後, 莫
往莫來, 寂寂寥寥, 至於十二年之期, 始更巡守, 前數後疎, 何若是之
甚也? 異哉! 周公之法也. 巡守之厥明年, 遣使存之, 三年覜之, 五年
省之, 忽自六七年以後, 不問存沒, 不圖撫綏, 必待十二年之後, 始更
親睦, 此果何義? 鄭爲是悶, 七歲九歲, 皆補徧省之文, 則經之所缺,
豈註之所能補哉? 今詳大行人之文, 蓋其巡守之年, 六服朝見之禮,
六條存撫之法, 不在京師, 皆在巡守之中, 自其明年六服朝見如法(已
見上), 而王之所以撫諸侯者, 每歲一存, 三歲一覜, 五歲一省, 七歲一
協(協辭命), 九歲一聽(聽聲音), 十一歲一修(達瑞節, 同度量, 修法則), 十
二歲一巡(王乃巡), 六服朝見之期, 若值巡守之年, 則仍於方岳朝見,
不朝于京師, 六條存撫之期, 若值巡守之年, 則仍於方岳按行, 不至於
諸國, 此其大經大法, 均齊方正, 不可移易者, 而鄭註上下, 都不分明,
使毛氏得以乘釁, 豈不惜哉?

同度量, 同數器, 本是巡守之禮, 今必遣使而行之者, 降及周初, 輿
地益廣, 儀文益縟(不似虞舜之簡省), 巡守雖有定期, 或行或停, 不似唐
·虞之世, 故制法如是也. 故職方氏曰: "王殷國亦如之"(殷, 衆也). 鄭
註云: "十二歲王若不巡, 則六服盡朝." 斯可驗也. 孔疏引左傳叔向
之語云: "計彼六年一會與此六年一朝, 事相當也. 再會而盟與此十二
年王乃時巡, 亦相當也"(左傳昭十三年, 叔向云: "明王之制, 使諸侯歲聘以志
業, 間朝以講禮, 再朝而會以示威, 再會而盟以顯昭明." ○杜云: "三年而一朝, 六
年而一會, 十二年而一盟"). ○案, 叔向所論, 是諸侯相朝之法, 此篇所
定, 乃諸侯朝王之法, 安得遠引彼眞, 曲證此僞? 梅氏之註, 明以侯·
甸·男·采·衛爲五服. 蓋其作經之時, 本據大行人而爲之. 故自經自
註, 毫不相牾, 孔氏欲於大行人之外, 別求周制, 以救贗經, 豈可得
哉? 總之, 周官之經, 朝見巡守之制, 本係題外之言. 又其職官之制,
必不與周禮六典相符相合, 試觀立政之篇, 可以領悟也.

952

王曰:"嗚呼! 凡我有官君子, 欽乃攸司, 愼乃出令. 令出惟行, 不惟反. 以公滅私, 民其允懷. 學古入官, 議事以制, 政乃不迷, 其爾典常作之師, 無以利口亂厥官. 蓄疑敗謀, 怠忽荒政, 不學牆面, 莅事惟煩. 戒爾卿士, 功崇惟志, 業廣惟勤, 惟克果斷, 乃罔後艱.

【剽取】學古入官, 襲子產語(左傳襄三十一年, 子產云:"我聞, 學而後入政"), 議事以制, 竊叔向語(昭六年, 子產鑄刑書, 叔向譏之曰:"昔先王議事以制, 不爲刑辟"), 無以利口, 襲論語(惡利口之覆邦家), 不學牆面, 亦襲[18]論語(人而不爲周南召南, 其猶正牆面而立). ○ 平曰, 語無脉絡, 理無歸趣. 且如立政, 戒在擇人, 此篇, 戒在盡職, 古今眞僞之別也.

位不期驕, 祿不期侈, 恭儉惟德, 無載爾僞. 作德, 心逸日休, 作僞, 心勞日拙. 居寵思危, 罔不惟畏. 弗畏入畏. 推賢讓能, 庶官乃和, 不和政厖. 擧能其官, 惟爾之能, 稱匪其人, 惟爾不任." 王曰:"嗚呼! 三事曁大夫, 敬爾有官, 亂爾有政, 以佑乃辟, 永康兆民, 萬邦惟無斁."

【剽取】位不期驕襲戰國策.[19] ○ 無載爾僞, 竊逸詩(左傳襄三十年, 引逸詩曰:"淑愼爾止, 無載爾僞"[20]). ○ 居寵思危, 改逸書(襄十一年, 魏絳引書曰:"居安思危"). ○ 平曰, 夫旣云, '作僞心勞日拙,' 而作僞至於此極. 論篤是與, 君子者乎? ○ 又曰, 周公作周官, 官別其宜, 作立政(魯世家), 則周官·立政, 必相聯屬, 互有維絡, 乃此篇唯 '三事' 二字, 出於立政, 餘無影響. 且三事之臣, 未必非大夫, 今云 '三事曁大夫,' 則三事在大夫之上矣, 何以掩之?

---

18) 朝本에는 '襲'이 빠져 있음.
19) 朝本에는 '戰國策'이 빠져 있음.
20) 朝本에는 "無載爾僞, 淑愼爾止"로 되어 있음.

君　陳

王若曰: "君陳, 惟爾令德孝恭. 惟孝, 友于兄弟, 克施有政. 命汝尹玆東郊, 敬哉! 昔周公師保萬民, 民懷其德. 往愼乃司, 玆率厥常, 懋昭周公之訓, 惟民其乂.

序曰: "周公旣沒, 命君陳, 分正東郊成周." ○鏞案, 東郊者, 新邑之東郊也. 新邑有二, 一曰王城. 王城者, 郟鄏也. 及周之末, 謂之西周(昭廿二年, 王子猛, 入于王城, 自號西周). 漢志謂之河南, 卽武王遷鼎, 召公營宅, 平王東遷之地也.[21] 一曰下都, 下都者, 成周也. 及周之末, 謂之東周(宣十六年, 公羊傳曰: "成周者, 東周"). 漢志謂之洛陽, 卽周公營邑, 以遷殷頑之地也. 洛誥, 初卜瀍水西者, 王城也, 次卜瀍水東者, 下都也, 其相距十有八里(史漸云). 以其在王城之東, 故謂之東郊也. 周公沒於豐邑(據史記), 成王時在新邑(居王城). 元聖旣沒, 國勢孤虛, 殷頑易動, 故始命君陳, 分正東郊, 分正也者, 明始分也. 前此密近王都, 不別之命官分治也. ○或曰: "郊, 邑名. 春秋昭二十三年, 晉人圍郊(杜云: "郊, 周邑"). 公羊傳云: '郊者何天子之邑也?'(何休云: "天子之閒田") 左傳云: '郊·鄏, 潰'(又昭廿六年云: "王起師在郊"). 前此王子朝, 率郊·要·餞之甲(杜云: "三邑名"), 以逐劉子(昭廿二), 郊者, 邑名以其在王城之東, 故謂之東郊."

【剽取】令德孝恭, 襲國語.

【蒐改】論語引書曰: "孝乎惟孝, 友于兄弟, 施於有政"(子曰: "是亦爲政, 奚其爲爲政?"). ○梅鷟云: "上竊國語, 下輯論語, 以頗重複, 遂去'孝乎'二字?" ○毛云: "包咸·何晏, 以'孝乎惟[22]孝'作句, 潘岳閒居

---

21) 朝本에는 '也' 아래에 '西'자가 들어 있음.

22) 朝本에는 '唯'로 되어 있음.

賦, 夏侯湛[23]昆弟誥, 陶潛孝傳贊, 無不曰孝乎惟孝, 唐王利貞幽州石浮圖頌, 宋張齊賢曾子贊, 亦曰孝乎惟孝."○平曰, 引書者, 或落一二字, 固時有之, 而孔子引書, 忽增二字(孝乎字), 非理也. 潘岳·夏侯湛[24]·陶潛之等, 但讀論語, 不讀尙書, 又非理也. 且堯命舜, 不言孝友, 君陳雖孝, 褒嘉讚揚, 胡至於此? 古者君臣之際, 不相諂媚, 僞也.

我聞, 曰: '至治馨香, 感于神明, 黍稷非馨, 明德惟馨.' 爾尙式時周公之猷訓, 惟日孜孜, 無敢逸豫. 凡人未見聖, 若不克見, 旣見聖, 亦不克由聖, 爾其戒哉! 爾惟風, 下民惟草. 圖厥政, 莫或不艱. 有廢有興, 出入自爾師虞, 庶言同則繹.

【蒐取】左傳, 宮之奇引周書曰: "黍稷非馨, 明德惟馨"(僖五年). ○禮記, 引君陳曰: "未見聖, 若己弗克見, 旣見聖, 亦弗克由聖"(緇衣篇). 鄭云: "克, 能也, 由, 用也"(梅云: "己見聖道, 而不能用之"). ○平曰, 宮之奇, 本論祭祀之理, 引此二句, 黍稷馨香, 於保釐何干? 又由聖之由, 遵也從也. 鄭訓爲用, 未必本旨, 梅何竊之?(且見聖者, 見聖人也, 豈見聖道之謂乎?)

【勦取】爾惟風, 下民惟草, 襲論語(彼云: "君子之德, 風也, 小人之德, 草也, 草上之風, 必偃"). ○閻云: "成王作歌後語, 令君陳猜測之乎?" ○平曰, 君陳非習習之風, 下民非萋萋之草, 必如本文, 然後詞活意豳. 洪範云: "卿士惟[25]月, 庶民惟星." 彼蒙上文王省 惟[26]歲, 與此不同.

【蒐衍】禮記, 引君陳曰: "出入自爾師虞, 庶言同"(緇衣篇). ○鄭

23) 朝本에는 '謎'으로 되어 있음.
24) 朝本에는 '謎'으로 되어 있음.
25) 朝本에는 '唯'로 되어 있음.
26) 朝本에는 '唯'로 되어 있음.

云: "自, 由也, 師庶皆衆也. 虞, 度也. 言出內政敎, 當由汝衆之所謀度, 衆言同乃行之. 政敎當由[27]一也." ○鏞案, 庶言同者, 衆論如一也. 謂政敎出入, 以衆人之心度之, 則一辭和同, 無參差也. 鄭云: "衆言同乃行之." 如鄭所云, 則語尙未了. 僞者, 見鄭註, 疑有脫字, 乃演其文, 曰同則繹(毛云: "天下無庶言同而可斷句者. 非此增出, 實彼短少耳"). 然易曰: "其事同." 左傳曰: "十人同"(本太誓). 何云庶言同不可斷句?

爾有嘉謀嘉猷, 則入告爾后于內, 爾乃順之于外, 曰: '斯謀斯猷, 惟我后之德.' 嗚呼! 臣人咸若時[28] 惟良顯哉!"

【蒐輯】坊記, 子云: "善則稱君, 過則稱己, 民作忠. 君陳曰: '爾有嘉謀嘉猷, 入告爾后于內, 女乃順之于外, 曰: '此謀此猷, 惟我后之德. 於乎是[29]惟良顯哉!''"(又子云: "善則稱親, 過則稱己, 則民作孝. 太誓曰: '予克紂, 非予武, 惟朕文考云云'") ○鄭云: "嘉, 善也, 猷, 道也." ○葛云: "成王殆失言矣"(見蔡注). ○閻云: "僞者, 止見書序, 遂通篇俱作成王語, 安知當日不更夾以臣語耶? 嗚呼! 自斯言一啓, 君以正諫爲要名, 臣以歸美爲盛節, 而李斯分過之忠, 孔光削藁之敬, 遂爲事君之極則. 然取證太誓, 爲人子之言, 則取證君陳, 亦必爲人臣之言, 例可知也"(閻之此言, 極明覈). ○平曰, 傳記引書之法, 多稱 '書曰,' 其或稱名如 '太甲曰' '盤庚曰' '君陳曰' '君雅曰,' 疑皆本人之言也. 君陳將出東郊留, 告其在京諸臣, 不亦可乎? 萬萬非成王口中語也.

王曰: "君陳, 爾惟弘周公丕訓, 無依勢作威, 無倚法以削, 寬而有制,

---

27) 朝本 · 奎本에는 '由'가 빠져 있음.
28) 朝本에는 '是'로 되어 있음.
29) 朝本에는 '於是乎'로 되어 있음.

從容以和. 殷民在辟, 予曰辟, 爾惟勿辟, 予曰宥, 爾惟勿宥, 惟[30])厥中. 有弗若于汝政, 弗化于汝訓, 辟以止辟, 乃辟. 狃于姦宄, 敗常亂俗, 三細不宥. 爾無忿疾于頑, 無求備于一夫. 必有忍, 其乃有濟, 有容德乃大. 簡厥修, 亦簡其或不修, 進厥良, 以率其或不良. 惟民生厚, 因物有遷. 違上所命, 從厥攸好. 爾克敬典在德, 時乃罔不變, 允升于大猷. 惟予一人膺受多福, 其爾之休, 終有[31])辭於永世."

平曰, 依勢作威, 倚法以削者, 漢二千石豪强不法之類也. 始旣褒之曰: "令德孝恭, 施於有政." 末乃戒之曰: "倚勢豪橫, 侵削下民." 如彼之人, 而慮之以如此之惡, 不亦過乎? 僞也.

【蒐改】周語, 富辰曰: "書有之曰: '必有忍也, 若能有濟'"(王不忍小忿, 以棄鄭).

畢 命

(孔壁十六篇中無之)

惟十有二年六月庚午朏. 越三日壬申, 王朝步自宗周, 至于豐, 以成周之衆, 命畢公保釐東郊.

【蒐改】漢書律歷志(康王十二年), 畢命豐刑曰: "惟十有二年六月庚午朏, 王命作冊豐刑"(孟康云: "豐刑逸書"). ○孔穎達云: "漢初不得此篇, 有僞作其書, 以代之者. 僞者, 傳聞舊語, 得其年月(與梅書合, 故許得其年月), 不得以下之辭, 妄言作豐刑耳, 亦不知豐刑之言何所道也.

---

30) 朝本에는 '惟'가 빠져 있음.
31) 朝本에는 '有'가 빠져 있음.

鄭玄云: '今其逸篇, 有策命霍侯之事, 不與此序相應, 非也.' 鄭玄所
見, 又似異於豐刑, 皆妄作也." ○ 鏞案, 畢命一篇, 其在孔壁不入於
十六篇中(上丁 七). 然帝告[32]殘章, 伏生尙誦數句(上丁 一), 所謂畢命
豐刑, 亦安知無數句之流傳爲劉歆所採用乎? 律歷志者, 三統曆也.
劉歆父子, 考校今文古文, 該貫無比, 未可輕議. 但鄭玄所見, 別是一
本, 杜林漆書, 本無畢命. 所謂逸篇, 鄭亦不信, 故其言如彼(執序以非
之), 乃僞者, 執律歷志, 竊取其年月日, 又竊豐字, 演出朝步至豐三四
句, 有若命之在豐, 而謂之豐刑者然, 何其詐矣?

【蹈襲】朝步自宗[33]周至于豐 襲召誥. ○ 平曰, 朝步之義, 未有明
解. 鄭玄謂致恭於宗廟, 今又何故而步行也?

　　王若曰: "嗚呼! 父師, 惟文王·武王, 敷大德于天下, 用克受殷命. 惟
　　周公左右先王, 綏定厥家, 毖殷頑民, 遷于洛邑, 密邇王室, 式化厥訓.
　　旣歷三紀, 世變風移, 四方無虞, 予一人以寧. 道有升降, 政由俗革. 不
　　臧厥臧, 民罔攸勸. 惟公懋德, 克勤小物, 弼亮四世. 正色率下, 罔不祗
　　師言, 嘉績多于先王, 予小子垂拱仰成."

【誤用】旣歷三紀, 據帝王世紀(成王在位, 三十七年). ○ 平曰, 三紀非
古文也. 十二年以爲一紀, 非古法也. 洪範有五紀, 左傳曰: "天以七
紀." 素問曰: "天有八紀." 皆日月星辰之類也. 逸周書, 又以四時三
光之等爲九紀, 鄭語史伯之言, 以六府三事爲九紀, 張衡之賦, 以日月
爲二紀(察二紀五緯), 班固之賦, 以十帝爲十紀(皇十紀而鴻漸), 史記天官
書, 以一千五百年爲一紀(緯書以二十七萬五千年爲一紀), 十二年之爲一
紀, 在古無文. 蓋古者甲子, 惟以紀日, 不以紀年, 自無此說. 自漢太
初曆以來, 始用甲子以號其年(其始猶用古甲子), 以十二支分配十二律,

　　32) 朝本·奎本에는 '誥'로 되어 있음.
　　33) 朝本에는 '宗'이 빠져 있음.

自此而降, 漸以十二年爲一紀. 故魏志管寧傳云: "久荷渥澤, 積祀一紀." 南史王弘之傳云: "拂衣歸耕, 踰歷三紀." 北史韋世康傳云: "驅馳不已, 四紀于玆." 安得周康王之時, 已有三紀之說?(梅云: "十二年曰紀") 此又僞案之鐵堅者.

【剽取】垂拱仰成, 出後漢書(淸[34]河孝王慶[35])傳云: "仰恃明主, 垂拱受成"). 然垂拱之文, 自秦·漢起也, 已見武成.

王曰: "嗚呼! 父師, 今予祗命公, 以周公之事, 往哉! 旌別淑慝, 表厥宅里, 彰善癉惡, 樹之風聲. 弗率訓典, 殊厥井疆, 俾克畏慕. 申畫郊圻, 愼固封守, 以康四海. 政貴有恒, 辭尙體要, 不惟好異. 商俗靡靡, 利口惟賢, 餘風未殄, 公其念哉! 我聞, 曰: '世祿之家, 鮮克由禮, 以蕩陵德, 實悖天道, 敝化奢麗, 萬世同流.' 玆殷庶士, 席寵惟舊, 怙侈滅義, 服美于人. 驕淫矜侉, 將由惡終. 雖收放心, 閑之惟艱. 資富能訓, 惟以永年. 惟德惟義, 時乃大訓. 不由古訓, 于何其訓?"

【剽竊】六韜盈虛篇, 太公曰: "旌別淑慝, 表其門閭." ○平曰, 書序之云分居里, 或是管子分居四民之意(見齊語). 今乃以六韜旌別之法應此序意, 誤矣. 改門閭爲宅里者, 亦以序有居里之文也. ○或曰, 六韜, 是陳·隋間僞書. 彼竊梅, 非梅之竊彼也.

【剽取】彰善癉惡, 竊緇衣句(彼[36]云: "章義[37]癉惡, 以示民厚"), 樹之風聲, 竊左傳(文六年, 君子曰: "古之王者, 樹之風聲, 分之采物"). ○利口餘風, 襲張釋[38]之語(見蔡注). ○不率訓典, 襲王制(彼云: "不帥敎者, 移 之郊·遂, 殊厥井疆." 卽此意). ○申畫郊圻, 應序意(序云: "成周郊." 梅云: "成

---

34) 朝本에는 '情'으로 되어 있음.
35) 朝本·奎本에는 '慶'이 빠져 있음.
36) 朝本에는 '使'로 되어 있음.
37) 朝本·奎本에는 '善'으로 되어 있음.
38) 朝本에는 '繹'으로 되어 있음.

定東周郊境³⁹⁾")．○平曰，序文必有脫字，今云‘申畫郊圻，’以證其誤注．
然王城下都之間，瀍水割界，此天成之規畫也，又何申焉？

【剽取】收放心，竊孟子．○平曰，周康王，預知孟子設雞豚收放之
喩，使殷民收其放心云乎？且殷民本以亡國之餘，累經禍難，席寵怙
侈，驕淫矜侉，有是理乎？無故誣人，垂示千世，可乎？

王曰："嗚呼！父師，邦之安危，惟玆殷士．不剛不柔，厥德允修．惟周
公克愼厥始，惟君陳克和厥中，惟公克成厥終．三后協心，同底于道，道
洽政治，澤潤生民，四夷左衽，罔不咸賴，予小子，永膺多禍．公其惟時
成周，建無窮之基，亦有無窮之聞．子孫訓其成式，惟乂．嗚呼！罔曰弗
克，惟旣厥心．罔曰民寡，惟愼厥事．欽若先王成烈，以休于前政．"

平曰，藥筍中蔘⁴⁰⁾尤取用殆盡，此篇不引古文，僞者自作，故字字卑
淺，句句陳腐，以之爲兩漢誥命，亦莫之信矣．

君　牙

(禮記作君雅)

王若曰："嗚呼！君牙，惟乃祖乃父，世篤忠貞，服勞王家，厥有成績，
紀于太常．惟予小子，嗣守文・武・成・康遺緒，亦惟先王之臣，克左右亂
四方．心之憂危，若蹈虎尾，涉于春氷．今命爾予翼，作股肱心膂，纘乃
舊服，無忝祖考．弘敷五典，式和民則．爾身克正，罔敢弗正．民心罔中，
惟爾之中．

---

39) 朝本・奎本에는 모두 ‘竟’으로 되어 있음.
40) 朝本에는 ‘參’으로 되어 있음.

【勦取】紀于太常, 襲周禮(司勳云: "凡有功者, 銘書於王之太常"). ○若蹈虎尾, 襲易詞(覆虎尾). ○股肱心膂, 竊太子晉語(周語云: "四岳爲禹股肱心膂"). ○平曰, 君牙之祖與父, 不見史冊, 憑空白撰曰: "乃祖乃父, 世篤忠貞." 大抵是輕薄無行之人.

夏暑雨, 小民惟曰怨咨, 冬祁寒, 小民亦惟[41]曰怨咨, 厥惟艱哉! 思其艱, 以圖其易, 民乃寧. 嗚呼! 丕顯哉, 文王謨. 丕承哉! 武王烈. 啓佑我後人, 咸以正罔缺. 爾惟敬明乃訓, 用奉若于先王, 對揚文·武之光命, 追配于前人."

【蒐改】禮記引君雅曰: (鄭云: "雅, 書序作牙, 假借字也") "夏日暑雨, 小民惟曰怨, 資冬祁[42]寒, 小民亦惟曰怨"(緇衣篇). ○鄭云: "資當爲至, 齊·魯之語, 聲之誤也. 祁[43]之言, 是也, 齊西偏之語也. 小民怨天, 言民恒多怨, 爲其君難."○平曰, 夏暑冬寒, 皆四字句, 削之爲三字, 惟[44]曰怨, 上下皆三字句, 贅之爲四字, 自以爲善改, 但'惟[45]曰怨'之下, 加一'咨'字, 鈍矣鬆矣精奪矣文死矣. 又演而承之曰: "厥惟艱哉." 蓋見鄭玄爲君難之註也, 何以白矣?

【蒐輯】孟子引書曰: "丕顯哉! 文王謨. 丕承哉! 武王烈. 佑啓我後人, 咸以正無缺"(滕文公). ○趙云: "書, 尙書逸篇也. 謂成·康皆行正道, 無虧缺也(梅云: "皆以正道無邪缺"), 此周公輔相, 以撥亂之功也." ○平曰, 梅註, 襲趙註.

王若曰: "君牙, 乃惟由先正舊典時式. 民之治亂在玆, 率乃祖考之攸

---

41) 朝本에는 '唯'로 되어 있음.
42) 朝本·奎本에는 '祈'로 되어 있음.
43) 朝本·奎本에는 '祈'로 되어 있음.
44) 朝本에는 '唯'로 되어 있음.
45) 朝本에는 '唯'로 되어 있음.

行, 昭乃辟之有乂."

蔡云: "先正, 君牙祖父." ○ 平曰, 隱指其祖父, 桃矣.

冏 命

(孔壁本, 在十六篇中)

序曰: "穆王命伯冏爲周太僕正, 作冏命."

梅云: "太僕長(孔云: "正長也"), 太御中大夫." ○ 孔云: "若是周禮太僕, 則此云太僕, 足矣, 何須云正乎? 且此經云: '命汝作大正, 正于羣僕.' 案周禮, 大馭下有戎僕·齊僕·道僕·田僕, 太馭最爲長. 旣稱正于羣僕, 故以爲大御"(且與君同車, 最爲親近. 故春秋, 隨侯寵少師, 以爲車右, 漢書, 文帝愛趙同, 命之爲御. 凡御者, 最爲密昵, 故此經云: "汝無昵於憸人, 充耳目之官"). ○ 應劭云: "太僕周穆王所置. 蓋太馭衆僕之長, 中大夫也"(見史注). ○ 平曰, 太僕正以爲太馭, 蓋自東京以來, 相傳如此. 今案周禮, 太僕下大夫二人, 大馭中大夫二人, 其品秩雖如此, 考其職掌, 則太僕掌王之服位(正其衣, 又正其立處), 出入王之大命(如虞之納言), 掌諸侯之復逆(鄭云: "奏事也"), 建路鼓, 以待窮者(冤則擊), 尙有祭祀·賓客·喪紀·軍旅·燕飮·朝會, 諸所掌不可枚擧. 其率屬, 曰小臣·祭僕·御僕之等, 其職掌亦皆不輕. 名雖太僕, 非馭車馭馬之人, 其爲任至要至重. 若大馭, 則掌馭玉路, 犯軷·受轡·祭軷·執轡, 鸞和爲節而已. 然且戎僕·齊僕·道僕·田僕之等, 雖皆名僕, 各自爲職, 或掌戎路, 或掌金路, 或掌象路, 或掌田路, 不爲太馭之率屬, 不受太馭之節制(戎僕亦中大夫二人). 孰云大馭能正羣僕? 且孔引隨侯漢文之事, 謂大馭與君同車, 則誤矣. 太馭爲職, 束芻爲神, 磔犬祭道, 其事最賤, 並無與君同車之事. 惟齊右·道右, 乘則持馬, 行則陪乘(戎車則戎右陪乘). 此眞隨侯之車右, 漢代之參乘(鄭注云: "陪乘, 參乘"), 孰云大馭與君同車?

夫制絲綸, 以授官, 體貌尊重, 掌馬典車者, 何以得此? 惟太僕之臣, 正王之服位, 司王之大命, 聰明是達, 喉舌是通. 賢良居之, 則可以導揚和氣, 奸邪居之, 則足以雍蔽天聽. 品秩雖卑, 係國家安危存亡. 故穆王當時, 哀文·武之道缺, 閔王猷之衰微(周本紀), 申誡太僕, 以謹天子之命, 以達諸侯之志, 而王國復寧, 此豈掌一車司一馬者, 所能得哉?

特以先儒之註書序者, 誤以太馭當之, 而鄭註周禮, 亦以大馭爲馭之最尊(鄭旣以太馭爲最尊, 則其註囧命, 亦必如此. 梅註, 疑本鄭注之意), 僞者深信不疑, 其作經文, 惟以正羣僕, 簡同僚數語, 草草提綴, 而出納惟允, 導達寃枉, 無一字偶及. 古之眞囧命, 斷不如此. 彼見太僕之官, 不似宮正酒正之直以正稱, 別求太僕之長, 以領太僕. 若然, 大司樂, 不得爲樂正, 太卜不得爲卜正(左傳, 滕侯自言: "我周之卜正." 卽大卜也). 有是理乎? 祭僕·御僕, 皆太僕之率屬. 故府·史·胥·徒二十八人, 同隸太僕, 太僕非羣僕之長乎? 若大馭[46]則, 不過爲諸僕之同列, 請再詳之.

王若曰: "伯囧, 惟予弗克于德, 嗣先人宅丕后, 怵惕惟厲, 中夜以興, 思免厥愆. 昔在文武, 聰明齊聖, 小大之臣, 咸懷忠良, 其侍御僕從, 罔非正人. 以旦夕承弼厥辟, 出入起居, 罔有不欽. 發號施令, 罔有不臧, 下民祗若, 萬邦咸休. 惟予一人無良, 實賴左右前後有位之士, 匡其不及, 繩愆糾謬, 格其非心, 俾克紹先烈.

---

46) 朝本에는 '駛'로 되어 있음.

平曰, 蒐輯之物, 今己罄矣(此篇遂無一條). 此篇本可無作因. 造僞之
初, 本取孔壁十六篇之目錄, 按次塡補, 以爲古文之完本. 故偏於十六
篇之內, 多所憑託, 所塡補, 至於十一篇之多(舜典·大禹謨·棄稷·五子之
歌·胤征·湯誥·咸有一德·伊訓·武成·旅獒·冏命), 其捨之不補者, 不過五篇, 其
奸心僞肚之本, 自十六篇起, 可知也(不補者, 汨作·九共·典寶·肆命·原命
等五篇而已). 其濫出於十六篇之外者, 至於十七者, 太甲·說命·太誓
之等(已九篇), 其本文之得於傳記者甚多. 咄誥·咸有一德·君陳·君
牙·畢命之等(又五篇), 亦以本文有所蒐取, 未忍散棄. 周官有周禮可
據, 微子·蔡仲, 有史傳可憑(又三篇). 故濫觴至此, 非造僞之本意也.

【剽取】朝夕出入起居, 發號施令, 襲周禮道僕之文(彼云: "朝夕出入,
掌貳車之政令"). ○平曰, 鄭玄迂謬. 將以道僕行先王之道(鄭云: "道僕朝
朝暮夕, 以與諸臣行先王之道"), 僞者見鄭註, 遂謂道僕職任尊重, 偏竊道
僕之文, 以作此篇, 然出入政令等句, 六官諸職恒有之, 不唯道僕而
已, 奚取焉?

【剽取】格其非心, 竊孟子(惟[47]大人, 能格君心之非). ○平曰, 必言
'心之非'乃加格字, 其詞方活, 今云'格其非心,' 則詞死矣, 非心何
心?

今予命汝作大正, 正于羣僕侍御之臣, 懋乃后德, 交修不逮. 愼簡乃僚,
無以巧言令色便辟側媚, 其惟吉士. 僕臣正, 厥后克正, 僕臣諛, 厥后自
聖. 后德惟臣, 不德惟臣. 爾無昵于憸人, 充耳目之官, 迪上以非先王之
典. 非人其吉, 惟貨其吉, 若時, 瘝厥官. 惟爾大弗克祗厥辟, 惟予汝辜."
王曰: "嗚呼, 欽哉! 永弼乃后于彛憲."

蔡云: "羣僕謂祭僕·隸僕·戎僕·齊僕之等." ○鏞案, 蔡所擧四僕

---

47) 朝本에는 '唯'로 되어 있음.

964

之中, 唯祭僕爲太僕之屬, 其餘非也. 隷僕別一卑官, 掌糞掃之事, 戎僕·齊僕, 馭[48]車之官, 與太僕無涉. 蔡旣以太僕爲太僕正, 猶混於舊說.

閻云: "漢表云: '太僕秦官, 掌輿馬.' 以太僕專司馬政, 蓋自秦失之." ○平曰, 漢儒, 眼貫耳熟, 以太馭[49]爲太僕之長, 而梅氏因之耳.

【謬義】愼簡乃僚, 竊漢·魏郡國法(孔云: "府·史以下, 官長所自辟除命, 士以上, 皆應人主自選"). ○平曰, 周禮天官冢宰, 施法于官府, 建其正, 立其貳, 陳其殷, 置其輔(殷, 衆也). 蓋自虞之百揆銓注之權, 不出多門, 唯漢代郡國, 其佐吏·長史之等, 許其自辟. 僞者, 遂令大僕之正自擧其僚屬, 周禮有是法乎? 古者選擧之法, 本自司徒進之司馬(見王制), 以聽冢宰調用, 安有祭軷之官, 乃敢自簡其僚? 陸贄欲使諸司長官自擧其屬, 亦後世之論, 周法無是也. ○平[50]曰, 僕臣諛, 厥后自聖, 他臣諛, 無此弊乎? 語皆無味, 文皆無理, 誠與僞之不可掩, 如是.

跋

右梅氏書平九卷, 昔在庚午春(嘉慶十五年) 余在茶山謫中作. 今年春(道光十四年), 余在洌上, 取尙書古訓·尙書知遠錄, 合之爲一部, 共二十一卷. 旣又取梅氏書平, 刪其蕪雜, 增其厥遺, 修而成之, 仍其舊爲九卷, 二部之合三十卷也. 余今七十三, 眼昏而手顫, 猶能爲此, 賴天之賜也(書平之上四卷, 是數年前所修正). 八月十四日, 洌上老人書(甲午秋).

---

48) 朝本에는 '駛'로 되어 있음.
49) 朝本에는 '駛'로 되어 있음.
50) 朝本에는 '評'으로 되어 있음.

10

梅氏書平 十

河內泰誓

(史記不言三篇. ○ 鄭玄本有三篇, 今亡)

　馬融書序曰: "泰誓後得, 按其文, 似若淺露." 又云: "八百諸侯不召自來, 不期同時, 不謀同辭. 及火復於上, 至於王屋, 流爲鵰, 五至, 以穀俱來. 擧火神怪, 得無在子所不語中乎? 又春秋引太[1]誓曰: '民之所欲, 天必從之.' 國語引太[2]誓曰: '朕夢協朕卜.' 孟子引太誓曰: '我武惟揚.' 孫卿引泰[3]誓曰: '獨夫受.' 禮記引太誓曰: '予克受, 非予武'(見坊記). 今文泰誓皆無此語(謂河內泰誓). 吾見書傳多矣. 所引泰誓, 而不在泰誓者, 甚多, 弗復悉記, 略擧五事以明之, 亦可知矣." ○ 鏞案, 太誓之亡, 要在孟子·荀卿之後(孟子之卒, 要在周赧王初年, 荀卿之爲蘭陵令, 在范雎免相之年). 而焚書未久, 婁敬已有八百諸侯之說, 僞誓之作, 蓋迢然早矣. 故伏生載之於大傳, 孔安國附之於古文, 司馬遷錄之於正史, 爲儒林相傳之典籍也. 然鄭玄所註, 是河內泰誓, 又非早出之原

---

1) 朝本·奎本·孔疏에는 '泰'로 되어 있음.
2) 朝本·奎本·孔疏에는 '泰'로 되어 있음.
3) 朝本에는 '太'로 되어 있음.

本也(上丙七).

孔穎達云: "尙書遭秦而亡, 漢初不知篇數. 武帝時, 孔臧與安國書云: '尙書二十八篇, 取象二十八宿'(上甲十). 則漢初無泰誓矣. 後得僞泰誓三篇, 諸儒多疑之, (節) 馬融惟言後得, 不知何時得之." "漢書, 婁敬說高祖云: '武王伐紂, 不期而會盟津上者, 八百諸侯'(僞太誓有此文). 不知其本出何書也. 武帝時, 董仲舒對策云: '書曰白魚入舟.' 是武帝時, 已得之矣." "梁王兼而存之, 言本有兩泰[4]誓, 古文泰誓, 伐紂時事, 聖人取爲尙書(謂梅氏泰[5]誓), 今文泰誓, 觀兵時事, 別錄之, 以爲周書(謂河內泰[6]誓), 此非辭也. 彼僞書三篇(謂河內泰誓), 上篇觀兵時事, 中下二篇, 亦伐紂時事, 非盡觀兵時事(亦字攝梅書而言). 且觀兵示弱卽退, 何誓之有?" ○ 鏞案, 僞太誓顚末, 具詳於首編(上丙七), 今不再述. 但孔沖遠, 以梅氏泰誓爲伐紂時事, 以自別於今文泰誓(河本). 而今觀梅氏之三篇, 亦上篇依於觀兵, 中下二篇, 始爲伐紂, 故梅本書序上半, 用舊序(律歷志所載), 以應觀兵之年(所謂十一年), 下半用武成舊序, 强配伐紂之年(所謂十三年). 蓋其時河內泰誓, 方且主世, 有難幷序, 而違之故也, 以僞斥僞, 將誰直之?

今其書亡矣. 採於史傳所載, 殘缺未完, 不足嗟也. 玆錄如左, 俾不與梅書混也.

史曰: "武王卽位九年, 東伐至盟津, 不期而會者, 八百諸侯. 武王還師, 與太公作太誓"(齊世家).

太誓之義, 談者不同(詳見書序說). 今按此文, 蓋惟太公之誓也. 伊所訓曰伊訓, 召所誥曰召誥, 無以異也. 但誓者, 臨戰之約束也. 還師而

---

4) 朝本에는 '太'로 되어 있음.
5) 朝本에는 '太'로 되어 있음.
6) 朝本에는 '太'로 되어 있음.

誓, 有是理乎? 蓋武王之伐紂也, 先之, 而太公後之以親帥. 太誓, 太公之誓也, 牧誓, 武王之誓也.

書曰: "惟四月太子發, 上祭于畢下, 至于孟津之上"(書大傳).

鄭云: "四月者, 周四月也. 發, 周武王也. 卒父業, 故稱太子."○訂曰, 卒父業, 故稱太子, 有是理乎? 當時流行之邪說. 以武王之九年十一年爲文王受命之九年十一年, 故仍如文王之時, 稱太子發也. 屈首而註此僞書, 康成其有愧矣.

史云: "武王九年上祭于畢(馬融云: "畢, 文王墓地名"), 東觀兵, 至于盟津, 爲文王木主, 載以車中軍, 自稱太子發"(言奉文王以伐, 不敢自專). ○訂曰, 師行載主, 雖是古禮(曾子問及甘誓注), 有載遷主, 無載新主, 史載非矣(此亦非僞太誓中文句). 若伯夷傳則曰: "父死不葬而載木主." 夫葬而后虞, 虞而立主, 旣不葬矣, 何得有木主? 漢儒之疏闊如此.

乃告司徒・司馬・司空諸節. 亢才, 予[7]無知, 以先祖先父之有德之臣, 左右小子, 予[8]受先公, 戮[9]力賞罰, 以定厥功于先祖之遺(書大傳).

伏云: "天子三公, 司徒公・司馬公・司空公, 每壹公三卿佐之, 每一卿三大夫佐之, 每一大夫三元士佐之, 故有三公九卿二十七大夫八十一元士. 所與爲天下者, 若此而已"(書大傳). ○按, 三公九卿之義, 謬.

【考異】史云: "乃告司馬・司徒・司空諸節(馬云: "諸受符節有司也"), 齊栗信哉! 予無知, 以先祖有德臣, 小子受先功"(徐廣云: "一云予小子受

先公功"). ○按, 史云者, 取周本紀·齊世家, 檃栝爲文也(上下凡史云, 皆然). 文與伏氏本不同, 蓋諸本各殊也.

逐興師. 師尙父左杖黃鉞, 右把白旄, 以號曰: "蒼兕蒼兕, 總爾衆庶 與爾舟楫. 後至者斬"(史所載).

鄭云: "師尙父, 文王於磻溪所得聖人呂尙, 立以爲太師. 號曰尙 父, 尊之"(毛詩[10]大明疏). 又云: "號, 令之軍法重者"(作誓). ○馬云: "蒼兕, 主舟楫官名"(王充云: "蒼兕, 水獸九頭, 今誓衆令急濟. 故言蒼兕以懼 之"). ○案, 書大傳無此段, 今取史以補之.

太子發, 升于舟中流, 白魚入于舟中, 跪取出涘以燎(大傳).

史云: "武王渡河, 中流白魚躍入王舟中, 武王俯取以祭." ○馬云: "魚者, 介鱗之物, 兵象也, 白者, 殷家之正色, 言殷之兵象與周之象 也." ○平[11]曰, 蒼[12]兕白魚赤鳥之說, 邪詭不典, 而伏·孔·馬, 鄭無 不屈首以奉之, 愧矣哉!(馬則疑之旣深, 而猶且註之)
王充論衡曰: "武王伐紂. 升舟陽侯波起, 疾風逆流, 武王操黃鉞而 麾之, 風波畢除. 中流白魚入於舟, 燔以告天"(水經注, 亦載此段).
周頌思文疏, 引太誓曰: "惟四月太子發, 上祭於畢下, 至於孟津之 上"(註云: "孟津, 地名"). 又曰: "太子發升舟中流, 白魚入於王舟, 王跪 取出涘以燎之." ○鄭云: "白魚入舟, 天之瑞也. 魚無手足, 象紂無 助. 白者, 殷正也. 天意若曰以殷予武王, 當待無助. 今尙仁人在位, 未可伐也. 得白魚之瑞, 卽變稱王, 應天命定號也. 涘, 涯也. 王出於

10) 朝本에는 '誌'로 되어 있음.
11) 朝本에는 '評'으로 되어 있음.
12) 朝本에는 '倉'으로 되어 있음.

岸上, 燔魚以祭, 變禮也"(幷見思文疏). ○平[13]曰, 附會邪說, 矯誣天衷, 鄭註其甚者也.

書大傳云: "王升舟入水, 鼓鍾惡, 觀臺惡, 將舟惡, 宗廟惡"(惡, 皆讀爲亞, 次也). ○周禮肆師註, 鄭引書大傳曰: "王升舟入水(賈疏云: "謂武王於文王受命十一年, 觀兵之時, 於孟津升舟"), 鼓鍾亞(亞, 王舟[14]後), 觀臺亞(可以望氛祥), 將舟亞(社主也), 宗廟亞"(遷主也). ○案, 此段亦所謂經文耶? 抑其所自演大傳耶? 今不可知. 書大傳云: "武王伐紂, 至于商郊, 停止宿夜, 士卒皆歡樂歌舞, 以待旦"(本在升舟入水之上).

　　羣公咸曰: "休哉! 有火流于王屋, 化爲赤烏三足"(書大傳).

史云: "旣渡, 有火自上復于下, 至于王屋, 流爲烏, 其色赤, 其聲魄云." ○馬云: "王屋, 王所居屋. 流, 行也. 魄然, 安定意也." ○鄭云: "書說云: '烏有孝名(案, 書說者, 尙書緯之說). 武王卒父大業, 故烏瑞臻. 赤者, 周之正色也.'" ○司馬貞云: "按今文泰[15]誓, '流爲鵰,' 鵰, 鷙鳥也." 馬云: "明武王能伐[16]紂." ○案, '其聲魄'三字, 不見大傳. 然馬融注 '魄'字, 當是經文本有也. 又古文 '流爲烏,' 鄭玄注 '烏'字, 今文'流爲鵰,' 馬融注'鵰'字. 師弟二人, 各主今古之學(今文伏之本, 古文孔之本), 皆可嗟也.

【考異】周頌思文疏, 引太誓曰: "至於五日, 有火自上復於下, 至於王屋, 流之爲鵰, 其色赤, 其聲魄, 五至, 以穀俱來." ○鄭云: "五日, 燎後日數. 王屋, 所在之舍上, 流猶變也. 鵰當爲鴉, 鴉, 烏也. 燎後五日, 而有火爲烏, 天報武王以此瑞. 書說曰: '烏有孝名(卽緯書).

---

13) 朝本에는 '評'으로 되어 있음.
14) 朝本·奎本에는 '舟'자가 빠져 있음.
15) 朝本에는 '太'로 되어 있음.
16) 朝本에는 '滅'로 되어 있음.

武王卒父業, 故烏瑞臻. 赤, 周之正. 穀記后稷之德.'"○案, '五至以穀俱來'六字, 亦其所謂經文, 故鄭玄注'穀'字, 起句'至於五日'四字, 亦然.

武王喜, 諸大夫皆善, 周公曰: "茂哉茂哉! 天地見此, 以勸之也, 恐恃之"(書大傳. ○一本, 周公曰: "復哉復哉!"見下).

【考異】周禮大祝註, 引書曰: "王動色變"(賈云: "今文太誓, 得火烏之瑞, 使上附以周公書報誥於王, 王動色變"). 又引太誓云: "周公曰: '都, 懋哉! 予聞古先哲王之格言(以下缺), 太子發, 拜手稽首'"(見賈疏. ○賈云: "君于臣稽首"). ○案, 所謂經文散亡, 不可考.

惟丙午王還師, 前師乃鼓鼗[17]趮, 師乃慆, 前歌後舞(書大傳所載, 止此).

周禮大司馬註, 引書曰: "前師乃鼓鼗[18]譟." ○毛詩大明疏, 引太誓曰: "師乃鼓譟, 前歌後舞, 格於上天下地, 咸曰: '孜孜無怠'"(又文王世子疏, 以師樂爲用前歌後舞, 爲太誓文).

○王逸楚辭[19]註云: "武王三軍, 人人樂戰, 赴敵爭先. 前歌後舞, 鳧藻讙呼"(天問注).

○案, 格於上天下地, 是大傳所缺, 咸曰孜孜無怠, 史錄于十一年, (再伐時), 今不可考.

史云: "遂至盟津, 諸侯不期而會者, 八百諸侯, 諸侯皆曰: '紂可伐也.' 武王曰: '女未知天命. 未可也.' 乃還師." ○案, 此已上, 卽其上

---

17) 朝本에는 '簸'로 되어 있음.
18) 朝本에는 '簸'로 되어 있음.
19) 朝本·奎本에는 '詞'로 되어 있음.

篇之殘文.

【散考】漢書董仲舒傳云: “書曰: ‘白魚入于王舟, 有火復于王屋, 流
爲鳥’(師古云: “今文泰[20]誓之辭”). 此蓋受命之符也. 周公曰: ‘復哉! 復
哉!’(師古云: “亦見今文[21]泰[22]誓”) 皆積善累德之效也.” ○終軍傳云: “昔
武王, 中流未濟, 白魚入於王舟, 俯取以燎, 羣公咸曰: ‘休哉!’” ○劉
輔傳云: “昔武王·周公, 承順天地, 以饗魚鳥[23]之瑞, 然猶君臣祗懼,
動色相戒.”

【散考】王逸楚辭[24]註云: “武王始至孟津, 八百諸侯, 不期而到, 皆
曰: ‘紂可伐也.’ 白魚入于王舟, 羣臣咸曰: ‘休哉!’ 周公曰: ‘雖休勿
休’”(天問注). ○水經註云: “河南有鉤陳壘, 世傳, ‘武王伐紂, 八百諸
侯所會處,’ 尙書所謂不期同時也. 河水至此, 有盟津之目.’”

【總論】梅云: “武王三年服畢, 觀兵孟津”(孔云: “案周書云, ‘文王受命
九年, 惟暮春在鎬, 召太子發作文傳,’ 其時猶在, 但未知崩月. 就如暮春卽崩, 武王
服喪, 至十一年三月大祥, 至四月觀兵. 故今文泰[25]誓亦云: ‘四月觀兵也’”). ○平
曰, 召太子作文傳, 文王九年之事也. 東觀兵至孟津, 武王九年之事
也. 注疏堅信緯書, 削去武王九年, 乃云: “大祥踰月觀兵孟津.” 斯則
史記·書序·伏生大傳, 悉無憑據, 梅書之所誤執也. 一則諱武王父死
不葬, 爰及干戈之大誣也. 一則伸王肅三年喪畢, 祥禫同月之謬義也.
變亂經史, 無所不至, 而終不肯, 以武王九年謂非, 冒文王之年者, 自
託於孔安國. 而安國本信白魚, 太誓有不可悉違故也. 觀兵者, 武王之
九年也. 克殷者, 武王之十一年也. 其稱十三年會于孟津者, 班氏之
謬, 梅氏之僞也.

---

20) 朝本에는 ‘太’로 되어 있음.
21) 朝本에는 ‘文’이 빠져 있음.
22) 朝本에는 ‘太’로 되어 있음.
23) 朝本에는 ‘鳥’로 되어 있음.
24) 朝本에는 ‘詞’로 되어 있음.
25) 朝本에는 ‘太’로 되어 있음.

總之, 九年觀兵之說, 原是白撰, 其說始起於僞太誓(卽上白魚文). 司馬遷以存疑之義, 載於史記, 今考其辭, 都不合理. 夫以諸侯伐天子, 事非容易. 一擧而成, 猶或危之, 八百旣會, 何爲罷歸? 其不中理, 一也. 諸侯會同, 動有期日, 軍旅申約, 後至者斬. 不期而會, 何至八百? 陣郊之夜, 猶待諸侯(見樂記), 況於孟津乎? 其不中理, 二也. 師行載主, 雖有古禮, 有載遷主, 無載新主(義見曾子問). 載文王木主, 有是法乎? 其不中理, 三也. 諸侯在喪, 始則稱子, 踰年稱君(見春秋·禮記), 天子未除喪, 曰予小子, 旣除喪, 曰予一人(曲禮文), 豈有卽位踰年之君, 自稱曰太子發? 其不中理, 四也. 至於白魚火鳥之說, 妖邪罔誕, 不可稱述, 此豈通儒之所肯信哉? 祭公謀父曰: "先王耀德, 不觀兵." 凡言武王觀兵孟津者, 皆僞也.

已上, 論僞太誓上篇.

史曰: "十一年十二月戊午, 師畢渡盟津, 諸侯咸會曰: '孳孳無怠.' 武王乃作太誓, 告于衆庶."

周本紀云: "居二年. 聞紂昏亂暴虐滋甚, 殺王子比干, 囚箕子, 太師疵[26]·少師彊, 抱其樂器而奔周, 於是武王徧告諸侯曰: '殷有重罪, 不可以不畢伐.' 乃遵文王, 遂率戎車三百乘, 虎賁三千人, 甲士四萬五千人, 以東伐紂"(十一[27]年云云). ○按, 前所錄九年, 觀兵之誓也, 此以下十一年, 再伐之誓也(與牧誓同時).

今殷王紂, 乃用其婦人之言, 自絶于天, 毀壞其三正.

---

26) 朝本·奎本에는 '疵'로 되어 있음.
27) 朝本에는 '十二'로 되어 있음.

馬云: "動逆天地人也." ○案, 旣有馬·鄭之註經也.

離逷其王父母弟, 乃斷棄其先祖之樂, 乃爲淫聲, 用變亂正聲, 怡說婦人.

鄭云: "王父母弟, 祖父母之族, 必言母弟, 擧親者言之也." ○平[28]曰, 此數段, 雖若雅馴, 又襲牧誓.

今予發, 維共行天罰, 勉哉! 夫子, 不可再, 不可三(史止此).

鄭云: "夫子, 丈夫之稱." ○按, 此其所謂中篇文也.
漢書禮樂志云: "書序, '殷紂斷棄先祖之樂, 迺作淫聲, 用變亂正聲, 以說婦人.' 樂官師瞽, 抱其樂器而奔散, 或適諸侯, 或入河海." ○谷永傳, 引書曰: "迺用婦人之言, 自絶于天." ○楚辭天問云: "武發殺殷, 何所悋? 載尸集戰, 何所急?"(王逸云: "尸, 主也. 言武王伐紂, 載文王木主, 稱太子發")

太誓曰: "正稽古, 立功立事, 可以永年, 丕天之大律."

出漢書郊祀志, 衡·譚奏議. ○刑法志, 引書曰: "立功立事, 可以永年." ○平當傳, 引書曰: "正稽古, 建功立事, 可以永年, 傳於無窮"(師古云: "今文泰[29]誓").

書曰: "天將立父母, 民之有政有居."

---

28) 朝本에는 '評'으로 되어 있음.
29) 朝本에는 '太'로 되어 있음.

毛詩鴻鴈篇, 鄭箋所引也(疏云: "今泰誓文[30]").

太誓曰: "附下而罔上者死, 附上而罔下者刑, 與聞[31]國政而無益于民者退, 在上位而不能進賢者逐."

出劉向說苑臣術篇(又元朔元年, 有司奏議擧孝廉, 亦引此文, 唯數字不同). ○毛云: "漢書引太誓云: '誣神者, 殃及三世.'" ○按, 漢書郊祀志, 引此云: "易大傳"(未嘗云太誓).

已上, 其中下篇殘文.

【總論】僞太誓之淺陋無理如此, 而伏生載之於書傳, 董仲舒載之於對策, 孔安國作爲註說, 爲李顓所引(寃詞五). 劉向[32]引義, 如經載之於說苑, 班固雜以緯書, 以撰曆志, 馬融·鄭玄奉之爲經, 作爲詁訓. 天下窮經之士, 心誹腹訕三四百年, 梅氏之書乃出, 則如渴得飮, 一詞尊信. 蓋以梅氏太誓, 削去符命之邪說, 收入先古之信文, 其視河內之本, 雅鄭絶殊, 人鬼不糅, 有足以伏人心者. 於是二十五篇乘勝長驅, 遂使六藝之家辟虎而逢狼, 誅卓而寵操, 泯泯千載, 永爲不刊之書. 苟求其由, 皆此僞太誓之故也, 豈不痛哉?

逸周書克殷篇辨

紂兵皆崩, 紂走反入, 登于鹿臺之上, 蒙衣其珠玉, 自燔于火而死. 武王持大[33]白旗, 以麾諸侯, (節) 遂入至紂死所. 武王自射之, 三發而後下

---

30) 朝本에는 '今文太誓'로 되어 있음.
31) 朝本에는 '同'으로 되어 있음.
32) 朝本에는 '尙'으로 되어 있음.
33) 朝本에는 '太'로 되어 있음.

車, 以輕呂擊之(輕呂劍名也), 以黃鉞斬紂頭, 縣大白之旗. 已而至紂之嬖妾二女, 二女皆經自殺. 武王又射三發, 擊以劍, 斬以玄鉞, 縣其頭小白之旗. 武王乃出復軍(今從周本紀錄出).

辨曰, 今人以秦以後之眼, 仰視秦以前之天. 其萬事萬物無一非倒景斜光, 湯·武其最大者也. 其與秦以後之法, 天壤不侔者, 厥有兩端, 一曰帝命, 一曰侯戴. 其云帝命者, 何? 古人事天, 皆誠信而忧畏之, 非如後俊爭王之人, 憑依假託而稱天也. 厥有虔心昭事之人, 格于上帝, 能躬承密訓, 灼知天命, 爲帝王者, 不得此人, 不敢以爲國承祖考之緒者. 得此人然後, 能致治以中興, 值鼎革之際者, 得此人然後, 能受命而肇業. 故少康得靡, 以復禹緒, 太戊得陟, 以正殷綱, 湯得伊尹, 以代夏政, 文·武得尙父, 以殪商戎, 非其智謀才術無敵於天下也. 乃其神明之衷, 能格知天命. 故立之爲師, 詢其言而順之. 故方其出師而伐罪也, 敢爲大言曰: "帝命殛之, 不敢不征." 此非矯誣上帝, 憑空自言得帝之明命也. 帝謂文王, 誠有是也. 自秦以降, 邪說充塞, 正路榛莽, 祠五方祠后土, 以媚邪神. 事有可欲, 卽鷙發以攫之, 不必仰質於天命. 弱肉强吞, 力服而威制, 天亦縱之而不理也. 眼貫於此, 何以信古之帝命乎? 此僞書之所以作也. 其云'侯戴'者, 何? 民聚而求其長, 長列而求其帥, 各立一帥, 名之曰侯. 侯之中有翹楚, 相與會議以戴之, 名之曰天子(柳宗元之意). 天子之子若孫不肖, 諸侯莫之宗也, 亦安而受之, 有奮[34]發以中興者, 諸侯復往朝之, 亦安而受之, 不問其往事也. 有暴虐淫荒, 以殘害萬民者, 則相與會議以去之, 又戴一翹楚者, 以爲天子, 其去之者, 亦未嘗殄其宗祀滅其遺胤, 不過退而復其原初之侯位而已. 神農氏世衰, 黃帝習用干戈, 戰而獲勝, 諸侯戴之爲天子. 高辛氏世衰, 帝摯微弱, 諸侯不朝, 堯興勿問也. 夏后氏世衰, 太

---

34) 朝本에는 '舊'로 되어 있음.

康失國百有餘年, 少康中興, 諸侯復朝. 至桀而暴虐, 湯知侯之戴己, 伐桀以代之. 殷之中衰至五至六, 諸侯不朝, 奮發中興至五至六(其見殷本紀). 至紂而暴虐, 武王知侯之戴己, 伐紂以代之. 湯·武之事, 循常順古之彝典而已, 與後世弑君簒國之賊, 詎相毫髮似乎? 自秦以降, 世無諸侯, 莽·操·懿·裕, 各以其一己之私欲脅羣僚, 以行弑逆. 眼貫於此, 何以信古之侯戴乎? 凡黜天位以代之者, 疑其爲弑逆. 此僞書之所以作也. 旣疑其爲弑逆, 必疑其非睿聖. 於是造爲悖亂凶暴之言, 以加之於湯·武, 曰'此其攸言,' 曰'此其攸行,' 嗟乎! 湯·武則旣遠矣. 又焉能不受之矣? 獨悲夫! 誦述湯·武之人若仲尼子輿之言, 皆與掩惡而飾美者, 同於其歸矣, 斯小事已哉?

湯猶其未甚者也, 武王則極焉. 逸周書誣之,[35] 書大傳誣之, 僞太誓誣之(白魚本), 周本紀誣之, 律歷志誣之, 又僞太誓誣之(梅氏本), 僞武成誣之, 尙書緯諸說並其鄭玄之註誣之, 呂不韋·賈誼·董仲舒·劉向·王充之書誣之, 武王何以白矣? 至云手射之手劊之, 縣之大白之旗, 書之史策, 以示萬世, 將如彼何哉? 原其本, 自不信帝命侯戴而發也. 余昔作湯論, 今又書此以續之.

楊愼云: "武王伐紂, 爲天下除暴也. 紂已死矣, 又斬以黃鉞而懸之白旗, 何悖耶?"(賈子言: "紂死棄王門之外, 觀者皆進蹴之. 武王使人帷而守之, 猶不止也." 此近于事理矣)

崔述云: "吾讀牧誓, 知武王之必不忍斬紂頭而縣諸太白也. 牧誓數紂之罪, 不過曰惟婦言是用而已, 惟罪逋逃, 是崇是長是信是使而已. 其暴虐百姓, 姦宄商邑, 雖紂主之, 而實大夫·卿士之成之也. 玩其詞揆其意, 克商之後, 必將此暴虐姦宄者盡誅之, 以快人心, 至於紂, 卽不死, 亦不過廢而遷之, 如越句踐之居吳王於甬東而已. 非惟不肯滅其社稷, 亦必不肯殘其身, 況於已死而毀其屍乎? 牧誓與封武庚之武

35) 朝本에는 '之'가 빠져 있음.

王一武王，泰誓與縣紂頭之武王一武王，此二篇必有一眞一僞，此二事亦必有一是一非也."

書大傳略論

四庫書目云:"尙書大傳四卷，補遺一卷. 舊本題漢伏勝撰鄭玄註，據玄序文，乃勝之遺說，而張生·歐[36]陽生等錄之也. 其文或說尙書，或不說尙書. 大抵如易乾鑿度·春秋繁露，與經義在離合之間，而古訓舊典，往往而在，所謂六藝之支流也."○鏞案，書大傳，雖憑依於伏生，其實歐陽生蔽冒之論也. 所言於九經四書，絶無證援，蓋與造緯書者同時並興也(文句又與管子同). 今取數篇，略加評訂，以槩其餘.

維元祀，巡狩四岳八伯，壇四奧，沈四海(虞夏傳，下至用特).

鄭云:"祀，年也. 元年，謂月正元日. 舜格于文祖之年也. 四岳之職，出則爲方伯，後分置八伯."○按，鄭註周章矣. 四岳有內外之殊，內四岳，一人總理四岳之事. 堯曰:"咨! 四岳，汝能庸命，巽朕位者."是也. 外四岳，四人各治一岳之事(凡東方諸侯，會于東岳者，皆四岳之居東者，主之). 今鄭云:"出則爲方伯."非內非外，非一非四，不可曉也. 羲和明有兩人，在內治曆，又有四人，各主一方，此亦曰羲和(乃命羲和，欽若昊天)，彼亦曰羲和(胤征序，羲和湎淫). 四岳亦猶是也.

八伯之註，亦周章矣. 傳云:"巡狩四岳八伯."則四岳八伯，一時同有，非以四岳分之爲八伯也. 何謂後分? 鄭云:"壇祭四方之神，祭水曰沈."

---

36) 朝本에는 '歌'로 되어 있음.

978

封十有二山, 肇十有二州, 樂正定樂名.

鄭云:"祭者必封, 封亦壇也. 肇, 域也, 爲營域以祭十有二州之分星."○按, 訓肇爲域, 不可也.

元祀代泰山(代岱通), 貢兩伯之樂焉. 東嶽陽伯之樂, 舞侏離, 其歌聲比余謠, 名曰哲陽. 儀伯之樂, 舞鼚哉, 其歌聲比大謠, 名曰南陽.

鄭云:"陽伯猶言春伯, 春官秩宗也. 伯夷掌之. 侏離舞曲名, 言象物生育[37]離根株也. 徒歌謂之謠. 其聲淸濁比如余謠, 然後應律也. 哲當作析. 春厥民析. 哲陽, 樂正所定也. 是時, 契爲司徒, 掌地官矣. 又擧禹掌天官矣."○按, 撰傳者, 本憑空白撰, 爲不可知之詞, 鄭雖辛苦註解, 寧得曉然? 禹之百揆, 在堯崩之後(見堯典說). 鄭謂'是年禹爲天官,'何據矣? 又與傳文何涉? 鄭云:"儀當爲羲仲之後也. 鼚, 動貌, 哉, 始也. 言象物應雷而動始出見也. 南任也."○案, 强所不知以解, 原不可知之文者. 謂其文不可知, 必從吾註也.

中祀大交霍山, 貢兩伯之樂焉. 夏伯之樂, 舞謾或[38], 其歌聲比中謠, 名曰初慮. 羲伯之樂, 舞將陽, 其歌聲比大謠, 名曰朱于.

鄭云:"中, 仲也, 古字通. 春爲元, 夏爲仲. 五月南巡守, 仲祭大交氣於霍山也. 南交稱大交, 書曰'宅南交'也. 夏伯, 夏官司馬也, 棄掌之. 謾猶曼也. 或[39], 長貌, 猶象物[40]之滋曼或[41]然也. 初慮, 陽上極

---

37) 朝本에는 '有'로 되어 있음.
38) 朝本에는 '或'으로 되어 있음.
39) 朝本에는 '或'으로 되어 있음.
40) 朝本에는 '物象'으로 되어 있음.
41) 朝本에는 '或'으로 되어 있음.

陰始謀也. 謾或爲謗. 將陽, 言象物之秀實動搖也, 于, 大也."○平[42]
曰, 撰之者, 不知何語, 註之者, 不知何語, 欺人之書也.

秋祀柳穀華山, 貢兩伯之樂焉. 秋伯之樂, 舞蔡俶, 其歌聲比小謠, 名
曰苓落. 和伯之樂, 舞玄鶴, 其歌聲比中謠, 名曰歸來.

鄭云: "八月西巡狩, 祭柳穀之氣於華山也. 柳, 聚也, 齊人語. 秋
伯, 秋官士, 皐陶掌之. 蔡猶衰也. 俶, 始也, 言象物之始衰也. 和伯,
和仲之後, 玄鶴, 象陽鳥之南也. 歸來, 言反其本也."○平[43]曰, 皐
陶爲秋官, 可矣(在是年, 則太旱矣), 姬棄爲大司馬, 見於何書? 柳者,
卯也, 卯者, 西也. 訓之爲聚, 可乎? 鄭於不通處, 輒云, '齊人語,' 悉
不可信也. 玄鶴以象鴈, 又何義也?

幽都弘山祀, 貢兩伯之樂焉. 冬伯之樂[44], 舞齊落, 歌曰縵縵. 幷論八
音四會, 歸格于[45]禰祖, 用特.

鄭云: "弘山, 恒山也. 十有一月朔巡狩, 祀幽都之氣於恒山也. 互
言之者, 明祭山北稱幽都也. 冬伯, 冬官司空也, 垂掌之. 齊落, 終也,
言象物之終也. 齊或爲聚"(四會歸格). 鄭云: "此上下有脫辭, 其說未
聞."○金云: "伏生秦博士, 逮見古書, 其所述諒哉"(又云: [46]"古者,
侯伯亦貢樂於天子也"). ○按, 此忠厚之論也. 然其僞誕之色, 溢於文辭,
非有古籍, 如其有之, 何不明指其所本耶? 且歸格于禰祖, 是舜禰耶?
此時瞽叟未卒(史云: "舜載天子旌旗, 往朝于瞽叟"), 是堯禰耶? 不應舜格

---

42) 朝本에는 '評'으로 되어 있음.
43) 朝本에는 '評'으로 되어 있음.
44) 朝本에는 '樂'이 빠져 있음.
45) 朝本에는 '子'로 되어 있음.
46) 朝本에는 '者'로 되어 있음.

而稱禰, 且先言禰, 後言祖, 古無可據. 如此可知之句, 旣然差誤, 其
不可知之句, 何足取信? 書大傳, 亦白撰者也.

維五祀, 定鍾石, 論人聲, 乃及鳥[47]獸, 咸變於前. 故更著四時, 推六
律六呂, 詢十有二變, 而道宏[48]廣. 五作十道, 孝力爲右, 秋養耆老, 而
春食孤[49]子, 乃勃然招樂興於大鹿之野(虞夏傳).

鄭云: "鳥獸, 率舞之屬[50], 詢, 均也. 五作, 五敎也. 十道, 謂君令
臣共, 父慈子孝, 兄愛弟敬, 夫和妻柔, 姑慈婦聽者也. 興, 成也. 樂
以致天神, 出地祇[51], 假人鬼, 爲成也." ○平[52]曰, 僞撰之色, 達於面
目, 不屑論也.

五載一巡狩, 羣后德讓, 貢正聲, 而九族具成. 雖禽獸之聲, 猶悉關於
律. 樂者, 人性之所自有也. 故聖王巡十有二州, 觀其風俗, 習其性情,
因論十有二俗(虞夏傳).

鄭云: "族當爲奏, 言諸侯貢其正聲, 而天子九奏之樂乃具成也. 關
猶入也(十二俗). 今詩國風是也." ○平[53]曰, 詩之爲用, 所以章善懲
惡, 因而格君心之非也. 風賦·比·興, 諷言之, 小雅·大雅, 正言之.
褒貶美刺, 下不至庶人, 觀風察俗, 乃後儒之言. 虞時出納五言, 卽六
詩之五也(頌不計). 今以論俗言僞也.

---

47) 朝本에는 '烏'로 되어 있음.
48) 朝本에는 '弘'으로 되어 있음.
49) 朝本에는 '餔'로 되어 있음.
50) 朝本에는 '之屬'이 빠져 있음.
51) 朝本에는 '祇'로 되어 있음.
52) 朝本에는 '評'으로 되어 있음.
53) 朝本에는 '評'으로 되어 있음.

定以六律五聲八音七始, 著其素. 蔟以爲八, 此八伯之事也. 分定於五, 此五岳之事也. 五音, 天音也, 八聲, 天化也, 七始, 天統也(虞夏傳).

鄭云: "五聲, 宮商角徵羽也. 八音, 鍾鼓笙磬塤籩柷[54]敔琴也. 七始, 黃鍾太簇大呂南呂姑洗應鍾蕤賓也. 歌聲不應此則去之. 素猶[55]始也. 蔟猶聚也. 樂音多[56]聚, 以[57]爲八也. 五謂塤在北方, 鼓在東方之屬[58] 天所以理陰陽也." ○ 平[59]曰, 七始不知何物. 卽撰書之人, 亦所不知, 鄭乃以漢儒以律爲音之謬法, 爲七始, 卽又曰, '天以是理陰陽,' 誣罔甚矣. 五音者, 樂聲之淸濁也. 六律者, 樂器之度數也(見周禮). 五正二變, 以四律三呂當之, 名之曰七始, 荒哉!

執事還歸二年, 謜[60]然作大唐之歌(虞夏傳).

鄭云: "謜[61]猶灼也. 大唐之歌 歌美堯之禪也." ○ 平[62]曰, 大唐二字, 非虞夏人口氣, 謜[63]字不見經典, 僞也.

惟十有四祀, 帝乃雍, 而歌者重篇. 惟十有五祀, 祀者貳尸. 於時[64]俊乂百工, 相和而歌卿[65]雲. 帝乃倡[66]之曰: "卿雲爛兮! 糺[67]縵縵兮! 日

---

54) 朝本에는 '祝'으로 되어 있음.
55) 朝本에는 '有'로 되어 있음.
56) 朝本에는 '多' 위에 '衆'자가 있음.
57) 朝本에는 '以' 위에 '之'자가 있음.
58) 朝本에는 '東方之屬' 아래에 '天統'이 있음.
59) 朝本에는 '評'으로 되어 있음.
60) 朝本에는 '謏'로 되어 있음.
61) 朝本에는 '謏'로 되어 있음.
62) 朝本에는 '評'으로 되어 있음.
63) 朝本에는 '謏'로 되어 있음.
64) 朝本에는 '於時'의 앞에 "惟十有五祀, 祀者貳尸"라는 구절이 빠져 있고, 이 구절이 '日月有常' 앞에 와 있음.
65) 朝本에는 '慶'으로 되어 있음.
66) 朝本에는 '偶'로 되어 있음.
67) 朝本에는 '禮'로 되어 있음.

月光華, 且復旦兮!"八伯咸進稽首曰:"明明上[68]天, 爛然星陳. 日月光華, 弘于一人."帝乃載歌旋持衡(虞夏傳).

鄭云:"卿當爲慶. 天文志曰:'若煙非煙, 若雲非雲. 郁郁紛紛, 蕭索輪囷, 是謂[69]慶雲[70].'"此和氣也. ○平[71]曰, 觀勅天虞載之歌, 可決此歌之僞.

曰:"日月有常[72], 星辰有行. 四時順經, 萬姓允誠. 於予論樂, 配天之靈. 遷于賢聖, 莫不咸聽. 鼖乎鼓之, 軒乎舞之. 菁[73]華已[74]竭, 褰裳去之."於是乃八風修通, 卿雲叢叢[75], 蟠龍賁信於其藏, 蛟魚踊躍於其淵, 龜鼈咸出其穴(汲冢竹書亦有之, 在伊尹祀桐宮之下).

鄭云:"帝舜之歌."○宋書符瑞志云:"當是時, 景星出房, 慶雲興, 帝乃載歌."○平[76]曰, 列宿之外, 別現景星, 無是理, 葱蘢之氣, 指爲慶雲, 不勝多, 是皆後世占星望氣之邪說. 前歌此歌, 皆僞也, 道儒不肯註矣.

維王后元祀, 帝令大禹步于上帝. 禹乃共辟厥德, 受帝休令, 爰用五事, 建用王極(周傳[77]).

---

68) 朝本에는 '尙'으로 되어 있음.
69) 朝本에는 '爲'로 되어 있음.
70) 朝本에는 '云'으로 되어 있음.
71) 朝本에는 '評'으로 되어 있음.
72) 朝本에는 '日月有常' 앞에 '惟十有五祀, 祀者貳尸'라는 구절이 잘못 삽입되어 있고 '曰'자가 빠져 있음.
73) 朝本에는 '精'으로 되어 있음.
74) 朝本에는 '以'로 되어 있음.
75) 朝本에는 '聚'로 되어 있음.
76) 朝本에는 '評'으로 되어 있음.
77) 朝本에는 '虞夏傳'으로 되어 있음.

鄭云: "王謂禹也. 禹始居攝, 爲君之年也(步者), 使禹推天道也. 初禹治水, 得神龜負文于洛, 禹以盡得天人陰陽之用, 至是, 奉帝命而陳之也." ○ 平[78]曰, 用五事建王極, 隱然依託于洪範, 以應 '天乃錫禹' 之文也. 然禹無攝政事(經無文), 藉[79]使攝之, 上有帝臨, 而建元稱王, 又無是理, 此段似係王莽時作劉歆等所爲也. 康成不辨其非理, 嗟哉!

夏人飲酒, 相和而歌曰: "盍歸乎薄? 薄亦大矣." 伊尹退而閒居, 深聽樂聲, 更曰: "覺兮! 較兮! 吾大命假兮! 去不善而就善, 何不[80]樂兮?" 伊尹入告于王, 王僩然嘆, 啞然笑曰: "天之有日, 猶吾之有民也, 日亡則吾亦亡矣"(殷傳)[81].

鄭云: "自比於天, 言常在也. 比於日, 言去復來也. 按, 劉向新序所記大同"(羣臣相持歌曰: "江水沛沛兮! 舟楫[82]敗兮! 我王廢兮! 趣歸薄兮! 薄亦大兮!" 又曰: "樂兮樂兮! 四牡蹻兮! 六轡沃兮! 去不善而從善, 何不樂兮?" 伊尹知天命之至, 擧觴而告桀, 桀拍然而作, 啞然而笑曰: "吾有天下, 如天之有日也. 日有亡乎, 吾亦亡矣"). ○ 平[83]曰, 本因 '時日曷喪'之句, 而演出僞歌, 劉更生以其比日於民, 不若比日於桀. 又修潤如是也, 皆僞也(薄毫通).

湯放桀而歸于亳, 三千諸侯大會. 湯從諸侯之位三讓, 三千諸侯, 莫敢卽位, 然後湯卽天子之位(殷傳).

平[84]曰, 湯於誓師之日, 早已統帥諸侯, 王曰: "格爾衆庶, 咸聽朕

---

78) 朝本에는 '評'으로 되어 있음.
79) 朝本에는 '籍'으로 되어 있음.
80) 朝本에는 '不'이 빠져 있음.
81) 朝本에는 '夏傳'으로 되어 있음.
82) 朝本에는 '緝'으로 되어 있음.
83) 朝本에는 '評'으로 되어 있음.
84) 朝本에는 '評'으로 되어 있음.

言." 今乃僞讓如是乎? 僞也.

武王, 與紂戰於牧之野, 紂之卒輻分, 紂之車瓦裂, 紂之甲魚鱗, 下賀
于武王. 紂死武王皇皇若, 天下之未定. 召太公而問曰: "入殷柰何." 太
公曰: "臣聞之也, 愛人者, 兼其屋上之烏, 不愛人者, 及其胥餘, 何如?"
武王曰: "不可." 召公趨而進曰: "臣聞之也, 有罪者殺, 無罪者活, 咸劉
厥敵, 毋使有餘(說苑無此二句), 何如?" 武王曰: "不可." 周公趨而進
曰: "臣聞之也, 各安其宅, 各田其田, 毋故毋私, 惟仁之親, 何如?" 武
王曠乎若天下之已定(周傳, 胥一作胥).

鄭云: "胥餘, 里落之壁"(胥餘, 說苑作餘胥).

遂入殷, 封比干之墓, 表商容之閭, 發鉅橋之粟, 散鹿臺之財, 歸頃宮
之女, 而民知[85]方曰: "王之於仁人也, 死者封其墓, 況於生者乎! 王之
於[86]賢人也, 亡者表其閭, 況於在者乎! 王之於財也, 聚者散之, 況於復
藉乎? 王之於色也, 在者歸其父母, 況於復徵乎?"

按, 此擬議, 演出之僞撰也. 觀此數篇, 餘可類推. 書大傳所言, 本
非伏生所談, 疑皆張·歐輩之白撰. 但因鄭玄註解, 此書尊重, 遂謂伏
生故秦博士, 多窺古籍, 疑其有三古遺文, 雜於其中, 大不然也. 其有
可證於經傳者, 分入各篇, 餘悉不取. 今錄數篇, 略論其眞僞, 冀友之
勿眩也. 僞太誓白魚火烏之說, 亦非伏生所能道. 蓋伏生二十八篇, 行
世旣久而後, 太誓乃行, 安得伏生預談白魚之事乎? 只緣書大傳一部,
伏生負此大累, 書大傳者, 伏生之塗泥也.

---

85) 朝本에는 '之'로 되어 있음.
86) 朝本에는 '於'자가 빠져 있음.

閻氏古文疏證抄 一

余在耽津謫中，治尙書，取毛氏(奇齡) 古文寃詞，辨其謬妄，著尙書
平九卷，專攻梅賾之僞，今已二十年矣．近見淸儒宋鑒所著尙書攷證，
所論若合符契．竊自幸海外僻陋之見，得與中華大方之家不謀而同．
乃宋氏書中，屢引閻氏若璩古文疏證中，言議多明鬯可悅．然謂宋書
後出，意當益備．丁亥冬(道光七年)，適海居都尉過余于洌上，索余尙
書平，不敢終閟，旣歸而寄示之．顧其時，謫中絶無書籍，所持唯史記
·漢書·後漢書·晉書·隋書等傳志數十卷而已，空弮冒刃，動輒可笑．
唯其所秉本是，師直爲壯，不至爲蕭山倒戈之鋒所摧陷而已．都尉以
其兄判書公命，寄示閻氏疏證一函云："此書辭多可採，而來卷中不被
錄入，似未及游覽，今玆津納，以供妙擇."蓋其意嘉其一得，矜其孤
陋，令得以擴充善端也．謹閱其書，凡一百二十八條共八卷．其於梅氏
僞案，爬櫛精嚴，引據浩博，辭無遺蘊，物無遁情，可謂大備．不知宋
氏旣見此書，何故又事乎考證也．意欲刪煩以就要耳．余書今廢之，可
矣．何又採之？唯就閻氏書，略加訂議，以備掩卷之忘，亦以答都尉昆
弟之原意云．

南雷黃宗羲序(錄全文)

　　吳草廬以古文尙書之僞, 其作纂言, 以伏氏二十八篇爲之解釋, 以古文二十五篇自爲卷袟, 其小序分冠於各篇者, 合爲一篇, 寘於後. 歸震川以爲不刊之典, 郝楚望著尙書辨解, 亦依此例.

　　草廬撰易纂言, 亦以十翼各爲別篇, 今以書序別爲一篇, 亦西漢之舊觀也, 豈不韙哉? 但尙書原有三本, 伏氏本一, 孔氏本一, 梅氏本一, 今伏·孔皆亡, 唯梅本行世, 不知草廬何從得二十八篇伏氏之本, 爲之解釋耶? 舜典合于堯典, 益稷合于皋陶謨, 盤庚合爲一篇, 康王之誥合于顧命, 如斯而已, 則未可遽謂之伏氏. 伏本與孔本, 文字異者七百有餘, 雖使孔本不忘伏本, 眞面已閟於斯世. 況孔本亦亡, 今取梅本尙書三十三篇, 變其篇目, 强名之曰伏氏二十八篇, 梅氏有知, 其不竊竊然笑之乎? 梅氏之造僞也, 唯二十五篇新撰以增入之, 而原經三十三篇, 無一字[1]竄易者, 則三十三篇, 雖不可曰伏本, 猶可云孔本. 乃於原經有所染指, 如 '僉曰益哉'之類(本是 '禹曰益哉,' 見下方), 是也. 序爲孔子所作, 明矣, 而伏本尙矣, 孔本舊文變亂, 唯意面目都幻, 其亡滅如是, 而今取梅經梅序, 冒之以伏本之名, 可乎? 歸震川以爲不刊之典, 亦未之深思也. 然則奈何? 但當書之曰尙書纂言, 首於序例明之曰: "伏氏今文, 孔氏古文, 今皆不存, 不得已就梅氏本, 拔出三十三篇以爲經, 其伏本·孔本之與梅不同." 而散見於先古遺文者, 每於一章之下別錄, 考異一二條, 取史記·說文·左傳·禮記之等, 節錄如嵎銕·柳谷之類, 存其本面, 以備參攷, 略加訂議, 以示從違, 庶乎

---

1) 朝本에는 '字'로 되어 있음.

其合理矣.

吳草廬必取伏氏, 黃南雷又許吳氏者, 其病根皆抵於蔡九峯. 蔡於梅氏之二十五篇書之曰: “今文無古文有.” 此其頭腦誤處. 今文古文皆無者, 何得曰古文有乎? 當時不檢兩漢史一葉, 但執二十五篇經文熟視, 而疑其僞而已. 眞贓未捉, 罪人匿伏, 每疑孔安國作僞書, 不知梅仲眞爲眞盜. 慧眼如朱子者, 以文體置疑, 鈍根如蔡氏者, 謂師說過當, 遂取而全釋之, 吳草廬亦未免此.

　　然從來之議古文者, 以史傳攷之, 則多矛[2]盾. 旣云: “安國之學, 以授都尉朝, 朝授庸生, 庸生授胡常, 胡常授徐敖, 及王璜·塗惲, 塗惲[3]授賈徽, 徽以授其子逵.” 其傳授歷然, 何以後漢書, 又稱: “扶風杜林, 於西州得漆書古文尙書一卷, 同郡賈逵, 爲之作訓?” 則其所授於父者, 何書耶? 旣言賈逵爲古文尙書作訓, 何以逵之所訓者, 止歐陽·夏侯之書, 而不及其他也?

　　史傳本無矛盾. 謂史傳不合者, 護梅書者抉摘眩亂之計, 黃南雷亦習聞其說, 未免疑貳, 故言之如是耳. 古文尙書, 止有一本, 再無第二本, 與之相混, 則凡稱古文尙書者, 皆孔氏壁中之本, 非別本也. 賈徽所授者此物, 杜林所傳者此物, 非此物, 則不得稱古文尙書. 今乃欲以都尉朝以來, 王璜·塗惲之經爲一本, 又以杜林所傳漆書一卷爲一本, 以眩亂人目者, 將以進梅氏也. 王璜·塗惲挾王莽之勢, 暫建古文, 列于學官, 王莽旣誅, 官學亦廢(當時伏生今文之學, 深嫉古文, 故王莽亡而古文廢). 光武龍興, 仇敵當路(今古文相仇), 禁書潛傳, 畏約無窮, 故杜林乃以二十九篇, 約之爲一卷, 又恐流離兵亂, 字跡磨滅, 故去墨用漆. 又其家學, 深於倉詰之古文, 故字體古雅, 又其來歷, 本出於王璜·塗惲,

---

　　2) 朝本에는 ‘予’로 되어 있음.
　　3) 朝本에는 ‘塗惲’이 빠져 있음.

故諱其來路, 但云:“前於西州得之.”其託徐巡·衛宏二子之言, 悽惋哀愴, 有足相感. 由是觀之, 王璜所建, 卽杜林所傳, 杜林所傳, 卽王璜所建, 分而爲二, 俾出童殺, 皆毛西河冤詞中詭計, 不虞南雷之見惑也. 賈逵本有家傳古文, 又於同郡, 得杜林古文, 皆是孔壁眞本, 爲作訓傳, 本無可詰. 蔡沈註尙書時, 九州四荒, 尙書以萬億計, 而不云尙書有多本, 不問蔡所注是何本, 何獨於賈逵所訓, 責立二本耶? 賈逵不治今文, 則所訓者, 止歐陽·夏侯之書, 有是理乎? 後漢書無此文, 不知南雷何據而爲此說.

隋書經籍志云:“杜林古文尙書, 賈逵·馬融·鄭玄作傳註. 然雜以今文, 非孔舊本.”此蓋鄭玄之本法. 其注儀禮, 亦參用今古文(見梅書平), 遂以此法移之於尙書也, 非謂杜林之經本雜今文也. 藉使賈逵兼治今文, 其意不過參用, 豈遽棄其家學, 而投諸異門乎? 無是理矣.

又云:“馬融作傳, 鄭康成作[4]註.”何以康成之注書序, 有汨作·九共·典寶·肆命·原命, 而無仲虺之誥·太甲·說命諸篇也? 卽篇名同者, 亦不同其文, 如註禹貢, 則引胤征云:“篚厥玄黃, 紹我周王.”乃孔書之武成文也.

詳玩此段, 黃南雷亦於孔本·梅本之原, 爲曲折尙未幽曉, 而徑爲閻氏作是序也. 康成書序之註, 本皆完備, 今皆亡滅(孔穎達作正義時, 猶有鄭注, 其後遂亡), 何以云, 汨作·九共·典寶·肆命·原命之序有鄭注, 仲虺之誥·太甲·說命諸篇無鄭注也? 徧考孔穎達正義及諸史傳, 絕無此說, 黃氏何以云也? 汨作·九共·典寶·肆命·原命, 皆孔壁中所謂增多之十六篇, 出壁而後, 下逮劉向·劉歆, 絕無師說, 非鄭所注, 唯其小序列於各[5]篇之內, 馬·鄭注之. 仲虺之誥·太甲·說命, 本不入

4) 朝本에는 ‘作’이 빠져 있음.
5) 朝本에는 ‘面’으로 되어 있음.

於二十八篇之內，亦不入於增多十六篇之內，而其小序則存焉(百篇之序，伏本·孔本皆有之)．鄭既注書序，無獨闕此諸序之理，但今鄭注都亡，無緣披示耳．黃氏之說，近於道聽，可歎也．又鄭禹貢之註，引'篚厥玄黃，昭我周王'之句，而謂之胤征(見孔氏正義)，則非所當詰，胤征亦增多十六篇中一篇，則全篇雖不可解，適此二句，無不可通，則鄭於禹貢之注，引此二句，本非異事．如武成之殘章缺句(武成亦十六篇之一)，劉歆得引之於三統曆，班固得載之於律曆志(唯一月壬辰旁死覇類)，自無可疑．唯胤征其在鄭注本，入虞夏書之末，而其文曰："昭我周王."況此二句，爲孟子所誦，明是武王時文句，而乃在胤征篇中者，正是簡編脫誤也．然既在胤征之內，不得不引之爲胤征．此於梅氏僞案，小無可援，黃氏何以廢疑也？僞者機敏，遂移此二句，用之於僞武成，翕然相合，泯然無跡，正可以昭其肺肝，而今詳黃氏之論，有若孔壁眞本，原有武成而二句昭載者．然其于孔·梅大案，睡夢未覺，又何悅於伐梅之人乎？未可曉也．

又云："康成傳其孫小同，小同與鄭沖，同事高貴鄉公，沖以古文尙書敎授，其學未絶."何以東晉豫章內史梅賾，始得安國之傳奏之？史傳之矛盾如此．

孔穎達正義，引晉書稱："晉太保公鄭沖，以古文授扶風蘇愉，愉授梁柳，卽皇甫謐之外弟也"(今晉書無此文)．此是梅書之淵源．而今云："鄭小同與鄭沖同學."則將謂鄭沖所授，是鄭康成之本乎？此說不知所本．設有信文，鄭沖仍是正學，皇甫謐爲僞書之祖，而詐以鄭沖爲祖也．史傳無一矛盾，而南雷每言矛盾，蓋於孔·梅主賓之際，宿夢有未醒也．

若以文辭格制之不同別之，而爲古文者，其採緝補綴，無一字無所本，

990

質之今文, 亦無大異, 亦不⁶⁾足以折其角也. 唯是奏火以前, 諸書之可信
者, 如左氏內外傳·孟子·墨子·荀子之類, 取以證之, 庶乎思過半矣.
自來諸儒間, 指其一二, 破綻而疑之, 疑信相半也.

取諸書以證之, 則相訟, 執文體以攻之, 則不服. 唯昭列史傳·史志
以辨之, 則物無遁情, 大獄以決, 南雷每云, 史傳矛盾, 蓋其疏理未
詳也.

　嘉靖初, 旌川梅鷟, 著尙書譜一編. 取諸傳記之語, 與二十五篇相近者
類列之, 以證其剽竊, 稱引極博. 然於史傳之異同, 終不能合也.

梅鷟尙書說數條, 爲毛西河所訟, 前旣辨之矣. 史傳異同, 不知何
指.

　淮海閣百詩, 寄尙書古文疏證⁷⁾四卷, 屬余序之. 余讀之終卷, 見其取
材富, 折衷當. 當兩漢時, 安國之尙書, 雖不立學官, 未嘗不私自流通,
逮永嘉之亂而亡.

兩漢之時, 孔本大鳴, 嘗以是天子有詢問矣, 大儒有移書矣, 立學官
矣. 衛宏作訓旨, 光武以爲議郎矣. 馬融·鄭玄寵榮, 光于一世, 弟子
多各千人, 而皆治孔本, 何得僅謂之私自流通乎? 護梅者, 百計抑孔
每云: "孔本爲令甲所壓, 私自流通." 南雷習聞此說, 所言未快. 且
云: "孔學亡於永嘉之亂." 又何說也? 魏·晉之際, 孔學大興, 伏學寢
微, 至永嘉之亂, 歐陽·大小夏侯並亡, 孰云孔書·鄭注亡乎? 唐初猶
不亡, 故孔穎達親見其書, 多抄採以入於正義, 何云永嘉而亡? 閻氏

---

6) 朝本에는 '大'로 되어 있음.
7) 朝本에는 '疏證' 다음에 '方成'이란 말이 끼여 있음.

所言如此(見下方), 黃氏信其不誤, 而述之如此. 余故知黃於孔·梅大
案, 本昧昧也.

梅賾作僞書, 冒以安國之名, 則是梅賾始僞, 顧後人幷以疑漢之安國,
其可乎? 可以解史傳連環之結矣.

此段亦誤. 從來史傳可以解孔·梅連環之結, 何云史傳有連環之結
乎? 黃之讀史傳, 原不淸楚.

中間辨析三代以上之時日·禮儀·地理·刑法·官制·名諱記[8]事, 句讀
字義, 因向書以證他經史者, 皆足以祛後儒之蔽, 如此[9]方可謂之窮經.
其原夷族禍, 始於泰誓, 短喪作俑於太甲, 錯解金縢, 而陷周公於不弟,
仁人之言, 有功於後世大矣.

閻氏考據之工, 誠博且精矣. 但贗經眞經, 錯雜解之, 書義他經之
義, 錯雜言之, 其書殊無義例. 凡撰書, 其義例不整, 則雖其所論精確,
皆紛糾而難尋, 湮晦而[10]不章. 所以閻氏此編, 自吳才老以下, 初出之
文字, 庶幾邪說永熄, 友朋閣筆, 而毛甡猶肆舞弄, 每擊潛丘之說, 宋
鑒又作考辨, 不顧疊牀之譏, 摠由此編義例之不整. 可勝惜哉?(夷族短
喪說評議在下)

吾友朱康流謂余曰:"從來講學者, 未有不淵源於危微精一之旨. 若無
大禹謨, 則理學絶矣而固[11]僞之乎?" 余曰:"此是古今一大節目, 從上

---

8) 朝本에는 '祀'로 되어 있음.
9) 朝本에는 '如此'가 빠져 있음.
10) 朝本에는 '晦而'가 두 번 씌어 있음.
11) 朝本에는 '可'로 되어 있음.

皆突兀過¹²⁾去. 允執厥中, 本之論語, 惟危惟微, 本之荀子. 論語曰: '舜
亦以命禹.' 則舜之所言者, 卽堯之所言也. 若於堯之言, 有所增加, 論語
不足信矣. 人心道心, 正是荀子性惡宗旨, 惟危者, 以言乎性之惡, 惟微
者, 此理散殊, 無有形象, 必擇之至精, 而後始與我一, 故矯飾之論生焉.
後之儒者, 於是以心之所有, 唯此知覺, 理則在於天地萬物, 窮天地萬物
之理, 以合於我心之知覺, 而後謂之道, 皆爲人心道心之說所誤也. 夫人
只有人心, 當惻隱, 自能惻隱, 當羞惡, 自能羞惡, 辭讓是非莫不皆然.
不失此本心, 無有移換, 便是允執厥中. 故孟子言求放心, 不言求道心,
言失其本心, 不言失其道心, 夫子之從心所欲不踰矩, 只是不失人心而
已. 然則此十六字者, 其爲理學之蠹甚矣. 康流不以爲然, 嗚呼! 得吾說
而存之, 其於百詩之證, 未必無當也." 南雷黃宗羲頓首拜撰.

此段大誤, 可以見學術頭腦有差, 區區經義之得失, 有不足論也. 原
夫允執厥中者, 堯·舜·禹秉德傳道之要旨也. 人心道心, 五帝以來,
省心察性之玄訣也. 出於論語而未必加尊, 出於荀子而未必可侮, 揭
於尙書而未必威重, 採於道經而未必荒唐. 唯其至理, 協於人道, 妙悟
符於天緯, 斯當奉之爲天球弘璧¹³⁾, 豈得以梅書之歸僞, 而並棄此皇皇
聖言乎? 末俗澆漓, 權威方隆, 則王安石·魏忠賢, 可配先聖, 勢去時
移, 則賢者爲愚, 正者爲邪, 炎凉貴賤, 肝肺頓變. 今以梅氏之敗, 而
並擊荀子, 荀子之侮, 而並斥道經之疑, 而並斥人心道心之說, 則自心
之權衡, 遂無主張. 唯視人之顔色, 仰人之口吻, 以爲之憂愉去就乎?
其於天賦是非之智, 得無愧負乎? 但允執厥中, 爲秉德之要, 人心道
心, 爲察性之本, 道雖一致, 義當兩觀. 人心道心之察, 非所以擇中庸
而道中庸. 僞者, 乃於執中之上, 疊以三言, 頗不穩帖, 況精一之喩!
今詳荀子本文, 原謂一而後能精, 非謂精而後能一(渼上之言亦云). 其文

---

12) 朝本에는 '過'다음에 또 '過'자가 있음.
13) 朝本에는 '璧'으로 되어 있음.

曰：“倕作弓，浮游作矢，而羿精于射，奚仲作車，乘杜作乘馬，而造父精于御，自古及今，未有兩而能精者也”(荀止此)．此非一而後能精乎？且人心道心不可去一而存一(朱子曰：“上智不能無人心”)，則承之以精一，不可解也．且使去一而存一，則是爲允執其一，何爲允執厥中？若云察夫二者之間，而執其中，則仍是兩騎平分，不是去一而存一也．然則精一之下，承之以執中，又不可解也．故荀子本文，人心道心自一章，精射精御自一章，允執厥中，本無影響，可按而知也．今梅氏僞案，昭然呈露[14] 如白日中天，魑魅莫遁，此經四句，不得不罷還原質．然人心道心之旨，是吾人認己省身之大訓，作聖超凡之玄訣．僞書雖毀，眞詮自在，益宜尊信表章，倍加翼護．胡乃斥之，爲性惡之宗旨乎？今取道經本文，疏理如左．

道經曰：“人心之危，道心之微，危微之幾，唯明君子而後知之”(危微幾之，皆叶韻)．

○朱子曰：“心之虛靈知覺，一而已矣．而以爲有人心道心之異者，則以其或生於形氣之私，或原於性命之正，而所以爲知覺者不同．是以或危殆而不安，或微妙而難見耳．然人莫不有是形，故雖上智，不能無人心，亦莫不有是性，故雖下愚，不能無道心．二者雜於方寸之間，而不知所以治之，則危者愈危，微者愈微，而天理之公，卒無以勝夫人欲之私矣．”○按，此經此解，爲吾人性命之公案，建諸天地而不悖，百世以俟聖人而不惑．凡具人形而含天性者，當時刻誦習，常常自省，豈可以梅書之僞，而小忽其尊信之誠哉？道敎公事也．謂舜命禹揭于尙書則尊之，謂荀述聃標以道經則侮之，唯炎涼是視，而不知至味至寶之可悅可珍，非賤丈夫乎？心經爲程篁墩所宗，本意欲抑朱而揚陸，非不知也．吾東李文純公(滉)，表章而尊信之，擇術秉心，本當如此，南雷之說，豈不惜哉？雖其義始發於老聃，尙當服膺，況稽之於周公·

---

14) 朝本에는 '靈'으로 되어 있음．

994

仲尼·孟氏之言, 鑿然相合, 何爲而外之乎? 周公曰: "唯聖罔念作狂, 唯狂克念作聖¹⁵⁾." 此非人心之危, 而道心之有微旺乎? 孔子曰: "性相近也, 習相遠也." 性相近者, 道心之微, 智愚之所同也. 習相遠者, 人心之危, 聖狂之條變也. 孟子曰: "人之所以異於禽獸者幾希. 小人去之, 君子存之¹⁶⁾." 幾希者, 微也, 人有是形, 故其食色安佚之欲, 同於禽獸, 此人心之危也. 天命之性, 樂善耻惡, 而形强神弱, 不能剛制, 此道心之微也. 幾希之微, 而不能保存, 則禽獸而已, 豈不危哉?(今人謂: "本然之性, 人物同得, 氣質之性, 人物異稟." 則人之所以異於禽獸者, 形氣也, 君子存形氣, 小人去形氣, 自不可解) 吾家傳授之旨, 本自如此, 而道經之說, 與之相發, 但當樂與之相同, 況所謂道經未必非羲·農以來丘索之遺文乎? 或曰: "人心道心爲弊源, 唯精唯一爲救藥, 允執厥中爲成功. 若去下二句, 則說弊而已, 將安用之?" 余曰, 不然, 有陷阱在途, 知者不陷, 不知者蹈焉. 每有一念, 知者察之, 不知者順之, 戒¹⁷⁾使之知而察之, 不亦可乎? 周公察之, 以謹聖狂之關, 仲尼察之, 以愼狎習之染, 孟氏察之, 以嚴人獸之界, 雖不言救藥功效之所繼, 而已足爲學道修身者, 大海之南針, 何必有下二句哉? 下二句本無血脈, 故朱子中庸之序一百三十五字(上所錄), 擲地金聲, 妙解精通如此, 而承之以精一, 又承之以執中, 則有不能渾然天成(胡炳文云: "人心本危, 能收斂入來, 則危者安, 道心本微, 能充拓出去, 則微者著." 蒙引斥上說謂: "人心潛藏, 隱伏於中, 終有害矣"). 蓋通釋四句, 則雖覃精會神, 盡心力而爲之, 終不能怡然理順, 勢固然矣.

黃南雷方斥荀卿性惡之論而曰: "人只有人心, 不失此本心, 便是允執厥中." 鳴呼! 此何言也? 清儒之學, 長於考據, 考據之法, 精於詁訓, 而略於義理, 又積傷於理氣性情之說. 凡理氣性情之說, 欲一篲以

---

15) 朝本에는 이 句節을 "唯狂克念作聖, 唯聖罔念作狂"으로 해놓았음.

16) 朝本에는 이 句節을 "君子存之, 小人去之"로 해놓았음.

17) 朝本에는 '戎'으로 되어 있음.

清掃之, 自以爲折衷漢·宋, 而其實宗漢而已. 宋未必盡非, 而性命之理, 存而勿論, 漢未必盡是, 而迂僻之解, 信之不疑. 其護短匿疵[18]之論, 倍嚴於俗儒之衛宋, 此之流獘, 將不知性命爲何物, 誠正爲何業, 其害可勝言哉? 宋之屈伸姑舍, 堯·舜·周·孔之道, 果可以字句詁訓之學繼之承之乎? 宋未必盡是, 而其欲體行於身與心, 則是矣. 豈若漢儒治章句述詁訓, 以冀博士之榮祿者哉? '人只有人心'語, 若簡捷而考之於先古聖賢之書, 不若宋儒之有憑. 何也? 宋儒論性, 有本然之性氣質之性, 實本於人心道心之經. 但'本然'二字, 原出首楞嚴經如來藏性淸淨本然語(本然之性, 累見佛書, 不止是). 差屬未安, 然人性有二出, 則明矣. 但見荀子, 猶爲有據, 況正經多據哉! 召誥曰: (湯誥曰: "若有恒性." 僞書也. 六經言性, 召誥爲首發) "節性唯日其邁." 梅註·蔡註, 並以爲節其食色之慾.　王制曰: "修六禮以節民性"(禁制其奢汰之欲).　孟子曰: "動心忍性"(忍節其嗜欲). 此今所謂氣質之性也. 商書曰: "不虞天性"(西伯戡黎, 祖伊之言). 易曰: "窮理盡性, 以至於命." 孔子曰: "性相近也"(此合二者而言之). 中庸曰: "天命之性." 曰: "尊德性." 孟子曰: "性善." 曰: "盡其心者, 知其性, 知其性, 則知天矣." 此今所謂本然之性, 而'本然'二字, 其義不端, 不如仍謂之天命之性也. 性有二出, 若是其明白, 則人心道心, 固應兩察, 黃氏奮筆云: "人只有人心." 可乎? 黃氏謂: "不失人心, 則允執厥中." 厥源無乃暗抵於良知乎? 二性卽二心, 二心由二己. 黃氏其欲聞二己之說乎? 孔子曰: "修己." 曰: "古之學者爲己." 此我本有之己也. 孔子曰: "克己復禮爲[19]仁." 此我戰勝之己也. 明有一己克此一己, 旣有二己, 胡無二心? 旣有二性, 胡無二心? 君子之道, 察乎此而已. 明目張膽, 以察乎此, 而人鬼以判, 聖狂以分. 黃氏專恃一心, 敢行不疑, 其終無差謬乎? 但此本有

---

18) 朝本에는 '疣'로 되어 있음.
19) 朝本에는 '爲'가 빠져 있음.

之己, 古無一字之專稱. 孟子謂之大體, 佛氏謂之法身, 而古人槩以爲心. 說文曰: "心者一身之主宰." 則庶幾無誤, 而同一心字, 原有三等, 其一, 以靈知之全體爲心, 若所謂心之官思, 及先正其心之類, 是也. 其二, 以感動思慮之所發爲心, 若所謂惻隱之心, 非辟[20]之心, 是也. 其三, 以五臟之中主血與氣者爲心, 若所謂心有七竅, 是也(肝肺脾腎, 其字從肉, 心字特殊. 蓋五臟[21]之心, 未必爲[22]心字之本, 神明之心, 未必爲心字之假借也). 第一第三, 有一無二, 若其第二之心, 可四可七可百可千, 韻府所列, 豈有限制? 但此百千之心, 靜察其分, 不出乎人心道心, 非人心則道心, 非道心則人心, 公私之攸分, 善惡之攸判. 孔·顔·曾·思·孟所察者在玆, 堯·舜·禹·湯所戒者在玆. 黃氏欲混之爲一, 豈不疏哉? 梅書雖敗, 道經之二十字, 朱子序之一百三十五字, 仍當刻于大碑, 建之太學, 爲萬世立大訓, 不可忽也.

後世學者, 看性字太重, 乃以性字爲靈知大體之專稱. 曰'心統性情,' 則謂心大性小, 曰'推原性命,' 則謂心小性大, 曰理, 曰氣, 曰同, 曰異, 千頭萬緖, 七藤八葛, 今爲天地間不可究詰之物. 今若脫身於膠漆盆中, 超然上觀乎先古聖賢之言, 則性之爲字, 本指嗜好之欲. 嗜好者, 生於心者也, 生於心非性乎?(六書之指事會意) 觀於召誥, 觀於孟子, 觀於王制, 性之爲嗜好, 昭昭然矣. 若非嗜好, 曷云節之? 若非嗜好, 曷云忍之? 氣質之性, 旣以嗜好而得名, 則天命之性, 亦當以嗜好求之. 今人若聞此言, 必一轡羣指爲告子復出. 然告子認氣質之性, 以爲性之全體, 如黃南雷謂人只有人心, 我則不然. 曰, 氣質之性, 嗜甘而惡苦, 嗜香而惡臭, 天命之性, 嗜善而惡惡, 嗜義而惡貪. 嗜好之名雖同, 乃其所嗜好不同, 何得驅之於告子乎? 不唯是也. 孔子原以嗜好言性. 詩云: "民之秉彝, 好是懿德." 孔子曰: "爲此詩者, 其知道

---

20) 朝本에는 '僻'으로 되어 있음.
21) 朝本에는 '藏'으로 되어 있음.
22) 朝本에는 '是'로 되어 있음.

乎!"秉彝非性, 好德非嗜好乎? 孟子原以嗜好言性. 孟子謂:"口之
於味同所嗜, 耳之於聲同所聽, 目之於色同所美." 廣引易牙·師曠·
子都之等, 以明心之於義同所嗜, 乃曰:"理義之悅我心, 猶芻豢之悅
我口"(口之於味其性與人同[23]一段, 孟子直下一性字). 斯則明引彼性之嗜好,
以證此性之嗜好, 所謂氣質之性天命之性, 非皆以嗜好得名者乎? 忽
又思之, 嗜好爲性, 自古及今, 爲吾人茶飯話頭. 謝安性好絲竹, 杜甫
性好詩律, 魏徵性好儉素, 王維性好山水. 以至雉性好山林, 鳧性好水
澤, 食性色性安逸之性, 順口直說, 都以嗜好爲性. 獨於論性之席, 撤
去嗜好, 必蒼蒼然玄遠太極理氣陰陽五行, 別作艱深之論, 豈孟子論
性之法, 不足憑信歟?

　天命之性, 體貌尊重, 其必以嗜好立言者, 何也? 欲知經旨, 先求字
義. 倉·籀造字之初, 原以本心之嗜好爲性, 凡性皆嗜好也. 天命之性,
嗜善好義, 厥有二驗. 一以目前之喜怒徵, 一以畢竟之肥瘠徵. 凡孩兒
無知, 乃譽之以善則喜, 誚之以[24]惡則怒, 盜者無恥, 譽之以廉則悅,
誉之以貪則悲, 其所嗜好可知矣. 兩人同飢, 得食而分其伴則快, 獨食
而不能分則歉, 有財不義, 秉志而卻不受則樂, 知非而終染指則愧, 其
所嗜好可知矣. 推類以往, 觸事皆然. 此一驗也. 今日行一善事, 明日
行一義擧, 積善集義, 以養心性, 則心氣日舒日泰日廣日胖, 浩浩然剛
毅正直, 富貴不能淫, 貧賤不能移, 威武不能屈, 所謂直養而無害, 則
塞乎天地之間也(孟子浩氣之意). 今日行一負心事, 明日行一愧心事, 心
覺忸怩, 而强顔以壓之, 心實沮喪, 而遁辭以文之, 積殃集咎, 以殘心
性, 則心氣日摧日蹙日鄙日昏, 悴悴然劣弱枯瘥, 厥效則侮鰥寡而畏
彊禦, 背恩德而趨權勢, 卒至於忘君負國, 降虜丐命而後已焉. 夫唯是
無形之物也, 故人目不能眂(謂心體). 若使人目而能眂焉, 則彼集義者

---

23) 朝本에는 '殊'로 되어 있음.
24) 朝本에는 '爲'로 되어 있음.

之心體, 必肥胖豪健, 苗乎其剛大, 可羨也. 彼積殃者之心體, 必瘠羸憔萃, 芥乎其低垂, 可悲也. 凡物之所嗜, 驗於其所養. 麥性嗜溲, 養之以溲則肥而苗, 不養之以溲則痿而槁, 蓮性嗜泥, 養之以泥則肥而苗, 不養之以泥則痿而槁. 人性嗜善, 故養之以善, 則浩浩然剛大, 不養之以善, 則悴悴焉衰殘. 孟子道性善, 其精義在此. 此一驗也. 性之爲物, 非以嗜好得名者乎?

荀子謂性惡, 揚雄謂善惡渾, 何也? 彼各有所見, 特認性字原誤, 又不知人心道心有兩出, 如黃南雷之類耳. 天之賦靈知也, 有才焉, 有勢焉, 有性焉. 才者, 其能其權也. 麒麟定於善, 故善不爲功, 豺狼定於惡, 故惡不爲罪. 人則其才可善可惡, 能在乎自力, 權在乎自主, 故善則讚之(以其有可惡之機, 故讚之), 惡則訾之(以其有能善之才, 故訾之). 揚子有見乎是, 故曰'善惡渾,'以之言性, 則非也. 勢者, 其地其機也. 食色誘於內, 名利引於外. 又其氣質之私, 好逸而惡勞, 故其勢從善如登, 從惡如崩. 天非不知而使之然也, 爲如是, 然後其爲善者, 可貴也. 荀子有見乎是, 故曰'性惡,'以之言性則非也. 知性者, 其惟孟子乎! 夫天命之性, 嗜善義以自養, 如氣質之性, 嗜芻豢以自養. 必以嗜好爲性, 斯義乃明也(孟子耳目口味章, 是論性大案). 嗚呼! 言乎其才, 則可善可惡, 言乎其勢, 則難善易惡. 持此二者, 將何以爲善也? 唯是天命之性, 樂善而恥惡, 每遇一事, 其善惡在前, 一循此性之所欲向, 則可無差誤. 故曰'率性之爲道.'率者, 循也. 如鋸者循墨, 渡者循橋, 不敢左右, 斯謂之率性也. 只此一條, 爲吾人免惡成善之資斧. 若無此性, 卽雖智如神明, 畢世而不能作絲髮之善矣. 故中庸之工, 唯在乎尊德性. 謂此性卽吾修德之繩墨也, 而天之所以賜我而成德者也. 故尊之奉之, 不敢失墜然也. 淸儒之學, 忽於性命, 其流將溢於吾東, 故略言之如此. 允執厥中之義, 容俊[25]再講.

---

25) 朝本에 '容俊'은 誤植인 듯한데 奎本의 『閻氏古文疏證抄』全 4권 중 제1

‘本然’二字之爲未安, 何也? 本然者, 輪廻之義也. 佛氏謂, ‘此一片
淸淨之眞如本體,’ 無所受命, 無所肇始, 已自冥漠無眹之時, 本然而
自在, 淸澈無汚. 一自投胎之初, 赤白相染, 遂成汚濁, 以生貪淫嗔恚,
旣死旣出, 離此肉身, 又復淸淨, 轉而投胎, 爲[26]犬爲牛, 又復受汚.
其無始自在者, 爲本然之性, 其投胎受染者, 爲氣質之性, 或稱新薰,
或稱舊染. 由是觀之, ‘本然’二字極悖, 不知先儒何苦借用之不疑也.
吾道言性, 本由天命. 旣有所受, 則非本然也, 非無始也, 非自在也.

권이 散失되어 없으므로 對校가 불가능하다.
26) 朝本에는 ‘爲’가 빠져 있음.

閻氏古文疏證鈔 二

閻氏之書, 浩汗散漫, 其已經余昔年評議者舍之, 其或遺漏者拾之, 略加訂商, 又其弟次, 標以甲乙, 以便考檢焉.

甲一

論衡正說篇云: "孝景帝時, 魯共王壞孔子教授堂以爲殿, 得百篇尙書於牆壁中. 武帝使使者取視, 莫能讀者, 遂祕於中, 外不得見. 至孝成皇帝時, 張霸僞造百兩之篇, 獻之成帝[1] 帝出祕百篇以校之." ○閻云: "王充論衡, 或得於傳聞, 且不云安國獻之, 而云武帝取視, 此何據也? 惟云: '孝景時, 魯共王壞孔子宅.' 較漢志, '武帝末'三字則確甚, 何也[2]? 魯共王以孝景前三年丁亥徙, 王魯徙二十七年薨, 則武帝元朔元年癸丑, 武帝方卽位十三年, 安得云武帝末乎?"

按, 其云得百篇, 則傳聞之誤, 而餘可徵信也.

閻云: "孔壁書出於景帝初, 而武帝天漢後, 孔安國始獻, 其相去已六十餘年. 孔子世家, 安國爲今皇帝博士, 至臨淮太守蚤卒, 則壁書出, 安國固未生也."

---

1) 朝本·奎本·閻若璩의『尙書古文疏證』에는 '獻之成帝'가 빠져 있음.
2) 朝本·奎本에는 '何也'가 빠져 있음.

按, 安國蚤卒, 而大序似老年作, 僞也.

甲二

閣云: "鄭康成卒於獻帝時, 距東晉元帝尙百餘年, 古文十六篇之亡, 當
卽亡於此百年中. 隋書經籍志, 晉世祕府所存, 有古文尙書經文, 今無有
傳者. (節) 予然後知古文尙書, 自鄭康成註後, 傳習者已希, 而往往祕府
有其文. (節) 當安國之初傳壁書也, 原未有大序與傳, 馬融尙書序所謂
逸十六篇絶無師說, 是. 及漢室中興, 衞宏著訓旨於前, 賈逵撰古文同異
於後, 馬融作傳, 鄭氏作註, 而孔氏一家之學粲然矣. 不意鄭氏而後寢以
微滅, 雖博極群書如王肅·孫炎輩, 稽[3]其撰著, 並無古文尙書, 豈其時
已錮於祕府, 而不復流傳耶? 不幸永嘉喪亂, 經籍道消, 凡歐陽·大小夏
侯學[4], 號爲經師, 遞相講授者, 已掃地無餘, 又何況祕府所藏區區簡冊
耶? 故古文尙書之亡, 實亡於永嘉. (節) 予又思, 祕府果存其書, 雖有假
託僞撰之徒, 出祕書以校之, 其僞可以立見. 成帝時, 張霸百兩篇, 帝以
祕書校之非是, 遂下張霸於吏. 若元帝時, 祕書有存者, 則梅賾所上之傳,
何難立窮其僞哉?"

按, 此段全誤. 是知閣氏於孔本·梅本其源委本末, 猶未詳諦. 惟執
二十五篇, 考古以昭奸, 故其言之孟浪荒錯, 至於是矣. 異哉! 吳才
老·吳幼淸以來, 凡攻梅氏之書者, 率於史傳史志, 全不致力, 或雖擧
一二, 而遺其八九, 不能通貫首尾. 故雖以閣潛丘之該洽, 其聽塋若
此, 況於梅鷟·陳第之流乎! 今詳閣氏之言, 有若孔壁古文之學, 唯是
增多之十六篇, 而其餘爲伏生今文者然, 何其疎也? 隋書經籍志所云
者, 謂孔壁古文之原經眞本, 晉世猶存於內府, 今遂失傳也. 此物自班
固藝文志, 紀載謹嚴, 籍曆詳明, 班固之時, 此物尙無傳註. 而只厥經

3) 朝本에는 '籍'으로 되어 있음.
4) 朝本·奎本에는 '學'이 빠져 있음.

文如天球弘璧[5]，不可遺失．撰隋志者，不得不記其存亡(如今郡縣之有重記傳授)，孰謂布在人間之孔本尙書・馬・鄭傳註三十四篇，今無有傳者乎？隋志又云："梁・陳所講，有孔・鄭二家，齊代唯傳鄭義，至隋孔・鄭並行，而鄭氏甚微"(見書平[6]首篇)．何云都亡於永嘉乎？亡於永嘉者，伏氏今文之學(歐陽・大小夏侯章句)．孔氏十六篇，或亡於此時，亦無明文，不可質言．鄭註尙書，至唐猶存，故孔穎達錄其篇數，列其第次，採其詁訓，昭其同異，何謂秘書已亡，無由比較也？豈秘書可校，而人間布滿之書，不可考校其篇數第次，明其有同異耶？孔穎達手執鄭・梅二本，詳該無漏，而猶然取梅而棄鄭，閻氏又何恨矣？所謂十六篇，自初絕無師說(唯湯誥見錄於史記，武成見引於三統曆，胤征見引於鄭註)，衛・賈・馬・鄭亦未有訓釋，而今詳閻氏之言，又若十六篇，亦爲衛・賈・馬・鄭所訓釋，而竟亡於永嘉，豈不疎哉？王肅親見鄭注，以爲未善，自又撰註，何云鄭氏微滅，王肅亦不見古文乎？王肅所未見者，梅氏之二十五篇，孰謂孔本三十三篇王肅不見耶？此皆護梅者之奸言，閻氏習聞此說，誤認如此．黃南雷深信此言，作序如上，嗚呼！一僞書之昭其姦，若是其艱哉？所謂天惜聰明，不肯歸美于一人也．

　　晉書荀崧傳，"元帝踐阼，崧轉太常，時方修學校置博士，尙書鄭氏一人，古文尙書孔氏一人．"○閻云："孔穎達虞書疏，引晉書云：'前晉奏上其書而施行焉．'前字疑爲．不然，前晉秘書見存，僞書寧得施行耶？孔氏之立，似卽在斯時(荀崧時)，穎達所引晉書，乃別一本．"

按，晉元帝始立博士之時，鄭氏止稱尙書，孔氏稱古文尙書．盖是時右梅者，深信梅書，以爲眞古文，微斥鄭本，以爲雜以今文，非孔舊本，故鄭氏博士，則官銜去古文二字，妬一陰剝蝕之兆，於斯見矣．嗟呼！

　5) 朝本에는 '璧'으로 되어 있음.
　6) 朝本에는 '乎'로 되어 있음.

鄭氏所雜今文, 不過奇字數十, 酒誥·召誥脫簡之字數十. 然且取今文者存古文, 取古文者存今文, 必如儀禮十七篇之法古文, 非遂無可考也. 以此見斥, 不亦冤乎? 舊經新經, 苟欲比校, 可校者, 其篇數弟次也. 當時旣雙立二學, 則非不校而立之也, 雖有秘書, 將何裨矣? 閻氏之言, 不思甚矣.

甲三

閻云: "鄭康成註書序, 於今安國傳所見存者十三篇, 皆註曰亡(仲虺之誥·太甲三篇·說命三篇·微子之命·蔡仲之命·周官·君陳[7]·畢命·君牙), 於今安國傳所絶無者十三篇, 皆註曰逸(汩作·九共九篇·典寶·肆命·原命), 不特此也. 又於安國傳所分出之舜典·益稷二篇, 皆註曰逸, 是孔·鄭之古文, 不獨篇名不合者, 其文辭不同. 卽篇名之適相符合者, 其文辭亦豈得盡同哉? 豫[8]章之書, 未必爲孔壁之舊物."

按, 此段亦欠綜明也. 鄭於增多之十六篇, 皆註曰逸(孔本所有, 而伏本所無, 且無師說, 故爲逸書). 其餘亡滅不存者, 皆註曰亡. 閻氏不云十六篇皆註曰逸, 不云四十二篇皆註曰亡(但有篇名者, 四十二), 乃于彼此, 各抽十三篇而言之, 覽者, 豈不云鄭註難通乎? 且鄭於舜典·棄稷, 註之曰逸, 未嘗於梅氏分出之舜典·益稷, 註之曰逸, 乃閻氏謂鄭於安國傳所分出之舜典·益稷, 註之曰逸, 斯則鄭註之前, 儼有孔安國之所分出二篇也, 覽者, 豈不眩暈迷昧莫知端緒乎? 舜典·棄稷, 豈非增多十六篇中二篇乎? 幾見鄭註書序有益稷篇乎? 孰云漢·魏諸儒夢見眞舜典面目乎? 篇名同而文辭不同, 可勝言哉? 鵲巢鳩居, 趙壁漢旗, 尙有不了了者耶? ○又有可歎者, 黃南雷序文, 論鄭註處, 不知所本,

---

7) 朝本에는 '陣'으로 되어 있음.
8) 朝本에는 '預'로 되어 있음.

今而覺之. 南雷但見閻說, 信其無錯, 作序如彼, 豈非道聽而塗⁹⁾說乎?

　　王莽傳, 引書逸嘉禾篇曰: "周公奉鬯, 入於阼階延登, 贊曰: '假王莅政, 勤和天下.'" ○閻云: "此必王莽時所僞作. 何也, 漢人尙災異, 故張霸書, 有伊尹死大霧三日之說. 王莽欲居攝, 故有周公假王之說."

此段甚長, 今節錄之. 然於孔・梅大案, 汗漫甚矣.

　　書大傳, 引盤庚曰: "若德明哉! 湯任父. 言卑應言." 又引酒誥曰: "王曰: '封, 唯曰若圭璧¹⁰⁾.'" ○閻云: "劉向以中古文校所傳今文, 酒誥有¹¹⁾脫簡一, 諒業爲補正, 未聞酒誥復有增文也. 疑或¹²⁾出後人傅會, 未必一一受諸伏生云."

按, 劉向以中古文校伏本今文之經, 以知孔本古文酒誥脫簡一. 今詳閻氏之說, 有若伏本今文酒誥脫簡一, 亦誤看漢志也.

甲四
　　揚子法言曰: "虞夏之書渾渾爾, 商書灝灝爾, 周書噩噩爾." ○左傳僖二十七年, 引夏書, 註曰: "虞夏書." ○閻云: "西漢¹³⁾時, 未有別虞書・夏書爲二者."

按, 揚雄・杜預不見梅書, 所見唯孔氏眞本也.

---

9) 朝本에는 '塗'로 되어 있음.
10) 朝本・奎本에는 '壁'으로 되어 있음.
11) 朝本・奎本에는 '有'가 빠져 있음.
12) 朝本・奎本에는 '或'이 빠져 있음.
13) 朝本・奎本에는 '晉'으로 되어 있음.

甲五

閻云:"古文武成篇, 建武之際亡, 建武之前, 劉向·劉歆父子校理秘書, 其篇固具在也. (節) 武王以一月三日癸巳伐商, 二月五日甲子誅紂. 是歲閏二月庚寅朔, 三月己未朔, 四月己丑朔, 十六日甲辰望, 十七日乙巳, 旁之所謂惟[14]四月既旁生覇, 是也. 粤[15]六日庚戌, 是爲二十二日, 武王燎于周廟, 翌日辛亥, 是爲二十三日, 武王祀于天位, 粤五日乙卯, 是爲二十七日, 乃以庶國祀馘于周廟. 皆劉歆占之於象緯, 驗之於時令, 考之於經傳, 無不脗合, 而後著其說如此. 班固所謂推法最密者也. 今武成, 以四月哉生明爲王至于豐, 其說旣無所本, 以丁未祀周廟, 越三日庚戌柴望, 又與其事相乖(謂與三統曆不合). 且召誥, 惟[16]三月丙午朏, 越三日則爲戊申, 顧命, 丁卯命作冊度, 越七日則爲癸酉, 非離其日而數之也. 今丁未祀于周廟, 越三日柴望爲己酉, 豈庚戌乎?"(又云:"杜元凱註左傳, 先修長曆, 以正經傳甲子之誤, 司馬公編通鑑, 亦用劉羲叟長曆爲據, 古大儒著書, 莫不精明曆理如此")

按, 此下又引三統曆, 辨今武成之僞, 並刪之.

周書世俘解云:"一月丙辰旁生魄. 若翼日丁巳, 王征伐商. 越若來二月旣死魄, 越五日甲子, 咸劉商王紂. (節) 四月旣旁生魄, 越六日庚戌, 武王燎于周, 若翼日辛亥祀于位, 越五日乙卯, 乃以庶國祀馘于周廟"(四月以下, 閻云與武成合). ○閻云:"一月丙辰, 二月甲子, 大可議也. 武王一月, 實爲辛卯朔, 則一月旁生魄, 當爲丁未, 翼日當爲戊申, 豈丙辰丁巳乎?"(逸周書亦僞書也)

按, 此節引周語伶州鳩曰:"癸巳武王始發, 戊午師度孟津." 並錄

---

14) 朝本·奎本에는 '唯'로 되어 있음.
15) 朝本에는 '粤'이 빠져 있음.
16) 朝本·奎本에는 '唯'로 되어 있음.

須[17]女·天黿之語, 辨之極詳, 今刪之.

　閣云: "三統曆引武成, 見漢律曆志, 班固分爲三截, 惟一月壬辰爲一
截, 二月旣死覇爲一截, 四月旁生覇爲一截, 各以他語間隔之. 僞者瞥見
第一截, 援入今武成, 而第二第三截, 竟爾遺闕. 顏師古註誤, 以爲皆今
文尙書之辭, 孔穎達指爲逸書, 謂是焚書之後, 有人僞爲者."

　按, 逸十六篇, 絶無師說, 余嘗疑之. 乃武成日月, 合於長曆, 合於
周語(伶州鳩), 則眞古文之增多者也, 遂以磨滅, 豈不惜哉? 顏師古不
知伏本無武成, 孔穎達乃以祖業爲僞物, 大儒豈可恃耶?

　朱子嘗疑漢志庚戌燎于周廟, 庚乃剛日, 而宗廟內事, 非所宜用, 不如
經文丁未合(謂不如梅本). 且庚戌至乙卯, 僅六日間耳, 三擧大祭, 數煩
不敬, 不知劉歆何所據而云爾. ○閣云: "內事以柔日爲周定制, 則洛誥
戊辰王在新邑, 烝祭[18]何解? 祭不欲數煩, 則召誥周公丁巳用牲于郊, 翼
日戊午, 乃社于新邑, 又何解? 古者天子出征, 所謂類帝宜社, 要亦數日
間偏及, 豈拘祭不欲數, 坐失兵機耶? 余始悟晚出武成, 改丁未祀廟者,
欲合柔日, 改庚戌柴望者, 避祭不欲數也."

　按, 此段, 余於梅氏書平, 論之詳矣.

　朱子, 又疑燎非宗廟之禮. ○閣云: "周禮大宗伯, 以槱燎祀司中·司
命·風師·雨師, 而人鬼之祭, 只有六享, 不聞以燎, 故致此疑. 不知閽人
掌大祭祀, 設門燎, 司烜氏共墳燭庭燎, 月令, 季冬收秩薪柴, 以共郊廟
百祀之薪燎, 燎正用于宗廟, 朱子亦偶忘失?"

按, 廟祭有焚燎, 余於書平, 言之詳矣. 若閻氏所引三條, 是皆地燭, 今之炬煒, 非祭禮所薦, 大誤.

甲六

三統曆引古文伊訓曰: "惟[19]太甲元年十有二月乙丑朔, 伊尹祀于先王, 誕資有牧方明." ○鄭註書序典寶, 引伊訓曰: "載孚在亳." 又曰: "征是三朡." ○閻云: "今安國傳無之"(上節, 無誕資有牧方明句).

孟子引伊訓曰: "天誅造攻自牧宮, 朕載自亳." ○論語云: "百官總己, 以聽於冢宰三年"(爲居喪之禮). ○商頌云: "衎我烈祖"(爲成湯之稱). ○召誥云: "今王嗣受厥命, 若生子罔不在厥初生"(爲初卽位告戒之辭). ○論語云: "無求備於一人." ○又云: "侮聖人之言." ○周易云: "積善之家, 必有餘慶, 積不善之家, 必有餘殃." ○禮記云: "湯以寬治民, 而除其虐." ○又云: "立愛自親始, 立敬自長始." ○孝經云: "愛親者, 不敢惡於人, 敬親者, 不敢慢於人. 愛敬盡於事親, 而德敎加於百姓[20] 刑於四海." ○左傳云: "上天降災." ○又云: "天禍許國, 而假手於我寡人." ○墨子明鬼篇, 引商書曰: "嗚呼! 古者有夏, 方未有禍之時, 百獸貞蟲允及飛鳥, 莫不比方, 矧佳[21]人面, 胡敢異心? 山川鬼神, 亦莫敢不寧, 若能共允, 佳[22]天下之合, 下土之葆." ○尙賢[23]篇, 又引傳曰: "求聖君哲人, 以裨[24]補而身"(先王之書, 距年之言也). ○非樂篇, 又引湯之官刑, 有之曰: "其恒舞于宮, 是謂巫風, 其刑君子出絲二衛, 小人否似二伯. 黃經乃言曰: '嗚呼! 舞佯佯.' 黃言孔章. 上帝弗常, 九有以亡, 上帝不順, 降之日殃, 其家必壞喪." ○荀子引書曰: "從命而不拂, 微諫

---

19) 朝本 · 奎本에는 '唯'로 되어 있음.
20) 朝本에는 '性'으로 되어 있음.
21) 朝本 · 奎本에는 '佳'로 되어 있음.
22) 朝本 · 奎本에는 '佳'로 되어 있음.
23) 朝本 · 奎本에는 '兼愛'로 되어 있음.
24) 朝本 · 奎本에는 '裨'로 되어 있음.

而不倦, 爲上則明, 爲下則遜." ○賈誼曰: "文王之澤, 下被禽獸, 洽于魚鼈, 咸若攸樂. (節) 善不可謂小無益, 不善不可謂小而無傷"(淮南子云: "君子不可謂小善不足爲也而舍之, 小善積而爲大善. 不謂小不善爲無傷也而爲之, 小不善積而爲大不善"). ○閻云: "凡十餘條, 皆改竄折裂, 補綴成之"(荀子引書, 出臣道篇, 古大人格君心之道, 僞者, 乃改爲先王事, 語反淺近).

按, 此下卽改正改月之訟也. 蔡沈謂: "三代及秦, 皆改正朔不改月"(伊訓十二月之傳). 閻氏引春秋梓愼之言(昭十七年), 以爲三代改月之證, 今姑略之. ○又按, 梅氏僞傳云: "湯崩踰月, 太甲卽位, 奠殯而告." 是以崩年改元矣. 據孟子及殷本紀, 湯崩外丙三年仲壬四年, 仲壬崩, 乃立太甲, 則太甲嗣湯, 乃僞案之極大者, 閻氏不悟, 但擊崩年改元之說, 疏矣.

閻云: "左傳昭六年, 晉叔向貽[25]子産書曰: '昔先王議事以制, 不爲刑辟, 懼民之有爭心'(杜云: "臨事制刑, 不豫法"). 夏有亂政, 而作禹刑, 商有亂政, 而作湯刑, 周有亂政, 而作九刑, 三辟之興, 皆叔世也. 墨子所謂湯之官刑, 正作於商之叔世. 而僞者, 不考左氏, 遂以爲卽湯所制, 而述於伊尹之口, 以訓太甲"(昭二十九年, 晉趙鞅鑄刑鼎, 仲尼曰: "晉其亡乎!" 春秋之末且然. 曾爲成湯豫設法, 以告下民?).

按, 湯刑之書, 雖作於叔世, 湯有用刑之故事, 故叔世人著刑書, 得名之曰湯刑(如吾東受敎輯錄), 此不足爲僞者難脫之案.

陳祥道禮書云: "漢律歷志引書伊訓曰: '太甲元年, 伊尹祀於先王, 誕資有牧方明[26], 以冬至越茀祀先王於方明, 以配上帝'"(自云: "與今書不

25) 朝本·奎本에는 '詒'로 되어 있음.
26) 朝本·奎本에는 '明'이 빠져 있음.

同"). ○閻云: "祥道北宋人, 所見似是別本, 不特與今書不同, 並與今漢書互異."

按, 以冬至越茀以下, 卽班固之言, 明載律歷志, 陳氏牽連書之, 乃閻氏疑有別本, 疏矣.

宋史繩祖(學齋佔畢), 引左傳昭十年子皮曰: "夏書云欲敗度縱敗禮"(今左傳, 無夏字), ○閻云: "繩祖所見, 亦是別本."

按, 宋者, 後世也. 後世私藏之書錯句誤字, 何足以證梅僞也? 閻氏之書, 宜爲毛西河所駁.

甲七

墨子尙同篇, 引太誓曰: "小人見姦巧, 乃聞, 不言也發, 罪鈞"(墨子釋之曰: "此言見淫辟, 不以告者, 其罪亦猶淫辟者"). ○閻云: "馬融明言'書傳所引泰誓甚多, 略擧五事以明之,'非謂盡於此五事也. 僞者不能博極群書, 止據馬融之所及, 而不據馬融之所未及. 墨子書甚眞, 而古文獨遺, 此非大破綻乎?"

馬融云: "泰誓後得(謂河內太誓), 案其文, 似若淺露, 稽其事, 頗涉神怪(謂白魚赤烏等), 得無在子所不語中乎? 春秋引泰誓曰: '民之所欲, 天必從之.' 國語引泰誓曰: '朕夢叶朕卜, 襲於休祥, 戎商必克.' 孟子引泰誓曰: '我武惟揚, 侵于之疆[27] 取彼凶殘, 我伐用張, 于湯有光.' 孫卿引泰誓曰: '獨夫受.' 禮記引泰誓曰: '予克受, 非予武, 惟朕文考無罪, 受克予, 非朕文考有罪, 惟予小子無良.' 今文泰誓, 皆無此語. 吾見書傳多矣, 所引泰誓, 而不在泰誓者甚多, 弗復悉記, 略擧五事以明之, 亦可知矣." ○姚立方(際恒)云: "融此言, 本辨僞書, 乃竟敎人以作僞書法

---

27) 朝本에는 '彊'으로 되어 있음.

矣." ○閣云: "馬融所擧五事外, 亦知剽竊 '紂有億兆夷人, 亦有離德'"
(左傳昭二十四年).

按, 僞者心躁, 作周官時, 六卿職掌, 皆襲周禮, 而冬官司空之職掌,
不得不自作, 不知天官小宰仍有全文. 作武成時, 但考律歷志上截, 而
下二截, 遂爲不斂之臍. 作泰誓時, 粗閱墨子, 竟遺姦巧之節.

墨子引泰誓曰: "文王若日若月, 乍照光于四方于西土." ○又曰: "紂
夷處, 不肯事上帝鬼神, 禍厥先[28]神祇不祀, 乃曰: '吾民有命.' 無蓼排
漏[29] 天亦縱棄之[30] 而弗葆." ○又云: "於! 去發曰: '惡乎! 君子, 天有
顯德, 其行甚章. 爲鑒不遠, 在彼殷王. 謂人有命, 謂敬不可行. 謂祭無
益, 謂暴無傷. 上帝不常, 九有以亡. 上帝不順, 祝降其喪. 惟我有周, 受
之大帝.'"

按, 墨子所引泰誓, 文體卑順, 與牧誓·大誥絶不相類, 唯其意味高
古. 意墨子引書, 稍變其詰屈, 以就平易, 若司馬遷錄堯典·皐陶謨,
皆改換字句也.

閣云: "柳宗元云: '人以賈誼鵩賦盡出鶡冠子, 吾意好事者僞爲其書,
反用鵩賦, 以充入之, 非誼有取於鶡冠子也. 從來後人引前, 獨此乃前人
引後.'"

按, 家語·孔叢子, 皆鶡冠子之類. 參同契·陰符經·關尹子, 皆唐
以後陋儒之所爲, 不足疑也.

---

28) 朝本에는 '光'으로 되어 있음.
29) 朝本·奎本에는 '扁'로 되어 있음.
30) 朝本·奎本에는 '之棄'로 되어 있음.

甲八

閻云:"周之六月, 卽夏之四月. 僞者, 略知曆法當仲康卽位初, 有九月日食之事, 遂撰胤征篇, 不知瞽奏鼓等禮, 夏家正未嘗用之於九月也." ○又云:"詩小雅云:'正月繁霜, 我心憂傷.' 若以夏寅月, 周子月當之, 其繁霜曷足爲災異哉? 正陽日食, 古所尤忌. 小雅集傳, 蘇氏云:'純陽而食, 陽弱之甚, 十月純陰而食, 陰壯之甚.' '十月之交朔日辛卯, 日有食之,' 詩人以爲'亦孔之醜,' 是也, 其說皆與左氏相發."

按, 以夏至爲陽長之極者, 中國在赤道之北故也. 其在赤道之南者, 夏至爲陽消之極, 誰肯曰正陽之月是四月乎? 太陽本體, 四時常旺, 所謂日食不過所見之地, 普天未嘗同災也. 實理旣然, 則先古救食之禮, 不過示變之義, 羲和雖有闕失, 其罪不至於征伐誅殺. 序云'湎淫,' 當別有他罪, 非謂日食而罔聞也. 都是僞言, 區區四月九月, 不足辨也.

荀子君道篇, 引書曰: (韓詩外傳, 作周制曰)"先時者, 殺無赦, 不逮時者, 殺無赦."

按, 荀況·韓嬰所見宜同, 則周書也, 何得爲夏書?

閻云:"夏書日食, 未知的在何王之世. 故劉歆三統曆不載, 後造大同曆者, 始推之爲仲康元年, 唐傅仁均等, 又以爲五年癸巳, 疑皆因晚出書(梅氏本), 傅會爲此. 劉原父七經小傳, 謂詩皆夏正, 自鄭箋十月之交云, '周之十月, 夏之八月,' 後造曆者, 於幽王六年酉月辛卯朔, 果日食矣, 疑出於傅會, 卓哉! 特識."

按, 日食者, 月掩日也, 須[31]日月目(人目也), 參直無斜勢, 然後乃見

---

31) 朝本에는 '湏'로 되어 있음.

日食, 非眞太陽有蝕, 普天皆同也. 夏后氏, 都於安邑(屬平陽), 羲和所宅, 不知何邑. 書序既云: "胤往征之." 則羲和非京官之在安邑者也. 今於三千年之上, 追算普天率土之日食, 可乎? 唐都長安, 宋都汴京, 遼·金·元·明, 皆都北京, 是三都皆與安邑絶不相近. 唐·宋·元·明之人, 以其時欽天監之地, 追算仲康時之日食, 其有知識乎? 藉使算之以安邑之度數, 亦是枉勞心力. 何者? 羲和所宅, 嵎夷乎? 昧谷乎? 所宅之地, 尚未考定, 先算其地之日食, 豈不孟浪? 若云羲和是京官, 天子召諸侯之在外者, 命帥六師, 往征欽天監治曆之官, 其勢如火炎崑岡, 玉石俱焚, 非怪事乎? 何況當時救食之禮, 非全不擧行也? 瞽奏鼓, 嗇夫馳, 庶人走, 無所闕禮, 唯羲和一人, 沈醉不省而已, 付之士師, 亟施流竄之典, 足矣, 何至興動六師, 自稱天吏哉? 罪輕罰重, 抑又甚矣. 梅氏愚弄千古, 而腐儒撰書, 乃考年計月, 繫之以日食, 又欲以下欺百世, 豈不嗟哉? 幽王時, 都鎬京, 而宋人坐於汴京, 追定鎬京之日食, 其果東西同度, 南北同道, 爲日月目三直乎? 嗟哉!

甲九

左傳莊八年, 夏師及齊師圍郕, 郕降於齊師, 仲慶父請伐齊師. 公曰: "不可. 我實不德, 齊師何罪? 夏書曰: '皋陶邁種德, 德乃降.' 姑務修德, 以待時乎!"(杜云: "有德乃爲人所降服." 孔云: "杜謂 '德乃降'爲莊公之語, 故隔從下註") ○閻云: "德乃降爲莊公之語, 歷歷有證, 而僞者不察."

按, 帝命皋陶曰: "蠻夷猾夏, 寇賊姦宄, 汝作士." 是大司寇兼大司馬也. 皋陶征伐四夷, 每種德以降之(降, 服也). 故夏書曰: "皋陶邁種德, 德乃降." 若夏書原文, 本無降字, 魯莊公於郕降之事, 胡引此句也? 余謂 '姑務修德'以下, 爲莊公語(孔穎達之意, 亦欲 '德乃降'屬上句, 故明杜意不然).

閻云: "孟子, 象曰: '鬱陶思君爾.' 此象之辭, 忸怩則敘事之辭. 今五子之歌, 以鬱陶忸怩並爲一人口氣, 不失孟子之文義乎?"

閻云: "孟子, 王曰: '無畏, 寧爾也, 非敵百姓也.' 此武王之辭, 若崩厥角稽首, 則敘事之辭. 今泰誓, 百姓懍懍[32], 若崩厥角, 皆以爲武王口氣, 不愈失孟子之文義乎? 且詳玩其辭, 是至商郊, 慰安百姓之辭, 其與河朔誓辭, 絶不相蒙. 周本紀, 武王至商, 告商百姓曰: '上天降休.' 商人皆再拜稽首(卽若崩厥角), 武王亦答拜, 卽其事也."

按, 余於書平, 論之詳矣.

甲十

梅鷟云: "君陳篇, 上竊國語 '令德孝恭'之文, 下輯論語 '孝友'等語, 以頗重復, 遂去 '孝乎'二字."

乙一

孟子引書, 一曰: "徯我后, 后來, 其蘇." 一曰: "徯我后, 后來, 其無罰." ○閻云: "孟子引書曰: '湯一征, 自葛始.' 他日引之, 輒易一爲始, 易始爲載, 此乃古人文章, 不拘之處, 奈何后來其蘇, 旣竄入仲虺之誥, 后來其無罰, 復竄入太甲篇中?"

按, 湯征序曰: "葛伯不祀, 湯始征之, 作湯征." 則凡葛伯之事, 皆湯征篇文(金仁山云: "殷本紀載湯征之辭而不類. 蓋非湯征之舊文"). 仲虺·太甲, 何與於是? 湯征本亡, 亦不入於增多十六篇之內, 不知史遷何據而錄之.

墨子非命上篇, 仲虺之告曰: "我聞于夏人矯天命, 布命于下, 帝伐之

32) 朝本에는 '凜凜'으로 되어 있음.

惡，襲喪厥師．”○中篇，仲虺之告曰：“我聞有夏人矯天命，布命于下．帝式是惡，用闕厥師．”下篇，仲虺之告曰：“我聞有夏人矯天命于下，帝式是增，用爽厥師．”○閻云：“喪師闕師爽師，豈吉祥善事，而僞者易之曰：‘式商受命，用爽厥師’(梅傳，爽，明也)．夫以墨子引之複如此，釋之之確如此”(墨云：“桀執有命，湯特非之曰：‘喪師’”)．

按，非命三篇，輒引此書，其精神在喪師，不可易也．僞者何爲改之？

墨子天志中篇，引泰誓云：“紂越厥夷居，不肯事上帝，棄厥先神祇[33]不祀，乃曰：‘吾有命．’無廖[34]儌務天下，天亦縱棄紂而不葆．”○非命上篇云：“紂夷處，不肯事上帝鬼神，禍厥先神禔不祀，乃曰：‘吾民有命．’無廖[35]排漏[36] 天亦縱棄之[37]而不葆．”○非命中篇云：“紂夷之居，而不肯事上帝，棄厥其先神而不祀也．曰：‘我民有命．’毋僇其務，天不亦棄縱而不葆．”○閻云：“今不祀下，增‘犧牲粢盛，既於凶盜’二句，以合箕子之言，刪去‘縱棄[38]不葆’一句，下接孟子之言．”

按，此下論取亂侮亡，兼弱攻昧，並詳書平，今略之．

乙三

左傳襄四年，魏絳曰：“夏訓有之曰：‘有窮后羿’”(語未卒)．公曰：“后羿何如．”魏絳對曰：(不復誦夏訓)“昔有夏云云．”○閻云：“此乃古人

---

33) 朝本·奎本에는 ‘祇’로 되어 있음．
34) 朝本에는 ‘廫’로 되어 있음．
35) 朝本에는 ‘廫’로 되어 있음．
36) 朝本·奎本에는 ‘扁’로 되어 있음．
37) 朝本·奎本에는 ‘之棄’로 되어 있음．
38) 朝本에는 ‘其’로 되어 있음．

文章密處, 今試思有窮后羿下, 其語可得知乎?" ○王源(崑繩)[39]云: "截半句法, 自左傳始. 襄二十五年, 崔杼·慶封爲相[40], 盟國人於大宮曰:'所不與崔·慶者'(語未卒). 晏子仰天歎, 曰:'云云.'亦頗相類."

按, 有窮后羿四字, 趨出在夏訓之外, 則便非眞夏訓也. 夏訓, 盖引后羿之荒于游畋, 以戒後王者.

閻云:"魏初末嘗言太康淫於田, 辛甲虞箴, 亦專以責羿, 今以后羿之田, 轉以爲太康之田. 離騷曰:'啓九辨與九歌兮! 夏康娛以自縱, 不顧難以圖後兮! 五子用失乎家巷.'盖以淫樂失其國者."

按, 僞者, 未必不見離騷而爲之.

乙四

朱子云:"伏生, 濟南人, 晁錯, 穎川人. 止得於其女口授, 有不曉其言, 以意屬讀." ○閻云:"藝文志, 秦燔書禁學, 伏生獨壁藏之, 漢興, 求得二十九篇, 以敎齊·魯之間, 是伏生自有本, 不假口傳, 明矣, 儒林傳, 伏生敎濟南張生及歐陽生, 歐陽·夏侯二家, 列於學官, 自是伏生親傳, 非晁錯所受之本, 明矣. 又伏生有孫, 以治尚書徵, 有孫應有子, 何至令女傳言?"

按, '口授'二字, 始出於僞大序, 僞者, 誣伏生書爲非完經也. 然藝文志明云:"伏生初藏百篇于壁中, 漢興亡失(壁中書多亡), 求得二十九篇(自求而得之), 以敎齊·魯之間." 則晁錯來受之前, 弟子已多矣(衛宏有使女傳言, 敎錯之說, 本是齊東野言, 僞者憑此而誣之).

39) 朝本·奎本에는 '崑繩'을 原註로 처리하지 않았음.
40) 朝本·奎本에는 '爲相'이 빠져 있음.

乙五

閣云:"左氏春秋內傳, 引詩者一百五十六, 引逸詩者十, 引書者二十一, 引逸書者三十三, 外傳, 引詩者二十二, 引逸詩者一, 引書者四, 引逸書者十(書之逸, 倍於詩). 何[41]梅氏二十五篇出, 向韋·杜二氏, 所謂逸書者, 皆歷歷具[42]在, 其終爲逸書者, 僅昭十四年, 夏書曰:'昏·墨·賊殺,'皋陶之刑也. 一則而已? 夫書未經孔子所删, 不知凡幾, 及删成百篇, 未爲伏生所傳, 尙六十九篇(當改之, 曰[43]七十二篇), 其逸如此, 豈左氏於數百載前, 逆知後有二十五篇, 而所引必出於此耶?"

按, 此段, 極明覈爲梅氏造僞之鐵案. 雖使儀·衍置對, 無以解矣. 左氏·孟子·墨子·荀子·禮記諸篇之所引, 不出於梅氏二十五篇之外, 固可怪矣. 吾仲氏巽菴先生, 又嘗設難於余曰:"孔氏·伏氏, 各藏百篇於壁中, 漢興各出其書, 各有亡失, 則伏之所亡, 孔或有之, 孔之所亡, 伏或有之[44], 理應然也. 今也不然, 伏本所無, 孔本增多十六篇, 斯則然矣, 伏本所有二十九篇, 孔本悉具而無缺, 此何理也? 將謂百篇之說, 是虛薄乎? 伊訓·太甲·咸誥·兌命·泰誓之等, 散見諸書, 爲梅氏所輯者, 實有其篇, 不可曰虛張也. 將謂孔氏之本, 原把伏本而修潤之, 假稱壁出乎? 三統曆所引伊訓·武成之類, 雖殘缺無憑, 決非贗物, 將何以斷斯獄也?"大盜移國, 內訌又發, 則淺學尤無以措手, 故姑且容忍, 而大抵伏本之亡, 爲斯文永世之哀痛, 其次孔本之亡也.

乙六

閣云:"禮記四十九篇, 引詩者一百有二, 引逸詩者三, 引書者十六, 引逸書者十八. 梅氏書出, 而鄭氏所指爲逸書, 皆全全登載, 無一或遺,

---

41) 朝本·奎本에는 '何'가 빠져 있음.
42) 朝本·奎本에는 '俱'로 되어 있음.
43) 朝本에는 '日'로 되어 있음.
44) 朝本에는 '之'가 빠져 있음.

其露[45]破綻, 亦與於左氏相等." ○又云: "鄭註書, 有亡有逸, 亡則人間所無, 逸則人間雖有, 而非博士家所讀. 杜氏註(左傳注), 統名爲逸, 此其微別者"(鄭註緇衣君奭云: "今博士讀, 爲厥亂勸寧王之德." 此卽伏生所傳, 歐陽·夏侯所註尙書, 立於學官[46]者).

按, 鄭於增多十六篇, 註曰逸書, 餘皆曰亡.

---

45) 朝本·奎本에는 '露'가 빠져 있음.
46) 朝本에는 '宮'으로 되어 있음.

閻氏古文疏證鈔 三

乙七

閻云: "安國古文之學, 其傳有四, 一傳于都尉朝, 一傳于兒寬, 一傳于其家. 孔僖傳, 所謂自安國以下世傳古文尙書, 是也. 一傳于司馬遷. (節) 杜林漆書, 賈逵爲之作訓, 馬融作傳, 鄭玄注解."

按, 杜林之書, 本出於王璜·塗惲, 則四派之中, 杜林卽都尉朝之後也. 賈逵之學, 亦其父徽直受之於塗惲, 本與杜林同門, 故爲之作訓.

閻云: "梅氏書並立學官, 家傳人誦, 其故盖有三焉. 皇甫謐高名, 宿學左思三都經, 其片語遂競相讚述, 况渠實得孔書, 載于世紀, 有不因之而重者[1]乎? 是使此書首信于世者, 皇甫謐之過也. 南北兩朝, 或孔行而鄭微, 或鄭行而孔微, 或孔·鄭並行, 至唐初[2]始依孔爲疏, 而兩漢專門之學, 頓以廢絕. 是使此書更信于世者, 孔穎達之過也. 天祐斯文, 篤生徽國, 孔子之後, 所可取信者, 一人而已. 分經與序, 以存古制, 一則曰安國僞書, 再則曰安國僞書, 而爲之弟子者, 正當[3]信以傳信, 疑以傳疑, 乃明背師承, 仍遵[4]舊說. 是使此書終信於世者, 蔡沈之過也."

---

1) 朝本·奎本에는 '者'가 빠져 있음.
2) 朝本에는 '物'로 되어 있음.
3) 朝本에는 '當'이 빠져 있음.
4) 朝本에는 '遵'이 빠져 있음.

按, 撰僞書者, 原是皇甫謐, 謐之外無能爲此者矣. 鄭沖·蘇愉, 寥寥無聞, 安得博涉如許? 謐本私撰之, 初非欲下誣千世也. 但如束晳補亡詩, 聊欲補尙書之缺失, 以爲私書. 故帝王世紀, 多相撦掇. 苟知此書畢竟纂爲聖經, 則帝王世紀, 不應先洩如是也. 孔穎達博學精識, 鄭本·梅本, 其源委本末, 昭然無疑, 而畢竟棄眞而取僞者, 孔安國戴之爲祖, 而祖傳孫疏, 以作門戶之光, 故知其僞而受之耳. 朱子家禮, 凡康成所誤, 朱子多不曲從, 正有滌舊圖新之機, 而楊信齋悉改, 而還從鄭註. 梅氏古文, 朱子蚤發奸僞, 停筆不註, 而蔡九峯還尊爲聖經, 皆斯文之深恨也. 蔡公但知孔安國實傳古文, 不知梅仲眞又作僞書, 何以免矣?

閣云: "臨川吳文正公尙書叙錄, 實成朱子之志, 而朱子之前, 已有吳棫, 文正之後, 又有歸有光諸人焉."

按, 梅書之僞, 唯考兩漢·晉·隋藝文之志·儒林之傳, 卽物無遁情, 而前輩每以文體疑之, 故勞多功少.

閣云: "孔子世家, 安國蚤卒(已見前), 楚元王傳, 天漢後, 孔安國獻古文書, 遭巫蠱[5]之難, 未施行, 其年已五十七八(据兒寬傳, 推知之), 安得爲蚤卒乎? 又安國大序謂: '壁中書悉上送官, 承詔作傳, 旣畢, 會國有巫蠱[6]事, 不復以聞'. 是獻書者, 一時, 作傳畢而欲獻者, 又一時也. 初獻書時, 未有巫蠱, 何不卽立于學官, 而乃云以巫蠱不及施行耶? 盖僞者, 知兩漢秘府有古文而無訓傳, 今又并出訓傳[7] 不得不遷就傅會[8]其說耳."

---

5) 朝本에는 '蠱'으로 되어 있음.
6) 朝本에는 '蠱'으로 되어 있음.
7) 朝本·奎本에는 '訓傳'이 빠져 있음.
8) 朝本·奎本에는 '傅會'가 빠져 있음.

按, 司馬遷十歲誦古文, 從安國問書, 則安國年紀差高可知矣. 然則天漢後獻書, 雖有信文, 猶可疑也. 兒寬受業孔安國, 不必以是年補張湯卒史, 蚤卒之文, 尤可疑也. 又按, 初獻而未立學官, 不足問也, 天漢後初獻八九年, 而爲征和巫蠱之年, 大序不理勝耶? 此等盤詰, 適足以增其氣也.

閣云: "按儒林傳, 似孔安國實兼今文古文而通之. 其爲博士時, 自當授弟子以今文, 祿利之路然也. 別有好古之士如司馬遷·都尉朝, 方從安國問古文, 所謂古文頗[9]不合時務, 是也. 兒寬初事歐陽生治尙書, 又詣博士, 受業孔安國, 本不當繫寬於安國古文[10]之下. 近代有漢儒授經圖, 於歐陽生今文及安國古文下, 俱各繫以兒寬, 余未暇改正."

按, 此段甚精. 孔安國當時, 無古文博士, 其以博士敎授兒寬, 自是伏生今文, 非其私藏之古文也.

閣云: "予嘗疑安國獻書遭巫蠱之難, 計其年必高, 與所云蚤卒者不合. 信蚤卒, 則漢書之獻書, 必非安國, 信獻書, 則史記之蚤卒, 必非安國. 然馬遷親從安國游, 記其生卒, 必不誤也. 竊意, 天漢後, 安國死已久. 或其家子孫獻之, 而苦無明證. 越數歲, 讀荀悅漢紀, 成帝紀云: '魯共王壞孔子宅, 得古文尙書, 多十六篇. 武帝時, 孔安國家獻之, 會巫蠱事, 未列於學官'. 於安國下, 增一'家'字, 足補漢書之漏, 大序之僞, 不待辯矣."

按, 安國生前, 若有獻書之事, 司馬遷史記一部之內, 宜有記載, 而儒林傳, 止稱安國因以起其家而已, 無獻書之說. 獻書之在安國旣死

9) 朝本·奎本에는 '頗'가 빠져 있음.
10) 朝本·奎本에는 '古文'이 빠져 있음.

之後，果有明文，僞者深信漢書，不料荀悅，竟有信筆，僞而可爲哉？孔安國果蚤卒矣．

水經注淄水，引鄭志曰：“張逸問，贊云：‘我先師棘下生，何時人？’鄭康成答曰：‘齊田氏時，善學者所會處，齊人號之棘下生，無常人也．’”閻云：“棘下生，子安國者．康成自以淵源於安國，故冠子於安國之上”（公羊傳子沈子之義）．

史記儒林傳，叙伏生今文，末云：“自此之後，魯周霸·孔安國·洛陽賈嘉，頗能言尙書事．”閻云：“此指安國通今文．下另叙孔氏有古文，起自安國．班固於三人，省去孔安國，專歸古文，則失遷之意．”

按，此段甚精．安國內懷古文，外應今文，以畢一生，終身無獻書之事．

閻云：“吳文正尙書叙綠，信爲不刊之典．然其誤有六．一謂孔壁眞古文書不傳，不知傳至西晉永嘉時始亡也．一謂舜典·汩作·九共等篇爲張霸僞作，不知此乃孔穎達之妄說也．一謂漢志古經十六卷卽張霸僞古文書，不知漢志乃四十六卷非十六卷，且卽眞孔壁書非僞書也．一謂梅賾書並書序一篇爲五十九，不知已各冠其篇首，不復爲一篇也．一謂唐撰正義，自是以後，漢歐陽·大小夏后氏所傳者，廢不復行，不知自晉永嘉時已亡也．”

按，孔壁眞古文之必亡於永嘉之亂，未有明文，潛丘屢爲此說，可異也．

乙八

孔穎達云：“王肅始竊見梅氏之書．其註尙書，多是孔傳．疑肅見古文匿之而不言." 陸德明經典釋文云: "王肅註今文, 而解大與古文相類, 或肅[11]私見孔傳而秘之乎?"

閣云: "王肅, 魏人. 孔傳出於魏·晉之間, 其傳註相同者, 乃孔竊王, 非王竊孔也. 只以一事明之, 三年之喪, 二十五月而畢, 中月而禫. 鄭玄以中月爲閒月, 則二十七月而後[12]卽吉, 王肅以中月爲月中, 二十六月卽可卽吉. 王肅以前, 未聞有是說也. 今孔傳, 於太甲唯三祀十有二月朔, 釋曰: '湯以元年十一月崩, 至此二十六月, 三年服闋'. 非用王肅之說而何?"

按, 僞者, 盖王學而抑鄭者也. 此段明核, 無以難矣. 但鄭義二十七月而禫, 則二十八月而卽吉, 方與王義二十六月相當, 今云二十七月卽吉, 誤.

閣云: "僞者, 不知三代典禮, 旣以崩年改元, 衰季不祥之事, 上加盛世. 又以祥禫共月, 後儒短喪之制, 上視古人, 其僞不可掩矣."

按, 此猶緦小功也. 太甲本無繼湯爲王之事. 湯崩之後, 二王嗣立, 乃傳于太甲, 閣氏何不言此?

舊唐書經籍志, 古文尚書十卷王肅註, 新唐書藝文志, 鄭康成註古文尚書九卷, 或云: "汨作·九共等篇, 至唐猶存乎?" 閣云: "孔疏云: '賈逵·馬·鄭所注尚書, 皆題曰古文.' 而篇數與伏生所傳正同, 但經字多異, 如嵎夷爲嵎鐵, 昧谷爲柳谷之類, 是也. 愚意, 此王肅·康成註, 亦卽伏生二十九篇, 以古文字寫之者, 故謂之古文尚書, 亦猶唐有今文尚書十三卷. 孔安國傳, 盖唐明皇不喜古文, 詔集賢學士衛包, 改古文從今文, 而

11) 朝本·奎本에는 '陸'으로 되어 있음.
12) 朝本·奎本에는 '後'가 빠져 있음.

孔書亦復因之而一變矣. 嘗思, 書藏屋壁之中, 純是科斗古文, 及孔安國,
以今文字讀之, 始易以隷書, 然猶古隷並存. 孔穎達所謂存古爲可慕, 以
隷爲可識. 故大序云, '隷古定', 是也. 至天寶三載, 始詔改定, 凡不合於
開元文字者, 則謂之野書, 不特古文廢絶, 卽兩漢來所傳之隷書, 亦多侵
失. 由是字旣訛舛, 書復簡陋, 久假不歸, 積習成俗, 此又論古今經學者,
所掩卷而三嘆也."

按, 今文古文, 有以伏·孔而言之者, 有以字體而言之者. 鄭註孔本
也, 而閻氏至此, 忽疑爲伏本, 蓋於伏·孔源流大案, 猶有未透者也.

隋書經籍志, 已[13]有今字尙書十四卷孔安國傳. 閻云: "今字孔傳, 不
始自唐. 唐又改從其開[14]元文字."

按, 不云今文, 而云今字, 是別嫌也.

乙九

班固白虎通, 兩引'予小子履,'皆以爲伐桀告天之辭, 而不以爲湯誥,
國語單襄公, 引先王之令曰: "天道賞善而罰淫, 凡我造國, 無從非彝
(節)"解曰: "先王之令, 文·武之敎也."閻云: "單襄公, 周臣也. 周
臣對周王, 而述周令, 鑿然可信, 而僞者, 乃竄入湯誥中."

墨子兼愛篇, 引'予小子履'一段(凡十三句), 告于后帝下, 增多'今天
大旱, 卽當朕身履, 未知得罪于上下'(三句). 閻云: "此衍文也. 墨子引
書, 好自增竄. 如甘誓易爲禹誓, 又增多'有曰, 日中, 今予與有扈氏, 爭
一日之命'(四句), 亦衍文也."

又云: "墨子引此爲湯說, 未云湯誓, 孔安國以爲墨子引湯誓者, 內史

13) 朝本·奎本에는 '已'가 빠져 있음.
14) 朝本에는 '改'로 되어 있음.

過遠在墨子之前, 業已稱爲湯誓矣."

墨子尙賢中篇, 引湯誓曰:"聿求元聖, 與之戮力同心, 以治天下"(今湯誓無此).

國語引湯誓曰:"余一人有罪, 無以萬夫, 萬夫有罪, 在余一人"(韋昭云:"今湯誓無此文, 則已散亡矣"). 閻云:"湯誓或有二篇, 今湯誓一百四十四字, 首尾完好, 文義連續, 絕無譌闕."

梅鷟云:"何晏集解論語, 與鄭沖同上, 沖號爲授古文者. 其古文必熟習'孝乎惟[15]孝,'當據君陳以正之, '予小子履,'當曰此在湯誥篇. 今不然者, 知沖未授古文也."

按, 造僞者, 必遙戴名儒, 以爲傳授之本, 不待辨也.

乙十

桓譚新論曰:"古文尙書, 舊有四十五卷(五當作六), 十八篇(十上脫五)." 閻云:"卷數篇數, 皆與漢志合, 其小[16]有不合, 則傳寫之譌.[17] 予尤愛桓譚, 作於建武以前, 武成篇尙存. 故不曰五十七, 曰五十八."

丙一

論高堂生傳禮十七篇今文古文之別(刪).

丙二

論孔安國本魯詩, 而梅傳以毛詩釋之(刪).

---

15) 朝本·奎本에는 '唯'로 되어 있음.
16) 朝本·奎本에는 '小'가 빠져 있음.
17) 朝本에는 '僞'로 되어 있음.

丙三

　　閻云: "今孔書嵎夷, 鄭曰'嵎鐵,'昧谷, 鄭曰'柳谷,'心腹腎腸, 鄭曰
'憂腎陽,'劓刵椓[18]剠, 鄭曰'臏宮劓割頭庶剠,'其與眞古文不同, 有如
此者. 不同於古文, 宜同於今文矣, 而石經久失傳. 然殘碑遺字, 猶頗
收[19]於宋洪适隷釋中, 盤庚百七十二字, 高宗肜日十五字, 牧誓二十四
字, 洪範百八字, 多士四十四字, 無逸百三字, 君奭十一字, 多方五字,
立政五十六字, 顧命十七字, 合五百四十七字. 洪氏以孔書校之, 多十字,
少二十一字, 不同者五十五字, 借用者八字, 通用者十一字. 孔叙三宗,
以年多少爲先後, 碑則以傳序爲次. 碑又云:'高宗之饗國百年.'亦與五
十有九年異, 其與今文不同, 又有如此者. 余然後知此書不古不今, 非伏
非孔, 而欲別爲一家之學者也."

　　按, 經文與鄭本不同, 則可聲也. 其與洪适隷釋中伏氏今文不同者.
孔壁眞本, 與伏本文字異者七百有餘, 劉向校之如此. 以此罪梅, 梅不
伏矣. 又嵎夷等四條, 孔疏云: "夏侯等書." 是今文也.

　　劉向以中古文, 校歐陽·大小夏侯三家經文, 字異者七百有餘, 脫字
數十. 劉陶推三家尙書及古文, 是正文字三百餘事, 名曰中文尙書.
班·范各著其說于史, 以爲今古文之別.

丙四

　　閻云: "高宗享國百年, 亦見漢書五行志及劉向·杜欽兩傳, 盖用今文
書也. 成王葬周公, 而雷風著災, 亦見梅福傳, 顏師古註, 謂出尙書大傳,
乃知遷書又雜用今文說."

---

18) 朝本·奎本에는 모두 '劅'으로 되어 있음.
19) 朝本에는 '牧'으로 되어 있음.

按, 史記啓金縢, 在周公卒後, 或者伏本經文原自如此. 司馬遷雖稱
於微子[20]·金縢, 多古文說, 此節疑用今文說也(鄭玄詩箋云:"成王旣得金
縢之書, 親迎周公歸." ○閻以此知孔壁古文無周公卒後啓金縢之說).

丙五

說文引虞書, 方鳩爲旁救(一爲旁[21]逑屛功). 竄三苗爲䆽三苗, 朋淫于
家, 朋爲堋, 予乘四載下, 有水行乘舟, 陸行乘車, 山行乘欙, 澤行乘
棚四句. 敎胄子爲育子, 帝乃殂落, 帝爲放勛, 夏書, 浮于淮·泗, 達
于河, 河爲菏, 東出于陶丘北爲東至于陶丘, 惟箘簬楛, 楛爲枯, 商書,
高宗夢得說, 使百工營求諸野(無'諸野'二字), 得諸傅巖(諸爲之). 營求爲
夐求, 祖伊反爲祖甲返. 周書, 在後之侗爲在夏后之詷, 其丕能諴于小
民, 丕能爲不能, 惟其塗丹雘, 塗爲敔, 其在受德曒, 曒爲忞, '罔不憝'
上, 有'凡民'二字. 一人冕執銳爲執鈗, 至于屬婦爲嬻婦, 盡執拘以歸
爲盡執拘, 爰始淫爲劓刵椓黥爲刖劓斀黥, 敷重篾席, 敷爲布, 民罔不
盡, 罔爲妄, 峙乃糗糧爲餱[22]粻, 用勸相我國家爲邦家. 閻云:"許愼
子沖, 上書安帝云:'臣父本從賈逵受古學, 考之於逵, 作說文.' 是說
文所引書, 正東漢盛行之古文也"(字異而音同者不錄, 錄其俱異者).

又云:"說文所引, 如予娶淦山, 我有截于西(本蠢[23]字), 皆約之成文,
非眞有是句."

又云:"孟子引書六條, 三見於說文, 字句並合. 凡民罔不憝(同有
'凡民'字), 放勛乃殂落(不云帝), 唯殺三苗, 作䆽三苗"(䆽可譌爲殺, 竄則相
遠矣).

---

20) 朝本에는 '于'로 되어 있음.
21) 朝本에는 '房'으로 되어 있음.
22) 朝本·奎本에는 '糇'로 되어 있음.
23) 朝本에는 '椿'으로 되어 있음.

按, 說文所引, 皆二十八篇之經, 唯不瞑眩, 出孟子.

閣云: "文王無受命九年[24] 稱王改元事. 歐陽永叔泰誓論出 而文王之寃始白, 僞泰誓三篇, 以觀兵爲上篇, 伊川謂[25]武王無觀兵, 而武王之寃始白. 今取晩出武成讀之, 爲大有異于僞泰誓者, 亦未之思也."

我文考文王, 誕膺天命, 以撫方夏唯九年, 大統未集(非旣受命改元之妄說乎?). 肆予小子發, 以爾友邦冢君, 觀政于商(非卽三年服畢, 觀兵孟津之說乎?), 惟受罔有悛心云云. 予小子夙夜祗懼, 以爾有衆底天之罰(非卽歸居二年間, 紂虐滋甚, 更東伐紂之說乎?). 按, 諺曰: "竊盜之室, 强盜來入." 僞者, 執僞泰誓, 遵其事實, 變其文句, 以作今泰誓.

墨子兼愛中篇云: "昔者武王將事泰山隧. 傳曰: '泰山! 有道曾孫周王有事. 大事旣獲, 仁人尙作以祗商夏蠻[26]夷·醜貉. 雖有周親, 不若仁人, 萬方有罪, 惟予一人.'"

閣云: "玩其文義, 乃是武王旣定天下後, 望祀山川, 非伐紂時事也. 論語, '雖有周親'四語, 載于大賚後[27]謹權量之前, 俱初定天下事, 亦自相類." 閣云: "西伯受命稱王, 不始史記. 伏生書大傳殷傳已有之, 文王世子云: '武王對文王曰, 西方有九國, 君王其終撫諸'"(鄭云: "言君王, 則旣受命之後"). 閣云: "楚世家, 楚武王曰: '我有敝甲, 欲以觀中國之政. 請王室尊吾號,' 左氏宣三年, '楚莊王伐陸渾之戎, 遂觀兵于周疆, 問鼎之大小輕重焉.' 觀政觀兵, 皆咄咄逼[28]周同一, 無君擧動, 以儗武王, 非其倫矣." 又云: "國語, '先王耀德, 不觀兵'(韋昭云: "觀, 示也"),

---

24) 朝本·奎本에는 '九年受命'으로 되어 있음.
25) 朝本에는 '爲'로 되어 있음.
26) 朝本·奎本에는 '變'으로 되어 있음.
27) 朝本·奎本에는 '後'가 빠져 있음.
28) 朝本·奎本에는 '偪'으로 되어 있음.

下又云: ‘且觀之兵’(亦示也). 史記, ‘東觀兵, 至于盟津,’ 左傳, ‘觀兵於東夷’(僖四年). 觀兵以威諸侯, 皆讀如字, 亦可.”

按, 觀兵者, 耀威以示敵也.

丙七

坊記, 子云: “善則稱君, 過則稱己, 則民作忠, 君陳曰: ‘爾有嘉謨嘉猷云云.’” 閻云: “僞者, 止見書序有周公既没, 命君陳, 分正東郊, 遂通篇俱作成王語, 安知當日不更夾以臣語如顧命篇體例耶? 嗚呼! 自斯言一啓, 君以正諫爲要名, 臣以歸美爲盛[29]節, 而李斯分過之忠, 孔光削稿之敬, 遂爲後世事君之極則.”

按, 左傳·禮記等引書之法, 篇名如書名, 則提篇名, 不然多稱‘書曰.’如‘太甲曰’者, 疑皆太甲之言, ‘君陳曰,’ 疑本君陳之言. 君陳將出東郊留, 告其留京諸臣, 又何不可之有?

坊記, 子云: “善則稱親, 過則稱己, 則民作孝, 大誓曰: ‘予克紂, 非予武, 惟[30]朕文考云云.’” 閻云: “取證大誓爲人子之言, 則取證君陳亦必爲人臣之言, 例可知也.”

按, 此段極明, 又一僞跡之彰彰者.

閻云: “不特君陳篇而已. 孟子稱舜, 舍己從人, 今入于舜口中以稱堯. 當堯之時, 引書: ‘洚水警余.’ 余字自屬堯, 又入舜口中以屬舜. 文王世子曰: ‘一有元良, 萬國以貞, 世子之謂也.’ 今入‘元良’二語于伊尹口

---

29) 朝本에는 ‘盡’으로 되어 있음.
30) 朝本·奎本에는 ‘唯’로 되어 있음.

中, 以訓長君. 孟子, 書曰: '徯我后, 后來其無罰.' 向疑爲初征自葛, 事情僅可, 仲虺用之, 以釋湯慙, 今重出於伊尹口中, 以訓太甲, 迂遠不切. 湯誓曰: '今朕必往.' 此湯初興師, 告諭亳衆之言, 今入武王口中. 其時武王師, 已次河朔, 群后畢會, 何必爲此言?"

閻云: "咸有一德, 本屬尹在湯朝, 贊襄於湯者, 移入在太甲朝, 陳戒於太甲, 在湯朝, 則爲君臣同德之助, 明良交泰之休, 在太甲朝, 則爲矜功伐善, 非人臣對君之言. 且事其孫而追述與其祖爲一德, 得無軼軼, 非少主臣乎?"

丙八·丙九·丙十, 本闕.

丁一

仲虺之誥, 荀子作中蘬之言, 左傳作仲虺之志, 殷本記作中䨂, 音壘.

丁二

閻云: "人心道心, 本出道經. 如谷神不死, 是謂玄牝. 玄牝之門, 是謂天地之根. 緜緜若存, 用之不勤. 列子引黄帝書也, 今見老子上篇. 將欲敗之, 必姑輔之. 將欲取之, 必姑與之. 戰國策引周書也, 亦見老子."

按, 由是觀之, 人心道心, 亦或是五帝遺文.

戊十

閻云: "無逸篇, 其在祖甲, 不義惟[31]王(孔云: "湯孫太甲也, 唐孔氏因之"), 蔡傳正之, 據下文周公言自殷王中宗, 及高宗及祖甲及我周文王, 因其先後次第, 而枚擧之, 則祖甲之非太甲, 明甚, 不義惟[32]王之非太甲

---

31) 朝本·奎本에는 '唯'로 되어 있음.
32) 朝本에는 '唯'로 되어 있음.

事也, 亦明甚[33]. 作古文者, 生于蔡氏之前錯解未正之日, 故太甲上曰: '茲乃不義, 習與性成.'"

金氏前編曰: "高宗肜日·高宗之訓, 史遷繫於祖庚之紀內, 則是祖己爲祖庚作." 閻云: "高宗肜日序, 以爲高宗祭成湯(蔡傳云: "祭禰廟"), 凡書之本序, 多稱其君之名. 或曰: '王未有以廟號稱者. 此曰'高宗肜日,' 則安知非祖庚之時, 繹於高宗之廟, 而有雊雉之異乎?' 則二篇, 祖己以訓祖庚也, 明甚, 典祀豐昵之非高宗事也, 亦明甚. 作古文者, 生于金氏之前錯解未正之日, 故說命中曰: '黷于祭祀, 時謂弗欽.'"

按, 史記旣以二篇, 繫于祖庚之紀, 則孔壁眞序, 亦必無祭成湯之文. 由是觀之, 梅氏變亂之後, 書序之不可信, 往往如此.

閻云: "孔傳之誤, 因於王肅, 王肅之誤, 因於史記, 史記之誤, 又因於國語. 於是祖甲一人, 忽上而冒太甲之賢, 復降而同帝甲之淫亂, 其幸不幸如此."

己一

孟子引書曰: "'天降下民,'至'天下曷敢有越厥志?'"

閻云: "今泰誓, 改爲予曷敢有越厥志, 有一毫似武王之勇, 而孟子引之乎? 又武成, 有攸不爲臣一段, 紹我周王見休, 惟[34]臣附於大邑周, 則史臣述士女之辭. 僞者, 欲竄入武王口, 自不得不去其首句, 又改爲昭我周王, 天休震動, 用附我大邑周. 試思大誥曰, '天休于寧王, 興我小邦周,'多士曰, '非我小國, 敢弋殷命,'其自卑如此, 于勝國一曰'大國殷,'再曰'大邦殷,'甚且曰'天邑商.'其尊人如此, 豈有武王初得天下日, 徧告群后, 而乃侈然自尊, 爲大邑周乎?"

33) 奎本에는 "不義惟王之非太甲事, 亦明甚"의 구절이 빠져 있음.
34) 朝本·奎本에는 '唯'로 되어 있음.

按, 當時史臣, 亦兢兢致愼, 故不曰大邦周.

今太誓云:"天佑下民, 作之君作之師."閻云:"天降下民, 乃立君師, 故師曠述之曰:'天生民而立之君.'又荀卿釋之曰:'天之生民, 非爲君也, 天之立君, 以爲民也.'皆一脉相傳, 今太誓, 改降爲佑, 意覺索然."

己二

孟子引太誓曰:"'我武惟[35]揚,'至'于湯有光.'"閻云:"此必史臣美武王之辭, 非武王自語. 于湯有光, 非誇也. 僞者, 以爲武王語, 侈然自多其功, 聖人氣象, 豈至於此?"

管子法禁篇, 引泰誓曰:"紂有臣億萬人, 亦有億萬之心, 武王有臣三千而一心."閻云:"亦史臣辭."

按, 管子或改爲武王, 未可與孟子·國語等同信也.

己四

閻云:"朱子有古史例不書時之說, 以二十八篇考之, 如康誥·多方·洪範·金縢, 皆不書時, 確哉! 朱子見也. 今太誓開卷大書曰:'惟[36]十有三年春.'"又云:"朱子有[37]答林擇之書, 使之求汲冢竹書紀年, 此書今不傳, 傳者贋本. 杜元凱稱其著書, 文義大似春秋, 魏世家裴駰注, 引紀年, 亦不紀時."又云:"僞大誓, 仍有釐革未盡者, 曰'自絶于天'(見周本紀·漢書谷永傳·漢紀昭帝紀), 曰'以悅婦人'"(見漢書禮樂志).

己六

論鬱陶爲喜之義, 廣引博據, 至數千言(今刪之).

---

35) 朝本·奎本에는 '唯'로 되어 있음.
36) 朝本·奎本에는 '唯'로 되어 있음.
37) 朝本·奎本에는 '有'가 빠져 있음.

己八

堯典, 帝曰: "我其試哉!" 馬·鄭·王三家本, 無'帝曰'二字, 四岳之言也. 鄭康成註試以爲臣之事, 愼徽五典, 原接'帝曰欽哉!' 又'僉曰益哉!' 三家本僉作禹. 蓋禹同治水者二人, 曰益曰稷, 禹深知其才習於草木鳥獸, 故特薦之. 按, 五帝本紀, 堯曰: "吾其試哉!" 皆曰: "益可." 晚出書, 正本此.

按, 鄭本或參用今文. 則史記所載, 似係孔氏古文之說, 故僞者, 竄改如此.

陸德明音義, 謂益卽皋陶之子, 此自曹大家注列女傳, 高誘注呂氏春秋及詩譜得來(其說甚長, 今刪之). 陸象山謂: "唐·虞之際道在皋陶." 似只見皋陶謨, 而不知另有棄稷(己七條).

○鏞案, 大學·中庸, 其淵源皆始於皋陶謨, 象山之論, 確哉! 棄稷本太康時作, 鄭本序次如此. 閻氏以棄稷爲后稷, 誤矣.

己十

孟子云: "太甲顚覆湯之典刑, 伊尹放之於桐三年, 太甲悔過, 自怨自艾, 於桐處仁遷義三年, 以聽伊尹之訓己也, 復歸于亳." 閻云: "太甲被放後[38]三年, 始悔過, 又三年. 僞者, 只作三年, 不合於孟子."

書序云: "太甲旣立, 不明, 伊尹放諸桐, 三年復歸于亳, 思庸. 伊尹作太甲三篇." 閻云: "僞者, 生於魏·晉間, 時皆以書序爲孔子作, 故所撰二十五篇, 盡依倣之, 遂作三年, 以合書序, 而不顧不合孟子."

按, 閻氏不信書序本孔子所作, 盖於本事源委, 有未暢曉也. 梅本書

---

38) 朝本·奎本에는 '後'가 빠져 있음.

序, 多僞者所變亂, 非孔子原本也. 然若云孔子原不作書序, 則史·漢
所稱二十九篇者, 原是何物? 且僞者, 於二十五篇之序, 多所竄改以
俯從新撰之經文, 今云盡依倣之, 亦疎矣. 此下, 論桐宮三亳之訟案,
其說甚長, 今刪之.

庚一

咸有一德, 緇衣再引, 一曰惟尹躬暨湯, 一曰惟尹躬先見云云.

閻云: "君前臣名, 禮也. 太甲旣稽首於伊尹矣, 伊尹又屢自稱其字于
太甲, 豈不君臣交相失乎?(字尹, 而名摯) 此篇序在'咎單作明居'前, 於
太甲無涉矣."

按, 咸有一德, 是伊尹[39]告諸侯詞.

立政云: "其在受德暋." 孔以受德爲紂字, 乃其父帝乙所作, 說與康成
同. 周書克殷解云: "殷末孫受德." 呂氏春秋仲冬紀, "其次曰受德, 乃
紂也."

按, 禮有天王某甫之稱, 武王亦稱受, 以是與!

漢書百官公卿表云: "夏·殷亡聞焉, 周官則備矣. 天官冢宰·地官
司徒·春官宗伯·夏官司馬·秋官司寇·冬官司空, 是爲六卿, 各有徒
屬職分, 用於百事. 太師·太傅·太保, 是爲三公, 盖參天子坐而議政,
無不總統. 故不以一職爲官名. 又立三少爲之副, 少師·小傅·小保,
是爲孤卿, 與六卿爲九焉. 記曰: '三公無官.' 言其有人然后充之." 禮

39) 朝本에는 '伊'로 되어 있음.

記明堂位, 有虞氏官五十, 夏后氏官百, 殷二百, 周三百, 文王世子, 設四輔及三公, 不必備, 唯其人. 閻云: "僞者, 以漢百官表運爲中一段, 以禮記運爲首一段及中."

庚二

周禮保氏疏: "引鄭志趙商問曰: '案, 成王周官, 立太師・太傅・太保, 玆惟三公.'" 閻云: "鄭志十卷, 追論康成生平應對時人者, 亦多爲後人所羼. 非本文, 何以驗之?(今不傳) 學者遇此等處, 盡從抹撖, 不必復疑."

按, 此馬融忠經中, 惟精惟一之類.

庚三[40]

荀子云: "亂世以族論罪, 以世擧賢." 閻云: "此語竄入泰誓篇中, 而古未有夷族之刑, 自秦文公二十年始, 戎法也. 入春秋, 楚始滅若敖氏之族矣, 晉始滅先縠之族矣."

按, 大禹謨, 稱罰不及嗣, 正是後世人口氣.

庚五

經典釋文, 載齊明帝[41]建武中 吳興姚方興采馬・王之註, 造孔傳舜典一篇, 言於大航頭買得, 上之. 梁武時爲博士, 議曰: "孔序[42]稱伏生誤合五篇, 皆文相承接, 所以致誤. 舜典首有'曰若稽古,' 伏生雖昏耄, 何容[43]合之?" 遂不行用. 閻云: "卓哉! 斯識, 眞可稱制臨決, 奈

40) 朝本에는 '丑十'으로 되어 있음.
41) 朝本에는 '帝明'으로 되어 있음.
42) 朝本・奎本에는 '書'로 되어 있음.
43) 朝本・奎本에는 모두 '用'으로 되어 있음.

何隋開皇初不爾?"

庚六

揚子法言孝至篇, 或問忠言嘉謨, 曰:"言合稷·契之謂忠, 謨合皐陶之謂嘉." 閻云:"今虞書五篇, 皐陶矢謨, 而稷與契, 曾無一話一言流傳於世. 子雲豈鑿空者耶? 當子雲時, 棄稷見存, 故得見稷·契之言, 惜永嘉之亂亡失."

按, 棄稷卽逸十六篇之一. 揚雄當王莽·劉歆時, 見之固當. 但棄稷在甘誓後, 無緣有稷·契之言.

庚九

陸德明釋文, 有'王云'者, 王肅之註, '馬云'者, 馬融之註. 閻云: "今監本舜典, '肆類于上帝'下, 傳引王云馬云, 明是誤刊. 釋文入傳中, 非傳本然, 雖相承, 云:'梅獻孔書亡舜典一篇.'時以王肅注頗類孔氏, 遂從'愼徽五典'以下爲舜典, 用王肅注以補之. 不應復標王云. 讀者宜辨之."

辛一

帝王世紀云:"商容及殷民, 觀周軍之入, 見畢公至云云." 又云:"王者之於賢人也, 亡者猶表其閭, 況存者乎!" 閻云:"相隔四句, 而商容已卒矣, 義甚乖反." 又云:"式字何出? 此則出呂覽云:'表商容之閭, 士過者趨, 車過者下.'留侯世家, 式智者之門, 謂箕子."

按, 式字終無的據.

淮南子俶眞訓云:"剖賢人之心, 析才士之脛." 又主術訓云:"斮朝涉

1036

者之脛, 而萬民叛."

辛二

唐書王勃傳云: "初祖通, 隋末居白牛溪敎授, 門人甚衆. 嘗起漢·魏盡
晉, 作書百二十篇, 以續古尙書, 今皆不傳." 閻云: "六朝學士家, 原有
此種撰著. 白居易作湯征, 以補逸書, 蘇伯衡平仲集, 有周書補亡三篇,
曰獻禾, 曰歸禾, 曰嘉禾, 唐文粹, 有陳黯禹誥一篇."

按, 二十五篇, 亦其初作之時, 不過戲筆耳.

辛[44]三

胡渭生(朏明) 云: "五子之歌 大率首二句連韻 餘則二句一韻, 而第
一章之韻句尤疎, 十五句其協者, 裁四五句耳." 閻云: "古無平上去入四
聲, 通爲一音. 故帝舜歌以熙韻喜韻起, 其證也. 五子之歌, 亦以圖韻下
韻予韻馬, 蓋古法也. 其一兩下字音戶, 馬音姥, 與予爲韻, 其四有音以,
與祀爲韻, 蓋古法也. 僞者, 去古未遠, 尙知此等."

戰國策, 禹疏儀狄曰: "後世必有以酒亡其國者." 又齊桓公曰: "後世
必有以味亡其國者." 晉文公曰: "後世必有以色亡其國者." 楚王曰: "後
世必有以高臺陂池亡其國者," (節) 有一於此, 足以亡國. 閻云: "此歌
第二章, 所自出"(本魯君語于梁王). 閻云: "凱風七子之詩, 詩止四章,
仍出一人手. 豈有篇名五子之歌, 而五子排排作歌, 以應其名, 如後世之
分題授簡, 人限一詩者乎?"

梅鷟云: "今失其行, 改爲今失厥道, 不與唐常方網亡協." 閻云: "墨
子所引, 天有顯德, 其行甚章(竄入太誓下篇首), 爲鑒不遠, 在彼殷王六
句(倒置之竄入中篇中), 上帝不常, 九有以亡二句(爲重出伊訓·咸有一德
所用, 而滅去之), 止留其後之語."

---

44) 朝本·奎本에는 '庚'으로 되어 있음.

辛四

一段廣論韻學, 今刪之.

辛五

書序馬云: "鼗作豪, 酋豪也." 鄭云: "鼗讀曰豪."

辛六

論語, "譬如爲山未成一簣, 止, 吾止也"(旅獒說). 論語曰: "君子之德風, 小人之德草也, 草上之風必偃." 今改而截其半曰: "爾惟[45]風, 下民惟[46]草." 將成王好作歇後語, 令君陳猜測之乎?(漢書敍傳云: "我德如風, 民應如中") 梅鷟云: "一簣攘論語, 九仞攘孟子"(孟子, 有掘井九仞語). 閻云: "掘井可言九仞, 爲山不可言九仞. 荀子一書, 於山皆曰百仞."

鏞案, 爲山之喩因, 可講也. 孟子曰: "爲高必因丘陵." 豈古亦有造山之事歟?

辛八

說文引書, 或出二十四篇, 今錄之(名標逸周書者, 不錄).

虞書曰: "仁閔覆下則稱旻[47]天." 虞書曰: "怨匹曰逑." 商書曰: "以相陵懱." 周書曰: "宮中之宂食"(讀若周書若藥不瞑眩).[48] 周書曰: "戔戔巧言." 周書曰: "來就惎惎." 周書曰: "貕有瓜而不敢以撅." 周書曰: "王出涘." 周書曰: "伯粊." 周書曰: "師乃搯." 周書曰: "孜孜無怠."

---

45) 朝本·奎本에는 '唯'로 되어 있음.
46) 朝本·奎本에는 '猶'로 되어 있음.
47) 朝本에는 '旲'로 되어 있음.
48) 朝本·奎本·『尙書古文疏證』에는 이 文章이 註로 처리되지 않고 '宮中之宂食' 다음에 本文으로 연결되어 있음.

周書曰:"惟繩有稽." 尙書曰:"圜圜升雲, 半有半無." 書曰:"竹箭如楛[49]." 右皆僞者, 忘其採用.

按, 此中亦有逸周書句.

後漢書, 章帝建初八年, 詔曰:"其令群儒選高才生, 受學左氏·穀梁[50]春秋·古文尙書·毛詩[51] 以扶微學, 廣異義焉." 安帝延光二年, 詔選三署郞及吏人, 能通古文尙書·毛詩[52]·穀梁春秋各一人, 靈帝光和三年, 詔學能通尙書(顧炎武云: "上脫古文二字"), 毛詩·左氏·穀梁[53]春秋各一人. 儒林傳云:"古文尙書·毛詩·穀梁·左氏春秋, 雖不立學官, 然皆擢高第爲講郞, 給事近署."

按, 毛西河每云:"令甲森嚴, 古文尙書不能行世, 至東晉乃出." 觀東京詔令, 其言詐也.

辛十

蔡仲之命, '惟周公位冢宰,' 至'邦之蔡,' 閻云:"康誥直云: '孟侯, 朕其弟, 小子封.' 文侯之命直云: '王若曰, 父義和.' 無篇端之序. 今取祝鮀之言, 以爲序, 贅."

周書作雒解, 郭鄰作郭淩(孔晁云: "地名, 未詳所在").

按, 此段以下, 廣論刪詩·采詩·小序·淫詩, 極詳極博, 今刪之.

---

49) 『尙書古文疏證』과 『梅氏書平』의 朝本·奎本에는 '楛'으로 되어 있음.
50) 朝本·奎本에는 '穀梁'이 빠져 있음.
51) 朝本·奎本에는 '毛詩'가 빠져 있음.
52) 朝本·奎本에는 '毛詩'가 빠져 있음.
53) 朝本·奎本에는 '穀梁'이 빠져 있음.

閻氏古文疏證鈔 四¹⁾

壬一

余向謂僞作古文者, 略知歷法, 當仲康卽位²⁾初, 有九月日食之變, 而不顧其不合正陽之義(第一卷), 今予旣通歷法矣. 以授時·時憲二歷推算, 則仲康始卽位之歲, 乃五月丁亥朔日食, 非季秋月朔也. 食在東井, 非房宿也. 在位十三年中, 惟四年九月壬辰朔, 日有食之, 却又與經文 '肇位四海'不合. 且食在氐末度, 非房宿也(又云: "左傳杜注曰: '房, 舍也. 日月不安其舍, 則食.' 僞者, 似錯認爲房宿").

按, 夏都安邑, 閻氏果於安邑, 別造歷以推之乎? 左傳所引書, 本無日食之文, 日食不必推也(已見前). 此段盛論星土分野之理, 今刪之.

壬二

洪範, 月之從星, 則以風雨, 傳注皆以箕·畢二星當之. 閻云: "近代西人穆尼閣, 著天文實用篇, 專測各方風雨. 其法以太陰爲主, 五星衝照之, 而風雨生焉. 是月之從五星, 又非盡貼經星, 言歷歷驗, 而不爽甚矣. 理之至者, 不以中外國人而有間, 義之奧者, 亦必越數千年,

---

1) 朝本에는 '閻氏古文疏證鈔四'라는 表題가 빠져 있음.
2) 朝本에는 '卽位'가 '九月'로 되어 있고, 奎本에는 '卽位'가 빠져 있음.

而漸顯露也."又云:"月離于畢,俾滂沱矣,出小雅.又漢天文志,箕星為風東北之星也(春秋緯云:"月離於箕,則風揚沙").史天官書云:'軫星好風'(星占云:"東井好風雨").孫武子云:'箕·壁·翼·軫四宿者,風起之日也.'"

此下皆論曆法,今刪之.

壬五

大雅云:"上帝臨女,無貳爾心."魯頌云:"無貳無虞.上帝臨女."皆指武王牧野時,與湯誓'予畏上帝,不敢不正,'同一心法.今曰:"俟天休命."恐非武王心也.

按,俟天休命,襲樂記也.禹頓忘文德,為苗蠻而敷之,武王不知天命,至牧野而俟之,皆奇語也.

晉獻公之喪,秦穆公使人弔,重耳曰:"時亦不可失也."晉語,姜氏告公子,亦曰:"時不可失."吳子因楚喪而伐之,公子光曰:"此時也,弗可失也."皆爭利之辭.若武王伐紂,何至出語曰'時哉弗可失?'

壬六

沈括筆談:"以定四年,楚子濟江,入于雲中,證雲在江北.昭三年,王以田江南之夢,證夢在江南,所以太宗時得古本禹貢,雲夢二字不連,作雲土夢作乂.蓋雲才見,而夢已可耕治也.周禮職方,荊州其澤藪曰,'雲夢.'[3] 杜預左傳注,楚之雲夢,跨江南北"(已混而通稱).閣云:"孔傳,雲夢之澤在江南,誤,不待云惜蔡氏不從沈括之言."

---

3) 朝本·奎本에는 '荊州'로 되어 있음.

壬九

閻云：“桑欽地理志 初無水經之名. 水經實不知何人作也. 或曰：
‘欽作於前, 郭·酈附益于後.’ 或曰：‘漢後地名, 乃注混於經.’ 並非.
蓋水經創自東漢, 而魏·晉人續成之.”

癸二

陳第(季立)云：“予乘四載, 泥乘輴, 夏本紀作橇, 河[4]渠書作毳(漢書
溝洫志亦作毳), 尸子作蕝, 實一物也. 孟康曰：‘毳形如箕.’ 張守節曰：
‘橇形如船.’ 山乘欙, 夏本紀作檋, 河渠書作橋, 漢書溝洫志作梮, 實
一物也. 如淳曰：‘梮以鐵如錐, 施之履下’(不蹉跌). 韋昭曰：‘梮, 木器
也, 如今轝牀.’某謂‘橋者, 轎也,’如今竹兜子.”

此下, 論禹貢山川地理, 廣引博據, 並刪之.

癸九

閻云：“緯書所起, 張衡云：‘成·哀之後, 乃始聞之.’漢書李尋傳,
成帝元延中, 尋說王根曰：‘五經六緯, 尊術顯士.’則成帝朝, 已有緯
名.”

癸十

漢表云：“太僕秦官, 掌輿馬.”以太僕專司馬政, 蓋自秦失之.

子一

郝敬居東東征辯云：“其居東二年, 何也? 王疑久未釋也. 則罪人斯
得, 謂管叔始伏辜也. 公初至東, 管叔謀阻, 而終不肯改步. 明年將以
殷叛, 成王覺, 使人執而殺之. 故曰罪人斯得, 罪人卽管叔也. 不曰討

---

4) 朝本에는 ‘何’로 되어 있음.

1042

而曰得，不用師以計得也．誰得之？王與二公得之．公不知乎？曰不知也．公居東叔叛，王疑公黨叔．故取叔不使公知，公知亦不敢爲叔請．進無以白于王，退無以解于兄，管叔所以驀然被戮，公所以黯然沈痛，不能伸一臂之力，于後公知，而乃作鴟鴞之詩貽王也．(節) 東征在成王悔悟迎[5]公歸之明年，非居東之二年也．春秋傳，衛祝鮀云：‘管·蔡啓商，惎間王室，王殺管叔·蔡叔．’此言成王殺管叔，周公不能救．而推恩其子，始末甚明．杜元凱以爲公以王命殺之，將爲公文殺兄之過，而不知公本未嘗殺兄也．”

按，潛丘謂周公不殺管叔，遂以居東東征分爲二事，千言萬語，並刪之．

子三

閻云：“四海困窮，不得如漢注作好，天祿永終，亦不得如朱注作不好．盖四海困窮，欲其俯而恤人之窮，天祿永終，欲其仰而承天之福．王嘉傳，亂國亡軀，不終其祿．薛宣·朱博傳，叙位過厥任，鮮終其祿．魏使鄭沖奉策，晉王曰：‘允執其中，天祿永終．’雋不疑謂暴勝之曰：‘樹功揚名，永終天祿．’靈帝立皇后詔曰：‘無替朕命，永終天祿．’孫權告天文曰：‘左右有吳，永終天祿．’”

按，閻所云：“俯恤仰承．”亦不成文理，當解之云：“汝宜允執其中，以爲民極．若四海窮不寧，則天祿其能永終乎？”

易曰：“君子以永終知敝”(歸妹象)．金縢曰：“惟永終是圖．”周頌曰：“以永終譽．” 漢元帝詔曰：“不得永終性命，朕甚閔焉．” 韋賢傳匡衡曰：“其道應天，故福祿永終．” 孫權傳詔曰：“相我國家，永終爾休”(此皆以永終爲永祿)．

三國誌魏明帝詔曰：“山陽公深識天祿永終之運，禪位文皇帝”(又曰：

---

5) 朝本에는 ‘行’으로 되어 있음．

"山陽公昔知天命永終於己"). 陳留王奐, 咸熙二年, 天祿永終, 曆數在晉, 詔禪位於晉(此皆以永終爲永絕).

子四

姚際恆(立方) 曰: "五子稱子, 憑空撰出, 一母彷彿與凱風七子相似. 本意爲用此一'怨'字耳"(五子咸怨字).

閻云: "子者有親之稱. 是時父啓已逝, 妄意其母尙存, 特揷入'御母'句."

子五

閻云: "百篇序謂之小序, 伏生時猶未得小序, 盤庚三篇合爲一, 康王之誥合於顧命. 孔安國始據, 以序[6]古文書, 兩漢諸儒, 並以爲孔子作(孔子世家云: "序書傳, 上紀唐·虞下至秦繆." 則似以序出自孔氏). 故屈經以從序, 而不顧其說之不可通. 有宋諸儒出, 始力排之, 排之誠是也. 朱子謂: '是周·秦間低手人所作.' 尤屬特見."

按, 百篇之序, 伏壁所有, 昭在藝文志(上甲三). 閻乃云: "伏生時猶未得之." 疏甚矣. 但盤庚·顧命之分合旣殊, 則孔本小序, 不得不有增字('三篇'二字, '康王之誥'四字), 盤庚·顧命之額, 應有三篇書目(伏本亦百篇, 則須[7]增三篇, 可塡盤庚二篇及康王之誥之闕額), 則伏本小序, 不得不增有三條. 雖曰孔子所作, 兩家之中, 應有一誤. 況梅氏濁亂之後, 離披壞亂, 無復舊觀, 今爲不可知之毀物! 然其必不出於孔子之手, 却無明證.

子六

閻云: "馬·鄭·王三家, 本係眞古文, 宋代已不傳, 見於陸氏釋文及

---

6) 朝本·奎本에는 '書'로 되어 있음.
7) 朝本에는 '湏'로 되어 있음.

1044

孔疏, 故摘出之."

堯典, 宅嵎夷(鄭本夷作鐵, 馬云："嵎, 海嵎也. 夷, 萊夷也."則馬本初不異. 又考釋文云："尙書考靈曜[8]及史記作昩銕, 是鄭所書[9], 乃依緯文, 銕, 古夷字也." ○嵎銕是伏本), 平秩東作(馬本, 平作苹, 云使[10]也), 宅南交(鄭云："夏不言 '曰明都'三字, 摩滅也."穎達云："伏生所誦與壁中舊本, 並無此字, 非摩滅也."王肅 以夏無明都, 避敬致. 然卽幽足見明, 闕文相避. 如肅之言, 義可通矣), 平秩南訛 (馬本, 平作苹), 曰昧谷(鄭本, 昧作柳), 平秩西成(馬本, 平作苹), 平在朔易 (馬本, 平作苹), 囂訟可乎(馬本, 訟作庸), 帝曰我其試哉!(馬·鄭·王本, 皆 無'帝曰'二字), 如西禮(馬本, '西禮'二字作初), 僉曰益哉!(馬·鄭·王本, 僉作 禹)

皐陶謨, 天叙有典(馬本, 有作五), 自我五禮有庸哉!(馬本, 有作五) 天 明畏(馬本, 畏作威), 暨稷播, 奏庶艱食鮮食(馬本, 艱作根云："根生之食謂百 穀"), 作會(馬·鄭本, 會作繪, 又考孔疏云："鄭康成注, 會讀爲繪, 則鄭本初不異, 但讀爲繪耳").

禹貢, 島夷皮服(鄭云："鳥[11]夷東方之民, 搏食鳥獸者也."王肅注："鳥[12]夷, 東方夷國名, 與孔不同."是鄭·王本, 島作鳥), 作十有三載乃同(馬·鄭本, 載作 年), 厥土赤埴(鄭本, 埴作戠, 鄭·王皆讀曰熾), 瑤琨篠簜(馬本, 琨作瑻), 沿 于江海(鄭本, 沿作松, 松當爲沿. 馬本, 作均, 云均平), 滎波旣豬(馬·鄭·王本, 波作播, 謂此澤名滎播), 導岍及岐(馬本, 岍作開).

甘誓, 天用勦絶其命(馬本, 勦作巢), 盤庚中, 誕告用亶(馬本, 亶作單, 音同, 誠也), 盤庚下, 今予其敷心腹腎腸(鄭本, 心腹腎腸作憂腎陽).

微子, 用乂讎斂(馬本, 讎作稠, 云數也), 自靖(馬本, 靖作淸, 云潔也), 牧

8) 朝本·奎本에는 '耀'로 되어 있음.
9) 朝本·奎本에는 '改'로 되어 있음.
10) 朝本·奎本에는 '便'으로 되어 있음.
11) 朝本·奎本에는 '島'로 되어 있음
12) 朝本·奎本에는 '島'로 되어 있음.

誓, 弗迓克奔以役西土(馬本, 迓作禦, 禁也. 又考孔疏云: "王肅讀御爲禦." 是
王本, 又作御). 洪範, 明作哲(王肅注及漢書五行志, 皆云悊, 智也. 是王本, 哲
作悊), 無虐煢獨(馬本, 無虐作亡侮), 曰蒙(王肅注, 雺, 天氣下地, 不應闇冥也,
鄭云: "雺者, 氣澤鬱鬱冥冥也." 是鄭·王本, 蒙作雺), 曰驛(王云: "圛霍驛消減如
雲氣." 鄭以圛爲明言色澤光明也, 是鄭·王本, 驛作圛), 曰豫(鄭·王本, 豫作舒,
鄭云: "擧遲也." 王云: "舒惰[13)也").

金縢, 噫公命(馬本, 噫作懿, 猶億也), 其新逆(馬本, 新逆作親迎).

大誥, 猷! 大誥爾多邦(馬本, 作大誥繇爾多邦, 又考孔疏云: "鄭·王本, '猷'
在誥下. 漢書, 王莽依此, 作大誥, 亦 '猷'在誥下." 是鄭本, 仍作猷), 降割于我家
(馬本, 割作害), 不少延(馬讀此爲句. ○不爲弗), 厥考翼, 其肯曰: '予有
後, 弗棄基?(鄭·王本, 於'別肯構?'下, 亦有此十二字)

酒誥, 王若曰(馬本, 作成王若曰. 陸德明云: "衛·賈以爲戒成, 康叔以愼酒成
就人之道也, 故曰成, 吾謂此 '成'字後錄書者加之, 未可從也[14)." 又考孔疏云: "馬·
鄭·王本, 皆有 '成'字), 梓材, 皇天旣付(馬本, 付作附), 多士, 敢弋殷命
(馬·鄭·王本, 弋作翼. 義同), 大淫泆(馬本, 泆作屑, 云過).

無逸, 嚴恭寅畏(馬本, 嚴作儼), 文王卑服(馬本, 卑作俾. 使也), 皇自敬
德(王本, 皇作況. 況滋益用敬德也), 君奭, 迪見冒(馬本, 冒作勖. 勉也), 多
方, 帝之迪(馬本, 迪作攸. 云所也), 不克臬(馬本, 臬作剝).

顧命, 王不懌(馬本, 懌作釋, 云不釋. 疾不解也), 在後之侗(馬本, 侗作詷.
云恭也), 王崩(馬本, 作成王崩. 注安民立政曰成), 綦弁(馬本, 綦作騏. 云靑黑
色), 三咤(馬本, 咤作詫).

康王之誥, 王若曰[15)(馬·鄭·王本, 自 '王若曰'以下, 爲康王之誥), 呂刑,
爰始淫爲劓刵椓黥(鄭本, 劓刵椓鯨作臏宮劓割頭庶剌, 孔疏云: "鄭注, '刵斷耳,

---

13) 朝本과 『尙書古文疏證』에는 '隋'로 되어 있음.
14) "陸德明云 [……] 未可從也"까지는 註로 처리해야 할 것을 朝本·奎本
    에는 모두 本文으로 해놓았음.
15) 朝本·奎本에는 '王若曰'이 빠져 있음.

劓截鼻，椓謂椓破陰，黥爲羈黥人面．苗民大爲此四刑者，言其特深刻，異於皐陶之爲[16]．'是鄭本又初不異．'未知穎達何自矛盾），俾我一日(馬本，俾作矜．矜[17]，哀也)，王曰吁！(馬本，吁作于．于[18]，於也)　惟來(馬本，來作求．云有求請賕也)，秦誓，善諞言(馬本，諞作偏．云少也．辭約指明，大辨佞之人)．

閣云："宋史藝文志，無三家所注古文尚書，余斷自唐以上之書摘次於後，以補陸・孔所未備焉．"

五帝本紀[19]，堯典，四岳(鄭本，作四嶽[20])，底可績三載(鄭本，作三年)，輯五瑞(馬本，輯作揖．斂也)，柴(鄭本，作祡．燎也)，贄(馬本，作摯)，眚災肆赦(鄭本，作眚災過赦．眚災，爲人作患害者也，過失雖有害，則赦之)，俞，汝往[21]哉！(鄭本，俞作然)　寇賊姦宄(鄭本，宄作軌)，惟明克允(馬本，作惟明能信．注云："當明其罪，能使信服之")，歌永言(馬本，作謌長言)．

鏞案，馬本或如史記，似有改易之字．

夏本紀，禹貢，奠高山大川(馬本，奠作定．注曰："定其差秩祀禮所視也")，濟河[22]惟兗州(鄭本，兗作沇)，灘沮會同(鄭本，灘作雝)，作十有三載(鄭本，載作年)，沿于江海(鄭本，沿作均．注云："讀爲沿")，沱潛旣道(鄭本，潛作涔)，惟箘簵楛(馬・鄭本，皆簵作簬)，三邦底貢厥名(馬本，作三國致貢其名)，終南惇物(鄭本，惇作敦．注云："敦物在右扶風武功")，至于豬野(鄭本，豬作都．

---

16) "孔疏云〔……〕皐陶之爲'까지는 註로 처리해야 할 것을 朝本・奎本에는 本文으로 해놓았음．
17) 朝本・奎本에는 '矜'이 빠져 있음．
18) 朝本・奎本에는 '于'가 빠져 있음．
19) '五帝本紀'가 첫머리에 와야 하는데 朝本・奎本에는 '鄭本作四嶽'의 아래에 註로 나와 있음．
20) '鄭本作四嶽'이 註로 처리되어야 하는데 朝本・奎本에는 本文으로 해놓았음．
21) 朝本에는 '往' 앞에 '永'자가 들어 있음．
22) 朝本에는 '何'로 되어 있음．

注云:"都野在武威, 名休屠澤"), 導岍及岐(鄭本, 岍作汧. 注云:"汧在右[23]扶風"), 北過洚水(鄭本, 洚作降. 注云:"降水在信都南"), 嶓冢導漾(鄭本, 漾作瀁. 注云:"瀁水出隴西氐道"), 又東至于澧(馬·鄭·王本, 皆澧作醴), 溢爲滎(鄭本, 溢作洗), 庶土交正愼財賦(鄭本, 庶作衆, 底作致), 皋陶謨, 庶明勵翼邇可遠(鄭本, 庶作衆, 邇作近), 天其申命用休(鄭本, 申作重. 注云:"天將重命汝以美應, 謂符瑞也"), 在治忽(鄭本, 忽作智. 注云:"智者, 臣見君所秉, 書思對命者, 君亦有焉, 以出納政教於五官").

殷本紀, 湯誓, 率怠弗協(馬本, 作不和), 西伯戡黎, 不有康食(鄭本, 康作安).

周本紀, 牧誓, 弗迓克奔(鄭本, 不迓作不禦. 注云:"禦, 强禦, 謂彊暴也, 奔作犇").

魯周公世家, 金縢, 史乃冊祝(鄭本, 冊作策), 乃命于帝庭(馬本, 于作於), 永有依歸(鄭本, '永有'下, 有 '所'字), 毋逸, 爰曁小人(馬本, 爰曁作爲與. 注云:"與小人從事, 知小人艱難勞苦也"), 乃或亮陰(鄭本,[24] 作梁闇. 注云:"楣謂之梁, 闇, 廬也"), 言乃雍(鄭本, 雍作驩. 注云:"驩, 喜悅也"), 舊爲小人(馬本, 舊作久), 肸誓, 魯人三郊三遂(王本, 遂作隧).

宋微子世家, 微子[25] 我其發出狂(鄭本 狂作往. 注云:"發, 起也, 我其起作出往也"), 顚隮(馬本, 隮作躋. 注云:"躋猶墜也"), 鴻範, 威用六極(馬本, 威作畏. 注云:"言天所以畏懼人, 用六極"), 土爰稼穡(王本, 爰作曰), 從作乂(馬本, 乂作治), 錫汝保極(鄭本, 汝作女), 而邦其昌(王本, 邦作國), 汝雖錫

---

23) 朝本에는 '古'로 되어 있음.
24) 朝本·奎本에는 '云'으로 되어 있음.
25) 朝本·奎本에는 '微子'가 빠져 있음.

之福(鄭本, 汝作女), 其作汝用咎(鄭本, 汝作女), 皇極之敷言(馬本, 皇作王), 于帝其訓(馬本, 訓作順. 注云: "民納言於上, 而得中者, 則順而行之"), 乃命卜筮(引鄭曰: "卜五占之用, 謂雨濟圛霧26)克也." 又曰: "雨者濟者圛者霧27)者克者, 則鄭本, '曰圛'在'曰霧'之上28)." 王本亦然), 曰霧(鄭本, 作曰濟), 衍忒(鄭本, 忒作貣), 立時人作卜筮(鄭本, 作作爲), 王省惟歲(馬本, 省作眚).

已上, 裵駰史記注所引.

鄭氏周禮注, 召誥, 太保朝至于洛(洛作雒), 攻位于洛汭(作於雒汭), 呂刑, 度作刑(作度作詳刑), 堯典, 宅西曰昧谷(作度西曰柳穀), 禹貢, 羽畎夏翟(翟作狄), 皐陶謨, 天明畏(畏作威), 洪範, 謀及庶人(人作民), 顧命, 越翼日(翼作翌), 王崩(作成王崩), 皐陶謨, 作會(會作繢), 絺繡(絺作希), 洪範, 曰雨曰霽曰蒙曰驛曰克(作曰雨曰濟曰圛曰蟊曰剋), 金縢, 啓籥(啓作開), 王其罔害(罔作無), 以啓金縢之書(啓亦作開), 堯典, 平秩東作(四平字俱作辨), 顧命, 大輅在賓階(四輅字俱作路), 綴輅29)(綴作贅),30) 禹貢, 溢爲榮(溢作泆), 滎波旣豬(作滎播其都), 灉沮會同(灉作雍), 甘誓, 孥戮(孥作奴), 費誓, (費作柴), 杜乃擭(杜作斁), 酒誥, 有正有事(正作政), 堯典, 肆覲東后(肆作遂), 禹貢, 杶榦(杶作櫄).

鄭氏禮記注, 大誥, 越爾御事(爾作乃), 禹貢, 納秸服(秸作鞂), 金縢, 體王31)其罔害(罔作無), 堯典, 命汝典樂(汝作女), 牧誓, 不愆于四伐(愆

---

26) 朝本·奎本에는 '霧'로 되어 있음.
27) 朝本·奎本에는 '霧'로 되어 있음.
28) "又曰 雨者〔……〕霧之上"까지는 註로 처리해야 할 것이 朝本·奎本에는 本文으로 되어 있음.
29) 朝本·奎本·『尙書古文疏證』에는 '綴輅'가 빠져 있음.
30) '綴作贅'는 註로 처리되어야 할 것이 朝本·奎本에는 本文으로 되어 있음.
31) 朝本·奎本·『尙書古文疏證』에는 '王'이 빠져 있음.

作過, 無'于'字), 王朝至于商郊(于作於), 皐陶謨, 予弗子[32](弗作不), 簡
而廉(廉作辨), 堯典, 幽洲(洲作州), 無逸, 乃或亮陰(云古作梁闇).

子七

大序云: "庖犧氏作書契." 閣云: "說文序, 以初造書契, 爲黃帝之
史倉頡, 此從易繫詞及世本來, 大序妄爲之說. 世本曰: '黃帝世始立
史官, 倉頡·沮誦居其職.' 又曰: '倉頡作書.' 許愼說文序曰: '黃帝之
史倉頡, 見鳥獸之跡, 初造書契.' 皇甫謐帝王世紀曰: '黃帝垂衣裳,
倉頡造文字, 然後書契始作.' 衞恒書勢曰: '昔在黃帝, 創制造物, 有
沮誦·倉頡者, 始作書契, 以代結繩.'" 閣云: "庖犧爲萬世文字之祖,
畫八卦也."

按, 不有筮, 則不畫卦, 不有六十四卦, 則不畫八卦, 不有推移卦變,
則不可占筮. 故損·益·晉·渙之名, 明與八卦同起. 誠若畫八卦者是
庖犧, 則造文字者, 亦在此時, 諸文不足憑也. 單畫八卦, 將安用之?

丑二

此段, 專論河圖洛書及邵氏易圖之源委, 千言萬語, 今不錄. 宋濂河
圖洛書問答(宋文憲濳[33]谿集), 王忠文公洛書辨(明洛書非洪範), 歸震川易
圖論(有光, 字熙甫)·洪範傳論, 黃太冲易學象數論.

丑三

閣云: "東晉建武元年, 古文入學官, 到宋南渡, 初八百十一年, 吳
棫出(字才老), 始以此書爲疑云: '安國增多之書, 皆文從字順, 非若伏
生之書屈曲聱牙, 至有不可讀者.' 吳才老書裨傳十三卷(總說[34]·書序·

---

32) 朝本에는 '字'로 되어 있음.
33) 朝本·奎本에는 '金'으로 .되어 있음.
34) 朝本·奎本에는 '總說'이 빠져 있음.

君辨・臣辨・考異・詁訓・差牙・孔傳，凡八篇），蔡傳泰誓篇目下，引吳氏曰：「湯・武皆以兵受命．然湯之辭裕，武王之辭迫，湯之數桀也恭，武之數紂也傲，學者不能無憾．疑其書晚出，或非盡當時之本文也．」吳草廬集，有題伏生授書圖詩，自跋云：「伏生書奇崛難讀，眞古書體也．（節）晉・隋間古文二十五篇出，從順如今人語，非若伏生書奇崛．」嗚呼！是固未易爲淺見寡聞道也．安得起吳才老・朱仲晦于九原？趙孟頫松雪齋集，有書集註序，分今文古文，爲之集注曰：「嗟！夫書之爲書，二帝三王之道，於是乎在．不幸而至於亡，於不幸之中，幸而有存者，忍使僞亂其眞耶？又幸而覺其僞，忍無述焉以明之，使天下後世常受其欺耶？」吳草廬贈別趙子昂詩云：「識君維揚驛，玉色天人表．伏・梅千載事，疑讞一夕了．」朱升應浙江行省試，對策言：「今文古文，篇有分合，詞有難易．（節）自朱子・吳才老固已獻疑．」朱錫鬯告余云：「吳草廬皆微其辭，不似君輩顯然攻．」余曰：「試觀草廬尙書叙錄．畫然爲二，不使相混．識且出朱子右．」錫鬯爲默然．蓋近撰經義考，雖漸爲愚見所轉移，終不透耳．姚際恒(立方)云：「經與傳同出一手，僞則俱僞耳(暗指朱子，但辨傳之僞)．如伊訓傳，太甲繼湯而立，非矣．則經云，『王徂桐宮居憂，』不能通．蓋未有太甲服仲壬之喪，而處祖廟旁者．泰誓武王承襲父年，非矣．則經云，『九年大統未集，』不能通．蓋未有文王不受命改元而得稱九年者．」」

　按，居桐，本之書序，驗之孟子，非僞者白撰也．桐旣湯墓，則外丙・仲壬之葬於兆域之內，不是異事．且居桐非如後世匹庶廬墓之制，則雖服君喪，往居湯墓之側，使之瞻依感發，亦非違禮，姚說未允．

　孫鑛評尙書，亦爲大禹謨，則漸排矣(分排爲對偶)，錢受之極詆，其爲非聖無法，爲侮聖人之言，彼敢以文字論聖經．

　按，錢牧齋雖若聰慧，其實沒分曉底人也．道術則外儒而內釋，義理則外降而內貳，經學則尊梅氏之書而反攻其疑之者，涇渭分明者，其有是乎? 若云以文字論聖經爲不敢, 則朱文公當首被此詆.

郝敬以二十五篇置于末, 另爲卷秩, 歷加捃擊, 語或過甚. 郝云: "咸有一德, 猶言各擅一長, 今言皆純一意, 則伊尹不合自矜與湯咸有此一." 閻云: "每讀畢命, 至'旌別淑慝,'以下三十七句皆四字, 因笑曰: '孔安國隷古定, 竟若唐房融譯首楞嚴經, 以四字成文.'"

寅一
癸酉冬, 薄游西泠[35], 聞休寧姚際恒(字, 立方) 閉戶著書, 攻僞古文. 蕭山毛大可告余, '此子之廖偁[36]也. 日望子來, 不可不見之.'介以交余. 少余十一歲, 出示其書凡十卷, 亦有失其得.

寅八
此段, 論文廟配享諸賢當否, 今不錄.

其論鄭玄宜黜云: "康成最惑溺緯書. 緯書起於成・哀之後, 東京尤盛. 爲儒宗者, 正當引聖經以折其妄, 而反援以證經, 是信經不若信讖緯也. 改祀於鄉, 亦可謂得其平矣. 賈逵附會圖讖, 何休注風角等書, 並宜罷祀."

附見
朱子古文書疑, 閻詠(申甫[37])輯, 語類四十七條. 蓋論二十五篇文體卑順, 及詔・誥難讀, 訓・命易曉之理, 今姑不錄.

文集六條, 答孫季和[38]書, 書臨漳所刊四經後, 記尙書三義(又三條).

---

35) 朝本에는 '泠'으로 되어 있음.
36) 朝本에는 '偁'으로 되어 있음.
37) 朝本・奎本에는 '復申甫'로 되어 있으나 '復'자는 衍文인 듯하다.
38) 朝本・奎本에는 '弘'으로 되어 있음.

康誥曰:“要囚，服念五六日至于旬時，丕蔽要囚.” 梅云:“要囚，謂察其要辭以斷獄.” 多方曰:“我惟時其教告之，我惟時其戰. 要囚之，至于再至于三[39].”

---

39) “康誥曰〔……〕至于再至于三”까지의 글은 茶山의 『尙書古訓』「康誥」
註釋에 나오는 글로서，『閻氏古文疏證』과는 관계가 없다. 奎本에는 이
글이 없고 朝本에만 있는데, 이것은 朝本의 인쇄 과정에서 잘못 끼어
든 것이다.

閻氏古文疏證鈔 四　1053